Heimann

Rolf Ebbighausen/Friedrich Tiemann (Hrsg.)
Das Ende der Arbeiterbewegung in Deutschland?

In unterbrochener Hoffnung auf eine sozialistische Alternative zu <u>allen</u> heutigen Parteien meine besten Wünsche

S.

Schriften des Zentralinstituts für sozialwissenschaftliche
Forschung der Freien Universität Berlin

ehemals Schriften des Instituts für politische Wissenschaft

Band 43

Rolf Ebbighausen
Friedrich Tiemann (Hrsg.)

Das Ende der Arbeiterbewegung in Deutschland?

Ein Diskussionsband zum sechzigsten Geburtstag von Theo Pirker

Mit Beiträgen von
Siegfried Braun, Martin Broszat, Rolf Ebbighausen, Günter Erbe,
Michael Fichter, Gert-Joachim Glaeßner, Thomas Hahn,
Hartmut Häußermann, Siegfried Heimann, Harold Hurwitz,
Martin Jander, Hella Kastendiek, Hans-Dieter Klingemann,
Fred Klinger, Uwe Köhler, Herbert Kuehl, Siegward Lönnendonker,
Hans-Peter Müller, Peter Müller, Theo Pirker, Bernd Rabehl,
Hugo Reister, Andreas Resch, Rainer Sarrazin, Manfred Scharrer,
Ute Schmidt, Horst W. Schmollinger, Klaus Schröder,
Willfried Spohn, Richard Stöss, Martin Struller, Klaus Sühl,
Werner Süß, Friedrich Tiemann, Trutz Trommer, Manfred Wilke,
Rainer Winkelmann

Westdeutscher Verlag

CIP-Kurztitelaufnahme der Deutschen Bibliothek

Das Ende der Arbeiterbewegung in Deutschland?:
Ein Diskussionsbd. zum 60. Geburtstag von Theo
Pirker/Rolf Ebbighausen; Friedrich Tiemann (Hrsg.).
Mit Beitr. von Siegfried Braun ... – Opladen:
Westdeutscher Verlag, 1984.
  (Schriften des Zentralinstituts für
  Sozialwissenschaftliche Forschung der
  Freien Universität Berlin; Bd. 43)
  ISBN 3-531-11650-9

NE: Ebbighausen, Rolf [Hrsg.]; Braun, Siegfried
[Mitverf.]; Pirker, Theo: Festschrift; Zentral-
institut für Sozialwissenschaftliche Forschung
〈Berlin, West〉: Schriften des Zentralinstituts ...

© 1984 Westdeutscher Verlag GmbH, Opladen
Umschlaggestaltung: Horst Dieter Bürkle, Darmstadt
Druck und buchbinderische Verarbeitung: Lengericher Handelsdruckerei, Lengerich
Alle Rechte vorbehalten. Auch die fotomechanische Vervielfältigung des Werkes (Fotokopie,
Mikrokopie) oder von Teilen daraus bedarf der vorherigen Zustimmung des Verlages.
Printed in Germany

ISBN 3-531-11650-9

Inhalt

1. Einleitung

Rolf Ebbighausen / Friedrich Tiemann: Das Ende der Arbeiterbewegung in Deutschland? Lange Debatten und ein neuer Diskussionsband zum sechzigsten Geburtstag von Theo Pirker 11

2. Ausgangsthesen

Theo Pirker: Vom „Ende der Arbeiterbewegung" 39

3. Geschichte der Arbeiterbewegung — Praxis und Theorie: Neueinschätzungen, Analysen, Kommentare

Manfred Scharrer: Von Erfurt nach Moskau: Ein ideengeschichtlicher Beitrag zu den Ursachen und Folgen der Spaltung der deutschen Arbeiterbewegung 1914—1919 55
Siegfried Braun: Lenins Konzept der proletarischen Revolution: Soziologische Nachbemerkungen zum Leninismus 70
Hans-Peter Müller / Rainer Winkelmann: Marxismus, Arbeiterbewegung und technologische Geschichtsauffassung 96
Willfried Spohn: Krise des Marxismus und Sozialgeschichte der Arbeiterbewegung 128
Bernd Rabehl / Werner Süß / Siegward Lönnendonker / Martin Jander / Klaus Schröder: Arbeiterbewegung, Populismus und die neuen sozialen Bewegungen 145

Regionalhistorischer Exkurs I: Politische Kultur und Arbeiterklasse in Deutschland

Martin Broszat: Liberaler Staat, Industrie und Arbeiterschaft in Baden 1880—1910: Aus den Berichten der Großherzoglich-Badischen Fabrikinspektion 177

4. Zur Situation der deutschen Arbeiterbewegung nach dem Zweiten Weltkrieg: Historisch-empirische Studien

Michael Fichter: Arbeiterbewegung unter der Besatzung. Bedingungen ihrer Rekonstituierung am Beispiel Stuttgarts 1945–1946 189
Ute Schmidt: Katholische Arbeiterbewegung zwischen Integralismus und Interkonfessionalismus: Wandlungen eines Milieus 216
Harold Hurwitz: Kontinuität und Bruch: Sozialdemokratie, Massenöffentlichkeit und die Besatzungsmächte im Berliner Abwehrkampf nach 1945 . . . 240
Klaus Sühl: Arbeiterbewegung, SPD und deutsche Einheit 1945/46 274
Siegfried Heimann: Zum Scheitern linker Sammlungsbewegungen zwischen SPD und KPD/SED nach 1945: Die Beispiele USPD und UAPD 301
Herbert Kuehl: Zur Betriebs- und Gewerkschaftspolitik der KPD nach 1945 . 323
Fred Klinger: Betriebsräte und Neuordnung in der sowjetischen Besatzungszone. Zur Kritik eines politischen Mythos 336

5. Zur neueren Entwicklung der Arbeiterbewegung in der Bundesrepublik: Krise und Kritik

Richard Stöss: Arbeiterbewegung und Basiskonsens: Die Entwicklung des westdeutschen Parteiensystems 355
Peter Müller: Das „Volkspartei"-Konzept der SPD 386
Hella Kastendiek: Struktur- und Organisationsprobleme einer staatstragenden Arbeitnehmerpartei: Zum Verhältnis von SPD und Gewerkschaften seit 1966 407
Hugo Reister: Fragmentierung der Arbeiterklasse: Krisenbewältigungsstrategien und betriebliche/gewerkschaftliche Interessenpolitik 443
Uwe Köhler / Rainer Sarrazin / Horst W. Schmollinger / Martin Struller: Tradition der Arbeiterbewegung und Gewerkschaften in der Provinz heute: Eine Fallstudie 474
Manfred Wilke: Gewerkschaftsjugend in der Krise 491

6. Zur Entwicklung in der DDR: Analysen, Materialien

Gert-Joachim Glaeßner: Bürokratischer Sozialismus. Aspekte des staatlich etablierten Sozialismus in der DDR 515
Günter Erbe: Produktionsarbeiterschaft und wissenschaftlich-technische Intelligenz in der DDR 533

Inhalt

Regionalhistorischer Exkurs II: Erfahrungen

Trutz Trommer: Lehren aus dem Studium der Arbeiterbewegung in Solingen 551

7. Arbeiterklasse und Arbeiterbewußtsein heute: Tendenzen, Perspektiven, Kontroversen

Andreas Resch: Ökonomische Krisenentwicklung und Wandlungen des Arbeiterbewußtseins 577
Hans-Dieter Klingemann: Soziale Lagerung, Schichtbewußtsein und politisches Verhalten. Die Arbeiterschaft der Bundesrepublik im historischen und internationalen Vergleich 593
Thomas Hahn: Arbeiterklasse, Arbeitscharakter und Arbeitsbewußtsein heute: Ein Plädoyer für die Erweiterung des ökonomisch/technisch verengten Arbeitsbegriffs in der Industriesoziologie 622
Hartmut Häußermann: Wandel der Wohnverhältnisse von Arbeitern — Eine Problemskizze 646

Über die Autoren 661

1. Einleitung

Nje 4 Kopien (Pirker)

S. 11 – 19

S. 39 – 50

Rolf Ebbighausen/Friedrich Tiemann

Das Ende der Arbeiterbewegung in Deutschland? Lange Debatten und ein neuer Diskussionsband zum sechzigsten Geburtstag von Theo Pirker

1. „Whatever happened to the proletariat?" Alte Fragen, neue Fragen, vergleichende Gesellschaftsgeschichte

Mit der oben zitierten Überschrift eines 1981 erschienenen Essays von S. M. Lipset (Untertitel: „A historic mission unfulfilled") — eine Variation des Buchtitels von A. Gorz, „Abschied vom Proletariat" (1980) — wird das Thema einer ganzen Flut von Analysen der Enttäuschung oder Genugtuung, von Pamphleten und Polemiken seit Mitte der siebziger Jahre aufgegriffen[1]. Es war und ist in solchen Beiträgen über die Situation des Marxismus und der Arbeiterbewegung vom Versagen der Theorie und/oder der Praxis die Rede. Der Topos vom „Ende der Arbeiterbewegung", in dieser oder ähnlicher Formulierung in der Geschichte der Arbeiterbewegung immer wieder auftauchender Kampfbegriff der verschiedenen Fraktionen und Parteien, meint dabei heute deutlicher als früher das endgültige „Aus" einer langen Entwicklung sozialistischer Theorie und Praxis. Infragegestellt werden nicht mehr nur Praxis und Theorie der jeweils gegnerischen parteipolitischen bzw. fraktionellen Linie, insbesondere zwischen den großen Polen Sozialdemokratie und Leninismus, also die praktische Relevanz und die gesellschaftsgeschichtliche Richtigkeit marxistischer Krisen- und Revolutionstheorien oder umgekehrt die „revisionistische" Praxis des sich früh abzeichnenden Reformismus und Etatismus der Arbeiterbewegung, ihrer Parlamentarisierung und Konstitutionalisierung — diese Infragestellung von beiden Seiten her hat die Geschichte der Arbeiterbewegung in der Tat früh und ausdauernd, zumeist über die Köpfe der Arbeiter hinweg, begleitet — vom Revisionismus-Streit bis hin zu den jüngsten Debatten über die „Krise des Marxismus". Infragegestellt wird mit dem Topos vom „Ende der Arbeiterbewegung" nun gleichsam jenseits fraktionellen und parteipolitischen Theoretisierens und Polemisierens die faktische Fortexistenz der Arbeiterbewegung in der Gegenwart selbst — dies mit Blick auf die ihre Organisation und das Selbstverständnis ihrer Mitglieder ursprünglich prägenden sozialkulturellen und politischen Inhalte, ihre spezifischen Solidar- und Kampfformen, die ihr erst ihre politische Bedeutung und ihre gesellschaftliche Wirksamkeit als große soziale Bewegung gegeben haben. Unterstellt wird mit dem Topos letztlich das *gesellschaftsgeschichtliche Ende* dieser großen sozialen Bewegung über-

---

[1] Seymour M. Lipset, Whatever Happened to the Proletariat? A Historic Mission Unfulfilled, in: *Encounter*, 56 (Juni 1981), S. 18 ff.; André Gorz, *Abschied vom Proletariat*, Frankfurt a. M. 1980.

haupt, so wie sie heute geworden ist, angesichts ihrer faktischen institutionellen Eingliederung in die Herrschaftsorganisation der kapitalistischen Länder des Westens, angesichts ihrer faktischen Auflösung in den Ländern des „real existierenden Sozialismus" mit allen ihren Folgen der Etablierung neuer klassenherrschaftlicher Strukturen.

Und wer wollte die beschriebenen Entwicklungen wegdiskutieren: die weitgehende politische Integration der sozialdemokratisch orientierten Arbeiterbewegung in die bestehende Gesellschaftsformation der hochentwickelten kapitalistischen Industrieländer des Westens, die faktisch nicht vollzogene Transformation der bürgerlich-kapitalistischen Produktions- und Machtverhältnisse, die erhebliche soziale und politische Integrationskapazität dieser Gesellschaftsformation — trotz in der Gegenwart erneut auch hier offenbarer ökonomischer Krisentendenzen, trotz erheblicher gesellschaftlicher Struktur- und Entwicklungsprobleme, deren politische Virulenz neue soziale Protestbewegungen anzeigen, jedoch kaum mehr die ins System integrierte und entpolitisierte Arbeiterbewegung? Wer wollte Entwicklungen bestreiten, wie sie sich im Ostblock, in den Ländern des „real existierenden Sozialismus", vollzogen haben: die Herausbildung neuer Klassenstrukturen, ihre Verfestigung bis hin zur Unterdrückung erneut aufbegehrender Arbeiterschichten, ihrer Versuche einer eigenständigen Vertretung ihrer Interessenlagen?

Dieser Diskussionsband, Theo Pirker zu seinem sechzigsten Geburtstag gewidmet, knüpft an Einschätzungen und Überlegungen an, die Pirker selbst unter dem Titel „Vom ‚Ende der Arbeiterbewegung'" zuerst 1978 im Arbeitskreis für moderne Sozialgeschichte und im Berliner Zentralinstitut für sozialwissenschaftliche Forschung vorgetragen hat. In manchen Pointierungen und Konsequenzen heftig umstritten, sind sie diesem Diskussionsabend erneut — gleichsam als Ausgangsthesen — vorangestellt.

In der Thematik liegt, daß, wie schon die Pirkerschen Thesen, viele Beiträge dieses Diskussionsbandes trotz ihrer vorwiegend historisch-empirischen Orientierung auch auf die jüngeren *politischen* Debatten zur Krise der Arbeiterbewegung und zur Krise des Marxismus bezogen sind. Auch und gerade die Debatten zur *Krise des Marxismus*, zunächst in theoretischer Abwehr der Tendenzen einer Sozialdemokratisierung der kommunistischen Parteien in Westeuropa entfacht, dann — national unterschiedlich — zur dennoch insgesamt selbstkritischen perspektivischen Diskussion gediehen, haben dabei den theoretischen Hintergrund und den sozialgeschichtlichen Untergrund weiter ausgeleuchtet, auf die der Topos vom „Ende der Arbeiterbewegung" heute in seinen inhaltlichen Implikationen, aber auch in seiner politischen Zuspitzung zu beziehen ist[2]. Die Debatten haben hier eine Reihe gerade

---

2 Von Bedeutung für die Entfachung der Diskussion waren dabei insbes. die Beiträge von Louis Althusser, die auch die von „Il Manifesto" organisierte Debatte zur Krise des Marxismus bestimmt haben. Vgl. dazu u. a. Louis Althusser, Endlich befreit sich etwas Lebendiges aus und in der Krise des Marxismus, in: *alternative,* 119 (1978), S. 66 ff.; ders., Der Marxismus als endliche Theorie, in: Elmar Altvater/Otto Kalscheuer (Hrsg.), *Den Staat diskutieren,* Berlin 1979, S. 42 ff. Zur kritischen bzw. selbstkritischen Einschätzung dieser jüngeren Debatte insgesamt und ihres Ertrages vgl. Bernhard Blanke, Die Marxsche Kritik und die „Krise des Marxismus", in: *Leviathan,* Jg. 11, 2/1983, S. 233 ff.

durch orthodox-marxistische Positionen vernachlässigter Frage- und Forschungszusammenhänge ins Blickfeld gerückt.

Deutlich wurde in dem Zusammenhang insbesondere das theoretische wie praktische Verhängnis eines überzogenen Ökonomismus, wie es über lange Zeit, gewollt oder ungewollt, Positionen des Leninismus und sonstigen Partei-Marxismus, wie es theoretische und praktische Vereinseitigungen und falsche Dogmatisierungen spezifischer Marx-Rezeptionen und Marx-Interpretationen erzeugt haben. Die jüngere Diskussion hat demgegenüber die Bedeutung subjektiver Orientierungen und Bedürfnisse, die sozialkulturelle Seite des Individuums und die politische Unabdingbarkeit individueller Menschen- und Freiheitsrechte neu entdeckt. Ohne die Freisetzung der Individualität, die die bürgerliche Gesellschaft — wenn auch in widersprüchlicher Weise — über die Durchsetzung der Freiheitsrechte historisch hervorgebracht hat, konnten sich ja auch Marx und Engels Sozialismus und Kommunismus nicht vorstellen. Der Kapitalismus als Gesellschaftsformation war für sie geschichtliche Voraussetzung für die Allgemeinheit der Ideen von Freiheit und Gleichheit, die Aufhebung des Privateigentums schließlich geschichtliche Voraussetzung der „Assoziation der freien und gleichen Produzenten" — notwendige geschichtliche Voraussetzung, aber nicht hinreichende. Die Geschichte der Ökonomie und Politik der Sowjetunion, anderen Bedingungen entwachsen, kumuliert in diesem Sinne Defizite. Das ökonomische System der nachholenden Industrialisierung mit einer am Wachstumstyp des fortgeschrittenen Kapitalismus orientierten mißverstandenen Entwicklung der Produktivkräfte, mit der Folge von Technik, Wachstum und Destruktion, ist wie in den kapitalistischen Ländern des Westens, zugegeben oder nicht, an die Grenze der Belastbarkeit der Natur, aber auch an die des einzelnen Menschen selbst gestoßen. Der „real existierende Sozialismus" bleibt trotz oder gerade wegen der politisch gesuchten Systemkonkurrenz letzten Endes durch einen wirtschaftlich-technischen Entwicklungstypus von Gesellschaft dominiert, wie ihn der Kapitalismus hervorgebracht hat; die ökonomistische Fixierung der Politik gründet auf einer Herrschaftsorganisation, in der sich, da die politischen Freiheitsrechte des Einzelnen im Grunde als „bürgerlich" diffamiert sind, überkommene Formen der Despotie mit Formen bürokratischer Herrschaft gegen die Freisetzung der Individualität verbunden haben.

Ökonomistischer Reduktionismus ist zum Angelpunkt marxistischer Selbstkritik auch im Zusammenhang mit der Einschätzung von wirtschaftlicher Krisenentwicklung und politischem Bewußtsein und Verhalten der arbeitenden Klassen in den kapitalistischen Industrieländern des Westens geworden. Die aus der wirtschaftlichen Krisenentwicklung „abgeleiteten" erneuten Klassenauseinandersetzungen sind ausgeblieben; die arbeitenden Klassen und die Organisationen der Arbeiterbewegung bleiben in das soziale und politische System des Kapitalismus eingebunden. Die neuere marxistische Diskussion, auch und gerade in der Bundesrepublik, hat sich hier deutlicher nicht nur in Richtung einer Untersuchung der Gesamtheit der Lebensverhältnisse der arbeitenden Menschen, sondern deutlicher auch zur gesellschaftsgeschichtlichen Analyse eigendynamischer Entwicklungen von Politik und Kultur öffnen müssen. Sie hat hier u. a. an die Diskussionen in Frankreich und insbesondere in Italien (hier in der Nachfolge von A. Gramsci) anknüpfen können, in denen analytische und instrumentelle Verkürzungen des Politischen weit weniger durchgeschlagen waren als in manchen Positionen eines Ableitungs-Marxismus in der Bundesrepublik. Sie ist in jüngerer Zeit auch beeinflußt worden durch Debatten und Forschungen, wie sie im Zusammenhang mit den Ansätzen zu einer Sozialgeschichtsschreibung von unten her, vor allem in Großbritannien, entstanden sind. Die Suche nach dem „revolutionären Subjekt" und die Enttäuschung über die Entwicklung der Großorganisationen der Arbeiterbewegung waren auch hier Anlaß zur Kritik und zur Umorientierung von Forschungsperspektiven. Verbunden mit Namen wie E. P. Thompson und E. J. Hobsbawm, führte das relativ breite Programm einer gegen ökonomistischen Reduktionismus und linearen Evolutionismus gerichteten materialistischen Geschichtsschreibung über die Entstehung und Entwicklung des englischen Kapitalismus seit der Krise des Feudalismus u. a. — getragen durch die Arbeit von Thompson, „The Making of the English Working Class" (1963)[3] — in Richtung einer gründlichen sozialhistorischen Erforschung der Frühgeschichte der englischen Arbeiterbewegung, in Richtung einer Untersuchung der entstehenden eigenständigen Klassenkultur, ihrer Verwurzelung in vorbürgerlichen und vorindustriellen Arbeits- und Lebenszusammenhängen, ihrer Nachwirkungen auf Organisation und Politik der Arbeiterbewegung, auf Inhalte und Formen der Klassenauseinandersetzungen im Zuge der weiteren Entfaltung des Kapitalismus (W. Spohn geht in seinem Beitrag zu diesem Band auf den Ertrag dieser Forschungen und auf jüngere Forschungsentwicklungen in dieser Richtung auch bei uns ausführlicher ein).

Die Bedeutung der je spezifischen Inhalte und Formen der Kultur der Arbeiterbewegung, ihre Nachwirkungen auf deren Politik, hat in Anknüpfung an die frühen Forschungen von Thompson auch S. M. Lipset in dem eingangs zitierten Essay — deutlicher noch in einem nachfolgenden Aufsatz[4] — im Blick. In seinem anspruchsvollen Versuch, die national unterschiedlichen Entwicklungen der Politik der Arbeiterparteien und Gewerkschaften gesellschaftsgeschichtlich zu vergleichen und in ihrer eher „reformistischen" oder ihrer „radikalen" revolutionären Zielrichtung zu erklären, hebt er insbesondere auf zwei Faktoren ab: die in den einzelnen Ländern unterschiedliche soziale Klassenstruktur vor der Industrialisierung und die Art und Weise, wie die ökonomischen und politischen Eliten mit der Durchsetzung der bürgerlich-kapitalistischen Gesellschaftsformation auf die Forderungen der entstehenden Arbeiterklasse reagiert haben, an Ökonomie und Politik zu partizipieren. Die Bedeutung vorbürgerlicher Klassenstrukturen, Bewußtseinsformen und Werthaltungen sowie vor allem die Zugänglichkeit zu bzw. die Verweigerung von bürgerlichen Freiheitsrechten hatte, ausgehend von der Frage W. Sombarts, „Warum gibt es keinen Sozialismus in den USA?", schon in den fünfziger Jahren A. Sturmthal als wichtige Bedingungen der unterschiedlichen politischen Entwicklungen der Arbeiterbe-

---

3 Edward P. Thompson, *The Making of the English Working Class*, London 1963.
4 Seymour M. Lipset, *Radicalism or Reformism: The Sources of Working-Class Politics*, Paper presented at the Stein Rokkan Memorial Lecture at the European Political Consortium in Aarhus, Dänemark, März 1982; erscheint als Aufsatz in: *American Political Science Review*, Bd. 77/1983.

wegung hervorgehoben[5]. Die mit der analytischen Gewichtung solcher Bedingungen verknüpfte Geschichtslogik, die auch Lipset wieder am deviant case USA festmacht, ist gleichwohl fragwürdig: daß sich nämlich inzwischen in allen hochentwickelten kapitalistischen Industrieländern der Sozialismus als Idee überlebt habe, da er mit dem Abbau solcher restriktiven Bedingungen und der Eingliederung der arbeitenden Klassen in die bürgerlich-demokratischen Systeme letztlich seiner gesellschaftsgeschichtlichen Grundlagen entbehre, sich als Idee über die Durchsetzung einer reformistischen Praxis gleichsam selbst überlebt habe, so wie sich die Idee des Sozialismus in den Ostblockländern an der Realität der faktischen Herrschaftsstrukturen dort widerlegt habe.

A. Etzioni hat in Anlehnung an den Entfremdungsbegriff den Begriff „Authentizität" als Maßstab der Entwicklungsfähigkeit moderner Gesellschaften in die sozialwissenschaftliche Diskussion eingeführt, orientiert insbesondere am Kriterium gesamtgesellschaftlicher Bedürfnissensibilität, d. h. der Bedürfnisadäquanz von Politik, Arbeitsbeziehungen, Sozialisation, Partizipationsformen etc.[6] Eines ist klar: Für Lipset und andere ist die sozialistische Idee endgültig an der Geschichte sozialistischer Praxis gescheitert. Die Chance eines weiteren Zugewinns an „Authentizität" wird in erster Linie in einer „aktiven" Fortentwicklung der bürgerlich-demokratischen Systeme des Westens gesehen. Diese Chance scheint nicht nur in den deklarierten Prinzipien der Herrschafts- und Lebensorganisation, sondern auch in deren realer Gesellschaftsgeschichte angelegt zu sein, der faktischen Durchsetzung der bürgerlichen Freiheitsrechte und der faktisch gewachsenen Teilhabe auch der Unterschichten am gesellschaftlichen Arbeitsprodukt. Rekurriert wird auf die konkreten Erfahrungen der arbeitenden Klassen, ihre verbesserte Lebenssituation, den Wandel ihres politischen Verhaltens.

Freilich: Erfahrungen gab es und gibt es auch andere. Denn dies war immer nur die eine Seite der Gesellschaftsgeschichte unserer bürgerlich-demokratischen Systeme. Der Kapitalismus und die sich mit der Kapitalentfaltung reproduzierenden klassenherrschaftlichen Verhältnisse waren die andere Seite dieser Gesellschaftsgeschichte — trotz Produktivkraftentwicklung, Wachstum des Wohlstandes und sozialstaatlicher Absicherungen. Rechtsstaatliche Demokratie, Garant der Gleichheit und Freiheit der Bürger als Warenbesitzer, Garant der notwendigen Austausch- und Verkehrsverhältnisse im Kapitalismus, behielt ihre inneren Schranken. Sie lagen und liegen in den Bedingungen und Formen der Kapitalentfaltung selbst, insbesondere der Akkumulationsbewegung des Kapitals als Krisenbewegung: In Situationen einer Gefährdung der Mehrwertproduktion waren und sind, wie auch noch die neuere Geschichte erweist, je nach Absicherungschance der durch die Lohnabhängigen erreichten Machtpositionen, zumindest transitorisch die bürgerlichen Freiheits- und

---

5 Vgl. dazu u. a. Adolf Sturmthal, *Unity and Diversity in European Labor,* Glencoe, Ill. 1953. Sturmthal hat seine Thesen jüngst, Ende Juni 1983, indem er sich erneut die Frage Sombarts zum Thema gemacht hat, in einem Vortrag im Zentralinstitut für sozialwissenschaftliche Forschung an der Freien Universität Berlin unterstrichen.
6 Vgl. dazu Amitai Etzioni, *Die aktive Gesellschaft. Eine Theorie gesellschaftlicher und politischer Prozesse,* Opladen 1975 (amerik. Ausg. 1968), insbes. S. 625 ff.

Gleichheitsrechte der Besitzer der Ware Arbeitskraft real einschränkbar, schlug und schlägt auch im entwickelten Kapitalismus noch der fortbestehende Klassencharakter der Gesellschaft und des Staates mehr oder weniger durch.

Aus diesen ebenso realen historischen Erfahrungen heraus folgte selbst für den Reformismus der deutschen Arbeiterbewegung als langfristiges Ziel notwendig die Überwindung des Kapitalismus, der Übergang von der „politischen Demokratie" zur „sozialen Demokratie" (M. Adler). Und dies blieb das langfristige Ziel, auch wenn die Politik einer schrittweisen Absicherung des im Zuge der Klassenauseinandersetzungen erkämpften Besitzstandes an sozialer Wohlfahrt, an Teilhaberechten und an Freiheitsrechten in den hochentwickelten westlichen Industrieländern schließlich zum „institutionalisierten Klassenkompromiß", zur Ausweitung der Grenzen des Kapitalismus und gleichzeitig zur Entpolitisierung der Arbeiterbewegung selbst führte. Inwieweit und warum dies so geschehen ist — darum kreisen die jüngeren Forschungen und Debatten, auch die Versuche eines weitergehenden gesellschaftsgeschichtlichen Vergleichs der unterschiedlichen Entwicklungen der Arbeiterbewegung. Sie haben bei allen fortbestehenden Kontroversen sicherlich neue und wichtige Hinweise erbracht.

2. Ende der Arbeiterkultur — Ende der Arbeiterbewegung?
Biographische und bibliographische Vorbemerkungen zu den Pirkerschen Ausgangsthesen

Auch die Thesen und Einschätzungen Theo Pirkers in diesem Band, die hier nicht vorweggenommen werden sollen, sind in diese jüngeren Forschungen und Debatten eingelagert. Der konkrete Fragezusammenhang und die spezifische Stoßrichtung der Thesen haben dennoch ihren eigenen politischen Kontext, der diesen jüngeren Forschungen und Debatten gleichsam vorgelagert ist. Das erschließen die großen Bücher Pirkers zu unserem Thema: „Die blinde Macht" (1960), „Die SPD nach Hitler" (1965) und „Die verordnete Demokratie" (1977)[7]; das erschließt auch eine Reihe anderer Aufsätze und Artikel zum Thema[8], das erschließt vollends seine Biographie. Für Theo Pirker, heute Professor für Soziologie an der Freien Universität Berlin, hatte und hat die Fragestellung dieses Diskussionsbandes jenseits aller wissenschaftlichen Distanz eine unmittelbar existentielle Seite. In einer Münchener Arbeiterfamilie aufgewachsen, junger Akademiker aus dem Arbeitermilieu, wurde er Mitstreiter und unbequemer Einzelkämpfer in der deutschen Arbeiterbewegung der Nachkriegszeit, wurde er aus eigenen bitteren Erfahrungen heraus schließlich zu ihrem scharfsinnigen Kritiker und Chronisten. Seine Thesen vom „Ende der Arbeiterbewe-

---

7 Theo Pirker, *Die blinde Macht. Die Gewerkschaftsbewegung in Westdeutschland*, 2 Bde., München 1960, Neudruck Berlin 1979 (mit Vorwort); ders., *Die SPD nach Hitler. Die Geschichte der Sozialdemokratischen Partei Deutschlands 1945—1964*, München 1965, Neudruck Berlin 1977 (mit Vorwort); ders., *Die verordnete Demokratie. Grundlagen und Erscheinungen der „Restauration"*, Berlin 1977.

8 Auf sie wird in späteren konkreten Zusammenhängen verwiesen.

gung" sind in dem Sinne letztes Fazit dieser Erfahrungen; sie sind gerichtet insbesondere auf die deutsche Entwicklung nach dem Zweiten Weltkrieg.

Aus dem Kriege zurückgekehrt, 22jährig, mehrfach schwer verwundet, war Pirker noch während des Studiums durch die politische Aufbruchsstimmung eingefangen worden, die unmittelbar vor und nach dem Kriegsende 1945 in Deutschland herrschte. Er hat diese Aufbruchsstimmung und schließlich die konkreten Initiativen und Strukturen des Neubeginns in seinen Büchern nachgezeichnet: die mit dem Wiederingangsetzen der Betriebe und der Produktion durch die Arbeiter ebenso wie die mit dem Wiederaufbau der Städte und Gemeinden verbundenen Initiativen, Ansätze und Hoffnungen, Selbstverwaltungsvorstellungen, Vorstellungen wirtschaftsdemokratischer Veränderung – keineswegs utopische Vorstellungen, gerichtet aber auf Formen der Mitbestimmung und Beteiligung der arbeitenden Klassen, die einen ökonomischen, politischen und kulturellen Neubeginn nach der Niederschlagung des Faschismus versprachen, jenseits von Kapitalismus, unter aktiver politischer Einbeziehung der arbeitenden Klassen. Denn es waren aus seiner Sicht die arbeitenden Klassen, die diesen Neubeginn wesentlich trugen. Die Arbeiterbewegung, vor dem Kriege dreifach in sich gespalten, in die sozialdemokratischen, die kommunistischen und die christlichen Organisationen, schien sich dabei über die allgemeine Aufbruchsstimmung, über die Planungen, Initiativen und Notwendigkeiten des Neuaufbaus, aber auch über die Debatten und Vorstellungen in den Gründungszirkeln der Parteien, über die Politik der betrieblichen und lokalen Gewerkschaftsgruppen und -initiativen gleichsam zu einer Volksbewegung von unten her zu weiten, in bezug auf die Neuerung konsensfähig, in der Breite der Bewegung politik- und machtfähig. Hier mischt sich Theo Pirker politisch ein, früh in die Orientierungsdebatten, dann konkret in die gewerkschaftliche Bildungsarbeit, beruflich über seine Beteiligung am Aufbau des bayerischen Schulsystems, später über wissenschaftliche Mitarbeit, Beratung und intensivierte Bildungsarbeit insbesondere in den Gewerkschaften. Er versucht dort eine gewerkschaftliche Politik gegen schon erkennbare Positionen einer politischen Selbstbescheidung zu machen, der zunehmenden sozialen und politischen Integration der Gewerkschaften in das von oben und außen her installierte System entgegenzuwirken, nach wie vor orientiert an den weitreichenden ursprünglichen Optionen des Neubeginns, nicht nur in der Mitbestimmungspolitik, in der Bildungspolitik, in seinem verfassungspolitischen Engagement, sondern auch in seinem erbitterten Kampf gegen Wiederaufrüstung und vollständige Westintegration – schließlich bis hin zur endgültigen Niederlage seiner Fraktion um V. Agartz Mitte der fünfziger Jahre.

Pirker ist in seinen Büchern ein engagiert kritischer, gleichwohl nüchterner Chronist dieser Nachkriegsentwicklung. Er beschreibt den Einfluß der Besatzungsmächte, die einen freien Aufbau und eine freie Entfaltung der Gewerkschaften von unten her, eine freie Verfassungsbewegung, letztlich eine eigenständige, auf Erhaltung der nationalen Einheit gerichtete Politik verhindern, die früh ausgerichtet sind auf die Rekonstruktion des Kapitalismus, auf antikommunistische Mobilisierung und Westintegration. Er beschreibt aber auch, wie im Zuge der sich neuformierenden Eliten, der sich neu etablierenden Führungsgruppen in SPD und Gewerkschaften, Elemente politischer Taktik ins Spiel kommen, zugleich Anforderungen an diese Führungsgruppen durch ihre Beteiligung an der verfügten Neuordnung und am Neuaufbau gestellt werden, die gleichermaßen, nun aus den Organisationen der Arbeiterbewegung selbst heraus, einer breiten Arbeiter- und Volksbewegung von unten her entgegenstehen, die dazu führen, daß nicht nur die Vorstellungen vom politischen Neubeginn, sondern selbst die eigene Organisation ein- und angepaßt wird.

Pirker weist mit Blick auf diese Einpassung der Arbeiterbewegung in das oktroyierte System, ihre spätere Funktionalisierung im Rahmen der Erneuerung und Modernisierung des Kapitalismus immer wieder — so auch in den in diesem Band abgedruckten Thesen — auf den nun fehlenden Halt der alten Institutionen der Arbeiterkultur hin, auf ihre Bedeutung für die Verwurzelung der politischen Organisationen der Arbeiterbewegung, der Partei und der Gewerkschaften, im Alltag der arbeitenden Klassen. Auch ihre Wiederbegründung scheitert in den Westzonen, wie er darstellt, vor allem am Mißtrauen der amerikanischen und britischen Besatzungsmächte sowie an den national-hegemonistischen Zielen der französischen Okkupation, politischen Bedingungen, die schließlich die SPD-Führung darauf verzichten lassen, dieses Netz der Organisationen und Institutionen nach der Niederwerfung des Nationalsozialismus zu rekonstruieren. „Alle Versuche nach 1945, Einrichtungen wie den Arbeitersport zu beleben", wiederholt Pirker in einem jüngeren Beitrag[9], „scheiterten an dem politischen Neutralitätsgebot der Besatzungsmächte und am Mißtrauen der führenden Kräfte der SPD, die in solchen autonomen oder teilautonomen Institutionen der traditionellen Arbeiterkultur ein Feld unkontrollierbarer kommunistischer Infiltration und radikaler Agitation sahen".

In der Tat hatte die SPD selbst schon früh — auch sie aus der Aufbruchsstimmung heraus unter dem Eindruck, daß der Kapitalismus abgewirtschaftet habe und der sozialistische Aufbau quasi zum Sachzwang geworden sei — nicht nur auf eine Rekonstruktion dieser alten Organisationsformen einer eigenständigen Arbeiterkultur verzichtet, um — so pointiert L. Niethammer[10] — „anstelle des subkulturellen Arbeiterghettos die sozialistische Nationalkultur zu entwickeln". Die Sozialdemokraten hatten — sieht man hier Pirkers langjähriges Engagement — auch faktisch politisch bereits außerordentlich früh Positionen preisgegeben, die noch eine westdeutsche Gesellschaftsordnung nicht nur in Überwindung des Faschismus, sondern „jenseits des Kapitalismus" (P. Sering) hätten ermöglichen können. Statt dessen hatten sie einen politischen Weg eingeschlagen, der über Schumachers Strategie einer Bekehrung der Mittelschichten zum Sozialismus durch Antikommunismus und durch nationale Rhetorik schließlich in die Hoffnung auf den ersten Bundestagswahlsieg gemündet war.

---

9 In dem mit K. Tenfelde gemeinsam verfaßten Artikel „Arbeiterkultur", in: W. R. Langenbucher/R. Rytlewski/B. Weyergraf (Hrsg.), *Kulturpolitisches Wörterbuch. Bundesrepublik Deutschland/DDR im Vergleich*, Stuttgart 1983, S. 52.
10 Lutz Niethammer, Rekonstruktion und Desintegration: Zum Verständnis der deutschen Arbeiterbewegung zwischen Krieg und Kaltem Krieg, in: *Geschichte und Gesellschaft*, Sonderheft 5, 1979, S. 40 f.

Der Phase lokaler Initiativen in den Antifaausschüssen und lokalen Einheitsgewerkschaften des Frühjahrs 1945 waren der Wiederaufbau und die rasche Dominanz der Großorganisationen der Parteien und Gewerkschaften schon vom Sommer 1945 an bis hin zur zweiten Hälfte 1947 gefolgt — mit der wichtigen Etappe Anfang 1946, als im Osten die SED gegründet und im Westen die Parteienkonkurrenz durch erste Wahlkämpfe installiert worden war. Die durch die Sozialdemokraten, insbesondere auch jener in der Gewerkschaftsführung, mitbeförderte Annahme des Marshall-Planes hatte dann eine Entwicklung eingeleitet, an deren raschem Ende auf der einen Seite der relative politische Mißerfolg der Sozialdemokratie und die erneute Machteinengung der Gewerkschaften erkennbar waren, auf der anderen Seite die erneute politische Restauration des Kapitalismus. Zwar hatten die Gewerkschaften gesehen, daß der Marshall-Plan und seine indirekten Folgewirkungen im Hinblick auf die Liberalisierung von Wirtschaft und Währung und auf den unmittelbaren Einfluß der Amerikaner in ganz Westdeutschland einen Einbruch, zumindest eine Verzögerung sozialistischer Strukturformen bedeuten konnten. Aber die mit dem Eintreten für den Mashall-Plan erfolgte Unterstützung durch die amerikanischen Gewerkschaften bei der Militärregierung in der Frage eines ungehinderten Organisationsaufbaus hatte für sie immerhin zugleich die Konstituierung des trizonalen DGB gebracht, und — so wiederum pointiert Niethammer[11] — man habe sich damals „im Anschluß an Hilferdingsche Positionen ... über diesen Rückschlag mit der Erwartung" getröstet, „daß über den Umweg eines unmittelbaren Einflusses des hochentwickelten ‚organisierten Kapitalismus' der USA auch in Europa ein übernationaler Reformkapitalismus mit starken Elementen staatlicher Intervention und Planung entstehen werde, der für einen ‚dritten' wirtschaftsdemokratischen Weg entwicklungsfähig sei". Erst die Wahlniederlage der SPD 1949 habe den „plebiszitären Traum" der Sozialdemokraten zerstört, „daß der ganze Restaurationsspuk durch ihren Wahlsieg bei den ersten Bundestagswahlen weggewischt werden könne".

Pirker hat den weiteren bitteren Weg der Niederlagen der Arbeiterbewegung in der Bundesrepublik historiographisch registriert und kritisch nachvollzogen, einen Weg, der — trotz Niederlagen — zu ihrer Institutionalisierung in das bestehende System, der schließlich zu ihrer weitgehenden Abkoppelung von den arbeitenden Klassen, zu einer abgehobenen Reformpolitik der Führungsgruppen und Apparate, zum Hineinwachsen der SPD in den Staat und zu einer Entwicklung der Gewerkschaften geführt hat, an deren Ende sie aus seiner Sicht nurmehr eine „gut funktionierende Schutz- und Versicherungseinrichtung der Arbeitnehmer dieser Gesellschaft" waren[12].

Die mit Selbstverzicht gepaarte Verhinderung einer Rekonstruktion der autonomen und teilautonomen sozialen Organisationsformen der traditionellen Arbeiter-

---

11 Ebd., S. 42 f.
12 Vgl. Theo Pirker, Die westdeutschen Gewerkschaften, in: Karl Dietrich Bracher (Hrsg.), Nach 25 Jahren. Eine Deutschlandbilanz, München 1970, S. 280 ff. Vgl. dazu auch: ders., Die Gewerkschaften als Versicherungsbetrieb, in: Alfred Horné (Hrsg.), Zwischen Stillstand und Bewegung. Eine kritische Untersuchung über die Gewerkschaften in der modernen Industriegesellschaft, Frankfurt a. M. 1965.

kultur, die unmittelbar in den Alltag der arbeitenden Klassen hineinragten, die die wichtigen Funktionen der Rekrutierung der nachrückenden Generationen, der politischen Mobilisierung und der Erhaltung der finanziellen Unabhängigkeit der Arbeiterbewegung garantiert hatten, war nach Pirker eine wesentliche Bedingung dieser Entwicklung. In seinen in diesem Diskussionsband vorgelegten Thesen und Überlegungen geht er ausführlicher auf deren Ursprung, auf die die frühe Arbeiterbewegung in Deutschland „beherrschenden" Organisationsprinzipien und Inhalte ein. Dabei hebt er insbesondere das Prinzip der Solidarität als organisatorisch und inhaltlich dominierendes Prinzip der entstandenen Arbeiterkultur hervor, das er an anderer Stelle als eine in der frühen Arbeiterbewegung „selbstverständliche Verhaltensweise des Schützens und Helfens auf Gegenseitigkeit" beschreibt, gleichsam als reale „Vorform einer nichtbürgerlichen Gesellschaftsordnung, die nicht mehr auf den Grundsätzen des Individualismus, der Konkurrenz und des Vertrages beruht"[13]. Diesen ursprünglichen Prinzipien des Denkens und Handelns in der Arbeiterbewegung und den sie tragenden sozialkulturellen Milieus stellt er kritisch das späte Resultat des von den arbeitenden Klassen abgehobenen Reformismus und Etatismus der Partei- und Gewerkschaftsapparate gegenüber.

Es ist sicherlich eine Sache fortschreitender sozialgeschichtlicher Forschung, u. a. die unterschiedliche Bedeutung und Nachwirkung der verschiedenen Erfahrungs- und Orientierungsweisen weiter zu eruieren, die in der entstehenden Arbeiterbewegung in Deutschland etwa aus der hausindustriellen, aus der agrarisch-kollektivistischen und aus der handwerklich-zünftigen Produktions- und Lebenseinheit überkommen sind[14]. Ihrer sozialemanzipativen Grundströmung nach waren diese Sozialorientierungen in der entstehenden Arbeiterbewegung ohne Frage, wie wir wissen, zunächst ganz praktisch und nicht auf eine revolutionäre Machtstrategie ausgerichtet, sondern auf Rückgewinnung der Produktionsautonomie, auf erneut geregelte Reproduktion und friedliche Lebensbedingungen; auch der bestehende Staat geriet eher peripher, als mögliches Hilfsorgan eines zu schaffenden sozialkorporativen Sicherungssystems, in den Blick. Beherrschend wurde in der Tat das Prinzip der Solidarität — nicht nur als „Ideal", sondern auch als „Tatsache", wie Pirker schreibt, „als organisierte solidarische Selbsthilfe".

Gerade für die deutsche Entwicklung festzuhalten ist aber auch, daß selbst hier unter den zeitweise zugespitzten Bedingungen bürgerlich-feudaler Repression die Arbeiterbewegung nicht nur von Beginn an konstitutionalistisch und legalistisch orientiert war und blieb (darauf weist auch Pirker hin), sondern sich bereits in ihrer konkreten Politik, noch im Kaiserreich, zunehmend einliniger auf den Staat hin

---

13 In dem Artikel „Arbeiterkultur" (Anm. 9), S. 52 f.
14 Was bisherige Ansätze zur Erforschung der Entstehung, der Inhalte und Formen der Arbeiterkultur in Deutschland insgesamt betrifft, sei u. a. verwiesen auf: W. Jacobeit/U. Mohrmann (Hrsg.), *Kultur und Lebensweise des Proletariats*, Berlin (DDR) 1973; M. Fassler, *Gemeinschaft oder Herrschaft — Zerfallsgeschichte einer Utopie herrschaftsfreier Gesellschaft*, Gießen 1979; P. v. Rüden/K. Koszyk (Hrsg.), *Dokumente und Materialien zur Kulturgeschichte der deutschen Arbeiterbewegung 1848–1918*, Frankfurt a. M./Wien/Zürich 1979; Robert M. Berdahl u. a., *Klassen und Kultur. Sozialanthropologische Perspektiven in der Geschichtsbeschreibung*, Frankfurt a. M. 1982.

orientierte. Spätestens die zentralstaatlich gestützte Veranlagung industriellen Kapitals, die sie begleitenden infrastrukturellen sowie schließlich die sozialpolitischen Maßnahmen ließen die Möglichkeit einer positiven sozial-absichernden und zugleich historisch-transformatorischen Funktion des Staates denkbar erscheinen, führten schließlich bei gleichzeitiger Revolutionsrhetorik zu einer immer deutlicher staatsbezogenen Praxisorientierung innerhalb der Arbeiterbewegung, zur endgültigen Parlamentarisierung der Partei und zu einem endgültigen Abdrängen der frühen emanzipativen Gemeinschaftskonzepte in den subpolitischen Bereich von Gewerkschaften, Genossenschaften und Vereinswesen. Trotz aller herrschenden realen Widersprüche und theoretischen Kontroversen innerhalb der Arbeiterbewegung, trotz der schließlich im Ersten Weltkrieg entstehenden und über die Oktoberrevolution sich vertiefenden strategischen Kluft innerhalb der Führungsschicht setzte sich so — auch gegenüber allen noch folgenden spontanen Politisierungen alltäglicher Sozialstrukturen durch Streiks etc. sowie gegenüber allen fraktionellen Versuche einer bewußten Politisierung alter proletarischer Solidarstrukturen — schon in der Weimarer Republik diese spezifische staatsbezogene Praxisorientierung in der konkreten reformistischen Politik der Mehrheitssozialdemokratie vollends durch.

Gleichwohl: Die Arbeiterbewegung blieb — wie beschränkt auch die Chance einer Politik von unten her noch war — bis 1933 immerhin durch die große Breite und Vielfalt der sozialen Organisationen und Institutionen der Arbeiterkultur, die nahezu alle kollektiven Interessen abzudecken vermochten, in den arbeitenden Klassen selbst verwurzelt. Erst die Abkoppelung der politischen Organisationen der Arbeiterbewegung von diesen traditionellen Formen der Arbeiterkultur nach 1945, der erzwungene und geduldete Verzicht auf ihre Rekonstruktion, zugleich die Unterdrückung und Kanalisierung der dann doch von unten her spontan entstandenen Ansätze zu einer Arbeiter- und Volksbewegung sowie der schließlich verfügte politische Neuaufbau von oben und außen waren nach Pirker letzte Voraussetzungen dafür, daß das gesellschaftsgeschichtliche Ende der Arbeiterbewegung als großer sozialer Bewegung des Antikapitalismus absehbar wurde, daß eine Bürokratisierung und Funktionalisierung der politischen Organisationen der Arbeiterbewegung jenseits der arbeitenden Klassen, daß in der letzten Etappe ein abgehobener Etatismus und Reformismus möglich wurde, der Chancen der Veränderung nur mehr in der Teilhabe an staatlichen Strategien der Erneuerung und Modernisierung des Kapitalismus selbst sah — dies allerdings nach den frühen schweren Niederlagen von SPD und Gewerkschaften vor dem Hintergrund einer Entwicklung, während der, bedingt durch den Anstieg des materiellen Wohlstandes in der Bundesrepublik, sich insbesondere die die SPD und die Gewerkschaften tragenden Facharbeiterschichten rasch in das aufkommende Konsumdenken, in die herrschende Politik und Moral des Adenauer-Staates eingefügt hatten[15].

---

[15] Pirker weist in seinen Schriften immer wieder auf die hervorragende Bedeutung hin, die der qualifizierteste Teil der sich differenzierenden Arbeiterklasse, die entstehende Facharbeiterschaft, schon früh als Motor der Arbeiterbewegung gewonnen hatte. Die dabei insbesondere in Deutschland auf die Organisation und Politik der Arbeiterbewegung übertragenen handwerklich-zünftigen Erfahrungs- und Orientierungsweisen, eben die entstehenden Selbsthilfe-

Theo Pirker hat 1970 die ersten 25 Jahre Geschichte der Gewerkschaften in der Bundesrepublik bilanziert. Und er bilanziert dabei durchaus ihre Erfolge als „gut funktionierende Schutz- und Versicherungseinrichtung". Zugleich aber konstatiert er, daß weder die Sozialdemokratie noch die Gewerkschaften von ihrer bestehenden Verfassung her Anlaß böten, weiterhin von einer „Arbeiterbewegung" in der Bundesrepublik zu sprechen. Alles, was die Arbeiterbewegung als große soziale Bewegung ausgezeichnet habe, fehle nun[16]. Die sozial- und zeitgeschichtlichen Hinweise, die Pirker dort gibt, greift er in den Ausgangsthesen zum vorliegenden Band auf, erweitert und vertieft sie — das Fazit unterstreicht er.

Fortsetzung Fußnote 15
und Solidarformen, aber auch die hier wurzelnden eher autoritären Verhaltensmuster, insbesondere in der Partei, machten tatsächlich einen wesentlichen Teil der Stabilität, der Überlebens- und Kampffähigkeit der Arbeiterbewegung aus, zumal diese Verhaltensorientierungen bürgerlichen Denk- und Handlungsmustern zuwiderliefen. Allerdings — auch dies betont Pirker — war der qualifizierteste Teil der Arbeiterklasse auch früh in seinen Wünschen ausgerichtet auf eine Verbesserung seiner Lebenssituation in der bürgerlichen Gesellschaft selbst; er wollte mehr an Lohn, mehr an Konsum, mehr an Rechten, mehr an Bildung usw., und darin lag zweifellos früh eine Tendenz, über den Kampf um die Beseitigung entstandener Reproduktionsschwierigkeiten und der unmittelbar drückenden sozialen Probleme hinaus eine solche Teilhabe legalistisch und institutionell abzusichern, lag letztendlich die Tendenz zu einer Entpolitisierung der Arbeiterbewegung als sozialer Bewegung des Antikapitalismus.
Pirker sieht die daran ebenfalls früh sich festmachende radikaldemokratisch und/oder revolutionstheoretisch begründete Kritik von links her, Kritik am „Arbeiterreformismus", an der „Parlamentarisierung der Bewegung", an ihrer „Verbürgerlichung" etc. — so etwa von anarchistischen, syndikalistischen oder kommunistischen Positionen her geäußert — gleichwohl als eine Kritik an, die die Sache nicht eigentlich treffe, die „an der gesellschaftlichen Wirklichkeit und dem tatsächlichen Funktionieren der Arbeiterbewegung", wie sie entstanden sei, „vorbeigeht". Pirker kritisiert zwar die Abkoppelung der Apparate und Führungsspitzen von den arbeitenden Klassen, die Tendenz zu ihrer Verselbständigung. Keineswegs aber kritisiert er den Reformismus als politisches Prinzip, wie es sich früh mit dem Wunsch nach mehr Wohlstand, Bildung, Glück aus den arbeitenden Klassen selbst heraus, insbesondere aus der Facharbeiterschaft heraus, mit all seinen sicherlich widersprüchlichen Folgen für das Selbstverständnis und die Zielsetzungen der Arbeiterbewegung durchgesetzt hat. Pirker weigert sich, wie er immer wieder äußert, hier seinerseits etwa in „intellektualistischen" Konzepten — ob radikaldemokratisch-revolutionär oder Avantgarde-orientiert — einen Ausweg für sozialistische Politik zu sehen. Sozialistische Politik muß s. E. von unten her, aus den arbeitenden Klassen selbst heraus, ihre Politik- und Machtfähigkeit erweisen.
So hat Pirker zwar immer die noch in der Erneuerung und technologischen Modernisierung des Kapitalismus liegenden Chancen für die Verbesserung der sozialen Lage, der Arbeitsverhältnisse und Beteiligungsformen der arbeitenden Klassen zu eruieren versucht, auch und gerade in der Anwendung empirischer Sozialforschung; vgl. als Beispiel dafür: Theo Pirker u. a., *Arbeiter, Management, Mitbestimmung. Eine industriesoziologische Untersuchung der Struktur, der Organisation und des Verhaltens der Arbeiterbelegschaften in Werken der deutschen Eisen- und Stahlindustrie*, Stuttgart/Düsseldorf 1955; ders. (Gesamtprojektleitung), *Schreibdienste in obersten Bundesbehörden. Eine vergleichende Untersuchung*, Frankfurt a. M./New York 1981. Zugleich aber hat er sich — aus seinen eigenen politischen Erfahrungen wie aus dem Studium der Geschichte der Arbeiterbewegung heraus — gegen jegliche Spielarten von Avantgarde-Konzepten und einlinigen marxistischen Theorien, vor allem aber gegen Theorie und Praxis des Leninismus gewandt; vgl. in dem Zusammenhang u. a. Theo Pirker (Hrsg.), *Die Moskauer Schauprozesse 1936–1938*, München 1963; ders., *Utopie und Mythos der Weltrevolution*, Stuttgart 1964.
16 Pirker, Die westdeutschen Gewerkschaften (Anm. 12), S. 280 ff.

3. Ökonomische Krise und Verstaatlichung der Arbeiterbewegung: Zu diesem Band

Nahezu alle Beiträge dieses Bandes sowie der Diskussionsband selber sind eigens entstanden, Theo Pirker zu ehren. Anlaß war sein sechzigster Geburtstag. Von Mitstreitern und Kollegen, von Verfechtern und Kritikern seiner Thesen getragen, ist der Band dennoch keine Festschrift im üblichen Sinne. Er ist eher angelegt, über die Auseinandersetzung mit den Arbeiten und Thesen Pirkers in die laufende wissenschaftliche und politische Diskussion einzugreifen, Kontroversen nicht zu scheuen. Der Band versammelt — zum großen Teil unter direktem Bezug auf die Arbeiten und Thesen Pirkers — neue Argumente, Studien und Forschungsbeiträge zur Geschichte der Arbeiterbewegung in Deutschland, Versuche ihrer Neueinschätzung und Neubewertung bis hin zur Analyse der jüngeren Entwicklungen in West und Ost. Die meisten der Beiträge sind aus Forschungszusammenhängen des Berliner Zentralinstituts für sozialwissenschaftliche Forschung heraus entstanden, das Theo Pirker heute als Institutsratsvorsitzender leitet.

Es ist klar, daß sich mit den Arbeiten und Thesen Pirkers ein weites Feld der Kritik, des Fragens und Nachfragens öffnet. Der vorliegende Band konzentriert sich in der Mehrzahl der Beiträge insbesondere auf die historisch-gesellschaftliche und -politische Entwicklung in Deutschland unmittelbar nach dem Zweiten Weltkrieg, und er konzentriert sich hier, auch wenn einige Beiträge die Entwicklung in der sowjetischen Besatzungszone und dann in der DDR zum Thema haben, besonders auf die frühe Entwicklung in den Westzonen und in der Bundesrepublik mit ihren weitreichenden Folgewirkungen für die gegenwärtige Situation der Arbeiterbewegung hier. Der Band knüpft an zentrale Fragezusammenhänge Pirkers an, versucht seine Analysen über neuere Forschungserträge zu ergänzen, zu vertiefen, zu differenzieren oder auch über neue Fragestellungen zu erweitern. So wird in mehreren Beiträgen u. a. die Bedeutung der Besatzungsmächte im Zusammenhang mit der Rekonstitution und Reorganisation der Arbeiterbewegung unmittelbar nach dem Zweiten Weltkrieg genauer untersucht. In den Blickpunkt geraten konkrete Macht- und Ereigniszusammenhänge im Kontext von deutscher Frage, Mobilisierung des Antikommunismus und politischer Neuordnung. Untersucht werden das entstehende Parteienspektrum und das Scheitern linker Sammlungsbewegungen zwischen SPD und KPD/SED, untersucht werden die Bedingungen der Fortexistenz der klassen- bzw. konfessionsgebundenen Milieus der Arbeiterbewegung zwischen ihrem sozialdemokratischen und kommunistischen sowie ihrem katholischen Teil.

Auf der anderen Seite können in diesem Diskussionsband — und dies bleibt den spezifischen Entstehungsbedingungen einer Festschrift geschuldet — wichtige andere Fragezusammenhänge nur mittelbar oder teilweise aufgegriffen werden, oder sie bleiben ganz ausgespart. Das gilt für eine Reihe von Fragen zur Frühgeschichte der Arbeiterbewegung, insbesondere zur Entstehungsgeschichte der Arbeiterkultur, Fragen zur Wirkungsgeschichte der Spaltung der Arbeiterbewegung, zur Entwicklung von Arbeiterbewegung und Arbeiterkultur in der Weimarer Republik, zu den Nachwirkungen ihrer Zerschlagung bzw. Transformation im Nationalsozialismus u. a. m.

Dabei ist die Wichtigkeit solcher Aspekte nicht nur evident im Hinblick auf eine sozialwissenschaftliche Historiographie der Entwicklung der Arbeiterbewegung in Deutschland unmittelbar nach dem Zweiten Weltkrieg, sondern auch im Hinblick auf den Versuch einer Einschätzung jüngerer und jüngster Entwicklungen (auf die wir uns im folgenden stärker konzentrieren wollen), gedrängt vor allem durch die Frage, inwieweit die von Theo Pirker beschriebenen Entwicklungsprozesse und -tendenzen unter den veränderten Bedingungen der Gegenwart, der tiefgreifenden ökonomischen Krisenentwicklung und der erkennbaren staatlichen Reaktionsformen darauf eine Repolitisierung der verbliebenen Organisationen der Arbeiterbewegung ausschließen. Bleibt die SPD jene angepaßte Staatspartei, die — wie es Pirker formuliert[17] — seit Godesberg endgültig ihren alten Widerspruch zwischen ,,demonstrativer Radikalität und biederer Honorigkeit" aufgegeben hat? Bleiben die Gewerkschaften nurmehr jene große ,,Schutz- und Versicherungseinrichtung der Arbeitnehmer der Bundesrepublik", jene ,,Mischung von Zünftelei und Monopol"[18], als die sie Pirker heute kritisiert? Die meisten der im 5. Teil des Diskussionsbandes abgedruckten Beiträge zur Entwicklung von Gewerkschaften und Sozialdemokratie in den fünfziger, sechziger und siebziger Jahren sind in ihren Analysen implizit durch diese aktuelle Frage mitbestimmt.

Dabei haben sie zu berücksichtigen, daß der Prozeß der von Pirker beschriebenen bürokratischen und funktionalistischen Einpassung von Sozialdemokratie und Gewerkschaften in den erneuerten Kapitalismus der Bundesrepublik neben der Seite langer innergewerkschaftlicher und innerparteilicher Auseinandersetzungen und Machtkämpfe zugleich und vor allem die äußere Seite jener Anpassungszwänge hatte, die durch die mit der Rekonstruktion des Kapitalismus restaurierten bzw. sich neu entfaltenden gesellschaftlichen Macht- und Kräfteverhältnisse entstanden waren, von Anpassungszwängen aber auch, die sich schließlich mit den veränderten Anforderungen durch den Staat an das politische System, durch Wandlungen der staatlichen Interventions- und Steuerungsleistungen im Zuge der Modernisierung des Kapitalismus, der Krisenprophylaxe sowie — in jüngster Zeit — der Krisenmoderation ergaben. In dem Zusammenhang ist der Prozeß der ,,Verstaatlichung" der Parteien zu sehen, in den die Sozialdemokratie einbezogen wird, ein Prozeß, für den die weitgehende Finanzierung der Parteien durch den Staat symptomatisch wird. In dem Zusammenhang auch ist die Tendenz zur endgültigen Auflösung der aus dem 19. Jahrhundert überkommenen klassen- und konfessionsgebundenen sozialkulturellen Milieus und der auf sie gegründeten politischen Lager zu sehen, der Versuch der Parteien, zu ,,Volksparteien" zu werden. Denn die großen politischen Parteien vollziehen ja in je unterschiedlicher Weise tendenziell eine Wandlung von Massenintegrationsparteien auf Klassen- und Konfessionsbasis hin zu Integrations- und Apparatparteien; sie werden schließlich zu ,,Schaltstationen zwischen Bevölkerung und Regierungsapparat" (O. Kirchheimer), zu ,,staatlichen Hilfsorganen" — schon die Par-

---

17 So in: *Die SPD nach Hitler* (Anm. 7), S. 284.
18 Diese Formulierung gebraucht Pirker im Vorwort zu: Manfred Wilke, *Die Funktionäre. Apparat und Demokratie im Deutschen Gewerkschaftsbund*, München 1979, S. 13.

teiensoziologie der fünfziger und sechziger Jahre hat diesen Wandlungsprozeß zu beschreiben versucht.

Die dabei im Kontext staatlicher Steuerung und kapitalistischer Krisenregulierung für die großen Parteien — auch und gerade für die SPD im Zuge ihrer Regierungsbeteiligung — entstehenden organisationspolitischen Folgen hat Mitte der siebziger Jahre J. Raschke zu identifizieren gesucht[19]. Er spricht in dem Zusammenhang von einer notwendigen parteiinternen „Arbeitsteilung", damit „Volksparteien ihre spezifische Leistung für das System des fortgeschrittenen Kapitalismus" erbringen können: Die „Partei im Staatsapparat" fungiere vor allem im politisch-administrativen System, in dem sie Steuerungsfunktionen gegenüber dem ökonomischen System zu erfüllen habe; die „Partei außerhalb des Staatsapparates" fungiere im legitimatorischen System, in dem sie sich um Legitimationsbeschaffung teils für das System als Ganzes, teils für ihre Vertretung im Staatsapparat bemühe. Da das politisch-administrative System, global gesprochen, „mit der Bearbeitung des Widerspruchs zwischen der administrativ vergesellschafteten Produktion und einer nach wie vor privaten Aneignung und Verwendung des Mehrwerts" befaßt sei, dieser „potentiell systemsprengende Widerspruch ... aber nicht zum Gegenstand der Willensbildung im legitimatorischen System gemacht werden" dürfe, sei „die Autonomie der Partei im Staatsapparat gegenüber der Partei außerhalb des Staatsapparates ein funktionales Systemerfordernis".

R. Stöss, P. Müller und H. Kastendiek unternehmen es in ihren Beiträgen zu diesem Band, solche Thesen zu differenzieren: über eine genauere Untersuchung der konkreten Entwicklungslinie der Parteien und der Etablierung des Parteiensystems in der Bundesrepublik, über eine Untersuchung der Geschichte des „Volkspartei"-Konzepts der SPD und seiner Verwirklichungsversuche sowie über eine Analyse der mit der Regierungsbeteiligung der SPD entstehenden Struktur- und Organisationsprobleme der nun vollends „staatstragenden Arbeitnehmerpartei". Dabei geht es u. a. um die Rückwirkungen der Regierungsbeteiligung der SPD auf das Verhältnis von Partei und Gewerkschaften, um die Frage, inwieweit auch die Gewerkschaften in den Prozeß staatlicher Steuerung und zunehmend notwendiger Krisenregulierung einbeziehbar waren und sind.

Diese Frage ist in allgemeiner Form Ende der siebziger/Anfang der achtziger Jahre insbesondere in der sogenannten Korporatismus-Debatte erörtert worden. Da ihr Thema in einer Reihe von Aspekten eine Variation und — bezogen auf die neuere Entwicklung der Arbeiterparteien und Gewerkschaften in den hochentwickelten kapitalistischen Industrieländern — eine spezifische Konkretion des Themas vom „Ende der Arbeiterbewegung" darstellt, sei in dem Zusammenhang an einige Argumente und Hinweise dieser Debatte erinnert. In den Blick gerieten im weitesten Sinne die Formen des über die soziale und politische Integration der Arbeiterparteien und Gewerkschaften quasi institutionalisierten „Klassenkompromisses", d. h. jene Formen einer institutionellen und politischen Stillegung der Klassenauseinandersetzungen, die sich über lange Jahre des relativ ungebrochenen ökonomischen Wachstums und

---

[19] Joachim Raschke, *Innerparteiliche Opposition*, Hamburg 1974, S. 31.

der Prosperität herausgebildet hatten und die sich nun unter den Bedingungen der Stagnation und Krise verändert haben. Eingelagert in eine breite internationale Diskussion, rückten dabei — allerdings zumeist mehr implizit als explizit — neben Fragen nach den gesellschaftsgeschichtlichen und historisch-politischen Bedingungen der Herausbildung der in den Ländern des entwickelten Kapitalismus unterschiedlichen Strukturen einer Installierung und Regelung der Klassenauseinandersetzungen u. a. Fragen nach den Formen der Verrechtlichung, aber auch nach den informellen Formen der Kooperation von Staat, organisiertem Kapital, Arbeiterparteien und Gewerkschaften ins Blickfeld — auch hier vor dem Hintergrund der ökonomischen Krisenentwicklung der vergangenen Jahre und der Probleme der Krisenbewältigung heute[20].

In der außerdeutschen Diskussion hat in zugespitzter Form L. Panitsch die Tendenz zu einem erneuten „corporatism" als „politische Struktur" und „Strategie" im entwickelten Kapitalismus beschrieben, deren bestimmendes Moment letzten Endes die Integration der organisierten Arbeiterklasse in den Staat, *state control over labour*, sei[21]. In seinen Untersuchungen zur Herausbildung korporativer Strukturen hebt Panitsch insbesondere auf die ökonomische und politische Entwicklung nach dem Zweiten Weltkrieg in jenen liberal-demokratischen kapitalistischen Ländern Europas ab, in denen die Einkommenspolitik zu einem wesentlichen Planelement staatlicher Wirtschaftspolitik wurde. Wahlerfolge der Parteien der Arbeiterklasse nach 1945, zunehmende Staatsintervention in Form ökonomischer Wachstumspolitik als Vollbeschäftigungspolitik, schließlich die gleichzeitige ideologische Nähe zum korporativen Denken bei Katholizismus, Konservatismus und Sozialdemokratie, den herrschenden ideologischen Strömungen in diesen Ländern, seien wichtige Voraussetzungen der Einbindung der organisierten Arbeiterklasse, insbesondere der Gewerkschaften, in die staatliche Wirtschaftspolitik gewesen. Ähnlich hat C. Crouch

---

[20] Einen Überblick über die Korporatismus-Debatte in der Bundesrepublik und ihre Einbettung in die internationale Diskussion geben die Aufsätze von Ulrich v. Alemann/Rolf G. Heinze, Neo-Korporatismus. Zur neuen Diskussion eines alten Begriffs, in: *Zeitschrift für Parlamentsfragen*, Jg. 10 (1979), S. 469 ff., sowie — deutlicher kritisch angelegt und ausführlicher noch in der Darstellung der außerdeutschen Diskussionsentwicklung und ihrer wichtigen Positionen (insbesondere in England) — von Hans Kastendiek, Neokorporativismus? Thesen und Analyse-Konzepte in der westdeutschen Diskussion und in der internationalen „corporatism"-Debatte, in: *Probleme des Klassenkampfs*, H. 38, 10. Jg. (1980), S. 81 ff. Es hat eine Reihe von internationalen Konferenzen zu dieser Thematik stattgefunden, und es sind einige Sammelpublikationen erschienen, so der Band von U. von Alemann/R. G. Heinze (Hrsg.), *Verbände und Staat. Vom Pluralismus zum Korporatismus,* Opladen 1979, von Philippe C. Schmitter/Gerhard Lehmbruch (Hrsg.), *Trends Toward Corporatist Intermediation,* Beverly Hills/London 1979, sowie von U. von Alemann (Hrsg.), *Neokorporatismus,* Frankfurt a. M./New York 1981. Vgl. dazu auch die Ausführungen in: Rolf Ebbighausen, *Politische Soziologie. Zur Geschichte und Ortsbestimmung,* Opladen 1981, S. 199 ff., an die im folgenden angeknüpft wird.

[21] So Panitsch in einem Paper für den 9. Weltkongreß der Soziologie, *Recent Theorizations of Corporatism. Reflections on a Growth Industry,* Uppsala, August 1978, hier pointierter noch als in seinem früheren Aufsatz „The Development of Corporatism in Liberal Democracies", in: *Comparative Political Studies,* Bd. 10, April 1977, S. 61 ff.

für Großbritannien die Herausbildung solcher Züge von corporatism unter dem Aspekt der staatlichen Einflußnahme auf die industriellen Beziehungen aufgewiesen[22].

Während in den meisten Beiträgen zur Korporatismus-Debatte eine durchgängige Stabilität bzw. ein generell stabilisierender Effekt solcher korporativen Strukturen im Rahmen veränderter staatlicher Steuerungspolitik unterstellt wird, zeigen Panitsch und – noch deutlicher – Crouch, bezogen auf die Entwicklung in Großbritannien, allerdings auch erkennbare Schwankungen und Veränderungen in der tripartistisch organisierten Einkommenspolitik auf, einen Wechsel zwischen ihrer Einführung, ihrem Scheitern und ihrer Wiedereinführung, nicht nur in Abhängigkeit davon, ob Labour oder Konservative an der Regierung waren, vielmehr auch in Abhängigkeit von der Kräfteposition der Gewerkschaften, von der Bereitschaft der Gewerkschaftsführungen, solche Politik mitzutragen, von entstehenden Widersprüchen zu den Mitgliederinteressen etc. Crouch unterscheidet dabei in der Organisation und Gestaltung der Politik der industriellen Beziehungen generell zwischen einer eher „liberalen" und einer eher „corporatistischen" staatlichen Politik, wobei s. E. eine eher „liberale" Ausrichtung der Politik je nach der Stärke gewerkschaftlicher Positionen zwischen „free collective bargaining" und „Neo-laissez-faire" angesiedelt ist, eine eher „corporatistische" Politik zwischen hartem, staatlich organisiertem „corporatism" und „bargained corporatism", bei dem die Zustimmung der Gewerkschaften und Zugeständnisse an sie Voraussetzung bleiben[23].

Hans Kastendiek hat diesen Typologisierungsversuch von Crouch, durchaus im Bewußtsein seines eingegrenzten analytischen Stellenwerts, zur Beschreibung von Entwicklungsphasen staatlicher Gewerkschaftspolitik in der Bundesrepublik herangezogen[24]. Zu Recht kritisiert er in dem Zusammenhang solche Beiträge zur Korporatismus-Debatte, besonders von links her, die die Gewerkschaftspolitik der Großen Koalition und auch noch der sozialliberalen Koalition schlicht als bloße Variante der Verwirklichung der CDU-Strategie der „Formierten Gesellschaft" begreifen. Während es der Strategie der „Formierten Gesellschaft" um eine erneute Stärkung des Staates und des Kapitals, d. h. um eine Zurückdrängung der Gewerkschaften gegangen sei (in den Worten Crouch's eine Strategie des Neo-laissez-faire, verbunden mit autoritär-korporatistischen Elementen), habe jedenfalls die SPD-Gewerkschaftspolitik während der Großen Koalition und schließlich der sozialliberalen Koalition nicht vorab auf eine Schwächung der Gewerkschaften gezielt. Zu Recht weist Kastendiek darauf hin, daß es im Unterschied zu anderen europäischen Ländern in der Bundesrepublik hier zum ersten Mal um eine gezielte politische „Etablierung von Verhandlungsstrukturen zwischen Gewerkschaften, Kapitalorganisationen und Staat" ging, daß sich hier über ein deutlich erhöhtes Maß an staatlicher Kooperationsbereitschaft „ein Wendepunkt im Verhältnis Gewerkschaften–Staat" ausmachen läßt, ein Wendepunkt, der allerdings spezifischen ökonomischen Erfordernis-

---

22 Collin Crouch, *The Politics of Industrial Relations*, London/Glasgow 1979. Vgl. dazu auch seine frühere Publikation *Class Conflict and the Industrial Relations Crisis. Compromise and Corporatism in the Politics of the British State*, London 1977.
23 Crouch, *The Politics of Industrial Relations*, S. 179 ff.
24 Hans Kastendiek, Neokorporativismus (Anm. 20), S. 98 ff.

sen entsprang, wie die wirtschaftspolitische Funktion der „Konzertierten Aktion" erwies[25]. Mit dem Scheitern der sozialliberalen Reformpolitik, mit dem erneuten Anwachsen der ökonomischen Probleme in den siebziger Jahren, angesichts des zunehmend begrenzten Handlungs- und Befriedungsspielraums staatlicher Politik und schließlich mit dem Wechsel zur konservativen Regierung scheint erneut auch die korporative Einbindung der Gewerkschaften deutlicher infragegestellt zu sein. Zwar haben wir gesehen: Die institutionalistische Orientierung der Gewerkschaften hat tiefe, weit zurückreichende Wurzeln im Reformismus der deutschen Arbeiterbewegung, in ihrem Legalismus und Etatismus. Auch nach den teilweise negativen Erfahrungen mit der „Konzertierten Aktion" und noch nach dem Scheitern der sozialliberalen Reformpolitik haben die Gewerkschaftsführungen an dieser institutionalistischen Orientierung festgehalten: Der von ihnen mitgetragene und z. T. beförderte Prozeß der Verrechtlichung nicht nur der industriellen Beziehungen, sondern des gesamten Einflußfeldes gewerkschaftlicher Politik möglichst auf allen Ebenen — hierauf läuft z. B. das DGB-Konzept gesamtwirtschaftlicher Mitbestimmung mit seiner Forderung nach Institutionalisierung von paritätisch besetzten Wirtschafts- und Sozialräten auf Bundes-, Landes- und Regionalebene hinaus — bestätigt das. Die relative gesellschaftliche und politische Mächtigkeit, die die Gewerkschaften als große „Schutz- und Versicherungseinrichtung" erlangt zu haben schienen, ließen diese institutionalistische Orientierung als Politik der Absicherung bzw. der reformerischen Durchsetzung von Schutz- und Sicherungsrechten für die Arbeitnehmer in Wirtschaft und Staat durchaus auch unter Klassengesichtspunkten erfolgreich erscheinen[26]. Kein Wunder, daß die stärkere korporative Einbindung der Gewerkschaften durch den Staat mit der Etablierung der sozialliberalen Regierung in Anbetracht dieser ihrer Einflußstrategie keineswegs mit ihrer Politik selbst kollidierte, zumal angesichts des hohen Maßes an staatlicher Kooperationsbereitschaft, das die von SPD und FDP geplante ökonomische Modernisierungs- und Strukturpolitik notwendig

---

25 Ebd., S. 101.
26 Zur Darstellung dieser Entwicklung und zur kritischen Auseinandersetzung mit diesem Selbstverständnis der Gewerkschaften im Rahmen der neueren wissenschaftlichen Diskussion vgl. neben den Arbeiten Pirkers u. a. Joachim Bergmann/Otto Jacobi/Walther Müller-Jentsch, *Gewerkschaften in der Bundesrepublik,* Frankfurt a. M./Köln 1975; Frank Deppe, *Autonomie und Integration. Materialien zur Gewerkschaftsanalyse,* Marburg 1979; W. Müller-Jentsch, Zum Verhältnis von Staat und Gewerkschaften, in: Claudio Pozzoli (Hrsg.), *Rahmenbedingungen und Schranken staatlichen Handelns,* Frankfurt a. M. 1976, S. 150 ff.; ders., Die Neue Linke und die Gewerkschaften, in: *Das Argument,* 107, 20. Jg., S. 17 ff.; Eberhard Schmidt, Grenzen staatlicher Intervention in den Prozeß der Klassenauseinandersetzungen. Zur Entwicklung der westdeutschen Gewerkschaften unter den Bedingungen staatlicher Einkommenspolitik, in: Pozzoli (Hrsg.), *Rahmenbedingungen,* S. 143 ff.; Rolf Seitenzahl, *Einkommenspolitik durch Konzertierte Aktion und Orientierungsdaten,* Köln 1974; ders., *Gewerkschaften zwischen Kooperation und Konflikt. Von einer quantitativen Tariflohnpolitik zur umfassenden Verteilungspolitik,* Frankfurt a. M./Köln 1976. Vgl. außerdem die Literaturhinweise von H. Reister in seinem Beitrag zu diesem Band.

machte[27]. Die korporativen Verhandlungsstrukturen sind allerdings geblieben, auch nachdem solche Modernisierungs- und Strukturpolitik jenseits aller gleichzeitigen reformerischen Intentionen zunehmend in eine immer engere Krisenbewältigungspolitik gemündet ist. J. Esser et al. haben in ihrer Studie über die Versuche zur Krisenlösung in der saarländischen Stahlindustrie aufgezeigt, daß und in welcher Weise solche Verhandlungsstrukturen — in dem Fall auf Regional- und Branchenebene — unter dem entstandenen sozialen und politischen Problemdruck in einem informellen Krisenkartell („politischen Regulierungskartell") von Unternehmern, zuständigen staatlichen Stellen und den betroffenen Gewerkschaften endeten, dessen Logik nurmehr in der von der Gewerkschaft mitgetragenen, von ihr schließlich als „erträglich" eingestuften Konsequenz zu suchen war, Lösungen zu finden, die ihrer *Kernmitgliederschaft* möglichst geringe Krisenfolgen aufbürdeten — zu Lasen der übrigen Betroffenengruppen innerhalb der organisierten und nichtorganisierten Arbeiterschaft[28].

Partiale Krisenlösung, weitere Fragmentierung der Arbeiterklasse: Ohne Frage ist ein gesellschaftlicher und politischer Stabilisierungseffekt solcher korporativen Einbindung der Gewerkschaften in die staatliche Krisenpolitik bis heute vorhanden. In Richtung einer Stabilisierung deutet auch die generell fortbestehende institutionalistische Orientierung der Gewerkschaften. In der jüngeren Debatte ist außerdem auf die zusätzliche Stabilisierungsfunktion der gegen die Gewerkschaften eingeführten spezifischen Organisation der industriellen Beziehungen in der Bundesrepublik hingewiesen worden, d. h. rechtlich-institutionellen Trennung von Betriebsverfassung und Tarifautonomie mit der Konsequenz nicht nur eines zweistufigen Systems der Interessenvertretung, der gleichzeitigen institutionellen und organisatorischen Trennung der betrieblichen von der gewerkschaftlichen Interessenvertretung, sondern auch der begrenzten Nutzungsmöglichkeit gewerkschaftlicher Kampfmittel, insbesondere des Streiks[29].

Aber: So augenscheinlich der gesellschaftliche und politische Stabilisierungseffekt korporatistischer Züge und Strukturmomente auch und gerade in Zeiten verschärfter Krisen und notwendiger Krisenbewältigung ist, bleibt dieser Effekt eben abhängig von der Erhaltung und Stabilität solcher Strukturen selbst. Und es ist ab-

---

27 Zum Konzept dieser ökonomischen Modernisierungs- und Strukturpolitik unter dem Einfluß sich verstärkender Krisenerscheinungen in der ersten Hälfte der siebziger Jahre vgl. u. a. Volker Hauff/Fritz W. Scharpf, *Modernisierung der Volkswirtschaft. Technologiepolitik als Strukturpolitik*, Frankfurt a. M./Köln 1975. Zur Kritik daran: Wolf-Dieter Narr/Claus Offe, Was heißt hier Strukturpolitik? Neokorporativismus als Rettung aus der Krise, in: *Technologie und Politik*, 6, Dez. 1976, S. 5 ff.
28 Vgl. Josef Esser et al., Krisenregulierung — Mechanismen und Voraussetzungen, am Fall der saarländischen Stahlkrise, in: *Leviathan*, 7. Jg. (1979), S. 79 ff. Siehe außerdem: ders./Wolfgang Fach, *Internationale Konkurrenz und selektiver Korporatismus*, Beitrag für die 10. Tagung des Arbeitskreises Parteien/Parlamente/Wahlen der DVPW, Neuss, Febr. 1979.
29 Vgl. dazu u. a. die Beiträge von Wolfgang Streeck, „Gewerkschaftsorganisation und industrielle Beziehungen. Einige Stabilitätsbedingungen industriegewerkschaftlicher Interessenvertretung und ihre Lösung im westdeutschen System der industriellen Beziehungen", und von Walther Müller-Jentsch, „Neue Konfliktpotentiale und institutionelle Stabilität", sowie die Replik von W. Streeck auf den Beitrag von Müller-Jentsch in: *Politische Vierteljahresschrift*, 20. Jg. (1979), S. 241 ff., 268 ff. u. 280 ff.

zuwarten, ob solche Strukturen durch Druck von unten nicht dann zunehmend infragegestellt werden, wenn die Verteilungs- und Befriedungsspielräume im Rahmen solcher Krisenpolitik immer kleiner und die eingetretenen Störungen des Akkumulationsprozesses immer schwerer reparierbar werden, d. h. wenn sich der institutionalisierte wie der informelle Verhandlungskorporatismus zunehmend als unzureichend erweisen, einer Verschlechterung der materiellen Lage wachsender Teile der Arbeiterschaft entgegenzuwirken, wenn schließlich auch die die Gewerkschaften und die Sozialdemokratie tragenden Kernmitgliederschaften selbst Betroffene werden.

4. Krise und Kritik: Nachfragen zur Situation der Arbeiterbewegung und zur „Krise des Marxismus" heute

Die Kritik am ökonomistischen Reduktionismus mancher „marxistischer" Einschätzungen hat heute analytische Vorsicht zur Folge. Die erhebliche Bedeutung intervenierender kultureller Faktoren im weitesten Sinne ist unbestritten — nicht zuletzt die neuere gesellschaftsgeschichtlich orientierte Erforschung der Frühformen der Arbeiterkultur und der international unterschiedlichen Entwicklungen der Arbeiterbewegung hat dazu beigetragen. Immerhin: Mit Blick auf die ökonomische und politische Gegenwartsentwicklung hat auch die These, daß der gesellschaftliche Entwicklungszusammenhang in den hochindustrialisierten kapitalistischen Ländern heute nicht mehr in erster Linie als *ökonomisch* vermittelter *Krisen*zusammenhang interpretierbar sei, daß damit gleichsam vorab die Anwendungsbedingungen der Marxschen Kritik der politischen Ökonomie entfielen, ihre empirische Evidenz, die sie in den sechziger Jahren haben mochte, eingebüßt. Sie scheint erneut von der Realität überholt worden zu sein: Heute offenbarer denn je, hat sich das hochveranschlagte ökonomische Regulierungspotential der Staaten im entwickelten Kapitalismus als außerordentlich begrenzt erwiesen — angesichts der Folgen der veränderten internationalen Arbeitsteilung, der Folgen der Rohstoffverknappungen, der Grenzen der Naturausbeutung und -belastung, der Folgen der beschleunigten Technologieentfaltung sowie nicht zuletzt angesichts der spezifischen militärisch-strategischen Handlungsprämissen, die der regional vervielfachte Ost-West-Gegensatz produziert. Und diese Kumulation veränderter Bedingungen der Kapitalentfaltung hat zu staatlich kaum mehr bewältigbaren tiefgreifenden ökonomischen Strukturkrisen in Branchen und Regionen auch der hochentwickelten Industrieländer, zu generellen Wachstums- und Investitionsproblemen, zur zunehmenden geldwirtschaftlichen Vermögenssicherung der großen Kapitale geführt — das wiederum mit der Folgewirkung steigender Massenarbeitslosigkeit, von konservativen Kurswendungen der Wirtschaftspolitik, von Reparaturversuchen über den Abbau sozialstaatlicher Leistungen, insgesamt einer zunehmenden politischen Abwälzung der Krisenlasten auf die Arbeiterschaft und andere sozial schwache Teile der Bevölkerung.

Ist damit aber nicht — bei aller vorsichtigen Einschätzung — auch eine erneute Politisierung der fortbestehenden Organisationen der Arbeiterbewegung von unten her, zumindest bei Betroffensein von Teilen auch der Stamm- bzw. Kernmitgliederschaften, d. h. auch der Facharbeiterschaft, gleichsam vorprogrammiert? Deuten nicht bereits eine veränderte Stimmung an der Basis, veränderte innergewerkschaftliche Diskussionen und gewandelte Kampfformen bei den jüngeren Tarifkonflikten, manche spontanen Reaktionsformen auf betrieblicher Ebene u. a. m. darauf hin – nicht ohne Rückwirkungen auch auf die Politik der Gewerkschaftsspitzen, wie u. a. die Veränderungen im Verhältnis von Gewerkschaften und Sozialdemokratie schon vor dem Regierungswechsel gezeigt haben? Mit anderen Worten: Steht der gesellschaftsgeschichtlich gewachsene Klassenkompromiß in seinen entpolitisierten Formen der institutionellen Teilhabe angesichts der zunehmend deutlicheren und nach dem Regierungswechsel nun gezielten Politik der einseitigen Abwälzung der Krisenlasten vor der Auflösung? Kommt es zu einer politischen Infragestellung lange akzeptierter Rituale der Kompromiß- und Entscheidungsfindung von unten her, auch auf der Ebene der Tarifauseinandersetzungen und der Ebene staatlicher Politik? Kommt es zu Wandlungen des Bewußtseins und des politischen Verhaltens in der Arbeiterschaft, auch und gerade in den Gewerkschaften? Sind hier Folgewirkungen für die Sozialdemokratie absehbar?

Die Antworten, die aufgrund empirischer Forschung in einer Reihe von Beiträgen zu diesem Band gegeben werden, mahnen eher zur Skepsis. Die etwa von H. Reister zu Recht hervorgehobene Bedeutung gerade der betrieblichen Ebene für Krisenbewußtsein und gewerkschaftliches Handeln, die dort erkennbare Tendenz zu einer „Kleinarbeitung" von Konfliktpotentialen auch und gerade im Rahmen gemeinsam verantworteter betrieblicher Krisenbewältigungsstrategien unter dem Motto, „den Betrieb und seine Rentabilität erhalten", die fragmentierte Interessenvertretung der Gewerkschaften, die Verschärfung der Konkurrenz der Lohnarbeiterfraktionen und der einzelnen Lohnarbeiter untereinander in der Krise – alle diese Tendenzen und Erscheinungen belegen weiterhin eher die These, daß in der Krise zunächst eine Einschränkung politischen Handelns zu erwarten ist und damit eine nur geringe Chance gewerkschaftlicher Mobilisierung von unten her. Hinzu kommen generationsspezifisch veränderte Reaktionsformen heute. Das gilt für die Gewerkschaften und für die Sozialdemokratie.

Denn es haben ja in den letzten Jahrzehnten tiefgreifende sozialökonomische und sozialkulturelle Wandlungsprozesse stattgefunden, die die arbeitenden Klassen in ihren Verhaltens- und Bewußtseinsformen verändert haben, in Zusammenhang mit der Technologieentfaltung und der Veränderung der Arbeitsorganisation im Produktionsbereich, aber auch im gesamten Reproduktionsbereich: Mit dem in den langen Phasen des Wirtschaftswachstums und der Prosperität erfolgten Anstieg der Einkommen, mit der lange unproblematischen sozialökonomischen Absicherung einmal erlangter Berufsqualifikationen und Arbeitsplätze waren höhere Anspruchsniveaus auch im Bereich der Familie, des Wohnens etc. verbunden, die gleichermaßen ihre Auswirkungen auf politisches Bewußtsein und Verhalten zeitigten. Einige Beiträge im letzten Teil dieses Bandes fragen hier nach. Und sie fragen weiter: Was ist angesichts dieser tiefgreifenden Wandlungsprozesse nun unter den Bedingungen der ökonomischen Stagnation und Krise, der Gefährdung solcher sozialen Standards, an politischen Reaktionsweisen von den arbeitenden Klassen zu erwarten? Wie weit überhaupt geht ihre Schicht- bzw. Klassenidentifikation noch, verstärkt sie sich unter diesen Bedingungen wieder? Zeitigt die ökonomische Krisenentwicklung seit Mitte der siebziger Jahre hier noch längerfristige Wirkungen in Richtung einer erneut deutlicheren Politisierung?

Denn soviel ist klar: Das allgemeine Krisenbewußtsein ist angewachsen und mit ihm die Schärfe der öffentlich geführten politischen Kontroversen um die Formen und Lasten der Krisenbewältigung. Erschien noch Mitte der siebziger Jahre trotz ihrer oppositionellen Haltung gegenüber der damaligen Politik konservativen Beobachtern (auch in der Wissenschaft) der Gesellschaft und dem Staat „die Krise" mehr „aufdiskutiert" als „real" — von linken, marxistischen Kritikern „aufdiskutiert", versteht sich[30] —, so zwang die ökonomische und politische Entwicklung seither auch sie, sich dieser Diskussion zu stellen. Über Thesen wie jenen von der „Überforderung des Sozialstaats", von der dadurch bedingten „Unregierbarkeit" etc. wurde dann ideologisch die neokonservative Wende eingeleitet. Als letzte strukturelle Ursache der nun nicht mehr wegzudiskutierenden tiefgreifenden ökonomischen Krisentendenzen und -erscheinungen wurde und wird dabei erneut die politische Geringachtung einer prinzipiellen Unvereinbarkeit institutionell garantierter Teilhabe der Arbeitsbevölkerung am ökonomisch-sozialen Produkt ihrer Arbeit und dessen politischer Planung und Verteilung mit den freiheitlichen Grundsätzen der Marktwirtschaft und deren Garantie im Rechtsstaat gesehen. Als politisches Mittel der Restrukturierung der angeschlagenen Volkswirtschaften auch des Westens wird eine insgesamt striktere Durchsetzung dieser „freiheitlichen" Grundsätze, d. h. eine rigidere Anwendung des Marktwirtschafts- wie des Rechtsstaatsprinzips, empfohlen und zu praktizieren gesucht.

Aber — das zeigt die Entwicklung inzwischen auch — mit seinem Rückgriff auf frühliberale Überzeugungsgehalte der Marktwirtschaft und des Rechtsstaates unterschätzt dieser Neokonservativismus, was die Bewertung der Chancen und Grenzen der Krisenüberwindung angeht, nicht nur spezifische strukturelle Schranken der ökonomischen Entwicklung in den kapitalistischen Industrieländern heute, insbesondere Schranken weltwirtschaftlich veränderter Produktions- und Marktbedingungen. Er verdrängt auch, daß sich die institutionellen Voraussetzungen interventionsstaatlicher Maßnahmen ebenso wie die der sozialstaatlichen Teilhabe ja als spezifisches historisches Folgeprodukt der Durchsetzung und Entfaltung des Kapitalismus selbst entwickelt haben: aus den immanenten ökonomischen Bestandsgefährdungen wie aus den Klassenauseinandersetzungen heraus als in sich widersprüchliche politische und rechtliche Formen der Krisenprophylaxe im weitesten Sinne, also nicht nur im Sinne der Absicherung erkämpfter Rechte der Arbeiter von unten her, vielmehr auch und in erster Linie im Sinne der Sicherung der Reproduktionsbedingungen des Kapitals. Nicht zuletzt über die Formen einer relativen Befriedigung und Stillegung der sich verschärfenden Klassenauseinandersetzungen, der politischen In-

---

30 Vgl. dazu die Zitate in dem Einleitungsaufsatz von Rolf Ebbighausen, in: ders. (Hrsg.), *Bürgerlicher Staat und politische Legitimation*, Frankfurt a. M. 1976, S. 9.

tegration der entstehenden Systemopposition der Arbeiterbewegung, haben sich im Rahmen des sich entwickelnden Kapitalismus — in Deutschland unter spezifischen gesellschaftsgeschichtlichen und national-kulturellen Bedingungen schon der Massendemokratisierung, schließlich der Neuordnung nach 1945 — organisatorisch-politische Auffangmechanismen und Elastizitäten herausgebildet, die erst eine entsprechende Reagibilität auf die sich verändernden ökonomischen und politischen Situationsbedingungen und so eine gewisse Bandbreite der Selbstadaption des kapitalistischen Systems ermöglicht haben. Insgesamt ist damit aber eben auch die Legitimationsempfindlichkeit des politischen Institutionen- und Herrschaftssystems gestiegen.

Natürlich bleibt die Frage gestellt, wie hoch diese Legitimationsempfindlichkeit konkret zu veranschlagen ist, gerade angesichts der gewachsenen sozialen Fragmentierung und kulturell überkommenen politischen Fraktionierung der Arbeiterschaft in der Bundesrepublik, insbesondere angesichts des fortbestehenden Etatismus und Institutionalismus der herrschenden Politiken und Perspektiven von Sozialdemokratie und Gewerkschaften. Aber eines ist klar: Sie stellt sich aus dieser Problemsicht als Frage nach der inneren Stabilität und Elastizität des solcherart entstandenen politischen Systems heute dringlicher als Anfang oder Mitte der siebziger Jahre — angesichts der nun vollends offenbaren Grenzen des Verteilungs- und Befriedungsspielraums des Staates, angesichts der weiter wachsenden ökonomischen Struktur- und Entwicklungsprobleme und angesichts der von daher sich zunehmend deutlicher abzeichnenden neuen Widersprüche innerhalb der in das soziale und politische System integrierten traditionalen Organisationen der Arbeiterbewegung, aber auch angesichts der gleichzeitig angewachsenen und weiter anwachsenden neuen Protestbewegungen außerhalb des etablierten Institutionen- und Herrschaftssystems.

J. Habermas hat darauf hingewiesen, daß offenbare Delegitimationstendenzen und -erscheinungen im politischen Herrschaftssystem des entwickelten Kapitalismus mit dem Abbau wichtiger Traditionsbestände zusammenhängen, vorbürgerlicher wie genuin bürgerlicher, eine Werteerosion, die eine weitere Reproduktion des staatsbürgerlichen Privatismus (mit seinem geringen Interesse an politischer Partizipation) und des familial-beruflichen Privatismus (mit seiner Orientierung an Konsum- und Freizeitinteressen), lange Jahre funktionierende Stabilitätsgarantien, infragestellt[31]. Die Zerstörung derartiger Motivationsmuster über die Erosion von bürgerlichen und vorbürgerlichen Traditionsbeständen sieht er als Folge einer durchgreifenden „Kolonialisierung der Lebenswelt"[32]: Immer mehr Bereiche der Lebenswelt würden nach technischen Rationalitäten instrumentalisiert, würden damit von einer Integration über Werte, Normen und kommunikativ erzielte Übereinkunft freigesetzt, würden Formen der ökonomischen und administrativen Rationalität unterworfen. Die sich in der Gegenwart formierende Neue Rechte stelle hier eine direkte Gegenbewegung dar mit dem Ziel, den klassischen Traditionsbestand zu reaktivieren und die sich

---

31 So in: *Legitimationsprobleme im Spätkapitalismus*, Frankfurt a. M. 1973.
32 Vgl. dazu J. Habermas, Einleitung zu: ders. (Hrsg.), *Stichworte zur ‚Geistigen Situation der Zeit'*, Frankfurt a. M. 1979, 1. Bd., S. 7 ff., Zitat S. 25.

durchsetzenden Formen der ökonomischen und administrativen Rationalität aufzuhalten. Ausdruck des Umbruchs, des Abbaus tiefsitzender Wertstrukturen vor diesem Entwicklungshintergrund seien auf der anderen Seite die neuen sozialen Bewegungen, die ökologische Protestbewegung, die Alternativbewegung und die Frauenbewegung sowie eben jene zunehmenden Konflikte, die sich gleichsam im Privaten und im Psychischen abspielten. Die Formen solchen aktiven und passiven Protestes seien Indikatoren „für eine abnehmende Fähigkeit der Gesellschaft, nachwachsende Generationen an die in ihr institutionalisierten Wertorientierungen anzuschließen".

Nach dem Zerfall der alten klassengebundenen sozialkulturellen Milieus, in denen einst die gegeneinanderstehenden politischen Lager wurzelten, scheint ein zweiter *sozialkultureller Umbruch im Bereich der Politik* der entwickelten kapitalistischen Industrieländer stattzufinden. Keine Frage, daß angesichts der zugleich erkennbaren tiefgreifenden gesellschaftlichen Struktur- und Entwicklungsprobleme, angesichts der weiter fortbestehenden korporativen Einbindungen der überkommenen großen Organisationen der Arbeiterbewegung in das soziale und politische System kapitalistischer Krisenbewältigung, daß angesichts der eher zunehmenden Fragmentierung von Interessenlagen und Bewußtseinsformen der arbeitenden Klassen die mit diesem Umbruch aufkommenden ganz neuen, auf den ersten Blick „quer" zur überkommenen Klassenspaltung entstehenden sozialen und politischen Protestbewegungen[33] die Frage nach dem *historischen Subjekt* bzw. nach möglichen neuen Trägern und Formen der Umwälzung dieser Gesellschaft erneut auf die Tagesordnung bringen mußten — zumal angesichts der gesellschaftlichen Irrelevanz und Fragwürdigkeit aller sonst angebotenen Avantgarde-Konzepte in einem Land, wie es die Bundesrepublik ist.

Wir können hier nicht ausführlich — etwa unter Bezug auf die Frühgeschichte der Arbeiterbewegung oder entsprechende Protest- und Widerstandsformen in der Dritten Welt — auf die jüngere Debatte um die wachsende Bedeutung neuer Solidar- und Kampfformen vor Ort auch bei uns eingehen, auf die Mobilisierungs- und Bewegungschancen sozialer und politischer Zusammenschlüsse von in ihren materiellen Lebensverhältnissen u. a. durch Branchen-, Regional-, Umwelt- oder Wohnprobleme direkt oder indirekt Betroffenen. Die große Frage dieser Debatte ist, auch und gerade unter Bezug auf die Ökologie- und Friedensbewegung heute, die nach den Möglichkeiten einer weitergehenden politischen Vereinheitlichung — dem Selbstverständnis nach: ohne daß die Spontanität von unten her durch Institutionalisierungs- und Parlamentarisierungsprozesse und durch Verordnung politischer Linien von oben her unterlaufen wird. Denn die Differenzen in den sozialen Milieus, die Unterschiede in den Interessenlagen und politischen Zukunftsvorstellungen hinter dem erkennbaren gemeinsamen Protest sind offenkundig — auch wenn die rhetorische Gegenfrage, von den Grünen und Alternativen sowie aus der mächtig angewachsenen Friedensbewegung heraus gestellt, die etablierten politischen Kräfte inzwischen

---

33 Vgl. zum Problem von Klassenspaltung und neu aufkommenden Protestbewegungen auch die Ausführungen und Überlegungen in: Ebbighausen, *Politische Soziologie* (Anm. 20), S. 211 ff. Dort finden sich auch weitere Literaturhinweise.

schreckt: ob nämlich nicht für erste wichtige Erfolge jene koalitionäre politische Vereinheitlichung (auch zwischen Mitgliedern und Teilen der „alten" Arbeiterbewegung und den „neuen" sozialen Bewegungen) vollauf hinreiche, die unmittelbar über die aktuelle gemeinsame Gegnerschaft gegen die existentielle Bedrohung durch gesellschaftliche und politische Fehlentwicklungen entsteht und die zugleich entsteht über die spezifische Gestalt der Gegenreaktion, die politische und militärische Absicherung des etablierten Systems und seiner Reproduktionsbedingungen mit allen Mitteln. Solche Fragen wie auch die Debatten über Möglichkeiten einer neuen basisdemokratischen Umwälzung des zunehmend zentralstaatlich gesicherten kapitalistischen Systems, seiner Umwälzung von unten her also, vermittels eines legalen Eindringens in das lokale und regionale staatliche Organisations- und Handlungsgefüge, dadurch mögliche Blockaden und Veränderungen im System, unterstützt durch außerinstitutionellen Widerstand, gewinnen aber sicherlich, was die Veränderungs- und Bewegungschancen betrifft, einsehbar utopische Züge dann, wenn von den bestimmten ökonomischen und politischen Rahmenbedingungen und den realen gesellschaftlichen Kräfteverhältnissen abstrahiert wird, wenn die Ansätze zu sozialen und politischen Gegenformierungen, so die Chancen rechtskonservativer populistischer Bewegungen, unterschätzt werden. Der Wählerumschwung der letzten Jahre, nicht nur in der Bundesrepublik, hat hier einiges gelehrt.

„Abschied vom Proletariat"? „Ende" der Arbeiterbewegung? Der Zerfall der alten sozialkulturellen Milieus der Arbeiterbewegung, die damit einhergehende letzte Etappe ihrer Entpolitisierung als große soziale Bewegung des Antikapitalismus und die weitgehende institutionelle Integration der Sozialdemokratie und der Gewerkschaften in den Gesellschaftsrahmen des erneuerten und modernisierten Kapitalismus der Bundesrepublik setzen selbst unter den Bedingungen der erneut tiefgreifenden Strukturprobleme dieses Kapitalismus mit der Folge gestiegener und weitersteigender Krisenlasten für die arbeitenden Klassen heute einer Repolitisierung der verbliebenen Mitgliederschaften und Wählerschaften vorab Grenzen. Von einem (wenn auch über unterschiedliche sozialkulturelle Milieus vermittelten) einheitlichen „politischen Lager" der Arbeiterbewegung konnte in Deutschland ohnehin immer nur mit den entsprechenden Einschränkungen die Rede sein. Heute aber scheint nicht nur den Gewerkschaften angesichts der sozialökonomischen und sozialkulturellen Differenzierung ihrer Mitgliederschaften und angesichts der Unterschiedlichkeit der Branchenprobleme jegliche Basis für eine gewisse politische Einheitlichkeit zu fehlen. Auch die Sozialdemokratie ist mit ihrem Weg zur „Volkspartei" in ihrer Mitgliederschaft und Wählerschaft sozialökonomisch heterogener geworden, heute ohne inneren sozialkulturellen Zusammenhang, politisch in sich fraktioniert — dies im übrigen, wie R. Stöss zum Schluß seines Beitrages in diesem Band meint, im Unterschied zu den „neuen" sozialen Bewegungen und ihrer politisch-parlamentarischen Formierung in den „Grünen", die sich s. E. erneut „auf sozio-kulturelle Milieus stützt, von einer Lagermentalität lebt und in vielen Fragen das Engagement zeigt, wofür die Sozialdemokratie einstmals stand: für Frieden, soziale Gleichheit und Demokratie". Aber: Die Einschätzungen gehen hier auseinander, die politische Bewertung bleibt kontrovers. Auch und gerade in Zeiten konservativer Gegenrevolution gewinnt das Argument von der Notwendigkeit einer realistischen Bewertung der politischen Kräfteverhältnisse und der Politik- und Machtfähigkeit sozialer Klassen und Bewegungen — für Theo Pirker immer ein zentrales Argument — besondere Bedeutung. Zweifellos bleiben die Gewerkschaften und auch die SPD (trotz des erheblich gestiegenen Anteils konservativer Arbeiterwähler bei der letzten Bundestagswahl) unter solchen Machtgesichtspunkten nach wie vor eigentliche organisatorische Träger einer möglichen politischen Gegenwehr der arbeitenden Klassen in der Bundesrepublik heute.

In jedem Fall: Die Einschätzungen und Thesen Theo Pirkers provozieren, bezogen auf diese aktuellen Entwicklungen, eine Fülle von Fragen und Nachfragen — mehr als durch den vorliegenden Diskussionsband mit seiner vorwiegend historisch-empirischen Orientierung aufgegriffen oder gar beantwortet werden können.

2. Ausgangsthesen

Theo Pirker

Vom „Ende der Arbeiterbewegung"

Die These vom „Ende der Arbeiterbewegung" ist in den letzten Jahren beinahe zu einem gängigen politischen und publizistischen Schlagwort geworden. Mit dieser Verbreitung des Wortes ist natürlich noch nichts über den Informationsgehalt gesagt, und der Zeitgeschichtler wäre schlecht beraten, würde er wegen der inflationären Verbreitung des Wortes sich der wissenschaftlichen Untersuchung, warum dieses Wort eine so große Verbreitung gefunden hat, enthoben glauben: Gerade der Sozialwissenschaftler, der sich mit Zeitgeschichte befaßt, muß davon ausgehen, daß der Verbreitung solcher Schlagworte bestimmte oder vielmehr unbestimmte Sachverhalte zugrunde liegen. Dabei ist zu bemerken, daß in der Geschichte der Arbeiterbewegung in Deutschland dieses Wort vom „Ende der Arbeiterbewegung" periodisch als Kampfwort der verschiedenen Fraktionen und Parteien verwendet worden ist.

Es hängt engstens zusammen mit den theoretisch-ideologischen Auseinandersetzungen innerhalb der deutschen Sozialdemokratie vor dem Ersten Weltkriege. Man kann geradezu behaupten, daß die inhaltliche Bestimmung des Begriffs *Bewegung* aus der vereinfacht gesehenen Kautsky-Bernstein-Kontroverse hervorgegangen ist. Im Hinblick auf diese inhaltliche Bestimmung und deren Verbreitung ist es für die deutsche Arbeiterbewegung von Bedeutung, daß der in Anlehnung an Hegel und Marx geprägte Begriff der Bewegung bei Kautsky, der durch die Annahme eines naturnotwendig zur proletarischen Weltrevolution und zum Sieg des Sozialismus in absehbarer Zeit führenden Geschichtsprozesses charakterisiert ist, die Bataille gegenüber dem von Kant hergekommenen Begriff der Bewegung der Geschichte, der sich durch eine immerwährende Transzendierung des Zieles der Menschheitsentwicklung auszeichnet, verlor.

Ist im ersten Falle die Arbeiterklasse der sich selbst entdeckende Protagonist der weltgeschichtlichen Entwicklung und die Arbeiterbewegung damit Ausdruck dieser Selbstentdeckung und Selbstorganisierung, so ist im zweiten Falle die Arbeiterbewegung die auf die Arbeiterklasse sich stützende umfassendere Bewegung, die im Sinne der Freiheit, Gleichheit und Brüderlichkeit durch solidarische Aktion die jeweiligen Zustände der Unfreiheit, der Ungleichheit, der Unbrüderlichkeit bekämpft und sie überwindet, um nach dieser Überwindung vor neuen Problemen der Unfreiheit, der Ungleichheit, der Unbrüderlichkeit sich gestellt zu sehen.

Es ist hervorzuheben, daß dieses Konzept der Bewegung den allgemeinen Anschauungen in Deutschland im 19. Jahrhundert — was dies betrifft, ist die Wirkung Kants und insbesondere Schillers und Fichtes auf das politische Bewußtsein der Deutschen kaum zu überschätzen — mehr entsprach als Hegels Auffassung von der geschichtlichen Bewegung und Entwicklung. Weiter: daß die sich durchsetzenden Ideen von Geschichte, Politik und politischem Handeln in der Zeit von 1870 bis 1914 in engem Zusammenhange mit dem Bernsteinschen Konzept von Arbeiterbewegung gesehen werden müssen und daß dieser Zusammenhang einen wesentlichen Bestandteil der Wirkungs- und Erfolgsgeschichte der Bernsteinschen Konzeption innerhalb der Arbeiterbewegung und darüber hinaus darstellt.

Der hier erfolgte Einstieg in die vorgelegte Fragestellung bedeutet methodologisch keineswegs die Problematik geistesgeschichtlich anzugehen oder in der genannten theoretisch-ideologischen Kontroverse Stellung und Partei zu nehmen; vielmehr ist diese Kontroverse nur als Beleg zu sehen, daß die Frage „Ende der Arbeiterbewegung" keine neue Fragestellung darstellt, sondern in der Geschichte der deutschen Arbeiterbewegung sehr frühzeitig aufgetaucht ist.

Noch offensichtlicher wird dies im Zusammenhang mit der These vom „Verrat der Sozialdemokratie" im August 1914. Nach dieser These hat die Arbeiterklasse am Vorabend des Weltkrieges ihren Friedenswillen bekundet, wurde jedoch von den opportunistischen Führern im Stich gelassen[1]. Diese These, die sowohl unseren historischen Kenntnissen von der Entwicklung der SPD vor 1914 als auch den Erkenntnissen der wichtigsten sozialistischen Theoretiker dieser Periode widerspricht, muß als bolschewistisch-kommunistischer Legitimierungsversuch betrachtet werden, nicht nur die deutsche Sozialdemokratie, sondern die gesamte Zweite Sozialistische Internationale als endgültig nicht mehr der Arbeiterbewegung zurechenbar auszugeben, um so die neue kommunistische Arbeiterbewegung, die Dritte Internationale, als die genuine Arbeiterbewegung zu proklamieren. Wenige Thesen haben auf die politische Entwicklung sowohl der Sozialdemokratie als auch auf die kommunistische Bewegung so gründlich eingewirkt wie eben diese These vom Verrat der Sozialdemokratie. Die Frage: „Wer repräsentiert die Arbeiterbewegung?" überschattet seitdem die weitaus wichtigere Frage: „Was ist Arbeiterbewegung?"

Daß die These vom Ende der Arbeiterbewegung die Geschichte der deutschen Arbeiterbewegung insbesondere vom Beginn dieses Jahrhunderts bis nach dem Zweiten Weltkrieg und bis heute begleitet hat, wirft einige Fragen auf, die Auskunft geben können, was Arbeiterbewegung zumindest war. Das Urteil, daß die Arbeiterbewegung in Deutschland an ihrem Ende sei, impliziert eben ganz bestimmte oder auch unbestimmte Urteilskriterien. Es sei an die Reflexionsgeschichte über die Arbeiterbewegung erinnert. Unter Arbeiterbewegung oder sozialer Bewegung wurde im 19. und beginnenden 20. Jahrhundert – von Lorenz von Steins „Geschichte der sozialen Bewegung" bis Werner Sombarts „Sozialismus und soziale Bewegung" – die Organisation und kollektive Aktion des im Prozeß des industriellen Kapitalismus sich formierenden Proletariats verstanden, durch die die wichtigsten Merkmale des Proletariats aufgehoben werden sollten. Im Mittelpunkt standen bei der Verwendung des Begriffs nicht so sehr die sogenannten sozialen Ideen, sondern die Formen, in denen solche Aktionen sich abspielten. Wesentlich in diesem Zusammenhang ist,

---

[1] Vgl. W. I. Lenin, *Der Zusammenbruch der II. Internationale*, Werke, Bd. 21, Berlin 1960, S. 199 ff.

daß Arbeiterbewegung und soziale Bewegung als Synonyme aufgefaßt wurden. Sie galten nicht als kurzfristige Protestbewegung, sondern als eine Bewegung, die auf eine neue Organisation der Gesellschaft zielte, insbesondere auf die Veränderung der Eigentumsverhältnisse und der Machtverteilung. Damit wird deutlich, daß Antikapitalismus zu den konstituierenden Merkmalen der Arbeiterbewegung gerechnet werden muß. So wenig diese formale Bestimmung zu befriedigen vermag, so wenig gibt diese Aussage auch materiell her, denn die Formen der antikapitalistischen Einstellung und des antikapitalistischen Handelns hängen natürlich von der Erfahrung und der Kenntnis dessen ab, was Kapitalismus ist. In der Geschichtsschreibung der Arbeiterbewegung und über die Arbeiterbewegung wurde dieses Problem sehr kurzschlüssig abgehandelt, nämlich ideengeschichtlich, sei es in der Form von Theoriengeschichte oder von Ideologiengeschichte. Damit wurden zwei eng miteinander verbundene Bereiche in den Mittelpunkt der Betrachtung gerückt: die Rolle des Marxismus in der deutschen Arbeiterbewegung – also theoriengeschichtlich; und die Größe des Millenarismus – also ideologiegeschichtlich. In der Frage der Revolution fanden Marxismus und Millenarismus ihre engste Verknüpfung. So viele Gründe es auch geben mag, diese Verknüpfung geistesgeschichtlich nachzuvollziehen, so wenig hat sie jedoch die Arbeiterbewegung in ihrer Geschichte beherrscht.

Die Historiker, die die Geschichte in der deutschen Arbeiterbewegung – also primär der Sozialdemokratischen Partei Deutschlands und der sozialistischen Gewerkschaften Deutschlands – unter dem Aspekt der Verknüpfung marxistischer Theorie und Millenarismus untersuchen, werden schnell feststellen, daß in dieser Form die Auswirkungen schon auf die Programmatik und mehr noch auf die politische Praxis, vom Vollzug politischer Akte in Partei und Gewerkschaften – gar nicht zu reden von der antikapitalistischen Erfahrung und Einstellung der Mitglieder der Arbeiterbewegung – als äußerst gering angenommen werden müssen. Die Verknüpfung von Marxismus und Millenarismus dominierte, und dies auch nur in sehr begrenzter Weise, die äußere politische Kultur der Arbeiterbewegung, sozusagen ihre Feiertage: den 1. Mai, die Eröffnungssessionen der Parteitage und Kongresse sowie die Leitartikel anläßlich revolutionärer Ereignisse außerhalb Deutschlands und insbesondere das mit diesen politischen Feiertagen verbundene Liedgut. Wir werden in anderem Zusammenhang – nämlich in bezug auf proletarische Kultur – noch darauf zu sprechen kommen. So wichtig solche Sonntags- und Feiertagsideologie zur Identifizierung mit der Arbeiterbewegung für die Mitglieder auch gewesen sein mag, ihr Vorhandensein oder Nichtvorhandensein kann nicht als Maßstab oder als entscheidendes Merkmal für die Existenz und Nichtexistenz von Arbeiterbewegung, von Kontinuität oder Diskontinuität von Arbeiterbewegung gewertet werden. Aus Autobiographien (im Bereiche der Arbeiterbewegung) ist zu schließen, daß das Vorhandensein der millenarischen Revolutionsutopie vor allem für junge militante Arbeiter und besonders für Intellektuelle aus bürgerlichen und kleinbürgerlichen Kreisen von großer Bedeutung sowohl für die private Existenz als auch als Moment der Motivation zum Handeln oder Nichthandeln und nicht zuletzt zur Identifizierung mit der regionalen und insbesondere internationalen Arbeiterbewegung gewesen ist. In der

Beurteilung der Frage „Ende der Arbeiterbewegung nach 1945 in Deutschland" wird hierüber noch im einzelnen zu sprechen sein.

Der Sozialwissenschaftler wird der Erscheinung der deutschen Arbeiterbewegung nicht gerecht, wenn er sie nur im Hinblick auf das Vorhandensein oder Nichtvorhandensein der millenarischen Revolutionsutopie, der Wirkung oder Nichtwirkung dieser Utopie auf die Einstellung der Mitglieder, Funktionäre, Kader und Führer oder als Maßstab des politischen Handelns selbst beurteilt. Der millenarischen Revolutionsutopie wird dabei eine Funktion zugerechnet, die sie von ihrer sozialen Genesis sowie ihrer inneren Struktur her gar nicht haben kann. Der Geschichte der deutschen Arbeiterbewegung vor dem Nationalsozialismus und nach dem Nationalsozialismus wird der Sozialwissenschaftler weit mehr gerecht, wenn er sie nicht unter dem Aspekt der millenarischen Revolutionsutopie, sondern unter dem Aspekt „Sozialdemokratie" — der fälschlicherweise oft als Sozialdemokratismus geführt wird — sieht. Wenn man nicht nur die deutsche, sondern auch die europäische Arbeiterbewegung unter dem Aspekt der sozialen Demokratie angeht, dann ergeben sich bedeutend realistischere Auffassungen von dem, was Arbeiterbewegung tatsächlich war, ist und sein kann. Die große Bewegung der sozialen Demokratie, welche die Entwicklung des Industriekapitalismus schon sehr frühzeitig in den verschiedenen industriekapitalistischen Gesellschaften in Mittel- und Westeuropa begleitet, zeichnet sich dabei durch zwei gemeinsame Merkmale aus: durch das Prinzip und die Praxis der Solidarität und durch das Prinzip der Legalität. Solidarität muß sozialgeschichtlich als proletarischer Ausdruck der kollektiven Selbsthilfe und des Prinzips der Selbstverwaltung genommen werden. Damit ergeben sich für die Beurteilung und für die historische Betrachtung dessen, was Arbeiterbewegung ist, einige Schlußfolgerungen, die im Widerspruch zu dem Stereotyp der Arbeiterbewegung stehen. Es ergibt sich daraus eine Identität von materiellem Interesse und Idee — nicht Theorie. Dabei kommt es zu einer Verschiebung in der Betrachtungsweise. Die sozialdemokratische Bewegung ist, was die ihr zugrunde liegenden Ideen betrifft, keineswegs hochentwickelt. Zur Theorie hat es innerhalb der sozialdemokratischen Arbeiterbewegung in Europa nur in den seltensten Fällen gereicht, und unter keinen Umständen kann diese sozialdemokratische Bewegung in den verschiedensten europäischen Ländern als angewandte Theorie oder als Ableitung aus Theorien genommen werden. Die sozialdemokratische Bewegung hat vielmehr ihren stets sich verändernden Nährboden in der kollektiven antikapitalistischen Erfahrung des Proletariats in der kapitalistischen Produktion und Verteilung sowie in den verschiedenen Sektoren der bürgerlichen Gesellschaft in der Periode der industriekapitalistischen Entwicklung gehabt.

Dabei sind es nicht die Erfahrungen des „prolétaire", des „pauper", der „verelendenten Arbeiterklasse", die Philosophen, Sozialwissenschaftler, Theologen und Sozialreformer und die marxistischen Theoretiker des 19. und des beginnenden 20. Jahrhunderts so sehr faszinierten, daß sie die tatsächliche Entwicklung der Arbeiterklasse beinahe ein Jahrhundert aus dem Auge verloren. Nicht der „pauper" und „pauperism" waren Antrieb der sozialdemokratischen Bewegung und nicht die „Verdammten dieser Erde", vielmehr war es der Teil der entstehenden, sich entwikkelnden und in dieser Entwicklung sich differenzierenden Arbeiterklasse, der sehr wohl etwas zu verlieren hatte, der aber auf allen Gebieten des gesellschaftlichen Lebens mehr wollte: mehr an Lohn, mehr an Konsum, mehr an Rechten, mehr an Bildung, mehr an Lebenschancen, mehr an sozialer Sicherheit. Kurz: es war der beruflich qualifizierte Teil der industriellen Arbeiterklasse, von den „engineers" in Großbritannien bis zu den „Facharbeitern" in Deutschland. Und dieses Mehr auf allen Gebieten sollte primär durch organisierte solidarische Selbsthilfe und durch die Veränderung des Rechts erreicht werden. Die Ziele dieser sozialdemokratischen Bewegung wurden nicht so sehr vom Marxismus beherrscht, sondern weit mehr von dem Grundsatz des von Marx so verachteten englischen Philosophen Jeremy Bentham: „Das größtmögliche Glück für die größtmögliche Zahl."

Damit kann Arbeiterbewegung nicht mehr von oben bestimmt werden, sondern von unten her: vom proletarischen Alltag, von den proletarischen Lebensläufen in allen ihren Ausprägungen. Im Mittelpunkt der Betrachtungen und Beurteilungen stehen damit nicht die Ideologie des Millenarismus und nicht die Organisation der Partei, sondern die Gewerkschaften, die Konsumvereine, die Bildungsvereine, die Sterbeversicherungen, die Sportvereine, die Freizeitvereine vom Radfahrclub „Solidarität" bis zum Arbeiter-Schachclub, von den Arbeiterzeitschriften bis zu den Büchergilden — insgesamt also das, was wir als das proletarische Vereinswesen bezeichnen müssen, und dies ist das Feld, das vorher als proletarische Kultur bezeichnet wurde. Damit wird die Betrachtung und Bearbeitung der Geschichte der Arbeiterbewegung wieder vom Kopf auf die Füße gestellt. Daraus ergeben sich jedoch neue Fragen: Muß diese proletarische Kultur — um ein modernes Wort zu benutzen — als „Subkultur" oder, um beim älteren Begriff zu bleiben, ganz als „Gegenkultur" aufgefaßt werden?

Das Konzept der Subkultur im Zusammenhang mit der Arbeiterbewegung analytisch zu verwenden, widerspricht allein schon der Erkenntnis, daß zu keinem Zeitpunkt ihrer Geschichte die Arbeiterbewegung als „Protestbewegung" aufgefaßt werden kann. Die Anwendung des Konzepts „Gegenkultur" verspricht jedoch für die Beantwortung der Frage „Was ist die Arbeiterbewegung?" und zur Beantwortung unserer thematischen Frage „Ende der Arbeiterbewegung" bereits fruchtbarer zu sein. Einmal muß es in Zusammenhang gebracht werden mit dem Charakteristikum der antikapitalistischen Erfahrungen, Einstellungen und Aktionen sowie zuletzt auch mit der antikapitalistischen Programmatik der Arbeiterbewegung und zum anderen mit der kollektiven Selbsteinschätzung dieser Kultur durch die Mitglieder der Arbeiterbewegung selbst. In diesem Zusammenhang muß ich darauf hinweisen, daß die idealtypische Arbeiterbewegung, die idealtypische Arbeiterkultur als proletarische sozialistische Gegenkultur sich nicht so sehr in Deutschland etabliert hat, sondern vielmehr im Einwirkungsbereich des Austromarxismus. Aus diesem Idealtypus der „austromarxistischen" Arbeiterbewegung und der von ihr geschaffenen proletarisch-sozialistischen Gegenkultur geht eindeutig ihr antikapitalistischer Charakter als Gegenkultur hervor. Diese proletarische antikapitalistische Gegenkultur — hochgradig organisiert und differenziert — war weder in ihren Erscheinungsformen noch in ihrem Inhalt antibürgerliche Kultur. Im Gegenteil: Sie griff auf Formen z. B.

zünftlerischer Art zurück oder übernahm bündische oder akademische Formen und Verhaltensweisen. So seltsam es erscheinen mag, in dieser Arbeiterbewegung und Arbeiterkultur hat die antitechnische und bohemeske Tendenz des „appâtez les bourgeois" nie Einfluß gehabt. Der künstlerische Avantgardismus hat diesen Idealtypus der Arbeiterbewegung und Arbeitergegenkultur nicht zu beeinflussen vermocht. In diesem Sinne war die Arbeiterbewegung, die proletarische Gegenkultur, immer bürgerlich. Das „Gegen" in dieser Kultur kam aus der proklamierten Zielsetzung und aus der faktisch organisierten Gegensetzung. Jeder bürgerlichen Vereinigung wurde Schritt für Schritt eine proletarische Vereinigung daneben- und entgegengesetzt. Mit diesen Einrichtungen proletarischer sozialistischer Gegenkultur war die Arbeiterbewegung in den regionalen und lokalen Gegenden tief verwurzelt, sie machten ihre gesellschaftliche und politische Stärke aus. Die starke Verwurzelung in der regionalen und lokalen Kultur der vielfältigen Einrichtungen der Arbeiterbewegung hat im Bereich der Deutschen im Reich, der Deutsch-Österreicher und Deutsch-Böhmen sich nach dem dominierenden Muster gesellschaftlicher Vereinigungen, eben dem „Verein" orientiert und sich damit unterschieden von der Dominanz der sozialen Organisationsmuster in Frankreich, der „association" oder dem „clientelismo" in Italien. Diese Vorherrschaft des Vereins als Organisationsmuster hat in der deutschen Arbeiterbewegung zur rigiden Überbetonung der Statuten, der Kassenführung, der Beitragstreue sowie der Geselligkeit geführt. Es war der Stolz jedes proletarisch-sozialistischen Vereins in der deutschen Arbeiterbewegung, daß er allemal so gut geführt war wie der bürgerliche Gegenverein — wenn nicht besser. Die Sozialdemokratie und die Gewerkschaften haben ihr Organisationsprinzip von diesem Vereinswesen der deutschen Arbeiterbewegung her erhalten und nicht umgekehrt. Zu diesem Vereinswesen gehören auch die gängigen Vereinsrituale sowie die bereits genannte Geselligkeit, die wiederum im Stile so bürgerlich waren, wie man sich dies nur vorstellen kann. Der Preis: Je größer dieses Vereinsleben wurde, um so allgemeiner wurde nicht nur das Bewußtsein der Vereinsteile verringert, Bestandteil der Arbeiterbewegung zu sein, sondern auch die Tendenz dieser Teile, sich vollständig von der Arbeiterbewegung wegzuentwickeln. Gerade in der deutschen Arbeiterbewegung setzte sich die vorherrschende Auffassung von gesellschaftlicher Ordnung in Deutschland durch, die von der Getrenntheit von Staat und Gesellschaft, von Ökonomie, Politik und Kultur gekennzeichnet ist. In wohl keiner Arbeiterbewegung Europas ist die Trennung von Partei, Gewerkschaft, Konsumgenossenschaft so frühzeitig, so rigide erfolgt wie gerade in der deutschen Arbeiterbewegung. Diese Trennung wurde als funktional notwendig und rechtlich zwingend angesehen und deswegen auch mit größter Borniertheit aufrechterhalten und damit verschärft. Die Personalunion in den Leitungsgremien und die personelle Verzahnung auf den mittleren Ebenen sowie die Doppel- und Triplemitgliedschaften der Anhänger haben diese wohl charakteristische Erscheinung der deutschen Arbeiterbewegung in ihrer Wirkung nicht zu entkräftigen vermocht.

Entscheidend ist es jedoch zu erkennen, daß diese Form der Arbeiterbewegung jedem, der sich zu ihr bekannte, wie es noch vor der Herrschaft des Nationalsozialismus in Deutschland so treffend hieß, „von der Wiege bis zur Bahre" zur Seite stand und daß beinahe alle Fähigkeiten und Interessen der einzelnen Individuen und Gruppen ihre Verwirklichung, ihre Erfüllung oder zumindest die Hoffnung auf ihre Erfüllung finden konnten. Gerade dies hat andererseits verhindert, daß die in Ideologie wie Theorie angelegten Elemente sich in der deutschen Arbeiterbewegung durchzusetzen vermochten. So konnte diese Arbeiterbewegung in ihrer Geschichte heftigste Kämpfe literarischer und fraktioneller Art durchstehen, Abspaltungen überstehen und die unwahrscheinlichsten Wiedervereinigungen vornehmen, und dies aus dem Grunde, weil die Arbeiterbewegung eben nicht von der Theorie und Ideologie her beherrscht war, sondern das vielfältige Netz von Vereinigungen und Beziehungen von Individuen und Gruppen inner- und außerhalb der Arbeiterklasse gewesen ist.

Noch ein letztes zu dieser Charakterisierung der deutschen Arbeiterbewegung im Kaiserreich und in der Weimarer Republik. Es ergibt sich aus dem Dargelegten beinahe zwingend, daß die Demokratie in den Organisationen der Arbeiterbewegung nicht liberal-demokratisch und schon gar nicht fundamental-demokratischer Natur sein konnte. Sie war — Lenin hat dies in der Beurteilung der deutschen Arbeiterbewegung sowohl bewundernd als auch verhöhnend erkannt — die Demokratie einer männlichen Arbeiteraristokratie. Das Grundprinzip dieser Demokratie hieß „empordienen", „Disziplin", „Loyalität". Die deutsche Arbeiterbewegung im Kaiserreich und in der Weimarer Republik war beherrscht von den Normen der wohl charakteristischsten und wichtigsten Gruppe in der Entwicklung des industriellen Kapitalismus in Deutschland, den Verhaltens- und Einstellungsnormen des deutschen Handwerkers und des deutschen Facharbeiters. Gegenüber dieser Vorherrschaft des Handwerker- und Facharbeitertums waren Normen liberaler Natur zweitrangig und Ansprüche fundamental-theoretischer Natur schlichtweg nicht zulässig. Aus diesen Gründen haben syndikalistische Auffassungen ganz gleich welcher Richtung keinen Einfluß auf diese Arbeiterbewegung gehabt, und anarchistische Auffassungen mußten notwendigerweise jenseits dieser Arbeiterbewegung bleiben. Unter diesem Aspekt muß man zu dem Urteil kommen, daß Michels Aussagen vom Gesetz der Oligarchisierung der Arbeiterbewegung — trotz seiner Kenntnis — an der gesellschaftlichen Wirklichkeit und dem tatsächlichen Funktionieren der deutschen Arbeiterbewegung vorbeigingen.

Wenn wir uns nun in bezug auf die Entwicklung nach 1945 die Frage stellen „Ende der Arbeiterbewegung?" oder „Kontinuität oder Diskontinuität der Arbeiterbewegung", so muß erneut darauf hingewiesen werden, daß diese Fragen die Entwicklungen von Anfang an begleitet haben und dies sowohl in der SPD, den Gewerkschaften und den anderen Organisationen der klassischen deutschen Arbeiterbewegung, wie sie auch in einen großen Teil der politischen Publizistik Eingang gefunden haben — ich möchte hier besonders an Walter Dirks[2] sehr frühe These von der Restauration erinnern, die er in besonderer Schärfe auf die Entwicklungen in der SPD nach 1945 angewendet wissen wollte. Stellvertretend hierfür mag ein Zitat aus Helga Grebings „Geschichte der deutschen Arbeiterbewegung" aus dem Jahre 1966 stehen: „Soziologische wie politische Gründe könnten es geboten sein lassen,

---

2 Walter Dirks, *Die zweite Republik*, Frankfurt a. M. 1947.

Theo Pirker

auf den Begriff ‚Arbeiterbewegung' heute zu verzichten und von den ‚politischen und sozialen Organisationen der Arbeitnehmerschaft' zu sprechen."³

Helga Grebing führt darüber im Abschnitt über die Entwicklung der SPD nach 1945 Genaueres aus. Dabei werden Strukturanalysen mit organisations-soziologischen Argumenten nebeneinandergestellt, eine Argumentation, die sich die SPD weitgehend auch offiziell zu eigen gemacht hat. Die Veränderungen der SPD bzw. der politischen und sozialen Organisationen der Arbeitnehmerschaft werden dabei auf Veränderungen sozialstruktureller Art in der Gesellschaft der Bundesrepublik zurückgeführt. Der „Wandel der produktionstechnischen Methoden und seine Auswirkungen auf die wirtschaftliche und gesellschaftliche Struktur beschleunigten das Hineinwachsen der Arbeiter in die Mittelschichten, verwischten zumindest die früheren scharfen Trennungslinien"⁴.

Die organisationssoziologische These folgt hierbei dem Konzept der Restauration der SPD vor 1933. Die Ursache wird darin gesucht, daß die tragende Rolle beim Aufbau der Organisation und der Gestaltung des politischen Gesichts der Partei den in Deutschland gebliebenen Funktionären der Jahre vor 1933 zugefallen sei.

So plausibel eine solche Argumentation erscheinen mag, sie kann zur Interpretation der Entwicklung der Arbeiterbewegung in Westdeutschland nach 1945 weder im allgemeinen noch im einzelnen befriedigen. Weder können damit die Entwicklungen in der SPD bis zum Godesberger Programm 1959, zur Großen Koalition 1966 und zu den späteren sozial-liberalen Koalitionen verstanden werden und schon gar nicht die Entwicklungen in den Gewerkschaften und den „anderen sozialen Organisationen der Arbeitnehmerschaft". Es geht hierbei auch nicht darum, auf dem Wege einer soziologischen Analyse eine Programmatik für eine Art Rekonstruktion der Arbeiterbewegung zu entwickeln. Vielmehr geht es darum, eine interne Analyse der sozialgeschichtlichen Entwicklung vorzunehmen. Aus dieser internen Analyse, die im Vorhergehenden allgemein versucht wurde, können erst die Kriterien zur Beantwortung der Frage „Ende der Arbeiterbewegung?" herausgearbeitet werden. Gerade dieses Hineingehen in den Gegenstand ist dafür zwingend. Aus diesem Vorgehen ergibt sich, daß mit der Verwechslung bzw. der Synonymisierung von Bewegung und geschichtlich-gesellschaftlicher Tendenz nicht einfach von angenommenen Merkmalen der historischen Entwicklung des Systems des Industriekapitalismus her die Beurteilungskriterien gewonnen werden können, sondern aus sich selbst heraus begründet werden müssen. Bei diesem historisch-soziologischen Vorgehen erhält das Herausarbeiten von geschichtlichen, gesellschaftlichen und insbesondere kaum vorhersehbaren politischen Konstellationen, d. h. Machtkonstellationen und Machtkalkülen, einen ausschlaggebenden Stellenwert. Nicht zwingender Verfall oder Renaissance — sei es aus historisch-prozessualen Konditionen oder sei es aus sozialstrukturellen Bedingungen heraus — können in diesem Zusammenhang gefolgert werden, sondern die Möglichkeiten oder die Hindernisse für die Durchsetzung eines Konzepts, einer politisch-gesellschaftlichen Organisationsform wie z. B. der Arbeiterbewegung festgestellt werden.

3 Helga Grebing, *Geschichte der deutschen Arbeiterbewegung*, München 1966, S. 14.
4 Ebd., S. 255.

Ausgegangen werden muß nach der militärischen Niederwerfung des Nationalsozialismus in diesem Zusammenhang davon, daß wir es sowohl in großen Teilen des antifaschistischen Widerstandes wie auch nach 1944/45 mit einer entschiedenen Wiederbelebung des Antikapitalismus in Deutschland und Westdeutschland zu tun haben. Die Verbindung von spezieller Entwicklung des deutschen Industriekapitalismus in seinen hochorganisierten Formen zu Imperialismus, Militarismus und Nationalsozialismus war unter dieser Konstellation kein ideologisches Deutungsmonopol von Marxisten jeglicher Richtung, sie war die einfache Konklusion aus der kollektiven Erfahrung. In bezug auf die Organisation der Arbeiterbewegung schien nichts selbstverständlicher zu sein, als hieraus entscheidende Folgerungen zu ziehen. Dazu kam, daß die wichtigsten Organisationen, wie z. B. die Gewerkschaften, aber, was meist vergessen wird, auch die SPD, sich in einem Tempo reorganisierten, sowohl gemessen an der Zahl ihrer Mitglieder, ihrer Aktivisten als auch an der Vielzahl ihrer Teilorganisationen, wie es Beobachter von außen und teilweise von innen selbst in ihren kühnsten Träumen oder Befürchtungen anzunehmen nicht gewagt hätten. Dieser schnelle Erfolg der Reorganisation sollte jedoch Partei wie Gewerkschaft vor ein schweres Dilemma stellen. Die Reorganisationsaufgaben von den Kommunen, den Betrieben und Unternehmen bis zu den Wirtschaftsräten der Westzonen, der Verfassunggebenden Versammlung der Länder und des Bundes selbst stellten die Organisation der Arbeiterbewegung vor so große gesellschaftliche Organisations- und Verfassungsfragen, die aus dem allgemeinen Antikapitalismus heraus und unter den bestehenden weltpolitischen und den durch die wichtigsten westlichen Besatzungsmächte vermittelten Zeitdruck nicht konkret behandelt werden konnten. Nicht nur, daß sich die traditionelle klassische Arbeitsteilung zwischen Partei und Gewerkschaft wiederum fortsetzte, beide kamen in die größten Schwierigkeiten, die Spezialisten zu finden, die auf diese Organisations- und Verfassungsfragen schnelle und konkrete Antworten, und sei es auch nur formaljuristischer Natur, zu geben vermochten. Der Rückgriff auf Ziele und Verfassungsvorstellungen der alten Arbeiterbewegung gab unter der neuen Konstellation nicht viel her. Das Anknüpfen an das sozialistische Vorbild in der UdSSR war unter dem kollektiven Schock des Antikommunismus, der von Jahr zu Jahr vertieft wurde, keine realistische Möglichkeit. Die Eingrenzung der Organisations- und Verfassungsfragen durch die westlichen Besatzungsmächte erstickte neue Lösungsmöglichkeiten im Keime. Aus dieser Konstellation der Kräfte ergab sich, daß das einfachste, das pragmatischste, das gefahrloseste Muster politischer, wirtschaftlicher und kultureller Organisation und Verfassung sich Schritt um Schritt und Zug um Zug gegenseitig bedingend und verstärkend durchsetzte. Der allgemeine emphatische Antikapitalismus und Antifaschismus wurde, wenn nicht aus der politischen Programmatik und Rhetorik, so doch aus der politischen Praxis, zurückgedrängt. Der Versuch einflußreicher Politiker und Fraktionen, die Überreste der Kultur der Arbeiterbewegung in ihrem inneren Leben und in ihrer Außendarstellung der SPD über Bord zu werfen, stieß in den fünfziger Jahren auf den Widerstand größerer Teile der Mitglieder und Funktionäre, war aber gleichzeitig ein Hinweis dafür, daß diese Erscheinungsformen das innerparteiliche Leben tatsächlich kaum noch bestimmten.

Mit dieser Modernisierung der SPD wurde in der Partei selbst auf ein Parteileben im Stile und Sinne der alten deutschen Arbeiterbewegung verzichtet. Dies war für das innerparteiliche Leben der SPD um so folgenschwerer, als die Partei entschieden dagegen war, das breit gestreute Netz von Organisationen, die vom Nationalsozialismus zerschlagen worden waren, wieder aufzubauen. Wer nach 1945 bis 1949 und in den fünfziger Jahren Mitglied der Sozialdemokratischen Partei wurde, wurde nicht selbstverständlich in ein sozialdemokratisches Vereinsleben aufgenommen, das der Vielfalt seiner Interessen und Wünsche entsprach. Die Partei spezialisierte sich vollends auf die Politik, d. h. die Politik in den Parlamenten und die Besetzung öffentlicher Ämter. Der lange Streit über die politische Priorität zwischen Parlamentsfraktion bzw. Parlamentsfraktionen und der Partei, d. h. den Parteitagen, der die Geschichte der deutschen Arbeiterbewegung beinahe von Anfang an durchzog, wurde unter dem Druck der großen Organisations- und Verfassungsaufgaben zum einen und der viel zu kurzen Personaldecke zum anderen nach 1949/50 endgültig zugunsten der Parlamentsfraktionen sowie der sozialdemokratischen Inhaber öffentlicher Ämter entschieden. Als Beleg hierfür mag das Verhalten der bekannten sozialdemokratischen Landesväter und Oberbürgermeister zur und in der Partei genommen werden sowie die Gravamina der aktiven Parteimitglieder, der unteren Funktionäre und das Beitragsverhalten und die Abwendung sozialdemokratischer Ämterinhaber vom Parteileben. Diese politische Spezialisierung war verbunden mit dem sogenannten Prozeß der Entideologisierung der Partei sowie mit dem Ausbau eines Parteiapparats, wie ihn in dieser Größe die SPD in ihrer Geschichte kaum gekannt hatte. Der Ausbau des Parteiapparats war jedoch nur teilweise von der Finanzierung durch die Mitglieder abhängig. Die Sonderstellung der Partei im Grundgesetz, die Zuwendungen, welche die Parteien durch das Parteiengesetz aus öffentlichen Mitteln erhielten sowie die Zuwendungen zur Erfüllung der Aufgaben staatsbürgerlicher Bildung stellten einen entschiedenen Bruch mit einem der Grundsätze der alten Arbeiterbewegung dar, der da lautete: „Die Arbeiterbewegung lebt nur von Arbeitergroschen", d. h. den freiwilligen Beiträgen und Spenden ihrer Mitglieder, um jeder Abhängigkeit zu entgehen und das Finanzgebaren der Partei unter Kontrolle der Parteiinstanzen und der Parteiöffentlichkeit zu halten sowie jede Identifizierung mit Einrichtungen außerhalb der Partei — welche die Partei vielleicht in entscheidenden politischen Augenblicken binden könnte — zu vermeiden. Im Mittelpunkt des Forschungsinteresses sollte nicht so sehr die Veränderung sozialdemokratischer Ideologie und Programmatik stehen und auch nicht so sehr die sogenannte Elitenforschung oder die Veränderung der Struktur der Mitglieder und Wähler in den verschiedenen Perioden, so wichtig Ergebnisse aus diesen Fragestellungen in anderen Zusammenhängen auch sein mögen, sondern vielmehr eine umfassende und intensive Untersuchung über das Finanzgebaren und die Finanzpolitik der SPD seit 1945.

Die aus diesem System des Parteienwesens der Westzonen und später der Bundesrepublik hervorgegangenen Regeln, Normen, Strategien und Zielsetzungen sozialdemokratischer Finanzpolitik haben die Autonomie der SPD — und neben dem Prinzip Solidarität gehört das Prinzip der Autonomie zu den Grundprinzipien der klassischen deutschen Arbeiterbewegung — nicht nur in Frage gestellt, sondern tatsächlich aufgehoben. Hier scheint mir eines der wichtigsten Erkenntnisfelder über das Ende der Arbeiterbewegung in der Bundesrepublik zu liegen sowie auch über die Art des Parteienstaates und seiner Mechanik sowie über die Art, den Inhalt und die Grenzen der Demokratie in der zweiten deutschen Republik.

Aus dieser Verfahrensweise der Forschung ergibt sich, daß nicht so sehr die Partei, sondern die Gewerkschaften — also nicht die SPD, sondern der DGB und seine sogenannten Industriegewerkschaften — in das Zentrum soziologisch-historischer Untersuchungen rücken, die Antwort auf unsere Frage „Ende der Arbeiterbewegung" und „Kontinuität oder Diskontinuität" geben sollen.

Rückblickend ergibt sich eine seltsame Verschiebung der Beziehungen von Partei und Gewerkschaft nach 1945 im Vergleich zu der Konstellation vor 1933. Programmatisch repräsentieren die Gewerkschaften in Westdeutschland nach 1945 den bereits genannten kollektiven Antikapitalismus weitaus schärfer als die Partei. Aus diesem Antikapitalismus heraus agieren die Gewerkschaften in allen gewichtigen politischen Fragen der deutschen Nachkriegsentwicklung von der Mitbestimmung bis zur Notstandsgesetzgebung und der Antiatombewegung schärfer als die Partei, und dies, obwohl und weil die Gewerkschaften als Einheitsgewerkschaft organisatorisch die Konklusionen aus den Kollektiverfahrungen der Niederlage von 1933 und in der Zeit des Nationalsozialismus gezogen haben. Diesen kollektiven Erfahrungen ist sozialgeschichtlich nachzuspüren, um die organisatorische Konklusion zu verstehen. Diese Konklusion kann nicht aus einer Theorie der Gewerkschaften abgeleitet werden, weil es eine solche Theorie nicht gab oder gibt. Alle Versuche, zu einer solchen Theorie zu kommen, wurden post festum unternommen und sie sind keineswegs zureichend. Sozialstrukturelle Analysen helfen zur Klärung dieser Frage ebensowenig weiter wie die These von der Dominanz der im Reich — sei es in Freiheit oder Unfreiheit — verbliebenen Funktionäre im Wiederaufbau der Gewerkschaften nach 1945.

Es kann sozialgeschichtlich belegt werden, daß die gewerkschaftlichen Kader aller Generationen — auch und gerade der Generationen, die keine gewerkschaftlichen Erfahrungen vor 1933 gehabt haben oder vielleicht gehabt haben können — an diesem Prinzip der Einheitsgewerkschaft bis heute festhalten. Alle Versuche, das traditionelle Prinzip der Richtungsgewerkschaften neu zu beleben, sind gescheitert. Auf diesem Gebiet der organisatorischen Diskontinuität liegen große und fruchtbare Aufgaben der Sozialforschung, und Material ist, wenn auch verstreut und unzulänglich organisiert, in Überfülle vorhanden.

Die Durchsetzung des Prinzips der Einheitsgewerkschaft stellt in bezug auf unsere Fragestellung eine tiefe Antinomie bloß. Mit dieser Durchsetzung war die Frage der Autonomie der Gewerkschaften gegenüber der Partei, die bis in die Gründerperiode der deutschen Arbeiterbewegung zurückgeht, trotz personeller Verzahnung und teilweiser Identität der führenden Kader endgültig entschieden. Mit dieser Entscheidung war die Einheit der Arbeiterbewegung sowohl organisatorisch als auch inhaltlich aufgelöst. Dies um so mehr, als die Gewerkschaften organisatorisch sowie ihren Mitteln nach finanziell die Partei sehr bald nach 1945 in den Großstädten, Besatzungszonen, Ländern und in der Bundesrepublik weit in den Schatten stellten.

Die Diskrepanz zwischen organisatorischem Erfolg, politischem Anspruch und politischen Möglichkeiten ist in der Rhetorik und Politik der Gewerkschaften nach 1945 und nach 1949 nicht zu übersehen. So sehr die Gewerkschaften sich bemühten, nach 1945 in allen Fragen der gesellschaftlichen Entwicklung Stellung zu beziehen, die Gewerkschaftsführer und Kader waren gegenüber den Verfassungsfragen noch weit mehr überfordert als die Partei. Trotz aller antikapitalistischer Programmatik und Rhetorik, trotz allen Aktionen gegenüber der sogenannten Restauration des Kapitalismus in den bereits genannten Bewegungen zogen sich die Gewerkschaften Schritt für Schritt auf die klassischen Aufgaben mit dem Schwerpunkt Tarif- und Lohnpolitik zurück.

Dieser Rückzug war wiederum aus einer gewerkschaftsinternen Machtkonstellation heraus zwingend. Die Geschichte der deutschen Gewerkschaften nach 1945 ist gekennzeichnet von der zunehmenden Macht der sich als „Industrie-Gewerkschaften" verstehenden großen Verbände und der abnehmenden Macht des Gewerkschaftsbundes. Dieses Problem wird innerhalb der Gewerkschaften seit Jahrzehnten gesehen und periodisch diskutiert, die Interessen und die Macht der großen Verbände setzen sich jedoch von Fall zu Fall massiv durch. Aus dieser Durchsetzung der Macht der großen Verbände ergibt sich die faktische Auflösung der Einheit der Gewerkschaften und damit das Verschwinden der Arbeiterbewegung. Die Identifizierung von Mitgliedern, Aktivisten, Funktionären und Führern bezieht sich innerhalb der Gewerkschaften auf den Verband und nicht auf den Gewerkschaftsbund. Dies bedeutet, daß es keine Gewerkschaftsbewegung trotz rhetorischer Beteuerungen und politischer Proklamationen mehr gibt. Die Gewerkschaft wird von der Mehrzahl der Mitglieder nicht allein als Schutzorganisation aufgefaßt, sondern mehr noch als Versicherungsorganisation, und dies trotz oder gerade wegen einer gewerkschaftlichen Bildungsorganisation, wie sie in dieser Größenordnung sowohl in der Geschichte der deutschen als auch der internationalen Arbeiterbewegung wohl einmalig ist.

Der organisatorische Erfolg der Gewerkschaften in Westdeutschland, in der Bundesrepublik — verbunden mit einer Akkumulation an Kapital —, hat jedoch auf einem weiteren Gebiet die Auflösung der Gewerkschaftsbewegung, die Auflösung der Arbeiterbewegung in Deutschland nach 1945 noch beschleunigt. Hier ist natürlich wieder die Rede vom Finanzgebaren und der Finanzpolitik der Gewerkschaften, einem wahren Dorado für Wirtschafts- und Sozialwissenschaftler. Leider wurde dieses Feld bis heute kaum systematisch von der Gewerkschaft bearbeitet, sondern der parteilichen Publizistik unter dem Schlagwort „die Macht der Funktionäre" oder „die Konzerngewerkschaft" oder gar „Gewerkschaftsstaat" nun schon seit Jahrzehnten überlassen. Die reale Entwicklungsgeschichte und die soziale Wirklichkeit dieses „Gewerkschaftskonzerns" ist keineswegs von dieser Art. Im Gegenteil, die Geschichte dieses Konzerns Gewerkschaft ist für die Wirtschafts- und Sozialgeschichtler weitaus nüchterner, als sie dem politischen Soziologen erscheint. Die Mechanik des Prozesses — nicht eines historisch zwingenden Prozesses, sondern aus einer organisationsgeschichtlich wohl einmaligen Konstellation der Gewerkschaften nach 1945 heraus — gibt Auskünfte darüber, warum die deutsche Arbeiterbewegung sich so fundamental veränderte, daß von Bewegung keine Rede mehr sein kann.

Es muß daran erinnert werden, daß diese ökonomischen Initiativen der Gewerkschaft in Westdeutschland nach 1945 aus ganz unmittelbaren Erfordernissen wie z. B. der Wohnungsnot heraus entstanden sind und daß – nur um das erwähnte Beispiel zu nehmen – das Vorbild der sozialistischen Bauhütte der Wohnungsbaugenossenschaften vor 1933 zum Teil Pate gestanden hat. Durch die Masse der Aufgaben und der damit verbundenen Masse des Kapitals – aufgestockt durch öffentliche Mittel – ergaben sich zwangsläufig Tendenzen der fortschreitenden Entgenossenschaftlichung und der Managerialisierung dieser „gewerkschaftlich-genossenschaftlichen" Unternehmen. Auf wenigen Gebieten wurde die traditionelle Arbeiterbewegung so ausgetrocknet wie im Bereich des Genossenschaftswesens. Mehr noch, den Gewerkschaften gelang es nicht einmal bzw. sie dachten nicht daran, die alten genossenschaftlichen Prinzipien oder auch neu entwickelte Prinzipien und Praktiken wie z. B. die Mitbestimmung in den eigenen Unternehmen durchzusetzen. Die managerielle Tendenz ergriff auch die gewerkschaftlichen Organisationen selbst, so daß die Arbeitnehmer in den Verwaltungen und Apparaten der Gewerkschaften um ihre Vertretungsrechte kämpfen mußten.

Die Ursache für diese Entwicklung ist jedoch nicht in der gewerkschaftlichen Ideologie oder im Bewußtsein der Funktionäre zu sehen, sondern in der nach 1945 entstandenen Konstellation der Institutionen und dem Gewicht – einschließlich des damit verbundenen Risikos – der verfügbaren Finanzmittel. Es muß noch einmal unterstrichen werden, daß diese Entwicklung jedoch nicht als materiell zwingend angesehen werden darf. Die vorhandenen Mittel hätten auf allen Gebieten wie gewerkschaftliche Bildungsarbeit, Sozialforschung im Dienste der Gewerkschaften, Wohnungsbau, Kreditinstitute, Versicherungen, Co-op etc. etc. sehr wohl ausgereicht, um auch andere organisatorische Experimente zu wagen. Aus der zu kurzen Personaldecke der Gewerkschaften, ihrer zunehmenden Spezialisierung auf die traditionellen Aufgaben, aus der Neuartigkeit der Lage sowie aus den Möglichkeiten, öffentliche Mittel für die neueren unternehmerischen Aufgaben zu mobilisieren, ergab sich im Resultat jedoch zwangsläufig, daß die angebotenen, sozusagen sicheren und einfachen Organisationsangebote nicht nur als die einzigen, sondern auch als die besten schlechthin von den Gewerkschaftsführern akzeptiert wurden. Die Rückwirkungen und Auswirkungen dieser Entwicklung auf die Gewerkschaften selbst müssen im einzelnen noch von den Sozialwissenschaftlern beschrieben werden. Der Schluß jedoch ist bereits heute erlaubt: Diese Entwicklungen stellen inhaltlich das dar, was wir wissenschaftlich als das Ende der Arbeiterbewegung bezeichnen müssen.

An diesen wenigen Beispielen habe ich versucht, den Nachweis zu erbringen, daß das hier entwickelte Konzept vom Ende der Arbeiterbewegung für die sozialwissenschaftliche Forschung von großer analytischer Bedeutung ist, und ohne die Verwendung dieses Konzepts sind die Ergebnisse der Sozialforschung über die Entwicklung der Arbeiterbewegung nach 1945 in Westdeutschland entweder emphatisch-kritischer oder bornierter apologetischer Natur.

Ich hoffe, mit diesem Beitrag zumindest die wissenschaftliche Debatte um die Brauchbarkeit dieses Konzepts vom Ende der Arbeiterbewegung bereichert zu haben.

3. Geschichte der Arbeiterbewegung – Praxis und Theorie: Neueinschätzungen, Analysen, Kommentare

Manfred Scharrer

Von Erfurt nach Moskau

Ein ideengeschichtlicher Beitrag zu den Ursachen und Folgen der Spaltung der deutschen Arbeiterbewegung 1914—1919

Der 4. August 1914, d.h. die an diesem Tag erfolgte Zustimmung der sozialdemokratischen Reichstagsfraktion zu den Kriegskrediten, gilt bis heute, unabhängig vom politischen und wissenschaftlichen Standort der Geschichtsschreiber, als die verhängnisvolle Tat, welche u.a. die Spaltung der deutschen Arbeiterbewegung einleitete. Eine Ausnahme bildet hier Schorske, der die Spaltung der Sozialdemokratie schon vor dem August 1914 für „völlig ausgereift" hält[1].

Das Verhalten der Parteiführer wird, zumindest in der offiziellen parteikommunistischen Geschichtsschreibung, als ein Verrat der Führer an den Massen erklärt. Dies verwundert nicht, wird doch die Existenz der eigenen Partei wesentlich damit legitimiert; denn erst dieser Verrat der SPD-Führer machte es notwendig, den angeblich betrogenen Massen eine alternative Führung anzubieten, und dies konnte wiederum nach dem kleinen Einmaleins des Leninismus nur eine marxistisch-leninistische Partei sein. Diese von Legitimationsbedürfnissen diktierte Erklärung hält keiner ernsthaften Prüfung stand. Betrachtet man das Verhältnis von Führung zu den vielbeschworenen Massen, dann war es eher umgekehrt: Die Führer folgten opportunistisch der Massenstimmung. Hierin sieht z.B. Anderson, deren Schrift *Hammer oder Amboß* vor kurzem neu aufgelegt wurde, die wesentliche Erklärung für das Verhalten der Führung. Wird die leninistische Verratsthese von der wissenschaftlichen Geschichtsschreibung durchgängig abgelehnt, so wird hier doch teilweise von einem Verrat an den Prinzipien der sozialistischen Bewegung gesprochen, von Führern und Massen gleichermaßen begangen. So heißt es z.B. bei Anderson: „Freilich teilte die deutsche Partei mit praktisch allen anderen sozialistischen Arbeiterparteien, deren Länder in den Krieg hineingezogen wurden, das Vergehen, die eigenen anerkannten Prinzipien verraten zu haben."[2]

Ähnlich formuliert auch Flechtheim: „Immerhin kann man (wie etwa Borkenau) von einem Verrat von Führer und Masse an den Idealen des revolutionären Sozialismus sprechen."[3] Bei Flechtheim fällt auf, besonders in seinem jüngsten Werk, daß

---

1 Carl E. Schorske, *Die große Spaltung — Die Deutsche Sozialdemokratie von 1905 bis 1917*, Berlin 1981, S. 403.
2 Evelyn Anderson, *Hammer oder Amboß*, Frankfurt a.M. 1981, S. 32.
3 Ossip K. Flechtheim, *Die KPD in der Weimarer Republik*, Neuaufl., Frankfurt a.M. 1969, S. 88 f.

er diese Behauptung nicht aus der Analyse der historischen Situation heraus begründet, sondern vielmehr aus einer Einschätzung der Folgen, die diese Politik für ihn zeitigte:

„Mit ihrer Entscheidung vom 4.8. und der diese fortführenden und steigernden Politik des ‚Burgfriedens' und des ‚Durchhaltens bis zum bitteren Ende' trug die SPD entscheidend dazu bei, nicht nur die Chancen des demokratischen Sozialismus in Europa zu zerstören, sondern auch die der Einheit und Freiheit der deutschen Nation und der Entwicklung eines europäischen und weltweiten friedlichen Staatensystems. Schon die unmittelbaren Folgen waren beispiellos: Die Zerstörung der Parteieinheit und die Polarisierung der Extreme, der Bruch mit den Bolschewiki und anderen Radikalen im Osten, der Antagonismus zu allen sozialistischen, demokratischen und progressiven Richtungen in Westeuropa, den USA usw. Die weiteren Auswirkungen sind nur als fatal zu bezeichnen: die Isolierung Deutschlands, die Zerstörung der Linken in Deutschland, die Feindschaft des Weltkommunismus, die Unmöglichkeit einer Vermeidung oder Überwindung der Weltwirtschaftskrise, die Vorbereitung des Bodens für das Dritte Reich und damit für den zweiten Weltkrieg, die Niederlage von 1945 usw."[4]

Wie verhängnisvoll auch immer man die Politik des 4. August einschätzen mag, ein Verrat an den Prinzipien der sozialistischen Bewegung läßt sich so nicht begründen, abgesehen davon, daß es mir fragwürdig erscheint, den damals handelnden Personen auf diese Weise Verantwortung aufzubürden. Nach der gleichen Methodik könnten Marx für den Archipel Gulag, Nietzsche für Hitler, Rosa Luxemburg für die stalinistische KPD und SED verantwortlich gemacht werden.

Hinter dem Vorwurf des Prinzipienverrats steckt in der Regel die Annahme, die heutige Erkenntnis, daß es sich 1914 um einen von Deutschland maßgeblich mitverursachten imperialistischen Umverteilungskrieg gehandelt habe, sei auch allgemein bei den Sozialdemokraten verbreitet gewesen. Dies scheint mir auch der Grund dafür zu sein, daß die Verratsthese heute noch so einleuchtend wirkt.

Unterstellt man nämlich diesen Zusammenhang, dann läßt sich mit Fug und Recht von einem Verrat an den Idealen sprechen.

Nun wird in der wissenschaftlichen Forschung fast einmütig davon ausgegangen, daß es der deutschen Regierung im August 1914 meisterhaft gelungen war, den tatsächlichen Anteil ihrer Politik am Ausbruch des Krieges vor der Öffentlichkeit geheim zu halten und einen Verteidigungsfall für Deutschland vorzuspielen. Es ist hier auch unbestritten, daß die sozialdemokratischen Abgeordneten einschließlich Karl Liebknechts glaubten, Deutschland werde vom russischen Zarismus bedroht; und nur so läßt sich erklären, warum die 14 Neinsager in der Fraktion sich der Fraktionsdisziplin beugten und öffentlich für die Kredite stimmten[5].

Wollte man das Verhalten der Abgeordneten als Prinzipienverrat werten, dann wäre nachzuweisen, daß die Sozialdemokratie das Recht auf nationale Selbstverteidigung in der Vergangenheit stets abgelehnt hatte. Die Passage in der Erklärung, mit der die Fraktion ihre Zustimmung zu den Kriegskrediten begründete: „Wir lassen in der Stunde der Gefahr das Vaterland nicht im Stich. Wir fühlen uns dabei im Ein-

---

4 Ossip K. Flechtheim, *Von Marx bis Kolakowski – Sozialismus oder Untergang in der Barbarei?*, Köln/Frankfurt a.M. 1978, S. 98 f.
5 Vgl. Helmut Trotnow, *Karl Liebknecht – Eine politische Biographie*, Köln 1980, S. 183–189.

klang mit der Internationale, die das Recht jedes Volkes auf nationale Selbständigkeit und Selbstverteidigung jederzeit anerkannt hat, wie wir in Übereinstimmung mit ihr jeden Eroberungskrieg verurteilen"[6], wäre dann als Mißverständnis oder Schwindel nachzuweisen.

Gerade diese Aufgabe stellt sich Rosa Luxemburg in ihrer *Junius-Broschüre*. Tatsächlich lassen sich bei oberflächlicher Sichtung der zahlreichen Reden und Resolutionen eindrucksvolle Formulierungen finden, die einen drohenden, ja sogar für unvermeidbar angenommenen Krieg als einen imperialistischen geißeln und verdammen. Schaut man sich die Manifeste, Resolutionen und Reden der maßgeblichen Führer der Internationale genauer an, dann läßt sich ohne Schwierigkeiten feststellen, daß neben der allgemeinen Verdammnis eines jeden Krieges die Unterscheidung zwischen Angriffs- und Verteidigungskrieg steht und damit zusammenhängend das Bekenntnis zum Selbstbestimmungsrecht der Nationen. Der Internationale Sozialisten-Kongreß 1907 in Stuttgart, vielfach interpretiert als Manifestation der Sozialdemokratie, einen drohenden Krieg zu verhindern, stand vielmehr im Zeichen großartiger Bekenntnisse von Jaurés und Bebel zum Recht der nationalen Selbstverteidigung. In der französischen Mehrheitsresolution hieß es u.a.: „Die bedrohte Nation und Arbeiterklasse haben die gebieterische Pflicht, ihre Unabhängigkeit und Selbständigkeit gegen diese Angriffe zu wahren, und sie haben ein Anrecht auf den Beistand der Arbeiterklasse der ganzen Welt."[7] In der Resolution des Internationalen Sozialisten-Kongresses 1910 in Kopenhagen wird die Verpflichtung erneuert, „für das Selbstbestimmungsrecht aller Völker und deren Verteidigung gegen kriegerische Angriffe und gewaltsame Unterdrückung" einzutreten[8].

Nimmt man diese Bekenntnisse ernst, dann erklärt sich, warum z.B. die französischen Sozialisten den deutschen vorgeworfen haben, sie hätten die Prinzipien der Internationale verraten, indem sie die Verteidigung der französischen Nation gegen den Angriff des deutschen Imperialismus nicht unterstützten. Umgekehrt wurde der gleiche Vorwurf erhoben, denn Frankreich war Bündnispartner des russischen Zarismus, und dieser wiederum bedrohte Deutschland. Trifft die Einschätzung zu, daß die deutschen Sozialdemokraten der subjektiv ehrlichen, wenngleich falschen Überzeugung anhingen, Deutschland führe einen Verteidigungskrieg, dann ist noch immer der folgenden These Rosenbergs zuzustimmen: „Der Entschluß der Sozialdemokraten, an der Verteidigung Deutschlands mitzuwirken, entsprach der marxistischen, sozialistischen Tradition."[9]

Auf einem ganz anderen Blatt stehen dann die Kriegsbegeisterung, der chauvinistische Taumel, der auch Sozialdemokraten erfaßte, der „Burgfrieden" der Gewerk-

---

6 Erklärung des Abgeordneten Haase namens der Sozialdemokratischen Partei im Reichstag am 4. August 1914, zit. nach Eugen Prager, *Das Gebot der Stunde – Geschichte der USPD*, Berlin/Bonn 1980, S. 19 f.
7 *Protokoll des Internationalen Sozialisten-Kongresses zu Stuttgart – 18. bis 24. August 1907*, Nachdruck, Stuttgart 1977, S. 86.
8 *Dokumente und Materialien zur Geschichte der deutschen Arbeiterbewegung*, Bd. IV: *1898–1914*, Berlin (DDR) 1967, S. 318.
9 Arthur Rosenberg, *Entstehung der Weimarer Republik*, Frankfurt a.M. 1961, S. 67.

schaften und eine Reihe weiterer Handreichungen der deutschen Sozialdemokraten für die Kriegführung. Hier kommen dann Erklärungsansätze zum Tragen wie Organisationsfetischismus und all die anderen Erscheinungen der „negativen Integration" (Groh), denen die „vaterlandslosen Gesellen" unterworfen waren. Die Wirkung der kaiserlichen Worte: „Ich kenne keine Parteien mehr, ich kenne nur noch Deutsche", mit denen diese Ausgrenzung verbal zurückgenommen wurde, läßt sich immer noch am eindrucksvollsten an dem bekannten Beispiel Konrad Haenisch studieren.

Dies alles sind zusätzliche Faktoren, die die Haltung der Sozialdemokraten im August 1914 beeinflußt haben. Die Zustimmung der Sozialdemokraten zur Vaterlandsverteidigung kann und muß damit nicht erklärt werden. Schorske geht völlig fehl, wenn er glaubt, daß allein die Angst vor einem Verbot der Organisationen ausgereicht hätte, die Sozialdemokraten zu dieser Handlung zu bewegen[10].

Den Sozialdemokraten von 1914 kann nicht vorgeworfen werden, daß sie ihre bisherigen Prinzipien gebrochen oder verraten hätten, sondern daß sie gerade mit ihren Prinzipien in die nationalistische Falle einer eroberungssüchtigen herrschenden Klasse gelaufen sind bzw. es nicht vermocht haben, den wahren Charakter des Krieges zu durchschauen.

Auch wenn Rosa Luxemburg zeitweilig den Anschein erweckt, als würde sie den 4. August als Verrat an der Tradition verstehen, so gewinnt bei ihr letztlich doch die Überzeugung Oberhand, daß der 4. August das Resultat der bisherigen Entwicklung der Sozialdemokratie sei. Sie fühlte sich jetzt erst recht in ihrem unermüdlichen Kampf gegen das Prinzip des Selbstbestimmungsrechts der Nationen bestätigt, den sie in der Internationale zumindest seit 1896 vornehmlich gegen Lenin geführt hatte.

Aus dieser Einschätzung ergibt sich dann folgerichtig die Konsequenz, daß Rosa Luxemburg mit dieser Tradition brechen mußte. Auslöser dafür dürfte die Zimmerwalder Konferenz gewesen sein, auf der sich oppositionelle Sozialdemokraten aus mehreren Ländern vom 5. bis 8. September 1915 in der Schweiz trafen und sich angesichts des Weltkrieges nachdrücklich zum Selbstbestimmungsrecht der Nationen bekannten: „Keine Annexion, weder eine offene noch eine maskierte, auch keine zwangsweise wirtschaftliche Angliederung, die durch politische Entrechtung nur noch unerträglicher gemacht wird. Das Selbstbestimmungsrecht der Völker muß unerschütterlicher Grundsatz in der Ordnung der nationalen Verhältnisse sein."[11]

Die Gegenthese von Rosa Luxemburg lautete: „In der Ära dieses entfesselten Imperialismus kann es keine nationalen Kriege mehr geben. Die nationalen Interessen dienen nur noch als Düpierungsmittel, um die arbeitenden Volksmassen ihrem Todfeind, dem Imperialismus, dienstbar zu machen."[12]

---

10 Vgl. Schorske, *Spaltung* (Anm. 1), S. 364.
11 Manifest der Zimmerwalder Konferenz, aus: *Die Zimmerwalder Bewegung. Protokolle und Korrespondenz*, hrsg. von Horst Lademacher, Den Haag/Paris 1967, Bd. I, S. 168.
12 Leitsätze über die Aufgaben der Internationalen Sozialdemokratie, zit. nach Rosa Luxemburg, *Gesammelte Werke*, Bd. 4, Berlin (DDR) 1974, S. 44. Die Leitsätze tragen hier den irreführenden Titel: „Entwurf zu den Junius-Thesen".

Es war wieder Lenin, der diesen Fehdehandschuh aufgriff. Er erklärte diese Auffassung für „theoretisch falsch" und praktisch für „Chauvinismus"[13].

Rosa Luxemburg und die sich formierende Spartakusgruppe hintertrieben die Zimmerwalder Bewegung in der Folge nach besten Kräften. In der Auseinandersetzung mit der deutschen Opposition erklärten sie das Bekenntnis zu ihren *Leitsätzen* als Grundlage für jede weitere Zusammenarbeit nach der Formel „Entweder-Oder" und spalteten sich konsequent von der Gruppierung um Haase, Kautsky, Ledebour und Bernstein ab. Kern der *Leitsätze* war dabei die aus der Verneinung des Selbstbestimmungrechts der Nationen folgende Verneinung der Autonomie der nationalen sozialistischen Parteien und die Konstruktion einer zentralistischen internationalen Mammutorganisation. Die Sätze, in denen diese Konzeption zusammengefaßt wurde, bildeten bis zur Novemberrevolution das Erkennungszeichen der Gruppe und zierten als Motto die Spartakusbriefe:

„3. In der Internationale liegt der Schwerpunkt der Klassenorganisation des Proletariats.
4. Die Pflicht zur Ausführung der Beschlüsse der Internationale geht allen anderen Organisationspflichten voran."[14]

Selbst Wohlgemuth, ein DDR-Historiker, spricht in diesem Zusammenhang von einem sektiererischen Verhalten Rosa Luxemburgs[15].

2. Das Lehrstück der russischen Revolution und die neue programmatische Selbstbestimmung des Spartakusbundes

Wurde die russische Revolution, ja sogar die bolschewistische Oktoberrevolution, von den Sozialisten aller Fraktionen einhellig begrüßt, so änderte sich dies sehr schnell mit der Abschaffung der Konstituante, der Abschaffung der Koalitions-, Versammlungs- und Pressefreiheit, der Errichtung einer Ein-Parteien-Diktatur, der Abschaffung der allgemein demokratischen Spielregeln überhaupt und damit auch der Abschaffung der Rätedemokratie.

Am ehesten sympathisierten noch die reaktionären Kreise mit den Bolschewiki — sie hatten diese ja auch mit erheblichen Geldmitteln unterstützt — aus dem einsichtigen Grund, mit ihnen einen Sonderfrieden abschließen und im Westen dann die Entscheidung zu Gunsten Deutschlands herbeiführen zu können. Auch die Mehrheitssozialisten standen in dieser Beziehung — obwohl über die terroristische Unterdrückung ihrer Gesinnungsgenossen empört — den Bolschewiki mit Sympathie gegenüber.

Einzig der Spartakusbund und allen voran Rosa Luxemburg waren entsetzt über die Möglichkeit, daß die Bolschewiki mit dem deutschen Imperialismus einen Son-

---

13 W.I. Lenin, Brief an Henriette Roland-Holst vom 8.3.1916, in: *Zimmerwalder Bewegung*, S. 496 f.
14 Faksimiledruck des Spartakusbriefes Nr. 12, in: *Spartakusbriefe,* hrsg. vom Institut für Marxismus-Leninismus beim ZK der SED, Berlin (DDR) 1958, Beilage.
15 Vgl. Heinz Wohlgemuth, *Burgkrieg, nicht Burgfriede*, Berlin (DDR) 1965, S. 158.

derfrieden schließen könnten: „Will sie sich[die russische Republik; der Verf.] etwa durch einen Sonderfrieden aus der Schlinge des Völkermordes ziehen, dann verrät sie das internationale Proletariat und die eigenen Schicksale an den deutschen Imperialismus."[16] Als dann der Sonderfriede in Brest-Litowsk geschlossen wurde, hatte sich für Rosa Luxemburg die „russische Tragödie" vollzogen. Doch nicht genug damit, sie befürchtete jetzt noch Schlimmeres, nämlich ein Bündnis der Bolschewiki mit den deutschen Machthabern. In einem solchen Falle hätte sie den politischen Untergang der Bolschewiki dem Untergang der moralischen Prinzipien vorgezogen[17].

Nicht nur die Außenpolitik der Bolschewiki versetzte Spartakus in Angst und Schrecken, auch deren Innenpolitik des „roten Terrors" und das Beiseiteschieben aller bisher geltenden demokratischen Prinzipien der sozialistischen Bewegung. Gegenüber allen denjenigen Bestrebungen, die Spartakus so früh wie möglich auf die Seite der Bolschewiki stellen wollen, kann festgestellt werden, daß diese Gruppe bis in die letzten Tage vor dem November 1918 hinein in bewußtem Gegensatz zum bolschewistischen Modell die demokratische Republik propagierte. Es bestand hier auch kein Zweifel daran, daß die Verfassung dieser Republik „durch eine auf Grund des freien Wahlrechts gewählte Konstituante"[18] bestimmt werden sollte.

Fast hätte die grundsätzliche Solidarität der Spartakusgruppe mit dem Versuch, in Rußland eine sozialistische Gesellschaft aufzubauen, ausgereicht, eine Kritik an den Bolschewiki zu unterdrücken. Der Versuch der Bolschewiki jedoch, ihre terroristische und diktatorische Politik auch noch als die einzig authentische Auslegung des revolutionären Marxismus hinzustellen, mußte linke Theoretiker wie Rosa Luxemburg und Karl Kautsky[19] auf die Barrikaden treiben. Beide verteidigten jetzt die demokratischen Prinzipien der sozialistischen Bewegung gegen die bolschewistischen Revisionen. Ihre Kritik und vor allem auch ihre Prognosen über die Folgen dieser Politik sind bis heute von ungebrochener Aktualität.

Allgemeine Berühmtheit erlangte Rosa Luxemburgs Formulierung von der Freiheit des Andersdenkenden: „Freiheit nur für die Anhänger der Regierung, nur für die Mitglieder einer Partei — mögen sie noch so zahlreich sein — ist keine Freiheit. Freiheit ist immer die Freiheit der Andersdenkenden."[20] Rosa Luxemburg wandte sich gegen die Abschaffung der Konstituante, gegen die Abschaffung der allgemein demokratischen Rechte wie Versammlungs-, Koalitions- und Pressefreiheit und gegen den Arbeitszwang. Sie referierte für Trotzki und Lenin noch einmal die alten sozialistischen Grundüberzeugungen:

„Wir sind nie Götzendiener der formalen Demokratie gewesen, das heißt nur: Wir unterschieden stets den sozialen Kern von der politischen Form der *bürgerlichen* Demokratie, wir enthüllten stets den herben Kern der sozialen Ungleichheit und Unfreiheit unter der süßen Schale der for-

---

16 Rosa Luxemburg, Brennende Zeitfragen, in: *Gesammelte Werke*, Bd. 4, S. 277.
17 Vgl. Rosa Luxemburg, Die russische Tragödie, in: ebd., S. 385–392.
18 Kameraden, Genossinnen und Genossen!, Aufruf der Spartakusgruppe vom März 1918, in: *Dokumente und Materialien,* Reihe II, Bd. 3, S. 138.
19 Vgl. Karl Kautsky, *Die Diktatur des Proletariats,* Wien 1918; ders., *Terrorismus und Kommunismus,* Berlin 1919.
20 Rosa Luxemburg, Zur russischen Revolution, in: *Gesammelte Werke*, Bd. 4, S. 359.

malen Gleichheit und Freiheit – nicht um diese zu verwerfen, sondern um die Arbeiterklasse dazu anzustacheln, sich nicht mit der Schale zu begnügen, vielmehr die politische Macht zu erobern, um sie mit neuem sozialen Inhalt zu füllen."[21]

Diese eindeutige und ganz in der Tradition des Erfurter Programms stehende Definition bleibt jedoch so eindeutig nicht. Neben dem eindeutigen Bekenntnis zur politischen Demokratie steht jetzt die Aktualisierung des Begriffs Diktatur des Proletariats in Verbindung mit den Räteorganisationen, wie sie in Rußland aufgetreten waren.

Wann immer Rosa Luxemburg mit ihrer Freiheitsdefinition bis weit in das bürgerlich liberale Lager hinein strapaziert wird – stets wird dabei vergessen, daß sie sich in demselben Atemzug emphatisch für die Diktatur des Proletariats aussprach. Für sie hatten die Bolschewiki mit der Parole „Alle Macht den Räten" das „ganze und weitgehendste revolutionäre Programm aufgestellt: nicht etwa Sicherung der bürgerlichen Demokratie, sondern Diktatur des Proletariats, zum Zwecke der Verwirklichung des Sozialismus."[22]

Diktatur des Proletariats hieß bei ihr allerdings nicht Abschaffung der Demokratie – wie sie von den Bolschewiki betrieben wurde –, sondern die „Art der *Verwendung* der Demokratie"[23]. Die sowohl von den Bolschewiki als auch von Kautsky vertretene Einschätzung der Unvereinbarkeit der allgemeinen Demokratie mit der Diktatur des Proletariats in Form eines Rätesystems wurde von Rosa Luxemburg bestritten. Ihre Alternative lautete: „Sowohl Sowjets als Rückrat wie Konstituante und allgemeines Wahlrecht."[24]

Daß mit dieser Metapher keineswegs eine klare Vorstellung über die Verfassung einer sozialistischen Republik formuliert ist, ist offenkundig. Vor allem hätte Rosa Luxemburg aufgrund der russischen Erfahrung Stellung zu der Frage nehmen müssen, welche Institution mit welchen Kompetenzen auszustatten wäre, d.h. welche Institution im Streitfalle letztlich das Sagen haben sollte. Kautsky war hier sehr viel eindeutiger. Er hielt an der allgemeinen Demokratie für den politischen Bereich fest und akzeptierte die Räte als Kampf- und Machtorganisationen der Arbeiterklasse im Bereich der Produktion.

3. Der prinzipielle Bruch mit der demokratischen Tradition der sozialistischen Bewegung in Deutschland

Der rasche und vollständige Zusammenbruch der alten staatlichen Ordnung des Wilhelminischen Reiches als Folge der militärischen Niederlage traf die Sozialisten aller Schattierungen unvorbereitet. Die sich überall bildenden Arbeiter- und Soldatenräte hatten mit der revolutionären Konzeption irgendeiner Gruppe oder Partei nichts zu

---

21 Ebd., S. 363.
22 Ebd., S. 341.
23 Ebd., S. 363.
24 Ebd., S. 358.

tun, schon gar nichts mit einem russischen Revolutionsmodell, gleichwohl die Parole des Arbeiterrats dankbar aufgegriffen wurde. Diese Parole war jedoch eine „gänzlich unbestimmte Formel" (Kolb).

Die Führung der Mehrheitssozialdemokraten, deren kühnste Träume schon vor dem November 1918 durch die Parlamentarisierung des Reiches von oben in Erfüllung gegangen waren, stellte sich wider Willen an die Spitze der revolutionären Aufstandsbewegung und bildete zusammen mit der USPD einen Rat der Volksbeauftragten, der durch die Vollversammlung der Berliner Arbeiter- und Soldatenräte am 10. November 1918 legitimiert wurde. Zur Debatte stand nun das berühmte: „Was tun?". Die Mehrheitssozialdemokraten wünschten nichts sehnlicher, als zu „geordneten Zuständen" zurückzukehren, und das hieß für sie die möglichst schnelle Einberufung einer Nationalversammlung. Wenn man will, war dies auch die Forderung der Spartakusgruppe, zumindest bis eine Woche vor der Revolution. Diese kleine Gruppe, die zu Beginn der Revolution in Berlin höchstens 50 Mitglieder zählte, appellierte selbst noch am 10. November an die Arbeiter, sie sollten „an den alten sozialistischen Forderungen der Republik und des Sozialismus" festhalten[25]. Neben diesem Appell stand jedoch schon die Parole „Alle Macht den Räten". Spartakus rief dazu auf, Arbeiter- und Soldatenräte über ganz Deutschland zu wählen, „in deren Hand ausschließlich Gesetzgebung und Verwaltung"[26] liegen sollte.

Am 10. November 1918 konstituierte sich die Spartakusgruppe offiziell als „Spartacusbund". Sie blieb jedoch, was sie bislang gewesen war: eine geschlossene Propagandavereinigung innerhalb der USPD. Dementsprechend machte Rosa Luxemburg den Vorschlag, lediglich eine Reihe von Zeitungen und Zeitschriften zu gründen.

Mit der Herausgabe einer Tageszeitung hatte die kleine Gruppe in Berlin — im Reich sah es eher noch düsterer aus — jedoch schon alle Hände voll zu tun. Als am 18. November, nach einer achttägigen Unterbrechung, die *Rote Fahne* Nr. 3 erscheinen konnte, hatte sich der Spartakusbund über seinen Revolutionskurs verständigt: Ausgerechnet Rosa Luxemburg, die noch wenige Wochen vorher gegenüber dem bolschewistischen Revolutionsmodell die demokratischen Prinzipien verteidigt hatte, bezeichnete jetzt die Forderung nach Einberufung einer Nationalversammlung als Eskamotierung der Revolution. Aus ihrer Formel Demokratie (Konstituante) *und* Räte war die Leninsche Formel *entweder* Nationalversammlung *oder* Rätediktatur geworden. Über das, was letztlich Rosa Luxemburgs Meinungsumschwung bewirkt hatte, kursieren viele Spekulationen, sie selbst aber gibt keine Auskunft.

Jedenfalls ist von nun an die Nationalversammlung für sie ein „überlebtes Erbstück bürgerlicher Revolution, eine Hülse ohne Inhalt, ein Requisit aus den Zeiten kleinbürgerlicher Illusionen vom ,einigen Volk', von der ,Freiheit, Gleichheit, Brüderlichkeit' des bürgerlichen Staates[27]." Und wie einst bei Lenin, ist nun auch für

---

25 *Rote Fahne*, Nr. 2 vom 10.11.1918.
26 Ebd.
27 Rosa Luxemburg, Die Nationalversammlung, in: *Gesammelte Werke*, Bd. 4, S. 409.

sie jeder, der für die Nationalversammlung eintritt, „ein verkappter Agent der Bourgeoisie oder ein bewußter Ideologe des Kleinbürgertums"[28].

Auf der alten sektiererischen Linie des „Entweder-Oder" betreiben Rosa Luxemburg und der Spartakusbund eine aberwitzige Polarisierung der politischen Auseinandersetzung — aberwitzig deshalb, weil der Spartakusbund ohne eine wirkliche Konzeption vom Aufbau einer sozialistischen Gesellschaft agiert und eingestandenermaßen von der Kernfrage des Sozialismus, wie nämlich die Produktion neu zu organisieren sei, keine Ahnung hatte. Seine maximalistischen Enteignungsforderungen waren so nur eine scheinradikale Phrase. Es ging bei seiner Alternative auch nicht um die Fragen von direkter oder repräsentativer Demokratie — wie später in der theoretischen Diskussion über Räte —, sondern ausschließlich um den Ausschluß einer sozialen Klasse — „der Bourgeoisie" — von der Teilnahme an den politischen Entscheidungsinstitutionen.

Schon bei einer nur oberflächlichen Betrachtung der Sozialstruktur in Deutschland zur Zeit der Revolution wird deutlich, daß die soziale Differenzierung keinesfalls mit dem einfachen Zwei-Klassen-Schema Bourgeoisie und Proletariat erfaßt werden konnte. Wenn man schon eine proletarische Klassendiktatur forderte, dann hätte man sich zumindest darüber verständigen müssen, wer alles zu diesem Proletariat gehören sollte. Trotz mangelhafter statistischer Daten konnte den zeitgenössischen Akteuren nicht verborgen geblieben sein, daß das Proletariat, selbst wenn man alle in Industrie, Handwerk, Handel und Verkehr lohnabhängig Beschäftigten (also Arbeiter und Angestellte zusammen) dazuzählte, nur eine Minderheit von ca. 40 % der Erwerbspersonen darstellte. Hinzurechnen können hätte man noch die 12 % in der Landwirtschaft tätigen Arbeiter — von ihnen war jedoch in der linken Diskussion höchstens in Fußnoten die Rede. Das eigentliche industrielle Proletariat, maßgeblich also die in den Großbetrieben tätigen Arbeiter, stellte nur eine relativ kleine Minderheit dar: Von den ca. einem Drittel in Industrie und Handwerk Tätigen waren nur ca. 40 % in Betrieben über 50 Mitarbeiter beschäftigt.

Unterstellt man einmal großzügig weiter, daß davon die Hälfte sozialdemokratischen Überzeugungen anhing und daß diese Hälfte auch noch eine Klassendiktatur anstreben wollte, dann wird deutlich, welch ungeheure Unterdrückungsaufgabe mit dem Programm der Diktatur des Proletariats aufgestellt wurde. Ein Abwägen der Chance, diese Aufgabe zu bewältigen, ist nirgends zu finden. Allgemein war sich Rosa Luxemburg klar darüber, daß dieses Programm, falls damit ernst gemacht worden wäre, den Bürgerkrieg bedeutet hätte. Dies wußten auch die Führer der MSPD und USPD, und gerade weil sie einen Bürgerkrieg vermeiden wollten, hielten sie an der baldigen Einberufung einer Nationalversammlung fest. Rosa Luxemburg wiederum bezeichnete diese Haltung als einen „feigen Umweg"[29]. Warum sie glaubte, daß in der „süßen Schale" der allgemeinen Demokratie der sozialistische Inhalt nicht mehr verwirklicht werden konnte, wird nicht deutlich. Eine einsichtige Erklärung dafür wäre, daß sie die Mehrheit des Volkes noch nicht für „reif" hielt, eine sozialistische Gesellschaft zu wollen. Jedoch gerade die Erziehungsdiktatur einer Minderheit oder

28 Ebd.
29 Ebd.

gar einer Parteiclique lehnte sie ausdrücklich ab. Im Spartakusprogramm heißt es sogar:

„Die Proletarische Revolution bedarf für ihre Ziele keines Terrors, sie haßt und verabscheut den Menschenmord ... Sie ist kein verzweifelter Versuch einer Minderheit, die Welt mit Gewalt nach ihrem Ideal zu modeln, sondern die Aktion der großen Millionenmasse des Volkes ...
Der Spartakusbund wird nie anders die Regierungsgewalt übernehmen als durch den klaren, unzweideutigen Willen der großen Mehrheit der proletarischen Masse in ganz Deutschland ...
Der Sieg des Spartakusbundes steht nicht am Anfang, sondern am Ende der Revolution: Er ist identisch mit dem Siege der großen Millionenmassen des sozialistischen Proletariats."[30]

Gemessen an diesen Formulierungen, wird die Bekämpfung der Nationalversammlung vollends unverständlich.

Das praktisch-politische Verhalten des Spartakusbundes läßt jedoch erhebliche Zweifel darüber aufkommen, ob die Worte im Programm so ernst gemeint waren, wie sie geschrieben standen. Dies beginnt schon einen Tag nach der Veröffentlichung des Programms auf der Verbandsgeneralversammlung der USPD von Groß-Berlin am 15. Dezember 1918. Dem Programm Rosa Luxemburgs, das eine Nationalversammlung ablehnt, wird eine regelrechte Abfuhr erteilt. Als der Parteivorsitzende Haase das Bekenntnis im Spartakusprogramm, sich dem Willen der Mehrheiten zu beugen, einklagt, erwidert Rosa Luxemburg u.a.: „Auf Diskussionen, auf Mehrheitsbeschlüsse kommt es nicht mehr an ... Wir ordnen uns nicht unter, wir warten auch nicht ab."[31]

Noch mehr in Zweifel gezogen wurde das Programm durch das Verhalten gegenüber dem Reichsrätekongreß, dem von Spartakus immer wieder geforderten „Parlament der Arbeit": Dieser Kongreß sprach sich mit überwältigender Mehrheit für die Einberufung einer Nationalversammlung und damit für eine allgemein demokratische Republik aus. Rosa Luxemburg titulierte jetzt die Delegierten des Kongresses als „Eberts Mamelucken"[32], ignorierte die Entscheidung des Kongresses und betrieb weiter eine ungehemmte Agitation mit dem Ziel, die Nationalversammlung zu verhindern und die Regierung der Volksbeauftragten zu stürzen.
Die nächste Konsequenz dieses Bruchs war die formelle Abspaltung von der USPD und die eigenständige Parteigründung des Spartakusbundes zum Jahresende 1918.

Susanne Miller verkennt die Bedeutung des programmatischen Bruchs, wenn sie glaubt, mit dem Austritt der USPD-Mitglieder aus dem Rat der Volksbeauftragten — womit eine spezielle Forderung des Spartakusbundes in Erfüllung gegangen war — sei der „eigentlichen Existenzberechtigung" einer selbständigen Parteigründung der Boden entzogen gewesen[33]. Auch Peter Nettl täuscht sich, wenn er meint, die Abkehr von der Forderung nach einer Konstituante als „unwichtige Detailfrage" abtun zu können[34].

---

30 Dies., Was will der Spartakusbund?, in: ebd., S. 442—451.
31 Dies., Rede auf der außerordentlichen Verbandsgeneralversammlung der USPD von Groß-Berlin am 15.12.1918, in: ebd., S. 458 f.
32 Dies., Eberts Mamelucken, in: ebd., S. 466—469.
33 Susanne Miller, *Die Bürde der Macht,* Düsseldorf 1978, S. 222.
34 Peter Nettl, *Rosa Luxemburg,* Köln/Berlin 1969, S. 483.

Rosa Luxemburg war sich jedenfalls der Tragweite ihrer Meinungsänderung bewußt: In den Mittelpunkt ihres Grundsatzreferats auf dem Gründungsparteitag stellte sie die Rechtfertigung des Bruchs mit der Tradition des Erfurter Programms. Da sie Engels für den Hauptverantwortlichen hielt, entwickelte sie ihre Begründung des Bruchs über eine Kritik an seinen Auffassungen. Dabei griff sie zu dem rhetorischen Kunstgriff, die Abkehr von der demokratischen Republik als Abkehr vom „Nur-Parlamentarismus" und als Abkehr von der Unterscheidung zwischen einem Minimal- und einem Maximalprogramm zu beschreiben. Zuzustimmen ist ihrer zusammenfassenden Einschätzung: Das Spartakusprogramm „befindet sich im bewußten Gegensatz zu dem Standpunkt, auf dem das Erfurter Programm bisher steht"[35]. Jedoch zu glauben, die vom Spartakusbund propagierte „Straßentaktik" sei die Alternative zu dem saft- und kraftlosen Nur-Parlamentarismus der Vorkriegssozialdemokratie, war selbst dann ein Irrtum, wenn diese Straßentaktik hoffnungsvoller gewesen wäre, als sie es tatsächlich war. Rosa Luxemburg irrte sich ebenfalls in der Annahme, daß ihre „Straßenrevolution" zusammen mit der Forderung nach einer politischen Klassendiktatur den Weg vom Erfurter Programm zurück zum Kommunistischen Manifest bedeutete. Ihr Ausruf: „Wir sind wieder bei Marx, unter seinem Banner"[36], enthält jedoch die eine Wahrheit, daß Rosa Luxemburg sich in ihrer Einschätzung der Verhältnisse ebenso täuschte wie sich Marx und Engels 1847 getäuscht hatten.

Auch der impliziten Behauptung, Marx und Engels hätten im Kommunistischen Manifest der demokratischen Republik Adieu gesagt, kann beim besten Willen nicht gefolgt werden, war dort doch die „Erkämpfung der Demokratie" identisch mit der „Erhebung des Proletariats zur herrschenden Klasse"[37].

Unter Demokratie wurde aber — angefangen bei Marx und Engels bis hin zu Lenin — stets allgemeines Wahlrecht, Konstituante, also demokratische Republik, verstanden. Der Bruch mit dieser Tradition kann mit Marx, noch dazu im Gegensatz zu Engels, jedenfalls nicht begründet werden. Er könnte begründet werden mit Lenin und Trotzki.

Die Forderung nach Abschaffung der Nationalversammlung und der allgemeinen Demokratie und die Etablierung einer proletarischen Klassenherrschaft in Form eines Rätesystems war nicht der Weg von Erfurt zurück zum Kommunistischen Manifest, sondern ganz wesentlich der Beginn der Reise nach Moskau. Nach Moskau wollte Rosa Luxemburg jedoch unter keinen Umständen. Sie sperrte sich deshalb gegen den Namen „Kommunistische Partei" und vor allem gegen die Gründung einer kommunistischen Internationale in Moskau — jedoch vergeblich.

Sicherlich hätte es Hugo Eberlein als Delegierter der KPD(S) nie gewagt, sein Mandat zu brechen, wäre Rosa Luxemburg am Leben geblieben. Die Kommunistische Internationale wäre wahrscheinlich dann gegen das Veto der deutschen Partei gegründet worden. Jedenfalls ist es undenkbar, daß Rosa Luxemburg die Autono-

---

35 Rosa Luxemburg, Rede zum Programm, in: *Der Gründungsparteitag der KPD — Protokoll und Materialien*, hrsg. von Hermann Weber, Frankfurt a.M. 1969, S. 181.
36 Ebd., S. 179.
37 Friedrich Engels/Karl Marx, Manifest der Kommunistischen Partei, *Marx-Engels-Werke*, Bd. 4, Berlin (DDR) 1969, S. 481.

mie ihrer Partei jemals der russischen Parteiführung bzw. dem Exekutivkomitee der Kommunistischen Internationale geopfert hätte. Wahrscheinlich ist, daß ein Teil der Partei dann ohne sie diesen Weg gegangen wäre. Mit ihrem Entwurf zur Organisation einer neuen Internationale, dem sie einst so große Bedeutung beigemessen hatte und der in der Novemberrevolution vollständig in den Hintergrund getreten war, hatte sie jedoch ideell vorweggenommen, was Lenin auf drastische Weise dann ins Werk setzte. Die Einspruchsmöglichkeit ihrer Nachfolger wurde dadurch erheblich reduziert.

3. Folgen

Indem Spartakus die Forderung nach der demokratischen Republik zu Gunsten einer politischen Klassendiktatur preisgab, vollzog er den grundsätzlichen Bruch mit dem Erfurter Programm und der demokratischen Tradition der sozialistischen Bewegung in Deutschland. Die durch den Krieg verursachte Spaltung der Arbeiterbewegung wurde damit auf eine völlig neue Grundlage gestellt. Die Spaltung der Arbeiterbewegung begann erst jetzt unversöhnlich zu werden.

Diese nun wesentlich ideologisch fixierte Spaltung konnte nicht mehr überwunden werden. Das „vielfältige Netz von Vereinigungen und Beziehungen von Individuen und Gruppen inner- und außerhalb der Arbeiterklasse", das in der Geschichte „heftigste Kämpfe literarischer und fraktioneller Art durchstehen, Abspaltungen überstehen und die unwahrscheinlichsten Wiedervereinigungen vornehmen"[38] ließ, hatte einen irreparablen Riß erhalten. Nur im ökonomischen Bereich, bei den Gewerkschaften, hielt dieses Netz noch. Die von Rosa Luxemburg auf dem Gründungsparteitag ausgegebene Parole von der „Liquidierung" der Gewerkschaften fand kein Gehör; ebenso scheiterten alle in der Folge von der KPD unternommenen Anstrengungen, die Arbeiterbewegung durch den Aufbau von gewerkschaftlichen Konkurrenzorganisationen weiter zu spalten. Jedoch leisteten diese Versuche einen erheblichen Beitrag zur Entsolidarisierung innerhalb der Arbeiterbewegung. Traurige Berühmtheit erlangte hier die RGO-Politik am Ende der Weimarer Republik. Unmittelbare Folge der prinzipiellen Verneinung der Nationalversammlung war die Niederlage der Spartakusführung auf dem Gründungsparteitag der KPD in der Auseinandersetzung über die Frage einer Wahlbeteiligung zur Nationalversammlung: Für Freund und Feind vollkommen überraschend, hatte Rosa Luxemburg plötzlich, wenige Tage vor dem Gründungsparteitag, begonnen, sich für eine Wahlbeteiligung zu dieser Verfassunggebenden Versammlung auszusprechen, jedoch — und dies ist entscheidend — bei Aufrechterhaltung ihrer prinzipiellen Ablehnung der Nationalversammlung.

Dieser Sachverhalt wird immer übersehen, wenn versucht wird, eine „demokratische" Rosa Luxemburg im Vergleich zu ihren putschistischen Anhängern zu entdecken. Nur weil die Führung des Spartakusbundes sich in der prinzipiellen Ableh-

---

38 Theo Pirker, *Vom „Ende der Arbeiterbewegung"*, oben S. 45.

nung der Nationalversammlung mit ihren Anhängern einig war, konnte die Führung in der taktischen Frage einer Wahlbeteiligung eine Niederlage ohne Konsequenzen hinnehmen.

Paul Levi bezeichnete die Nationalversammlung in seinem Plädoyer für eine Wahlbeteiligung als „Panier der Gegenrevolution"[39]. Der Sieg des Proletariats konnte für ihn nur „über die Leiche der Nationalversammlung hinweg" gehen[40]. Und Rosa Luxemburg stellte gar fest: „Es ist zwischen uns, im Zweck und in der Absicht gar kein Unterschied, wir stehen alle auf demselben Boden, daß wir die Nationalversammlung als ein gegenrevolutionäres Bollwerk bekämpfen. Daß wir die Massen aufrufen und erziehen wollen, um die Nationalversammlung zunichte zu machen".[41] Wenn Rosenberg schreibt, die Ablehnung der Wahlbeteiligung durch die Mehrheit der Delegierten auf dem Gründungsparteitag sei „indirekt der Aufruf zu putschistischen Abenteuern" gewesen, dann mag er damit recht haben; wenn er jedoch glaubt, dieser Beschluß hätte „mit dem Programm Rosa Luxemburgs nichts gemein gehabt"[42], so irrt er leider.

Die obigen Sätze zeigen deutlich, wie weit Rosa Luxemburg sich zu putschistischen Äußerungen hinreißen ließ. Neben diesen Sätzen stehen dann allerdings auch wieder solche, in denen eine realistische Einschätzung der Situation und eine demokratische Haltung zum Ausdruck kommen: „Aber was wir bisher in Deutschland sehen, das ist noch die Unreife der Massen. Unsere nächste Aufgabe ist, die Massen zu schulen, ... Das wollen wir durch den Parlamentarismus erreichen. Das Wort soll entscheiden."[43]

Bei den Delegierten und den sonstigen Anhängern des Spartakusbundes scheinen diese Worte nicht gehört worden zu sein. Tatsächlich stand ja auch nicht diese Seite im Mittelpunkt der Agitation des Spartakusbundes, sondern die Aufrufe zur Verhinderung der Nationalversammlung. In diesem Sinne sammelte die Führung des Spartakusbundes genau jene Geister um sich, die sie unermüdlich gerufen hatte.

Als linke Teile der USPD, die Revolutionären Obleute und die KPD-Führer Liebknecht und Pieck unter dem Eindruck einer Massendemonstration gegen die Entlassung des Berliner Polizeipräsidenten Eichhorn beschlossen, den Versuch zu wagen, die mehrheitssozialdemokratische Revolutionsregierung zu stürzen, soll Rosa Luxemburg in der internen Diskussion gegen dieses Putschabenteuer gewesen sein. Nach außen, d.h. in der *Roten Fahne,* war sie jedoch diejenige, die die Putschisten in den schrillsten Tönen unterstützte. Sie forderte diese sogar dann noch zum Durchhalten auf, als längst feststand, daß das ganze Unterfangen gescheitert war.

Rosa Luxemburg übernahm damit — aus welchen Gründen auch immer — wesentliche politische Verantwortung für diesen Putsch. Nur wenn man, wie das z.B. Anderson tut, Rosa Luxemburg auf die demokratischen Formulierungen aus dem

---

39 *Der Gründungsparteitag* (Anm. 35), S. 89.
40 Ebd., S. 90.
41 Ebd., S. 103.
42 Arthur Rosenberg, *Geschichte der Weimarer Republik,* Frankfurt a.M. 1969, S. 52.
43 *Der Gründungsparteitag* (Anm. 35), S. 101.

Spartakusprogramm reduziert, läßt sich behaupen: „Das war der Geist der Demokratie in leidenschaftlichem Protest gegen die Putschtaktik der Desperados."[44] Davon konnte aber wenigstens im Januar 1919 keine Rede sein.

Die Niederschlagung des Putsches durch reaktionäre Freikorps unter dem Oberbefehl von Noske und die Verbrechen, die diese Truppen dabei begangen haben, besonders der Mord an Rosa Luxemburg und Karl Liebknecht, ließen dann die verhängnisvollen Taten der Linken in einem vergleichsweise milden Licht erscheinen. Vor allem die KPD(S) glaubte zunächst, jeder Selbstkritik enthoben zu sein. Erst nachdem sie in einer Reihe weiterer lokaler Putschaktionen schwere Niederlagen hinnehmen mußte, versuchte die KPD-Führung unter Paul Levi energisch von der Putschtaktik abzurücken. Der Januarputsch wurde jetzt begriffen als das, was er war; jedoch wurde die Legende aufrechterhalten, die Linke sei durch die Mehrheitssozialisten zum Putsch provoziert worden. Diese Legende wird heute noch von der parteikommunistischen Geschichtsschreibung gepflegt. Aber auch unabhängige Wissenschaftler, wie z.B. Ossip K. Flechtheim, vertreten noch diese Auffassung: „Liebknecht und Luxemburg hätten einen dritten Weg zwischen russischem Bolschewismus und westlichem Kapitalismus aufzeigen müssen − ... Statt dessen wußten Liebknecht und Luxemburg es nicht zu hindern, daß die sozialdemokratischen Führer sie von der Masse der Arbeiter, die nach Frieden, Brot, Demokratie und Sozialismus verlangten, isolierten und die spartakistische Minderheit zu Putschen provozierten."[45]

Falls dies tatsächlich so gewesen wäre, so stellte sich die Frage, warum sich die Spartakusführer zu Putschen provozieren ließen. Es wäre doch gerade ihre Aufgabe gewesen, auf solche Provokationen nicht hereinzufallen und vor allem ihre Anhänger davor zurückzuhalten. Tatsächlich war die Entscheidung, einen Putsch zu wagen, d.h. die durch den Reichsrätekongreß bzw. durch den Zentralrat der Deutschen Sozialistischen Republik legitimierte Revolutionsregierung zu stürzen, die Entscheidung einer Handvoll aus der Fassung geratener Führer − allen voran Karl Liebknecht. Neben der militärischen Niederschlagung provozierten diese Führer auch eine „schwere moralische Niederlage" der Linken[46]. Die Toten dieses dilettantischen und abenteuerlichen Versuchs haben die bereits vollzogene ideologische und organisatorische Spaltung der Arbeiterbewegung entscheidend vertieft.

Abgesehen von Rosa Luxemburgs direktem Beitrag zum Januar-Putsch kann festgestellt werden, daß durch die maßlose Kampagne gegen die Nationalversammlung, die sie angeführt, und durch die Abkehr von den Prinzipien einer allgemein demokratischen Republik, die sie theoretisch begründet hatte, der Boden bereitet worden war, auf dem überhaupt erst putschistische Aktionen gedeihen konnten.

Paul Levis Versuch, die KPD mit Berufung auf Rosa Luxemburg auf einen demokratischen Kurs zu bringen, scheiterte vollständig. Die Befürworter einer putschistischen Taktik, besonders Paul Frölich und August Thalheimer, glaubten, sich mit

---

44 Anderson, *Hammer oder Amboß* (Anm. 2), S. 61.
45 Flechtheim, *Von Marx bis Kolakowski* (Anm. 4), S. 168.
46 Vgl. Richard Müller, *Der Bürgerkrieg in Deutschland*, Neuaufl. Berlin 1974, S. 203−207.

demselben Recht auf Rosa Luxemburg stützen zu können. Auch nach dem Fiasko der zum Teil mit kriminellen Methoden geführten „Märzaktion" 1921 und dem „Hamburger Aufstand" 1923 führte dies zu keiner demokratischen Wende in der KPD. Wenn etwas in ihrer Geschichte Kontinuität und Bestand hatte, dann war es die antidemokratische Grundhaltung. Die SED bedient sich in ihrer Legitimationsideologie noch heute dankbar dieser Tradition.

Der ununterbrochene Kampf der KPD gegen die Weimarer Demokratie folgte der von Rosa Luxemburg vorgegebenen Grundlinie. Die KPD trug auf diese Weise ihr nicht unbedeutendes Scherflein zum Untergang der Weimarer Republik bei. Daß sie dabei noch nicht einmal vor gemeinsamen Aktionen mit den Nationalsozialisten, den entschiedensten Feinden der demokratischen Republik von rechts, zurückschreckte, zeigt nur, wie haltlos die Partei auf ihrem Weg von Erfurt nach Moskau geworden war. Es darf angenommen werden, daß die maßgebliche Urheberin dieser Reise den Zug längst verlassen oder aber die schlimmsten Auswüchse der KPD-Politik verhindert hätte. Im letzteren Falle wäre die KPD erst gar nicht in Moskau angelangt. Ob Rosa Luxemburg allerdings den Weg zurück nach Erfurt, d.h. zur demokratischen und sozialistischen Republik, gefunden hätte — wie ihr zeitweiliger Nachfolger Paul Levi —, oder ob sie gar mit ihrer unklaren theoretischen Konzeption von einer demokratischen Klassendiktatur einen für die „großen Millionenmassen des Proletariats" gangbaren dritten Weg aufgezeigt hätte, wie er von Nettl bis Flechtheim vermutet wird, dies erscheint mir aufgrund ihres widersprüchlichen Verhaltens in der Novemberrevolution sehr fraglich, zumal selbstkritisches Denken zweifellos nicht ihre Stärke gewesen ist.

Siegfried Braun

Lenins Konzept der proletarischen Revolution: Soziologische Nachbemerkungen zum Leninismus

Die folgenden Ausführungen sollen in thesenhafter und elementarer Form darlegen, daß die von Lenin und den Bolschewiken als „Beginn" der, den bisherigen nationalen Rahmen der Politik sprengenden, insofern internationalen, proletarischen Revolution aufgefaßte und mit dieser Zielsetzung konsequent und ingeniös in die Wege geleitete russische Oktober-Revolution von 1917 nicht nur wegen externer, geschichtlicher Umstände und interner, politischer Deformierungen zu Ergebnissen geführt hat, die zweifellos den real-demokratischen Absichten Lenins widersprechen, sondern auch wegen einiger wesentlicher soziologischen Defizite in seinem Konzept der proletarischen Revolution selbst[1]. Dabei geht es nicht nur um die – schon von Rosa Luxemburg (nur teilweise) zu Recht kritisierte – Parteitheorie Lenins, sondern auch um die seinem Konzept der proletarischen Revolution und damit seiner Gesellschafts-, Staats-, Partei- und Wissenschaftsauffassung zugrundeliegende „Philosophie", die in einem näher zu entwickelnden Sinne als politischer Macht-Absolutismus zu bezeichnen ist. Dies soll in den folgenden kritischen Erörterungen herausgearbeitet werden.

Nun ist die russische Revolution und die sich aus ihr ergebenden und folgenden Entwicklungen der russischen Gesellschaft in ihrem Verhältnis zur übrigen Welt seit langem Gegenstand einer kaum mehr überschauberen Literatur[2]. Dabei kann man eine Reihe von Faktorenkomplexen unterscheiden, die zur Erklärung der problematischen Ergebnisse der russischen Revolution entwickelt worden sind.

Da ist zunächst der Faktorenkomplex zu nennen, der die russische Revolution als Bruch des „schwächsten Gliedes in der Kette der imperialistischen Staaten" des Ersten Weltkrieges auffaßt und ihre Ergebnisse als Folge ihrer politischen Isolierung und damit des Versagens der westeuropäischen, insbesondere der deutschen, vor 1914 so machtvoll erscheinenden Arbeiterbewegung erklärt, deren seit langem vorprogrammierte Spaltung Hitler ermöglicht und den mörderisch-apokalyptischen Kampf zwischen Deutschen und Russen im Zweiten Weltkrieg verursacht hat[3].

---

1 Die einschlägigen Texte werden zitiert nach: W.I. Lenin, *Ausgewählte Werke in zwei Bänden*, Nachdruck der 1946/47 in Moskau erschienenen deutschen Ausgabe, Stuttgart, o.J.
2 Vgl. die differenzierte und zusammenfassende Darstellung von Dietrich Geyer, *Die russische Revolution – Historische Probleme und Perspektiven*, 2. Aufl., Göttingen 1977; dort auch bibliographische Notiz zur neueren Literatur, auch der sowjetischen.
3 Vgl. dazu Arthur Rosenberg, *Geschichte des Bolschewismus*, Frankfurt a.M. 1966, sowie neuerdings in deutscher Übersetzung: Carl E. Schorske, *Die große Spaltung – Die deutsche Sozialdemokratie von 1905 bis 1917*, Berlin 1981.

Sodann gehören hierher Theoreme, die sozusagen von einer „Überwältigung" der Revolution durch spezifisch russische oder „halbasiatische" gesellschaftliche Traditionen ausgehen, so daß nunmehr eine neue Art von Autokratie (und Nationalismus) entstanden ist, der man eine gewisse Funktion bei der Entwicklung eines ökonomisch rückständigen Landes nicht absprechen kann, wie dies jüngst z.B. Dutschke darzulegen versuchte[4]. Hierher gehört aber auch jener Faktorenkomplex, der gängig als Stalinismus bezeichnet wird und nach den Worten seines ersten Kritikers, Trotzki, eine „bürokratische Entartung" darstellt, die mit „Verrat am Sozialismus" gleichbedeutend ist[5]. Schließlich ist noch die allgemeine Entwicklung der Weltpolitik zu nennen, die, nach relativer Isolierung der Sowjetunion und dem Aufkommen faschistischer Reaktionen insbesondere in Westeuropa, durch den wahrhaft imperialistischen Vernichtungskrieg Hitlerdeutschlands gegen die Sowjetunion und weiter durch die Herausbildung der ökonomischen und politischen, militärischen und diplomatischen Konkurrenz der beiden Weltsysteme gekennzeichnet ist, bislang eine autonome Entwicklung im „realen Sozialismus" verhindert hat[6].

Obwohl alle diese Faktoren und Zusammenhänge ihre wesentliche Bedeutung im Hinblick auf die internen und externen Folgen und Ergebnisse der russischen Revolution haben, sollen hier diejenigen Faktoren erörtert werden, die sich aus Lenins Konzept der proletarischen Revolution selbst ergeben, das aufgrund seiner, neben Trotzkis, überragenden Stellung in der Vorbereitung und Durchführung der Oktober-Revolution, des Sieges im Bürgerkrieg und der ersten Schritte im Aufbau des Sozialismus als theoretische Richtschnur seines Handelns angesehen werden muß, auch wenn dieses Handeln praktisch durch große „taktische" Flexibilität, Kompromisse, Zugeständnisse, Rückzüge usw. gekennzeichnet ist, wie dies an der Einführung „staatskapitalistischer" bzw. marktwirtschaftlicher Verhältnisse im Rahmen der sogenannten NÖP besonders deutlich ist[7].

In der folgenden Darstellung sollen daher vier integrale Bestandteile von Lenins Konzept, nämlich seine spezifische, politisch-praktisch gerichtete Interpretation der marxistischen Klassen- und Gesellschafts-, Staats- und Macht-, Partei- und Demokratietheorie sowie schließlich die Wissenschafts- und Erkenntnistheorie erörtert werden und zwar in einer zur Untermauerung der These von Lenins „politischem Macht-Absolutismus" hinreichenden Weise. Zuvor aber ist Lenins Konzept selbst und das daraus fließende praktische Handeln Lenins zu umreißen.

---

4 Rudi Dutschke, *Versuch, Lenin auf die Füße zu stellen — Über den halbasiatischen und den westeuropäischen Weg zum Sozialismus*, Berlin 1974.
5 Leo Trotzki, *Verratene Revolution*, Zürich 1957. Immer noch lesenswert Paul Sering (d.i. Richard Löwenthal), *Jenseits des Kapitalismus*, Nürnberg 1946, Kap. VI: Die russische Staatswirtschaft, S. 126–168.
6 Vgl. allgemein dazu Rudolf Bahro, *Die Alternative — Zur Kritik des real existierenden Sozialismus*, Frankfurt a.M. 1977.
7 Zur politischen Praxis ist besonders aufschlußreich Lenins Schrift „Der linke Radikalismus, die Kinderkrankheit des Kommunismus", *Lenin*, II, S. 669–747.

1. Lenins Revolutionskonzept

Man kann sagen, daß Lenins Konzept der proletarischen Revolution seine Eigenart durch den zentralen Begriff „Diktatur des Proletariats" erhält, womit bereits Marx in der berühmten Kritik des „Gothaer Programms" die Übergangsperiode zwischen Kapitalismus und Sozialismus gekennzeichnet hatte[8]. Dieser Begriff war für Lenin eine praktische Konsequenz der ganzen Marxschen Kapitalismusanalyse, aus der sich ergab, daß das Proletariat seine „Mission" nur erfüllen kann, wenn es sich zur „herrschenden Klasse" erhebt, also die „absolute" öffentliche Gewalt ergreift und daher zuvor die bisher herrschende Klasse, die Bourgeoisie, gewaltsam stürzt, was beides die „Diktatur des Proletariats" meint.

Die Notwendigkeit dieser „Diktatur" ergab sich für Lenin in dramatisch verschärfter Form in einer Situation, in der die verschiedenen kapitalistischen Systeme der westlichen Industrieländer infolge der Weltmarkt- und Weltherrschaftskonkurrenz „imperialistisch" geworden waren. Der Kapitalismus stellte daher nicht mehr nur ein ökonomisch, sondern auch ein politisch „verfaultes" System dar, innerhalb dessen die Bourgeoisie sowohl ihre „Diktatur" parlamentarisch-demokratisch verschleierte als auch in der Lage war, einen Teil der Arbeiterklasse, die Arbeiteraristokratie, zu „kaufen"; damit schien theoretisch-ideologische Klarheit zur aktuellen Notwendigkeit für die internationale Arbeiterbewegung zu werden. Im Rahmen eines „weltanschaulich-erkenntnistheoretisch" und „politisch-praktisch" gerichteten historischen Materialismus und auf der Grundlage einer sich von Hegel herleitenden dialektischen, die Wirklichkeit als objektiv gegebenen und subjektiv zu bewältigenden Prozeß verstehenden Denkweise, wie sie für Lenin gültig war, war es daher die spezifisch Leninsche Konsequenz, den ökonomischen Klassenkampf mit einem spezifisch politischen Kampf zu verbinden, ja den ersteren in letzteren zu transformieren und auf diesem Boden den Kampf um die richtige, revolutionäre Intention der internationalen Arbeiterbewegung aufzunehmen. Das aber verlangte als Voraussetzung die Bildung einer spezifisch revolutionären Klassenpartei, die als Avantgarde von theoretisch und praktisch ausgebildeten Berufsrevolutionären den Prozeß der proletarischen Revolution bewußt leiten konnte, da die Arbeiterklasse — von den Linksradikalen gerne auch als „die Massen" bezeichnet — von sich aus im rein gewerkschaftlichen Kampf befangen blieb.

Die Aufgabe dieser Avantgarde bestand darin, bewußt in einer revolutionären Situation den „Sturz" der Bourgeoisie und ihrer „Diktatur" durch „Zerbrechen" ihres Staates einschließlich der dazugehörigen parlamentarisch-demokratischen Formen herbeizuführen und die Herrschaft des Proletariats durch einen räte-demokratisch organisierten und durch die kommunistische Partei als Avantgarde kontrollierten, grundsätzlich bereits zum „Absterben" verurteilten Staat möglich zu machen. Als gesellschaftliche Voraussetzung dafür war einerseits die Existenz eines durch die bestehende bürgerliche Gesellschaft praktisch „negierten", industriellen Proletariats anzusehen, das sich die „Disziplin" und „Kultur" des Kapitalismus aber be-

---

8 Karl Marx, *Kritik des Gothaer Programms*, 7. Aufl., Berlin (DDR) 1974.

reits angeeignet hatte, andererseits die theoretische und praktische Aktion einer über ihre Aufgabe, nämlich den radikalen politischen Bruch mit den Traditionen und Gegebenheiten der bestehenden Gesellschaft herbeizuführen, aufgeklärten revolutionären Partei.

Die Sozialisierung von Grund und Boden sowie aller Produktionsmittel, die Etablierung eines Rätesystems mit zugleich gesetzgebender und vollziehender Gewalt, der Aufbau eines Sowjetstaates, dessen „Funktionäre" gewählt und jederzeit abberufen werden können, die vollständige Bewaffnung der arbeitenden Bevölkerung, um eine „Verselbständigung" und „Entfremdung" der öffentlichen Gewalt zu verhindern, die Verbreitung des allgemeinen und gleichen Arbeiterlohns sind die grundlegenden Mittel eines von der kommunistischen, zentralistisch und hierarchisch disziplinierten Arbeiterpartei anzuleitenden und zu kontrollierenden, langfristig durchzuführenden gesellschaftlichen Aufbaus.

Dieser Aufbau, die Durchsetzung dieser institutionellen Grundlagen und damit die Diktatur des Proletariats hat in Lenins Konzeption den Charakter einer langfristigen, „allseitigen", entscheidenden Auseinandersetzung mit den „Mächten und Traditionen der alten Gesellschaft", die gleichbedeutend ist mit der Erziehung eines „neuen Menschen". In der bekannten Schrift über den „linken Radikalismus, eine Kinderkrankheit des Kommunismus" von 1920 (*Lenin*, II, S. 691 f.) heißt es dazu:

„Die Diktatur des Proletariats ist ein zäher Kampf, ein blutiger und unblutiger, gewaltsamer und friedlicher, militärischer und wirtschaftlicher, pädagogischer und administrativer Kampf gegen die Mächte und Traditionen der alten Gesellschaft. Die Macht der Gewohnheit von Millionen und Abermillionen ist die fürchterlichste Macht. Ohne eine eiserne und kampfgestählte Partei, ohne eine Partei, die das Vertrauen alles dessen genießt, was in der gegebenen Klasse ehrlich ist, ohne eine Partei, die es versteht, die Stimmung der Massen zu verfolgen und zu beeinflussen, ist es unmöglich einen solchen Kampf zu gewinnen. Es ist tausendmal leichter, über die zentralisierte Großbourgeoisie den Sieg davon zu tragen, als Millionen und aber Millionen kleiner Besitzer ‚zu besiegen'; diese aber führen durch ihre tagtägliche, alltägliche, unmerkliche, unfaßbare, zersetzende Arbeit eben jene Resultate herbei, die die Bourgeoisie braucht, durch die die Macht der Bourgeoisie restauriert wird."

Die hier deutlich hervortretende „idealistische" oder „intellektualistische" Intention der Leninschen Konzeption kommt vielleicht nirgends deutlicher zum Ausdruck als in den Ausführungen Lenins von 1920 über den kommunistischen „Subbotnik", d.h. die freiwillige Samstagsarbeit:

„Kommunistische Arbeit im engeren, genaueren Sinne des Wortes ist unbezahlte Arbeit für die Gesellschaft, die man leistet, nicht um eine bestimmte Dienstpflicht zu erfüllen, nicht um Anspruch auf bestimmte Produkte zu erhalten, Arbeit, die nicht nach vorher festgesetzten, gesetzlichen Normen geleistet wird, sondern freiwillige Arbeit, ohne Norm, ohne auf Entlohnung zu rechnen, ohne eine Vereinbarung über Entlohnung, Arbeit, die aus Gewohnheit für das Gemeinwohl zu arbeiten und aus der (zur Gewohnheit gewordenen) Erkenntnis der Notwendigkeit der Arbeit für das Gemeinwohl geleistet wird, Arbeit als Bedürfnis eines gesunden Organismus."[9]

---

9 *Lenin*, II, S. 667. Vgl. dazu auch die Broschüre von 1919: Lenin, Die große Initiative, in: *Lenin*, II, S. 561–583.

Der Eindruck von revolutionärem Asketismus, Heroismus und Idealismus, der für unser Gefühl hier entsteht, ist nicht zufällig — kennzeichnet er doch einerseits die moralisch-praktische Qualität der Leninschen Konzeption und wirft andererseits die Frage auf, ob sein Begriff der proletarischen Revolution überhaupt realistisch ist.

Insgesamt kann man sagen, daß — so global formuliert — das Leninsche Revolutionskonzept sich innerhalb der, freilich nur gelegentlich und rudimentär entwickelten, spezifisch politischen Theorie von Marx und Engels bewegt, auf die sich zu berufen Lenin ja auch nicht müde wurde. Probleme ergeben sich erst, wenn man die wesentlichen Bestimmungen des Konzepts genauer und in ihrem wechselseitigen Zusammenhang betrachtet, wo die strategische Radikalität und taktische Flexibilität auch ein gutes Maß an moralisch bedingter politischer Naivität offenlegt.

Einer solchen Betrachtung stehen freilich viele Schwierigkeiten entgegen, nicht zuletzt die überlegene Gedankenschärfe und die außerordentliche Differenziertheit des Leninschen Denkens und Handelns. Er hat dieses Konzept ja in Jahrzehnten des intensiven philosophischen, ökonomischen und politischen Studiums, der am Detail interessierten, unermüdlichen Organisationsarbeit und in unzähligen Auseinandersetzungen, Polemiken und Schriften des politischen Kampfes in Westeuropa, wenn auch stets nach Rußland hineinwirkend, entwickelt und um den Begriff „Diktatur des Proletariats" zentriert. Er war dabei tief beeindruckt nicht nur von der allgemeinen Einsicht in die Notwendigkeit von Autorität und Leitung auch in demokratischen Verhältnissen, sondern auch von dem Wert einer, insbesondere an der deutschen Sozialdemokratie beobachtbaren, disziplinierten und „bewußten" Führung und Leitung des Klassenkampfes. Dabei durchschaute er die ebenfalls in Westeuropa zu beobachtende Gefahr, daß der Klassenkampf zur Phrase werden, daß Reden und Handeln auseinanderfallen, daß die Hydra des „Opportunismus" vom einzig „wahren" und „richtigen" Weg der sozialen Revolution abweichen lassen und zu einem unpolitischen Attentismus verkommen kann. Man kann es nur bewundern, wie er in unerschütterlicher Gewißheit der Notwendigkeit der sozialen Revolution seinen Weg sucht und geht, jede Unklarheit und Halbheit bei sich und anderen aufspürend, voller Abscheu vor Phrasen und gehaltlosen Deklamationen, unermüdlich lernend und sich entwickelnd. Unerbittlich in Fragen der theoretischen Grundsätze und der politischen Strategie, verband er diese Unerbittlichkeit mit taktischer Flexibilität und großer Anpassungsfähigkeit bei der Bewältigung praktisch-konkreter Situationen, wofür wohl die Einführung der sogenannten Neuen Ökonomischen Politik (NÖP) das eindrucksvollste Beispiel ist[10]. Ein unermüdlicher Arbeiter, dachte er im Augenblick seines Sieges bereits an die Niederlage und nach dem Scheitern eines Vorhabens an die Vorbereitung eines neuen Projekts, so daß man, sieht man von der Konzentration seines Denkens und Trachtens auf die ihm wie selbstverständlich aufgetragene Revolution ab, sein Handeln in konkreten Situationen durchaus mit

---

10 Dazu ist aufschlußreich die Broschüre von 1921 „Über die Naturalsteuer", *Lenin*, II, S. 825—861.

Deutscher als „soziologisch und experimentell" bezeichnen kann[11]. Um mit Pater Bochenski zu reden, war Lenin

„eine erstaunlich vielfältige Persönlichkeit. Er ist ein Mann von guten Sitten, Höflichkeit, bürgerlichen Umgangsformen, von großer Bescheidenheit und Aufopferung für seine Familie; gleichzeitig ist er der Urheber von Massenmorden der Tscheka (man schätzt sie auf 1 200 000). Er war Tatmensch; gleichzeitig kennt man nur wenige solche, die eine so tiefe Neigung zur Philosophie spürten wie er. Er war ein großer Zerstörer, einer der größten, die die Geschichte kennt; man darf aber nicht übersehen, daß ihn konstruktive Ideen dabei führten. Man könnte eine Menge solcher Antinomien bei ihm aufzeigen. Diese Gegensätzlichkeit verschwindet aber und seine Charakterzüge lassen sich erklären, wenn man zwei Dinge berücksichtigt: er war ein Mann von überragender Begabung und vor allem ein Ingenieur großen Stils, ein Techniker der Macht und der Revolution."[12]

Lenin pflegte übrigens auf Vorhaltungen über den Terror der Tscheka im Bürgerkrieg nicht nur auf die politische Notwendigkeit in einem vom Bürgerkrieg zerrissenen, verwüsteten und desorganisierten Land zu verweisen, sondern auch wohl mit Recht zu fragen, wer zu solchen Vorwürfen berechtigt sei: diejenigen, die soeben für 15 Millionen Tote im Ersten Weltkrieg verantwortlich waren, wohl nicht[13].

Dabei hat Lenin die russische Revolution zwar gelenkt, aber nicht „gemacht". Er hat aus der Revolution seit den berühmten Aprilthesen etwas entwickelt, was seiner Vorstellung von proletarischer und sozialer Revolution innerhalb der Grenzen entsprach, die ihm durch die äußeren Gegebenheiten gesetzt waren. Es ist daher auch 60 Jahre nach Lenins Tod im Jahre 1924 noch sehr beeindruckend zu sehen, wie ihn zuletzt doch wohl die Erfahrung ergriff, „welch ein Untier Macht ist", welche Schuld er gegenüber der arbeitenden Bevölkerung Rußlands um seiner und ihrer Sache willen auf sich genommen hatte und wie ihn nicht nur wegen der Unhöflichkeit und Kulturlosigkeit großer Teile der Parteibürokratie, sondern auch wegen der sich bereits ankündigenden „unermeßlichen Macht" des Generalsekretärs Stalin und der Ankündigung eines „amoralischen, politischen Rationalismus, wie er asiatischen Despotien zugrundeliegt"[14], schwere Zweifel hinsichtlich der Revolution bedrängten. Doch geht es hier nicht um die Ernsthaftigkeit seiner Tätigkeit, die außer Zweifel steht, noch um seine einzigartige Persönlichkeit, die ungeheure geschichtliche Folgen gehabt hat, sondern um das von Lenin entwickelte Konzept der proletarischen Revolution insofern, als es aufgrund seiner gewollten oder ungewollten Folgen zur Kritik herausfordert.

---

11 Isaak Deutscher, *Stalin — eine politische Biographie*, 2. Aufl., Berlin 1979 (zuerst 1962), Bd. I, S. 293.
12 I.M. Bochenski, *Der sowjetrussische dialektische Materialismus*, 5. Aufl., Bern/München 1967, S. 31.
13 Vgl. Edmund Wilson, *Der Weg nach Petersburg*, München 1963, S. 383.
14 So die Formulierung von Barrington Moore, *Zur Geschichte der politischen Gewalt*, Frankfurt a.M. 1966, S. 62.

2. Lenins Gesellschaftsauffassung

Eine der Grundlagen des Leninschen Revolutionskonzepts war seine spezifische, aus den Resultaten der Marxschen Kapitalismusanalyse entwickelte, durch die Einsicht in die imperialistischen Tendenzen des zeitgenössischen Kapitalismus verschärfte und in erster Linie an Fragen der politischen Organisierbarkeit orientierte Gesellschaftsauffassung. Ebenso wie Marx sah er durchaus zu Recht die aktuelle bürgerliche Gesellschaft als eine antagonistische Gesellschaft an, innerhalb derer der objektiv bedingten und subjektiv bewußt zu machenden Klassenstruktur zentrale, d.h. allvermittelnde Bedeutung zukam. Infolge seines vordringlichen Interesses an den Fragen der „wissenschaftlichen Organisation" des Klassenkampfes wurde ihm der Blick auf die gesellschaftliche Wirklichkeit jedoch „intellektualistisch" vereinseitigt. Denn dadurch wurde der Klassenkampf wesentlich als politischer Machtkampf definiert und dieser Machtkampf selbst als ein Kampf gegen einen überdimensionalen, „allseitigen", totalen Gegner radikalisiert, der dabei „dämonisiert", d.h. zu einem politischen Ungeheuer erklärt wurde, das nur durch „Organisation" überwunden werden kann. Der spezifische politische Rationalismus Lenins wird z.B. deutlich, wenn man folgende Passagen zur Frage der „Diktatur des Proletariats" liest, die für ihn keineswegs in erster Linie eine Frage der Gewalt gegen den bürgerlichen Gegner war, sondern vor allem eine Frage der sozusagen bewußten Selbstorganisation des Proletariats:

„Man kann nicht alle Gutsbesitzer und Kapitalisten eines halbwegs größeren Landes auf einmal expropriieren. Ferner, die Expropriation allein, als juristischer oder politischer Akt, entscheidet bei weitem nicht die Sache, denn es ist notwendig, die Gutsbesitzer und Kapitalisten tatsächlich abzusetzen und sie tatsächlich durch eine andere, von Arbeitern ausgeübte Verwaltung der Fabriken und Güter zu ersetzen. Es kann keine Gleichheit geben zwischen den Ausbeutern, die im Laufe vieler Generationen sowohl durch Bildung als auch durch die Bedingungen eines reichen Lebens sowie durch die Routine eine Sonderstellung einnahmen und den Ausgebeuteten, deren Masse selbst in den fortgeschrittensten und demokratischsten, bürgerlichen Republiken geduckt, unwissend, ungebildet, verängstigt, zersplittert ist. Die Ausbeuter behalten noch lange Zeit nach dem Umsturz unvermeidlich eine Reihe gewaltiger tatsächlicher Vorteile: Es bleibt ihnen das Geld (die sofortige Abschaffung des Geldes ist unmöglich), es bleiben ihnen gewisse, oft bedeutende Mobilien, die Beziehungen, die Routine der Organisation und Verwaltung, die Kenntnis aller „Geheimnisse" (Gebräuche, Methoden, Mittel, Möglichkeiten) der Verwaltung, es bleibt ihnen die höhere Bildung, die nahe Fühlung mit dem (bürgerlich lebenden und denkenden) höheren, technischen Personal, es bleibt ihnen die unvergleich größere Routine im Militärwesen (das ist sehr wichtig) und so weiter und so weiter ... Bei einer solchen Sachlage anzunehmen, daß bei einer auch nur einigermaßen tiefgehenden und ernsten Revolution die Dinge ganz einfach durch das Verhältnis von Mehrheit und Minderheit entschieden werden, ist der größte Stumpfsinn, ist das höchst einfältige Urteil eines Dutzendliberalen, ist ein Betrug an den Massen, eine Verheimlichung der offenkundigen, geschichtlichen Wahrheit vor ihnen. Diese geschichtliche Wahrheit besteht darin, daß in jeder tiefgehenden Revolution ein langer, hartnäckiger, verzweifelter Widerstand der Ausbeuter, die im Laufe einer Reihe von Jahren große, tatsächliche Vorteile gegenüber den Ausgebeuteten bewahren, die Regel ist ... Und hinter den kapitalistischen Ausbeutern trottet die breite Masse des Kleinbürgertums einher, von dem Jahrzehnte geschichtlicher Erfahrung in allen Ländern bezeugen, daß es schwankt und wankt, daß es heute dem Proletariat folgt, morgen vor den Schwierigkeiten der Umwälzung zurückschreckt, bei der ersten Niederlage oder halben Niederlage der Arbeiter in Panik gerät, die Nerven verliert, sich hin und her wirft ... Und bei einer solchen Sachlage, in der Epoche des verzweifelten, verschärften Kampfes, da die Geschichte Fragen des Seins oder Nichtseins jahrhunderte- und jahrtausendealter Privilegien auf die Tagesordnung setzt, von Mehrheit und Minderheit, von reiner Demokratie, von der Entbehrlichkeit der Diktatur, von Gleichheit des Ausbeuters mit dem Ausgebeuteten zu reden — welche bodenlose Borniertheit, welcher Abgrund von Philistertum gehört dazu!"[15]

Diese Sätze Lenins zeigen klar außer seinem unbezweifelbaren und von Lukacs so hochgelobten „Realismus"[16] auch das, was hier als intellektualistische Sicht der Gesellschaft bezeichnet wurde. Lenin bezieht alle Erscheinungen zunächst auf die klassenbedingten Machtverhältnisse, die zugleich für ihn nicht in erster Linie institutionelle, sondern subjektive, in den social skills der „Ausbeuter" liegende Wurzeln haben. Die jeweilige Klassenposition als „Ausbeuter" oder „Ausgebeuteter" und deren moralisch-politische Entgegensetzung ist allein relevant. Daß ein Kapitalist und ein Arbeiter daneben noch vielerlei anderes sein kann und daß zwischen ihnen doch auch wohl wenigstens im Prinzip eine Verständigung stattfinden könnte, wird in dieser quasinaturwissenschaftlichen Sicht nicht zur Kenntnis genommen. Statt dessen wird die Überlegenheit der „Ausbeuter" in jeder Weise vorgestellt, während die Unterlegenheit der Arbeiter schlechthin gegeben ist, d.h. Arbeiter sind unwissend, geduckt, ungebildet usw. Daß ein Arbeiter ebenso wie andere Leute seine Situation in der Gesellschaft bewältigen und sein Leben irgendwie führen, sich einrichten, sein Familiendasein gestalten muß usw., so daß seine gesellschaftliche Existenz als vielfältig vermittelt betrachtet werden muß, fällt in Lenins Sicht nicht auf. Und weil die Sachlage so ist, ist nicht der politisch freie, demokratische Prozeß, innerhalb dessen um die richtigen institutionellen Ordnungen und politischen Programmatiken gestritten wird, für Lenin vordringlich, sondern die sozusagen sozialtechnische, „absolute" Notwendigkeit der „Diktatur des Proletariats". Eine Gesellschaftsauffassung, die von den konkreten Arbeits- und Lebensbedingungen und ihrer Komplexität abstrahiert und sie unter Bezug auf die Klassengegensätze nur auf die Dimension der Macht bezieht, die ihrerseits „dämonisiert" und Feld eines vor allem technisch-organisatorisch zu führenden Machtkampfes wird, ist als „intellektualistisch" zu bezeichnen.

Wie irreführend eine solche Auffassung werden kann, kann man an Lenins Analyse der Staatsbürokratie ebenso ablesen wie an seiner technizistischen Projektion einer sozialisierten Wirtschaft. Im ersteren Fall geht er im Grunde von der polemisch-sentimentalen Bürokratiekritik der radikalen Linken aus, die die politische Abhängigkeit jeder staatlichen oder privaten Bürokratie von einem „Herrn" übersieht, damit die kritisierbaren Züge einer Bürokratie sozusagen in den subjektiven Einstellungen und Interessen der „Bürokraten" verankert und daher, statt zu erkennen, daß das objektive Interesse einer Bürokratie wesentlich in einer loyalen und geregelten Dienstleistung für den jeweiligen „Herrn" besteht, zu dem Schluß kommt, daß der

---

15 *Lenin*, II, S. 433—435 (aus der Schrift: „Die proletarische Revolution und der Renegat Kautsky").
16 Georg Lukacs, *Lenin — Studie über den Zusammenhang seiner Gedanken*, Berlin 1924, S. 63 ff. (Abschnitt VI: Revolutionäre Realpolitik).

alte „Staatsapparat" beseitigt, „zerbrochen", „zerstört" werden muß, um einen neuen aufbauen zu können. Dies aber muß, falls man darunter mehr versteht, als daß z.B. nach der proletarischen Revolution im Sinne Lenins die alte politische Polizei (in Rußland die Ochrana) beseitigt werden sollte, als ein Stück politischer Romantik bezeichnet werden, wie man ja auch sagen kann, daß sich der alte Staatsapparat in Sowjetrußland wohl aufgrund seiner Kompetenz sozusagen furchtbar an seinen „Zerstörern" gerächt hat.

Im letzteren Falle ist es auffällig, daß es Lenin als soziologisch unproblematisch empfand, sich eine sozialistische Ökonomie wie „eine einzige Fabrik", mit „großkapitalistischer Technik, die auf den neuesten Errungenschaften der modernen Wissenschaft beruht", vorzustellen, die „mit planmäßiger staatlicher Organisation, Dutzende Millionen von Menschen zur strengsten Einhaltung einer einheitlichen Norm bei der Produktion und Verteilung der Produkte zwingt"[17]. Bekannt ist ja auch Lenins Satz, daß Kommunismus Rätesystem plus Elektrifizierung sei. Erst spät wird Lenin feststellen, daß es mit derartigen technizistisch-technokratischen Vorstellungen nicht getan ist, daß man auch „Händler" sein muß, der Kulturansprüchen „genügt", wie er feststellt, daß die Kommunisten ihren Aufgaben nicht gewachsen sind und einen staatlichen Apparat haben, der „absolut nichts taugt"[18].

Innerhalb einer derart „intellektualistischen" Gesellschaftsauffassung mit ihren moralisierenden und technisierenden Vereinfachungstendenzen, wird die Marxsche Theorie zwangsläufig zur praktischen „Weltanschauung" und der Marxist zum technisch denkenden „Organisationsstrategen", der sich am Fetisch Revolution orientiert.

So wird für Lenin die Marxsche Kapitalismusanalyse zur vorgegebenen, als solche nicht mehr weiter zu erörternden, höchstens in ihrer „revolutionären Dialektik" bewußt zu machenden Voraussetzung alles politischen Denkens und Handelns und ihr Resultat, die Lehre vom Klassenkampf, zum politischen Zentralthema. In einer der wenigen allgemeinen Äußerungen von Lenin zum Marxismus im Jahre 1913 heißt es:

„Die Lehre von Marx ist allmächtig, weil sie richtig ist. Sie ist in sich geschlossen und harmonisch, sie gibt den Menschen eine einheitliche Weltanschauung, die sich mit keinerlei Aberglauben, keinerlei Reaktion, keinerlei Verteidigung bürgerlicher Knechtung vereinbaren läßt. Sie ist die rechtmäßige Erbin des Besten, was die Menschheit im 19. Jahrhundert in Gestalt der deutschen Philosophie, der englischen politischen Ökonomie und des französischen Sozialismus geschaffen hat."[19]

Wir verdanken daher Lenin nicht nur die ersten, freilich noch vor dem Hintergrund der geschichtlichen Entwicklung durchaus begründbaren und durch seinen ungewöhnlichen Takt und seine Bildung in Schach und Proportion gehaltenen Ent-

---

17 *Lenin*, II, S. 830. Dort entwickelt Lenin auch eine ausführliche Rechtfertigung seiner Lehre vom ‚Staatskapitalismus', als einer mit dem Sozialismus gemeinsamen Form einer „vom ganzen Volk ausgeübten Rechnungslegung und Kontrolle der Produktion und Verteilung der Produkte", die diesen technizistischen Charakter hat.
18 *Lenin*, II, S. 991, 994.
19 *Lenin*, I, S. 63 f.

wicklungsschritte zu jenen Formen scholastischer Beweisführung mittels Autoritätszitaten aus Marx und Engels, die dann durch Stalin im DIAMAT, einschließlich der dazugehörigen polemisch-moralistischen Sprache, institutionalisiert wurde, sondern auch die mit der modernen Wissenschaftsentwicklung, aber auch mit dem eigentlichen Selbstverständnis von Marx selbst nicht zu vereinbarende „Verweltanschaulichung" des Marxismus. Solche für den „wissenschaftlichen Sozialismus" konstitutive „Verweltanschaulichung" besteht darin, daß die Marxsche Theorie zum „Marxismus" wird, d.h. Marxismus wird zu einer die Totalität von Natur und Gesellschaft umfassenden, absolute Wahrheit beanspruchenden und in einer permanentrevolutionären Praxis sich verwirklichenden, im Grunde „metaphysischen Lehre" erweitert und vertieft, um zugleich auf eine praktisch-politische Machtlehre und technisch-organisatorische Perspektive reduziert und verdinglicht zu werden.

Auf diese Weise hört auch die proletarische Revolution als Revolution auf, bloß ein Mittel zur Etablierung einer Macht zu sein, die einen neuen, institutionellen Rahmen für eine sich frei entfaltende Gesellschaft schafft, die mit den Interessen und Bedürfnissen des Proletariats übereinstimmt und im Grunde ein Angebot an alle enthält und wird statt dessen ein selbständiger, permanenter und stets „dämonisch" gefährdeter Prozeß zur praktischen Verwirklichung einer „Weltanschauung". Stalin hat diese Seite der Leninschen Konzeption radikalisiert und zu einer Mythologie politischer Art entwickelt, die mit ihren Gespenstern und Geistern wie dem Imperialismus, dem Revisionismus, dem Liquidatorentum usw. für die dauerhafte Rechtfertigung und Stabilisierung einer intellektuellen Parteiherrschaft voll geeignet ist.

Die intellektualistische und machtabsolutistische Interpretation der Klassentheorie, die Marx selbst nie abschließend dargestellt hat, wird vor allem auch in der Auseinandersetzung mit dem sogenannten Revisionismus deutlich. Obwohl Lenin im Unterschied zu manchen anderen, die der Parteilichkeit auch um den Preis der Borniertheit huldigen und huldigten, in gewisser Hinsicht den Bernsteinschen Revisionismus durchaus beeindruckend fand, hat er ihn doch letztlich nie als sachkritische Argumentation aufgefaßt; er sah ihn als besonders „raffinierten", auf die Aushöhlung des „Marxismus" gerichteten Ausdruck des Klassenkampfes und damit als „bürgerliche Ideologie" an.

In einer durchaus neben vielen anderen Auseinandersetzungen repräsentativen Darstellung von 1908 kennzeichnet er den „opportunistischen Revisionismus" von rechts als „theologischen" Abklatsch neukantianischer Professorenphilosophie, der in der politischen Ökonomie den Eigentümerstandpunkt der Bauern akzeptiert und durch Schönfärberei das tendenzielle Absterben des Kleinbetriebs unterschlage, somit auch die Krisen- und Zusammenbruchstheorie aufgebe und die politische Grundlage des Marxismus, den Klassenkampf, zum demokratischen Prozeß sublimiere[20]. Er sagt:

„Unbestreitbar liefen diese Einwände der Revisionisten auf ein ziemlich geschlossenes System von Anschauungen hinaus – nämlich auf die längst bekannten liberal-bürgerlichen Anschauungen."

20 Vgl. ebd., S. 73–81.

Entscheidend ist für Lenin aber der innere Zusammenhang von theoretischem Revisionismus und politischem Opportunismus:

„Festlegung von Fall zu Fall, Anpassung an Tagesereignisse, an das Auf und Ab im politischen Kleinkram, Hinwegsehen über die politischen Grundinteressen des Proletariats, über die Grundzüge der ganzen kapitalistischen Ordnung und über die gesamte kapitalistische Entwicklung, Opferung dieser Interessen um wirklicher oder vermeintlicher Augenblicksvorteile willen — das ist revisionistische Politik."[21]

Ohne zu bemerken, daß solche opportunistische Politik — marxistisch gesprochen — im System des Kapitalismus seine objektiven Grenzen finden müßte, führt er sie vielmehr auf ihre „Klassenwurzeln" in der modernen Gesellschaft zurück, die offenbar permanent sind:

„Worin besteht seine Unvermeidlichkeit in der kapitalistischen Gesellschaft? Warum ist er tiefer als die Unterschiede infolge der nationalen Besonderheiten und des verschiedenen Entwicklungsgrades des Kapitalismus? Weil in jedem kapitalistischen Land neben dem Proletariat auch breite Schichten des Kleinbürgertums, der Kleinbesitzer stehen. Der Kapitalismus ist entstanden und entsteht immer wieder aus dem Kleinbetrieb. Eine ganze Reihe von ‚Mittelschichten' werden vom Kapitalismus unausbleiblich neu geschaffen (Anhängsel der Fabrik, Heimarbeit, kleine Werkstätten, die infolge der Anforderungen der Großindustrie z.B. der Fahrrad- und Automobilindustrie über das ganze Land verstreut sind usw.). Diese neuen Kleinproduzenten werden ebenso unausbleiblich wieder in die Reihen des Proletariats geschleudert. Es ist ganz natürlich, daß die kleinbürgerliche Weltanschauung in den Reihen großer Arbeiterparteien immer und immer wieder zum Durchbruch kommt. Es ist ganz natürlich, daß es bis zu den Peripetien der proletarischen Revolution so sein muß und stets so sein wird ... Das alles wird die Arbeiterklasse fraglos in noch viel größerem Maßstab durchzumachen haben, wenn die proletarische Revolution alle Streitfragen verschärfen, alle Meinungsverschiedenheiten auf Punkte von unmittelbarster Bedeutung für die Bestimmung der Haltung der Massen konzentrieren, wenn sie das Proletariat zwingen wird, im Feuer des Kampfes Feind und Freund zu scheiden und die schlechten Bundesgenossen von sich abzuschütteln, um entscheidende Schläge gegen den Feind zu führen."[22]

Diese für sich ja durchaus plausible, wenn auch zugleich überrealistische und apokalyptische Argumentation zeigt die vorhin behauptete intellektualistische Erweiterung und zugleich Reduktion der marxistischen Analyse auf praktische Machtpolitik. Alle Positionen, die von der „proletarischen Weltanschauung", die außerhalb der revolutionären Intelligenz nur dem industriellen Proletariat zugänglich ist, abweichen, werden als feindlich aufgefaßt und mit allen geeigneten Mitteln bekämpft, auch wenn es sich um das „permanente Kleinbürgertum" handelt, das für Lenin — wie noch zu zeigen sein wird — vor allem mit der Vorstellung der „reinen Demokratie" verbunden ist. Der „ideologische Kampf des revolutionären Marxismus" gegen den vielgestaltigen Drachen des Revisionismus und Opportunismus ist für Lenin kein Anlaß, sein Konzept der proletarischen Totalrevolution und der Verwirklichung einer von Intellektuellen „wissenschaftlich" erarbeiteten „Weltanschauung" zu überdenken, sondern den Kampf theoretisch zu verschärfen, so daß der Marxismus in die Nähe einer politischen Mythologie gerät, von der aus jede abwei-

21 Ebd., S. 79.
22 Ebd., S. 80.

chende politische Position moralisch als „Verrat" usw. stigmatisiert werden kann. Seither haben „Kleinbürgertum" und „kleinbürgerliche Weltanschauung" im Vokabular vieler Marxisten für die ökonomische Analyse ähnlich stigmatisierende und zugleich immunisierende Bedeutung erhalten, wie der „Revisionismus" auf politischem Gebiet.

Insgesamt kann man sagen, daß Lenins Gesellschaftsauffassung theoretisch einen Marxismus repräsentiert, der auf den Klassenkampf als einem politischen Machtkampf konzentriert und reduziert ist. Indem so die politischen Kampfaspekte der gesellschaftlichen Wirklichkeit radikal in den Vordergrund treten — wobei dem Klassenfeind, also der Bourgeoisie, die Intention zur „Ausbeutung, Unterdrückung und Verhöhnung" der Arbeiter unterstellt wird, der Klassengegensatz also subjektiviert, moralisiert und organisiert wird —, verselbständigt er sich politisch auch dort, wo Lenin diese Verselbständigung nachträglich wiederum relativiert.

Im Rahmen einer solchen, soziologisch betrachtet, politischen Mythologie, die aus der Radikalisierung richtiger gesellschaftlicher Einsichten entsteht, ergibt sich proletarische Revolution als eine bewußt gewollte, nicht mehr durch die Verhältnisse aufgezwungene, Gewalt und Bürgerkrieg einschließende politische Notwendigkeit. Und da die bürgerliche Gesellschaft samt ihrem formaldemokratischen und parlamentarischen Überbau als „Diktatur" gesehen wird, die bei Lenin keineswegs eine bloße Agitationsformel, sondern ein theoretischer Begriff ist, kann das Ziel der Revolution nur die „Diktatur des Proletariats" sein. Diese ausschließlich politische, die ökonomische Basis lediglich als Folie politischen Handelns betrachtende Sicht der Gesellschaft, die als Sphäre der Ausbeutung moralisch verurteilt ist, läßt gesellschaftliche Verhältnisse als politisch gemacht und daher nahezu unbeschränkt „machbar" erscheinen; das ist wohl der Grund dafür, daß sich Lenin als „amoralischer Rationalist", als „Techniker", vorkommen konnte, obwohl er sprachlich und sachlich ebenso als „politischer Moralist" angesehen werden kann, dessen letztes Ziel es war, durch den Aufbau einer kommunistischen Gesellschaft aus den gegebenen Menschen andere Menschen zu machen, die von einer anderen Gesinnung „gewohnheitsmäßig" geleitet werden, wie es Lenin im oben zitierten „Subbotnik" idealisiert hat. Die ganze Komplexität und Voraussetzungsfülle gesellschaftlichen Handelns sowohl in der Ökonomie als auch der Politik hat Lenin nur sehr allgemein, sozusagen transzendental zur Kenntnis genommen, und er hielt alle denkbaren Probleme für politisch lösbar.

3. Lenins Staatsauffassung

Auf keinem Gebiet hat Lenin so großen Wert darauf gelegt, in der Marxschen Denktradition zu stehen und dies auch beweisen können, als auf dem Gebiet der Staatstheorie. Sie spielt in seinem Konzept der proletarischen Revolution insofern eine zentrale Rolle, als die Revolution nicht nur den Staat der Bourgeoisie stürzen, sondern den nach dem Muster der Pariser Kommune zu gestaltenden Rätestaat errichten muß. Lenin hat die marxistische Staatsauffassung daher nicht nur in der berühmten Schrift „Staat und Revolution", sondern an zahlreichen anderen Stellen immer wieder erläutert, vertieft, verteidigt. Nun steht fest, daß Marx ebensowenig wie Engels eine der Systematik der Kapitalismusanalyse angemessene Staatsanalyse gemacht hat[23]. Sie haben jedoch an vielen Stellen — und hier vor allem auch Engels — einen allgemeinen Staatsbegriff entwickelt und insbesondere ihre nicht nur auf den Anarchismus, sondern mehr noch auf den Liberalismus bezogene These vom „Absterben des Staates" vorgetragen, was nach ihnen freilich weder mit den politischen Mitteln des Anarchismus noch des Liberalismus erreichbar war.

Im allgemeinen kann man sagen, daß der Staat von Marx und Engels grundsätzlich nur in seiner ökonomischen Funktion gesehen wurde (und nicht in seiner Funktion als Ort, wo jeweils das Gemeinwohl definiert wird). Er wird für sie in erster Linie zur Notwendigkeit in einer Gesellschaft, die durch den Klassengegensatz oder einen grundlegenden sozialen Antagonismus bestimmt ist. Der Staat ist daher immer der Staat der herrschenden Klassen, etabliert zu dem Zweck, die beherrschte Klasse zu unterdrücken, auch wenn er gelegentlich als neutraler Schiedsrichter über den Klassen oder als ausgleichender Hausvater zwischen den Klassen erscheint. Der Staat wird daher repräsentiert durch die öffentliche Gewalt in Form von Polizei und Armee sowie einer der Gesellschaft entfremdeten und verselbständigten öffentlichen Verwaltung, in denen die Repression anschaulich wird. Dabei war die Stellungnahme von Marx und Engels in der Regel polemisch und historisch bedingt, nicht aber systematisch dort, wo der „Klassencharakter" des Staates als Vermittlungsprodukt der allgemeinen Notwendigkeit eines politischen Gemeinwesens in modernen Großgesellschaften, also seine „Zwieschlächtigkeit", hätte herausgearbeitet werden müssen. So heißt es in der Schrift „Der Bürgerkrieg in Frankreich" von Marx zunächst durchaus richtig:

„Die zentralisierte Staatsmacht, mit ihren allgegenwärtigen Organen — stehende Armee, Polizei, Bürokratie, Geistlichkeit, Richterstand, Organe geschaffen nach dem Plan einer systematischen und hierarchischen Arbeitsteilung — stammt her aus den Zeiten der absoluten Monarchie, wo sie der entstehenden Bourgeoisgesellschaft als eine mächtige Waffe in ihren Kämpfen gegen den Feudalismus diente . . ."

Doch Marx geht weiter nicht auf die positiven Errungenschaften des modernen Staates ein, wie sie z.B. Max Weber herausgearbeitet hat — Befriedung der Gesellschaft, Rechtssicherheit, Herrschaft des Gesetzes, Chancen der Demokratisierung usw. —, er läßt den modernen Staat zugleich einseitig und „radikal" als durch Klassen- und Parteikämpfe vermittelt erscheinen:

„In dem Maße, wie der Fortschritt der modernen Industrie den Klassengegensatz zwischen Kapital und Arbeit entwickelte, erweiterte und vertiefte, in demselben Maße erhielt die Staatsmacht mehr und mehr den Charakter einer öffentlichen Gewalt zur Unterdrückung der Arbeiterklasse, einer Maschine der Klassenherrschaft."[24]

---

[23] Die bekanntesten Marxschen Texte zum Staatsbegriff sind: Karl Marx, *Zur Kritik des Gothaer Programms*, sowie *Bürgerkrieg in Frankreich*, sowie die historische Analyse: Karl Marx, *Der 18. Brumaire des Louis Bonaparte*, von Friedrich Engels, *Der Ursprung der Familie, des Privateigentums und des Staates*, sowie *Herrn Eugen Dührings Umwälzung der Wissenschaft*.
[24] Karl Marx, *Der Bürgerkrieg in Frankreich*, Berlin (DDR) 1974, S. 66, 67.

Marx und Engels fassen zwar Staat und Gesellschaft zu Recht als eine Einheit auf, innerhalb derer die Trennung und Verselbständigung des Staates auf die klassenbedingte Entfremdung der Gesellschaft von sich selbst hinweist. Sie verwerfen daher die zeitbedingte Tendenz, den Staat als „selbständiges Wesen" anzusehen. Dagegen richtet sich somit in erster Linie die Staatskritik des Marxismus, also gegen die „in allen bisherigen Staaten unumgängliche Verwandlung des Staates und der Staatsorgane aus Dienern der Gesellschaft in Herren der Gesellschaft"[25]. Oder um ein charakteristisches Zitat von Engels vorzuführen:

„Nach der philosophischen Vorstellung ist der Staat die ‚Verwirklichung der Idee' oder das ins Philosophische übersetzte Reich Gottes auf Erden, das Gebiet, worauf die ewige Wahrheit und Gerechtigkeit sich verwirklicht oder verwirklichen soll. Und daraus folgt dann eine abergläubische Verehrung des Staates und alles dessen, was mit dem Staat zusammenhängt, und die sich um so leichter einstellt, als man sich von Kindesbeinen daran gewöhnt hat, sich einzubilden, die der ganzen Gesellschaft gemeinsamen Geschäfte und Interessen könnten nicht anders besorgt werden, als wie sie bisher besorgt worden sind, nämlich durch den Staat und seine wohlbestallten Behörden ... In Wirklichkeit aber ist der Staat nichts als eine Maschine zur Unterdrückung einer Klasse durch eine andere und zwar in der demokratischen Republik nicht minder als in der Monarchie; und im besten Fall ein Übel, das dem im Kampf um die Klassenherrschaft siegreichen Proletariat vererbt wird und dessen schlimmste Seiten es, ebensowenig wie die Kommune, umhin können wird, sofort möglichst zu beschneiden, bis ein in neuen, freien Gesellschaftszuständen herangewachsenes Geschlecht imstande sein wird, den ganzen Staatsplunder von sich abzutun."[26]

Marx hat diese auf die historische Vermittlung des Staates gerichtete einseitige Behandlung durchaus gesehen. In der berühmten „Kritik des Gothaer Programms" fragt er:

„Welche Umwandlung wird das Staatswesen in einer kommunistischen Gesellschaft untergehn? In anderen Worten, welche gesellschaftlichen Funktionen bleiben dort übrig, wo die jetzigen Staatsfunktionen analog sind? Diese Frage ist nur wissenschaftlich zu beantworten, und man kommt dem Problem durch tausendfache Zusammensetzung des Wortes Volk mit dem Wort Staat auch nicht um einen Flohsprung näher."[27]

Aber auch er beantwortet die Frage nicht „wissenschaftlich", sondern erklärt nur einerseits, daß es die „demokratische Republik" ist, sofern sie auf der uneingeschränkten Volkssouveränität beruht, in der der Klassenkampf „definitiv auszufechten" ist und andererseits, daß es zwischen kapitalistischer und kommunistischer Gesellschaft eine „politische Übergangsperiode" geben muß, „deren Staat nichts anderes sein kann als die revolutionäre Diktatur des Proletariats"[28]. Es kann aber als sicher angesehen werden, daß Marx mehr an eine „Aufhebung" des Staates in dem mehrdeutigen Hegelschen Sinne dachte als an seine Zerstörung, und daß er in der Pariser Kommune das Beispiel für eine radikal-demokratische „Aufhebung" des Staates, also eine „Vergesellschaftung", sah.

25 Friedrich Engels, Vorwort zu Karl Marx, *Bürgerkrieg*, in: ebd., S. 19.
26 Ebd., S. 20.
27 Marx, *Gothaer Programm*, S. 33.
28 Ebd., S. 33.

Er hat es aber unterlassen — oder hat es in den konkreten Auseinandersetzungen um die Rolle des Staates vor allem in den Klassenkämpfen Frankreichs übersehen —, die von der Klassenstruktur unabhängige, positive Rolle eines politischen Gemeinwesens klar herauszuarbeiten und damit auch die Bedeutung der demokratischen Republik systematisch zu klären. Wenn Marx von der „Diktatur des Proletariats" spricht, ist damit nur eine außerordentliche Übergangserscheinung gemeint, die darüber hinaus nichts anderes besagen will, als daß sich die kommunistische Gesellschaft ebenso als „System" verstehen muß, wie die bürgerliche Gesellschaft, d.h. ein Zusammenhang, der seine gesellschaftliche Identität zu wahren hat. Über die Verfassung dieses „Systems" hat sich Marx direkt nicht geäußert. Lenin nun hat die These von der „Diktatur des Proletariats" zweifellos radikalisiert und die Marx-Engelssche Kritik an der „vulgären Demokratie" zu einem Konzept der proletarischen Demokratie weitergeführt, das sich auch direkt gegen die formale Demokratie richtet und alle Formen des Parlamentarismus ablehnt. Er hat daher auch nicht die wesentliche Lücke in der marxistischen Erörterung von Politik geschlossen, nämlich, daß die im Prinzip vom Bürgertum begründete demokratische Republik — bei allen geschichtlichen Abweichungen, Halbheiten und Deformationen dieses Ideals — mit ihren institutionell gesicherten Menschen- und Bürgerrechten und ihren politischen Freiheiten eine Errungenschaft darstellt, die zwar „aufgehoben" werden, aber hinter die nicht zurückgegangen werden kann. Er hat sich zwar allgemein eine solche Aufgabe gestellt, wenn er beispielsweise schreibt:

„Entwicklung der Demokratie bis ans Ende, Auffinden der Formen einer solchen Entwicklung, ihre Erprobung durch die Praxis usw. — das alles bildet eine der integrierenden Aufgaben des Kampfes um die soziale Revolution. Für sich genommen, wird kein Demokratismus den Sozialismus bringen. Im Leben aber wird der Demokratismus nie ‚für sich genommen', sondern er wird mit anderen Erscheinungen ‚zusammengenommen', er wird seinen Einfluß auch auf die Ökonomie ausüben, ihre Umgestaltung fördern, dem Einfluß der ökonomischen Entwicklung unterliegen usw. . . . Das ist die Dialektik der lebendigen Geschichte."[29]

Oder wenn er sagt:

„Als Endziel setzen wir uns die Abschaffung des Staates, d.h. jeder organisierten und systematischen Gewalt, jeder Gewaltanwendung gegen Menschen überhaupt. Wir erwarten nicht den Anbruch einer Gesellschaftsordnung, in der das Prinzip der Unterordnung der Minderheit unter die Mehrheit nicht eingehalten werden würde. Aber in unserem Streben zum Sozialismus sind wir überzeugt, daß er in den Kommunismus hinüberwachsen wird und im Zusammenhang damit jede Notwendigkeit der Gewaltanwendung gegen Menschen überhaupt, der Unterordnung eines Menschen unter den anderen, eines Teils der Bevölkerung unter den anderen verschwinden wird, denn die Menschen werden sich gewöhnen, die elementaren Regeln des gesellschaftlichen Zusammenlebens ohne Gewalt und Unterordnung einzuhalten."[30]

Leider verträgt sich ein solcher politischer Idealismus hinsichtlich der Zukunft nur zu gut mit einem schlechten Materialismus — d.h. mit einem Materialismus, der die institutionellen Grundlagen menschlichen Zusammenlebens dynamisiert und subjektiviert — in der Gegenwart. So hat Lenin in der Schrift „Die proletarische Re-

---

29 *Lenin*, II, S. 217.
30 Ebd., S. 220.

volution und der Renegat Kautsky", aber auch an vielen anderen Stellen seiner Schriften, nicht ohne wohlfeile Zuhilfenahme demagogischer Elemente, im Rahmen seiner „intellektualistischen" Gesellschaftsauffassung die demokratische Republik nicht nur kritisiert, sondern auch parlamentarische Beratungen als Phrasendrescherei und die Umständlichkeit geregelter Prozeduren sowie die möglichen Entfremdungen zwischen Delegierten und Delegierenden diffamiert. Er hat stets nur den Klassencharakter auch eines demokratischen Staats- und Gemeinwesens gesehen, nicht aber die positiven Bedingungen, die die demokratische Republik für die richtige Austragung des Klassengegensatzes liefert, indem z.B. die politische Demokratie durch eine wirtschaftliche oder industrielle Demokratie ergänzt wird. So zitiert er z.B. Kautsky mit folgenden Worten:

„Ein Regime, das so sehr in den Massen wurzelt, hat nicht die mindeste Veranlassung, die Demokratie anzutasten. Es wird sich nicht immer von Gewalttätigkeiten freihalten können in Fällen, wenn Gewalttat geübt wird, um die Demokratie zu unterdrücken. Der Gewalt kann man nur mit Gewalt begegnen. Aber ein Regime, das die Massen hinter sich weiß, wird die Gewalt nur anwenden, um die Demokratie zu schützen und nicht, um sie aufzuheben. Es würde geradezu Selbstmord verüben, wollte es seine sicherste Grundlage beseitigen, das allgemeine Stimmrecht, eine starke Quelle gewaltiger moralischer Autorität."

Lenin bemerkt dazu:

„Man sieht, das Verhältnis zwischen Ausgebeuteten und Ausbeutern ist aus der Argumentation Kautskys verschwunden. Geblieben ist nur eine Mehrheit überhaupt, eine Minderheit überhaupt, eine Demokratie überhaupt, die uns bereits bekannte ‚reine Demokratie'."[31]

Diese Kritik Lenins ist — obwohl sein „Ideologieverdacht", d.h. der Verdacht, daß es sich bei den Kritikern der russischen Revolution wie Kautsky und anderen um einen Widerspruch zwischen Theorie und Praxis handelt, berechtigt war — dennoch nicht richtig, denn Kautsky wollte — zumindest war es seine Absicht — die politische Demokratie erhalten, um in ihr eine rätedemokratische Reorganisation der Wirtschaft mit dem Ziel der Aufhebung des Kapitalismus durchführen. Lenin sieht dies nicht, weil er z.B. das mit einer wirklich demokratischen, verfassunggebenden Versammlung verbundene politische und rechtliche Pathos so nicht nachvollziehen kann. Er sieht auch nicht, daß die formale Demokratie eine Bedingung für die reale ökonomisch vermittelte ist, sondern behauptet, daß „die proletarische Demokratie millionenfach demokratischer ist als jede bürgerliche Demokratie":

„Die Sowjets sind die unmittelbare Organisation der werktätigen und ausgebeuteten Massen selbst, die es ihnen erleichtert, den Staat selbst einzurichten und in jeder nur möglichen Weise zu leiten. Gerade die Avantgarde der Werktätigen und Ausgebeuteten, das städtische Proletariat, erhält hierbei den Vorzug, da es durch die Großbetriebe am besten vereinigt ist; ihm ist es am leichtesten zu wählen und die Wahlen zu kontrollieren. Die Sowjetorganisation erleichtert automatisch den Zusammenschluß aller Werktätigen und Ausgebeuteten um ihre Avantgarde, um das Proletariat. Der alte bürgerliche Apparat – das Beamtentum, die Privilegien des Reichtums, der bürgerlichen Bildung usw. (diese tatsächlichen Privilegien sind umso mannigfaltiger, je entwickelter die bürgerliche Demokratie ist), all das fällt bei der Sowjetorganisation fort. Die Frei-

---

31 Ebd., S. 431 f.

heit der Presse hört auf, eine Heuchelei zu sein, denn die Druckereien und das Papier werden der Bourgeoisie weggenommen. Das gleiche geschieht mit den besten Gebäuden, Palästen, Villen, Herrensitzen ..."[32]

Wie man sieht, legt Lenin hier — in gewisser Weise durchaus zu Recht — das Schwergewicht auf die materiale, durch den Klassengegensatz bzw. die bisherige Unterdrückung der Arbeiterklasse bedingte Seite des demokratischen Prozesses, deren formale, institutionelle Seite ihm, auch hinsichtlich der demokratischen Repräsentanz der Sowjets, nur eine sekundäre Bedeutung zu haben scheint. Dieses Auseinanderreißen von Form und Inhalt der Demokratie und die Überordnung des Inhalts gegenüber der Form, wodurch der politische Prozeß dynamisiert und zu einem unbeschränkten und ungeregelten, naturwüchsigen politischen Machtkampf wird, der nur durch den auf der „Diktatur des Proletariats" beruhenden Sowjetstaat und die kommissarische, absolute Eingriffsgewalt der kommunistischen Partei begrenzt und geleitet wird, ist das charakteristische Merkmal von Lenins Staatsauffassung. Die zugrundeliegenden gesellschaftlichen Verhältnisse insgesamt verlieren dabei ihren geregelten Charakter, verflüssigen sich und werden Gegenstand einer politischen Dynamik, die nur noch durch die Macht der allvermittelnden Partei gesteuert und geregelt wird. Es ist also nicht so sehr die Theorie der „Diktatur des Proletariats" als solche, auch nicht die These vom Sturz des alten Staates und dem Aufbau und Ersatz durch einen prinzipiell zum Absterben verurteilten neuen Räte- oder Sowjetstaat, dessen Personal wählbar und jederzeit abrufbar und das durch einen allgemeinen Arbeiterlohn bezahlt und belohnt wird — obwohl diese Teile der Leninschen Konzeption „idealistisch" und illusionär genug sind —, es ist vielmehr ihre inhaltlich dynamisierte und die institutionelle Regelung von Macht verabscheuende Gestalt, die Lenins Staatsauffassung so problematisch erscheinen läßt[33].

4. Lenins Parteiauffassung

Lenins Auffassung von der Avantgarde-Rolle einer revolutionären, zentralistisch und autoritär organisierten Arbeiterpartei, die sich aus revolutionären „Besserwissern" zusammensetzt und die arbeitenden „Massen" einschließlich ihres Vortrupps, des industriell-städtischen Proletariats, zu führen und zu organisieren hat, ist wohl der seit langem umstrittenste Teil der Leninschen Revolutionskonzeption. Vor einer derartigen Kaderpartei hatten schon (1905 und dann 1918) Rosa Luxemburg[34],

---

32 Ebd., S. 428 f.
33 Vgl. Fritjof Meyer, Sozialistische Opposition gegen den Staatskapitalismus in Rußland, in: R. Dutschke/M. Wilke (Hrsg.), *Sowjetunion, Solchenizyn und die westliche Linke*, Hamburg 1975, S. 155—184.
34 Vgl. Rosa Luxemburg, Organisationsfragen der russischen Sozialdemokratie sowie Die russische Revolution, in: dies., *Gesammelte Werke*, Berlin (DDR) 1974, Bd. 1/2, 4.

im gleichen Zeitraum auch Trotzki[35] und Machajski[36] sowie — wohl zuerst — Bakunin[37] gewarnt.

Dabei ist freilich zunächst davon auszugehen, daß gerade in Lenins Parteikonzepte wie auch in anderen Teilen seines Revolutionskonzepts sich richtige mit fragwürdigen Einsichten und Schlußfolgerungen verbinden. Im Zusammenhang mit dem Parteikonzept ist dies die Einsicht, daß insbesondere eine Arbeiterpartei, allgemein aber der demokratische Prozeß überhaupt, einer politischen Führung bedarf, und daß eine solche Führung sich weder zwangsläufig den Geführten entfremden noch gegen demokratische Ideale verstoßen muß, auch wenn unter dieser Voraussetzung die demokratische Selbstbestimmung einer Bevölkerung eine sehr komplexe und voraussetzungsvolle Sache wird; das gilt um so mehr, wenn die Beteiligten als von massiver Unterdrückung und ebensolcher Subsumtion unter objektiv wirksame Klasseninteressen frei vorgestellt werden.

Demgegenüber ist die Kritik Luxemburgs, die auf der sogenannten Spontaneitätstheorie beruht, nicht berechtigt, da sie die Notwendigkeit einer zielbewußten und organisierenden Führung nicht anerkennt, in ihrer Kritik aber nicht weit genug geht und einen institutionellen Rahmen zur Regelung des sich spontan entfaltenden und einer Führung bedürftigen demokratischen Prozesse nicht verlangt bzw. die Notwendigkeit eines solchen Rahmens gleichfalls nicht erkennt. Ihre Kritik ist daher eher Ausdruck der mehr humanistischen Richtung des „Marxismus", wohingegen Lenin die mehr „scientistische" Richtung repräsentiert. So wollte sich Luxemburg (und Liebknecht) auf dem sog. 1. Parteitag der KPD zwar 1918 an der deutschen Nationalversammlung beteiligen und ist dabei von der radikalen Linken sofort desavouiert worden[38], jedoch um diese als Tribüne zur „Entlarvung" der bürgerlichen Politik, nicht als Ort, eine Verfassung zustandezubringen, innerhalb derer sich die sozialistische Umgestaltung der Ökonomie entfalten konnte. Lenin seinerseits hat zwar später diese Nichtteilnahme der radikalen Linken als Beispiel einer „Kinderkrankheit" des Kommunismus dargestellt[39], hat aber selbst die russische Konstituante mit ihrer sozialrevolutionären Mehrheit praktisch zur Kapitulation aufgefordert und dann durch ein lettisches Regiment auseinander gejagt und so einen wesentlichen Beitrag zum Ausbruch des Bürgerkriegs geleistet[40]. Infolge ihrer gemein-

---

35 Leo Trotzki schrieb 1904: „Lenins Methoden führen, wie wir dereinst sehen werden, zu folgendem: Die Parteiorganisation tritt an die Stelle der Partei, das Zentralkomitee tritt an die Stelle der Parteiorganisation, und schließlich tritt der Diktator an die Stelle des Zentralkomitees", zit. bei Meyer, Opposition (Anm. 33), S. 159.
36 Waclav Machajski veröffentlichte 1899 ein Buch über die Entwicklung der Sozialdemokratie, in dem er behauptete, daß der messianische Sozialismus eine Ideologie von Intellektuellen sei, die in der sozialistischen Gesellschaft einfach die Stelle der alten herrschenden Klasse einnähmen. Vgl. dazu Daniel Bell, Two Roads from Marx: The Themes of Alienation and Exploitation and Workers Control in Socialist Thought, in: ders., *The End of Ideology*, New York/London 1962, S. 355 ff.
37 So berichtet Bahro, *Alternative* (Anm. 6), S. 46—48.
38 Vgl. Hermann Weber (Hrsg.), *Der Gründungsparteitag der KPD*, Frankfurt a.M. 1969, S. 40 ff.
39 *Lenin*, II, S. 702 ff.
40 Vgl. bei Geyer, *Revolution* (Anm. 2), S. 110 ff.

samen marxistischen Grundlagen und der damit gegebenen intellektualistischen, anti-institutionell-dynamischen und verweltanschaulichten Gesellschafts- und Staatsauffassung war für beide die Konstituierung einer Verfassung nur eine Frage der Taktik und der Dialektik, nicht eine Grundsatzfrage[41].

Lenin hat daher seine Parteikonzeption auch nicht allgemein-demokratisch begründet, was für ihn „idealistisch" gewesen wäre, sondern klassentheoretisch. Eine Partei von Berufsrevolutionären, „Volkstribunen", „Besserwissern" und „Jakobinern" war für ihn keine theoretische, sondern eine „strategische" Notwendigkeit zur Vorbereitung, Durchführung und Anleitung der proletarischen oder sozialen, die unbestimmt-totale Emanzipation von der bisherigen Gesellschaft herbeiführenden Revolution. Realistisch rechnete er dabei mit einer langen Übergangsperiode insbesondere in Rußland, wo er dem revolutionären Proletariat keine Überlebenschance zubilligen wollte ohne die Führung durch eine marxistisch bewußte, das Klassenbewußtsein fortschreitend entwickelnde, gebildete und aktionsfähige, aus überzeugten Kommunisten bestehende Kaderpartei, die regiert, erzieht, leitet und sich stets von neuem ihres Massenanhangs versichert.

Ausgangspunkt für ihn war bereits 1902 in der bekannten Schrift „Was tun?" die Erkenntnis, daß auch die Industriearbeiter von sich aus nicht zu einem revolutionären Klassenbewußtsein kommen, sondern nur auf der Basis einer spontanen politischen Selbsthilfe zu einem trade-unionistischen, also gewerkschaftlichen Bewußtsein. Soll die Arbeiterbewegung daher nicht im „Ökonomismus"[42] verkommen, muß sie zu einem politischen und insofern revolutionären Klassenbewußtsein erzogen werden. Einige charakteristische Formulierungen mögen die Leninsche Konzeption vergegenwärtigen:

„Wir haben gesagt, daß die Arbeiter ein sozialdemokratisches Bewußtsein gar nicht haben konnten. Dieses konnte ihnen nur von außen gebracht werden. Die Geschichte aller Länder zeugt davon, daß die Arbeiterklasse aus eigenen Kräften nur ein trade-unionistisches Bewußtsein herauszuarbeiten vermag, d.h. die Überzeugung von der Notwendigkeit, sich in Verbänden zusammenzuschließen, einen Kampf gegen die Unternehmer zu führen, der Regierung diese oder jene für die Arbeiter notwendigen Gesetze abzutrotzen u.a.m. Die Lehre des Sozialismus ist hingegen aus den philosophischen, historischen und ökonomischen Theorien hervorgewachsen, die von den gebildeten Vertretern der besitzenden Klassen, der Intelligenz, ausgearbeitet wurden, jede Herabminderung der Rolle des ‚bewußten Elements', der Rolle der Sozialdemokratie (ist) zugleich – ganz unabhängig davon, ob derjenige der diese Rolle herabmindert, es wünscht oder nicht – die Stärkung des Einflusses der bürgerlichen Ideologie auf die Arbeiter ... Die Sozialdemokratie leitet nicht nur den Kampf der Arbeiterklasse für günstige Bedingungen des Verkaufs ihrer Arbeitskraft, sondern auch den Kampf für die Aufhebung der Gesellschaftsordnung, die die Besitzlosen zwingt, sich an die Reichen zu verkaufen ... Das Bewußtsein der Arbeiterklasse kann kein wahrhaft politisches sein, wenn die Arbeiter es nicht gelernt haben, auf alle und jegliche Fälle der Willkür und der Unterdrückung, der Gewalttaten und Mißbräuche zu reagieren, welche Klassen diese Fälle auch betreffen mögen und zwar eben von einem sozialdemokratischen und nicht von irgendeinem anderen Standpunkt aus ... Wer die Aufmerksamkeit,

---

41 Vgl. dazu die Erörterung des Problems der russischen Konstituante bei Rosa Luxemburg, *Die russische Revolution*, hrsg. von Paul Levi, Frankfurt a.M. 1922, S. 97 ff.
42 Der „Ökonomismus" ist Hauptgegenstand von Lenins Kritik in der Schrift: „Was tun?", vgl. *Lenin*, I, S. 236 ff.

die Beobachtungsgabe und das Bewußtsein der Arbeiterklasse ausschließlich oder nur vorwiegend auf sie selber lenkt, der ist kein Sozialdemokrat, denn die Selbsterkenntnis der Arbeiterklasse ist untrennbar verbunden mit der absoluten Klarheit . . ., nicht so sehr mit den theoretischen, als vielmehr mit den an Hand der Erfahrung des politischen Lebens erarbeiteten Vorstellungen von den Wechselbeziehungen aller Klassen der modernen Gesellschaft."[43]

Der Sozialdemokrat in diesem Sinne, später der Kommunist ist für Lenin abwechselnd gekennzeichnet als „Berufsrevolutionär", „Volkstribun", „Jakobiner" oder einfach der „Besserwisser":

„Unter den ‚Besserwissern' sind, wie ich schon oft betont habe, in organisatorischer Beziehung nur die Berufsrevolutionäre zu verstehen, einerlei, ob sie sich aus Studenten oder Arbeitern hierzu entwickeln. Und nun behaupte ich, daß erstens keine revolutionäre Bewegung ohne eine stabile und die Kontinuität wahrende Führerorganisation Bestand haben kann; zweitens, je breiter die Masse ist, die spontan in den Kampf hineingezogen wird, die die Grundlage der Bewegung bildet und an ihr teilnimmt, umso dringender ist die Notwendigkeit einer solchen Organisation und umso fester muß diese Organisation sein (denn umso leichter wird es für allerhand Demagogen sein, die rückständigen Schichten der Masse mitzureißen); drittens, eine solche Organisation muß hauptsächlich aus Leuten bestehen, die sich berufsmäßig mit revolutionärer Tätigkeit befassen; viertens, je mehr wir die Mitgliedschaft einer solchen Organisation einengen, und zwar so weit, daß sich an der Organisation nur diejenigen Mitglieder beteiligen, die sich berufsmäßig mit revolutionärer Tätigkeit befassen und in der Kunst des Kampfes gegen die politische Polizei geschult sind, umso schwieriger wird es in einem absolutistischen Lande sein, eine solche Organisation ‚abzufangen' und fünftens, umso breiter wird der Kreis der Personen aus der Arbeiterklasse wie aus den übrigen Gesellschaftsklassen sein, die die Möglichkeit haben, an der Bewegung teilzunehmen und sich in ihr aktiv zu betätigen."[44]

Diese Parteikonzeption, die nicht nur historisch, aus der Entwicklung einer marxistischen Arbeiterbewegung unter den absolutistischen Bedingungen der zaristischen Autokratie, verständlich ist, sondern die auch eine fundamentale politische Rationalität aufweist, ist nun ein — vor allem auch hinsichtlich der stalinistischen Folgen — besonders umstrittener Bestandteil des Leninismus. Diese Kritik ist jedoch zu verschärfen. Der wesentliche Mangel dieser Konzeption, die Lenin auf das Vielfältigste und Differenzierteste begründet hat und von der er annahm, daß eine solche Partei der Arbeiterbewegung einen notwendigen Dienst leistet, nicht aber eine neue Form von Herrschaft begründet, ist dann darin zu sehen, daß erstens eine solche Partei eine zwangsläufig theoretisch-praktische Weltanschauungspartei darstellt, deren oberste Kriterien „Gesinnungskriterien" werden, die rationaler Diskussion schwerlich zugänglich sind. Wenn nicht ein theoretisch angeleitetes, praktisches Programm gesellschaftlicher, institutionell-organisatorischer Veränderungen die Organisationsachse einer solchen Partei darstellt, sondern eine gemeinsame, erst Vertrauen schaffende „Weltanschauung", hat das Folgen, wie sie aus der Geschichte der Inquisition und des Puritanismus bekannt sind[45]; zweitens gibt es keine institutionell gesicherte Instanz, vor der sich eine solche „absolute" Partei von Berufs-

---

43 *Lenin*, I, S. 199, 206, 221, 231.
44 *Lenin*, I, S. 277.
45 Vgl. dazu die treffenden Bemerkungen von Harold J. Laski, *Revolutionäre Wandlungen in unserer Zeit*, Zürich 1945, S. 82 f.

revolutionären verantworten müßte und von der sie zumindest zur Selbstbesinnung gezwungen werden könnte, insbesondere dann, wenn die innerparteiliche Kritik eingeschränkt oder beseitigt wird und das Rätesystem von der gleichen Partei beherrscht wird, die es auf die rechten Wege zu leiten beansprucht.

Insgesamt kann man sagen, daß die Leninsche Parteikonzeption einerseits eine grundlegende politische Rationalität und gesellschaftliche Einsicht in die Notwendigkeit politischer Führung repräsentiert, dafür aber eine Organisationsform anbietet, die zwar im revolutionären Prozeß machtfähig und zur Errichtung der „Diktatur des Proletariats" geeignet ist, deren Machtausübung aber ohne einen parteiunabhängigen institutionellen Rahmen für den demokratischen Prozeß keiner gesellschaftlich haltbaren Kontrolle unterliegt, sondern einer weltanschaulich bedingten revolutionären Gesinnung überlassen bleibt, deren Existenz und Wirksamkeit aber gesellschaftlich zufällig ist. Solange Lenin lebte, hat diese Kontrolle und Selbstkontrolle zwar nicht immer, aber im großen und ganzen noch Realität gehabt. Nach Lenins Tod ist sie nicht zufällig abgestorben und hat jene ungeheuerliche Form von Macht hervorgebracht, dessen abscheulichstes Produkt der „Archipel Gulag" ist, wie ihn Solchenizyn mit so viel Scharfsinn und Eindringlichkeit dargestellt hat.

5. Lenins Wissenschaftsauffassung

Als eine der wesentlichen Bestimmungen des Revolutionskonzepts von Lenin ist weiterhin eine bestimmte Erkenntnis- und Wissenschaftsauffassung zu nennen. Aus der richtigen Einsicht, daß insbesondere politisches Handeln großen Stils nicht auf „Glauben", sondern auf „Wissen" aufgebaut sein muß, um die Ungewißheiten und Risiken solchen Handelns in Schach und Proportion zu halten, hat sich Lenin eine radikal aufklärerische Wissensauffassung erarbeitet, die er als „modernen Materialismus" oder als „dialektischen Materialismus" bezeichnet hat. In ihr ist einer der theoretischen Gründe zu finden, der sich in der politischen Praxis Lenins als „Machtabsolutismus" ausmachen läßt. Er ist insbesondere in der Schrift von 1908 über „Materialismus und Empiriokritizismus", aber auch in seinen philosophischen Exzerpten enthalten[46].

In der erstgenannten Schrift setzt sich Lenin bekanntlich mit einigen russischen Marxisten auseinander, die, beeinflußt von der damals verbreiteten relativistischen und sensualistischen Erkenntnistheorie von Mach und Avenarius, dem Begriff Materialismus einen der offensichtlichen Komplexität der Sache angemesseneren Sinn zu geben versuchten. Lenin ist darüber empört und schreibt 1908 an Gorki:

„Nun sind die ‚Beiträge zur Philosophie des Marxismus' erschienen, Ich habe alle Artikel gelesen außer dem Suworow'schen (ich bin gerade dabei, ihn zu lesen), und bei jedem Artikel war ich außer mir vor Empörung. Nein, das ist kein Marxismus! Unsere Empiriokritizisten, Empiriomonisten und Empiriosymbolisten gleiten ja in den Sumpf. Dem Leser versichern, der ‚Glaube' an die Realität der Außenwelt sei ‚Mystik' (Basarow); auf die gemeinste Art Materialismus und

---

46 W.I. Lenin, *Materialismus und Empiriokritizismus*, Moskau 1946; *Aus dem philosophischen Nachlaß — Exzerpte und Randglossen*, Berlin (DDR) 1949.

Kantianertum durcheinanderwerfen (Basarow und Bogdanow); eine Spielart des Agnostizismus (Empiriokritizismus) und des Idealismus (Empiriomonismus) predigen; den Arbeitern ‚religiösen Atheismus' und die ‚Vergottung' der höchsten menschlichen Potenz dozieren (Lunatscharski); die Engels'sche Lehre von der Dialektik für Mystik erklären (Berman); aus der anrüchigen Quelle irgendwelcher französischer ‚Positivisten' — Agnostiker oder Metaphysiker — schöpfen, der Teufel soll sie holen mitsamt der ‚symbolischen Erkenntnistheorie' (Juschkewitsch)! Nein, das geht denn doch schon über die Hutschnur. Natürlich wir einfachen Marxisten sind Menschen, die in der Philosophie nicht belesen sind — aber warum muß man uns denn so beleidigen, daß man uns derartige Sachen als Philosophie des Marxismus auftischt! ...[47]

Abgesehen davon, daß man Lenin seine Wut über die Skurrilitäten von Erkenntnistheoretikern nachfühlen kann, deutet sich in diesen Ausführungen bereits an, worum es ihm in der Auseinandersetzung geht, nämlich um die „Geschlossenheit" einer „wissenschaftlichen Weltanschauung" oder, um mit Kierkegaard zu reden, um „den Omnibus des Systems". Ohne eine solche, den Bereich der philosophischen Grundlagen oder Voraussetzungen der Wissenschaft und des Denkens einbeziehende, „Geschlossenheit" erscheint ihm die proletarische, die „absolute" soziale Revolution nicht möglich. Lenin sieht daher auch in der Geschichte der Philosophie die Dialektik von Fortschritt und Reaktion am Werk, die sich für ihn im Kampf zwischen Materialismus und Idealismus darstellt. Seine Position ist der „moderne" dialektische Materialismus, wie er insbesondere von Engels systematisiert wurde[48].

Dieser dialektische Materialismus ist nach Lenins Verständnis bestimmt durch den — seiner Meinung nach in den modernen Naturwissenschaften sich naturwüchsig einstellenden — Grundsatz einer „objektiven Determiniertheit" der Welt und zwar nicht nur der natürlichen, sondern auch der geschichtlichen Welt als notwendige Voraussetzung ihrer rationalen Erkennbarkeit. Man muß daher nach Lenin davon ausgehen, daß erstens das Sein oder die Welt unabhängig vom menschlichen Bewußtsein existiert, daher zweitens der Mensch dieses Sein oder diese Welt in seinem Bewußtsein nur „wiederspiegelt" und „abbildet", weshalb drittens das ganze Bemühen des Menschen darauf gerichtet sein muß, das Sein oder die Welt möglichst objektiv abzubilden, d.h. er muß jede Abweichung vom Weg der objektiven Wissenschaft wie auch jede subjektive Einmischung in den Gang der Erkenntnis vermeiden. Die Methode dafür liefert der dialektische Materialismus, der sowohl die Ergebnisse der Naturwissenschaft als auch der Sozialwissenschaft im Rahmen einer allvermittelnden „Weltanschauung" zu deuten vermag. Der „wissenschaftliche Sozialismus" ist nach Lenin in dieser dialektisch-materialistischen „Weltanschauung" begründet und kann als „Weltanschauung des Proletariats" nur solange politische Orientierung gewährleisten, wie er auch philosophisch — man muß sagen — seine Funktion erfüllt, nämlich die Erkenntnisbestrebungen auf die gegenständliche Wirklichkeit und ihre „Vermittlung" zu richten.

Wer von diesem Weg abirrt bzw. jeder Sozialismus, der hier eine Schwäche zeigte, würde unvermeidlich eine Beute des „bösen Feindes" werden, nämlich dessen,

---

47 Zitat aus der offiziellen Lenin-Biographie: *W.I. Lenin — Ein kurzer Abriß seines Lebens und Wirkens,* Moskau 1947, S. 140.
48 Vgl. Lenin, *Materialismus* (Anm. 46), S. 386.

was Lenin als „Fideismus" bezeichnet, einschließlich seiner Trabanten: „Agnostizismus", „Subjektivismus" und „Idealismus". Man kann nicht umhin, sagte daher Lenin abschließend,

„hinter der erkenntnistheoretischen Scholastik des Empiriokritizismus den Parteienkampf in der Philosophie zu sehen, einen Kampf, der in letzter Instanz die Tendenzen und die Ideologie der feindlichen Klassen der modernen Gesellschaft zum Ausdruck bringt. Die neueste Philosophie ist genau so parteilich wie die vor zweitausend Jahren. Die kämpfenden Parteien sind dem Wesen der Sache nach, das durch gelahrt quacksalberische neue Namen oder durch geistesarme Unparteilichkeit verhüllt wird, der Materialismus und der Idealismus. Der letztere ist nur eine verfeinerte, raffinierte Form des Fideismus, der in voller Rüstung gewappnet dasteht, über gewaltige Organisationen verfügt und nach wie vor unausgesetzt auf die Massen einwirkt, wobei er sich das geringste Schwanken des philosophischen Gedankens zunutze macht. Die objektive, die Klassenrolle des Empiriokritizismus besteht ausschließlich in Handlangerdiensten für die Fideisten in deren Kampf gegen den Materialismus überhaupt und gegen den historischen Materialismus insbesondere."[49]

Der eigenartige, radikale politische Rationalismus Lenins, der hier zutage tritt und der nur mit den analogen Bemühungen der katholischen Kirche verglichen werden kann, macht sozusagen das, was man mit Kant als „metaphysisches Bedürfnis" des Menschen bezeichnen kann, zur Parteisache, und es bedeutet von da aus nur einen kleinen Schritt, wenn dann unter Stalin das Politbüro über philosophische Streitfragen abschließend entscheidet. Es ist ebenso kennzeichnend, daß in dieser Weise über innerwissenschaftliche, stets methodisch und systematisch vielfach bedingte Arbeits- und Selbstverständnisprobleme eigentlich nur jemand so „geschlossen" weltanschaulich befinden kann, der in dieser Arbeit selbst nie „drinnen" war. Es erscheint daher bezeichnend, daß die marxistische Literatur wesentlich und in weiten Teilen aus der „philosophischen" Interpretation der mühevollen Arbeitsergebnisse anderer besteht. Sollte sich hier der Wunsch nach der „bürokratischen Verwaltung der Welt" geistig schon ankündigen?

Insofern jedenfalls, als Lenin in dieser Weise materialistisch nicht nur die Natur, sondern auch die Geschichte auffaßt und hier die Grundlage für den von Marx geschaffenen „wissenschaftlichen Sozialismus" sieht, wird Philosophie, Erkenntnis- und Wissenschaftstheorie zu einer Frage der politischen Parteilichkeit, die ihrerseits die totale Interpretation aller Dinge verlangt. So wie die moderne Naturwissenschaft naturwüchsig-materialistisch sei, müsse auch die Sozialwissenschaft materialistisch sein. Nur ein solcher Materialismus, vor allem in der modernen Form, wie ihn der Marxismus darstelle, verbürge dem Proletariat den Sieg im Klassenkampf:

„Aus der Tatsache, daß Ihr lebt und wirtschaftet, Kinder gebärt und Produkte erzeugt, diese austauscht, entsteht eine objektiv notwendige Kette von Ereignissen, eine Entwicklungskette, die von Eurem gesellschaftlichen Bewußtsein unabhängig ist, die von diesem niemals restlos erfaßt wird. Die höchste Aufgabe der Menschheit ist, diese objektive Logik der wirtschaftlichen Evolution (Evolution des gesellschaftlichen Seins) in den allgemeinen Grundzügen zu erfassen, um derselben ihr gesellschaftliches Bewußtsein und das der fortgeschrittenen Klassen aller kapitalistischen Länder so deutlich, so klar, so kritisch als möglich anzupassen."[50]

49 Vor allem im „Anti-Dühring", den Lenin auch häufig anführt, z.B. in: *Materialismus,* S. 30.
50 Ebd., S. 350.

Diese naive und zugleich naturwissenschaftliche Auffassung des historischen Materialismus, die ein durch menschliche Tätigkeit, aber offenbar ohne Intelligenz zustandekommendes Sein konstruiert, dessen Logik zu erfassen ist, um das Bewußtsein daran „anzupassen", zeigt deutlich, worauf es Lenin ankommt: die objektive Wissenschaft als einzig wahrheitsverbürgende Instanz als „materialistisch" ge- und begründet zu etablieren und diese parteilich gegen den Fideismus in der Wahrheitssuche zu verteidigen, der seinerseits das Hauptmittel der politischen Reaktion im Kampf gegen den politischen und sozialen Fortschritt ist. So lehre jedenfalls eine dialektische Betrachtung.

Darauf gründet sich der Anspruch kommunistisch-leninistischer Parteien auf ein Interpretationsmonopol hinsichtlich wissenschaftlicher Ergebnisse. Marxismus prädestiniert bei Lenin offenbar nicht notwendig dazu, einen Beitrag zur objektiven Erkenntnis in der Wissenschaft zu leisten, wohl aber solche Beiträge richtig zu interpretieren. Jedenfalls schreibt Lenin:

„Das Unglück der russischen Machisten, die sich vorgenommen haben, den Machismus mit dem Marxismus zu ‚versöhnen', besteht gerade darin, daß sie sich auf die reaktionären Philosophie-Professoren verlassen haben und dadurch auf die schiefe Bahn geraten sind... Keinem einzigen dieser Professoren, die auf Spezialgebieten der Chemie, der Geschichte, der Physik die wertvollsten Arbeiten liefern mögen, darf man auch nur ein einziges Wort glauben, sobald von Philosophie die Rede ist. Warum? Aus dem nämlichen Grund, aus welchem man keinem einzigen Professor der politischen Ökonomie, der imstande ist, auf dem Gebiet spezieller Tatsachenforschung die wertvollsten Arbeiten zu liefern, auch nur ein Wort glauben darf, sobald er auf die allgemeine Theorie der politischen Ökonomie zu sprechen kommt. Denn diese letztere ist eine Wissenschaft, die in der modernen Gesellschaft nicht weniger parteilich ist als die Erkenntnistheorie."[51]

Wie man aus diesen Sätzen erkennen kann und wie zuvor schon deutlich sichtbar geworden ist, ist in Lenins Wissenschaftsauffassung zweierlei auffällig und aufgrund der heutigen Sachlage, aber auch aufgrund der politischen Folgen kritisierbar: nämlich einerseits die mit Lenins Kampf gegen einen, mit seinem Konzept eines „verweltanschaulichten" Marxismus unvereinbarenden „Fideismus" und „Eklektizismus" verbundene, sachlich unbegründbare und eigentlich nur als politische Immunisierungsstrategie verständliche Unterscheidung von „bürgerlicher" und „marxistischer" Wissenschaft, wodurch der Wissenschaftsbetrieb „entsachlicht" und politisiert wird; andererseits die dadurch rational bedingte Verabsolutierung und „Naivisierung" der politischen Programmatik insofern, als die Verortung des politischen Handelns in philosophisch-weltanschaulichen Grundlagen diesem Handeln nicht nur eine besondere Schärfe und Intransigenz verleiht, sondern auch zur Etablierung jener „allseitigen", die „Totalität" der Welt in ihrer Dialektik erfassenden und daher auch zur politischen „Kontrolle" der Welt berufenen Überwissenschaft führt, die man „Marxismus" nennt. Es wäre freilich Lenin gegenüber ungerecht anzunehmen, daß er dies gewollt hat. Jedoch hat ihn der Wille zur proletarischen Revolution oder, wie schon gesagt, zur Befreiung der Unterdrückten und Armen im Zusammenhang

---

51 Ebd., S. 369.

mit der rationalen Begründung dieses Willens dazu geführt, dies zu tun — in einer geschichtlichen Situation freilich, die unwiederholbar vergangen ist.

6. Schlußbemerkung

Zusammenfassend kann man die Leninsche Konzeption der proletarischen Revolution als ein Konzept bezeichnen, dessen Gesellschaftsauffassung „intellektualistisch", dessen Staatsauffassung als anti-institutionell einseitig, dessen Parteiauffassung als politisch „naiv" und dessen Wissenschaftsauffassung als „weltanschaulich" überzogen erscheint.

Diese gewiß auch historisch bedingten und teilweise auch in der Marxschen Gesellschaftstheorie verwurzelten Verzerrungen sind zu Lenins Lebzeiten durch die außerordentliche Kraft und Intelligenz Lenins im großen und ganzen noch in Proportion gehalten worden, obwohl Ansätze für Konzentrationslager, Geheimpolizei, Verfolgung aller nicht-bolschewistischen Linken, dynamische Verflüchtigung demokratischer Institutionen oder ihre gewaltsame Unterdrückung, Verweltanschaulichung der Politik usw. bereits in seine Regierungszeit fallen. Man kann natürlich sagen, daß alle diese Ansätze durch die historischen Umstände bedingt waren und sich niemals in der Weise hätten auswirken können, wie sie sich unter Stalin ausgewirkt haben, wenn der hochentwickelten und zugleich so selbstkritisch gehandhabten politischen Führungsqualität Lenins insbesondere in der damals — auch in Lenins Bewußtsein — entscheidenden deutschen Arbeiterbewegung nicht ein totaler Mangel an Führungsqualität gegenüber gestanden hätte, der den tödlichen Ausgang der Weimarer Republik wesentlich mitverursacht hat. Dennoch tut es dem Respekt vor der einzigartigen geschichtlichen Erscheinung des „moralistischen" Revolutionärs Lenin und der Anerkennung seiner, man möchte sagen: staatsmännischen Bedeutung keinen Abbruch, wenn man auf wesentliche gesellschaftstheoretische Erkenntnismängel zugunsten einer quasi-religiösen Revolutionsmythologie in Lenins Konzept der proletarischen Revolution hinweist, die mit dazu beigetragen haben, daß heute alles das, was als Sozialismus oder Kommunismus einmal erstrebt wurde, neu durchdacht werden muß[52].

Gerade im Hinblick auf Lenin kann man Giddens in seiner herausragenden Analyse der „Klassenstruktur fortgeschrittener Gesellschaften" zustimmen, wenn er sagt, daß es ein „Paradox des Sozialismus" gibt, nämlich zwei mehr oder weniger unvermittelte Stränge der sozialistischen Theorie, d.h. einen mehr humanistischen und einen mehr scientistischen Strang. Den humanistischen Strang kann man als Radikalisierung bürgerlicher Ideologie betrachten, der zugleich mehr ist „als ein Echo des religiösen Geistes, der in früheren Zeiten die Vorstellungskraft geweckt und jenseitige Bilder einer universalen menschlichen Freiheit hervorgebracht hat".

---

52 Hierfür gibt es bereits zahlreiche Vorarbeiten. Vgl. Fritz Vilmar, Gesamteuropäische Koexistenz und innersozialistische Kritik, in: Dutschke/Wilke (Hrsg.), *Sowjetunion* (Anm. 33), S. 29—64.

Diesem Strang steht ein anderer gegenüber, der nach der Vollendung der Rationalisierung der menschlichen Gesellschaft strebt, ja im Grunde Emanzipation und Rationalisierung identifiziert. Hier besteht eine gewisse Affinität zwischen sozialistischem und naturwissenschaftlichem Denken, jedenfalls auf der philosophischen Ebene wie bei Lenin. Zwar strebt sicherlich kein Sozialist einzig eine rationale, gesteuerte und kontrollierte Gesellschaft an. „Doch die Tendenz lag nahe, Sozialismus mit wissenschaftlichem Rationalismus als der legitimierenden Norm von Praxis zu identifizieren, was ihn abgesehen von seiner eigenen wissenschaftlichen Schlüssigkeit der Notwendigkeit enthob, eine unabhängige Moral und ein normatives Begründungsverfahren zu entwickeln."[53]

Ich würde daher, gerade im Hinblick auf die umrissene Struktur des Leninschen Konzepts der sozialen Revolution, Giddens' Schlußfolgerung voll zustimmen:

„Der Versuch, Ausbeutung abzuschaffen, gerät jedoch in direkten Gegensatz zu dem Bemühen, die Gesellschaftsorganisation durch bewußte Steuerung des sozialen und ökonomischen Lebens zu rationalisieren. Die Dilemmata, die in diesem Antagonismus stecken, wurden weder in der marxschen Theorie noch durch die praktische Entwicklung der fortgeschrittenen Gesellschaften seit dem Ende des 19. Jahrhunderts aufgelöst. Der Widerspruch, den Marx im Kapitalismus feststellte, ist in sich selbst widersprüchlich. Die heutige Konfrontation zwischen kapitalistischen und staatssozialistischen Gesellschaften hat in Wirklichkeit diesen Problemen konkrete Gestalt gegeben. In der kapitalistischen Gesellschaft bleibt das Klassensystem die grundlegende Achse der Sozialstruktur und die Form für ausbeuterische Herrschaftsverhältnisse. Die staatssozialistischen Gesellschaften andererseits sind tatsächlich in eine Richtung auf klassenlose Gesellschaft fortgeschritten, aber um den Preis eines Systems politischer Herrschaft, das den Charakter gesellschaftlicher Ausbeutung nur geändert, sie aber nicht notwendig verringert hat. Die Herausforderung für sozialistisches Denken oder vielmehr für jene Formen politischer Philosophie, die über die traditionellen Grenzen sozialistischer Ideen hinausgehen wollen, ohne sie insgesamt preiszugeben, besteht darin, die Grenzen des Gegensatzes zwischen den beiden Aspekten der Rationalisierung zu erforschen und dann zu versuchen, sie neu miteinander zu versöhnen."[54]

---

53 Anthony Giddens, *Die Klassenstruktur fortgeschrittener Gesellschaften*, Frankfurt a.M. 1979, S. 364/365.
54 Ebd., S. 365.

Hans-Peter Müller/Rainer Winkelmann

Marxismus, Arbeiterbewegung und technologische Geschichtsauffassung

I. Marxismus und Arbeiterbewegung

Karl Korsch hat 1931 den Versuch unternommen, mit der These von der „Krise des Marxismus" eine Antwort auf die Frage nach den Ursachen für den Niedergang der revolutionären Arbeiterbewegung nach dem Ersten Weltkrieg zu finden. Er hat in diesem Zusammenhang die Kategorien von Theorie und Praxis und deren Verhältnis zueinander zu einem zentralen Gegenstand gemacht und die These aufgestellt, der Marxismus habe bereits „von Anfang an [unter einer] eingeborenen Trennung von Theorie und Praxis" gelitten[1]. Er wandte sich deswegen auch gegen die Vorstellung, daß die „revolutionäre Theorie von Marx und Engels in den Händen der Epigonen entartet und teilweise preisgegeben worden ist und diesem entarteten und verfälschten Marxismus die ‚reine Lehre' des Marx-Engels'schen Marxismus [nur] entgegengestellt [zu werden braucht]"[2]. Er ging vielmehr so weit zu sagen, daß „die gegenwärtige Krise des Marxismus im letzten Grunde auch eine Krise der Marx-Engels'schen Theorie selbst (bedeutet)"[3]. Sein zentraler Kritikpunkt ist daher, daß er im Verhältnis von Theorie und Praxis die Arbeiterbewegung von Anfang an und auch in ihrem bewußtesten Teil mit einer unangemessenen Theorie ausgestattet sah, einer Theorie, die „von Anfang an nicht der ‚allgemeine Ausdruck existierender Klassenkämpfe'" war, sondern nur „das zusammengefaßte Resultat der Klassenkämpfe einer früheren Epoche"[4].

Korsch hat mit dieser Diagnose die Schlüsse gezogen aus seinem Programm einer materialistischen Selbstkritik des Marxismus. „Lebendiges und Totes im Marxismus" sollten voneinander geschieden werden. Seine Hoffnung war es, über die radikale Kritik der Theorie einen Weg zurück zur radikalen politischen Praxis zu weisen. Korschs radikaler, kritischer und undogmatischer Materialismus zielt daher auf den seiner Ansicht nach aus der theoretischen Dogmatisierung der Marxschen Theorie abgeleiteten politischen Führungsanspruch der „Marx-Orthodoxien" der II. und III. Internationale damals. Es fragt sich jedoch, ob nicht auch ihm nur, aller Schärfe seiner Kritik zum Trotz, ein besonderes Konzept von politischem Führungsanspruch vorschwebte, wie es für den kommunistischen Teil der Arbeiterbewegung ursprünglich ist: das Konzept der revolutionären Einheit von Theorie und Praxis, das Marx

---

1 Karl Korsch, *Krise des Marxismus* (1931), in: ders., *Die materialistische Geschichtsauffassung,* Frankfurt a.M. 1971, S. 168.
2 Ebd., S. 167.
3 Ebd.
4 Ebd., S. 168.

und Engels mit der Losung vom „wissenschaftlichen Sozialismus" zum Ausdruck gebracht hatten.

Zwar hat Korsch 1950 einerseits die Forderung erhoben, daß der Marxismus seinen theoretischen und praktischen Führungsanspruch zugunsten eines Pluralismus innerhalb der sozialistischen Arbeiterbewegung aufgeben müsse, andererseits hat er im selben Zusammenhang zum „Wiederaufbau einer revolutionären Theorie und Praxis"[5] aufgerufen und damit einen alten kommunistischen Führungsanspruch, wenn nicht erneuert, so doch auch nicht ausdrücklich ausgeschlossen. Obwohl er damit seine Position zur Marx-Engels'schen Losung vom „wissenschaftlichen Sozialismus" offen gelassen hat, so stellt sich hier doch die Frage, ob Korsch — wie Marx — das Verhältnis von Intellektuellen und Arbeiterbewegung richtig und selbstkritisch eingeschätzt hat. Er hat das besondere Verhältnis zwischen beiden einmal anklingen lassen, als er schrieb: „Die materialistische Gesellschaftsforschung übernimmt mit vollem theoretischem Bewußtsein *die ihr zufallende Teilfunktion* innerhalb einer im Ganzen auf die Veränderung der bestehenden Gesellschaft gerichteten Bewegung."[6] Aber er hat es nicht als einen besonderen Faktor in sein Verständnis des Verhältnisses von Theorie und Praxis eingeführt.

Theo Pirker hat in seinen Thesen vom „Ende der [deutschen] Arbeiterbewegung" 50 Jahre später ebenfalls deren Niedergang resümiert. Jedoch sieht er dies nicht, wie Korsch, vom Standpunkt eines Teils, des Marxismus und des kommunistischen Teils der Arbeiterbewegung in Deutschland, sondern vom Standpunkt des Ganzen, der deutschen Arbeiterbewegung insgesamt. Gegen Korschs Frage nach dem Sein-Sollen des in seinem Sinne fortgeschrittensten und bewußtesten Teils der Arbeiterbewegung setzt Theo Pirker die Frage nach dem *War* und *Ist* der Arbeiterbewegung, ihrer Kultur, ihren Traditionen und ihrem Bewußtsein.

Damit offenbart sich auch ein grundlegend anderer Zugang zur Frage des Verhältnisses zwischen Intellektuellen und Arbeiterbewegung. Korsch sieht in den Philosophen gewissermaßen die kritischen Aufklärer. Die Rolle dieser Aufklärer bestimmt sich implizit dadurch, daß er das Verhältnis von Intellektuellen und Arbeiterbewegung unter der allgemeinen philosophischen Überschrift des Verhältnisses von Theorie und Praxis als einen Fall der potentiellen Einheit diskutiert. Pirker diskutiert dies unter empirisch-soziologisch und sozialgeschichtlicher Überschrift als einen Fall der expliziten, ja wünschenswerten aktuellen Differenz.

Vom Standpunkt der Theorie der sozialen Arbeit aus können dem durch beide Autoren thematisierten Verhältnis von Denken und Handeln im allgemeinen und damit Intellektuellen und Arbeiterbewegung im besonderen einige Überlegungen hinzugefügt werden.

Denken und Handeln sind zwei unterschiedliche Arten von Arbeit. Sie unterscheiden sich hinsichtlich der damit befaßten Körperorgane einerseits, des Gegenstands,

---

5 Karl Korsch, *10 Thesen über Marxismus heute*. 4. These: Der erste Schritt zum Wiederaufbau einer revolutionären Theorie und Praxis besteht darin, mit dem monopolitischen Anspruch des Marxismus auf die revolutionäre Initiative und auf die theoretische und praktische Führung zu brechen, in: *Alternative*, H. 41, 1965, S. 89.
6 Karl Korsch, *Karl Marx*, Frankfurt a.M. 1967, S. 56.

der Instrumente und der jeweiligen Form ihrer gesellschaftlichen Organisation andererseits. In der Gesellschaftsform, die uns umgibt, sind diese beiden unterschiedlichen Arten von Arbeit, wenn nicht in allen Fällen, so doch in allen substantiellen Fällen gegensätzlich organisiert.

Das Problem der Intellektuellen, die sich der Arbeiterbewegung verbunden gefühlt haben und fühlen, ist, daß sie diesen Gegensatz nicht beseitigen können: Unter dem Aspekt der herrschenden gesellschaftlichen Verhältnisse betrachtet, bewegen sich kritisch-materialistisches Denken und gesellschaftsveränderndes Handeln nicht auf demselben, sondern auf parallelen Pfaden — potentia.

Dieses Vorangehen auf parallelen Pfaden vollzieht sich für die materiellen wie für die immateriellen Prozesse jeweils nach denselben Prinzipien: Resultate vergangener Arbeit, vergegenständlichte Erfahrungen materieller und immaterieller Art werden aufgenommen, zerlegt, kritisch variiert und rekombiniert: repotentialisiert, d. h. zu Mitteln der gegenwärtigen Auseinandersetzung bereit gemacht und gegebenenfalls aktualisiert.

Denken und Handeln sind als Teile des Seins und des Bewußtseins teils individuell, teils gesellschaftlich aufeinander bezogen. Das Denken hat den immateriellen Widerstand des falschen, mystifizierenden Denkens zu überwinden, das Handeln den materiellen der Natur und den materiellen und immateriellen der gesellschaftlichen Verhältnisse.

Die Aufgabe der Intellektuellen innerhalb der sozialistischen Bewegung besteht darin, nicht eine „Theorie richtigen geschichtlichen Handelns" zu entwerfen[7], also das Handeln der Theorie zu unterwerfen, sondern dem Handeln eine kritische Analyse der konkreten subjektiven und objektiven Möglichkeiten (Potentialitäten) zur Realisierung ihrer Grundprinzipien des Antikapitalismus, der Solidarität und der substanziellen Freiheit der sozialen Arbeit zur Seite zu stellen.

Korschs fundamentale theoretische Zweifel am Marxismus wie auch seine Schwierigkeiten, das Verhältnis von Theorie und Praxis zu bestimmen, fußen unserer Auffassung nach jedoch auf einem anderen dahinterstehenden, zentralen Problem. Korsch betont die Krise der Theorie schon bei Marx und Engels selbst und verweist in diesem Zusammenhang auf die „veränderten geschichtlichen Bedingungen der neuen Epoche des Kapitalismus und der Arbeiterklassenbewegung" nach 1850[8]. In der zweiten Jahrhunderthälfte beginne der Kapitalismus auf erweiterter Basis einen neuen geschichtlichen Zyklus seiner Entwicklung[9]. Es ist jedoch erstaunlich festzustellen, daß Korsch weder in diesem Aufsatz noch in seinem Lebenswerk insgesamt ausführlicher auf diese eminent wichtige Frage eingegangen ist; vielmehr hat er diese Entwicklung nur unter einem philosophisch-theoretischen Aspekt einerseits und unter einem politischen Aspekt andererseits betrachtet. Korsch hat — wie G. Lukács übrigens auch — als Resümee der zwanziger Jahre auf die gescheiterte deutsche Re-

---

7   So faßt E. Gerlach, der Herausgeber und ehemalige Diskussionspartner von Korsch, dessen Intention zusammen. Vgl. Korsch, *Materialistische Geschichtsauffassung* (Anm. 1), Einleitende Bemerkung zu den Texten, S. VI.
8   Korsch, *Krise des Marxismus* (Anm. 1), S. 168.
9   Vgl. ebd., S. 169.

volution mit dem entfremdeten Bewußtsein der Arbeiter als Ursache geantwortet. Dies, zugleich Ausdruck für das Versagen des Marxismus, sei die tiefere Ursache seiner Krise. Damit hat Korsch aber nur als politischer Philosoph geantwortet. Diese Feststellung ist deshalb gerechtfertigt, weil Korsch weder in seinem Begriff der Theorie noch in seinem Verständnis von Praxis für die entscheidende Kategorie der *Industrie* einen Platz hat. Die radikale, historisch-empirische Analyse der gesellschaftlichen Totalität, die Korsch und Lukács stets gefordert hatten, findet bei ihnen ohne die Analyse der industriellen Entwicklung statt. So formulieren sie eine richtige Kritik, ohne einen Ausweg weisen zu können. Korschs Wegweiser und seine Antworten auf die drei fundamentalen Fragen nach den Bedingungen für eine Wiederherstellung der revolutionären Einheit von Theorie und Praxis, nach den grundlegenden theoretischen Fehlern schon bei Marx und nach den Ursachen des entfremdeten Bewußtseins bleiben abgetrennt von einer Analyse des grundlegenden Prozesses der industriellen Entwicklung. Korsch hat von daher den Ausweg aus seiner methodisch-philosophischen Analyse des historischen Materialismus zu einem theoretisch fundierten Verständnis der Entwicklung der Arbeiterbewegung nicht finden können. Sein radikal kritischer Materialismus konnte daher nicht vollendet werden. Zugleich neigte er dazu, die großen bahnbrechenden und bleibenden Fortschritte, die Marx gerade auch für das Verständnis der industriellen Entwicklung erzielte, zu unterschätzen.

Theo Pirker hat vom Standpunkt der von Korsch verschmähten Soziologie aus darauf hingewiesen, daß der konkret-historische Antikapitalismus der Arbeiterbewegung davon abhängt, was der Kapitalismus jeweils ist: „. . . die Formen der antikapitalistischen Einstellung und des antikapitalistischen Handelns hängen natürlich von der Erfahrung und der Kenntnis ab, was Kapitalismus ist."[10] Jedoch ist hier seiner provokativen These von der praktisch-politischen Bedeutungslosigkeit des Marxismus für die Arbeiterbewegung die theoretische Bedeutung des Marxschen Beitrages für das Verständnis der industriellen Entwicklung hinzuzufügen. Unbestreitbar ist, daß Pirker mit dieser Sichtweise und ihrer notwendigen Ergänzung einem materialistischen Verständnis dessen den Weg ebnet, vor dem Korsch eher fassungslos stand: dem Zerfall der internationalen Arbeiterbewegung und dem Niedergang ihres deutschen Teils auf der Grundlage eines auf lange Sicht prosperierenden Kapitalismus.

Greift man Pirkers Verweis auf die materiellen Grundlagen für das Verständnis des konkreten Antikapitalismus in der Arbeiterbewegung auf und fragt nach dem Beitrag von Marx für unser Verständnis der industriellen Entwicklung, so zeigt sich, daß Marx unglücklicherweise selbst schon seinen Beitrag mit einer Reihe von Hindernissen verbunden hat, die auf unerwartete Weise zu den von Korsch und Lukács diskutierten Frage des entfremdeten Bewußtseins zurückführen. Marx hat nämlich die Frage des entfremdeten Bewußtsein im Zusammenhang mit der Warenanalyse als Warenfetischismus diskutiert[11]. Er hat sie jedoch im Zusammenhang mit seiner Ana-

---

10 Theo Pirker, *Vom „Ende der Arbeiterbewegung"*, s. oben S. 41.
11 Aus dem von Engels herausgegebenen dritten Band des „Kapital" wissen wir zudem, daß Marx in seinem Manuskript für diesen Band dem Zusammenhang von Konkurrenz und Profit einerseits, falschem Bewußtsein andererseits einen wichtigen Stellenwert eingeräumt hat. Vgl. die Kapitel 1 und 2, passim.

lyse der Industrie kaum wieder aufgegriffen. Mehr noch: Wir können vom heutigen Standpunkt aus sagen, daß er seine Analyse der Industrie nicht weit genug getrieben und daher einige wichtige Elemente von falschem Bewußtsein in seiner Industrieanalyse nicht überwunden hat. Diese Elemente fassen sich zusammen im Begriff der technologischen Geschichtsbetrachtung, und wir müssen feststellen, daß Marx uns eine Kritik des Warenfetischismus, aber nur eine teilweise Kritik der technologischen Geschichtsauffassung hinterlassen hat. Korsch hat daher in anderer Weise Recht als er glaubte, wenn er eine Unangemessenheit der Theorie im Marxismus von Anfang an konstatiert, weil es genau die technologische Betrachtungsweise ist, die für die beiden von ihm bekämpften „Marx-Orthodoxien" in der Frage der gesellschaftlichen Entwicklung mit kennzeichnend ist und die keineswegs nur auf der späteren unkritischen Revision der Marxschen Theorie beruht, sondern sich auf eine Seite innerhalb der Marxschen Theorie selbst stützen kann[12].

Unsere kritische Auseinandersetzung mit der Marxschen Industrieanalyse verstehen wir daher als einen Beitrag zur Repotentialisierung[12a] des Materialismus in dieser Frage.

II. Probleme des Materialismus in der Marxschen Industrieanalyse

Der Zugang zur Marxschen Auffassung der Industrieentwicklung wird im folgenden über die Untersuchung seines Arbeitsprozesses zu diesem Teilbereich gesucht. Die Dynamik wie die Brüche dieses Arbeitsprozesses können dabei als Wegweiser zu offenen Problemen wie auch zu weiterführenden Ansätzen der Marxschen Theorie dienen. Die Untersuchung des Marxschen Arbeitsprozesses liegt in Form einer historisch-kritischen Edition und Analyse von Marxschen Exzerpten zur Frage von Arbeitsteilung, Maschinerie, Industrie und Technikgeschichte vor. Hierbei wurden Exzerpte aus Werken von Babbage, Ure, Poppe, Karmarsch und Beckmann zugrunde gelegt[13].

Es wird also im folgenden von den Exzerpten ausgegangen und untersucht, wie sie im systematischen Zusammenhang der Marxschen Analyse, vor allem im „Kapital", Bd. I, wirken. Dieses Vorgehen, verbunden mit gelegentlichen Rückgriffen auf frühere Problemformulierungen von Marx — etwa im „Elend der Philosophie"

---

12 Georg Lukács hat in einer Rezension von Bucharins Buch „Theorie des Historischen Materialismus" dessen „falschen Naturalismus", nämlich die Entwicklung der Gesellschaft von der Entwicklung der Technik abhängig zu machen, kritisiert. Jedoch hat er weder die Elemente einer solchen falschen Auffassung bei Marx selbst benannt noch die Frage der Genesis der technologischen Geschichtsbetrachtung einer Lösung zugeführt. (Vgl. Georg Lukács, Literaturbericht, in: *Archiv für die Geschichte des Sozialismus und der Arbeiterbewegung*, XI/1925, S. 216 ff.)

12a Zu dem von Lawrence Krader geprägten Begriff „Repotentialisierung" vgl. ders. *A Treatise of Social Labor*, Assen 1979, Kap. II.

13 Diese Exzerpte sind zuerst veröffentlicht worden in: Karl Marx, *Die technologisch-historischen Exzerpte,* historisch-kritische Ausgabe, transkribiert und herausgegeben von Hans-Peter Müller, Frankfurt a.M./Berlin/Wien 1982, sowie: Karl Marx, *Exzerpte über Arbeitsteilung, Maschinerie und Industrie,* historisch-kritische Ausgabe, transkribiert und herausgegeben von Rainer Winkelmann, Frankfurt a.M./Berlin/Wien 1982. In diesen Bänden finden sich auch einige Analysen, die die Grundlage der folgenden Untersuchung bilden.

sowie dem Manuskript „Zur Kritik der politischen Ökonomie" von 1861/63 —,
ermöglicht es, die Vorstellungen von Marx herauszuarbeiten, die als zeitlich frühere
noch in die geglättete Endfassung eingingen und dort wirksam waren, aber in seiner
vieldimensionalen Analyse nicht immer als Zusammenhänge deutlich werden.

II.1. Der Begriff der Maschine

Die Analyse der großen Industrie, die den Inhalt des 13. Kapitels des „Kapital" I
bildet, beginnt Marx mit der Untersuchung der Entwicklung der Maschinerie, da er
davon ausgeht: „Die Umwälzung der Produktionsweise nimmt in der Manufaktur
die Arbeitskraft zum Ausgangspunkt, in der großen Industrie das Arbeitsmittel."[14]
In dieser Untersuchung spielen die Exzerpte aus Babbage, aber auch aus Ure eine erhebliche Rolle.

Marx stellt zunächst die Frage, „wodurch das Arbeitsmittel aus einem Werkzeug
in eine Maschine verwandelt wird, oder wodurch sich die Maschine vom Handwerksinstrument unterscheidet."[15] Nach einer kurzen Diskussion des Unterschiedes zwischen Werkzeug und Maschine definiert Marx die Maschinerie: „Alle entwickelte
Maschinerie besteht aus drei wesentlich verschiedenen Teilen, der Bewegungsmaschine, dem Transmissionsmechanismus, endlich der Werkzeugmaschine oder Arbeitsmaschine."[16] Diese Bestimmung ist unschwer als die Wiederholung der Unterteilung der Maschinen in drei Klassen zu erkennen, die Babbage vorgenommen hat
und die Marx exzerpierte[17]. Allerdings hat Babbage formell nur zwei, inhaltlich
aber drei Kategorien unterschieden.

---

14 Karl Marx, *Das Kapital*, Bd. I, zit. nach: *Marx/Engels-Werke (MEW)*, Bd. 23, Berlin (DDR), 1962, S. 391.
15 Ebd.
16 Ebd., S. 393. Bemerkenswert ist, daß mit „Maschinerie" hier bewußt ein Ausdruck gewählt worden ist, der jedenfalls eine Gesamtheit bezeichnet: sei es nun ein Maschinensystem oder ein Konglomerat von Maschinen, deren Zusammenhang untereinander nur lose ist. Mit Recht bezeichnet Marx daher die „Maschine ... als einzelnes Element der maschinenmäßigen Produktion" (ebd., S. 396). Wenn die Marxsche Analyse daher von der Maschinerie ausgeht und beim Maschinensystem endet, so ist dies im Grunde eine Kreisbewegung, in der die Maschine als Zwischenstufe auftritt. Der Ausdruck „machinery" wird auch von Babbage, Ure sowie Ricardo u. a. benutzt.
17 Wie wenig der komplexe und inkonsistente Aufbau der Marxschen Maschinenanalyse von vielen Marxisten durchschaut worden ist, zeigt sich beispielsweise bei Harry Bravermann. Dieser behauptet als ein durchgängiges Prinzip der Marxschen Maschinenanalyse: „Das Technische wird niemals allein in seinen inneren Zusammenhängen betrachtet, sondern immer in bezug auf den Arbeiter." (Harry Bravermann, *Die Arbeit im modernen Produktionsprozeß*, Frankfurt a.M./New York 1980, S. 145.) Zum Beweis dieser falschen These erklärt er eine durchaus nicht zentrale Passage von Marx über die Werkzeugmaschine zum Ausgangspunkt von dessen Analyse und kritisiert den Technikhistoriker Abbot P. Usher, weil dieser die Dreiteilung der Maschinerie als „Definition" der Maschine durch Marx betrachte. (Abbot Payson Usher, *A History of Mechanical Inventions*, Boston 1959, S. 116.) Usher hat jedoch nicht nur zu Recht diese Marxsche „Definition" als zentral herausgestellt — sie ist nämlich der wirkliche begriffliche Ausgangspunkt der Marxschen Analyse —, sondern er hat im Rahmen seiner Technikgeschichte durchaus recht, eine technologische Passage herauszustellen. Ebenso ist Marx keineswegs vorzuwerfen, daß er technologische Probleme technologisch behandelt, sondern nur, wie er das im einzelnen tut und welchen Stellenwert diese technologischen Ausführungen bei ihm für die gesellschaftliche Entwicklung gewinnen.

In Verfolgung seiner historisch-genetischen Fragestellung konstatiert Marx: „Dieser Teil der Maschinerie, die Werkzeugmaschine, ist es, wovon die industrielle Revolution im 18. Jh. ausgeht."[18]

Marx verknüpft hier also zwei Argumentationslinien miteinander, die Frage, was denn die Maschine sei (die wiederum durch die Entwicklung der Maschinen, d. h. historisch, angegangen wird) mit der Frage nach der gesellschaftlich massenhaften Anwendung der Maschinen, also dem Ausgangspunkt bzw. der Grundlage der industriellen Revolution.

Es ist interessant festzustellen, daß Marx in diesem Zusammenhang der Manufaktur einen zentralen Stellenwert zuordnet: „Sehen wir uns nun die Werkzeugmaschine oder eigentliche Arbeitsmaschine näher an, so erscheinen im großen und ganzen . . . die Apparate und Werkzeuge wieder, womit der Handwerker und Manufakturarbeiter arbeitet . . ."[19] Im Zuge dieser Argumentationslinie, die schon ganz und gar der Auffassung von Babbage entspricht — nämlich Herkunft der Maschinen aus der manufakturmäßigen Arbeitsteilung —, bringt Marx auch seine zentrale Definition der Maschine: „Die Maschine, wovon die industrielle Revolution ausgeht, ersetzt den Arbeiter, der ein einzelnes Werkzeug handhabt, durch einen Mechanismus, der mit einer Masse derselben oder gleichartiger Werkzeuge auf einmal operiert und von einer einzigen Triebkraft, welches immer ihre Form, bewegt wird. Hier haben wir die Maschine, aber erst als einfaches Element der maschinenmäßigen Produktion."[20]

Als Beleg hierzu zitierte Marx den Maschinenbegriff von Babbage aus seinen Exzerpten: „Die Vereinigung aller dieser einfachen Instrumente, durch einen einzigen Motor in Bewegung gesetzt, bildet eine Maschine."[21] Bei Babbage findet sich das Zitat im Kapitel „On the Division of Labour", in einer Darstellung der Vorteile der Arbeitsteilung, die bereits Smith genannt habe: „When each process, by which any article is produced, is the sole occupation of one individual, his whole attention being devoted to a very limited and simple operation, improvements in the form of his tools, or in the mode of using them, are much more likely to occur to his mind, than if it were distracted by a greater variety of circumstances. Such an improvement in the tool is generally the first step towards a machine."[22]

Anschließend folgt diese Definition der Maschine: „When each process has been reduced to the use of some simple tool, the union of all these tools, actuated by one moving power, constitutes a machine."[23] Während im Text von Babbage der Zusammenhang mit der Manufaktur noch deutlich hervortritt, geht er im Marxschen Zitat durch diese Auswahl des Textes verloren. Hierdurch erhält der eigentlich politökonomische Begriff von Babbage — in dem nämlich der Konnex mit der manufakturmäßigen Teilung der Arbeit als vorbereitender Stufe für die Maschinen-

---

18 Ebd., S. 393.
19 Ebd.
20 Ebd., S. 396.
21 Ebd., Fn. 95. Vgl. Charles Babbage, *On the Economy of Machinery and Manufactures*, London, 3. Aufl. 1833 (1832), S. 174.
22 Ebd., S. 173/174.
23 Ebd., S. 174.

produktion festgehalten werden sollte — den Anschein eines technologischen Maschinenbegriffes.

Auffallend ist aber, daß Marx diesen allgemein gemeinten Maschinenbegriff von Babbage einengt auf die „Arbeitsmaschine", also als Teilerklärung innerhalb der Dreiteilung der Maschinerie einfügt, was bei Babbage nicht der Fall war[24]. Diese Dreiteilung jedoch ist keine Definition, die das „Wesen" einer Maschine erklären könnte, sondern eine deskriptive Unterscheidung verschiedener Teile einer Maschine. Sie müßte eigentlich auf einem Begriff des Ganzen der Maschine — eben einer allgemeinen Definition — aufgebaut sein, um fruchtbar und auch technologisch richtig zu werden: Statt dessen wird der allgemeine Maschinenbegriff von Babbage als Spezifikation eines Teils der Deskription verwendet, um die Zuspitzung der ganzen Maschinenanalyse auf die Arbeitsmaschine vorantreiben zu können, die Marx für den „Springpunkt" der Entwicklung hält.

Dieser Begriff der Maschine ist vom Technologischen her geprägt von der Erfahrung der Dampfmaschinen als zentralem Antrieb einer Menge von Arbeitsmaschinen, wie es etwa in der Textilverarbeitung der Fall ist, also einem Maschinensystem, das aus der Kombination verschiedener Maschinen bzw. Mechanismen zusammengesetzt wurde: der Dampfmaschine als Antrieb — die z. B. durch ein Wasserrad ersetzt werden könnte —, dem Übertragungsmechanismus — damals ein System von Treibrädern mit Treibriemen und Wellen, das häufig mehrere Etagen einer Fabrik mit der Kraft der Dampfmaschine versorgte — sowie der eigentlichen Arbeitsmaschine, z. B. einem mechanischen Webstuhl, Spinnrad etc.[25]. Dieser Begriff ist jedoch schon zur damaligen Zeit nicht auf alle Arten von Maschinen universell anwendbar, wie Beispiele bei Marx selbst zeigen, etwa wenn er von dem „Teil der zum Maschinenbau angewandten Maschinerie" spricht, „der die eigentliche Werkzeugmaschine bildet, so erscheint das handwerksmäßige Instrument wieder, aber in zyklopischem Umfang. Der Operateur der Bohrmaschine z. B. ist ein ungeheurer Bohrer ... die me-

---

24 Es ist recht erstaunlich, daß der Maschinenbegriff von Babbage eine solche Bedeutung für Marx hatte, da Marx den technologisch weit überlegenen Maschinenbegriff von Robert Willis kannte: „For every machine will be found to consist of a train of pieces connected together in various ways, so that if one be made to move they all receive a motion, the relation of which to that of the first is governed by the nature of the connexion." (Robert Willis, *Principles of Mechanism*, ... London 1841, S. IV.) Marx selbst berichtet von seiner Kenntnis der Arbeit von Willis: „ ... höre ditto einen praktischen (nur experimentalen) Kursus des Prof. Willis ..." (Marx' Brief an Engels, 28. Januar 1863, *MEW* 30, S. 320.) Die Tatsache, daß Marx diesen überlegenen Maschinenbegriff in seiner Analyse nicht benutzt hat, ist wohl nur damit zu erklären, daß er nichts für die Marxsche Erklärungsabsicht „vom ökonomischen Standpunkt" (*Kapital I*, S. 392) aus hergab, während der Maschinenbegriff von Babbage, in seinem Zusammenhang mit der Manufakturarbeit, hier ergiebiger erschien.

25 Marx formuliert selbst sehr deutlich die Euphorie der einheitlichen Maschinerie der Textilfabrik als zentralen Erfahrungshintergrund der Maschinendiskussion: „Als gegliedertes System von Arbeitsmaschinen, die ihre Bewegung nur vermittelst der Transmissionsmaschinerie von einem zentralen Automaten empfangen, besitzt der Maschinenbetrieb seine entwickeltste Gestalt. An die Stelle der einzelnen Maschine tritt hier ein mechanisches Ungeheuer, dessen Leib ganze Fabrikgebäude füllt, und dessen dämonische Kraft, erst versteckt durch die fast feierlich gemeßne Bewegung seiner Riesenglieder, im fieberhaft tollen Wirbeltanz seiner zahllosen eigentlichen Arbeitsorgane ausbricht." (Ebd., S. 402.)

chanische Drechselbank ist die zyklopische Wiedergeburt der gewöhnlichen Fußdrechselbank,..."[26]

Eine der zentralen Maschinen der industriellen Revolution – nämlich die Dampfmaschine als solche, mit der Vielzahl ihrer damaligen Anwendungsmöglichkeiten (etwa für Gebläse, Pumpen bei der Entwässerung von Bergwerken, als Antrieb bei Lokomotiven oder Dampfschiffen) – wird vom Marxschen Maschinenbegriff nicht erfaßt, ebensowenig natürlich alle Anlagen: z. B. der chemischen Industrie (Färbereien, Brauereien, Bleichereien), Schmieden und Schmelzöfen sowie Anlagen der „Infrastruktur" (Kanäle und Hafenanlagen, Eisenbahnlinien etc.). Daß die berühmte, von Babbage erfundene und gebaute Rechenmaschine von diesem Maschinenbegriff, den Babbage und Marx gemeinsam haben, nicht erfaßt wird, liegt auf der Hand.

Die Maschinenuntersuchung von Marx ist also technologisch nicht tragfähig. Die reale technische Weiterentwicklung der industriellen Revolution – d. h. die angewandte Technologie – fand an mehreren technischen Problemen und auf mehreren Wegen statt, deren Kombination dann häufig eine besondere Entwicklungsdynamik zur Folge hatte, wie im Falle der Verbindung von Arkwrights Spinnmaschine mit Watts Dampfmaschine, die der englischen Textilindustrie vom Technologischen her einen enormen Impuls verlieh.

Diesen Eindruck, den die Dampfmaschine auf die damalige technologische Diskussion machte, berichtet Marx selbst – wenn auch kritisch –, wenn er von den „englischen Technologen" berichtet, „die etwas mehr Rücksicht auf die Ökonomie nehmen" und die die Frage des Antriebes zum entscheidenden Kriterium der Maschine machen[27].

Demgegenüber insistiert Marx auf der entscheidenden Bedeutung der Arbeitsmaschine und hält damit der einen Einseitigkeit die andere entgegen. Freilich ist der Maschinenbegriff von Babbage für die Arbeitsmaschine viel passender als für irgendeinen anderen Teil der Maschinerie und mag Marx in dieser Richtung bestärkt haben. Entscheidend aber ist, daß Marx auf der Suche ist nach der einen entscheidenden „Schlüsseltechnologie" der industriellen Revolution, also eine Linearität und Gesetzmäßigkeit der Technik voraussetzt.

Der problematische Maschinenbegriff führt auch zu Widersprüchen in der Auffassung des Übergangs von der Manufaktur zur großen Industrie. Die englische Textilindustrie war der Vorreiter der Industrialisierung, und die technologische Vorstellung, die hinter dem Maschinenbegriff von Babbage steht, entsprach der Textilindustrie. Gerade für diese Industrie aber gibt es keine manufakturmäßige Zerlegung der Arbeit als „notwendiges Durchgangsstadium" für eine industrielle Produktionsweise, sondern es war stets eine komplexe Arbeit. Dies weiß Marx selbst an anderer Stelle: „Vom Standpunkt der manufakturmäßigen Teilung war Weben keine einfache, sondern vielmehr eine komplizierte handwerksmäßige Arbeit. . . . Es ist

---

26 Ebd., S. 406.
27 Vgl. den *Brief Marx' an Engels*, 28. Januar 1863 (Anm. 24), S. 319, sowie die entsprechende Passage im *Kapital I*, S. 391/392, die denselben Gedanken mit einigen charakteristischen Umformulierungen enthält. Der Brief drückt die Marxsche Überzeugung freilich viel klarer aus.

überhaupt eine falsche Vorstellung, daß die moderne Maschinerie sich ursprünglich solcher Operationen bemächtigt, welche die manufakturmäßige Teilung der Arbeit vereinfacht hatte. Spinnen und Weben wurden während der Manufakturperiode in neue Arten gesondert und ihre Werkzeuge verbessert und variiert, aber der Arbeitsprozeß selbst, in keiner Weise geteilt, blieb handwerksmäßig."[28]

Marx widerlegt hier also den Argumentationszusammenhang, in dem Babbage – hierin Smith folgend – die genannte Definition der Maschinen entwickelt, nämlich die manufakturmäßige Arbeitsteilung als Grundlage, hieraus folgend die Spezialisierung der Arbeitsinstrumente und dann die Vereinigung dieser spezialisierten Arbeitsinstrumente durch die Maschine. Damit gerät er zugleich in Widerspruch mit seinem eigenen Maschinenbegriff, mit dem er sich ja an Babbage angelehnt hatte. Zudem ist festzuhalten, daß der Maschinenbegriff von Babbage zwar technologisch äußerst mangelhaft war, aber mit seinem Rekurs auf die Entwicklung der Arbeitsteilung den technischen Fortschritt in Zusammenhang mit der Entwicklung der substantiellen Verhältnisse der sozialen Arbeit stellte.

Wenn Marx dagegen – wie in dem obigen Zitat geschehen – die Entwicklung der Maschinen nur auf Veränderungen des Arbeitsmittels zurückführt, so ist dies technologisch richtiger, führt aber in Verbindung mit dem Marxschen Ausgangspunkt – nämlich der Frage nach den Gründen für die Veränderung der sozialen Produktionsweise, d. h. der industriellen Revolution – zu einer eindeutigen Tendenz zur Fetischisierung der Technik: Die Entwicklung der Maschinen würde die Veränderung der sozialen Produktionsweise bedingen.

Diese Formulierung einer technologischen Geschichtsauffassung ist bei Marx zwar nicht die alleinige Erklärungslinie der industriellen Revolution, aber sie ist ebenso vorhanden wie die zweite Auffassung, derzufolge die Veränderung der Verhältnisse der sozialen Arbeit die Veränderung der Produktionsweise verursacht[29].

II.2. Die These von der Manufakturepoche

Der Maschinenbegriff von Babbage sowie bestimmte Konzeptionen von Ure haben einen erheblichen Einfluß auf die Marxsche Konzeption der Manufaktur bzw. seine These von einer Manufakturepoche. Indem Babbage in seinem Maschinenbegriff behauptet, daß die Maschine aus der Kombination der spezialisierten Einzelwerk-

---

28 Ebd., S. 399.
29 Vgl. dazu unten Teil IV. Eine Neigung zur technologischen Geschichtsbetrachtung bzw. ein Schwanken in dieser Frage, sobald es um Maschinen und Technik geht, läßt sich bei Marx schon im „Elend der Philosophie" von 1847 feststellen: „Die sozialen Verhältnisse sind eng verknüpft mit den Produktivkräften. Mit der Erwerbung neuer Produktivkräfte verändern die Menschen ihre Produktionsweise und mit der Veränderung der Produktionsweise, der Art, ihren Lebensunterhalt zu gewinnen, verändern sie alle ihre gesellschaftlichen Verhältnisse. Die Handmühle ergibt eine Gesellschaft mit Feudalherren, die Dampfmühle eine Gesellschaft mit industriellen Kapitalisten." (Karl Marx, Das Elend der Philosophie, hrsg. v. Hans Pelger, Berlin/Bonn 1979, S. 79.) Hier erhält der historische Materialismus einen Zug von technologischer Geschichtsbetrachtung, also seinem Gegenteil, indem die Technik ursächlich für die Entwicklung gesellschaftlicher Verhältnisse wird.

zeuge der spezialisierten Manufakturarbeiter entstanden sei, stellt er eine technologische Kontinuität zwischen Manufaktur und Fabrik her: Die Manufakturepoche wird die technologisch notwendige Vorbereitungsepoche der Fabrikarbeit bzw. der Industrialisierung. Genau dies ist die vorherrschende Auffassung bei Marx.

Das wird sehr deutlich, wenn er darauf hinweist, daß die Manufaktur nicht die ökonmisch herrschende Betriebsweise in der „Manufakturepoche" war. So schreibt er: „Während der eigentlichen Manufakturperiode, d. h. der Periode, worin die Manufaktur die herrschende Form der kapitalistischen Produktionsweise, . . ."[30] und präzisiert auf der folgenden Seite: „Zugleich konnte die Manufaktur die gesellschaftliche Produktion weder in ihrem ganzen Umfang ergreifen, noch in ihrer Tiefe umwälzen. Sie gipfelte als ökonomisches Kunstwerk auf der breiten Grundlage des städtischen Handwerks und der ländlich häuslichen Industrie."[31]

Ihre Bedeutung, die es rechtfertigte, dennoch die ganze Epoche nach diesem „Kunstwerk" zu benennen, war in der Marxschen Auffassung ihr technologisch fortschrittlicher Charaker. Marx formuliert diesen Zusammenhang ganz deutlich: „Wir erblicken hier also in der Manufaktur die unmittelbare technische Grundlage der großen Industrie."[32] An anderer Stelle heißt es in teilweise wörtlicher Anlehnung an Babbage: „Die Manufakturperiode vereinfacht, verbessert und vermannigfacht die Arbeitswerkzeuge durch deren Anpassung an die ausschließlichen Sonderfunktionen der Teilarbeiter. Sie schafft damit zugleich eine der materiellen Bedingungen der Maschinerie, die aus einer Kombination einfacher Instrumente besteht."[33] Marx betrachtet also Manufaktur und Fabrik als zwei Phasen derselben Entwicklungslinie. Diese ist technologisch bestimmt und beinhaltet die Entwicklung der fortgeschrittensten Produktivkräfte der jeweiligen Epoche.

In einigen Passagen wird zudem deutlich, daß Marx eine Vorstellung von einem direkten Übergang von der Manufaktur in die Fabrik hatte, nämlich auf Betriebsebene. So schreibt er im Zusammenhang mit der Analyse der Arbeitsmaschine: „ . . . die Werkzeugmaschine ist es, wovon die industrielle Revolution im 18. Jahr-

30 *Kapital I*, S. 389.
31 Ebd., S. 390.
32 Ebd., S. 403. Dieser technologische Begründungszusammenhang, der sich auf Babbage stützt, wird auch von Joseph Kulischer gesehen, aber nicht durchschaut, obwohl er die historische Unhaltbarkeit dieser Auffassung kennt: „Sombart nennt mit Recht den von Marx aufgestellten Stufengang Manufaktur-Fabrik einen schweren Irrtum, denn die Ansicht von Marx, die Manufakturen seien später in Fabriken umgewandelt worden, und die Zeit etwa von der Mitte des 16. bis zur Mitte des 18. Jahrhunderts sei als eine besondere Manufakturperiode anzusehen, ist in der Tat nicht aufrechtzuerhalten." (Joseph Kulischer, *Allgemeine Wirtschaftsgeschichte des Mittelalters und der Neuzeit*, München 1958, S. 162.) Auch weist er auf die Existenz von Fabriken in dieser Periode hin sowie auf den außerordentlich schwierigen Manufakturbegriff, der in seiner Undifferenziertheit sehr verschiedenartige Phänomene bezeichnet. Dennoch aber schreibt er: „Die Manufaktur ist theoretisch als Übergangsform zur Fabrik aufzufassen. Doch wird man dabei stets betonen müssen, daß quantitativ die Manufaktur als Betriebsform nie eine erhebliche Rolle gespielt hat." (Ebd., S. 163; vgl. auch ebd., S. 146.) Kulischer als Historiker läßt sich hier auf die Marxsche Analyse ein, da er sie für theoretisch fundiert hält, ohne zu bemerken, daß der Maßstab des „Theoretischen" hier eine falsche technologisch-historische Auffassung ist. Freilich konnte er nicht wissen, daß bei Marx die Konzeption von Babbage im Hintergrund steht.
33 *Kapital I*, S. 361/362.

hundert ausgeht. Sie bildet noch jeden Tag von neuem den Ausgangspunkt, so oft Handwerksbetrieb oder Manufakturbetrieb in Maschinenbetrieb übergeht."[34]

Die These, daß die technologische Progressivität für Marx das Bedeutsame an der Manufaktur war, wird nicht durch die vielfachen Passagen widerlegt, an denen Marx zeigt, daß zur gleichen Zeit nach seinem eigenen Fabrikbegriff eigentlich schon Fabriken bestanden haben müssen, nämlich Betriebe, die „auf der Grundlage der Maschinenarbeit" produzierten: die vielen Formen von Mühlen (Pulvermühlen, Pochwerke, Papier-, Säge- und Zwirnmühlen etc.) So schreibt er: „Werkzeuge ... Sie recken sich teilweise innerhalb, sporadisch schon lange vor der Manufakturperiode zu Maschinen, aber sie revolutionieren die Produktionsweise nicht."[35] Ebenso bezeichnet er die Wassermühle im Zusammenhang mit ihrer Verwendung in der griechischen Antike als Elementarform aller produktiven Maschinerie"[36] und weist an anderer Stelle ausdrücklich auf diesen Tatbestand hin: „Die ganze Entwicklungsgeschichte der Maschinerie läßt sich verfolgen an der Geschichte der Getreidemühlen. Die Fabrik heißt im Englischen immer noch mill. In deutschen technologischen Schriften aus den ersten Dezennien des 19. Jahrhunderts findet man noch den Ausdruck Mühle nicht nur für alle mit Naturkräften getriebene Maschinerie, sondern selbst für alle Manufakturen, die maschinenartige Apparate anwenden."[37] Marx spricht hier deutlich von Fabriken — ohne es selbst zu bemerken![38] Die Existenz von Maschinen und maschineller Produktion schon vor der Industrialisierung ist in der Marxschen Darstellung ein einfacher Widerspruch, der durch den Konflikt von technikgeschichtlichen Tatsachen und der Konzeption der technischen Entwicklung entsteht[39].

Im Gegensatz zu der Vorstellung eines unmittelbaren technologischen Übergangs von der Manufaktur zur Fabrik, wie sie bei Marx festzustellen ist, muß darauf verwiesen werden, daß auch hier wieder — ähnlich wie bei der Maschinenentwicklung — eine Vielzahl unterschiedlicher Fälle und Übergänge festzustellen ist, bei der freilich der Übergang von einem manufakturmäßigen Betrieb in einen Fabrikbetrieb eher die Ausnahme gewesen ist; häufiger wurden Verlagsbetriebe durch Fabriken ersetzt. In jedem Falle aber ist nicht die Manufaktur — betriebsbezogen betrachtet — der unmittelbare Wegbereiter der Fabrik gewesen: Die Vermittlung fand hier gesamtgesellschaftlich statt, in Form von wissenschaftlicher Analyse und technischer Verbesserung einer Reihe von Produktionsverfahren, die in der „Manufakturperiode" an

---

34 Ebd., S. 393.
35 Ebd., S. 395.
36 Ebd., S. 430.
37 Ebd., S. 369.
38 Dieser Überlegung zur frühen Existenz von Fabriken liegt freilich ein rein technischer Fabrikbegriff zugrunde. Faktoren wie Konzentration der Arbeitskräfte und des Kapitals, Zentralisation der Produktion etc., also der Aspekt der Größe der Produktionseinheit etc., fallen hierbei zunächst heraus. Vgl. dazu unten Anm. 64 sowie Teil II.4.
39 Die Redewendung von Produktion auf Grundlage von Maschinenarbeit ist eine geradezu klassische Formulierung der technologischen Geschichtsbetrachtung. Selbstverständlich ist — wie bei jeder anderen Produktion — die lebendige menschliche Arbeit die Grundlage auch der Fabrikarbeit, und diese menschliche Arbeit ist scharf zu unterscheiden von der physikalischen „Arbeit", die die Maschinen leisten.

verschiedenen Stellen der Produktion auftraten, die aber keineswegs in irgendeiner Weise spezifisch für die Manufaktur als Betrieb waren. Marx formuliert diese gesamtgesellschaftliche Vermittlung selbst, wenn er über die „genauere Untersuchung der Reibungsgesetze" sowie die Entwicklung der „Theorie und Anwendung des Schwungrades" bei dem Betrieb von Mühlen berichtet: „In dieser Art entwickelte die Manufakturperiode die ersten wissenschaftlichen und technischen Elemente der großen Industrie."[40] Der Maschinenbetrieb selbst lieferte hier die Anstöße (Mühlen), keineswegs die Arbeitsteilung innerhalb einer Manufaktur.

Deutlicher noch weist Babbage, der zu dieser Marxschen Auffassung viel beigetragen hat, dennoch in unmittelbarem Anschluß an seine Maschinendefinition darauf hin, daß die technische Entwicklung der Maschinen durch die gesamtgesellschaftliche Arbeitsteilung sowie durch die Ausbreitung technologischer Kenntnisse und Fähigkeiten, die die eines Produktionsarbeiters weit übersteigen, vermittelt ist[41]. Leider ist diese Passage von Marx nicht exzerpiert oder berücksichtigt worden. Sie ist nicht nur technologisch und historisch richtiger, sondern verweist zusätzlich auf die Entfaltung der gesellschaftlichen Potenzen der Arbeit und also ihrer gesellschaftlichen Verhältnisse als Grundlage der technischen Entwicklung[42]. Der Marxschen Auffassung einer wesentlich technologischen Kontinuität zwischen Manufakturepoche und Industrie als zentralem Entwicklungsmoment wäre mit der Übernahme einer solchen Betrachtungsweise der Boden entzogen worden.

Festzuhalten ist freilich auch, daß Marx neben der technologischen Begründung der Entwicklung der Industrie natürlich an anderer Stelle auch eine Reihe anderer Entwicklungsfaktoren benennt, z. B. wenn er von der Manufaktur schreibt: „Ihre eigene enge technische Basis trat auf einem gewissen Entwicklungsgrad mit den von ihr selbst geschaffenen Produktionsbedürfnissen in Widerspruch"[43], oder wenn er „ein von der Manufakturperiode fertig geliefertes und beträchtliches Quantum geschickter mechanischer Arbeiter"[44] als notwendige Voraussetzung für die Herstellung der Maschinen bezeichnet. Doch bleibt diese Auffassung eher im Hintergrund des Marxschen Werkes.

---

40 *Kapital I*, S. 397.
41 Diese Analyse beginnt mit der Feststellung: „In contriving tools and simplifying processesses, the operative workmen are, perhaps, most successful; but it requires far other habits to combine into one machine these scattered arts." Babbage, *Economy* (Anm. 21), S. 174.
42 Ebenso wie bei Babbage die Rückführung der Maschine auf die Arbeitsteilung der Manufaktur und die Akzentuierung der davon unterschiedenen sozialen Grundlagen der Maschinenentwicklung unvermittelt nebeneinander stehen, so findet sich derselbe Widerspruch auch bei Marx. Gegenüber derselben Auffassung, die er im Maschinenbegriff von Babbage übernimmt, argumentiert er bei Smith: „A. Smith verwechselt auch die Differenzierung der Instrumente, wobei die Teilarbeiter der Manufaktur selbst sehr tätig waren, mit der Maschinenerfindung. Es sind nicht Manufakturarbeiter, sondern Gelehrte, Handwerker, selbst Bauern (Brindley) usw., die hier eine Rolle spielen." (Ebd., S. 369.)
43 *Kapital I*, S. 390. Der Begriff „Produktionsbedürfnisse" ist zweifellos nicht nur als Nachfrage zu verstehen.
44 Ebd., S. 402/403.

II.3. Zur sozialen Organisation der Arbeit

Neben den vielfachen Einflüssen aus Babbage und Ure, die in die Richtung einer technologischen Geschichtsbetrachtung tendieren, finden sich dort auch deutliche Hinweise und Analysen zur sozialen Organisation der Produktion sowie ihrer Bedeutung für die Industrie. Diese Analysen geschehen meist unter dem viel zu engen Titel der „Arbeitsteilung" oder der Kooperationen, wie es für diese Zeit typisch war.

Sowohl Babbage als auch Ure rechneten die Arbeitsteilung hauptsächlich oder ausschließlich der Manufaktur als Spezifikum zu, eine Zuordnung, die von Marx weithin übernommen wurde, wie allein schon der Titel seines 12. Kapitels im „Kapital" anzeigt: „Teilung der Arbeit und Manufaktur"[45].

Im dritten Abschnitt dieses Kapitels, „Die beiden Grundformen der Manufaktur – heterogene Manufaktur und organische Manufaktur", behandelt Marx die gesellschaftliche Organisation der Produktion ... und verwendet hierzu Exzerpte aus Babbage: „Die manufakturmäßige Teilung der Arbeit vereinfacht und vermannigfacht also nicht nur die qualitativ unterschiedenen Organe des gesellschaftlichen Gesamtarbeiters, sondern schafft auch ein mathematisch festes Verhältnis ... für die relative Arbeiterzahl oder relative Größe der Arbeitergruppen in jeder Sonderfunktion. Sie entwickelt mit der qualitativen Gliederung die quantitative Regel und Proportionalität des gesellschaftlichen Arbeitsprozesses."[46] Diese Ausführungen sind eine verallgemeinernde Vorwegnahme der darauf folgenden, von Babbage übernommenen Passage: „Ist die passendste Verhältniszahl der verschiedenen Gruppen von Teilarbeitern erfahrungsmäßig festgesetzt für eine bestimmte Stufenleiter der Produktion, so kann man diese Stufenleiter nur ausdehnen, indem man ein Multipel jeder besonderen Arbeitergruppe verwendet."[47] Dies wird mit einem Zitat aus den Babbage-Exzerpten versehen: „Wenn die Erfahrung, je nach der besonderen Natur der Produkte jeder Manufaktur, sowohl die vorteilhafteste Art, die Fabrikation in Teiloperationen zu spalten, als auch die für sie nötige Arbeiterzahl kennen gelehrt hat, werden alle Etablissements, die kein exaktes Multipel dieser Zahl anwenden, mit mehr Kosten fabrizieren ... Dies ist eine der Ursachen der kolossalen Ausdehnung industrieller Etablissements."[48]

In ganz ähnlicher Weise verfährt Marx wenige Seiten später, wo er erneut ein Babbage-Exzerpt verwendet für die Analyse der sozialen Organisation der Arbeit in der Manufaktur: „Der Gesamtarbeiter besitzt jetzt alle produktiven Eigenschaften in gleich hohem Grad der Virtuosität und verausgabt sie zugleich aufs ökonomischste, indem er alle seine Organe, individualisiert in besonderen Arbeitern oder Arbeitergruppen, ausschließlich zu ihren spezifischen Funktionen verwendet."[49] Hierzu zitiert Marx erneut seine Babbage-Exzerpte: „Indem man das Machwerk in mehrere

---

45 Ein Teil der Analyse der sozialen Organisation der Arbeit findet sich freilich bereits im 11. Kapitel „Kooperation" sowie im 1. und 5. Kapitel des *Kapital I*, also verstreut.
46 Ebd., S. 366.
47 Ebd.
48 Ebd., Fn. 39.
49 Ebd., S. 369.

verschiedene Operationen teilt, deren jede verschiedene Grade von Gewandtheit und Kraft erheischt, kann der Manufakturherr sich genau das jeder Operation entsprechende Quantum von Kraft und Gewandtheit verschaffen. Wäre dagegen das ganze Werk von einem Arbeiter zu verrichten, so müßte dasselbe Individuum genug Gewandtheit für die delikatesten und genug Kraft für die mühseligsten Operationen besitzen."[50]

Babbage stellt diese These im Zuge seiner genauen Analyse der verschiedenen Prinzipien und Effekte der Anwendung der Arbeitsteilung auf, bezieht sie aber nur auf die ökonomische Ausnutzung durch den Fabrikanten[51]. Im Gegensatz dazu generalisiert Marx diese These, indem er sie vom Standpunkt des „Gesamtarbeiters" betrachtet, also als Frage der sozialen Organisation der Arbeit in der Produktion überhaupt, oder genauer: als Teil der substantiellen Verhältnisse der Arbeit in der Produktion. Die damit gegebene generelle Gültigkeit für arbeitsteilige Produktion — also sowohl Manufaktur als auch Fabrikarbeit etc. — ergibt sich auch aus der logisch-systematischen Bedeutung des gesamten 12. Kapitels für die Industrieanalyse. Daneben aber betont gerade Marx die Notwendigkeit, die Arbeitsteilung historisch zu spezifizieren, also ihre Besonderheiten je nach den verschiedenen Produktionsweisen hervorzuheben[52]. In beidem geht er gerade entscheidend über Smith und Babbage hinaus, die die Arbeitsteilung hauptsächlich als allgemeines, übergreifendes historisches Phänomen behandelt haben[53].

Auf der anderen Seite ist bei Marx eine Verknüpfung der Analyse der Arbeitsteilung mit der Manufaktur festzustellen, wie dies auch in der zugleich historischen Bedeutung der Schrittfolge der Analyse — 12. Kapitel: Arbeitsteilung und Manufaktur, 13. Kapitel: Maschinerie und große Industrie — deutlich wird. Entsprechend findet sich auch kein expliziter Hinweis auf die generelle Gültigkeit des genannten Bab-

---

50 Ebd., S. 369/370, Fn. 45.
51 Es handelt sich hier um das berühmte „Babbage-Prinzip", die These, mit der Babbage eine große Bedeutung in der sozialwissenschaftlichen Literatur erhielt, ohne daß immer beachtet wurde, daß auch Marx diese Analyse berücksichtigt hat — aber eben als Übernahme von Babbage. Im Zusammenhang mit der „wissenschaftlichen Arbeitsorganisation" erhielt das Babbage-Prinzip einige Bedeutung. Im Zusammenhang mit der Übertragung dieser Lehre auf die Sowjetunion stellten einige Marxisten fest, daß bei Marx ja ansatzweise dieselbe Auffassung enthalten sei, was dann zur Rechtfertigung dieser Lehre als allgemeines fortschrittlicher Auffassung diente. Hierbei wurde zu wenig beachtet, daß Marx hier auf Babbage fußte, der als Verbindung in dieser scheinbaren theoretischen Konvergenz diente, daß bei Marx aber spezifische Unterschiede in der Behandlung dieser These vorhanden sind.
52 „Während die Teilung der Arbeit im Ganzen einer Gesellschaft, ob vermittelt oder unvermittelt durch den Warenaustausch, den verschiedenartigsten ökonomischen Gesellschaftsformationen angehört, ist die manufakturmäßige Teilung der Arbeit eine ganz spezifische Schöpfung der kapitalistischen Produktionsweise." *Kapital I*, S. 380; vgl. z. B. auch die Darstellung der Entwicklung der Kutschenmanufaktur aus dem Handwerk, ebd., S. 356, 357, sowie die Darstellung der gesellschaftlichen Organisation der Arbeit in den „uraltertümlichen, kleinen indischen Gemeinwesen", ebd., S. 377 ff.
53 Dies ist gerade der entscheidende Punkt in der Marxschen Kritik an Babbage, wenn er diesen mit Ure vergleicht: „Ure ... fühlt die eigentümlichen Charaktere der Manufaktur schärfer heraus als ... z. B. Babbage, der ihm zwar überlegen ist als Mathematiker und Mechaniker, aber dennoch die große Industrie eigentlich nur vom Standpunkt der Manufaktur auffaßt." (*Kapital I*, S. 370.)

bage-Prinzips, vielmehr ist die Analyse unmittelbar nur mit der Frage der Manufaktur verknüpft. Marx spricht daher von der „gegliederten Gruppe der Manufaktur"[54], die er durch Babbage hier beschrieben sieht und die das Spezifikum der Arbeitsteilung in der Manufaktur darstellen soll, während in der Fabrik nur eine rudimentäre, „rein technische"[55] Arbeitsteilung, einfache Kooperation nämlich, typisch sei.

Es liegt also eine eigentümliche Ambivalenz in der Marxschen Analyse der Arbeitsteilung, die zum Teil in der entwicklungsgesetzlichen Sichtweise begründet ist: Die Einheitlichkeit einer zugleich historischen und logischen Schrittfolge der Untersuchung setzt voraus, daß die Beziehung der sozialen Verhältnisse bzw. Kategorien im entwickelten Zustand der Gesellschaftsordnung dieselbe ist wie die Reihenfolge der historischen Erscheinungen. Diese Sichtweise basiert hier auf einer mangelnden Klarheit im Verhältnis der allgemeinen und der historisch-spezifischen Dimensionen der Arbeitsteilung sowie ihrer substantiellen und formellen Seite.

Auch A. Ure, der sonst überwiegend eine ausgeprägte, zynisch-kapitalistische Form der technologischen Geschichtsbetrachtung vertritt, die mit seinem „Manchesterliberalismus" zusammenhängt, gibt einen sehr bedeutsamen Hinweis zur sozialen Organisation der Arbeit in der Fabrik und ihrer zentralen Bedeutung. Dieser Hinweis wurde von Marx zwar nicht exzerpiert, aber bereits im „Elend der Philosophie" auszugsweise zitiert: „‚Wyatt', sagt Dr. Ure, ‚hatte die künstlichen Spinnfinger (die drei Reihen geriffelter Walzen) lange vor Arkwright erfunden. Die Hauptschwierigkeit bestand nicht so sehr in der Erfindung eines selbsttätigen Mechanismus ... Diese Schwierigkeit bestand vor allem in der Disziplin, notwendig, damit die Menschen auf ihre unregelmäßigen Gewohnheiten bei der Arbeit verzichten und sich mit der unveränderlichen Regelmäßigkeit der Bewegung einer großen selbsttätigen Maschine identifizieren. Aber einen den Bedürfnissen, der Geschwindigkeit des automatischen Systems entsprechenden Disziplinarkodex zu erfinden und mit Erfolg auszuführen, war ein Unternehmen des Herkules würdig. Das ist das edle Werk Arkwrights.'"[56] Hiermit wird die Veränderung der sozialen Beziehungen innerhalb des Betriebes als eine der grundlegenden Voraussetzungen der Entstehung von Fabriken nachgewiesen.

Daneben finden sich einige Hinweise, aus denen deutlich wird, daß Babbage für Marx auch eine erhebliche Bedeutung hatte im Zusammenhang mit der Rolle von Wissenschaft und Erfahrung sowie von Erfindungen im Entwicklungsprozeß der kapitalistischen Produktionsweise, d. h. zur subjektiven Seite der Technologie und zur „zivilisatorischen Seite" des Kapitals. So erklärt Babbage Wissen und Erfahrung zur

---

54 Ebd., S. 443.
55 Ebd.
56 Marx, *Das Elend der Philosophie* (Anm. 29), S. 103; Ure führt im Anschluß hieran die Analyse noch weiter aus: „If the factory ... could have been created by mechanical genius alone, it should have come into beeing thirty years sooner for John Wyatt, of Birmingham not only invented the series of fluted rollers, (the spinning fingers usually ascribed to Arkwright,) but ... erected ‚a spinning engine without hands' in his native town. Wyatt ... was ... little qualified to cope with the hardships of a new manufacturing enterprise." Andrew Ure, *The Philosophy of Manufactures ...*, London 1835, S. 15/16; vgl. auch die Zitate hieraus im *Kapital I*, S. 390, 447.

Grundlage der industriellen Überlegenheit Englands: „Cette progression continuelle de savoir et d'experience est notre grand force, notre grand avantage sur toutes les nations qui voudraient tenter de rivaliser en industrie avec l'Angleterre."[57] Dieses Exzerpt verwendet Marx in den „Grundrissen"[58], wo er anschließend das Verhältnis dieser substantiellen Verhältnisse der Arbeit zu ihrer Unfreiheit sowie kapitalistischen Exploitation diskutiert. Ebenfalls in den „Grundrissen" verweist er noch zweimal auf diese Passage („Capital collective force. Zivilisation nebst meinen Bemerkungen darüber"[59]), die die „zivilisatorische Tendenz" des Kapitals diskutiert, verwendet sie aber in späteren Schriften nicht mehr. In denselben Zusammenhang gehört der — nach dem Gedächtnis geschriebene — Hinweis im Bd. III des „Kapital" auf den „großen Unterschied in den Kosten zwischen dem ersten Bau einer neuen Maschine und ihrer Reproduktion"[60], den Marx zu Recht z. T. auf Babbage und zu Unrecht z. T. auf Ure zurückführt. Der übergreifende Zusammenhang — „Ökonomie von Erfindungen" — betrifft die Rolle der wissenschaftlichen Arbeit und die Bedeutung von Erfindungen im Rahmen der vergesellschafteten Arbeit[61].

Insgesamt ist festzustellen, daß sowohl Babbage als auch Ure auf die Marxsche Analyse der sozialen Organisation der Arbeit einen zentralen Einfluß haben, und zwar ab 1845, dem Zeitpunkt der ersten Auseinandersetzung von Marx mit ihren Texten, bis hin zur Niederschrift des „Kapital", Bd. I. Dabei wird vor allem von Babbage ein Beitrag zur Untersuchung der substantiellen Verhältnisse der sozialen Arbeit geleistet und ihre grundlegende Bedeutung gegenüber ihren spezifisch kapitalistischen Formen herausgestellt. Dies ist schon in seinem Ansatz deutlich, von der Entwicklung der Arbeitsteilung auszugehen, die damals als der Inbegriff der substantiellen Verhältnisse der Arbeit behandelt wurde, ohne daß dieser Begriff vorhanden gewesen wäre. Diese Seite des Einflusses der beiden Autoren steht im Gegensatz zur Tendenz zur technologischen Geschichtsbetrachtung, wie sie bei beiden vorkommt und auch bei Marx in verschiedenen Problemzusammenhängen deutlich vorhanden ist.

II.4. Die Fabrik

Die Marxsche Analyse der Fabrik als einer neuen sozialen Einheit der Produktion unter Verwendung von Maschinen ist die wichtigste Stelle der Verwendung der Exzerpte von Ure im Kapital. Der Begriff Fabrik wird von Marx entwickelt, indem er auf zwei widersprüchliche Äußerungen von Ure zum Begriff Fabrik zurückgreift: Zum einen bezeichnet Ure die Fabrik als „Kooperation verschiedener Klassen von Arbeitern, erwachsenen und nicht erwachsenen, die mit Gewandtheit und Fleiß ein

---

57 Vgl. Marx, *Exzerpte über Arbeitsteilung* (Anm. 13), S. 71.
58 Karl Marx, *Grundrisse der Kritik der politischen Ökonomie*, Berlin/DDR 1953, S. 483/484.
59 Ebd., S. 960.
60 *Kapital III*, S. 114.
61 Die Exzerpte aus Babbage spielen auch eine wichtige Rolle bei der Marxschen Theorie des moralischen Verschleißes, vgl. *Kapital I*, S. 426—428.

System produktiver Maschinerie überwachen, das ununterbrochen durch eine Zentralkraft (den ersten Motor) in Tätigkeit gesetzt wird"[62], zum anderen als „einen ungeheuren Automaten, zusammengesetzt aus zahllosen mechanischen und selbstbewußten Organen, die im Einverständnis und ohne Unterbrechung wirken, um einen und denselben Gegenstand zu produzieren, so daß alle diese Organe einer Bewegungskraft untergeordnet sind, die sich von selbst bewegt"[63].

Abgesehen von dem „Einverständnis" zwischen den verschiedenen „Organen" der Produktion – einem sehr verschleiernden Ausdruck – liegt es auf der Hand, daß beide Definitionen technologisch ebenso an der Erfahrung der damaligen Textilindustrie orientiert sind wie der Maschinenbegriff von Babbage: Die Vorstellung einer einheitlichen Bewegungskraft oder Zentralkraft wie auch der Einheitlichkeit des Produktes – z. B. Baumwoll-Tuch – sowie des Arbeitsprozesses ist diesem Eindruck zuzurechnen, aber auch für damals durchaus fragwürdig.

So gab es ja in einer Textilfabrik durchaus verschiedene Abteilungen mit eigenen Arbeitsprozessen: Vorspinnen, Spinnen, Weben etc. Diese Vorstellung von einem einheitlichen Arbeitsprozeß in der Fabrik unter Verwendung eines Maschinensystems wird von Marx weitgehend übernommen.

Die eigentliche Analyse von Marx setzt damit an, die beiden Fabrikbegriffe von Ure, deren Differenz dieser gar nicht bemerkt hatte, gegeneinander auszuspielen. Marx weist diese Differenz der beiden Begriffe nach: „In dem einen erscheint der kombinierte Gesamtarbeiter oder gesellschaftliche Arbeitskörper als übergreifendes Subjekt und der mechanische Automat als Objekt; in dem andern ist der Automat selbst das Subjekt, und die Arbeiter sind nur als bewußte Organe seinen bewußtlosen Organen beigeordnet ... Der erstere Ausdruck gilt von jeder möglichen Anwendung der Maschinerie im großen, der andere charakterisiert ihre kapitalistische Anwendung und daher das moderne Fabriksystem."[64]

Abgesehen von der Ungenauigkeit, daß das Objekt des Arbeitsprozesses natürlich der Arbeitsgegenstand ist, während die Maschinen Arbeitsmittel sind, weist Marx nach, daß im ersten Fabrikbegriff die substantiellen Verhältnisse der sozialen Arbeit – wie sie „bei jeder Anwendung der Maschinerie im großen" gegeben sind – von Ure richtig dargestellt wurden. Der Fehler von Ure besteht hier nur darin, diese Verhältnisse, abstrahiert von den kapitalistischen Produktionsverhältnissen, als unmittelbare vollständige Realität des Kapitalismus auszugeben. Diese Verhältnisse können freilich nur in einer „Gesellschaft freier Assoziation der Produzenten" oder etwa im „indischen Gemeinwesen" unmittelbare Realität sein, d. h. ihre Verkehrung abstreifen, die sie in der kapitalistischen Form der Produktion annehmen. Die genannte Einseitigkeit spielt bei Ure eine apologetische Rolle; sie tritt freilich auch

---

62 Ebd., S. 441.
63 Ebd.
64 Ebd., S. 442. Der Ausdruck „Anwendung der Maschinerie im großen" zeigt, daß Größe der Produktion für Marx ein zentrales Element seiner Fabrikvorstellung war. Hierzu gehört auch Konzentration von Kapital und Arbeit, so daß überhaupt verschiedene Klassen von Arbeitern tätig werden.

sonst sehr häufig gerade im Zusammenhang mit der Betonung der progressiven Rolle von Maschinen auf.

Mit der Gegenüberstellung beider Fabrikbegriffe kritisiert Marx den zweiten Begriff der Fabrik, der der technologischen Geschichtsauffassung angehört, da die Maschinen als Subjekte der Produktion wie der Geschichte dargestellt werden. Diese Auffassung wird zugleich als kapitalistische Ideologie deutlich, aber auch als reale Verkehrung der Verhältnisse in der kapitalistischen Form der gesellschaftlichen Produktion, der das verkehrte Bewußtsein von Ure entspricht. Ure wird also zugleich kritisiert und als angemessenes Sprachrohr der kapitalistischen Verhältnisse benutzt.

Dies wird noch klarer, wenn Marx diese Verkehrung deutlicher zeichnet, indem er als Resultat des Argumentationsstranges, der durch die beiden Fabrikbegriffe von Ure eingeleitet wird, beide Seiten im Zusammenhang betrachtet: „Selbst die Erleichterung der Arbeit wird zum Mittel der Tortur, indem die Maschine nicht den Arbeiter von der Arbeit befreit, sondern seine Arbeit vom Inhalt. Aller kapitalistischen Produktion, soweit sie nicht nur Arbeitsprozeß, sondern zugleich Verwertungsprozeß des Kapitals, ist es gemeinsam, daß nicht der Arbeiter die Arbeitsbedingung, sondern umgekehrt die Arbeitsbedingung den Arbeiter anwendet, aber erst mit der Maschinerie erhält diese Verkehrung technisch handgreifliche Wirklichkeit. Durch seine Verwandlung in einen Automaten tritt das Arbeitsmittel während des Arbeitsprozesses selbst dem Arbeiter als Kapital gegenüber, als tote Arbeit, welche die lebendige Arbeitskraft beherrscht und aussaugt. Die Scheidung der geistigen Potenzen des Produktionsprozesses von der Handarbeit und die Verwandlung derselben in Mächte des Kapitals über die Arbeit vollendet sich . . . in der auf Grundlage der Maschinerie aufgebauten großen Industrie. Das Detailgeschick des individuellen entleerten Maschinenarbeiters verschwindet als ein winzig Nebending vor der Wissenschaft, den ungeheuren Naturkräften und der gesellschaftlichen Massenarbeit, die im Maschinensystem verkörpert sind und mit ihm die Macht des Meisters . . . bilden."[65] Als Ausdruck dieser Unterwerfung, d. h. dieser sozialen Verhältnisse der Arbeit in der Fabrik, fügt Marx einen Hinweis auf die Fabrikdisziplin ein und zitiert hierfür wiederum Ure[66].

In dieser glänzenden Analyse stellt Marx die Beziehung zwischen den substantiellen Verhältnissen des Arbeitsprozesses sowie seinen formellen Verhältnissen — hier als Verwertungsprozeß gefaßt — heraus. Zugleich wird die Dialektik dieser Verkehrung als Herrschaft der toten Arbeit über die lebendige Arbeitskraft bestimmt, also als Wechsel des Subjekts, der zur Entfremdung und Verdinglichung der Verhältnisse der sozialen Arbeit führt: Damit wird die Entwicklung der Industrie als Quelle der Ausbreitung verdinglichter Verhältnisse und damit auch verdinglichten Bewußtseins in einer Weise deutlich, wie sonst nur selten im „Kapital". Hiermit ist zugleich die reale Basis der technologischen Geschichtsbetrachtung benannt.

Neben seiner Bedeutung für die Marxsche Entwicklung des Fabrikbegriffs hat Ure noch in einigen weiteren Punkten einen Einfluß auf die Marxsche Analyse der

---

65 Ebd., S. 445/446.
66 Vgl. ebd., S. 447; s. auch oben Abschnitt II.3.

Industrie und zwar vor allem auf die Vorstellung ihrer Entwicklung sowie der Lage der Arbeiter. Zentral ist hierbei die These der Dequalifizierung der Fabrikarbeiter als durchgängiger, einheitlicher Tendenz: „An die Stelle der sie charakterisierenden Hierarchie der spezialisierten Arbeiter tritt daher in der automatischen Fabrik die Tendenz der Gleichmachung oder Nivellierung der Arbeiten, welche die Gehilfen der Maschinerie zu verrichten haben, an die Stelle der künstlich erzeugten Unterschiede der Teilarbeiter treten vorwiegend die natürlichen Unterschiede des Alters und Geschlechts."[67] Diese Nivellierung findet also statt auf einem sinkenden Niveau der Qualifikation – was keineswegs selbstverständlich, in der vorliegenden Passage aber nur implizit enthalten ist. Zugleich bedeutet sie eine Tendenz zur Homogenisierung der Arbeiter, die durch die Einstellung von Frauen und Kindern in der Fabrik nicht aufgehoben wird[68]. Nach den Tätigkeitsmerkmalen reduzieren sich die Arbeiter in der Fabrik auf zwei Gruppen: „Die wesentliche Scheidung ist die von Arbeitern, die wirklich an den Werkzeugmaschinen beschäftigt sind (es kommen hierzu einige Arbeiter zur Bewachung, resp. Fütterung der Bewegungsmaschine) und von bloßen Handlangern (fast ausschließlich Kinder) dieser Maschinenarbeiter. Zu den Handlangern zählen mehr oder minder alle ‚Feeders' (die den Maschinen bloß Arbeitsstoff darreichen)."[69]

Abweichend von Ure verweist Marx ergänzend auf eine periphere zusätzliche Gruppe von Arbeitern, die aber keine wesentliche Rolle spielt: „Neben diese Hauptklassen tritt ein numerisch unbedeutendes Personal, das mit der Kontrolle der gesamten Maschinerie und ihrer beständigen Reparatur beschäftigt ist, wie Ingenieure, Mechaniker, Schreiner usw. Es ist eine höhere, teils wissenschaftlich gebildete, teils handwerksmäßige Arbeiterklasse, außerhalb des Kreises der Fabrikarbeiter und ihnen nur aggregiert."[70]

Die Auffassung der zunehmenden Dequalifizierung der Arbeiter entspricht der Grundthese von Ure, derzufolge die Arbeiter aufgrund zunehmender Automation der Produktion zunehmend dequalifiziert werden, daher auch Lohnsenkungen hinnehmen müssen und schließlich ganz aus der Produktion ausgeschlossen werden würden; sie würden nur noch vorübergehend geduldet werden. Diese Überzeugung hindert Ure nicht daran, an anderer Stelle den Arbeitern Lohnerhöhungen als Folge der Industrialisierung zu verheißen.

67 Ebd., S. 442. Marx ergänzt diese Aussage durch einen Hinweis auf die entsprechende These bei Ure.
68 Vgl. ebd., S. 416–424. Die Nivellierung der Arbeiten sowie die Homogenisierung haben wiederum die positive Folge, daß die Notwendigkeit der Spezialisierung „durch fortwährende Aneignung derselben Arbeiter an dieselbe Funktion" (ebd., S. 443) aufgehoben wird, nicht aber deren Praktizierung. Auch dieser Effekt wird durch Rekurs auf Ure belegt.
69 Ebd. – Diese Vorstellung der Fabrikarbeit steht in einem gewissen Widerspruch zu der Auffassung, wie sie im ersten Fabrikbegriff von Ure dargestellt und von Marx zustimmend zitiert wurde, daß die Fabrikarbeit insgesamt nur Überwachung sei. Diesen Widerspruch benennt auch Georg Markus in seiner sehr wichtigen Arbeit (Georg Markus, *Marxism and Anthropology*, Assen 1978, S. 80), nur daß er dies für einen Widerspruch zwischen der Marxschen Auffassung in den *Grundrissen* und im *Kapital I* hält. Das wirkliche Grundproblem hierbei ist wiederum der Versuch von Marx, eine einheitliche und umfassende Bestimmung der technischen Seite der Fabrikarbeit zu geben.
70 Ebd.

Die genannte Auffassung einer Homogenisierung und Dequalifikation der Arbeiter bei Marx ist natürlich eine wichtige Grundannahme, die eine These über zunehmende Verelendung der Arbeiter stützen kann. Sie entspricht freilich nicht der seitherigen Entwicklung zumindest in den hoch industrialisierten Ländern, und ihre Gültigkeit auch für England in der zweiten Hälfte des vorigen Jahrhunderts ist zu Recht umstritten. Der Prozeß der inneren Differenzierung der Arbeiterklasse konnte mit dieser Vorstellung nicht erfaßt werden, auch wenn Marx diese Differenzierung (als peripheres Phänomen) durchaus sieht.

Noch in einem anderen Zusammenhang übt die Uresche Auffassung eine nachteilige Wirkung auf die Marxsche Erfassung von Tendenz und Entwicklungsstand der industriellen Verhältnisse aus. Ure hatte seine Analyse ausschließlich am Beispiel der englischen Textilindustrie der dreißiger Jahre des 19. Jahrhunderts vorgenommen und diese diente ihm als Modell für die Industrie überhaupt. Dies war aber damals die weltweit fortgeschrittenste Industrie. Daraus ergibt sich bei Ure eine Industrieauffassung, die eine Mischung von Realanalyse und Zukunftsvision darstellt, wie es etwa bei der überzogenen Automatisierungsvorstellung greifbar ist. Der Einfluß der Ureschen Industrieauffassung auf Marx hat bei diesem eine Tendenz verstärkt, den Entwicklungsstand der Industrie zu überschätzen, wie das etwa im „Elend der Philosophie" recht deutlich wird[71]. So sehr dies zur wissenschaftlichen Fruchtbarkeit der Marxschen Arbeiten beigetragen hat, weil er damit industrielle Verhältnisse und Entwicklungslinien z. T. besonders scharf herausarbeiten konnte, so sehr mußte dies unter praktisch-politischem Gesichtspunkt zu Fehleinschätzungen des Zeithorizonts der Realisierung dieser Tendenzen führen.

Zusammenfassend läßt sich feststellen, daß die Auffassungen von Babbage und Ure einen weitreichenden Einfluß auf die Entwicklung der Marxschen Industrieanalyse hatten und zwar um so mehr, als sie ein wesentlicher Bestandteil der frühen Marxschen Studien auf diesem Gebiet waren. Beide Autoren haben jedoch eine widersprüchliche Wirkung auf Marx, indem sie ihm einerseits Anlaß geben, die soziale Organisation der Arbeit in der Produktion zu untersuchen und die technologische Geschichtsauffassung als kapitalistische Ideologie zu kritisieren, sie ihn andererseits aber durchaus auch in bestimmten Widersprüchen und Fehlern bestärken.

Marx zeigt sich so als Theoretiker, der in der Auseinandersetzung mit der Wissenschaft seiner Zeit seine materialistische Geschichtsauffassung wie auch seine Gesellschaftsanalyse weiterentwickelt und damit einen entscheidenden Fortschritt über den Stand der Wissenschaft seiner Zeit vollzieht, der andererseits aber in einigen — vor allem konkreten — Problemen immer wieder hinter seine eigenen Fortschritte in überholte Auffassungen zurückfällt, die z. T. mittels seiner Exzerpte in den entwikkeltsten Stand seiner Arbeit transportiert werden.

---

71 Vgl. hierzu Marx, *Das Elend der Philosophie* (Anm. 29), S. 104/105.

III. Industrielle Revolution und technologische Geschichtsauffassung

Betrachtet man die von Marx veröffentlichten und zur Veröffentlichung bestimmten Arbeiten, so muß man feststellen, daß die technologisch-historischen Exzerpte eine vergleichsweise geringere Bedeutung spielen als die Exzerpte aus Babbage und Ure. Zur Verwendungsgeschichte der technologisch-historischen Exzerpte gehört jedoch auch, daß Marx ihnen in seinem internen Manuskript „Zur Kritik der politischen Ökonomie" (1861–1863) erhebliche Bedeutung beigemessen hat[72].

Marx war dort, nachdem er die ökonomische Thematik der Maschinerie als einen Unterfall der relativen Mehrwertproduktion abgehandelt hatte[73], auf die Frage nach dem Kern der industriellen Revolution gestoßen[74]. Unter Rekurs auf Darwin hat er zunächst eine Parallelität in Bezug auf die Differenzierung, Spezialisierung und Vereinfachung tierischer und menschlicher Werkzeuge hergestellt, unter Rekurs auf Babbage der Manufaktur eine solche Aufgabe für den Bereich der menschlichen Werkzeuge im Zeitalter vor der industriellen Revolution zugewiesen[75] und sich sodann dem Problem der Differenz zwischen Werkzeug und Maschine im Hinblick auf „solche Revolution in den angewandten Arbeitsmitteln [gewidmet], die . . . also hier speziell die capitalistische Produktionsweise characterisirt"[76]. Die historische Fortentwicklung vom Werkzeug zur Maschine sieht er festgehalten in „zwei Stufen des Uebergangs in die Maschinenarbeit"[77]: „Auf der einen Seite die Spinn und Webmaschinen, die aus den urältesten (wenn auch im Lauf der Zeit etwas verbesserten) Werkzeugen hervorgingen . . . Auf der andren Seite die Fabrikation der Maschinen selbst durch Maschinerie."[78] Bezogen auf diese Stufenfolge geht historisch „die Umwälzung in der Industrie von der ersten Form aus"[79].

An diesem Punkte nun, dem Hervorgehen moderner Maschinen aus den ältesten Arbeitswerkzeugen, beginnt er, seine technologisch-historischen Exzerpte zu Rate

---

72 Vgl. *Karl Marx/Friedrich Engels, Gesamtausgabe (MEGA)*, im folgenden zit. als $MEGA^2$; Karl Marx, *Zur Kritik der Politischen Ökonomie* (Manuskript von 1861–1863), in: $MEGA^2$, II. Abteilung, Bände 3.1 ff.
73 Vgl. $MEGA^2$, II/3.1, S. 292 ff.
74 In einem Brief, der in derselben Zeit der Ausarbeitung der folgenden Passagen entstand, schrieb Marx: „Ich lege einiges in den Abschnitt über Maschinerie ein. Es sind da einige kuriose Fragen, die ich bei der ersten Bearbeitung ignorierte." (Marx an Engels, 28.1.1863, in: *MEW* 30, S. 320.)
75 Der Abschnitt „Theilung der Arbeit und mechanisches Atelier" beginnt mit dem folgenden Zitat aus Darwin: *Über die Entstehung der Arten . . .*: ‚„Ich verstehe unter niedriger Organisation eine geringe *Differenzierung der Organe* für verschiedne besondre Verrichtungen; denn so lange ein und dasselbe Organ verschiedne Arbeiten zu verrichten hat, läßt sich ein Grund für seine Veränderlichkeit vielleicht darin finden, daß natürliche Züchtung jede kleine Abweichung der Form weniger sorgfältig erhält oder unterdrückt, als *wenn dasselbe Organ nur zu einem besondren Zweck allein bestimmt wäre*. So mögen Messer, welche allerlei Dinge zu schneiden bestimmt sind, im Ganzen so ziemlich von einerlei Form sein, *während ein nur zu einerlei Gebrauch bestimmtes Werkzeug* für jeden andren Gebrauch auch eine andre Form haben muß.' (Darwin.)" $MEGA^2$, II/3.6, S. 1913; zu Babbage vgl. ebd., S. 1914.
76 Ebd., S. 1915.
77 Ebd.
78 Ebd.
79 Ebd.

zu ziehen[80]. Den Übergang zum *Maschinenprinzip* sieht er so: „Von dem Augenblick an, wo das Werkzeug selbst die von der Hand verrichtete Operation übernahm, also das Werkzeug selbst spann, dieselbe bewegende Kraft die das Rad in Bewegung setzte auch das Werkzeug selbst spinnen machte, der Arbeiter also darauf reducirt war, das Rad in Bewegung zu setzen und das Spinnen des Werkzeugs zu corrigiren (...) und [zu] überwachen, war das Spinnrad in eine Maschine verwandelt, wenn auch in eine handwerksmässige Maschine ..."[81]. Die Folge nun ist, daß „von diesem Augenblick an aber auch die Zahl der Spindeln vermehrt [wurde]"[82]. Diese neue „Arbeitsmaschine", die hier die Masse gleichzeitig betriebener Spindeln als neue Qualität in die Spinnerei einführt, belegt damit nach Marx' Ansicht genau das, was er, Babbage folgend, in dessen Maschinendefinition über das Verhältnis von Arbeitsteilung und Maschinenentwicklung übernommen hatte: die Zusammenfassung einfacher Werkzeuge in einem Mechanismus mit zentralem Motor: „Das eigentliche Arbeitsinstrument also eine Reunion vieler früher unabhängiger Spindeln, durch dieselbe bewegende Kraft getrieben."[83] Aus diesem Resultat zieht Marx nun eine gewissermaßen strategische Schlußfolgerung: „Es ist also durch den Theil des Werkzeugs, der direkt mit dem Stoff in Berührung kommt – die Umwälzung dieses Theils, von dem die industrielle Revolution, die die capitalistische Productionsweise charakterisirt, ausging, der Weg von 6 bis 1800 Spindeln ... Die industrielle Revolution ergreift zunächst den Theil der Maschine, der die Arbeit verrichtet."[84]

Bezieht man dieses Resultat auf den Ausgangspunkt der Überlegung zurück, nämlich den Hinweis auf Darwin und Babbage in ihrem Bezug zum Kern der industriellen Revolution, so kann folgendes festgestellt werden:

1. Marx wendet Babbages deskriptive, dem damaligen Stand der Technik in einem bestimmten Industriezweig entsprechende Unterscheidung in Antriebs-, Transmissions- und Werkzeugmaschine im Sinne einer historischen Interpretation an. Das Maschinenprinzip, angewandt in der Werkzeugmaschine, bildet den Ausgangspunkt einer ersten großen industriellen Revolution, dasselbe Prinzip, angewandt in der revolutionierten Antriebsmaschine (Dampfmaschine), erst eine zweite danach[85].

2. Die Herausbildung der Ansatzpunkte für die Entwicklung von Arbeitsmaschinen sucht Marx sich begreiflich zu machen in Analogie zu jenem Prozeß der *Evolution*, den Darwin für den Bereich tierischer und pflanzlicher Werkzeuge nach den Prinzipien der Variation, Selektion und Vererbung zu bestimmen versucht hatte. Marx ist offensichtlich der Auffassung, daß – ähnlich den Prozessen im Tier- und Pflanzenreich – ein historischer Vorbereitungsprozeß im Bereich der menschlich-gesell-

---

80 „Um darüber ins Klare zu kommen, habe ich meine Hefte (Auszüge) über Technologie ganz nachgelesen." (Marx an Engels, 28.1.1863, Fortsetzung der oben bereits zitierten Briefpassage; vgl. oben, Anm. 74.)
81 *MEGA*², II/3.6, S. 1916.
82 Ebd.
83 Ebd.
84 Ebd., S. 1916, 1917.
85 Vgl. ebd., S. 1917.

schaftlichen Werkzeuge punktuell das als Resultat hervorbringt, was für die Durchsetzung des „Prinzips der maschinellen Produktion" eine notwendige Voraussetzung darstellt: die Differenzierung, Spezialisierung und Vereinfachung der Werkzeuge in der Manufakturepoche als eine spezifisch gesellschaftliche Art der Variation, Selektion und Vererbung innerhalb der menschlichen Technologie.

3. Aus der Kombination der beiden Bezüge auf Darwin und Babbage muß man schließen, daß Marx die Frage nach den Ursachen für die Veränderung der Produktionsweise durch eine technologische Differenzierung und eine historisch-evolutionäre Analogiebildung angehen will.

Aus dieser Betrachtungsweise heraus, die wir als technologisch-evolutionär bezeichnen wollen, ist es verständlich, wenn Marx sich im folgenden sehr ausführlich mit der Geschichte des Maschinenprinzips beschäftigt. Die Vorperioden bringen das Maschinenprinzip punktuell, die kapitalistische Epoche dagegen bringt es prinzipiell zur Anwendung. Wir haben Grund zu der Annahme, daß damit auch die Ausgangsfragestellung markiert ist, mit der Marx sich an die „Wiederlektüre" seiner technologisch-historischen Exzerpte begab[86]. Für wie bedeutsam Marx den Inhalt dieser Exzerpte nun ansah, ersieht man daran, daß er nicht nur „wiederdurchlas", sondern sich in seinem Manuskript einen großen Abschnitt über die Geschichte des Maschinenprinzips anlegte[87]. Passagenweise handelt es sich hier um einfach übernommenen oder sprachlich reformulierten Exzerptentext. Der Struktur der Vorlagen und damit der Exzerpte folgend, erblickt Marx in Uhr und Mühle die historischen Vorläufer des modernen Maschinenprinzips, die zwei materiellen Basen, an denen sich innerhalb der Manufaktur die „Vorarbeit für die Maschinenindustrie bildet"[88]. Ganz im Sinne von Babbage stellt er in diesem Zusammenhang fest, daß „bei der Mühle ... von vornherein ... die wesentlichen Unterschiede im Organismus einer Maschine da (sind). Mechanische Triebkraft ... Transmissionsmechanismus ... Arbeitsmaschine"[89].

Betrachtet man die große Fülle an Material, die Marx hier vor sich ausbreitet, so ergibt sich als unser Resultat, daß er eine sehr ambivalente Auffassung von seinem Gegenstand hat. Einerseits ist er der Auffassung, daß das Maschinenprinzip als solches kein Kriterium abgeben kann, das die Epochen der menschlichen Geschichte scheidet. Dies bringt er immer dann zum Ausdruck, wenn er darauf verweist, daß bereits in der Mühle seit Urzeiten das Maschinenprinzip angewandt wird. Andererseits ist er der Auffassung, daß das Maschinenprinzip sehr wohl den Status eines Kriteriums zur inneren Untergliederung der Menschengeschichte erhalten kann. Er teilt

---

86 Vgl. dazu oben Anm. 80.
87 Hierbei spielen nicht nur die Exzerpte aus Poppe, „Geschichte der Technologie", sondern auch aus Ure, „Technisches Wörterbuch", in der Bearbeitung von Karmarsch und Heeren, eine wichtige Rolle. Im Manuskript von 1861–1863 umfaßt der mit „Theilung der Arbeit und mechanisches Atelier. Werkzeug und Maschine" betitelte Abschnitt, der darüber hinaus noch eine Fülle aktueller Materialien enthält (so z. B. aus „Industry of Nation", einer Art Katalog zur Londoner Weltausstellung von 1851), die Seiten 1159 bis 1251 des Manuskriptes; vgl. dazu $MEGA^2$, II/3.6, S. 1913–2036.
88 Marx an Engels, 28.1.1863 (Anm. 74), S. 321.
89 Ebd.; vgl. dazu ganz parallel im Manuskript von 1861–1863, $MEGA^2$, II/3.6, S. 1928.

diese andere Auffassung nämlich immer dann, wenn er den historischen Durchbruch in der Anwendung des Maschinenprinzips zentral auf die Besonderheiten der Arbeitsmaschine bezieht und diesen Bezug um den Gedanken eines vorbereitenden evolutionären Prozesses der Differenzierung, Spezialisierung und Vereinfachung der menschlichen Werkzeuge im Verlaufe der Entwicklung der menschlichen Arbeitsteilung ergänzt. Die Durchsetzbarkeit dieser evolutionären Prozesse sieht er wiederum zusammenhängen u. a. mit der inneren technischen Komplexität der Produktionsvorgänge. „Die *Mühle* dagegen kann als das erste *Arbeitswerkzeug* betrachtet werden, auf das das Princip der Maschinerie angewandt worden ist. *Es war dieß relativ leichter* – als bei den Spinn, Webmaschinen etc. –, weil der eigentlich arbeitende Theil der Maschine, d. h. der den Widerstand überwältigt und den zu bearbeitenden Gegenstand packt, von vornherein unabhängig von der menschlichen Hand wirkte und ohne weitre Einmischung menschlicher Operationen."[90]

Zwar taugen also – dem Marxschen Verständnis nach – nicht technologische Kategorien schlechthin zur Unterscheidung der Epochen, modifizierte technologische Kategorien aber sehr wohl: Mühlen, d. h. Mahl- und Antriebsprozesse sind weniger komplex als Spinn-, Web- etc. Vorgänge, ihre Differenzierung und Spezialisierung liegt historisch früher, ihre Maschinisierung ist daher „relativ leichter". Die Prozesse der Differenzierung, Spezialisierung und Vereinfachung der Werkzeuge schaffen die Voraussetzungen für die Maschinenanwendung im allgemeinen, dieselben Prozesse in der Manufaktur schaffen die Voraussetzungen für die Maschinenanwendung im großen Maßstab im Zeitalter des Kapitalismus. „Die durch Theilung der Arbeit in der auf sie begründeten Manufactur gegebne Differenzirung, Specialisierung und Vereinfachung der Arbeitsinstrumente – ihre exclusive adaptation to very simple operations – ist eine der technologischen, materiellen Voraussetzungen für die Entwicklung der Maschinerie als eines die Productionsweise und Productionsverhältnisse revolutionirenden Elements."[91]

Man muß daher diese Bemerkung, die Marx sich gleich zu Beginn seiner Manuskriptpassage über „Theilung der Arbeit und mechanisches Atelier. Werkzeug und Maschine" notiert hatte, als kennzeichnend für das technologisch-evolutionäre Element in seiner Auffassung vom Industrialisierungsprozeß betrachten.

Untersucht man nun die Fassung dieser Passagen, die Marx in überarbeiteter Form im „Kapital" zur Veröffentlichung bestimmt hat, so muß festgestellt werden, daß es in Bezug auf die hier betrachtete Frage eine auffallende Kontinuität in der Marxschen Auffassung gibt, obwohl dies mit einer deutlichen Zurücknahme der technologisch-historischen Exzerpte in ihrer Funktion als materiale Konkretion allgemeiner Prinzipien einhergeht[92]. Dennoch läßt sich feststellen, daß Marx den Ausgangsgedanken, den er an den Beginn seines Fortsetzungsabschnittes über „Maschinerie. Anwendung von Naturkräften und Wissenschaft" im Manuskript von 1861–1863

---

90 *MEGA*², II/3.6, S. 1919.
91 Ebd., S. 1914.
92 Zur weitergehenden Analyse dieser Frage vgl. Marx, *Die technologisch-historischen Exzerpte* (Anm. 13), S. XCII ff.

gestellt hatte — die Frage des Kerns der industriellen Revolution und der Rolle der Differenzierung, Spezialisierung und Vereinfachung der Werkzeuge darin —, im „Kapital" wieder aufgreift. In fast parallelen Formulierungen findet man dieselben Begriffe wieder als die Prinzipien, nach denen die Manufaktur die überkommenen Arbeitsinstrumente verändert und durch die sie die materiellen Bedingungen der Maschinenanwendung schafft[93]. Interessant ist aber, daß Marx die betreffenden Überlegungen nun aus ihrem direkten Zusammenhang mit der Maschinerie herauslöst und sie nun bereits unter dem vorhergehenden Abschnitt der Manufaktur abhandelt. Es ist in dieser Weise, in der Marx im „Kapital" sein Verständnis einer logischen und zugleich historischen Doppelfunktion der Manufaktur im Hinblick auf die Maschinenentwicklung zum Ausdruck bringt. Interessant ist weiterhin, daß Marx auch hier wieder, wie bereits im Manuskript von 1861—1863, die gedankliche Verbindung seiner Vorstellung mit dem evolutionären Prozeß der natürlichen Technologie explizit herausstellt[94] und damit wiederum eine historisch vorbereitende Rolle der Manufaktur in einen ausdrücklichen Zusammenhang mit der Darwinschen Evolutionstheorie bringt. Wir müssen daher feststellen, daß Marx hier die ganz kontinuierliche Auffassung eines historischen Evolutionismus bezüglich der menschlichen Technologie offenlegt[95].

Gleich zu Beginn des 13. Kapitels stellt Marx sein Thema vor als eine Frage nach der „Umwälzung der Produktionsweise"[96]. Schlußfolgernd aus diesem Satz führt er Werkzeug und Maschine, also technologische Kategorien, als Kriterien ein, die er für tauglich hält, die Epochen unterschiedlicher Produktionsweisen voneinander abzugrenzen. „Die Umwälzung der Produktionsweise nimmt in der Manufaktur die Arbeitskraft zum Ausgangspunkt, in der großen Industrie das Arbeitsmittel. Es ist *also*

---

93 „... *Differenzierung* der Arbeitswerkzeuge ... und ihre *Spezialisierung* ... Die Manufakturperiode *vereinfacht*, verbessert und vermannigfacht die Arbeitswerkzeuge durch deren *Anpassung* an die ausschließlichen Sonderfunktionen der Teilarbeiter." (*Kapital I*, S. 361.)
94 Marx verwendet hier nicht nur Begriffe aus der Darwinschen Evolutionstheorie, sondern zitiert zum Beweis in einer Fußnote die entsprechenden Formulierungen von Darwin; vgl. ebd., Fn. 31.
95 Marx (und Engels) stehen hier als Zeitgenossen überhaupt unter dem großen Einfluß der sich entwickelnden Evolutionstheorie, die durch Darwins 1859 erschienenes Werk bereits zu einem gewissen Abschluß gebracht wurde. Der Einfluß des evolutionistischen Denkens auf Marx gehört sicherlich in den Zusammenhang mit der Frage, ob sich in seiner Auffassung Elemente zu einem Dualismus finden, wonach die Natur, die Technik und die materiellen Bedingungen der Menschengeschichte sich in der Form evolutionärer Prozesse vollziehen, die Geschichte der rein menschlichen Gesellschaftsverhältnisse dagegen in der Form revolutionärer Prozesse. Auch gehört in diesen Zusammenhang die Marx durchaus nicht fremde Auffassung von derselben Dialektik in der Natur und in der Menschengeschichte. Aber dies kann hier nur vermerkt, nicht jedoch ausgeführt werden. Vgl. in diesem Zusammenhang z. B. die von Marx bereits vor Erscheinen von Darwins Werk in den „Grundrissen" von 1857—1858 gewählte Formulierung über die Parallelität der Prinzipien, nach denen die Natur- wie die Menschengeschichte verstanden werden müssen: „In der Anatomie des Menschen ist ein Schlüssel zur Anatomie des Affen. Die Andeutungen auf Höhres in den untergeordneten Tierarten können dagegen nur verstanden werden, wenn das Höhre selbst schon bekannt ist. Die bürgerliche Ökonomie liefert so den Schlüssel zur antiken etc." (Die Methode der politischen Ökonomie, in: Marx, *Grundrisse*, Einleitung, S. 26.)
96 Marx, *Kapital I*, S. 391.

zunächst zu untersuchen, wodurch das Arbeitsmittel aus einem Werkzeug in eine Maschine verwandelt wird ...."[97]. Im Unterschied zu seinem Manuskript von 1861– 1863 ist es jedoch nicht eine biologische Analogie, die er in diesem Zusammenhang anführt, sondern eine Analogie aus dem Evolutionsprozeß der Materie schlechthin. „Es handelt sich hier nur um große allgemeine Charakterzüge, denn abstrakt strenge Grenzlinien scheiden ebensowenig die Epochen der Gesellschafts- wie die der Erdgeschichte."[98] Die Ausgangsfrage bleibt somit weiterhin mit einem technologisch-evolutionären Vorverständnis verbunden. Marx weist wiederum die Diskussion über den Unterschied zwischen Werkzeug und Maschine an sich für seine „ökonomische" Fragestellung zurück, wenn die Antwort rein technologisch als eine Sache der Komplexität oder der Antriebskraft gegeben wird und nicht ein „historisches Element" hinzugefügt wird[99]. Gerade dieser Hinweis ist interessant, denn Marx beantwortet im folgenden Absatz die Frage nach dem historischen Element. Nicht die abstrakte Unterscheidung zwischen Werkzeug und Maschine grenzt die Epochen ab; vielmehr läßt er – ohne jeden Hinweis auf Babbage, von dem diese Unterscheidung ja stammt – die „entwickelte Maschinerie" selbst das entscheidende Kriterium vorführen: ihre innere Differenzierung[100]. Wir finden somit im „Kapital" ein prinzipiell gleiches Verständnis der Sache wie im Manuskript von 1861–1863: Der fortgeschrittene technologische Evolutionsprozeß legt seine Prinzipien und Grundlagen frei. Diese These wird dadurch bestätigt, daß Marx genau an diesem Punkt eine vergleichsweise nichtige Formulierung wiederum zum Anlaß nimmt, auf Darwins Leistung zur Erklärung der Geschichte der natürlichen Technologie als Bestandteil eines Evolutionsprozesses hinzuweisen[101]. Er fügt hinzu, daß der parallele Prozeß der menschlichen Technologie bislang noch erklärungsbedürftig geblieben sei[102]. Wir haben daher Grund zu der Annahme, daß Marx hier sehr kontinuierlich an seiner Auffassung festgehalten hat, einen entscheidenden Beitrag zur Lösung dieser Frage durch eine Kombination der Auffassungen von Darwin und Babbage leisten zu können. In diesem Zusammenhang beschränkt sich der Einfluß der technologisch-historischen Exzerpte auf die materialmäßige Untermauerung dieser Auffassung und darauf, daß die Exzerpte besonders aus Poppe mit ihrem im Material enthaltenen Fortschrittskonzept

97 Ebd. (eigene Hervorhebung).
98 Ebd.
99 „In der Tat besteht jede Maschine aus jenen einfachen Potenzen, wie immer verkleidet und kombiniert. Vom ökonomischen Standpunkt jedoch taugt die Erklärung nichts, denn ihr fehlt das historische Element." (*Kapital I*, S. 395.)
100 „Alle entwickelte Maschinerie besteht aus drei wesentlich verschiedenen Teilen, der Bewegungsmaschine, dem Transmissionsmechanismus, endlich der Werkzeugmaschine..." (*Kapital I*, S. 393.)
101 „Darwin hat das Interesse auf die Geschichte der natürlichen Technologie gelenkt, d. h. auf die Bildung der Pflanzen- und Tierorgane als Produktionsinstrumente für das Leben der Pflanzen und Tiere." (*Kapital I*, S. 392, Fn. 89.)
102 „Verdient die Bildungsgeschichte der produktiven Organe des Gesellschaftsmenschen, der materiellen Basis jeder besonderen Gesellschaftsorganisation, nicht gleiche Aufmerksamkeit?" (Ebd.) Zur Frage der im Fortgang der Fußnote zurückgewiesenen individualistischen Betrachtungsweise der Erfindung und dem damit anklingenden Bezug zu eben diesem Standpunkt in Poppe, „Geschichte der Technologie", vgl. Marx, *Die technologisch-historischen Exzerpte* (Anm. 13), S. CVII f.

Marx noch zusätzlich in die Richtung einer technologisch-evolutionären Betrachtungsweise gedrängt als davor bewahrt haben.

Marx hat den soeben geschilderten Zug seiner Auffassung so nicht stehengelassen, sondern im Zusammenhang mit seiner Darwin-Bemerkung zum Problem der Technologie in der Form einer materialistischen Rückversicherung von großer Tragweite Stellung genommen. Er hat damit ebenso den gesamten Abschnitt über Ursachen und Ausgangspunkt der industriellen Revolution in einen grundlegenden Widerspruch gestürzt[103]. Ganz im Gegensatz zu allen evolutionären Vorstellungen, so stellt er nun klar, muß vom Standpunkt des gesellschaftlichen Materialismus die Aktivität des Menschen im Verhältnis zur Natur und in der Gesellschaft als Motor der Entwicklung herausgestellt werden. Die Technologie „enthüllt" diesen Prozeß; sie legt ihn weder grund noch bestimmt sie ihn gar. Sie legt ihn frei. Sie ist der Abdruck, Niederschlag menschlicher Aktivität. Die Technologie (und z. B. das Maschinenprinzip darin) kann daher gerade nicht das Resultat eines evolutionären Differenzierungs- und Spezialisierungsprozesses innerhalb der Arbeitsteilung und der Werkzeugentwicklung sein, sondern sie muß als der enthüllende Abdruck des Verhaltens des Menschen zur Natur in seiner gesellschaftlichen Organisation verstanden werden. Dieses gesellschaftlich organisierte Verhalten des Menschen zur Natur ist seine *Arbeit*. Die menschliche Gesellschaftsgeschichte muß daher im Unterschied zur Naturgeschichte nach inneren Unterscheidungskriterien der menschlichen Arbeit in der Geschichte periodisiert werden. Diese inneren Unterscheidungskriterien werden uns durch die unterschiedlichen gesellschaftlichen Organisationsformen der Arbeit geliefert, die sich im Laufe der Geschichte entwickelt haben und die in den großen historischen Produktionsweisen zusammengefaßt werden[104]. Es ist also hervorzuheben, daß Marx, seinen vielen gegenteiligen Ausführungen im Detail zum trotz, hier eine ganz entscheidende Schlüsselformulierung zu einem gesellschaftsmaterialistischen Verständnis der Technologie, der Motors der Geschichte und des Periodisierungsproblems niedergelegt hat. Andererseits muß ebenso festgehalten werden, daß er, der inneren Logik dieser Argumentation folgend, an den Beginn seiner Antwort auf die Frage nach den Ursachen der „Entwicklung der Maschinerie" und großen Industrie die Veränderungen in den Organisationsformen der sozialen Arbeit und nicht die Veränderungen der Technik hätte stellen müssen. Trotz dieser partiellen Korrektur fußt also die Marxsche Deutung der Ursachen der industriellen Revolution im „Kapital" auf einem historisch-evolutionären Verständnis der Manufaktur und einer technologischen Betrachtungsweise der Maschinenentwicklung.

---

103 „Die Technologie enthüllt das aktive Verhalten des Menschen zur Natur, den unmittelbaren Produktionsprozeß seines Lebens, damit auch seiner gesellschaftlichen Lebensverhältnisse und der ihnen entquellenden geistigen Vorstellungen." (Ebd.)
104 Ob dies zugleich im Sinne einer evolutionären Stufenfolge zu verstehen ist, ist eine andere Frage, obwohl es oftmals in diesem Zusammenhang diskutiert worden ist.

IV. Evolutionäre und technologische Geschichtsauffassung

Die Evolutionstheorie stellt eine bestimmte Antwort auf die Frage nach den Entwicklungsgesetzen innerhalb der Naturordnung dar; die technologische Geschichtsauffassung ist dagegen eine Antwort auf die Frage nach dem Motor in der Menschengeschichte.

Darwin hatte seine Theorie der Artenevolution auf den Bereich der belebten Materie beschränkt und hierfür ein Entwicklungsgesetz formuliert, das Prinzipien beinhaltet, aber keine letzten Ziele oder Zwecke der Entwicklung. Die Evolution der Arten ist, wie wir heute wissen, Teil eines Wechselwirkungsprozesses zwischen belebter und unbelebter Natur, Kontinuität der organischen Lebensprozesse durch anpassende Variation der Arten und fortwährende Gestaltung der unbelebten Natur durch diese Lebensprozesse. Dieser Prozeß verläuft nach Prinzipien, aber ohne einen letzten Motor. Darwins Leistung bestand darin, diesen letzten Motor in Form der Teleologie aus der Biologie als moderner Wissenschaft eliminiert zu haben. Die Theorie der Artenevolution gibt uns eine Erklärung für bestimmte Entwicklungsprozesse innerhalb der Naturgeschichte. Die Menschenordnung, soweit sie unter dem Gesichtspunkt der Gattung oder Art betrachtet wird, ist Teil der Naturordnung und dieser Naturgeschichte.

G. Vico, der „Mendel" der modernen Geschichtswissenschaft, hatte auf den Unterschied zwischen der Geschichte, die wir machen und nicht machen, hingewiesen. Marx hatte sich dieser Unterscheidung ausdrücklich angeschlossen[105] und betont, daß die Menschen ihre soziale Geschichte selbst machten. Zugleich hatte er hinzugefügt: „Aber sie machen sie nicht aus freien Stücken." Damit hatte er die Verhältnisse von Subjekt und Objekt, von Aktivum und Passivum als differentiae specificae der menschlichen Sozialgeschichte hervorgehoben. Das elementare Verhältnis in der sozialen Menschengeschichte, in dem diese Aktivität und Subjektivität zum Ausdruck kommt, ist die Arbeit. Sie ist ein Verhältnis zur Natur und in der Gesellschaft zugleich. Die Seite zur Natur betrachtet, ist sie ein aktives Vermittlungsverhältnis, die Technik dagegen ein passives. Die Technik ist der Abdruck dieser Aktivität im Material. Technologische Geschichtsauffassung bedeutet die Verkehrung dieser Komponenten von Aktivität und Passivität im Verhältnis zur Natur für die Gesellschaft. Technologische Geschichtsauffassung erklärt die passive Seite des Verhältnisses zur Natur zum Motor der menschlichen Sozialgeschichte. Aber technologische Geschichtsauffassung ist keine Sinnestäuschung. Die Menschen machen ihre soziale Geschichte, aber nicht aus freien Stücken. Abstrakt betrachtet, ist die Menschheit als Ganzes das Subjekt ihrer Geschichte, konkret existieren die Menschen in vielen unterschiedlichen Gesellschaften, die in soziale Klassen gespalten sind und die ihre jeweils eigene Geschichte haben. Das Verhältnis von Subjekt und Objekt und Aktivum und Passivum ist daher nicht nur eine von der Menschheit als ganzer eingeführte besondere Qualität in die Verhältnisse zur Natur, sondern wird auch zu einer Qualität der Verhältnisse innerhalb der Gesellschaften selbst. Die Menschen machen

---

105 Vgl. Marx, *Kapital I*, S. 393, Fn. 89.

ihre soziale Geschichte selbst, aber ein Teil der Gesellschaft macht dies nicht aus freien Stücken. Obwohl Teil des Subjekts und Aktivums in der Geschichte, ist ihm andererseits zugleich auch die Rolle des Objekts und Passivums zugedacht. Die technologische Geschichtsauffassung ist eine interessierte Antwort auf die Frage nach den Gründen für die Objekthaftigkeit und Passivität eines Teils der Gesellschaft, indem sie auf die Frage nach dem Motor der Geschichte mit Eigenheiten der bearbeiteten und unbearbeiteten Natur antwortet, die als Mittel diesen herrschenden gesellschaftlichen Interessen dienstbar gemacht wird. Aber es sind nicht bestimmte technologische Verhältnisse, die den Menschen nun die Rolle der Passivität und Objekthaftigkeit zuweisen, sondern soziale Verhältnisse.

Die Einführung einer evolutionären Vorstellung in die menschliche Sozialgeschichte bedeutet die Einebnung der Unterscheidung zwischen Aktivität und Passivität, Subjektivität und Objektivität. Das evolutionäre Verständnis stellt den Versuch dar, die Besonderheiten der menschlichen Sozialgeschichte in den inadäquaten Begriffen der Naturgeschichte zu verstehen.

Evolutionäre Auffassung bedeutet, die Entwicklung der Gesellschaft nach Prinzipien der Naturentwicklung zu verstehen, indem die Prinzipien der Natur als determinierend auch für die menschliche Sozialgeschichte ausgegeben werden. Technologische Auffassung bedeutet, daß Prinzipien der bearbeiteten Natur als determinierend für die menschliche Sozialgeschichte ausgegeben werden. Gesellschaftsmaterialistische Auffassung dagegen bedeutet, daß die Prinzipien der Naturbearbeitung in ihrer sozialen Organisation determinierend für die menschliche Sozialgeschichte sind. Alle diese Auffassungen sind materialistische Auffassungen. Die erste impliziert einen naturwissenschaftlichen Materialismus, die zweite einen mechanischen oder technologischen Materialismus.

Während Marx den Evolutionismus als Lehre für die Entwicklung der Gesellschaft als ganzes durchaus kritisch betrachtete[106], ist in den beiden vorangegangenen Abschnitten demonstriert worden, daß er in Fragen der Industrieentwicklung und deren Details zuweilen zu einer evolutionären, zuweilen technologischen Betrachtungsweise der sozialen Zusammenhänge neigte. Seine Vorstellung war dabei, daß Technologie und Ökonomie sich entwicklungsgeschichtlich einheitlich und homogen systematisieren ließen und darin verschiedene Entwicklungsstufen der Technik verschiedenen Produktionsweisen ursächlich zugeordnet werden könnten. Die „Epoche" der Manufaktur ist das Zeitalter der Arbeitsteilung, die industrielle Revolution läutet das Zeitalter der Maschine ein. Gleichzeitig legt das „Wesen der Maschinerie" die historischen Entwicklungsprinzipien bis hinauf zur Epoche der Maschinenproduktion in der großen Industrie frei[107]. Es scheint uns diese entwicklungsgeschichtliche Zuordnung zu sein, diese spezielle Kombination bestimmter Auffassungen von Babbage und Darwin, die Marx veranlaßt, seinen Abhandlungen über die Prinzipien der Mehrwertproduktion auf der Basis der sich selbst reprodu-zie-

106 Vgl. hierzu Karl Marx, *Die ethnologischen Exzerpthefte*, Frankfurt a.M. 1980, S. 15 ff.
107 Auf die Konstanz dieses evolutionären Elements in der Marxschen Auffassung war oben bereits mehrfach hingewiesen worden. Zu dem von Marx verwendeten Begriff des „Wesens der Maschinerie" vgl. Manuskript von 1861–1863, in: *MEGA²*, II/3.6, S. 1951.

renden kapitalistischen Produktionsweise jene zugleich historisch-evolutionäre Bedeutung zu unterlegen, die die „Teilung der Arbeit" auf die Stufe der Manufaktur, die Maschine dagegen auf die Stufe der kapitalistischen Großindustrie stellt.

V. Zusammenfassung

In Ansätzen zeigte sich schon in der Marxschen Industrieanalyse, daß die Entwicklung der kapitalistischen Industrie eine Ausdehnung von verdinglichten Verhältnissen in der Gesellschaft impliziert und damit auch eine Tendenz enthält zur Ausbreitung eines entsprechenden verdinglichten und entfremdeten Bewußtseins. Wenn man zusätzlich die von Marx weithin unterschätzte Entwicklung neuer qualifizierter Tätigkeiten auch innerhalb der Arbeiterklasse nicht nur neben und außerhalb von ihr, also die stärkere Differenzierung innerhalb wie außerhalb der Arbeiterklasse berücksichtigt sowie die Möglichkeit höherer Löhne, teils aufgrund von kolonialer Ausbeutung, teils aufgrund einer Knappheit an Arbeitskräften und mangelnder Reservearmee, teils aber auch aufgrund der Steigerung der Arbeitsproduktivität im Zuge der industriellen Entwicklung sowie der gewerkschaftlichen und politischen Organisationen der Arbeiter, so ergibt sich, daß die Entwicklung der kapitalistischen Industrie keineswegs eine automatische Tendenz zur Ausbreitung antikapitalistischen Bewußtseins hat, sondern gleichermaßen eine Tendenz, verdinglichtes Bewußtsein auszubreiten und fortschrittliches Bewußtsein zu verschütten. Die kapitalistische Anwendung der Technik erweist sich hierbei als eine der stärksten Quellen der Ausbreitung verdinglichten Bewußtseins. Dies geht soweit, daß die Technik sogar das Anschauungsmodell und die Kategorien für das verdinglichte Bewußtsein bereitstellt, sei es in „mechanistischen" Denkkategorien, im Determinismus oder im Evolutionismus.

Auf der anderen Seite enthält die industrielle Entwicklung im Kapitalismus nicht nur eine allgemeine Tendenz zur Vergesellschaftung der Produktion, sondern in der Kooperation und Arbeitsteilung innerhalb eines Betriebes wird eine Gesellschaftlichkeit der Arbeitsbeziehungen real hergestellt, die nicht über Warenbeziehungen vermittelt ist. Hier wird zwar wiederum durch die kapitalistischen Leitungs- und Herrschaftfunktionen und ihre vielfältigen Formen eine Konkurrenz zwischen den Arbeitern hergestellt, doch läßt sich auch eine Solidarität als Element und Ausdruck der Überwindung des verdinglichten Bewußtseins feststellen.

Die große historische Leistung von Karl Korsch und Georg Lukács Anfang der zwanziger Jahre bestand darin, die Tatsache eines weit verbreiteten entfremdeten Bewußtseins in der Arbeiterklasse zu konstatieren und dies mit der Entwicklung des Kapitalismus und seiner Verhältnisse in Zusammenhang zu bringen. Freilich beschränkten sie sich im wesentlichen darauf, die Warenform der Arbeitsprodukte und das Kapitalverhältnis selbst als Grundlage hierfür zu identifizieren, sie folgten insofern der Marxschen Analyse des Warenfetischismus. Es gelang ihnen nicht, die zusätzlichen Formen und Grundlagen innerhalb des Entwicklungsprozesses der kapitalistischen Industrie zu entdecken, die die eigentliche Grundlage für die rasche und enorme Zunahme der „Entfremdung des modernen Menschen" bilden. Vielmehr machten sie mit den Warenverhältnissen eher relativ statische Verhältnisse, die zudem nur auf Grundlage des kapitalistischen Produktionsprozesses eine Ausbreitung erleben konnten, als konstitutive aus, verfehlten also gerade die historische Spezifikation und den Zugang zur konkret-empirischen Untersuchung (die insbesondere Korsch immer wieder forderte) und blieben mit ihrer Untersuchung notwendig auf einer eher theoretisch-philosophischen Ebene stehen.

Zugleich blieb beiden verborgen, daß Marx selbst neben den bedeutsamen Fortschritten in der Entwicklung seiner Analyse der Industrialisierung mit den Anleihen bei einer technologischen Geschichtsbetrachtung zur Ausbreitung eines verdinglichten Verständnisses der Industrie beigetragen hat: Dieser Beitrag mußte um so wirksamer sein, als er gerade bei Marx — als dem wichtigsten Kritiker des Kapitalismus — am wenigsten zu vermuten war.

Wenn daher Lukács mit Recht gegen Bucharin einwendet, dieser habe eine mechanistische Auffassung von Entwicklung der Produktivkräfte und fetischisiere die Technik, so unterläßt er es doch anzumerken, daß sich Bucharin mit einigem Recht auf eine Seite der Marxschen Theorie stützen kann.

Hans Peter Müller: Teil I, III, IV;
Rainer Winkelmann: Teil II, V.

Willfried Spohn

Krise des Marxismus und Sozialgeschichte der Arbeiterbewegung

Der Topos vom Ende der Arbeiterbewegung gründet nicht nur in soziologischen und sozialhistorischen Transformationsprozessen der Arbeiterklassen, -kulturen und -organisationen in den hochentwickelten kapitalistischen Ländern, sondern auch in der Krise von Deutungsmustern, die innerhalb der marxistischen Traditionen im Kontext der Arbeiterbewegung ihre Bedeutung hatten und haben[1]. Wohl hat die Entwicklung der kapitalistischen Produktionsweise in ihren metropolitanen Zentren die vom Marxismus angenommene Verbreitung und Vertiefung kapitalistischer Markt- und Produktionsverhältnisse samt des ihnen inhärenten Lohnkonnexes mit sich gebracht, aber dies nicht uneingeschränkt und zugleich mit neuen Arbeitsteilungen, sozialen Stratifikationen und Differenzierungen verbunden, sie hat indes keine den marxistischen und leninistischen Revolutionsmodellen folgende soziale und politische, antagonistisch-gewaltsame Polarisierung des Klassenverhältnisses von Lohnarbeit und Kapital gebracht. Statt dessen entsprachen diese Modelle historisch noch am ehesten in ihrer politischen Form, aber offenkundig mit anderen soziokulturellen Inhalten, den Revolutionen im Übergang vom Feudalismus zum Kapitalismus, während sich die Geschichte der Arbeiterbewegung in anderen Bahnen formierte. Noch in ihren frühen (Vor-)Phasen bildete sie einen spezifischen plebejischen Radikalismus aus, und je später die kapitalistische Entwicklung historisch erfolgte und die einfache Warenproduktion zerstörte, desto weiter reichten dessen Motivationsgrundlagen bis ins 20. Jahrhundert hinein. Doch die eigentliche Arbeiterbewegung im Sinne der politischen Organisation des modernen Fabrikproletariats ist durch eine sozialgeschichtlich spezifische, den marxistischen Erwartungen nicht folgende Entwicklung charakterisiert. Nicht zufällig zeigten sich in der ersten kapitalistischen Nation, in England, mit der Auflösung des Chartismus nach 1850 und der Ausbildung einer gewerkschaftlichen Arbeiterbewegung Symptome dessen, was später in

---

1 Die folgenden Ausführungen können nicht mehr als großflächige Diskussionsthesen auf der Grundlage der anglomarxistischen Sozialgeschichte darstellen. Zur ausführlichen Begründung meiner Position vgl. meine (unveröffentlichte) Habilitationsschrift: *Geschichte und Marxismus, Kritik der Kontroverse zwischen E. P. Thompson und P. Anderson,* Berlin 1983; vgl. ferner meinen in diese für die politischen, geschichtstheoretischen und historiographischen Dimensionen der marxistischen Sozialgeschichte in England zentrale Kontroverse einführenden Text: Geschichte und Marxismus. Zur Kontroverse zwischen E. P. Thompson und P. Anderson, in: *Prokla,* 43/1981, S. 61–84. Zum „Ende der Arbeiterbewegung" vgl. André Gorz, *Abschied vom Proletariat,* Frankfurt a. M. 1980; Urs Jaeggi, Drinnen und draußen, in: Jürgen Habermas (Hrsg.), *Stichworte zur ‚Geistigen Situation der Zeit',* 2. Bd., Frankfurt a. M. 1979, S. 443–473; Theo Pirker, Vom „Ende der Arbeiterbewegung", im vorliegenden Band.

allen kapitalistisch sich entwickelnden Ländern als Verbürgerlichung des Proletariats wahrgenommen wurde. Diese nicht nur auf der Grundlage steigender Arbeitsproduktivität, sondern auch durch gewerkschaftliche Kämpfe ermöglichte langfristige Verbesserung des Lebensstandards der Arbeiter war verbunden mit der über parlamentarische Wahlen und staatliche Sozialpolitik erfolgenden Einbindung der Arbeiterbewegung in die Institutionen des bürgerlichen Staates. Die Anfänge dieser Entwicklung lassen sich vor allem in den Ländern mit einer mehr staatlich vermittelten Form nachholender kapitalistischer Industrialisierung auf dem europäischen Kontinent gegen Ende des 19. und Anfang des 20. Jahrhunderts beobachten. Wohl wird dieses Entwicklungsmuster im Zeitalter des Faschismus durch politische Repression und korporatistische Integration der Arbeiterbewegung unterbrochen, doch gelangt es endgültig dann mit der langen Aufschwungphase des internationalen Kapitalismus ebenso zum Durchbruch, wie es sich mit den keynesianischen Lösungen der Weltwirtschaftskrise 1929–32 in Großbritannien und mit gewissen Einschränkungen in den USA entwickelt[2].

Dieses angedeutete Entwicklungsmuster einer gewerkschaftlich, sozialpolitisch und parlamentarisch institutionalisierten Arbeiterbewegung in den entwickelten kapitalistischen Ländern widerspricht dem Revolutionsmodell eines orthodoxen Marxismus, der mit der Verallgemeinerung der kapitalistischen Produktionsweise auch die klassenpolitische Aktualisierung der ihr inhärenten Widersprüchlichkeiten als politischen Antagonismus von Arbeiterklasse und Bourgeoisie erwartet hat. Insofern ist die Geschichte des Marxismus nicht nur die Entwicklungsgeschichte einer Tradition revolutionärer Wissenschaft[3], sondern in ihrem innersten Kern zugleich die Krisengeschichte des Marxismus[4]. Schon der Bernsteinsche Revisionismus wollte eine marxistische Weltanschauung ablegen, die mit der reformpolitischen und demokratischen Praxis der deutschen Sozialdemokratie und der Freien Gewerkschaften nicht zusammenpaßte[5]. Aber auch das infolge dieser ersten Krise des Marxismus geforderte Programm einer Wiederherstellung des wahren revolutionären Marxismus durch die marxistische Parteilinke unterlag mit der russischen Oktoberrevolution und der sowjetischen Gesellschaftsentwicklung einem ähnlichen Schicksal, nun in Form des Marxismus-Leninismus lediglich legitimatorische Weltanschauung einer nachholenden staatlichen Industrialisierung zu werden. Karl Korsch diagnostizierte deshalb

---

2 Über die vergleichende Sozialgeschichte der Klassenentwicklung in Europa ist unter sozialstrukturellem Aspekt sehr informativ und wegweisend, wenn auch im einzelnen heterogen, der Sammelband von Hans-Ulrich Wehler (Hrsg.), *Klassen in der europäischen Sozialgeschichte*, Göttingen 1979; unter kulturellem Aspekt die religionssoziologisch vergleichende Studie von Hugh McLeod, *Religion and the People of Western Europe, 1789–1970*, Oxford 1981; zur Sozialdemokratie, wenn auch strukturtheoretisch problematisch, vgl. Adam Przeworski, Social Democracy as a Historical Phenomenon, in: *New Left Review*, 122/1980, S. 27–58.
3 So Perry Anderson, *Über den westlichen Marxismus*, Frankfurt a. M. 1978, und dessen kritische Thompson-Würdigung: ders., *Arguments Within English Marxism*, London 1980.
4 So Maurice Merleau-Ponty, *Die Abenteuer der Dialektik*, Frankfurt a. M. 1974, und gegen den englischen Althusserianismus: Edward P. Thompson, *Das Elend der Theorie. Zur Produktion geschichtlicher Erfahrung*, Frankfurt a.M./New York 1980.
5 Vgl. Bo Gustafsson, *Marxismus und Revisionismus. Eduard Bernsteins Kritik des Marxismus und seine ideengeschichtlichen Voraussetzungen*, Frankfurt a.M. 1972.

auch die zweite Krise des Marxismus[6], die der eigentliche Ausgangspunkt der Trennung zwischen östlichem und westlichem Marxismus darstellte. Wenn nun zum drittenmal von Louis Althusser die Krise des Marxismus verkündet wurde[7], dann letztlich als orthodox-marxistische Reaktion auf die Sozialdemokratisierung eines eurokommunistischen Parteimarxismus[8]; und wenn sie innerhalb der marxistischen Intelligenz der Studentenrebellion und der Neuen Linken in Westeuropa eine so breite Resonanz fand, dann genau deshalb, weil ihre mit Althusser als direktem oder indirektem geistigem Vater verknüpfte neoorthodox-marxistische Weltanschauung mit der sozialen Dynamik der Arbeiterbewegung und der neuen sozialen Bewegung im Kontext der gegenwärtigen Krisen- und Depressionsphase des internationalen Kapitalismus offenkundig nicht in Einklang zu bringen ist[9].

Der Topos vom Ende der Arbeiterbewegung stellt die eingestandene Krise der marxistischen und leninistischen Revolutionstheorie dar[10]. Allerdings reproduziert er dieselben problematischen geschichtstheoretischen Annahmen, die dieser Revolutionstheorie zugrunde liegen[11]. Während diese ausschließlich dem Proletariat aufgrund dessen objektiver Lage im Kapitalismus die subjektiv-revolutionäre Potenz zur Errichtung des Sozialismus unterstellt, also die Arbeiterexklusivitätsthese mit einer objektivistischen Geschichtsphilosophie verbindet, negiert nun jener gänzlich jegliche gesellschaftsverändernde Kraft der Arbeiterklasse, entweder im Sinne des post-histoire als dem Fallenlassen jeglicher Revolutionshoffnung oder im Sinne der Übertragung der revolutionstheoretischen Hoffnungen auf die kapitalistischen „Nichtarbeiter", die (Haus-)Frauen, die Jugendlichen und die Marginalisierten. Was sich ändert, sind nur die Vorzeichen einer problematischen Geschichtsphilosophie. Was dabei außer Blick gerät, ist nicht nur die praktisch-intersubjektive Verständigung darüber, nach welchen normativen Maßstäben unter den gegenwärtigen gesellschaftlichen Bedingungen und im Kontext tradierter Oppositionsbewegungen emanzipatorische Prozesse ins Werk gesetzt werden sollen, sondern auch die Komplexität, Widersprüchlichkeit und Dynamik sozialer Bewegungen in spezifischen historischen Kontexten. Die aufgrund der historischen Entwicklung der Arbeiterbewegun-

---

6 Karl Korsch, Krise des Marxismus, in: ders., *Die materialistische Geschichtsauffassung*, Frankfurt a.M. 1971, S. 167–172.
7 Louis Althusser, Endlich befreit sich etwas Lebendiges aus und in der Krise des Marxismus, in: *alternative 119*, Berlin 1978, S. 66–73; ders., Der Marxismus als endliche Theorie, in: Elmar Altvater/Otto Kallscheuer (Hrsg.), *Den Staat diskutieren,* Berlin 1979, S. 42–52. Althussers Beiträge bestimmen die von „Il Manifesto" organisierte Debatte um die Krise des Marxismus. Hierzu auch die zweite Runde der Thompson-Anderson-Kontroverse: Thompson, *Das Elend der Theorie* (Anm. 4), und Anderson, *Arguments Within English Marxism* (Anm. 3); aufschlußreich auch Alex Callinicos, *Is there a Future for Marxism?*, Hongkong 1982.
8 Vgl. Stefan Breuer, Stalinismuskritik von links? – Materialien zur Kontroverse über die Diktatur des Proletariats in der Kommunistischen Partei Frankreichs, in: *Leviathan*, H. 3, 1977, S. 378–399.
9 Vgl. die verschiedenen Diskussionsbeiträge: *Krise des Marxismus?*, in: *Prokla*, H. 36, Berlin 1979.
10 Vgl. Stefan Breuer, *Die Krise der Revolutionstheorie. Negative Vergesellschaftung und Arbeitsmetaphysik bei Herbert Marcuse*, Frankfurt a.M. 1978.
11 Vgl. Otto Kallscheuer, Auf der Suche nach einer politischen Theorie bei Jürgen Habermas, in: *Ästhetik und Kommunikation*, H. 45/46, S. 171–182.

gen immer wieder thematisierte und unter den gegenwärtigen Erfahrungen erneut aktualisierte Krise des Marxismus zwingt nicht nur zur Revision marxistischer Politikvorstellungen, sondern auch zur Überprüfung tradierter marxistischer und nichtmarxistischer Sichtweisen der Geschichte der Arbeiterbewegung gerade auch dann, wenn man an der praktisch-emanzipatorischen Intention des Marxismus festhält.

Ich möchte im folgenden die im Kontext der Krise des Marxismus in England entstehende Methode einer marxistischen Sozialgeschichte der englischen Arbeiterbewegung (I), dann ihre sich abzeichnenden Konsequenzen für die Sozialgeschichte der deutschen Arbeiterbewegung verdeutlichen (II) und abschließend den Bogen zurück zu den praktischen Ausgangsfragen der gegenwärtigen Krise der Arbeiterbewegung und des Marxismus spannen (III).

I.

Der Ausgangspunkt einer marxistischen Sozialgeschichtsschreibung der englischen Arbeiterbewegung, verbunden zunächst mit Namen wie Edward P. Thompson und Eric J. Hobsbawm, war das Programm einer materialistischen Gesellschaftsgeschichte des englischen Kapitalismus in einer zunächst mehr historischen als gesellschaftstheoretischen Kritik an der marxistisch-leninistischen Geschichtsauffassung und deren ökonomistischen Reduktionismus und Evolutionismus[12]. Insofern stellt sie die englische Variante der Krise des Marxismus dar[13]. Während Maurice Dobb die Entstehung und Entwicklung des englischen Kapitalismus seit der Krise des Feudalismus wirtschaftsgeschichtlich untersuchte[14], wandten sich die anderen marxistischen Historiker vor allem den sozialen, kulturellen und politischen Entwicklungen in diesem Zeithorizont zu, so Rodney Hilton dem Feudalismus und den Bauernrevolten[15], Christopher Hill der englischen Reformation und Revolution[16], Edward Thompson der Frühgeschichte der englischen Arbeiterbewegung[17] und Eric Hobsbawm zugleich der Wirtschafts- und Sozialgeschichte des industriellen Kapitalismus in England[18]. Ohne daß die hier versammelten Positionen identisch wären, lag die-

---

12 Zu diesen Ausgangspunkten der anglomarxistischen Sozialgeschichte in der sogenannten Kommunistischen Historikergruppe informieren vor allem: Eric J. Hobsbawm, The Historians Group of the Communist Party, in: Maurice Cornforth (Hrsg.), *Rebels and their Causes. Essays in Honour of A. L. Morton,* London 1978, S. 21–47; Raphael Samuel, British Marxist Historians, 1880–1980, Teil I, in: *New Left Review* 120/1980, S. 21–96; Bill Schwarz, ‚The People in History': The Communist Party Historian Group, 1946–56, in: Richard Johnson/Gregor McLennan/Bill Schwarz/David Sutton, *Making Histories. Studies in History-writing and Politics,* London 1982, S. 44–95.
13 Vgl. Michael Vester, Edward Thompson und die ‚Krise des Marxismus', Einleitung zu Thompson, *Das Elend der Theorie* (Anm. 4), S. 13–38.
14 Maurice Dobb, *Die Entwicklung des Kapitalismus,* Köln/Berlin 1970.
15 Rodney Hilton, *Bond Men Made Free,* London 1973.
16 Christopher Hill, *Von der Reformation zur Industriellen Revolution,* Frankfurt a.M. 1977.
17 Edward P. Thompson, *The Making of The English Working Class,* London 1963 (weitere Auflagen Harmondsworth 1968 ff.).
18 Eric J. Hobsbawm, *Labouring Men. Studies in the History of Labour,* London 1964; ders., *Industrie und Empire,* I und II, Frankfurt a.M. 1969.

sem Programm einer materialistischen Gesellschaftsgeschichte doch die gemeinsame Überzeugung zugrunde, daß die englische Geschichte nur als Gesellschaftsgeschichte zu schreiben sei und entsprechend sich soziale Bewegungen nur in dem jeweiligen gesellschaftsgeschichtlichen Kontext erschließen lassen. Diese Überzeugung fand erst später, vor allem in Williams' kulturellem Marxismus[19] und in Thompsons historischem und kulturellem Materialismus[20], aber auch in den daran anknüpfenden Versuchen einer materialistischen Geschichtstheorie, ihre gesellschafts- und geschichtstheoretische Ausformulierung[21].

Die mit einflußreichste und in ihren methodischen Konsequenzen keineswegs ausgeschöpfte Grundlegung einer materialistischen Sozialgeschichte der Arbeiterbewegung erfolgte dabei durch Edward Thompsons Studie zur frühen Geschichte der Arbeiterbewegung in England, aber auch durch seine späteren Arbeiten zur Sozialgeschichte der englischen Unterschichten im 18. Jahrhundert[22]. Thompson geht im Unterschied zu verbreiteten bürgerlichen und marxistischen Positionen, die das Proletariat — wenn auch mit entgegengesetzten Vorzeichen — als Produkt des kapitalistischen Fabriksystems betrachten, vor allem davon aus, daß die Formierung der Arbeiterklasse als subjektive Klasse ein auf die Zwänge der kapitalistischen Industrialisierung reagierender, kultureller und politischer Prozeß ist und insofern eine Transformationsleistung vorhandener vorindustrieller Kultur- und Politikformen der unteren Schichten mit einschließt. Historisch-analytisch geht Thompson deshalb auf die vorangehende plebejische Kultur ein, um ihre historisch-spezifische Mutation in der Formierung der englischen Arbeiterbewegung zu verfolgen. Geschichtstheoretisch rückt er vor allem ins Zentrum, wie die Träger der Arbeiterbewegung die Entwicklung der kapitalistischen Industrialisierung erfahren und wie sie diese sozialen Erfahrungen kulturell verarbeiten. Der hierbei in Anlehnung an Raymond Williams verwandte Begriff der Kultur als der gesamten Lebensweise richtet sich nicht nur ge-

---

19 Raymond Williams, *Marxism and Literature*, Oxford 1977; ders., *Innovationen. Über den Prozeßcharakter von Literatur und Kultur*, Frankfurt a.M. 1977; ders., *Culture*, Harmondsworth 1980.
20 Thompson, *Das Elend der Theorie* (Anm. 4).
21 Vgl. die Debatte zum Verhältnis von Theorie und Geschichte im *History Workshop Journal*, vor allem die gegenläufigen Grundpositionen von Richard Johnson, Edward Thompson, Eugene Genovese, und Socialist Humanist History, in: *History Workshop Journal*, H. 6, 1979, S. 79–100, und von Simon Clarke, Socialist Humanism and the Critique of Economism, in: *History Workshop Journal*, H. 8, 1979, S. 137–156.
22 Edward P. Thompson, *Plebeische Kultur und moralische Ökonomie. Aufsätze zur englischen Sozialgeschichte des 18. und 19. Jahrhunderts*, Frankfurt a.M./Berlin/Wien 1980. Die methodisch-theoretische Diskussion des Thompsonschen sozialgeschichtlichen Ansatzes steht in ihren Anfängen, so im angloamerikanischen Raum vor allem Bryan D. Palmer, *The Making of E. P. Thompson; Marxism, Humanism, and History*, Toronto 1981; Richard Johnson, Three Problematics: Elements of a Theory of Working Class Culture, in: John Clarke/Chas Critcher/Richard Johnson, *Working Class Culture. Studies in History and Theory*, London 1979, S. 201–237; Gregor McLennan, E. P. Thompson and the Discipline of Historical Context, in: Johnson/McLennan/Schwarz/Sutton, *Making Histories* (Anm. 12), S. 96–130; und hierzulande Vester, Edward Thompson und die ‚Krise des Marxismus' (Anm. 13); Dieter Groh, Einführung, in: Thompson, *Plebeische Kultur und moralische Ökonomie*, S. 5–31; Andreas Grießinger, *Das symbolische Kapital der Ehre. Streikbewegungen und kollektives Bewußtsein deutscher Handwerksgesellen im 18. Jahrhundert*, Frankfurt a.M./Berlin/Wien 1981.

gen seine bürgerliche Einengung auf ästhetische und imaginative Kunstwerke, sondern auch gegen die gängigen marxistisch-ökonomischen Reduktionismen des Bewußtseins auf das Sein bzw. klassentheoretisch des Klassenbewußtseins auf die Klassenlage oder auch gegen die marxistisch-strukturalistischen Reduktionismen der Geschichte auf Strukturen oder der Kultur auf Ideologien. Thompson geht mit diesem Kulturbegriff davon aus, daß den kognitiv-theoretischen und organisatorisch-politischen Prozessen in Lebensweisen eingelassene Dispositionen und Wertsysteme der Menschen zugrundeliegen. Entsprechend interessieren ihn historisch nicht einfach rationalistisch Theorien und Programme und politisch Institutionen und Auseinandersetzungen, sondern diese als Inkarnation und formende Kraft der in Alltag, Arbeit, Familie, Wohnen und religiöser Praxis gelebten Lebensformen. Die Rückführung eines verengten politischen Begriffs der Klassenkonstitution auf einen kulturellen Klassenbildungsprozeß sieht entsprechend Klassenkampf und Klassenherrschaft nicht einfach als politisch institutionalisierte Kräfte-, Dominanz- bzw. Subsumtionsverhältnisse zwischen ökonomisch definierten Klassen, sondern, mit Gramsci, als eingelagert in einen Prozeß kulturellen Klassenkampfs um kulturelle Hegemonie. Die Einbeziehung subpolitischer kultureller Verhaltensdispositionen oder Habitusformen kennt auch Prozesse ideologischer, politischer und kultureller Integration und Desintegration; sie verhindert es aber, soziokulturelle und sozialgeschichtliche Entwicklungen unter statisch-abstrakte Alternativen absoluter sozialer Integration oder absoluter revolutionärer Desintegration zu stellen[23].

Unter diesen gesellschafts- und geschichtstheoretischen Voraussetzungen untersucht nun Thompson die Frühgeschichte der englischen Arbeiterbewegung 1792–1832 im Kontext der Besonderheiten der englischen Geschichte[24]. Es handelt sich dabei gemäß des beginnenden Charakters der englischen kapitalistischen Industrialisierung von den sozialen Trägern dieser Bewegung her eher um eine Bewegung depravierter selbständiger und abhängig gewordener Handwerker als um eigentliche Fabrikarbeiter, die nur eine periphere Rolle spielten. Sie begann mit der Entstehung des englischen Jakobinismus 1792, der als Wahlrechtsbewegung Sammelpunkt für verschiedene radikaldemokratische und sozialreformerische Richtungen darstellte, in Ansätzen eine autonome Bewegung der unteren Schichten ausbildete und in dieser Form der Verbindung von politischer und sozialer Bewegung prägend für die Anfangsperiode der englischen Arbeiterbewegung bis zum Chartismus blieb. Sie knüpfte dabei an normative Muster der plebejischen Kultur der englischen Unterschichten im 18. Jahrhundert an: die religiöse Dissentertradition nonkonformistischer Sekten,

---

23 Der Thompsonsche Kulturbegriff hat parallele praktische und forschungsstrategische Intentionen wie der Begriff des Habitus bei Pierre Bourdieu, *Entwurf zu einer Theorie der Praxis*, Frankfurt a.M. 1976, und der Begriff der Gefühlsstrukturen bei Williams, *Marxism and Literature* (Anm. 19).

24 Die Besonderheiten der englischen Geschichte zu bestimmen, ist Gegenstand der frühen Thompson-Anderson-Kontroverse: Perry Anderson, Origins of the Present Crisis, in: *New Left Review*, 23/1964, S. 26–53; Edward P. Thompson, The Peculiarities of the English, in: ders., *The Poverty of Theory*, London 1978 (urspr. 1965), S. 35–91. Michael Vester (*Die Entstehung des Proletariats als Lernprozeß*, Frankfurt a.M. 1970) hat eine hierzulande frühe, an Thompson anschließende, aber nicht mit ihm identische Interpretation dieser ersten Periode der englischen Arbeiterbewegung 1792–1848 vorgelegt.

die demokratisch-patriotische, auf die Idee des Geburtsrechts des Engländers gegründete Volkstradition, die rebellische Tradition direkter Aktion und die in diesen Aktionen eingeklagte, an Bedürfnis- und Gerechtigkeitsmaximen orientierte moralische Ökonomie. Diese plebejische Kultur, die in vielen Fällen nicht nur reproduzierender, sondern auch widerständiger Teil der paternalistischen Sozialordnung Englands im 18. Jahrhundert darstellte, wurde nun unter dem doppelten Angriff der Durchsetzung einer bürgerlich-individualistischen Kultur, aber gerade auch einer aktiven und selbständigen Bewegung der englischen Unterschichten transformiert. Mit der Entstehung der englischen Arbeiterbewegung, insbesondere nach Beendigung des englisch-französischen Kriegs 1815, verloren sich zunehmend die paternalistisch-autoritären Formen der plebejischen Kultur und entwickelten sich zu einer proletarisch-plebejischen Kultur, für die basisdemokratische Öffentlichkeits- und Kommunikationsstrukturen mit entsprechenden Institutionen der Clubs, der Presse und des autodidaktischen Lernens, eine durch den Methodismus und Utilitarismus vermittelte moralische Ernsthaftigkeit, ein Mutualismus der gegenseitigen Hilfe und eine alternative moralische Ökonomie, zugleich aber auch ein dogmatischer Antiautaritarismus und ein chiliastisch-mechanistischer Glaube an ein anderes Wirtschaftssystem konstitutiv waren. Diese politische Kultur der frühen Arbeiterbewegung mit den ihr zugrundeliegenden Verhaltensdispositionen stellt insofern eine spezifische Klassenkultur dar, als sich Handwerker und Arbeiter — quer über die verschiedenen Berufszweige und Qualifikationsniveaus — ihrer eigenen Klassenidentität in ihrer Frontstellung gegen die herrschenden Klassen bewußt waren.

Diese in wenigen Strichen nachgezeichneten Resultate der Thompsonschen Untersuchung der frühen englischen Arbeiterbewegung bilden — wenn auch keineswegs in ihrer Bewertung und ihrer historischen Methodik einhellig geteilt — eine der zentralen Grundlagen der neuen anglomarxistischen Geschichtsschreibung der englischen Arbeiterbewegung. Vor ihrem Hintergrund stellt sich nun auch die sozialgeschichtliche Analyse der sich entwickelnden Arbeiterbewegung nach 1850 in einem anderen Licht dar[25]. Statt den Zerfall des Chartismus mit der Durchsetzung des Zehnstundentages, die Ausbildung hauptsächlich lohn- und tarifpolitisch orientierter Gewerkschaften, ihre politische Ausrichtung auf den oppositionellen englischen Liberalismus 1850—1880 und die Gründung der Labour Party — statt diese Entwicklung als politische Interessenvertretung der Gewerkschaften 1880—1914 als Institutionen-, Politik- und Ideenchronologie zu beschreiben und in die Alternative Reformismus versus Revolutionarismus zu stellen, entsteht nun die Frage nach den kulturellen Transformationen in der Lebensweise der Unterschichten und wie sie sich in dieser gewandelten Arbeiterbewegungsgeschichte politisch-kulturell rekonstituieren. Im ökonomischen Kontext einer sich nun rasch entfaltenden kapitalistischen Industrialisierung — die allerdings noch viele herkömmliche manufakturielle

---

25 Nach Hobsbawms Pionierarbeiten (*Labouring Men* [Anm. 18] und ders., *Labour's Turning Point, 1880—1900,* London 1974) kommt es zu einer Fülle neuer Untersuchungen über die Geschichte der englischen Arbeiterbewegung nach 1850. Einen kulturmarxistisch orientierten Überblick gibt David Sutton, Radical Liberalism, Fabianism, and Social History, in: Johnson/McLennan/Schwarz/Sutton, *Making Histories* (Anm. 12), S. 15—43.

und handwerkliche Produktionsprozesse kannte[26] — und in einem entsprechend veränderten sozialen Kontext neuer Arbeitsteilungen, Berufsqualifikationen und -dequalifikationen sowie neuer Urbanisierungs-, Wohn- und Familienformen zerbrach eine über den Chartismus vereinigte politische Klassenkultur und setzten sich in den Gewerkschaften und der Labour Party mit den neu entstandenen Arbeiterschichten — vor allem der labour aristocracy — nun partikular organisierte Formen der Klassenkultur durch, die allerdings die durchaus während der frühen Periode der Arbeiterbewegung schon vorhandenen utilitaristischen, respektabel-asketischen, mechanistisch-rationalistischen Charakterzüge fortsetzten[27]. Gareth Stedman Jones hat diesen politisch-kulturellen Transformationsprozeß als Remaking of the working class beschrieben und vor allem ihren defensiven und verschlossenen Konservativismus betont[28]. Sie hatte nun die kapitalistischen Arbeits- und Lebensverhältnisse mehr oder weniger akzeptiert, sich mit der Monarchie, dem Empire, der Aristokratie und auch der Staatsreligion mehr oder weniger abgefunden und sich auf die gewerkschaftliche und sozialpolitische Verteidigung und Verbesserung des Lebensstandards und der Lebensumstände konzentriert. Die Herausbildung dieser Art von Gewerkschaften und die Gründung der Labour Party waren in diesem Sinn die politische Kehrseite einer defensiven Arbeiterkultur. Aber sie bildete nichtsdestoweniger eine historisch-spezifische Klassenkultur, die wohl stark durch die kulturelle Hegemonie einer zunächst in der Weltmarktkonkurrenz überlegenen und dann durch sie in Frage gestellten Bourgeoisie geprägt war, aber auch ihre eigene genuine Klassenresistenz bewies.

Diese Form einer gewerkschaftlich und sozialreformerisch orientierten, vor allem durch männliche und qualifizierte Arbeiter getragenen und im Kompromiß mit, aber auch der Akzeptanz einer dominanten kapitalistisch-imperialistischen Gesellschaftsstruktur agierenden Arbeiterbewegung war bis nach dem Zweiten Weltkrieg vorherrschend[29]. Dabei gab es in dem langen Entwicklungsprozeß dieser Form der Arbeiterbewegung offensivere — vornehmlich nach dem Ersten und Zweiten Weltkrieg —, aber auch defensivere Phasen — in den zwanziger, dreißiger und fünfziger Jahren —, relevante Brüche mit dieser politisch-kulturellen Form jedoch gab es nur marginal. Als einzig in einem Land in Europa separierte sich in Großbritannien die

---

26 Vgl. Raphael Samuel, The Workshop of the World: Steam Power and Hand Technology in mid-Victorian Britain, in: *History Workshop Journal*, H. 3, 1977, S. 6—72.
27 Eine glänzende Darstellung gibt Eric J. Hobsbawm, Soziale Ungleichheit und Klassenstrukturen: Die Arbeiterklasse, in: Wehler (Hrsg.), *Klassen in der europäischen Sozialgeschichte* (Anm. 2), S. 53—65. Zur umfangreichen Diskussion über die labour aristocracy im Anschluß an John Foster vgl. *Class Struggle and the Industrial Revolution*, London 1974; vgl. den Überblick bei Gregor McLennan, *Marxism and the Methodologies of History*, London 1981.
28 Gareth Stedman Jones, Kultur und Politik der Arbeiterklasse in London 1870 bis 1900, in: Detlev Puls (Hrsg.), *Wahrnehmungsformen und Protestverhalten. Studien zur Lage der Unterschichten im 18. und 19. Jahrhundert*, Frankfurt a.M. 1979, S. 317—368. Vgl. auch ders., *Outcast London*, London 1971; ders., Industrial Revolution and Class Struggle, in: *New Left Review*, 90/1975, S. 35—70.
29 Vgl. Eric J. Hobsbawm, Trends in the British Labour Movement since 1850, in: ders., *Labouring Men* (Anm. 18), S. 316—343.

nach dem Ersten Weltkrieg gegründete Kommunistische Partei nicht als politische Alternative zur Labourbewegung[30].

Erst mit der langen Aufschwungsphase der kapitalistischen Produktionsweise nach dem Zweiten Weltkrieg, die zwar nicht die relativ archaischen Strukturen des englischen Kapitalismus modernisiert, aber dennoch neue Produktions- und Konsummuster mit sich bringt, erfolgen tiefgreifende soziale und kulturelle Veränderungen, die vor allem in den Jugendsubkulturen und dem familialen Wandel ihren markantesten Ausdruck finden[31]. Sie formieren sich politisch in verschiedenen sozialen Bewegungen, die sich politisch-kulturell jenseits des etablierten Parteienspektrums ausprägen und sich nur sporadisch in der nach 1956 entstehenden Neuen Linken in einer sozialistisch-kulturrevolutionären Richtung zusammenfinden. Wieweit dieser kulturelle Transformationsprozeß auch in einen politisch-kulturellen Wandel der gewerkschaftlich-labouristischen-sozialdemokratischen Arbeiterbewegung übergeht, ist offen, zumal die Neue Linke in einem Teil ihrer marxistischen und leninistischen Strömungen eher praktisch bremsend als verändernd wirkt[32].

II.

Die umrissene, vor allem durch Edward Thompson angestoßene, inzwischen in vielen marxistischen Arbeiten zur englischen Sozialgeschichte verfolgte, aber auch dort nicht immer durchgehaltene Vermittlung von Sozial- und Politikgeschichte im Rahmen einer kulturmarxistischen Gesellschaftsgeschichte wird derzeit auch zunehmend für die Sozialgeschichte der deutschen Arbeiterbewegung fruchtbar. Das Konstanzer Forschungsprojekt „Basisprozesse und Organisationsproblem" um Dieter Groh[33], der Göttinger Protoindustrialisierungsansatz von Peter Kriedte, Hans Medick und Jürgen Schlumbohm[34] in Kooperation mit Alf Lüdtke[35], das Essener Pro-

---

30 Vgl. Eric J. Hobsbawm, *Revolution und Revolte*, Frankfurt a.M. 1977.
31 Dies ist der zentrale Forschungsgegenstand der Arbeiten des Birminghamer Centres for Contemporary Cultural Studies. Zur Arbeiterkultur s. vor allem Chas Critcher, Sociology, Cultural Studies, and the Post-War Working Class, in: Clarke/Critcher/Johnson, *Working Class Culture* (Anm. 22), S. 13–40; zur Jugendkultur s. Stuart Hall/Tony Jefferson, *Resistance through Rituals*, London 1976; Axel Honneth (Hrsg.), *Jugendkultur als Widerstand*, Frankfurt a.M. 1979; allgemein: Stuart Hall/Dorothy Hobson/Andrew Lowe/Paul Willis, *Culture, Media, Language*, London 1980; Mike Brake, *Soziologie der jugendlichen Subkulturen*, Frankfurt a.M./New York 1981.
32 Raymond Williams, Notes on Marxism in Britain since 1945, in: *New Left Review*, 100/1976, S. 81–94; Edward P. Thompson, An Open Letter to Leszek Kolakowski, in: ders., *The Poverty of Theory* (Anm. 24), S. 92–192.
33 Dieter Groh, *Basisprozesse und Organisationsproblem. Skizze eines sozialgeschichtlichen Forschungsprojekts*, Arbeitspapier Nr. 18 der Projektgruppe „Basisprozesse und Organisationsproblem", Konstanz 1978.
34 Peter Kriedte/Hans Medick/Jürgen Schlumbohm, *Industrialisierung vor der Industrialisierung. Gewerbliche Warenproduktion auf dem Land in der Formationsperiode des Kapitalismus*, Göttingen 1977.
35 Alf Lüdtke, Alltagswirklichkeit, Lebensweise und Bedürfnisartikulation, in: *Gesellschaft, Beiträge zur Marxschen Theorie*, 11/1978, S. 311–350.

jekt um Lutz Niethammer[36], die Arbeiten von Erhard Lucas[37], aber auch der Ansatz einer empirischen Kulturwissenschaft durch die Tübinger Volkskundler[38] stellen die wichtigsten, wenn auch nicht alleinigen Konzentrationspunkte einer in dieser Perspektive angelegten materialistischen Sozialgeschichte der deutschen Arbeiterbewegung dar. Dazu kommt — neben Timothy W. Mason[39] — ein Kreis jüngerer britischer Historiker um Richard Evans, der vor allem zur Periode 1871–1945 auf anglomarxistischen Grundlagen Untersuchungen vorgelegt und angeregt hat[40].

Ohne die methodischen und theoretischen Binnendifferenzierungen dieser Ansätze hier ausleuchten zu können, richten sie sich ebenso wie der Thompsonsche Ansatz nicht nur gegen die marxistisch-leninistischen Interpretationsversuche der Geschichte der deutschen Arbeiterbewegung seitens jedenfalls der herrschenden Strömungen innerhalb der DDR-marxistischen Geschichtswissenschaft oder ihrer Ausläufer in der Bundesrepublik[41], sondern auch gegen die historischen Ansätze, die nach wie vor Wirtschafts-, Sozial- und Politikgeschichte von einer Sozialgeschichte der Alltagskultur trennen und dadurch die ökonomischen, soziologischen und politologischen Sichtweisen der Geschichte der Arbeiterbewegung bestehen lassen. Wenn gegenüber den vielfältigen ideen-, politik- und institutionengeschichtlichen Darstellungen der Geschichte der Arbeiterbewegung, die zumeist aus der Perspektive eigener parteipolitischer und gewerkschaftlicher Erkenntnisinteressen erfolgen, zunehmend Versuche einer wirtschafts- und sozialgeschichtlichen Fundierung durch eine Arbeitergeschichte vorgenommen werden, so geschieht dies zumeist ohne Infragestellung dieser ideologie- und politikzentrierten Sichtweisen der Geschichte der Arbeiterbewegung. Entweder wird mit einem orthodox-marxistischen Klassenmodell gearbeitet, das nun die ökonomischen, sozial-strukturellen und politisch-ideologischen Konstituierungsmomente des Proletariats unterscheidet, oder es wird in Ablehnung dieses Modells eine Wirtschafts- und Sozialgeschichte der ökonomischen und sozialstrukturellen Entwicklung der Arbeiterschaft geschrieben. Auch der gesellschaftsge-

---

36 Lutz Niethammer (Hrsg.), Wohnen im Wandel, Wuppertal 1979.
37 Erhard Lucas, *Märzrevolution 1920*, 3 Bde., Frankfurt a.M. 1973, 1974 und 1977; ders., *Zwei Formen von Radikalismus in der deutschen Arbeiterbewegung*, Frankfurt a.M. 1976.
38 Vgl. den Überblick zum Tübinger Ludwig-Uhland-Institut für empirische Kulturwissenschaft, in: *Ästhetik und Kommunikation*, H. 42, 1980, S. 97–144.
39 Timothy W. Mason, *Sozialpolitik im Dritten Reich*, Opladen 1978.
40 Die hier entstandenen Arbeiten gehören zu den wichtigsten, allerdings noch kaum rezipierten Anstößen zu einer marxistischen Sozialgeschichte Deutschlands, so vor allem: Richard Evans (Hrsg.), *Society and Politics in Wilhelmine Germany*, London 1978; ders., *Sozialdemokratie und Frauenemanzipation im deutschen Kaiserreich*, Berlin/Bonn 1979; ders. (Hrsg.), *The German Working Class 1888–1933*, London 1982; ders. (Hrsg.), Religion and Society in Germany, in: *European Studies Review*, Bd. 12, Nr. 3, London 1982; David Blackbourn/Geoff Eley, *Mythen deutscher Geschichtsschreibung. Die gescheiterte Revolution von 1848*, Frankfurt a.M./Berlin/Wien 1980.
41 Vgl. z. B.: Institut für Marxismus-Leninismus beim ZK der SED (Hrsg.), *Geschichte der deutschen Arbeiterbewegung*, 8 Bde., Berlin 1966; Jutta von Freyberg u. a., *Geschichte der deutschen Sozialdemokratie 1863–1975*, Köln 1977; Frank Deppe u. a., *Geschichte der deutschen Gewerkschaftsbewegung*, Köln 1977. Kritisch hiergegen: Manfred Scharrer, *Arbeiterbewegung und Obrigkeitsstaat*, Berlin 1976. Daß im Rahmen einer marxistisch-leninistischen Geschichtsauffassung auch wichtige Arbeiten entstehen, beweist Hartmut Zwahr, *Zur Konstituierung des Proletariats als Klasse*, München 1981.

schichtliche Ansatz einer Historischen Sozialwissenschaft, der im heuristischen Modell des Organisierten Kapitalismus die Entwicklung von einer kapitalistischen Klassengesellschaft zu einem staatsinterventionistisch regulierten Kapitalismus gerade über die Institutionalisierung des Klassenkonflikts unterstellt, überwindet diese strukturellen Differenzierungen und Arbeitsteilungen einer Gesellschaftsgeschichte nicht[42]. Und umgekehrt gelingt dies auch den in zunehmendem Maße entstehenden Untersuchungen zur Arbeiterkultur[43] nicht, wenn sie vor allem das Freizeitverhalten der Arbeiter zum separaten Forschungsgegenstand machen.

Der Perspektivwechsel einer marxistischen Sozialgeschichte der Arbeiterbewegung im Anschluß an Thompson bedeutet nicht nur einfach die Forderung nach einer Gesellschaftsgeschichte, in der die Arbeiterbewegungsgeschichte im traditionellen Sinn ihren Platz hat, sondern eine Gesellschaftsgeschichte der Arbeiterbewegung in einem spezifischen Sinn[44]. Die Herausbildung und Entwicklung kapitalistischer Gesellschaftsstrukturen mit ihren spezifischen ökonomischen Produktions- und Reproduktionsformen, ihren spezifischen Klassen- und Staatsstrukturen sind als strukturierende Zwänge anzusehen, denen die unteren Schichten unterworfen werden, die sie selbst mit produzieren, die sie erfahren, gegen die sie sich kulturell und politisch formieren und insofern auch von sich aus beeinflussen. Eine Sozialgeschichte der Arbeiterbewegung hat vor allem die sozialökonomisch strukturierten Erfahrungen und die kulturellen Reaktions- und Aktionsweisen zu rekonstruieren, um in diesem Kontext politische Organisations- und Widerstandsformen der unteren Schichten als spezifische Klassenformation interpretieren zu können.

---

42 Sie stellt die wichtigste Wende der bundesrepublikanischen Geschichtswissenschaft nach dem Zweiten Weltkrieg dar. Ihr gegenüber den meisten Ansätzen einer marxistischen Sozialgeschichte bisher wichtigster Vorzug ist ihre konsequent komparative Perspektive. Vgl. u. a. Jürgen Kocka, *Klassengesellschaft im Krieg. Deutsche Sozialgeschichte 1914–1918*, Göttingen 1973; ders., *Angestellte zwischen Faschismus und Demokratie*, Göttingen 1977; Hans-Jürgen Puhle, *Agrarbewegungen in kapitalistischen Industriegesellschaften, Deutschland, USA und Frankreich im 20. Jahrhundert*, Göttingen 1975; Hans-Ulrich Wehler, *Das Kaiserreich 1871–1918*, Göttingen 1970; ders., *Bismarck und der Imperialismus*, Göttingen 1974; Hans August Winkler, *Die große Krise in Amerika. Vergleichende Studien zur politischen Sozialgeschichte 1929–1939*, Göttingen 1973; ders. (Hrsg.), *Organisierter Kapitalismus*, Göttingen 1974. Vgl. aber auch Hartmut Kaelble u. a., *Probleme der Modernisierung in Deutschland*, Opladen 1978.
43 Vgl. Gerhard A. Ritter (Hrsg.), *Arbeiterkultur*, Königstein/Ts. 1979; Beiträge zur Arbeiterkultur im 19. Jahrhundert, in: *Geschichte und Gesellschaft*, 5. Jg., H. 1, 1979.
44 Die Thompsonsche Methode einer materialistischen Gesellschaftsgeschichte unterscheidet sich sowohl von der modernisierungstheoretischen Gesellschaftsgeschichte der westdeutschen Historischen Sozialwissenschaft (vgl. z. B. Hans-Ulrich Wehler, *Modernisierungstheorie und Geschichte*, Göttingen 1975; Jürgen Kocka, *Sozialgeschichte*, Göttingen 1977) als auch von der „strukturalistischen" Gesellschaftsgeschichte der Annales-Schule: vgl. hierzu Traian Stoianovich, *French Historical Method. The Annales Paradigm*, Ithaca/London 1976, aber auch Eric J. Hobsbawm, From Social History to the History of Society, in: *Daedalus* 100, Nr. 1, 1971, S. 20–45, dt. in: Hans-Ulrich Wehler, *Geschichte und Soziologie*, Köln 1972, S. 331–353. Vgl. die Diskussion dieser Ansätze bei McLennan, *Marxism and the Methodologies of History* (Anm. 27).

Für eine Sozialgeschichte der deutschen Arbeiterbewegung[45] ist zunächst im Hinblick auf den kapitalistischen sozio-ökonomischen Kontext die im Vergleich zu England relativ spät und dann ab 1840 und insbesondere ab 1870 sehr rasche kapitalistische Industrialisierung eine entscheidende strukturelle Bedingung[46]. Sie bedeutet nicht nur eine — gleichwohl regional sehr unterschiedliche — große Resistenz feudaler, halbfeudaler und protoindustrieller Wirtschafts- und Lebensformen, sondern auch sehr abrupte Übergänge von diesen in hochentwickelte kapitalistische Industrieformen. Gleichzeitig bedeutet die unter den Bedingungen relativer Unterentwicklung im Rahmen der von England bestimmten Weltmarktkonkurrenz einen (wiederum im Vergleich zu England) umfangreichen und zudem politisch autoritären und wenig konstitutionalisierten Staatsinterventionismus[47], der nicht nur für die kapitalistische Entwicklung Deutschlands ökonomische, sondern für die Organisierung der Klassen auch politische Folgen hat[48].

Die deutsche Arbeiterbewegung in ihrer Anfangsphase bis 1870[49] — von den politischen Auslandsvereinen, den stark durch die oberen Klassen beeinflußten Arbeiterbildungsvereinen und den rudimentären gewerkschaftlich-mutualistischen Organisationen, über die Radikalisierungen der 48er Revolution und den sich ausweitenden Streikbewegungen bis zur formellen Gründung von Gewerkschaften und Parteiorganisationen — findet in diesem sozioökonomischen Kontext einer nachholenden kapitalistischen Industrialisierung nicht einfach nur später als in England statt, sondern ihre kulturell und politische Formierung verläuft deshalb auch in unterschiedlicher Weise. Die Muster plebejischer Kultur, an die die frühe Arbeiter- und Handwerkerbewegung in Deutschland anknüpft, reichen nicht nur zeitlich weit ins 19. Jahrhundert hinein, sondern sind auch kulturell mehr durch feudal-ständische, auto-

---

45 Als Literaturüberblick zur Geschichte der deutschen Arbeiterbewegung empfiehlt sich Hans-Josef Steinberg, *Die deutsche sozialistische Arbeiterbewegung bis 1914. Eine bibliographische Einführung*; als Versuch einer sozialgeschichtlichen Interpretation: Dieter Groh, *Vorläufige Überlegungen zur Formierung der deutschen Arbeiterklasse*, Arbeitspapier Nr. 21 der Projektgruppe „Basisprozesse und Organisationsproblem", Konstanz 1979; als jüngste Gesamtdarstellung: Arno Klönne, *Die deutsche Arbeiterbewegung. Geschichte, Ziele, Wirkungen*, Düsseldorf 1981. Barrington Moore, *Ungerechtigkeit. Die sozialen Ursachen von Unterordnung und Widerstand*, Frankfurt a.M. 1982, stellt einen wichtigen komparativ angelegten soziologischen Interpretationsversuch dar, wenn auch keineswegs unumstritten: vgl. Gareth Stedman Jones, Barrington Moore on Injustice, in: *The Historical Journal*, Bd. 23, Nr. 4, 1980, S. 1003—1007.
46 Siehe Tom Kemp, *Industrialization in Nineteenth-Century Europe*, London 1969; David Landes, *Der entfesselte Prometheus*, Köln 1973. Vgl. auch meinen kapitalismustheoretischen Interpretationsversuch: Willfried Spohn, *Weltmarktkonkurrenz und Industrialisierung Deutschlands 1870—1914*, Berlin 1977.
47 Vgl. Alexander Gerschenkron, *Economic Backwardness in Historical Perspective*, Cambridge/Mass. 1962.
48 Hierzu etwas ausführlicher: Willfried Spohn, Preußen und der Übergang vom Feudalismus zum Kapitalismus, in: Andreas Kaiser (Hrsg.), *Denkmalsbesetzung. Preußen wird aufgelöst*, Berlin 1982, S. 292—304.
49 Vgl. Wolfgang Schieder, Zur Geschichte der deutschen Arbeiterbewegung im 19. Jahrhundert, in: *Neue Politische Literatur IX*, Frankfurt a.M. 1964, S. 323—338; Groh, *Vorläufige Überlegungen zur Formierung der deutschen Arbeiterklasse* (Anm. 45).

ritär-rebellische, religiös wie regional zersplitterte und weniger durch radikal-demokratische und selbständige Traditionen geprägt[50].

Auch in der Phase 1870–1914, in der vom ökonomischen Kontext her die kapitalistische Industrialisierung auf großer Stufenleiter erst richtig zum Durchbruch gelangt, aber in der zugleich vom politischen Kontext her durch die bonapartistische Herrschaftsform die institutionelle Formierung der Arbeiterbewegung erheblich restriktiven und repressiven politischen Bedingungen unterliegt[51], sind diese kulturellen Formationsmuster keineswegs außer Kraft gesetzt[52]. Wohl tragen ganz ähnliche Schichten der Arbeiterklasse, nämlich männliche Handwerker und Facharbeiter, die gewerkschaftliche Organisierung und ihre demokratische und sozialreformerische Politikrichtung wie auch ihre Verlängerung in der sozialdemokratischen Parteipraxis[53] und ist dieses institutionelle Entwicklungsmuster grob mit dem englischen vergleichbar. Doch unter den ökonomischen und politischen Gesellschaftsbedingungen geschieht die gewerkschaftliche und sozialdemokratische Entwicklung der Arbeiterbewegung einmal in Form einer relativ separierten, der Gewerkschaftsbewegung vorhergehenden politischen Parteibildung, zudem in Fortsetzung relativ autoritärer und hierarchischer Politikmuster und schließlich in subkulturell ziemlich abgeschlossenen und regionalisierten Formen. Dazu gehört nicht nur die allerdings klassenspezifische subkulturelle Reproduktion einer bildungsbürgerlich-wilhelminischen hegemonialen Kultur[54], sondern auch die religiöse Zersplitterung der deutschen Arbeiterbewegung in eine von der Sozialdemokratie sozialistisch-atheistisch transformierte protestantische Kultur und in eine der katholischen Kirche überlassenen katholisch-christlichen Arbeiterbewegung[55]. Erst in diesem politisch-kulturellen Milieu erschließt sich der Gehalt des orthodoxen Marxismus der Sozialdemokratie[56], der nicht nur demokratische und sozialpolitische Ziele, sondern auch utilitaristische und mechanistisch-messianische Dispositionen in einer Revolutionsideologie zusammenführt und insofern nicht nur eine spezifische politische Klassenkultur eines Teils der deutschen Arbeiterbewegung ausdrückt, sondern auch deren Separierung zu anderen Teilen der Arbeiterschaft und der Bevölkerung ideologisch befestigt.

---

50 Die Erforschung der plebejischen Kultur in Deutschland steckt noch in ihren Anfängen. Zu nennen sind hier vor allem die Ansätze in: Günther Wiegelmann (Hrsg.), *Kultureller Wandel im 19. Jahrhundert*, Göttingen 1973; Robert M. Berdahl u. a., *Klassen und Kultur. Sozialanthropologische Perspektiven in der Geschichtsschreibung*, Frankfurt a.M. 1982; Grießinger, *Das symbolische Kapital der Ehre* (Anm. 22).
51 Vgl. Lothar Machtan/Dieter Milles, *Die Klassensymbiose von Junkertum und Bourgeoisie*, Frankfurt a.M./Berlin/Wien 1980.
52 Vgl. Dieter Groh, Intensification of Work and Industrial Conflict, in: *Politics and Society*, Bd. 8, 1978, S. 349–397; Evans (Hrsg.), *The German Working Class 188–193* (Anm. 40); Hans Mommsen (Hrsg.), *Arbeiterbewegung und industrieller Wandel*, Wuppertal 1980.
53 Vgl. Wilhelm Heinz Schröder, *Arbeitergeschichte und Arbeiterbewegung*, Frankfurt a.M. 1978.
54 Vgl. Guenther Roth, *The Social Democrats in Imperial Germany*, Totowa 1963; Dieter Groh, *Negative Integration und revolutionärer Attentismus*, Frankfurt a.M. 1973.
55 Vgl. Evans (Hrsg.), Religion and Society in Germany (Anm. 40).
56 Vgl. Cora Stephan, *‚Genossen, wir dürfen uns nicht aus der Geduld bringen lassen!' Aus der Urgeschichte der Sozialdemokratie, 1862–1878*, Frankfurt a.M. 1977.

Die relativ rasche Isolierung und Zersplitterung der demokratisch-konstitutionellen, radikaldemokratischen, sozialistischen und kommunistischen Bewegungen und Organisationsformen 1918–1933, die infolge des Krieges entstanden und in die Novemberrevolution wie in die Weimarer Republik einmündeten, war nicht bloß Folge der politischen Spaltung der deutschen Arbeiterbewegung in die legalistisch-sozialreformerische Sozialdemokratie und die stalinisierte Kommunistische Partei[57], wenn sie auch entscheidend zur Niederlage der deutschen Arbeiterbewegung durch den Nationalsozialismus beigetragen hat. Diese politische Spaltung lagerte ihrerseits auf kulturellen Separierungen auf[58], die schon vor dem Ersten Weltkrieg zwischen der sozialistischen und christlichen Arbeiterbewegung, zwischen Handwerkern, Facharbeitern und ungelernten Arbeitern, zwischen Arbeiterschaft, altem und neuem Mittelstand entstanden und nicht überbrückt worden waren[59]. Dazu kam mit der Rationalisierungsphase und dann vor allem mit der Weltwirtschaftskrise gegen Ende der Weimarer Republik die zusätzliche kulturelle Separierung durch das Heer der in ihren politischen Teilen zunächst kommunistisch und dann nationalsozialistisch organisierten Arbeitslosen, die durch ihr politisches Verhalten die Grundlage für weitere Friktionen innerhalb der Arbeiterbewegung abgaben. Die Dominanz autoritär-korporativistischer und anti-autoritär-rebellischer kultureller Verhaltensdispositionen und die damit zusammenhängende Abgrenzung politischer Kulturen sind entscheidend auf Seiten der unteren Schichten daran beteiligt, daß es in Deutschland im sozioökonomischen Kontext der Weltwirtschaftskrise und den imperialistisch-obrigkeitstaatlichen Krisenlösungsstrategien der herrschenden Klassen zur Faschisierung von Gesellschaft und Staat kam[60].

Man kann davon ausgehen, daß über die gewaltsame Modernisierung der Gesellschaftsstrukturen in Deutschland durch den Faschismus, über die politische Spaltung von Ost- und Westdeutschland und über den kapitalistischen Wirtschaftsaufschwung im Westen die für die deutsche Geschichte so bedeutsamen sozioökonomischen Ungleichzeitigkeiten in einschneidender Weise ausgeglichen wurden. Das heißt nun für die Bundesrepublik nicht, daß mit der kapitalistischen Entwicklung mit ihren neuen Produktions- und Reproduktions-, Arbeits- und Familienstrukturen, mit der Ausweitung des öffentlichen Sektors und mit der Absorption ausländischer Arbeitskräfte nicht neue kulturelle Disparitäten und Separationen entstehen. Diese soziokulturellen Transformationen sind die Voraussetzungen für den Wandel der Wilhelminischen und Weimarer Parteienkonstellation zu dem durch die christlich-katholische und die sozialdemokratische Volkspartei dominierten Bonner Parteiensystem. Damit verschwindet nicht der sozioökonomische kapitalistische Produk-

---

57 Vgl. Carl E. Schorske, *Die große Spaltung – Die deutsche Sozialdemokratie von 1905 bis 1917*, Berlin 1979.
58 Vgl. Wilfried van der Will/Rob Burns, *Arbeiterkulturbewegung in der Weimarer Republik*, Frankfurt a.M. 1982; Hans August Winkler, Klassenbewegung oder Volkspartei? Zur Programmdiskussion in der Weimarer Sozialdemokratie 1920–1925, in: *Geschichte und Gesellschaft*, 8. Jg., 1982, S. 9–55.
59 Evans (Hrsg.), *The German Working Class 1888–1933* (Anm. 40).
60 Vgl. Mason, *Sozialpolitik im Dritten Reich* (Anm. 39); David Abraham, *The Collapse of the Weimar Republic*, Princeton 1981.

tions- und Klassenkontext, sondern die politisch-kulturellen Verarbeitungsweisen gleichen sich dem englischen und amerikanischen Muster stärker an, auch wenn die Traditionen politisch-kultureller Formierung noch deutlich sichtbar sind. Die Frage ist, inwieweit die durch die veränderten Produktions- und Reproduktionsverhältnisse bedingten neuen sozialen Bewegungen die alten und neuen kulturellen Separationen auch politisch reproduzieren — wie es durch weite Teile der neomarxistischen Studentenbewegung im ideologischen Rückgriff auf den orthodoxen Marxismus unbewußt getan wurde —, oder inwieweit sie politisches Ferment ihrer radikaldemokratischen und sozialegalitären Vermittlung und Überwindung werden.

III.

Ich habe versucht, im Vergleich zwischen der englischen und deutschen Geschichte der Arbeiterbewegung einige Forschungs- und Interpretationskonsequenzen durch eine im Kontext der Krise des Marxismus begründeten marxistischen Sozialgeschichte zu skizzieren. Ihr methodischer Ansatzpunkt ist ein Kulturbegriff, der die zwischen sozialökonomischen Strukturzwängen und politischen Organisationsformen soziokulturell eingelagerten Lebensweisen gesellschaftstheoretisch akzentuiert und historiographisch erschließt. Dieser Perspektivwandel einer Sozialgeschichte der Arbeiterbewegung lenkt den Blick auf die in sozioökonomischen Kontexten und politisch-organisatorischen Institutionen eingelassenen und sich entwickelnden alltagskulturellen und politisch-kulturellen Verhaltensmuster. Dadurch wird der im Marxismus verbreiteten Gefahr entgangen, die Geschichte der dominant gewerkschaftlichen, sozialreformerischen und parlamentarischen Arbeiterbewegung unter revolutionstheoretischem Vorzeichen lediglich als Reproduktionsmoment der kapitalistischen Produktionsweise zu sehen. Dadurch wird aber auch der politologischen und organisationssoziologischen Gefahr entgangen, die politisch-organisatorischen Institutionalisierungsformen zum Ausgangspunkt einer Geschichte der Arbeiterbewegung zu machen und dann die historisch-politischen Differenzen modellartig zu stilisieren. Gegenüber diesen ökonomistischen und politizistischen Hypostasierungen von Strukturen geht die kulturmarxistisch inspirierte Sozialgeschichte der Arbeiterbewegung vor allem von den sich in spezifischen kapitalistischen Kontexten entwickelnden kulturellen Reaktions- und Formierungsweisen sozialer Klassen, Schichten und Gruppen aus.
In einer komparativen Perspektive der Geschichte der Arbeiterbewegung und dem hier herangezogenen Vergleich zwischen England und Deutschland kommt es deshalb nicht darauf an, historische Differenzen ökonomisch-strukturtheoretisch unter dem Aspekt der Integration und Desintegration in und gegen die kapitalistischen Gesellschaftsverhältnisse einzuebnen, oder, umgekehrt, politizistisch unter dem Aspekt der einerseits demokratisch-konstitutionellen und der andererseits obrigkeitsstaatlich-autoritären Entwicklung idealtypisch zu überhöhen[61]. Statt dessen ist zu

---

[61] Vgl. hierzu die Kritik von Blackbourn/Eley, *Mythen deutscher Geschichtsschreibung* (Anm. 40), an der Stilisierung der deutschen Sonderentwicklung durch die hiesigen Vertreter der Historischen Sozialwissenschaft.

fragen, wie sich die hier gegebenen historisch unterschiedlichen Durchsetzungsprozesse kapitalistischer Strukturen auf kulturelle und politische Formationen und Transformationen auswirken. In dem hier gewählten historischen Vergleich zwischen der englischen und der deutschen Arbeiterbewegung erweisen sich für die deutsche Geschichte vor allem die mit der Ungleichzeitigkeit kapitalistischer Verhältnisse verbundenen zeitlichen und räumlichen kulturellen Ungleichzeitigkeiten als entscheidend. Sie bedeuten für Deutschland die langwirkende Resistenz plebejisch-autoritärer und -rebellischer Verhaltensdispositionen, die sich in der Geschichte der deutschen Arbeiterbewegung u. a. auch mit Hilfe des orthodoxen Marxismus und später des Leninismus reproduzieren, statt daß von ihr politisch-kulturell durch demokratische und basisdemokratische Prozesse wie in der Geschichte der englischen Arbeiterbewegung ausreichend gegengesteuert würde. Diese unterschiedliche Geschichte politisch-kultureller Formationen der unteren Klassen und Schichten ist zugleich entscheidend für die jeweilige Reaktion und Reaktionsmöglichkeit auf strukturell-ökonomische Krisenprozesse im Rahmen der Entwicklungsgeschichte der kapitalistischen Produktionsweise — namentlich in der Weltwirtschaftskrise 1929—32, die im einen Fall zum Zusammenbruch der Arbeiterbewegung vor der autoritär-faschistischen Gegenformierung und die im anderen Fall zur Stabilisierung der demokratisch-kollektiven Gegenmacht der Arbeiterbewegung führt.

Diese kulturell-differente Formationsgeschichte ist auch entscheidend für die gegenwärtigen soziokulturellen und politischen Entwicklungsprozesse im Spannungsfeld zwischen gewerkschaftlich-labouristischer bzw. sozialdemokratischer Arbeiterbewegung und neuen sozialen Bewegungen (und in diesem Sinn ist eine politische Soziologie ohne Sozialgeschichte nicht möglich). Inzwischen kann durchaus von einer ungefähren sozioökonomischen Angleichung kapitalistischer Gesellschaftsstrukturen zwischen beiden Ländern ausgegangen werden, auch wenn die Bundesrepublik amerikanischer und Großbritannien archaischer aussieht. Auch führen in beiden Ländern die sich nach dem Zweiten Weltkrieg entwickelnden Produktions- und Reproduktionsstrukturen veränderte Familien-, Wohn- und Kommunikationsstrukturen sowie veränderte Beanspruchungen der äußeren und inneren Natur mit sich — Bedingungen, unter denen sich überhaupt erst in breitem Ausmaß neue soziale Bewegungen entzünden und entfalten können. Jedoch für die Entwicklung der jeweiligen Formen des politischen Systems und der kulturellen Hegemonie, gerade auch in der jetzigen ökonomischen Krisen- und Depressionsphase und der damit verbundenen hohen strukturellen Arbeitslosigkeit, ist zentral, in welchen Formen sich die gewerkschaftlich-labouristisch-sozialdemokratische Arbeiterbewegung und die neuen sozialen Bewegungen jeweils zueinander verhalten haben und sich verhalten werden.

Ohne den in Großbritannien sich verschärfenden Nationalismus und die ihm zugrundeliegenden nationalen Kulturen zu übersehen[62], waren und sind die kulturellen und politischen Separationen zwischen Arbeiterbewegung und neuen sozialen Bewegungen hier erheblich geringer als in der Bundesrepublik. Obwohl es auch in

---

62 Vgl. Tom Nairn/Eric J. Hobsbawm u. a., *Nationalismus und Marxismus,* Berlin 1978.

Großbritannien nicht gelang, die kulturrevolutionären Impulse der neuen sozialen Bewegungen politisch in Form der Neuen Linken als unabhängige politische Kultur quer zum vorhandenen Parteienspektrum zu formieren, war der gegenseitige Bezug doch offener und intensiver. In der Bundesrepublik waren statt dessen die wechselseitigen Abschottungen und die damit verbundenen Tendenzen entweder zur Etablierung (vermittelt über die neomarxistische und -leninistische Ideologie) separierter Revolutionsparteien oder zur Unterwerfung unter die vorhandenen Partei- und Gewerkschaftsnormen erheblich wirksamer. Auch wenn hier jüngst jeweils mit der Spaltung von Labour und SPD in Großbritannien und mit der Politik der Grünen und Alternativen gegenläufige Entwicklungen sichtbar werden, so schlüsseln sich die politischen Grundkonstellationen in beiden Nachkriegsgesellschaften nur auf, wenn sie in den Kontext der Geschichte nicht nur der politischen, sondern der ihnen zugrundeliegenden kulturellen Formationen in beiden Ländern gestellt werden.

Die Krise des Marxismus signalisiert die Obsoleszenz einer ökonomistisch-evolutionistisch begründeten jakobinistischen Revolutionstheorie, aber keineswegs die einer auf Normen einer demokratischen, sozialegalitären, solidarischen, Mensch und Natur versöhnenden klassenlosen Gesellschaft. Das Ende der Arbeiterbewegung im Sinne der Vergangenheit marxistischer und leninistischer Revolutionstheorien ist deshalb auch unwiderruflich. Das Ende der Arbeiterbewegung im Sinne der sozialhistorischen Veränderung eines Typus einer klassenspezifischen Organisation des männlichen, qualifizierten und ökonomisch bessergestellten Teils der Arbeiterklasse durch ihre politische Konstitution als klassenunspezifische Volkspartei bedeutet eine stärkere Einspannung in eine reformkapitalistische Richtung[63], aber sie bedeutet auch eine traditionelle kulturelle Separationen stärker durchbrechende politisch-kulturelle Formierung. Insofern geht die Entwicklung emanzipatorischer Lebensweisen gegen die kapitalistischen Strukturen und damit auch die Entwicklung der Arbeiterbewegung weiter, allerdings in anderen und in vielleicht auch durch ihre Geschichte aufgeklärten historischen Formen.

---

63 Vgl. Hans Mommsen (Hrsg.), *Sozialdemokratie zwischen Klassenbewegung und Volkspartei*, Göttingen 1974; Theo Pirker, *Die SPD nach Hitler*, Berlin 1977.

*Bernd Rabehl/Werner Süß/Siegward Lönnendonker/Martin Jander/
Klaus Schröder*

Arbeiterbewegung, Populismus und die neuen sozialen Bewegungen*

Die Bestimmung des „Politischen" setzt seine historische Rekonstruktion voraus. Die Klassenverhältnisse der Gesellschaft der Bundesrepublik werden weitgehend politisch festgelegt und dadurch in ihrer ökonomischen Dynamik modifiziert bzw. definiert. Die Besetzung Deutschlands nach dem Zweiten Weltkrieg durch die westlich alliierten Truppen und durch die Rote Armee der UdSSR hat Eingriffe in die Nachkriegsentwicklung der beiden Deutschlands ermöglicht, die über bloße Einflußnahmen hinausgehen. Sie betreffen den jeweils politischen Charakter von Klassenkonstellation, von politischen Bündnissen, Verfassung, Staat und von politischer Kultur.

Im westlichen Deutschland bestimmt der Typus des Bündnisses der Klassen die Verfassung und den Staatsaufbau. Indem dieses Bündnis die Ökonomie und die politische Öffentlichkeit beeinflußt, muß es sich stets aufs neue bewähren oder neu geschlossen werden. Solch ein „vielseitiges" Bündnis, das zugleich immer die internationale Frontstellung in Deutschland repräsentiert, fordert geradezu Opposition heraus, die jedoch erst einmal seiner Disposition unterliegt.

Bestimmte historische Perioden der Anpassung dieses Bündnisses an internationale Konflikte und innere Spannungen bzw. an ökonomische Transformationsprozesse und Krisen produzieren in den fünfziger, den sechziger, den siebziger und den achtziger Jahren jeweils radikale, außerparlamentarische Oppositionsbewegungen. Es gilt für eine derartige Opposition, mit dem Bewußtsein über das „Politische" eine Handlungsperspektive zu gewinnen, will sie nicht nur Indiz von „Aufbrüchen" sein, die immer wieder absorbiert werden können.

Theo Pirker ist einer der wenigen Theoretiker der Nachkriegszeit, der diesen primär politischen Zusammenhang der Konstituierung der Bundesrepublik als ein Klassenbündnis reflektiert hat. Mit seinen theoretischen Ansätzen befaßt sich der folgende Aufsatz, wenn er diese in ihrer historischen Bedeutung zurückverfolgt und aktualisiert.

---

* Wir haben in unserem Beitrag bewußt auf Anmerkungen und Literaturhinweise verzichtet. Ähnlich wie Pirker liegt uns daran, unseren Text argumentativ und agitatorisch wirken zu lassen.

1. Westdeutsche Arbeiterbewegung zwischen politischem Neubeginnen und Vereinnahmung durch das bürgerlich parlamentarische System — zu *Theo Pirkers* Ansichten über das Ende der Arbeiterbewegung

1.1. Endstationen — zur politischen Krise der Arbeiterbewegung

Die westdeutsche Arbeiterbewegung hat nach Pirker ihren politischen Charakter verloren. Ihre Ein- und Unterordnung in bzw. unter ein rechtlich politisches System der Bundesrepublik, die moralische und politische Integration in eine Ordnung, der Verlust an Eigenständigkeit, an „Substanz", an Kampfeswillen, an Radikalität, an Umsetzungswillen von Demokratie und Sozialismus, diese Unterwerfung und die Hinnahme westalliierter Direktiven: All das charakterisiert nach Pirker das Ende einer politischen Klasse, die Auflösung einer eigenständigen, politischen Arbeiterbewegung. Er verdeutlicht diese Prozesse der „Zersetzung" und „Vereinnahmung", „der Unterwerfung" und „Absorption" durch die kapitalistisch bürgerliche Ordnung in seinen Untersuchungen über die „blinde Macht" der Gewerkschaften, über die „SPD nach Hitler" und über die „verordnete Demokratie" der Bundesrepublik.

Wie Pirker immer wieder selbst herausstellt, wurden diese Untersuchungen verschwiegen, unterschlagen, polemisch mißdeutet. Auch eine unabhängige Linke konnte mit diesen „Geschichten" nichts anfangen, sei es, weil sie längst selbst in den Sog der Selbstverleugnung hineingerissen wurde, sei es, daß diese Thesen aus dogmatischen Gründen abgelehnt wurden. Erst Ende der sechziger oder sogar erst Mitte der siebziger Jahre wurden Pirkers Untersuchungen einem breiten Publikum zugänglich gemacht. Aber die Zeit war ungünstig. Die offizielle Arbeiterbewegung, SPD und Gewerkschaften, verwaltete in der sozialliberalen Koaliton den westdeutschen Kapitalismus und war hingerissen vom Traum von Demokratisierung und materieller Umverteilung. Die unabhängige Linke war befangen von einer Einbildung der eigenen historischen Mission, in der „olle Kamellen" aus einer gescheiterten Arbeiterbewegung aufgewärmt wurden. Pirkers Bücher verschwanden ungelesen in den Bücherregalen.

Diese Reaktionen sind ohne Zweifel zeitbedingt, selbst Ausdruck von Verdrängung oder dogmatischem Pathos: Sie werden den Pirkerschen Überlegungen nicht gerecht.

Ohne ein zweifelhaftes Lob aussprechen zu wollen: Pirker bringt für die westdeutsche Arbeiterbewegung nach 1945 eine Einschätzung ihres „Aufgehens" in der „neuen Ordnung", die sich vergleichen läßt mit den analytischen und philosophischen Entwürfen der Verbürgerlichung und Bürokratisierung der Arbeiterbewegung, wie sie vor 1914 von einem revolutionären Syndikalismus ausgesprochen, primär von Sorel und Michels und nach 1918 vor allem von den Linkskommunisten Pannekoek, Rühle, Schröder und Korsch aufgestellt wurden. Die mehr philosophisch-soziologisch ausgerichteten Arbeiten von Horkheimer, Borkenau oder Gurland liefen in die gleiche Richtung. Ähnlich argumentierten die „Rechten", etwa Freyer, Jünger und Schmitt, wenn es ihnen darum ging, das „Elementare", die Leidenschaften, den Haß einer politisch „verlassenen" Arbeiterschaft für die „Revolution von Rechts" auszuschöpfen.

Pirker steht damit in einer Tradition des Denkens, die sich vom bloßen Glauben, von der Weltanschauung löst und diese beiden Strömungen und Tendenzen in der dreifach gespaltenen Arbeiterbewegung, in der sozialistischen, kommunistischen und christlichen Ausrichtung, verfolgt: die spontane Reaktion auf gesellschaftliche Widersprüche und die theoretisch bürokratische Verwaltung der Konflikte. Pirker geht darüber hinaus, wenn er die Einbindung der Arbeiterschaft in Wirtschaft, Moral, Ideologie, in die verfassungsmäßige Ordnung, in Politik mit berücksichtigt. Er ist ein historisch argumentierender Soziologe, dem es darauf ankommt, Zusammenhänge, Bindungen, Abhängigkeiten, Machtverhältnisse aufzudecken. Er ist damit auch dem modischen Gerede vom Ende der Arbeiterbewegung weit überlegen.

Eine Aktualität der Pirkerschen Untersuchungen ist darin zu sehen, daß die tagespolitischen Krisen sowohl das alliierte Diktat der Grundlinien der Verfassung der Bundesrepublik Deutschland als auch die bürokratische und machtpolitische Einbindung der Arbeiterbewegung zum Ausdruck bringen. Die Verfassungsopposition, die Tradition der radikalen Demokratie, wird nicht von Sozialdemokratie und Gewerkschaften getragen. Sie findet ihren Akteur in außerparlamentarischen Bewegungen.

Die Abhängigkeit der Bundesrepublik von den USA und vom westlichen Militärblock bzw. die außenpolitische Begrenzung der Souveränität zeigt sich in den Fragen der „Nachrüstung". Indem außerparlamentarische Initiativbewegungen zu radikalen Verfassungsbewegungen werden, die das Plebiszit bei „Schicksalsfragen" der Nation, das Mehrheitswahlrecht, die Wirtschaftsdemokratie einklagen, gleichzeitig das Parteienprivileg modifiziert wissen wollen, erweist sich die „Ohnmacht" der Arbeiterbewegung, die diese alten Arbeiterpositionen geräumt hat; es verdeutlicht sich auch die autoritäre Grenzziehung der Verfassung von 1949.

Diese außerparlamentarischen Oppositions- und Verfassungsbewegungen agieren immer am Rande der verfassungsmäßig gesicherten Legalität. Der demokratisch militante Charakter einer „wehrhaften Demokratie" bedroht jede Opposition, die nicht die Begrenzung von Parteienprivileg, Stellvertretung, Versammlungs- und Demonstrationsrecht akzeptiert oder die die historisch überbrachten Machtverhältnisse und Kompromisse, die diese Verfassung formten, nicht anerkennen und erweitern will.

Der Machtwechsel des Jahres 1982 in Bonn, der Zerfall des Liberalismus und das Einschwenken auf die amerikanische Europapolitik, ohne daß das Volk an dieser Kurskorrektur Anteil hat, ohne daß eine Arbeiterbewegung sich moralisch verantwortlich fühlt, erweisen die autoritäre Starrheit einer Kanzlerdemokratie. Wichtige Entscheidungen können über die Köpfe hinweg gefällt werden. Die Nachtragswahl zum Machtwechsel in Bonn, im März 1983, verdunkelt wie jede Wahl die grundlegenden Probleme dieser Nation: forcierte Aufrüstung, Kriegsmobilisierung, die konservative Wende, Massenarbeitslosigkeit, ökologische Katastrophen.

In der Stellung der Gewerkschaft zur Arbeitslosigkeit und zur außerparlamentarischen Oppositions- und Verfassungsbewegung beweist sich erst einmal schlagartig das „Ende" bzw. die „Absorption" der Arbeiterbewegung: Verfassungsfragen über Volksabstimmungen oder Wirtschaftsdemokratie scheinen genauso weit weg wie der politische Streik, Betriebsbesetzungen, Demonstrationen gegen Betriebsstillegungen und Massenentlassungen. Die Führung setzt auf das kapitalistische Modell von Arbeitsbeschaffung und Investitionen, auf Staatsinitiativen oder auf Verstaatlichungen.

1.2. Die „Verordnete Demokratie" als Drehpunkt der Auflösung einer politischen Arbeiterbewegung

Pirker läßt in seinen Analysen keinen Zweifel daran, daß in den Betrieben, in den Betriebsräten, in den Kommunen, selbst in der SPD und partiell auch in CDU, CSU und FDP nach 1945 soziale Kräfte vorhanden waren, die einen politischen Neuaufbau anstrebten, der weit über die Verfassung von Weimar hinausging. So wie die Produktion in den Betrieben von den Arbeitern in Gang gesetzt wurde, so wurde der Wiederaufbau in den Städten und Gemeinden unmittelbar von den „proletarischen Bürgern" vorgenommen. Die SPD repräsentierte so etwas wie ein Bündnis von Volks- und Arbeiterbewegung, das dem Willen entsprach, ein Gemeinwesen zu errichten, in dem plebiszitäre Elemente verbunden waren mit parlamentarisch demokratischen Formen.

Die Vorstellungen einer Wirtschaftsdemokratie gingen über die der Mitbestimmung hinaus: In der verstaatlichten Großindustrie sollte die Mitentscheidung der wichtigen betrieblichen Funktionsträger in Fragen von Produktion und Management so etwas wie eine sozialemanzipative Vergesellschaftung der Produktion beginnen. In den Kommunen sollten die kommunalen Körperschaften selbst verwalten; Kommunalbeamte waren verantwortlich und abwählbar.

Die Tätigkeit der Parteien wurde durch kommunale, betriebliche und plebiszitäre Entscheidungen der Betroffenen überlagert: Die Parteidemokratie wäre damit eingebettet in eine soziale Demokratie. Arbeiterklasse und „unteres Volk" gingen mit derartigen Vorstellungen eines neuen Beginns über die eigene Tradition hinaus. Die Paralyse der Arbeiterbewegung von 1933 sollte sich nicht wiederholen.

Diese politische Klasse äußerte in diesen Vorstellungen Verantwortung und so etwas wie „Gestaltung". Bestimmte Traditionen, Spaltungen, Blockierungen, historische Festlegungen und Vereinnahmungen wurden überwunden: Die Arbeiterklasse war politik- und machtfähig. Sie erhob die soziale Emanzipation zum Maßstab des Handelns. Das geschah mehr spontan, elementar, geboren aus dem Augenblick des Zusammenbruchs des Nationalsozialismus. Die Eliten hatten sich noch nicht neu eingerichtet, und die nächsten Aufgaben wurden jenseits der Ideologien bewältigt. Dabei entstanden diese Zielsetzungen.

Pirker hängt bei solch einer Charakterisierung keinem Imperativ des Sollens an. Er läuft nicht irgendwelchen Illusionen nach. Diese Haltung der politischen Klasse wurde historisch in den Großbetrieben, in den Kommunen, in den Gründungszirkeln der Parteien, primär in der SPD umgesetzt. Es bildete sich in Ansätzen so etwas wie eine radikale Verfassungsbewegung heraus, der es um eine radikale Demokratisierung der Gesellschaft und um nationale Unabhängigkeit ging. Die alten Klassen sollten politisch genauso zurückgedrängt werden wie die Anmaßungen der Besatzungsmächte, denen die Deutschlandpolitik immer erst Innenpolitik, die Sicherung von Macht und Einflußsphären bedeutete. Es bestand die Gefahr, daß Deutschland wie im Dreißigjährigen Krieg Objekt und damit Spielball von Großmachtinteressen wurde. Einer derartigen Einflußnahme auf die deutsche Innenpolitik mußte die Arbeiterbewegung als Verfassungs- und Volksbewegung entgegenwirken.

Das geschah nicht. Lag es an der Inszenierung der Weltpolitik als Deutschlandpolitik, lag es an den massiven Eingriffen der USA in die westdeutsche Innenpolitik, lag es an den Maßnahmen der Militärdiktatur, lag es am Aufkommen der restaurativen Kräfte — im Ergebnis schwenkte eine massiv von den Alliierten behinderte Arbeiterbewegung auf den westeuropäischen Kurs ein. Damit waren die Weichen ihrer politischen Entmachtung und Auflösung gestellt.

Für Pirker wurde die Kontinuität von nationalsozialistischer Diktatur und Verfassung der Bundesrepublik ausschließlich über die alliierte Militärdiktatur hergestellt. Sie verhinderte weitgehend Aufbau und Entfaltung der Gewerkschaften. Sie unterlief die selbständige Konstituierung der Parteien, primär der von der SPD getragenen Verfassungsbewegung für ein neues Deutschland. Sie verbot Demonstrationen, löste die Betriebsräte auf, sie setzte die Sozialisierungsparagraphen außer Kraft, sie berief den Parlamentarischen Rat, sie diktierte die Verfassungsgrundlagen, sie oktroyierte den Föderalismus, sie bereitete die Westbindung vor.

Pirker ist erschrocken über die Tatsache, daß die Militärdiktatur die Entscheidungen über eine Verfassungsfindung löste von der Volksmeinung, von den Überlegungen und Zielen der Parteien und Verbände, von den sozialen Bewegungen im westlichen Deutschland und daß sie die Ausarbeitung einem Spezialistengremium übertrug, das nach den Anweisungen politischer Offiziere vorging. Diese Vorgehensweise konnte nur gelingen, weil eine militärische Diktatur alle Volksansprüche zurückdrängte bzw. auslöschte und die restaurativen Kräfte der alten Klassen und Staatsbürokratien favorisierte.

Die Ereignisse der Revolutionen und Unruhen in China, in Asien, die Zurückdrängung bürgerlicher und proletarischer Bewegungen in Osteuropa, die großen Streiks in Italien und Frankreich, die Berlin-Blockade hatten nach Pirker eine doppelte Konsequenz: Zum einen wurde Einflußsphäre der USA primär auf Europa und Japan zugeschnitten, zum anderen wurden die Ereignisse für eine antikommunistische Mobilmachung ausgenutzt, der die Einheit der Nation und der politischen Klasse der Arbeiter geopfert wurde. Sie war Element einer kämpferischen Ausrichtung der Verfassung: gegen die Feinde der demokratischen Grundordnung und gegen eine radikale Demokratisierung der Gesellschaft vorzugehen.

Diese Verfassung hatte machtpolitisch eine parteipolitische Festlegung der Westmächte zugunsten der konservativ-kapitalistischen Kräfte zur Voraussetzung. Sie bedeutete zugleich immer die Eingliederung Deutschlands in eine europäische Verteidigungsgemeinschaft. Sie stellte damit die Weichen für die Wiederaufrüstung und Militarisierung. Die amerikanische Europapolitik war auf die Spaltung Deutschlands eingeschworen. Den demokratischen und sozialemanzipatorischen Kräften war vorerst jeglicher Einfluß genommen. Gegen den Willen der Bundesregierung kam eine parlamentarische Opposition nicht an. Die beschränkte Souveränität des westdeutschen Staates, die vertragsmäßig stets von den westlichen Besatzungsmächten abhängig blieb, wirkte selbst immer wieder auf die Beschränkung radikaler Oppositionen oder Sozialbewegungen zurück.

Indem plebiszitäre und wirtschaftsdemokratische Elemente ausgespart wurden, wurde die Verfassung auf eine Kanzlerdemokratie zugeschnitten: Der Kanzler benennt und entläßt mit Parlamentszustimmung die Minister. Sie können gegen seinen Willen nicht gestürzt werden. Die Regierung ist abhängig vom Parlament. Sie besitzt, ist die parlamentarische Mehrheit gesichert, weitgehende Autonomie, denn der Bundespräsident repräsentiert eine neutrale Gewalt; der Bundesrat ist primär Hüter der föderalistischen Struktur des Staates. Die spätere Ausnutzung des Notverordnungsrechts und der inneren Sicherheit befähigen Kanzler und Länder, gegen radikale Parteien und Bewegungen vorzugehen.

Indem sich die Arbeiterbewegung auf einen derartigen verfassungspolitischen Mechanismus einließ, repräsentierte sie nach Pirker selbst ein Stück „System" oder „Staat" gegenüber der Arbeiterklasse. Der Verzicht auf die politische Eigenständigkeit und die Anerkennung der macht- und verfassungspolitischen Gegebenheiten machten die Partei und die Gewerkschaften zu einem Hebel kapitalistischer Modernisierung und damit zum Bestandteil dieser modernisierten Ordnung. Die Geschichte ließ sich nach Pirker auch anders lesen: Arbeiter und Angestellte gaben mit der Ingangsetzung der Produktion zu erkennen, daß ein „entnazifizierter" Kapitalismus, der die Arbeiter am sozialen Fortschritt teilnehmen ließ, mit Produktivitätssteigerungen und Arbeitsdisziplin zu rechnen hatte. Das politische „Bündnis" zwischen Kapital und Facharbeitern, das sich auf das Grundgesetz stützte, fand die Unterstützung und Anerkennung der Arbeiter, solange materielle Vorteile gewährleistet und die Grundrechte der Arbeiter im Betrieb anerkannt wurden. Ein solches Politikverständnis mußte zu einer Demobilisierung und Entideologisierung der Arbeiterbewegung führen, was real immer die Einpassung in den bestehenden politischen Mechanismus und in die herrschende Moral und Konsumideologie bedeutete. Das war nicht nur eine politische „Abrüstung" der Arbeiter, das war eine Auslieferung ihrer Interessen an die Führung, an die eigene Bürokratie und an die staatlichen Machtapparate. Die Organisationen der Arbeiter wandelten sich in quasi staatliche Kontrollorgane über die Arbeiter.

1.3. Das Neubeginnen als Ende der Arbeiterbewegung: der Pirkersche Ansatz im soziologischen Vergleich

Pirkers Argumentation erinnert an anarchistische, syndikalistische und linkskommunistische Untersuchungen über den Arbeiterreformismus; Pirkers Denkweise hat auch Beziehungen zur nationalrevolutionären Agitation. Der Anarchismus des 19. Jahrhunderts hatte die parlamentarische Einbeziehung der Arbeiterbewegung stets als eine Anerkennung bürgerlicher Prinzipien und Halbheiten bekämpft. Er witterte Ambitionen der Intelligenz, die Arbeiter- oder Volksbewegung als Vehikel der eigenen Karriere und des sozialen Aufstiegs auszubeuten. Theoretische Systematik war ein Indiz für die Verklausulierung von Ansprüchen einer Intelligenz in Volksinteressen.

War diese anarchistische Kritik beeinflußt von den Vorstellungen von Aufruhr und Rebellionen der Bauern und Handwerker oder überhaupt vom sozialen Milieu kapitalistisch nicht entwickelter, halbfeudaler Gesellschaften, so bezog sich der revolutionäre Syndikalismus ausdrücklich auf die politische und bürokratische Integration der Arbeiterbewegung in das bürgerliche System und ihre Entfremdung von ursprünglichen Zielsetzungen.

Sorel etwa ging es darum nachzuweisen, daß die Arbeiterbewegung mehr und mehr zum Medium einer kleinbürgerlichen Intelligenz verkam. Über parlamentarische Tätigkeiten verdeckten die Funktionäre die Ursprünglichkeit, die Spontaneität, die Unmittelbarkeit der Arbeiter, die durch die kapitalistische Produktion geformt und geeint wurden und die in der Sprengung dieser Produktionsweise zugleich Staat und Politik zertrümmern mußten. Die Arbeiterbürokratien und Funktionsträger paßten die Unterdrückten der Taktik und der Stellvertreterpolitik an: Sie infizierten die Arbeiter mit den Illusionen bürgerlicher Gleichheit und Freiheit.

Einzig die radikale Ablehnung von Parlamentarismus und Reformismus, die Ablehnung jeglicher theoretischer Konzepte als Sprachverdrehung und Suggestion schuf der Arbeiterbewegung Bahn, eigene Interessen durch- und umzusetzen und eine Gesellschaft ohne Herrschaft und Staat zu erringen.

Gegen den bürgerlichen Mythos von Politik, gegen die Versprechungen und Kompromisse mußte der Mythos des Generalstreiks, der anderen Gesellschaft, der totalen Gegnerschaft gestellt werden. Die Politik der bürgerlichen Republik stieß auf radikale Ablehnung. Die Antipolitik, die Antihaltung, der politische Existentialismus des Dagegenseins, die Hoffnung auf den Generalstreik waren nach Sorel Mittel, moralisch und ideologisch den Versuchungen der bürgerlichen Welt zu widerstehen und die ursprünglichen Prinzipien des Arbeiterkampfes aufzudecken.

Michels stellte in seinen Untersuchungen über die deutsche Sozialdemokratie die negative Integration der sozialdemokratischen Organisations- und Subkultur in die bürgerliche Ordnung fest. In der Gegnerschaft zum Kaiserreich und in Widerspruch zu dem Produktionsverhältnis des Kapitals entstanden Ideologien und Politikverständnisse, die die Modernisierung von Wirtschaft und Staat vorwegnahmen, ohne die Kapitalverhältnisse grundsätzlich in Frage zu stellen. Eine derartige Haltung war selbst wieder Ausdruck dafür, daß in dieser Gegenkultur eine soziale Mobilität von unten nach oben stattfand. Der Aufstieg der Funktionäre in das organisatorisch abgesicherte Kleinbürgertum oder sogar in den Mittelstand war verbunden mit einer subtilen Übernahme kleinbürgerlicher Moralvorstellungen, Ideologien und Politikkonzeptionen. Mehr noch: Eine derartige Mobilität wurde gestützt durch den Mechanismus der Bürokratisierung, der verbandsmäßigen Arbeitsteilung und durch die Parlamentarisierung der Arbeiterbewegung.

Diese „Oligarchisierung" der Arbeiterorganisationen war die Kehrseite der politischen Entmündigung der Arbeiter und ihre ideologische Einfügung in die Welt der Bourgeois. Der Aufstieg der Funktionäre der SPD, der Gewerkschaften, der Konsumvereine, Genossenschaften usw. in die kleinbürgerliche Schicht sicherte nach Michels das grundsätzliche Einschwenken der proletarischen Gegenkultur in das kulturelle und politische Milieu der bürgerlichen Gesellschaft. Der Reformismus war die Ideologie, die Taktik, die marxistische Weltanschauung, die Moral und Zuversicht eines derartigen Einschwenkens.

Eine zukünftige Republik besaß in der Interpretation von Sorel und Michels eine feste Säule in der sozialdemokratisch organisierten Arbeiterbewegung, die für ihre politische Anerkennung bzw. für Reformen, Teilzugeständnisse, Umverteilungen, die niemals die Substanz des Kapitals antasteten, ihre Revolutionsinteressen und ihre Prinzipien aufgab. Primär durch die Arbeiterbewegung gelang dem Kapitalismus eine politische und damit ökonomische Modernisierung: seine Erneuerung.

Für die Linkskommunisten war das Verhalten der Sozialdemokratie in der Revolution von 1918 und deren Funktion in den ersten Koalitionsregierungen der Weimarer Republik der Beweis für den „Verrat" und für die syndikalistischen Behauptungen. Über diese gingen sie in der Hinsicht hinaus, daß sie die Erfahrungen der russischen und deutschen Revolutionen zum Maßstab der Kritik am Reformismus machten. Die revolutionären Organe der Sowjets oder Räte und die Anstrengungen von Wirtschaftsplanung, um staatliche Gewalt abzuschaffen bzw. zentrale Entscheidungsgremien in dezentrale Körperschaften zurückzunehmen, wurden in der linkskommunistischen Theorie zum Prinzip, zum Drehpunkt ihrer Auffassungen versteinert. Eine derartige Orientierung auf „Revolution", die durchaus revolutionsromantische Bezüge zur Realität zuließ, verlor die Politik- und Machtfähigkeit. Sie erstarrte in Rechthaberei und Dogmatismus.

Die rechten Revolutionäre zogen aus der syndikalistischen Kritik andere Schlußfolgerungen. Die Ausrichtung der Arbeiterbewegung auf die staatliche Macht – indem sie als Sozialdemokratie diese entweder durch Absorption des Staates und parlamentarische Erfolge der Arbeiterparteien für die eigenen Interessen anstrebte und sicherte oder indem sie als Bolschewismus bestehende Macht zerschlagen sollte, um letztlich Strukturen, Funktionen, Kontinuität, Aufgaben von staatlicher Herrschaft zu ersetzen, mit eigenen Kadern und Funktionsträgern auszustatten –, diese Ausrichtung verdichtete die ideologischen Ziele der Arbeiterbewegung grundsätzlich zum Mythos. Sozialismus, Staat, Diktatur des Proletariats wurden realpolitische Grundsätze, denen sich alles einbilden ließ. Waren die Arbeiter erst einmal von ihrer Tradition, ihren Interessen und Wünschen gelöst, konnten sie auch Objekt rechter Mobilisierungspolitik werden. Ein linker Mythos ließ sich grundsätzlich durch einen rechten Mythos von Nation, Befreiung, Deutschtum, Gemeinschaft, Führerstaat ersetzen.

Nach der Auffassung dieser rechten Revolutionäre hatte sich die sozialdemokratische und christliche Arbeiterbewegung in das System eingekämpft: Im Rahmen der Kompromisse und einer politischen Gleichheit wurde die Arbeiterbewegung selbst Staat. Die spontanen Reaktionen der Arbeiter auf Konflikte, Arbeitslosigkeit und Ungerechtigkeit äußerten sich außerhalb der Arbeiterbewegung. Spontanität, Unmittelbarkeit, elementare Wut wurden als revolutionäre Tugenden einer Klasse angesehen, die ihre politische Bestimmung und Selbständigkeit verloren hatte. Es galt diese revolutionären Leidenschaften erneut zu politisieren, ihnen eine andere Richtung zu geben. Das Aufmüpfige, die periodisch ausbrechende Unzufriedenheit der Arbeiter, sollte verbunden werden mit der „Natur" der Produktion, die längst zur „zweiten Natur" dieser Klasse geworden war: mit der Fabrikdisziplin, mit der Kooperation, der Eingliederung in das Maschinensystem, mit Fachkenntnis, Fähigkeit und Solidarität. So entstand die „Gestalt" des Arbeiters, der sich unter dem Einfluß der Revolution von Rechts endgültig den Illusionen von Liberalismus und Marxismus entwand und der sich nun als das wirkliche Rückgrat des „Volkes" daran machte, die politische „Wende" herbeizuführen, mit den faulen Kompromissen den Sozialstaat zu zerschlagen, den ausländischen Einfluß und Bedrohung zurückzudrängen und eine neue Gemeinschaft des Volkes anzustreben. Aktionismus und Disziplin verbanden sich mit dem „Soldatischen" und mit der nationalen Identität der Arbeiter.

Die Rechtsrevolutionäre wissen, daß um die Arbeiterklasse gekämpft werden muß. Ihnen ist zugleich bewußt, daß solch ein Kampf um die Köpfe gelingen kann, weil die politische Arbeiterbewegung traditionelle Interessen und Zielsetzungen im Zuge der Anpassung an die ökonomischen und politischen Voraussetzungen bürgerlicher Herrschaft längst aufgegeben hat. Solch Politikverständnis geht über sozialphilosophische Überlegungen hinaus, die einen Mechanismus der Unterwerfung und Eingliederung der sozialen Bewegung in die „Maschinerie" des autoritären Staates einfach konstatieren. Es erweist sich auch den syndikalistischen Positionen überlegen, die der realen Anpassung und Bürokratisierung der Arbeiterbewegung ausschließlich revolutionäre Prinzipien entgegenhalten können, ohne sich um die Machtsouveränität, um die eigene Politikfähigkeit zu kümmern.

Pirker nimmt in seinen Untersuchungen indirekt Stellung zum syndikalistischen und rechtsrevolutionären Ansatz: Er unterstreicht die Bürokratisierung und Funktionalisierung der Arbeiterbewegung als Element kapitalistischer Modernisierung von Wirtschaft und Gesellschaft nach 1945. Machtpolitisch ist ihm klar, daß eine massenpolitische Mobilisierung nur gelingt, wenn sie machtpolitische Souveränität und organisatorische Träger findet. Sein Maßstab der Darstellung ist deshalb nicht bloß „eine Geschichte von unten", reduziert auf Antietatismus und Spontanität. Ihn interessiert die Politik- und Machtfähigkeit der sich neu artikulierenden politischen Klasse der Arbeiter.

Erst mit dem funktionalen und organisatorischen Einschwenken von SPD und Gewerkschaften auf die „Neuordnung" und die „Westorientierung" verliert die Arbeiterbewegung die Politikfähigkeit. Wird die Mobilisierung von links aufgegeben, wird politisch der nationale und internationale Zusammenhang der „Neuordnung" unterschlagen, dann wird die Arbeiterklasse erneut anfällig für populistische Bewegungen, ob sie nun von links oder rechts kommen. Unbehagen, Sonderinteressen, Unzufriedenheit können sich nur in außerparlamentarischen, populistischen Bewegungen äußern, weil in bestimmten Situationen weder die etablierten konservativen Parteien noch die etablierten linken Organisationen und Verbände eine derartige Spontanität aufnehmen können. Außerdem verbietet das die demokratische Grundordnung der Bundesrepublik. Die Pirkerschen Untersuchungen finden genau da Aktualität, wo die politische Situation auf die „Mängel" bzw. auf die „Erstarrungen" von Verfassung und Politik verweist.

2. Pirkers Analyse der „Verordneten Demokratie" im Kontext der westdeutschen Verfassungsdiskussion

Die verfassungstheoretische Debatte um den politisch-sozialen und geschichtlichen Gehalt des Grundgesetzes steht seit den ersten Nachkriegsjahren bis heute ganz im Zeichen einer vermeintlichen Vergangenheitsbewältigung. Wo immer über den westdeutschen Verfassungsstaat gestritten wird, da wird an das Schicksal der Weimarer Republik erinnert. Weimar habe aufgrund seiner Verfassung die Massen dazu verführt, eine faschistische Diktatur hervorzubringen. Die Weimarer Verfassung habe der Massendemokratie zu große Konzessionen eingeräumt.

Bewußt flüchtig angelegt ist es eine Art der Erinnerung, die vergessen machen will und die insgesamt nicht frei ist von eigenen parteitaktischen bis oberflächlich-apologetischen Zwecksetzungen im Hinblick auf die jeweils eingenommene Interpretationsperspektive.

Der Faschismushinweis ruft das Schreckensbild von Gewalt, Willkür und Chaos wach. Er symbolisiert die Resultate eines zu den Massen hin geöffneten und insofern normativ falsch angelegten Konzepts von politischer Demokratie. Freilich nur insofern, als dabei das Wissen um den zeitgeschichtlichen Zusammenhang von Faschismus und Kapitalismus, um die klassenpolitische Fundierung der faschistischen Machtübernahme und um die Strategiekalküle des Naziregimes nur von untergeordnetem Interesse ist. So geht es entsprechend in den verfassungspolitischen Würdigungen und Kritiken des Grundgesetzes kaum noch um die Bewältigung der faschistischen Vergangenheit und deren Folgen. Beides wird zugunsten einer zunftartigen Rückschau auf die Konstruktionsprinzipien und die Normenbestände des Weimarer Verfassungsstaates und — in dieser Vermittlung — auf die Traditionsbestände der deutschen Staatsrechtlehren und ihrer Generaldebatten in den Hintergrund gespielt.

Das Bonner Grundgesetz wird ausgemessen am „Argument Weimar" und an den aus diesem Argument gezogenen juridischen Argumentationsinstanzen, die die macht- und klassenpolitischen Zusammenhänge von Verfassungsfragen und damit ihre Geschichtlichkeit an den Rand drängen. Eine solche Diskussion ist symptomatisch für die Behandlung aller innenpolitischen Ereignisse, die zentrale Streitfragen des westdeutschen Verfassungsstaates aufwerfen. Mit ihr zu brechen, dazu verhilft die Lektüre von Pirkers „Verordneter Demokratie". Wie kaum eine andere Schrift macht sie der prekären Faszination des „Arguments Weimar" ein Ende, indem sie unmißverständlich feststellt, daß das GG als „eine Erscheinung und ein Geschöpf des Weltbürgerkrieges nach 1945" zu verstehen ist.

Pirker lenkt den Blick radikal auf die globale strategische Ausgangssituation der Nachkriegszeit, aus der heraus das Bonner GG in seinem geschichtlichen Gehalt wie in seiner Systematik überhaupt erst zu verstehen sei. Nach ihm sind die politischen Konstruktionsprinzipien und ihre realpolitischen Ausfüllungen Konsequenzen aus dem amerikanischen Führungsanspruch in Westeuropa. Das Verfassungswerk und seine Geschichte dienen dem obersten Ziel, die Macht einer politischen Elite abzusichern, auf deren Grundlage eine dauerhafte Loyalität zum atlantischen Bündnis garantiert werden kann. Dies liest sich auf den ersten Blick wie die These eines national-revolutionären Querulanten, der, ganz im Geiste einiger sozialdemokratischer Kollegen seiner Zeit stehend, auf das Recht der nationalen Souveränität pocht, um das Terrain für das Projekt des alten Traumes vom „dritten Weg" jenseits von Kapitalismus und Kommunismus abzustecken.

Gewiß sind auch Pirkers Darstellungen nicht frei von diesem moralisch-politischen Impetus. Doch ist an der „Verordneten Demokratie" von nach wie vor hoch aktuellem Interesse, daß hier eine Interpretationsperspektive entwickelt wird, die einen umfangreichen und systematischen Zugang zum Verständnis des westdeutschen Verfassungsstaates bietet.

Pirker arbeitet nahezu alle die westdeutschen Staatsrechts- und Verfassungsdebatten beherrschenden systematischen Grundpfeiler des Bonner Grundgesetzes und ihre problematischen Aspekte heraus: das hypnotische Starren auf den „starken Staat" und die militante Demokratie, die Machtstellung der Länderchefs und des Bundesrates, die Machtbefugnisse des Kanzlers und die oppositionslose parlamentarische Demokratie, die staatspolitische Mediatisierung des Parteienwesens und die Ausklammerung aller plebiszitären Politikinstrumente, die Parlamentarisierung des Volkswillens und die politische Entmachtung der Arbeiterschaft, den Grundsatzkonflikt zwischen den Organisationsprinzipien und dem Demokratiegehalt des liberalen Rechtsstaates wie auch der materiell-politischen Fundierung des Sozialstaatsprinzips, die Auflösung dieser Spannung in ein System des Pluralismus der bürokratischen Mächte und in einen rechtstechnischen Perfektionismus, die beide einem „Funktionalismus um jeden Preis" huldigen, den Zusammenhang zwischen dem Loyalitätsdenken einer Werteordnung und einer politischen Kultur des starken Mannes, des leadership — kurz: Pirker hebt den Kerngedanken des westdeutschen Verfassungsstaates hervor, der darin besteht, daß das Volk in die (Verfassungs-)Ordnung zu führen ist.

Allein die Dichte, in der er die verfassungspolitischen Grundprinzipien der westdeutschen Gesellschaft zusammenfügt, in der er Element auf Element so aneinanderreiht, daß das Gesamtgefüge des westdeutschen Verfassungsstaates durchsichtig und in seiner Herrschaftsstruktur und -natur klar erkennbar wird, wirft ein Licht auf die Bedeutung, die dem ungelesenen Autor dringlich einzuräumen ist.

Es ist zunächst diese Zusammenschau der vielgestaltigen Organisationsprinzipien und die von Pirker eingenommene radikal-demokratische Sehweise, die ihn von den Positionen der wichtigsten Vertreter im „Kampf um Verfassungspositionen" unterscheidet. Mit seiner Interpretation gerät er in einen Gegensatz zu allen vorherrschenden, kritischen wie offiziellen, Verfassungsauslegungen. Die Lektüre der „Verordneten Demokratie" kann dazu verhelfen, dem apologetischen Charakter konservativer Staatsrechts- und Staatstheorien wie den Schwächen linker Verfassungspositionen gegenüber einen distanzierten Standpunkt einzunehmen.

Die Rückführung aller Verfassungsprinzipien und ihrer innenpolitischen Konkretionen auf die Bündnislage der Nachkriegszeit widerspricht eklatant den auf Carl Schmitt zurückgehenden Konservativen Staats- und Verfassungsverständnissen. Dem Konservatismus Max Webers, Frommes und Altmanns, Forsthoffs und Schelskys und nicht zuletzt Luhmanns zufolge, befindet sich die Industriegesellschaft in einem säkularen Trend hin zur technischen Gesellschaft. Sie mache in ihren komplexen Funktionszwängen die Prinzipien der politischen Demokratie, des kontroversen Interessensstreits und der parteipolitischen Organisation des politischen Konsensus überflüssig. Vonnöten sei demgegenüber eine Staats- und Gesellschaftsordnung, die sich durch ein starkes Institutionengeflecht und durch ein flexibel handhabbares, gleichwohl äußerst dichtes Rechtsgefüge auszuzeichnen habe. Die Staatsordnung der starken Bürokratien und des positivistisch geöffneten Rechtsstaates sei Organisationsgefüge für technokratische Eliten, die Sachzwänge exekutieren und die keiner weiteren demokratischen Legitimation, geschweige denn der plebiszitären oder parteipolitischen Intervention bedürfen. Politik sei nicht anders als eine Politik der Verordnungen denkbar, die im Namen des „Gemeinwohls" ergehe. Sie sei Regierungskunst des Führens und der Vermittlung zwischen den relevanten gesellschaftlichen Macht- und Einflußgruppen.

Die Konstruktionsprinzipien des westdeutschen Verfassungsstaates und die verfassungspolitisch zu lösenden Einzelfragen werden ganz aus dieser Perspektive der den Massen verordneten Demokratie der Eliten begriffen und gerechtfertigt. So erinnert die politische Philosophie des Konservatismus an das von Pirker behandelte Thema. Doch wo er auf die machtpolitischen Umstände und Prämissen dieses Projekts zu sprechen kommt, wo er die realpolitischen Vermittlungen zwischen innenpolitischen Ereignissen und den Bündnisdiktaten der Außenpolitik aufzeigt, wo er zu einer historisch-soziologischen Verfassungsinterpretation vordringt, da greift die konservative „herrschende Meinung" auf die Welt der Verfassungsprinzipien, auf das dem GG innewohnende Wertekonzept zurück.

In unzuvereinbarendem Gegensatz zu Pirker klammert der Konservatismus die sozialen und politischen Substrate von Verfassungsfragen aus. In seinem Entwurf bringt sich die technische Industriegesellschaft politisch als eine Ordnung von Werten auf den Begriff, die weder soziale Machtverhältnisse noch politische Abhängigkeiten kennt. Verfassungstext und -geschichte gründen in einer Wertordnungshermeneutik, deren Überwachung und Auslegung juristischen Experten überlassen ist.

In der Einschätzung vom „starken Staat" und der einflußlosen politischen Demokratie treffen sich der Gesamtentwurf des Konservatismus und der Pirkers. Darüber hinausgehend eint sie nichts. Ähnlich vermittlungslos steht Pirkers Interpretationsperspektive sozialdemokratischen Verfassungsbewegungen und deren Staats- und Staatsrechtstheorien gegenüber. Zwar zeigt er auf, wie sehr die verfassungspolitischen Leitsätze der Sozialdemokratie unter Schumacher mit den Imperativen der amerikanischen Besatzungsmacht und der von ihr favorisierten Eliten unvereinbar sind, doch arbeitet er in der Kritik der praktisch politischen Halbherzigkeiten der Arbeiterbewegung wie des strikten sozialdemokratischen Bekenntnisses zum „starken Staat" und zur wehrhaften Demokratie unmißverständlich seine Gegenposition heraus.

Die Sozialdemokratie setzt theoretisch wie praktisch auf ein verfassungspolitisches Staats- und Gesellschaftsverständnis des begrenzten Pluralismus. Es zielt auf die Begrenzung der sozialen und politischen Kontroverse zugunsten eines Konsensprinzips, das sich an der Stabilität der sozialen Marktwirtschaft und der institutionellen Mächte und ihrer Eliten nachweist.

Etwa gleichzeitig mit Pirker hat Ernst Fraenkel dieses Konzept ausgearbeitet. Fraenkels Pluralismustheorie wird für das sozialdemokratische Verständnis vom westdeutschen Verfassungsstaat bis hinein in die siebziger Jahre bedeutend.

Wo Pirker sich eine politische Offensive der Arbeiterbewegung erhofft, die von der sozialen Basis ausgeht und sich der verordneten Demokratie eigenständig widersetzt, da zielt das Konzept des staatlich und verbandlich regulierten Gesellschaftswandels mit begrenzten Konfliktzonen auf den Ausgleich zwischen Arbeiterbewegung und nationaler Elite sowie den ordnungspolitischen Imperativen der Wirtschaft. Die Bündnisabhängigkeit der Wirtschaft und der nationalen Politik wie der darin liegende Zwangscharakter bleiben unberücksichtigt. Im Gegenteil, das Pluralismuskonzept verspricht die Offenheit von Handlungsspielräumen, die die außenpolitischen Bindungen nicht hergeben. Politisch entbehrt das Offenheitspostulat der sozialen Machtbasis, solange die Politik der Führungsgruppen der Arbeiterbewegung ohne die Entfaltung einer eigenständigen politischen Kultur auszukommen vermeint, die von der sozialen Basis ausgeht. Der sozialdemokratische Etatismus verkehrt die von Pirker eingenommene Perspektive einer Fundamentalkritik an der „Verordneten Demokratie" in ihr Gegenteil.

Mehr Gemeinsamkeiten hat die Argumentation Pirkers mit den relevanten Verfassungsbewegungen der westdeutschen Linken. In vielen Punkten scheinen sich seine Argumentationsgänge und politischen Akzentsetzungen mit denen der Abendroth-Schule, der orthodox-kommunistischen Verfassungsinterpretationen und der sozialistischen Auffassungen wie der Jürgen Seiferts zu decken. Ihr gemeinsames Thema scheint das der Restauration zu sein. Abendroth und die anderen gehen davon aus, daß unter der Decke eines – mit „der Vergangenheit deutschen Obrigkeitsdenkens vollständig brechenden" – Verfassungstextes die alten Machtverhältnisse nach Verabschiedung des GG wiederhergestellt wurden. Wie Pirker stellen sie die wichtigsten Weichenstellungen dieser Restauration heraus, so die Entwicklung der unternehmerorientierten Arbeitsrechtsprechung, der autoritären Politik der Adenauerschen Kanzlerdemokratie, der wehrhaft-antikommunistischen Kriminalisierung der Radikalopposition etc.

Doch im Gegensatz zu Pirker gewinnen Abendroth, Seifert, Stuby u. a. ihre Kritiken an der verfassungspolitischen Entwicklung Westdeutschlands auf der Basis einer durch und durch positiven „Wertung" des Verfassungstextes und einer optimistischen Bewertung der verfassungspolitischen Ausgangssituation nach 1945. Sie interpretieren den Verfassungstext als Ausdruck eines Sozialkompromisses zwischen Arbeiterbewegung und Bürgertum. Prämisse dieser Interpretation ist, daß die strategische Situation der Nachkriegszeit für unterschiedliche Entwicklungsmöglichkeiten im Spannungsfeld zwischen Kapitalismus und Kommunismus offen war.

Systematisch wird die These vom sozialen Kompromißcharakter des Verfassungsstaates an der Verankerung des Sozialstaatsprinzips und der Sozialisierungsklausel exemplifiziert. Beides lasse das GG im Lichte einer Höherentwicklung von Weimar zu Bonn erscheinen, die durch das Staatsrechtsdenken Hellers hindurchgegangen ist. Überdies garantiere die liberal-bürgerliche Fassung der Grundrechte einen demokratisch offenen, vorstaatlichen Freiheitsraum.

In beidem — der formellen Freiheitsgarantie und der materialen Sozialstaatsgarantie — beweise die Verfassung ihren Charakter als ein System normativer Regeln, das je nach dem Stand der innenpolitischen Kräfteverhältnisse materiell-politisch ausfüllbar sei. Diese Offenheit des Verfassungsentwurfs mache es lohnenswert, ja dringlich, die politische Kontroverse auch und vor allem mit staatsrechtlichen Argumenten zu führen, der Verfassung einen Gegenentwurf gegenüberzustellen.

Die links von der Sozialdemokratie operierende Linke favorisiert in eindeutiger Weise das rechtliche Ringen um politische Positionen. Der Kampf gegen den „Abbau demokratischer Rechte" in den 70er Jahren bringt dieses Verständnis klar zum Ausdruck. Gewissermaßen entlang einzelner Grundgesetzartikel und der Geschichte ihrer Auslegungen sind die politischen Niederlagen abzuwenden, um die verfassungsmäßig verbürgten Optionen für alternative gesellschaftliche Entwicklungen zu erhalten. Die „einzelrechtlichen" Niederlagen ändern nichts an dem prinzipiell offenen Charakter der Verfassung.

Diese zentrale Annahme von der rechtspolitischen Offenheit des westdeutschen Verfassungsstaates wird durch Pirker in ihrer Substanz widerlegt. Für ihn geht diese Art linken Argumentierens von historisch wie systematisch unhaltbaren Prämissen aus, die der Gesamtkonzeption des Verfassungsstaates in keiner Weise gerecht werden. Die verordnete Demokratie nimmt das Führungspersonal auch der Arbeiterbewegung, auf die die sozialistische Verfassungsinterpretation als einen frei verfügbaren Bündnispartner setzt, in die Pflicht der amerikanischen Hegemonialinteressen. Diese außenpolitischen Bestimmungsgrößen konstituieren einen Zugang zur innenpolitischen Stabilität in dem westeuropäischen Kernland Bundesrepublik, der letztlich für den Ausgang verfassungspolitischer Konflikte verantwortlich zeichnet.

3. Die außerparlamentarischen Bewegungen der 50er Jahre in Pirkers Analysen

Von der Beschreibung des westdeutschen Staates als verordneter Demokratie her, der in den 50er Jahren schrittweise vollzogenen Integration der Gewerkschaften in den neuen Kapitalismus und der völligen Vernachlässigung der Verfassungsdiskussion durch die Gewerkschaften selber ist auch Pirkers Analyse des Widerstandes gegen die Wiederbewaffnung und die Atombewaffnung der Bundeswehr bestimmt. Deren Scheitern ist für ihn nur logische Konsequenz der Integration von SPD und DGB. Sowohl in der „Paulskirchenbewegung" gegen die Remilitarisierung als auch in der Bewegung „Kampf dem Atomtod" haben die Spitzen von SPD und Gewerkschaften ihre vom GG vorgegebenen Rollen und Aufgaben erfüllt, nämlich den sich radikalisierenden außerparlamentarischen Protest zu kanalisieren und ihn auf legalistische Aktionen festzulegen. Dabei deutet Pirker an, daß die Gewerkschaften sich in der Frage der Remilitarisierung wenigstens noch eine Belohnung für ihre Pflichterfüllung erhandelt haben: Daß Adenauer Anfang 1951 den Gesetzentwurf über die Mitbestimmung in Kohle und Stahl gegen den vehementen Widerstand der Bundesvereinigung der Deutschen Industrie in den Bundestag einbrachte, könnte mit dem von Hans Böckler gegebenen Stillhalteabkommen des DGB in Zusammenhang stehen. Die SPD jedenfalls ging leer aus. Die „Paulskirchenbewegung", das „Galafeuerwerk der Mobilisierung der sogenannten öffentlichen Meinung und des Gewissens", wie Pirker es nannte, brachte ihr keine politischen Vorteile.

Die mäßigende Rolle der SPD im Widerstand gegen die Remilitarisierung erklärt Pirker zum Teil noch dadurch, daß sie nur mit halbem Herzen dabei war. Sie sah zwar die Wiedervereinigung durch Wiederbewaffnung und Einbeziehung der Bundesrepublik in ein westliches Verteidigungsbündnis ad calendas graecas vertagt, hatte aber in dieser Frage keine Alternative anzubieten. Dazu zahlte sich ihr Engagement gegen die Remilitarisierung wahlpolitisch nicht mehr aus, und die Mitarbeit beim Freiwilligengesetz war schon beschlossene Sache. In der Bewegung „Kampf dem Atomtod" befand sie sich jedoch mit sich selbst und der überwiegenden Mehrheit der Bevölkerung im Einklang: 83 % der Bundesbürger lehnten die Atomrüstung ab. Und wieder erscheint es bei Pirker so, als hätten die Organisationen der Arbeiterbewegung Hand in Hand mit dem Bundesverfassungsgericht dafür gesorgt, daß nichts passierte, vor allem kein Generalstreik, diesmal mit Hilfe der Komitees „Kampf dem Atomtod". Die SPD führte im Parlament ihre Rolle beim Schauspiel der funktionierenden „autoritären Demokratie" vor: Sie brachte einen Gesetzentwurf über eine Volksbefragung zur Atomrüstung ein, der — wie erwartet — von der Regierungskoalition abgelehnt wurde. Und das Bundesverfassungsgericht erklärte arbeitsteilig die in den SPD-regierten Ländern Bremen und Hamburg beschlossenen Volksabstimmungen auf Antrag der Bundesregierung für verfassungswidrig.

Für Pirker ist der Verlust der Organisationsapparate gleichbedeutend mit dem Ende der Bewegungen, er sieht Geschichte vor allem aus der Logik der Apparate. Die Beschränkung auf die politischen Fakten macht allerdings eine Stärke seiner Bücher aus: Sie erwecken den Eindruck unwiderlegbarer Wahrheiten. Von da aus fällt er Urteile und spricht Schuldzuweisungen aus. Aber es sind eben doch nicht immer die ganzen Wahrheiten.

Pirker konstatiert, daß die Bevölkerung im Nachkriegsdeutschland weitgehend Objekt einer Politik der Apparate ist. Er fragt sich in seinen Büchern jedoch nicht, welche psychischen Strukturen in den Individuen diese Objektrolle ermöglichten und erzeugten, welche Kontinuitäten im individuellen Verhalten während der Nazi-Zeit und der Nachkriegszeit bestanden. Zwar behauptet auch Pirker keine Stunde Null der Psyche. Jedoch gibt er eine selektive Darstellung der Zeit von 1933 bis 1945, so wie sie Schumacher zur „Entschuldigung" von Nation, Arbeiterklasse und Partei betrieb. Angesichts der Greuel der jüngsten Vergangenheit lehnte auch Schumacher die These von der Kollektivschuld der Deutschen ab und stellte, indem er sich auf die Sozialdemokraten in den KZ, auf den Widerstand, die Genossen in der Illegalität und in der Emigration berief, eine Kontinuität des anderen Deutschland her. Nur so glaubte er die Voraussetzung politischen Handelns herstellen zu können. Von daher kommt Pirker auch zu einem einschränkenden Begriff von Antikommunismus: Dieser Antikommunismus scheint nur durch die Erfahrungen der Bevölkerung mit den Kommunisten an der Regierung entstanden zu sein, durch Erfahrungen wie die zwangsweise Vereinigung von SPD und KPD in der sowjetischen Besatzungszone, die Berliner Blockade oder auch den Koreakrieg. Andere Komponenten des Antikommunismus, wie dessen psychische Strukturen, die denen des Antisemitismus so ähnlich sind, interessieren ihn nicht.

Die von Schumacher teilweise erreichten Möglichkeiten zu politischem Handeln bedeuteten nun nicht, daß die Deutschen auf einmal dazu fähig und willens gewesen wären. Für die überwiegende Mehrheit galt das Gegenteil: Die von Pirker beschriebenen antiplebiszitären Elemente und die Tendenz zur Entpolitisierung der Bevölkerung entsprachen der nach dem Zweiten Weltkrieg in Deutschland weit verbreiteten Stimmung, daß Politik an sich etwas Schmutziges sei. Die jüngste Vergangenheit wurde als Trauma verdrängt. Die Militärdiktatur der Alliierten war willkommener Beweis dafür, daß man — ebenso wie in der Nazi-Zeit — gehorchen mußte und nicht selber politische Verantwortung zu übernehmen brauchte. Antisemitismus war verboten, aber — in den Westzonen — Antikommunismus erlaubt. Die Vorstellung des Kommunismus/Bolschewismus als Inkarnation des allgegenwärtigen Feindes, des Bösen schlechthin, saß weiter tief in der deutschen Seele. Daß diesmal die richtigen Herren befahlen, konnte die Bevölkerung tagtäglich feststellen. Die Aktivitäten der Kommunisten an der Macht im anderen Teile Deutschlands waren geeignet, den irrationalen Komponenten des Antikommunismus die rationale Bestätigung zu liefern und ihn so unangreifbar zu festigen. Darüber hinaus bot sich den vielen Mitläufern, die das alles nicht gewollt und nicht gewußt haben wollten, Gelegenheit, ihr schlechtes Gewissen wenigstens teilweise zu beruhigen. In möglichst militanter antikommunistischer Betätigung konnten sie nach der Totalitarismus-Doktrin, braun = rot, den nicht stattgefundenen antifaschistischen Widerstand nachholen und sich so die Vergangenheitsbewältigung in die Tasche lügen. Dieser neurotische Bezug zur eigenen Geschichte machte den Antikommunismus in Westdeutschland erst zu einem dermaßen bestimmenden politischen Faktor.

Diese Aspekte fehlen, wenn Pirker beschreibt, wie die Sozialdemokraten — obwohl selber zum größten Teil Antikommunisten — erleben müssen, daß die bürgerlichen Parteien den Antikommunismus immer wieder gegen sie ins Feld führen, indem sie sie einfach als „moskauhörig" verleumden und damit große Erfolge erzielen.

Auch bei der Beschreibung des Scheiterns der beiden außerparlamentarischen Bewegungen der 50er Jahre wird die sozialpsychologische Ebene vollständig ausgespart. Was die Menschen veranlaßt, sich zu engagieren und schließlich wieder zu Hause zu bleiben, reduziert sich letztlich auf die Antwort: SPD und Gewerkschaften haben sie gerufen und dann haben sie die Sache abgeblasen.

Daß die Sache selbst — auch wenn sie weiterhin die Unterstützung der Massenorganisationen gehabt hätte — wahrscheinlich zum Scheitern verurteilt gewesen wäre, das mußten die Individuen und Gruppen erfahren, die in den Komitees „Kampf dem Atomtod" versuchten, die Bevölkerung über die Wirkungen der atomaren Waffensysteme aufzuklären. Ähnlich wie bei der Aufklärung über die Massenmorde an den Juden mußten die Aufklärer einsehen, daß es Grenzen der Aufnahmefähigkeit und der Vorstellungskraft gibt. Über diese Grenzen hinaus können viele Menschen die psychische Belastung einfach nicht mehr aushalten, die durch die Schilderungen der grauenhaften Geschehen oder Gefahren erzeugt wird. Dann setzen Abwehrmechanismen und Verdrängungen ein: Die schrecklichen Bilder werden ebenso abgelehnt wie die, die darüber berichten und damit Engagement erreichen wollen. Das Häuschen mit Garten erwies sich einfach als attraktiver als die nukleare Apokalypse. Wenn man nicht dauernd an sie denkt oder über sie redet, kann man eben mit der Bombe leben. Bei den Wahlen stimmten die Leute, die gegen die atomare Ausrüstung der Bundeswehr waren, für die Partei, die diese erklärtermaßen wollte, die ihre Propaganda aber auf das Wirtschaftswunder abgestellt hatte.

Sicherlich hat auch die Doktrin vom „Gleichgewicht des Schreckens" ihren Einfluß auf die Engagementbereitschaft vieler Bundesbürger gehabt. Bei aller Ablehnung der Atomwaffen konnte man einer Politik des „atomaren Patts" wegen der real existierenden Bedrohung durch die Sowjetunion ein gewisses Maß an Plausibilität nicht absprechen. Von den bundesrepublikanischen Umfrage-Instituten sind allerdings keine Erhebungen zu dieser Frage bekannt.

Obwohl Erklärungsansätze zum Verhalten der Deutschen während der Nazi-Zeit und der unmittelbaren Nachkriegszeit aus psychologischer und psychoanalytischer Sichtweise existierten, besonders von dem in die USA emigrierten Frankfurter Institut für Sozialforschung, setzt sich Pirker nicht mit ihnen auseinander, ja er erwähnt sie nicht einmal. Er scheint sie alle für bloße Spekulation zu halten, auch wenn sie sich der Methoden der quantitativen empirischen Sozialforschung bedienen. Sein Begriff von Politik definiert sich vom Organisatorischen her, von den Institutionen der Macht. Soziale Bewegungen bestehen zwar aus Individuen, zum politischen Faktor werden sie für ihn jedoch erst durch ihre Verankerung in den Massenorganisationen.

Nach diesem Verständnis war Ende der 50er Jahre mit der Reform der SPD eine Entwicklung zum Abschluß gekommen, die das Entstehen von Massenbewegungen im außerparlamentarischen Raum auf absehbare Zeit unmöglich machte. Gerade die SPD legte aber mit dem Hinauswurf des Sozialistischen Deutschen Studentenbundes, durch den sie sich des letzten marxistischen Verdachtsmomentes entledigen wollte, den Grundstein für die Entstehung der antiautoritären Revolte der 60er Jahre.

4. Illusionen der APO — „donnernde Erkenntnisse" (Pirker)

Trotz ihrer am Ende der 50er Jahre abgeschlossenen Integration in das politisch-ökonomische System der Bundesrepublik und der Respektierung seiner außenpolitischen Voraussetzungen verloren die Gewerkschaften bei der sich in den 60er Jahren herausbildenden APO nicht an moralischem Kredit wie die SPD.

Der CDU-Staat, die Überlegungen zur „Formierten Gesellschaft", das staatsmännische Verhalten der SPD in der „Spiegel-Affäre" und ihre Beteiligung am Prozeß der Ausarbeitung und Abänderung der Notstandsgesetze verschafften dem DGB, der 1962 ein klares Nein zu jeglicher Notstandsgesetzgebung aussprach (freilich ohne sich auf den Weg zur Verhinderung dieser Gesetze zu einigen), ein hohes Ansehen bei der Opposition. Die von den intellektuellen Repräsentanten der APO durchaus erkannte, lediglich propagandistische Opposition auch des linken Gewerkschaftsflügels führte nicht zu einer Abwendung der APO von den Gewerkschaften. Gegenüber einer saturierten Arbeiterklasse, den staatstragenden Volksparteien sowie einer nicht geringen Anzahl von Gewerkschaftsfunktionären, die den Notstandsgesetzen zustimmen wollten, erschien schon ein lediglich demonstratives „Nein" als oppositionelle Tat.

So löste denn auch die Veröffentlichung der Pirkerschen Beschreibung der Politik des DGB in den 50er Jahren bei der APO der 60er Jahre nicht gerade Begeisterung aus. Die „bitteren Schlußfolgerungen" und der Ton der „Enttäuschung" und „Resignation" sowie die mit dem „Pathos eines Richters" vorgetragene These der „Integration der Gewerkschaften" in den Kapitalismus widersprachen allzu sehr den politischen Hoffnungen sozialistischer Intellektueller. Gerade die Verdeutlichung gewerkschaftlicher Sozialisierungsforderungen und politischer Kampfparolen als bloßes „Spektakel" brachten die Kritiker auf.

Die Behauptung, die Gewerkschaften seien weder von außen noch von innen zu verändern, sie seien im Gegenteil ein wichtiger Bestandteil des rekonstruierten Kapitalismus, widersprach den Hoffnungen, den Defensivkampf der Gewerkschaften gegen die Notstandsgesetze zu einem „Ausgangspunkt für einen Ausbau ihrer Stellung als Gegenmacht" zu nutzen.

Die Verdrängung der Thesen zum Ende der Arbeiterbewegung durch die APO und der Anteil von SPD und DGB an diesem Ende erstaunt, weil in der gewerkschaftlichen Bildungsarbeit, der einzigen kontinuierlichen Scharnierstelle zwischen der intellektuellen Opposition und den Gewerkschaften, das von Pirker benannte Problem ganz deutlich zutage trat. Bereits mit dem beginnenden Wirtschaftswunder und ganz besonders nach dem Scheitern des Protestes gegen die Wiederbewaffnung der Bundesrepublik verlor die gewerkschaftliche Jugendarbeit an Attraktivität; der Erfahrungs- und Bildungshunger wurde vom kapitalistischen Freizeitbetrieb aufgesogen.

Die Neukonzeption gewerkschaftlicher Jugendbildungsarbeit in den 60er Jahren zielte genau auf den Verlust der Bewegung der Gewerkschaftsbewegung und damit auf das, was mit dem Ende der Arbeiterbewegung beschrieben wurde. Gewerkschaften und SPD hatten ihre Funktion verloren, die individuellen Erfahrungen der

Lohnabhängigen mit dem Klassenkonflikt zu vermitteln. Lediglich mit „exemplarischem Lernen" war und ist diese Vermittlung neu zu konzipieren, mit einem exemplarischen Lernen, das auf den Konflikt mit den Gewerkschaften nicht verzichten kann.

Trotz unmittelbarer Auseinandersetzung mit dem Arbeiterbewußtsein und dem Wissen um die Halbheiten gewerkschaftlichen Widerstandes setzten sich die Linken der 60er Jahre nicht mit dem Scheitern der Linken in SPD und DGB in den 50er Jahren auseinander, sondern bestätigten den moralischen Kredit, den DGB und insbesondere IG-Metall durch die Niederlagen der 50er Jahre erworben hatten. Sie bestätigten damit eine Form der Legitimation der Gewerkschaftspolitik, die – wie Otto Brenner – die „Kräfteverhältnisse" und den „Antikommunismus" für alle Niederlagen der Gewerkschaften verantwortlich machte, ohne den Anteil der Gewerkschaften selbst an diesen vorfindbaren Kräfteverhältnissen und dem grassierenden Antikommunismus – durch ihre Unterlassungen nämlich – herauszuarbeiten.

Was die Darstellung des Verlustes des Bewegungscharakters der Gewerkschaften so unbeliebt machte, war die innergewerkschaftlichen und für die SPD die innerparteilichen Mechanismen zu benennen, mit denen der Ausbau der Gewerkschaften zu Tarifmaschinen bzw. der SPD zur Volkspartei vorangetrieben wurde. Nicht nur unterlassene Mobilisierungen und verdrängte Themen drückten SPD und DGB in die Defensive, ohne die Ausschaltung innerparteilicher und innergewerkschaftlicher Kritiker ist die Defensivposition der Gewerkschaften nicht denkbar. Es waren gerade diese Kritiker, wie z. B. Viktor Agartz, die in den 50er Jahren darauf hinwiesen, daß durch das Ende der Arbeiterbewegung im Jahre 1933 nach dem Zweiten Weltkrieg eine Politik scheitern mußte, die lediglich auf den Erhalt der Organisation ausgerichtet ist und sich mit der Unterordnung unter kapitalistisches Wirtschaftswachstum und politisches System zufrieden gibt.

Die Ausschaltung der Kritiker und die Verdrängung strategischer Diskussion, die Zerstörung innergewerkschaftlicher Opposition erfolgt nicht einfach „irrational", auf Haß oder Antipathie basierend, und ist deshalb auch nicht einfach als Agentenroman zu schreiben. Konzeptionelle Diskussionen innerhalb des DGB versanden aufgrund der organisatorischen Verfaßtheit des Bundes, der durch das Industriegewerkschaftsprinzip nicht existierenden Einheit der Einheitsgewerkschaft. Außerdem führte der Ausbau des Gewerkschaftsapparats dazu, daß strategische Diskussion von seinen „Führern und Spezialisten nur als Angriff auf ihre gewerkschaftliche Position gewertet und deshalb nach ihrer gesellschaftlichen wie politischen Herkunft nicht erkannt" wird.

Dieser „politische Immobilismus" der Gewerkschaften ging in den 60er Jahren soweit, daß die Gewerkschafter in IG-Metall, IG-Druck, HBV, Gewerkschaft Holz und Kunststoff sowie Gewerkschaft Leder, die mehr als die Hälfte der Gewerkschaftsmitglieder repräsentierten und die sich in ihrer Ablehnung der Notstandsgesetze auf Beschlüsse von DGB-Bundeskongressen berufen konnten, auf den Kongressen der intellektuellen Opposition gegen die Notstandsgesetze 1965 und 1966 nur als Gäste auftreten und eine Organisierung solcher Veranstaltungen im Rahmen des DGB nicht durchsetzen konnten.

Pirkers Darstellung der Politik des DGB und der SPD in den 50er Jahren legt den Grundstein zum Verständnis der Entstehung der „Großen Koalition", des korporatistischen Krisenmanagements von SPD/CDU und DGB in der ersten größeren Krise der westdeutschen Nachkriegsgeschichte. Die Beschreibung läßt keinen Platz für Hoffnungen auf Gesellschaftsreform durch die zum bürokratischen Selbstzweck erstarrten Institutionen der ehemaligen Arbeiterbewegung.

5. Die Arbeiterbewegung an der Macht

Nach über 20 Jahren wortradikaler und dennoch verantwortungsbewußter Opposition verhilft die erste (kleine) Konjunkturrezession der Nachkriegs-SPD 1967 zur Teilhabe an der politisch-parlamentarischen Macht. Die Bildung der Großen Koalition zu diesem Zeitpunkt erscheint als „logische" Konsequenz der bisherigen inneren Entwicklung der Bundesrepublik: Eine sich selbst als Staatspartei definierende und identifizierende CDU gerät legitimatorisch unter Druck, sobald sich ihre Zentralthese vom Wachstum ohne Krisen als Illusion erweist und trifft sich an diesem Punkt mit einer SPD, die strategisch seit Jahren darauf hinarbeitet, an der parlamentarischen Macht partizipieren zu können.

Entsprechend führt sich die SPD ein: Mit ihrer Hilfe werden die Notstandsgesetze verabschiedet, und auf der Ebene der Wirtschaftspolitik wird mit dem Stabilitäts- und Wachstumsgesetz ein Instrumentarium geschaffen, das Staat und Gewerkschaften auf die funktionale Logik des Kapitals verpflichtet. Beide Maßnahmen bilden den Schlußpunkt unter innenpolitische Kontroversen. Die Notstandsgesetze setzen die Politik der Ausgrenzung, Stigmatisierung bis hin zur Kriminalisierung politischer Radikalopposition fort, und das Stabilitäts- und Wachstumsgesetz schreibt das kapitalistische Wirtschaftsprinzip verfassungsrechtlich implizite fest. In dieser Atmosphäre des „großen Konsenses" zwischen Staat, Kapital und Arbeit entwickelt sich die Studentenbewegung zur außerparlamentarischen Bewegung und versteht sich von nun an als Fundamentalopposition. Das von der Kontroverse zwischen Staat und Protest geprägte politische Klima nutzt die SPD zur Formulierung eines Reformprojekts; und sie erhält 1969 damit hinreichend Stimmen, um mit der FDP eine Koalition bilden zu können.

Die politische Machtübernahme der sozialliberalen Koalition steht unter dem programmatischen Leitsatz „Mehr Demokratie wagen", einem Leitsatz, der die traditionelle Forderung der Arbeiterbewegung nach der Weiterentwicklung der politischen zur sozialen Demokratie einzulösen verspricht. Tatsächlich aber verbirgt sich hinter dem Demokratisierungsversprechen eine Politikkonzeption, die analog dem keynesianischen Wirtschaftsprojekt eine staatlich-bürokratische, von oben zu vermittelnde Reform des gesellschaftlichen Lebens anstrebt. Das sozialdemokratische Reformverständnis ist gemäß der von Keynes dem Staat zugedachten Rolle von vornherein exekutiv-staatlich ausgerichtet.

Einleitung und Perspektive der „Politik der inneren Reformen" lassen sich in drei Momenten systematisieren:

- Insbesondere die SPD nimmt die Impulse sozialer und politischer Aufbruchstimmung auf, indem sie die kultur- und kapitalismuskritischen Inhalte der APO systemimmanent reduziert und sie mit den Reformerwartungen großer Bevölkerungsteile verkoppelt. Die Kritik wird von der sozialen Basis losgelöst, in den staatlich-politischen Raum zurückgeholt und insofern verstaatlicht.
- Das sozialdemokratische Selbstverständnis der 70er Jahre zielt noch im Reformversprechen und in der Erhaltung und des Ausbaus eines „sozialen Kapitalismus" auf den „starken Staat". Im Unterschied zu konservativen und reaktionären Parteien strebt sie jedoch eine funktionale Einbeziehung der Arbeiterschaft auf der Ebene der Politik (über die SPD) und der Produktion (über die Gewerkschaft) an. Der Antagonismus von Kapital und Arbeit soll nicht nur im programmatischen Verständnis aufgehoben, sondern institutionell-kooperativ transformiert werden.
- Über die Modernisierung der Wirtschaft hinaus geht es den Sozialliberalen um die Modernisierung der gesamten Gesellschaft. Anpassung und Flexibilisierung aller Lebensbereiche an die vermeintlich fortschrittliche und dynamische Entwicklung der ökonomisch-technischen Produktivkräfte, Beseitigung ideologischer Anachronismen und die Ausrichtung auf eine nicht näher definierte „Zukunft" charakterisieren dieses Verständnis von Modernität.

Diese Reformkonzeption zielt auf ein Doppeltes; durch den quantitativen Ausbau von Schulen, Krankenhäusern etc., durch das Vergrößern des sozialen Netzes und durch die formale Ausweitung der Mitbestimmung in öffentlichen Institutionen (Hochschulen) soll dem Gleichheitsgrundsatz (soziale Gerechtigkeit) Genüge getan werden. Das geschieht allerdings zumeist ohne Berücksichtigung sozialer und sozialpsychologischer Bedingungen menschlichen Lebens und ist immer verbunden mit der Verfeinerung von Kontrollmechanismen. Insofern steht diese Politik durchaus in der Tradition der Arbeiterbewegung: Ein „eindimensionales Menschenbild" wird mit der Notwendigkeit sozialer Kontrolle und Disziplinierung verbunden. Nicht von ungefähr geht mit der Einleitung der Reformpolitik der Um- und Ausbau der „inneren Sicherheit" konstitutiv einher.

Gleichwohl, das atmosphärisch vorhandene und staatlich versuchsweise kanalisierte Reformklima, das Auflockerung sozialer Strukturen und Hierarchien verheißt, begünstigt u. a. eine Radikalisierung der Arbeiterschaft und hierüber vermittelt auch der Gewerkschaft. Dieser Prozeß wird schon vor der Wahl 1969 mit den Septemberstreiks eingeleitet und findet erst durch die Konfrontation von Staat und Teilen der Arbeiterschaft während der Streiks 1973 und 1974 sein (vorläufiges?) Ende. Mit den Septemberstreiks von 1969 wird von Seiten der Arbeiterschaft eine Phase verschärfter Verteilungskämpfe eingeleitet. Unter den Bedingungen von Vollbeschäftigung bzw. Arbeitskräftemangel und relativ gut ausgebautem Sozialstaat bei gleichzeitig expandierender Auslandsnachfrage bringen diese Verteilungskämpfe eine erhebliche Verschiebung der Verteilungsrelation. Für die Jahre 1969–1974 kann aufgrund der über den Produktivitätsziffern liegenden Lohnraten von einer „Lohnoffensive der Arbeiterschaft" gesprochen werden.

In den spontanen und gewerkschaftlichen Streiks dieser Phase spiegelt sich das Bemühen der Arbeiterschaft wider, auf der Grundlage und unter Anerkennung kapitalistischer Prinzipien den eigenen Anteil am materiellen Reichtum der Gesellschaft relativ zu erhöhen. Diese Offensive erfährt durch die Institutionalisierung des Keynesianismus und die nachfolgende Proklamation von Reformpolitik zumindest eine atmosphärische Begünstigung, auch wenn sich die sogenannte Vollbeschäftigungsgarantie keynesianischer Wirtschaftspolitik im Nachhinein als nicht einlösbares Versprechen erweist.

Keynesianismus und sozialdemokratische Reformvorstellungen fallen in zweifacher Weise zusammen; einerseits soll das staatsinterventionistisch beeinflußte und geförderte Wirtschaftswachstum die Finanzierung von Reformen ohne strukturelle Eingriffe ermöglichen, andererseits scheitern beide an der Ausklammerung gesellschaftspolitischer Perspektiven bzw. an der Reduktion von Gesellschaftspolitik auf quantitative und technische Funktionalitäten. Zwar sind auch dem Keynesianismus implizite gesellschaftspolitische Aspekte immanent, die als Versuch der ökonomischen und sozialen Integration der Arbeiterschaft bei Fortführung privatkapitalistischer Autonomie beschrieben werden können; indem er diese aber nicht politisch artikuliert und umsetzt, begibt er sich in das Dilemma, wirkungslos oder ökonomisch dysfunktional zu werden.

Ohne die politische Bestimmung und Steuerung der Einkommenspolitik und/oder der Investitionsplanung bleibt auch keynesianische Politik auf das Wohlverhalten der Wirtschaftssubjekte angewiesen. Da sich weder die Kapitale noch die Arbeiterschaft in dieser Weise auf die staatliche ökonomische Politik verpflichten lassen, eskalieren Lohnentwicklung und Inflation ebenso wie Investitionsentwicklung zur ökonomischen Krise. Während sich in der stagnativen Investitionsentwicklung nach dem kurzzeitigen Boom das Bemühen der Kapitalseite um arbeits- *und* kapitalsparende Effekte ausdrückt, kommt es im ersten Krisenjahr 1974, nicht zuletzt aufgrund der 73er Streiks, noch zu überproportional hohen Lohnerhöhungen, die sowohl negativ auf die Profitrate wirken als auch die Inflation beschleunigen.

Gelingt die staatliche Vermittlung des ökonomischen Prozesses in Gestalt eines Kompromisses zwischen Lohnarbeit und Kapital nicht, folgt auf die Vollbeschäftigungsperiode eine stagflative Phase, wie es die Entwicklung in der Bundesrepublik seit 1974 offenbart. Die unbedingten Prämissen ökonomischen Wachstums und sozialer Apathie verleihen dieser Politik einen allzu kurzen Atem: Quantitativer Ausbau des Sozialstaates und vor allem die staatliche Unterstützung eines (sozialen) Reformklimas zeigen letztendlich kontraintentionale Wirkung, sofern das soziale Aufbegehren der Arbeiterschaft, verbunden mit einem erheblich gestiegenen Anspruchsniveau großer Bevölkerungsteile, die Ökonomie in die Krise bringt. Die Fundamente des bisherigen, die Wachstumswelle von 1948 bis 1967 prägenden Akkumulationsmodells geraten in dieser Phase ins Wanken.

Schon vor dem offiziell eingeläuteten Ende der Reformpolitik läßt sich — mißt man die Politik nur an ihren eigenen Ansprüchen — ihr Scheitern konstatieren. Weder die ehemals groß angekündigte Bildungs- noch die Sozial- und Arbeitsmarktpolitik oder gar die Steuer- und Mitbestimmungspolitik haben strukturelle Änderungen qualitativer Art zur Folge. Fortschreibung bestehender Strukturen, bürokratische Zerstückelung und immanenter Pragmatismus kennzeichnen diese Politik, die gemäß ihres technokratischen Modernitätsverständnisses formell-institutionelle Mitbeteiligung mit realer Partizipation und quantitative Ergänzung des sozialen Netzes mit sozialer Gleichheit in Eins setzt. Vom Ergebnis her — und dies wird durch den erfolgten Abbau sozialpolitischer „Reformen" bis 1981 bestätigt — reduziert sich die Reformpolitik der „Brandt-Ära" auf die Erzeugung bzw. staatliche Vermittlung eines Reformierenwollens, das weder strukturelle Spuren hinterläßt — klammert man die sogenannte innere Sicherheit und die Ostpolitik aus — noch Ansatzpunkte in Richtung „sozialer Gleichheit" verwirklicht.

Mit der direkten Koppelung von quantitativem Wachstum und reformpolitischen Erwägungen, ohne daß eine strukturelle Dimension — partiell auch gegen Kapitalinteressen — einbezogen wird, macht sich Reformpolitik von gesellschaftlichen Bedingungen abhängig, deren — zumindest punktuelle — Veränderung ihre Intention war (ist). Unter dieser Prämisse endet die Reformpolitik offiziell mit der Wirtschaftskrise. Realiter hat es seit 1969 keine Politik gegeben, die die Bezeichnung „Reformpolitik" zu Recht tragen könnte.

Unter dem Eindruck der Wirtschaftskrise 1974/75 und der nachfolgenden stagnativen Konjunkturentwicklung verändern sich staatliche Maßnahmen in Richtung auf eine Politik der sozialen Disziplinierung und der sozialen Entflechtung der Ökonomie. Am Beispiel der Arbeitsmarktpolitik und der Konjunkturprogramme seit 1974 lassen sich diese zwei Pfeiler sozialdemokratischer Wirtschaftspolitik aufzeigen. Anstelle der Thematisierung und gesellschaftlichen Lösung des Arbeitslosenproblems versucht die Arbeitsmarktpolitik — durchaus mit Erfolg — durch individuelle Schuldzuweisung, Kontrolle und Sanktionierung der Arbeitslosen den sozialen Konfliktstoff, den Arbeitslosigkeit impliziert, zu entschärfen.

Mit dem Fortbestehen der Massenarbeitslosigkeit gerät der Staat in ein doppeltes Dilemma: Einerseits muß er — zur sozialen Befriedigung — trotz der sozial disziplinierenden Ausrichtung konkreter Programme ein gewisses Niveau an Sozialstaatlichkeit aufrechterhalten und konfligiert (potentiell) mit ökonomischen Restrukturierungsprozessen, andererseits verkleinert die Finanzkrise dem Sozialstaat das materielle Fundament. Insofern drücken die verschiedenen Programme und Politiken eine Gratwanderung zwischen Haushaltskonsolidierung, Erhaltung des Sozialstaats auf einem historisch angemessenen Niveau und differenzierter sozialer Demontage aus. Durch eine gezielte und differenzierte Strategie der sozialen Disziplinierung und des vom Rand ausgehenden Abbaus des Sozialstaats bei gleichzeitiger Begünstigung mittlerer und höherer Einkommensgruppen durch Steuerentlastungsprogramme vergewissert sich staatliche Politik der Unterstützung von Bevölkerungsmehrheiten. Diese Marginalisierungsstrategie impliziert eine Verschiebung von Problemen und Konflikten an die gesellschaftliche Peripherie und erfreut sich der aktiven bis passiven Unterstützung von Kapitalverbänden und Gewerkschaften. Marginalisierung ist der Ausweg, die gesellschaftlichen Konsensbedingungen zu erhalten und gleichzeitig auch die politisch-sozialen Grundstrukturen (Hierarchisierung, soziale Differenzierung etc.) zu reproduzieren.

Das „Reformmodell" der SPD in den späten 70er und 80er Jahren, das kann als vorläufiges Fazit konstatiert werden, stellt auf die finanzielle Entlastung und politisch-soziale bis moralische Unterstützung des Kapitals ab — bei gleichzeitiger Rechtfertigung und Forderung von materiellen Opfern seitens der Lohnabhängigen. Und hierin ist der eigentliche Inhalt der Reformpolitik zu sehen: die Arbeiterschaft disziplinierend in das staatlich-politische, auf die Gesellschaft vermittelnde Kapitalinteresse direkt einzubinden. Ökonomische Krise und staatliche Politik erzeugen damit eine Verschiebung gesellschaftlicher Konfliktlinien mit der Konsequenz von Marginalisierung bestimmter sozialer Gruppen einerseits und korporativistische Strukturen andererseits. Die ökonomische Krise und die hierdurch hervorgerufene Massenarbeitslosigkeit gestatten es dem Kapital, auf die Lohnoffensive der Jahre 1969—1974 mit entsprechenden Strategien zu reagieren, die (wie der sogenannte Tabu-Katalog zeigt) weit über Rationalisierungsmaßnahmen hinausgehen. Nun erweist sich die mangelnde, über Immanenz nicht hinausgehende Perspektive der Gewerkschaften als Hindernis für eine an den Interessen und Bedürfnissen der Lohnabhängigen orientierte offensive Politik. Durch die selbstauferlegte Verpflichtung auf das „Gesamtwohl" im Rahmen des politisch-sozialen Grundkonsenses, das letztlich nur Ausdruck der Kapitallogik ist, kann der gewerkschaftliche Kampf den Kapitalstrategien nur hinhaltenden, auf soziale Absicherung bedachten Widerstand entgegensetzen. Da beide Seiten — Unternehmer und Gewerkschaften — auf eine immanente, auf quantitatives Wachstum zielende Krisenlösung setzen, verpuffen die erkämpften Rationalisierungsschutzabkommen im Laufe der folgenden Jahre, d. h. sie sind nur kurz-, allenfalls mittelfristig wirksam.

Aber nicht nur in den Inhalten, auch in den Aktionsformen verschärft das Kapital mit dem Mittel der Aussperrung die Arbeitskämpfe in der auf die Krise folgenden Phase reduzierten Wachstums. Dem können oder wollen die Gewerkschaften nichts entgegensetzen; sie beschränken sich auf die juristische Seite dieses Themas. Insbesondere in der Behandlung der Arbeitslosigkeit von Gewerkschaftsseite — weder werden die Arbeitslosen in Tarifverhandlungen als Problem aufgenommen noch grundsätzliche Alternativen angeboten — zeigt sich das Scheitern gewerkschaftlicher Politik. Im Streik um die 35-Stunden-Woche schreckt die Gewerkschaft vor einer notwendigen Ausweitung des Kampfes zurück und ordnet sich damit den Kapitalstrategien unter. Autonome, von der Gewerkschaft unabhängige Kämpfe gehen vom Umfang her zurück und beschränken sich auf betriebliche Aktionen gegen Massenentlassungen. Ohne Frage: Die ökonomische Krise und ihre politische Verarbeitung bremsen die soziale Offensive der Arbeiterschaft und führen zu einer Forcierung des „Klassenkampfs von oben".

Am Ende der sozialliberalen Regierungszeit läßt sich in der Tat ein „Scherbenhaufen" konstatieren: Eine staatsfixierte und demobilisierte Arbeiterschaft trägt dennoch die Lasten der ökonomischen Krise. Gegenüber den gesellschaftlichen und sozialen Problemen der 80er Jahre steht die SPD konzeptionslos da, und fernab der traditionellen Konfliktlinie „Kapital versus Arbeit" werden an der gesellschaftlichen Peripherie soziale Bruchlinien sichtbar, die sich z. T. in den „neuen sozialen Bewegungen" artikulieren und die Sozialdemokratie und die Gewerkschaften in eine neue Frontstellung zwingen. In den 13 Jahren sozialliberaler Regierungszeit gelingt es beiden, und das durchaus überzeugend, ihre politische Handlungsfähigkeit unter Beweis zu stellen: Sie sind nicht mit „fliegenden Fahnen" untergegangen, sondern mit „versteckten Fahnen" übergelaufen.

6. Verstaatlichte Arbeiterbewegung und neue soziale Bewegungen

Konnte bis Mitte der 70er Jahre der Eindruck entstehen, daß der sozialdemokratische Staat als Resultat seiner Integrations- und Repressionspolitik außerparlamentarische Protestbewegungen nicht mehr zu fürchten habe, so deuten die zeitlich nachfolgenden großen Konfrontationen zwischen Staat und Protestbewegungen (Whyl, Brokdorf, Grohnde, Gorleben, Rekrutenvereidigungen, Hausbesetzungen, Haig- und Reagan-Besuch etc.) daraufhin, daß neue soziale und gesellschaftliche Konfliktlinien entstanden sind und daß mit den Bewegungen, die diesen Protest artikulieren, eine Kontinuität außerparlamentarischen Protestes seit Mitte der 60er Jahre sichtbar wird.

Seit dem Auftreten der APO in den 60er Jahren haben es außerparlamentarische Oppositionen in der Bundesrepublik mit einer doppelten Frontstellung zu tun, die zugleich für sie die Akkumulation eines negativen Erfahrungsschatzes bedeutet. Sie geraten gleichermaßen in einen Widerspruch zur politisch verfaßten Herrschaftsordnung wie zur Bevölkerung. Im Inneren der institutionellen Machtsysteme erfahren sie sich als Minderheiten ohne Chance auf reale Machtausübung. Da ihre Gegenentwürfe in der Realität kaum überprüfbar sind, erhält ihre Antihaltung ideologische Gestalt. Es ist die „Weg mit . . ."- und „Kampf gegen . . ."-Haltung, hinter der sich zumeist weit mehr verbirgt, als die bloße Parole, hinter der sich die jeweiligen „Massen" versammeln.

Zentraler aber ist der Bruch zur Bevölkerung. Die Neuen Oppositionen starteten auf der Grundlage einer Absage an „ihre" Bevölkerung. Im Bohemienstil setzen sie sich als das Andere der Masse. Davon zehrte die Staatsfeinderklärung bis weit in die 70er Jahre hinein. Jugend wurde und wird ein politischer Kampfbegriff der stigmatischen Ausgrenzung gesellschaftlicher Alternativen. Es war eine Ausgrenzung, die auf soziokultureller Ebene verlief, sofern sie sich gegen die Ordnungs- und Moralvorstellungen der überwiegenden Mehrheiten stellte. Mit aufklärerischem Gestus stellte man sich gegen die Normalität der tagtäglichen Massenexistenz. Positive Bezugspunkte der Bewegung wurden die Ausgegrenzten und Unterprivilegierten, die politisch Verfolgten, die Sozialfälle der Psychiatrien, der Heime des Stadtteils. Hierdurch machte die Bewegung Negativerfahrungen, erfuhr sie Gewalt auf einem alltäglichen Niveau der Normalität, die sich von den Erfahrungshorizonten der Bevölkerungsmehrheit unterschied und unterscheidet.

Der APO der 60er Jahre ist erst posthum von staatlichen Stellen ein konstruktiver Wille attestiert worden und dies in der taktisch begründeten Gegenüberstellung und Abgrenzung zur Revolte 1981. Realiter sah sich die APO einer bis in die Nähe von Pogromstimmungen gehenden Gewaltkonfrontation ausgesetzt, in der ihr die

Legitimität ihrer Kritik am Staatsfeinds- und elitärtechnokratischen Demokratieverständnis der politischen Führungsgruppen fundamental bestritten wurde. Die Suche nach neuen Formen und Inhalten politischer Artikulation und Organisation jenseits des Bündnisses von Bürger- und Arbeitermacht steht von Beginn an unter dem Verdikt der politischen Ausgrenzung. Das Selbstverständnis einer nur außerparlamentarisch möglichen Radikalopposition ist staatlich-politisch ex negativo verhärtet worden. Es setzt sich im Übergang zu den 70er Jahren als Selbstverständlichkeit im Umkreis auf Fundamentalkritik bedachter fest.

Integrationsangebote erwiesen sich politisch letztlich als bloße Programmentwürfe, denen kaum Realität entsprach. Die notwendige geistig-politische Auseinandersetzung mit der neuen Opposition wurde durch bürokratische Unterstützungsakte einzelner Projekte wie durch individuelle Karriereangebote ersetzt. Daraus folgte eine partielle Erneuerung des staatstragenden Personals, das im übrigen den aufgerissenen Protestraum sich selbst und den Organen von Verfassungsschutz und Polizei überließ. Die Praxis des Radikalenerlasses hat jede politisch zu verstehende Integrationsabsicht zur Farce werden lassen. Sie hat die Anerkennung von Radikalität als Potenz des Politischen, das Zugeständnis der Berechtigung von Kritik und Konflikt durch die sozial-liberale Regierungsmacht bei weitem in einem erfahrungskonstitutiven Sinne überlagert.

Die vielen Initiativgruppen der 70er Jahre haben reale Probleme des Verstädterungsprozesses thematisiert und damit teilweise auch Kernschichten erreicht. Darüber hinaus reflektiert sich in den Bewegungen die Hoffnung des dienstleistenden Mittelstands und vor allem der Frauenbewegung nach weniger fremdbestimmter Arbeit und nach mehr Lebensqualität. Und schließlich können sie sich in ihrer Polemik gegen den technischen Fortschritt auf krisenbedingte Folge- und Erosionsprozesse beziehen. So gesehen repräsentieren die Oppositionsbewegungen ein soziales Bündnis aus real marginalisierten Gruppen, Teilen der Intelligenz und mittelständigen Schichten.

Die politische Philosophie des Pragmatismus der Schmidt-Ära schneidet auf der Basis einer anhaltenden technokratischen Verdrängung der „SPD-Kultur" weitere Möglichkeiten ab, auf andere soziale Schichten überlappende Konfliktfelder, wie sie von den Bürgerinitiativen vor Ort propagandistisch verallgemeinert wurden, politisch-ideologisch vermitteln zu können. Integrationsangebote gerieten nun in das Fahrwasser eines der Christdemokratie sich annähernden autoritativen und instrumentellen Politikverständnisses, hinter dem die „organisierten Interessen" und der Wille zur staatlichen Machtbehauptung des Status quo nur allzu sichtbar wurden. Praktisch-politisch begegneten „initiativ" werdende Bürger einer Machtarroganz, insbesondere seitens des Pluralismus der gesellschaftlichen Mächte, die kaum Hoffnung auf einen weiteren „langen Marsch" durch die Institutionen zuließ. In diesem Punkt ist das Band zwischen dem neuen Staatspersonal und den nachrückenden Protestlern gründlich zerrissen.

Entlang der angemerkten Konfliktlinien erneuern sich die vielfältigen Teilbewegungen der neuen Opposition in „Generationsschüben". Sie bilden ein identitätsstiftendes sozio-kulturelles Milieu aus, das Peter Glotz mit einigem Recht eine Zweite

Kultur genannt hat: Die Unterschiedlichkeit der ideologischen Strömungen, die Verschiedenheit und Vielfalt der inhaltlichen Anlässe und vor allem die latente Erneuerung des Milieus lassen darauf schließen, daß es eine zutiefst politische Bewegungsidentität gibt. Als Bewegung ist sie staatlich-politisch negativ gewachsen und stets neu konstituiert. In diesem Sinne drängt sie nach einem eigenständigen politischen Ausdruck. Er ist Absage an die politischen Träger des Systems, noch nicht Absage an das politische System selbst. Der Grundkonflikt liegt unterhalb der institutionell-politischen Ebene, der Organisationsdebatten, der Verneinung des Prinzips der Repräsentation und der formalen Organisation im Weberschen Sinne. Inhaltlich liegt er in der Kritik des kapitalistischen Industrialismus und seiner zerstörerischen Fortschrittsperspektive sowie in der Kritik der politisch-kulturellen Verkrustung und repressiven Überformung der westdeutschen Gesellschaft. Praktisch-politisch, d. h. in seiner ordnungspolitischen Dimension, liegt er im Angriff auf die Legitimationsreserven der gesellschaftlichen Teilmächte.

Die neueren Oppositionsbewegungen operieren auf einer schmalen und ungesicherten sozialen Basis. Sie haben keine homogenen sozialen Schichten oder gar relevante Klassenfraktionen hinter sich. Vielmehr politisieren sie Interessen, die quer zu dem sozialen Schicht- und Klassengefüge stehen. Genauer: Sie greifen Probleme auf, die die unterschiedlichsten Bevölkerungsteile betreffen können, insbesondere in den lokalen Räumen. Klassenunspezifisch sind auch die Verteidigungen der Rechte der Jugend, der von Arbeitslosigkeit bedrohten Arbeiter- und Kleinbürgerkinder und der von Berufsverbot und Polizeigewalt provozierten Bürgerkinder. Mit anderen Worten: Die fehlende soziale Basis kann durch eine virtuelle Vielzahl potentiell von Ungerechtigkeit und Staatsmacht Betroffener kompensiert werden.

Entscheidend ist, daß diese nur partiell sich bietenden Bündnismöglichkeiten durch die ideologischen Vorteile, wie sie Bewegungen und Radikaloppositionen prinzipiell auszeichnen, noch einmal erweitert werden können. Die Oppositionen tragen keine Verantwortung für die Skandale, und sie sind als heterogene Bewegung keiner Klientel und den daraus hervorwachsenden Kompromißzwängen unterworfen. Radikale Oppositionen fordern ideologisch das System als Ganzes heraus, sie vermögen die Einzelprobleme, den Einzelskandal als Konflikt von hochgradiger Allgemeinheit darzustellen. Und diese Allgemeinheit gewinnt soziale Realität, streift also die ideologische Seite ab, je konkreter sich die nur potentielle Betroffenheit zeigt. Entscheidend also ist, daß die Klassen- und Schichtenübergreifenden Oppositionsprogrammatiken ihre Realitäten haben.

Das politische Machtpotential der neueren Oppositions- oder Protestbewegungen steckt in ihren politischen Ideologien, die die ihr fehlende Organisationsmacht ersetzen. Aber die Ideologie kann sich in doppelter Hinsicht sozial wie machtpolitisch rückvermitteln: darin, daß sie reale Interessen aufgreift/thematisiert, die zu lösen sich die offizielle Politik, gerade auch die sozialdemokratische, unfähig zeigt, und darin, daß sie diese Systemunfähigkeit auch aufzeigt. Gerade in der mittelständig, klassenunspezifischen Fassung von Problemdefinitionen liegt die ideologische Stärke begründet, das System mit einem Gegenprojekt einer anderen Gerechtigkeit, Utopie etc. zu konfrontieren.

Die Situation ist Ausdruck eines für die Bundesrepublik charakteristischen Niedergangs der politischen Kultur. Zum einen ist das Politische exekutiv-staatlich-administrativ und rechtsstaatlich überformt. Ein prinzipieller Etatismus und die bürokratischen Machtapparate haben in Einklang mit der verfassungspolitisch und politisch gewollten Ächtung alles Plebiszitären mögliche Räume des Politisierens in die Kneipen zurückgestaut. Zwischen Staatsmacht und Privatheit ist jedes lebendige Milieu, wie es etwa in romanischen Ländern noch existiert, aufgerieben und erstickt. Die politischen Führungsapparate und die an ihnen hängenden Eliten sind, wie es schon die APO diagnostizierte, ohne alle mobilisierbaren Truppen. Damit sind sie aber auch ohne soziale Lebendigkeit, Apparate des Machtwissens reinsten Wassers, Hierarchiegebilde, die dem durchschnittlichen Populismus ins Gesicht schlagen wie sie dem technokratischen Ordnungsdenken entsprechen. Die Technokratenhoffnung der Feuerwehrfunktion kontrollierter Oppositionssegmente, eben das sozialdemokratische Projekt der 70er Jahre, ist Reflex dieses Zustandes.

Es ist ein Reflex, der den Fetischen der streitbaren Demokratie aufsitzt. Denn funktionalisieren will man die Radikalität möglicher Gegeneliten, vermeintlicher Feinde. Hieran wiederholt sich die Abtötung der politischen Kultur, denn Radikalität wird nur in der Existenzweise kontrollierter Segmente anerkannt. Sie wird nicht positiv als Ort einer zu entfaltenden Wiedergewinnung lebendiger Gegenmacht oder als Kraft einer Formerneuerung der Politik begriffen, besser: akzeptiert. So bleibt unbegriffen, daß Oppositionskerne und/oder die Teilbewegungen des Protests selbst nur Instrument/Ausdruck des Populismus als Möglichkeit des potentiellen antistaatlichen Politikwillens und des darunter liegenden realen sozialen und politischen Konflikts sind. Ihre Bedeutungslosigkeit macht Oppositionskerne agitatorisch hilflos. Sie erlangen politisches Gewicht nur, treffen sie auf einen verbreiteten Unwillen, der zur Artikulation drängt. Nicht die Tatsache der Ideologie ist erklärungsbedürftig, sondern die, daß Gegenideologien durchschlagen, daß sie seit der APO bis in das allgemeine Bewußtsein vorgedrungen sind.

Die aktuellen Sozialbewegungen, die Friedensbewegung, die Bürgerinitiativen, die Ökologiebewegung, die Frauenbewegung, die Hausbesetzerbewegung, die Bürgerrechtsbewegung, die Alternativbewegung, in denen die engagierten Jugendlichen politisch aktiv sind, speisen sich primär aus dem Machtverschleiß der sozialliberalen Koalition in der ökonomischen Krise. Insofern sind sie radikale Opposition, die auf wirtschaftliche Stagnation, Arbeitslosigkeit, Rüstung und machtpolitische Zentralisierung reagiert. Auf der anderen Seite läßt sich die Massenwirksamkeit neuer Sozialbewegungen auch aus der Aufbruchstimmung erklären, die neue Politikformen eröffnet und auf radikale Demokratisierung der Gesellschaft drängt, die realpolitische Alternativen auftut, um die konkreten Auswirkungen der Krise anzugehen und die ein neues Gefühl faszinierender Unmittelbarkeit und Sensibilität erleben läßt. Und hier muß ein Spannungsverhältnis innerhalb dieser neuen sozialen Bewegungen konstatiert werden: das Spannungsverhältnis zwischen Tendenzen, die in Richtung auf Demokratisierung aller gesellschaftlichen Bereiche, Kollektivierung der Arbeit, Sozialisierung der Produktion, soziale Formen der Emanzipation drängen, und solchen, die letztlich rückwärts streben und konservative Züge tragen.

Die 81er Opposition gibt sich erfahrungsunmittelbar. Im Wandel von TUNIX zu TUWAT will sie nicht länger warten. Sie gibt sich skeptisch gegenüber nur entworfenen Gesellschaftsveränderungen. Damit aber wird sie anfällig für Wundertäter, Kommissare und Priester sozialer Demagogien.

Unmittelbarkeit des Engagements deutet auf Betroffenheit, auf Wut und auf die Absicht, ganz konkret Veränderungen zu ertrotzen oder „Lebensräume" zu finden. Diese Unmittelbarkeit ist zugleich anfällig für subjektive Sehnsüchte und Ängste, für Wunschbilder, die das eigene Ego zum Maßstab haben und deshalb intolerant, brutal und unpolitisch werden können.

Dieses Spannungsverhältnis zwischen gesellschaftlichem Anspruch und politischer Umsetzung, das über Substanz und zukünftige Perspektiven der neuen sozialen Bewegungen entscheidet, ist in der bisherigen Forschung nicht als Problem behandelt oder auch nur benannt worden; an ihm wird sich die Fragestellung künftiger Projekte orientieren müssen.

Regionalhistorischer Exkurs I: Politische Kultur und Arbeiterklasse in Deutschland

Martin Broszat

Liberaler Staat, Industrie und Arbeiterschaft in Baden 1880—1910: Aus den Berichten der Großherzoglich-Badischen Fabrikinspektion

Die Rolle des Staates bzw. der staatlichen Bürokratie in der Industrialisierungsgeschichte in Deutschland ist immer wieder Gegenstand kontroverser Beurteilung gewesen. Anwalt der kapitalistischen Industrie oder sozialpolitischer Vermittler der Gegensätze von Kapital und Arbeit — zwischen diesen Deutungsmustern bewegt sich die historische Interpretation. Bei alledem sind aber auch die erheblichen regionalen Unterschiede der politischen Atmosphäre und der massiveren oder abgeschwächten Konfrontation zwischen industrie-kapitalistischen Interessen und den Interessen der Arbeiterschaft zu bedenken, aus denen heraus sich auch eine von Fall zu Fall andere Position der staatlichen Intervention ergab.

Der Südwesten Deutschlands und speziell das Großherzogtum Baden können im Kontext solchen innerdeutschen Vergleichs in vieler Hinsicht als Prototyp einer relativ gemäßigten Form der industriellen Revolution und der damit verbundenen Konfliktgeschichte gelten. Auf der Basis einer seit 1848 stark liberalen Tradition, die in den sechziger Jahren des 19. Jahrhunderts wie kaum anderswo in Deutschland zur Herrschaft des Liberalismus in der Staatsverwaltung führte, entwickelte sich in dem südwestdeutschen „Musterland" frühzeitig eine gleichzeitig sozial-fürsorgerische staatliche Politik, die sich deutlich von dem reinen Wirtschaftsliberalismus Preußens in den sechziger und siebziger Jahren unterschied. Der Liberalismus der badischen staatlichen Bürokratie hatte zugleich patriarchalische, alt-konservative Züge. Bei aller Bejahung des industriellen Fortschritts eignete ihm von früh an eine starke Sensibilität für das sozial Bedenkliche und Zerstörerische des industriellen Fortschritts.

Im Rahmen der liberal-sozialreformerischen bürgerlichen Bemühungen, die auch sonst im Deutschen Kaiserreich zwischen der scharf restriktiven Politik des Bismarckschen Sozialistengesetzes und dem revolutionären Potential der sozialdemokratischen Arbeiter- und Gewerkschaftsbewegung zu vermitteln suchten, spielte die Aufmerksamkeit für die soziale Lage der Arbeiterschaft aus solchen Gründen in der badischen Stadtverwaltung eine hervorragende Rolle. Die badischen Enqueten und Berichte über die Lage und das Verhalten der Arbeiterschaft in verschiedenen industriellen Branchen und Regionen, die aus diesem sozial-fürsorgerischen staatlichen Interesse seit dem späten 19. Jahrhundert hervorgegangen sind, zählen, ähnlich wie die vom Verein für Sozialpolitik veranlaßten Erhebungen, zu den sozialgeschichtlich noch heute ergiebigsten Quellen der Industrialisierungsgeschichte. Eine solche Quelle bilden die Jahresberichte des Großherzoglich Badenschen Fabrikinspektors, die im Folgenden auszugsweise vorgestellt werden sollen.

Nach der reichsgesetzlichen Novellierung der Gewerbeordnung am 17. Juli 1878 war die bisher fakultative Ernennung von Gewerbeaufsichtsbeamten, denen vor allem die Kontrolle der verschiedenen Arbeiterschutzgesetze oblag, obligatorisch gemacht worden. Aufgrund dessen wurde in Baden auf Vorschlag des Handelsministeriums und nach Billigung durch beide Kammern des Badischen Parlaments am 30. Januar 1879 auf landesgesetzlicher Grundlage eine Dienststelle des Fabrikinspektors eingerichtet. Zum Leiter der Behörde ernannte der Großherzog auf Antrag des Handelsministerium den bisherigen Eisenbahn-Ingenieur Friedrich Wörishoffer, der am 27. März 1879 seinen Dienst antrat. Der aus dem Hessischen stammende, damals 40jährige Wörishoffer, der 1859 in den badischen Staatsdienst eingetreten war und als Eisenbahn-Ingenieur schon sehr konkrete Erfahrungen mit der industriellen Entwicklung gewonnen hatte, versah das Amt bis zu seinem Tode 1902 und prägte es maßgeblich durch seine Persönlichkeit. Ausgehend zunächst von den Sachzwängen der Kontrolle der Arbeiterschutz-Gesetzgebung, gewannen der „soziale Gedanke", das Bemühen um sozialen Ausgleich, auch über die spezielle Materie des Arbeiterschutzes hinaus, zunehmend an Bedeutung für Wörishoffer und machten ihn zu einem engagierten Sozialpolitiker. Sein Eifer auf diesem Gebiet brachte ihn im Laufe seiner Amtszeit nicht selten in Konflikt mit industriellen Unternehmern und ließ ihn mehr und mehr zum − freilich nicht kritiklosen − Anwalt der Arbeiterschaft werden. Die umfangreichen Jahresberichte des badischen Fabrikinspektors bezeugen dies ebenso wie die von ihm erarbeiteten Monographien über „Die soziale Lage der Cigarrenarbeiter im Großherzogtum Baden" (1890) und über „Die soziale Lage der Fabrikarbeiter in Mannheim und Umgebung" (1891). Wegen seiner hervorragenden Kenntnisse wurde Wörishoffer 1892 auch in die vom Bundesrat Anfang 1892 gegründete Kommission für Arbeiterstatistik berufen. Nach seinem Tode am 18. Juli 1902 setzte sein Nachfolger als Vorstand der badischen Fabrikinspektion, Dr. Bittmann, die Tradition Wörishoffers im wesentlichen fort.

Anders als in Preußen, wo die Gewerbeaufsicht dezentralisiert war, blieb die badische Fabrikinspektion eine Zentralbehörde, die sich auf lokaler Ebene der Bezirksämter bediente. Das badische Handelsministerium sah einen Vorteil darin, daß der Fabrikinspektor nicht mit den auf regionaler Ebene stärker zum Zuge kommenden industriellen Interessen unmittelbar konfrontiert war, sondern als Zentralbehörde eine größere Unabhängigkeit von solchen Interesseneinflüssen bewahren konnte.

Die drei Jahrzehnte zwischen 1880 und 1910, die im folgenden skizzenhaft unter einigen Aspekten dokumentiert werden sollen, bildeten in Rahmen der verspäteten Industrialisierung Badens eine Phase kräftiger Entwicklung. Die 4859 Gewerbebetriebe mit 126 296 Arbeitern, die der Fabrikinspektor 1892 zu kontrollieren hatte, erhöhten sich bis 1910 auf 10 751 Betriebe mit 246 894 Arbeitern. Vor allem in den Bereichen der metallverarbeitenden und Maschinen-Industrie verstärkte sich das industrielle Potential kräftig; die ursprünglich führende Textilindustrie (1910 noch 254 Betriebe mit rund 29 000 Arbeitern) hingegen war relativ zurückgefallen. Mit der Landmaschinenfabrik Lanz und anderen Großbetrieben war vor allem Mannheim zum Zentrum der modernen badischen Industrie geworden. Daneben gab es, über das Land verstreut, aber noch viele Zweige der Altindustrie: Tabakverarbeitende

Manufakturen, die auf das Land gingen, weil dort billige Arbeitskräfte vorhanden waren, traditionelle Branchen der Holz- und Schnitzindustrie im Schwarzwald, der Papierindustrie oder der Bijouterie-Industrie in Pforzheim und Umgebung. Der Kontrast zwischen alter und neuer, kleinbetrieblicher und großbetrieblicher Industrie, schuf erhebliche Differenzen auch in der sozialen Lage der Arbeiterschaft und war begleitet von unterschiedlichen Einstellungen der Unternehmer.

Die Jahresberichte des Fabrikinspektors enthalten eine Fülle von Informationen sowohl zur industriegeschichtlichen Entwicklung des Landes als auch zu den materiellen Lebensbedingungen der Arbeiterschaft, die im folgenden auch nicht annähernd ausgeschöpft werden können. Um eine gewisse thematische Einheit zu erzielen, beschränkt sich die Wiedergabe der im Folgenden ausgewählten Passagen auf Inhalte dieser Berichterstattung, die sich speziell mit dem sozial-politischen Dreiecksverhältnis von Arbeiterschaft, Unternehmern und Fabrikinspektion befassen. Die Texte sprechen weitgehend für sich selbst und sollen deshalb auch gar nicht weiter kommentiert werden.

Wie aus dem ersten *Bericht für das Jahr 1879* hervorgeht, besichtigte der Fabrikinspektor in 92 Tagen 328 Fabriken.

Der Bericht konzentrierte sich u. a. auf den Mißbrauch jugendlicher Arbeiter. Er wies nach, daß die Anzahl der in den Fabriken beschäftigten Kinder zwischen 12 und 14 Jahren zwar in den letzten fünf Jahren um die Hälfte, auf 1450, zurückgegangen sei, die Kinderbeschäftigung aber vielfach immer noch gegen die Vorschriften verstoße, wobei oft ,,mangelhafte Pflichterfüllung der Ortsbehörde bei Überwachung der Gewerbeordnung" mitursächlich sei.

Der Bericht beschäftigte sich ausführlich auch mit den sittlichen Folgen der gemeinsamen Beschäftigung von Jugendlichen beiderlei Geschlechts in einzelnen Manufakturen des Landes und deckte z. T. groteske ,,Entschuldigungen" dafür auf:

,,Die bei den Cigarren-Arbeitern häufig auftretende Lungen-Schwindsucht wird von den Ärzten nicht sosehr der Ausdünstung des Tabaks als den bei dieser Arbeiterklasse besonders heimischen frühzeitigen geschlechtlichen Ausschweifungen zugeschrieben. In diesem Industriezweige, der besonders viele junge Leute von 14 bis 16 Jahren beschäftigt, sitzen dieselben bei nicht anstrengender Arbeit in engen Räumen dicht beieinander und die Geschlechter sind nicht getrennt. Als Beleg für die Folgen eines solchen Zustandes wird mitgeteilt, daß das Mutterwerden junger Mädchen von 16 bis 17 Jahren keine Seltenheit sei. Es sei daher, weil oft auch mangelhafte Ernährung dazukomme, das häufige Auftreten der Lungenschwindsucht in diesem Industriezweige schon durch diese Verhältnisse genügend erklärt. Meine Aufforderungen, die Geschlechter in getrennten Räumen zu beschäftigen, fand bei den Fabrikanten niemals williges Entgegenkommen, weil einige bauliche Änderungen notwendig würden und auch eine vorübergehende Störung der Fabrikation durch eine solche Maßregel entstehen würde. Sie glauben, ihre Pflichten gegen die jugendlichen Arbeiter schon erfüllt zu haben, wenn sie bei den vorhin bezeichneten Folgen die Betreffenden aus der Arbeit entlassen, und sie bedenken nicht, daß sie durch die mangelhaften Einrichtungen ihres Betriebes wohl die gleiche Schuld an diesen Zuständen tragen wie die Arbeiter."

Im Zusammenhang mit der allgemeinen wirtschaftlichen Depression in diesem Jahr führte der Fabrikinspektor aus, daß die mangelnde Berücksichtigung der Lage der Arbeiter durch die Fabrikherren ,,oft seinen Grund darin" habe, ,,daß die Fabrikanten vollauf von der Sorge für den Absatz ihrer Erzeugnisse in Anspruch genommen sind" und sich die meisten Arbeiter angesichts des Überangebots an Arbeitskräften stillschweigend in diese Verhältnisse fügten:

„Wenn in einzelnen Fällen die Beziehungen zwischen Arbeitgeber und Arbeiter zu wünschen übrig lassen, so hat dies überwiegend seinen Grund in den zwischen beiden mangelnden persönlichen Berührungen. Häufig verkehren die Arbeitgeber mit ihren Arbeitern nicht selbst und es bleibt der ganze so wichtige persönliche Verkehr den Werksführern und Aufsehern überlassen."

Ähnlich der Tenor der *Berichterstattung für das Jahr 1880:*

„Bei dem übergroßen Arbeiterangebot, welches sich am besten dadurch kennzeichnet, daß unter den zahlreichen Arbeitslosen viele solide und arbeitstüchtige Leute sind, hüten sich die Arbeiter wohl, irgend eine gegensätzliche Stellung zu den Arbeitgebern einzunehmen, weil sie wissen, daß für jede freiwerdende Stelle eine große Anzahl tüchtiger Bewerber vorhanden ist."

Zu einem stärkeren industriellen Wachstum kam es in Baden erst gegen Ende der achtziger Jahre. Aber aufgrund der noch immer unerschöpften Arbeitsmarktreserven des Landes veränderte sich die Lage der Arbeiter kaum. Der *Jahresbericht des Fabrikinspektors für 1888* führte aus:

„Für die Arbeiter hat dieser günstige Stand der Industrie keine Erhöhung der Löhne zur Folge gehabt, weil trotz des erhöhten Bedarfs an Arbeitskräften von einem Arbeitermangel nicht gesprochen werden kann. Besonders sind nicht angelernte erwachsene Arbeiterinnen fast überall zu niedrigem Lohn in genügender Zahl zu haben."

Der Bericht führte auf, daß im Großherzogtum im Jahr 1888 auch 10 599 jugendliche Arbeiter unter 16 Jahren, davon über die Hälfte junge Mädchen, beschäftigt gewesen seien, vor allem in der Nahrungs-, Genußmittel- und Textilindustrie.

Der *Jahresbericht für 1889* bestätigte den weiteren Aufschwung der Industrietätigkeit, der in Baden erheblicher sei als zu Anfang der siebziger Jahre. Viele Arbeitgeber suchten sich dabei möglichst billiger neuer Arbeitskräfte zu bedienen. Bezeichnend sei der wachsende Anteil von jugendlichen Arbeitern unter 16 Jahren (Steigerung auf 12 651 gegenüber dem Vorjahre). Beim Bauhandwerk in Städten „bestehe der Mißbrauch, während der Ferien Schulkinder bis zu 10 und 11 Jahren herab zum Steinetragen zu verwenden". Nach wie vor widersetzten sich, vor allem in der Textilindustrie, die Arbeitgeber einer Herabsetzung der meist zwölfstündigen Arbeitszeit.

„Abgesehen von den in der Konjunktur liegenden Ursachen zur Überarbeit kommt die letztere mitunter auch wegen teilweise zu knapper Einrichtungen der Fabriken vor. So ist in den Spinnereien z. B. das Verhältnis der Vorwerke zu den Spinnmaschinen nur für bestimmte Nummern richtig. Sollen nun erheblich gröbere oder feinere Nummern als diejenigen gesponnen werden, für welche die Einrichtungen der Fabrik getroffen wurden, so sind entweder zu wenig Vorwerke oder zu wenig Spinnmaschinen vorhanden, wenn keine Arbeiten der Fabrik zeitweise abgestellt werden sollen. Da man Letzteres zu vermeiden wünscht, greift man dazu, mit den zuwenigen Maschinen über die normale Arbeitszeit hinaus arbeiten zu lassen."

Mit manchen Arbeitgebern, so klagte der Fabrikinspektur, sei „manchmal ein sich durch Jahre hinziehender zäher Kampf nötig", um Unzulänglichkeiten abzustellen, wobei leider große „Gleichgültigkeit der gebildeten und besser situierten

Klassen gegenüber offenbaren Mißständen in der Lage der Arbeiter" eine wesentliche Rolle spiele.

„Der unmittelbare Verkehr [der Fabrikinspektion] mit den Arbeitern ist auch im Berichtsjahr spärlich gewesen. Der Grund der Zurückhaltung der Arbeiter ist wahrscheinlich überall der, daß die Arbeiter annehmen, die Arbeitgeber würden einen unmittelbaren Verkehr mit dem Fabrikinspektor als ein Mißtrauen gegen sie ansehen. Sie befürchten nicht zu Unrecht, daß diejenigen von ihnen, welche sich dennoch an den Fabrikinspektor wenden würden, nicht mehr lange in Arbeit ständen."

Im *Bericht für das Jahr 1890* (das Sozialistengesetz war noch nicht aufgehoben) führte der Fabrikinspektor u. a. aus, daß die „für den 1. Mai angekündigten Demonstrationen im Großherzogtum ebenso wie im übrigen Deutschland unterblieben sind" und „keine Fabrik des Landes" bekannt geworden sei, in welcher „an diesem Tage Arbeitseinstellungen erfolgten", was als Zeugnis der „besonnenen Haltung der Arbeiter die Anerkennung weiter Kreise" verdiene. Er berichtete des weiteren über „zahlreiche freiwillige Veranstaltungen der Arbeitgeber zur Verbesserung der Lage der Arbeiter" vor allem auf dem Gebiet des Unfallschutzes, die auf „eine wohlwollende Gesinnung der überwiegenden Mehrzahl der Arbeitgeber" schließen lasse, wenn das damit verbundene Geldopfer meist auch „durch den eigenen Vorteil aufgewogen wird, da solche Einrichtungen die Arbeiter leistungsfähiger und berufsfreudiger" machten.

„Mit dem Vorstehenden soll aber nicht gesagt sein, daß die Arbeitgeber irgendwie geneigt sind, einen öffentlichen Charakter der großen Unternehmungen anzuerkennen oder in dem Arbeitsvertrag etwas anderes zu sehen, als einen Kauf- und Miethvertrag über Arbeit, welcher mit dem *einzelnen* Verkäufer dieser Ware, dem Arbeiter, zu vereinbaren ist. Diese Auffassung ist nicht nur bestrebt, sich den Eingang in das praktische Leben zu erobern, sondern sie wird auch in der Wissenschaft erörtert. Den Bestrebungen der Arbeiter, die Substanz des Arbeitvertrages durch vereinigtes Unterhandeln erst zu verwirklichen, folgt der wissenschaftlichen Untersuchung dieser Verhältnisse. Soweit die Arbeitgeber den ganzen Zusammenhang überhaupt verfolgen, mögen vielleicht einzelne von ihnen einer Anerkennung gewisser wissenschaftlicher Ergebnisse sich nicht entziehen, in ihrem amtlichen und korporativen Auftreten stellen sie sich aber durchaus auf den rein privatrechtlichen Standpunkt und halten zäh daran fest, daß innerhalb der gesetzlichen Schranken die Arbeitsbedingungen einseitig von ihnen festzusetzen seien . . .

Vereinzelt wird von den Arbeitgebern darüber geklagt, daß die Bewegungen in der Arbeiterwelt über die Bestrebungen zur Verbesserung ihrer Lage hinausgingen und eine Lockerung der Disziplin zur Folge hätten. Tatsächlich eigene Wahrnehmungen konnten hierüber seitens der Fabrikinspektion nicht gemacht werden. Darüber, daß der unbedingte Gehorsam der Arbeiter in Bezug auf ihre Dienstleistungen und die sich innerhalb der dienstlichen Verpflichtungen haltenden Anordnungen ihrer Vorgesetzten aufrecht zu erhalten ist, kann nicht der geringste Zweifel bestehen. Es fehlt auch den Arbeitgebern nicht an Mitteln, diesen Gehorsam, wo er fehlen sollte, zu erzwingen."

Für das Jahr 1891 werden Stockungen der vorangegangenen Prosperität der Gewerbebetriebe registriert. Der Bericht behandelt ausführlich u. a. die infolge der Errichtung moderner „Kunstmühlen" fortschreitende Aufsaugung der vielen kleinen, an die natürlichen Wasserkraftquellen angeschlossenen örtlichen „Kundenmühlen", vor allem in den Tälern des Schwarzwaldes und des Odenwaldes. Der verzweiflungsvolle Kampf der alten kleinen Mühlen gegen die moderne Konkurrenz habe auch die

Lage der in ihnen tätigen Arbeiter, oft eines einzigen Arbeiters, „der die ganze Arbeit tun muß und bei der harten Arbeit frühzeitig zugrunde geht", vielfach verschlechtert.

Lediglich im Buchdruckergewerbe sei es zu größeren Arbeitseinstellungen gekommen, aber auch diese hätten sich „ohne alle Leidenschaftlichkeit" vollzogen.

„Im wesentlichen ist diese Erscheinung einem besonnenen und maßgebenden Einfluß der Führer der Arbeiterparteien zuzuschreiben, welche trotz zähen Festhaltens an ihren Grundsätzen einer nutzlosen Kraftvergeudung durch aussichtslose Arbeitseinstellungen vorbeugen wollen. Weiter tritt mit der wachsenden Einsicht unter den Arbeitern die Beurteilung der Arbeitseinstellungen nur vom örtlichen Standpunkt aus immer mehr zurück. Hierdurch werden zwar nicht die großen, wohl aber die unbesonnenen und unberechenbaren kleinen Streiks vermieden, welche beiden Seiten so großen Schaden zufügen".

Klagen von Arbeitern wegen Übervorteilung durch Arbeitgeber kämen fast nie bei namhaften großen Industrien vor.

„Fast immer waren es kleine Unternehmer, welche glaubten, den Folgen ungünstiger Verhältnisse oder eigener Unzulänglichkeit in der Geschäftsführung auf eine derartige Weise entgehen zu können ... Ein kleiner Cigarrenfabrikant verpflichtete seine Arbeiter ... schriftlich, zwei Jahre lang in dem Arbeitsverhältnisse zu bleiben und behielt zum Zwecke der Einhaltung dieser Vereinbarung Lohnabzüge bis zu 20,– DM ein. Wenn die Arbeiter nach Umfluß der zwei Jahre austreten wollten, enthielt er ihnen die Rückgabe der Kautionssumme vor."

Im *Jahresbericht für 1892* war wieder eine Stagnation der industriellen Tätigkeit zu vermerken, u. a. auch in der Metallindustrie in Mannheim, wo es zu Arbeiterentlassungen und auch zu Lohnkürzungen kam. Der Bericht befaßte sich besonders ausführlich mit der Überprüfung von rund 900 Arbeitsordnungen badischer Betriebe, von denen viele „ausschließlich von den Pflichten der Arbeiter, nicht aber von den ihnen aus dem Arbeitsverhältnis erwachsenden Rechten" handelten. In vielen Fällen seien erfolgreich Beanstandungen geltend gemacht worden, z. B. wenn in den Arbeitsordnungen, „dem Beispiel der alten Fabrikordnungen folgend, bei der Festsetzung von Strafen überhaupt nicht bestimmt gesagt war, welche Verstöße von Strafen bedroht werden sollten".

In dem *Bericht für das Jahr 1893* registrierte der Fabrikinspektor allgemeine Fortschritte im Zusammenschluß der Arbeiter zu politischen und gewerkschaftlichen Vereinigungen auch außerhalb der sozialdemokratischen Vereine:

„Während es ein großer Teil der Arbeitgeber für zweckmäßig hält, die Zugehörigkeit der Arbeiter zu diesen Vereinigungen zu ignorieren, suchen einige andere solche Arbeiter aus ihren Anlagen zu entfernen."

Im *Jahresbericht für 1894* wird darauf hingewiesen, daß ein gewisser Rückgang der Empfindlichkeit der Arbeitgeber gegen Interventionen der Fabrikinspektion wahrzunehmen sei, aber noch immer gebe es gegenteilige Fälle:

„Die Arbeiter bekommen es manchmal schwer zu fühlen, wenn sie unsere Intervention herbeigeführt haben. Wir erhalten deshalb nur selten Mitteilung einzelner Arbeiter, sondern fast nur durch Arbeitervertretungen und durch die Arbeiterpresse."

Keine „nennenswerte Wirksamkeit" hätten die in verschiedenen Betrieben eingerichteten Arbeiterausschüsse erzielen können, da bei den Arbeitern allgemein das Gefühl vorherrsche, „daß diese Ausschüsse einen Einfluß gegenüber dem sich kundgebenden entscheidenden Willen des Arbeitgebers doch nicht haben".

Der *Jahresbericht für 1895* setzt sich u. a. kritisch mit den meist außerordentlich milden gerichtlichen Strafen auseinander, die über Arbeitgeber verhängt wurden, die gegen die Gewerbeordnung verstießen. Der Bericht verzeichnet wiederum eine zunehmende „Rührigkeit" bei den „Organisationsbestrebungen der Arbeiter" und ein zunehmendes Ansehen dieser Organisationen in der Arbeiterschaft. Nur ganz vereinzelt komme es vor, daß an Arbeiterversammlungen auch Arbeitgeber teilnähmen, meist hielten sich auch die „eingeladenen Meister" aus diesen Versammlungen heraus. „Der Unterschied, den die Arbeitgeber noch vor wenigen Jahren zwischen den konfessionellen und den sozialdemokratischen Arbeitervereinigungen machten", verwische sich mehr und mehr. Obwohl die Differenz zwischen ihnen noch immer groß sei, habe oft allein die Tatsache, daß auch die konfessionellen Arbeiterorganisationen für den Gedanken der gewerkschaftlichen Vertretung aufgeschlossener geworden seien, genügt, „um in manchen Kreisen der Arbeitgeber den konfessionellen Arbeitervereinen eine geradeso ungünstige Gesinnung entgegen zu bringen, wie den sozialdemokratischen".

Rühmend werden in dem Bericht bestimmte sozialpolitische Maßnahmen einzelner Arbeitgeber, z. B. der Arbeiterwohnungsbau durch die Textilfirma Brink in Arlen, erwähnt.

Aus dem *Jahresbericht für 1896:*

„Auch im Berichtsjahr hat eine Anzahl von Sprechstunden für Arbeiter in verschiedenen Teilen des Landes stattgefunden. Die Beteiligung der Arbeiter an diesen Sprechstunden war, wie im Vorjahre, meist eine spährliche ... In dem Verkehr mit den Arbeitern tritt, selbst wenn sie gewerkschaftlichen Organisationen angehören, das Gefühl der Abhängigkeit in einer Weise zutage, die auch dann überraschend ist, wenn man diese Dinge durch unmittelbare Wahrnehmung schon öfter kennengelernt hat.

Manche von ihnen wagen selbst bei krassen Mißständen nicht, diese dem Arbeitgeber mitzuteilen, in der Befürchtung, ihren Arbeitsplatz zu verlieren. Selbst Arbeiter, die als Vorstand gewerkschaftlicher Organisationen fungieren, zeigen sich nach dieser Richtung sehr besorgt ... Daß die Arbeiter diese Befürchtung nicht zu Unrecht hegen, geht auch daraus hervor, daß mehrmals Arbeitgeber sich große Mühe gaben, von uns zu erfahren, welche Arbeiter uns Mitteilung gemacht hätten. Überhaupt wird man von den dreisten Forderungen der Arbeiter, auf die von manchen Seiten so gerne hingewiesen wird, nichts gewahr, sobald man mit ihnen in geschäftliche Verhandlungen tritt. Die Rücksicht auf die Erhaltung der Familie ist für den verheirateten Arbeiter, auch wenn er einer Organisation angehört, der alles beherrschende Gesichtspunkt, gerade wie bei den anderen Klassen der Bevölkerung. Man sieht aber auch, in welche innere Konflikte ein tüchtiger und überzeugungstreuer Arbeiter kommen kann, wenn er von der Rücksicht auf seine Familie und von der Verpflichtung als Vorstand eines Arbeitervereins für die Interessen der Arbeiter eintritt, nach entgegensetzten Richtungen angetrieben wird."

Der *Jahresbericht für 1897* befaßte sich u. a. mit der von der Badischen Staatsregierung geforderten Dezentralisierung der Industrie, durch die man hoffte, nicht nur der Entwurzelung von Arbeitern, sondern auch einer großstädtischen Massierung entgegenzuwirken, die die Ausbildung von Klassenbewußtsein und sozialdemokratischer Gesinnung fördern mußte. In dem Bericht wird hervorgehoben, daß „abgesehen von dem besonderen Interesse der Industrie" (wegen der billigen Arbeitskräfte) eine „Begünstigung der Dezentralisierung der Industrie in hervorragendem Maße auch im öffentlichen Interesse liegt". Leider sei die Entwicklung dennoch z. T. anders verlaufen, vor allem in Mannheim und Umgebung:

„Neben manchen anderen Ursachen spielte auch der Umstand eine Rolle, daß der Platz Mannheim, ganz abgesehen von den natürlichen Vorzügen seiner Lage, auch wegen seiner in den Frachttarifen liegenden Vorteile eine übermächtige Anziehung ausübt. . . . Die Arbeiter der größeren Industrieorte sind einer weiteren Decentralisierung der Industrie nicht günstig gesinnt. Sie sind der Ansicht, daß sie ihre gemeinsamen Interessen nur an Orten mit größerer Industrie wahren könnten, weil nur hier genügend lebensfähige Vereinigungen möglich seien. Ihre Beurteilung dieser Verhältnisse ist deswegen nicht ohne Bedeutung, weil die besonders tüchtigen und daher gut bezahlten Arbeiter auch gegen hohen Lohn nicht auf das Land gehen wollen. Sie fürchten, hier allen Rückhalt zu verlieren und damit nach und nach auch die hohen Löhne einzubüßen . . .".

Im *Jahresbericht für 1898* wird über die weitere intensive Entwicklung des Organisationswesens der Arbeiter berichtet, auch über eine Reihe lokaler Streiks. Im ganzen sei festzustellen,

„daß sich die Arbeiterbewegung immer mehr praktischen Zielen zuwendet . . . Immer seltener werden die Arbeiterversammlungen mit dem Anhören theoretischer Auseinandersetzungen ausgefüllt, welche der Arbeiterbevölkerung in anderen Bevölkerungsschichten weder besondere Achtung noch auch Sympathie erwerben konnten und die offenbar auch an dem gesunden Instinkte der Arbeiterschaft im ganzen abprallten. Eine besondere Aufmerksamkeit wird in den Arbeiterversammlungen den Gewerbegerichten zugewendet. Es wird ausgesprochen, daß sie außerordentlich segensreich gewirkt hätten, und es wird das Gesetz über die Gewerbegerichte geradezu als eines der besten im Deutschen Reich erklärt."

Im *Bericht für das Jahr 1899* wird von einer deutlichen Abschwächung der Schwierigkeiten der Fabrikinspektion im Verkehr sowohl mit den Arbeitgebern als auch mit den Arbeitnehmern berichtet. Mit Ausnahme der Bijouterie-Industrie sei es fast nirgend nötig geworden, „wegen Vergehen gegen die Arbeiterschutz-Vorschriften strafendes Einschreiten herbeizuführen". Eher habe der gute Kontakt der Fabrikinspektion zu den Arbeitervertretern „zu Differenzen mit den Arbeitgebern" geführt. Dies sei um so weniger begründet, als sich die meisten Organisationen der Arbeiter „ganz vortrefflich bewähren" durch „ihre ruhige und dadurch meist erfolgreiche Leitung von Arbeiterbewegung wegen Gestaltung der Arbeitsbedingungen und der Höhe der Löhne. Sie haben nach den gemachten Wahrnehmungen ein ziemlich sicheres Gefühl dafür . . ., welche Forderungen der Arbeiter nach der ganzen Lage der Verhältnisse durchführbar sind."

Aufgrund der allgemein verbesserten „Geschäftslage" der Gewerbebetriebe konnte der *Jahresbericht für 1900,* wie schon die vorangegangenen Jahresberichte, weitere Verbesserungen der Arbeitsbedingungen, Arbeitszeitverkürzungen auf zehn Stunden, eine gewisse Erhöhung der Löhne und auch Verbesserungen auf dem Gebiet des Arbeitsschutzes registrieren.

Der *Jahresbericht für 1901* wies am Beispiel Mannheims darauf hin, daß die weltanschaulichen Unterschiede zwischen den Arbeitervereinigungen zugunsten gemeinsamer praktischer Politik zurückgetreten seien. Auch in Karlsruhe hätten Freie Gewerkschaften mit katholischen und evangelischen Arbeitervereinen und Hirsch-Dunckerschen Gewerkvereinen in einer gemeinsamen Versammlung praktische Mittel zur Linderung der Folgen der verschlechterten Wirtschaftslage beraten und eine paritätische Kommission eingesetzt.

Der *Bericht für das Jahr 1902* vermeldet vermehrte Schwierigkeiten infolge ungünstiger wirtschaftlicher Lage auch bei den Arbeiterorganisationen. Ein Fortschritt sei die zunehmende Einrichtung örtlicher, von Arbeitgebern und Arbeitnehmern paritätisch besetzter Arbeitsnachweise im Großherzogtum. Während des Jahres seien 146 Strafverfahren wegen Übertretungen der Arbeiterschutzbestimmungen in Gang gekommen, vor allem wegen gesetzwidriger Sonntagsarbeit, Nichtgewährung von Ruhepausen, Beschäftigung schulpflichtiger Kinder, Abhaltung von Lehrlingen vom Besuch der Gewerbeschule. Angeklagt seien vor allem Bäckereien, Gastwirtschaften, Getreidemühlen, Brauereien, Bijouterie-Fabriken.

Der *Jahresbericht für 1903* beschäftigt sich u. a. mit der Lage der weiblichen Arbeiter, die mit insgesamt über 51 000 Personen 26,7 Prozent aller Arbeiter in den der Aufsicht der Fabrikinspektion unterstehenden Gewerbebetrieben ausmachten. Ein Drittel von ihnen stünde im Alter von 16 bis 21 Jahren, 40 Prozent aller Arbeiterinnen seien in der Zigarrenindustrie beschäftigt, wo die Arbeiterinnen insgesamt 61 Prozent aller Beschäftigten ausmachten, 29 Prozent in der Textilindustrie, wo die Arbeiterinnen 50,5 Prozent aller Beschäftigten stellten.

„Über das sittliche Verhalten einzelner Vorgesetzter den Arbeiterinnen gegenüber sind auch im Berichtsjahre wieder abscheuliche Tatsachen den Behörden zur Kenntnis gelangt. Der Werkmeister einer größeren Cigarrenfabrik wurde wegen Verführung Minderjähriger zu einer Gefängnisstrafe von sechs Monaten verurteilt ... [Der Bericht weist im folgenden noch auf zwei weitere ähnliche Fälle des Vergehens von Werkmeistern in Cigarrenfabriken hin] ... Es ist kaum ein Zufall, daß die sämtlichen drei angeführten Fälle sich auf Werkmeister ländlicher Cigarrenfabriken beziehen, denn gerade diesen Vorgesetzten wurden von der Fabrikleitung sehr weitgehende und verhältnismäßig selten kontrollierte Machtbefugnisse eingeräumt."

Der *Jahresbericht für 1904* schildert trotz der Betonung eines allgemein guten Verhältnisses mit den meisten Arbeitgebern eine Reihe „recht wenig erfreulicher Erscheinungen": Durch einen Fabrikanten sei den Beamten der Fabrikinspektion das Betreten der Fabrik verwehrt worden mit der Begründung, daß erst der eine dreiviertel Stunde entfernt wohnende Technische Direktor herbeigeholt werden müsse. Auch in einem anderen Falle habe es wegen der begehrten Inspektion große Schwierigkeiten gegeben. Die Fabrikinspektion habe sich aber auch von dem beigezogenen Anwalt nicht beeindrucken lassen: So gern sie „mit den Industriellen in guten Beziehungen steht, so zaudert sie doch keinen Augenblick, ihre Pflicht zu tun, auch wenn das Ergebnis für den Fabrikanten nicht angenehm ist". Als in einem anderen Falle die Fabrikinspektion auf die Beschwerde eines Arbeiters hin tätig wurde, habe der Fabrikant sich die „Einmischung der Fabrikinspektion" verboten. „Hierauf ließ die Fabrikinspektion dem Fabrikanten eine Belehrung über die Aufgaben der Gewerbeaufsicht zuteil werden" mit der Bemerkung, „daß sie den gemachten Vorwurf auf das Entschiedenste zurückweisen müsse".

Die Fabrikinspektion kam in der Bewertung dieser Fälle zu dem Ergebnis, daß „solche Kraftproben" eine „gewisse symptomatische Bedeutung" hätten infolge der inzwischen durch Beamtenvermehrung ermöglichten „intensiveren Gewerbeaufsicht auch in Gegenden, die mehrere Jahre lang nicht besucht werden konnten".

Der *Jahresbericht für 1905* meldet eine erfreuliche Verbesserung der wirtschaftlichen Lage sowie auch der sozialen Bedingungen der Arbeiter (Verkürzung der Arbeitszeit u. a.):

„Der Verkehr mit der Arbeiterschaft war durchweg ein ungetrübter. Bei der Erörterung mannigfacher und schwerwiegender Fragen gaben sich gesundes Urteil, Billigkeit, Ernst und sittliche Reife bei den Arbeitern oft in überraschender Weise kund. Über alles Lob erhaben war die Ruhe, Sachlichkeit und Sachkenntnis eines Arbeiterausschusses, der in einem großen Ausstand zu Mannheim, bei welchem die Fabrikinspektion vermittelte, die Arbeiterschaft in sehr schwierigen, klippenreichen Verhandlungen vertrat."

Im *Jahresbericht für 1906* wurde gemeldet, daß die „Zahl der Tarifverträge . . . gegenüber dem Vorjahr erheblich" gestiegen sei. Im ganzen seien der Fabrikinspektion 66 Tarifverträge bekannt geworden, darunter 45 für ganze Erwerbsgruppen und 21 für einzelne Betriebe.

In den *Berichten für die Jahre 1907 und 1908* wurden Einzelbeispiele großzügiger sozialpolitischer Maßnahmen einzelner Betriebe hervorgehoben, so zum Beispiel der Maggi-Gesellschaft in Singen, die auch die örtliche Gewerkschaft zur Besichtigung der mustergültigen Fabrikanlagen eingeladen habe. Durch Einrichtung einer Sparkasse für ihre Arbeitnehmer mit beträchtlichen Verzinsungen und auf anderem Wege sei die Firma „unausgesetzt bemüht, die Wohlfahrt ihrer Arbeiter durch freiwillige Leistungen zu fördern". Sie habe auch durch Gewährung eines achttägigen Urlaubs für Arbeiter, die dem Betrieb schon mehr als drei Jahre angehörten, deren Verhältnis „dem der Angestellten ähnlich zu gestalten" versucht.

Neben solchen erfreulichen Feststellungen wurde im *Jahresbericht für 1909* aber weiterhin auch eine Reihe von Fällen unerlaubter Beschäftigung von Kindern, insbesondere in ländlichen Gewerbebetrieben, registriert.

„Verhängnisvolle Folgen hatte ein Ausstand der Arbeiter der Aluminiumwerke Rheinfelden. Die rasch organisierten Arbeiter waren gewerkschaftlich nicht geschult, dem Streikleiter, einem Beamten des christlichen Metallarbeiterverbandes, gebrach es an Erfahrung und anderen Eigenschaften . . . Die Erregung der Arbeiterschaft machte sich Luft in einer bösen Ausschreitung, die als Landfriedensbruch zur Herbeiziehung einer militärischen Abteilung und demnächst zu gerichtlicher Verurteilung der Exzedenten führte."

In dem letzten uns vorliegenden *Jahresbericht für 1910* wird von ungleich günstiger Geschäftslage bei den einzelnen industriellen Branchen und besonders ungünstiger Geschäftslage im Baugewerbe berichtet, der dort auch zu scharfen Arbeitskämpfen geführt habe.

„Die allgemeine große Lohnbewegung im deutschen Bauhandwerk hat auch das badische Baugewerbe tief ergriffen. Durch den Gipserstreik wurden 54 Betriebe erfaßt mit 709 Arbeitern, von denen 558 die Arbeit gleichzeitig niederlegten und dadurch 24 Betriebe zum völligen Stillstand brachten. Die allgemeine Bauarbeiteraussperrung erstreckte sich über 196 Betriebe mit 5 427 Arbeitern, 50 Betriebe wurden stillgelegt."

4. Zur Situation der deutschen Arbeiterbewegung nach dem Zweiten Weltkrieg: Historisch-empirische Studien

Michael Fichter

Arbeiterbewegung unter der Besatzung. Bedingungen ihrer Rekonstituierung am Beispiel Stuttgarts 1945—1946*

In seinem Aufsatz „Ende der Arbeiterbewegung" umreißt Theo Pirker sein analytisches Konzept für die Erforschung der Arbeiterbewegung nach 1945 in Westdeutschland. Darin stellt er nicht Ideologie und Theorie, sondern ein vielschichtiges Organisationsmuster der Arbeiterbewegung in den Mittelpunkt. Er warnt davor, allgemeine sozialstrukturelle Veränderungen einfach auf die Bewegung zu übertragen, um Beurteilungskriterien zu gewinnen, und weist auf die Schwäche hin, die z. B. die organisationssoziologische These von der Restauration der „alten" SPD vor 1933 beinhaltet. Statt dessen plädiert er für „eine interne Analyse der sozialgeschichtlichen Entwicklung" (S. 46), um „die Möglichkeiten oder die Hindernisse für die Durchsetzung eines Konzepts, einer politisch-gesellschaftlichen Organisationsform wie z. B. der Arbeiterbewegung" (S. 46) herauszuarbeiten.

Sicherlich gehört das „Hineingehen in den Gegenstand" zu den notwendigen methodischen Grundsätzen, wenn man das Wesen der Arbeiterbewegung erfassen und ihre Existenz bzw. ihr Ende nicht bloß situativ konstatieren will. Ebenso wichtig für die Behandlung seiner Fragestellung ist — wie Theo Pirker in früheren Arbeiten gezeigt hat — das Beziehungsgeflecht, in dem sich die Arbeiterbewegung bzw. ihre konstitutiven (Bestand-)Teile im gesellschaftlichen Kontext befinden. Für die Jahre 1945—1949 bedarf es nach den Forschungen der letzten Jahre wohl keines weiteren Nachweises darüber, daß die Besatzungsmächte in diesem Kontext eine dominante Rolle spielten und daß ihre Politik die politischen und wirtschaftlichen Rahmenbedingungen für die (Möglichkeit einer) Rekonstituierung der deutschen Arbeiterbewegung entscheidend prägte. Direkte, unmittelbare Eingriffe in die organisatorische und politische Entwicklung der Arbeiterbewegung auf lokaler und regionaler Ebene sind ein besonderes Kennzeichen des ersten Jahres der Besatzung. Gerade am Beispiel des Verhältnisses zwischen der Militärregierung und der deutschen Arbeiterbewegung auf lokaler Ebene in dieser Phase läßt sich der Zusammenhang von Besatzungspolitik und internen Entwicklungen der Arbeiterbewegung differenziert empirisch untersuchen.

Diesen Komplex möchte ich im folgenden für Stuttgart, das zuerst unter französischer und dann amerikanischer Besatzung war, thesenartig behandeln. Da der mir zur Verfügung stehende Raum sehr begrenzt ist, muß ich einiges in meinen Ausfüh-

---

* Für ihre kritischen Anmerkungen und aufmerksamen Hinweise möchte ich Ilse Fichter-Jenny und Ute Schmidt an dieser Stelle danken.

rungen unberücksichtigt lassen, beispielsweise die geschichtliche Entwicklung der Arbeiterbewegung vor 1945 in Stuttgart oder den Aufbau von Unternehmerorganisationen unter der französischen und amerikanischen Besatzung. Es ist hier auch nicht möglich, die Entwicklung nach 1946, als das Augenmerk der Besatzungsmacht nicht mehr primär auf die lokale und regionale Ebene gerichtet war, weiter zu verfolgen. Insgesamt habe ich versucht, die lokalspezifischen, politischen Konstellationen in Stuttgart als empirische Belege für meine Thesen zu verwenden, ohne jedoch den größeren Rahmen der Besatzungs- und Deutschlandpolitik außer acht zu lassen.

1. Deutschland in der Nachkriegsplanung der USA und Frankreich

Im Gegensatz zu den sozialgeschichtlichen und gesellschaftspolitischen Erklärungsmustern für den Nationalsozialismus und den daraus abgeleiteten programmatischen Vorstellungen der deutschen Arbeiterbewegung zum Wiederaufbau Deutschlands bestimmten wirtschaftliche und politische Zielsetzungen im Weltmaßstab die Entwicklung amerikanischer Planungsansätze für die Nachkriegspolitik gegenüber Deutschland. Man strebte eine Weltwirtschaftsordnung an, in der unter Abbau protektionistischer Barrieren jedes Land im Prinzip das Recht nicht nur des gleichen Zugangs zu den Rohstoffen, sondern auch des freien Zugangs zu den Absatzmärkten anderer Länder haben sollte („one world multinationalism"). Zwar war dieses Konzept in der US-Außenpolitik nicht neu — so hatte sich beispielsweise Woodrow Wilson schon am Ende des ersten Weltkrieges dafür eingesetzt —, entscheidend war jedoch die Bereitschaft, es unter Ausnutzung ihrer politisch-strategischen Macht tatsächlich zu verwirklichen[1].

Bei den wirtschaftlichen und politischen Eliten der USA bestanden Interessengegensätze in Bezug auf die Rolle der Sowjetunion im Rahmen einer solchen Weltwirtschaftsordnung und das künftige politisch-strategische Verhältnis der Weltmächte untereinander, woraus sich auch zwangsläufig unterschiedliche Vorstellungen über die künftige Stellung Deutschlands auf internationaler Ebene und die politische und sozioökonomische Struktur der deutschen Nachkriegsgesellschaft entwickelten. Eine Position, die im Rahmen der Deutschlandplanung des Außenministeriums zum Ausdruck kam und auch von der AFL vertreten wurde, betonte die wirtschaftliche und staatliche Kontinuität Deutschlands, das durch die Ausschaltung und rechtsstaatliche Verurteilung der NS-Führung „ohne tiefe Eingriffe in die Sozialstruktur"[2] und ohne eine Neuordnung der Wirtschaftsverfassung (abgesehen von den erforderlichen Entflechtungs- und Dezentralisierungsmaßnahmen) in den Westen integriert werden sollte. Damit zusammenhängend stellte sie die Fortsetzung der Anti-Hitler-Koalition in Frage und sah die Notwendigkeit, Deutschland als westlichen Bündnispartner und Bollwerk gegen den Kommunismus wiederaufzubauen.

---

1 Vgl. Joyce und Gabriel Kolko, *The Limits of Power. The World and United States Foreign Policy, 1945–1954*, New York 1972, S. 25.
2 Lutz Niethammer, *Entnazifizierung in Bayern. Säuberung und Rehabilitierung unter amerikanischer Besatzung*, Frankfurt a.M. 1972, S. 36.

Obwohl sich diese Position als Hauptstoßrichtung der US-Nachkriegspolitik schließlich durchsetzen konnte, war ihre endgültige Festlegung während der Präsidentschaft Roosevelts noch ungewiß, da andere politische Zielsetzungen und Vorstellungen, vor allem diejenigen, deren prominentester Vertreter Finanzminister Henry Morgenthau war, dieser Position entgegenstanden. Der Einfluß dieser Position beruhte vor allem auf gewissen Übereinstimmungen mit der Politik Roosevelts und auf der persönlichen Freundschaft zwischen Roosevelt und Morgenthau. Roosevelt war der Meinung, daß ein dritter Weltkrieg nur durch die Zusammenarbeit mit der Sowjetunion und die Anerkennung ihres Machtanspruchs vermieden werden könnte[3]. Um das Gelingen dieses Experiments nicht zu gefährden, vermied es Roosevelt, allzu konkrete Entscheidungen zur Nachkriegspolitik in Deutschland zu treffen. Darüber hinaus vertrat er die Ansicht, daß eine bedingungslose Kapitulation und die darauffolgende militärische Besetzung dazu beitragen würden, die politisch-administrative Lage zu stabilisieren sowie radikale und autochthone Bewegungen von vornherein zu blockieren. Das entsprach auch der Planung des Kriegsministeriums, dem die eigentliche Durchführung der Besatzung in Deutschland oblag. Zugleich gab Roosevelt dem Vorstoß Morgenthaus, die Kontroll- und Bestrafungsbestimmungen in der Besatzungsplanung des Militärs zu verschärfen, Rückendeckung. Dies wirkte sich dann vor allem auf die Planung der Wirtschaftspolitik aus[4].

Diese Darstellung der Interessenkonstellation in der US-Planung für eine Deutschland- und Besatzungspolitik macht deutlich, daß der antifaschistische Ansatz der deutschen Arbeiterbewegung keine Anerkennung finden konnte. Allen Positionen gemeinsam war die Ablehnung von radikal-revolutionären Veränderungen und sozialistischen Zielsetzungen[5]. So ist es nicht verwunderlich, daß es kaum Kontakte zwischen der US-Regierung und Exilgruppen der deutschen Arbeiterbewegung im Rahmen der Besatzungsplanung und schon gar keine Anerkennung dieser Gruppen als potentielle Träger einer demokratischen und antifaschistischen Nachkriegspolitik gab.

Die Nachkriegsplanung Frankreichs (d. h. des Freien Frankreichs de Gaulles) zielte in erster Linie darauf ab, seine Großmachtstellung wieder zu erlangen. Im Unterschied zur Politik der USA, die die Behandlung Deutschlands globalen Zielsetzungen unterordneten, kam der Deutschlandpolitik in den Nachkriegskonzeptionen Frankreichs eine zentrale Bedeutung zu. Deutschland sollte wirtschaftlich und politisch zersplittert werden. In diesem Sinne erhob de Gaulle die Forderung, das Saarland von Deutschland zu trennen und zumindest wirtschaftlich Frankreich

---

3 Vgl. Hans-Peter Schwarz, *Vom Reich zur Bundesrepublik. Deutschland im Widerstreit der außenpolitischen Konzeptionen in den Jahren der Besatzungsherrschaft 1945–1949*, Neuwied/Berlin 1966, S. 52. Die Kooperationspolitik Roosevelts erhielt die volle Unterstützung der CIO-Führung.
4 Vgl. Walter L. Dorn, The Debate over American Occupation Policy in Germany in 1944–1945, in: *Political Science Quarterly*, Bd. 72 (1975), S. 499; Paul Y. Hammond, Directives for the Occupation of Germany: The Washington Controversy, in: Harold Stein (Hrsg.), *American Civil-Military Decisions. A Book of Case Studies*, Birmingham 1963, S. 313–464.
5 Für eine Diskussion der Vorstellungen der Gewerkschaftsverbände AFL und CIO s. Michael Fichter, *Besatzungsmacht und Gewerkschaften. Zur Entwicklung und Anwendung der US-Gewerkschaftspolitik in Deutschland 1944–1948*, Opladen 1982, Kap. I und II.

anzugliedern. Ferner wollte er das Ruhrgebiet unter internationale Kontrolle stellen, die territorialen Forderungen der Sowjetunion und der osteuropäischen Staaten gegenüber Deutschland anerkennen und das restliche Deutschland in einem Staatenbund organisieren. Frankreich sollte dadurch die führende Rolle in Europa einnehmen, sowie Sicherheitsbedürfnisse und Reparationsforderungen gegenüber Deutschland befriedigen können. Außerdem ließe sich auf dieser Grundlage ein Ausgleich mit der Sowjetunion unter Ausschaltung Deutschlands erzielen[6].

Da Frankreich die Zustimmung für eine eigene Besatzungszone von den drei anderen Besatzungsmächten erst auf der Konferenz von Jalta (Februar 1945) erhielt, fehlte hier nicht nur Vorbereitungszeit für die Planung der Besatzung, sondern auch Militärpersonal, um die erforderlichen Verwaltungsstrukturen aufzubauen. Frankreich schloß sich formal dem britisch-amerikanischen Oberkommando SHAEF an und übernahm dessen grundlegende Richtlinien. Aber seinen heterogen zusammengesetzten Truppenkontigenten und Militärregierungseinheiten fehlten die notwendigen Kenntnisse und Planungsunterlagen. Auch wenn dieser Mangel im Rahmen der insgesamt auf Bestrafung ausgerichteten großen Linie de Gaulles nicht allzu gravierend war, förderte er doch Willkürentscheidungen, erleichterte andererseits aber auch die Vertretung intern vorhandener gegensätzlicher politischer Interessen. Im Ergebnis erweiterte sich der Raum für regionale und lokale Unterschiede in der Besatzungspolitik erheblich[7].

Die deutsche Arbeiterbewegung und ihre Nachkriegsprogramme fanden jedoch in den offiziellen Planungsansätzen Frankreichs keine Berücksichtigung, und es gilt als sicher, daß de Gaulle weder eigenständige radikale Erhebungen tolerieren noch antifaschistische Initiativen in der deutschen Bevölkerung fördern wollte. Allerdings stellte die französische Arbeiterbewegung durch die Résistance einen Machtfaktor dar, der Einfluß auf die Besatzungspolitik nehmen konnte. Die deutschen Exilgewerkschafter in Frankreich konnten ihrerseits — unterstützt durch die CGT — Kontakte mit Widerstandsgruppen in Deutschland halten und ihren Vorstellungen zum Wiederaufbau Gehör verschaffen[8].

---

6 Vgl. Josef Becker, Die Deutsche Frage in der nationalen Politik 1941–1949, in: Josef Becker/Theo Stammen/Peter Waldmann (Hrsg.), *Vorgeschichte der Bundesrepublik Deutschland. Zwischen Kapitulation und Grundgesetz*, München 1979, S. 21–24; Hermann Graml, Die Alliierten in Deutschland, in: *Westdeutschlands Weg zur Bundesrepublik 1945–1949*, München 1976, S. 35–36.

7 Vgl. Klaus-Dietmar Henke, Politik der Widersprüche, Zur Charakteristik der französischen Militärregierung in Deutschland nach dem Zweiten Weltkrieg, in: *Vierteljahreshefte für Zeitgeschichte*, Bd. 30 (1982), H. 3, S. 504–508.

8 Vgl. Horst Lademacher, Konfrontation an der Nahtstelle des Ost-West-Konflikts. Aktivitäten in den westlichen Besatzungszonen, in: H. Lademacher (Hrsg.), *Gewerkschaften im Ost-West Konflikt. Die Politik der American Federation of Labor im Europa der Nachkriegszeit*, Melsungen 1982, S. 25; Jürgen Klein, *Vereint sind sie alles? Untersuchungen zur Entstehung von Einheitsgewerkschaften in Deutschland. Von der Weimarer Republik bis 1946/47*, Hamburg 1972, S. 111–112.

2. Die Auftragsverwaltung unter der französischen Militärregierung

Die französische Besatzungsmacht, die am 21. April 1945 Stuttgart entgegen der militärischen Planung im SHAEF einnahm[9], war in erster Linie bestrebt, die Verhältnisse in der ihnen kampflos übergebenen Stadt so rasch wie möglich unter Kontrolle zu bringen, um ihre unmittelbaren Ziele zu verfolgen und die Einflußnahme der bis kurz vor der Stadtgrenze stationierten US-Einheiten auf ihre Kompetenzen und Entscheidungen möglichst gering zu halten. Sie erließ eine Fülle von Verboten und Anordnungen, die – ebenso wie die Übergriffe der Truppen – für die Bevölkerung den Charakter von Vergeltungsmaßnahmen hatten. Eine strikte nächtliche Ausgangssperre wurde verhängt, das Verlassen der Stadt war verboten, ebenso die Benutzung von Fahrrädern. Außerdem hatten sich alle arbeitsfähigen Männer zum Arbeitsdienst zu melden[10]. Dabei kam es in der ersten Zeit regelmäßig vor, daß französische Soldaten die erforderliche Anzahl von täglich 2500 Arbeitskräften dadurch zusammenbekamen, daß sie willkürlich Männer ohne Rücksicht auf ihre jeweilige politische Vergangenheit von der Straße wegholten[11].

Über diese Maßnahmen hinaus beauftragte die Militärregierung die vorgefundene Stadtverwaltung, ihre Stabilisierungsziele durchzuführen. Mit der Entlassung des NS-Oberbürgermeisters Strölin und der Ernennung des Rechtsanwalts Dr. Arnulf Klett, Vertreter eine Gruppe bürgerlicher NS-Gegner, wechselte sie zwar die Führungsspitze aus, vermied aber mit ihrer vorsichtigen Entnazifizierungspolitik umfassende Entlassungen, die die mangelnde Effizienz der Verwaltung noch mehr eingeschränkt hätten. Nach Vietzen war sie „geneigt, dem politisch nicht hervorgetretenen, inaktiven Mitglied der NSDAP von vornherein eine Chance demokratischer Bewährung zu geben"[12]. Und Anfang Juni 1945 schrieb der aus dem Exil zurückgekehrte Sozialdemokrat Fritz Eberhardt aus Stuttgart, „die gesamte Verwaltung, einschließlich der Polizei, wird als von Nazis noch durchseucht bezeichnet"[13].

Klett war gegenüber der Militärregierung für die Tätigkeit und Organisation der Stadtverwaltung allein verantwortlich. Mit der Parole, in meiner Verwaltung wird es keine Parteipolitik geben, gewann er ihr Vertrauen[14]. Damit wollte er die Verwal-

---

9 Vgl. F. Roy Willis, *The French in Germany 1945–1949*, Stanford 1962, S. 15–19; Lutz Niethammer, Kampfkomitees und Arbeitsausschüsse in Stuttgart, in: Lutz Niethammer/Ulrich Borsdorf/Peter Brandt (Hrsg.), *Arbeiterinitiative 1945. Antifaschistische Ausschüsse und Reorganisierung der Arbeiterbewegung in Deutschland*, Wuppertal 1976, S. 508.
10 Vgl. Hermann Vietzen, *Chronik der Stadt Stuttgart 1945–1948*, Stuttgart 1972, S. 29; Paul Sauer, *Demokratischer Neubeginn in Not und Elend. Das Land Württemberg-Baden von 1945 bis 1952*, Ulm 1978, S. 20–21.
11 Vgl. Fritz Eberhard, Stuttgart im Mai 1945, in: Ulrich Borsdorf/Lutz Niethammer (Hrsg.), *Zwischen Befreiung und Besatzung. Analysen des US-Geheimdienstes über Positionen und Strukturen deutscher Politik 1945*, Wuppertal 1976, S. 67.
12 Vietzen, *Chronik* (Anm. 10), S. 51.
13 Eberhard, Stuttgart (Anm. 11), S. 61.
14 US Intelligence Team Stuttgart (DISCC), The Oberbürgermeister of Stuttgart, Report No. 22, 2.6.1945, in: 12/8–3/7 OMGWB, Zentralinstitut für sozialwissenschaftliche Forschung (ZI 6) der FU Berlin. Darin behauptete Klett außerdem, „die Herren finden ein großes Verständnis für meine schwierige Aufgabe."

tung vor offenen politischen Angriffen abschirmen und verhindern, daß die Arbeiterbewegung Einfluß auf sie nahm[15].

Im Vergleich dazu konnten vor allem in den Arbeitervororten frühere Funktionäre und Aktivisten der Arbeiterorganisationen leitende Verwaltungsposten (auch in der Polizei) übernehmen. Sie entfalteten ihre Tätigkeit zunächst weitgehend unabhängig von der Stuttgarter Verwaltung unter Klett. Da die Transport- und Kommunikationswege in erheblichem Umfang zerstört waren und die Militärregierung ihre Wiederingangsetzung für zivile Zwecke in der ersten Zeit untersagte, bestand bei den jeweiligen Verwaltungen in der Umgebung Stuttgarts eine größere Abhängigkeit von den örtlichen Antifas (Kampfkomitees).

Abschließend kann man zur Politik der Militärregierung in diesem Bereich feststellen, daß die Anerkennung der bestehenden Verwaltungsorgane, mit deren Leitung eine bürgerliche Integrationsfigur beauftragt wurde, einen geordneten Übergang unter dem Leitmotiv „Anknüpfung an Weimar" gewährleisten sollte. Damit wurde die politische Frage des Antifaschismus in der Umbruchsphase zugunsten einer „normalen" und „unpolitischen" Verwaltung entschieden. Im Auftrag der herrschenden Besatzungsmacht konnten Klett und seine Mitarbeiter die Legitimität der städtischen Instanzen über den Zusammenbruch hinweg retten, allmählich den vorhandenen politischen Raum ausschöpfen und der Herausforderung durch die eigenständigen Antifa-Initiativen aus der Arbeiterbewegung entgegentreten.

Zugleich förderte diese politische Entwicklung Zersplitterungstendenzen in der Arbeiterbewegung. Die Bedingungen des Widerstands und des Exils hatten Konsolidierungsprozesse bzw. interne Abstimmungen unter den verschiedenen Gruppierungen und Richtungen nur punktuell erlaubt. Die Etablierung der Besatzungsherrschaft und die Entscheidung der Militärregierung, die traditionellen Verwaltungsorgane mit den wichtigsten Aufgaben zu betrauen, stärkte die Bereitschaft insbesondere führender Altfunktionäre, Verantwortung in der Verwaltung anzustreben. Ihre Beteiligung ging aber kaum über den Bereich Arbeits- und Sozialpolitik hinaus, und ihre Tätigkeit oblag den Weisungen der Militärregierung bzw. des Oberbürgermeisters. Somit war die Übernahme von Ämtern durch Vertreter der Arbeiterbewegung keineswegs mit einer radikalen neuen antifaschistischen Politik gleichzusetzen, zumal sie in der Regel nicht eine Folge organisierten politischen Drucks oder einer politischen Programmatik war, sondern eher der Versuch der jeweiligen politischen Gruppierung, ihren Einfluß in der Entscheidungshierarchie zu sichern[16].

3. Die Anfänge politischer Betätigung: Die Antifa-Bewegung

Trotz des politischen Betätigungs- und Versammlungsverbots der französischen Militärregierung organisierten sich ehemalige sozialdemokratische und kommunistische

---

15 Vgl. Eberhard, Stuttgart (Anm. 11), S. 61.
16 Zur Kommunalpolitik der Arbeiterbewegung in der Besatzungszeit vgl. Theo Pirker, *Die verordnete Demokratie*, Berlin 1977, S. 62–65.

Funktionäre in den ersten Tagen nach der Besetzung in antifaschistischen Kampfkomitees (KK). Da die Funktionsfähigkeit der deutschen Auftragsverwaltung noch sehr eingeschränkt war, sah die Militärregierung in den Aktivitäten der KK – sie wurden scharf überwacht und mußten gelegentlich Razzien über sich ergehen lassen[17] – eine gewisse Hilfestellung bei der Bewältigung der dringendsten Aufgaben. Zum Teil war diese Duldungspolitik auf den Einfluß antifaschistischer Kräfte der französischen Linken in der Militärregierung zurückzuführen.

Die Aktivitäten der KK, die es in Stuttgart und in fast allen Vororten gab, hatten vorwiegend den Charakter sozialer Selbsthilfemaßnahmen, wie z. B. Lebensmittel- und Wohnraumversorgung, Sicherung gegen Plünderung und Überfälle, Organisierung von Aufräumungsarbeiten. Sie waren aber auch durch politische Aktionen gekennzeichnet. Diese zielten vor allem darauf ab, Einfluß auf die Verwaltungsorgane (insbesondere der Polizei) zu nehmen bzw. diese in ihren Funktionen zu ersetzen, sowie NS-Parteigenossen (Pg) ausfindig zu machen und zu melden bzw. zu verhaften. In ihrem politischen Selbstverständnis deuteten sich frühzeitig unterschiedliche sozialdemokratische und kommunistische Richtungen und Perspektiven unter den KK-Aktivisten an. Während die Sozialdemokraten die KK in dem „schmalen Sektor eigener Souveränität" als „die Urform einer neuen demokratischen Ordnung"[18] begriffen, befürworteten die kommunistischen Kader nicht nur eine Doppelherrschaft, in der die KK in Form von Räten die Verwaltungsorgane kontrollieren sollten, sondern auch die Bildung einer Einheitspartei der Arbeiterklasse aus den KK heraus und eine sozialistische Umwälzung der Gesellschaft[19].

Keiner dieser politischen Ansprüche konnte eingelöst werden, nicht zuletzt deshalb, weil die Kräfte der KK-Aktivisten durch die enormen praktischen Aufgaben weitgehend erschöpft wurden. Um den Preis weitergehender politischen Strategien mußten alle Anstrengungen zunächst darauf gerichtet werden, die Überwindung der Not in Griff zu bekommen. Aber auch wenn die Selbsthilfemaßnahmen einen grundlegenden politischen Sinn hatten, nämlich den einer Kompetenzabsicherung, so sahen sich die KK mit der Konkurrenz anderer einflußreicher Gruppierungen und Instanzen konfrontiert, die ihnen ihren politischen Anspruch streitig machen wollten. Zum einen gab es Altfunktionäre der Arbeiterbewegung, die sogleich die Wiedergründung von politischen Parteien und Gewerkschaften, anknüpfend an die Organisationsformen der Weimarer Republik, anstrebten[20]. Zum anderen hatten die KK mächtige Widersacher in der Auftragsverwaltung und der Unternehmerschaft, die den Boden für das Verbot der KK Ende Mai 1945 bereiteten. So schreibt Vietzen: „Der politischen Tätigkeit der Antifa-Komitees war damit gerade noch rechtzeitig ein Riegel vorgeschoben. Die Gefahr, daß eine revolutionäre Gruppe die Ge-

---

17 Vgl. DGB-Kreis Stuttgart (Hrsg.), *Arbeiterbewegung und Wiederaufbau Stuttgart 1945–1949. Materialsammlung und Katalog zur Ausstellung*, Stuttgart 1982, S. 39.
18 Niethammer, *Arbeiterinitiative* (Anm. 9), S. 526.
19 Vgl. ebd., S. 523–524.
20 Vgl. Brewster Morris, Political Developments and the General Situation in the Stuttgart Area, 25.10.1945, Encl. to: Murphy to State Department, Desp. No. 1218, 29.10.1945, in: 740.00119 Control (Germany)/10-2945, RG 59, ZI 6.

walt an sich riß, war zweifellos groß. Sie wurde nicht zuletzt gebannt durch den Willen der Militärregierung, die von ihr eingesetzte Ordnung zu stützen."[21]

Nach dem Verbot hörten die KK zwar organisationsmäßig nicht auf zu existieren, aber mit ihrer Unbenennung in „Aktionsausschüsse" vollzog sich zugleich eine inhaltliche Verwandlung, nach der sie politisch zusehends bedeutungslos und zum Anhängsel der städtischen Verwaltungsorgane wurden. Dies galt auch für die Aktionsausschüsse in den Vororten, die sich als inoffizielle Beiräte der Verwaltung betätigten, denn die französische Militärregierung stellte mit dem Verbot der KK gleichzeitig klar, daß sie die Bildung von unabhängigen Selbstverwaltungskörpern auch in Form von Beiräten nicht zulassen würde[22].

4. Gewerkschaftsgründung und Betriebsräte

In Stuttgart erfolgte der Gewerkschaftsaufbau unter der Leitung von Altfunktionären, die schon vor der Besetzung begonnen hatten, gemeinsame Pläne zu entwerfen. Sich auf ihre Legitimation als Vertreter der 1933 gewaltsam aufgelösten Gewerkschaften berufend, bot dieser Kreis um Markus Schleicher der Militärregierung und der Stadtverwaltung am 26. April seine Mitarbeit an. Gleichzeitig ersuchte er um Erlaubnis, „in geeigneter Weise" mit der Arbeiterschaft in Verbindung treten zu dürfen[23].

Anscheinend scheiterte ein erster Gründungsversuch unmittelbar danach am Einspruch eines US-Verbindungsoffiziers[24]. Erst nachdem die französische Militärregierung für Württemberg ihr Interesse an der Mitwirkung des Gewerkschaftskreises beim Aufbau der Arbeitsverwaltung bekundet hatte, konnte der Württembergische Gewerkschaftsbund (WüGB) gegründet werden. Allerdings wollte die Militärregierung dieses Gebilde lediglich als einen Beratungsausschuß anerkennen, dessen Arbeit sie finanzieren würde. Die Gewerkschafter lehnten dies jedoch ab und vollzogen am 31. Mai im Beisein eines Notars erneut den Gründungsakt, um die Berechtigung der Funktionäre zur Wiederaufnahme ihrer vor 1933 ausgeübten Tätigkeit aktenkundig zu machen[25]. Einige Wochen später verabschiedete dieses Leitungsgremium einen Organisations- und Verwaltungsplan, in dem u. a. eine zentralistische Einheitsgewerkschaft mit Fachgruppen, Zwangsmitgliedschaft, Beitragszahlung durch Lohnabzug, zentralisiertem Kassenwesen und gewerkschaftlicher Kontrolle der Betriebsvertretungen befürwortet wurden. Zu den grundlegenden Aufgaben der Gewerkschaft gehörten nach diesem Plan die Ausrottung des Faschismus und des Militärismus, die gleichberechtigte Mitwirkung beim wirtschaftlichen Wiederaufbau, die kollektive

---

21 Vietzen, *Chronik* (Anm. 10), S. 116; vgl. Niethammer, *Arbeiterinitiative* (Anm. 9), S. 556–558.
22 Vgl. Vietzen, *Chronik* (Anm. 10), S. 50.
23 Vgl. *Arbeiterbewegung und Wiederaufbau* (Anm. 17), S. 133.
24 Vgl. Eberhard, *Befreiung* (Anm. 11), S. 65.
25 Vgl. Markus Schleicher, Kurzbericht über die Gründung des Württembergischen Gewerkschaftsbundes, 31.5.1945, in: Ordner Gründungsprotokolle, Genehmigungen, Richtlinien, Archiv des DGB Landesbezirk Baden-Württemberg (im folgenden: DGB BW).

Regelung der Arbeitsbedingungen sowie die Verfolgung von allgemeinen sozialen und kulturellen Zielen[26].

Zunächst war der Württembergische Gewerkschaftsbund nicht nur in seinen Aktivitäten, sondern auch räumlich auf Stuttgart beschränkt. Er durfte weder Mitglieder werben noch Informationsmaterialien herausgeben. Seine Leitung konnte jedoch erreichen, daß sie schon in ihrer ersten Besprechung mit der französischen Militärregierung eine Vollmacht erhielt, gewerkschaftliche Betriebsvertretungen zu ernennen[27]. Damit sollte die gewerkschaftliche Kontrolle in den Betrieben verankert werden, und das nicht zuletzt deshalb, weil einige Arbeitgeber ihrerseits Betriebsräte (darunter auch ehemalige Pg) ernannt hatten[28]. Andererseits versuchte Oberbürgermeister Klett diese Erlaubnis dahingehend einzuschränken, daß er sich die „endgültige Bestellung" der Betriebsräte vorbehalten wollte[29]. In den meisten Betrieben kam die Bildung von Betriebsvertretungen durch die eigenständige Initiative sozialdemokratischer und kommunistischer Aktivisten zustande, deren Forderungen und Ziele für Klett unakzeptabel waren.

Zwar lassen sich in den ersten Aufrufen der einzelnen Betriebsvertretungen tendenziell unterschiedliche Perspektiven feststellen − so z. B. zwischen der nach Übernahme des Betriebs[30] und der nach Zusammenarbeit mit der Betriebsleitung −, aber in der praktischen Arbeit gab es kaum Differenzen: Die Betriebsvertretungen hatten sich die Aufgabe gestellt, die NS-Belasteten ausfindig zu machen und aus dem Betrieb zu entfernen, die Räumung der Trümmerberge zu organisieren und mit der Reparaturarbeit zu beginnen, Maschinen, Werkzeuge und Materialien vor Plünderung durch die Besatzungsmacht zu schützen sowie Lebensmittel und Kleider für die Beschäftigten zu besorgen[31].

Verhalten und Selbstverständnis der gewerkschaftlichen Führungsgruppe um Markus Schleicher geben zu erkennen, daß tiefgreifende Differenzen in der Arbeiterbewegung in Bezug auf Programm und Praxis vorhanden waren. Die Beteuerung dieser Gruppe, einvernehmlich mit der Militärregierung und der Stadtverwaltung zusammenarbeiten zu wollen, nicht zuletzt um den Einfluß der Kommunisten einzudämmen[32], war inhaltlich so abgefaßt, daß sie trotz mancher Behinderungen im allgemeinen anerkannt war und für Aufgaben auf dem Gebiet der Arbeits- und Sozialpolitik herangezogen wurde. Trotz ihrer grundsätzlichen Forderungen nach der Verwirklichung der Mitbestimmung und dem Aufbau einer sozialistischen Wirtschafts-

---

26 Vgl. Niethammer, *Arbeiterinitiative* (Anm. 9), S. 543; G. Sigmund, Organisations- und Verwaltungsplan für den Neuaufbau der Gewerkschaften, 30.6.1945, in: Ordner Gründungsakten und -protokolle des WüGB, DGB BW.
27 Vgl. Niethammer, *Arbeiterinitiative* (Anm. 9), S. 544.
28 Vgl. Eberhard, *Befreiung* (Anm. 11), S. 67.
29 Vietzen, *Chronik* (Anm. 10), S. 129.
30 Vgl. Niethammer, *Arbeiterinitiative* (Anm. 9), S. 546; Niethammer weist darauf hin, daß es nur wenige flüchtige Unternehmer im Raum Stuttgart gab.
31 Vgl. Eugen Eberle, Sieben Jahre offensiver Kampf gegen das Kapital, in: Tilman Fichter/Eugen Eberle, *Kampf um Bosch*, Berlin 1974, S. 140.
32 Vgl. Vietzen, *Chronik* (Anm. 10), S. 129.

ordnung[33], ging sie auf Gesprächsangebote der Unternehmer ein[34] und befürwortete die Bildung eines Arbeitgeberverbandes als Partner für die Aushandlung von Tarifverträgen. Zu dieser Haltung, die in der Stadtverwaltung Zustimmung fand[35], gehörte auch, daß sie die (politischen) Aktivitäten der KK ablehnte[36]. Darüber hinaus schlossen ihre Organisationsvorstellungen — einschließlich des Wunsches Schleichers, „das ‚Gute der DAF' zu übernehmen"[37] — den in den KK vertretenen autochthonen und basisdemokratischen Anspruch aus.

Während viele Betriebsvertretungen den Führungsanspruch der Schleicher-Gruppe anerkannten, arbeiteten andere eng mit den Antifa-Ausschüssen zusammen, ohne daß diese unterschiedliche Orientierung zu bedeutenden politischen Auseinandersetzungen führte. Vielmehr waren die Betriebsräte mit sozialen Hilfsmaßnahmen zur Überwindung der Notlage, mit dem betrieblichen Wiederaufbau und mit der Entnazifizierung voll beschäftigt. Von ihnen ging in Stuttgart kein organisierter Vorstoß zum Gewerkschaftsaufbau oder gar zur Entwicklung einer überbetrieblichen Rätebewegung aus. Doch blieben sie vor Eingriffen der Militärregierung und der städtischen Dienststellen in ihre Arbeit keineswegs verschont, insbesondere dann nicht, wenn es um die Abhaltung von Versammlungen und die Durchführung der politischen Säuberung ging.

5. Die Wirtschaftslage unter der französischen Besatzungsmacht

Die Wirtschaftspolitik der französischen Militärregierung war zunächst durch zwei Merkmale gekennzeichnet. Zum einen führte sie — abgesehen von den Plünderungen der ersten Tage — umfangreiche Beschlagnahmungen durch. Französische Dienststellen requirierten Materialien, Fahrzeuge, Lebensmittel und Bekleidung für ihren eigenen Gebrauch und ließen insbesondere Werkstoffe, Werkzeuge und Maschinen nach Frankreich abtransportieren[38]. Zum anderen war es das erklärte Ziel der Besatzungsmacht, die Wirtschaft in dem Maße wieder in Gang zu bringen, „in dem sie für die alliierte Wehrmacht, für die dringensten Bedürfnisse der Zivilbevölkerung und für sonstige Aufgaben (Reparationen) gebraucht würde"[39].

In diesem Sinne veranlaßte sie die städtische Auftragsverwaltung, mit den Wirtschafts-, Ernährungs- und Arbeitsämtern sowie dem Referat für Verkehrswesen tätig zu werden. Sie richtete außerdem im Juni eine Württembergische Landesverwaltung ein und genehmigte die Bildung einer Industrie- und Handelskammer in Stuttgart.

33 Vgl. *Arbeiterbewegung und Wiederaufbau* (Anm. 17), S. 135.
34 Vgl. Otto Debatin, *Der Vorläufige Württembergische Wirtschaftsrat des Jahres 1945. Eine Chronik*, Stuttgart o. J., S. 59.
35 Vgl. Harald Winkel *Geschichte der württembergischen Industrie- und Handelskammern Heilbronn, Reutlingen, Stuttgart/Mittlerer Neckar und Ulm 1933—1980*, Stuttgart 1980, S. 188.
36 Zitiert nach Niethammer, *Arbeiterinitiative* (Anm. 9), S. 547.
37 Vgl. Vietzen, *Chronik* (Anm. 10), S. 115; Vietzen berichtet, daß die Gewerkschaftsführung den Druck des ersten (und einzigen) Mitteilungsblattes der KK verhindert habe.
38 Vgl. Debatin, *Wirtschaftsrat* (Anm. 34), S. 61—63; Eberhard, *Befreiung* (Anm. 11), S. 71—75.
39 Zitiert nach Debatin, *Wirtschaftsrat* (Anm. 34), S. 38.

Arbeiterbewegung unter der Besatzung

Damit sollte aber nicht der wirtschaftliche Wiederaufbau gefördert, sondern lediglich die schlimmste Not vermieden werden, so daß die deutsche Bevölkerung der Besatzungsmacht nicht zur Last fallen würde. Da die Politik der französischen Militärregierung die Priorität eindeutig auf die Bedarfsdeckung der Besatzungstruppen legte, hinderte sie die Auftragsverwaltung an einer möglichst zügigen Überwindung der Kriegsfolgen. So erschwerte die Besatzungsmacht beispielsweise die Lebensmittelversorgung erheblich dadurch, daß sie die Lastkraftwagen in ihren eigenen Dienst stellte und den Treibstoff stark rationierte, Lebensmittelvorräte für die deutsche Bevölkerung nicht freigab, Ausfuhrverbote für Lebensmittel aus den umliegenden Kreisen und Städten von Stuttgart nicht aufhob und Versorgungsfahrten in die Nachbargebiete untersagte[40].

Mit Ausnahme der Versorgungs- und Verkehrsbetriebe der Stadt und solchen, die im Auftrage der Besatzungstruppen produzierten, durfte zunächst kein Betrieb die Arbeit aufnehmen. Ab 10. Mai erfolgte dann die Wiederzulassung der Betriebe mit höchstens zwölf Beschäftigten. Weitere Eröffnungen nach bestimmten Kriterien wurden im Verlaufe mehrerer Gespräche zwischen den zuständigen französischen Wirtschaftsoffizieren, Vertretern der Stadtverwaltung und den Unternehmern zwar in Aussicht gestellt, eine offizielle Erlaubnis aber dafür nicht erteilt.

Daher blieb die Arbeit in den meisten Betrieben auf Aufräumungs- und Reparaturarbeiten beschränkt. Zu diesem Zweck benötigten die Betriebe nicht alle Arbeitskräfte ihrer durch die Kriegsproduktion aufgeblähten Belegschaften, und sie sträubten sich gegen die vom Arbeitsamt mit Genehmigung der Militärregierung angeordnete Übernahme der Lohnausfallkosten[41]. Andererseits fehlten anfangs viele Arbeiter und Angestellte (in den Großbetrieben die Mehrzahl) an ihren Arbeitsplätzen. In der ersten Juni-Woche meldete das Technische Referat der Stadtverwaltung, daß bei den Firmen Daimler-Benz, Bosch, Norma und Mahle, die in „normalen" Zeiten zusammengenommen 25.000 Beschäftigte hatten, nur etwa 2.400 mit Aufräumung und Ingangsetzung der Produktion beschäftigt waren[42]. Die Gründe hierfür waren vielfältig. Die aktiven und bekannten Pg hielten sich noch versteckt, die Pendler konnten wegen Verkehrsunterbrechungen ihre Arbeitsstätten nicht erreichen, über die Lohnfortzahlung – wie den Wert des Geldes überhaupt – herrschte Ungewißheit, viele Beschäftigte waren ausgebombt bzw. zwangsevakuiert, andere wurden zu Aufräumungsaktionen der Militärregierung von der Straße weg abkommandiert. Es kam hinzu, daß nicht wenige gesundheitlich und körperlich außerstande waren, die zumeist schweren Arbeiten der Aufräumung und Trümmerbeseitigung zu verrichten, und schließlich kümmerten sich viele zunächst vorrangig darum, Kleidung, Nahrungsmittel und eine Wohnmöglichkeit für sich und ihre Familien zu organisieren[43].

---

40 Vgl. Oberbürgermeister an die Militärregierung, 23.5.1945, in: 7190 Öffentl. Einrichtungen und Wirtschaftsförderung, Teilakte 1: Allgemeines 1945, Stadtarchiv Stuttgart.
41 Vgl. Richtlinien für die Lösung von Dienstverträgen, Landesarbeitsamt Württemberg, 21.6.1945, abgedruckt in: Debatin, *Wirtschaftsrat* (Anm. 34), S. 52–55.
42 Technisches Referat an Oberbürgermeister, 7.6.1945, in: 700-3 Arbeitseinsatz und Arbeitskräfte, Alte Akten 1945–47, Stadtarchiv Stuttgart.
43 Nachdem die Berechtigung für eine Lebensmittelkarte von der persönlichen Anmeldung beim Arbeitsamt abhängig gemacht wurde, nahm die Zahl der zu Vermittelnden deutlich zu.

In dieser Lage rechnete das Arbeitsamt Anfang Mai damit, daß es — auch unter Berücksichtigung der zurückkehrenden Soldaten — bald notwendig sein würde, Arbeitsstellen an ca. 140.000 Männer und Frauen zu vermitteln[44].

Aus diesem Überblick wird ersichtlich, daß die französische Militärregierung den wirtschaftlichen Wiederaufbau nur insoweit erlauben wollte, als dieser für ihren eigenen Bedarf, für Reparationen und für die minimale Versorgung der Zivilbevölkerung notwendig war. Außerdem beabsichtigte sie keine tiefgreifende Neuordnung der Wirtschaftsverfassung. Ihre einzige, tendenziell einschneidende Maßnahme, die Entnazifizierung, wollte sie als Personalfrage flexibel handhaben, um die Effizienz der angeschlagenen Wirtschaft nicht noch weiter zu beschränken.

In dieser schwierigen Lage trugen die Aktivitäten der betrieblichen und gewerkschaftlichen Vertreter der Arbeiterbewegung wesentlich dazu bei, die Arbeiter und Angestellten vor bestimmten Folgen der Kriegslasten und des Zusammenbruchs zu schützen, etwa in der Regelung der Lohnfortzahlung und der Handhabung von Kündigungen. Aber solche Erfolge waren nur bedingt ein Anzeichen für die eigenständige Kraft und des von der Mobilisierung der Lohnabhängigen ausgehenden Machtpotentials der Arbeiterbewegung, denn sie wurden nicht ohne Zustimmung der Militärregierung erzielt. Auch wenn Gruppen von Aktivisten in den großen Betrieben rasch wieder Fuß faßten, war die Arbeiterbewegung insgesamt durch den Produktionsstillstand und die Zerstörung des Verkehrsnetzes aus ihren betrieblichen Zusammenhängen gerissen und so auch räumlich zersplittert. Hunger sowie physische und psychische Leiden trugen ebenfalls zu ihrer Schwächung bei. Solche Bedingungen erschwerten nicht nur das Austragen vorhandener politischer Differenzen, sondern auch die Entwicklung erfolgversprechender Konzepte für die Verwirklichung des Ziels einer wirtschaftspolitischen Erneuerung.

6. Organisation und Rolle der US-Militärregierung auf lokaler Ebene

Am 8. Juli 1945 lösten US-Truppen die französische Besatzung in Stuttgart und in vier weiteren Kreisen Nord-Württembergs ab. Neben der für den Stadtkreis verantwortlichen Einheit richtete sich auch das Hauptquartier der US-Militärregierung für Württemberg-Baden (OMGWB) in Stuttgart ein. In der ersten Zeit war die amerikanische Militärregierung maßgeblich an der Versorgung der Bevölkerung, der Aufrechterhaltung von Gesetz und Ordnung, der Ingangsetzung der Produktion sowie an der unmittelbaren Verwaltung der Stadt beteiligt mit dem Ziel, Nationalsozialisten und ihre Gesinnungsgenossen aus den leitenden Stellen zu entfernen und die lokale Administration wiederaufzubauen. Im Dezember 1945 erfolgte eine Änderung dieser Politik, und die Militärregierung zog sich von der direkten Beteiligung an der Verwaltung zugunsten einer allgemeinen Aufsicht über deren Funktionsfähigkeit zurück. Zusammen mit der Ankündigung von Gemeindewahlen im Frühjahr 1946 wurde entschieden, daß die lokale Einheit in Stuttgart bis spätestens 30. Juni 1946

---

44 Vgl. Lauer an Oberbürgermeister, 7.5.1945, in: 7051/7 Öffentl. Einrichtungen und Wirtschaftsförderung, Teilakte 3, Stadtarchiv Stuttgart.

abgezogen und durch ein „Liaison & Security Office" (LSO) ersetzt werden sollte. Zu den Aufgaben der LSO gehörten die Pflege der Beziehungen zwischen der Stadtverwaltung und den Besatzungseinheiten, die Entscheidung über den Einsatz von Besatzungstruppen in Konfliktfällen oder für Spezialaufgaben, die Berichterstattung über die Tätigkeiten und Aufgabenbewältigung der Stadtverwaltung, die Beaufsichtigung der Entnazifizierung sowie die Beobachtung von Entwicklungen in der öffentlichen Meinung. Darüber hinaus oblag ihr in den Jahren 1948 und 1949 die Durchführung des Reorientierungs- und Demokratisierungsprogramms der US-Militärregierung.

Der in den Jahren 1945/46 erfolgte Rückzug der Militärregierung aus dem direkten Eingreifen in den Wiederaufbauprozeß auf lokaler Ebene fand unter der Voraussetzung statt, daß die wiedereingerichteten Institutionen und zugelassenen Organisationen im Sinne der übergeordneten Besatzungsziele funktionierten. Andererseits ist seine Notwendigkeit auf eine Entscheidung der US-Regierung zurückzuführen, den Personalbestand ihrer Militärverwaltung in Deutschland erheblich zu reduzieren. Das Ergebnis dieser Maßnahme ist am Beispiel der lokalen Einheit in Stuttgart deutlich zu sehen: Während sie im August 1945 26 Offiziere und 28 Soldaten umfaßte, die Büro- und Transportdienste leisteten, waren es im Februar 1946 noch acht Offiziere und 17 Soldaten und im Juli 1948 lediglich ein Offizier und drei Zivilbeamte[45]. Bis zu diesem Zeitpunkt hatte man die wichtigsten Aufgaben, einschließlich der fachlichen Aufsicht über die verschiedenen gesellschafts- und wirtschaftspolitischen Bereiche, auf das OMGWB bzw. auf die Ebene des Hauptquartiers (OMGUS) in Berlin und des Bizonal Coordinating Office (BICO) in Frankfurt verlagert.

Für die Arbeiterbewegung in Stuttgart lag die Bedeutung dieser Veränderung darin, daß sie ihre politischen Vorstellungen nicht mehr direkt gegenüber der Militärregierung vertreten konnte, sondern sich in erster Linie einer vielfältigen Struktur von deutschen Einrichtungen gegenübergestellt sah, die überwiegend unter dem Einfluß bürgerlicher Kräfte standen. Daher blieben die Erwartungen hinsichtlich einer Unterstützung ihrer Politik durch einzelne Besatzungsoffiziere und Abteilungen der Militärregierung ebenso abstrakt, wie ihre Kritik an bestimmten politischen Entscheidungen der Militärregierung, denn als Zielpunkt für eine breite Mobilisierung hätte es einer direkten und unmittelbaren Ebene der Auseinandersetzung mit der Militärregierung bedurft.

7. Die Stellung der Auftragsverwaltung unter der US-Besatzung

In seiner ersten Botschaft an die Stuttgarter Bevölkerung vom 8. Juli 1945 hob Oberst William W. Dawson, Direktor des OMGWB, zwei Ziele hervor: die Ausrottung aller nationalsozialistischen und militärischen Einflüsse, die die alliierte Eroberung notwendig gemacht hatten und die Sicherung der Lebensmittelversorgung.

---

45 Vgl. USFET, Reorganization of Military Government Control Channels in order to develop German Responsibility for Self-Government, 5.10.1945, und History of Field Operations, Juli 1946, beide in: 12/140-3/2 OMGWB, ZI 6.

Gleichzeitig betonte er, daß alle Behörden ihr Amt unter US-Kontrolle weiterführen mußten, um der Bevölkerung ein bescheidenes und geordnetes Leben zu ermöglichen[46]. Zur Sicherung dieser Kontrolle verlangte die US-Militärregierung eine tägliche Berichterstattung durch den Oberbürgermeister, der gegenüber der Militärregierung allein für die Verwaltung verantwortlich war, sowie Wochenberichte der einzelnen Ämter und städtischen Verwaltungsabteilungen.

Die zentrale Bedeutung der Auftragsverwaltung für die Verwirklichung der US-Ziele und die dafür notwendigen Maßnahmen kamen ein wenig später in einer Ansprache des Direktors der US-Militärregierung für den Stadtkreis Stuttgart, Oberstleutnant Charles L. Jackson, deutlich zum Ausdruck. Anfang August präzisierte er die Verlautbarung Dawsons dahingehend, daß jede Person in amtlicher Stellung, die der NS-Politik Vorschub geleistet hatte, „für immer von ihrem Posten entfernt" werde. Nach dieser Säuberung würde das Leben der Stadt in den normalen Bahnen der Demokratie verlaufen[47]. Zu diesem Zeitpunkt hatte die Militärregierung den Stellvertreter des OB, Dr. Eduard Könekamp, sowie einige weitere Referenten und Abteilungsleiter bereits entlassen, und weitere langjährige Beamte in Führungsstellungen mußten in den folgenden zwei Monaten ihren Dienst quittieren. Mitte September meldete die Militärregierung, daß ca. 8000 Fragebögen geprüft und über 2000 Entlassungen verfügt worden seien. Bei der Polizei beispielsweise sei im Zuge der Entnazifizierung der Personalbestand von 1500 auf knapp 800 Beamte reduziert worden. Diese Säuberungspolitik habe der Verwaltung zwar große Probleme bereitet und sie enorme Anstrengungen gekostet, geeignete Ersatzfachkräfte zu beschaffen, jedoch sei damit der Verwaltung erfreulicherweise „neues Blut" zugeflossen[48].

In der Verwaltung selbst erzeugten die „starre Katalogisierung" und die „schematische[n], unerbittliche[n] Entlassungen selbst aus Beschäftigungsverhältnissen, die kaum eine politische Einflußnahme gestatteten"[49], nicht zuletzt deswegen Kritik, weil die Säuberung tendenziell Einflußmöglichkeiten für die Arbeitsausschüsse (AA) eröffnete. Diese politische Dimension war von der Militärregierung nicht beabsichtigt, und sie beharrte in ihren Stellungnahmen darauf, die Entlassenen zu ersetzen, stelle ein reines Personal- und Qualifikationsproblem dar. Zugleich hob sie aber die Notwendigkeit hervor, daß sich alle Einwohner am Wiederaufbau aktiv beteiligen müßten, was dem Selbstverständnis der AA genau entsprach. Die US-Militärregierung mußte deshalb einen Weg finden, der es ermöglichte, das Arbeitspotential der AA bei der Durchführung praktischer Aufgaben auszunützen, ohne ihren politisch motivierten Mitwirkungs- und Kontrollanspruch in Bezug auf die Stadtverwaltung anerkennen zu müssen.

---

46 Vgl. Botschaft des Amerikanischen Gouverneurs der Militärregierung Oberst William W. Dawson (vom 8.7.1945), in: *Nachrichtenblatt der Militärregierung für den Stadtkreis Stuttgart*, Nr. 6, 13.7.1945, S. 1.
47 An die Bürgerschaft Stuttgarts, in: *Nachrichtenblatt*, Nr. 11, 15.8.1945, S. 1.
48 USFET, Operations Report on Military Government Detachment F-10, Stadtkreis Stuttgart, 15.9.1945, in: 5/10-1/12, OMGWB, ZI 6. Vietzen, *Chronik* (Anm. 10), S. 91, hebt hervor, daß OB Klett immer wieder, wenn auch ohne Erfolg, gegen das Ausmaß dieser Säuberungspolitik protestierte.
49 Ebd., S. 51–52.

Um dieses Problem zu lösen, hatten sich die politische und militärische Spitze der US-Militärregierung schon Anfang Juli dafür entschieden, das Verbot politischer Aktivität zu lockern und die Einrichtung von Beiräten zu erlauben, in denen antinationalsozialistische Aktivisten und Organisationsvertreter tätig werden sollten, um die Auftragsverwaltung zu unterstützen[50]. Nachdem die französische Militärregierung im Juni einen entsprechenden Vorschlag der Stuttgarter Stadtverwaltung abgelehnt hatte, erteilte die US-Militärregierung am 25. Juli die Genehmigung, einen Beirat einzurichten; ihm wurde jedoch nur eine beratende Funktion zugestanden. Auf keinen Fall dürfe Politik getrieben werden, und seine Mitglieder waren vom OB zu ernennen[51]. Die AA hofften zwar, diese Konstruktion zu erweitern und in ihrem politischen Sinn zu modifizieren, aber ihre Kräfte reichten dafür nicht aus. Ihre finanzielle Schwäche hatte die Bereitschaft zur Mitarbeit an der Basis nicht gefördert, und sie konnten dem wachsenden Konkurrenzdruck ihrer von der Militärregierung unterstützten Gegner in Verwaltung, Parteien, Gewerkschaften und in den Unternehmerorganisationen nicht standhalten. Darüber hinaus bedeutete die Übernahme von Stellen in der Verwaltung durch einzelne AA-Aktivisten eher deren Integration in die Behörde als eine Erweiterung des AA-Einflusses[52].

Somit konnte sich die US-Militärregierung Ende 1945 von der funktionalen Kontrolle der Verwaltung auf lokaler Ebene zurückziehen, ohne deswegen größere Komplikationen befürchten zu müssen und trotz der Bedenken von OB Klett, daß „die bisher geschaffene Autorität der deutschen Behörden wieder in Frage gestellt werden würde, wenn diesem Aufbauprozeß die Rückendeckung genommen würde"[53]. Die Militärregierung stellte sich auf den Standpunkt, daß die Entnazifizierung und die Integration der AA (sie wurden als Hilfsorganisationen schließlich im Januar 1946 lizenziert) die Gefahr von rechts und links gebannt hätten und daß die Unterstützung der Stadtverwaltung durch die zwischenzeitlich gebildete Landesverwaltung eine ausreichende Stabilität garantieren würde. Im übrigen ging sie davon aus, daß die politischen Auseinandersetzungen — auch um die Arbeit der Stadtverwaltung — in dem Konkurrenzkampf um Wählerstimmen zwischen den zugelassenen Parteien ausgetragen werden würden.

8. Die politischen Parteien unter der US-Militärregierung

In Stuttgart trat Oberst Dawson kurz nach der Entscheidung, die Bildung von Beiräten zu genehmigen, für „den baldigen Wiederbeginn offener politischer Aktivitä-

---

50 Siehe hierzu: USFET, Administration of Military Government in the U.S. Zone in Germany. Directive to Commanding Generals, Military Districts, 7.7.1945, in: ZI 6; Clay an Hilldring, 5.7.1945, in: Jean Smith (Hrsg.), *The Papers of Gemeral Lucius D. Clay, Germany 1945– 1949*, Bloomington 1974, S. 46–48; USGCC Joint Intelligence Committee, Anti-Fascist Type Movements in Germany, 30.6.1945, Murphy to State Department, No. 668, 20.7. 1945, in: 740.00119 Control (Germany)/7-2045, RG 59, ZI 6.
51 Vgl. Vietzen, *Chronik* (Anm. 10), S. 150–151.
52 Vgl. Niethammer, in: *Arbeiterinitiative* (Anm. 9), S. 578–582.
53 OB an die Militärregierung, 23.11.1945, in: 000-8/7: CIC-Berichte 1945–1948, Stadtarchiv Stuttgart.

ten" ein, um Untergrundbewegungen zu verhindern, die Gefahr einer Unterwanderung der demokratischen Parteiorganisationen durch NS-Anhänger zu verringern, die Monopolisierung des politischen Lebens durch eine einzige Gruppierung zu vereiteln und um ein Mittel zur Kontrolle der öffentlichen Meinung zu haben[54]. Zum einen stand die Besatzungsmacht nicht zuletzt wegen des von ihr verfügten Verbots politischer Betätigung einem umfassenden politischen Vakuum gegenüber, in dem die tatsächlichen politischen Kräfteverhältnisse für sie nicht sichtbar bzw. kontrollierbar waren. Zum anderen wollte sie in dieser Lage den implizit vorhandenen politischen Anspruch der Arbeitsausschüsse kanalisieren und von deren praktischen Hilfeleistungen, die sie zunächst noch für nützlich hielt, trennen. Die Militärregierung erkannte die Versorgungs-, Ordnungs- und Entnazifizierungsarbeit der AA im allgemeinen an, zweifelte aber an ihrer demokratischen Legitimation und warnte vor dem Einfluß der Kommunisten[55].

Nach dem Potsdamer Abkommen, das die Bildung von politischen Parteien offiziell genehmigte, eröffnete sich für die kommunistischen und sozialdemokratischen Aktivisten die Möglichkeit, ihre seit Frühsommer betriebenen Organisationsbemühungen legal zu verfolgen. Für die Kommunisten stand als Organisationsziel die Einheit der Arbeiterparteien im Vordergrund. Zwar beantragten sie wegen der Berliner KPD-Gründung und angesichts der abweisenden Haltung führender Sozialdemokraten die Wiederzulassung der Kommunistischen Partei in Stuttgart, wiesen aber zugleich unablässig darauf hin, daß in der Parteienzersplitterung die politische Schuld der Arbeiterbewegung gelegen habe und daß die Riesenaufgaben des Wiederaufbaus allein durch die Einheit der Arbeiterparteien zu leisten seien[56]. In ihrem Antrag auf Zulassung vom 28. September 1945, den die Militärregierung am 1. Oktober genehmigte, setzten sie sich als erstes Ziel, „alles, was in unseren Kräften steht, zu tun, um die Spaltung der Arbeiterschaft, welche sich so verhängnisvoll auf das gesamte deutsche Volk auswirkte, zu überwinden und eine einheitliche Arbeiterbewegung zu schaffen". Darüber hinaus strebten die Gründungsmitglieder eine „enge Zusammenarbeit mit allen nazigegnerischen und demokratischen Kräften aus dem bürgerlichen Lager" an. Zu den Hauptaufgaben ihrer politischen Arbeit zählten sie:

- die völlige Vernichtung der NSDAP und die Bestrafung ihrer Repräsentanten und Helfershelfer sowie die restlose Säuberung aller öffentlichen Ämter;
- die Enteignung des Vermögens der NS-Bonzen und Kriegsverbrecher und die Überführung dieses Vermögens in staatlichen Besitz;
- die Unterstützung von Selbstverwaltungsorganen im Kampf gegen Hunger, Arbeitslosigkeit, Obdachlosigkeit und Kälte;
- „Ungehinderte Entfaltung der privaten Unternehmerinitiative und des freien Handels auf der Grundlage des Privateigentums";

---

54 Vgl. Moses Moskowitz, The Political Reeducation of the Germans: The Emergence of Parties and Politics in Württemberg-Baden (May 1945—June 1946), in: *Political Science Quarterly*, Bd. 61 (1946), S. 540.
55 Vgl. die Berichte über die AA vom 7. und 20. Juli 1945, in: 12/8-3/6, OMGWB, ZI 6.
56 Vgl. Albert Buchmann, Die Ausschüsse und ihre öffentliche Tätigkeit, o. D., Anlage zu: Murphy to State Department, No. 1218, 29.10.1945, in: 740.00119 Control (Germany)/ 10-2945, RG 59, ZI 6. Vgl. auch Niethammer, in: *Arbeiterinitiative* (Anm. 9), S. 573—574.

- die Wiederherstellung der demokratischen Rechte und Freiheiten des Volkes, Förderung der freien Gewerkschaften und der antinazistischen-demokratischen Parteien, Glaubens- und Gewissensfreiheit für jedermann, systematische Aufklärung über den barbarischen Charakter der Rassentheorie;
- den Schutz der Werktätigen vor Unternehmerterror und willkürlicher Ausbeutung, freie Wahl der Betriebsvertretungen, tarifliche Regelung der Lohn- und Arbeitsbedingungen;
- die Abschaffung des Großgrundbesitzes und die „Übergabe aller Betriebe, die lebenswichtigen, öffentlichen Bedürfnissen dienen, sowie jener Betriebe, die von ihren Besitzern verlassen wurden, in die Hände der Selbstverwaltungsorgane der Gemeinden, Kreise oder des Landes";
- die Anerkennung der Pflicht zur Wiedergutmachung[57].

Schon in den Monaten Juni und Juli hatten führende württembergische Sozialdemokraten Kurt Schumacher in Hannover besucht, um ihn zu einer Rückkehr nach Stuttgart zu bewegen, wo er vor 1933 politisch tätig gewesen war: Er erklärte sich jedoch nur zu einem kurzen Auftritt bereit. Seine Rede vor 300 illegal versammelten Altfunktionären am 11. Juli bildete den Auftakt zum Wiederaufbau der SPD in Stuttgart[58]. In ihrem Antrag auf Zulassung vom 21. September 1945, den die Militärregierung ebenfalls am 1. Oktober genehmigte, war keine Rede von der Einheit der Arbeiterparteien, wohl aber davon, „in der Zusammenarbeit mit allen aufbauwilligen Kräften zu einer wirklichen Partei der Schaffenden des deutschen Volkes zu werden". Einleitend stellten die Sozialdemokraten in ihrem Programm fest, daß ihre „Einstellung zur Demokratie auf Grund ihrer ganzen Vergangenheit eine rückhaltlos grundsätzliche" sei[59]. Sie bekannten sich zu der unbedingten Notwendigkeit einer gründlichen „Säuberung und Reorganisierung des gesamten Verwaltungsapparats sowie der Wirtschaft und des kulturellen Lebens von allem nazistischen Einfluß" [sic!], der „nicht allein von den eingeschriebenen Pgs ausging". Im übrigen beinhaltete ihr Programm folgende Punkte:

- den planmäßig gelenkten Einsatz der noch vorhandenen Wirtschaftskräfte und die Demokratisierung der Wirtschaft durch das Mitbestimmungsrecht;
- die Schaffung von Arbeitsmöglichkeiten für die Massen, die Erhaltung und Sicherung der Sozialgesetzgebung sowie Hilfe für die Flüchtlinge, Kriegsbeschädigten und Kriegshinterbliebenen;
- Priorität für den Wohnungsbau und die Gewährleistung einer gerechten Verteilung des Wohnraums;
- die geistige Umstellung der Erziehung der Jugend sowie die Anerkennung demokratischer Grundsätze und der religiösen Toleranz;
- die gerechte Verteilung der Lasten durch eine grundlegende Finanzreform[60].

Neben den beiden Arbeiterparteien lizenzierte die Militärregierung in Stuttgart auch noch die liberale Demokratische Volkspartei (am 1. Oktober) und die Christ-

---

57 Antrag auf Wiederzulassung der Kommunistischen Partei für den Kreis Groß-Stuttgart, 28.9. 1945, in: 5/10-1/12, OMGWB, ZI 6.
58 Vgl. Vietzen, Chronik (Anm. 10), S. 120.
59 Vgl. das Flugblatt „Die Sozialdemokratische Partei ruft!", in dem die SPD ihre Tradition u. a. wie folgt darstellte: „Die Sozialdemokratische Partei steht im Bewußtsein, die einzige Partei zu sein, deren Politik der Demokratie und des Friedens die Probe vor dem Richterstuhl der Geschichte bestanden hat . . ." Anlage zu: Murphy to State Department, No. 1218, 29.10.1945, in: 740.00119 Control (Germany)/10-2945, RG 59, ZI 6.
60 Zulassungsantrag SPD Kreis Stuttgart, 21.9.1945, in: 5/10-1/12, OMGWB, ZI 6.

lich-Soziale Volkspartei (Ende Oktober), die 1946 in Christlich-Demokratische Union (CDU) umbenannt wurde. Daß sich damit eine Parteienkonstellation in Stuttgart herausbildete, die es auch in allen anderen Teilen des besetzten Deutschlands gab, war in erster Linie die Konsequenz aus politischen Verbindungen und Kontinuitätslinien sowie der Orientierung aller führenden Parteipolitiker an den Organisationsgründungen und Aufbaukonzeptionen in Berlin und anderen Zentren politischer Aktivitäten im nationalen Maßstab. Zusätzlich gefördert wurde diese Entwicklung durch die Weigerung der Militärregierung, weitere Parteigruppierungen zuzulassen, die der Gefahr einer Zersplitterung des Parteiensystems Vorschub geleistet hätten[61]. Mit der nationalen organisatorischen und programmatischen Orientierung der zugelassenen Parteien wurde offenkundig, daß die Intention der „grassroots"-Zulassungspolitik der Militärregierung, nämlich die lokalen Einheiten der Parteien zum demokratischen Kernpunkt des politischen Lebens zu machen, im Ansatz ein Fehlschlag war.

Ein US-Beobachter aus dem politischen Beraterstab der Militärregierung berichtete Ende Oktober 1945, daß KPD und SPD jeweils ca. 1000 Mitglieder rekrutiert hätten, während die DVP zu diesem Zeitpunkt lediglich 20 Mitglieder vorweisen konnte. Die KPD betätigte sich aktiver als die anderen Parteien und wies in ihren zahlreichen Versammlungen und Schulungsabenden die höchsten Besucherzahlen auf. Im Vordergrund ihres Programms standen die Bedeutung der Entnazifizierung, die sie mit der Einführung der Mitbestimmung in den Betrieben verband, und die Notwendigkeit, die Kriegsschuld der Deutschen anzuerkennen[62]. Als ihre unmittelbaren Ziele nannte sie Arbeit, Wohnung und Brot und hob die Erfolge der Kampfkomitees und Arbeitsausschüsse auf diesen Gebieten hervor. Für sie stellten diese Initiativen den Ausgangspunkt für die Verwirklichung der Einheitspartei dar[63].

Die SPD folgte der politischen Linie des Büros Schumachers in Hannover und hielt auf Distanz zur KPD. Die führenden sozialdemokratischen Funktionäre betrachteten das Demokratiebekenntnis der KPD mit Skepsis und warfen ihr vor, von der sowjetischen Mutterpartei in Moskau abhängig zu sein[64]. Darüber hinaus wollten sie den politischen Einfluß der AA eindämmen und ihre Auflösung betreiben, da diese ihrer Ansicht nach „politische Bedeutung nur noch als Nebenorganisation der KP hatten"[65].

Im Kontext der Vorbereitungen für die erste Gemeinderatswahl am 26. Mai 1946 in Stuttgart verstärkten sich die politischen Aktivitäten der Parteien. Für die KPD stand die Einheitsfrage an erster Stelle, während sich die SPD bemühte, einen Ausgleich mit den Kirchen zu finden und ihrer möglichen Identifikation mit der

---

61 Vgl. Moskowitz, Political Reeducation (Anm. 54), S. 545; Morris, Political Developments (Anm. 20).
62 Vgl. ebd.
63 Vgl. KPD wünscht Einheit mit SPD, in: *Stuttgarter Zeitung*, Nr. 1, 18.9.1945.
64 Vgl. Morris, Political Developments (Anm. 20).
65 Niethammer, in: *Arbeiterinitiative* (Anm. 9), S. 595.

Arbeiterbewegung unter der Besatzung 207

KPD in der Bevölkerung entgegenzuwirken[66]. Beispielhaft für diesen Konflikt ist die erste Maifeier 1946: Während die KPD die Durchführung einer gemeinsamen Feier von SPD und KPD vorschlug, um „dem Willen des größten Teils der Arbeiter Rechnung zu tragen"[67], bestand die SPD auf einer von den Gewerkschaften und allen zugelassenen Parteien getragenen Veranstaltung und konnte sich mit ihrem Konzept auch durchsetzen. Die Ausführungen des Hauptredners, Innenministers Fritz Ulrich (SPD), zielten eher darauf, die Westalliierten für Deutschland im Kampf gegen Hunger und Not zu gewinnen und nicht den Kampf der Arbeiter um die Neuordnung der Wirtschaft zu propagieren[68].

Die Gemeinderatswahl vom 26. Mai 1946 bildete den Abschluß der ersten Phase offener politischer Aktivität in Stuttgart. Mit 33,3 % der Stimmen (17 Sitze) wurde die SPD in den Gemeinderat gewählt und war damit stärkste Fraktion. Die KPD erhielt 12,8 % (sechs Sitze) der Wählerstimmen, die CDU 25,6 % (zwölf Sitze) und die DVP 21,4 % (zehn Sitze). Eine Freie Wählervereinigung errang 6,3 % der Stimmen und erhielt drei Sitze[69]. Bei der Wahl des Oberbürgermeisters durch den Gemeinderat siegte Arnulf Klett (parteilos) mit 26 Stimmen; der Kandidat der SPD und KPD, Rudolf Gehring (SPD), unterlag mit 21 Stimmen[70].

Zum Abschluß dieses Abschnitts sollen einige Aspekte der politischen Entwicklung rekapituliert werden: Das von der US-Militärregierung verfügte Verbot politischer Betätigung in den ersten Monaten der Besatzung ist ein Beleg für die gegensätzlichen Interessen der Besatzungsmacht und der Arbeiterbewegung, dessen Bedeutung in der weitreichenden Auswirkung auf die Entwicklung der Kräftekonstellation zwischen Arbeiterbewegung und Bürgertum sowie innerhalb der Arbeiterbewegung selbst lag. Ebenso wie für die Antifa-Bewegung in anderen städtischen Gebieten der US-Zone bedeutete diese besatzungspolitische Maßnahme für die Arbeitsausschüsse in Stuttgart, daß ihr politisches Potential als eigenständige und neuartige Organisationsform der Arbeiterbewegung im Keim erstickt wurde und nie richtig unter Beweis gestellt werden konnte. Ihren Möglichkeiten zur öffentlichen Propagierung politischer Zielsetzungen (ausgenommen der Entnazifizierung) beraubt, konnten die Arbeitsausschüsse keine effektive Mobilisierungsstrategie entwickeln, die eine langfristige und greifbare Perspektive zur Überwindung von Chaos und Not und zur gesellschaftlichen Neuordnung geboten hätte. Gleichzeitig konnten sich die z. T. mit ihnen in Konkurrenz stehenden SPD-, KPD- und Gewerkschaftsfunktionäre auf die Wiedergründung und baldige Zulassung traditioneller Organisationen informell vorbereiten. Dieser offizielle politische Stillstand verhinderte außerdem, daß die Arbeiterbewegung die vorherrschende Machtstellung des Bürgertums brechen

---

66 Ein politischer Beobachter der MR in Stuttgart meinte, die SPD würde sich aus „a right wing and an even more right wing" zusammensetzen. Diese rechte Mehrheit könne sich trotz Kritik ohne Schwierigkeiten behaupten. OMGWB ICD, Stuttgart Detachment, Left-wing of the SPD. 15.3.1946, in: 12/8-2/5, OMGWB, ZI 6.
67 *Arbeiterbewegung und Wiederaufbau* (Anm. 17), S. 163.
68 Vgl. OMGWB ICD, Stuttgart Detachment, Weekly Political Intelligence Report, 9.5.1946, in: 12/8-2/6 OMGWB, ZI 6.
69 *Amtsblatt der Stadt Stuttgart*, Nr. 24, 12.6.1946.
70 Vgl. Vietzen, *Chronik*, (Anm. 10), S. 164.

konnte. Die bürgerlichen Kräfte waren zwar politisch desorientiert, verfügten aber noch über wichtige „Schutzwälle vor der Revolution"[71] (wie z. B. die Kirchen und die öffentliche Verwaltung), deren Aktivitäten von der Militärregierung als „unpolitisch" bezeichnet und gefördert wurden. Somit wurden den Arbeitsausschüssen auch noch wichtige Aktivitäten ihrer Selbsthilfefunktion streitig gemacht.

Auch nach der Aufhebung des Verbots der Militärregierung war eine uneingeschränkte politische Betätigung nicht möglich. Die weiterhin geltenden Kontrollmaßnahmen (z. B. die Veranstaltungsanmeldung) und die unzureichende materielle Ausstattung der Parteien erschwerten ihre Arbeitsbedingungen, und bis Mitte des Jahres 1946 gelang es ihnen kaum, Einfluß auf die von der Militärregierung geschaffenen deutschen Verwaltungsorgane zu nehmen. So blieb ihre tatsächliche politische Bedeutung weit hinter der ihnen offiziell von der Militärregierung für den demokratischen Wiederaufbau zugesprochenen zurück[72].

Es wäre falsch, in den einschneidenden Auswirkungen des Verbots der Militärregierung die alleinige Ursache für die Differenzierungs- und Abgrenzungserscheinungen innerhalb der Arbeiterbewegung zu sehen. Es gab immer noch starke Kräfte in der Sozialdemokratie, die ihre Skepsis und ablehnende Haltung gegenüber der KPD seit 1933 kaum revidiert hatten. Darin wurden sie durch das Büro Schumacher, das seinen Führungsanspruch in den Westzonen ohne nennenswerten Widerstand durchsetzen konnte, bestätigt. Für diese Kräfte hing das Bemühen, Abstand von der KPD zu wahren, mit ihrem Interesse zusammen, keinen prinzipiellen Konflikt mit den Kirchen zu provozieren und bürgerliche Wählerschichten zu gewinnen. Darüber hinaus trug ihre gouvernementale Orientierung wesentlich zu ihrer Ablehnung der von der KPD stark beeinflußten Arbeitsausschüsse bei. Dagegen stellten die Arbeitsausschüsse für die KPD neben ihrer Unterstützung der politisch vereinigten Gewerkschaften und ihrer Forderung nach Bildung der Einheitspartei ein wichtiges Element ihrer Einheitspolitik dar. Das von ihr propagierte Parteienblocksystem kam jedoch nicht zustande. Dies wie ihre programmatisch-politische Abhängigkeit von der KP- bzw. SED-Führung in Berlin wirkten der Umsetzung ihres politischen Engagements und ihrer „hervorstechenden organisatorischen Talente"[73] in eine erfolgreiche Politik entgegen.

9. Gewerkschaften und Betriebsräte

Die Politik der US-Militärregierung in Stuttgart zeichnete sich bei der Wiedererrichtung von Gewerkschaften und Betriebsvertretungen dadurch aus, daß sie ein sozialdemokratisch dominiertes Organisationskomitee von Altfunktionären der Weimarer

---

71 Leonard Krieger, The Interregnum in Germany: March-August 1945, in: *Political Science Quarterly*, Bd. 64 (1949), S. 509.
72 Vgl. Moskowitz, Political Reeduction (Anm. 54), S. 537, 548: Morris, Political Developments (Anm. 20).
73 Politisches Leben in Nord-Württemberg-Baden, Field Intelligence Study No. 43, 1.12.1945, in: *Befreiung* (Anm. 11), S. 256.

Gewerkschaften bevorzugte. Noch bevor das OMGWB im Juli sein Landeshauptquartier in Stuttgart einrichtete, hatte es Kontakt zu der Funktionärsgruppe um Markus Schleicher aufgenommen und Direktiven erlassen, die den organisatorischen Aufbau von Gewerkschaften durch Altfunktionäre in Nord-Württemberg begünstigten. Damit stand sie der ursprünglichen Gewerkschaftsplanung und der alliierten Erklärung an die deutschen Arbeiter vom Dezember 1944 näher als die auf basisdemokratische Erneuerung zielenden, zugleich jedoch restriktiveren Ansätze, die in der US-Gewerkschaftspolitik im Frühsommer 1945 vorherrschend waren[74].

Mit ihrer Erklärung „Rechte der Arbeiterschaft in der amerikanischen Zone von Württemberg", die sie der Schleicher-Gruppe Mitte Juli überreichte, setzte sie diese Linie fort. Darin billigte sie den Arbeitern das Recht auf Vereinigungsfreiheit unter der Bedingung zu, daß die zu bildenden Gewerkschaften keine amtlichen Befugnisse für sich in Anspruch nehmen dürften, frei von NS-Einflüssen bleiben müßten und sobald wie möglich die demokratische Wahl ihrer Funktionäre durchzuführen hätten. Mit Genehmigung der Militärregierung könnten öffentliche Versammlungen abgehalten werden, Streiks und jegliche politische Betätigung seien jedoch verboten. Die Gewerkschaften könnten die Militärregierung bei der Ausrottung des Nazismus unterstützen und Kollektivverträge mit den Arbeitgebern aushandeln, allerdings müßten die bestehende Lohnkontrolle und die Einschränkungen der Arbeits- und Anstellungsfreiheit beachtet werden[75].

Eine offizielle Genehmigung des OMGWB für das Organisationskomitee um Schleicher war zu diesem Zeitpunkt aufgrund der Gewerkschaftsrichtlinien des US-Hauptquartiers in Frankfurt nicht zu erwirken. Das Komitee konnte aber seine organisatorischen Vorbereitungsarbeiten ohne wesentliche Einschränkungen durchführen und Richtlinien herausgeben, in denen es die Beschlußfassung in allen wichtigen Angelegenheiten („aus Gründen der Disziplin und der Zweckmäßigkeit") für sich beanspruchte und die Einrichtung von demokratischen Entscheidungsstrukturen erst für die Zeit nach dem vollendeten Neuaufbau vorsah[76].

Nachdem die Alliierten die Bildung von Gewerkschaften auf der Potsdamer Konferenz offiziell genehmigt hatten, erließ die US-Militärregierung im August 1945 neue Richtlinien für den Gewerkschaftsaufbau und die Wahl von Betriebsvertretungen. Kurz danach gab der zuständige US-Arbeitsoffizier in Stuttgart, Major Bingham, seine Zustimmung zu den Richtlinien des Schleicher-Komitees für den Aufbau des Württembergischen Gewerkschaftsbundes (WüGB), und das Komitee (das sich selbst als Bundesvorstand bezeichnete) reichte seinen Antrag auf Genehmigung ein. In dieser Zeit wurde auch das Ortskartell Stuttgart unter der Leitung des Metallarbeiterfunktionärs Simon Kraus aufgebaut[77], das bis Ende September elf Industrie-

---

74 Vgl. Fichter, *Besatzungsmacht und Gewerkschaften* (Anm. 5), S. 76.
75 Vgl. Rechte der Arbeiterschaft in der amerikanischen Zone von Württemberg, in: *Nachrichtenblatt*, Nr. 8, 26.7.1945.
76 Fichter, *Besatzungsmacht und Gewerkschaften* (Anm. 5), S. 157; Richtlinien für den Aufbau des Württembergischen Gewerkschaftsbundes, 24.7.1945, in: 5/10-1/12, OMGWB, ZI 6.
77 Vgl. Protokoll der 1. Sitzung des Ortskartellvorstandes Stuttgart am 25. August 1945, in: Ordner DGB-Kreis, Vorstand, Delegierte. Protokolle 1948–1963, DGB BW.

verbände mit insgesamt 30.000 Mitgliedern umfaßte. Dabei war diese Entwicklung in den einzelnen Verbänden je nach Industriestruktur, Grad der Zerstörung, Produktionsmöglichkeiten und Verfügbarkeit über Rohstoffe sehr unterschiedlich.

Unabhängig davon konnten sich in fast allen Betrieben Betriebsvertretungen bilden, die sich für die konsequente Durchführung der Entnazifizierung einsetzten. Darüber hinaus bemühten sie sich, die Versorgungs- und Wohnraumprobleme der Beschäftigten in den Griff zu bekommen und verhandelten mit den Betriebsleitungen über die Lohnzahlung für Kurzarbeit und die Lösung von Dienstverträgen[78].

Mit der Verabschiedung des alliierten Kontrollratsgesetzes Nr. 22 (Betriebsrätegesetz) im April 1946 erhielten sie zwar eine rechtliche Grundlage für ihre Aktivitäten, aber ihr Wirkungsbereich wurde damit zugleich eingeschränkt. Das Gesetz machte nicht nur Errungenschaften wieder rückgängig, die einige Betriebsvertretungen seit der Kapitulation erzielt hatten, es erwies sich außerdem als ein Hindernis für die Einrichtung und Funktion von Betriebsräten in Betrieben, in denen die Arbeiterbewegung schwach organisiert war. Schließlich sahen die Gewerkschaften ihre Erwartungen durch das Gesetz nicht erfüllt, und sie beklagten sich darüber, daß ihre Vertretungsinteressen im Betrieb nur durch ein Mitwirkungsrecht bei der Bildung von Betriebsräten berücksichtigt wurden[79].

Am 9. November 1945 erteilte Bingham die Genehmigung für den Württembergischen Gewerkschaftsbund (WüGB), wobei er die Möglichkeit einschloß, daß seine Gegner im Hauptquartier der US-Militärregierung in Berlin, die einen Gewerkschaftsaufbau aus den Betrieben heraus befürworteten (grassroots-Entwicklung), Gegenmaßnahmen ergreifen könnten. Aber er glaubte, daß der WüGB, auch wenn er die Auflage erhalten sollte, sich auf der Grundlage von Vertrauensleutewahlen neu zu konstituieren, in der Lage wäre, diese Wahlen zu kontrollieren und die kommunistischen Kräfte an einem Wahlsieg zu hindern[80]. In der Tat leitete die grassroots-Fraktion Anfang Dezember 1945 eine Untersuchung gegen Bingham und den WüGB ein und entwarf eine neue Gewerkschaftsdirektive, mit der sie die Funktionärsgruppe um Schleicher entmachten wollte. Bingham konnte aber genügend Unterstützung mobilisieren, um diesem Angriff die Spitze zu nehmen. Zwar mußte er seine Genehmigung für den WüGB widerrufen, aber er konnte zusammen mit Schleicher und Hans Brümmer (Metallverband) eine neue Verfahrensweise für die organisatorische Entwicklung und für Wahlen (auf der Grundlage neuer Richtlinien vom 10. und 17. Dezember) ausarbeiten, die einerseits Schleicher und Brümmer zufriedenstellte und andererseits als Waffe gegen die grassroots-Fraktion dienen konnte[81]. Das Ergebnis war, daß der WüGB zwar nicht aufgelöst werden mußte, aber einem zeitraubenden

---

78 Vgl. Der Aufbau der Stuttgarter Gewerkschaften, in: *Stuttgarter Zeitung,* Nr. 12, 27.10. 1945; Eberle, in: *Kampf um Bosch* (Anm. 31), S. 139—148; Protokoll der 1. Generalversammlung des Ortsausschusses Stuttgart des Gewerkschaftsbundes Württemberg-Baden am 4.6.1947; in: DGB-Kreis, Vorstand, Delegierte. Protokolle 1948—63, DGB BW.
79 Vgl. Interview mit M. Schleicher, Weekly Brief, OMGWB ICD Stuttgart Detachment, 12.4. 1946, in: 12/8-2/5 OMGWB, ZI 6. Vgl. allgemein zum Betriebsrätegesetz Fichter, *Besatzungsmacht und Gewerkschaften* (Anm. 5), S. 176—191.
80 Vgl. ebd., S. 159.
81 Vgl. ebd., S. 162—164.

Wahl- und Organisationsverfahren unterworfen wurde. Außerdem legte die US-Militärregierung in diesem Zusammenhang fest, daß sie nur Industrieverbände (bzw. Berufsverbände) und keine zentralisierte Einheitsgewerkschaften zulassen würde[82]. Unter diesen Kontrollbedingungen dauerte es bis zum 30. August 1946, ehe der erste Bundestag der Gewerkschaften Württembergs und Badens stattfinden konnte.

Die Gewerkschaften im Raum Stuttgart konnten sich zunächst schneller organisieren als in anderen Gebieten der US-Zone, weil die US-Militärregierung die Schleicher-Gruppe unterstützte. Mit dieser Favorisierung sozialdemokratischer Altfunktionäre und einer organisatorischen Anknüpfung an die Gewerkschaften von Weimar wollte sie radikale und kommunistische Aktivitäten in Grenzen halten. Zugleich versprach sie sich davon eine kooperative Haltung seitens der Gewerkschaftsführung. Dies war auch im allgemeinen der Fall, obwohl sich die Gewerkschaften durch die Aufbau- und Betätigungskontrollen in ihren Einfluß- und Wirkungsmöglichkeiten erheblich eingeschränkt fühlten. Sie erkannten auch, daß „die Militärregierung mit einer Reihe von Bürokraten die tollsten Beschlüsse" (Schleicher)[83] faßte, die gegen ihre proklamierten gesellschafts- und wirtschaftspolitischen Ziele gerichtet waren. Die Gewerkschaftsführung vertraute auf die gewonnene politische Organisationseinheit als Stärkung ihres Einflusses und als eine notwendige Voraussetzung für die Einlösung ihres Anspruches, eine führende Rolle beim Wiederaufbau zu übernehmen. Aber dieser organisatorische Rahmen wurde in der Praxis mit den notwendigen politisch-strategischen Mitteln nicht ausgefüllt und er erwies sich als eine unzureichende Antwort, um den gewünschten Einfluß unter den gegebenen politischen Bedingungen geltend zu machen.

10. Wirtschaft und Arbeitsmarkt unter US-Besatzung

Als die US-Militärregierung die Besatzung Stuttgarts von den französischen Truppen übernahm, mußte sie feststellen, daß der Mangel an Waren (insbesondere an Lebensmitteln und Bekleidung) bedeutend größer war, als sie vorher angenommen hatte. Diesen Notstand rasch zu überwinden, sah sie sich nicht nur aufgrund unzureichender Vorbereitung außerstande, sondern vor allem im Hinblick auf ihre wirtschaftspolitischen Zielsetzungen: die Rüstungswirtschaft zu vernichten, die Landwirtschaft und die Friedensproduktion zu fördern, die Wirtschaft zu dezentralisieren und Reparationsforderungen geltend zu machen. Außerdem mußte der Bedarf der Besatzungstruppen und der displaced persons gedeckt sowie ein Lebensstandard der deutschen Bevölkerung gesichert werden, der mit dem anderer europäischer Staaten (außer Englands und der Sowjetunion) vergleichbar war. Um diese Ziele zu verwirklichen und um eine Entwertung oder Sabotage von Werkstoffen, Materialien und Maschinen zu verhindern, ordnete die Besatzungsmacht umfangreiche Wirtschaftskon-

---

82 Vgl. Maxon to Cassidy, 26.1.1946, in: AG45-46/8/1 OMGUS, ZI 6; Bingham an Arbeitsminister, 11.2.1946, in: 551-3-83, Hamburger Bibliothek für Sozialgeschichte und Arbeiterbewegung.
83 *Arbeiterbewegung und Wiederaufbau* (Anm. 17), S. 141.

trollen an. Da die Versorgung der Besatzungstruppen höchste Priorität besaß, übernahmen diese zunächst die Produktionskontrolle, während die Militärregierung mit der Ingangsetzung der Versorgungsbetriebe und mit allgemeinen Koordinierungstätigkeiten in der Wirtschaftspolitik beauftragt war[84].

Erst im August 1945, nach Beendigung des Kriegszustandes mit Japan, begann man die wirtschaftlichen Kontrollbefugnisse der Besatzungstruppen abzubauen, bis sie im Dezember gänzlich in den Zuständigkeitsbereich der Militärregierung übergingen. Grundlage dafür war eine Anordnung vom 14. August 1945, die den Aufbau und die Funktionen der deutschen Auftragsverwaltung im Wirtschaftsbereich (z. B. Wirtschafts-, Arbeits-, Ernährungsämter; Industrie- und Handelskammer) festlegte. Unter den allgemeinen Vorgaben der Dezentralisierung und Entnazifizierung sollten diese Behörden und Organisationen dafür sorgen, daß die US-Ziele in der Wirtschaftspolitik erfüllt wurden[85].

Während die französische Militärregierung nur die Eröffnung von Betrieben mit weniger als 13 Beschäftigten erlaubt hatte, genehmigte die US-Militärregierung bis Mitte September 1945 die Wieder- bzw. Neuzulassung von rund 2000 Groß- und Einzelhandelsunternehmen sowie von 500 bis 600 Industriefirmen. Wie die Beschäftigtenstatistik des Stuttgarter Wirtschaftsamtes jedoch zeigt, arbeiteten sie nicht annähernd mit voller Kapazität. Im April 1946 erreichte der Beschäftigtenstand der Industrie (Firmen mit 25 und mehr Beschäftigten) knapp 40 % und der des Großhandels rund 65 % des Jahres 1938. In den verschiedenen Fachrichtungen des Handwerks gab es in dieser Hinsicht große Differenzen, die vergleichbaren Zahlen variierten von knapp 20 % bis über 100 %[86]. Hierzu ist anzumerken, daß diese Verteilung mit der volkswirtschaftlichen Bedeutung der einzelnen Fachrichtungen beim Wiederaufbau nicht gleichzusetzen ist.

Die Kontrollbestimmungen der US-Wirtschaftspolitik sowie die großen Schwierigkeiten beim Wiederaufbau machten strenge Bewirtschaftungsmaßnahmen erforderlich. In vielen Betrieben mußten zuerst Aufräumungs- und Reparaturarbeiten an Maschinen und Gebäuden durchgeführt werden, ehe mit der eigentlichen Produktion begonnen werden konnte. Es fehlte der Industrie an Rohstoffen und -materialien, die aufgrund der Wirtschaftsstruktur in Württemberg zum größten Teil nicht vorhanden waren und die zu beschaffen durch Verkehrsunterbrechungen, Zonengrenzen und ein allgemein niedriges Produktionsniveau erschwert wurde. Da Kohle äußerst knapp war, ordnete die Militärregierung im November 1945 Stromeinschränkungen für die Industrie an. Der allgemeine Warenmangel wurde durch die Anforderungen der Besatzungstruppen erheblich verschärft. Beispielsweise erhielten

---

[84] Vgl. *History of Military Government in Württemberg-Baden*, Bd. I, Kap. XI *(Economics)*, Juli 1946, in: 3/410-1/2 OMGWB, ZI 6.

[85] Vgl. USFET, German Economic Control Agencies, 14.8.1945, in: WDSCA 014 Germany, Jul 45-Sep 45, Sec. I, RG 165, ZI 6. Zur Entwicklung der IHK sowie anderer Unternehmerorganisationen vgl. Debatin, *Wirtschaftsrat* (Anm. 34); Winkel, *Geschichte* (Anm. 35).

[86] Vgl. *Statistische Blätter des Statistischen Amtes der Stadt Stuttgart*, H. 2 (April-Juni) und H. 3 (Juli-Sept.), 1946.

sie im Oktober 1945 40 % aller Baumaterialien in Stuttgart[87]. Hinzu kamen die Personalprobleme, die die Entnazifizierung der Wirtschaft mit sich brachte, sowie eine unsichere Finanzlage, denn die NS-Rüstungsproduktion hatte bis zum Zeitpunkt der Besetzung die Wirtschaftstätigkeit dominiert, und nun ruhten die Zahlungsverpflichtungen des Staates.

Was den Produktionsfaktor Arbeit anbetrifft, so fehlte es der Wirtschaft an geeigneten Fachkräften. Anfang 1946 lag die Einwohnerzahl von Stuttgart mit 370.000 um ca. 80.000 niedriger als im Jahre 1938. Die Rückkehr der Soldaten lief nur zögernd an, und die meisten Pendler aus der Umgebung von Stuttgart waren durch die Beschränkungen und Unterbrechungen im Verkehr weitgehend von ihren Arbeitsplätzen abgeschnitten. Nach den Berichten des Stuttgarter Arbeitsamtes standen hohe Anforderungen der Wirtschaft nach qualifizierten Handwerkern und Männern für körperlich schwere Aufräumungs- und Bauarbeiten einer hohen Zahl von Arbeitslosen gegenüber, die nicht für diese Tätigkeiten vermittelt werden konnten[88]. Bei einem großen Teil der Arbeitslosen handelte es sich um Angestellte, die für die angebotenen Stellen ungeeignet waren. Die Krisenmaschinerie des NS-Staates hatte Raubbau an der Arbeitskraft der Menschen getrieben, das Ergebnis war ein ungewöhnlich hoher Stand an Kranken und Schwerbeschädigten. Viele Frauen zogen es in der Not vor, sich um die Versorgung ihrer Familien mit Kleidung und Lebensmitteln und um die Wiedereinrichtung ihres Haushalts zu kümmern und waren nicht bereit, eine schlecht bezahlte Arbeit anzunehmen.

Die Beschäftigten hatten mit widrigen Arbeitsbedingungen zu kämpfen. Es fehlte an Essen, Arbeitskleidung (vor allem Schuhen) und Werkzeugen. Ihre Löhne wurden durch Kurzarbeit und Aufräumungsdienste empfindlich geschmälert. Trotz des geltenden Preisstops stiegen die Lebenshaltungskosten in den Jahren 1945/46 kontinuierlich an, während die Stundenlöhne aufgrund des Lohnstops eingefroren blieben. Dies führte dazu, daß Arbeitsplätze in Wirtschaftszweigen sehr begehrt waren, in denen der Verdienst durch Lebensmittel, eine warme Mahlzeit oder Gebrauchsgegenstände des täglichen Bedarfs ergänzt werden konnte. Dies galt auch für die Beschäftigung bei der Militärregierung und den Besatzungstruppen, die dem Arbeitsmarkt dringend benötigte Facharbeiter und qualifizierte Angestellte entzogen und somit den wirtschaftlichen Wiederaufbau hemmten.

Insgesamt läßt sich für diese anfängliche Besatzungszeit feststellen, daß die US-Wirtschaftspolitik die ohnehin schwierigen Lebens- und Arbeitsbedingungen der deutschen Arbeitnehmer verschlechterte. Außerdem beeinträchtigte die organisatorische Trennung der Wirtschaftskontrolle vom Aufgabenbereich der Militärregierung den demokratischen Wiederaufbau der Wirtschaft in einer entscheidenden Phase. In dieser Situation waren auch die Möglichkeiten der Arbeiterbewegung, kollektive Handlungen für politische und ökonomische Forderungen durchzuführen, erheblich eingeschränkt. Im Ergebnis stand die Arbeiterbewegung vor dem Dilemma, den von

---

87 Vgl. *History of Military Government in Württemberg-Baden*, Bd. I, Kap XI, Teil I. Abschn. IV *(Production Control)*, in: 3/410-1/2 OMGWB, ZI 6.
88 Vgl. Mehr offene Stellen als Arbeitslose, in: *Stuttgarter Zeitung*, Nr. 1, 18.9.1945; Keine „unsichtbare" Arbeitslosigkeit mehr in Stuttgart, in: ebd., Nr. 22, 1.12.1945.

ihr befürworteten wirtschaftlichen Wiederaufbau unter den von den USA gesetzten Bedingungen mit ihren eigenen Forderungen nach grundsätzlichen strukturellen Reformen zu vereinbaren.

An dieser Stelle komme ich zu der Frage „Ende der Arbeiterbewegung?" zurück. Die vorangegangene Darstellung wichtiger organisatorischer und sozioökonomischer Zusammenhänge innerhalb eines sehr begrenzten zeitlichen Rahmens stellt keine sozialgeschichtliche Analyse dar und läßt daher auch keine fundierte Antwort auf die Frage zu. Aber sie verdeutlicht einige Problemstellungen, deren Untersuchung ich — zusammen mit Ute Schmidt im Rahmen unseres Forschungsprojekts „Arbeiterbewegung in der US-Zone, 1945—1949. Eine Regionalstudie am Beispiel Stuttgarts" — fortsetzen will.

Im Hinblick auf den behandelten historischen und räumlichen Kontext ist es meines Erachtens nicht gerechtfertigt, von der (Wieder-)Entstehung einer umfassenden Arbeiterbewegung zu sprechen. Ansätze dazu waren zwar vorhanden, insbesondere als zu Beginn der Besatzung überall Aktivisten hervortraten, um lokale Antifa-Ausschüsse, Gewerkschaften, Betriebsvertretungen und Parteiorganisationen aufzubauen. Aber gerade diese Initiativen spiegeln die Bewegungsproblematik wider und es wäre falsch, sie lediglich als Nachweis für die Existenz der Arbeiterbewegung zu verstehen. Vielmehr sind sie als ein wichtiger Gradmesser für das Mobilisierungspotential und für die organisierten Entfaltungschancen der Arbeiterbewegung anzusehen. Daran anknüpfend ist zum Beispiel nach den Auswirkungen zu fragen, die die Lösung des Spannungsverhältnisses zwischen der Anlehnung an tradierte Organisationsformen und dem Aufkommen von neuen, z. T. spontan entstandenen Aktionsstrukturen zugunsten der Wiedererrichtung von zwei Parteien (SPD, KPD) und dem Aufbau von politisch und organisatorisch vereinheitlichten Gewerkschaften hatte: Trug sie zur Stärkung der Arbeiterbewegung und zur Vergrößerung ihres Durchsetzungspotentials bei, oder untergrub sie letztendlich anfängliche Ansätze zur Entfaltung einer breiten und aktiven Solidarität?

Festzuhalten ist, daß die Ansätze zu einer handlungs- und durchsetzungsfähigen Bewegung disparat blieben. Dies läßt sich z. T. aus der hier beschriebenen Organisationsentwicklung ableiten. Im Zusammenhang mit der Kritik Pirkers an der inneren organisatorischen Verfaßtheit der Arbeiterbewegung (d. h. die Vereine und Suborganisationen, die die Stiefkinder der Organisationsgeschichte dieser Zeit waren) gewinnt diese Beurteilung an Validität. Darüber hinaus gab es eine Reihe von endogenen Faktoren — auf die ich oben eingegangen bin —, die die Entfaltung der Bewegung behinderten. Schließlich möchte ich den komplexen Bereich, der sich mit dem Begriff „politisches Selbstverständnis" oder „politische Kultur" umschreiben läßt, erwähnen. Hier sind Brüche und Auflösungserscheinungen im Verhalten und in der Einstellung der Arbeiter und Angestellten festzustellen, die schon in die Jahre vor 1945 zurückreichen und im weiteren Verlauf der Besatzungszeit nicht zugunsten der Arbeiterbewegung überwunden werden konnten. In Bezug darauf muß u. a. gefragt werden, welche Bedeutung die „Arbeiterbewegung" für die Arbeiter hatte, welche politischen und sozioökonomischen Zielsetzungen sie damit verbanden und für wichtig hielten, wie breit die Unterstützung für bestimmte Ziele und welche Aktionsbereitschaft generell vorhanden war.

Alle diese Fragen konnte dieser Aufsatz nicht eingehend behandeln, es konnten lediglich einige Aspekte des Gesamtkontextes thesenartig verdeutlicht werden. Festzuhalten ist dabei, daß die hier präsentierten Darstellungen und Thesen zunächst die Argumentation von Theo Pirker stützen und ergänzen. Nun muß dieses vorläufige Ergebnis überprüft, die einzelnen Themenbereiche in ihrem jeweiligen Wirkungsfeld aufeinander bezogen und unter Hinzunahme weiterer, bisher nicht berücksichtigter Problemstellungen im sozialgeschichtlichen Gesamtzusammenhang analysiert werden. Damit sollen nicht nur Antworten auf die Frage „Ende der Arbeiterbewegung?", sondern auch ein besserer Zugang zur politisch-gesellschaftlichen Einordnung dieser Besatzungsperiode zwischen NS-Staat und Bundesrepublik gewonnen werden.

Ute Schmidt

Katholische Arbeiterbewegung zwischen Integralismus und Interkonfessionalismus: Wandlungen eines Milieus

Die Geschichte der katholischen Arbeiterbewegung seit den zwanziger Jahren ist eine Paraphrase zur These vom „Ende der Arbeiterbewegung". Sowohl für die sozialdemokratisch und kommunistisch geprägte als auch die katholische Arbeiterbewegung stellt sich die Frage, inwiefern veränderte historische, politische und sozialstrukturelle Bedingungen zum Wandel, zur Auflösung von Strukturen oder zu einem Wechsel der politischen Repräsentanz des Milieus beigetragen haben. Unter dieser gesellschaftsgeschichtlichen Fragestellung werden hier Momente von Kontinuität und Neuorientierung in der Entwicklung der katholischen Arbeiterbewegung thematisiert. Es würde den Rahmen dieses Aufsatzes sprengen, die Entwicklung der weit ausgefächerten katholischen Arbeiterbewegung in allen ihren Gruppierungen und politischen Facetten darzustellen. Daher beschränke ich mich darauf, die Katholische Arbeiterbewegung Westdeutschlands (KAB) zu untersuchen, die vor der Machtübernahme Hitlers ca. 200.000 katholische Arbeiter organisierte[1]. Im Mittelpunkt des Interesses steht dabei nicht eine Detailanalyse der KAB-Politik und -Programmatik (Familienpolitik, Mitbestimmung usw.), sondern die Entwicklung der katholischen Arbeiterbewegung im Spannungsfeld von Kirche und Arbeiterbewegung.

Die KAB entwickelte sich im Verlauf ihres wechselhaften Schicksals von einer klerikal-dominierten Arbeitervereinsbewegung zur Absicherung des katholischen Milieus im Prozeß der Industrialisierung zu einer republiktreuen Arbeiterorganisation in Weimar, die im Dritten Reich zwar den Schutz des Reichskonkordats genoß, jedoch nur noch in der Form einer entpolitisierten Männervereinigung überlebte und von der Kirche in kritischen Situationen häufig allein gelassen wurde. Die westdeutsche KAB war die einzige Weimarer Arbeiterorganisation, die während des NS-Re-

---

1 Nur ein Bruchteil der katholischen Arbeiter im ganzen Deutschen Reich war bis 1933 in den Katholischen Arbeitervereinen und Christlichen Gewerkschaften organisiert (ca. 500.000, das entsprach 7 % der katholischen Arbeiter). Der Organisationsgrad in den zehn Diözesanverbänden der westdeutschen KAB betrug 9,35 %. Vgl. Hermann Joseph Schmitt, Denkschrift zur Lage des „sozialen Katholizismus" in Deutschland nach 1945 insbesondere zur „Arbeiterseelsorge" (vorgelegt zur Plenarkonferenz der deutschen Bischöfe zu Fulda 1947), in: *Texte zur katholischen Soziallehre II. Dokumente zur Geschichte des Verhältnisses von Kirche und Arbeiterschaft am Beispiel der KAB*, 2 Bde., hrsg. vom Bundesverband der Katholischen Arbeitnehmer-Bewegung (KAB) Deutschlands, Kevelaer 1976, S. 1119, 1126.
2 Vgl. Jürgen Aretz, *Katholische Arbeiterbewegung und Nationalsozialismus. Der Verband katholischer Arbeiter- und Knappenvereine Westdeutschlands 1923–1945*, Mainz 1978, S. 218–22, 241.

gimes weder zerschlagen noch gleichgeschaltet wurde; sie konnte sogar ihr Organisationsvermögen in die zweite Republik hinüberretten[2]. Am Beispiel KAB ist im folgenden zu fragen, inwieweit die Strukturen des katholischen Arbeitermilieus nach 1945 ein ungebrochenes Wiederanknüpfen an Organisationstraditionen, Vereinsformen und subkulturell geprägten Wertorientierungen erlaubten, ob die Rekonstituierung dieser Milieuorganisation — trotz massiver Unterstützung durch den Klerus und des Engagements der Kader der KAB — in einer veränderten politischen und sozialen Konstellation nicht scheitern mußte bzw. ob in der veränderten politischen Kultur der Nachkriegsperiode eine Reduktion ihrer traditionellen Funktion stattfand. Da in diesem Forschungsbereich nur wenige empirische Untersuchungen vorliegen, können diese Fragen freilich nur angerissen werden.

1. Zur Entwicklung der katholischen Arbeiterbewegung

„Mentalität ist eine Haut,
Ideologie ein Gewand".
(Theodor Geiger)

Es hing manchmal nur von einem Zufall ab, ob ein katholischer Arbeiter in den achtziger und neunziger Jahren des vorigen Jahrhunderts sich der sozialistischen Arbeiterbewegung anschloß oder in einen katholischen Arbeiterverein eintrat und Mitglied in den seit 1894 entstehenden Christlichen Gewerkschaften wurde. So erinnert sich z.B. Johannes Giesberts, daß er — zusammen mit einem Arbeitskameraden schon auf dem Weg zu einer Versammlung der freien Gewerkschaften — nicht an einer offenen Kirche vorbeigehen konnte, in der gerade Maiandacht abgehalten wurde. Sein Kollege ging weiter und ließ sich noch am selben Abend in den sozialdemokratischen Verband aufnehmen; Giesberts entschied sich für die katholischen Vereine und wurde 1899 erster Redakteur der „Westdeutschen Arbeiterzeitung", dem Blatt der katholischen Arbeiterbewegung.[3]

Die Erwartungen der Arbeiter an einen Arbeiterverein — sei er nun sozialdemokratisch oder katholisch — waren, zumindest was seine Leistungen und soziale Funktionen anging, teilweise durchaus identisch: Der Arbeiterverein war eine Solidargemeinschaft der Angehörigen einer Klasse, eine Selbsthilfeorganisation zur materiellen und psychischen Sicherung gegen die Instabilität proletarischer Existenz (Sterbekassen, Krankengeldzuschuß, Rechtsberatung, Weiterbildung u.a.m.), nicht zuletzt auch ein Ort der Geselligkeit und der Ausprägung einer spezifischen Arbeiterkultur. Als Resultat der gleichen Soziallage, in der sich sozialdemokratische wie kirchlich-katholisch orientierte Arbeiter befanden, bildete sich eine schichttypi-

---

3 Vgl. Wilhelm Spael, *Das katholische Deutschland im 20. Jahrhundert. Seine Pionier- und Krisenzeiten 1890—1945*, Würzburg 1964, S. 31. (Johannes Giesberts, geb. 1865, Tagelöhner, Arbeiter, Heizer, Mitglied in den Kölner Arbeitervereinen, 1899 Chefredakteur der Westdeutschen Arbeiterzeitung [WAZ], seit 1901 auch Redakteur beim „Zentralblatt der Christlichen Gewerkschaften", ab 1905 Reichstagsabgeordneter [Zentrum]).

sche Mentalität heraus, von der her — ungeachtet weltanschaulicher und parteipolitischer Differenzen — ähnliche Interessen und sozialkulturelle Bedürfnisse artikuliert wurden: die Forderung nach der Aufhebung der Ungleichheit und das Ziel eines menschenwürdigen Daseins, der Wille zur gewerkschaftlichen Organisierung und die Forderung nach sozialpolitischen Aktivitäten des Staates, um eine möglichst hohe Bewertung der Arbeitskraft sowie Schutz gegen Krankheit, Unfall, Alter, Invalidität und Arbeitslosigkeit zu erreichen[4].

Geiger definiert Mentalität als „geistig-seelische Disposition", als „unmittelbare Prägung des Menschen durch seine soziale Lebenswelt", aus der unterschiedliche Ideologien, Lehren, Weltdeutungen, Auffassungen über die Gesellschaft und die sozialen Beziehungen der Menschen hervorgehen können. Während Ideologien „falsch" sein können, sind Mentalitäten — gemessen am Sozialstandort des Individuums — nur typisch oder atypisch; ja, es kann gerade der typischen Mentalität einer ganzen Schicht entsprechen, Einzugsfeld „falscher" Ideologien zu sein und zwar dann, wenn die historischen Bedingungen oder die soziale Lage eine ideologische Selbstverständigung nicht zuließen[5]. Die Geigersche Definition von Mentalität und Ideologie erscheint mir geeignet, den Abgrenzungsproblemen der katholischen Sozialbewegung gegenüber der sozialistischen Arbeiterbewegung nachzugehen, zumal sie sich — ausgehend von wirtschaftlich-sozialen Klassifizierungsmerkmalen — darauf beschränkt, Aussagen über wirtschaftlich-soziale Mentalitäten zu machen.

Trotz weitgehender Interessenidentität in wirtschaftlichen und sozialen Fragen und vergleichbarer kollektiver Erfahrungen im proletarischen Alltag stilisierte die katholische Arbeiterbewegung am Ende des vorigen Jahrhunderts Sozialdemokraten und freie Gewerkschafter als Exponenten des Marxismus zu ihren Hauptfeinden. Diese Konfrontation erklärt sich — so meine These — aus dem Doppelcharakter der katholischen Arbeiterbewegung als Teil der Arbeiterbewegung einerseits und des Verbandskatholizismus andererseits. Denn die weltanschaulichen Gehalte des Katholizismus haben — so auch Geiger[6] — schon *vor* der Industrialisierung einen Mentalitätstypus erzeugt, dessen Bindekraft ökonomische Interessenstrukturen überlagerte. Für die Ausprägung dieses Doppelcharakters sind drei Prozesse von Bedeutung, die im folgenden unter diesem Aspekt betrachtet werden sollen: (1) historisch-politisch: die Herausbildung der katholischen Arbeiterbewegung im Zusammenhang mit der Formierung des politischen Katholizismus im 19. und 20. Jahrhundert; (2) organisatorisch-institutionell: die Einbindung der Katholiken in ein breit gefächertes System von kirchlich-katholisch präformierten Verbänden und Organisationen, in parteipolitische und gewerkschaftliche Gruppierungen und (3) ideologisch: die Entwicklung der katholischen Sozialehre.

ad 1) Der politische Katholizismus im preußisch-dominierten Deutschland des 19. Jahrhunderts war eine Reaktion auf die Machteinbuße der katholischen Kirche in

---

4 Vgl. Theodor Geiger, *Die soziale Schichtung des deutschen Volkes. Soziographischer Versuch auf statistischer Grundlage*, Stuttgart 1932, S. 96.
5 Vgl. ebd., S. 78.
6 Vgl. ebd., S. 118.

der Folge eines umfassenden Säkularisierungsprozesses. Er war die unter den neuen historisch-politischen Bedingungen nach dem Reichsdeputationshauptschluß von 1803 entstandene neue Organisationsform katholisch-politischer Interessenvertretung und gewann sein politisches Profil durch die Konfrontation mit dem von der preußischen Hegemonialmacht favorisierten Protestantismus, mit Staatskirchentum und antiklerikalem Liberalismus. Die neue Form katholischer Politik wurde für die Kirche um so notwendiger, als mit der beginnenden Industrialisierung und Demokratisierung eine bis dahin unbekannte soziale und politische Mobilität einsetzte, auf die die kirchlichen Institutionen auch politisch-organisatorisch zu reagieren hatten. Die spezifisch konservative Ausrichtung des politischen Katholizismus ist nicht nur im Zusammenhang mit der preußisch-deutschen Geschichte seit den dreißiger Jahren des vorigen Jahrhunderts, sondern auch mit innerkirchlichen Entwicklungen wie den Zentralisierungstendenzen der katholischen Kirche und dem Bedeutungsverlust des liberalen Katholizismus zu sehen. Seit den „Kölner Wirren" (1837), bei denen im Streit um die Mischehen mit dem preußisch-protestantischen Obrigkeitsdenken und einem konservativen Katholizismus zwei Formen autoritär-restaurativer Politik aufeinanderstießen, und anläßlich der Verfassungsberatungen im Jahr 1848, als katholische Kirchenvertreter sich der liberalen Zeitströmung bedienten, um ihre kirchen- und schulpolitischen Positionen durchzusetzen, zeigte sich die Fähigkeit kirchlicher Instanzen, breite Teile der katholischen Bevölkerung — vor allem agrarische und handwerkliche Schichten und, im Zuge der Industrialisierung, auch Entwurzelte sowie Teile der katholischen Industriearbeiterschaft — für kirchlich-katholische Interessen (insbesondere die Wahrung der Ansprüche bei der Erziehung von Kindern aus Mischehen, der standesamtlichen Trauung, der konfessionellen Schulbildung u.a.m.) zu mobilisieren.

Entscheidend ist dabei freilich, daß für die Politisierung der Katholiken — später dann im kleindeutschen Kaiserreich und im Kulturkampf — ein „polemisches Einheitsbewußtsein"[7] wirksam wurde, das sich durch die Überhöhung des konfessionellen Gegensatzes zum politischen Antagonismus schon vor Beginn der Industrialisierung in Deutschland herausgebildet hatte. In der Auseinandersetzung zwischen katholischer Kirche und preußisch-dominiertem Obrigkeitsstaat entstand — so Lepsius — ein katholisches Sozialmilieu als politisch-soziale Einheit, das sich zwar unter dem Einfluß der Industrialisierung gewandelt habe, jedoch weiterhin an die vorindustriellen und für die Konstituierung des Milieus relevanten sozialmoralischen Wertvorstellungen gebunden gewesen sei. Auf Konfliktlagen fixiert, die mit dem Industrialisierungsprozeß nur wenig zu tun gehabt hätten, habe es die Rezeption neuer, der kapitalistischen Industriegesellschaft adäquater Normen erschwert[8].

---

7 Clemens Bauer, Der deutsche Katholizismus und die bürgerliche Gesellschaft, in: *Deutscher Katholizismus. Entwicklungslinien und Profile*, hrsg. v. Clemens Bauer, Frankfurt a.M. 1964, S. 29.

8 Vgl. M. Rainer Lepsius, Parteiensystem und Sozialstruktur: zum Problem der Demokratisierung der deutschen Gesellschaft, in: *Die deutschen Parteien vor 1918*, hrsg. v. Gerhard A. Ritter, Köln 1973, S. 70, 76.

ad 2) Der Ausbau des kirchlichen Vereins- und Organisationswesens, der um die Mitte des 19. Jahrhunderts einsetzte, war bestimmt vom Interesse der katholischen Kirche, politisch und gesellschaftspolitisch handlungsfähig zu bleiben. Mit einer breiten katholischen Bewegung, mit ihrer Presse, den katholischen Vereinen, der Zentrumspartei (1870/71), dem Volksverein für das katholische Deutschland (1890) und — mit Einschränkungen — schließlich den Christlichen Gewerkschaften (seit 1894) suchte die katholische Kirche ihren durch die Säkularisation erheblich reduzierten Einfluß auf das öffentliche Leben wieder auszuweiten. Dieses Interesse prägte — wie zu zeigen ist — auch die Organisationsformen und das Selbstverständnis der katholischen Arbeiterbewegung.

Die ersten katholischen Arbeitervereine gingen aus den seit 1848 gegründeten Pius-Vereinen hervor — Laienversammlungen, die von klerikalen Interessengruppen im Zusammenhang mit den Verfassungsberatungen mobilisiert wurden, um den kirchlichen Forderungen mehr Nachdruck zu verleihen, und die sich auf dem ersten deutschen Katholikentag (1848) als „Katholischer Verein Deutschlands" konstituierten. So gründeten — noch in der Tradition kirchlicher Armenfürsorge für die ländlichen und städtischen Unterschichten — katholische Handwerker, Bürger und Adlige in Regensburg, unter dem Eindruck der Revolutionsereignisse von 1848 und auf Anregung des Klerus, 1849/50 den ersten katholischen Arbeiterverein als Zweigverein des örtlichen Pius-Vereins, den „St.-Josephs-Arbeiter-Unterstützungsverein"[9]. Wie schwierig es für die katholischen Arbeiter war, die bürgerliche und klerikale „Vormundschaft" abzustreifen und statt dessen eigene Interessen zu artikulieren, zeigt beispielsweise die weitere Organisationsgeschichte dieses Vereins: Erst 1870 wurde die Dominanz des Pius-Vereins gebrochen, der bis dahin die Vorstands- und Ausschußmitglieder ausschließlich aus den Reihen der Bürger und Handwerksmeister selektiert hatte. Nun kam es auch zu einer ordnungsgemäßen Geschäfts- und Kassenführung und zu einem kontinuierlichen Vereinsleben. Doch erst vierzig Jahre nach der Gründung dieses Vereins wurde ein Laie als zweiter Vorsitzender neben dem Präses bestimmt. Noch immer stand der Verein unter adligem Protektorat, und eines dieser Ehrenmitglieder, damals päpstlicher Geheimkämmerer, brachte es sogar zuwege, daß Leo XIII. 1897 sämtlichen aktiven Mitgliedern und Ehrenmitgliedern in ihrer Sterbestunde einen vollkommenen Ablaß gewährte.

Desinteresse und Vereinsmüdigkeit der Mitglieder als Folge dieser Abhängigkeit charakterisierten die katholischen Arbeitervereine in jenen Jahren nicht nur in Regensburg. Gewerkschaftliches Bewußtsein war auch andernorts kaum verbreitet; nur langsam und vereinzelt entstand ein neues Organisationsverständnis, das den Vereinszweck nicht mehr primär in einer karitativ-paternalistischen Betreuung der Arbeiter durch das wohlhabende und wohlmeinende Bürgertum sah, sondern zur Selbsthilfe aufrief[10].

---

9 Vgl. *Hundert Jahre religiöser, sozialer und karitativer Arbeit 1849—1949*. Zur 100jährigen Traditionsfeier des St.-Josephs-Arbeiter-Vereins Regensburg, nach schriftlichen Aufzeichnungen bearb. v. Hans Strehl, Kath. Werkvolk „St. Emmeram", Regensburg. o. J.
10 Vgl. *Texte zur katholischen Soziallehre II* (Anm. 1), S. 15—16.

Am Ende des Kulturkampfs (1871—87) polten katholische Kirchenvertreter ihre bis dahin vor allem gegen den antiklerikalen Liberalismus gerichtete Strategie gegen den Sozialismus um. Gezielt wurden seit den achtziger Jahren bis um die Jahrhundertwende explizit katholische (nicht wie zuvor häufig auch gemischt-konfessionelle) Arbeitervereine gegründet, um Einbrüche der — nach der Aufhebung des Sozialistengesetzes (1890) schnell wachsenden — sozialistischen Arbeiterbewegung in das katholische Milieu zu verhindern. Ein „wahres Gründungsfieber" (Paul Jostok) wurde durch die — ansonsten gegen Liberalismus und Freimaurerei gerichtete — Enzyklika Leos XIII. „Humanum genus" (1884) ausgelöst, die die Vereinigungen von Lohnarbeitern dringend empfahl, wenn diese nicht den glaubensfeindlichen und sittenverderblichen Zeitströmungen anheimfallen sollten[11]. In dieselbe Richtung gingen die Hirtenbriefe der Bischöfe von Köln und Breslau (1884/85) und die Appelle Franz Hitzes auf den Katholikentagen 1884, 1886 und 1889; 1890 billigte die Fuldaer Bischofskonferenz und 1891 schließlich Papst Leo XIII. in „Rerum novarum" die Bildung von katholischen Arbeitervereinen.

Ohne die massive kirchliche Unterstützung (Freistellung von Bezirkssekretären unter der Leitung von Diözesanpräsides, standesmäßige Organisation der Arbeiter und Arbeiterinnen innerhalb des katholischen Vereinswesens) hätte die katholische Arbeiterbewegung wohl kaum gegen die sozialistische antreten können. Und mit dem organisatorischen Gerüst, das die Kirche der von ihr initiierten Bewegung einzog, prägte sie auch deren Charakter als einer Organisation, in der das Prinzip der geistlichen Führung Priorität gegenüber der demokratischen Selbstverwaltung durch die Mitglieder besaß und deren Organisationsziel es war, die Arbeiter an die Kirche zu binden, was eine Abstinenz von gewerkschaftlicher Interessenvertretung oder politischer Emanzipationsbewegung der Arbeiter geradezu implizierte. Während einerseits die standesmäßige Organisation nach dem Prinzip der Konfessionszugehörigkeit klassenspezifische soziale Konflikte abfing, wurden andererseits individuelle oder schichtspezifische Interessen überformt durch den Anspruch, die Geschlossenheit des katholischen Mileus gegenüber einer — als feindlich erfahrenen — Gesamtgesellschaft zu bewahren[12]. Angesichts der Erfolge der Freien Gewerkschaften verbreite-

---

[11] Wenngleich die katholische Arbeiterbewegung die sozialistische Konkurrenz auch heftig bekämpfte, so wurde sie doch von ihr deutlich mitgeprägt. In dem Maße, in dem sich die katholischen Arbeitervereine aus der Bevormundung durch bürgerliche Honoratioren, adlige „Wohltäter" und Kleriker zu lösen begannen, paßten sie sich — bewußt oder unbewußt — in ihrer Sprache, ihren Liedern und Vereinsritualen u. a. den Ausdrucksformen der nach Aufhebung des Sozialistengesetzes schnell wachsenden sozialistischen Arbeiterbewegung an. So sang man in der KAB das Arbeiterlied „Wann wir schreiten Seit' an Seit'" und fügte ihm als sechste Strophe hinzu: „Heil'gem Kampf sind wir geweiht, Gott verbrennt in Zorneszeuern — eine Welt, sie zu erneuern, wollen kraftvoll wir beteuern: Christus, Herr der neuen Zeit." (Festschrift zum 25. Jubelfest des kath. Arbeiter- und Männervereins St. Josef, Werdohl, am 28. August 1949, S. 2.) — Ohnehin wirkten in der sozialistischen wie in der christlichen Arbeiterbewegung ältere Formen einer regional, konfessionell und berufständisch geprägten Arbeiterkultur nach, wie sie u. a. von Handwerksgesellen, traditionsbewußten altansässigen Bergleuten oder Arbeitern mit landwirtschaftlichem Nebenerwerb entwickelt worden waren.
[12] Vgl. M. Rainer Lepsius, Extremer Nationalismus. Strukturbedingungen vor der nationalsozialistischen Machtergreifung, in: Veröffentlichungen der Wirtschaftshochschule Mannheim, hrsg. v. H. G. Schachtschnabel, Bd. 15, Stuttgart/Berlin/Köln/Mainz 1966, S. 33.

te sich jedoch in den neunziger Jahren zunehmend auch bei den katholischen Arbeitern das Bedürfnis nach einer autonomen wirtschaftlichen Interessenvertretung und einer zentralisierten gewerkschaftlichen Organisation, die nötigenfalls mit dem Mittel des Streiks Lohnerhöhungen und eine Verbesserung der Arbeitsbedingungen durchsetzen konnte. Neben den wirtschaftsfriedlichen, oft auf dem Stand konfessioneller Erbauungsvereine auf Pfarrebene gebliebenen katholischen Arbeitervereinen, für die gerade erst regionale und überregionale Dachorganisationen gebildet wurden[13], entstanden daher gleichzeitig bereits erste Ansätze interkonfessionellchristlicher Gewerkschaften, die häufig mit den Arbeitervereinen kooperierten. Allerdings waren in der Vorkriegszeit nur 29 % der Arbeitervereinsmitglieder zugleich auch gewerkschaftlich organisiert[14].

Im „Gewerkschaftsstreit", der den Aufbau der Christlichen Gewerkschaften erheblich verzögerte[15], kam es dann zu einer Kontroverse zwischen den katholischen Arbeitervereinen und den interkonfessionell-christlichen Gewerkschaftsgründungen, ausgelöst durch den Wunsch der Christlichen Gewerkschaften nach mehr Unabhängigkeit von katholischer Interessenpolitik und Einflüssen der Zentrumspartei. In dieser innerkatholischen Auseinandersetzung bekämpften sich die aus Rom unterstützten und um die Jahrhundertwende einflußreichen Verfechter einer integral-katholischen Politik, die die direkte Steuerung des gesellschaftlichen Lebens durch die katholisch-kirchliche Hierarchie verlangten und daher auch die Rückbildung der entstehenden Christlichen Gewerkschaften zu Fachabteilungen der milieusichernden katholischen Vereine forderten, und die Anhänger einer modernisierten Form des politischen Katholizismus aus Kreisen des rheinisch-katholischen Bürgertums, dem Volksverein und den Christlichen Gewerkschaften. Diese sogenannte „Kölner Richtung" trat für politisch opportune Zweckbündnisse zwischen katholischen und protestantischen Konservativen ein und benutzte die christliche Weltanschauung als politischen Kampfbegriff gegen die erstarkende Sozialdemokratie[16]. Erst der „Burgfrieden" zu Beginn des Ersten Weltkrieges und die durch den Krieg völlig veränderte politische Situation, insbesondere die Rätebewegung und der Machtzuwachs der Linken, der die Integralen wie die Befürworter der interkonfessionellen Öffnung gleichermaßen bestürzte, machten dem Streit dieser rivalisierenden Strömungen im deutschen Katholizismus ein vorläufiges Ende. Dem Appell der Fuldaer Bischofskonferenz vom Oktober 1919 folgend und gestützt auf die Enzyklika „Singulari

---

13 1893 wurde der „Verband der Katholischen Arbeitervereine Süddeutschlands" (Sitz München), 1897 der „Verband der Katholischen Arbeitervereine" (Sitz Berlin) und 1903/04 der „Verband Katholischer Arbeitervereine Westdeutschlands" (Sitz Mönchen-Gladbach) gebildet. Vgl. *Texte zur katholischen Soziallehre II*, (Anm. 1), S. 22, 480—81 sowie Aretz (Anm. 2), S. 10—11.
14 Vgl. Oswald Wachtling, *Joseph Joos, Journalist — Arbeiterführer — Parlamentarier, Politische Biographie 1878—1933*, Mainz 1974, S. 19.
15 Vgl. Rudolf Brack, *Deutscher Episkopat und Gewerkschaftsstreit 1900—1914*, Köln/Wien 1976.
16 Vgl. Ronald J. Ross, *Beleguered Tower: The Dilemma of Political Catholicism in Wilhelmine Germany*, Notre Dame Ind./London 1976, S. 39.

quadam" Pius' X. (1912)[17], lenkten die von den Integralen aufgebauten, inzwischen bedeutungslos gewordenen Fachabteilungen, die sich — so Karl Bachem — „als wenig widerstandsfähig gegenüber der sozialdemokratischen Flut" erwiesen hatten[18], ein und erleichterten damit die Gründung des (Christlichen) Deutschen Gewerkschaftsbundes (DGB) als Zusammenfassung der Christlichen Gewerkschaftsbünde.

Am Ende des Ersten Weltkriegs und in den Anfängen der Weimarer Republik verschob sich der Konflikt zwischen katholischer Arbeiterbewegung und Christlichen Gewerkschaften, deren wachsender wirtschaftlicher und politischer Einfluß die Frage aufwarf, ob konfessionelle Arbeiterstandesvereine unter geistlicher Führung noch zeitgemäß seien. Die westdeutsche KAB-Führung stellte den klerikalen Führungsanspruch auch jetzt nicht infrage; politisch schlug sie inzwischen aber einen eher republikanisch-demokratischen Kurs ein und schloß in politischen Grundsatzfragen, wie z.B. der Reform des preußischen Wahlrechts, auch eine Zusammenarbeit mit dem reformistischen Flügel der SPD nicht aus. Zu einer zentralen politischen Kontroverse kam es in der Diskussion über eine Reform der Zentrumspartei bzw. um eine interkonfessionell-christliche, nationalorientierte parteipolitische Neuformierung im Mitte-Rechts-Spektrum, deren Kristallisationspunkt nach der Vorstellung des DGB-Vorsitzenden Adam Stegerwald die nicht-sozialistischen Gewerkschaften sein sollten. Zwar stellten die Christlichen Gewerkschaften, deren Mitglieder vor allem aus dem Zentrum, der DVP und der DNVP kamen, das Postulat parteipolitischer Neutralität auf, doch galt dies ausschließlich für die Parteien rechts von der Sozialdemokratie[19]. Die Praxis der Christlichen Gewerkschaften in der Weimarer Republik zeigt gerade, daß der Antisozialismus für ihren Zusammenhalt von viel entscheidenderer Bedeutung gewesen ist als die weltanschauliche bzw. konfessionelle Orientierung[20]. Während Stegerwald ein stabiles Bündnis mit der protestantischen Rechten suchte, um der Sozialdemokratie ein gleichstarkes oder stärkeres parteipolitisches Gewicht entgegenzusetzen und den Mitgliedern der Christlichen Gewerkschaften eine gemeinsame politische Heimat zu bieten (Essener Rede 1920), lehnte die Führung des Westdeutschen Verbandes der katholischen Arbeiterbewegung um Joseph Joos jede Verbindung der Zentrumspartei mit der nationalen Rechten ab. Denn sie befürchtete, daß in einer stärker rechtsgerichteten Neugruppierung die Weimarer Verfassung infrage gestellt, katholisch-soziale Traditionen zurückgedrängt, sozialpolitische Interessengegensätze verschärft und die gerade gewonnenen Einflußmöglich-

---

17 Auszugsweise abgedr. in: Ulrich Borsdorf/Hans O. Hemmer/Martin Martiny (Hrsg.), *Grundlagen der Einheitsgewerkschaft. Historische Dokumente und Materialien*, Frankfurt a.M. 1977, S. 86—89. Damit wurden die Christlichen Gewerkschaften „mit Rücksicht auf die besondere Lage der katholischen Sache in Deutschland" geduldet, „weil sie einerseits eine bedeutend größere Zahl von Arbeitern in sich schließen als die rein katholischen Vereinigungen, und weil anderseits es große Nachteile nach sich ziehen würde, falls dies nicht gestattet würde" (ebd., S. 88).
18 Karl Bachem, *Vorgeschichte, Geschichte und Politik der Deutschen Zentrumspartei. Zugleich ein Beitrag zur Geschichte der Katholischen Bewegung sowie zur allgemeinen Geschichte des neueren und neuesten Deutschlands 1815—1914*, Bd. 7, Köln 1930, S. 282.
19 Vgl. Ludwig Frey, *Die Stellung der christlichen Gewerkschaften Deutschlands zu den politischen Parteien*, Berlin 1931, S. 26—34.
20 Vgl. Michael Schneider, *Die Christlichen Gewerkschaften 1894—1933*, Bonn 1982, S. 576.

keiten der christlichen Arbeiterfunktionäre in den obersten Parteigremien und der Reichstagsfraktion der Zentrumspartei wieder beschnitten werden würden. Falls die konfessionelle Klammer des Zentrums aufgelöst werden würde, rechnete sie darüber hinaus mit einem Zusammenbruch des katholischen Arbeitermilieus und einer massenhaften Abwanderung katholischer Arbeiterwähler nach links.

Stegerwald und mit ihm ein Teil der christlichen Gewerkschaftsführung betrieben die Bildung eines Rechtsblocks nicht nur aus organisationstaktischen Gründen; sie akzeptierten auch die autoritären Krisenlösungsstrategien der Weimarer Rechtsparteien. Wie wenig diese Orientierung nach rechts die Weimarer Demokratie sichern konnte, zeigte sich in der „Zähmungsstrategie" gegenüber den Nationalsozialisten, die zur Politik der Notverordnungen der Präsidialkabinette überleitete und zu einem massiven Abbau sozialer und demokratischer Rechte führte und dem Konzept der „Nationalen Sammlung" (1932/33), das dem Nationalsozialismus keine wirksame Gegenkraft entgegenstellen konnte[21]. In seiner grundlegenden Arbeit über die Christlichen Gewerkschaften hat Michael Schneider freilich mit Recht darauf aufmerksam gemacht, daß die christlichen Gewerkschaftsbünde große Teile der Arbeiterschaft, die für den Gewerkschaftsgedanken, sofern er im sozialdemokratischen Gewand auftrat, nicht ansprechbar waren, erreichten und für den Gedanken einer konsequenten Interessenvertretung gewonnen, aus der Subordination unter klerikale Interessen gelöst und damit überhaupt erst gewerkschaftlich organisationsfähig gemacht haben. Damit trugen sie objektiv zur organisatorischen Vereinheitlichung der Gewerkschaften bei, wenngleich die politischen Inhalte ihrer Praxis im Kaiserreich und in der Weimarer Republik: die „begeisterte Bejahung der Monarchie", ein „ausgeprägtes nationales Pathos" und die „Unterstützung imperialer Großmachtpolitik", die „zunächst nur bedingte Zustimmung zur Weimarer Demokratie bei deutlichen antiparlamentarischen Ressentiments und schließlich das Angebot, am Aufbau des ‚Dritten Reiches' aktiv mitzuwirken"[22], eine unbefragte Fortsetzung dieser Traditionen nach 1945 nicht erlaubten.

ad 3) Verstand sich die sozialistische Arbeiterbewegung als die kollektive Aktion des durch die Entwicklung des Kapitalismus entstandenen Industrieproletariats, die eine gesellschaftliche Ordnung aufheben wollte, in der die Arbeiterklasse rechtlos war, so strebte die katholische Arbeiterbewegung — entsprechend der in der zweiten Hälfte des 19. Jahrhunderts formulierten Ideologie des sozialen Katholizismus — die Integration der Arbeiter in die bestehende, wenn auch reformbedürftige bürgerliche Gesellschaft an. Die Arbeitervereine sahen es als ihre Aufgabe an, das sittliche Niveau der katholischen Arbeiter durch religiöse Bildungsveranstaltungen und Anweisungen zur Lebensführung zu heben, damit sie sich zum Aufstieg in den Bürgerstand (als Arbeiterbürger) als würdig erwiesen.

Die katholische Kirche betrachtete die soziale Frage des 19. Jahrhunderts zunächst als Pauperismus, dem mit den traditionellen Formen kirchlicher Sozialarbeit und Armenpflege zu begegnen sei. Frühe Vertreter der katholisch-sozialen Bewe-

---

21 Vgl. Helga Grebing, *Geschichte der deutschen Parteien*, Wiesbaden 1962, S. 106—111.
22 Schneider, *Christliche Gewerkschaften* (Anm. 20), S. 766.

gung orientierten sich mit ihrer Sozialkritik noch am romantisch-konservativen Gesellschaftsideal der mittelalterlichen Zunft- und Ständeordnung. Auch die Symbolfigur des sozialen Katholizismus, Bischof Ketteler, ging bis in die sechziger Jahre davon aus, daß nur die Kirche imstande sei, die Arbeiterfrage zu lösen. Ketteler war ein erklärter Gegner des Wirtschaftsliberalismus, lehnte aber auch jede staatliche Intervention ab und plädierte statt dessen für eine Gesinnungsänderung in *allen* Schichten und die Praxis der christlichen Nächstenliebe. Konkretere Konzepte für eine katholische Sozialpolitik entwickelte er erst, als er sich mit den — übrigens auch für katholische Arbeiter attraktiven — Schriften Lassalles beschäftigte; von ihm übernahm er u.a. die These vom „Ehernen Lohngesetz" und die Anregung zur Bildung von Produktionsgenossenschaften, die jedoch nicht durch Staatskredite finanziert werden sollten, sondern deren Realisierung christlicher Barmherzigkeit anheimgestellt blieb[23]. Da das ganze System der industriellen Massenproduktion nicht umzustoßen sei, komme es darauf an, es zu mildern, „Heilmittel" für einzelne Auswüchse zu suchen und die Arbeiter an den „Segnungen" des Systems zu beteiligen —, so heißt es in Ketteers Gutachten für die Fuldaer Bischofskonferenz 1869[24]; er empfahl eine Reihe von Vorkehrungen zum Schutz der Arbeiter, bei denen die Komponente der Disziplinierung und der Durchsetzung einer für den Unternehmer genehmen Arbeitsmoral ins Auge fällt[25]. Ketteler trat inzwischen auch für das Koalitions- und Streikrecht der Arbeiter ein[26] und unterstützte — unter dem Hauptaspekt des den kirchlichen Einfluß bedrohenden Sittenverfalls — die Forderungen der Arbeiterorganisationen nach Lohnerhöhung, Arbeitszeitverkürzung, Sonntagsruhe, Verbot der Frauen- und Kinderarbeit. Angesichts der Stärkung der sozialistischen Arbeiterbewegung nach dem Gothaer Vereinigungsparteitag 1875 sprach er sich auch für die allgemeine gewerkschaftliche Organisation der Arbeiter aus, sofern sie eine Wirtschaftsgenossenschaft ohne politisch revolutionären Charakter sei[27]. Im Unterschied dazu waren christliche Genossenschaften — Kettelers organologischem Gesellschaftsbild zufolge — nicht bloß „mechanische Zusammenfügungen von Menschen" zum Zwecke der Selbsthilfe, sondern auf der göttlichen Ordnung beruhende Korporationen, in denen der christliche Geist wie eine Seele lebte[28].

Es kennzeichnet den Kulturkampfkatholizismus, daß in diesen Jahren, um der inneren Geschlossenheit des katholischen Milieus und der Demonstration dieser katholischen Autonomie gegenüber der Gesamtgesellschaft willen, sozialpolitische Auseinandersetzungen vermieden wurden. Erst in den achtziger Jahren griff die Zentrumsführung Kettelers Vorstellungen von einer — sehr begrenzten — staatlichen Sozialpolitik und seinen Appell zum Ausgleich zwischen Unternehmern und Arbei-

---

23 Vgl. Wilhelm Emmanuel von Ketteler, Die Arbeiterfrage und das Christentum, in: *Wilhelm Emmanuel von Kettelers Schriften*, Bd. III: *Soziale Schriften und Persönliches,* hrsg. v. Johannes Mumbauer, München 1924, S. 1–144.
24 Ders., Sozialcaritative Fürsorge der Kirche für die Arbeiterschaft, in: ebd., S. 154–155.
25 Vgl. ebd.
26 Vgl. ders., Die Arbeiterbewegung und ihr Streben im Verhältnis zu Religion und Sittlichkeit, in: ebd., S. 190–214.
27 Vgl. ders., Christentum und Sozialdemokratie, in: ebd., S. 179.
28 Vgl. ders., Arbeiterfrage und Christentum, in: ebd., S. 118–122.

tern wieder auf und beteiligte sich — im Unterschied zu Liberalen und Sozialdemokraten — an der Bismarckschen Sozialversicherungs- und Arbeiterschutzgesetzgebung[29]. Der Kulturkampf war so gesehen nicht nur ein für die Katholiken schmerzhafter Prozeß der politischen Integration einander widerstrebender konservativer Kräfte[30], sondern, sozialgeschichtlich betrachtet, auch ein letztes Aufbäumen der katholischen Kirche angesichts der Durchsetzung der bürgerlich-kapitalistischen industriellen Entwicklung gegen ein vorbürgerliches und vorindustrielles Gesellschaftsbild[31].

Synchron zur zunehmenden Identifikation des politischen Katholizismus mit dem kleindeutschen Nationalstaat setzte sich im sozialen Katholizismus nun die Richtung Kettelers, die die kapitalistische Wirtschafts- und Gesellschaftsordnung in ihren Grundzügen anerkannte, gegenüber den stärker in altkonservativ-vorindustriellem Denken verhafteten Sozialreformern durch. Elemente einer ständisch-korporativen und organologischen Gesellschaftsauffassung gingen jedoch auch in die Konzepte der „liberaleren" katholischen Sozialpolitiker ein. So entwarf der Solidarismus der Pesch-Schule, der die Traditionen katholischer Sozialreform des 19. Jahrhunderts durch die Rezeption liberaler nationalökonomischer Theorien modifizierte und auch die kirchenamtliche Sozialehre prägte, sein Bild von einer berufsständischen Ordnung als Gegenmodell zur Klassengesellschaft. Der ständische Leistungsgedanke, wie er auch in der Sozialenzyklika Pius' XI., „Quadragesimo anno" (1931), ausgeführt wurde, grenzt sich ab vom individualistischen Leistungsbegriff der liberalkapitalistischen Konkurrenzwirtschaft und bezieht sich auf die Funktion gesellschaftlicher Arbeit in einem als Organismus vorgestellten gesamtgesellschaftlichen Leistungszusammenhang. Die negativen Auswirkungen der Trennung von Kapital und Arbeit für die Arbeiter sollen dadurch gemildert werden, daß der Warencharakter der menschlichen Arbeit beseitigt wird und das Individuum entsprechend seinem Beitrag zur Gemeinschaftsleistung seinen Standort in der „Volksgemeinschaft" erhält. Auch wenn der Solidarismus die kapitalistische Wirtschaftsweise nicht prinzipiell infrage stellt, relativiert er doch die These der klassischen liberalen Nationalökonomie, derzufolge eine optimale Funktionsweise der Wirtschaft durch die Selbstregulation des Marktes erreicht werde und fordert statt dessen ein „regulatives Prinzip". Der Staat solle nicht lediglich die Rahmenbedingungen für eine freie

---

29 Vgl. Erwin Iserloh, Die soziale Aktivität der Katholiken im Übergang von caritativer Fürsorge zu Sozialreform und Sozialpolitik, dargestellt an den Schriften Wilhelm Emmanuel v. Kettelers, in: *Akademie der Wissenschaften und der Literatur Mainz, Abhandlungen der geistes- und sozialwissenschaftlichen Klasse*, Jg. 1975, Nr. 3, Mainz/Wiesbaden 1975, S. 21.
30 Vgl. Erich Schmidt-Volkmar, *Der Kulturkampf in Deutschland 1871–1890*, Göttingen 1963, S. 359.
31 Vgl. Gert Zang, Die Bedeutung der Auseinandersetzung um die Stiftungsverwaltung in Konstanz (1830–1870) für die ökonomische und gesellschaftliche Entwicklung der lokalen Gesellschaft. Ein Beitrag zur Analyse der materiellen Hintergründe des Kulturkampfes, in: *Provinzialisierung einer Region. Zur Entstehung der bürgerlichen Gesellschaft in der Provinz*, hrsg. von Gert Zang, Frankfurt a.M. 1978, S. 313–314.

Entfaltung der Wettbewerbswirtschaft sichern, sondern das Gemeinwohl garantieren, wobei er sich streng an das Subsidiaritätsprinzip zu halten habe[32].

In „Quadragesimo anno" grenzt sich die katholische Soziallehre entschieden nicht nur gegen den Kommunismus, sondern auch gegenüber der Sozialdemokratie ab. Auch wenn Wandlungen im Sozialismus konstatiert werden, die zur Annäherung an die Postulate christlicher Sozialreform geführt hätten, so sei eine Versöhnung zwischen Christentum und Sozialismus ausgeschlossen. Gemäß der christlichen Auffassung des Privateigentums sei eine grundlegende Neuordnung der Eigentumsverhältnisse abzulehnen, wenngleich in besonderen Fällen, nämlich dort, wo infolge einer zu starken Konzentration wirtschaftlicher Macht das Gemeinwohl gefährdet sei, die Überführung einzelner Wirtschaftsbereiche in Gemeineigentum geboten sein könne. Die katholische Soziallehre bot freilich schon vor, aber auch nach dem Zweiten Weltkrieg keine geschlossene Gesellschaftsinterpretation an. So leitete die Dominikanerschule – im Unterschied zum eher marktwirtschaftlich orientierten Solidarismus – aus dem Begriff des Gemeinguts betont soziale, ja sozialistische Ordnungsvorstellungen ab[33]. Diese Richtung erzielte zwar unter den Bedingungen des atmosphärischen Antikapitalismus der Nachkriegszeit zunächst eine gewisse Breitenwirkung, repräsentierte jedoch nur eine Minderheit der katholischen Sozialethiker. Trotz ihrer unverkennbaren sozialreformerischen Intentionen waren die im Rückgriff auf die Lehren Thomas von Aquins entstandenen Gesellschaftsmodelle, die die Ganzheit gegenüber dem Individuellen betonten, wegen ihres unhistorischen Gesellschaftsbegriffs und ihrer autoritären Staatsauffassung für die Begründung einer sozialprogressiven und demokratischen Gesellschaft nach 1945 nicht zeitgemäß[34].

2. Kulturelle Autonomie oder Integration – katholische Arbeiterbewegung im Schatten des Reichskonkordats

Nachdem das rechtliche Verhältnis von Kirche und Staat in der Weimarer Reichsverfassung und in den Länderkonkordaten mit Bayern, Preußen und Baden vertraglich gesichert war, konzentrierte sich nunmehr das kuriale Interesse auf die längerfristige ideologische Einflußsicherung der Kirche, politisch auf die Bekämpfung des atheisti-

---

32 Vgl. Oswald von Nell-Breuning, *Die soziale Enzyklika. Erläuterungen zum Weltrundschreiben Papst Pius' XI. über die gesellschaftliche Ordnung*, Köln ³1950; Albrecht Langner, Wirtschaftliche Ordnungsvorstellungen im deutschen Katholizismus 1945–1963, in: *Katholizismus, Wirtschaftsordnung und Sozialpolitik 1945–1963*, hrsg. v. Albrecht Langner, München/Paderborn/Wien 1980, S. 38.
33 Vgl. Rudolf Uertz, *Christentum und Sozialismus in der frühen CDU. Grundlagen und Wirkungen der christlich-sozialen Ideen in der Union 1945–1949*, Stuttgart 1981, S. 18–19.
34 Vgl. Bernd Uhl, *Die Idee des christlichen Sozialismus in Deutschland 1945–1947*, Phil. Diss., Freiburg 1973, S. 79; Franz Focke, *Sozialismus aus christlicher Verantwortung. Die Idee eines christlichen Sozialismus in der katholisch-sozialen Bewegung und in der CDU*, Wuppertal 1978, S. 181–185.

schen Kommunismus und Sozialismus und kirchenpolitisch auf die Durchsetzung des neuen kanonischen Rechts in ganz Deutschland durch ein Reichskonkordat[35]. Die vatikanische Konkordatspolitik, die — wie schon die Bildung der „Katholischen Aktion" — auf eine Entpolitisierung des politischen Katholizismus hinauslief[36], beschleunigte nun aber gerade den Desintegrationsprozeß des katholischen Milieus, dessen politische und soziale Funktion durch die inzwischen weit vorangeschrittene Integration der im Kulturkampf noch ausgegrenzten katholischen Minorität in die Gesamtgesellschaft ohnehin stark reduziert war. So verhielten sich, nachdem von bischöflicher Seite her die weltanschauliche Barriere gegen die NS-Regierung weggeräumt worden war, viele Katholiken, insbesondere aus der Beamtenschaft und aus kleinbürgerlich-mittelständischen Schichten, nicht anders als den gleichen Schichten zugehörige Protestanten und gingen jetzt bereitwillig auf das Angebot zur völkischen Eingliederung ein[37]. Mit der Zustimmung der Reichstagsfraktion des Zentrums zum Ermächtigungsgesetz am 23. März 1933 sowie der vom Abschluß des Reichskonkordats überschatteten Selbstauflösung der Zentrumspartei und ihrer Suborganisationen am 5. Juli 1933 schien der Untergang des politischen Katholizismus besiegelt[38].

Um nicht wie die Christlichen Gewerkschaften aufgelöst oder in die Deutsche Arbeitsfront (DAF) eingegliedert zu werden, mußten die katholischen Arbeitervereine jetzt ihren Charakter verändern[39]. Zwar bewahrten sie während der NS-Zeit ihre organisatorische Eigenständigkeit, doch wurden sie durch die faktische Anpassung an die „Katholische Aktion" zu religiösen Männervereinen umfunktioniert. Diese Neudefinition implizierte aber für die katholische Arbeiterbewegung den Verzicht auf traditionelle milieuspezifische Aufgaben, zumal die DAF ehedem zentrale Aktionsfelder der KAB (z.B. das Versicherungswesen) an sich zog. Die Bischöfe nahmen die systematische Entpolitisierung der KAB mit nur verhaltenem verbalen

35 Vgl. Klaus Scholder, *Die Kirchen und das Dritte Reich*, Bd. 1: *Vorgeschichte und die Zeit der Illusionen 1918—1934*, Frankfurt a.M./Berlin/Wien 1977, S. 65—92.
36 Ein zentrales Moment dieser Entpolitisierung war im Laterankonkordat wie später im Reichskonkordat das Verbot der parteipolitischen Betätigung von Geistlichen. Vgl. auch Konrad Repgen, Pius XI. zwischen Stalin, Mussolini und Hitler. Zur vatikanischen Konkordatspolitik in der Zwischenkriegszeit, in: *aus politik und zeitgeschichte, beilage zur wochenzeitung das parlament B 39/79*, 29. September 1979.
37 Vgl. Günter Plum, *Gesellschaftsstruktur und politisches Bewußtsein in einer katholischen Region 1928—1933. Untersuchung am Beispiel des Regierungsbezirks Aachen*, Stuttgart 1972, S. 171—172, 34—37.
38 Vgl. Rudolf Morsey, *Der Untergang des politischen Katholizismus. Die Zentrumspartei zwischen christlichem Selbstverständnis und „Nationaler Erhebung" 1932/33*, Stuttgart/Zürich 1977.
39 Nach Art. 31 des Reichskonkordats waren nur noch solche Vereine geschützt, die sich auf religiöse, kulturelle und karitative Ziele beschränkten; soziale und berufsständische Aktivitäten waren nur noch außerhalb jedes politischen Kontextes erlaubt. Da sich jedoch nach der Unterzeichnung des Reichskonkordats am 20. Juli 1933 Kurie, Episkopat und NS-Regierung nicht über die Ausführungsbestimmungen zum Art. 31 einigen konnten, bot der Vertrag nur einen geringen Schutz für die katholischen Verbände, deren Existenzsicherung gerade als Rechtfertigung für seinen Abschluß gedient hatte. Zunehmend in die Defensive gedrängt, versuchten einige Bischöfe, die Funktionsbereiche der katholischen Organisationen von sich aus weiter einzuschränken und die Verbandszentralen stärker an die Amtskirche anzubinden.

Protest hin und entzogen damit der KAB-Verbandszentrale, die ein offensiveres Vorgehen der Kirche wünschte, den Rückhalt, den sie auch für eine reduzierte Weiterarbeit dringend gebraucht hätte[40]. So beeinträchtigte vor allem das Doppelmitgliedschaftsverbot von DAF und KAB (April 1934), das viele KAB-Mitglieder in berufliche Schwierigkeiten brachte, die Fortsetzung des Vereinslebens. Angesichts der Angriffe auf den Verbandskatholizismus und der mangelnden kirchlichen Unterstützung erschien nicht nur den Mitgliedern, sondern auch den Verbandspräsides ihre Lage bald als „Martyrium ohne Auftrag"[41]. Der Konflikt zwischen KAB-Verbandsführung und Klerus, der manchmal zur Sprachlosigkeit, jedoch nie zur Aufkündigung der Loyalität gegenüber den Bischöfen führte, trat erst in den Hintergrund, als das NS-Regime die Amtskirche direkt angriff und neu belebte Kulturkampfreminiszenzen das Milieu jetzt im Kampf um das „autonome Sozialisierungsmonopol" (Lepsius) wieder enger zusammenschlossen. In diesem Sinne tat auch die Enzyklika „Mit brennender Sorge" (1937) ihre Wirkung.

Über den katholischen Arbeiterwiderstand ist nur wenig bekannt. Einzelne, auch kleine Gruppen haben zumeist aus eigener Initiative und ohne klerikale Unterstützung gehandelt. Sicherlich hat es – z.B. im Ruhrgebiet – auch ansatzweise einen gemeinsamen antifaschistischen Widerstand von Christen, Sozialisten und Kommunisten gegeben. Die KAB-Aktivitäten in den dreißiger Jahren lassen sich mit einem Widerstandsbegriff bezeichnen, wie er häufig von katholischer Seite verwandt wird: als eine durch Kirchentreue begründete mentale Resistenz des Milieus und eine – wie immer artikulierte – individuelle Unangepaßtheit an die Normen des Systems. Eine Analyse der offiziellen KAB-Position gegen das NS-Regime, z.B. im KAB-Organ „Ketteler-Wacht", belegt überdies, daß hier – schon seit Ende der zwanziger Jahre – eine spezifisch katholische Variante der Totalitarismus-Doktrin verbreitet war[42]. Der Rahmen für das katholische Feindbild war – dies zeigt die positive Bewertung der Regime Salazars und Francos – nicht die Diktatur oder der Terror gegen Andersdenkende, sondern die Kirchenfeindlichkeit gleich welcher Provenienz. Nach dem 20. Juli 1944 wurde die Führung des Westdeutschen Verbandes dann wegen ihrer Verbindung zum Goerdeler-Kreis verhaftet. Bernhard Letterhaus und Nikolaus Groß wurden hingerichtet; Gottfried Könzgen starb im KZ Mauthausen,

---

40 Trotz Mitgliederschwund und Überalterung hielt der Westdeutsche Verband der KAB 1942 noch einen Mitgliederstand von 34.386 Mitgliedern in 495 Vereinen. (Zum Vergleich: 1931 organisierte die KAB 314.849 Arbeiter in 2.941 Vereinen, davon ca. zwei Drittel im Westdeutschen Verband.) 1935 löste die Gestapo die katholischen Arbeitervereine im Regierungsbezirk Münster auf; 1939 folgte ein Verbot für die Diözesanverbände Mainz und Limburg. Andere Vereine wurden durch Verwaltungsvorschriften wie z. B. Versammlungsverbote behindert. Die DAF beschlagnahmte 1939 das Vermögen des süddeutschen Verbandes, des Landesverbandes Württemberg und der katholischen Arbeitervereine der Erzdiözese Freiburg. Seit 1938 war das Verbandsorgan der KAB, die „Ketteler Wacht", endgültig verboten. Mitte der dreißiger Jahre trat die westdeutsche KAB noch mit Wallfahrten und Manifestationen gegen den Bolschewismus an die Öffentlichkeit; ansonsten trafen sich ihre Mitglieder auf Gemeindeebene in der Männerseelsorge. Nach Kriegsbeginn kam das Vereinsleben vielerorts fast völlig zum Erliegen. (Vgl. Aretz, Katholische Arbeiterbewegung [Anm. 2], S. 223, 17, 140–147, 171–185, 219).
41 Ebd., S. 169.
42 Vgl. ebd., S. 242, 206–207.

Otto Müller im Gefängniskrankenhaus. Joseph Joos überlebte im KZ Dachau, in das er unter ungeklärten Umständen 1940/41 eingeliefert worden war.

Den bisher aufgefundenen schriftlichen Aufzeichnungen zufolge ist es nicht möglich, die Visionen der KAB-Führung für ein Deutschland nach Hitler im Hinblick auf ein bestimmtes Parteikonzept oder eine Neudefinition katholisch-sozialer Verbands- bzw. Gewerkschaftsarbeit zu konkretisieren[43]. Die Auseinandersetzungen um die Organisationsfrage, die nach 1945 aufbrachen und bis zur Wiedergründung Christlicher Gewerkschaften (1955) virulent blieben, zeigen freilich, daß das zentrale Problem der katholischen Arbeiterbewegung, nämlich die Ambivalenz von historisch-kulturell verfestigtem katholischen Autonomiedenken und den Erfordernissen einer kollektiven ökonomisch-politischen Interessenvertretung, keineswegs gelöst war. Dieser Konflikt, der nun vor dem Hintergrund einer gewandelten historisch-politischen Konstellation und deren Auswirkungen auf Formen und Funktionen des Verbändekatholizismus zu sehen ist, wird im folgenden am Beispiel des Verhältnisses der katholischen Arbeiterbewegung zur Einheitsgewerkschaft untersucht.

3. Konfessionelle Parität, Union und Einheitsgewerkschaft

Nach dem Zweiten Weltkrieg erreichten die Katholiken in den drei Westzonen nun infolge der konfessionsstrukturellen Umschichtungen und weil hier — sieht man einmal von Oberschlesien ab — die Stammgebiete des politischen Katholizismus lagen, fast die konfessionelle Parität[44]. Die traditionell institutionell orientierte katholische Kirche erkannte jetzt, welche gesellschaftspolitische Stellung ihr die verfassungsrechtliche Absicherung durch die Weimarer Reichsverfassung, die Länderverfassungen und schließlich das Grundgesetz bot und verzichtete im konfessionell gespaltenen Deutschland auf einen militanten Klerikalismus. Angesichts der durch

---

43 Von Bernhard Letterhaus ist bekannt, daß er nicht die Rückkehr zur Weimarer Demokratie, sondern einen christlich-geprägten, autoritären Staat sowie eine weltanschaulich und politisch neutrale Einheitsgewerkschaft anstrebte. Jakob Kaiser berief sich als einer der wenigen Überlebenden der christlichen Gewerkschaftsführung vor 1933 nach dem Zweiten Weltkrieg auf Abmachungen zur Bildung einer Einheitsgewerkschaft, die — in den letzten Apriltagen 1933 mit den Verbandsführungen des ADGB und der Hirsch-Dunckerschen Gewerkschaftsvereine getroffen — auch vom Goerdeler-Kreis übernommen und in der KAB-Verbandszentrale besprochen worden seien. Arbeitersekretäre und christliche Gewerkschaftsfunktionäre aus West - und Süddeutschland hätten diese Pläne gekannt und begrüßt. Hingegen dementierte Joseph Joos, der wohl prominenteste KAB-Repräsentant der zwanziger und dreißiger Jahre, daß während seiner Amtszeit solche Beschlüsse gefaßt worden seien. Diese Kontroverse spielte in den fünfziger Jahren anläßlich der Wiedergründung christlicher Gewerkschaften wieder eine Rolle. (Vgl. J. Kaiser an J. Joos, 24.1.1956, NL Braukmann, DGB-Archiv Düsseldorf, Ordner: ,,Christliche Gewerkschaftsgründung", 1956).
44 Die Unterschiede im Konfessionsgefüge hatten sich bis 1950 durch die Zuwanderung der Flüchtlinge und die Verkleinerung des Staatsgebiets weitgehend nivelliert (46% Katholiken und 51 % Protestanten). 1925 waren noch rund zwei Drittel der Wohnbevölkerung im Deutschen Reich protestantisch und nur ein Drittel katholisch (vgl. Alfred Milatz, *Wahlen und Wähler in der Weimarer Republik*, Bonn 1965, S. 70–80; Hans Braun, Demographische Umschichtungen im deutschen Katholizismus nach 1945, in: *Kirche und Katholizismus 1945–1949*, hrsg. v. Anton Rauscher, München/Paderborn/Wien 1977, S. 9–21).

Krieg und Nationalsozialismus verursachten gesellschaftlichen Strukturveränderungen und der Tatsache, daß der Inbegriff des katholischen Feindbildes, der Bolschewismus, seit 1945 als Besatzungsmacht in einem Teil Deutschlands stand, unterstützte die überwiegende Mehrheit des katholischen Klerus seit Sommer 1945 die Gründung der Christlich Demokratischen Union, einer interkonfessionellen bürgerlichen Sammlungspartei unter katholischer Hegemonie, wie sie insbesondere von ehemaligen christlichen Gewerkschaftlern im Rückgriff auf das 1920 von Adam Stegerwald in Essen vorgetragene Parteikonzept forciert wurde, und gab damit die Zentrumspartei — bis 1933 politische Repräsentation des katholischen Sozialmilieus — auf. Ohne die traditionelle klerikale Unterstützung schrumpfte das gleichfalls 1945 wiederbegründete Zentrum zur Splitterpartei mit bald nur noch regionaler bzw. lokaler Bedeutung in Nordrhein-Westfalen und Niedersachsen und mit einem gebrochenen Verhältnis zum Verbändekatholizismus[45]. In dem Maße, in dem die Katholiken ihren gesellschaftspolitischen Einfluß im Nachkriegsdeutschland geltend machen konnten — sie gaben dem deutschen Staat, wie Hans Maier sagt, in einem Vakuum nationaler Geschichte das mot d'ordre[46] —, in dem Maße, in dem sich ihnen Identifikationsmöglichkeiten mit der bundesrepublikanischen Gesellschaft boten, mußte sich die Konsistenz des katholischen Milieus, wie sie sich im historischen Prozeß der Gruppenisolierung der Katholiken als benachteiligter Minderheit herausgebildet hatte, weiter auflösen.

Länger umstritten als der parteipolitische Zusammenschluß mit den protestantischen Konservativen und Liberalen in der Union blieb im katholischen Lager die Vereinigung der Richtungsgewerkschaften. Pius XII. hatte bereits am 11. März 1945 in seiner Ansprache an die katholischen Arbeitervereine Italiens vor den Gefahren der Einheitsgewerkschaft für die christlichen Arbeiter gewarnt. Die Entscheidung im Hinblick auf die deutschen Verhältnisse stellte der Papst in seinem Brief vom 1. November 1945 den hiesigen Bischöfen anheim, in dem er übrigens die Wiederbelebung der katholischen Arbeitervereine als „Gebot der Stunde" bezeichnete[47]. Eine Wiedergründung der Christlichen Gewerkschaften im Nachkriegsdeutschland war freilich schon deshalb nicht möglich, weil die Alliierten sie nicht zuließen. Vergeblich bemühten sich einige Bischöfe in der britischen Zone um eine Aufhebung des Verdikts. Zunächst äußerte der Episkopat jedoch — wie z.B. die rheinischen Bischöfe am 15. Mai 1945 oder die bayerischen Bischöfe auf ihrer ersten Konferenz nach der „Waffenstreckung" im Juni 1945 — keine grundsätzlichen Bedenken gegen den

---

45 Vgl. Ute Schmidt, *Die Zentrums-Idee zwischen Tradition und Anpassung. Ein Beitrag zur Analyse von Integrations-Konzepten des politischen Katholizismus in Deutschland, untersucht am Beispiel der Deutschen Zentrums-Partei in Nordrhein-Westfalen (1945—1949)*, Phil. Diss., Berlin 1981.
46 Hans Maier, Der politische Weg der deutschen Katholiken nach 1945, in: *Deutscher Katholizismus nach 1945, Kirche — Gesellschaft — Geschichte*, hrsg. v. Hans Maier, München 1964, S. 214.
47 Vgl. Lothar Roos, *Die Einheitsgewerkschaft im Lichte der katholischen Soziallehre* (Schriftenreihe der Gesellschaft für Christlich-Soziale Arbeit, H. 5), 1962, S. 41; Hermann Joseph Schmitt, *Kirche und Standesvereine vom Werdegang und Wesen der katholischen Arbeitervereine her gesehen*, Dortmund 1948, S. 4.

Beitritt katholischer Arbeiter zur Einheitsgewerkschaft, solange diese „wirklich nur die *wirtschaftlichen* und *sozialen* Interessen der Arbeiter vertritt, ohne die religiöse Überzeugung ihrer Mitglieder beeinflussen oder weltanschauliche Ziele verfolgen zu wollen"; die religiös-sittliche Schulung und Erziehung der katholischen Arbeiter sei nach wie vor „Aufgabe der Standesseelsorge"[48]. Als sich jedoch nach der Bildung des DGB 1949 zeigte, daß sich die Einheitsgewerkschaften zu einer — prinzipiell *alle* Arbeiterinteressen vertretenden — mächtigen Großorganisation mit „quasi-öffentlich-rechtlichen" Funktionen (Tarifhoheit, Mitbestimmung u.a.m.) entwickelten (v. Nell-Breuning), in der zudem die überwiegende Mehrheit der Funktionäre Sozialdemokraten waren, differenzierten katholische Sozialwissenschaftler nun zwischen zwei Formen der Gewerkschaft: der „klassischen", d.h. einer defensiven Selbsthilfeorganisation der Arbeiter zur Vertretung ihrer Interessen auf dem Arbeitsmarkt, und der „befestigten", die als Angebotskartell von Arbeitskraft fungierte und ihre Monopolstellung wie ihre parteipolitischen Beziehungen ausnutzte, um aktiv auf die Gestaltung der Arbeitsbedingungen, der Wirtschafts- und Gesellschaftsordnung Einfluß zu nehmen. Mit der neuen Gewerkschaftsentwicklung sei die eigentliche Aufgabe der Gewerkschaften (die Tarifpolitik) überschritten und die Sicherung des christlichen Einflusses z.B. in der Frage: Einführung der Wirtschaftsdemokratie oder der berufständischen Ordnung, der Durchsetzung des Konzepts der „expansiven Lohnpolitik" (Agartz), der Beurteilung des politischen Streiks, der Haltung zur Remilitarisierung und zur überbetrieblichen Mitbestimmung sowie bei der Planung der gewerkschaftlichen Kultur- und Bildungsarbeit — nicht mehr gegeben[49]. Derartige Vorbehalte gegen die Einheitsgewerkschaft, die als Katalysator für eine Abwanderung katholischer — vom liberal-konservativen Kurs der Union enttäuschter — Arbeiter zur SPD dienen konnte, führten dazu, daß sich der westdeutsche Episkopat Mitte der fünfziger Jahre schließlich mehrheitlich für die Wiederbildung von christlichen Gewerkschaften aussprach[50]. Einige Bischöfe hatten ihre Präferenzen schon vorher deutlich gemacht und in diesem Sinne auch versucht, Einfluß auf die Betriebsratswahlen zu nehmen[51].

Auf diesen Separationsprozeß hatte die westdeutsche KAB-Führung um Johannes Even und Bernhard Winkelheide schon längere Zeit gedrängt. Bereits anläßlich der Auseinandersetzungen um die DGB-Parole: „Wählt einen besseren Bundestag" kämpfte die KAB-Führung im Herbst 1953 in vorderster Linie — unterstützt von Klerus und Unionspolitikern — für eine Umstrukturierung der DGB-Gremien entsprechend einem Acht-Punkte-Programm oder für eine Loslösung der christlich-so-

---

48 Kurzer Bericht über die Zusammenkunft rheinischer Bischöfe in Koblenz am 15. Mai 1945, Bericht Stohrs, Koblenz/Mainz, 15./23. Mai 1945, und Protokoll der Konferenz des bayerischen Episkopats, Eichstätt, 26.–27. Juni 1945, in: *Akten Kardinal Michael von Faulhabers 1917–1945*, Bd. II, hrsg. v. Ludwig Volk, Mainz 1978, Dokument 965, S. 1057–1058; Dokument 960, S. 1073–1078.
49 Vgl. Roos, *Einheitsgewerkschaft* (Anm. 47), S. 15–21.
50 Vgl. ebd., S. 64.
51 So die drei katholischen Bischöfe Hessens (vgl. *Neuer Westfälischer Kurier* v. 15.9.1948) und der Bischof von Osnabrück, Berning (vgl. *Rhein-Ruhr-Zeitung* v. 2.3.1949).

zialen Kräfte[52]. Viele christliche Gewerkschafter (z.B. Karl Braukmann und Heinrich Peterburs), die 1945 das Prinzip der Einheitsgewerkschaft akzeptiert hatten und aktiv im DGB mitarbeiteten, lehnten jedoch jede Rückbildung zu Richtungsgewerkschaften kategorisch ab; sie wiesen die Forderungen der KAB als Spaltungsmanöver und als Versuch, die Gewerkschaftspolitik an die von der bürgerlichen Regierungskoalition verfolgte Wirtschafts- und Sozialpolitik anzupassen, entschieden zurück[53]. Nachdem es aufgrund einer besonderen, historisch-politischen Konstellation bzw. der Lizenzierungspraxis der Westalliierten zur organisatorischen Vereinheitlichung der Gewerkschaftsbewegung gekommen war, ließen sich zahlenmäßig relevante katholische Arbeitergruppen, trotz weltanschaulicher wie parteipolitischer Differenzen und massivem klerikalen Druck, nun nicht mehr von der als schlagkräftig erkannten, gemeinsamen ökonomischen Interessenorganisation der Arbeiter abkoppeln. Denn sie realisierten schon in den Anfangsjahren der Einheitsgewerkschaft, daß, obgleich sie einerseits in der Einheitsgewerkschaft immer nur eine Minoritätsrolle einnehmen könnten und daher stets besonders aktiv sein müßten, um ihre Position zu behaupten, sie andererseits auch im Falle einer separaten christlichen Organisation nur eine Minderheitsbewegung bleiben würden, die den Vorsprung der freien Gewerkschaften niemals einholen könnten[54]. Sie fürchteten die aus der Organisationsgeschichte bekannte „Teile- und -herrsche-Praxis" politisch-reaktionärer Kreise und die Praxis gewerkschaftlicher Gruppenkämpfe bis hin zum finanziellen Ruin regionaler Verbände[55]. Im übrigen waren sie auch der Meinung, daß ohne ihre

---

52 Ein entsprechendes Schreiben von Vertretern der Sozialausschüsse, der Katholischen und Evangelischen Arbeitervereine an den Vorstand des Deutschen Gewerkschaftsbundes vom 16. September 1953 war u. a. unterzeichnet von Jakob Kaiser, Karl Arnold, Johannes Even, Josef Gockeln und Hermann Joseph Schmitt. — Im Acht-Punkte-Programm verlangten die Unterzeichner, daß — zusätzlich zur bisherigen Repräsentation der christlichen Arbeiter — in den Vorstandsgremien des DGB und der Industriegewerkschaften auf allen Ebenen sowie in den Redaktionen und im wirtschaftswissenschaftlichen Institut des DGB weitere christliche Arbeitervertreter kooptiert werden sollten. Für das gesamte Gebiet der Schulungs- und Bildungsarbeit forderten sie einen paritätisch besetzten Ausschuß zu schaffen; ebenso sollte ein paritätisches Schiedsgericht installiert werden, um Verstöße gegen die parteipolitische Neutralität zu ahnden. Eine Fraktionsbildung der christlichen Arbeiter im DGB sollte satzungsmäßig anerkannt werden (vgl. NL Hansen, DGB-Archiv Düsseldorf, Kasten 20.)
53 Heinrich Peterburs, *Teile und herrsche,* Abschrift, NL Hansen, DGB-Archiv, Düsseldorf, Kasten 20.
54 Vgl. Alex Maier an Karl Dörpinghaus, 26.1.1947, NL Dörpinghaus, DGB-Archiv Düsseldorf, Kasten 3.
55 So erinnert sich Karl Dörpinghaus, vor 1933 hauptamtlicher Funktionär des Zentralverbands christlicher Textilarbeiter, an die schmachvolle Situation christlicher Textilarbeiter im Krefelder Färberstreik (1913), die sich zum Streikbruch gezwungen sahen, weil kein Geld für Streikunterstützung in der Gewerkschaftskasse war. Die Kämpfe zwischen „Christlichen" und „Roten" in der Weimarer Republik hätten oftmals zum Ziel gehabt, „die gegnerische Organisation finanziell zu ruinieren" und damit letztlich der Arbeiterschaft nur geschadet. Er verteidige aufgrund seiner Erfahrungen die Einheitsgewerkschaft „gegen jeden Angriff ... mit Zähnen und Klauen". (Dörpinghaus an die Schriftleitung „Politisches Mitteilungsblatt" der CDU Leverkusen-Schlebusch, 8.12.1947, NL Dörpinghaus, DGB-Archiv Düsseldorf, Kasten 3.)

tägliche praktische Arbeit in den Einheitsgewerkschaften die CDU bei den katholischen Arbeitern Westdeutschlands längerfristig keinen Erfolg haben würde[56].

Die Differenzen zwischen KAB-Führung und ehemaligen christlichen Gewerkschaftern im DGB werfen ein Schlaglicht auf die spezifische Weise, in der ehemalige christliche Gewerkschaftsfunktionäre und führende Mitglieder der katholischen Arbeitervereine ihre Erfahrungen mit dem Nationalsozialismus verarbeiteten und signalisieren, daß es im sozialen Katholizismus nach 1945 zu einer Umkehrung der Weimarer Situation kam[57]. Während die Mehrheit der christlichen Gewerkschafter unter dem Eindruck des NS-Terrors gegen die Arbeiterbewegung und der Kriegsverbrechen von ihren tradierten christlich-nationalen und rechtskonservativen Positionen abrückte und für eine Autonomie der Einheitsgewerkschaften — jetzt unter Einschluß der Sozialdemokraten — nicht nur gegenüber parteipolitischen, sondern auch klerikalen Einflüssen eintrat, zogen ihre Kollegen aus den katholischen Arbeitervereinen die umgekehrte Konsequenz: Sie wollten die „Entkonfessionalisierung des öffentlichen Lebens" rückgängig machen, dem Säkularisierungsprozeß entgegenwirken, die Kirche aus der Beschränkung auf den sakralen Raum herausführen und statt dessen Gesellschaftsordnung, Berufs- und Alltagsleben wieder „verchristlichen"[58]. Gerade weil die KAB-Führung eine dissoziierende Wirkung der Einheitsgewerkschaft auf das katholische Arbeitermilieu antizipierte, drang sie auf eine Intensivierung der religiös-sozialen Bildungsarbeit in den katholischen Arbeitervereinen. Führungs- und Leitungsfunktionen blieben hier im Interesse der engen Bindung der KAB an die Kirche — bis 1975[59] — nach wie vor bei den Präsides. Aufgabe der KAB als Laienbewegung sei es, so formulierte der Verbandspräses der Katholischen Arbeiter- und Knappenvereine Westdeutschlands, Hermann Joseph Schmitt, in seiner Denkschrift zur Lage des sozialen Katholizismus in Deutschland nach 1945, „eine Gegengewebung gegen den bolschewistischen Kommunismus zu werden", ein christlichers Bollwerk in der Arbeiterschaft gegen die „asiatische", inzwischen bis an die Elbe vorgetriebene, konsequent marxistische Front[60].

---

56 Vgl. Alex Maier an Karl Dörpinghaus, 26.1.1947, NL Dörpinghaus, DGB-Archiv Düsseldorf, Kasten 3.
57 Vgl. Helga Grebing, *Geschichte der deutschen Arbeiterbewegung. Ein Überblick*, München ^{9}1979, S. 282.
58 Schmitt, in: *Texte zur katholischen Soziallehre II* (Anm. 1), S. 1120.
59 Die Funktion des Präses, der als ein von der kirchlichen Behörde delegierter Geistlicher die Vereinsführung bestimmte, blieb in der KAB lange Zeit unumstritten. Mit Blick auf die KAB-Programme von Würzburg (1921) und Gelsenkirchen (1950), in denen die Führungsrolle des geistlichen Präses erneut festgeschrieben bzw. gar nicht infrage gestellt wurde, bezeichneten Kritiker aus Gewerkschaftskreisen die KAB ihrer Grundstruktur nach nicht als Laienorganisation, sondern als eine „durch die Präses-Funktionär-Verfassung gefesselte Organisation ältesten Stiles". (Vgl. NL Böckler, DGB-Archiv Düsseldorf, Kasten 4.) — Einen Schlußpunkt in der Diskussion über die Stellung des Präses in der KAB — für das Selbstverständnis der KAB als Teil des Verbandskatholizismus eine Frage von grundsätzlicher Bedeutung — bildete die auf dem Duisburger Verbandstag der KAB 1975 beschlossene Satzung, die jetzt den Vorsitzenden, den Präses und den Sekretär gleichberechtigt mit der Leitung des Verbandes betraute. (Vgl. *gemeinsame zeitung ,gz*, März 1978.)
60 Schmitt, in: *Texte zur katholischen Soziallehre II* (Anm. 1), S. 1121—1123.

Der Versuch der KAB, mit dem antibolschewistischen Vokabular der endzwanziger und dreißiger Jahre das katholische Arbeitermilieu gegen die befürchteten sozialdemokratischen und kommunistischen Einflüsse abzugrenzen, zeitigte bald organisatorische Erfolge. Nachdem der innerkatholische Streit um Verbands- oder Pfarrprinzip beigelegt war — die Entmachtung der Verbandszentralen während des Dritten Reiches hatte durchaus im Interesse vieler Kleriker und Laien gelegen[61] —, betrieb die Kölner Verbandszentrale systematisch die Reorganisation der katholischen Arbeitervereine. 1950 erreichte die westdeutsche KAB wieder einen Bestand von ca. 90 % der Vereine (1150 gegenüber 1256) und ca. 90 % der Mitgliederzahl (120.054 gegenüber 145.694) von 1930. 5.542 KAB-Mitglieder nahmen öffentliche Ämter wahr; davon waren 1774 politische Mandatsträger (43 MdL und 17 MdB). Metallarbeiter stellten mit ca. 27.000 die größte Gruppe der Mitglieder, dann folgten Bergarbeiter (25.500), Bauarbeiter (8.500), Textilarbeiter (8.200), Eisenbahner (6.000), Holzarbeiter (4.300), Handarbeiter (3.000) und Gemeindearbeiter (2.200). Seit 1947 erschien wieder das Verbandsorgan, die „Ketteler Wacht", und seit 1949 existierte ein „Soziales Hilfswerk", das Sterbegeldbeihilfen und Zuschüsse zur Erholungs- und Krankenhilfe bot[62].

Im Unterschied zum süddeutschen „Katholischen Werkvolk", das nach dem Zweiten Weltkrieg eine „Ideen- und Gesinnungsgemeinschaft" für *alle* Arbeitnehmer für zeitgemäßer hielt als die Arbeiterstandesvereine, knüpfte die westdeutsche KAB — wie die Hauptreferate auf dem ersten Verbandstag nach dem Kriege vom 11.–13. Juli 1947 in Oberhausen zeigen — im wesentlichen an Kettelers ständisches Arbeitervereinskonzept an[63]. Erst 1969 wurde die KAB in „Katholische Arbeitnehmer-Bewegung" umbenannt. Will man einen Eindruck von Mentalität und Traditionsbewußtsein der Vereinsmitglieder gewinnen, so lohnt es sich, einen Blick in die vielen um 1949/50 erschienenen Festschriften zu werfen[64]. Die Vereinsgeschichtsschreibung orientiert sich vor allem an Präsenz und Wechsel der Präsides, den Aktivitäten der Förderer sowie der Abfolge repräsentativer Veranstaltungen wie z.B. Stiftungsfeste, Fahnenweihen, Weihnachtsfeiern und andere kirchliche Feste. Häufig nimmt die Darstellung der NS-Zeit — sieht man einmal von der Erwähnung der Opfer der Verbandszentrale im Zusammenhang mit dem 20. Juli 1944 ab — einen vergleichsweise geringen Raum ein, und die Fortsetzung des Vereinslebens wird nach dem Signal aus Rom zumeist als automatisch vollzogene Traditionswahrung betrachtet.

Trotz der Doppelmitgliedschaft vieler katholischer Arbeiter in den konfessionellen Standesvereinen und den Sozialausschüssen der Union (CDA), die 1945/46 von ehemaligen christlichen Gewerkschaften als innerparteiliches Gegengewicht gegen

---

61 Vgl. ebd., S. 1118.
62 *Der Verbandstag zu Gelsenkirchen 14.–16. Juli 1950. Bericht über: Die Entwicklung und Arbeit der KAB in Westdeutschland. Die Referate von Gelsenkirchen,* hrsg. v. d. Verbandszentrale der KAB Köln, Kettelerhaus, o. J. (1950), S. 22–26. (Die Mitgliederzahlen für 1930 beziehen sich auf die Abonnenten der „Westdeutschen Arbeiterzeitung".)
63 Vgl. *Die katholische Arbeiterbewegung Westdeutschlands. Bericht über: Wiederaufbau, Aufgaben und Ziele des Verbandes katholischer Arbeiter- und Knappenvereine Westdeutschlands 1947,* hrsg. v. d. Verbandszentrale der kath. Arbeiter- und Knappenvereine Westdeutschlands, Manuskript, o. J. (1947).
64 Im Archiv der KAB, Köln, Kettelerhaus.

eine potentielle Rechtslastigkeit der Union infolge des Zusammenschlusses mit den Resten der protestantischen Weimarer Rechtsparteien gegründet worden waren, blieb das Verhältnis zwischen KAB und CDA durchaus spannungsreich. So bestritt z.B. der Verbandsvorsitzende der KAB, Josef Gockeln im Herbst 1946 die Legitimation der Sozialausschüsse, da die KAB die einzige, aus dem Kartell der Verbände der christlichen Arbeiterbewegung übriggebliebene Organisation sei. Die CDA-Gründung bringe die noch nicht wieder lizenzierte KAB bei den britischen Militärbehörden in den Verdacht, eine Vorform konfessioneller oder christlicher Gewerkschaften zu sein. Gockeln wurde 1946 sogar von Adenauer, der sich ansonsten gegenüber klerikalen Interessen eher distanziert verhielt, ermutigt, die KAB gegen die Sozialausschüsse zu mobilisieren, um die Faszination des Begriffs „Christlicher Sozialismus" in der katholischen Arbeiterschaft zu brechen[65]. Die Kritik der KAB-Führung an den Sozialausschüssen — Verzicht auf eine offensive betriebliche Strategie; zu starke Konzentration auf politische Aufgaben; Kompetenzüberschneidung mit der KAB im kulturellen Bereich und Schaffung einer Reichsorganisation ohne Abstimmung mit der KAB — führte sogar dazu, daß die KAB im November 1948 eine CDA-Tagung in Herne boykottierte[66]. Hingegen bemühten sich die Sozialausschüsse um eine harmonische Kooperation mit der KAB. Die CDA stünden im vordersten politischen und gewerkschaftlichen Kampffeld als Plattform des christlichen Arbeitervolkes in der Auseinandersetzung mit der liberalistischen Reaktion und dem marxistischen Radikalismus, während die KAB als konfessionelle Kernschar im Grenzgebiet zwischen religiösem und öffentlichem Leben angesiedelt sei. Erst beide zusammen bildeten die christliche Arbeiterbewegung[67].

Die Entwicklung der christlichen Arbeiterbewegung nach 1945 zeigt, daß ein Anknüpfen an katholische Arbeitervereinstraditionen, auch mit klerikaler Unterstützung, in der neuen soziopolitischen Konstellation, die durch die Herausbildung der interkonfessionellen Union und der Einheitsgewerkschaft gekennzeichnet war, nicht automatisch Kontinuität produzierte. Zwar versuchte der Klerus, der — anders als gegenüber der Zentrumspartei vor 1933 — in den fünfziger und sechziger Jahren zunehmend darauf verzichtete, einen direkten Einfluß auf die Politik der Unionsführung auszuüben, noch Mitte der fünfziger Jahre, mit Hilfe der katholischen Arbeiterbewegung die Einheitsgewerkschaft zu sprengen, um das katholische Arbeitermilieu erneut zu „versäulen", d.h. die tradierte Gruppensolidarität der katholischen Arbeiter zu festigen[68]. Die Identifikation der KAB-Führung mit der offensiven Komponente des politischen Katholizismus (so z.B. im Gelsenkirchener

---

65 J. Gockeln an Konrad Adenauer, 7.11.1946, NL Gronowski, Nordrhein-Westfälisches Hauptstaatsarchiv Düsseldorf, RWN 108, Nr. 12.
66 Mitteilung an die Mitglieder der katholischen Arbeiterbewegung, o. D., Abschrift, NL Dörpinghaus, DGB-Archiv Düsseldorf, Kasten 3.
67 Die geistigen Richtlinien der Sozialausschüsse (1949), NL Albin Karl, DGB-Archiv Düsseldorf, Kasten 1.
68 Diesen Begriff benutzt Joseph Poeisz, Gruppenisolierung, Kirchlichkeit und Religiosität: das niederländische Beispiel, in: *Religiöser Pluralismus und Gesellschaftsstruktur, Internationales Jahrbuch für Religionssoziologie*, Köln/Opladen 1965, S. 113.

Programm 1950)⁶⁹ führte die katholischen Arbeitervereine jedoch — angesichts fortschreitender Säkularisierungsprozesse — zunehmend in die Isolation. Bis zum Ende der sechziger Jahre zeichneten sich starke Überalterungs- und Desintegrationstendenzen ab, und die Identifikation der Mitglieder mit ihrer Organisation ließ deutlich nach⁷⁰. 1976 stieg die Mitgliederzahl der KAB nach gezielten Werbeaktionen erstmals wieder an. In den vorhergegangenen Jahren hatte sie durchschnittlich 1000 Mitglieder pro Jahr verloren. (1977 waren in der westdeutschen KAB 123.221 katholische Arbeiter organisiert.)⁷¹ Im Laufe der siebziger Jahre entwickelte sich dann vor allem in der Christlichen Arbeiterjugend (CAJ) eine antiautoritäre Strömung, die nicht nur die tradierten Formen des Verbandskatholizismus in Frage stellte, sondern sich auch in einer antiimperialistischen Solidaritätsbewegung für einen dritten Weg jenseits von Kapitalismus und Sozialismus in den Entwicklungsländern engagierte. Dabei nahm die CAJ auch fast verschüttete Traditionslinien von Teilen der katholischen Jugend im Dritten Reich, z.B. der „Sturmschar", wieder auf. Gemessen an ihrer Bedeutung in Weimar hat die KAB heute an politischem Gewicht und Bindungskraft verloren; sie hat sich zudem von ihrer politischen Niederlage 1955 nicht erholt. Andererseits ist sie inzwischen aber — durch ihr Engagement für die paritätische Mitbestimmung und ein neues Unternehmensrecht, ihren Kampf gegen Betriebsstillegungen und eine explizit an Arbeitnehmerinteressen orientierte Sozialpolitik — im Spektrum des Verbandskatholizismus wieder stärker nach links gerückt.

Aus der hier dargestellten historischen und gesellschaftspolitischen Problemlage läßt sich freilich keinesfalls schließen, daß die katholische Arbeiterbewegung an ihrem Ende angelangt sei. So konstatiert Karl Rohe im Hinblick auf den Untergang des Zentrums — wie der KPD — im Ruhrgebiet m.E. zu Recht, dies bedeute nicht, daß dort kein „traditionalistisches" Potential mehr vorhanden sei. Weltbilder, Wertorientierungen, Mentalitäten könnten vielmehr den Verlust überkommener Vergemeinschaftungen überdauern und — wenn auch gebrochen — innerhalb eines neuen politischen Kontextes (in CDU bzw. SPD) nach wie vor von erheblicher Bedeutung sein. Bereits in der Endphase der Weimarer Republik habe ein regional unterschiedlich verlaufender gesellschaftlicher Transformations- und Modernisierungsprozeß eingesetzt, der durch den Nationalsozialismus beschleunigt und nach dem Zweiten Weltkrieg fortgesetzt worden sei — mit dem Resultat einer Angleichung der Lebensweisen (nicht der Soziallagen), einer stärkeren Vereinheitlichung und Integration der Gesellschaft und schließlich der „Freisetzung eines Elektorats, das

---

69 Abgedr. in: *Texte zur katholischen Soziallehre II* (Anm. 1), S. 1168–1201.
70 1969 waren 72 % der KAB-Mitglieder über 40 Jahre alt. Die KAB hatte Probleme bei der Rekrutierung neuer Mitglieder und eine starke Fluktuation. 43 % ihrer Mitglieder waren entweder KAB-Funktionäre oder hatten früher ein solches Amt inne. Die übrigen KAB-Mitglieder (ca. 3/5) zeigten zur Hälfte nur eine geringe Identifikation mit ihrer Organisation und maßen ihr keine wichtige gesellschaftspolitische Funktion mehr bei. (Vgl. Repräsentativ-Umfrage des Instituts für Demoskopie, Allensbach, 1969, KAB-Archiv Köln.)
71 Nach: *gemeinsame Zeitung, gz*, September 1977, S. 6.

sich jetzt vorrangig entlang von sozioökonomisch definierten Klassengrenzen"[72] politisch habe strukturieren können. In diesem Integrationsprozeß, der freilich noch genauerer gesellschaftsgeschichtlicher und kultursoziologischer Untersuchungen bedarf, verstärkte sich nicht nur die Bereitschaft der katholischen Arbeiter, ihre ökonomischen Interessen wahrzunehmen; es veränderten sich auch die im katholischen Arbeitermilieu des ausgehenden 19. und beginnenden 20. Jahrhunderts ausgeprägten Verhaltensweisen und Denkmuster, gesellschaftlichen Ordnungsvorstellungen, Autoritätsfixierungen, Moralkodexe und Sexualnormen. Der fortschreitenden Säkularisierung und der Veränderung der Lebensbedingungen der Arbeiter trugen auch das Zweite Vatikanische Konzil und der Synodenbeschluß „Kirche und Arbeiter" (1975) Rechnung. In diesem komplexen Zusammenhang ist die Abschwächung des weltanschaulichen Abgrenzungsbedürfnisses der Katholiken zu sehen, das in den sechziger Jahren eine deutlich wahrnehmbare Abwanderung katholischer Arbeiter (vor allem im Ruhrgebiet) zur SPD ermöglichte — insbesondere, als sich nach dem Wahlsieg Erhards in der CDU/CSU wirtschaftsliberale Tendenzen verstärkten und die Union auch auf kulturpolitischem Gebiet (z. B. in der Frage der Konfessionsschule) Zugeständnisse an die Liberalen machte. Es wird sich zeigen, ob diese politische Umorientierung dauerhaft ist, oder ob es einer sich wieder stärker auf christlich-soziale Traditionen berufenden Union in den achtziger Jahren gelingt, größere Teile der zur SPD abgewanderten katholischen Arbeiter zurückzugewinnen.

Hierbei kommt den Sozialausschüssen und ihren Repräsentanten — einerseits Mehrheitsbeschaffer für eine liberal-konservative Politik und andererseits sozialpolitisches Korrektiv gegen den Wirtschaftsliberalismus — wieder eine zentrale Funktion bei der Mobilisierung katholischer Arbeiterwähler zu. Die Mitglieder der Sozialausschüsse sind heute indessen keineswegs mehrheitlich Arbeiter; sie verteilen sich vielmehr relativ gleichmäßig auf alle Berufsgruppen (mit Ausnahme der freien Berufe und der Selbständigen). Auch identifiziert sich mit ihnen nur ein geringer Teil der CDU-Mitglieder aus der Arbeiterschaft (nur ca. 7 % der Arbeiter in der CDU rechneten sich Mitte der siebziger Jahre den CDA zu). Falkes CDU-Mitgliederstudie ergab, daß die Sozialausschüsse weniger die ihnen zugeschriebene Rekrutierungsfunktion bei der Zielgruppe der Arbeiter erfüllen; statt dessen dient die CDA-Mitgliedschaft hauptsächlich der Integration einer Gruppierung aus aktiven Parteimitgliedern sowie Amts- und Mandatsträgern auf Kreis- und Landesebene und ermöglicht ihnen bessere Einflußchancen in der innerparteilichen Meinungs- und Willensbildung[73]. Andererseits hängen die Profilierungsmöglichkeiten der CDA-Funktionäre in den Sozialausschüssen wie in der Union nicht zuletzt auch von ihrem faktischen Einfluß in den Gewerkschaften ab. Diese Wechselwirkung bietet ein weiteres Erklärungs-

---

72 Karl Rohe, Vom alten Revier zum heutigen Ruhrgebiet. Die Entwicklung einer regionalen politischen Gesellschaft im Spiegel der Wahlen, in: *Politik und Gesellschaft im Ruhrgebiet. Beiträge zur regionalen Politikforschung*, hrsg. v. Karl Rohe/Herbert Kühr (*Sozialwissenschaftliche Studien zur Stadt- und Regionalpolitik*, Bd. 16), S. 21–73.
73 Wolfgang Falke, *Die Mitglieder der CDU. Eine empirische Studie zum Verhältnis von Mitglieder- und Organisationsstruktur der CDU 1971–1977*, Berlin 1982, S. 172–173.

moment für das Interesse einer Mehrheit der CDA-Führung an einer Rückendeckung durch starke Einheitsgewerkschaften und für ihre Absage an jede Form des Integralismus und die Tradition separater christlicher Gewerkschaften[74]. Die Union wiederum, die auf die Unterstützung durch relevante Teile der katholischen Arbeiter angewiesen ist, um langfristig mehrheitsfähig zu sein, mußte als Preis dafür die Einheitsgewerkschaft akzeptieren, in der freilich die Sozialdemokraten dominieren. Hier läßt sich wohl eines der Scharniere lokalisieren, das die politische Stabilität der Bundesrepublik bisher mit ausgemacht hat.

[74] In der Arbeitsgemeinschaft christlich-demokratischer Gewerkschafter in den CDA bestehen freilich neben der Arbeitsgemeinschaft der DGB-Anhänger weitere Arbeitsgemeinschaften, in denen die DAG-, DBB- und CGB-Anhänger organisiert sind.

Harold Hurwitz

Kontinuität und Bruch: Sozialdemokratie, Massenöffentlichkeit und die Besatzungsmächte im Berliner Abwehrkampf nach 1945

Bei der feierlichen Verleihung der Luftbrückenstipendien im Jahre 1982 in Berlin benutzte ein amerikanischer General einen charakteristischen Ausdruck. Er sagte, der Geist der Freiheit sei über die Luftbrücke nach Berlin gebracht und seitdem in Berlin heimisch geworden. Die Äußerung entspricht gängigen Vorstellungen von der Berliner Nachkriegsgeschichte. Keiner der anwesenden Deutschen war gekränkt, keiner schien zu bemerken, daß in der Gleichung des Generals ein Faktor fehlte, der für ihre Identität wesentlich ist. Freiheitskampf und Demokratie sind der deutschen Geschichte nicht fremd, aber die Anwesenden schienen sich ihrer eigenen demokratischen Vergangenheit nicht allzu bewußt zu sein. Aus solchen geschichtlichen Erinnerungen und Erfahrungen entstehen die Ansprüche und Wertkriterien, die Legenden und Mythen, auf die sich ein genuiner Glaube an die Demokratie stützt.

Alles das fehlt noch weitgehend in der neuen Republik. Bevor es zum Ausbruch der Blockade im Juni 1948 kam, hatten deutsche Demokraten in Berlin fast drei Jahre lang einen zähen und oft einen sehr einsamen Kampf um ihre Freiheit geführt. Und auch später waren es die Demokraten in dieser Stadt, deren Wachsamkeit und Empörung die Schutzmächte und die Bundesregierungen davon abhielten, sich lästigen Berlin-Verpflichtungen zu entledigen.

Aus der Sicht der Fragestellung nach Demokratisierung und autoritärer Tradierung im Nachkriegsdeutschland sollen hier die Anfänge des Berliner Abwehrkampfes für die Freiheit der Stadt untersucht und das Problem der Nachwirkungen erörtert werden. Der Abwehrkampf der Jahre 1945—46 richtete sich gegen die Vorherrschaft der deutschen Kommunisten in einer Stadt, die von der Roten Armee allein erobert worden war und in der der Einfluß der sowjetischen Militäradministration (SMAD) noch lange Zeit nach Gründung einer gemeinsamen Militärregierung für Berlin dominant blieb[1]. Deshalb werden wir uns auch mit den Beziehungen der Sie-

---

1 Dieser Aufsatz faßt Ergebnisse eines vom Verfasser am Zentralinstitut für sozialwissenschaftliche Forschung der FU Berlin geleiteten Forschungsprojekts zusammen. Das „Berlin-Projekt" untersucht die Entstehung, konsentierte Ausformung, Verankerung und den Wandel (d. h. die Anpassungsfähigkeit) anti-kommunistischer Einstellungen in Berlin im Zeitraum von 1945 bis 1972. Es wird die Art und Weise, wie politische Ereignisse, vom Kalten Krieg bis zur Detente, Einstellungsänderungen über Zeit beeinflußten, in Zusammenhang mit Problemen der autoritären Tradierung und Demokratisierung in Deutschland seit dem Zweiten Weltkrieg untersucht. Vier Bände über Fragen, die in diesem Beitrag behandelt oder angesprochen werden, erscheinen demnächst (unter dem Titel *Demokratie und Antikommunismus in Berlin nach 1945*) im Verlag Wissenschaft und Politik, Köln.

germächte zueinander und ihren Haltungen gegenüber den Deutschen, die den Abwehrkampf führten, befassen. Und wir wollen erklären, inwiefern dieser antikommunistische Abwehrkampf für ihre Träger und für die Berliner Bevölkerung einen Demokratisierungsansatz darstellte.

Die Hauptanstöße, den Zustand der kommunistischen Vorherrschaft zu ändern, gingen von Sozialdemokraten aus, die das Dritte Reich in einer politischen Solidargemeinschaft überlebt hatten; ihr Abwehrkampf war ein Versuch, eigene Traditionen und die eigene Identität zu verteidigen. Deshalb und weil am Anfang die Frage stand, eine Einheitspartei mit den Kommunisten zu gründen, stellt sich in den Mittelpunkt unserer Betrachtungen die Frage nach Kontinuität und Bruch in der sozialdemokratischen Arbeiterbewegung.

Daß der Abwehrkampf Berliner Sozialdemokraten auch einen Versuch der demokratischen Erneuerung darstellt, zeigte sich ebenfalls in seinen Anfängen: Kleine und mittlere Funktionäre revoltierten gegen ihre Parteiführer, um eine Urabstimmung der Mitglieder durchzusetzen, in der dann eine sofortige Vereinigung mit der KPD abgelehnt wurde. Da also die sozialdemokratische Arbeiterbewegung nicht nur Kontinuität wahrte, sondern in Berlin couragierte Ansätze einer demokratischen Erneuerung hervorbrachte, muß auch der Frage nachgegangen werden, wie weit diese Ansätze reichten und wo ihre Grenzen lagen. Hier sind die Widersprüche in einer Bewegung von Bedeutung, die emanzipatorisch zu wirken trachtete, aber dennoch von der dominanten Kultur geprägt war – und dominante Kultur ist in Deutschland in besonderem Maße autoritär verfaßt. Das stellte dem Abwehrkampf externe und interne Hindernisse in den Weg. Es tut dem Ringen um demokratische Identität keinen Abbruch, ja es macht das gegenwärtige Ringen um ein vernachlässigtes, teilweise immer noch diskriminiertes demokratisches Erbe für die Menschen erst plausibel und humanistisch überzeugend, wenn man feststellt, daß die Ergebnisse und Nachwirkungen des Berliner Abwehrkampfes unvollkommen und widersprüchlich waren.

Ebenso wichtig in unserer Betrachtung wie die konkurrierenden politischen Solidargemeinschaften (Sozialdemokraten, Kommunisten, die „bürgerlichen Lager"), die aufgrund jeweils spezifischer politischer Sozialisation und aufgrund von Lernerfahrungen als NS-Gegner im Dritten Reich nach 1945 unterschiedlich verfaßte Ansprüche auf Führung bei der Schaffung einer neuen Ordnung für Deutschland stellten, ist die Bevölkerung. Am Anfang des Berliner Abwehrkampfes versuchten die Sozialdemokraten, Menschen zu beeindrucken und zu beeinflussen, die im Jahre 1945, verbittert und ernüchtert über die Niederlage des Dritten Reiches, auf jegliche Beschäftigung mit Politik zuerst einmal ablehnend reagierten. Wir werden uns mit der Frage beschäftigen, weshalb und in welchem Ausmaß die Bevölkerung diese „ohne-mich"-Haltung ablegte. In Grenzen geschah das bereits bei den Oktoberwahlen 1946, als die meisten Berliner der entschiedenen Abwehrhaltung demokratischer Sozialisten zustimmten, die sich das Ziel gesetzt hatten, für das deutsche Volk ein Mindestmaß an Unabhängigkeit von den Besatzungsmächten zu erlangen. Es wird gezeigt, daß die Deutschen in Berlin eher als anderswo politisch ansprechbar waren[2]. Aber die Bereitschaft, sich politisch zu betätigen, geschweige denn sich aufzulehnen, war in der Masse der Bevölkerung nach 1945 aufgrund autoritärer Tradierung und Erfahrungen in und mit dem Dritten Reich zu schwach, als daß sie aus eigenem Antrieb einen Abwehrkampf hätte zustande bringen können. Die Wandlung von Einstellungen bei den Sozialdemokraten und in der Bevölkerung wollen wir unter Berücksichtigung tradierter Einstellungsdispositionen, neuer Erfahrungen und der Wahrnehmung von Ereignissen verständlich machen.

Die Kette von Ereignissen, um die es hier in erster Linie geht, begann im Herbst 1945, als der von Otto Grotewohl geleitete Zentralausschuß (ZA) der SPD für die Sowjetzone und Berlin begann, sich dem auf Gründung einer Einheitspartei abzielenden Druck der SMAD und der KPD zu widersetzen. Sie schließt mit den Kommunalwahlen vom 20. Oktober 1946, als diejenigen Sozialdemokraten, die sieben Monate zuvor die Gründung der Einheitspartei abgelehnt hatten, der SED eine Niederlage in allen vier Sektoren der Stadt bereiteten. Die Urabstimmung vom 31. März hatte im sowjetischen Sektor nicht stattfinden dürfen; in den Westsektoren hatten 82 % der Mitglieder, die an der Urwahl teilnahmen, die sofortige Gründung einer Einheitspartei abgelehnt.

Aber der Widerstand des Zentralausschusses war nicht von Dauer. Zwar hatte Otto Grotewohl (in Reden am 14. September, am 11. November und am 20. Dezember 1945) die Vertreibung, die Grenzfrage, Reparations- und Kriegsgefangenenprobleme aufgegriffen und rücksichtslos mit dem unsolidarischen Verhalten und der fehlenden Unabhängigkeit der KPD abgerechnet. Aber nachdem die SPD-Führung am 21. Dezember 1945 auf der sogenannten sechziger Konferenz von führenden Funktionären beider Parteien einer Art Kompromiß mit der KPD zugestimmt hatte, kleidete sie ihre Abwehrbemühungen in konziliantere Formeln. Sie hatte der Vereinigung im Prinzip zugestimmt; sie stimmte auch einigen gemeinsamen Vorbereitungsschritten zu. Dennoch verband sie diese Zugeständnisse mit einer Aufschubsstrategie. Die *sofortige* Verschmelzung wurde abgelehnt, die Entscheidung darüber wurde Reichsparteitagen beider Parteien und somit einer unbestimmten Zukunft vorbehalten. Im übrigen lag es auf der Hand, daß das Abhalten von Reichsparteitagen und die Durchführung ihrer Beschlüsse der Zustimmung des Alliierten Kontrollrates bedurfte.

Die Isolierung des Zentralausschusses in Berlin wurde jedoch vollkommen, als sich weder die Westmächte noch ein führender Sozialdemokrat in den Westzonen für diese Aufschubsstrategie einsetzte. Besonders Kurt Schumacher versagte Grotewohl seine Unterstützung. Er sah in ihm einen Rivalen, der in Berlin auf verlorenem Posten stand und der bereits Handlanger der Sowjets geworden war[3]. (Bezeichnenderweise beurteilte Konrad Adenauer die Rolle seines Berliner Rivalen Jakob Kaiser genauso[4].)

---

2 Siehe Kap. 1–3 von Bd. I der in Anm. 1 genannten Reihe: Harold Hurwitz, *Politische Kultur der Bevölkerung und der Neubeginn konservativer Politik*, Köln 1983.
3 Siehe hierzu den Beitrag von Klaus Sühl in diesem Band.
4 Sir William Strang an Foreign Office, 17.7.1946, in: Public Records Office, London, Foreign Office, 371/55368/C8143 (künftig: PRO, F.O.).

Eine strenge Pressezensur und andere Kommunikationsbeschränkungen seitens der SMAD machten es dem Zentralausschuß fast unmöglich, sich mit den örtlichen Parteiführern und -mitgliedern in der Sowjetzone zu verständigen, ihnen die Kompromisse vom 21. Dezember 1945 als Abwehr darzustellen und als eine reine Strategie des Aufschubs zu erläutern. Als eine Mehrheit der in Berlin ansässigen ZA-Mitglieder am 11. Februar 1946 endlich kapitulierte, war die Drangsalierung der Funktionäre in der Sowjetzone unerträglich geworden.

Die Isolierung der Parteiführer war jedoch zum Teil selbstverschuldet. Das wurde in Berlin besonders deutlich, weil in der Viermächtestadt die sowjetischen Kommunikationssperren weniger wirksam waren. Die Einschüchterungsversuche von SMAD und KPD gegen andersdenkende Sozialdemokraten konnten dort nicht so brutal auffallen wie in der „Zone". In Berlin löste der Kompromiß vom 21. Dezember 1945 einen Aufruhr aus, den Gustav Klingelhöfer — Erich Gniffke nannte ihn Grotewohls „Manager" — am 3. Januar 1946 in einem Brief an Grotewohl beschrieb:

„die Tage seit dem 21.12. waren wohl die stürmischsten, die unsere Berliner Bewegung bisher hatte. Es waren zwei Regiefehler gemacht worden ... die 60er Konferenz war in der Zeitung nicht angekündigt worden, wodurch die Entschließung völlig überraschend kam. In der Entschließung stand ... so gut wie nichts von dem vielen Positiven, das unsere Partei gegenüber den Kommunisten erreicht hatte (nichts vor allem von dem Reichsparteitag als entscheidender Instanz). Dadurch wirkte die Entschließung, zumal ihr Text als kommunistisch für jeden erkennbar war, als volle Kapitulation vor einem kommunistischen Angriff. Die Depression war ungeheuer stark, das Mißtrauen gegenüber dem ZA und die Empörung, nicht gefragt worden zu sein, waren noch größer ... Es fehlte nicht viel, daß zweimal Mißtrauensanträge gegen den ZA zur Abstimmung gelangt wären. Das erstemal in einer großen Betriebsgruppenversammlung im ‚Babylon' am 27.12., wo ich außerhalb der Tagesordnung dreiviertel Stunden sprach und ... die nötige Aufklärung gab und voll beschwichtigen konnte (die Versammlung war aber wie ein brodelndes Meer). Zum anderen in der erweiterten Bezirksvorstandssitzung kurz vor Neujahr, ... wo Fechner wie ein Löwe den ZA verteidigte, allein, nachdem vom ZA sonst niemand da war.

Einige Schlagworte erhellen die Situation:
‚Das war euer Weihnachtsgeschenk für unsere Mitglieder.'
‚Die, die unterschrieben haben, sind die Totengräber der Partei.'
‚Wir haben Grotewohl nicht zugetraut, daß er so was unterschreibt.'
‚Die Frage ist nicht, wie die Einheit möglich, sondern wie kann die Spaltung in der SPD verhindert werden.'
Und schließlich weil Du nicht in Berlin warst: ‚Der Führer hat gesprochen. Er hat sich nach Berchtesgaden zurückgezogen.'
Diese Blütenlese macht alles klar ..."[5]

Aus dem Zitat geht aber auch klar hervor, daß sich der plötzlich auftretende Bruch zwischen Führung und Basis nicht allein mit Kommunikationsproblemen und „Regiefehlern" erklären läßt. Die Solidarität der Führung mit den Mitgliedern und kleineren Funktionären war eher paternalistisch-fürsorglich als demokratisch geprägt. Bei demokratischen Führungsgremien sind Fragen der Solidarität immer auf zwei Ebenen zu stellen, einmal in Bezug auf die Solidarität der Führenden untereinander und zum anderen im Verhältnis zur Basis. Entstanden als ein zufälliger Zu-

---

5 Nachlaß Gustav Klingelhöfer, in: Landesarchiv Berlin (künftig: LA Berlin).

sammenschluß, ist der Zentralausschuß nie ein in sich gefestigter Vorstand geworden; dennoch steht fest, daß trotz Neid, Rivalitäten, allerlei Schwankungen und Unmut (z.B. wenn Grotewohl eigenmächtig in parteiöffentlichen Reden die Russen „provozierte") die Mitglieder dieses Berliner Führungsgremiums der „Gesamtpartei" sich nicht so weitgehend von den Sowjets gegeneinander ausspielen ließen, daß es auseinanderfiel. Denn alle klammerten sich an ihre sozialdemokratische Identität und bangten um sie. Das führte dazu, daß die Haltung seiner Mitglieder, mit Ausnahme von Karl Littke und Helmut Lehmann, bis zum 10. Februar 1946 einigermaßen standfest zu sein schien, obwohl man sich seit der sechziger Konferenz intern über Grotewohls Haltung unsicher geworden war.

Die Kapitulation vom 11. Februar 1946 geschah aufgrund von Forderungen, die bereits eingeschüchterte oder angepaßte Parteiführer aus der Sowjetzone stellten, und es ist bezeichnend, daß der Zentralausschuß sein Nachgeben damit rechtfertigte, daß er sich auf die Erfordernisse der „Solidarität" berief.

Wie sah es mit der Solidarität der Führer nach unten in der Partei aus? Obwohl Klingelhöfer, nachdem Grotewohl aufgegeben hatte, der Opposition beigetreten war, verrät sein Bericht eine für sozialdemokratische Parteiführer bezeichnende Selbstherrlichkeit. Weder vor noch nach der sechziger Konferenz hatte die Führung die Mitgliederschaft ins Vertrauen gezogen, indem sie zur Diskussion über Dilemma und Bedrängnis der Partei aufforderte. So konnten sie weder die Partei für ihre Verzögerungsstrategie mobilisieren noch die Öffentlichkeit auf ihre Intentionen aufmerksam machen. Der Zentralausschuß sah sich weder in der Lage, die Partei in der Zone aufzulösen — was Schumacher verlangte — noch, mit der Groß-Berliner Mitgliederschaft im Rücken, unter Aufrechterhaltung seines Führungsanspruchs und seiner Vorbedingung eines allein entscheidungsbefugten Reichsparteitages die Spaltungsversuche der SMAD und KPD anzuprangern, die Unruhe in der Zone aufzunehmen, ihr eine Alternative zu geben und so zur Eskalation zu bringen, daß sich die dafür eigentlich zuständigen Instanzen — Kontrollrat und Kommandantur der vier Mächte in Berlin — damit befassen *mußten*. Dieser Weg des „Bruderkampfes" hätte mit Sicherheit zahlreiche Opfer im Sowjetsektor und in der Sowjetzone gefordert.

Einen kollektiven Abwehrkampf zu wagen, kam dem Zentralausschuß nicht in den Sinn, nicht nur, weil er in den Westmächten keine zuverlässigen Bündnispartner gefunden hatte, sondern auch, weil sein Verhältnis zur Parteibasis autoritär verfaßt war. So blieb ihm nur eine mit Bravade vorgetragene Selbsttäuschung, die in Grotewohls Satz zum Ausdruck kam: „Wir sind nicht nur Quantität, wir sind *die* Qualität."[6] Viele führende SPD-Funktionäre traten mit der Haltung selbstbewußter Würdenträger in die SED ein, die Hoffnung hegend, sie könnten als der weit zahlreichere und für ordentliche Führungs- und Verwaltungsaufgaben besser qualifizierte Teil der Arbeiterbewegung den Brüdern von der KPD entweder „anständige Manieren" beibringen oder sich gegen die Unverbesserlichen durchsetzen. Von diesen Vorstel-

---

6 Aufzeichnung eines Interviews mit Fritz Schreiber, 21.3.1974, in: Archiv für soziale Demokratie, Bonn (künftig: AdsD).

lungen ist nichts verwirklicht worden. Es sollte nicht einmal zu ernsthafter sozialdemokratischer Fraktionsarbeit in der Spitze der SED kommen.

Bei den führenden Leuten zeichneten sich nach ihrer Kapitulation weitere qualitative Brüche mit demokratischen Elementen der eigenen Identität ab. Um die Berliner Opposition im Keim zu ersticken, bediente man sich sowjetisch-kommunistischer ,,Erstürmungs-"techniken der Agitpropaganda und Maßregelung, die allerdings den eigenen Traditionen nicht völlig fremd waren. Bald wurde selbst die Verfolgung ehemaliger Genossen geduldet. Im Parteihaus der SED gab es plötzlich getrennte Kantinen für die höheren und niederen Funktionäre. Ehemalige Sozialdemokraten in der Führung der neuen Partei lebten nunmehr, vom Volk abgesondert, in den Ghettos der Privilegierten.

Dennoch wäre es vielleicht nicht zur Kapitulation des Zentralausschusses in Berlin gekommen, die Übertritte von *führenden* Funktionären wären nicht so zahlreich ausgefallen — mit drei Ausnahmen gingen alle ZA-Mitglieder sowie fast alle Sozialdemokraten im Vorstand des FDGB, 9 von 31 SPD-Bezirksstadträten der Westsektoren und 17 von 25 SPD-Stadträten des Sowjetsektors zur SED —, wenn die Haltung der Westmächte eine andere gewesen wäre. Die sehr unterschiedliche Behandlung, die Sozialdemokraten und andere nicht-kommunistische Politiker in Berlin von Seiten der sowjetischen und der westlichen Besatzungsmächte erfuhren, beeinflußte ihr Suchen nach politischen und persönlichen Perspektiven. Deshalb muß jede Untersuchung über Motivation und Handeln der Berliner auf die Wahrnehmbarkeit von Einstellungen der Besatzungsmächte zueinander und gegenüber den Deutschen eingehen.

Seit dem Einzug der Anglo-Amerikaner in Berlin war es nicht nur offensichtlich, daß die SMAD eine dominierende Stellung für die KPD sichern wollte; deutlich geworden war auch, daß die SMAD eine politische Betätigung der übrigen Parteien förderte, während sie von den Westmächten eher wohlwollend geduldet wurde. Der Unterschied zeigte sich nicht nur bei der materiellen Unterstützung mit Räumen, PKW, Heizmaterial usw., sondern auch in den zwischenmenschlichen Beziehungen. Die sowjetischen Besatzungsoffiziere bemühten sich oft eifrig um leitende Funktionäre der SPD, CDUD und LDPD; Parteiführer wurden von den ranghöchsten Sowjetoffizieren eingeladen und bewirtet. Mitglieder des Zentralausschusses erhielten eine Liste mit den privaten und dienstlichen Telefonnummern führender Offiziere der SMAD[7]. Marschall Shukow sprach sie mit ,,Genossen" an. Für soviel Zugänglichkeit und Förderung wurde allerdings ein hoher Preis verlangt. Parallel dazu wurde gegängelt, bedroht, willkürlich und widersprüchlich gehandelt. Teilweise geschah das in Arbeitsteilung, teilweise ging es auf konkurrierende Zuständigkeiten zurück. Kaum ein leitender Parteifunktionär wurde nicht von Offizieren des NKWD gedrängt, Spitzeldienste zu leisten. Auf allen Ebenen mußten SPD-Funktionäre lernen, wie man sich selbst und andere Bedrängte eventuell schützen konnte — nicht selten, indem man sich an Sowjetoffiziere und KPD-Genossen wandte, die man für vertrauenswürdig hielt. Hier waren ZA-Mitglieder zweifellos erfolgreicher als die

---

[7] Brief Oberstleutnant Rumjanzew an ZA der SPD (vermutlich 20.7.) 1945, in: Nachlaß Erich Gniffke, 9/2, AdsD.

mittleren und unteren Funktionäre, die Verwaltungs- oder Verbandsaufgaben im Sowjetsektor übernommen hatten.

Im Gegensatz zu ihren sowjetischen Kollegen legten die meisten Offiziere der Westmächte Wert auf Distanz, zeigten sich desinteressiert oder waren gönnerhaft. Mit Ausnahme der Briten waren nicht nur Generaloffiziere, sondern auch die ranghöchsten politischen Beamten der Westmächte für deutsche Parteiführer nicht erreichbar. Monate nach den Potsdamer Beschlüssen, die den Weg zur Zulassung politischer Parteien und Gewerkschaften in den Westzonen eröffnet hatten, gab es im Stab der örtlichen US-Militärregierung unter Colonel Frank Howley nur einen einzigen Offizier, der die Tätigkeit der Parteien und Bezirksverwaltungen im amerikanischen Sektor überwachen sollte[8]. Das interne Mitteilungsblatt in Howley's Behörde erwähnte erstmals im Februar 1946 eine politische Auseinandersetzung der Deutschen; die erste ausführliche Analyse der parteipolitischen Entwicklung erfolgte im Zusammenhang mit der Urabstimmung vom 31. März 1946[9].

Natürlich verhielten sich die westlichen Besatzungsoffiziere den deutschen Demokraten gegenüber unterschiedlich. Gesellschaftsverändernde Maßnahmen der SMAD, die in der Zuständigkeit des Kontrollrates für Deutschland lagen, und Konflikte der Deutschen mit der SMAD — sie zogen die Absetzung der Vorsitzenden der CDUD, Hermes und Schreiber, nach sich, sozialdemokratische Fusionsgegner wurden drangsaliert u. a. — ließen bei den jungen Beamten im Stab von Robert Murphy, dem politischen Berater von Eisenhower und Clay, die Besorgnis aufkeimen, die SMAD wolle das Sowjetsystem in Deutschland einführen. Aber wenn Engländer, Amerikaner und auch deutsche Emigranten versuchten, Mitglieder des Zentralausschusses zu beeinflussen oder opponierenden Sozialdemokraten während des Fusionskampfes zu helfen, so taten sie es meist als Einzelpersonen; oft waren sie von Erfahrungen motiviert, die sie in den dreißiger Jahren als Angehörige der Arbeiter- und Studentenbewegungen ihrer Länder mit Stalinisten gemacht hatten. Allein bei den Engländern gab es rühmliche Ausnahmen unter den Spitzenbeamten. Sir William Strang, der politische Berater des britischen Militärgouverneurs, und der leitende Beamte Christopher Steel brachten Otto Grotewohl und Jakob Kaiser Verständnis entgegen und waren persönlich bemüht, diese Männer bei ihren Versuchen, Selbstständigkeit gegenüber beiden Seiten zu erlangen, zu ermutigen[10]. Bevor sich hochgestellte Engländer — auch in London — für die Aufschubstrategie von Otto Grotewohl und das Brückenkonzept des Christlichen Sozialisten und neuen CDU-Vorsitzenden, Jakob Kaiser, interessierten, hatten sie erfahren müssen, daß ihre Erwägun-

---

8 Memorandum von John Chase über Work of Military Government Detachment A1A1 an Heath, Office of Political Affairs (POLAD), 4.9.1945, Desp. 928, in: National Archives, Washington D.C., State Department, Record Group 59, 740.00119 Control (Germany)/9-1045. Künftig: NA, Control(G)/.
9 Weekly Report, OMG BD (Berlin District), 21.2.1946, in: NA, Control(G)/3-136; vgl. Monthly Report for April 1946, OMG BD, in: NA, Control(G)/5-2546.
10 Siehe z. B. Strang, Berlin, an O. C. Harvey, Foreign Office, London, 20.11.1945, in: PRO, F.O. 371/46910/C8989; C. E. Steel an Sir Arthur Street, London, 15.12.1945, in: PRO, F.O. 371/55360/C73; Strang an Bevin, Nr. 2. 22.1.1946, in: PRO, F.O. 371/55360/C824; Steel an Street, 22.1.1946, in: PRO, F.O. 371/55360/C1105; Strang an Foreign Office, 13.4.1946, PRO, F.O. 371/55364/C4198.

gen, ob es möglich sein würde, zwischen den USA und der UdSSR einen westeuropäischen Block zu errichten, auf das lautstarke Mißtrauen der Sowjetunion und den Unwillen der USA stießen. Die Zustimmung zu diesem Konzept seitens der nunmehr regierenden Labour Party und der französischen Sozialisten machte eine einvernehmliche Erörterung dieses Konzepts mit den Sowjets noch schwieriger, obgleich ihnen immer wieder zugesichert wurde, daß es sich gegen ein gefährliches Wiedererstarken Deutschlands richtete[11]. Das Interesse der Engländer an den Vorstellungen Grotewohls und Kaisers blieb also im Rahmen der Aufrechterhaltung eines funktionierenden Vier-Mächte-Experiments für Deutschland. Zu dieser Zeit, im Januar/Februar 1946, standen in den Gremien des Alliierten Kontrollrats Vorschläge zur Diskussion, die die Bildung von Reichsorganisationen der Parteien und Gewerkschaften vorsahen. Da die übrigen Besatzungsmächte eine derartige Entwicklung befürworteten, konnten sie davon ausgehen, daß es hier – ebenso wie bei der Bildung von zentralen Wirtschaftsverwaltungen – allein am Veto der Franzosen lag, wenn sich dies nicht verwirklichen ließ. Sicherlich hatten führende deutsche Politiker wie Schumacher, Grotewohl und Kaiser hierüber einiges erfahren. Es war jedoch bezeichnend, daß weder Grotewohl noch Schumacher in dieser nur intern behandelten Streitfrage der Alliierten eine Chance erblickten, die sie als Deutsche irgendwie hätten ausnutzen müssen. Und es war ebenso bezeichnend, daß weder die Amerikaner noch die Engländer ernsthaft daran dachten, die Betroffenen, die deutschen Demokraten, bei der Austragung von Konflikten zwischen den Siegermächten eine Rolle spielen zu lassen; wiederholt haben sich führende Männer der amerikanischen und britischen Militärregierung mit Vorschlägen auseinandergesetzt, die zu diesem Ergebnis hätten führen können. So wurde zum Beispiel angesichts des Verhandlungsstillstandes in Fragen der „Zentralverwaltungen" und „nationaler Gewerkschaftsverbände" von den Anglo-Amerikanern erwogen, ob sie einen Alleingang mit den Russen, aber ohne die Franzosen wagen sollten[12]. Anderseits fragten sich die Westmächte, ob sie sich öffentlich von eigenmächtigen Maßnahmen der Russen distanzieren sollten. Sollte nicht deswegen die Presse mobilisiert werden?[13] Engländer fragten sich, ob sie durch eine „parlamentary question" an ihre Regierung über die Entstehung von Reichsparteien in Deutschland die Öffentlichkeit auf eine bedenkli-

---

11 Siehe z. B. Brief Frank Roberts, British Embassy, an O. C. Harvey, London, 24.7.1945, und Vermerk („Minutes") dazu, in: PRO, F.O. 371/50826/U5486; Telegramm Roberts, Moskau, an Foreign Office, 15.9.1945, in: PRO, F.O. 371/50826/U7042. Telegramm Roberts an F.O., 22.9.1945, in: PRO, F.O. 371/50826/U7287. Notes für Meeting von der „Western Group", in: PRO, F.O. 371/50826/U8180; Record of Meeting, 11.10.1945, in: PRO, F.O. 371/50826/U8136.
12 Eine diesbezügliche Forderung von General Clay fand im Oktober 1945 die Zustimmung seiner Regierung, ließ sich jedoch, aufgrund von sowjetischen Einwänden, nicht verwirklichen. Vgl. Clay an War Department, CC-16567, 24.9.1945, in: NA, Control(G)/9-2445; Brief Matthews an Cohen, 12.10.1945, in: NA, Control(G)/10-1245. War Department an OMGUS, 20.10.1945, WAR 7 7556, in: NA, Control(G(/10-1245. Cafferty, Paris, an Sec. of State, 18.12.1945, in: *Foreign Relations of the United States 1945*, 3. Bd., 1968, S. 922.
13 Siehe Louis Wiesner, *Organized Labor in Postwar Germany*, Washington D.C. 1950 (unveröffentlichtes Manuskript), S. 213–215.

che Entwicklung in der Sowjetzone und in Berlin aufmerksam machen sollten[14]. Am Ende verwarfen die Westmächte alle derartigen Schritte, weil sie ein Gebot für vorrangig hielten, nach dem die vier Siegermächte eine Haltung der Eintracht gegenüber den Deutschen aufrechtzuerhalten hätten. Vor allem General Clay und Botschafter Murphy wollten alles vermeiden, was einer Verständigung mit der Sowjetunion in Deutschland hinderlich werden konnte.

Hätten die Westmächte die vom Gleichschaltungsdruck begleitete Kampagne, eine Fusion der SPD mit der KPD zu erzwingen, als Anlaß genommen, mit den Sowjets intern zu streiten und öffentlich — wenn auch nur indirekt — Kritik an den Sowjets zu üben, so wäre mindestens eine Folge für sie alle unakzeptabel gewesen: nämlich die Möglichkeit, daß sich die Deutschen von Objekten in handelnde Subjekte verwandeln könnten. Denn hierdurch hätte eine deutsche Partei, in diesem Fall die SPD, die Chance erhalten, im eigenen Interesse in einem politischen Prozeß mitzureden, der ausschließlich für eine Angelegenheit der Siegermächte gehalten wurde. Allein die KPD-Führung genoß in ihrem Verhältnis zur SMAD in dieser Beziehung eine Sonderstellung.

Zwar haben amerikanische Presseoffiziere den sozialdemokratischen Fusionsgegnern in Berlin ein Mindestmaß an Kommunikationsmöglichkeiten gesichert[15], das nötig war, um die Parteimitglieder zu informieren und zu mobilisieren; die offizielle Politik der Amerikaner aber hielt an dem Prinzip der „Nicht-Einmischung" in deutsche Angelegenheiten fest. „Strictly hands off" hieß die Antwort, die Murphys Vertreter im Ausschuß der führenden „intelligence"-Offiziere auf eine entsprechende Frage gab[16]. Als der junge Gewerkschaftsattaché Louis Wiesner einen Bericht vorlegte, in dem er die Methoden der Einheitskampagne in der Sowjetzone als „Terror" bezeichnete, für einen energischen Protest im Kontrollrat plädierte und vorschlug, die Fakten für eine internationale Pressekampagne offenzulegen, blieb Clay unbeeindruckt und Murphy zögerte mit der Weitergabe des Berichts nach Washington bis zum 25. März, sechs Tage vor der Urabstimmung[17].

Zu diesem Zeitpunkt interessierte sich die internationale Presse bereits für den Fusionskampf, und Außenminister Byrnes hatte in einem Telegramm an Murphy Besorgnis geäußert: Er, der Außenminister erwarte von den Behörden seiner Regierung in Berlin, daß sie eventuell persönlich gefährdeten SPD-Mitgliedern jeden denkbaren Schutz gewährten. Hierauf hatten deutsche Emigranten in New York und London gedrängt, ein Fluchtweg nach dem Westen müsse für ihre Genossen in Ber-

---

14 Siehe z. B. nach der Absetzung der CDUD-Vorsitzenden Hermes und Schreiber Telegrammentwurf, Foreign Office an Strang, Nr. 100, 16.1.1946 (mit „Minutes"), in: PRO, F.O. 371/55360/C72. Strang an Foreign Office, Nr. 22, 18.1.1946, in: PRO, F.O. 371/55360/C849. Im Zusammenhang mit dem Fusionskampf s. Steel an Foreign Office, Nr. 188, 11,2, 1946 (auch die „Minutes"), in: PRO, F.O. 371/55360/C1675. Minutes, Foreign Office, 12.–14.2.1946, in: PRO, F.O. 371/55362/C2969.
15 Siehe Harold Hurwitz, *Die Stunde Null der Deutschen Presse*, Köln 1972, S. 340.
16 Protokoll, Joint Intelligence Committee, OMGUS, 8.2.1946, in: NA, Control(G)/5-2546.
17 Louis Wiesner, Memorandum, Anlage des Memorandums 119 von Brewster Morris, 18.3. 1946, in: Despatch Murphy an Matthews, Washington D.C., 25.3.1946, in: NA, Control(G)/3-2546 (confidential series; künftig: C-Serie).

lin eröffnet werden, denn in der Ferne rechnete man schon mit einer Liquidierung der SPD in Berlin. Drei Tage, nachdem er den Wiesner-Bericht an das State Department abgeschickt hatte, nahm Botschafter Murphy dazu in einem Brief an einen Diplomatenkollegen Stellung[18]:

„I have always been convinced that it will be obvious to every German that one possibility open to Germany to escape reparations and other penalties arising out of her defeat would be to play one Ally against the other ...". „It may be due to natural lethargy but I cannot work myself up into a lather about it. The Red Army used strongarm methods placing its chosen people in public office. In the emotional stages of the post-combat era this was to be expected ... The Soviet technique ... seems to me exceedingly primitive, and in their obvious determination to impose a single party structure I think they will meet with failure and I believe their efforts delude but few.
On the other hand we do not stand to make a profit by a cheap imitation of their methods. Some of our people seem to believe that we should go all out for the Social Democratic Party. They say that this would make our policy much more objective. It is not quite clear then how our policy would differ from any other totalitarian method. In other words I feel that we cannot continue to talk about democracy as we understand it and practice some other form. Quite apart from this I am not at all satisfied that the platform of the Social Democratic Party is the platform that we particularly want to see applied here."

In diesen Äußerungen kam ein für Beamte der westlichen Besatzungsmächte charakteristisches Einstellungssyndrom zum Ausdruck. Welche Dissonanz auch immer das Gebot nach Zusammenarbeit mit der kommunistischen Weltmacht bei ihnen, mit ihrem gegenteiligen Selbstverständnis, erzeugte, fiel es den meisten westlichen Besatzungsoffizieren leichter, mit diesem Problem zu leben, wenn sie die Deutschen weiterhin als ein gemeinsam besiegtes Volk ansahen, das nichts mehr zu sagen hatte. Bis in das Jahr 1947 hinein sollte das Eintrachtsgebot der Sieger eine öffentliche Dramatisierung der Differenzen verhindern, die allmählich zur Teilung Deutschlands führten.

Diese Haltung beeinflußte politische Wahrnehmungen und die Suche nach Perspektiven in der Berliner Bevölkerung, auch unter den Mitgliedern der SPD. Einerseits setzten die Berliner ihre Hoffnung auf das Gelingen des Experiments der Vier Mächte. Repräsentativumfragen belegen, daß zumindest bis Frühjahr 1947 eine große Mehrheit der Bevölkerung die Erfolgschancen einer Zusammenarbeit der Vier optimistisch beurteilte. Das galt nicht für den wirtschaftlichen Wiederaufbau, wohl aber für die politische Einheit Deutschlands. Berliner hatten existentielle Gründe, sich an diese Perspektive zu klammern, und sie taten es öfter und länger als Menschen, die zum selben Zeitpunkt in der amerikanischen Zone Westdeutschlands befragt wurden[19]. Andererseits nahmen die Berliner die potentiell antagonistischen

18 Brief Murphy an Matthews, 28.3.1946, in: NA, Control(G)/3-2546 (C-Serie).
19 Eine komplette Auflistung der Randergebnisse der nach dem Quotenverfahren in Groß-Berlin durchgeführten Repräsentativumfragen (1945–1947) befindet sich im Archiv des Berlin-Projekts, Freie Universität Berlin, Bestand Henry Hertz. Hier die Eintragungen für Surveys vom 21.2.1946 und 7.1.1947. Hier auch: Tabulations of Results, Quoten Survey Nr. 29, 9.8.1946; OMGUS Survey Report Nr. 87, 9.1.1948, in: Archiv des Berlin-Projekts (aus OMGUS Records), Zentralinstitut für sozialwissenschaftliche Forschung. Im folgenden zitiert: Archiv BlnP.

Unterschiede im Herrschafts- und Umgangsstil der sowjetischen und der westlichen Besatzungsmächte wahr und sie erlebten, wie die Vier Mächte eine Harmonie vorexerzierten, die für die Westmächte in Berlin mehr Hindernisse aufstellte als für die SMAD. Während jedoch diese Wahrnehmung die meisten Berliner noch vorsichtiger stimmte und ihre Neigung zur politischen Abstinenz (das „ohne-mich"-Syndrom) zu rechtfertigen schien, wirkte sie auf Sozialdemokraten eher aufreizend, unterstrich die Widersprüchlichkeit ihrer Lage und drängte sie, so oder so, zur Entscheidung.

Um diesen tendenziellen Unterschied zu verstehen, müssen die unterschiedlichen Erwartungen und Ansprüche der Bevölkerung und der Sozialdemokraten in der Berliner Besatzungssituation nach der Niederlage des Dritten Reiches berücksichtigt werden. Die Sozialdemokraten brachten in die Besatzungssituation die Ansprüche einer Solidargemeinschaft mit, die zwölf Jahre lang ihren Zusammenhalt gepflegt und an ihrem Glauben festgehalten hatte.

Es ist wohl angebracht, kritisch zu fragen, inwieweit eine Mobilisierung der Öffentlichkeit zur antikommunistischen Abwehr auf einen Prozeß der Redemokratisierung schließen läßt; zugleich ist es nicht von der Hand zu weisen, daß Sozialdemokraten sich bisher am konsequentesten für die Demokratie in Deutschland eingesetzt hatten. Als sie im Jahre 1945 einen Anspruch auf Führung in der eroberten Reichshauptstadt anmeldeten, geschah das in dem Bewußtsein, die letzten Verteidiger einer Republik gewesen zu sein, die von fast allen anderen politischen Kräften im Lande entweder aufgegeben oder zerstört worden war. Gewiß hatte sich der demokratische Charakter deutscher Sozialdemokraten eher in einer devoten Sorge um Statuten und um rechtliche Prozeduren als in spontanen Initiativen oder Reaktionen auf drohende Gefahren manifestiert. Hinderlich für die freie Entwicklung der deutschen Arbeiterbewegung war ein integrationistischer Zug gewesen, der etwas zuviel Wert auf die allmächtige Kraft einer geschlossenen Organisation legte und sich in überdimensionalem Respekt für führende Genossen äußerte. Solche Eigenschaften waren Ausdruck der Tatsache, daß die Arbeiterbewegung, auch wenn sie sich als „Gegenkultur" verstand und als solche wirkte, Produkt und Bestandteil einer dominanten Kultur autoritärer Prägung geblieben war. Eintracht wirkt beruhigend, Zwietracht auf die meisten Deutschen stets störend. Dennoch war für deutsche Sozialdemokraten auch charakteristisch, daß sie sich in dem vom Parteistatut verordneten demokratischen Entscheidungsprozeß Gehör verschafften, auf Diskussion Wert legten und auf kritisches Denken, auf die eigene Fähigkeit, „die Verhältnisse" zu analysieren, besonders stolz waren. Es steht auf einem anderen Blatt, daß sich diese „Fähigkeit", bei Gebildeten ebenso wie bei Halbgebildeten, dogmatisch, engstirnig, borniert äußern konnte. Wesentlich war das Selbstbewußtsein und, damit verbunden, der Bildungsauftrag der sozialdemokratischen Arbeiterbewegung.

1945 kam hinzu, daß das Versagen der Führung und der oligarchischen Bürokratie von Partei und Gewerkschaften in den Jahren 1932–33 viele Sozialdemokraten zur selbstkritischen Reflexion veranlaßt hatte. Das drückte sich in dem Wunsch nach Wiedervereinigung der gespaltenen Arbeiterbewegung aus. Die Vorstellungen, die Sozialdemokraten meistens dabei hegten, orientierten sich an Leitbildern der einheitlichen Bewegung von vor 1914. Es gab aber auch, vor allem unter den jüngeren Genossen, Befürworter neuer Organisationsformen, und zwar sowohl auf dem rechten als auch auf dem linken Flügel der alten Bewegung. Aber die Antworten, die Sozialisten aus den Fehlern der Vergangenheit zogen, waren von Besorgnis über den fehlenden Widerstandswillen und die mangelnde moralische Abwehr der deutschen Arbeiterklasse im Dritten Reich mitgeprägt und auch deshalb widersprüchlich. Manche forderten mehr, andere weniger Demokratie in den künftigen Einrichtungen des Staates und der Bewegung.

Wenn auch ihre Beweggründe nicht immer nobel gewesen waren, hatte sich die Sozialdemokratie in ihrem Antikommunismus vor 1933 doch stets auf demokratische Argumente gestützt. Nach der Machtergreifung durch die NSDAP wurde die Notwendigkeit zur Einheit in der Aktion mit Kommunisten innerhalb der zerschlagenen Restbewegung im Prinzip weitgehend akzeptiert und dann von Sozialdemokraten bei der illegalen Arbeit im Reich oft erprobt. In den meisten Fällen war diese Zusammenarbeit nicht von Bestand; sie erwies sich oft als verhängnisvoll, weil die Kommunisten zu abenteuerlichen Handlungen neigten und weil sie von der Gestapo konsequenter beobachtet und verfolgt wurden.

Im Mai/Juni 1945 war es jedoch der Zentralausschuß der SPD in Berlin, der eine sofortige Fusion der überlebenden Kräfte in einer neuen geeinigten Arbeiterpartei vorschlug, und es war die Führung der KPD, die diesen Vorschlag ablehnte. Die Beweggründe der ZA-Führer waren nicht nur ideeller Natur, sie waren auch von bestimmten Erfahrungen neueren Datums geprägt. Denn nach der Besetzung Berlins durch die Rote Armee war der Zentralausschuß wochenlang von der SMAD ignoriert und von der aus Moskau zurückgekehrten Führungsgruppe Ulbricht gemieden worden, die dabei war, die verwaltungsmäßigen und politischen Verhältnisse neu zu regeln. Ende August 1945 plädierte nur noch ein einziges ZA-Mitglied für eine möglichst baldige Vereinigung mit der KPD: Gustav Dahrendorf. Er floh dann, sofort nach der Kapitulation des ZA im Februar 1946, in den Westen, nachdem er von Versuchen des NKWD erfahren hatte, seinen Sohn zur Bespitzelung des Vaters zu zwingen[20].

Um verstehen zu können, weshalb und inwieweit sich die Lage der Sozialdemokraten in Berlin als ein Zustand der relativen Deprivation beschreiben läßt, in einem bestimmten Sinne also als eine Situation, die Widerstand erzeugte, muß sowohl von den Ansprüchen ausgegangen werden, die Sozialdemokraten in die Besatzungssituation einbrachten, als auch von ihren Wahrnehmungen der Möglichkeiten, Ansprüche erheben und erfüllen zu können[21]. Warum wurden Sozialdemokraten von der Niederlage des NS-Regimes und der Vier-Mächte-Besatzungssituation zugleich stark angeregt, ermutigt und frustriert? Vom Zeitpunkt der Zulassung der Partei durch die

---

20 Manuskriptentwurf mit Ergänzungsnotizen, S. 113, 117–119, in: Nachlaß Gniffke, 2/4, AdsD.
21 Vgl. Ted Robert Gurr, *Rebellion*, Düsseldorf und Wien 1972; Michael Beckmann, *Theorie der sozialen Bewegungen*, München 1972; Michael Faisst/Harold Hurwitz/Klaus Sühl, Die Berliner Sozialdemokratie und die Personalpolitik der Besatzungsmächte 1945/46, in: *IWK*, 16. Jg. (1980), H. 3, S. 313–346.

SMAD im Juni 1945 bis zum Ausbruch des innerparteilichen Konflikts über die Einheitspartei im Januar 1946 stellten die Erfahrungen der Berliner Sozialdemokraten eine aufreizende Mischung von starken Ermutigungen und bitteren Enttäuschungen dar. Diese Erfahrungen wurden nach sehr hohen Maßstäben bewertet, weil sie nicht nur für legitim, sondern auch für zeitlich fällig und auch erfüllbar gehalten wurden. Das hing mit der Größe, den politischen und professionellen Qualifikationen, dem Unabhängigkeitswillen und dem freien Zusammenhalt der eigenen Solidargemeinschaft zusammen. Diese Eigenschaften dienten deshalb dem Aufstellen eines Führungsanspruchs, weil die Sozialdemokraten sich intensiv mit den neuen Privilegierten, mit den Kommunisten, verglichen und sich in den genannten Eigenschaften für besser hielten.

Bis Ende 1945 zählte die SPD fast 60.000 Mitglieder in Berlin. Sie rekrutierte sich in der Regel aus der alten Arbeiterbewegung. Mehr als zwei Drittel der Beitretenden waren vor 1933 in einem oder mehreren Verbänden der Bewegung „organisiert" gewesen[22]. Mindestens die Hälfte waren Altmitglieder der SPD. Wie eng die Bindungen der Altmitglieder der SPD waren, die der Partei 1945 wieder beitraten und ihr die Treue hielten, als die SED gegründet wurde, läßt sich daran erkennen, daß in dem Erhebungsbezirk Schöneberg-Friedenau 63 % dieser Mitglieder fünf Jahre später noch immer der SPD angehörten, während von denen, die der dortigen Partei nach der Urabstimmung bis Ende 1950 beitraten, nur 37 % fünf Jahre lang und länger Mitglied blieben. Aber auch bei den später Beitretenden waren 41 % vor 1933 in einem oder mehreren sozialdemokratischen Verbänden „organisiert" gewesen.

Um die Jahreswende 1945/46 war, im Vergleich zur KPD, die Berliner SPD die mitgliederstärkere Partei. Diese Stärke basierte *nicht* auf opportunistischer Rekrutierung; die KPD-Führung sah sich hingegen relativ früh gezwungen — vor allem, um qualifizierte Kräfte für gouvernementale Aufgaben anzuwerben —, ihre Partei für nominelle Mitglieder der NSDAP zu öffnen. Als Wilhelm Pieck diese Wende auf einer Kundgebung der antifaschistischen Parteien Ende Januar 1946 ankündigte, wurde allgemeine Empörung laut[23].

Die Legitimation von Führungsansprüchen der Sozialdemokraten nach 1945 hing auch mit ihren Erfahrungen im Dritten Reich zusammen. Von denen, die die Partei in Berlin-Schöneberg wieder gründeten, hatte fast ein Viertel Verfolgung hinter sich, sei es berufliche „Maßregelung" (was meistens Entlassung hieß), KZ oder Zuchthaus. Anhand autobiographischer Skizzen, die 285 SPD-Kandidaten zu den Stadt- und Bezirksverordnetenwahlen von 1946 und 1948 anfertigten, läßt sich feststellen, daß sogar eine Mehrheit dieser Funktionäre derartige Verfolgungen erlitten hatte.

---

22 Nach einer Erhebung, die wir im Kreisverband Schöneberg-Friedenau durchgeführt haben und die Ergebnisse bestätigt, die Kaden früher in zwei anderen Kreisverbänden der Westsektoren von Berlin ermittelt hat. Vgl. Albrecht Kaden, *Einheit oder Freiheit*, Hannover 1964, Exkurs, S. 319–332. Die Untersuchung in Schöneberg basiert auf einer 50-%-Repräsentativstichprobe und erfaßt die Mitgliederschaft von Mai 1945 bis Dezember 1972.
23 Strang, Political Summary Nr. 3/IV, an Foreign Office, 13.2.1946, in: PRO, F.O. 371/5536/C2159.

Von den führenden Funktionären waren 40 % in „Schutzhaft", im KZ oder im Gefängnis gewesen. Wie stand es mit dem aktiven Widerstand? Während nur 8 % der Mitglieder, die der SPD in Schöneberg-Friedenau bis zum 31. März 1946 beitraten, auf eine entsprechende Frage in ihren Beitrittsformularen belegen konnten, sich illegal gegen die Nazis betätigt zu haben, traf dies wesentlich häufiger auf Altfunktionäre der organisierten Arbeiterbewegung zu. Die vorgenannte Kandidatenerhebung zeigt, daß, wenn diese Nachkriegsfunktionäre vor 1933 einfache Parteimitglieder gewesen waren, ein Viertel auf irgendeine illegale Tätigkeit nach 1933 hinwies. Das kam noch häufiger vor, wenn sie vor 1933 Funktionäre gewesen waren: zu 30 % bei den „kleinen", zu 40 % bei den „höheren" Altfunktionären.

Hinzu kam eine Legitimierung der Führungsansprüche der SPD in Berlin, die mit den beruflichen Qualifikationen der Mitglieder und Funktionäre zusammenhing. Der Bildungsauftrag der Arbeiterbewegung hatte sich in Berlin u. a. auch dahingehend ausgewirkt, daß die Sozialdemokraten 1945 sehr oft fachlich hoch qualifizierte und sozial mobile Kräfte waren. Oft handelte es sich um Menschen, die in der Weimarer Zeit in der öffentlichen Verwaltung und den Verbänden der Arbeiterbewegung gearbeitet hatten. Ehemalige Arbeiter waren sehr oft zwischen 1918 und 1933 Angestellte geworden. Ein Viertel der Altmitglieder der SPD im Kreisverband Schöneberg-Friedenau hatte vor 1933 in öffentlichen Dienststellen und Betrieben gearbeitet. Unsere Kandidatenuntersuchung zeigt, daß die Hälfte dieser Funktionäre vor 1933 Laufbahnen gehabt hatte, die ihre Höhepunkte im öffentlichen Dienst fanden. Im übrigen glaubten die Sozialdemokraten im Jahre 1945, als es galt, einen Wiederaufbau zu betreiben, der zum Sozialismus führen sollte, auch deshalb qualifiziert zu sein, öffentliche Verantwortung zu übernehmen, weil sie bis 1933 ihr Berufsleben und oft auch ihr Leben der Republik und der Partei, den Gewerkschaften, dem Reichsbanner, der Genossenschaftsbewegung oder einem anderen Verband dieser Solidargemeinschaft gewidmet hatten.

Infolgedessen war der Zugang zu gouvernementaler Verantwortung für Berliner Sozialdemokraten außerordentlich wichtig. Nirgends wurden sie – ebenso wie die Bevölkerung – mit der Vorrangstellung der Kommunisten und der unbefriedigenden Haltung der Westmächte härter konfrontiert als in den Dienststellen des Magistrats und der Bezirksverwaltungen. Es fiel ihnen nicht schwer, irgendeine Stelle in der öffentlichen Verwaltung zu finden. Aber alle politischen Schlüsselpositionen im Magistrat und die meisten anderen Führungsposten in den Rathäusern der Bezirke waren mit KPD-Leuten besetzt, und es schien so zu sein, daß die SMAD bei der Besetzung der übrigen Stadträtestellen parteilose Experten und bürgerliche Politiker den Sozialdemokraten vorzog. Wenn ein Sozialdemokrat im Magistrat oder in einem Rathaus des Sowjetsektors eine führende Position erhielt, wurde er von Stellvertretern und Abteilungschefs umgeben, die der KPD angehörten und die seine politischen Wirkungsmöglichkeiten einschränkten. Die Anwesenheit der Westmächte hatte keine nennenswerten Änderungen dieser Situation im Magistrat von Groß-Berlin zur Folge, und nur allmählich und in Grenzen bewirkte ihre Politik bis zum Zeitpunkt der Oktoberwahlen Korrekturen in den Rathäusern der eigenen Sektoren. Nach der

Gründung der SED wurde der Einfluß von Kommunisten im Magistrat und in den Rathäusern der drei Westsektoren sogar noch vergrößert[24].

Dennoch wäre der Abwehrkampf Berliner Sozialdemokraten ohne die Präsenz der Westmächte undenkbar gewesen. Zwar vermieden es die Westmächte, sich mit den Sowjets wegen der Zwangsvereinigung zu streiten, aber die Briten und die Amerikaner gewährten den Fusionsgegnern schließlich doch eine Unterstützung, die bescheiden, aber ausreichend war. Letzten Endes wurde sogar der Zustand relativer Deprivation, in dem sich die Widerstandswilligen befanden, durch die Diskrepanz intensiviert, die sich auftat, als sie Vergleiche anstellten zwischen dem, was die SMAD tat und dem, was die Westmächte tun konnten, wenn sie nur wollten, aber nur allmählich zu tun begannen. Die Wahrnehmung dieser Diskrepanz stimmte die Fusionsgegner nicht optimistisch, aber sie nahm ihnen auch nicht die Hoffnung und stellte sie somit unter den Druck, selbst mehr für die eigene Sache zu tun.

Eine Unterstützung der Westmächte war vor allem für die Kommunikation der Fusionsgegner miteinander entscheidend. Dafür sorgten die Medienlage und die Medienpolitik der Besatzer in der Viermächte-Stadt; denn hier ließ sich eine Konkurrenz nicht vermeiden, nachdem sich die SMAD geweigert hatte, Radio Berlin und die Kontrolle der Presse unter Viermächte-Regie zu stellen oder einem gemeinsamen Presseorgan der Alliierten Kommandantur zuzustimmen. Bis Herbst 1946 verfügte die SMAD über ein beinahe vollständiges Rundfunkmonopol in Berlin. Andererseits gab es Anfang 1946 drei „westliche" Zeitungen, die in Auflagen erschienen, die insgesamt wesentlich kleiner waren als die der sieben sowjetisch kontrollierten, aber mit diesen gut konkurrieren konnten, weil alle Zeitungen in allen vier Sektoren von Berlin erhältlich waren. Bis zum Jahresende 1945 war, Meinungsumfragen zufolge, die unter amerikanischer Lizenz erscheinende Zeitung „Der Tagesspiegel" (auch im Sowjetsektor) die populärste Zeitung in Berlin geworden[25]. Diese Ost-West-Konkurrenz in den Medien wurde jedoch durch das Eintrachtgebot der Siegermächte auf beiden Seiten gebremst; allerdings sorgte die Pressekontrolle der Westmächte dafür, daß mehr Rücksicht auf die UdSSR genommen wurde als umgekehrt. Direkt wurde an der Besatzungspolitik der Westmächte bzw. der Sowjetunion noch keine Kritik geübt, wohl aber indirekt, indem negative Bilder über die Länder der Siegermächte und ihre Systeme gebracht wurden. Die Einseitigkeit dieses Informationsangebotes macht eine Untersuchung der redaktionell hervorgehobenen Berichterstattung auf den ersten Seiten von drei Zeitungen evident: des Parteiorgans der KPD (später SED), des „Tagesspiegels" und des erst Ende März 1946 unter britischer Lizenz erscheinenden „Telegrafs".

---

24 Hierzu ausführlich in Faisst/Hurwitz/Sühl, Die Berliner Sozialdemokratie (Anm. 21), S. 313–346.
25 Tabulations of Results, Quoten Survey Nr. 1, 30.10.1945, in: NA OMGUS Records, RC-260, 4/8-3/2 (künftig: NA, OMGUS).

Tab. 1: Negative Bilder über den „Osten" und den „Westen" in verschiedenen Berliner Zeitungen 1945—1947

	Nov. 1945 bis Jan. 1946	Febr. 1946 bis April 1946	Mai 1946 bis Juli 1946	Aug. 1946 bis Okt. 1946	Nov. 1946 bis März 1947
a) negative Bilder *über den „Osten"*					
Deutsche Volkszeitung/Neues Deutschland (KPD/SED, sowjet. Lizenz)	0 %	0 %	0 %	0 %	2 %
Der Tagesspiegel (US-Lizenz)	2 %	0 %	3 %	4 %	11 %
Telegraf (UK-Lizenz)	x	x	15 %	13 %	+)
b) negative Bilder *über den „Westen"*					
Deutsche Volkszeitung/Neues Deutschland (KPD/SED, sowjet. Lizenz)	16 %	11 %	15 %	8 %	57 %
Der Tagesspiegel (US-Lizenz)	0 %	0 %	0 %	0 %	14 %
Telegraf (UK-Lizenz)	x	x	3 %	1 %	+)

+) nicht erhoben

Was die Agitation für die Einheitspartei angeht, so ist ein Vergleich zwischen der „Deutschen Volkszeitung" der KPD und dem Parteiorgan des Zentralausschusses der SPD „Das Volk" aufschlußreich. Bereits im Zeitraum von November 1945 bis Ende Januar 1946 prägte Agitation für die SED das Erscheinungsbild der KPD-Zeitung (d. h. in Schlagzeilen oder als Fettgedrucktes auf Seite 1) in 49 % der Nummern mit, um dann in den folgenden drei Monaten auf 70 % anzusteigen. Dagegen war es trotz Zensur bis Februar 1946 dem „Volk" gelungen, sich bei diesem Thema zurückzuhalten. Als es dann zum offenen Fusionskampf kam, stieg aber die Hervorhebung des „Einheits"-Themas im „Volk" von 7 % auf 39 % der Nummern an.

Aber auch in dem Zeitraum zwischen der sechziger Konferenz im Dezember 1945 und der Kapitulation des Zentralausschusses Anfang Februar 1946 war es im „Volk" wegen der Zensur weder möglich, die Verzögerungstaktik des ZA zu erläutern und zu begründen noch Kritiker einer sofortigen Fusion mit der KPD zu Wort kommen zu lassen[26].

Sehr früh wurden in der Parteiführung Klagen laut, daß Mitglieder und Sympathisanten der SPD „Das Volk" nicht mehr lesen wollten[27]. Aber seit Ende Dezember 1945 konnte sich ein Sozialdemokrat lange Zeit über die sich anbahnenden internen Parteikonflikte nicht einmal dadurch informieren, daß er eine oder alle „westlichen" Zeitungen in Berlin las. Zu keiner Zeit veröffentlichten sie Nachrichten über

---

26 Das geschah einmal später am 21.3.1946 in einem Artikel von Helmut Mattis.
27 Auf dem ersten Parteitag der Berliner SPD am 25.11.1945; s. Howard A. Fleming, *The Social Democrats of Berlin and the Founding of the SED 1945—1946*, Diss., University of California, 1975, S. 196—198.

den Gleichschaltungsdruck der SMAD und der KPD auf Funktionäre der SPD in der Sowjetzone. Als „Der Tagesspiegel" den gemeinsamen Beschluß der Führungen von KPD und SPD vom 21. Dezember 1945 kritisierte, hob er weder die Vorbehalte des Zentralausschusses (Reichsparteitagsbeschlüsse seien notwendig) hervor noch druckte er eine der vielen Protestresolutionen ab, die gegen diesen Beschluß von Parteiabteilungen verabschiedet wurden.

Das offizielle Mitteilungsblatt der Briten enthielt sich jeder Stellungnahme zum Fusionskampf, aber als Zeitung der Labour-Regierung erhielt „Der Berliner" leichter Informationen über den parteiinternen Konflikt und konnte daher am 22. Januar 1946 als erste über die Opposition berichten. Es dauerte noch einige Wochen, bis sozialdemokratische Fusionsgegner bereit waren, sich an eine bürgerliche Zeitung wie den „Tagesspiegel" um Hilfe zu wenden. Erst am 16. und 17. Februar stellte sich „Der Tagesspiegel" auf eine Berichterstattung ein, die dem Selbstverständnis kritischer Sozialdemokraten angemessen war (und ihr Dilemma berücksichtigte). Aber bevor auf der dramatischen Funktionärsversammlung im Ostberliner Admiralspalast am 1. März 1946 die Forderung nach einer Urabstimmung gestellt wurde, hatte die „westliche" Presse erst knappe Einblicke in die parteiinternen Zustände der Berliner SPD gegeben[28]. Danach erst nahmen „Der Berliner" und „Der Tagesspiegel" die Sache der Opposition intensiver auf.

Um die 60.000 SPD-Mitglieder zu beeinflussen, erhielt der Zentralausschuß jetzt von der SMAD genügend Papier für mindestens eine halbe Million Flugblätter und zwei Millionen Aufkleber, ferner LKW, 1.000 Liter Benzin und eine neue Wochenzeitung, die „Sozialistische Einheit". Die ganze Stadt wurde mit Propaganda von zunehmend aggressiverem Charakter überschwemmt. Daher war es in der zerstörten Stadt für die nur kurz zuvor organisierten Fusionsgegner von entscheidender Bedeutung, daß sie von Presseoffizieren der britischen und amerikanischen Militärregierungen etwas Papier, einige Autos und Benzin erhielten und daß „Der Tagesspiegel" ihnen am 15. März für die letzten zwei Wochen bis zur Urabstimmung eine Innenseite zur Verfügung stellte, damit sie sich untereinander verständigen und die breite Mitgliederschaft ansprechen konnten. Erst am 22. März erschien mit „Der Telegraf" unter britischer Lizenz eine von Fusionsgegnern herausgegebene Zeitung. General Clay hatte einen entsprechenden Schritt hilfsbereiter amerikanischer Presseoffiziere verhindert. Dennoch erklärten wenige Tage vor der Urabstimmung Sprecher der amerikanischen und britischen Militärregierungen demonstrativ diesen Akt für legal und demokratisch.

Daß die Urabstimmung nur in den Westsektoren durchgeführt werden konnte, ist bereits erwähnt worden. Den Parteimitgliedern wurden zwei Fragen gestellt: Die erste bezog sich auf den „sofortigen Zusammenschluß beider Arbeiterparteien", die zweite auf „ein Bündnis beider Parteien, welches gemeinsame Arbeit sichert und Bruderkampf ausschließt". Die Mehrheiten, die den „Zusammenschluß" ablehnten (82 %), aber ein Bündnis befürworteten (62 %), waren überwältigend. Das Gebot nach „Einheit der Arbeiterklasse" stellte die kritisch gewordenen Sozialdemokraten

---

28 Vgl. ebd., S. 533.

geistig und moralisch vor ein Dilemma, das sie trotz bitterer Erfahrungen oft nicht ohne weiteres überwinden konnten. Hinzu kam, daß unter den herrschenden machtpolitischen Bedingungen keine nicht-kommunistische Partei in der Sowjetzone oder Berlin es wagen konnte, ein „anti-faschistisches Bündnis" mit der KPD abzulehnen.

Hätte man bei der Urabstimmung in West-Berlin die zweite Frage nach dem „Bündnis" nicht gestellt, wäre die Mehrheit, die den „sofortigen Zusammenschluß" ablehnte, sicherlich kleiner ausgefallen; überhaupt wäre die Beteiligung an der Urabstimmung vermutlich niedriger als 71,2 % gewesen. Im Fusionskampf wurde ein Dilemma ausgetragen. Es erzeugte Dissonanzdruck. Franz Neumanns Lösungsvorschlag des Kreisverbandes Reinickendorf, die zwei Fragen zu stellen und es den Mitgliedern so zu ermöglichen, zwar die KPD-Hegemonie abzulehnen, sich aber gleichzeitig positiv zur „Einheit der Arbeiterklasse" zu äußern, war eine gelungene Differenzierungsstrategie, die den Dissonanzdruck wirksam reduzierte und eine eindeutige Entscheidung erleichterte[29].

Es fiel vor allem den alten Sozialdemokraten schwer, gegen ihre Parteiführer zu rebellieren. Es war und blieb für sie außerordentlich wichtig, sich statutenkonform zu verhalten; die Parteiführer hingegen verletzten die bewährten demokratischen Regeln. Erst in den letzten Wochen vor der Urabstimmung, als es in Berlin zu Parteiausschlüssen, zu Redeverboten und anderen Schikanen seitens der SMAD kam, wurde die Polarisierung so weit getrieben, daß fast ein Viertel der Abstimmenden jegliche Zusammenarbeit mit der KPD ablehnte.

Lehrreich war das Verhalten der Parteimitglieder und auch, wie ich anschließend zeigen werde, die Reaktion der Berliner Bevölkerung in beiden Teilen der Stadt auf die Urabstimmung und die Gründung der SED am 21.–22. April 1946. Die Monate April und Mai waren eine Zeit der Verunsicherung; keiner wußte, ob die Westmächte nicht eines Tages die SED anerkennen würden, oder ob die im Sowjetsektor illegal gewordene SPD dort und als Groß-Berliner Partei weiterbestehen würde. Fusionsgegner wurden jetzt im Sowjetsektor drangsaliert und schikaniert, es kam auch zu einzelnen Verhaftungen und Verschleppungen. Andererseits konnte sich die KPD in den Westsektoren weiter betätigen. Die Übertritte von SPD-Bezirksstadträten zur SED wurden von den Westmächten sozusagen als deren „Privatsache" akzeptiert. Unter solchen ungleichmäßigen Verhältnissen stand das Viermächte-Regierungsexperiment vor einer Art Gericht der Öffentlichkeit. Politisches Vertrauen in das Experiment wurde erst nach dem 28. Mai schrittweise wiederhergestellt, als die vier Mächte SPD und SED für legal in allen Sektoren Groß-Berlins erklärten und etwas später bekanntgaben, daß Gemeindewahlen stattfinden würden.

Der Zentralausschuß hatte zum Boykott der Urabstimmung aufgerufen, aber nicht nur aus diesem Grund blieb eine ansehnliche Anzahl von SPD-Mitgliedern der Westsektoren der Urabstimmung fern; das geschah auch, weil viele sich noch in einem Dilemma befanden oder ängstlich geworden waren. Mangels statistischer Angaben seitens der SED läßt sich nicht schätzen, wieviele Sozialdemokraten der SED beitraten. Sicherlich waren die Übertritte von im Sowjetsektor ansässigen SPD-Mit-

---

29 Zur Relevanz der Dissonanztheorie für das Verhalten der SPD-Mitglieder bei der Urabstimmung s. Bd. IV der in Anm. 1 genannten Publikation.

gliedern bedeutend häufiger als von in den Westsektoren lebenden. Vor allem in den Wochen der Illegalität sind im Sowjetsektor Sozialdemokraten — manchmal auch solche, die bisher energisch opponiert hatten — deshalb der SED beigetreten, weil sie, resignierend, keine andere Möglichkeit sahen, sich weiterhin als Sozialisten zu betätigen. Andere zogen sich ins Privatleben zurück. Im Sowjetsektor war es auch nach dem 28. Mai gefährlich, Sozialdemokrat zu sein.

Die absoluten Zahlen der Mitgliederentwicklung machen deutlich, daß die Verluste der SPD im Sowjetsektor verheerend groß und auch von Dauer waren. Dort verloren die acht Kreisverbände zuerst über 50 % ihrer Mitglieder. Allerdings waren die Verluste in den mitgliederstarken Kreisen deutlich geringer als in den mitgliederschwachen. Viele zögerten, und es gab deutliche Anzeichen für eine Sammlung der zersprengten Kräfte der SPD im Sowjetsektor nach Klärung der Verhältnisse und der Aussicht auf freie Gemeindewahlen. Zwischen September 1946 und Januar 1947 war der relative Mitgliederzuwachs der SPD im Sowjetsektor mindestens zweimal so stark wie in den Westsektoren. Aber Anfang 1947 zählte die SPD im Sowjetsektor immer noch 42 % weniger Mitglieder als im Januar 1946.

In den Westsektoren betrug der Mitgliederverlust zuerst ungefähr 17 %. Der neue Vorsitzende des schwer umkämpften Kreisverbandes Neukölln berichtete, daß von insgesamt vierzehn Abteilungen nur drei „in ihrem Bestand stark erschüttert" waren[30]. Nach Restabilisierung der Verhältnisse im Sommer 1946, während des Wahlkampfes und nach dem Wahlsieg der SPD über die SED am 20. Oktober wurden durch die Wiederaufnahme von Nachzüglern und der Rekrutierung von Neumitgliedern die Verluste für die SPD in den Westsektoren beinahe ausgeglichen.

Es gab auch Rückkehrer aus der SED. In Erwartung des bevorstehenden Wahlsieges rechnete man in der SPD mit einem regelrechten Rückkehrerstrom. Dieser blieb aus, obwohl die Einbindungskraft der SED in Groß-Berlin nicht stark war — denn als im Sommer 1947 nur 78 % der SED-Mitglieder in Berlin ihre Beiträge bezahlten, wurde parteiintern über eine „Stagnierung" der Mitgliederbewegung der SED geklagt, die in Berlin besonders groß war[31]. Das führte eher zur Privatisierung der ehemaligen Sozialdemokraten als zur Rückkehr in die alte Partei. Teilweise lag das an den Attitüden einer sittlichen Solidargemeinschaft, die großzügig sein konnte — und auch wollte —, die aber zur moralisierenden Strenge und Selbstgenügsamkeit neigte. Die sozialdemokratischen Führungsgremien, die im Sommer 1946 über die Aufnahmebedingungen für Rückkehrer stritten, hatten es nicht fertiggebracht, klare Voraussetzungen zu schaffen. Eine vom Parteivorstand beschlossene Karenzzeit von einem halben Jahr der Bewährung fand nicht die Billigung des Parteiausschusses. Es wurde sowohl für mildere als auch für strengere Lösungen argumentiert. Schließlich

---

30 Protokoll des Kreisvertretertages der SPD, Kreisverband Neukölln, 3.–4.8.1946, in: Franz-Neumann-Archiv (künftig: FNA).
31 Statistik über die Mitgliederbewegung der SED, Groß-Berlin mit Monatsangaben für 1947, in: Nachlaß Gniffke, Ordner 32, AdsD; Statistik über die Mitgliederbewegung in der SED vom Zeitpunkt der Stagnation, August 1947 bis Dezember 1947, in: Nachlaß Gniffke, Ordner 23, AdsD; Untersuchungsbericht, Stand der Organisation am 31.8.1947, Organisationsabteilung des Zentralsekretariats der SED, Berlin 6.10.1947 (memographiert), in: Nachlaß Gniffke, 8/2, AdsD.

wurde es, ohne daß eine generelle Regelung getroffen wurde, den Kreisleitungen überlassen, über Wiederaufnahmen zu entscheiden[32].

Vier Monate nach den Oktoberwahlen klagte der Organisationssekretär der Neuköllner SPD: „Der Zurückstrom, den wir ganz groß erwarten, ist ja bisher nur ausgeblieben, weil hier mit diesen kleinlichen Argumenten gearbeitet wird."[33] Gegenüber prominenten Genossen, deren Haltung während des heißen Fusionskampfes nicht eindeutig gewesen war, verhielt man sich jedoch recht großzügig. Man ehrte sie wieder, wählte sie bald in Führungspositionen hinein; dennoch wurde nie vergessen und später nicht selten hinter der Hand erwähnt, wer „damals" gezögert hatte.

Die Altmitglieder, die die Partei nach Kriegsende aufbauten und anschließend im Fusionskampf verteidigten, hatten von vornherein einen Gruppengeist gepflegt, in dem Haltungen üblich waren, die es der SPD von je her erschwert hatten, ihre ghettohafte Absonderung von der Gesellschaft zu überwinden. Besonders deutlich kam dies in einem früheren Beschluß zum Ausdruck, der besagte, Neumitglieder dürften erst nach einer dreijährigen Karenzzeit für Wahlämter und Parteiämter kandidieren. Diese Auflage sollte eine opportunistische Überflutung bzw. Verfremdung der Partei nach 1945 verhindern. Daran wurde in den Jahren des Abwehrkampfes vor Ausbruch der Blockade festgehalten; der Beschluß wurde sogar noch bestätigt, als deutlich geworden war, daß er den Einsatz von aktiven jungen Genossen im Abwehrkampf, z. B. als Vertrauensleute der Partei in Betriebsgruppen und Gewerkschaften, behinderte[34].

Solche Regelungen begünstigten zweifellos Borniertheit, übertriebene Defensivität und Mißtrauen, auch kleinliches Verhalten, aber sie drückten auch eine moralische Strenge aus, die zum Charakter der Solidargemeinschaft gehörte und ihrem Widerstandswillen auch dienlich sein konnte. Während des Abwehrkampfes wurde ein für die Verteilung von Care-Paketen zuständiger Bezirksstadtrat nicht etwa deshalb zum Rücktritt gezwungen, weil er sich Pakete angeeignet hatte, sondern weil er sich nicht gegen seinen Heißhunger zu wehren gewußt und deshalb ab und zu einige Zuckerbonbons genommen hatte, die als Eingabe zuallerletzt in die Care-Pakete eingestreut waren. Charakteristisch war die Kritik des Parteivorstandes an einem Magistratsbeschluß von Mitte Oktober 1947, wonach Magistratsmitglieder und Bezirksbürgermeister 40 Zentner Kohle erhalten sollten, um *ein* Arbeitszimmer in ihren Wohnungen heizen zu können[35]. Monatelang beschäftigte sich der Parteivorstand mit dem Fall eines Genossen, der – nach 1933 in Not geraten – Geld von einem jüdischen Genossen geborgt, aber nicht rechtzeitig zurückgezahlt hatte, was diesem möglicherweise die Ausreise aus Deutschland unmöglich gemacht hatte.

---

32 Siehe Kurzprotokoll, Landesausschuß der SPD, Groß-Berlin, 6.8.1946; s. auch Kurzprotokoll, Parteivorstand (PV), 29.7.1946 und Landesausschuß (LA) 30.7.1946. Eine nahezu vollständige Sammlung dieser Protokolle bietet das Archiv BlnP. Bei Hinweisen auf PV- und LA-Protokolle wird künftig auf die Standortangabe verzichtet.
33 Protokoll des Kreisvertretertages der SPD, Kreisverband Neukölln, 16.2.1947, in: FNA, M 33.
34 Siehe Protokoll, 5. Landesparteitag der SPD von Groß-Berlin, 8.–9.5.1948, in: Archiv der SPD, Kreisverband Berlin.
35 PV, 10.11.1947.

Demokratische Erneuerungsversuche gehörten zu den unmittelbaren Auswirkungen des Fusionskampfes. So wurde die Stellung der Jugend- und Frauenvertreter in den Entscheidungsgremien der Partei verstärkt[36]. Es wurde beschlossen, Stipendien an Hochschulstudenten zu vergeben. Aber indem die restriktive Karenzzeit für Neumitglieder bestehen blieb, kam es nicht zu einer Gleichstellung von Jung und Alt, obwohl die Tatsache anerkannt wurde, daß im Fusionskampf die jungen Genossen oft die aktivsten und verläßlichsten gewesen waren. Nicht nur die traditionelle Maxime, auch die Kriegseinwirkungen sprachen dafür, die Frauen endlich gleichberechtigt zu behandeln; das verhinderte aber nicht, daß die Rede einer aggressiven Frauenrechtlerin in einer großen Funktionärsversammlung höhnisches Gelächter erntete. Auch der noch unausgegorene Programmentwurf jüngerer Funktionäre, die SPD nach dem Vorbild der British Labour Party zu verändern, stieß auf allgemeines Unverständnis. Welche Hindernisse und Nachteile solche Widersprüche für die Entwicklung der Partei jedoch auch gehabt haben mögen, sie verhinderten nicht, daß das Ringen der Berliner Sozialdemokraten um die eigene politische Identität und Selbstverwirklichung dem Abwehrkampf einen außerordentlichen Impetus verlieh.

Bezeichnenderweise ließ der Landesausschuß, in dem die Kreisleitungen vertreten sind und der zwischen den Parteitagen formell das höchste Entscheidungsgremium ist, es nicht bei Beschlüssen des Parteivorstandes bewenden, sondern beharrte immer wieder darauf, das letzte Wort zu haben. Die beiden Gremien tagten bei jedem erforderlichen Anlaß außerplanmäßig, und das war in dem Zeitraum nach den Oktoberwahlen 1946 bis zum Ausbruch der Blockade im Durchschnitt mehr als achtmal im Monat. Aufgrund ihrer schnellen Reaktionsfähigkeit und ihres Handelns übernahmen die beiden Gremien, auch vor der Parlamentsfraktion und den Vertretern der Partei im Magistrat, die Führungsrolle im Berliner Abwehrkampf.

Ebenso alt wie die deutsche Sozialdemokratie ist die Vorstellung, daß Vorfeldorganisationen und Arbeitsgemeinschaften die Partei in ihrer Einigkeit und Schlagkraft schwächen. Nicht zum erstenmal wurde im Berliner Abwehrkampf das Gegenteil bewiesen. Denn mit verstärkter Aktivierung der Mitglieder wurden immer mehr sozialdemokratische Arbeitsgemeinschaften – der Marxisten, der religiösen Sozialisten, der Juristen, der Ärzte und Medizinstudenten, der Sportler, der Journalisten usw. – gegründet[38], und immer häufiger wurden Parteitage und Konferenzen zu Sachthemen abgehalten[39]. Da sich die gesellschaftliche Mobilisierung des Widerstandes 1947/48 in erster Linie in den Betrieben vollzog, wurde parteiintern heftig über die statutarischen Hemmnisse gestritten, die eine direkte und regelmäßige Einfluß-

---

36 LA, 4.6.1946, 3.7.1946; PV, 27.5.1946.
37 Siehe z. B. Protokoll, Kreisvertretertag der SPD, Neukölln, 2.–4.8.1946, in: FNA.
38 Siehe z. B. PV, 8.12.1947, 9.2.1948, 13.3.1948; LA, 6.8.1946 und 10.1.1948. Die problematische Einstellung der Parteiführung hierüber geht auch aus folgenden Protokollen hervor: PV, 12.5.1947, 4.8.1947, 8.9.1947, 27.10.1947, 26.1.1948 sowie LA, 16.8.1947 und 30.8.1947.
39 Siehe z. B. über die Konferenzen des Wirtschaftspolitischen Ausschusses die PV-Sitzungen vom 4.6.1947, 22.9.1947, 6.10.1947, 3.11.1947, 23.2.1948. Am 8.5.1948 wurde der vierte ordentliche Parteitag der Berliner SPD seit der Urabstimmung abgehalten. Es kam außerdem vor, daß Parteitage nicht abgeschlossen, sondern „vertagt" wurden, damit sie zu einem späteren Zeitpunkt des Jahres mit aktualisierter Tagesordnung weitergeführt werden konnten.

nahme der Betriebsgruppen auf die Entscheidungen der Partei unmöglich machten. Es gab auch Anzeichen eines geistigen Aufbruchs. Im Abwehrkampf ist die Berliner SPD weder eine „Schumacher-Partei" noch eine „Partei der Amerikaner" geworden.

Nach anfänglichem Sträuben hatten die Anglo-Amerikaner das sowjetische Veto gegen den von der Stadtverordnetenversammlung gewählten Oberbürgermeister Ernst Reuter mitgetragen und auch der Absetzung des Volksbildungsstadtrates Siegfried Nestriepke zugestimmt. Der amerikanische Verbindungsoffizier Karl Mautner berichtete wenige Monate vor Ausbruch der Blockade über die Nachwirkungen: Dieses Verhalten „inspired in too many Germans the impression that they themselves were just used as pawns in a game not sufficiently understood by a part of the players. From then on a marked increase in the awareness of the political implications on the part of US officials is recorded, but to extinguish the mark left by these two all important events is almost impossible . . ."[40].

Als die internationale Entwicklung ihrem Abwehrkampf in Berlin einen neuen Stellenwert „für Deutschland" und „für Europa" zu geben schien, legte die SPD in ihren Diskussionen Wert auf Distanz und Unabhängigkeit gegenüber den Vereinigten Staaten. Das hatte weniger mit der Empfindung zu tun, als Sozialist in einem ideologischen Dilemma zu stehen, denn mit einem generell für positiv gehaltenen Lernprozeß der Identitätsfindung; man wollte als Sozialdemokrat Altes und Neues vereinigen[41]. Dieser Prozeß äußerte sich u. a. in einem für Sozialdemokraten charakteristischem Bedürfnis nach geistiger und theoretischer Selbstprofilierung, jetzt in der Führungsrolle, die sie im Widerstand gegen den Sowjetkommunismus ausfüllten. Dazu gehörte, daß in den Monaten der Krisenzuspitzung vor Ausbruch der Blockade sehr viel über Sozialismus und über die Bedeutung des Marxismus für die Sozialdemokratie nachgedacht wurde und daß sich unter den besonderen Bedingungen des Berliner Abwehrkampfes die SPD vor die Frage gestellt sah, ob sie ihr Verhältnis zu bürgerlichen Demokraten neu gestalten und neu begreifen mußte. Diese Frage blieb umstritten. Die eindeutige Antwort aber, die die SPD in der Vorblockade-Krise dafür fand, nämlich die Maxime der freiheitlichen Solidarität der Anti-Kommunisten, wurde zu einer Maxime des Widerstandskonsenses, die eine normative Bindungskraft besaß und fünfzehn Jahre lang die Politik der Parteien in Berlin und das Politikverständnis der Bevölkerung Berlins zum Guten und zum Schlechten beeinflussen sollte.

Als man 1948 hierüber debattierte, ging man so oder so von der Führungsrolle der SPD aus. Für Reuter war die Partei „ein magnetisches Kraftfeld, das auf die CDU und auf die LPD seine Wirkung hat . . ."[42]. Bei einem Sprecher der Partei-Linken hieß es dazu: „Nicht wir brauchen sie dringend, sie brauchen dringend uns . . ."[43].

---

40 Karl Mautner, Report of the Office of the Liason Officer with Oberbürgermeister, undatiert (vermutlich 29.3.1948), in: LA Berlin, Ernst-Reuter-Archiv.
41 Hierfür bezeichnend ist das Protokoll vom 5. Landesparteitag, 8.–9.5.1948.
42 Referat vor der SPD Betriebsgruppenvorstände-Konferenz, 20.1.1948, in: Hans J. Reichhardt (Hrsg. u. Bearb.), *Ernst Reuter. Schriften – Reden 1946–1949*, Bd. 3, Berlin 1974, Dok. Nr. 69, S. 347.
43 Protokoll, 5. Landesparteitag, 8.–9.5.1948 (Diskussionsbeitrag von Josef Grunner).

Im Zusammenhang mit dem Verhältnis der Partei zum Volk machte die Diskussion jedoch deutlich, wie schwierig das Problem der Selbstüberwindung für eine zur Selbstabsonderung neigende Solidargemeinschaft zu lösen war. Obwohl die Sympathie der Bevölkerung für die SPD im Abwehrkampf weiterhin gewachsen war und sich auch in der wachsenden Teilnahme an Protestdemonstrationen äußerte, stagnierte die Mitgliederbewegung. Hierauf wurde auf einem Parteitag kurz vor Ausbruch der Blockade öfter hingewiesen, und man stellte sich die Frage, ob die Partei eine „verschworene Organisation" zu bleiben habe oder versuchen sollte, eine Bewegung zu werden. Kurt Mattick, ein im Kaderdenken der Gruppe „Neu Beginnen" geschulter Funktionär, war bereit, „auf jedes Mitglied zu verzichten, das unter dem Rausch des 20. Oktober [1946] oder des 18. März [1948] die Mitgliedschaft aufnimmt"[44]. Denn jede kritische Situation würde diesen „politischen Schwemmsand" wieder abstoßen und dann die Rückschläge eintreten lassen, „die wir zur Zeit nicht ertragen können". Die Partei dürfe nicht „Sammelorganisation" werden[45]. Ernst Reuter argumentierte seit Monaten in eine andere Richtung[46]. Immer wieder betonte er, die Bevölkerung sei vom Untertanengeist einer autoritären Sozialisation infiziert. Gerade deshalb müsse die Partei Bewegung im Volke stiften und das Volk in erzieherischer Weise in eine demokratische Kulturentwicklung hineinführen. Deshalb müsse sich auch die SPD ändern, „einen neuen Lebensstil untereinander" entwickeln, der sich von dem Stil der Wilhelminischen und der Nazi-Epoche unterscheide[47]:

„Das einzige, was uns in Deutschland fehlt, ist die Schaffung eines wachen lebendigen, unerschütterlichen politischen Bewußtseins des Volkes. Eine Demokratie besteht nicht darin, daß man alle vier Jahre einmal wählt. Eine Demokratie ist nur da vorhanden, wo innerhalb eines Volkes eine Schicht unerschütterlich steht, die dafür sorgt, daß der Gedanke der Freiheit niemals ausgerottet werden kann."[48]

Reuters freiheitlich populistische Vision von Volk und demokratischer Bewegung führt uns zu Fragen über den geistigen Zustand, die politische Ansprechbarkeit und das Engagement der Berliner Bevölkerung zurück.

Repräsentativumfragen, die kurz nach Kriegsende in der amerikanischen Zone Deutschlands und in Berlin durchgeführt wurden, lassen bestimmte Einstellungsdispositionen erkennen, die die Berliner in die veränderte Situation nach 1945 einbrachten: eine gewisse Neigung, politische und gesellschaftliche Fragen nach Wertkriterien zu beurteilen, die zugleich mehr Toleranz und Gelassenheit (z. B. gegenüber Minderheiten und Frauen) wie auch mehr Strenge zeigten. Letzteres betraf die Ursachen und Konsequenzen von Nationalsozialismus und Militarismus. Allerdings machten sich im Vergleich zu Westdeutschland auch preußische Ordnungsvorstellungen bemerkbar. So war in Berlin die Minderheit größer, die die Todesstrafe billigte, die der Ansicht war, daß Staatsbürger die Regierung nicht kritisieren dürften und

---

44 Ebd.
45 Ebd.
46 Vgl. *Ernst Reuter. Schriften – Reden 1946–1949*, Bd. 3 (Anm. 42), Dok. Nr. 69, S. 344.
47 Ebd., S. 335.
48 Ebd., S. 349.

die meinte, mehrere Parteien erzeugten Zwietracht in der Nation. Vor allem aber waren politische Wachsamkeit und eine größere Bereitschaft, politische Meinungen zu äußern von vornherein charakteristisch für die Berliner Bevölkerung — was allerdings mit den Herausforderungen der Viermächte-Besatzungssituation zusammenhängen dürfte. Aber unabhängig von den situativen Bedingungen gab es in Berlin Anzeichen einer bewährten *Moralhaltung,* die im Gegensatz zur Labilität und zum Opportunismus stand, welche die Befragungen in den Westzonen oftmals ans Tageslicht brachten.

Erst infolge des Zusammenbruchs der Viermächte-Verwaltung und der Rettung Berlins während der Blockade erhielten die politischen Einstellungen der Berliner Bevölkerung eine feste konsensuelle Ausformung und Verankerung, aber dieses Widerstandssyndrom stellte eine Vermengung von tradierten Wertungen und neuen Lebenserfahrungen dar. Bereits in den Jahren 1945/46 waren die Berliner bezüglich der materiellen Forderungen, die sie an den Lastenausgleich stellten oder als Kriegsopfer erhoben, ungewöhnlich bescheiden. Zugleich zeichneten sie sich in vielen Lebensbereichen durch auffallenden Optimismus aus — lebensbejahende Sprachregelungen gehören auch zur preußischen Lebensart. Beide Eigenschaften finden sich im Selbstverständnis der Westberliner während der Blockade und in den folgenden Jahren harter Entbehrungen wieder. Dasselbe gilt auch für die politische Wachsamkeit und den Bekennermut dieser Bevölkerung. Aber hier müssen wir genauer hinschauen. Befragungen nach den Parteipräferenzen zeigen, daß anfänglich die Berliner ebenso häufig wie die Einwohner der amerikanischen Zone jede Parteiidentifikation ablehnten; die „ohne-mich"-Reaktion der betrogenen und „gebrannten" Deutschen war anfangs in Berlin nicht seltener anzutreffen als anderswo auch. Während aber diese Ablehnungsfront in den Westzonen immer größer wurde und noch lange nach der Gründung der Bundesrepublik genuin demokratischen Entwicklungen im Wege stand[49], wurde sie unter dem Eindruck der politischen Auseinandersetzungen um die „Einheitspartei" im Frühjahr 1946 in Berlin Schritt für Schritt abgebaut. Das macht folgende Tabelle deutlich:

---

49 Für die US-Zone bis Februar 1949 s. Anna Merritt/Richard Merritt, *Public Opinion in Occupied Germany, the OMGUS Surveys 1945—1949,* Urbana 1971, S. 48—49. Siehe zu West-Berlin OMGUS Survey Report, Nr. 175, Juni 1949. Aggregierte Daten für den Zeitraum Herbst 1949 bis Frühjahr 1950 zeigen, daß die Antworten „keine Partei" und „keine Meinungen" in Berlin nur 7 % ausmachten, im Vergleich zu 58 % in Frankfurt a.M., 57 % in Wiesbaden, 37 % in Stuttgart und jeweils 33 % in München, Kassel und Bremen. Unterlage aus OMGUS Records, in: Archiv BlnP.

Tab. 2: Parteipräferenzen in den Westsektoren und im Sowjetsektor von Berlin, von Oktober 1945 bis April 1946 (Quoten-Stichproben)

Frageformulierungen:
Ende Oktober 1946: „Mit welcher politischen Partei sympathisieren Sie zur Zeit?"
3. Januarwoche 1946: „Wenn Sie heute wählen müßten, für welche Partei würden Sie ihre Stimme abgeben?"
Februar bis Mai 1946: „Welche politische Partei paßt Ihnen am besten?"

Dauer der Feldarbeit bis …	Westsektoren						Sowjetsektor				
	30. Okt. 1945	24. Jan. 1946	28. Febr. 1946	28. März 1946	23. April 1946	27. Mai 1946	30. Okt. 1945	21. Jan. 1946	28. Febr. 1946	28. März 1946	23. April 1946
Präferenzen für:											
KPD	8	10	3,5	9 >10	8 >13	3 >14	21	12	10 >16	14 >16	9 >18
SED			>7								
„Einheitspartei"			3,5	1	5	11	x	x	6	2	9
SPD	36	34	31	42	45	43	35	36	27	34	44
CDU	8	11	11	17	20	19	2	12	10	20	12
LPD	6	12	11	8	11	5	9	8	9	8	11
andere Parteien[+]	–	–	1	–	1	3	–	–	1	–	4
keine Meinung, keine Antwort	13 >42	25 >33	17 >38	8 >23	4 >10	5 >16	7 >33	21 >32	13 >37	4 >22	2 >11
„Keine Partei"	29	8	21	15	6	11	26	11	24	18	9
	100 %	100 %	100 %	100 %	100 %	100 %	100 %	100 %	100 %	100 %	100 %
	(467)	(265)	(326)	(257)	(216)	(500)	(101)	(105)	(176)	(187)	(124)

[+] Fast immer Rechtsparteien.

Es wäre allerdings völlig verfehlt, hieraus zu schließen, daß der Zuwachs an politischer Wachsamkeit und parteipolitischen Sympathien die Berliner völlig vom „ohne-mich"-Syndrom befreit hätte. Eine Umfrage in Groß-Berlin zeigte, daß es jeder zweite Berliner im Februar 1946 vorzog, „Politik anderen zu überlassen". Im amerikanischen und britischen Sektor von Berlin wurde diese Attitüde im Laufe der nächsten eineinhalb Jahre nur begrenzt, von 55 % auf 45 % (im August 1947), abgebaut[50], aber in diesem Zeitraum hatte sich der Anteil von „keine-Partei"- und „keine-Meinung"-Reaktionen auf Fragen nach den Parteipräferenzen von beinahe 40 % auf 11 % verringert[51].

Die politischen Konflikte, die zunehmend in Presse und Rundfunk publik gemacht wurden, trugen nicht nur zur Verstärkung des politischen Interesses bei; Menschen, die sich zunehmend politisch tangiert sahen, fühlten sich auch bedroht und überfordert. Eine Reihe von Meinungsumfragen erbrachte, daß das „Fluchtbedürfnis" der Radiohörer während des Wahlkampfes außerordentlich stark war. Der Eindruck, daß die Rundfunksender „zuviel Propaganda" brachten, war Mitte Oktober im amerikanischen und britischen Sektor von Berlin bei 58 % der Hörer sehr viel mehr verbreitet als in der Westzone (18 %)[52]. Zwar wurde diese Kritik von den regelmäßigen Hörern von Radio Berlin häufiger geäußert (58 %), aber die Hälfte der RIAS-Hörer sagte das gleiche. Weil sie Sendungen für „unwahr" oder „schlecht" hielten, hatten 55 % der Hörer von Radio Berlin diesen Sender in der letzten Zeit abgeschaltet, aber ein Viertel der RIAS-Hörer hatte es ebenfalls getan[53]. Offensichtlich standen den Bemühungen der demokratischen Minderheiten, die Berliner Bevölkerung zur Verteidigung ihrer eigenen Interessen zu aktivieren, überlieferte Wertmaßstäbe und Einstellungen im Wege, die unter den Nachwirkungen des verlorenen Kriegs in Berlin gleichwohl evoziert und in Frage gestellt wurden.

Die Reaktionen der Berliner auf die Rebellion der Sozialdemokraten gegen ihre Führung und auf die daraus folgenden Ereignisse geben uns Aufschluß über die Anfänge eines Identifikations- und Identitätsfindungsprozesses, in dem diese Hindernisse partiell abgebaut wurden. Ein Blick auf die Trendtabelle zu Parteipräferenzen auf Seite 264 zeigt unterschiedliche Reaktionsweisen im sowjetischen Sektor und in den westlichen Sektoren von Berlin. Während in den Westsektoren die Sympathie für die SPD zwischen Februar und April 1946 ständig zunahm, ging sie im Sowjetsektor beim Aufkommen des Fusionskampfes im Februar zuerst eindeutig zurück, stieg aber dann im April, als nach der Urabstimmung die SED-Gründung bevorstand, auf dasselbe hohe Niveau an (44 % − 45 %) wie in den Westsektoren. Allerdings führte die Abnahme der „ohne-mich"-Reaktionen (Antwort auf die Präferenzfrage: „keine Partei"), der Antwortverweigerung und der unentschiedenen Antworten nicht nur zu einem Sympathiezuwachs für die SPD, sondern in beiden Teilen der

---

50 Tabulations of Results, Quota Survey, Nr. 13, 28.2.1946, in: NA, OMGUS 4/8-3/2; *OMGUS* Survey Report, Nr. 74, 27.10.1947.
51 *OMGUS* Survey Report, Nr. 175, Juni 1949.
52 *OMGUS* Survey Report, Nr. 45, 17.2.1947; s. Merritt/Merritt, *Public Opinion in Occupied Germany* (Anm. 49), S. 140−142.
53 *Information Control Weekly Review*, Nr. 13, 1.3.1947.

Stadt zum ersten Durchbruch der CDU, einer Partei, die, obwohl betont „antimarxistisch", gerade zu diesem Zeitpunkt ein konzilianteres Profil als Vermittler bot, mit dem Konzept von Deutschland als „Brücke" zwischen „Ost" und „West".

Obwohl am Vorabend der Urabstimmung 52 % der Bevölkerung Groß-Berlins die „Einheitspartei" negativ beurteilten, sie für eine „schädliche" Entwicklung hielten (45 %) oder sich sonstwie kritisch äußerten (7 %), gab es 30 %, die diese Entwicklung für „notwendig" hielten[54], und noch einen Monat später, trotz der Urabstimmung, erklärten 26 % der SPD-Sympathisanten und 37 % der anderen Berliner die „Einheitspartei" für eine „gute Idee"[55]. Das bedeutet, daß sehr viele Berliner, die weder SPD- noch KPD-Sympathisanten waren, das „Einheitspartei"-Konzept bejahten. Möglicherweise drückte sich hier ein in der politischen Kultur der Deutschen stark verankertes Bedürfnis nach parteipolitischer Eintracht und Harmonie aus.

Im übrigen gilt es zu berücksichtigen, daß die Bevölkerung sehr widersprüchlichen Darlegungen des Fusionskampfes in den Medien ausgesetzt war. Radio Berlin und die kommunistisch kontrollierten Zeitungen hatten die Urabstimmung als eine Niederlage der Fusionsgegner dargestellt. Das hatte Auswirkungen, die die Groß-Berliner Erhebung von Mitte April registrierte. Während hiernach nur 14 % der Bevölkerung angaben, von der Urabstimmung nichts gehört zu haben, stimmten die Kognitionen von weiteren 21 % mit den Interpretationen des Zentralausschusses und Radio Berlins überein; weitere 13 % wußten nicht, was sie denken sollten. Infolgedessen hatten zwei bis drei Wochen nach der Urabstimmung nur 52 % der Berliner — im Sowjetsektor waren es 43 %, in den Westsektoren 57 % — den Eindruck gewonnen, daß in Berlin die Mehrheit der Sozialdemokraten eine sofortige Vereinigung mit der KPD abgelehnt hatte[56].

Dennoch war, wie die Trendtabelle auf Seite 264 zeigt, die Sympathie für die SPD vor allem im Sowjetsektor gewachsen. Da die Ostberliner weit stärker von der bevorstehenden Gründung der SED tangiert waren und sich auch bedroht sehen konnten, hatten diese Stimmungsäußerungen etwas vom Charakter einer „Trotzreaktion". Im April befragt, ob sie mit dem Weiterbestehen einer unabhängigen SPD nach Gründung der SED rechneten, hatten 69 % der Befragten im Sowjetsektor (verglichen mit 58 % in den Westsektoren) dies bejaht! Nachfragen ergaben allerdings auch, daß die optimistischen „auf-Anhieb"-Antworten der Ostberliner oft Gefühle der Unsicherheit überdeckten[57]. Diese „Trotz"-Stimmung war eine vorübergehende Reaktion, war erst der Ansatz zu einer Abwehrhaltung. Denn Befragungen nach den Parteipräferenzen im Mai und Anfang Juni 1946 ergaben im Sowjetsektor eine deutliche Abnahme von Sympathieäußerungen für die SPD und eine deutliche

---

54 Tabulations of Results, Survey Nr. 15/16, 2.4.1946, in: NA, OMGUS 4/8–3/2. Die Erhebung wurde am 18.3.1946 abgeschlossen.
55 Die Angaben sind berechnet aufgrund der N-Verteilungen in Tabulations of Results, Survey Nr. 20, 23.4.1946, in: NA, OMGUS 4/8–3/2, unter Berücksichtigung des Berichtes in: *Information Control Intelligence Report*, Nr. 39, 17.4.1946.
56 Tabulations of Results, Survey Nr. 20, 23.4.1946, Public Opinion Survey Subsection, Intelligence Section, ISCB, OMG Berlin, in: NA, OMGUS 4/8–3/2.
57 Vgl. ebd.

Zunahme von „keine-Partei"-Reaktionen, die für das „ohne-mich"-Syndrom charakteristisch sind.

Die Tatsache also, daß 40 % der „Ostberliner" und 28 % der „Westberliner" Mitte April die Gründung der Einheitspartei für eine „Notwendigkeit" hielten, daß also damals diese Ansicht weit stärker verbreitet war als sechs Monate später, als die SED von 30 % der „Ost"- und 14 % der „Westberliner" gewählt wurde, stellt uns vor die Frage, wie sich die Viermächte-Entscheidung auswirkte, Gemeindewahlen in Berlin abzuhalten. Für einen großen Teil der Bevölkerung war die Hauptfrage, ob diese Wahlen geheim und frei sein würden. Als Einwohner des amerikanischen und britischen Sektors von West-Berlin hierüber Anfang September befragt wurden, äußerten sich nur 69 % optimistisch. Bis Mitte Oktober erwarteten 86 % in Groß-Berlin, daß die Wahlen tatsächlich geheim sein würden. Allerdings wurde im Laufe des Wahlkampfs die Unsicherheit in dieser Beziehung durch die zunehmende Verunsicherung über den Wahlausgang abgelöst, ob die SED oder die SPD Hauptsieger sein würde. Die SED versuchte die Wähler mit einer gewaltigen Pressekampagne zu beeinflussen. Es gab Sonderzuteilungen von Lebensmitteln und Textilien durch den FDGB und penetrante Hausbesuche. Die Sowjetunion hatte immer noch eine Vormachtstellung unter den Besatzungsmächten in Berlin, und die Kampagne verstärkte den Eindruck von der Mächtigkeit der Kommunisten und hob die „Popularität" der Einheitspartei hervor. Hinzu kam das Fehlen irgendeiner öffentlichen Manifestation, an der die Leute abschätzen konnten, wie die „anderen, die Mitbürger, die Bevölkerung als Kollektiv", wählen würde. Hitlers Erbe für das deutsche Volk in der Niederlage war schließlich ein zynisches Mißtrauen gegenüber den Mitmenschen, deren Opportunismus und deren Anfälligkeit für politische Verführung. Anfang September meinten 27 % der im amerikanischen und britischen Sektor befragten Berliner, die SED sei die stärkste Partei in Berlin; aber nur 5 % gaben an, die SED wählen zu wollen. Dagegen wurde die SPD ungefähr gleich oft bevorzugt (42 %) und für die stärkste Partei gehalten (43 %)[58].

Tabelle 3 auf Seite 268 zeigt, daß, als im Oktober 1946 der Wahltag näher rückte, der Eindruck von der überragenden Stärke der SED in den Westsektoren zurückging, im Sowjetsektor aber außerordentlich zunahm. Die letzte Umfrage vor der Wahl wurde am 12. Oktober abgeschlossen; sie ergab, daß jeder zweite Ostberliner mit einem Sieg der SED rechnete. Parteipräferenzäußerungen deuteten auf einen Rückgang an Stimmen für die SPD in beiden Teilen der Stadt, wobei es so aussah, als ob die SPD nur in den Westsektoren die SED überflügeln würde. Nach den Repräsentativumfragen der Amerikaner zu urteilen, war die Popularität der SED im Sowjetsektor seit Juli ständig gestiegen.

Wie die Tabelle ebenfalls zeigt, gingen die Wahlen vom 20. Oktober in beiden Teilen der Stadt anders als erwartet aus: in den Westsektoren, weil dort die SED etwas mehr Stimmen erhielt als bisher in Meinungsumfragen angezeigt worden waren; im Sowjetsektor erhielt die SED weit weniger Stimmen, als die letzte Umfrage vorausgesagt hatte, dafür erhielt die SPD (wie auch die CDU und die LDP) mehr als erwartet. Offensichtlich gab es in der Befragungssituation kurz vor der Wahl in beiden

58 *Information Control Review*, Nr. 32, 16.8.1947.

Tab. 3: Parteipräferenzen und Erwartungen vor den Oktoberwahlen 1946 im Vergleich zu den Wahlergebnissen

	Westsektoren				Sowjetsektor			
	Quoten-Umfragen Berichtsdatum für das Ende der Feldarbeit			Wahlen vom 20. Oktober 1946 %	Quoten-Umfragen Berichtsdatum für das Ende der Feldarbeit			Wahlen vom 20. Oktober 1946 %
	12. Juli %	9. Okt. %	12. Okt. %		12. Juli %	9. Okt. %	12. Okt. %	
I. Stichprobe für Bevölkerung insgesamt								
Halten die SED für die stärkste Partei	x	24 %	19 %	x	x	38 %	50 %	x
Parteipräferenzen für SED	7 %	10 %	10 %	x	15 %	23 %	41 %	x
Halten die SPD für die stärkste Partei	x	52 %	47 %	x	51 %	38 %	34 %	x
Parteipräferenzen für SPD	50 %	50 %	45 %	x	51 %	38 %	34 %	x
	(ca. 250)	(310)	(323)		(ca. 150)	(185)	(176)	
II. Stichprobe: nur Berliner, die Parteipräferenzen äußerten								
für: SED	8	11	11	14	17	26	45	30
SPD	58	56	51	52	58	44	36	43
CDU	29	26	26	24	21	14	14	19
LDP	5	7	12	10	4	16	5	8
N = 100 %	100 %	100 %	100 %	100 %	100 %	100 %	100 %	100 %
	(ca. 216)	(277)	(287)		(ca. 133)	(159)	(162)	

Teilen der Stadt Menschen, die ängstlich wurden, als ein Fremder (der Interviewer) angab, sie im Auftrag der amerikanischen Militärregierung über ihre Parteipräferenz befragen zu wollen: Es gab SED-Anhänger in den Westsektoren, die ihre „Identität" verleugneten; im Sowjetsektor taten dies viele Anhänger der nicht-kommunistischen Parteien.

Trotz der überwältigenden Wahlniederlage der SED in beiden Teilen der Stadt war der mächtig erscheinende Wahlkampf der „Einheitspartei" wohl doch nicht völlig erfolglos gewesen. Denn vor Beginn des Wahlkampfes im Juli 1946 hatte die SED in beiden Teilen der Stadt deutlich weniger, die SPD deutlich mehr Zustimmung in der Bevölkerung gefunden, als das Wahlergebnis dann zeigte.

Unsere bisherigen Ausführungen weisen auf Zivilcourage *und* opportunistische Anpassung nach Hitler in Berlin hin. Die Voraussetzungen, Angst zu überwinden, waren allerdings in den Westsektoren der Stadt wesentlich günstiger als im Sowjetsektor. Dort mußte der einzelne mehr Mut aufbringen, um gegen die SED und für die SPD, die weiterhin behindert und schikaniert wurde, zu stimmen.

Für die Berliner Bevölkerung waren die Wahlen vom 20. Oktober ein befreiendes Erlebnis. Danach waren Berliner oft etwas mehr als wachsame, gegebenenfalls sympathisierende Beobachter des Kampfes zwischen demokratischen Kräften und deutschen Kommunisten in Berlin. Durch die Stimmabgabe hatten sich 92,3 % der Bevölkerung an dem demokratischen Ritual beteiligt und Partei ergriffen. Aber diese Aussage war geheim. Die Stimmabgabe war kein Maßstab für die Bereitschaft der Menschen, die eigene Meinung offen auszusprechen, geschweige denn für engagierte, aktive Beteiligung als selbstbewußte Demokraten am Abwehrkampf.

Die Angst war keineswegs gebannt. Unmittelbar nach der Wahl wurden bei Nacht und Nebel einige hundert Experten und Facharbeiter aus Berlin für einen Einsatz in der UdSSR zwangsrekrutiert. Diese Aktion wurde von den Berlinern als ein Racheakt aufgefaßt. Als sie im November mit einer offenen Frage nach den Auswirkungen der Oktoberwahlen befragt wurden, sagte ein Viertel von ihnen spontan, die Russen würden sie dafür bestrafen, das würde man bei der Zuteilung von Lebensmitteln, Kohlen usw. schon merken.

Das Vertrauen in die Westmächte war durch das Abhalten von freien Wahlen lange noch nicht gefestigt. Amerikanische und britische Vertreter im Kontrollrat hatten zwar zum erstenmal die Führer einer demokratischen Partei verteidigt, als die SMAD von ihnen verlangte, Sozialdemokraten zu maßregeln, die zu Beginn des Wahlkampfes kein Blatt vor den Mund genommen hatten. Aber jetzt wie auch später — sogar als sie die Verschleppung der Experten beanstandeten — obsiegte bei den Westmächten am Ende die Eintrachtsmaxime. Die Debatte im Kontrollrat wurde mit solchen Bemerkungen beendet[59]:

---

59 Die Sowjets nannten die Ausführungen von Franz Neumann und Kurt Swolinsky auf dem SPD-Parteitag am 18.8.1946 „open sabotage and resistance", einen „enemy act". Die SPD-Politiker hatten Verhaftungen seitens des NKWD erwähnt, von der Oder-Neiße-Linie gesprochen und SPD-Sympathisanten in der Sowjetzone aufgefordert, bei bevorstehenden Wahlen mit der Abgabe von ungültigen Stimmen zu protestieren. Siehe Protokoll, Control Council, 37. Sitzung, 20.8.1946, in: NA, Control(G)/8-3146. Zu Reaktionen darauf s. Protokoll, Coordinating Committee, Allied Control Authority, 72. Sitzung, 22.8.1946, in: NA, Control(G)/9-1846.

„The Allied Authorities were now in a position of being made fools of by the Germans, who were playing them off against the other." (General Robertson)
„Every stone thrown at each other by the Allies was picked up by the Germans for rebuilding the kind of Germany that was not desired!" (General Clay)
„The Germans were but infants in the school of democracy." (General Robertson)

Gewiß waren im Lager der Westmächte aufgrund des Fusionskampfes und des Wahlergebnisses die Ansätze gewachsen, sich mit dem Abwehrkampf deutscher Demokraten in Berlin zu identifizieren, aber auch nach 1946 unterlagen Debatten über die Verletzungen der Bürgerrechte der Deutschen im Kontrollrat lange Zeit der Schweigepflicht und wurden dem Gebot nach Eintracht untergeordnet; man wich ihnen, da sie ergebnislos verliefen, später bei ähnlichen Anlässen möglichst aus.

Die Berliner Entwicklung war alles andere als eine Bestätigung der Demokratisierungsprogramme der Anglo-Amerikaner. Der „grassroots"-Ansatz, den sie in ihren eigenen Besatzungszonen zu verwirklichen suchten, führte in die Isolierung; er verhinderte, daß die Menschen Perspektiven für die Lösung ihrer Probleme in einem Bezugsrahmen suchen konnten, der über ihre unmittelbare Umgebung und ihr Alltagsdasein hinausreichte. Die Viermächte-Besatzungssituation Berlins hatte eine gegenteilige Auswirkung. Die Bevölkerung wurde geradezu dazu gedrängt, bei der Suche nach Perspektiven ihre Probleme im Zusammenhang mit der internationalen Lage und dem nationalen Problem zu sehen. Es war die „grass-roots"-Revolte einer Minderheit, die den Westmächten nicht ins Konzept paßte, die aber nicht von ihnen kontrolliert werden konnte, die einen Prozeß des demokratischen Einstellungswandels in der Bevölkerung einleitete.

Natürlich ist die Frage angebracht, inwieweit diese Entwicklung ein wirklich demokratisches Einstellungspotential beinhaltete. Wenn man von einer partiellen Überwindung des „ohne-mich"-Syndroms und der Hinwendung zur Sozialdemokratie absieht, ist es aufgrund der Datenlage nicht möglich, Antworten auf diese Frage auf der Basis von Ereigniswirkungen vor der Blockade zu finden. Eine oft wiederholte Trendfrage, die die Befragten vor die Wahl zwischen „zwei Regierungsformen" stellte, zeigt allerdings, daß im Zeitraum zwischen 1947 und 1950 ca. 60 % der Bevölkerung der amerikanischen Zone fast immer einer Regierung, „die dem Volk wirtschaftliche Sicherheit und die Möglichkeit eines guten Einkommens bietet", den Vorzug vor einer Regierung gaben, „die dem Volk freie Wahlen, Rede-, Presse- und Religionsfreiheit garantiert". Im Vergleich dazu gaben Westberliner bis kurz vor der Blockade sogar in etwas stärkerem Maße der „wirtschaftlichen Sicherheit" den Vorzug vor Bürgerrechten. Das änderte sich in den ersten Monaten der Blockade dramatisch (Rückgang von 61 % auf 40 %). Bereits beim Aufkommen der Krise nahm die Ausrichtung auf Bürgerrechte zu. Sie blieb während des Blockadewinters und in den Jahren nach der Blockade in Berlin stets weiter verbreitet als in den Westzonen[60].

Erhebungen, die Cantril und Buchanan im August 1948 und Oktober 1949 durchführten, registrierten bei Westberlinern eine signifikante Zunahme der Über-

---

60 Vgl. *OMGUS* Survey Report, Nr. 151, 18.12.1948; *OMGUS* Survey Report, Nr. 175, Juni 1949; *HICOG* Survey Report, Nr. 50, 10.11.1950.

zeugung, daß die „deutsche Wesensart" größtenteils nicht „angeboren", sondern „anerzogen" sei (von 28 % auf 37 %). Dieser Wandel war bei Berlinern, die sich zum „Arbeiterstand" zählten, besonders ausgeprägt (von 15 % auf 41 %)[61]. Die Frage, ob sie den Eindruck hätten, „daß das Volk heute die Tätigkeit der politischen Parteien beeinflussen kann", bejahten im Mai 1949 61 % der Westberliner, im Unterschied zu nur 43 % im Oktober 1947. Zu beiden Zeitpunkten haben nur 38 % der Befragten in der amerikanischen Besatzungszone diese Frage positiv beantwortet[62]. Dennoch macht die gleiche Umfrage von Mai 1949 die Grenzen des Einstellungswandels in Berlin deutlich, denn hier wie in der Westzone äußerte nur ein Viertel der Befragten die Bereitschaft, im politischen Leben ihrer Gemeinden Verantwortung zu übernehmen[63]. Der Wandel von Werten und Einstellungen wurde von Veränderungen im Selbstverständnis der Menschen getragen. Die Erfahrung, durch die Luftbrücke von den Anglo-Amerikanern gerettet und von der Weltöffentlichkeit anerkannt worden zu sein, prägte nunmehr eine selbstbewußte Abwehrhaltung. Die Berliner sahen sich als die bewährten deutschen Demokraten, weil sie sich in der anti-kommunistischen Abwehr durch hartnäckiges Ausharren und freiwillige Entbehrungen während der Blockade und danach in langen Jahren der wirtschaftlichen Stagnation und Massenarbeitslosigkeit wirklich bewährt hatten.

Angesichts der Tatsache, daß der Anti-Kommunismus der meisten Deutschen — zumindest früher — ganz und gar nicht in demokratischen Wertungen verankert war, sondern weit häufiger das Produkt einer traditionellen Arroganz gegenüber den „primitiven" slawischen Völkern darstellt, mit Vorurteilen, die von den Nazis mit einer angeblich „barbarischen" kommunistischen Bedrohung propagandistisch ausgenutzt wurde, erscheint die Frage berechtigt, ob ein anti-kommunistischer Abwehrkampf in diesem Lande überhaupt einen demokratischen Charakter annehmen konnte. Schließlich hatten die Berliner bei der Eroberung der Stadt durch die Rote Armee Vergewaltigung und Plünderung in einem Ausmaß erlebt, das die Aussagen der Nazis zu bestätigen schien.

Um so mehr muß die Art und Weise überraschen, wie sich die Berliner von 1945 bis 1948 bemühten, eine Situation einstellungsmäßig zu bewältigen, in der die Sowjetmacht zuerst dominierend und der Einfluß der Sowjetunion auch später nicht mehr wegzudenken war. In dieser Zeit zeigten die Repräsentativbefragungen über die Russen, die Sowjetunion und den Kommunismus immer wieder, daß die Westberliner toleranter und differenzierter urteilten als die Einwohner der amerikanischen und britischen Zonen. Nazi-Propagandalösungen wurden in West-Berlin häufiger abgelehnt[64]. Im Juli 1947 bekannten sich nur 8 % der Bevölkerung im amerikanischen und britischen Sektor von Berlin zur SED, aber 41 % hielten den Kommunismus *als Idee* nicht „ganz und gar" für schlecht, sondern wußten etwas Gutes darüber zu sagen — in der amerikanischen Zone traf das auf nur 16 % der Befragten

---

61 William Buchanan/Hadley Cantril, *How Nations See Each Other,* Urbana 1953, S. 161.
62 *OMGUS* Survey Report, Nr. 88, 20.1.1948; *OMGUS* Survey Report, Nr. 191, 9.12.1949.
63 Vgl. *OMGUS* Survey Report, Nr. 191, 9.12.1949.
64 *OMGUS* Survey Report, Nr. 19, 19.8.1946.

zu[65]. Noch später, als sie nach zweieinhalb Jahren Abwehrkamp mit dem Zusammenbruch der Viermächte-Regierung und dem Ausbruch des Kalten Krieges konfrontiert wurden, stimmten 60 % der Westberliner — im Vergleich zu 39 % der Einwohner der amerikanischen Zone — der Behauptung nicht zu, daß die Wünsche des russischen Volkes keinerlei Einfluß auf die Politik der russischen Regierung hätten.

Sicherlich sind demokratische Tugenden zumindest ansatzweise vorhanden, wenn Menschen, die sich gegen eine aggressive, undemokratische Obrigkeit aktiv wehren, die Fähigkeit zeigen, dogmatische Verallgemeinerungen zu vermeiden, zu differenzieren und Kompromisse in Betracht zu ziehen. Anfang der fünfziger Jahre traten diese Ansätze zurück; nach wie vor aber gehörten außer Wachsamkeit, Selbstbewußtsein und eine Fähigkeit, mit Zweifeln zu leben (eine ebenfalls demokratische Tugend), Differenzierungsvermögen und Kompromißbereitschaft zu dem im Widerstand gewachsenen Einstellungssyndrom. Das zeigte sich bereits in den fünfziger Jahren, als Berliner eher als Westdeutsche zu Ost-West-Verhandlungen bereit waren, weil diese eindeutiger in ihrem Interesse lagen und weil sie mehr Selbstvertrauen gegenüber den Sowjets besaßen. Die Konsequenz war die beinahe konsensuelle Zustimmung einer noch wachsameren und kritischen Bevölkerung zu den „kleinen" und „gewagten" Schritten, die 1963 in Berlin ihren Anfang nahmen und zu den Verträgen von 1972 führten.

Das war möglich, weil dieses Wagnis der SPD-Führung bei den Schutzmächten nicht auf Widerspruch stieß. Dankbarkeit und Anlehnung an die Schutzmächte gehörten zur Widerstandskonsenshaltung der Berliner, aber ihr Vertrauen in die Westmächte ist nie bedingungslos geworden, sondern war von Skepsis, Zweifel und Wachsamkeit begleitet.

Da die Bevölkerung vorwiegend eine passive Rolle im Abwehrkampf gesucht hatte und auch in ihrer Wächterrolle nach der Blockade (außer bei den allgemeinen Wahlen) nur ganz selten eigene Initiativen entfalten konnte oder wollte, stellt sich die Frage, inwiefern es der aktiven sozialdemokratischen Minderheit, die den Abwehrkampf weiterhin führte und deren Führungsanspruch von der Öffentlichkeit fast immer mehrheitlich bestätigt wurde, letztendlich gelungen war, die Berliner Bevölkerung in ihrem Sinne zu beeinflussen. Da der Abwehrkampf in den Jahren 1947 und 1948 vor allem bei den Betriebsrätewahlen und Gewerkschaftswahlen, in Dienststellen der Verwaltung, in Fabriken und Werkstätten stattfand, blieb deutlich, daß er einen Konflikt darstellte, der innerhalb der Arbeiterbewegung ausgetragen wurde. Dort verhalfen auch die Anzeichen einer Sowjetisierung der Wirtschaft im Herbst 1947 der Gewerkschaftsopposition endlich zum Durchbruch. Deshalb wurde eine immer größer werdende Anzahl von Berlinern vor Ausbruch der Blockade zu aktiven Trägern des Widerstands. Es war vor allem die sozialdemokratisch geführte Gewerkschaftsopposition, die vor und während der Blockade für Massenprotest sorgte, die Demonstrationen organisierte, die Weltbeachtung fanden. Und in den fünfziger und sechziger Jahren wurden die Ritualfeiern des Berliner Abwehrkampfes als Demonstrationen am 1. Mai abgehalten.

65 Vgl. *OMGUS* Survey Report, Nr. 74, 27.10.1947.

Was mit Zielvorstellungen des demokratischen Sozialismus begann, endete hier in dem zufriedenen Selbstbewußtsein, bürgerliche Freiheiten mit Erfolg verteidigt zu haben. Dennoch gab es keinen jähen Bruch mit Traditionen, sondern eine allmähliche Auflösung der lebendigen Verbindungen zu ihnen und noch mehr zu den gesellschaftlichen Trägern der Traditionen und des Erneuerungsethos.

Als Berlin in der ersten Hälfte der fünfziger Jahre noch wirtschaftliches Notstandsgebiet war, leitete der Sozialdemokrat Paul Hertz eine zielgerichtete Wirtschaftsförderung und ein gediegenes Arbeitsbeschaffungsprogramm mit Marshall-Plan-Mitteln in die Wege, das sich eher am Vorbild des „New Deal" als an Erhardschen Konzepten orientierte. Hertz durfte auf Geheiß der Amerikaner sogar dann im Amt bleiben, als für eine kurze Zeit, nach dem Tode Ernst Reuters, die bürgerlichen Parteien den Versuch machten, in Berlin allein zu regieren. Zu dieser Zeit waren die Arbeiter und Angestellten West-Berlins häufiger gewerkschaftlich organisiert als die in den meisten westdeutschen Industriezentren. Das soziale Ansprechvermögen und die Einbindungskraft der Sozialdemokratie ging in den fünfziger Jahren noch nicht zu Bruch.

Aber Ernst Reuters Vision vom höheren Sinn des Abwehrkampfes, von der Sozialdemokratie als Stifter einer demokratischen Volksbewegung — diese Vision ging nicht in Erfüllung. Sie war von Anfang an eine nicht weiter durchdachte, diffuse Absicht. Und sie konnte sich auch nicht isoliert in einer Stadt verwirklichen, in der das Volk auf seine Überlebenschancen achtgeben mußte, aber weniger als andere Deutsche auf die Gestaltung seiner Lebensverhältnisse Einfluß nehmen konnte. In dieser Beziehung war Berlin nicht einmal ein gleichberechtigter Teil der Bundesrepublik geworden.

Erst nach der Niederlage der SPD in den Bundestagswahlen von 1953 hatte Reuter, kurz vor seinem Tode, das Problem der ghettohaften Selbstisolierung der Partei für die westdeutschen Genossen nochmals aktualisiert[66]. Es geschah unter völlig veränderten Vorzeichen und, anders als 1948 in Berlin, aus einer subjektiven Defensive heraus. Das führte nach dem Godesberger Programm wie auch in den siebziger Jahren nicht, als man mehr Demokratie wagen wollte, zu einer Volksbewegung, sondern zu einer „repräsentativen" Volkspartei — für die Wahlen —, die auf einem schmalen, fast zufälligen Pluralismusverständnis fußte und eigentlich nicht dem Volk, sondern einer neuen abgehobenen Führungsschicht zur Macht verhalf. Die SPD war nicht in der Lage, ihre traditionellen gesellschaftlichen und subkulturellen Verankerungen im Volk wiederzubeleben oder etwa neue Verankerungsmuster als Orientierungsangebot zu entwickeln. Insofern war sie, bei Weiterentwicklung der dominanten Kultur des Landes, in ihr verhaftet geblieben.

---

66 Vgl. Hans J. Reichhardt (Hrsg. u. Bearb.), *Ernst Reuter. Schriften — Reden 1949—53*, Bd. 4, Dok. 141, S. 799—802; Dok. 142, S. 803—809.

Klaus Sühl

Arbeiterbewegung, SPD und deutsche Einheit 1945/46

Die Gründung zweier deutscher Staaten und die ersten Bundestagswahlen markierten für die deutsche Sozialdemokratie eine nahezu umfassende Niederlage ihrer vierjährigen politischen Bemühungen, ein geeintes, freiheitliches und sozialistisches Deutschland zu schaffen. Die Hoffnungen, mit denen sie 1945 an den Wiederaufbau Deutschlands herangegangen war, hatten sich nicht erfüllt. Die Gründung der DDR erlebten die Sozialdemokraten, die nicht in die Westzonen gegangen waren, entweder in der Illegalität der „Ost-SPD", als Mitglieder der SED oder aber als politisch nicht mehr aktive Bürger. Die sozialdemokratische Arbeiterbewegung existierte in diesem Teil Deutschlands nur mehr als Residuum in der SED, in den Gewerkschaften und in anderen gesellschaftlichen Organisationen, in denen die Kommunisten dominierend waren.

Die desillusionierende Wahlniederlage der SPD bei den ersten Bundestagswahlen verdeutlichte endgültig, daß die Sozialdemokraten auch in den ehemaligen drei westlichen Besatzungszonen keine entscheidende Rolle bei der Gestaltung der politischen und ökonomischen Verhältnisse spielen würden. Davon, ihre Ansprüche durchzusetzen und ihre Ziele zu verwirklichen, waren die Sozialdemokraten 1949 eher weiter entfernt als vier Jahre zuvor. Für einen demokratischen Sozialismus gab es auf absehbare Zeit weder in der Bundesrepublik noch in der DDR eine Chance. Selbst Ansätze dazu, wie die Sozialisierung und die Mitbestimmung, waren entweder gescheitert oder drohten Formen anzunehmen, mit denen sich die SPD nicht zufrieden geben konnte. Statt die Führung in einem Gesamtdeutschland inne zu haben, mußte sich die SPD in Bonn mit der Oppositionsrolle begnügen und in der DDR Zustände hinnehmen, gegen die sie zwar den schärfsten Protest erhebe, auf die sie aber real keinen Einfluß ausüben konnte. Durch die Teilung des Landes, die ja auch den Verlust ihrer traditionellen Hochburgen in Mitteldeutschland bedeutete, atmete die SPD, wie es Fritz Erler 1954 ausdrückte, „nur auf einem Lungenflügel"[1]. Als positives Ergebnis ihrer Politik rechnete sich die SPD allerdings das Verdienst zu, die Kraft gewesen zu sein, die vor allem dafür Sorge getragen hatte, daß die Idee und die Organisationen des Kommunismus im westlichen Teil Deutschlands gründlich diskreditiert waren.

Obwohl die CDU die Früchte dieses Sieges über den Kommunismus in der Bundesrepublik erntete, obwohl die bürgerlichen Parteien und nicht die Sozialdemokra-

---

1 Zitiert nach Hartmut Soell, *Fritz Erler – Eine politische Biographie*, Bd. I, Berlin/Bonn-Bad Godesberg 1976, S. 177.

tie die Gestaltung der gesellschaftlichen Zustände bestimmten, galt das Schicksal Otto Grotewohls und derjenigen Sozialdemokraten, die, aufgrund welcher Motive auch immer, die Vereinigung von SPD und KPD zur SED in Berlin und in der SBZ mitgetragen hatten, als Beweis für die Richtigkeit des Handelns Kurt Schumachers in den Jahren 1945/46. Die Zustände in der SBZ und später in der DDR untermauerten die Thesen Schumachers, daß die Kommunisten die Sozialdemokraten lediglich als Blutspender für ihre Organisation benutzten ohne von ihrer alten antidemokratischen Politik abzugehen, und daß eine freiheitliche und demokratische Entwicklung in einem Gebiet, in dem die Sowjetunion dominierte, nicht möglich sein würde. Und die Entwicklung zur DDR galt auch als Bestätigung für das sowjetische Expansionsstreben, dem die SPD Kurt Schumachers durch ihre Haltung gegenüber den Kommunisten und gegenüber dem Zentralausschuß der SPD in Berlin zumindest im Hinblick auf die Westzonen einen Riegel vorgeschoben hatte.

Diese Sichtweise, die bis zum heutigen Tag für die SPD wie auch für einen Großteil der bundesdeutschen Historiker Gültigkeit hat, wird der Entscheidungssituation, vor der die deutsche Sozialdemokratie in den ersten zwölf Nachkriegsmonaten stand, nur bedingt gerecht. Denn die Alternative für die SPD lautete ja nicht nur, wie gerne suggeriert wird, *Einheit* mit der KPD mit der Konsequenz, zum Befehlsempfänger der sowjetischen Besatzungsmacht herabzusinken, *oder Freiheit* mit der Konsequenz, die deutschen Belange aus eigener Erkenntnis und aus freiem Willen unabhängig gestalten zu können. Vielmehr waren die Politikversuche der Sozialdemokraten entsprechend der Besatzungssituation vor allem darauf ausgerichtet, von den Besatzungsmächten die Rechte auf Selbstbestimmung zu erlangen, die, bei Wahrung der Interessen der anderen Völker, die *Voraussetzungen* für eine Entwicklung zum demokratischen Sozialismus in Deutschland bringen sollten. Im Prozeß dieses politischen Neubeginns spielte die Frage der Einheit der Arbeiterbewegung eine wichtige Rolle, sie war aber aufgrund der Teilung Deutschlands in vier Besatzungszonen mit Berlin als Viermächtestadt von Anfang an untrennbar mit der Frage der Einheit des Reiches verknüpft und umfaßte nicht nur die Herstellung einer Einheitspartei aus SPD und KPD, sondern auch die Herstellung einer nationalen, alle vier Zonen und Berlin miteinbeziehenden SPD für Gesamtdeutschland. Eine einheitliche SPD aber, wie sie vor ihrem Verbot am 22. Juni 1933 bestanden hatte, kam nach 1945 nie mehr zustande. In Wennigsen, dem einzigen parteitagsähnlichen Treffen der SPD, zu dem Sozialdemokraten aller vier Zonen zusammenkamen, wurde auf Drängen Kurt Schumachers im Oktober 1945 beschlossen, auf eine gesamtdeutsche Partei — vorerst — zu verzichten. Den auf dieser Konferenz anwesenden Sozialdemokraten aus den Westzonen erschien das Risiko zu groß, sich in einer Parteiorganisation mit den Genossen zusammenzuschließen, die aufgrund der geographischen Lage ihres Wohnortes unter der Dominanz sowjetischer Politik lebten. Die folgende Darstellung der Politik des „Büros Schumacher" in Hannover, des Zentralausschusses (ZA) der SPD in Berlin und der britischen Besatzungsmacht zur deutschen Einheit 1945/46 soll zeigen, daß Kurt Schumacher bereits 1945 davon ausging, man müsse die SBZ und die dortige SPD abschreiben, noch bevor eine solche Entscheidung von den Westmächten gefällt worden war und obwohl sich auch in der Politik des ZA der SPD Anknüpfungspunkte boten, die den schicksalhaften Ablauf der Teilung Deutschlands und der SPD, oder wie Schumacher es nannte, den Ablauf „der schmerzlich deutschen Tragödie"[2], als viel weniger determiniert erscheinen lassen, als dies zumindest von der SPD Schumachers dargestellt wurde.

Bei allen Unterschieden in ihren Plänen für und in ihrer Politik in Deutschland waren sich die vier Besatzungsmächte 1945 in einem Punkt einig: Die Deutschen sollten auf absehbare Zeit keinen selbständigen und bestimmenden Einfluß auf die Geschicke ihres Landes haben. Das Recht zur begrenzten Mitwirkung am politischen Leben unter der Kontrolle der alliierten Besatzungsmächte war somit neben der Bestrafung, der Buße, der Wiedergutmachung und der Umerziehung Bestandteil einer Politik, die das deutsche Volk langfristig auf ein Leben in Frieden, Freiheit und Demokratie vorbereiten sollte.

Für Kurt Schumacher, der sich von Hannover aus um die Sammlung und ideologische Vereinheitlichung der deutschen Sozialdemokratie bemühte, bestanden über diese Pläne der Siegermächte weder Zweifel noch Illusionen. Bereits im Mai 1945, bei seiner ersten Grundsatzrede vor Sozialdemokraten nach Kriegsende in Hannover, erklärte er, alle Opfer, die die deutschen Antifaschisten im Kampf gegen Hitler gebracht hätten, legitimierten „mangels entscheidender Erfolge nur zur Mitarbeit"[3]. An eine Wiederherstellung der Volkssouveränität sei bis auf weiteres nicht zu denken, denn die Besatzer würden den Deutschen nur die Rechte gewähren, auf die sie in ihrem eigenen Interesse glaubten verzichten zu können[4]. Obwohl er diesen bei Kriegsende gegebenen Zustand kritiklos hinnahm, ließ Schumacher keinen Zweifel daran, daß er die Aufgabe der Deutschen, insbesondere aber der deutschen Sozialdemokratie, darin sah, die Alliierten auf der Basis konstruktiver Mitarbeit davon zu überzeugen, daß nicht alle geplanten oder ins Auge gefaßten Maßnahmen sinnvoll seien und daß die Sozialdemokraten als einzige Kraft in Deutschland die Gewähr dafür bieten würden, durch ihr Programm eines demokratischen Sozialismus die Ziele der Besatzungsmächte in Deutschland zu verwirklichen. Dieses Konzept, „Zusammenarbeit soweit notwendig, Handlungsfreiheit soweit möglich"[5], basierte also offensichtlich auf der Erwartung der Lernfähigkeit der Besatzungsmächte und der Veränderbarkeit ihrer Politik und hatte damit eine spezifische Einschätzung der vier Siegermächte zur Grundlage.

Ohne genaue Kenntnisse der Entwicklung im internationalen Maßstab und in den einzelnen Ländern[6] und ohne wirkliche Erfahrungen mit der unterschiedlichen Be-

---

2 Kurt Schumacher, Hannover, in einem Brief an Carl Severing, Bielefeld, 12.10.1945, in: *Archiv der sozialen Demokratie der Friedrich-Ebert-Stiftung (AsD)* Bonn-Bad Godesberg, Bestand Büro Schumacher, J8.
3 Fried Wesemann, *Kurt Schumacher — Ein Leben für Deutschland,* Frankfurt a. M. 1952, S. 71. Bei Wesemann ist das Referat Schumachers in Auszügen abgedruckt, vgl. ebd., S. 63–75. Einige wichtige Ergänzungen finden sich bei Albrecht Kaden, *Einheit oder Freiheit — Die Wiedergründung der SPD 1945/46,* Hannover 1964, S. 17–21.
4 Vgl. Wesemann, *Kurt Schumacher,* S. 72.
5 Lewis J. Edinger, Kurt Schumachers politische Perspektive — Ein Beitrag zur Deutung seines Handelns, in: *Politische Vierteljahresschrift,* 3. Jg. (1962), H. 4, S. 360.
6 Vgl. Lewis J. Edinger, *Kurt Schumacher, Persönlichkeit und politisches Verhalten,* Köln/Opladen 1967, S. 117.

satzungspolitik der Siegermächte setzte Schumacher bereits im Frühjahr 1945 seine Hoffnungen auf die Westmächte und verhehlte nicht sein tiefes Mißtrauen, ja, seine Abscheu vor der sowjetischen Politik. Während er von den kapitalistischen Ländern Hilfe, zumindest aber Verständnis für den Kampf der SPD für den demokratischen Sozialismus erwartete — begründet mit Roosevelts „New Deal" und der Existenz der Labour Party und der französischen Linken —, schien ihm die sowjetische Politik gegen die Interessen der deutschen Arbeiter gerichtet zu sein[7].

Zwei Beschränkungen dürften Schumacher vorerst davon abgehalten haben, seine Einschätzung der Sowjetunion und ihrer Politik zu konkretisieren und daraus öffentlich umfassende Schlußfolgerungen für seine Politik zu ziehen. Erstens barg jede Kritik an einer Besatzungsmacht die Gefahr in sich, umgehend wegen Mißachtung einer Siegermacht scharf gemaßregelt zu werden. Und zweitens waren die Sozialdemokraten der drei westlichen Zonen, für die Schumachers Politik gelten sollte, nicht gezwungen, mit der sowjetischen Besatzungsmacht zusammenzuarbeiten. Also konnte Schumacher sich darauf beschränken, aus seiner Einschätzung der sowjetischen Kommunisten solche Konsequenzen zu ziehen, die Bedeutung für seine konkrete Tagespolitik hatten; so lehnte er jede engere Zusammenarbeit, gar einen Zusammenschluß, mit den deutschen Kommunisten kategorisch ab, da diese „kraft der machtpolitischen Gegebenheiten und der außenpolitischen Bindungen ... fest an eine einzige der großen Siegermächte und damit an Rußland als Staat und an seine außenpolitischen Ziele gebunden sind". Die SPD aber wolle „nicht das autokratisch gehandhabte Instrument eines fremden imperialen Interesses sein"[8].

Damit hatte Schumacher für sich einen Weg gefunden, trotz der Gefahren, die er aus der sowjetischen Politik erwachsen sah, verbal an seiner Kooperationsbereitschaft mit allen vier Siegermächten festzuhalten, da er diese gegenüber den Sowjets nicht unter Beweis stellen mußte. Niemand verlangte von ihm, daß er in die SBZ oder nach Berlin übersiedeln sollte. Einen Eindruck, welche Probleme die Anwesenheit der Roten Armee in Deutschland den Sozialdemokraten im Westen bereitete, vermitteln Briefe, die Erich Ollenhauer und Hans Vogel noch während ihres Exils in London schrieben. Schon im Februar 1945 ging Ollenhauer davon aus, daß es für die Sozialdemokraten in der sowjetischen Besatzungszone in Deutschland nicht möglich sein werde, politisch zu arbeiten. Und Vogel schrieb im August 1945 über die Möglichkeit einer Rückkehr nach Berlin:

„Wir hielten es nicht für ganz unwahrscheinlich, daß unsere Freunde [die Berliner Sozialdemokraten; d. Verf.] unsere Rückkehr verlangen würden, nachdem die Russen den gesamten kommunistischen deutschen Stab aus Moskau mit zurückgebracht und sofort aktiv eingesetzt hatten. Wenn die Russen auf ein solches Verlangen eingegangen wären, hätte uns das möglicherweise in einige Verlegenheit gebracht. Oder würdest Du selbst ohne jede Bedenken in die russische Zone

---

7 Vgl. Kaden, *Einheit oder Freiheit* (Anm. 3), S. 20; Schreiben Büro Dr. Schumacher, Hannover, *An die Bezirksvorstände der Sozialdemokratischen Partei Deutschlands in den drei Westlichen Besatzungszonen*, 15.9.1945, in: AsD, Bestand Schumacher, Q27.
8 Wesemann, *Kurt Schumacher* (Anm. 3), S. 73.

zurückgegangen sein, solange dort die Russen allein bestimmen und keinerlei Nachrichten nach außen gelangen konnten?"[9]

Daß sich diese Haltung nicht wesentlich durch die Existenz einer sozialdemokratischen Partei in der SBZ änderte, drückt sich in einem Brief Vogels an Schumacher aus, in dem er mit skeptischer Zurückhaltung formulierte, es bleibe abzuwarten, „ob und wie lange und in welchem Ausmaß eine unabhängige sozialdemokratische Politik unter den besonderen Bedingungen der russischen Besatzung möglich sein wird"[10].

Ähnliche Überlegungen dürfte auch Kurt Schumacher angestellt haben. Er nahm die Existenz des ZA der SPD in der SBZ, wenn auch mit beträchtlichem Mißtrauen, zur Kenntnis, erkannte dessen Kompetenz für dieses Gebiet ausdrücklich an und sah, daß die Sozialdemokraten unter den spezifischen Bedingungen dort zu anderen Schwerpunktsetzungen gelangt waren als er:

„Unsere Genossen in Berlin müssen ihre Politik unter ganz anderen Voraussetzungen machen als wir. Die verschiedenen Voraussetzungen ergeben zwangsläufig [!!] verschiedene Linien und leider auch verschiedene Auffassungen in der organisatorischen Kompetenz."[11]

Die Konsequenzen, die Schumacher daraus für das Verhältnis der im Westen und im Osten Deutschlands existierenden Sozialdemokratie zog, waren folgende:

Sollte der ZA einen Geltungsanspruch für das ganze Reich stellen, so werde dieser in jedem Fall von der SPD im Westen abgelehnt. Es sei wünschenswert, daß man „gegenseitig anständig und klar" den jeweiligen Standpunkt fixiere und die Kompetenzen abgrenze. Dies alles führe zu Provisorien, die erst nach dem „ersten richtigen Reichs-Parteitag aller vier Besatzungszonen und der westlichen Emigration" durch Wahl eines neuen Parteivorstandes beseitigt werden könnten. Bis dahin sei aber eine Stelle in und für die drei westlichen Zonen nötig, „die, von allen Bezirken dieser Zone getragen, für die politische, geistige und organisatorische Ausrichtung maßgebend und verantwortlich ist". Obwohl Schumacher dies zu dieser Zeit noch nicht ausdrücklich betonte, kann man davon ausgehen, daß er dem ZA für die östliche Zone eine entsprechende Funktion zubilligte.

Mit dieser Position ging er in das erste Treffen von Vertretern der SPD aus allen vier Besatzungszonen und des Exilparteivorstandes aus London, das vom 5.–7. Oktober 1945 in Wennigsen bei Hannover stattfand. Bevor wir uns mit dem Ablauf dieser Konferenz beschäftigen, soll dargestellt werden, mit welchen Vorstellungen die Vertreter des Berliner ZA dorthin fuhren.

Es kann kein Zweifel daran bestehen, daß die Sozialdemokraten in Berlin und in der SBZ im Prozeß ihrer Politikfindung ganz wesentlich von der Tatsache der sowjetischen Dominanz und der damit einhergehenden überragenden Rolle der KPD im

---

9 Hans Vogel, London, an Albert Grzesinski, Elmhurst L. I., USA, 15.8.1945, zit. bei Kaden, *Einheit oder Freiheit* (Anm. 3), S. 96; Erich Ollenhauer, London, an Richard Hansen, Brooklyn N. Y., USA, 20.2.1945, ebd., S. 94–95.
10 Hans Vogel, London, an Kurt Schumacher, Hannover, 6.9.1945, in: *AsD*, Bestand Schumacher, Q27.
11 *An die Bezirksvorstände* (Anm. 7); die im folgenden nicht nachgewiesenen Zitate s. ebd.

öffentlichen Leben geprägt waren[12]. Ein weiterer wichtiger Faktor in den Überlegungen des seit dem 15. Juni 1945 existierenden ZA war der Umstand, daß er sich in der Reichshauptstadt, im Zentrum des ehemaligen und, wie man vermutete, auch zukünftigen Reiches konstituierte, dem Ort, an dem traditionell auch die SPD-Führung ihren Sitz hatte. Der Name „Zentralausschuß der Sozialdemokratischen Partei Deutschlands" wies auf den Anspruch der Berliner Sozialdemokraten hin, zumindest Vorläufer des zukünftigen Parteivorstandes der SPD für Gesamtdeutschland zu sein[13]. Sehr bald aber stellte sich heraus, daß das, was die führenden Sozialdemokraten in Berlin für das Naheliegendste gehalten hatten, nicht der komplizierten Realität entsprach.

Die KPD lehnte eine Vereinigung mit der SPD vorerst ab und teilte ebensowenig wie die sowjetische Besatzungsmacht die sozialdemokratische Auffassung von der Notwendigkeit des direkten Aufbaus des Sozialismus. Zudem demonstrierte die Sowjetische Militäradministration in Deutschland (SMAD) anschaulich, daß die Berliner SPD-Führung in ihrem Bemühen, ihre und Deutschlands Zukunft an der Seite und in engster Kooperation mit der Sowjetunion zu definieren, nicht etwa damit rechnen dürfe, daß die Sowjets die SPD der KPD gleichstellen würden, geschweige denn bereit waren, den Sozialdemokraten den angestammten Platz der Kommunisten zu überlassen.

Als sich jedoch der Nebel über die unklaren Verhältnisse im Nachkriegsdeutschland langsam zu lichten begann, wurden diese desillusionierenden Erfahrungen, die sich tagtäglich in der Mißachtung sozialdemokratischer Ansprüche und Vorstellungen durch die Kommunisten bestätigten[14], ergänzt durch Wahrnehmungen, die durchaus erweiternd auf die Sichtweise und die Perspektiven der Sozialdemokraten in Berlin und in der SBZ wirkten. Deutschland war nicht von einer, sondern von vier Mächten besetzt, die sich irgendwie über die Zukunft einigen mußten; dies war nirgendwo in Deutschland so hautnah mitzuerleben wie gerade in der Viermächtestadt Berlin. Informationen über die Westzonen und Kontakte zu Sozialdemokraten im Westen zeigten dem ZA nicht nur, daß sich auch dort Sozialdemokraten politisch betätigen konnten, sondern auch, daß zumindest in den beiden wichtigsten Zentren im Westen, in London und Hannover, andere Auffassungen über das Ver-

---

12 Zum Aufbau und zur Entwicklung der SPD in Berlin und in der SBZ vgl. Kaden, *Einheit oder Freiheit* (Anm. 3), S. 31–49; Frank Moraw, *Die Parole der ‚Einheit' und die Sozialdemokratie*, Bonn-Bad Godesberg 1973, S. 80–92; Erich W. Gniffke, *Jahre mit Ulbricht*, Köln 1966, S. 15–91; Karl J. Germer, *Von Grotewohl bis Brandt*, Landshut 1974, S. 15–96; Klaus-Peter Schulz, *Auftakt zum Kalten Krieg*, Berlin 1965, S. 7–44.
13 Vgl. hierzu Moraw, *Die Parole der ‚Einheit'* (Anm. 12), S. 89.
14 Zur Benachteiligung der Sozialdemokraten durch die Personalpolitik der SMAD vgl. Michael Faisst/Harold Hurwitz/Klaus Sühl, Die Berliner Sozialdemokratie und die Personalpolitik der Besatzungsmächte 1945/46, in: *Internationale wissenschaftliche Korrespondenz zur Geschichte der deutschen Arbeiterbewegung (IWK)*, 16. Jg. (1980), H. 3, S. 317–346.

hältnis der SPD zur KPD vertreten wurden[15]. Dies alles dürfte dazu beigetragen haben, daß die Führung der SPD in Berlin versuchte, eine Neubestimmung ihrer Politik vorzunehmen, deren erste Ergebnisse Otto Grotewohl in seiner großen Rede „Wo stehen wir, wohin gehen wir?" sozialdemokratischen Funktionären in Berlin und damit der Öffentlichkeit vorstellte[16]. Drei Aspekte dieser Rede verdienen es, besonders hervorgehoben zu werden:

Grotewohl ging von der Forderung der Vereinigung von SPD und KPD ab, erklärte jetzt vielmehr, die Voraussetzungen einer organisatorischen Vereinigung seien noch nicht erfüllt, auch wenn er weiterhin von der Notwendigkeit und prinzipiellen Möglichkeit einer Einheitspartei in der Zukunft sprach.

Mit dem Hinweis auf die Viermächtebesatzung in Deutschland begründete der Vorsitzende des ZA vor allem einen Führungsanspruch der SPD für Deutschland. Da die bürgerlichen Parteien nicht von der Sowjetunion und die KPD nicht von den Westmächten als Vertreter des gesamten deutschen Volkes anerkannt werden würden, fiele der Sozialdemokratie die Rolle der Führungskraft, der „Sammellinse" in Deutschland zu.

Schließlich nahm Grotewohl zur Funktion des ZA innerhalb der wiedererstehenden Gesamtpartei Stellung. Die Genossen in der „anglo-amerikanischen Zone" bat er, nicht „aus Mangel an zutreffenden und ausreichenden Informationen" zu Beschlüssen zu kommen, „die sich für die Zukunft hindernd und hemmend auswirken müßten." Denn entgegen der im Westen „oft und immer wieder verbreiteten Auffassung" befinde sich die SPD in Berlin und in der SBZ nicht unter einem besonderen Einfluß der SMAD und auch nicht „im Schlepptau" der KPD, und der ZA erhebe auch nicht deshalb „den Ruf nach der Reichspartei ... weil er damit irgendwelche Führungsansprüche geltend machen will. Wir Berliner sehen in uns lediglich die Treuhänder und Sachwalter solange, bis andere und bessere Genossen berufen werden, unsere Plätze einzunehmen." Es gehe jetzt darum, „die elementarste aller politischen Fragen, die Reichseinheit" zu behandeln, und dies setze die Reichspartei, die einheitliche Sozialdemokratische Partei für Gesamtdeutschland, voraus[17].

Es gab sicherlich Unterschiede in den Positionen Schumachers und Grotewohls. Die beiden wesentlichsten lassen sich daran festmachen, wie die beiden Führer der Sozialdemokratie die Notwendigkeit der Einheit von SPD und KPD und die Bedeutung der Schaffung einer einheitlichen Reichspartei sahen. Welche Tiefe die Meinungsunterschiede hatten, mußte sich bei einem persönlichen Treffen der beiden Männer zeigen, wenn sie daran gingen, eine gemeinsame Politik der Sozialdemokraten festzulegen. Die Gegensätze schienen nicht unüberbrückbar zu sein, zumal sich die Berliner mehr und mehr den Positionen Schumachers annäherten und die Differenzierungen in erster Linie in der Existenz unterschiedlicher Besatzungsmächte in

---

15 Informationen über die Haltung Schumachers erhielt der ZA zuerst von dem Mitglied des ZK der KPD, Franz Dahlem. Vgl. Bericht Erich Gniffke, 28.8.1945, in: *AsD*, Nachlaß Erich Gniffke, 32; die Haltung des Exil-Vorstandes in London erfuhren die Berliner aus einem Antwortschreiben von Hans Vogel vom 6.9.1945 auf einen Brief von Otto Grotewohl vom 17.8.1945, vgl. dazu Heinz Voßke, *Otto Grotewohl — Biographischer Abriß*, Berlin (DDR) 1979, S. 135—136.
16 Die Grotewohl-Rede wurde zuerst in einer zensierten Fassung, in der Passagen ausgelassen waren, im SPD-Organ veröffentlicht; vgl. *Das Volk* v. 15., 16. und 18.9.1945. Noch im Jahre 1945 erschien sie in unterschiedlichen Fassungen, gedruckt in Berlin-Tempelhof, in Halle und in Regensburg.
17 Wir zitieren hier aus einer Fassung der Grotewohl-Rede, die sich im *Landesarchiv (LA) Berlin* im Nachlaß Gustav Klingelhöfer befindet.

Berlin und Hannover zu suchen waren. Bei einem Gedanken- und Meinungsaustausch im kleinen Kreis, bei einer einvernehmlichen Verständigung über das Verhältnis zur KPD schien der Weg für den Aufbau einer Reichspartei frei zu sein.

Während sich Grotewohl um einen solchen Kurs der Verständigung in Wennigsen bemühte, arbeitete Schumacher mit aller Kraft die Gegensätze heraus und machte sie zum Sprengsatz der Konferenz. Es fällt auf, daß Schumacher alles daran setzte, die Bedeutung der Unterschiede zwischen sich und der Berliner Delegation zu betonen. Dabei bediente er sich sowohl des Beweises der Politik des ZA als auch des Hinweises auf die Besonderheiten der Besatzungssituation.

Trotz der heute vorliegenden unterschiedlichen Berichte zur Wennigsener Konferenz[18] fällt es nach wie vor schwer, sich ein genaues Bild von den Intentionen Kurt Schumachers zu machen. Wenn wir jedoch die Ergebnisse des Treffens zum Maßstab für die Beurteilung der Absichten Schumachers machen, dann ging es ihm zwar auch darum, durch Auseinandersetzung mit dem ZA dessen Politikvorstellungen zu kritisieren und sich von diesen zu distanzieren, wichtiger scheint ihm aber gewesen zu sein, die Ausgliederung der Sozialdemokratie der SBZ und Berlins aus der organisatorischen und politischen Entwicklung der SPD in den Westzonen zu erreichen. Die verbreitetste Interpretation, es sei Schumacher in Wennigsen darum gegangen, die Geltungsansprüche des ZA für Gesamtdeutschland abzuwehren, hält einer genaueren Untersuchung nicht stand.

Der Vorschlag der Berliner Delegation hatte gelautet, das Führungsgremium der SPD in Berlin „sollte durch Hinzuziehung von Vertretern der Westzonen und des alten Parteivorstandes London zu einer provisorischen Leitung der Partei ausgestaltet werden"[19]. Grotewohl hatte dazu in seiner Rede in Wennigsen erklärt, für das Ziel des Abbaus der Besatzungszonen sei eine Aufteilung der Partei nach Zonen zu vermeiden[20].

Die Gefahren, die sich möglicherweise aus der Aufwertung des Berliner Führungsgremiums durch die Zuwahl von Vertretern aus anderen Zonen und aus dem Ausland ergeben hätten, wären zweifelsfrei leichter abzuwehren gewesen als die Gefahren, die das zwischen Schumacher und Grotewohl erzielte Abkommen heraufbeschwor, wonach der ZA in seiner bestehenden Form als die Führung der SPD der Ostzone und das „Büro Schumacher" als die der Westzonen galten. Denn dies bedeutete, die gesamte SBZ dem Zugriff des ZA bedingungslos zu überlassen. Es ist kaum vorstellbar, daß der Abwehrkampf Schumachers gegen Ansprüche des ZA so ausgesehen hat, daß sich der Kämpfer Schumacher so bescheiden gegeben haben soll,

---

18 Gedruckt liegen derzeit vor: Bericht der Delegation des Exil-Vorstandes der SPD in London, in: Ossip K. Flechtheim (Hrsg.), *Dokumente zur parteipolitischen Entwicklung in Deutschland seit 1945*, Erster Band, Berlin 1962, S. 60–69; Bericht eines Beobachters der amerikanischen Besatzungsmacht, in: Ulrich Borsdorf/Lutz Niethammer (Hrsg.), *Zwischen Befreiung und Besatzung – Analysen des US-Geheimdienstes über Positionen und Strukturen deutscher Politik*, Wuppertal 1976, S. 208–228.
19 Flechtheim (Hrsg.), *Dokumente*, S. 65.
20 Vgl. den Bericht der Delegation der Hamburger SPD über die Wennigsener Konferenz, in: *Bundesarchiv (BA) Koblenz*, B 118/42.

wenn man bedenkt, wie überaus günstig seine Position in Wennigsen war[21]. Die Konferenzteilnehmer, in ihrer Mehrzahl eindeutig auf Seiten Schumachers, hätten die Richtlinien- und Führungskompetenz des ZA auch hinsichtlich der SBZ eindeutig einschränken, ja demontieren können. Sie hätten Grundsätze sozialdemokratischer Politik beschließen können (z. B. zum Verhältnis von SPD und KPD, zur Schaffung von deutschen Zentralverwaltungen und zu Reparationen usw.), sie hätten eine fünfköpfige provisorische Führung der SPD aus Vertretern aller Zonen (einschließlich des Exilvorstandes) vorläufig benennen können, in der der ZA nur eine Stimme gehabt hätte, sie hätten — sogar mit guten Gründen — den Sitz dieser Führung in eine der Westzonen, beispielsweise nach Hannover, legen können. Alle diese Absicherungen gegen irgendwelche Ansprüche oder Alleingänge des ZA unterblieben jedoch. Sie wurden von Schumacher offenbar deshalb gar nicht in Erwägung gezogen, weil es nach seiner Auffassung keine einheitliche Partei geben konnte. Da Deutschland in verschiedene Besatzungszonen zerfalle, so Schumacher in seinem Referat in Wennigsen, gäbe es keine Reichseinheit, und daher könne es auch keine SPD im Reichsmaßstab geben. Die Konstituierung der Partei in diesem Rahmen setze in jedem Falle eine zentrale Reichsregierung voraus.

Das war keine durch ihre zwingende Logik überzeugende Begründung, zumal in der Sozialdemokratie, auch von Schumacher, immer wieder auf die Gefahren hingewiesen wurde, die sich aus der Existenz der Besatzungszonen und der unterschiedlichen Politik und den unterschiedlichen Interessen der Besatzungsmächte für die deutsche Einheit ergeben könnten.

Wer, wenn nicht die deutschen Parteien, hätte durch seinen Anspruch, im nationalen Rahmen zu wirken, untermauern können, daß man sich nicht mit der Zonenteilung abfinden werde? Wie anders als durch eine Koordination aller sich in den vier Zonen stellenden Notwendigkeiten war eine den Interessen Gesamtdeutschlands gerecht werdende Politik zu formulieren?

Diese Fragen stellten sich für Schumacher deshalb so nicht, weil für ihn die SBZ einen Sonderstatus einnahm, der ihre Einbeziehung in eine Politik für Gesamtdeutschland nicht möglich erscheinen ließ. Dafür ist sein Agieren in Wennigsen, das schließlich zu dem Abkommen mit Grotewohl führte, nur ein Glied in der Beweis-

---

21 „Schumacher, der auf ihm vertrautem Boden operierte, hatte das Treffen völlig in der Hand", schreibt Edinger in seiner Schumacher-Biographie über die Wennigsener Konferenz (Edinger, *Kurt Schumacher* [Anm. 6], S. 150).
Nachdem in den ersten Nachkriegsmonaten viele Sozialdemokraten in den Westzonen insbesondere gegenüber der KPD eine Politik betrieben hatten, die der des ZA näher stand als derjenigen Schumachers, wurden im Laufe des Sommers — teilweise mit, teilweise ohne Schumachers Einflußnahme — seine Einschätzungen zunehmend geteilt. Vgl. hierzu die Darstellung der für die Westzonen nicht untypischen Entwicklung in Bremen von Peter Brandt, *Antifaschismus und Arbeiterbewegung. Aufbau — Ausprägung — Politik in Bremen 1945/46*, Hamburg 1976, S. 167—201. Schumacher selbst ging bereits Mitte September 1945 davon aus, daß seine Haltung zur KPD bei den Sozialdemokraten in den Westzonen „Allgemeingut geworden ist", vgl. *An die Bezirksvorstände* (Anm. 7). Es scheint aber trotzdem nicht ausgeschlossen zu sein, daß sich in Wennigsen in einer offenen und kontroversen Diskussion bestimmte Positionen hätten durchsetzen können, die nicht Schumachers Intentionen entsprachen, denn zu dieser Zeit war seine Meinung noch nicht allgemeine Richtschnur für die Politik der SPD, wie sie dies ab 1946 wurde.

kette. Schon im September 1945 war deutlich geworden, daß Schumacher nicht nur kein Interesse daran hatte, die Sozialdemokraten der SBZ in die Diskussion in Wennigsen einzubeziehen, sondern diese in jedem Fall verhindern wollte. Die Einladung an den ZA ließ sich aber nicht umgehen und eine Vereinbarung mit den Berlinern in der Form, wie sie dann zustande kam, entsprach der Linie und den Interessen Schumachers. Eine gewählte, mit Mandaten ihrer Basis ausgestattete Delegation aus der SBZ aber wollte er in Wennigsen nicht dulden[22]. Über die Gründe für seine unwirsche, fast panikartige Reaktion angesichts dieser Möglichkeit läßt sich spekulieren. Es spricht einiges für die These, daß die Sozialdemokraten der SBZ Schumacher nicht damit in Verlegenheit gebracht hätten, wenn sie sich vorbehaltlos zum ZA bekannten, sondern damit, wenn sie ihn aufforderten, sich auch zum Führer ihrer Zone wählen zu lassen. Die Zonengrenze war durchlässig genug und der Reiseverkehr zwischen Hannover und der SBZ funktionierte, so daß Schumacher wußte, daß die Einheitseuphorie der ersten Nachkriegswochen im Osten schneller zerfiel als im Westen und daß viele Sozialdemokraten in der SBZ voller Hoffnung auf Hilfe und Entlastung gen Westen blickten.

Diese Hilfe aber glaubte Schumacher den bedrängten Genossen in der SBZ nicht geben zu können. Da sie aufgrund der machtpolitischen Gegebenheiten in jedem Fall gezwungen waren, mit den Kommunisten zu kooperieren, sah er nicht, wie sie auf Dauer eine sozialdemokratische Politik durchhalten könnten. Zudem hielt Schumacher eine Kooperation der SPD mit den Sowjets für eine Politik im Interesse der Hegemonie und gegen die Notwendigkeit des Gleichgewichts. Schumacher wollte also die SPD der Westzonen davor bewahren, durch die Miteinbeziehung der Genossen aus der SBZ zum Handlanger sowjetischer Politik zu werden. Er hielt zwar die Sozialdemokraten im Osten nicht für Parteigänger der Sowjets[23], wollte aber trotzdem nichts mit ihnen zu tun haben[24].

In diesem Sinne war auch das mit Grotewohl in Wennigsen geschlossene Abkommen von taktischen Überlegungen bestimmt und nur teilweise ehrlich gemeint[25]. Schumacher zeigte schon in den Tagen nach der Konferenz wenig Interesse, die vereinbarte Abstimmung über die SPD-Politik mit Grotewohl vorzunehmen[26].

---

22 Vgl. hierzu Kaden, *Einheit oder Freiheit* (Anm. 3), S. 129–131. Zur Bewertung der Reaktion Schumachers auf den Brief seines Informanten Hans Etzkorn empfiehlt sich die Lektüre des ganzen Briefes; vgl. Dr. Schumacher, Hannover, an Hans Etzkorn, Frankfurt a.M., 20.9.1945; in: *AsD*, Bestand Büro Schumacher, J4.
23 In einem Gespräch mit einem britischen Offizier erklärte Kurt Schumacher am 11.10.1945 auf eine entsprechende Frage, ,,that he was quite sure, that Fechner and Grotewohl were definitely not pro-Russian; as for Dahrendorf, he was not able to say . . .". In: *Public Record Office (PRO) London*, F. O. 371/47014/C7545.
24 In dem Bericht des britischen Offiziers heißt es dazu: ,,Schumacher was at pains to make it quite clear that he had clearly reaffirmed his intention at Congress of keeping his own section of the SPD strictly apart from the Berlin Committee." Ebd.
25 Das aus drei Punkten bestehende Abkommen zwischen Schumacher und Grotewohl ist abgedruckt bei Kaden, *Einheit oder Freiheit* (Anm. 3), S. 149.
26 Über diesen Punkt der Abmachung zwischen Grotewohl und Schumacher berichtete der britische Offizier nach London: ,,Schumacher added in parenthesis that this would in effect mean that Grotewohl would have to come to see him in the British Zone, since he himself would, of course, not venture to Berlin." In: *PRO London*, F. O. 371/47014/C7545.

Für das „Büro Schumacher" brachte die Wennigsener Konferenz die Festschreibung der bestehenden Spaltung der Partei und Deutschlands. So kommentierte Schumacher in einem Brief an Carl Severing vom 12. Oktober 1945 die Abmachung mit Grotewohl mit dem Satz: „In dieser scheinbar noch parteitaktischen und parteiorganisatorischen Frage hat sich in Wirklichkeit ja die ganze internationale Tragikomödie einschließlich der schmerzlichen deutschen Tragödie abgespielt."[27]

Welche Konsequenzen diese Haltung in der Tagespolitik hatte, belegt beispielsweise ein Brief, den Herbert Kriedemann, ein enger Mitarbeiter Schumachers, einem niedersächsischen Sozialdemokraten schrieb. Darin hieß es, man könne ihm keine Adresse der SPD in Sachsen nennen, da man sich mit dem Wiederaufbau der SPD im Westen beschäftige: „Da wegen der völlig anders gearteten Verhältnisse in der östlichen Zone eine Zusammenfassung oder Zusammenarbeit mit der östlichen Zone zur Zeit nicht infrage kommt, haben wir auch bisher noch keine Veranlassung gehabt, uns um die Adresse zu bemühen."[28]

Die Ausgliederung der Sozialdemokratie Berlins und der SBZ wurde offenbar zu keinem zentralen Diskussionspunkt in der SPD der Westzonen. Dem Einigkeit zwischen Schumacher und Grotewohl vorspiegelnden Abkommen von Wennigsen dürfte dabei die entscheidende Funktion zufallen. Mit dieser taktischen Meisterleistung[29] hatte Schumacher alle Kritik bereits im Keim erstickt. Sicherlich hätte er 1945 noch schärfsten Protest geerntet, hätte er öffentlich die Entscheidung von Wennigsen als eine Wahl zwischen den Alternativen Einheit der SPD *oder* unabhängige und freie Entwicklung in den Westzonen dargestellt. Denn die Entwicklung in Deutschland hatte noch nicht die Stufe erreicht, die einen Verzicht auf die Einheit der Partei und des Landes unumgänglich erscheinen ließ.

Schumacher stand aber innerhalb der SPD nicht allein mit seiner Auffassung, die SPD der Westzonen würde davon profitieren, wenn sie sich von der SPD in der SBZ getrennt hielte. In einem Brief der SPD Westliches Westfalen an Schumacher im September 1945 hieß es, die Einheit der SPD und Deutschlands seien Zukunftsprobleme, jetzt gehe es um die politische Betätigung der Sozialdemokraten in den Westzonen:

„Wenn wir alle von dem Willen beseelt sind, die Einheit der Partei und für das ganze Reich anzustreben, werden wir zu gegebener Zeit die Hindernisse wohl leicht aus dem Weg räumen können. Jetzt sitzt uns das Hemd näher als der Rock . . ."[30]

Über die Schaffung einer zentralen Leitung der SPD hatte es in Wennigsen zwar Kontroversen gegeben[31] — und Fechner und Dahrendorf kritisierten Grotewohl intern wegen seines nachgiebigen Verhaltens gegenüber Schumacher[32] —, für die Par-

---

27 Zitiert bei Kaden, *Einheit oder Freiheit* (Anm. 3), S. 150.
28 Herbert Kriedemann, Hannover, an Georg Tappert, Gifhorn, 15.11.1945, in: AsD, Bestand Büro Schumacher, J7.
29 Vgl. die dementsprechende Bewertung bei Kaden, *Einheit oder Freiheit* (Anm. 3), S. 148.
30 Brief SPD-Bezirk Westliches Westfalen an Kurt Schumacher, Hannover, 22.9.1945, in: AsD, Bestand Büro Schumacher, J8.
31 Vgl. Bericht der Delegation der Hamburger SPD (Anm. 20).
32 Vgl. Moraw, *Die Parole der ‚Einheit'* (Anm. 12), S. 127.

teiöffentlichkeit in Berlin und in der SBZ entstand aber der Eindruck, als gäbe es zwischen Ost und West keinerlei Probleme. Geradezu euphorisch kommentierte Max Fechner den Konferenzverlauf in der SPD-Zeitung „Das Volk":

„Wer die Verbundenheit bei all den Zusammenkünften sah, der konnte erleben, wie hier die hochherzigen Ideale des Sozialismus die Menschen binden über alle Grenzen hinweg."[33]

Nicht erst die oberflächliche und falsche Berichterstattung Fechners zeigt, daß der ZA bereit war, sich mit den in Wennigsen erzielten Ergebnissen zu arrangieren. Es hatte sich ja auch vordergründig nur wenig verändert, der ZA war jetzt die allseits anerkannte Führung der SPD in der SBZ und konnte seine Hoffnungen, Basis eines zukünftigen Parteivorstandes der deutschen SPD in Berlin zu sein, pflegen und durch seine Politik untermauern. Man setzte auf den Zeitfaktor bei der Gestaltung und Durchsetzung der Rolle der SPD in Berlin und in der SBZ als Brücke zwischen Ost und West. Der Affront Schumachers, die Bezirksvorstände der SPD in einem Rundschreiben noch im Oktober vor Verbindungen zum ZA zu warnen, führte zwar zu dem Beschluß, bis zur Zurücknahme dieser Diffamierung die Beziehungen zum „Büro Schumacher" einzustellen[34], veranlaßte den ZA aber nicht, die Frage der nationalen Einheit der SPD und der Einheit Deutschlands in der Partei zu diskutieren und sich an alle Sozialdemokraten in Deutschland zu wenden. Genau wie Schumacher unterschätzte der ZA die Bedeutung der engen Verbindung der SPD über die Zonengrenzen hinweg und zog sich lieber auf seine gesicherte Position als Führung in einem Teil Deutschlands zurück, statt sich durch Alarmierung der Öffentlichkeit schwer abwägbaren Risiken auszusetzen; schon wenige Wochen später sollte sich aber zeigen, daß die Berliner – im Gegensatz zu Schumacher – existentiell auf eine solche Verbindung angewiesen waren. Denn in dem Maße, in dem die SPD in der SBZ, vor allem aber der ZA in Berlin, ihre eigenständige Rolle auch in Abgrenzung zur KPD ausgestalteten, verschärfte sich das Drängen der KPD und SMAD auf Bildung einer Einheitspartei. Diese neue Stoßrichtung der KPD-Politik hatte bereits unmittelbar nach der Grotewohl-Rede vom 14. September 1945 begonnen[35] und schlug sich im Laufe des Oktobers zunehmend in Artikeln und Reden der Kommunisten nieder. Zu einem regelrechten Druck auf die Sozialdemokraten, sich nicht nur verbal zur Einheit zu bekennen, sondern dies auch in konkrete Politik umzusetzen, kam es im November, insbesondere nach der mutigen programmatischen Rede Otto Grotewohls zum Jahrestag der deutschen Revolution am 11. des Monats[36]. In seiner Rede bekräftigte Grotewohl den Anspruch der deutschen Arbeiterklasse, die Führung beim Aufbau Deutschlands zu einem sozialistischen Volksstaat zu übernehmen. Mit deutlicher Kritik an den Besatzungsmächten forderte er nicht nur eine Revision bestimmter Maßnahmen der Besatzungspolitik, sondern auch das Selbstbe-

---

33 Das Volk v. 16.10.1945.
34 Vgl. hierzu die Darstellung bei Gniffke, Jahre mit Ulbricht (Anm. 12), S. 97–98; Moraw, Die Parole der ‚Einheit' (Anm. 12), S. 127.
35 Vgl. die Rede Wilhelm Piecks am 19.9.1945 in Berlin, in: Wilhelm Pieck, Reden und Aufsätze – Auswahl aus den Jahren 1908–1950, Bd. II, Berlin (DDR) 1950, S. 11–27.
36 Otto Grotewohl, Rede zum 9. November 1945, in: LA Berlin, Nachlaß Gustav Klingelhöfer, Rep. 200, Acc. 2435, Nr. 29–31.

stimmungsrecht für die deutsche Arbeiterbewegung. Das neue sozialdemokratische Selbstbewußtsein, das wie ein roter Faden alle Passagen der Rede durchzieht, bestimmte auch Grotewohls Behandlung der KPD-Forderung, eine Einheitspartei zu schaffen. Diese sei angesichts der großen historischen Aufgaben, vor deren Lösung die deutsche Arbeiterbewegung stehe, zwingend notwendig, erklärte der Vorsitzende des ZA, knüpfte aber an ihre Herstellung vier Bedingungen.

Die Einheitspartei dürfe nicht aus einem Beschluß von Instanzen hervorgehen, sondern müsse dem Willen „aller deutschen Klassengenossen" entspringen.

Dieser Wille müsse aus „dem Bewußtsein völliger freier Selbstbestimmung auch des letzten und einfachsten Klassengenossen zustandekommen". Es dürfe also keinen äußeren Druck oder Zwang geben.

Die Einigung müsse sich aus dem gemeinsamen sozialistischen und demokratischen Aufbau entwickeln.

Es gelte, zuvor einheitliche Reichsparteien zu schaffen. „Eine zonenmäßige Vereinigung würde vermutlich die Vereinigung im Reichsmaßstab nicht fördern, sondern nur erschweren und vielleicht das Reich zerbrechen."

Damit war der KPD-Politik vorerst eine klare Absage erteilt, denn die Voraussetzungen, eine Einheitspartei zu bilden, waren offensichtlich nicht erfüllt. Allerdings stand der ZA jetzt wieder dort, wo er bereits vor der Wennigsener Konferenz gestanden hatte, mit den Unterschieden, daß die SPD im November 1945 weiter von der Einheit ihrer Organisation über alle Zonen hinweg entfernt war als im September und daß die Vereinheitlichung der SPD im Reichsmaßstab jetzt als eine taktische Waffe gegen die KPD-Politik eingesetzt wurde.

Vom 17. bis 26. November reisten Grotewohl und Dahrendorf nach Süddeutschland. Aus ihrem Bericht[37] geht hervor, daß der ZA immer noch die für sein Überleben wesentliche Bedeutung unterschätzte, die Einheit mit den Gliederungen der SPD in den Westzonen herzustellen. Man führte freundschaftliche Gespräche und war erfreut, nicht mißtrauisch behandelt zu werden, auch wenn man Schumachers Beeinflussungsversuche gegen den ZA registrierte. Grotewohl und Dahrendorf scheinen aber nicht mit allem Nachdruck für die Schaffung einer Parteizentrale und für die Vereinheitlichung sozialdemokratischer Politik geworben zu haben. Allerdings zogen sie, zurück in Berlin — wohl auch angesichts des stetig steigenden Drucks der Kommunisten —, aus der Reise die Konsequenz, schnellstens eine Verbindung zu führenden Sozialdemokraten in den anderen Zonen aufzunehmen und sich mit ihnen in möglichst regelmäßigen Abständen zu treffen. Zudem sollte eine Kommission Thesen zur Einheit der Arbeiterbewegung, zur Zusammenarbeit mit der KPD und zur Reichseinheit ausarbeiten[38]. Dies wurde auf einer Konferenz am 4. Dezember 1945 beschlossen, auf der erstmalig der ZA mit den Landes- und Bezirksvorständen der SBZ-SPD zusammentraf. Hier offenbarte sich bereits, daß die Zeit gegen die im ZA dominierenden Vorstellungen arbeitete, denn inzwischen traten auch führen-

---

37 *Bericht über eine Reise*, die Otto Grotewohl und Gustav Dahrendorf in der Zeit vom 17. Nov. bis 26. Nov. 1945 nach Frankfurt a.M., Stuttgart, München und Regensburg führte, in: ebd.
38 Vgl. ebd.

de Sozialdemokraten im Sinne der KPD für die Einheitspartei ein[39]. Die Einheit des ZA und die Einheit der SPD in der SBZ in dieser Frage begann zu zerbröckeln. Aber immer noch sah die Parteiführung keinen Anlaß, ihr Dilemma und ihre Haltung parteiöffentlich zu machen und damit eine Diskussion über die zukünftige Rolle der SPD in Gesamtdeutschland zu beginnen, die zweifelsfrei ein Echo im gesamten Land, vor allem auch bei den Besatzungsmächten, gefunden hätte. Statt dessen versuchte man in aller Heimlichkeit, die Sowjets zu beeinflussen, um sie von ihrer Unterstützung der KPD abzubringen[40], und man versuchte, die brachliegenden Kontakte zu Kurt Schumacher aufzunehmen. Erich Gniffke und Otto Grotewohl fuhren in die britische Zone, um mit Schumacher darüber zu sprechen, ob und wie eine Entlastung der bedrängten SPD im Osten durch Hilfe von den Genossen im Westen möglich sei. Die Schaffung einer Reichsleitung der SPD unter Einbeziehung Schumachers, die Abhaltung eines Reichsparteitages oder einer Reichskonferenz hätten die Chance geboten, ein Votum der deutschen Sozialdemokratie zur Einheitspartei und zur Reichseinheit zu erlangen; das hätte ein wichtiger und entscheidender Faktor gegenüber der Politik der KPD und SMAD sein können.

Wir kennen weder die genauen Pläne, die Grotewohl und Gniffke mit ihrer Reise verbanden, noch in allen Einzelheiten den Ablauf des Gesprächs, das Gniffke mit Schumacher und Kriedemann eine Woche vor Weihnachten in Hannover führte[41]. Wir können aber vermuten, daß ihre Überlegungen in die oben skizzierte Richtung gingen. Der Gedanke, die Frage der Schaffung einer Einheitspartei einem *Reichsparteitag* der SPD zur Entscheidung vorzulegen, war bereits in der Grotewohl-Rede vom 11. November enthalten gewesen, und die CDU hatte gerade Mitte Dezember eine Veranstaltung in Godesberg abgehalten, die den Charakter eines Reichstreffens trug[42]. Die Hoffnung beim ZA, ein solches Treffen der SPD für die ersten Wochen oder Monate des Jahres 1946 zu vereinbaren, wäre also nicht so abwegig gewesen, da offensichtlich weder die Besatzungsmächte dagegen Einwände prinzipieller Art hatten noch sonst irgendwelche unüberwindlichen Hindernisse sichtbar waren. Denn schließlich hatten sich Grotewohl und Schumacher in Wennigsen optimistisch über

---

39 Zur Konferenz am 4.12.1945 vgl. die Darstellung bei Moraw, *Die Parole der ‚Einheit'* (Anm. 12), S. 136—137. — Im Herbst 1945 waren in der SPD der Sowjetzone Differenzierungsprozesse in Gang gekommen, die teilweise tiefe Gegensätze in der Partei sichtbar machten. Auf der einen Seite standen Sozialdemokraten, die aus ihren Erfahrungen in der Zusammenarbeit mit der KPD und SMAD den Schluß gezogen hatten, es gelte, als selbständige Partei Widerstand gegen die kommunistische Politik zu leisten, auf der anderen Seite wuchs die Anzahl der Mitglieder, insbesondere aber der Funktionäre der SPD, die Ende des Jahres offen für die Einheitspartei mit der KPD eintraten; ein wesentlicher Grund dafür dürfte wohl vor allem der massive Druck der Kommunisten auf ein Bekenntnis zur Einheit gewesen sein.
40 Zu diesem Zweck wurde der SMAD das interne Papier des ZA zur „Ostorientierung" übergeben, um die Sowjets davon zu überzeugen, daß die SPD ein verläßlicher Partner sei. Zur „Ostorientierung" vgl. Moraw, ebd., S. 96—103, 137—138.
41 Vgl. hierzu die Darstellung bei Gniffke, *Jahre mit Ulbricht* (Anm. 12), S. 117—119; Kaden, *Einheit oder Freiheit* (Anm. 3), S. 195—196.
42 Zum Reichstreffen der CDU vgl. z. B. Werner Conze/Erich Kosthorst/Elfriede Nebgen, *Jakob Kaiser — Politiker zwischen Ost und West 1945—1949*, Stuttgart 1969, S. 42—45.

einen möglichen Reichsparteitag der SPD in der nahen Zukunft geäußert[43]. Welche Hoffnungen der ZA in Berlin auch immer gehegt haben mag, er erhielt von Schumacher keinerlei Hilfe und Entlastung. Gniffke sah „kein Bemühen um Verständnis" und empfand die Behandlung der Probleme durch Kriedemann als „sarkastisch, beinahe zynisch"[44]. Kurt Schumacher hatte seine Haltung gegenüber den Sozialdemokraten in Berlin und in der SBZ nicht geändert und sah dazu offensichtlich auch angesichts deren Not und Bedrängnis keine Veranlassung. Statt sich an die Seite des ZA zu stellen und konstruktive Vorschläge für eine gemeinsame Politik und für die nächsten Schritte zum Aufbau einer Reichspartei zu machen, statt wenigstens seine Bedingungen für eine engere Kooperation mit dem ZA zu formulieren, benutzte Schumacher die Situation der Berliner SPD-Führung dazu, um auf dem Treffen führender Sozialdemokraten aus der britischen Zone am 3./4. Januar 1946 in Hannover die Trennungslinie zwischen der Ost- und der West-SPD in aller Öffentlichkeit zu verdeutlichen. In der von Schumacher vorgelegten und auf dem Treffen einstimmig verabschiedeten Entschließung hieß es:

„Solange ein einheitliches deutsches Reich politisch nicht besteht, sondern sein Gebiet sich in verschiedene Kontrollzonen mit ungleichartigen politischen Methoden der Regierung und Wirtschaft aufgliedert, ist auch die organisatorische Einheit der Sozialdemokratischen Partei Deutschlands nicht gegeben..."[45]

Bezugnehmend auf die Beschlüsse der sogenannten Sechziger Konferenz der KPD und SPD in Berlin erklärten die Sozialdemokraten der britischen Zone, Vereinbarungen in Berlin und in der SBZ hätten keine Bedeutung für die anderen Zonen und lehnten kategorisch ab, „den Blutspender für den geschwächten Parteikörper der Kommunistischen Partei abzugeben..."[46].

Mit dieser Tagung waren die tiefen Gegensätze zwischen der SPD der Westzonen und der SPD in Berlin und in der SBZ öffentlich gemacht und die Versuche des ZA, Hilfe aus dem Westen zu erhalten, endgültig zum Scheitern verurteilt worden[47]. Denn die SMAD benutzte diese Entschließung, um eine entscheidende Lücke in die Kette von Vorbedingungen zu reißen, die der ZA für die Gründung der Einheitspartei aufgestellt hatte. Sie hielt dem ZA jetzt vor, da die SPD der Westzonen nicht an eine prinzipielle Verständigung dächte, sei die Aufrechterhaltung bzw. die Herstellung der Einheit der SPD im Reichsmaßstab sowieso eine Fiktion und es sei nicht länger zu rechtfertigen, daß die SPD in der SBZ aus Rücksicht auf ein einheitliches

---

43 In einem Brief, den Grotewohl und Schumacher am 6.10.1945 gemeinsam an die Sozialistische Partei Frankreichs (SFIO) schrieben, hieß es abschließend: „Indem wir hoffen, daß es uns bald möglich sein möge, eine Reichskonferenz der SPD abzuhalten, die sich die für den internationalen Gedankenaustausch erforderlichen Körperschaften endgültig wählen wird, verbleiben wir mit brüderlichen sozialistischen Grüßen. Für die Westzonen: Schumacher – Für die Ostzone: Grotewohl". In: *AsD*, Depositum Günter Markscheffel, Box 4.
44 Gniffke, *Jahre mit Ulbricht* (Anm. 12), S. 118.
45 Zitiert nach Kaden, *Einheit oder Freiheit* (Anm. 3), S. 221.
46 Ebd.
47 Die Sozialdemokraten der amerikanischen Zone stimmten der Entschließung ihrer Genossen aus der britischen Zone zum Teil bereits am 6.1.1946, zum Teil Ende Februar 1946 zu; vgl. ebd., S. 220–221.

Vorgehen mit den Westzonen die Herstellung der Einheit mit der KPD in der SBZ hinausschiebe[48].

Über die Sechziger Konferenz am 20. und 21. Dezember 1945, die ein letzter Versuch zum Bekenntnis der Unabhängigkeit der SPD war, der scheiterte und in der Öffentlichkeit bereits als ein entscheidender Schritt zur Einheitspartei interpretiert wurde, über Versuche, mit SPD-Bezirken in den Westzonen Kontakt aufzunehmen und über Gespräche mit Vertretern der sowjetischen Besatzungsmacht, aber auch mit Vertretern der westlichen Siegermächte im Januar 1946, führte der Weg des ZA zur resignativen, aber hoffnungsvoll umgedeuteten Entscheidung für die Einheitspartei.

Die Mitglieder des ZA um Otto Grotewohl sahen sich von den Genossen in den Westzonen im Stich gelassen, sie glaubten an keine Hilfen und Entlastungen durch die Westmächte mehr und fühlten sich als Führer einer Organisation, deren Mitglieder in der Mehrzahl scheinbar keine Alternativen zur Einheitspartei sahen. Die Möglichkeit eines breiten Widerstandskonsenses sah der ZA nicht, sei es, weil er ihn in der SBZ angesichts des rigorosen Vorgehens der SMAD und der KPD für zu gefahrvoll hielt, sei es, weil er der breiten Mitgliederschaft den nötigen Mut und die nötige Risikobereitschaft nicht zutraute. Die bisher angedeutete Unsicherheit über die sozialdemokratische Mitgliederschaft, vielleicht sogar ein unterschwelliges Mißtrauen, war ein unübersehbarer Faktor in der Politik des ZA während der Monate des Entscheidungsprozesses. Denn alle Restriktionen durch Zensur und Überwachung seitens der SMAD erklären nicht, warum das Berliner Führungsgremium niemals in Erwägung zog, die Frage der Einheitspartei mit der KPD und der nationalen Einheit der SPD und Deutschlands zum zentralen Diskussionsgegenstand innerhalb der Partei in der SBZ zu machen und diese entscheiden zu lassen. Die Führung agierte allein, sie wollte die Entscheidung fällen und billigte der Parteiorganisation nur die Rolle des Ausführenden zu. Die Mehrzahl der ZA-Mitglieder sah sich Ende Januar 1946 vor den Alternativen, entweder zu resignieren und die Arbeit als Führung der SPD in der SBZ aufzugeben oder die SPD in die Einheitspartei zu überführen. Die Sozialdemokraten um Otto Grotewohl entschieden sich für die zweite Möglichkeit und rechtfertigten diesen Weg sowohl mit der Pflicht zur Treue gegenüber den Genossen in der SBZ als auch mit Hoffnungen auf Versprechen der Sowjets und der zukünftigen Stärke der Sozialdemokraten in der neuen Partei. Sie vollzogen die Gründung mit einer Mischung aus Gefühlen der Enttäuschung und der Hoffnung, der Angst und des Trotzes, des Pflichtbewußtseins und des individuellen Opportunismus.

Es soll hier nicht der Eindruck erweckt werden, als sei die Gründung der SED und die schließliche Resignation der Mehrheit des ZA in Berlin allein auf die Politik Schumachers und der SPD in den Westzonen zurückzuführen. Es kann aber wohl kein Zweifel daran bestehen, daß Schumacher nichts tat, um den Genossen in der SBZ und in Berlin Hilfe zuteil werden zu lassen und es bis zum Februar 1946 unter-

---

48 Vgl. hierzu die Erklärung Grotewohls und Dahrendorfs, die sie auf ihrem Treffen mit Schumacher und Kriedemann in Braunschweig am 8.2.1946 machten, in: AsD, Bestand Büro Schumacher, J12 I.

ließ, zu prüfen, ob ein koordiniertes Vorgehen der SPD aller Zonen möglich und ob unter diesen Voraussetzungen eine die sozialdemokratische Identität wahrende Politik in der SBZ aufrechtzuerhalten wäre. Das zerstört auch den Mythos von Kurt Schumachers Bedeutung für den Kampf der Berliner Opposition innerhalb der SPD gegen die Gründung der SED, denn als Schumacher nach Berlin fuhr und damit erstmalig den besonderen Status der *Vier*mächtestadt zur Kenntnis nahm, hatte sich die Opposition bereits gebildet; dennoch soll nicht bezweifelt werden, daß die Existenz der Schumacherschen SPD im Westen ein wesentlicher und ermutigender Faktor für den Kampf der einheitsunwilligen Berliner war.

Im Februar 1946 realisierte Schumacher, daß unter den spezifischen Bedingungen in Berlin möglicherweise eine SPD in seinem Sinne existieren könnte, während er der Mitteilung Grotewohls, eine Einheitspartei ließe sich nicht mehr umgehen, nur die Empfehlung entgegensetzen konnte, die SPD in der SBZ aufzulösen[49]. An diesem Punkt wird noch einmal die ganze Hilflosigkeit der Politik Schumachers hinsichtlich des sowjetischen Einflußgebietes deutlich, seine Unfähigkeit, für die SBZ eine sozialdemokratische Politik zu formulieren.

Diese Haltung drückte sich auch in den Reaktionen des „Büros Schumacher" aus, nachdem die Entscheidung des ZA zur Mitbegründung der SED gefallen war; es ist deutlich die Erleichterung darüber zu spüren, daß das vorhergesehene Ende mit Schrecken nun endlich stattgefunden habe und man an den Aufbau einer SPD ohne den Ballast der unter sowjetischer Dominanz arbeitenden Genossen gehen könne. Bereits zehn Tage nach dem Gespräch mit Grotewohl und Dahrendorf in Braunschweig sandte das „Büro der Westzonen" einen Brief an die SPD, Bezirk Schleswig Holstein, in dem es hieß:

„So schmerzlich wie es ist, je eher der Berliner Skandal vorbei ist, desto besser für die Partei, und je schneller wir uns mit der Tatsache abfinden, daß in absehbarer Zeit das einige Reich nicht zustandekommt ..., desto schneller werden wir zu konstruktiven Ideen im verbliebenen Raum kommen."[50]

Konsequenterweise begann auch in dieser Zeit in Hannover die Vorbereitung für einen Parteitag der SPD und für die Bildung eines Parteivorstandes, allerdings jetzt ohne Vertreter aus der SBZ.

Von welch schicksalhaftem Denken man im „Büro Schumacher" hinsichtlich der Entwicklung der SBZ und der dort arbeitenden Sozialdemokraten ausging, belegt ein Brief Fritz Heines vom März 1946, in dem es hieß:

„Es rächt sich heute, daß unsere Freunde [in der SBZ] in Verkennung der wahren Absichten eine Handhabe zur Gleichschaltung boten, von der sie nicht mehr loskamen. Vieles war natürlich zwangsläufig und kann nicht zum Vorwurf erhoben werden. Unsere Genossen waren aus innerem Zwang genötigt, eine Sozialdemokratische Partei in der Ostzone wieder ins Leben zu rufen. Daß man sie in Ruhe aufbauen ließ, um sie dann nach geglückter Reorganisierung mit

---

49 Vgl. hierzu Bericht über die Zonenkonferenz am 26. und 27. Februar 1946 in Frankfurt am Main, einberufen von Kurt Schumacher, mit einer Zusammenfassung der Rede Schumachers, in: *AsD*, Nachlaß Erich Gniffke, 32.
50 Brief Büro der Westzonen, Hannover, an SPD Bezirk Schleswig Holstein, z. Hd. Andreas Gayk, 18.2.1946, in: *AsD*, Bestand Büro Schumacher, J2.

samt Reputation, Parteiapparat und Mitgliederliste zu schlucken versucht und schlucken wird, hatte man voraussehen können. Aber selbst die Einsichtigen, deren es damals nur wenige waren, hatten zu jener Zeit wohl [nicht] gewagt in Hinblick auf diese Konsequenz die Nichtwiedergründung der Partei zu befürworten."[51]

Wir wollen nicht darüber spekulieren, ob eine andere, gesamtdeutsche, stärker die SBZ einbeziehende Politik Kurt Schumachers die Gründung der SED und eine so frühzeitige Verfestigung der Teilung Deutschlands verhindert hätte. Die dargelegten Fakten lassen aber wohl keinen Zweifel daran, daß Schumacher die Chancen, die sich den Deutschen trotz der Besatzungssituation boten, um für die Erhaltung bzw. die Wiederherstellung der deutschen Einheit zu wirken, nicht nutzte. Er verzichtete bewußt auf eine dementsprechende Politik, weil andere Interessen und Erwägungen auf seiner Prioritätenliste höher rangierten. Dazu gehörten allerdings nicht die Forderungen der westlichen Besatzungsmächte, zumindest nicht solche der britischen Besatzungsmacht, die von vielen deutschen Sozialdemokraten als die wichtigste Orientierungsgröße angesehen wurde und in deren Zone das „Büro Schumacher" seinen Sitz hatte.

Wir können hier keine Darstellung der britischen Deutschlandpolitik geben. Durch Auswertung einiger Dokumente — vorwiegend Berichte von Mitgliedern der britischen Besatzungsmacht in Deutschland — soll versucht werden zu klären, wie die zuständigen Offiziere die Entwicklung der SPD um die Jahreswende 1945/46 einschätzten, welche Haltung sie zur Politik des „Büros Schumacher" und des ZA einnahmen und ob es in der britischen Politik Ansatzmöglichkeiten für eine deutsche Politik gab, die auf die Betonung der nationalen Einheit Deutschlands ausgerichtet war.

Beim ersten Zusammentreffen der führenden deutschen Sozialdemokraten aus Ost und West in Wennigsen waren mehrere britische Beobachter anwesend, die die Konferenz überwachten, sich in privaten Gesprächen informierten und Berichte schrieben. Im Gegensatz zu dem amerikanischen Beobachter[52] standen sie nicht vorbehaltlos hinter Schumacher. Nicht nur seine ungeschickte Vorbereitung der Konferenz, die überhaupt erst Beschränkungen für das Treffen seitens der Briten zur Folge hatte, führte zu kritischen Überlegungen. Auch Schumachers Politik gegenüber den Berliner Sozialdemokraten stieß bei den Briten auf Unverständnis. Seine Behandlung der Berliner sei unfair „and sprang from ignorance of what in fact Grotewohl and his colleagues have achieved in Berlin, where they have in the face of many difficulties established a strong following which is far from being domina-

---

51 Brief Büro der Westzonen, Hannover, an Harry Johnston, Luzern, 6.3.1946, in: *AsD*, Bestand Büro Schumacher, J4. Der fehlerhafte letzte Satz entspricht dem Original.
52 Vgl. Borsdorf/Niethammer (Hrsg.), *Zwischen Befreiung und Besatzung* (Anm. 18), S. 210, 221–228.

ted by the Communist Party"[53]. Diese Haltung spiegelte sich in allen Berichten nach London wider, die sich bis Anfang Februar 1946 mit dem Verhältnis Schumacher-Grotewohl beschäftigten.

Britische Offiziere, selbst der Leiter des Control Office for Germany and Austria, The Chancellor of the Duchy of Lancaster, John B. Hynd, trafen die Führer des ZA in Berlin.

Bei dem Treffen Hynds mit Grotewohl, Fechner und Dahrendorf am 11. November 1945, das allein deshalb eine besondere Qualität hatte, weil es das erste Mal war, daß deutsche Politiker 1945 mit einem Minister einer westlichen Siegermacht zusammentrafen, brachten die Vertreter des ZA ihre Haltung zu den wesentlichsten, Deutschland betreffenden Fragen zum Ausdruck[54]. Sie betonten die Notwendigkeit der freien Reisemöglichkeit für ganz Deutschland, die Notwendigkeit des Aufbaus einheitlicher Parteien für Gesamtdeutschland und erklärten ihr Verständnis für die von den Briten verhängten Beschränkungen auf der Wennigsener Konferenz[55]. Sie versicherten, der ZA sähe sich nicht als Parteivorstand der SPD und äußerten die Hoffnung auf ein gesamtdeutsches Treffen der SPD, auf dem ein Parteiprogramm ausgearbeitet und ein Parteivorstand gewählt werden könne. Die in London im Exil lebenden Sozialdemokraten seien willkommen, sie könnten aber nicht, so die ZA-Vertreter, als repräsentativ für die SPD angesehen werden, weil sie im Exil die Verbindung zur Partei verloren hätten. Schließlich äußerten die Berliner Sozialdemokraten noch ihre große Sorge über die französischen Vorschläge, Gebiete im Westen abzutrennen, und erklärten abschließend, es bestehe die Gefahr, daß die Menschen in

---

53 Bericht Sir William Strang, Berlin, an Foreign Office, London, 26.10.1945, in: *PRO London*, F. O. 371/46910/C7492. Zweifel an den von Schumacher gesehenen Notwendigkeiten, Ansprüche des Berliner ZA abzuwehren, äußerte auch ein britischer Offizier nach einem Interview mit Schumacher am 11.10.1945. Einen Bericht über dieses Interview erhielt die Deutschland-Abteilung des Foreign Office Ende Oktober, vgl. in: *PRO London*, F. O. 371/47014/C7545. Wir verzichten hier auf eine Darstellung der Organisation der britischen Militärregierung in Deutschland und auf umfassende Angaben über Personen, die in Deutschland oder in London für die britische Regierung mit Deutschland beschäftigt waren; s. hierzu Rolf Steininger, British Labour, Deutschland und die SPD 1945/46, in: *Internationale wissenschaftliche Korrespondenz zur Geschichte der deutschen Arbeiterbewegung (IWK)*, 15. Jg. (1979), H. 2, S. 188–226; Jochen Thies, What is going on in Germany? Britische Militärverwaltung in Deutschland 1945/46, in: Claus Scharf/Hans Jürgen Schröder (Hrsg.), *Die Deutschlandpolitik Großbritanniens und die Britische Zone 1945–1949*, Wiesbaden 1979, S. 29–50.
54 Vgl. Summary of conversations between The Chancellor of the Duchy of Lancaster and German political leaders on 11 Nov. 45 in Berlin, in: *PRO London*, F. O. 371/46910/C8989. Hynd traf in Berlin auch mit W. Pieck (KPD), W. Schreiber und J. Kaiser (CDU) und W. Koch (LDP) zusammen.
55 Die Briten machten Schumacher für die von ihnen für die Wennigsener Konferenz verhängten Beschränkungen verantwortlich und legten Wert darauf, dem ZA mitzuteilen, sie hätten an sich nichts gegen eine offenere Form des Treffens gehabt. Hintergrund dieser Aufklärung des ZA dürfte nicht zuletzt Grotewohls Bemerkung in Wennigsen gewesen sein, die Parteien in der SBZ könnten sich freier bewegen als die in der britischen Zone; vgl. hierzu Bericht Strang über die Wennigsener Konferenz (Anm. 53). Daß dies im November 1945 immer noch Gegenstand der Diskussion zwischen den Briten und dem ZA war, zeigt, wie wichtig es den Briten war, nicht den Eindruck entstehen zu lassen, sie behandelten die deutschen Parteien anders bzw. schlechter als die Sowjets.

Ostdeutschland zu dem Ergebnis kämen, sie hätten lediglich eine Parteidiktatur gegen eine andere eingetauscht.

Die Unterredung mit den Berliner SPD-Führern wurde von den Briten positiv bewertet, Grotewohl sei bisher immer „genuinely cooperative" gewesen und Sir W. Strang, der Chefberater des Oberbefehlshabers der Britischen Zone, äußerte in einem Begleitschreiben an das Foreign Office die Meinung, es gäbe keinen Zweifel, daß diese Unterredung gerade für das Wirken der Sozialdemokraten in Berlin sehr positive Auswirkungen haben werde,

„who should be much encouraged to maintain their stand for an individual programme. Not only are they without doubt much stronger numerically than the Communists, but the Berlin party is progressive and enjoys the inestimable advantage, so far as the electors are concerned, of not being identified with the Soviet Union. Naturally the Communists wish to involve the Social Democrats equally with themselves in the proceedings of the present Soviet controlled administration, but that is no reason why we should obstain from encouraging Social Democratic independence."[56]

Eine große Hilfe waren die Briten der SPD in Berlin in den folgenden Wochen allerdings nicht. Zwar traf mit C. E. Steel[57] ein ranghohes Mitglied der britischen Besatzungsmacht noch einmal mit Otto Grotewohl bei einem Essen zusammen, das Steel eigens für den ZA-Vorsitzenden gab, behandelte ihn auch sonst sehr freundlich und machte sogar Zusagen für eine gewisse Hilfe der Briten für die SPD, legte aber vor allem Wert darauf, Grotewohl klar zu machen, daß jede Unterstützung der Briten für die Sozialdemokraten dort ihre Grenzen habe, wo die Deutschen, wie in der Frage ihrer Ostgrenze, versuchen würden, die Alliierten gegeneinander auszuspielen. „Certainly any attempts", hatte Steel gegenüber Grotewohl erklärt, „to play the Russians off against ourselves would be speedily detected and redound to German disadvantage"[58]. An dieser Haltung, die alliierte Einheit höher zu bewerten als die Wahrung bzw. Berücksichtigung deutscher Interessen, änderte sich grundsätzlich auch dann nichts, als die Briten den verstärkten Druck der KPD, insbesondere aber der SMAD auf die SPD in Berlin und in der SBZ registrierten[59]. Allerdings begannen jetzt Überlegungen, welche Konsequenzen die Berliner Entwicklung für die Britische Zone und für die dortige SPD haben könnten[60]. Der Autor eines fachkundigen und umfassenden Berichts über die Entwicklung der politischen Parteien in Deutschland (Annan-Report)[61] äußerte dazu die Befürchtung, „there is ... the danger that if Schumacher wins the leadership of the party in the west he will refu-

---

56 Sir W. Strang, Berlin, an O. C. Harvey, London, 20.11.1945, in: *PRO London*, F. O. 371/46910/C8989.
57 C. E. Steel war zu dieser Zeit Leiter der Politischen Abteilung der Control Commission for Germany, British Element.
58 C. E. Steel, Berlin, an Sir A. Street, London, 15.12.1945, in: *PRO London*, F. O. 371/55360/C73.
59 Vgl. Weekly Political Summary No. 14, Berlin, 27.12.1945 und die darüber angestellten Überlegungen im Foreign Office London, in: *PRO London*, F. O. 371/55360/C72.
60 Vgl. Sir W. Strang, Berlin, an E. Bevin, London, 20.12.1945, in: *PRO London*, F. O. 371/46910/C10128.
61 Noel Annan, The Growth of Political Parties in Germany, ebd.

se to co-operate with Grotewohl, the abler and better man, and thus cause a schism in the party which would seriously affect the fate of the Social Democrats in the Russian Zone".

Dies könnte die Grundmauern der deutschen Sozialdemokratie überhaupt zerstören und deshalb sei es ratsam, alles in der Macht der britischen Besatzungsbehörde liegende zu versuchen, um eine Spaltung der Partei zu verhindern. In diesen Gedanken ist angedeutet, daß viele Mitglieder der britischen Militärregierung die SPD für die entscheidende politische Kraft in Deutschland hielten. Das erklärte Sir W. Strang noch einmal ausdrücklich, als er seinem Außenminister E. Bevin den Annan-Report sandte. Er lenkte dessen Aufmerksamkeit auf die Probleme der deutschen Sozialdemokratie mit der Bemerkung, sie sei nicht nur „the centre of gravity in the British Zone and also probably in Berlin, but whose attitude is most nearly in accord with the general feelings of Western Europe"[62].

Als die Lage der Berliner SPD im Januar 1946 immer kritischer wurde, begannen Mitglieder der britischen Militärregierung aktiv zu werden. Sie beschrieben Grotewohls Situation als die eines Mannes auf dem Eis, „he resembles a skater gliding round a hole in the ice in ever-decreasing circles"[63], äußerten aber gleichzeitig die in London bezweifelte Hoffnung, „Time is on the side of democracy, and Grotewohl is clearly playing for it"[64]. Um den Berlinern zu helfen, versuchten britische Offiziere auf Schumacher einzuwirken. Bereits in einem Bericht vom 18. Januar 1946 nach London hieß es: „The appropriate officer in Hanover regions has, in agreement with the political division, drawn Herr Schumacher's attention to the folly of the heavy critism of the Berlin Social Democratic Party in which he has been indulging."[65] Und zehn Tage später wurde aus Berlin angekündigt, man werde versuchen, ein Treffen zwischen Grotewohl und Schumacher zu arrangieren, „In order to prevent a widening of the breach between Grotewohl in the East and Schumacher in the West"[66]. In das dann bevorstehende Treffen der beiden führenden Sozialdemokraten setzten die Briten große Erwartungen. Am 31. Januar schrieb Steel nach London, sollte das Treffen in Braunschweig erfolgreich sein „in removing the existing misunderstandings we hope this will be consolidated by a visit of Schumacher to Berlin. Schumacher has consented to come if he is assured of adequate British protection."[67]

Die Erwartungen der sehr engagierten Briten in Berlin zerplatzten wie eine Seifenblase, als Grotewohl und Dahrendorf am 4. Februar 1946 erklärten, das Ende

---

62 Sir W. Strang, Berlin, an E. Bevin, London, 20.12.1945, ebd.
63 Sir W. Strang, Berlin, an E. Bevin, London, 22.1.1946, in: *PRO London*, F. O. 371/55360/C824.
64 Weekly Political Summary No. 2, Berlin, 28.1.1946, in: *PRO London*, F. O. 371/55360/C1003.
65 Telegramm No. 22, Lübbecke an Foreign Office, London, 18.1.1946, in: *PRO London*, F. O. 371/55360/C700.
66 Weekly Political Summary No. 2, Berlin, 28.1.1946, in: *PRO London*, F. O. 371/55360/C1003.
67 C. E. Steel, Berlin, an Foreign Office, London, 31.1.1946, in: *PRO London*, F. O. 371/55505/C1201.

des sozialdemokratischen Widerstandes gegen die Einheit mit der KPD sei nahe[68]: Der Druck auf die Sozialdemokraten sei so stark (Grotewohl „spoke of being tickled by Russian bayonets"), die SPD in den Provinzen der SBZ sei bereits vollständig unterminiert und irgendwelche Hilfe von den Westmächten, konkret von den Briten, sei nicht mehr zu erwarten. So entsetzt die Briten in Berlin über diese Mitteilung waren, so hilflos standen sie der Frage gegenüber, was nun zu tun sei. Steel schrieb nach London, man sähe in Berlin keine Alternative „to acquiesing in Grotewohl's tactics and assuring him of all the support we can, particulary in prevailing on Schumacher to keep the door open"[69].

Was aber sollte das jetzt noch nützen?

Das Interesse des ZA, bei Schumacher Verständnis für sein Aufgeben zu finden, und der Vorschlag, Schumacher solle sich damit einverstanden erklären, daß die Berliner SPD vorerst in eine Art Scheintod verfiele „until something turned up"[70], waren keine Basis für eine zukünftige Politik.

Mit der Entscheidung des ZA waren die Hoffnungen der Briten auf eine Verständigung zwischen Grotewohl und Schumacher völlig unrealistisch geworden, aber einige Besatzungsoffiziere in Deutschland klammerten sich weiterhin daran. Dies läßt sich wohl als Ausdruck dafür werten, daß sich die Briten in Deutschland mit einer Entwicklung konfrontiert sahen, deren Bedeutung ihnen erst in dem Moment in aller Klarheit bewußt wurde, als es bereits zu spät war, als die Mehrheit des ZA in Berlin keine Möglichkeit des Widerstandes mehr sah.

Dieser kurze Abriß über die Haltung von Vertretern der britischen Besatzungsmacht in Deutschland zur Politik des ZA der SPD in Berlin zwischen Oktober 1945 und Februar 1946 dürfte deutlich gemacht haben, daß Kurt Schumacher zu dieser Zeit durchaus kein Erfüllungsgehilfe britischer Deutschlandpolitik war. Seine Haltung gegenüber dem ZA und der SPD in Berlin und in der SBZ beeinflußte allerdings seine relativ guten Beziehungen zur britischen Besatzungsmacht nicht negativ. Dafür war den Briten diese deutsche Angelegenheit lange Zeit zu bedeutungslos, schien sie ihnen doch vor allem Ausdruck einer innerparteilichen Rivalität zu sein. Erst als die Entscheidung des ZA für die Einheitspartei gefallen war, setzte sich bei der Militärregierung in Deutschland, aber auch im Foreign Office in London, die Einsicht durch, wie wesentlich das Bemühen der SPD nach Unabhängigkeit von der KPD auch für das Verhältnis der Besatzungsmächte untereinander war. Da zu dieser Zeit aber ein einvernehmliches Verhältnis zur Sowjetunion nach außen immer noch weit wichtiger war als die Unterstützung einer deutschen Partei, führte dies auch nach Februar 1946 vorerst zu keiner Änderung britischer Politik.

Obwohl die Briten dem einheitlichen Vorgehen der vier Siegermächte in Deutschland bis weit in das Jahr 1946 hinein absolute Priorität vor der Berücksichtigung deutscher Interessen einräumten, selbst wenn ihnen diese deutschen Interessen teilweise berechtigt erschienen, weil sie z. B. mit ihren Vorstellungen von Demokratie

---

68 Vgl. C. E. Steel, Lübbecke an Foreign Office, London, 7.2.1946, in: *PRO London*, F. O. 371/55586/C1480.
69 Ebd.
70 Ebd.

übereinstimmten, versuchten sie relativ früh — anders als die Amerikaner — über Kontakte zu deutschen Politikern ein vertrauensvolles Kooperationsverhältnis aufzubauen. Zu den Problemen der deutschen Ost- und Westgrenzen, der Zukunft des Ruhrgebiets und der Schaffung deutscher Zentralverwaltungen wurden die Positionen deutscher Politiker sowohl von der Militärregierung in Deutschland als auch vom Foreign Office in London reflektiert und Deutschland und die Deutschen bis zu einem gewissen Grad zumindest als *zukünftiges* Subjekt in den internationalen Beziehungen miteinbezogen. Der Wiederaufbau deutscher Parteien und die Schaffung deutscher Zentralverwaltungen, wozu die Potsdamer Konferenz Beschlüsse gefaßt hatte und was ohne die Einbeziehung und Mitwirkung der Deutschen nicht bewerkstelligt werden konnte, eröffneten den Deutschen Einflußmöglichkeiten. Bereits im Oktober 1945, nicht zuletzt durch das Stattfinden der Wennigsener Konferenz ausgelöst, wurden kritische Stimmen bei den Briten laut, ob der Wiederbeginn des politischen Lebens in Deutschland wirklich nur in einem längeren Aufbauprozeß von „unten nach oben" erfolgen könne. Denn die Parteien, obwohl erst auf Kreisebene zugelassen, hätten längst zonenübergreifende Verbindungen hergestellt. J. B. Hynds Position zu dieser Frage auf einer Konferenz der britischen Militärregierung in Lübbecke Mitte Oktober 1945 faßte das Protokoll so zusammen: „He was in favour of permitting central party organisations to develop."[71]

Der Aufbau der deutschen Parteien im nationalen Rahmen beschäftigte die britische Militärregierung in Deutschland, die Beamten des Außenministeriums und sogar das Parlament in London bis zum Jahresende 1945. Es scheint aber, als seien die Briten in ihrem Entscheidungsprozeß relativ unabhängig von den deutschen Parteien gewesen, weil nur die Berliner Vertreter von SPD und CDU ihr Interesse am Aufbau gesamtdeutscher Parteien betonten. Trotzdem sah sich die Regierung in London veranlaßt, eine Position zu entwickeln, weil sie auf eine parlamentarische Anfrage antworten mußte. Nach längeren internen Diskussionen erklärte J. B. Hynd im Namen der Regierung:

„It has been the policy in the British zone of Germany to foster the formation of political parties, first on the Kreis level, which is roughly equivalent to that of a borough council, so that subsequent wider groupings would be truly representative of local democratic expression. The three principal parties that have thus emerged in the British zone, namely Christian Democrat, Communist and Social Democrat, are now being encouraged to form zonal amalgamate with other groups in other zones so as to form central organisations covering the whole of Germany, the British authorities, for their part, will not wish to discourage them."[72]

Dieser Erklärung vom 18. Dezember 1945 lag keine Politik der Parteien in der britischen Zone zugrunde, die sie erforderlich gemacht hätte. Keine Partei im We-

---

71 Minutes of the military Government Conference held on the 12th/13th October, in: *PRO London*, F. O. 371/46736/C7581.
72 *PRO London*, F. O. 371/46910/C9875. Die Anfrage hatte gelautet: „To ask the Chancellor of the Duchy of Lancaster, whether he will permit local groups of Social Democrats, Christian Democrats, Liberal Democrats and Communists, established within the British zone of Germany, to affiliate themselves with the central bodies of these parties, established in Berlin." Ebd.

sten hatte bis dahin die Vertreter der britischen Militärregierung gedrängt, ihr intensivere Kontakte zu den entsprechenden Parteien in den anderen Zonen zu gestatten, geschweige denn darauf gedrängt, den Weg zum Aufbau einer gesamtdeutschen Partei freizugeben. Die deutschen Politiker aller vier Zonen — gerade die Sozialdemokraten — trafen sich trotz der Beschränkungen der Besatzungsmächte unter deren Augen, ohne daß dies verboten wurde. Aber die SPD Kurt Schumachers in der britischen Zone hatte — wie wir gesehen haben — nicht die Absicht, eine Partei aufzubauen, die alle vier Zonen umfaßte. Um die Jahreswende 1945/46 konnte die vorsichtig formulierte britische Absichtserklärung aufgrund des Desinteresses der deutschen Parteien in den Westzonen nicht in der Realität der Viermächtebesatzung erprobt werden; es scheint aber, als hätten die Deutschen bei den Briten zumindest Verständnis und in Grenzen tätige Unterstützung gefunden, wären sie bereits im Herbst 1945 mit dem Anliegen gekommen, möglichst bald, also etwa Anfang 1946, zum Aufbau nationaler Parteien zu schreiten.

Ähnliche Einflußmöglichkeiten der Deutschen auf die Gestaltung der Zukunft ihres Landes eröffnete die Schaffung deutscher Zentralverwaltungen, für deren Realisierung die Briten zusammen mit den Amerikanern ebenfalls seit Herbst 1945 auch im Alliierten Kontrollrat große Aktivitäten entfalteten. Um sich ein genaueres Bild von der Haltung der deutschen Parteien zu verschaffen, interviewten die Briten deutsche Politiker im Bezirk Hannover, um von ihnen zu erfahren, wie sie zur Schaffung deutscher Zentralverwaltungen ständen. Dabei ergab sich, daß alle Parteien bis auf die niedersächsischen Regionalisten zwar solche Verwaltungen prinzipiell befürworteten, daß dieser Wunsch aber bei allen, mit Ausnahme der KPD, durch die Angst vor sowjetischer Dominanz beeinträchtigt wurde. So sollte nach Meinung der deutschen Politiker der Sitz einer zukünftigen Zentralregierung nicht mehr in Berlin sein, und sie plädierten zudem für eine vorsichtige, schrittweise Zentralisierung. Erst wenn eine Vereinigung der Westzonen erfolgt sei, sollten Schritte zur Errichtung einer Zentralregierung für das Reich erfolgen. Diese Sichtweise, mit ängstlichem Blick nach Osten, führte dazu, wie der Bericht vermerkt, daß die deutschen Politiker Frankreich und dessen Widerstand gegen deutsche Zentraleinrichtungen gar nicht erwähnten. Das Dilemma, in dem die deutschen Politiker standen, wird in dem Bericht in zwei Sätzen beschrieben:

„From the point of view of party politics, politicians feel that by publicly accepting zonal administrations, they are liable to be accused of acquiescing in the partitioning of Germany. Some of those consulted, either more pessimistic or more farsighted than the others, have already given up all hope of including the Soviet zone in any scheme for a central administration, and urge the establishment of an administration for the three western zones as an end in itself."[73]

Welche Bedeutung die Meinungsäußerungen deutscher Politiker für die Briten auch gehabt haben mag — hinsichtlich der Behandlung Deutschlands als nationale Einheit dürften sie der Besatzungsmacht zumindest klar gemacht haben, daß die

---

73 C. E. Steel, Berlin, an E. Bevin, London, 24.1.1946, in: *PRO London*, F. O. 371/55586/C1499.

Mehrzahl der Parteien in ihrer Zone nicht beabsichtigte, an diesem Punkt eine Vorkämpferrolle zu spielen.

Obwohl wir nur vermuten können, daß Kurt Schumacher zu den Interviewten gehörte, deren Meinungen in dem Bericht wiedergegeben wurden, haben wir dieses Dokument hier referiert. Denn es zeigt das Bemühen der Briten, das Votum deutscher Politiker zumindest zur Kenntnis zu nehmen, und es gibt Positionen wieder, die denen Kurt Schumachers sehr ähnlich sind. Man kann davon ausgehen, daß die Briten die Haltung Schumachers zur Frage der deutschen Einheit und des Aufbaus nationaler Parteien kannten, schließlich sahen sie in ihm nicht nur den anerkannten Führer der für sie bedeutendsten Partei ihrer Zone, sondern erwarteten auch, daß er der zukünftige Führer der SPD der westlichen Zonen sein würde. Man kann vermuten, daß die Meinung Schumachers bei der britischen Besatzungsmacht nicht ohne Einfluß blieb, als sie überlegte, wie die weiteren Schritte zur Verwirklichung der in Potsdam getroffenen Vereinbarungen auszusehen hätten. Die Franzosen waren gegen die Errichtung aller deutschen Institutionen (Zentralverwaltungen, Parteien, Gewerkschaften), die Deutschland als Ganzes umfaßten, die Briten und Amerikaner hatten große Bedenken, die Einheit der vier Siegermächte durch separates Vorgehen einzelner zu sprengen; bei den Briten spielte zudem die Befürchtung eine Rolle, durch die Schaffung gesamtdeutscher Einrichtungen würde den Sowjets ein Zugang auch zu den Westzonen eröffnet. Daß vor diesem Hintergrund sowie bei der Haltung der deutschen Parteien in der Britischen Zone und nach der Resignation des ZA in Berlin in der Deutschland-Abteilung des Foreign Office in London bereits im Februar 1946 Überlegungen angestellt wurden, die Teilung Deutschlands als gegeben hinzunehmen und den „iron curtain" als irreversibel zu akzeptieren, erscheint als geradezu folgerichtig. Die deutschen Parteien in den Westzonen, allen voran die SPD Kurt Schumachers, taten nichts, um den Briten den Eindruck zu vermitteln, die Umsetzung der Potsdamer Beschlüsse zur Errichtung deutscher Zentralverwaltungen und zur Zulassung nationaler deutscher Parteien sei für sie eine Lebensfrage, vergleichbar der Festlegung der deutschen Ostgrenze und der Zukunft des Ruhrgebiets. Daß wichtige deutsche Politiker in den Westzonen — und Kurt Schumacher gehörte dazu — die SBZ vorläufig abschrieben, erleichterte es den Briten entscheidend, das auch zu tun.

In einem in London viel diskutierten und neue Akzente setzenden internen Papier[74] eines Mitarbeiters der Deutschland-Abteilung im Foreign Office hieß es am 12. Februar 1946 dazu:

„There has been no pressure from these parties [KPD, SPD und CDU] on us for permission to unite with parties in the Russion Zone on all-German basis; and this is due to the distrust by the Western parties, or at least the Social Democrats and Christian Democrats, of their opposite numbers in the Russian Zone". Schumacher beispielsweise habe niemals daran geglaubt, daß die SPD-Führer in Berlin aushalten könnten. Nun, da er Recht behalten habe, „He is ... all out for a definite split with the capitulating Social Democrats in the Russian Zone; but is agreeing at

---

74 O'Neill, German Communists and Social Democrats in Berlin and the Russian Zone, London, 12.2.1946, in: *PRO London*, F. O. 371/55362/C2969.

present to hold his hand and not embarrass the Berlin leaders in their final efforts to avert their fate."

In den Überlegungen für die aus dieser Entwicklung in Deutschland zu ziehenden Konsequenzen zeigte sich, welch tiefer Einschnitt die bevorstehende SED-Gründung für die britische Politik in Deutschland war. Jetzt noch Parteitage der SPD und KPD für Gesamtdeutschland zuzulassen, hieße „to play the Russian game". Statt dessen wurde in dem Papier vorgeschlagen: „I feel it is much better for us to cut our losses in Berlin and the Russian Zone — which after all are not primarily our concern — and let the Social Democrat Party there cut its own throat if it wants to. As a corollary to this, we should give Schumacher his head in our own Zone. Possibly a descriptive official statement of what has happened might help him in this."

Bei der Einschätzung der deutschen Einflußmöglichkeiten auf die Politik der Besatzungsmächte ist sicherlich zurückhaltende Vorsicht am Platze, man sollte aber nicht von vornherein von der Bedeutungslosigkeit deutscher Politiker und Parteien ausgehen. Gerade die Politik der britischen Militärregierung in Deutschland, wie auch die Reflexionen und Planungen der Beamten im Foreign Office in London zeigen eine gewisse Bereitschaft, deutsche Interessen in ihren Überlegungen zu berücksichtigen, zumindest in Fragen, die aufgrund der widersprüchlichen Eindrücke über die Lage in Europa und über die Erfolgsaussichten der Anti-Hitler-Koalition bei ihrer gemeinsamen Arbeit in Deutschland 1945 noch relativ offen waren. Die Behandlung Deutschlands als nationale Einheit gehörte dazu. Wir wollen hier aber nicht darüber spekulieren, ob und unter welchen Bedingungen Chancen für andere Entwicklungen als die dann in Deutschland erfolgten 1945/46 vorgelegen haben. Unsere Intention war es nachzuweisen, daß die führenden deutschen Sozialdemokraten in den Westzonen 1945 mehr oder weniger bewußt darauf verzichteten, überhaupt eine Politik zu konzipieren, die Deutschland als Ganzes miteinbezog. Für Kurt Schumacher gehörte der Teil Deutschlands, der unter sowjetischer Besatzung stand, 1945 nicht zu dem Gebiet, in dem er Politik machen wollte. Er gab den östlichen Teil Deutschlands verloren und konzentrierte sich darauf, gegenüber den Westmächten seine Interessen und das, was er für die Interessen der SPD und Deutschlands hielt, zu vertreten. Dabei hatte er sicherlich die, wenn auch illusorische, Hoffnung, damit auch etwas *für* Ostdeutschland zu tun. Schumacher hatte den sowjetisch besetzten Teil Deutschlands schon aufgegeben, als die Briten — aber auch die Amerikaner — auf ihrer Suche nach Wegen, das Potsdamer Abkommen zu verwirklichen, die Deutschen geradezu ermutigten, aktiv und kreativ für eine Einheit Deutschlands nach ihren Vorstellungen einzutreten.

Dazu hätte es des Mutes und des Wagnisses bedurft, auch mit der kommunistischen Supermacht ein Arrangement zu suchen, ohne dabei die eigenen Interessen und die eigene Identität zu verleugnen und aufzugeben. Welche Schwierigkeiten damit verbunden waren, zeigt das Schicksal des Berliner Zentralausschusses der SPD wie das der gesamten Partei in der SBZ.

Kurt Schumacher jedoch scheute das Risiko, das die Sozialdemokraten in der SBZ einzugehen gezwungen waren, sofern sie politisch aktiv sein wollten und nicht die Möglichkeit hatten, in eine der Westzonen zu übersiedeln, das Risiko, das er vielleicht sogar selber eingegangen wäre, hätte er im Mai 1945 statt in Hannover beispielsweise wie Hermann Brill in Weimar, gelebt.

Kurt Schumacher in Hannover stellte sich der Aufgabe erst gar nicht; er war von vornherein davon überzeugt, daß es nicht möglich sein werde, sozialdemokratische Politik in einem von den Sowjets besetzten Gebiet zu machen. Die Tatsache, daß er Hoffnungen auf die Amerikaner, Briten und Franzosen setzte, mit den Sowjets hingegen nicht einmal einen Versuch der Kooperation machen wollte, weist auf den überragenden Stellenwert seines Antikommunismus und Antisowjetismus einerseits und auf eine starke Bindung und Orientierung an die westliche Welt andererseits hin. Bemerkenswerter aber erscheint mir, welchen Preis er für diese Option zu zahlen bereit war. Kurt Schumacher verzichtete ohne Zwang seitens der Besatzungsmächte nicht nur auf einen Teil Deutschlands, sondern auch auf den dort organisierten Teil der SPD. In seine Vorstellungen vom Aufbau eines neuen, sozialistischen Deutschlands paßten 1945 vorerst nur die drei Westzonen und die drei westlichen Besatzungsmächte. Die Kommunisten, die KPD und die sowjetische Besatzungsmacht sollten dabei keine Rolle spielen. Auch für die Sozialdemokraten, die in dem Teil Deutschlands lebten und wirkten, in dem die Sowjets die Richtung angaben, war in Schumachers Konzept kein Platz. Kurt Schumacher verzichtete also 1945 nicht nur darauf, für das in der Weimarer Republik zerstörte Ideal von der Einheit der Arbeiterbewegung einzutreten, er wirkte sogar an der Zerstörung der organisatorischen Einheit der SPD mit. Er setzte auf die vage Hoffnung, die SPD würde durch Kooperation mit den Westmächten in den Westzonen zur bestimmenden deutschen Kraft.

Kurt Schumacher war bereits in der Zeit, in der er noch ein gesamtdeutscher Politiker hätte sein können, ein Politiker mit lediglich nationaler Rhetorik; er beschränkte sich schon 1945/46 freiwillig auf eine Rolle, die ihm dann allerdings in den folgenden Jahren, unter erheblich veränderten Bedingungen, den zweifelhaften Ruf des „patriotischen Führers" einbrachte[75].

---

75 Vgl. Edinger, *Kurt Schumacher* (Anm. 6), S. 207–270.

Siegfried Heimann

Zum Scheitern linker Sammlungsbewegungen zwischen SPD und KPD/SED nach 1945: Die Beispiele USPD und UAPD*

Die Geschichte der Arbeiterbewegung nach 1945 wird oft nur aus der Sicht ihrer spektakulären Ereignisse betrachtet. Die Frage nach möglichen Alternativen der Entwicklung gerät nur selten oder überhaupt nicht ins Blickfeld; vor allem aber kann die Frage nach den Ursachen des Scheiterns solcher Alternativen nur schwer beantwortet werden, da über sie, die meist nur im Keim oder in versteckten Formen existieren, oft nur in Fußnoten berichtet wird.

In diesen Zusammenhang gehört die Frage nach den Chancen für eine linkssozialistische Alternative nach 1945 in den Westzonen und später in der Bundesrepublik, einer Alternative, die in Theorie und Praxis, in der Programmatik und in der Organisationsform etwas anderes sein wollte als die noch 1945 wiedergegründeten Arbeiterparteien SPD und KPD. Ohne Zweifel hatten bei Kriegsende 1945 viele deutsche Sozialisten und Kommunisten aufgrund ihrer Erfahrungen mit dem NS-Regime, nach ihren Erlebnissen in Konzentrationslagern und Zuchthäusern, im Untergrund und in der Emigration für den politischen Neuanfang eine sich von KPD und SPD unterscheidende sozialistische Arbeiterpartei vor Augen; sie konnten aber eine am Vorbild der Arbeiterparteien aus der Zeit vor 1933 orientierte „Wiedergründung" der SPD und KPD nicht verhindern. Ein Teil von ihnen entschied sich dafür, in den wiedergegründeten Parteien mitzuarbeiten und das nicht zuletzt deshalb, um auf die Masse der Mitglieder politisch Einfluß zu nehmen. In dem Maße, wie sie sich selbst treu blieben, wurden sie, oft sehr schnell, aus den Parteien hinausgedrängt oder ausgeschlossen — aus der SPD ebenso wie aus der KPD —, andere resignierten oder paßten sich an. Ein anderer Teil versuchte — trotz der Erfahrungen in linken Splitterparteien am Ende der Weimarer Republik, aus deren Tradition die meisten von ihnen stammten — eine eigenständige und unabhängige sozialistische Partei zu gründen — und scheiterte. Dennoch wurde nach 1945 immer wieder einmal (und bis

---

* Der vorliegende Beitrag ist eine veränderte und erweiterte Fassung eines vom Verfasser geschriebenen Beitrages über die USPD für das *Parteien-Handbuch. Die Parteien der Bundesrepublik Deutschland 1945—1980*, das im Herbst 1983 im Westdeutschen Verlag erscheinen wird. Den Erweiterungen liegen Archivmaterialien aus dem Berliner Franz-Neumann-Archiv zugrunde, die der Verfasser im Zusammenhang mit Studien für ein Projekt zur Situation der Jugend in Berlin nach 1945 (Projektleitung Prof. Weiß) durchsehen konnte.

heute) der Versuch gewagt, eine Parteigründung oder zumindest eine Sammlung von „heimatlosen Linken" zu wiederholen[1].

Es sollte zumindest eine Alternative, die neben SPD und KPD bestehen kann, auf die Beine gestellt werden. Oskar Hippe charakterisierte die lange Jahre nicht zu erschütternden Hoffnungen, die seine in Berlin aktive Gruppe beseelten, in späteren Jahren mit folgenden Worten: „Damals haben wir daran geglaubt, daß wir es schaffen, eine dritte Kraft in der Arbeiterklasse und unter den Arbeiterorganisationen zu werden."[2] Sie wurden es nicht. Oskar Hippe nennt im Rückblick aus seiner Sicht die Gründe für ihr Scheitern: „Heute meine ich, daß es damals nicht möglich war, weil alles dem russischen Interesse untergeordnet war, dazu kam der Antikommunismus der bürgerlichen Kräfte und der Einfluß der Amerikaner. Von daher waren die Chancen für die anderen linken Gruppierungen gleich Null." Damit weist Hippe sicherlich auf wesentliche Hindernisse hin: Die gesellschaftlichen Bedingungen nach 1945 waren in zunehmendem Maße für linkssozialistische Alternativen, die sich dem Schwarz-Weiß-Schema des Ost-West-Konflikts nicht unterordnen wollten, nicht günstig. Das Zitat belegt aber auch, daß die selbstkritische Frage nach dem eigenen Verschulden offenbar nicht gestellt wurde. Am Beispiel der „Arbeiterpartei" in Offenbach ist bereits gezeigt worden, daß viele Mitglieder in den linken Gruppierungen, die anders als SPD und KPD zu sein beanspruchten, oft nur die „besseren" Kommunisten oder die „besseren" Sozialdemokraten sein wollten, daß ihre Organisationsvorstellungen sich nicht von denen der von ihnen so kritisierten „traditionellen" Arbeiterparteien unterschieden, daß der ideologische „Hickhack" oft um so größer war, je kleiner die Gruppe war, daß „Avantgarde-Denken" ohne Rücksicht auf die sogenannte Basis immer wieder bestimmend war und daß alle diese Momente auch mit Ursache dafür waren, daß der „Massenanhang" für die Parteigründungs- und Sammlungsversuche ausblieb, da den „Massen" die Alternative nicht so recht deutlich wurde.

Die meisten der sich selbst als linke sozialistische Alternative zu KPD und SPD verstehenden Gruppen definierten den Zusammenhalt, zu dem sie mit anderen Gruppierungen zusammenfanden, nur negativ in der Kritik an Theorie und Praxis von SPD und KPD. Das gemeinsame Ziel, das, was eigentlich der Inhalt der politischen Arbeit einer „dritten Kraft" sein sollte, blieb diffus und allgemein. Das lag nicht zuletzt daran, daß an den meisten Parteigründungs- und Sammlungsversuchen nach 1945 Mitglieder von politischen Gruppen beteiligt waren, die gar nicht daran dachten, ihre politische Zielsetzung zugunsten einer aus gemeinsamen Diskussionen

---

1 Vgl. zu der Fragestellung und zu den Ursachen des Scheiterns: Siegfried Heimann, Die Arbeiterpartei in Offenbach. Über einen gescheiterten Versuch, die Einheit der Arbeiterbewegung nach 1945 zu verwirklichen, in: Jürgen Bergmann u.a. (Hrsg.), *Geschichte als politische Wissenschaft*, Stuttgart 1979, S. 194—217. Vgl. dazu auch eine Briefsammlung von Sozialisten aus der unmittelbaren Nachkriegszeit und besonders die Einleitung der Herausgeberin Helga Grebing, die vom Verfasser erst nach Abschluß dieser Darstellung gelesen wurde: Helga Grebing (Hrsg.), *Lehrstücke in Solidarität. Briefe und Biographien deutscher Sozialisten 1945—1949*, Stuttgart 1983.
2 Vgl. dazu und für das folgende Zitat: Interview des Verfassers mit Oskar Hippe am 10.3.1977.

und gemeinsamer politischer Praxis resultierenden linkssozialistischen Alternative aufzugeben. Die Sammlung von „heimatlosen Linken" allein vermag offenbar eine solche linkssozialistische Alternative nicht zustande zu bringen. Deshalb sind, wenn die Chancen für eine linkssozialistische Alternative nach 1945 untersucht werden sollen, nicht „unterschiedslos *alle* (parteilich) organisierten und nichtorganisierten Gruppen und Individuen außerhalb von KPD und SPD" zu den „heimatlosen Linken" zu zählen. Bernd Klemm schlägt vor, den Begriff von der „heimatlosen Linken" enger zu fassen; er soll nur Individuen und Gruppen umfassen, „die sich weder mit der SPD und KPD noch in relativ homogenen Kadergruppen mit fester programmatischer Grundlage wie den Trotzkisten und der ‚Gruppe Arbeiterpolitik' wiederfinden konnten. Ein wesentliches Merkmal von ‚heimatlosen Linken' wäre demzufolge neben ihrer Herkunft und ihrer Heimatlosigkeit in Bezug auf die bestehenden politischen Organisationen auch die Heterogenität und relative Offenheit ihrer politischen Anschauungen und ihrer Strategie. Daraus resultiert ein zweites wesentliches Merkmal, daß ‚heimatlose Linke' wenig ‚letzte' Gewißheiten haben und sich über die programmatischen Grundlagen ihrer politischen Arbeit erst verständigen müssen."[3]

Der Versuch, Merkmale für eine „heimatlose Linke" zu finden, die es erlauben, den Begriff „Linkssozialismus" genauer zu fassen, ist sicherlich auch hilfreich, um Chancen für eine linkssozialistische Alternative in der Nachkriegszeit auszuloten. Freilich kann das nicht bedeuten, mit dieser „Meßlatte" Parteigründungsversuche von Linken, die sich selbst als Teil einer „Dritten Kraft" verstanden, abzuqualifizieren. In der folgenden kurzen Skizze sollen deshalb lediglich zwei Beispiele aus der Geschichte linker Splittergruppen nach 1945 vorgestellt werden:

Die (kurze) Existenz der Unabhängigen Arbeiterpartei (UAPD) in Westdeutschland und der Unabhängigen Sozialdemokratischen Partei (USPD) in West-Berlin stellt ein Lehrstück dar, wie mit dem Anspruch, etwas anderes als SPD und KPD zu wollen, unzuvereinbarende politische Positionen unter einen organisatorischen Hut gezwängt werden sollten; es demonstriert, daß es offenbar nicht ausreicht, eine „linkssozialistische" Alternative zu postulieren, im übrigen aber alles zu sammeln, was mit SPD und KPD bzw. SED nicht zufrieden war[4].

---

3 Bernd Klemm, *Die Arbeiter-Partei (Sozialistische Einheitspartei) Hessen 1945–1954. Entstehungsbedingungen, Geschichte und Programmatik einer dritten deutschen Arbeiterpartei nach dem zweiten Weltkrieg*, Hannover 1980, S. 193.
4 Da die Geschichte der UAPD von Peter Kulemann bereits ausführlicher beschrieben wurde, wird ihre Entwicklung hier nur kurz zusammengefaßt. Die USPD (sie darf nicht mit der 1917 gegründeten USPD verwechselt werden), die für kurze Zeit Landesverband der UAPD sein sollte, ist dagegen bislang nur in einigen Fußnoten erwähnt worden. Ihre Geschichte wird hier erstmals umfassend dargestellt. Vgl. zur UAPD Peter Kulemann, *Die Linke in Westdeutschland nach 1945. Die erste Nachkriegszeit, zwischen sozialdemokratischer Integration und dem Stalinismus der KPD – das Scheitern der „titoistischen" Unabhängigen Arbeiterpartei UAP 1950*, Hannover 1978. Zur USPD: ebd., S. 62; Stephanie Münke, *Wahlkampf und Machtverschiebung, Geschichte und Analyse der Berliner Wahlen vom 3. Dezember 1950*, Berlin 1952.

1. Titoisten und Trotzkisten in der UAPD

Die Unabhängige Arbeiterpartei Deutschlands (UAPD)[5] wurde am 24./25. März 1951 in Worms gegründet. Die Partei wollte „alle sozialistisch-unabhängig denkenden Menschen"[6] aus KPD und SPD, aus örtlichen und regionalen unabhängigen Linksgruppen sowie aus den linken Splitterparteien und Sekten sammeln und zu einer unabhängigen sozialistischen Kraft vereinen. Die Initiative zu diesem Sammlungsversuch ging von ausgeschlossenen Mitgliedern der Kommunistischen Partei Deutschlands aus. Ein kleiner Teil der 1948/49 wegen „titoistischer" Tendenzen ausgeschlossenen, teilweise führenden KPD-Funktionäre (so der frühere Chefredakteur des KPD-Zentralorgans „Freies Volk", Josef Schappe, und der Landessekretär der KPD Bayerns, Georg Fischer) sah angesichts der „Massenausschlüsse und -austritte" die Chance, eine – im Gegensatz zur KPD – von der KPdSU und der SED unabhängige kommunistische Partei zu bilden und wandte sich in einem im April 1950 veröffentlichten Aufruf „An alle Kommunisten"[7].

Der Aufruf fand vor allem bei den trotzkistischen Internationalen Kommunisten Deutschlands (IKD) ein offenes Ohr. Die IKD waren als Teil der IV. Internationale in Deutschland in der NS-Zeit fast völlig zerschlagen worden und konnten nach 1945 nur mühsam einen organisatorischen Neuanfang finden. Bevor sie nach 1953 mit ihrer in der Bundesrepublik auf die SPD zielenden „Entrismus-Politik" aus dieser Not eine Tugend machten, versuchten sie 1949, eine „Sammlung der unabhängigen Linken" als Vorform einer „revolutionär-sozialistischen Partei" zustande zu bringen[8]. Da ihr Aufruf, ein „Kartell" zu bilden, in dem die Mitglieder sich lediglich

---

5 Vgl. für die folgende Darstellung Kulemann, *Die Linke* (Anm. 4). Einer der Vorsitzenden der Partei hat inzwischen seine Memoiren veröffentlicht, in denen auch dieser Abschnitt seines Lebens dargestellt ist: Georg Fischer, *Vom aufrechten Gang eines Sozialisten. Ein Parteiarbeiter erzählt*, Berlin/Bonn 1979, bes. S. 233–257.
Georg Fischer, geb. 1905, gelernter Buchdrucker; 1923 KJVD und KPD; nach 1933 kurze Zeit verhaftet, danach Tätigkeit als Versicherungsvertreter und Widerstandstätigkeit gegen den Nationalsozialismus; 1939 Soldat; 1945 Mitarbeit bei der Reorganisation der KPD in Ingolstadt, Leiter des Arbeitsamtes; Januar–Juni 1946 Staatssekretär im bayerischen Wirtschaftsministerium; Februar 1946–April 1947 Landesvorsitzender der KPD in Bayern, beschäftigt besonders mit dem Organisationsaufbau der KPD und mit bayerischer Kommunalpolitik; 1947 Landessekretär für Parlaments- und Kommunalpolitik, 1948/49 innerparteiliche Kritik an der Praxis der Partei und an der Haltung gegenüber Jugoslawien; September 1949 Ausschluß aus der KPD; Mitinitiator und Vorsitzender der UAPD 1950–52; Oktober 1952 Übertritt in die SPD; 1954–62 stellvertretender Vorsitzender des SPD-Unterbezirks München; 1960–72 Mitglied des Stadtrats von München. Die folgende Darstellung basiert darüber hinaus auf Dokumenten und Zeitschriften der UAPD sowie auf einer Sammlung von Zeitungsausschnitten über die UAPD (in: Parteiarchiv des Zentralinstituts 6 der FU Berlin [im folgenden: PAZI6], Akte USPD).

6 Aus dem Aufruf „Wir rufen Euch" von Josef Schappe und Georg Fischer v. 2.7.1950, zit. nach Kulemann, Die Linke (Anm. 4), S. 121.

7 Vgl. dazu den Wortlaut des Aufrufs „Rettet die Sozialistische Bewegung" (in: PAZI6, Akte USPD). Dort heißt es, daß „bereits 10.000e Kommunisten ... wissen, ... daß der bisher eingeschlagene Weg falsch war ...".

8 *Unser Weg*, Nr. 15, November 1949, zit. nach Kulemann, *Die Linke* (Anm. 4), S. 66 ff.; vgl. zur IKD nach 1945 auch Georg Jungclas, *Aus der Geschichte der deutschen Sektion der IV. Internationale*, Hamburg 1972.

in einigen Grundforderungen einig sein sollten — dazu gehörten das Bekenntnis zur „Praxis des Klassenkampfes" und die Forderung nach „Unabhängigkeit gegenüber den Besatzungsmächten" —, keine Resonanz fand, sahen sie in dem Appell der ausgeschlossenen KPD-Mitglieder, zu denen sich das aus Jugoslawien angereiste ehemalige Mitglied der „Gruppe Ulbricht", Wolfgang Leonhardt, gesellt hatte, einen weiteren Versuch in der gleichen Richtung. Kleinere örtliche und regionale Gruppen wie die „Sozialistische Union" in Worms, die unabhängig agierende Gruppe um den Arbeiterveteranen August Ziehl in Geesthacht/Schleswig-Holstein[9] und Teile der in Berlin seit 1950 lizenzierten USPD sahen in dem Sammlungsaufruf eine Möglichkeit, die Enge der lokalen Gruppe zu überwinden und beteiligten sich an den Vordiskussionen, die zur Gründung der UAPD führen sollten.

Am 23. Juli 1950 fand in Ratingen eine erste Konferenz statt; an ihr nahmen 58 „Delegierte" teil, die damit einer offenen, am 2. Juli 1950 von Georg Fischer und Josef Schappe an Interessenten verschickten Einladung gefolgt waren[10]. Die „Delegierten" verabschiedeten eine „Politische Plattform" und wählten einen die beteiligten Gruppen anteilig repräsentierenden „Vorbereitungsausschuß zur Bildung der Unabhängigen Arbeiterpartei". Die deutsche Arbeiterklasse sollte durch Aufklärung und Propaganda auf die politische Alternative neben SPD und KPD aufmerksam gemacht werden; dazu sollte die ab August 1950 in hoher Auflage erscheinende Wochenzeitung „Freie Tribüne" beitragen. In den folgenden Monaten berichtete die „Freie Tribüne" über die überall in der Bundesrepublik entstehenden lokalen „Vorbereitungsausschüsse" und über die sich daraus bildenden mehr als 100 lokalen Gruppen[11].

Der zentrale „Vorbereitungsausschuß" sprach angesichts dieser Meldungen von einem erfolgreichen Werbefeldzug[12] und berief eine weitere Delegiertenkonferenz ein, die am 9./10. Dezember 1950 in Dinslaken stattfand. Die Teilnehmer beurteilten die Entwicklung ebenso optimistisch, sie wählten ein „Politisches Komitee" und eine „Programmkommission" und beriefen für Ostern 1951 den Gründungsparteitag nach Worms ein[13]. Die in Zeitschriften verschiedener Linksgruppen geäußerte Skepsis, ob ein derartiger Optimismus[14] überhaupt angebracht sei, sollte sich auf dem Gründungsparteitag am 24./25. März 1951 in Worms bewahrheiten: Die deutsche Arbeiterklasse hatte den Ruf der Sammler nicht gehört; die Gründer waren über den Kreis derjenigen, die zur Gründung aufgerufen hatten, nicht hinausgekommen. So konnte auch von einer Sammlung der zwischen und neben SPD und KPD mehr

---

9 Zur Gruppe um August Ziehl vgl. auch Hanno Drechsler, *Die SAPD*, Meisenheim am Glan 1965, S. 361.
10 Georg Fischer nennt die Zahl 80. Vgl. dazu und zum Verlauf: Fischer, *Parteiarbeiter* (Anm. 5), S. 249; Kulemann, *Die Linke* (Anm. 4), S. 70. Vgl. auch: *Die Neue Zeitung* v. 25.7.1950.
11 Vgl. Fischer, *Parteiarbeiter* (Anm. 5), S. 249 f.
12 Vgl. *Freie Tribüne*, 2. Jg., Nr. 7 v. 23.9.1950; Fischer, *Parteiarbeiter* (Anm. 5), S. 251.
13 Vgl. *Die Welt* v. 12.12.1950; Fischer, *Parteiarbeiter*, S. 252.
14 Vgl. u.a. die Berichte in der Zeitschrift der KPO, *Arbeiterpolitik*, Nr. 15 (1950), Nr. 1 und 8 (1951) sowie in der Zeitschrift der Gruppe um Fritz Lamm, *Der Funken*, Nr. 12 (1951). Zur Haltung der „Gruppe Arbeiterpolitik" gegenüber der UAPD vgl. auch Klaus Peter Wittemann, *Kommunistische Politik in Westdeutschland nach 1945. Der Ansatz der Gruppe Arbeiterpolitik*, Hannover 1977, S. 273—277.

schlecht als recht agierenden „heimatlosen Linken" keine Rede sein, denn es waren auch keine neuen Gruppen dazugekommen[15].

Vor allem war es den Parteigründern nicht gelungen, die nicht geringe Anzahl von oppositionellen, aus der SPD ausgeschlossenen oder ausgetretenen Sozialdemokraten zu überzeugen, den Weg der Parteigründung mitzugehen. Für die große Mehrheit dieser Sozialdemokraten war zu Beginn der fünfziger Jahre vorrangig, gegen die beginnende Wiederbewaffnung anzukämpfen. Sie gingen dabei auch Bündnisse mit der KPD oder KPD-nahen Organisationen ein und verloren nicht selten neben der organisatorischen auch ihre politische Unabhängigkeit[16]. Aber auch die unabhängig bleibenden Gruppen wie die sich um Erich Arp in Hamburg und in Schleswig sammelnden Mitglieder der „Sozialdemokratischen Opposition" setzten ähnliche Prioritäten. In ihrer Stellungnahme zur UAPD-Gründung riefen sie zur Sammlung aller Aufrüstungsgegner auf: „Allen sozialideologischen Differenzen und allen Fragen organisatorischer Taktik stellen wir im gegenwärtigen Moment den möglichst geschlossenen Kampf gegen eine deutsche Wiederaufrüstung voran, denn wenn es zu Aufrüstung und Krieg kommt, brauchen wir uns die nächsten zehn Jahre über soziale Fragen gar nicht mehr zu unterhalten."[17] Eine Woche vor dem Gründungsparteitag der UAPD nahmen deshalb die oppositionellen Sozialdemokraten um Erich Arp an der Gründungsversammlung eines „Deutschen Kongresses für aktive Neutralität" teil. Die Gefahr, daß Mitteleuropa in den seit Juni 1950 in Korea als „heißen" Krieg ausgetragenen Ost-West-Konflikt hineingezogen werden könnte, schien ihnen so groß zu sein, daß sie sogar die Anwesenheit konservativer und rechtsextremistischer Gruppen und Parteien in Kauf nahmen. Die Differenzen waren allerdings größer als angenommen, und die politische Erfolglosigkeit war von Anfang an programmiert[18].

Die sich am Vorbild Jugoslawiens orientierenden Kommunisten und die Trotzkisten der IKD bestimmten — vor allem durch ihre Differenzen — Programm und Praxis der neugegründeten Unabhängigen Arbeiterpartei. Diese Differenzen führten schließlich auch in kürzester Zeit zu ihrer Spaltung und Auflösung. Die noch 1950 eingesetzte „Programmkommission" konnte sich zunächst dennoch auf einen „Programmentwurf" einigen, den die Delegierten des Gründungsparteitages ohne wesentliche Änderungen unter dem Titel „Weg und Ziel der UAPD" verabschiedeten. Allerdings legte ein Teil der Delegierten Wert auf die Feststellung, daß damit nur „Grundsätze und Richtlinien" festgelegt seien, ein eigentliches „Programm" aber

---

15 Vgl. Kulemann, *Die Linke* (Anm. 4), S. 81.
16 So wurde z.B. die „Sozialdemokratische Aktion" (später: Sozialistische Aktion) von Mitgliedern der KPD mitgegründet, und von einer sozialdemokratischen Gruppe konnte bald keine Rede mehr sein. Vgl. dazu Siegfried Heimann, Die Sozialdemokratische Partei Deutschlands, in: *Parteien-Handbuch*, Bd. 2 (Anm. 14).
17 Die Stellungnahme ist abgedruckt in: *Sozialistische Union. Informationsdienst der sozialdemokratischen Opposition*, Nr. 3, April 1951, S. 8, hier zit. nach Rainer Dohse, *Der Dritte Weg. Neutralitätsbestrebungen in Westdeutschland zwischen 1945 und 1955*, Hamburg 1974, S. 69.
18 Ein großer Teil dieser „Oppositionellen Sozialdemokraten" resignierte bald und schloß sich später (Erich Arp war unter ihnen) wieder der SPD an. Vgl. dazu und für den Gesamtzusammenhang: Dohse, *Der Dritte Weg*, S. 100 ff.

erst später beschlossen werden sollte[19]. Die verabschiedeten „Politischen Grundlagen" nannten als sozialistisches Ziel „die Verwandlung des kapitalistischen Eigentums an den Produktionsmitteln in gesellschaftliches Eigentum und die unmittelbare Teilnahme der Arbeiter und ihrer Organisationen an der Leitung und Kontrolle der Produktion, des Gesamtplanes und der Produktenverteilung". Darüber hinaus wurde auch eine Reihe von konkreten Forderungen genannt (z. B. gegen die „Remilitarisierung und Wiederaufrüstung" und gegen die „Reparationen und Demontagen"), die die Tagesprobleme der westdeutschen Arbeiterbewegung lösen helfen sollten. Die „Nationalisierung der Schlüsselindustrie, Banken, Transport- und Verkehrsgesellschaften" sollte am Beginn einer grundlegenden Veränderung der Eigentumsverhältnisse stehen. Darüber, wie die allgemeinen und auch die konkreten Forderungen durchgesetzt werden sollten, gab das Programm keine oder nur sehr unklare Hinweise.

Allein schon die sehr knappe und bruchstückhafte Analyse der Situation der Linken, der Rolle der SPD und der KPD deutet an, daß die Parteigründer sich über den Weg, wie die programmatischen Ziele zu verwirklichen seien, nicht einig waren. Die Forderungen nach der „Wiedervereinigung Deutschlands" und nach dem „Abzug aller Besatzungstruppen in Ost und West" beschrieben zwar ein Ziel, zu dem sich die in der UAPD vertretenen politischen Gruppen gleichermaßen bekannten, nämlich ein „unabhängiges sozialistisches Deutschland" zu schaffen, das mit Hilfe einer „unabhängigen sozialistischen Partei" zu verwirklichen sei. Die Charakterisierung der Rolle der Sowjetunion im Ost-West-Konflikt aber macht bereits auf die trennenden Momente aufmerksam, die nur durch allgemeine und ungenaue Formulierungen im Programm verdeckt werden konnten. Die Trotzkisten der IKD sahen in der Sowjetunion zwar einen „bürokratischen Arbeiterstaat", der durch eine politische Revolution erst zu einer „Arbeiterdemokratie" werden könne, die erreichten Veränderungen wie die verstaatlichte Industrie und die kollektivierte Landwirtschaft wurden aber für so wichtig gehalten, daß die Sowjetunion in einer internationalen und ihr aufgezwungenen Auseinandersetzung auch von unabhängigen Sozialisten verteidigt werden müsse. Die ehemaligen KPD-Mitglieder dagegen standen unter dem Einfluß der Kritik Jugoslawiens an der Sowjetunion und waren geprägt von den Erfahrungen in einer Partei, die keinen Spielraum für eine selbständige Politik zuließ. Sie bezeichneten die Sowjetunion als den aggressiven imperialistischen Hauptfeind in der zu erwartenden Ost-West-Auseinandersetzung, dem gegenüber eine Parteinahme für den Westen zu erfolgen habe[20].

Da die Mehrheit im „Vorbereitungsausschuß" und in der „Programmkommission" die Auffassung vertrat, daß programmatische Aussagen zunächst für den Aufbau der Partei nicht so wichtig seien, legte sie auch keinen Wert auf genaue und abgrenzende Positionsbestimmungen. Unklare und unbestimmte Formulierungen

---

19 Vgl. zum Programmentwurf den Text, der an die Vorbereitungsausschüsse verschickt wurde (Kopien in: PAZI6, Akte USPD). Das auf dem Gründungsparteitag verabschiedete Programm ist abgedruckt bei Kulemann, *Die Linke* (Anm. 4), S. 123–137. Zur Programmdiskussion vgl. *Freie Tribüne*, 1. Jg., Nr. 20 v. 23.12.1950; 2. Jg., Nr. 13/14 v. 6.4.1951; Nr. 15 v. 14.4.1951.
20 Zu den ideologischen Differenzen vgl. Kulemann, *Die Linke* (Anm. 4), S. 78 ff.

konnten daher zunächst diese Differenzen verdecken. Um so mehr war die kurze Zeit, in der die Partei praktische Arbeit leistete, von den in ihr herrschenden differierenden Stimmungen bestimmt. Der ideologische Grabenkrieg prägte die Tagespolitik der Partei, begünstigt noch dadurch, daß trotz der anfänglichen „Siegesmeldungen" der organisatorische Aufbau zu wünschen übrig ließ. Die Partei verfügte zwar über einen „Kaderstamm von einigermaßen routinierten Organisationsfunktionären‹²¹, gewann aber kaum Mitglieder hinzu. In der Bundesrepublik und West-Berlin besaß sie insgesamt nie mehr als rund 400 Mitglieder, von denen die meisten aus der KPD, ein kleiner Teil aus der SPD und aus den verschiedensten linken Kleinparteien kamen[22].

Die meisten Ortsgruppen bestanden lediglich aus Einzelpersonen; nur in Städten wie Worms, Geesthacht und West-Berlin, in denen sich Linksgruppen korporativ der UAPD angeschlossen hatten, war aufgrund deren vorheriger Arbeit eine lokale Aktivität der Partei festzustellen. So konnte die UAPD in Worms immerhin fünf Stadträte stellen, und in Geesthacht, in Jülich und in Bremerhaven beteiligte sie sich mit für Linksgruppen nennenswertem Erfolg an Orts- und Gemeindewahlen[23].

Die zeitweilig in einer Auflage von 30.000 Exemplaren gedruckte „Freie Tribüne" und die — allerdings nur kurze Zeit erscheinende — hektographierte Zeitung „Der aktive Gewerkschafter — Rundschreiben für alle Betriebs- und Gewerkschaftssekretäre" gaben jedoch keine Hinweise darauf, ob die Partei auch in Betrieben oder Gewerkschaften präsent war, obwohl doch dort der Schwerpunkt des organisatorischen Aufbaus liegen sollte[24]. Die Parteispitze war um so besser organisiert: Eine 30 Mitglieder starke Parteileitung und ein neunköpfiges Sekretariat konnten dank zunächst reichlich vorhandener Gelder einen Parteiapparat aufbauen, der auch über bezahlte „Instrukteure" für die Regionen verfügte[25].

Sowohl in der KPD als auch in der SPD löste die Parteigründung kaum eine Resonanz aus. Einige der aus der KPD ausgeschlossenen Mitglieder nahmen die Gründung sogar zum Anlaß, vor einer weiteren Spaltung der Arbeiterbewegung zu warnen und zum Eintritt in die SPD aufzufordern[26]. Die kleineren Gruppen der „heimatlosen Linken" blieben angesichts der „vorschnellen" Gründung und der offenbaren finanziellen Abhängigkeit der Partei weiterhin skeptisch oder ablehnend[27].

---

21 Ebd., S. 81.
22 Vgl. ebd., S. 80.
23 Die Geesthachter UAPD erreichte bei der Stadtratswahl 1951 4,4 % (vgl. ebd., S. 82).
24 Vgl. ebd., S. 84.
25 Zur Frage der engen Kontakte zu Jugoslawien vgl. Fischer, *Parteiarbeiter* (Anm. 5), S. 248 f. Hingegen erfährt man bei Fischer nichts über die Finanzen. Daß die finanziellen Zuwendungen an die UAPD aus jugoslawischen Quellen stammten, war aber jedem Beteiligten klar. Vgl. auch die Informationen, die der Berliner Innensenat dazu sammelte (Kopien in: PAZI6, Akte USPD).
26 Vgl. u.a. den Beitrag des ehemaligen KPD-Funktionärs Eduard Wald, der Mitte 1950 in die SPD eintrat, in: *Neuer Vorwärts*, Nr. 31 v. 4.8.1950, und den „Offenen Brief" des ehemaligen „Roten Kämpfers" Bernhard Reichenbach an die UAPD, in: *Geist und Tat*, Nr. 4, April 1951. Siehe auch Kulemann, *Die Linke* (Anm. 4), S. 91.
27 Vgl. ebd., S. 85 ff.

Der somit ausbleibende Erfolg beim organisatorischen Aufbau ließ die Differenzen in der Partei um so deutlicher zutage treten. Die an Jugoslawien orientierten Kommunisten warfen den Trotzkisten der IKD „fraktionelle Arbeit" und eine „Rechtfertigung des Systems der Sowjetunion" vor. Das von ihnen mehrheitlich bestimmte Sekretariat beschloß im August 1951, die Positionen der IKD nicht mehr in der „Freien Tribüne" zu veröffentlichen und schloß den führenden Sprecher der IKD in der UAPD, Georg Jungclas[28], aus dem Sekretariat aus.

Die „Opposition" wiederum übte auf ihrer „Kölner Konferenz" im September 1951 vornehmlich Kritik an der Zustimmung zur „Vaterlandsverteidigung in westlichen Staaten", verlangte die „finanzielle Unabhängigkeit" von der KP Jugoslawiens und forderte, den Ausschluß von Jungclas aus dem Sekretariat rückgängig zu machen. Die Mehrheit im Sekretariat kam dieser Forderung aber nicht nach, sondern bestätigte den Ausschluß noch einmal ausdrücklich. Die UAPD war damit gespalten. Die politische Arbeit der Restpartei bestand fast nur noch darin, die „Freie Tribüne" herauszugeben; in ihr wurden vor allem außen- und sicherheitspolitische Erwägungen angestellt, die sich kaum von den damaligen Konzeptionen der SPD unterschieden. Als Ende 1951 die finanzielle Hilfe aus Jugoslawien ausblieb, mußte die Zeitung ihr Erscheinen einstellen. Im September 1952 beschloß das „Restsekretariat" nach weiteren Auseinandersetzungen, die UAPD aufzulösen. Der größte Teil der Aktivisten — ehemalige KPD-Mitglieder ebenso wie Trotzkisten — trat der SPD bei und kam dort in bescheidenerem Rahmen zu Amt und Würden[29].

2. Die USPD in West-Berlin — ihre Vorgeschichte

Die ersten Versuche, Ende des Jahres 1948 in Berlin eine USPD zu gründen, sind nur vor dem Hintergrund der politischen Situation Berlins verständlich. Im Jahre 1948 war die Politik in Berlin bestimmt von der Diskussion über die Ausdehnung der Währungsreform auf die Westsektoren Berlins, von der durch die sowjetische Besatzungsmacht verhängten Blockade und der daraufhin eingerichteten Luftbrücke, die die Westberliner Bevölkerung versorgte. Im November 1948 war mit dem Umzug der gesamtberliner Stadtverordnetenversammlung in die Westsektoren und mit der „Wahl" eines neuen Magistrats im sowjetischen Sektor die Spaltung der Berliner Verwaltung vollzogen[30].

Die Westberliner Sozialdemokratie war geprägt von der Erfahrung mit der als „Zwangsvereinigung" verstandenen Gründung der SED im Frühjahr 1946, die zumindest in den Westsektoren von der Mehrheit der Sozialdemokraten abgelehnt

---

28 Vgl. dazu Jungclas, *Geschichte* (Anm. 8).
29 Vgl. Fischer, *Parteiarbeiter* (Anm. 5), S. 256 f.; Kulemann, *Die Linke* (Anm. 4), S. 93 ff.
30 Zur Geschichte Berlins im Jahre 1948 vgl. die vom Landesarchiv Berlin herausgegebenen Dokumentationen: *Berlin — Ringen um Freiheit und Selbstbehauptung 1948–1951*, Berlin 1962; *Berlin — Chronik der Jahre 1951–1954*, Berlin 1968; s. auch die dort angegebene weiterführende Literatur.

wurde[31]. Die Härte der Auseinandersetzungen ließ in der SPD ein Klima des Antikommunismus entstehen, das für Zwischentöne in der politischen Diskussion keinen Raum mehr ließ. Kritische Sozialdemokraten, die die Politik der Mehrheit der Berliner SPD nicht vorbehaltlos akzeptierten, wurden oft sehr schnell wegen angeblicher oder tatsächlicher SED-Nähe aus der Partei ausgeschlossen. Im Jahre 1948 durften rund 90 aktive Sozialdemokraten nicht mehr in der SPD arbeiten. Die ersten Anläufe zur Gründung einer USPD zeigen, daß sich die verschiedensten Interessenten um dieses Potential bemühten[32].

Am 6. November 1948 konstituierte sich im sowjetischen Sektor ein „Aktionsausschuß zur Gründung einer Unabhängigen Sozialdemokratischen Partei Deutschlands (USPD)". In einer Pressekonferenz nannte der Sprecher als Ziel der künftigen Partei, den ausgeschlossenen Sozialdemokraten eine neue politische Heimat zu geben. Eine Agitation gegen die Sowjetunion lehnte er ab. An den Vorgesprächen zur Bildung des siebenköpfigen Aktionsausschusses nahmen neben einem sowjetischen Besatzungsoffizier August Burde, Erich Geske, Hans Bullerjahn, Arnold Munter und als anerkannter Sprecher ausgeschlossener Sozialdemokraten im amerikanischen Sektor der ehemalige Schöneberger Kreisvorsitzende und Bezirksverordnete Wilhelm Kischkat teil[33]. Bereits am 12. November 1948 meldete sich der Geschäftsführer des „Aktionsausschusses" der USPD, August Burde, erneut zu Wort. Er erklärte gegenüber der Presse, daß der Ausschuß das Aktionsprogramm der SPD zu seinem eigenen gemacht habe, da die SPD es nicht in die Tat umsetze. Bei allen vier Stadtkommandanten seien bereits Lizenzierungsanträge gestellt. Diese Mitteilung war etwas voreilig. Die sowjetische Besatzungsmacht untersagte den Gebrauch des Namens USPD für den sowjetischen Sektor und versuchte die Mitglieder des „Aktionsausschusses" dazu zu bewegen, einen Landesverband SPD im sowjetischen Sektor einzurichten. Über dieses Angebot spaltete sich der Kreis der USPD-Gründer[34].

Ein Teil der Mitglieder des Ausschusses akzeptierte den Vorschlag und agierte am 30. November 1948 auf der „außerordentlichen Stadtverordnetenversammlung" im sowjetischen Sektor als Sozialdemokraten. Die Versammlung erklärte den alten Magistrat für abgesetzt und wählte einen neuen mit Friedrich Ebert als Oberbürgermeister, Erich Geske als stellvertretendem Bürgermeister, Arnold Munter als Stadtrat für Bau- und Wohnungswesen und Hans Bullerjahn als Stadtrat für Banken und Versicherungen. Die Fiktion einer SPD-Beteiligung an der Magistratsbildung konnte in der Öffentlichkeit aufrechterhalten werden. Von der Gründung einer USPD wollten

---

31 Vgl. hierzu Albrecht Kaden, *Einheit oder Freiheit. Die Wiedergründung der SPD 1945/46*, Hannover 1964; Karl J. Germer, *Von Grotewohl bis Brandt*, Landshut 1974; vgl. auch den Beitrag von Klaus Sühl in diesem Band.
32 Vgl. dazu Karl J. Germer, *USPD 1948*, Berlin, unveröff. Ms., 3 S., in: PAZ16, Akte USPD.
33 Vgl. ebd., S. 2; *Der Tagesspiegel* v. 13.11.1948.
34 Vgl. *Der Kurier* v. 24.12.1948. Am 4.12.1948 berichtete August Burde auf der zweiten Zusammenkunft der oppositionellen Gruppe von seinen Gesprächen mit der sowjetischen Kommandantur. Danach hatte die sowjetische Kommandantur die Gründung einer USPD abgelehnt, weil „die Einheit der Arbeiterbewegung . . . unter allen Umständen erhalten bleiben soll. Die Neugründung einer Partei wäre Spaltung." An dem Treffen am 4.12. nahm Kischkat wegen „anscheinender Differenzen" bereits nicht mehr teil. Vgl. zum Verlauf dieses Treffens den Spitzelbericht an das SPD-Ostbüro, in: PAZ16.

die neu ernannten Bürgermeister und Stadträte nun nichts mehr wissen; sie erklärten, nicht „durch die Gründung einer dritten Arbeiterpartei die Kräfte der Arbeiter noch mehr zersplittern"[35] zu wollen. Sie bildeten eine „Sozialdemokratische Fraktion im Demokratischen Block". In ihren im März 1949 beschlossenen Richtlinien definierten sie ihre Rolle als „Notgemeinschaft aller Sozialdemokraten, die durch ihre Bereitschaft zur Mitarbeit beim provisorischen Magistrat ihre aktive Opposition gegen die vernunftwidrige Spaltungspolitik des jetzigen Landesverbandes der SPD unter Beweis stellen"[36]. Die Wortführer der „Sozialdemokratischen Fraktion" bildeten ab 1950 einen „Landesrat Groß-Berlin" der „Sozialdemokratischen Aktion" (SDA) und verabschiedeten auf ihren in Ost-Berlin stattfindenden Tagungen in steter Regelmäßigkeit Resolutionen, in denen sie die Berliner SPD zur Umkehr aufforderten[37].

Die Gruppe des Gründerkreises um Wilhelm Kischkat, der 1946 gegen eine Vereinigung der SPD mit der KPD eingetreten war, lehnte das „Mitbegründen" der USPD durch die sowjetische Besatzungsmacht ab. Die Anhänger Kischkats erklärten, daß das Wort „unabhängig" im Parteinamen als „unabhängig von allen vier Besatzungsmächten" auszulegen sei und daß sie daher wegen des auf sie ausgeübten Drucks nur noch in den Westsektoren eine Lizenz beantragen würden. Der mit Wilhelm Kischkat befreundete ehemalige Landesvorsitzende der SPD in West-Berlin (im Jahre 1946), Karl J. Germer, bestärkte die Gruppe um Kischkat darin, eine Zusammenarbeit mit der sowjetischen Besatzungsmacht abzulehnen. Germer war ebenfalls auf der Suche nach Anhängern für seinen Plan, eine neue Partei zu gründen. Bereits Ende 1947/ Anfang 1948 hatte er eine „Sozialistische Union" zu gründen versucht. Sie sollte unzufriedene „Elemente" aus der SPD, der CDU und der LDP in einer neuen Organisation vereinigen. Germer hatte mehrere Gespräche mit Jakob Kaiser, Ernst Lemmer und anderen interessierten Funktionären der drei genannten Parteien geführt und — angeblich — große Zustimmung gefunden. Die neue Partei, die keine Revolutionen, sondern „sozialistische Ziele auf kapitalistischer Basis" vertreten wollte, sollte besonders Intellektuelle, Wissenschaftler und Angestellte, aber auch „intelligente Arbeiter" zusammenführen, da die bestehenden sozialistischen Parteien für diese Schichten nicht attraktiv waren. Nach eigenen Angaben hatte Germer sich nicht nur der Unterstützung amerikanischer Gewerkschafter, ja sogar der von Parteigängern de Gaulles versichert — er glaubte, obwohl SED-Mitglieder von der Mitgliedschaft in der „Sozialistischen Union" ausdrücklich ausgeschlossen bleiben sollten, daß auch die Russen gegen die neue Partei keinen Einwand erheben würden. Die Alliierten dachten allerdings gar nicht daran, Germer, von dessen Fähigkeiten sie keine große Meinung hatten, in irgendeiner Form zu hofieren, geschweige denn ihm

---

35 *Die Neue Zeitung* v. 4.12.1948.
36 Zit. nach *Berliner Zeitung* v. 25.3.1949.
37 Vgl. dazu die Sammlung von Flugblättern der Berliner SDA und von Zeitungsausschnitten über die SDA, in: Franz-Neumann-Archiv e. V., VII, 1 (SDA).

eine Lizenz zur Gründung einer Partei zu erteilen[38]. Da darüber hinaus die Mehrheit der Gruppe um Kischkat, die, wie Kischkat selbst, vor 1945 zum Teil Mitglieder der KPD gewesen waren, trotz Ablehnung einer „Zwangsvereinigung" den „blinden Antikommunismus" der Berliner SPD kritisierte, ging dieser Versuch einer Einflußnahme durch die kurzlebige „Sozialistische Union" über eine Art Beratertätigkeit durch Germer nicht hinaus[39].

Ein anderer Versuch, die politisch wenig erfahrene Gruppe um Kischkat zu beeinflussen, war — zumindest kurzfristig — erfolgreicher. Heinz Krüger, enger Vertrauter des linksneutralistischen Mitinitiators der Hamburger „Oppositionellen Sozialdemokraten", Erich Arp, stieß Ende 1948 zu der Gruppe. Als ehemaliger Redakteur des Berliner „Sozialdemokraten" nach 1945 und als ehemaliger Pressesprecher des SPD-Ministerpräsidenten Lüdemann von Schleswig-Holstein besaß Krüger genügend Erfahrung, um durch geschickte Pressearbeit die Öffentlichkeit auf die geplante Beantragung einer Lizenz für die USPD aufmerksam zu machen[40]. Am 21. Mai 1949 endlich stellte der sechsköpfige „Gründungsausschuß der USPD — Bezirk Groß-Berlin" mit Wilhelm Kischkat als Erstem Vorsitzenden den Antrag auf „Lizenzierung als politische Partei" an die Kommandanten des amerikanischen, englischen und französischen Sektors von Berlin. Heinz Krüger hatte im Mai 1949 sein kurzes Gastspiel beim USPD-Gründungsausschuß bereits wieder beendet. In dem mit dem Lizenzantrag eingereichten „Vorläufigen Aktionsprogramm" war in den Passagen über die „Neutralität des vereinten Deutschland" seine Handschrift unverkennbar[41].

Die Alliierten neigten nach der Zulassung der vier 1945 gegründeten Parteien nicht dazu, neuen politischen Parteien die politische Arbeit in Berlin zu gestatten. Auch für die USPD wurde keine Ausnahme gemacht. Die Partei hatte zwar einigen Zulauf, vor allem von Erwerbslosen. Das Verbot, einen organisatorischen Apparat aufzubauen, hielt aber den Zulauf in Grenzen. In der Zeit des Wartens auf die Lizenzierung zwischen Mai 1948 und September 1950 zeigte die Partei daher auch kaum Aktivitäten.

---

38 Vgl. dazu: Bericht des amerikanischen Verbindungsbüros Tempelhof über: „Possible Formation of a New Political Party" vom 20.1.1948, in: Landesarchiv Berlin, OmgBS 4/10-1/2. Der amerikanische Berichterstatter resümiert seinen Eindruck mit den Worten: „The importance of Mr. Germer should not be overrated ...". Vgl. auch: Interview des Verfassers mit Karl J. Germer am 7.3.1977; Germer, *Von Grotewohl* (Anm. 31).
39 Wilhelm Kischkat, geb. 1890; Werkzeugmacher, seit 1945 Schrotthändler; vor 1933 Mitglied der KPD und des Deutschen Metallarbeiterverbandes; 1945 Mitglied der SPD, Kreisvorsitzender in Schöneberg, 1946 Ausschluß aus der SPD, 1946—48 Bezirksverordneter in Schöneberg, 1950—52 1. Vorsitzender der USPD; gest. 1975.
Zur Person Kischkats: Germer, *USPD* (Anm. 32), und Interview mit Karl J. Germer am 7.3.1977 in: PAZI6, Akte USPD. Kurze Hinweise über die Tätigkeit Kischkats in der Schöneberger SPD und über den Ausschluß in: *Protokolle des SPD-Parteivorstandes und des SPD-Landesausschusses 1946—1958*, in: Franz-Neumann-Archiv e.V. Berlin, Ordner IV/15.
40 Zu den „Oppositionellen Sozialdemokraten" vgl. Dohse, *Der Dritte Weg* (Anm. 17), S. 62—70; zum Einfluß Krügers s. *Der Kurier* v. 14.1.1949; *Der Telegraf* v. 21.2.1949.
41 Vgl. den Lizenzantrag, das Statut und das Vorläufige Aktionsprogramm der USPD, in: PAZI6, Akte USPD.

Daß die Gruppe um Kischkat in dieser Zeit auch politisch unabhängig blieb, deuteten die Kommentare über die beabsichtigte Parteigründung in den SPD- und SED-Zeitungen an, die die Hintermänner der USPD jeweils im sowjetischen oder im amerikanischen Geheimdienst vermuteten. Besonders die SPD sah offenbar in dem bescheidenen Anlauf der Gruppe um Kischkat, eine Partei zu gründen, eine ernsthafte Konkurrenz, denn sie bekämpfte in ihrer Presse jede Regung der USPD[42]. Die Parteigründungsversuche wurden von der SPD von Anfang an sorgsam und voller Mißtrauen registriert. Da „ein sicherer Mann von uns dabei" war, wie Franz Neumann an Kurt Schumacher schrieb, der über die meisten Sitzungen ausführliche Protokolle einschließlich Anwesenheitsliste verfaßte, war die SPD über den Fortgang der Versuche und über die wechselnden Beteiligten immer bestens informiert[43].

3. Die Lizenzierung der USPD

Mit der Änderung der Lizenzierungspolitik der Alliierten kurz vor der Wahl zum Abgeordnetenhaus 1950 erhielt auch die USPD am 4. September 1950 „in Erwiderung des Lizenzantrages vom 2.5.1949" die Genehmigung, einen Vorbereitungsausschuß zu bilden „zu dem Zweck, schriftliches Beweismaterial einer angemessenen Unterstützung durch die Bevölkerung für das Programm Ihrer beabsichtigten Partei zu sammeln". Der sofort gebildete „Vorbereitungsausschuß" mit Wilhelm Kischkat als Erstem Vorsitzenden sammelte die erforderlichen 2.000 Unterschriften, und die USPD erhielt daraufhin am 2. November 1950 die Lizenz als politische Partei[44]. Da bis zum Wahltag nur noch wenig Zeit blieb, stellte die Partei sofort Kandidaten für die Wahlen zum Abgeordnetenhaus und zu den Bezirksverordnetensammlungen auf; daß für die rund 60 Kandidaturen lediglich 23 Personen zur Verfügung standen, offenbart jedoch, wie wenig die USPD ihre Wartezeit auf die Zulassung zu nutzen gewußt hatte. Die Partei, die außer den Beiträgen ihrer wenigen hundert Mitglieder keine finanzielle Unterstützung erhielt, konnte nur eine geringe Anzahl Wahlplakate finanzieren und nur drei (allerdings gut besuchte) Wahlversammlungen durchführen[45].

---

42 Vgl. dazu die Sammlung von Presseausschnitten in: PAZI6, Akte USPD.
43 Vgl. dazu die Zusammenstellung der Protokolle des Spitzels und die Briefe von Franz Neumann an Schumacher in dieser Frage, in: Franz-Neumann-Archiv, Ordner VII, 1 (USPD); für die Diskussionen im Parteivorstand der SPD über die USPD vgl. Protokolle des Parteivorstandes der SPD Berlin, in: ebd., Ordner IV/15.
44 Brief der Alliierten Kommandanten an die „Gründer der USPD" v. 4.9.1950 (eine Kopie befindet sich in: PAZI6, Akte USPD) sowie Brief der Alliierten Kommandanten an den Oberbürgermeister von Groß-Berlin v. 2.11.1950 (in: Landesarchiv Berlin, Innensenat Berlin, Rep. 4, Bd. 6).
45 Vgl. dazu und zum Wahlergebnis Münke, *Wahlkampf* (Anm. 4). Die empirischen Vorarbeiten für diese Untersuchung (Versammlungsberichte über Wahlkampfveranstaltungen der Parteien usw.) sind im Parteiarchiv des ZI 6 gesammelt und wurden für diesen Beitrag nochmals ausgewertet: Material Münke, PAZI6. – Zur Organisationsstruktur der USPD: Entsprechend den alliierten Vorschriften war dem Lizenzantrag vom 21. Mai 1949 der Entwurf eines Organisationsstatuts angefügt. Dasselbe Organisationsstatut war auch dem Antrag auf Zulassung als politische Partei vom 2. Mai 1953 beigegeben. Es orientierte sich an den alliierten

Mit einem gewissen Recht, auch unter Hinweis auf die zahlreichen Behinderungen ihres Wahlkampfes durch die SED und die SPD, sah die USPD die Tatsache, daß sie immerhin knapp 10.000 Wählerstimmen auf sich vereinigen konnte, als einen Erfolg an. Dennoch hatte sie ihr — sicherlich vermessenes — Ziel, die Fünf-Prozent-Hürde zu überwinden und als Koalitionspartner der SPD Druck von links auf die SPD auszuüben, nicht erreicht. Der dadurch verursachte Mitgliederschwund wurde noch durch die völlige organisatorische Inaktivität des immer noch erst selbsternannten Vorstandes um Kischkat verstärkt, der nicht imstande war, eine immerhin ansatzweise vorhandene Organisation weiter auszubauen. Auf Kritik stieß vor allem, daß die im Parteistatut vorgesehenen und den Vorstand legitimierenden Wahlen nicht durchgeführt wurden. Die meisten Kreisverbände existierten nur auf dem Papier. Lediglich in Kreuzberg konnte der vom Vorstand eingesetzte Kreisvorsitzende Erich Weinert eine Gruppe um sich sammeln, die nicht nur aus selbsternannten Funktionsträgern bestand. Über die Mitglieder des Kreuzberger USPD-Kreises bestanden Verbindungen zu den vor allem in den Westsektoren arbeitenden Restgruppen aus der früheren KAPD, dem Leninbund, den Roten Kämpfern, der Sozialistischen Arbeiterpartei (SAP) und den Internationalen Kommunisten Deutschlands (IKD)[46]. Besonders der Zirkel um die seit 1950 in West-Berlin erscheinende Zeitschrift „pro und contra", die von Otto Schlömer herausgegeben wurde, nahm an

---

Fortsetzung von Fußnote 45

Lizenzierungsbedingungen für politische Parteien und am Organisationsstatut der Westberliner SPD. Der Versuch eines Organisationsaufbaus erfolgte nur in den drei Westsektoren, obwohl das Statut von einer Region Groß-Berlin ausging, die alle vier Sektoren umfassen sollte. Die Gliederung der Partei im Bezirk Berlin sollte nach Ortsgruppen und Kreisen erfolgen; der Bezirksparteitag und der Bezirksvorstand bildeten die höchsten Gremien. Der tatsächliche Aufbau der Organisation blieb weit hinter dem Anspruch zurück. Einen aktiven Kreisverband gab es nur in Kreuzberg, alle anderen Kreise bestanden lediglich aus einzelnen Personen, die durch Besetzung wenigstens der drei Vorstandspositionen nach außen einen funktionierenden Kreisverband vorzutäuschen versuchten. Vor allem der „Provisorische Bezirksvorstand" tat nach der Lizenzrückgabe durch Kischkat alles, um wegen des am 1. März 1952 erneut gestellten Zulassungsantrages den Eindruck einer intakten Organisation zu erwecken, die in sechs Kreisen aktive Kreisverbände besitze. Vgl. dazu das Organisationsstatut und die Aufzählung der Kreisverbände der USPD, in: PAZI6, Akte USPD.

Zur sozialen Struktur der USPD: Die soziale Struktur der Führungsgruppen der USPD, die jeweils fast vollständig für die Wahlen zum Abgeordnetenhaus 1950 und 1954 kandidierten und deren berufliche Herkunft daher bekannt ist, läßt wegen der geringen Mitgliederzahl auch Rückschlüsse auf die Sozialstruktur der Mitgliederschaft zu. Von den 23 Kandidaten im Jahre 1950 waren sieben Arbeiter, fünf Handwerker, fünf untere Verwaltungsangestellte, fünf Erwerbslose und eine Hausfrau. Von den 14 Kandidaten zur Wahl 1954 waren fünf Arbeiter, fünf Erwerbslose oder Angestellte. Die soziale Struktur hatte sich trotz des Austauschs der Mitglieder zwischen 1951 und 1952 fast nicht geändert. Die Besucher der Wahlversammlungen der USPD 1950 waren meist ungelernte Arbeiter (62 %) oder Sozialrentner und Erwerbslose. So trifft denn auch die Selbsteinschätzung eines USPD-Mitgliedes aus dem Jahre 1951 weitgehend zu, daß die Anhänger der USPD „vorwiegend Arbeiter, Notstandsarbeiter, Rentner und Verwaltungsangestellte der unteren Laufbahn" seien. Vgl. dazu Münke, *Wahlkampf* (Anm. 4), S. 68 ff., und die Angaben von Thiele (USPD) aus dem Jahre 1951, in: Material Münke, PAZI6.

46 Zu den Berliner Restgruppen s. das Interview mit Oskar Hippe und Herbert Heumos v. 10.3.1977.

den in Westdeutschland geführten Diskussionen über die Gründung einer „Unabhängigen Arbeiterpartei Deutschlands" (UAPD) teil.

In Berlin war die Zahl der Anhänger von linken Splittergruppen vor 1933 zwar relativ groß gewesen, sie hatten in der Illegalität auch oft untereinander Kontakt gehalten und gemeinsam Widerstand geleistet, die erzwungene Emigration und die Verfolgungen aber hatten ihre Reihen kleiner werden lassen. Nach Kriegsende kehrten aber dennoch nicht wenige von ihnen aus den Konzentrationslagern, den Zuchthäusern und aus dem Untergrund nach Berlin zurück und begannen sofort wieder mit der politischen Arbeit. Frühere Mitglieder der SAP schlossen sich der wiedergegründeten SPD an, Trotzkisten und ehemalige KPO-Mitglieder entschieden sich für die KPD. Einer von ihnen war Oskar Hippe. Er hatte sich schon vor 1933 der trotzkistischen Gruppe Internationaler Kommunisten angeschlossen, hatte nach 1933 Widerstand geleistet und zweieinhalb Jahre im Zuchthaus verbringen müssen. Wie die meisten anderen Mitglieder trotzkistischer Gruppen trat er nach Kriegsende in die KPD ein. Noch vor dem Eintreffen der Gruppe Ulbricht in Berlin gründete er mit anderen zusammen in Berlin Ortsgruppen der KPD. Hippe wurde KPD-Vorsitzender in Berlin-Charlottenburg. Ende 1945 begann die KPD-Bezirksleitung, die ihn anfänglich hofiert hatte, mißtrauisch zu werden. Er wurde mehrfach nach seiner Haltung gegenüber der Sowjetunion befragt. Nachdem er erklärt hatte, daß sich seine Einstellung seit 1928/29 nicht verändert habe, wurde er „kaltgestellt" und schließlich mit Hilfe eines Tricks seiner Mitgliedsrechte beraubt. Hippe arbeitete daraufhin verstärkt in der Gewerkschaft mit und vor allem in der „Sozialistischen Arbeitsgemeinschaft", in der ehemalige Mitglieder der SAP, der KPO, der Roten Kämpfer, der Leninbündler und der Internationalen Kommunisten hauptsächlich „Schulungsarbeit" leisteten und ab 1946 ohne Lizenz die Zeitschrift „Der Marxist" herausgaben. Die Gruppe hatte nach Angaben Hippes in Berlin 400 bis 500 Mitglieder. Als die Gruppe um Kischkat 1948/49 eine Parteigründung diskutierte und schließlich auch erfolgreich versuchte, eine Lizenzierung zu erreichen, glaubten einige aus dieser Gruppe, diese Hoffnung einlösen zu können. Hippe selbst konnte sich an dem Gründungsversuch nicht beteiligen; er war bereits im September 1948 in Halle verhaftet, wegen illegaler Gruppenbildung 1949 zu zweimal 25 Jahren Zuchthaus verurteilt und erst 1956 entlassen worden[47].

Um Otto Schlömer, Hermann Möhring und Bodo Gerstenberg hatte sich auch in Berlin ein Förderkreis zur Unterstützung einer zu gründenden UAPD gebildet. Über ihn kam es zu direkten Kontakten zwischen dem Vorstand der USPD um Kischkat und dem in Düsseldorf residierenden „Vorbereitungsausschuß zur Bildung einer Unabhängigen Arbeiterpartei Deutschlands". Der spätere Vorsitzende der UAPD, Georg Fischer, besuchte Wilhelm Kischkat im November 1950 in Berlin. Sie kamen überein, daß die USPD sich an der Ausarbeitung des UAPD-Programms beteiligen sollte. Die USPD erhielt daraufhin Einladungen zur Wormser Programmdiskussion

---

47 Vgl. dazu Interview des Verfassers mit Oskar Hippe am 10.3.1977; vgl. auch Oskar Hippe, ... und unsre Fahn' ist rot, Hamburg 1979. Der „Trick" bestand in dem Hinweis der Bezirksleitung, daß früher aus der KPD Ausgeschlossene gar nicht hätten aufgenommen werden dürfen, Hippe also gar kein Mitglied der KPD sei.

vom 29./30. Dezember 1950 und zum Gründungsparteitag der UAPD am 30. März 1951 in Worms. Darüber hinaus bot der Düsseldorfer ,,UAPD-Vorbereitungsausschuß" der USPD an, die Wahlschulden der USPD zu übernehmen, wenn die USPD dafür UAPD-Förderer aus Berlin in den Vorstand kooptierte. Eine Vereinbarung zwischen der ,,Gruppe Kischkat" und der ,,Gruppe Schlömer-Möhring" mit diesem Inhalt und dem abschließend formulierten Ziel, eine ,,Partei revolutionärer Sozialisten Deutschlands" aufzubauen, kam über die Formulierung eines Entwurfs jedoch nicht hinaus. Nach der Gründung der UAPD in Worms bildete sich auch in Berlin ein ,,Vorbereitungsausschuß zur Bildung der UAPD in Berlin", der am 7. April 1951 den Antrag auf Lizenzierung als politische Partei stellte. In der Zeit danach kam es erneut zu Verhandlungen zwischen der USPD und dem Berliner ,,UAPD-Vorbereitungsausschuß", die dazu führten, daß letzterer am 7. Juli 1951 seinen Lizenzantrag zurückzog. Der Vorstand der USPD und der ,,UAPD-Vorbereitungsausschuß" vereinbarten am 11. Juli 1951, künftig zusammenzuarbeiten. Die UAPD-Förderer sollten in die USPD aufgenommen werden und mit den alten Mitgliedern ,,Änderungen in Bezug auf Namensgebung der Organisation, Programm oder Statut ... nur nach Maßgabe des für die USPD geltenden Organisationsstatus" diskutieren[48].

4. Ideologische Differenzen

Es stellte sich bald heraus, daß die zwei die USPD bestimmenden Gruppierungen von unterschiedlichen ideologischen Voraussetzungen geprägt waren[49]. Die Linkssozialdemokraten um Kischkat kritisierten an der SPD lediglich, daß sie ihr Programm nicht konsequent genug vertrete und besonders das Bekenntnis zur Einheit Deutschlands nicht durch eine entsprechende neutralistische Politik unterstütze. Die Umstände der USPD-Gründung zeigten bereits, wie sehr dieses linksneutralistische Konzept im bloßen Anspruch befangen bleiben mußte. Die an der UAPD orientierte Gruppierung um Schlömer, Möhring und Weinert dagegen war sich wiederum nur einig in der prinzipiellen Absage an die Sozialdemokratie und in dem Wunsch, mit einer Umorientierung der USPD im Herbst 1951 eine vom revolutionären Anspruch erfüllte Sammlungsbewegung sozialistischer Kräfte mitzufördern. Dagegen konnte

---

48 Zu den Kontakten zwischen der UAPD und der USPD vgl. die Briefe der UAPD Düsseldorf an die USPD und den Text der Vereinbarung zwischen der ,,Gruppe Schlömer-Möhring" und der ,,Gruppe Kischkat", in: Landesarchiv Berlin, Senatsvorlage Nr. 2160 v. 20.7.1952, Anlagen.
49 Zu den programmatischen Aussagen der USPD vgl. das Aktionsprogramm der USPD von 1949 und Artikel in den *Mitteilungsblättern* Nr. 1 und Nr. 2 vom Januar und Februar 1952 (beide in: PAZI6, Akte USPD). Viele linkssozialistische und linkssozialdemokratische Gruppen diskutierten nach 1945 die Chancen für eine sozialistische Alternative zwischen Ost und West. In diesen Diskussionen über die Möglichkeiten eines ,,Dritten Weges" in Mitteleuropa spielte das 1947 erstmals in deutscher Sprache veröffentlichte Buch von Paul Sering (d.i. Richard Löwenthal), *Jenseits des Kapitalismus*, eine große Rolle. Der Einfluß dieser Diskussionen auf die ideologischen Positionen beider Gruppierungen ist — trotz aller Differenzen — unübersehbar. Vgl. dazu Richard Löwenthal (Paul Sering), *Jenseits des Kapitalismus. Ein Beitrag zur sozialistischen Neuordnung*, mit einer ausführlichen Einführung: Nach 30 Jahren, Berlin/Bonn-Bad Godesberg 1977.

auch in West-Berlin die gemeinsame Front gegen Linkssozialdemokraten den ideologischen Streit zwischen Trotzkisten und Rechtskommunisten, wie er für die UAPD in Westdeutschland kennzeichnend war, nicht überdecken. Die angestrebte Sammlung war daher von Anfang an auch durch unüberbrückbare politische Differenzen zum Scheitern verurteilt.

Im Parteiprogramm der USPD drückten sich allerdings die ideologischen Unterschiede zwischen den zwei die USPD nacheinander bestimmenden Gruppierungen nicht aus. Das von den Linkssozialdemokraten um Kischkat formulierte „Vorläufige Aktionsprogramm des Gründungsausschusses der USPD Groß-Berlin" von 1949 blieb formal stets die programmatische Grundlage der Partei. In den Forderungen des Programms nach „Gestaltung einer Wirtschaftsdemokratie", nach „Sozialisierung der Grundstoff- und Schlüsselindustrien, der Verkehrs- und Versorgungsbetriebe, der Banken und Versicherungen" und nach einer „Planwirtschaft umfassendster Art durch Mitbestimmung aller Schaffenden" ist die sozialdemokratische Orientierung deutlich erkennbar. Die Absicht der seit 1951 tätigen Vorstandsgruppen um Möhring und Weinert, nach außen die Kontinuität der Partei zu dokumentieren, ließ es gar nicht zu, das „Aktionsprogramm" zu ändern. Neue programmatische Akzente sind daher nur aus anderen, spärlich vorhandenen Äußerungen der Parteimitglieder zu erschließen.

Das „Aktionsprogramm" von 1949 stimmte jedoch in einigen Aussagen auch mit den Vorstellungen der UAPD-orientierten Sozialisten überein, die erklären, weshalb diese in der USPD Einfluß zu gewinnen suchten. So waren sich die Gründer der USPD mit den später zur USPD stoßenden, von der UAPD beeinflußten Mitgliedern in ihrer Kritik an den in Berlin bestehenden Arbeiterparteien SPD und SED einig. In der Einleitung zum Programm heißt es dazu: „Der SED fehlt der demokratische und der SPD der sozialistische Wille. Die einen mißachten persönliche Freiheit und Menschenwürde, die anderen entbehren der politischen Gestaltungskraft aus Mangel an politischen Grundsätzen." Das bedeutet in der Praxis eine Absage an die für die USPD nur formal vollzogene Vereinigung von SPD und KPD. Die mit der Kritik an SED und SPD zugleich angestrebte Sammlung der von beiden Parteien Enttäuschten scheiterte allerdings kläglich. Die fehlende politische Erfahrung der Linkssozialdemokraten um Kischkat erklärt dieses Scheitern nur unzureichend. Die zugleich programmatisch vertretene Ablehnung einer Option für einen Ost- oder Weststaat und das Eintreten für die „Wiederherstellung der Einheit Deutschlands" war Ausdruck einer — in dieser Form nur von der Gruppe um Kischkat vertretenen — Neutralismuskonzeption, für die es in der gesellschaftlichen Situation der Nachkriegszeit keinen Raum gab. Die an die Vorstellungen der „Oppositionellen Sozialdemokraten" um Erich Arp erinnernde Forderung, Deutschland solle „als neutrales Entspannungsfeld des gegenwärtigen Ost-West-Konfliktes wirken und durch seine Neutralität einen positiven Beitrag zum Weltfrieden leisten", mußte daher ohne Aussicht auf praktische Verwirklichung bleiben. Der vom Gegensatz der Großmächte bestimmte Ost-West-Konflikt zwang jede neutralistische Position in der politischen Auseinandersetzung in Ost- und Westdeutschland, sich letztlich doch auf die eine oder andere Seite zu schlagen oder in der politischen Versenkung zu verschwinden.

Die Empfehlung der Gruppe um Kischkat 1951, die USPD aufzulösen und sich der SPD anzuschließen, dokumentiert daher auch die politische Erfolglosigkeit der von der USPD vertretenen linksneutralistischen Position.

Für die auch in Berlin nach 1945 wieder aktiven Reste sozialistischer Splittergruppen aus der Weimarer Republik war nach ihren meist fehlgeschlagenen Versuchen, in der KPD/SED oder der SPD Fuß zu fassen, die Zielrichtung des Programms gegen SED und SPD jedoch attraktiv genug, um durch die Einflußnahme auf die USPD eine Chance zu sehen, eigene Vorstellungen zu verwirklichen:

Die Vorstellungen der Gruppe um Schlömer, Möhring und Weinert waren bestimmt von dem Wunsch nach einer „sozialistischen Sammlungsbewegung". Die Gruppe forderte „die Schaffung einer unabhängigen sozialistischen Kraft", nicht nur ein „Anrühren eines Allerweltsbreis". Die USPD sollte zwar jedem „ehrlichen demokratischen Republikaner" Anerkennung gewähren, ihn aber nicht gleich in die Partei aufnehmen. In die Partei gehörten nur Sozialisten, denen „die unumstößlichen Marxschen Forderungen klar sind: Beseitigung der Profitwirtschaft, Vergesellschaftung der Produktionsmittel, internationale Produktionsregelung und mit alldem Aufhebung der Lohnsklaverei, Vernichtung des Klassenstaates". Die UAPD-Symphathisanten strebten daher (wie sie es in der mit der Gruppe um Kischkat ausgehandelten, allerdings mit Kischkat nicht realisierten Vereinbarung formulierten) „die Gründung einer neuen revolutionären sozialistischen Partei" an, die „sowohl auf dem Gebiet der Theorie, wie in ihrer Organisationsform einen völligen Bruch mit der Vergangenheit vollzieht".

5. Vom Streit zur Spaltung

Die ideologischen Differenzen führten sehr schnell zu organisatorischem Streit. Nach eigenem Bekunden ging Kischkat auf die Absprache zwischen beiden Gruppen nur zum Schein ein; er wollte im Gegenteil sogar alles tun, um die Vereinbarung gegenstandslos werden zu lassen. Kischkat sah, ebenso wie ein Teil der übrigen Mitglieder, mit dieser Vereinbarung die linkssozialdemokratische Orientierung der USPD gefährdet und versuchte nach Rücksprache mit seinem Freund Karl J. Germer, seine Rechte als Lizenzträger ausnutzend, die Verbindungen zur UAPD zu lösen[50].

Die UAPD-Sympathisanten, in vielen Fraktionskämpfen erprobt, ließen sich aber so leicht nicht abschütteln. Als sie erkannten, daß Kischkat nichts tat, die Vereinbarung einzulösen — so nahm er z.B. die Eintrittswilligen nicht in die Partei auf —, waren sie gewillt, auch ohne Kischkat die Zukunft der USPD zu gestalten. Die bereits in der USPD tätigen UAPD-Förderer beriefen am 18. Oktober 1951 eine „außerordentliche Mitgliederversammlung für den Bezirk Groß-Berlin" ein. Die anwesenden, zum Teil erst in dieser Sitzung aufgenommenen 39 Mitglieder der USPD wählten einen „Provisorischen Bezirksvorstand der USPD Bezirk Groß-Berlin" mit dem Kreuzberger Kreisvorsitzenden Erich Weinert als Erstem Vorsitzenden. Dem abgewählten

---

50 Interview mit Karl J. Germer v. 7.3.1977, in: PAZI6, Akte USPD.

Kischkat und den übrigen Lizenträgern wurde vorgeworfen, daß sie seit der Lizenzierung der Partei keinen Parteitag einberufen hätten, um sich als Vorstand zur Wahl zu stellen. Der „Provisorische Vorstand" vertrat die Auffassung, daß nach den Lizenzierungsbestimmungen der Alliierten mit seiner Wahl die Lizenz auf ihn übergegangen sei und untersagte dem alten Vorstand, künftig im Namen der USPD zu sprechen[51].

Der alte Vorstand um Kischkat teilte diese Auffassung nicht und schloß am 21. Oktober 1951 die Teilnehmer der Versammlung aus der USPD aus[52]. Darüber hinaus berichtete er dem Innensenator über die Vorgänge, der daraufhin die von dem neuen provisorischen Vorsitzenden Weinert einberufenen Versammlungen für illegal erklärte, da der neue Vorstand nicht den Statuten entsprechend gewählt sei[53]. Der provisorische Vorstand berief dennoch eine „nichtöffentliche Mitgliederversammlung" für den 5. Dezember 1951 ein, auf der die Situation der USPD diskutiert werden sollte. Die 32 Teilnehmer hofften, durch einen geharnischten Protest und durch Verhandlungen mit dem Innensenat die Probleme lösen zu können. Verhandlungen mit den Lizenzträgern wurden ausdrücklich abgelehnt. Der Vorsitzende der UAPD, Georg Fischer, hielt danach als Gastreferent einen Vortrag, in dem er die „gleichen Bestrebungen" von UAPD und USPD und die „Einigkeit in politischen Fragen" betonte. Die USPD sollte nunmehr „mit der Zielsetzung, eine revolutionäre Partei zu entwickeln", weiter aufgebaut werden. Offenbar war die Vorstellung vorhanden, daß es gelungen sei, aus der USPD einen Landesverband der UAPD zu machen. Der neue Vorstand zumindest war entsprechend optimistisch. In seiner Vorstandssitzung am 17. Dezember 1951 plante er, ein Mitteilungsblatt herauszugeben, das den organisatorischen Aufbau fördern sollte. Da einer der alten Lizenzträger weiterhin zu den „pro-und-contra"-Versammlungen kam, erschien auch eine erneute Kontaktaufnahme mit dem alten Vorstand möglich. Lediglich die „Finanzierung durch die UAP" war infrage gestellt[54].

Doch die Hoffnungen des neuen Vorstandes, mit dem alten Vorstand einen Vergleich zu erreichen, wurden nicht erfüllt. Am 10. Januar 1952 gaben die Lizenzträger, mit Kischkat an der Spitze, ihre Lizenz für die USPD zurück, womit die „lizenzierte Partei dieses Namens zu bestehen aufgehört hat". Kischkat erklärte dazu, die Lizenzträger hätten eingesehen, „daß die USPD in Berlin nicht zu einem politisch wirksamen Faktor werden kann. Sie sehen die SPD als die alleinige sozialistische Partei an."[55]

In zwei Schreiben protestierte der Provisorische Bezirksvorstand gegen diese Auffassung und erklärte: „Im Namen der Mitglieder und Funktionäre der USPD und im

---

51 Brief des Provisorischen Bezirksvorstandes an den Innensenator v. 19.10.1951 (Kopie in: PAZI6, Akte USPD).
52 Brief von Kischkat an Weinert v. 21.19.1951, in: Landesarchiv Berlin, Senatsvorlage Nr. 2160 v. 20.7.1952, Anlage 9.
53 Brief des Innensenators an H. Schmidt v. 28.11.1951 (Kopie in: PAZI6, Akte USPD).
54 Vgl. die Protokolle dieser Mitgliederversammlung und der Vorstandssitzung in: Landesarchiv Berlin, Senatsvorlage Nr. 2160 v. 20.7.1952, Anlagen 10 und 11.
55 Brief der Lizenzträger der USPD an den Innensenator v. 10.1.1952 (Kopie in: PAZI6, Akte USPD); *Der Tagesspiegel* v. 10.1.1952.

Interesse der etwa 10.000 Wähler ... erklärt der Parteivorstand der USPD Groß-Berlin, daß die USPD in keiner Form daran denkt, ihre Tätigkeit aufzugeben und sich der SPD anzuschließen."[56] Der gegen die Auffassung des Innensenats, daß es keine USPD mehr gäbe, angestrengten Klage aber wurde wenig Aussicht auf Erfolg eingeräumt, sie wurde zurückgenommen. Dem „Provisorischen Bezirksvorstand" blieb nichts anderes übrig, als unter dem Namen „Vorbereitungsausschuß für die Lizenzierung der USPD" am 1. März 1952 die Neuzulassung — nunmehr beim Senat von Berlin — zu beantragen[57]. Trotz einer Bestätigung der UAPD aus Düsseldorf, daß „in Berlin keine Ortsgruppe der UAP besteht oder jemals bestanden hat" und trotz der Protestversammlungen des „Vereins zur Vorbereitung der Neugründung der USPD" über das Thema „USPD im Kampf mit dem Senator des Innern — Wir kommen wieder", lehnte der Senat in seiner Sitzung vom 28. Juli 1952 die Zulassung ab. Er vertrat die Auffassung, daß die USPD nur eine Art Tarnorganisation der „titoistischen" und „mit Geldern aus der Jugoslawischen Militärmission ausgehaltenen UAPD" sei, die nicht „zum Nutzen der Berliner Bevölkerung beitragen" würde[58].

Diese Entscheidung und die Auflösung der UAPD Ende 1952 ließen einen Teil der Mitglieder resignieren. Der „Verein zur Vorbereitung der Neugründung der USPD" trat in der Öffentlichkeit nicht mehr in Erscheinung. Nur einige Unentwegte wie Erich Weinert und Johann Kriese — Hermann Möhring war nicht mehr dabei, er war am 7. November 1952 in Ost-Berlin verhaftet worden — stellten am 2. Mai 1953 erneut einen Antrag auf Zulassung. Obwohl der Kreis der Antragsteller derselbe war und sich auch das Programm nicht geändert hatte, kam der Senat nunmehr zu einer anderen Entscheidung als zehn Monate zuvor. Der Innensenator hatte in seiner Beschlußvorlage festgestellt, daß „z.Zt. keinerlei Anhaltspunkte für die Verbindung mit ausländischen Kreisen vorliegen, insbesondere bolschewistische Verbindungen nicht bekannt sind", und daß Ermittlungen ergeben hätten, „daß die Antragsteller für die USPD in Berlin gegenwärtig keine Verbindungen mehr mit titoistischen Kreisen in der Bundesrepublik und im Ausland haben". Die USPD erhielt daraufhin am 30. November 1953 ihre Zulassung als politische Partei. Lizenzträger waren u.a. Erich Weinert und Johann Kriese[59]. Durch diesen Erfolg ermutigt, berief die USPD zum 1. Mai 1954 einen Parteitag ein. Der Vorsitzende Erich Weinert wurde nicht wiedergewählt und schied aus der Partei aus; zum neuen Ersten Vorsitzenden wählten die 27 stimmberechtigten Delegierten Johann Kriese.

Die 27 Delegierten, die rund 50 Parteimitglieder repräsentierten, machten sich am 8. November 1954 noch einmal die Mühe, einen Landeswahlvorschlag mit 14 Bewerbern zur Wahl des Abgeordnetenhauses in Berlin einzureichen. Sie führten

---

56 Briefe des Provisorischen Bezirksvorstandes an den Innensenator v. 11.1.1952 und 19.1. 1952 (Kopien in: PAZI6, Akte USPD).
57 Lizenzantrag von E. Weinert u.a. an den Innensenator v. 1.3.1952 (Kopie in: PAZI6, Akte USPD).
58 Begründung des Innensenators v. 20.7.1952, in: Landesarchiv Berlin, Senatsvorlage Nr. 2160 v. 20.7.1952.
59 Vgl. den Antrag auf Zulassung v. 2.5.1953 (Kopie in: PAZI6, Akte USPD) sowie die Entscheidung des Senats in: Landesarchiv Berlin, Senatsvorlage Nr. 3885 v. 4.10.1953.

zwei Wahlversammlungen durch mit je 20 und 40 Teilnehmern und erhielten schließlich rund 1.400 Stimmen.

Ein letztes Mal meldete sich die USPD in einem Brief des langjährigen Sekretärs der Partei, Hermann Schmidt, an den Innensenator am 13. September 1958 zu Wort. Schmidt machte den Innensenator darauf aufmerksam, daß Johann Kriese weiterhin Erster Vorsitzender sei. Die im Brief angedeutete Absicht der USPD, sich 1958 erneut zur Wahl zu stellen, wurde nicht verwirklicht. Eine Auflösung der Partei ist jedoch bis heute nicht erfolgt[60].

6. Das Lehrstück

Die kurze Zeit der Existenz von USPD und UAPD signalisierte zweifellos das Bedürfnis nach einer von SPD und KPD/SED unabhängigen sozialistischen Position innerhalb des westdeutschen Parteiensystems nach 1945. Die weltpolitischen Auseinandersetzungen zwischen Ost und West („Kalter Krieg") und die damit einhergehenden Polarisierungen innerhalb der westdeutschen Nachkriegsgesellschaft ließen allerdings für politische Alternativen zwischen den Fronten keinen Raum. Überdies trug der tief verwurzelte Antikommunismus in der westdeutschen Gesellschaft mit dazu bei, linksunabhängige Sammlungsversuche ins politische Abseits zu drängen. Innerorganisatorische Auseinandersetzungen vor allem um ideologische Fragen und die allgemeinen Existenzprobleme kleiner Parteien taten ein übriges, USPD und UAPD scheitern zu lassen. Hinzu kam, daß das durch die unmittelbare Nachbarschaft zum Ostblock geprägte politische Klima West-Berlins unabhängigen sozialistischen Parteien besonders geringe Entfaltungsmöglichkeiten bot. So gelangte die USPD in West-Berlin nicht über den Zustand einer politischen Sekte hinaus, in der der fehlende politische Einfluß durch vorzugsweise intrigant geführte Gruppenkämpfe verdeckt wurde.

Darüber hinaus aber taten die Parteigründer alles, daß die UAPD und die USPD auch keine kleinen linkssozialistischen Parteien „im Wartestand" werden konnten. Die Differenzen der Gründergruppen spielten eine um so größere Rolle, je schneller deutlich wurde, daß der erwartete Zustrom der „Massen" ausblieb. Der daraus resultierende Streit, begleitet von Ausschluß- und Spaltungspraktiken, der von der Öffentlichkeit als „ideologisches Gezänk" wahrgenommen wurde, minderte die Anziehungskraft der Parteien weiter.

Die Art und Weise, wie die Organisationen geplant wurden und schließlich aufgebaut werden sollten, tat ein übriges, um jeden nennenswerten Anhang abzuschrecken. Das Konzept für den organisatorischen Rahmen und für den Aufbau der Partei hatten die Parteigründer nicht aus der praktischen Arbeit gewonnen, sondern aus den Organisationserfahrungen der jeweiligen politischen Vergangenheit abgeleitet, ohne diese Erfahrungen infrage gestellt zu haben. Es sollte dem erhofften Massenan-

---

60 Vgl. den Brief des Parteivorstandes an den Innensenator v. 29.4.1954 und den Brief von H. Schmidt an den Innensenator v. 13.9.1958 (Kopien in: PAZI6, Akte USPD).

hang von oben übergestülpt werden. An einen Aufbau von unten und damit auch an eine Veränderung des Konzeptes aufgrund der eigenen Erfahrungen dachte niemand. Daß auch aus diesem Grunde den „Massen" die Alternative zur SPD und zur KPD nicht so recht deutlich geworden sein dürfte, ist nicht verwunderlich.

Vor allem aber definierten sich die „Sammler und Gründer" lediglich negativ in Abgrenzung zur SPD und zur KPD/SED. Das gemeinsame Ziel blieb allgemein, da es stets nur als kleinster gemeinsamer Nenner zu formulieren war. Das mußte allerdings die gemeinsame praktische Arbeit nicht behindern. Eines der wichtigsten Momente, das eine linkssozialistische Position von dogmatischen Festschreibungen jeglicher Couleur unterscheidet, aber war weder in der UAPD noch in der USPD sichtbar geworden. Es fehlte der Wille, sich auf eine offene Diskussion einzulassen, um die aus der jeweiligen politischen Vergangenheit herrührenden „festgeschriebenen" Positionen infrage zu stellen. Die ideologischen Differenzen mußten so fast zwangsläufig zum „Grabenkrieg" führen.

Herbert Kuehl

Zur Betriebs- und Gewerkschaftspolitik der KPD nach 1945[1]

Seit dem Ende des Zweiten Weltkrieges, von der häufig so bezeichneten „Stunde Null" an, trat die KPD traditionsbewußt als kontinuierlich bestehende Organisation auf, für die nach eigener Bekundung jetzt lediglich ein „neuer Abschnitt" ihrer Geschichte begann. Die Parteiführung behauptete, aus der Vergangenheit, besonders aus der Niederlage der Arbeiterschaft von 1933, alle notwendigen Lehren gezogen zu haben, was dazu noch auf der Grundlage der Theorie von Marx, Engels, Lenin und Stalin geschehen sei. Und da der „Erfolg des Kampfes der KPD von einer richtigen Beurteilung der Klassensituation in Deutschland abhing, von einer treffenden Einschätzung der objektiven Interessen und subjektiven Ziele der einzelnen Klassen und Schichten", wurde eine Analyse dieser Art bereits am 11. Juni 1945 mit dem „Aufruf an das deutsche Volk" veröffentlicht. Dieser programmatische Aufruf zählt nach Meinung der KPD, SED und DKP zu den „bedeutungsvollsten Dokumenten der deutschen Arbeiterbewegung", nicht zuletzt deshalb, weil er auf der vom „Planungskollektiv der KPD unter der Leitung von Wilhelm Pieck und Walter Ulbricht" geleisteten „gründlichen theoretischen und politischen Arbeit" beruhte. Die Arbeiterklasse hatte so „im Jahre 1945 eine Führung, die ihr ein reifes, den historischen Bedingungen voll gerecht werdendes Programm zu geben vermochte".

Alles das mußte auch für die Gewerkschaftsfrage zutreffen, denn Betrieb und Gewerkschaft gelten nicht nur von jeher als naturgegebene Ansatzstellen für Aktivität von Arbeiterparteien, die damit verbundenen Probleme hatten auch seit Gründung der KPD 1919 stets im Mittelpunkt ihres Interesses gestanden und zu heftigen inneren Kontroversen, ja zu Spaltung und Abspaltungen geführt. Die zuletzt völlig verfehlte Gewerkschaftspolitik der Partei hat es den Nazihorden sicherlich erleichtert, die KPD 1933 schnell und wirkungsvoll zu zerschlagen. Und wenn man an dieser Stelle mit wütender Trauer der Abertausende heroischer kommunistischer Proleta-

---

[1] Aufgrund des Umfangs der vorliegenden Betrachtung können die mannigfachen und umstrittenen mit ihr verknüpften historischen, ideologischen, politischen und soziologischen Aspekte meist nur kurz ins Blickfeld gerückt werden. Schon deshalb wird auf Anmerkungen verzichtet. Die zitierten Werke Theo Pirkers werden als bekannt vorausgesetzt; außer ihm wird lediglich zitiert: Waldemar Bolze, *Der Weg der Gewerkschaften*, Bremen 1972, Reprint. Alle anderen Zitate dienen weniger der Beweisführung als der Verdeutlichung des Sprachgebrauchs der KPD. Sie entstammen den Schriften des Parteivorstandes der KPD und der vom Institut für Marxismus-Leninismus beim Zentralkomitee der SED herausgegebenen *Geschichte der deutschen Arbeiterbewegung*, 8 Bde., Berlin (DDR) 1966. Der an eingehenderer Darstellung und Beweisführung Interessierte sei verwiesen auf: Ernst August Jüres/Herbert Kuehl, *Gewerkschaftspolitik der KPD nach dem Krieg — Der Hamburger Werftarbeiterstreik 1955*, Hamburg 1981.

rier gedenken muß, die sich dem Blutregime als einzelne in den Weg stellten und von ihm zermalmt wurden, so muß das doch mit der Bemerkung verknüpft werden, daß sie zugleich ihrer unfähigen Führung zum Opfer gefallen sind. An Stoff, um daraus Lehren zu ziehen, mangelte es 1945 also nicht.

Eingedenk dessen, daß eine Folge des Ersten Weltkrieges die Radikalisierung eines Großteils der deutschen Arbeiter war, konnte nach dieser Erfahrung auch 1945 die sozialrevolutionäre Erhebung von Arbeitermassen je nach Standpunkt erhofft oder befürchtet werden. Von den eingangs wiedergegebenen Behauptungen konnte nach allem etwas zugetroffen haben, der KPD konnte eine ausgefeilte Strategie und bündige Konzeption im Hinblick auf eine Gewerkschaftsbewegung nach dem Krieg durchaus zugetraut werden.

Als entschiedenster Gegner des Nationalsozialismus hatte die KPD ihm von allen Weimarer Parteien den höchsten Blutzoll zu entrichten gehabt; dennoch hatte ein beträchtlicher Teil ihrer Kader Zuchthaus, Konzentrationslager, Illegalität und Emigration überlebt — in Rußland dazu die Stalinschen Säuberungen. In Moskau war denn auch ein Zentralkomitee gebildet worden, das unmittelbar nach dem Krieg als traditionelle Führung auftrat, aus der Sowjetunion fertige programmatische Vorstellungen mitbrachte und diese eben mit dem erwähnten Aufruf vom 11. Juni publizierte, nachdem die sowjetische Besatzungsmacht für das von ihr besetzte Territorium einen Tag zuvor die Erlaubnis zur Gründung antifaschistisch-demokratischer Parteien erteilt hatte. Dieses Zentralkomitee unter der Leitung Ulbrichts nahm dann zügig die Reorganisation der Partei von oben in Angriff, während sich die einfachen Mitglieder überall spontan sammelten, um die Parteiorganisation wieder aufzubauen und sich um die Entstehung gewerkschaftlicher Strukturen zu kümmern. Dabei drangen sie vornehmlich in den „machtfreien Raum der Betriebe" (Pirker) ein und besetzten dort wichtige Betriebsratsposten. Diese konnten sie ebenso wie die im unteren und mittleren Funktionärskörper der Gewerkschaften eingenommenen Positionen dann auch auf längere Zeit behaupten.

Inwieweit konnten sich nun die Genossen der Basis bei ihrer Tätigkeit auf das reife, den historischen Bedingungen entsprechende Programm stützen? Inwieweit konnten sie ihre Strategie und Taktik sinnvoll aus den im Aufruf geäußerten Vorstellungen ableiten? Aus dem Umfang, der dieser Problematik in dem Dokument gewidmet ist, muß man schließen, daß die Führungsspitze den Gewerkschaften und damit den Arbeiterinteressen nur geringe Bedeutung beimaß. Im Hinblick auf die Gewerkschaften wurde nämlich lediglich die Wiederherstellung ihrer Legalität gefordert. Allerdings hieß eine andere Forderung: „Schutz der Werktätigen gegen Unternehmerwillkür und unbotmäßige Ausbeutung. Freie demokratische Wahlen der Betriebsvertretungen der Arbeiter, Angestellten und Beamten in allen Betrieben, Büros und bei allen Behörden. Tarifliche Regelung der Lohn- und Arbeitsbedingungen." Das war so ungefähr alles, was das aufgerufene deutsche Volk, die Arbeiter, Angestellten und Beamten und selbst die eigenen Parteigenossen durch den Aufruf über diese für sie schließlich bedeutsamen Angelegenheiten erfuhren.

Wer aber war dazu berufen, die Gewerkschaften zu legalisieren? Wer war geeignet, die Werktätigen zwar nicht vor den Unternehmern, aber doch vor deren Willkür, zwar nicht vor botmäßiger, aber immerhin vor unbotmäßiger Ausbeutung zu schützen? Aus dem Dokument kann man wieder nur schließen, daß dazu die „Vereinten Nationen, mit der Sowjetunion, England und den Vereinigten Staaten an der Spitze" berufen waren, weil sie nämlich „die Sache der Gerechtigkeit, der Freiheit und des Fortschritts" vertraten. Gerechtigkeit, Freiheit und Fortschritt schienen aber in erster Linie die Anerkennung der kollektiven Schuld des deutschen Volkes am Hitler-Krieg und, damit verbunden, die Pflicht zur Wiedergutmachung der den anderen Völkern zugefügten Schäden zu erheischen. Folgerichtig war der zentrale Punkt im KPD-Aufruf denn auch die Anerkennung der Kollektivschuld und Wiedergutmachungspflicht. Nun dürften die Arbeitermassen von kapitalistischen Siegermächten kaum etwas anderes erwartet haben, als daß diese nehmen würden, was sie kriegen könnten. Viele Arbeiter aber, besonders wenn sie in irgendeiner Form mit sozialistischem Gedankengut in Berührung gekommen waren, und hier wieder besonders die Älteren, denen noch die alten Losungen: „Keine Annexionen! Keine Kontributionen! Selbstbestimmungsrecht der Völker!" aus früheren Zeiten im Ohr klangen, viele also werden sich hinsichtlich einer sozialistischen Siegermacht doch Illusionen hingegeben haben. Als diese Macht sich dann eher noch schlimmer aufführte als die anderen, da mußte man das unter den obwaltenden Umständen zwar hinnehmen, aber eine sich kommunistisch nennende Partei, die das noch als gerecht und fortschrittlich bezeichnete, konnte man links liegen lassen.

Da die KPD-Führung in ihrem Aufruf weiter forderte: „Völlig ungehinderte Entfaltung des freien Handels und der privaten Unternehmerinitiative auf der Grundlage des Privateigentums", konnte Kurt Schumacher die KPD leicht verspotten und ihr vorwerfen, daß sie just in dem Augenblick von solchen Dingen zu schwärmen beginne, wo „die Abschaffung der kapitalistischen Ausbeutung und die Überführung der Produktionsmittel aus der Hand der großen Besitzenden in gesellschaftliches Eigentum" auf der Tagesordnung stehe. Auf Arbeiter, die zum Sozialismus neigten, mußte das weit überzeugender wirken als die Programmforderungen der KPD. Als Konkurrentin im Kampf um die Vormacht in künftigen Gewerkschaften war die Sozialdemokratie der KPD programmatisch somit bereits eine Nasenlänge voraus. Würde die KPD ihre Politik auf der Grundlage ihres Programms führen, so konnte ihr ein Mißerfolg vorausgesagt werden, und er wurde ihr vorausgesagt: Bereits gewonnene Anhänger mochten sich um das jeweilige Programm wenig scheren, anders verhielt es sich mit den erst noch zu überzeugenden Massen. Arbeiter, die dem Sozialismus zuneigten, mußten sich von den radikaleren Losungen der Sozialdemokratie unter Schumacher stärker angesprochen fühlen als von denen der KPD. Und für Arbeiter, die lediglich programmatisch das gleiche wollten wie die KPD oder eher noch weniger, gab es schon gar keinen Grund, des gemäßigteren Programms wegen ihre herkömmlichen Bindungen an die traditionell gemäßigtere Sozialdemokratie zu lösen.

Der ganze KPD-Aufruf war zudem wie sein speziell auf die Gewerkschaften bezogener Teil in einem ultimativen „Wir fordern!"-Stil verfaßt, der von allen Kräften, besonders aber von den Repräsentanten der staatlichen Macht, zwar ein bestimmtes Verhalten fordert, ohne aber selbst erkennen zu lassen, welche eigenen Aktivitäten im Falle der Weigerung eingesetzt würden, oder was die betroffenen Arbeitermassen dann tun sollten. In dem Aufruf jedenfalls unterließ es die KPD gänzlich, sich über Formen und Befugnisse der wiederentstehenden Gewerkschaften zu äußern. Weder ging sie auf das künftige Verhältnis zwischen Partei und Gewerkschaft ein noch auf das zwischen Betriebsräten und Gewerkschaften. Themen, die vor 1933 in der deutschen Arbeiterbewegung zu heftigen Debatten geführt hatten, wurden so völlig ausgespart. Aus dem Aufruf kann nach alledem nur herausgelesen werden, daß die Führung der KPD die Gewerkschaften als Nebensache ansah. Von daher war ein rein pragmatisches Herangehen zu erwarten, d. h. der Versuch, in den Gewerkschaften so viele Positionen wie möglich mit Parteigenossen zu besetzen, um auf diese Weise den Parteiwillen zum Tragen zu bringen.

Allerdings rief Walter Ulbricht am 15. Juni 1945 „zur Gründung neuer freier Gewerkschaften" auf. In diesem Aufruf wurden den zu bildenden Gewerkschaften „Erstaufgaben" zugemessen, und die Betroffenen erfuhren, daß der Ausschuß, der die „gewerkschaftlichen Grundsätze" ausarbeiten würde, bereits gebildet war. Doch sollten sie noch ihre Meinung äußern und „Hand anlegen". „Vorgesehen" war bereits, alle früheren Richtungen in einer Einheitsorganisation zusammenzufassen. Beabsichtigt war ferner — als Wesenskern —, alle Maßnahmen „im Rahmen der Bestimmungen der Besatzungsbehörden" durchzuführen.

Nun erschien der Arbeiterschaft damals die Einheitsgewerkschaft als „allgemeiner Grundsatz und Wille" (Pirker). Doch waren unter den sich wieder sammelnden Gewerkschaftsfunktionären mehrere Modelle einer solchen Einheitsgewerkschaft im Gespräch. Von der KPD und besonders von ihrem gründlichen theoretischen Arbeiter Ulbricht hätten die künftigen Gewerkschafter durchaus erwarten können, über die Vor- und Nachteile der möglichen Organisationsformen aufgeklärt zu werden. Doch Äußerungen dazu gibt es nicht, die Arbeit des Aufrufens scheint das theoretische Vermögen der KPD-Spitzen erschöpft zu haben. Für sie galt es — wie schon in den bereits gebildeten Ausschüssen, so auch in allen künftigen Gremien —, so viele Positionen wie möglich einzunehmen; das weitere würde sich dann schon finden. Da man sich dabei in der Ost-Zone auf das Hilfsmittel Sowjet-Armee stützen konnte, „fand" es sich dort auch. Daß das Einhalten der „Bestimmungen der Besatzungsbehörden" im Vordergrund stand, braucht nicht eigens betont zu werden. Immerhin unterstützte die Besatzungsmacht den Aufbau dieser Gewerkschaften. Und wenn in der Folge die KPD- (später SED-)Führung die Annexionen und Kontributionen ihrer Besatzungsmacht begründete und verteidigte, so konnte sie argumentieren, daß es sich hierbei um Maßnahmen einer Bruderpartei und Brudermacht handele, die im höheren Interesse des sozialistischen Lagers als Ganzem notwendig seien.

Ganz anders verhielt es sich in den West-Zonen. Welches Ziel die KPD auch immer erreichen wollte — sie mußte hier die Massen hinter sich bringen, und dazu konnte sie sich nur auf das Mittel der Überzeugung stützen. Im Hinblick auf die Gewerkschaften vertraten die westlichen Besatzungsmächte die Sache der Freiheit zunächst, indem sie die entstehenden Organisationen behinderten, gängelten und bevormundeten. Wer nun hier einen Protest der KPD erwartet hätte, mußte sich getäuscht sehen. Getreu dem verkündeten Programm und Ulbrichts Weisung folgend, hielt sich auch die KPD-West an die „Bestimmungen der Besatzungsbehörden". Mit anderen Worten: Ebenso wie die anderen Arbeiterorganisationen kollaborierte auch sie mit den Besatzungsmächten. Das wurde ihr mit Minister-, Landrats- und Bürgermeisterposten gelohnt, in welche die Besatzungstruppen Parteigenossen einsetzten. Die betreffenden Genossen konnten sich hier zwar als Verwaltungsfachleute oder als hochanständige Menschen Reputation erwerben, Einfluß auf die tatsächliche politische Entwicklung oder auf die der Gewerkschaften dagegen hatten sie nicht. Dafür absorbierte in der Folgezeit der Kampf um diese Mandate in „unserer jungen Demokratie" die Kräfte der KPD. Von 1945 bis zur Währungsreform 1948 beklagte die Partei zwar in Flugschriften und Resolutionen die Not und das Elend der Volksmassen und stellte im oben erwähnten Sinne Forderung über Forderung auf. Den Massen wurde als Ausweg „entschiedenerer und schärferer Kampf", „festeres Zusammenstehen", „Schließen der Reihen" und ähnliches empfohlen, jedoch handelte weder die Partei jemals selbst noch rief sie die Werktätigen jemals zu konkretem Handeln auf. Ob es um die Bestrafung und Enteignung der Kriegsverbrecher ging oder um die Verbesserung der Ernährungslage, um die Herbeiführung eines Friedensvertrages oder was auch immer — die Regelung wurde stets von den zuständigen und verantwortlichen Stellen gefordert. Den Massen wurde bedeutet, bei den jeweils anstehenden Wahlen richtig, also KPD, zu wählen, dann würde sich alles zum Besseren wenden. Selbst als die Partei später bestimmte parlamentarische Institutionen als hochverräterische Unternehmen ansah, wie z. B. den Parlamentarischen Rat, arbeitete sie, anstatt sie zu boykottieren, in ihnen mit, und zwar um Schlimmeres zu verhüten.

Angemerkt sei hier, daß damals — und das ist heute weithin vergessen — auch in Frankreich Kommunisten regierten; die Kommunistische Partei Frankreichs stellte in der ersten Regierung de Gaulle vier Minister, darunter den stellvertretenden Ministerpräsidenten. Von allen Besatzungsmächten aber drangsalierte die französische die entstehenden deutschen Gewerkschaften am härtesten und am längsten. Davon aber, daß die KPD bei ihrer französischen Bruderpartei in dieser Angelegenheit intervenierte, ist nichts bekannt, ebensowenig davon, daß die kommunistischen Minister von sich aus eingegriffen hätten. Sei es, daß das französische Militär seiner Regierung auf der Nase herumtanzte, daß die kommunistischen Minister nur Statisten innerhalb der bürgerlichen Regierung stellten und als deren Gefangene nicht wirklich mitregieren konnten, sei es, daß die kommunistischen Minister die Bedrückung ihrer deutschen Klassenbrüder gar nicht interessierte — wie auch immer, der von der KPD so häufig beschworene proletarische Internationalismus trieb seltsame Blüten.

Auch auf der Gründungskonferenz des Weltgewerkschaftsbundes (WGB) im Herbst 1945 in Paris feierte er seltsame Triumphe. Auf dem Weg über diesen entstehenden Dachverband mochte sich die KPD-Führung künftige Einflußnahme auf die sich reorganisierenden Gewerkschaften in Deutschland ausgerechnet haben, denn schon aufgrund der Mitgliederzahl der Gewerkschaften des sowjetischen Machtbereichs konnten die kommunistischen Parteien mit bedeutenden Einflußmöglichkeiten auf diesen zu gründenden Bund hoffen: Von den rund 40 Millionen Gewerkschaftern, die in Paris von Delegierten aus 55 Ländern repräsentiert wurden, gehörten 27 Millionen allein den Sowjetgewerkschaften an. Diese zahlenmäßige Übermacht wurde selbstverständlich von den anderen Gewerkschaften einkalkuliert. Eine Einigung auf dem Kongreß und die Errichtung des WGB selbst wurde deshalb nur auf der Basis von Kompromissen erzielt, die den Zweck des Bundes gleich wieder paralysierten — wenn man in dem Zweck einer internationalen Vereinigung von Arbeitern vereinigtes Handeln sieht. Nachdem der Bund auf dem Kongreß weder eine einheitliche prinzipielle Grundlage für künftige Gewerkschaftspolitik konzipieren noch seinen Beschlüssen obligatorischen Charakter für die angeschlossenen nationalen Verbände verleihen konnte, nachdem also nur eine Organisation zur gegenseitigen propagandistischen Beeinflussung zustande gekommen war, konnte man in aller Ruhe Kommunisten in Spitzenpositionen der Einrichtungen des Bundes einziehen lassen, ja sogar einen Kommunisten zum Generalsekretär küren.

Auf den verqueren, auf der Konferenz zum Ausdruck gekommenen proletarischen Internationalismus wies bald darauf der 1929 aus der KPD ausgeschlossene Waldemar Bolze hin, indem er auf die Inkonsequenz der Kongreßbeschlüsse aufmerksam machte. In einmütiger Begeisterung hatten sich die verantwortlichen Führer des WGB für die Beschlüsse der Potsdamer Konferenz ausgesprochen, „durch welche die deutschen und japanischen Arbeiter noch schlimmer als Kolonialsklaven behandelt werden. Das elementare gewerkschaftliche Recht auf Anwendung des Streiks, über das viele der übrigen Kolonialvölker verfügen, ist ihnen heute versagt." Und während sich alle dem Bund angeschlossenen Verbände feierlich verpflichteten, Organisations-, Meinungs-, Versammlungsfreiheit und Kollektivvertragsrecht für *alle* Arbeiter zu realisieren, waren sie gleichzeitig bereit, „die deutschen und japanischen Arbeiter unter Kuratel zu stellen". Während sich die Kongreßteilnehmer „scheinheilig für die Bedürfnisse der Demobilisierten einsetzten", hatten sie „kein einziges Wort für die Beseitigung der Sklaverei an den deutschen Kriegsgefangenen übrig... Schändlicher als auf diesem Kongreß ist noch nirgendwo das stolze Wort des Kommunistischen Manifestes, des ‚Proletarier aller Länder vereinigt Euch', in den Dreck gezogen worden. Schamloser als hier hat noch keine Führung gewagt, den internationalen Arbeitermassen Steine statt Brot zu geben."

Immerhin beschloß der Kongreß, die deutschen Gewerkschaften bei ihren Reorganisationsbemühungen und der Verbindungsaufnahme über die Zonengrenzen hinweg zu unterstützen. Der Generalsekretär des WGB berief zum 7. November 1946 die erste der dann insgesamt neun Interzonenkonferenzen ein, auf denen die Vereinigung der deutschen Gewerkschaften aller vier Zonen in einem Bund bewerkstelligt werden sollte. Diese Vereinigung war vom WGB als Voraussetzung für die ansonsten erstrebenswerte Aufnahme der Deutschen Gewerkschaften in den Weltbund aufgestellt worden. Die Konferenz konnte erst nach einer Intervention des WGB beim alliierten Kontrollrat durchgeführt werden. Allerdings mußten die deutschen Gewerkschafter ihre Tagung in Mainz abhalten; sich in Berlin zu treffen, wie sie es gewünscht hatten, wurde ihnen verwehrt. Gegen diese Desavouierung sowohl der deutschen Gewerkschafter als auch des WGB erhob niemand Protest, schon gar nicht die Führung der KPD. So verhältnismäßig unwichtig diese Episode an sich auch ist, wirft sie doch ein symptomatisches Licht auf das reale Gewicht von WGB wie KPD: Als Interessenvertreter von Arbeitermassen brauchten die Besatzungsbehörden sich vor ihnen nicht zu fürchten. Zugleich waren aber auch eventuellen Versuchen der KPD-Führung, mittels internationaler Verbindungen über die Bürokratie des WGB Einfluß auf die Gewerkschaften der West-Zonen zu gewinnen, durch die Machtlosigkeit des WGB enge Grenzen gezogen.

Aufgrund der gewerkschaftsfreundlicheren Haltung der russischen Besatzungsbehörden hatten die Gewerkschaften der Ost-Zone einen organisatorischen Vorsprung und ein zahlenmäßiges Übergewicht über diejenigen der West-Zonen gewonnen. Die KPD-Führung mag sich deshalb Hoffnungen hingegeben haben, über die Interzonenkonferenzen Wege zur bürokratischen Einflußnahme auf den angestrebten gesamtdeutschen Gewerkschaftsbund zu finden. In Westdeutschland hatten sich jedoch die alten, meist eng mit der Sozialdemokratie verbundenen Funktionäre aus der Weimarer Zeit unangefochten an die Spitzen der neuen Gewerkschaftsbewegung gestellt. Auf den Konferenzen stießen so Richtungen aufeinander, die zwar ihre alten Feindschaften noch längst nicht begraben hatten, deren Vertreter dafür in allen Schlichen und Kniffen bürokratischen Verhandelns bewandert waren. Man traf sich in kleinem Kreise unter Ausschluß der Öffentlichkeit, auch der jeweiligen Gewerkschaftsöffentlichkeit. Und schon die Art und Weise, wie die jeweiligen Zonendelegierten die Öffentlichkeit im Anschluß an die Tagungen unterrichteten, bot Anlaß zu Streit zwischen den Teilnehmern. Nach außenhin konnte es zeitweilig so erscheinen, als stimme man in den grundsätzlichen gewerkschaftlichen Fragen überein, denn die Konferenzteilnehmer einigten sich auf eine ganze Reihe von Entschließungen. Diese enthielten jedoch meist nichts als zum Teil in markige Worte verpackte Leerformeln, die sich vielleicht schön lesen ließen, jedoch niemanden zu etwas Konkretem verpflichteten. So hieß es beispielsweise: „Die Gewerkschaften, die sich für den Frieden und den demokratischen Neubau Deutschlands besonders verantwortlich fühlen und einsetzen, müssen durch ihren Zusammenschluß zu einer einheitlichen Kraft werden." Verantwortlich fühlen, sich einsetzen, werden müssen ... So willkürlich dieses Zitat auch aus den Entschließungen herausgegriffen ist, es kann versichert werden, daß alle in dieser Leerformelart verfaßt waren, und daß, so oft es auch „Wir fordern!" hieß, dies immer unverbindlich blieb. Im Zuge des ständig heißer entbrennenden Kalten Krieges war somit der Zeitpunkt abzusehen, an dem die Differenz zwischen den Ost- und den West-Vertretern zum Bruch führen würde. Die IX. Interzonenkonferenz im August 1948 konnte keine Übereinstimmung über die Zulassung von Vertretern einer in Berlin entstandenen Unabhängigen Gewerkschaftsopposition erzielen; sie vertagte sich und wurde nie wieder aufgenommen.

Sofern KPD-Spitzen tatsächlich Hoffnungen darauf gerichtet hatten, Gewerkschaftseinfluß in nennenswertem Ausmaß auf dem Weg der Kollaboration und der damit verbundenen Mitregierung oder über bürokratische Manöver im Weltgewerkschaftsbund und auf den Interzonenkonferenzen zu erlangen, mußten sie am Ende enttäuscht werden. Nach Konsolidierung der Lage nicht nur in Westdeutschland, sondern besonders auch in Frankreich und Italien, bekamen die kommunistischen Mit-Regierer, die zur Konsolidierung beigetragen hatten, den für nützliche Idioten vorbehaltenen Tritt und wurden aus Regierungen und Verwaltungen ausgeschaltet. Der Weltgewerkschaftsbund, in dem Kommunisten über Mehrheiten und entsprechende Positionen verfügten, wurde gespalten; die Interzonenkonferenzen wurden ergebnislos abgebrochen.

Für die Nachkriegsphase, von 1945 bis 1947/48, in der die historischen Weichen gestellt wurden, konstatiert die Geschichtsschreibung der KPD/SED/DKP im Rückblick günstige Konstellationen für grundlegende gesellschaftliche Veränderungen. Auch wer soweit nicht gehen will, wird doch mindestens Schwachpunkte finden können, in denen Sozialdemokratie und Gewerkschaften in jener Zeit die Interessen von Millionen nur mangelhaft und unzulänglich vertraten. Hätte die KPD nicht an solchen Punkten ihre Hebel ansetzen, hätte sie nicht besonders 1947/48 die Radikalisierung der hungernden Arbeitermassen als Wasser auf ihre politische Mühle leiten können?

Um diese Frage zu beantworten, muß zunächst an die hauptsächlichen ideologisch-theoretischen Bruchstellen erinnert werden, die infolge des Ersten Weltkrieges zur Spaltung der deutschen Arbeiterbewegung geführt hatten: die Frage des proletarischen Internationalismus, die Frage des Sozialismus als Nah- oder Fernziel und die Frage der Mittel zur Machtergreifung des Proletariats. Die kommunistischen Kontrahenten hatten der Sozialdemokratie vorgeworfen, dem proletarischen Internationalismus nur per Lippenbekenntnis Referenz zu erweisen, den Sozialismus nur als Fernziel anzusehen und so die historische Aktualität der Revolution zu verleugnen und als Mittel zur Machtergreifung nur die für das Proletariat unwahrscheinlichste Variante der Eroberung des Parlaments zu akzeptieren. Legt man diese Vorwürfe zugrunde, so war die KPD nach 1945, nach allem bisher Berichteten, auf ultrasozialdemokratischen Positionen angelagt. Proletarischer Internationalismus wurde von ihr nicht praktiziert, der Sozialismus wurde in ihrem Nachkriegsprogramm nicht einmal als Fernziel benannt, und von revolutionärer Machtergreifung durch das Proletariat war schon gar nicht die Rede; vielmehr verwies die Partei für alle politischen Aktionen ausschließlich auf den parlamentarischen Kampf. Die KPD agierte somit als Partei, die keine originär kommunistischen Zielsetzungen vertrat. Auf einer solchen Grundlage war keine wirkungsvolle Politik, besonders nicht im Hinblick auf die Gewerkschaften, zu entwickeln. Stand dem schon die programmbedingte Kollaboration mit den Besatzungsmächten im Wege, so mußte sich dabei für die KPD besonders nachteilig ihre bedingungslose Anerkennung aller Taten und Maßnahmen der sowjetischen Besatzungsmacht erweisen. Die aller marxistischen Doktrin hohnsprechende Anerkennung von Kollektivschuld und Reparationsverpflichtung und des damit verbundenen Zwangsarbeiter- (besser Sklaven-)status für die deutschen Arbeiter, die Anerkennung der Abtrennung deutscher Gebiete und der damit verbundenen brutalen Vertreibung von Abermillionen Menschen, dazu politische Impotenz im Hinblick auf die Millionen sich in Kriegsgefangenschaft befindenden Arbeiter — diese Politik des Parteivorstandes konnte nur zur Isolierung von den Massen führen. Lediglich der Vollständigkeit halber sei noch hinzugefügt, daß der Parteivorstand für die Betriebs- und Gewerkschaftsarbeit der Partei nicht über das Aufstellen von Forderungskatalogen hinausgelangte.

Im Zuge des Kalten Krieges reversierte die KPD im Laufe des Jahres 1948 Nachkriegsprogramm und Strategie. Nachdem sie im Marshall-Plan die Vorbereitung eines Kriegsbündnisses gegen die Sowjetunion erkannt hatte, gab sie die Kollaboration mit den westlichen Besatzungsmächten auf. Über Nacht wurden die Vertreter der Freiheit und Gerechtigkeit wieder zu „imperialistischen" Mächten. Plötzlich wurde als Ziel wieder der Sozialismus propagiert. Auch wurde, um die Durchführung des Marshall-Planes zu verhindern, zum „revolutionären Massenkampf" aufgerufen.

Der Marshall-Plan war auch in den Gewerkschaften umstritten. Bis in die Spitzengremien war die Erkenntnis verbreitet, daß die Durchführung des Planes die langfristige Vertagung aller gewerkschaftlichen Neuordnungsvorstellungen, wenn nicht gar ihr endgültiges Begräbnis zur Folge haben würde. Die Zustimmung zum Marshall-Plan mußte somit in den Gewerkschaften gegen Widerstand in den eigenen Reihen durchgesetzt werden. Auch diesen Widerstand konnte sich die KPD nicht zunutze machen. Im Gegenteil, eine Reihe von Gegnern des Plans stimmte ihm schließlich aus antikommunistischem Ressentiment zu. Infolge der Auseinandersetzungen um den Marshall-Plan kam es dann zu einem ausgesprochenen Bruch zwischen KPD und Gewerkschaften, in denen der Antikommunismus immer militantere Züge annahm; eine systematische Ausschaltung kommunistischer Funktionäre begann.

Mit der im Juni 1948 von den drei westlichen Militärgouverneuren verfügten Währungsreform wurde die Periode der Ausnahmewirtschaft abgeschlossen und der westdeutsche Kapitalismus normalisiert. Waren die Sachwertbesitzer durch das Wirtschaftssystem bis zu diesem Zeitpunkt schon bevorzugt worden, so fiel die Geldreform noch einmal dermaßen zu ihren Gunsten aus, daß es Erbitterung unter den Massen hervorrief. Die Gewerkschaften hatten auf eine mit einem Lastenausgleich gekoppelte Reform gehofft, die die kleinen Sparer besonders berücksichtigt hätte. Dennoch konnten sich die Gewerkschaftsführungen zunächst lediglich zu moralischen Anklagen gegen die Ungerechtigkeit der vollzogenen Tatsache aufraffen. Erst als sich infolge des zugleich mit der Geldreform verfügten alliierten Lohnstops bei rapide steigenden Preisen die Situation der Arbeiter weiter verschlechterte und ihr Unmut wuchs, riefen die Gewerkschaften zu Protestdemonstrationen auf, denen Hunderttausende folgten und die auch zu Zusammenstößen mit der Militärpolizei führten. Eine Reihe führender Gewerkschafter forderte den Generalstreik, was in einen Aufruf, zur Demonstration des gewerkschaftlichen Willens eine eintägige Arbeitsruhe durchzuführen, mündete. Die neun Millionen Teilnehmer an der Arbeitsniederlegung bezeugen wohl zur Genüge, daß auf der Arbeiterseite ein Aktionspotential vorhanden war. Die Gewerkschaften hatten die amtliche Verkündung des wirtschaftlichen Notstandes und neun weitere wirtschaftspolitische Maßnahmen gefordert. Doch der Ausstand verpuffte allein schon durch seine Befristung. Damit hätten wir hier ein Beispiel für die angeführten Schwachpunkte. Pirker stellt in diesem Zusammenhang fest, daß die Gewerkschaften zwar ihre Forderungen gestellt hätten, „ . . . aber sie sagten weder ihren Mitgliedern noch der Öffentlichkeit, was sie zu tun gedächten, wenn die Besatzungsmächte, die Regierungsstellen, der Wirtschaftsrat sich nicht im Sinne dieser Forderungen entschließen würden. Die Demonstration des 12. November 1948 war eine reine Schaustellung der Macht der Gewerkschaften." Und zugleich war sie ein Beispiel für jene wirkungslose „Wir fordern!"-Politik, die auch in der KPD als Allheilmittel in Gebrauch war. Die KPD fand hier eine krisenhafte Entwicklung und erbitterte, kampfbereite Massen vor. Was kann sich eine revolutionäre Partei noch mehr wünschen? Doch konnte die KPD weder innerhalb der Gewerkschaften die Mitglieder zum Ausüben größeren Drucks auf halbherzige kampfunwillige Instanzen bewegen noch etwa Massen neben den Gewerkschaften oder an ihnen vorbei zu weitergehenden Aktionen führen. Bis dahin hatte die Parteiführung die Illusionen der Gewerkschaftsspitzen auf Neuordnung durch gesetzgebende Gremien geteilt oder vorgegeben, sie geteilt zu haben. Nicht zuletzt deshalb konnte die KPD anläßlich der Ungerechtigkeit der Währungsreform und der Verschlechterung der Lage der Arbeiter ebenso wie die Gewerkschaften nur ohnmächtigen moralischen Protest erheben.

Mit der Währungsreform war für Westdeutschland wesentliche Verfassungswirklichkeit geschaffen und zugleich eine entscheidende Weiche zur Spaltung Deutschlands gestellt worden. Die KPD stand zwar in Gegnerschaft zur Bildung eines westdeutschen Separatstaates, doch wirkten ihre Versuche, sich als Führung einer nationalen Opposition zu profilieren, auf die Bevölkerung unglaubhaft. Das bewirkte schon ihre Mitarbeit in den verfassunggebenden Gremien, aber mehr noch ihre zur gleichen Zeit immer unverhülltere und ausdrücklichere Unterwerfung unter die Interessen der Sowjetunion. In eine von anderen angefachte Verfassungsbewegung konnte die KPD sich auch nicht einschalten, da eine solche nach den Worten Pirkers „im soziologischen, ideologischen und politischen Sinne des Wortes beinahe völlig fehlte". Die Gewerkschaften hatten selbst nur sehr bescheidene Forderungen an eine künftige Verfassung gestellt — beispielsweise die Verankerung des Streikrechts —, sich aber im Hinblick auf die Durchsetzung ihrer Wünsche auf ihre parlamentarischen Verbündeten verlassen. Da diese nichts unternahmen, blieben im Grundgesetz, als es schließlich ausgearbeitet war, gerade die gewerkschaftlichen Ansprüche unberücksichtigt, so daß selbst das Streikrecht bis heute nur mühsam aus der Verfassung interpretiert werden kann. Wenn schon nicht für die Parteiforderungen, so hätte die KPD vielleicht die Gewerkschaftsmitglieder mittels deren Forderungen im Sinne der Verfassungsbeeinflussung mobilisieren können. Doch fand die Partei auch für ihren Kampf gegen Grundgesetz und Separatstaat nur den parlamentarischen Weg.

Das Wahlergebnis zum ersten Bundestag wurde von der KPD mit Enttäuschung aufgenommen. Dennoch brachte die Partei in die konstituierte Bundesrepublik einen beachtlichen Fundus ein, mit dem sich effektive Politik hätte machen lassen müssen: 1 361 700 Wählerstimmen und damit fünfzehn Abgeordnete im Bundestag. Dazu kamen, nach eigenen Angaben, über 300 000 Parteimitglieder und über ein Drittel aller Sitze in den Betriebsräten.

Weite Kreise der Parteibasis hatten das schlechte Abschneiden bei den Wahlen auf die Politik der Sowjetunion zurückgeführt, die eigener erfolgreicher Parteiarbeit in Westdeutschland im Weg stünde. Der Parteivorstand dagegen ließ als Ursache nur die mangelnde ideologische Festigkeit der Parteigenossen gelten. Als Nebenursache erkannte er allerdings, daß die Partei die Betriebs- und Gewerkschaftsarbeit „sträflich vernachlässigt" habe. Er nahm sowohl die ideologische Festigung der Partei als auch die Intensivierung der Betriebs- und Gewerkschaftsarbeit mittels einer Reihe von organisatorischen Maßnahmen in Angriff und versprach den Mitgliedern, jetzt umgehend das Versäumte nachzuholen und die „richtige" Gewerkschaftspolitik auszuarbeiten. Doch die ideologische Festigung geriet umgehend in Widerspruch zu der angestrebten Verbesserung der Arbeit in den Gewerkschaften und Betrieben. Der Parteivorstand erteilte den Basisgenossen zwar Weisungen, in den Gewerkschaftsgruppen reges Leben zu entwickeln und dafür zu sorgen, daß die Politik der „rechten" Gewerkschaftsführer durchkreuzt werde, gleichzeitig aber entdeckte er anhand der ideologischen Debatte überall in der Partei Abweichler, „Tito-, Trotzki- und Brandler-Agenten", die „entlarvt" und aus der Partei ausgeschlossen wurden. Gerade bei diesen aber handelte es sich häufig um aktive und kritische betriebliche und gewerkschaftliche Kader der Partei, die in ihren Wirkungsbereichen etwas hätten auf die Beine stellen können. Die Partei fügte sich so mit ihrer Säuberungswelle 1949/50 einen Aderlaß zu, durch den sich ihr praktischer Einfluß auf Belegschaften und Gewerkschaften tatsächlich verringerte.

Diese Verluste konnten auch dadurch nicht wieder ausgeglichen werden, daß der Parteivorstand im März 1950 mit der Resolution „Die Gewerkschaftsbewegung und die Kommunisten" die ausgearbeitete richtige Gewerkschaftspolitik vorlegte. Dabei hatte es sich der Vorstand außerdem sehr leicht gemacht: Er tadelte die „rechten" Gewerkschaftsführer, weil sie sich nicht an die Lehren von Marx und Engels hielten und statt dessen eine „Arbeitsgemeinschaftspolitik" mit den kapitalistischen Unternehmern betrieben. Der KPD-Vorstand betrachtete deshalb die Entwicklung in den Gewerkschaften „mit ernster Sorge" und erteilte seinen Genossen in Betrieb und Gewerkschaft die Weisung, mit dieser Arbeitsgemeinschaft ein Ende zu machen. Aufgabe der Kommunisten in den Gewerkschaften sei es, die Kampfbereitschaft der Arbeiter zu entwickeln, die Demokratie innerhalb der Gewerkschaften zu erkämpfen, die Sache der Arbeitslosen zur Sache aller Arbeiter zu machen und die Arbeitermassen endlich von der Richtigkeit der KPD-Politik zu überzeugen. Wie das jeweils konkret vor sich gehen sollte, behielt der Parteivorstand für sich. Die konkrete Handlungsanweisung reduzierte sich darauf, daß die Kommunisten stets die „besten Gewerkschafter" zu sein hätten.

Immerhin wurde eine wichtige Ursache der gewerkschaftlichen Misere benannt. So hieß es in der Resolution: „Beim Wiederaufbau der Gewerkschaftsbewegung 1945 wurde in Westdeutschland die Gewerkschaftspolitik der Vergangenheit keiner kritischen Betrachtung unterworfen. Es wurden keine Lehren gezogen, was in Anbetracht der komplizierten Lage, die sich durch den Zusammenbruch des Naziregimes und durch die Besetzung Deutschlands ergab, doppelt notwendig gewesen wäre." Leider ist nicht überliefert, ob jemand in der Partei in diesem Zusammenhang die Frage aufwarf, warum denn die gründlichen theoretischen Arbeiter mit dem reifen, der Lage voll entsprechenden Programm in der Hand nicht die Diskussion über solche Angelegenheiten eröffnet hatten.

Auch durch eine Flut von „offenen Briefen", die der Parteivorstand in der Folgezeit an Vorstand und Mitglieder von SPD und Gewerkschaften und an Betriebsräte versandte, konnte der richtigen Gewerkschaftspolitik nicht zum Durchbruch verholfen werden. Grundsätzlich wurde in ihnen die Herstellung der Aktionseinheit aller Arbeiter verlangt, um jeweils den Schuman-Plan, das Ruhrstatut, das reaktionäre Betriebsverfassungsgesetz, die Remilitarisierung usw. gemeinsam zu bekämpfen. Es half auch nichts, daß sich diese Briefe mit den von SED und FDGB versandten ablösten: Sie alle wurden kaum beachtet, sie lösten im besten Fall in den Gewerkschaften Klagen über das zersetzende Treiben der KPD aus.

Auf ihrem in Weimar durchgeführten „Münchner Parteitag" im März 1951 setzte die KPD der richtigen Gewerkschaftspolitik die Krone auf. Von ihrem dort in Thesen niedergelegten Programm sollte die der Gewerkschaftsfrage gewidmete „These 37" traurige Berühmtheit erlangen. In ihr wurde die Gewerkschaftsführung der direkten Kriegsvorbereitung bezichtigt; außerdem schicke sie sich gemeinsam mit den Monopolkapitalisten an, das Streikrecht in Westdeutschland abzuschaffen. Dazu wurde noch indirekt zum Bruch der Gewerkschaftssatzungen aufgefordert. Die Gewerkschaften nahmen dies zum Anlaß, von den Funktionären per Unterschrift unter sogenannte Reverse die Distanzierung von dieser These zu verlangen; die Verweigerung der Unterschrift hatte den Verlust der jeweiligen Gewerkschaftsfunktion zur Folge — nicht den Ausschluß, wie manchmal in der Literatur behauptet wird.

Der KPD-Vorstand untersagte den Mitgliedern der Partei, den Revers zu unterschreiben. Das hatte zur Konsequenz, daß diejenigen kommunistischen Gewerkschaftsfunktionäre, die ihrem Vorstand folgten, ihre gewerkschaftlichen Positionen verloren. Jene, die trotz Vorstandsbeschluß den Revers unterschrieben, wurden wegen Disziplinbruchs als Opportunisten aus der Partei ausgeschlossen. Für einen weiteren Teil von Parteimitgliedern war mit diesem Vorstandsbeschluß der letzte Anlaß gegeben, um von sich aus der Partei den Rücken zu kehren. Mit der von ihr verkündeten These und der sich anschließenden Haltung zu dem Revers hatte sich die KPD mit einem Schlag aus fast allen gewerkschaftlichen Gremien herauskatapultieren lassen.

Es lag in der Natur der Sache, daß die von der KPD so vielgeschmähten „rechten" Führer der SPD und der Gewerkschaften die Kommunisten bekämpften. Daß der KPD-Vorstand seinen Gegnern mit seiner taktischen Meisterleistung so weit entgegenkam, zeigt indes, daß er sogar von allen guten bürokratischen Geistern verlassen war. Er hatte die Betriebs- und Gewerkschaftsarbeit nicht nur „sträflich vernachlässigt", er hatte auch überhaupt keine Ahnung und kein Gespür mehr für die betrieblichen und gewerkschaftlichen Realitäten. Bis zu diesem Zeitpunkt hätte eine vernünftig geführte KPD die Gewerkschaften zwar nicht in ihre Hand bringen, sich aber zumindest einen bedeutenden fraktionellen Einfluß in ihnen sichern können. Damit war es nach diesem erneuten Aderlaß an ausgetretenen, ausgeschlossenen oder ihrer Gewerkschaftsfunktion verlustig gegangenen betrieblichen und gewerkschaftlichen Kader-Genossen jetzt vorbei. Von und über die Gewerkschaften konnte in der KPD jetzt noch geredet werden, aber ohne daß mit nennenswerter Effektivität gerechnet werden durfte. Vorbehaltlich außergewöhnlicher Ereignisse war auf Jahre hinaus abzusehen, daß die KPD in den Gewerkschaften nicht mehr wirkungsvoll präsent sein konnte.

Bei allen kommenden politischen und sozialen Auseinandersetzungen in der Bundesrepublik, bei allen Kämpfen, die die Gewerkschaften selbst führen wollten, zu führen vorgaben und tatsächlich führten — als einige spätere Höhepunkte seien genannt: der Kampf zur Verteidigung der Mitbestimmung bei Kohle und Stahl 1951, der Kampf gegen das Betriebsverfassungsgesetz 1952, der Kampf gegen die Remilitarisierung —, konnte die KPD weder die Rolle eines wirkungsvollen Katalysators spielen noch in nennenswerter Art und Weise eigenständig intervenieren. Daran änderte auch nicht, daß die KPD auf ihrem nächsten Parteitag — 1954 — ihre Haltung in Bezug auf die Reverse änderte. Wer auch nur etwas mit betrieblicher Wirklichkeit vertraut ist, weiß, daß politische „Kehrt marsch!"-Befehle sich dort nicht einfach ausführen lassen und daß einmal zerschlagenes Gewerkschaftsporzellan nicht ohne weiteres zu kitten ist. Wirklich umzulernen, dazu schien man in der KPD nicht mehr fähig zu sein. Das zeigt nicht zuletzt ein Armutszeugnis, das sich der Parteivorstand kurz vor dem Verbot der Partei im Jahre 1956 noch selbst ausstellte, als er feststellte, daß die Redakteure der Parteipresse „immer noch" zu wenig Sachkenntnis in Gewerkschaftsfragen besäßen und nicht einmal die Gewerkschaftspresse hinreichend verfolgten.

In Befolgung der grundsätzlichen Maxime: „Der Kommunist muß der beste Gewerkschafter sein!", fanden sich in der Folgezeit allerdings immer wieder kommunistische Betriebsarbeiter, die sich energisch, selbstlos und aufopferungsvoll für die Belange ihrer Belegschaften einsetzten. Häufig konnten sie dadurch persönliches Ansehen erlangen und in Betriebsräte und untere gewerkschaftliche Funktionen einrücken. Dabei gelangen der KPD mehrmals spektakuläre Erfolge wie die Eroberung von Mehrheiten in Betriebsräten von Großbetrieben. Interessierte Kreise waren dann schnell bei der Hand, das Gespenst kommunistischer Belegschafts- und Gewerkschaftsunterwanderung heraufzubeschwören. Doch was können kommunistische Betriebsräte und Gewerkschafter denn tatsächlich bewirken? Unterschieden sich Sozialdemokraten und Kommunisten früher einmal dadurch, daß die einen das kapitalistische System reformieren und die anderen es stürzen wollten, so können die „besten Gewerkschafter" bis heute in der betrieblichen Praxis lediglich intensiver und konsequenter für Reformen und Verbesserungen des Bestehenden eintreten. Von ihren Kontrahenten unterscheiden sie sich außer im Aktivitätsgrad meist nur durch ihre außenpolitischen Sympathien. Da aber die Interessen der Sowjetunion offensichtlich nicht nahtlos mit denen der deutschen Arbeitermassen übereinstimmen, isolieren sich kommunistische Betriebskader politisch stets im gleichen Maße von ihren Arbeitskollegen, wie sie sich ihnen durch intensive Gewerkschaftsarbeit und konsequente Interessenvertretung annähern. So ist noch nie bekannt geworden, daß sich in Betrieben mit kommunistischer Betriebsratsmehrheit auch kommunistisches Ideengut verbreitete oder Begeisterung für das Lager des real existierenden Sozialismus ausbrach. Im betrachteten Nachkriegszeitraum jedenfalls versandeten Tatkraft, Ausdauer und Opferbereitschaft derjenigen Arbeiter, die in und mit der KPD eine radikale Veränderung der Verhältnisse erstrebten, nicht nur deshalb, weil die objektiven Bedingungen gegen sie gerichtet waren, sondern auch, weil sie eine in allen Belangen unfähige Führung auf dem Nacken sitzen hatten und — wie die Mitgliedermassen der Sozialdemokratie und der Gewerkschaften — Theorie und große Politik denen überließen, die es wissen mußten. Die Eroberung oder Unterwanderung der Gewerkschaften lag deshalb nie in ihrer Reichweite.

Fred Klinger

**Betriebsräte und Neuordnung in der sowjetischen Besatzungszone.
Zur Kritik eines politischen Mythos**

In der folgenden Skizze sollen Tätigkeit und Bedeutung der Betriebsräte in der sowjetischen Besatzungszone unter einem besonderen Gesichtspunkt erörtert werden: Gab es im Rahmen der Betriebsrätepraxis nach 1945 relevante Anknüpfungspunkte für eine sich auf Selbstverwaltungsprinzipien gründende, authentisch-sozialistische Neuordnung?

Daß sich auf eine Frage wie die nach den historischen Handlungsalternativen und Entwicklungsvarianten wohl kaum eindeutige wie abschließende Antworten werden finden lassen, mag einleuchtend sein oder sich von selbst verstehen. Jedenfalls sind Antworten dieser Art von uns auch nicht beabsichtigt. Vorausgeschickt sei auch, daß unsere Fragestellung von der sich faktisch durchsetzenden Polarisierung der Blöcke und ihrer gesellschaftlichen Sogwirkung, den bestimmenden Einflüssen der Besatzungsmacht etc. notwendig abstrahieren muß. Daß sich diese übergreifenden, außenpolitischen Zusammenhänge als die letztlich ausschlaggebenden Wirkungsfaktoren des Nachkriegsgeschehens erwiesen, macht jedoch die Frage nach den Möglichkeiten gesellschaftlicher Neuordnung keineswegs überflüssig. Sie kann uns zumindest Anhaltspunkte dafür liefern, an welche sozial-ökonomischen wie bewußtseinsmäßigen Bedingungen die deutsche (und hier insbesondere die sowjetzonale) Nachkriegsentwicklung anzuknüpfen hatte. Denn die Konkursmasse an sozialem Substrat, die der Nationalsozialismus hinterlassen hatte, ging als historische Erbschaft in den Entstehungsprozeß der zweiten deutschen Nachkriegsgesellschaft ein und verlieh ihr in dem einen oder anderen Falle ein ganz besonderes Gepräge, bedingte etwa die Art des „Arrangements" mit den neuen Verhältnissen, bestimmte den Blickwinkel, die Hoffnungen und nicht zuletzt das kollektive Gedächtnis.

Gehen wir zunächst auf einige Spezifika dieser Ausgangsbedingungen ein, die für eine Beurteilung der Betriebsräte-Praxis ins Gewicht fallen. Als bedeutsam erwies sich hier vor allem das beträchtliche Ausmaß an wirtschaftlicher Zerrüttung und allgemeiner Desorganisation des öffentlichen Lebens, insbesondere der staatlichen Verwaltung. Für die Betriebe (wie für die meisten Wirtschaftseinheiten schlechthin) waren in der Regel die vormaligen Wirtschaftsbezüge zerfallen und damit auch das komplizierte Geflecht arbeitsteiliger Produktions- und Lieferbeziehungen. Dieser weitgehende Zusammenbruch des industriell entwickelten Zirkulationssystems von Geld und Waren, der kommunikativen Zusammenhänge, des allgemeinen Verkehrs und Transports warfen die Betriebe in die *insulare Lage* von Selbstversorgern zurück. Es verbreiteten sich Elementarformen des einfachen Tauschs, die – wie man sie nannte — *Kompensationsgeschäfte* und die *improvisierte Produktion* von Erzeugnissen, die von der erfindungsreichen Herstellung und Verwendung diverser Austauschstoffe bis zur gezielten Schundproduktion reichten[1].

Bei einem Großteil der industriellen Produktionsstätten entstand damit in der unmittelbaren Nachkriegszeit eine Art *soziales Vakuum*, das ohne nennenswerte Widerstände von jenen Kräften gefüllt werden konnte, die vor Ort in den Betrieben erste, wenn auch noch so embryonale Initiativen der Wiederingangsetzung von Produktion und Versorgung, der Beseitigung der Kriegseinwirkungen und anderes mehr ergriffen. Es ergab sich „innerhalb der Industriebetriebe", wie Theo Pirker an verschiedenen Stellen hervorhob, „1945 und in den folgenden Jahren tatsächlich ein ‚machtfreier' Raum, in den die Gewerkschaften und insbesondere die Betriebsräte leicht einzudringen vermochten."[2]

Was Theo Pirker hier für die Entwicklung in den Westzonen formulierte, läßt sich auch auf die Lage in der SBZ übertragen. Auch hier waren es in der Tat häufig Betriebsräte, die sich in dieser ersten Zeit des wirtschaftlichen Zusammenbruchs als Akteure einer sozialen Wiederbelebung bewährten und die sich — bisweilen mit viel improvisatorischem Geschick — bemühten, die Produktionen in „ihren" Betrieben wieder aufzunehmen. Die Betriebsräte waren es, „die vielfach die Leitung der Betriebe übernahmen" und die auch, so etwa die Einschätzung des DDR-Historikers Keller, „in den Betrieben" zunächst die „ausschlaggebende Rolle ... spielten".[3] Ihr soziales und produktives Engagement mochte in der SBZ sogar noch nachhaltiger in Erscheinung getreten sein als in den Westzonen, da es das frühere Leitungspersonal hier häufig vorzog, vor der anrückenden Roten Armee in die deutschen Westgebiete zu flüchten. So erinnert sich beispielsweise der ehemalige KPD-Spitzenfunktionär Fritz Selbmann, nach seiner Befreiung aus dem Konzentrationslager Mitglied der sächsischen Landesverwaltung und ab 1946 sächsischer Minister für Wirtschaft und Wirtschaftsplanung, daß im „Mai 1945 ... die meisten Direktoren der größeren Betriebe aus dem Lande geflüchtet" waren, was u. a. zur Folge hatte, daß die Betriebe zu einem erheblichen Teil ohne Leitung waren."[4] Es ist deshalb auch nicht verwun-

---

1 Vgl. z. B. die Hinweise über die materialwidrige Verwendung von Rohstoffen bei Wilhelm Hintze, Die Produktionsplanung, in: *Die Wirtschaft*, 3. Jg. (1948), H. 4, S. 105; ähnlich: Qualitätsproduktion im Zweijahresplan, in: *Die Wirtschaft*, 3. Jg. (1948), H. 11, S. 351; die berühmten Stahlhelme, die zu Kochtöpfen verarbeitet wurden, dürften wohl das am häufigsten zitierte Beispiel für die Nutzung alternativer Rohstoffquellen sein. Weniger bekannt ist vermutlich folgendes Beispiel erfindungsreicher Improvisation eines pharmazeutischen Werkes, das seine Kohle nach folgendem Rezept seines Betriebsleiters selbst fabrizierte: Man nehme Sägemehl, Kohlenstaub und Salbenreste, vermische alles zu einer Masse, stampfe sie in Kisten und lagere alles 24 Stunden zur Trocknung aus. Die dann steinharte Masse kann, in Klumpen geschlagen, zur Feuerung benutzt werden und besitzt „einen guten Heizwert". — Kohle selbst gewonnen, in: *Der Volksbetrieb*, 1. Jg. (1948), H. 1, S. 14.
2 Theo Pirker. *Die verordnete Demokratie. Grundlagen und Erscheinungen der „Restauration"*, Berlin 1977, S. 61.
3 Dietmar Keller, *Lebendige Demokratie. Der Übergang von der antifaschistischen zur sozialistischen Demokratie in der volkseigenen Industrie der DDR 1948—1952*, Berlin (DDR) 1971, S. 24, 25; vgl. auch Isaac Deutscher, *Reportagen aus Nachkriegsdeutschland*, Hamburg 1980, S. 147.
4 Fritz Selbmann, Wir lernten planen und Betriebe leiten, in: *Die Ersten Jahre. Erinnerungen an den Beginn der revolutionären Umgestaltungen*, Berlin (DDR) 1979, S. 74.

derlich, daß die Betriebsrats-Initiativen nicht nur von der sowjetischen Besatzungsmacht und der sich etablierenden kommunistischen Führungsschicht geduldet wurden, sondern sogar bis weit in das Jahr 1947 hinein deren fördernde Zustimmung genossen. Bezeichnenderweise heißt es etwa in einer Veröffentlichung des FDGB vom August 1945: „*Initiative von unten* bei allen Fragen des wirtschaftlichen Aufbaus, kein langes Warten auf behördliche Regelungen, Tatsachen schaffen, Betriebe in Gang bringen, das ist das Wichtigste."[5] Und noch im Sommer 1947 konnte man im amtlichen Organ der „Deutschen Verwaltung für Arbeit und Sozialfürsorge" der SBZ offiziöse Stellungnahmen nachlesen, die von den Betriebsräten als Organe einer „demokratischen Selbstverwaltung des gesamten gesellschaftlichen Lebens" sprachen und in denen sogar die Ansicht vertreten wurde, daß bei derlei „Selbstverwaltungskörperschaften ... *jedes Subordinationsverhältnis ausgeschlossen wird* "[6].

Die anfängliche Bedeutung der Betriebsratstätigkeit wurde darüber hinaus noch durch den Umstand verstärkt, daß der überbetriebliche Verwaltungsapparat der neu entstehenden deutschen Wirtschaftsbehörden, auf den sich die sowjetischen Besatzer sukzessive zu stützen versuchten, über ein zahlenmäßig nicht ausreichendes, geschweige denn entsprechend qualifiziertes Personal verfügte, um auf das betriebliche Produktionsgeschehen überhaupt einwirken zu können. Selbmann selbst hatte beispielsweise für die gesamte (!) sächsische Industrie zunächst nur einen „einzigen Referenten zur Verfügung" und, wie er meinte, von seinem neuen Aufgabengebiet „nur nebelhafte Vorstellungen"[7]. Noch Ende 1946 verfügte die „Hauptverwaltung landeseigener Betriebe" als wirtschaftsleitende Spitzenbehörde Sachsens — immerhin das industrielle Kerngebiet der SBZ — über nicht mehr als 172 Mitarbeiter. Die dieser sächsischen Hauptverwaltung unterstehenden 64 Industrieverwaltungen, die den branchenmäßig zusammengefaßten volkseigenen Betrieben vorstanden, zählten ganze 1056 Verwaltungskräfte in ihren Reihen[8], mithin nicht mehr als durchschnittlich 16,5 Mitarbeiter je Industrieverwaltung, in deren Händen die ersten bescheidenen Ansätze einer notdürftigen Produktions- und Verteilungsplanung der schätzungsweise 1200 Industriebetriebe ruhen sollten[9].

Das mag zunächst einmal hinreichen, um den anfänglichen Zustand eines — innerbetrieblich — „‚machtfreien' Raums" zu skizzieren, in dem die Betriebsräte für einen Übergangszeitraum von etwa drei Jahren eine maßgebliche Rolle spielen sollten. Je weiter freilich der Verwaltungsaufbau in der SBZ und die politische Konsolidie-

---

5 *Die historischen Beschlüsse der Berliner Konferenz. Keine Versklavung des deutschen Volkes. Mittlerer europäischer Lebensstandard uns zugesichert. Die Zukunft Deutschlands liegt in unserer Hand*, FDGB, *Schulungs- und Referentenmaterial*, Ausg. Nr. 1, 1945, S. 7.
6 Rolf Helm, Zum Betriebsrätegesetz des Kontrollrats, in: *Arbeit und Sozialfürsorge*, 2. Jg. (1947), H. 6, S. 120.
7 Selbmann, Wir lernten planen (Anm. 4), S. 72.
8 Vgl. W. Brodde, Die Rentabilität landeseigener Betriebe, in: *Die Wirtschaft*, 2. Jg. (1947), H. 5, S. 142.
9 Vgl. *Die Rolle der Arbeiterschaft in den volkseigenen Betrieben, Schulungs- und Referentenmaterial*, Ausg. Nr. 36, Anf. Jan. 1948, S. 4; vgl. auch: Wie arbeitet das Amt für Wirtschaftsplanung, in: *Die Wirtschaft*, 2. Jg. (1947), H. 5, S. 144.

rung der kommunistischen Führungsschicht voranschritten, um so mehr mußten die relative Selbsttätigkeit und die politisch diffuse Offenheit der Betriebsrätestrukturen mit den sich herauskristallisierenden neuen gesellschaftlichen Verhältnissen in Konflikt geraten: Die immer massiver wirkende Tendenz zur durchgehenden ökonomischen Regulierbarkeit des betrieblichen Produktionsgeschehens und zur Befestigung umfassender politischer Zugriffschancen und Kompetenzansprüche auf zentraler Entscheidungsebene stand naturgemäß im Widerspruch zur faktischen Autonomie der betrieblichen Räte. Im November 1948 war die machtpolitische und die verwaltungsmäßige Restrukturierung der sowjetischen Besatzungszone offenkundig soweit gediehen, daß man den Betriebsratsfunktionen nach einer kurzfristigen Kritikkampagne auch ein formelles Ende setzen konnte. Auf seiner Bitterfelder Konferenz, die der in seinem zentralen Apparat bereits eindeutig von früheren KP-Mitgliedern dominierte FDGB vor 600 geladenen Gewerkschaftsfunktionären abhielt, wurde per Beschluß der Konferenz und per Weisung an den geschäftsführenden Bundesvorstand festgelegt, daß sämtliche Betriebsratsfunktionen an die entsprechenden FDGB-Gliederungen im Betrieb, die sogenannten Betriebsgewerkschaftsleitungen, übergehen sollten. Alle Rechte und Pflichten, die aus dem Kontrollratsgesetz Nr. 22 (der alliierten Gesetzesgrundlage der Betriebsräte; d. Verf.) hervorgingen, so formulierte der Beschluß, seien ,,den Betriebsgewerkschaftsleitungen [zu] übertragen"[10]. Damit verschwanden — im übrigen relativ sang- und klanglos — die Betriebsräte von der historischen Bildfläche der weiteren SBZ- und DDR-Entwicklung.

An dieser Stelle sollen uns nicht die genaueren Umstände, Zusammenhänge und politischen Interessen, die zur Liquidation der Räte führten, beschäftigen, sondern die Bewertung ihrer vorangegangenen Praxis, wie sie uns in verschiedenen historischen Studien vor allem der jüngeren Zeit vorgestellt wurde. Es lag und liegt nahe, die Betriebsrätepraxis der unmittelbaren Nachkriegszeit vor dem Hintergrund von Selbstverwaltungskonzepten bzw. als historisch nutzbare Ansätze einer authentisch-sozialistischen Neuordnung in Deutschland zu begreifen[11]. Fanden nicht im Aufbau-Engagement der Betriebsräte die Konzepte sozialer Befreiung, die Geschichts- und Subjektentwürfe, wie sie seit dem 19. Jahrhundert zu den grundlegenden ideologischen Reflexen aller Strömungen der Arbeiterbewegung gehörten, ihren empirisch manifesten Ausdruck? Die Rätepraxis als Verkörperung jener sozialen und Revolutions-Utopie, in der sich der Emanzipationswille vom Zwangscharakter der Arbeit ausdrückte?

---

10 Die Bitterfelder Beschlüsse (25./26.11.1948), in: *Aus der Arbeit des FDGB*, Berlin (DDR) 1950, S. 420; vgl. hierzu auch die Begründung für die Auflösung der Betriebsräte-Strukturen bei Alfred Lange, Vom Betriebsrat zur Betriebsgewerkschaftsleitung, in: *Die Arbeit*, 3. Jg. (1949), H. 1, S. 6—8; ders., Zum Thema ,,Vom Betriebsrat zur Betriebsgewerkschaftsleitung", in: *Die Arbeit*, 3. Jg. (1949), H. 12, S. 563—564.

11 Vgl. hierzu exemplarisch die Studie von Lutz Niethammer/Ulrich Borsdorf/Peter Brandt (Hrsg.), *Arbeiterinitiative 1945. Antifaschistische Ausschüsse und Reorganisation der Arbeiterbewegung in Deutschland*, Wuppertal 1976, insbes. S. 10—13, 293—304; die Studie befaßt sich vor allem mit der Westzonen-Entwicklung; dieses Interpretationsmuster beherrscht auch die Studie von Eberhard Schmidt, *Die verhinderte Neuordnung 1945—1952*, Frankfurt a. M. 1970.

Nicht zufällig — so scheint es — griff man in einer Reihe kritisch-historiographischer Beiträge zur Lage der Industriearbeiterschaft in der SBZ nach 1945 bereitwillig auf jene Interpretationsfiguren des Geschichtsprozesses zurück, die gewiß viel mit dem zu tun haben, was die „äußere politische Kultur" (Pirker)[12] der Arbeiterbewegung oder ihr theoretisch-ideologischer Reflex genannt werden kann, die jedoch vielfach an den tatsächlichen Arbeits- und Lebensumständen der Betriebsbelegschaften und ihrer unmittelbaren Repräsentanten vorbeideuten. Als sinnstiftender Identifikationspunkt und historische Zielprojektion wirkt der Gedanke sozialrevolutionärer (d. h.: realer) Emanzipation ja nicht nur in die Binnenstruktur der Arbeiterbewegung und ihre Selbstreflexion hinein. Er fügte sich vielmehr auf Umwegen auch in die allgemeinen Kulturproduktionen kapitalistischer Gesellschaften ein, löste sich von seinen ehemals praktischen Ausgangspunkten und Erfahrungen, trieb eigene Wurzeln, versteckte oder offenbarte sich etwa in den Interpretationslinien der Geisteswissenschaften und erscheint auch — gewissermaßen als reinkarnierte Existenzform — in den Denk- und Deutungsmustern der vom eigenen Verfall bedrohten sozialwissenschaftlichen Intelligenz unserer Tage. Gehen wir zunächst den Tatbeständen nach.

Für Sarel, der in seiner (empirisch freilich höchst unzulänglich belegten) Studie zur Geschichte des „proletarischen Widerstands in der DDR" anarcho-syndikalistische Deutungsmuster bemüht, waren zunächst die nach Kriegsende in ihre Betriebe „zurückgekehrten Arbeiter die Herren der Lage. Um die Arbeit zu organisieren, gaben sie sich eine Leitung, und diese bekam ganz natürlich den Namen Betriebsrat."[13] Als „Herren der Lage" führten diese Betriebsräte — folgt man Sarel — „den Vorsitz, wenn die Arbeiter Entscheidungen über die auszuführenden Arbeiten, die Verteilung der Produkte, die Verbindungen zu anderen Betrieben usw. zu treffen hatten"[14].

Für Bust-Bartels, der dem Sarelschen Schema folgt, „übten die Arbeiter und ihre Betriebsräte tendenziell die Kontrolle über die materielle Struktur des Produktionsprozesses aus"[15]. Die Arbeiter taten das „unter Leitung der Betriebsräte" sogar — wie er meint sagen zu können — „mit bemerkenswertem Erfolg"[16]. Dazu verweist er insbesondere auch auf die Produktionsentwicklung der unmittelbar unter sowjetischer Verwaltung stehenden Betriebe, der sogenannten sowjetischen Aktiengesellschaften (SAG) im Jahre 1947. Das Pech dieser letzteren These besteht allerdings darin, daß spätestens ab März 1946 in den SAG-Betrieben von irgendeiner selbstverwalteten Produktionslenkung durch die Betriebsräte keine Rede sein konnte.

---

12 Vgl. in diesem Band Theo Pirker, Vom „Ende der Arbeiterbewegung", oben S. 41.
13 Benno Sarel, *Arbeiter gegen den Kommunismus. Zur Geschichte des proletarischen Widerstands in der DDR (1945—1958)*, München 1975, S. 12.
14 Ebd.
15 Axel Bust-Bartels, *Die Entwicklung der Leistungsentlohnung, der Arbeitsbedingungen und des innerbetrieblichen Widerstandes der Arbeiter in der DDR und das Problem der Technologieentwicklung*, Diss., Göttingen 1979, S. 18 (als Buch erschienen unter dem Titel: *Herrschaft und Widerstand in den DDR-Betrieben. Leistungsentlohnung, Arbeitsbedingungen, innerbetriebliche Konflikte und technologische Entwicklung*, Frankfurt a. M./New York 1980).
16 Ebd., S. 18.

Wenn überhaupt, dann erschöpften sich etwaige Einflußnahmen auf das Produktionsgeschehen im Falle der SAG-Betriebe auf entsprechende Initiativen zur Steigerung der Produktionsleistung, der Arbeitsproduktivität u. ä., wie sie für das sowjetische Wirtschaftssystem typisch sind[17].

Selbst eine empirisch seriös fundierte Arbeit wie etwa Suckuts historische Rekonstruktion der Betriebsrätebewegung in der SBZ geht (allerdings ohne dann an dieser Stelle entsprechende Belege beizubringen) ohne Umschweife davon aus, daß in „vielen Betrieben" die Betriebsräte eine „selbstbestimmte Produktionsorganisation" ausübten, die sich immerhin durch so ausgebildete Praktiken ausgezeichnet haben soll wie die „Fähigkeit, das Produktionsprogramm rasch den betrieblichen Möglichkeiten und gesellschaftlichen Erfordernissen anzupassen"[18].

Staritz' Frühgeschichte der SBZ/DDR schließlich, die sich als erste Studie überhaupt systematisch mit der Rolle der Betriebsräte befaßt, steht dem vermeintlichen Umfang selbstverwalteter Produktionspraktiken zwar eher skeptisch gegenüber, doch mündet auch seine Untersuchung in die These, daß die „speziell in den Anfängen der Betriebsräte-Bewegung deutlich erscheinenden Momente eines (tendenziell) massenhaften politischen Engagements für eine anti-kapitalistische, intentional häufig sozialistische Umwälzung" durch den administrativen Führungsanspruch der SED zunichte gemacht wurden[19].

Nun kann es, um etwaigen Mißverständnissen schon an dieser Stelle vorzubeugen, im weiteren nicht darum gehen, das soziale und wirtschaftliche Engagement der Betriebsräte nach 1945 schlechthin zu leugnen, ein Engagement, das oft von ersten Entnazifizierungsmaßnahmen im Betrieb bis hin zur elementaren Nahrungs- und Bekleidungsversorgung ihrer Kollegenschaft reichte[20]. Skepsis ist jedoch dann angebracht, wenn zum einen die verschiedenen betrieblichen Aktivitätsmuster der Betriebsräte umstandslos zur „selbstverwalteten Produktionsorganisation", zur „Kontrolle" oder gar „Leitung" der „Struktur des Produktionsprozesses" überhöht werden und wenn zum anderen das spontane Aufbau-Engagement der Räte als der schon subjektiv entwickelte Ausdruck all jener sozialistischen Neuordnungspotenzen gedeutet wird, die in „der Klasse" bereits seit langem schlummerten und gewissermaßen nur noch auf ihren revolutionären Abruf warteten. Wenn aber ihr historischer Entwurf stimmen sollte, dann wird die Geschichtsmetapher von der Ar-

---

17 Vgl. Bernhard Hecht, Entstehung, Charakter und Bedeutung der Sowjetischen Aktiengesellschaften in Deutschland, in: *Zwei Jahrzehnte deutsch-sowjetische Beziehungen 1945—1965*, Berlin (DDR) 1965, S. 97—100; ähnlich: Wolfgang Mühlfriedel, SAG-Betriebe — Schulen des Sozialismus. Eine Skizze der historischen Entwicklung des staatlichen sowjetischen Eigentums an industriellen Produktionsmitteln in der sowjetischen Besatzungszone und in der Deutschen Demokratischen Republik, in: *Jahrbuch für Wirtschaftsgeschichte*, 1980, Teil IV, S. 177—178.
18 Siegfried Suckut, *Die Betriebsrätebewegung in der Sowjetisch Besetzten Zone Deutschlands (1945—1948)*, Frankfurt a. M. 1982, S. 195, 335—348.
19 Dietrich Staritz, *Sozialismus in einem halben Land*, Berlin 1976, S. 117.
20 Vgl. z. B. die Begrüßungsansprache des Vorsitzenden der Betriebsratsvertretung der Hanomag-Werke an den ersten Parteitag der SPD 1946 in Hannover, hier zit. bei Theo Pirker, *Die SPD nach Hitler. Die Geschichte der Sozialdemokratischen Partei Deutschlands 1945—1964*, S. 46—50.

beiter-Selbstverwaltung in der unmittelbaren Nachkriegszeit, die als Entwicklungschance letztendlich nur höheren Gewalten zum Opfer fiel (den Besatzungsmächten u. a.), nicht umhin können, eine entsprechende Praxis der Arbeiter eben dort *nachzuweisen,* wo eine authentisch-sozialistische Neuordnung ihren radikalen Ausgangspunkt hätte nehmen müssen: im Bereich von Produktion und Leitung.

Gehen wir zunächst der Frage nach, inwieweit die Betriebsräte auch und insbesondere auf die Organisation des betrieblichen Produktionsprozesses Einfluß nahmen. In dem — zugestandenermaßen recht spärlichen — Quellenmaterial zu dieser Frage findet sich u. a. eine Erhebung des FDGB-Bundesvorstands vom August 1947, die hinsichtlich der Mitbestimmungspraxis der Betriebsräte zu folgenden Ergebnissen kam:

In nur 31 von 100 Betrieben wurde an der Aufstellung des betrieblichen Produktionsplans mitgewirkt, in 19 wurden auf Belegschaftsversammlungen Arbeitspläne des Betriebsrats aufgestellt, in ganzen 16 wirkte der Betriebsrat bei der Preiskalkulation mit, und in nur 22 Fällen konnte man von ersthaften Anstrengungen zur weiteren Qualifikation für die anstehenden Selbstverwaltungsaufgaben sprechen[21]. Der Kronzeuge dieser Auflistung, der spätere FDGB-Vorsitzende Herbert Warnke, war in *diesem* Zusammenhang durchaus unverdächtig. Denn trotz der eher bedenklich zu wertenden Umfrageergebnisse hieß es hierzu in seiner generellen Einschätzung: „In der Praxis lernen die von den Belegschaften gewählten Betriebsräte — und zwar meistens überraschend schnell, im Interesse des arbeitenden Volkes, auch in der Planung und Leitung der Produktion mittätig zu sein."[22] Zu diesem Zeitpunkt wurde die Aktivität der Betriebsräte noch unterstützt. Dieselben Zahlen benutzte übrigens der DDR-Autor Werner Krause Ende der fünfziger Jahre, um das genaue Gegenteil der damaligen Einschätzung des FDGB-Vorsitzenden zu untermauern ...

Diese auf einen relativen Mangel an produktions-organisatorischer Einflußnahme hindeutenden Umfrageergebnisse der FDGB-Erhebung decken sich mit einer Reihe zeitgenössischer Aussagen gewerkschaftlicher Betriebsaktivisten, von Betriebsräten u. a. In den relativ vollständig verfügbaren Sitzungsberichten des damals noch vom FDGB organisierten provisorischen Bezirksausschusses Berlin-Charlottenburg[23] hieß es u. a. im Juli 1946: „Bezüglich des Mitbestimmungsrechts der Betriebsräte wird festgestellt, daß diese von ihrem Recht keinen genügenden Gebrauch machen. Erforderlich ist, daß sie noch mehr geschult werden."[24] Es verdient festgehalten zu werden, daß sich diese Aussage nicht nur auf den Charlottenburger Bezirk allein bezog; vielmehr hielt die Protokollnotiz in diesem Falle den Generaltenor einer Konferenz *aller* Berliner Bezirksausschüsse und gewerkschaftlichen Verbandsvorstände vom 1. Juli 1946 fest! In einer vom Bezirksausschuß Ende Oktober gemeinsam mit

---

21 Vgl. Herbert Warnke, Betriebsräte und Produktion, in: *Die Wirtschaft,* 2. Jg. (1947), S. 76—77.
22 Ebd., S. 76.
23 *Sitzungsberichte, Bezirksausschuß des FDGB, VII. Bezirk Berlin-Charlottenburg,* Archiv des DGB in Düsseldorf, Einzelstück aus der Abteilung „FDGB" (keine Archivzugangsnummer); im folgenden zit. als *SB/BZACh;* offenkundige Rechtschreibe- und grammatische Fehler wurden korrigiert.
24 *SB/BZACh* v. 2.7.1946.

betrieblichen Gewerkschaftsfunktionären und Betriebsräten durchgeführten Sitzung über die Rolle des neuen Betriebsrätegesetzes wurde die Stellungnahme eines anwesenden Betriebsrates wie folgt protokolliert:

„Bezüglich des Mitbestimmungsrechts führte er aus, daß dieses wohl zu Recht besteht, aber doch in den wenigsten Fällen zur Anwendung gelangt. Er richtet an den Vorstand des FDGB die Frage, ob denn die Gewerkschaft überhaupt in der Lage sei, die Betriebsräte in dieser Frage zu unterstützen. Schwierigkeiten sind mehr als genug für die Betriebsräte vorhanden, denn es ist nicht einfach, sich Einblick in die Kalkulationen sowie in ihre [der Unternehmer; d. Verf.] eventuellen Schwarzmarkt-Geschäfte zu verschaffen."[25]

Auf derselben Sitzung meinte ein weiterer Diskussionsteilnehmer:

„Bezüglich des Vorwurfs, daß die Betriebsräte nicht in der Lage sind, die Bilanzprüfung durchzuführen, muß erwähnt werden, daß dieses Verschulden bei den Betriebsräten selbst liegt. Es werden Schulungskurse für die Betriebsräte durchgeführt, zu denen nur erschreckend wenige erschienen. Von den ca. 130 gemeldeten Teilnehmern des letzten Kurses waren ca. 20 bis 30 zum Schluß anwesend."[26]

Dem letztgenannten Punkt kam gerade im Hinblick auf die betriebliche Preisbildung und entsprechende Preiskontrollen (prinzipiell galten die Stoppreise auf der Basis des Jahres 1944) besondere Bedeutung zu. Mehrmals hatte die sowjetische Militäradministration mit entsprechenden Befehlen an die deutschen Behörden versucht, den Spekulationspreisen, ungesetzlichen Preissteigerungen u. a. durch verschärfte Kontrollen, Strafandrohung und andere Maßnahmen entgegenzuwirken[27]. Angesichts der noch vorhandenen Mängel im Verwaltungsaufbau war es allerdings nahezu unmöglich, die Preisbildung des noch umfangreichen privaten Wirtschaftssektors in den Griff zu bekommen, zumal in vielen Fällen und mit behördlichem Einverständnis von der oft unrentablen Preisbasis des Jahres 1944 abgewichen werden konnte. Die mißbräuchliche Nutzung solcher Schlupflöcher in der Preisbildung hing demnach in entscheidendem Maße davon ab, inwieweit es *innerhalb der Betriebe* entsprechende Kräfte gab, die fähig und willens waren, etwaige Preismanipulationen bereits auf Betriebsebene aufzudecken. Die Betriebsräte hätten also gerade in diesem Fall ihre innerbetrieblich strategische und volkswirtschaftlich so bedeutsame Stellung entsprechend einsetzen können. An Versuchen, sie für die Zwecke der Preiskontrollen zu mobilisieren, fehlte es offenkundig nicht, wie beispielsweise auch aus den Schulungsbemühungen des FDGB zu dieser Frage deutlich wird[28]. In

25 *SB/BZACb* v. 29.10.1046.
26 Ebd.
27 Vgl. z. B. *Gesetze, Befehle, Verordnungen, Bekanntmachungen* nach den Veröffentlichungen der Landesverwaltung Sachsen (Loseblattkartei), *Befehl Nr. 63 des Obersten Chefs der Sowjetischen Militärverwaltung — des Oberkommandierenden der Gruppe der sowjetischen Besatzungstruppen in Deutschland, Verstärkung der Preiskontrolle, 26. Februar 1946*, S. 25—26; vgl. auch *Zentralverordnungsblatt der Deutschen Wirtschaftskommission* (im folgenden: *ZVOBL. d. DWK) 1948, Befehl Nr. 267 v. 4. Dezember 1947*, S. 23; in diesem Befehl wurde insbesondere darauf hingewiesen, daß die deutschen Organisationen in ihrem „Kampf nachgelassen" hätten und „es häufig" duldeten, daß ungesetzliche Preise zur Anwendung kämen.
28 Vgl. *Betriebsräte und Preisbildung, FDGB, Schulungs- und Referentenmaterial*, Ausg. Nr. 25, Anf. Jan. 1947.

einer Preisanordnung vom Oktober 1947 der Deutschen Zentralfinanzverwaltung ging man immerhin soweit, den Betriebsräten und betrieblichen Gewerkschaftsorganen umfassende Kontrollrechte insbesondere im Falle von Preiserhöhungsanträgen zu gewähren[29]. Die Betriebsräte wurden sogar explizite dazu „verpflichtet", die sachgemäße Verwendung von Rohstoffen, die bedarfsgerechte Produktion und den ordnungsgemäßen Absatz von Erzeugnissen sowie deren Kalkulation und die Buchführung zu kontrollieren[30].

Ganz offenkundig gelang es jedoch nicht, relevante Teile der Betriebsräte auf wirksame Weise in solche produktionskontrollierenden Funktionen einzubinden. Nach Angaben der jüngst in der DDR veröffentlichten „Geschichte des FDGB" unternahmen „in der Zeit vom 1. April bis 15. November 1946 die Betriebsräte rund 250 000 Betriebs- und Geschäftskontrollen, bei denen 35 000 Preisverstöße festgestellt . . . wurden"[31]. Solche Daten suggerieren auf den ersten Blick ein beachtliches Maß an Aktivität, bezeugen jedoch in Wahrheit das genaue Gegenteil. Man müßte nämlich hinzufügen, daß es in der SBZ (Stand 1947) allein 40 000 meldepflichtige Industriebetriebe gab[32], von den Handwerks-, Handels- und anderen Dienstleistungsbetrieben, deren Anzahl die der Industriebetriebe noch weit überstieg, gar nicht zu reden[33]. Nähme man nur diese Industriebetriebe zur Grundlage und ginge davon aus, daß lediglich alle 14 Tage in der genannten Zeitspanne von rund acht Monaten eine einzige Betriebskontrolle je Betrieb durchgeführt worden wäre (ein Zeitabstand, der naturgemäß seinen Kontrollzweck verfehlen würde!), dann hätte die Statistik nicht 250 000, sondern gut 650 000 Kontrollen ausweisen müssen. An solchen Zahlenvergleichen zeigt sich, wie sehr die Basisaktivitäten in diesem Bereich offenkundig dem berühmten Tropfen auf den heißen Stein glichen. Der Tenor zeitgenössischer Einschätzungen bestätigt diesen Eindruck. So hieß es in der Zeitschrift „Die Wirtschaft" in diesem Zusammenhang, daß es nicht einfach „in das Belieben der Betriebsräte gestellt werden [könnte], ob sie die Preiskontrollen in den Betrieben ausüben wollen oder nicht. Die Betriebsräte mußten deshalb dazu verpflichtet werden, die Kontrolle tatsächlich auszuüben."[34] Und im Fachorgan „Der Volksbetrieb" klang unterschwellig auch eine gewisse Enttäuschung angesichts des Desinteresses der Arbeiter gegenüber dem betrieblichen Produktionsprozeß an, wenn es u. a. hieß: „Von Hunderten von Arbeitern der Fabrik, die Pappsohlen unter Kinderschuhe nagelten, hat nicht einer den Betriebsrat und die Gewerk-

---

29 Vgl. *Preisanordnung Nr. 63 über die Einschaltung der Gewerkschaften und Betriebsräte bei der Preiskontrolle,* veröffentlicht in: *Deutsche Finanzwirtschaft,* 1. Jg. (1947), H. 8, S. 45.
30 Ebd., § 2.
31 *Geschichte des Freien Deutschen Gewerkschaftsbundes,* Berlin (DDR) o. J. (1982), S. 225.
32 Diese Angabe machte Fritz Selbmann in seinem Referat auf der Leipziger Tagung der volkseigenen Betriebe im Juli 1948, hier zit. nach: Die Volksbetriebe — das Rückgrat des Wirtschaftsaufbaus, in: *Der Volksbetrieb.* 1. Jg. (1948), H. 7, S. 98.
33 Einen gewissen Annäherungswert dürfte folgende Zahl bieten: Nach Erhebungen aus dem Jahr 1950 gab es in der DDR 94 970 Arbeitsstätten (ohne „Übrige Dienstleistungen und Verwaltung"; Arbeitsstätte = örtlich eigenständige Niederlassung) mit mehr als sechs Beschäftigten; eigene Berechnung nach *Statistisches Jahrbuch der Deutschen Demokratischen Republik 1956,* Berlin (DDR) 1957, S. 150.
34 Karl Steiner, Betriebsräte in der Preiskontrolle, in: *Die Wirtschaft,* 3. Jg. (1948), H. 1, S. 6.

schaftsgruppe angestoßen oder notfalls die Gewerkschaft alarmiert."[35] Vordergründig und ganz allgemein schien es an dieser Stelle nur um ein „gedankenloses und stets gehorsames Arbeiten" zu gehen, um die Kritik am mangelnden Engagement, an der Indifferenz gegenüber dem Allgemeininteresse. Doch läßt sich dieser Gedanke für unsere besondere Fragestellung noch weiter zuspitzen. Denn solche und andere Schundproduktionen, die Schwarzmarktgeschäfte, die Hortung von Material etc. waren de facto immer nur möglich aufgrund der Duldung, Gleichgültigkeit oder Unkenntnis der entsprechenden Belegschaftsvertreter. So hieß es denn auch appelativ im „Volksbetrieb": „Mitbestimmung und Kontrolle durch die Betriebsräte sind unerläßliche Notwendigkeiten und ein Mittel, jede volkswirtschaftlich unrichtige Produktion zu verhindern."[36]

Dieser Mangel an effektiver Einflußnahme auf betriebliche Produktions- und Leitungsfragen seitens der Betriebsräte kombinierte sich andererseits mit einer umfänglichen sozial-ökonomischen Aktivität. Offenkundig waren die Räte auch hier wesentlich mehr von dominanten Belegschaftsinteressen getragen als in den übergreifenden Fragen der betrieblichen Produktionsgestaltung und -kontrolle. So scheinen sie vor allem bei der Lösung der besonders gravierenden Versorgungsprobleme ein oft bemerkenswertes organisatorisches Talent bewiesen zu haben. Sie waren – je nach Möglichkeit und gemessen am einzelnen Arbeitskollegen, der sich, mit seiner persönlichen Habe oder Schwarzmarktwaren versehen, auf Hamstertour begab – eine Art betrieblicher „Großhamsterer". Eine Folge dieser Kompensationsgeschäfte zwischen Industriebetrieben und Landwirtschaft bestand naturgemäß darin, daß sich einzelne Betriebe auf Kosten anderer und zwangsläufig auch unter Umgehung zentraler Produktions- und Absatzregulierungen mit entsprechenden Lebensmitteln eindeckten. Schon vor der Einbringung der Ernte gingen beispielsweise Betriebsräte größerer Werke dazu über, mit „einzelnen Hofbesitzern, ja ganzen Gemeinden, Lieferverträge für Getreide, Kartoffeln und Gemüse abzuschließen"[37]. Damit konstituierten sie de facto jenseits der Zugriffsmöglichkeiten zentraler Wirtschaftssteuerung einen eigenständigen ökonomischen Handlungsbereich naturaler Tauschbeziehungen mit dem Dorf, mit anderen Zulieferbetrieben usw. Nach Angaben von Keller gingen den zentralen Versorgungsorganen noch 1948 allein in Sachsen etwa 25 % der industriellen Gebrauchsgüter durch Schwarzmarkt- oder Kompensationsgeschäfte verloren[38]. Im Herbst 1948 wurden laut „Wirtschaftsstrafverordnung" Transaktionen dieser Art in schweren Fällen mit „Zuchthaus bis zu zehn Jahren" geahndet[39].

Diese betrieblichen Praktiken, sich einerseits über die zentral regulierte Materialverteilung mit entsprechenden Rohstoffen zu versorgen, jedoch andererseits einen Teil der Produktion für eigene Tauschgeschäfte abzuzweigen, waren bereits relativ

---

35 Erna Drewell, Keinen Schund produzieren, in: *Der Volksbetrieb*, 1. Jg. (1948), H. 1, S. 23.
36 Ebd.
37 *Thüringer Volk* v. 14.6.1947, S. 3.
38 Keller, *Lebendige Demokratie* (Anm. 3), S. 97.
39 Vgl. ZVOBl. d. DWK 1948, *Verordnung über die Bestrafung von Verstößen gegen die Wirtschaftsordnung (Wirtschaftsstrafverordnung)*, § 2, S. 439.

früh umstritten, auch wenn sie angesichts der allgemeinen Versorgungslage durchaus verständlich waren. Kritisch verlautete etwa von Seiten der SED:

„Es gibt Betriebsräte, die über bestimmte Kompensationswaren verfügen und so mit den Bauern in ein gutes Verhältnis kommen können. Diese Betriebsräte wollen selbstverständlich nur für ihre Belegschaften ein zusätzliches Mittagessen beschaffen. Es gibt aber auch Betriebsräte, die nicht über solche Mittel verfügen. Was kann z. B. der Betriebsrat des Elektrizitätswerkes oder der Stadtverwaltung bieten . . .?"[40]

Wie es scheint, wurde diese Problematik an der betrieblichen und gewerkschaftlichen Basis zumindest auch gesehen, gehörte doch ein Großteil der Beschäftigten gerade zu derjenigen Bevölkerungsgruppe, deren Tätigkeitsbereiche wenig Möglichkeiten für Tauschgeschäfte boten. So konnte man im Sitzungsbericht des Bezirksausschusses Charlottenburg 1946 folgende Stellungnahme nachlesen:

„Kollege Schmidt von der BVG [Berliner Verkehrs-Gesellschaft; d. Verf.], Ind. Gew. öffentliche Betriebe, bemerkte . . . , [daß] auch die Frage der Betriebs- und Werkküchen gelöst werden [muß]. Es gibt Betriebsräte, die für ihre Belegschaft gesorgt haben, zusätzlich Lebensmittel zu bekommen, während es anderen nicht möglich war und somit eine Uneinigkeit in der Arbeiterschaft hervorgerufen wurde. Hier muß sich die Gewerkschaft einschalten, es muß für alle gleich gesorgt werden."[41]

Daß die materiellen Tagesinteressen bei der breiten Masse der Arbeiter eine einseitige Vorrangstellung besaßen und ihre Verhaltensmuster prägten, spiegelte sich auch in dem enormen Ausmaß an Absentismus und niedriger Produktionsdisziplin wider. Sehr oft und begreiflicherweise waren die Hamstertour, die Erledigung dringender persönlicher Anliegen usw. für die unmittelbare Daseinsvorsorge des Einzelnen von wesentlich größerer Bedeutung, als irgendwelchen Appellen an das Gemeinschaftshandeln Folge zu leisten oder den Opfergang für etwaige „gesellschaftliche Bedürfnisse" anzutreten. Auch wenn man einwenden will, daß die Formulierung gesellschaftlicher Bedürfnisse zu diesem Zeitpunkt über weitgehend fremdbestimmte Zwecksetzungen erfolgte, in denen sich der Einzelne nicht wiedererkennen mochte, so muß auch gesehen werden, daß — umgekehrt — die verschiedenen Betriebsratsaktivitäten und dominanten Belegschaftsinteressen gesellschaftlich alternative Handlungsdimensionen, die Fähigkeit zur gesellschaftlichen Bedürfnisformulierung usw. in der Regel vermissen ließen. Es mochte zwar eine Konstruktion der marxistischen Theorie sein, daß das gesellschaftliche Allgemeininteresse im objektiven Arbeiterinteresse aufgehoben war und damit freigesetzt werden konnte; in der konkreten Bewegungsform jedoch, in der sich das empirische Arbeiterinteresse nach Kriegsende darbot, bildete es weder den praktischen Anknüpfungspunkt einer neuen gesellschaftlichen Synthesis noch war einsichtig und absehbar, aufgrund welcher Umstände die Arbeiterschaft jetzt diese Fähigkeit erlangen sollte.

Die im Nachkriegswinter 1946/47 zunehmende wirtschaftliche Zerrüttung verschärfte zudem noch die sozialen Atomisierungstendenzen und rückte mit eherner

---

40 *Thüringer Volk*, v. 14.6.1947, S. 3.
41 SB/BZACh v. 1.10.1046.

Gewalt den privaten Überlebenskampf vor allen anderen Dingen ins individuelle Blickfeld. „Nahezu alle Arbeiterfamilien", so die Lageschilderung einer FDGB-Broschüre vom Januar 1947, „sind verarmt; es fehlt buchstäblich an allem, zumal die letzten Restbestände aufgebraucht sind"[42]. Aufgrund der bereits benannten Probleme der Preiskontrolle hatten sich die allgemeinen Lebenshaltungskosten um 30 % erhöht[43]. Nach „Angaben der Versicherungsanstalt Berlin" vom Mai 1947 hatten die „Fehlbeträge in den Arbeitnehmerhaushalten mit 40 RM bis 70 RM einen bedenklichen Umfang erreicht"[44]. Den durchschnittlich verfügbaren 180 RM Arbeitsentgelt standen mittlerweile durchschnittliche Lebenshaltungskosten von 220 RM bis 250 RM im Monat gegenüber. Entsprechend niedrig war die Arbeitsdisziplin. Bei stichprobenartigen Krankenbesuchen, die beispielsweise im Oktober 1947 in Chemnitz-Stadt durchgeführt wurden (wobei betont wurde, daß man nicht über genügend Kontrolleure verfügt habe), wurden allein 473 von 2603 krankgemeldeten Personen nicht angetroffen[45], mehr als ein Fünftel also. In demselben Zeitraum betrugen die Fehlzeiten in der Kaliindustrie der SBZ (bezogen auf die Gesamtbelegschaft) 22 %, in der Metallindustrie 17,5 % und im lebenswichtigen Bau- und Baunebengewerbe sogar 28 %[46].

Kaum verwunderlich war daher auch die mangelnde Bereitschaft der breiten Masse der Arbeiter, sich gesellschaftlich zu betätigen. Das zeigt u. a. die Resonanz, auf die die Charlottenburger FDGB-Funktionäre bei ihren Betriebsbesuchen stießen:

„Die erste Frage, die [bei der Werbung; d. Verf.] immer wieder gestellt wird, lautet: ‚Was können wir vom FDGB erwarten?' Sie haben keine Kleidung und kein Schuhwerk und machen nun den FDGB für alles verantwortlich. Das, was bisher erreicht wurde, erkennen sie nicht an."[47]

Oder:

„Wir müssen versuchen, den Kollegen klarzumachen, daß unsere Aufgaben nicht auf dem Gebiet der Magen- und Bekleidungsversorgung liegt, sondern auf dem Gebiet der Stärkung und Erhöhung der Produktion und andererseits der Preisgestaltung, bei der besonders die Betriebsräte die entscheidende Rolle spielen."[48]

Wie realistisch konnten angesichts solcher Lebensumstände und Arbeitsbedingungen breiter Bevölkerungsschichten etwaige Selbstverwaltungsansätze überhaupt sein? Und welche Basis mochten entsprechende Aktivitäten der Betriebsräte und anderer bei der breiten Masse der Arbeiter finden? Zumindest scheint es ausgespro-

---

42 *Betriebsräte und Preisbildung* (Anm. 28), S. 3.
43 Vgl. ebd., S. 4.
44 H. Thalmann, Die Lohnpolitik vor neuen Aufgaben, in: *Arbeit und Sozialfürsorge*, 2. Jg. (1947), H. 9, S. 181.
45 Kontrollmaßnahmen für arbeitsunfähige Versicherte, in: *Arbeit und Sozialfürsorge*, 2. Jg. (1947), H. 21/22, S. 495.
46 Vgl. Max Seydewitz, Neuaufbau im Lande Sachsen, in: *Zeitschrift für Geschichtswissenschaft*, 17. Jg. (1969), H. 7, S. 885.
47 *SB/BZACh* v. 4.11.1946.
48 *SB/BZACh* v. 2.7.1946.

chen fragwürdig zu sein, wenn die sozial desorganisierenden und demoralisierenden Versorgungsbedingungen auch noch zu „spontan entwickelten Ansätze[n] proletarischer Selbsthilfe" verklärt werden[49]. Freilich paßt die idyllische Rede von der Solidargemeinschaft der Unterdrückten noch gut ins Bild, solange man sich allein auf die warme Zusatzverpflegung eines konkreten Betriebes bezieht, auf den Posten Brennholz, der organisiert wurde, auf die Bekleidungsversorgung, die dieser oder jener Betriebsrat anpackte. Zu dieser „Selbsthilfe" gehörten dann aber auch der massenhafte Absentismus, die geduldete Schundproduktion, der „Diebstahl von Handwerkszeug, dessen Wiederbeschaffung heute [Juni 1946; d. Verf.] außerordentlich erschwert ist, [die] Verwendung von Treibriemen als Schuhsohlen, [die] Entwendung selbst von Stühlen, Fenstern und anderem Inventar"[50]. Selbsthilfe war es denn zweifellos auch, wenn u. a. in „einem Direktionsbezirk der Eisenbahn monatlich 800 t Kohle gestohlen" wurden, wobei „die Belegschaftsmitglieder mit den Kohlendieben Hand in Hand gearbeitet haben" mußten[51].

All dies wird man gewiß mangels aussagekräftiger statistischer Daten kaum verallgemeinern können. Genausowenig wie aus jenen 16 von 100 Fällen, in denen die Betriebsräte laut Umfrage bei der Preiskalkulation immerhin mitwirkten, selbstverwaltete Produktions- und Leitungsformen geschlußfolgert werden dürfen. Doch verschieben sich zumindest die Gewichte der historischen *Gesamtinterpretation*, wenn wenigstens der Versuch gemacht wird, die rekonstruierbaren Lebensumstände der Arbeiterschaft mit den gängigen theoretischen Versatzstücken von der Arbeiter-Selbstverwaltung, der sozialistischen Neuordnung usw. zu vermitteln. Zur Deckung wären dann nämlich zwei Sachverhalte zu bringen, die umstandslos nicht einfach parallel stehen können: Wie sollten aus einer in ihrer Wirkung individualisierenden und atomisierenden sozialen wie ökonomischen Krisis, wie sollten aus Prozessen der *Ent-gesellschaftung* höhere Formen der *Ver-gesellschaftung* erwachsen? Selbst dann, wenn man die Negativwirkungen der Versorgungslage u. ä. weniger stark gewichten will als das hier der Fall ist, so muß überdies immer auch in Betracht gezogen werden, daß der Zusammenbruch des Dritten Reiches keineswegs eine „Stunde Null" markierte. Die Symptome sozialen und ökonomischen Zerfalls traten ja nicht vor dem Hintergrund einer für ihre gesellschaftlichen Ziele politisierten und im Selbstbewußtsein der eigenen Handlungsmöglichkeiten gefestigten Bevölkerung in Erscheinung; das genaue Gegenteil war bekanntermaßen der Fall. Die nahezu vollständige Zerstörung jeder politischen Kultur, die das nationalsozialistische Regime angerichtet hatte, die demoralisierende Wirkung, die die problemlose Vernichtung der politischen und gewerkschaftlichen Organisationen der weimarischen Arbeiterbewegung mit sich gebracht hatte, die Erschütterung der kriegerischen Niederlage −, all dies bildete unausweichlich die Erbschaft, an die insbesondere diejenigen Kräfte im Betrieb anzuknüpfen hatten, die das politische Engagement für eine grundsätzliche Neuordnung der gesellschaftlichen Verhältnisse zu wecken hofften. So müsse

---

49 Suckut, *Betriebsrätebewegung*, S. 351.
50 Harry Kuhn, Richtige Arbeitsmoral − höhere Arbeitsleistung, in: *Arbeit und Sozialfürsorge*, 1. Jg. (1946), S. 145.
51 Ebd.

man in den Betrieben, wie es in einer FDGB-Publikation vom September 1945 ungeschminkt hieß, „oft . . . erst die einfachsten Formen der Klassensolidarität wecken, [müsse] anknüpfen an den augenblicklichen Bewußtseinsstand der noch Unorganisierten, der Frauen und Jugendlichen und schrittweise ihre Anschauungen ändern, die oft noch fest am alten hängen"[52]. Durchaus auf ähnlicher Linie liegt das Stimmungsbild, das die Gewerkschaftsaktivisten des Charlottenburger FDGB zeichneten. Im Sitzungsprotokoll vom 31. Juli 1945, knapp ein viertel Jahr nach der bedingungslosen Kapitulation des Dritten Reiches, hieß es u. a.:

„Man sieht hier, wie demoralisierend die Nazi-Herrschaft auf die Gehirne der Massen gewirkt hat. Wir legen nun bei der Agitation von Anfang an auf die Feststellung Wert, daß die Gewerkschaften unpolitisch sind und nichts mit der Partei zu tun haben."[53]

Protokoll vom 9. August 1945:

„Die Kollegin Demke ist der Ansicht, daß die Kollegenschaft in den Betrieben von Politik nichts wissen will, weil die Parteipolitik der Nazis noch in anrüchiger Erinnerung ist. Sie ist der Auffassung, daß vorwiegend Gewerkschaftsfragen behandelt werden müßten."[54]

Protokoll vom 27. November 1946:

„Koll. Ambrosat von der Betriebsverbandsleitung des Magistrats Charlottenburg führt aus, daß im Bezirksamt zwar die Leitung mit Antifaschisten besetzt wurde, daß aber sonst in Bezug auf die übrigen Mitarbeiter in ihrer Einstellung sich nichts geändert habe und alles beim alten geblieben sei."[55]

Problemlos lassen sich freilich auch jene Dokumente beibringen, die eine völlig andere Sprache sprechen. So fordern zum Beispiel im Dezember 1945 die in Halle versammelten Betriebsräte der AEG-Betriebe der sowjetischen Besatzungszone die „entschädigungslose Enteignung" der gesamten Werke des AEG-Konzerns, wobei an der „Übergabe der einzelnen Betriebe an die demokratischen Selbstverwaltungsorgane . . . die Gewerkschaften und Betriebsräte stärkstens zu beteiligen" seien[56]; oder im November 1945 fordert eine Versammlung Senftenberger Bergarbeiter die „restlose und entschädigungslose Enteignung der Grubenkartelle unter Verwaltung der Provinzialbehörden"[57].

Man wird allerdings bedenken müssen, *wer* etwas aus *welchem Grunde* und mit *welcher Rechtfertigung* forderte oder plakativ-propagandistisch formulierte. Was zumindest an den Aussagen betrieblicher „Basis-Aktivisten" zu den Erfordernissen zukünftiger gesellschaftlicher Entwicklung zunächst und vordergründig besehen verwundert, ist die unvermittelte Koexistenz zwischen der großen gesellschaftsverän-

---

52 *Die Gewerkschaftseinheit und unsere Zukunft, FDGB, Schulungs- und Referentenmaterial,* Nr. 2, Sept. 1945, S. 7.
53 *SB/BZACh* v. 31.7.1945.
54 *SB/BZACh* v. 9.8.1945.
55 *SB/BZACh* v. 27.11.1945.
56 *30 Jahre volkseigene Betriebe. Dokumente und Materialien zum 30. Jahrestag des Volksentscheids in Sachsen,* Berlin (DDR) 1976, S. 57.
57 *Dokumente und Materialien zur Geschichte der deutschen Arbeiterbewegung,* Reihe III, Bd. 1, Berlin (DDR) 1959, S. 167.

dernden Vision und der — recht häufig mit dem Unterton der Enttäuschung vorgetragenen — Schilderung der stimmungsmäßigen Situation in den Betrieben, der mangelnden Handlungsbereitschaft der Kollegen, ihres niedrigen politischen Bewußtseinsstandes u. a. Der Traum von der revolutionären Gesellschaftsveränderung und die Ernüchterung über die gesellschaftlichen Realitäten scheinen sich unauflöslich, oftmals im selben Atemzuge miteinander zu verquicken, ohne sich ihres Widerspruchs bewußt zu sein. So findet sich beispielsweise in den Sitzungsberichten des Charlottenburger FDGB-Ausschusses folgende Stellungnahme (März 1946) zur zukünftigen gesellschaftlichen und wirtschaftlichen Entwicklung Deutschlands:

„Nur eine Planwirtschaft, die nicht den Schwankungen des Großkapitals unterworfen ist, ist dem Wiederaufbau von Nutzen ... Über die Arbeitsmarktplanung muß der Einfluß der kapitalisten Wirtschaft genommen werden [soll wohl heißen: muß der kapitalistischen Wirtschaft der Einfluß genommen werden; d. Verf.]. Über die Produktionsplanung muß der Versuch gemacht werden, daß die Gewerkschaften in der Wirtschaft mitbestimmen. Über die Betriebsräte muß die Kontrolle erfolgen, ob die Angaben der Betriebsführer stimmen, die bei Vermögensangaben, Wirtschaftsführung usw. benötigt werden. All diese Dinge sind Etappen auf dem Weg der sozialistischen Planwirtschaft."[58]

Es ist bemerkenswert, daß es sich hier entweder um akzeptierte, zumindest aber um unproblematisiert in den Raum gestellte Diskussionspunkte desselben Personenkreises handelt, der nahezu simultan über das apolitische Verhalten seiner Kollegenschaft in den Betrieben und Verwaltungen sowie deren einseitige Fixierung auf unmittelbare Konsuminteressen lamentierte. So sprach man einerseits über die Etappen auf dem Weg zur Planwirtschaft und versuchte andererseits, wenigstens die Gewerkschaftsmitgliedschaft im Betrieb zu „verkaufen", indem man versicherte, derlei hätte nichts mit „Politik" zu tun. Eine realistische Lageeinschätzung hätte zumindest auch in Erwägung ziehen müssen, daß gemeinhin nicht nur die großen politischen Perspektiven fehlten, sondern daß selbst die kleinen Dinge des innergewerkschaftlichen Lebens ohne größeren Widerhall blieben. Wie es etwa im Rahmen der Berliner Delegiertenkonferenzen des FDGB Anfang 1946 hieß, lag „die bisher durchgeführte Arbeit vorwiegend in den Händen weniger aktiver Gewerkschaftsfunktionäre"[59]. Ähnliches konstatierten übrigens auch die Charlottenburger für die fast einjährige Betriebspraxis im Bezirk. „Die Tätigkeit der Betriebsräte", so konnte man in einem Sitzungsbericht vom August 1946 nachlesen, habe eben „noch nicht genügt, um für ... die Aufgaben der Betriebsräte in breiten Kreisen der Kolleginnen und Kollegen Interesse zu wecken"[60].

Was jedoch als politisch-inhaltlicher Widerspruch erscheint, mag im Grunde nur das subjektiv verständliche Wahrnehmungs- und Deutungsmuster eines Personenkreises gewesen sein, der es immerhin geschafft hatte, trotz jahrelanger politischer Isolation und Demütigung, trotz — oder gerade wegen — der oft ertragenen Verfol-

---

58 *SB/BZACh* v. 19.3.1946.
59 *Die Bedeutung der Berliner Gewerkschaftsdelegiertenkonferenzen, FDGB, Schulungs- und Referentenmaterial*, Nr. 11, Anf. März 1946, S. 9; eine ähnliche Einschätzung gibt Christoph Kleßmann, Betriebsräte und Gewerkschaften 1945–52, in: *Politische Weichenstellungen im Nachkriegsdeutschland 1945–53*, Göttingen 1979, S. 56.
60 *SB/BZACh* v. 27.8.1946.

gung und drohenden Vernichtung seine politische Identität und Handlungsbereitschaft zu wahren. Damit stellt sich jedoch auch die Frage nach dem Geltungsbereich und den jeweils subjektiven Konstitutionsbedingungen diverser Selbstzeugnisse und vergleichbarer Nachkriegsdokumente, die oft eher als Rechenschaftslegung und politische Beschwörung einer vergeblichen Hoffnung gewertet werden müssen denn als abwägende Beurteilung realer Handlungschancen. Man mochte sich vielleicht in jenem Kleinstkreis der aus der weimarischen Arbeiterbewegung übrig gebliebenen Aktivisten als Interimszustand noch damit abfinden, daß die eigene Gesinnung für die Masse der werktätigen Bevölkerung nicht sonderlich repräsentativ war. Doch wäre es wahrscheinlich ein Eingeständnis des eigenen politischen Scheiterns gewesen, hätte man ohne Wenn und Aber historische Bilanz gezogen.

5. Zur neueren Entwicklung der Arbeiterbewegung in der Bundesrepublik: Krise und Kritik

Richard Stöss

Arbeiterbewegung und Basiskonsens:
Die Entwicklung des westdeutschen Parteiensystems

Die durch jeweils spezifische, miteinander konfligierende und vielfach auch antagonistisch gegeneinander gerichtete ökonomisch-soziale, politische und ideologisch-kulturelle Merkmale geprägten großen sozialen Bewegungen aus der Zeit des 19. Jahrhunderts haben bis etwa Mitte des 20. Jahrhunderts fast vollkommen an Bedeutung verloren. Die Auflösung dieser sozio-kulturellen Milieus und der auf sie gegründeten konkurrierenden politischen Lager erfolgte zwar ungleichzeitig — der Niedergang des Liberalismus setzte bereits vor der Jahrhundertwende ein —, entscheidend waren schließlich jedoch die Epoche des deutschen Faschismus und in der Folge spezifische Entwicklungen in der Bundesrepublik, vor allem die Herausbildung eines *Basiskonsenses* innerhalb der westdeutschen Gesellschaft.

Diesen Prozeß auf der Ebene des Parteiensystems nachzuzeichnen, ist Anliegen der folgenden Ausführungen[1], denen die These zugrunde liegt, daß die enorme Stabilität der politischen Ordnung der Bundesrepublik seit dem Ende der fünfziger Jahre, das Fehlen antagonistischer sozialer Konflikte und politischer Polarisierung auf die Tatsache zurückzuführen ist, daß diese Ordnung über einen Konsens über die formalen demokratischen Spielregeln hinaus *(Verfassungskonsens)* durch einen Konsens über die zentralen inhaltlichen Fragen der gesellschaftlichen Ordnung insgesamt *(Basiskonsens)* geprägt ist.

Mit der Herausbildung des Basiskonsenses vollzog sich auch ein Formen- und Typenwandel der großen Parteien: Die Bundestagsparteien sind zu *Demokratischen Massenlegitimationsparteien* geworden. Bei diesem Parteitypus tritt die Funktion der Repräsentation ökonomisch-sozialer Interessen, politischer Lager oder soziokultureller Milieus (notwendigerweise) zurück hinter die Integration ihrer sozialstrukturell breit gestreuten Basis in das bestehende System öffentlicher Herrschaft. Ihre wesentliche Funktion besteht in der *Legitimation staatlicher Macht*.

---

[1] Dabei handelt es sich um den Auszug aus einer größeren Arbeit des Verfassers, die gleichzeitig erscheint: „Einleitung: Struktur und Entwicklung des Parteiensystems der Bundesrepublik — Eine Theorie", in *Parteien-Handbuch. Die Parteien der Bundesrepublik Deutschland 1945—1980*, hrsg. v. Richard Stöss, Bd. I, Opladen 1983. — Der ursprüngliche Text wurde nur unwesentlich verändert, wo es unumgänglich erschien, und mit Vorbemerkungen und einem Nachwort versehen. Er setzt Überlegungen fort, die ihren Niederschlag in früheren Veröffentlichungen gefunden haben: Horst W. Schmollinger/Richard Stöss, Bundestagswahlen und soziale Basis politischer Parteien in der Bundesrepublik, in: *Prokla* 25, 6. Jg. (1976), H. 4, S. 15 ff. u. 26, 7. Jg. (1977), H. 1, S. 111 ff.; Richard Stöss, *Vom Nationalismus zum Umweltschutz. Die Deutsche Gemeinschaft/Aktionsgemeinschaft Unabhängiger Deutscher im Parteiensystem der Bundesrepublik*, Opladen 1980 (*Schriften des Zentralinstituts für sozialwissenschaftliche Forschung der Freien Universität Berlin*, Bd. 32).

1. Vom Verfassungskonsens zum Basiskonsens

Mit der Verabschiedung des Grundgesetzes und der Gründung der Bundesrepublik Deutschland wurde ein politisch-rechtlicher bzw. konzeptioneller Konsens zwischen den relevanten politischen Kräften erzielt, der vorerst folgende Elemente umfaßte:
- Vorläufige Anerkennung der *Teilstaatlichkeit* mit dem Ziel der Wiedervereinigung; im sich verhärtenden Ost-West-Konflikt außenpolitische *Westorientierung;* Antikommunismus.
- Der demokratisch-pluralistische Charakter der politischen Ordnung wurde zwar einerseits durch die Einführung föderalistischer Elemente verstärkt, andererseits aber durch die Einschränkung der Repräsentationsfunktion der Parlamente zugunsten einer Machtausweitung der Regierung bzw. des Kanzlers *(„Kanzler-Demokratie")* empfindlich eingeschränkt. Durch eine Verbindung von gemeinwohlorientiertem Interessenpluralismus einerseits und — im Vergleich zur Weimarer Verfassung — relativ autonomem Repräsentativsystem und „starkem" Staat andererseits wurden die Grundlagen für die Festigung einer *„autoritären Demokratie"* gelegt, zu deren Selbstverständnis auch die „Wehrhaftigkeit" gegenüber ihren Gegnern zählt.
- Die Parlamente erhielten den Charakter von den politischen Willensbildungsprozeß *mediatisierenden* Institutionen. Damit wurde der parlamentarische Zwang zum Kompromiß verstärkt und auf Methoden außerparlamentarischer politischer Artikulation, die als systemwidrig galten, verzichtet.

Ein Verfassungskonsens war nach 1945 (in den Westzonen) möglich geworden, weil
- sich die aus der (autoritären) antidemokratischen Krisenlösung erwachsende faschistische Diktatur nach innen und nach außen nicht als überlebensfähig und folglich auch nicht als längerfristig funktionale außerökonomische Instanz zur Sicherung der kapitalistischen Reproduktion erwiesen hatte;
- die verheerenden Folgen des Zweiten Weltkrieges in Gestalt eines bisher nicht bekannten Ausmaßes an Zerstörung, Mangel und Elend (z.B. Evakuierungen, Flucht, Vertreibung etc.) sowie einer katastrophalen Ernährungslage den Wiederaufbau und die Beseitigung des Hungers als gemeinsame Anstrengung der gesamten Bevölkerung erzwangen und soziale Gegensätze überlagerten[2];
- durch die Teilung Deutschlands der reaktionäre Deutschnationalismus seine territoriale Basis weitgehend (Ostelbien) verloren hatte und sein statistischer Anteil am Bürgertum folglich zurückgegangen war, während gleichzeitig die Bedeutung des traditionell im Südwesten verankerten Politischen Katholizismus erheblich gewachsen war;
- mit dem Verlust Mittel- und Ostdeutschlands auch der größte Teil der Hochburgen der linken Arbeiterbewegung weggefallen war und die Politik der SPD nunmehr viel stärker als vor 1933 von ihrem süddeutschen sozialreformerischen Flügel geprägt wurde;

---

2 Gerade dieser Umstand ist für die Herausbildung eines Konsenses in der westdeutschen Bevölkerung besonders hoch zu veranschlagen. So schrieb beispielsweise der Ministerpräsident

Definition der einzelnen Parteitypen

1. Der *Allgemeinbegriff der Partei*
   Politische Parteien sind organisatorische Zusammenschlüsse von sozial und/oder interessenmäßig und/oder durch gemeinsame politische Ziele verbundenen Teilen des Volkes (auf der Grundlage eines Programms) und streben danach, die Ausübung von staatlicher Macht bzw. ökonomischer und außerökonomischer Herrschaft in ihrem Sinne zu gestalten.
2. Als *Bürgerlich-Demokratische Parteien* werden im Sinne des Allgemeinbegriffs der Partei solche Parteien bezeichnet, die mit anderen Parteien um die Macht im Staat zur Durchsetzung der Interessen ihrer sozialen Basis konkurrieren und die zugleich danach streben, die Herrschaft des bürgerlichen Staates durch einen Konsens über die formalen Verfahrensregeln innerhalb der politischen Ordnung sowie durch einen ständigen Prozeß der Interesseninteraktion zu sichern.
3. Als *Antidemokratische Parteien* im Sinne des Allgemeinbegriffs der Partei werden solche Parteien bezeichnet, deren oberstes Ziel die Herstellung und Bewahrung der Autorität des bürgerlichen Staates ist und die dessen Herrschaft durch Teillegitimation und damit weitgehend auch durch außerökonomische Gewalt sichern, indem sie die demokratische Vermittlung von Gesellschaft und Staat einschneidend beschränken oder vollkommen beseitigen.
4. Als *Antikapitalistische Parteien* im Sinne des Allgemeinbegriffs der Partei werden solche Parteien bezeichnet, die als Mittel im Klassenkampf sowohl die organisatorische und politisch-programmatische Vereinheitlichung der Arbeiterklasse als auch politische Macht anstreben, um die ökonomischen und sozialen Interessen ihrer Basis — mit dem Ziel der sozialistischen Transformation der Produktionsverhältnisse — auf der Grundlage eines wissenschaftlich abgesicherten Programms zu verwirklichen.
5. Als *Demokratische Massenlegitimationsparteien* im Sinne des Allgemeinbegriffs der Partei werden solche Parteien bezeichnet, die die Herrschaft des bürgerlichen Staates legitimieren, indem sie sich auf der Grundlage eines Basiskonsenses am Prozeß der Interesseninteraktion beteiligen und miteinander bei Wahlen um ein Maximum an Stimmen für die Besetzung politischer Führungspositionen mit ihren Kandidaten konkurrieren.
6. Als *Ökonomisch-Soziale Interessenparteien* im Sinne des Allgemeinbegriffs der Partei werden solche Parteien bezeichnet, die staatliche Macht anstreben, um im Rahmen des Verfassungskonsenses und innerhalb der bestehenden Wirtschaftsordnung die spezifischen ökonomischen und/oder sozialen Interessen klar abgegrenzter und durch gemeinsame Sonderinteressen verbundener gesellschaftlicher Gruppen zu realisieren.
7. Als *Teiloppositionelle Parteien* im Sinne des Allgemeinbegriffs der Partei werden solche Parteien bezeichnet, die staatliche Macht anstreben, um einzelne verfassungsrechtliche oder politische Grundsatzfragen in ihrem Sinne zu entscheiden.
8. Als *Konfessionelle Parteien* im Sinne des Allgemeinbegriffs der Partei werden solche Parteien bezeichnet, die organisatorische Zusammenschlüsse von durch ein gemeinsames Glaubensbekenntnis verbundenen Teilen des Volkes darstellen und staatliche Macht anstreben, um vor allem die kulturellen und politischen Interessen ihrer Glaubensgemeinschaft zur Geltung zu bringen.

Fortsetzung Fußnote 2
    von Nordrhein-Westfalen, Karl Arnold (in: *Michael,* Nr. 10 v. 8.3.1953, S. 1,3): „Man hat im Ausland oft von einem deutschen Wirtschaftswunder gesprochen. Wer unsere Arbeitsstätten und Städte heute sieht und an deren Zustand vor Jahren zurückdenkt, kann in der Tat trotz der überaus zahlreichen Mängel, die noch zu beheben sind, fast an ein Wunder glauben. Dies ist möglich geworden, weil die gemeinsame Not einen Geist ehrlicher Zusammenarbeit hervorgerufen und den Arbeiter, den Angestellten, den Ingenieur und den Unternehmer in eine Front gebracht hat, um zunächst einmal die zerstörten Betriebe, die gemeinsame Existenzgrundlage, wiederherzustellen."

- die Westalliierten zunächst die politische Macht übernahmen und ihren Zonen die Restauration von Kapitalismus und pluralistischer Demokratie (soweit notwendig) oktroyierten;
- das Bürgertum angesichts einer drohenden Vereinheitlichung der Arbeiterparteien eine politische Kräftekonzentration im Rahmen einer einheitlichen antimarxistischen Sammlungspartei anstrebte, was zwar nicht in vollem Umfang gelang, aber doch einen Bürgerblock entstehen ließ, in dem die Union dominierte. Der Politische Katholizismus vermochte diese Führungsrolle nicht zuletzt deshalb zu übernehmen, weil er seine volksgemeinschaftlich-integrationistische Ideologie von überkommenen ständischen Vorstellungen befreite und mit Grundelementen des Liberalismus verknüpfte; auf diese Weise wurde er auch für Teile der protestantischen Mittelschichten und des Großbürgertums attraktiv, ohne seine Anziehungskraft auf die traditionelle Basis des Politischen Katholizismus zu verlieren;
- die Arbeiterbewegung nunmehr insgesamt antifaschistisch-demokratische und reformistische Forderungen vertrat (wodurch auch der Weg zur Einheitsgewerkschaft geebnet war) und die parlamentarische Demokratie bejahte, nachdem die Kommunisten in der Emigration ihre Bündnisstrategie geändert hatten;
- sich die SPD innerhalb dieser reformistischen Arbeiterbewegung in ihrer (integrationsfördernden) Widersprüchlichkeit von reformistischem, demokratisch-sozialistischem Anspruch einerseits und konstruktiver Oppositionspraxis sowie rüdem Antikommunismus andererseits durchsetzen konnte, während die KPD nicht in der Lage war, der Arbeiterklasse annehmbare Alternativen zur Politik der SPD zu bieten.

Ende der vierziger, Anfang der fünfziger Jahre waren die konzeptionellen Voraussetzungen im Grundsatz politisch und rechtlich fixiert, die gegen Ende der fünfziger Jahre zur festen gesellschaftlichen Verankerung eines — im Detail durchaus flexiblen — Basiskonsenses führten. Dieser umfaßt neben dem autoritär-demokratischen Repräsentativsystem folgende Elemente:

- Die Kapitulation und die Spaltung Deutschlands einerseits sowie die expansionistische Verschiebung des internationalen Kräftegewichts und die Entstehung des Kalten Krieges andererseits haben die Voraussetzungen für eine nationalstaatliche, souveräne oder womöglich militärisch-aggressive Außenpolitik der Bundesrepublik beseitigt. Die — eine flexible Ostpolitik keineswegs ausschließende — *Westintegration* war vielmehr eine notwendige Bedingung für die Wiederentstehung des Kapitalismus und die Entwicklung des Wirtschaftswunders. Damit waren der Nationalismus als reaktionäre Ideologie zu einem Anachronismus und der auf territoriale Veränderungen zielende Imperialismus zu einer Utopie geworden.
- Ein eigener *Verteidigungsbeitrag* der Bundesrepublik im nordatlantischen Bündnis gilt als unverzichtbar für die militärische Sicherheit des Westens insgesamt.
- Die *„Soziale Marktwirtschaft"* beruht auf dem Privateigentum an Produktionsmitteln, garantiert dem Kapital volle Bewegungsfreiheit und dem Mittelstand staatliche Struktur- bzw. Einkommenshilfen. Damit ist durch eine neue wirtschaftspolitische Konzeption ein Interessenausgleich zwischen Kapital und Mittelstand im Rahmen kapitalistischer Produktionsbedingungen möglich gewor-

den. Durch die formale Zulassung einer Sozialisierung im Verfassungsrecht (sozialistische Forderungen sind formal durch den Verfassungskonsens abgedeckt) war diese Konzeption auch für den überwiegenden Teil der Arbeiterbewegung konsensfähig.
— Aktive *staatliche Sozialpolitik* wird als notwendiger Bestandteil der als „Klassenkompromiß" konzipierten Wirtschaftsordnung anerkannt, die insgesamt darauf abzielt, durch gesamtgesellschaftlich optimale Akkumulationsbedingungen („stetiges Wachstum") einen hohen Beschäftigungsgrad und staatliche Fürsorge für Notleidende (z.B. Arbeitslose, Erwerbsunfähige) zu gewährleisten und durch ein „soziales Netz" der kapitalismusbedingten ungleichen Verteilung von Einkommen und Lebenschancen die Härten zu nehmen.

In der Geburtsstunde der Bundesrepublik ließ sich diese Entwicklung jedoch noch nicht absehen. Waren auch die politisch-rechtlichen und konzeptionellen Grundlagen für einen Basiskonsens gelegt, so mußte er sich doch in der wirtschaftlichen und sozialen Realität der Bundesrepublik erst herausbilden. Die Bildung des Bürgerblocks im Jahre 1949 aus CDU/CSU, FDP und DP signalisierte noch keineswegs die Existenz eines bürgerlichen Intraklassenkonsenses. Zu stark waren noch rechtsextremistische Gruppierungen und andere, teilweise in Opposition zum Bürgerblock stehende politische Kräfte. Wie gelang nun dem Bürgerblock die notwendige Integrationsleistung? Wie konnte die CDU/CSU zur dominierenden Kraft innerhalb des Bürgerblocks werden? Wodurch war die zunehmende Bedeutungslosigkeit bürgerlicher Kleinparteien verursacht worden? Wie kam es zur Herausbildung des Basiskonsenses? Warum löste sich der Bürgerblock auf? Die feste gesellschaftliche Verankerung des Basiskonsenses ist hauptsächlich das Ergebnis folgender Entwicklungen zwischen 1949 und 1959:
— Die wirtschaftliche Entwicklung der Bundesrepublik („Wirtschaftswunder") bot allen gesellschaftlichen Klassen optimale Reproduktionsbedingungen, ermöglichte einen sozialstaatlichen und damit weitgehend konfliktfreien Abbau des alten Mittelstandes und bot auch den Vertriebenen zufriedenstellende Bedingungen wirtschaftlicher und sozialer Integration.
— Das Bewußtsein und die Wertorientierung zunehmender Teile der Bevölkerung waren klassen- und schichtübergreifend und konsensfördernd vom Antikommunismus, vom Wachstums- und Wohlstandsdenken beherrscht. Die Aufstiegs- und Konsumorientierung übertraf das politische Interesse oder gar das Bedürfnis nach politischer Partizipation bei weitem. Der Wunsch nach Ruhe und Ordnung, nach möglichst wenig Konflikten und Parteienstreit prägte die politische Haltung einer Bevölkerung[3], die mehrheitlich offenbar von ideologischen Streitereien

---

3 Es würde den Rahmen dieser Arbeit sprengen, die Ergebnisse der „Political-Culture"-Forschung für die Herausbildung eines Verfassungs- bzw. Basiskonsenses in der Bundesrepublik im einzelnen zu referieren. Vgl. vor allem: Gabriel A. Almond/Sidney Verba, *The Civic Culture. Political Attitudes and Democracy in Five Nations*, Princeton N.J. 1963; G.R. Boynton/Gerhard Loewenberg, The Development of Public Support for Parliament in Germany 1951–1959, in: *British Journal for Political Science*, 3. Jg. (1973), S. 169 ff.; David P. Conradt, West Germany: A Remade Political Culture? Some Evidence from Survey Archives, in: *Comparative Political Studies*, 7. Jg. (1974), S. 222 ff.; Martin Greiffenhagen/Sylvia Greiffenhagen, *Ein schwieriges Vaterland. Zur Politischen Kultur Deutschlands*, München 1979.

"die Nase voll" hatte. Dies alles begünstigte die relative Autonomie der politischen Eliten, die im Geiste der Schumpeterschen Demokratietheorie Politik „machten". Angesichts der enormen rechtlichen, wirtschaftlichen und sozialen Probleme und vor allem der technologischen Herausforderungen („Atomzeitalter", „Zweite industrielle Revolution" usw.) fanden kritisch-rationalistische, positivistische und technokratische Methoden und Denkformen wachsende Verbreitung.

- Der Bürgerblock konnte seine soziale Basis (insbesondere 1953) erheblich ausweiten, seine nationalkonservativen Flügel (in der Freien Demokratischen Partei und der Deutschen Partei) integrieren, die norddeutschen Hochburgen des Neofaschismus austrocknen, die anfänglich vielfach systemoppositionellen Vertriebenen auf den Basiskonsens verpflichten und regionalistisch orientierte Wählergruppen (Welfen, Altbayern) integrieren.
- Die CDU/CSU verstärkte ihre Hegemonie innerhalb des Bürgerblocks, indem sie die soziale Basis der kleineren Bürgerblockparteien bis 1957 (spätestens 1961) aufsog und vor allem verhindern konnte, daß sich die mit der Mittelstandspolitik der Regierung unzufriedenen Mittelstandsverbände politisch autonom organisierten.
- Nachdem sich die Sozialdemokratie endgültig innerhalb der Arbeiterbewegung durchgesetzt hatte und das Verbot der Kommunistischen Partei Deutschlands den Kommunisten keine politische Betätigung mehr gestattete, gab sie ihre Politik der konstruktiven Opposition auf und drang nunmehr verstärkt in das Wählerreservoir der Mittelschichten ein. Sie stellte sich programmatisch ostentativ auf den Boden der vom Bürgerblock geschaffenen wirtschafts- und außenpolitischen Tatsachen und beseitigte damit die schon klassische Diskrepanz von sozialreformerischer loyaloppositioneller Praxis und reformistischem Anspruch. Die „Godesberger Wende" änderte damit in erster Linie nicht die konkrete Politik der Partei, sondern ihr Image bei den Mittelschichten und den katholischen Arbeitern, und sie erschwerte bzw. verhinderte die innerparteiliche Artikulation von sozialistischen oder reformistischen Zielsetzungen.
- Die *Tarifauseinandersetzungen* waren durch wachsende restriktive Verrechtlichung gekennzeichnet. Trotz der formalen Anerkennung von Streiks als Mittel des Arbeitskampfes wurde das Arbeitskampfrecht eingeschränkt (z.B. Sozialadäquanz, Verhältnismäßigkeit und Ultima-Ratio-Prinzip von Streiks) und die Friedenspflicht verschärft. Die Beschränkung der Handlungsmöglichkeiten von Gewerkschaften wurde ergänzt durch das Verbot nicht-gewerkschaftlicher („wilder") Streiks.

Das Wesen des Basiskonsenses in der Bundesrepublik liegt also darin, daß er mehr darstellt als nur ein politisches Bündnis zwischen den Klassen auf dem Boden der repräsentativen parlamentarischen Demokratie. Er bedeutet vielmehr eine weitestgehende gesellschaftliche Anerkennung ökonomischer, politischer und ideologischer Grundlagen der Gesellschaft und ist insofern Ergebnis tiefgreifender gesellschaftlicher Entwicklungen, die sich nur oberflächlich mit Schlagworten wie „Verbürgerlichung der Arbeiterklasse", „nivellierte Mittelstandsgesellschaft" usw. beschreiben lassen. Richtig ist sicherlich, daß sich mit der Herausbildung des Basiskonsenses die Arbeits- und Lebensbedingungen enorm verbessert und partiell auch angeglichen haben, was seinen Ausdruck zwangsweise in den Einstellungen und dem Wahlverhalten findet. Gleichwohl: Der Basiskonsens hebt weder den Gegensatz von Lohnarbeit und Kapital noch die daraus folgende, prinzipiell asymmetrische Verteilung von Einkommen und Lebenschancen auf. Auch darf die Existenz eines Basiskonsenses nicht unhistorisch verallgemeinert werden, denn er ist an spezifische wirtschaftliche und soziale Bedingungen gebunden, die der Kapitalismus nicht naturnotwendig erzeugt. Zwar bedrohen die zyklischen Krisen der Kapitalverwertung diesen mittlerweile tief verwurzelten Konsens nicht automatisch, längerfristige und von hoher Arbeitslosigkeit und Abbau von Sozialleistungen begleitete Wirtschaftskrisen stellen ihn jedoch vor eine Belastungsprobe, weil sie einerseits ökonomisch-soziale Unzufriedenheit und andererseits autoritäre Krisenstrategien provozieren.

2. Entstehung und Entwicklung des Bürgerblocks und die Herausbildung der Dominanz der Unionsparteien

Daß die parteipolitische Zersplitterung des Bürgertums eine Ursache für den Niedergang der Weimarer Demokratie war, hatte schon bald nach 1933 manch bürgerlich-demokratischer Politiker erkannt. Jedenfalls spielte der Gedanke eines innerbürgerlichen Konsenses, einer Zusammenarbeit aller oder doch möglichst vieler bürgerlicher Kräfte bei der Wiederbegründung von politischen Parteien 1945/46 eine wichtige Rolle, nicht zuletzt deshalb, weil die Entwicklung beider Arbeiterparteien während der Zeit des Nationalsozialismus ein Zusammengehen nach dem Zusammenbruch des Faschismus als möglich und die Existenz der „Antifa-Ausschüsse" 1945 sogar als wahrscheinlich erscheinen ließ. Am weitestgehenden war das Konzept einer Sammlung aller bürgerlichen Kräfte jenseits von SPD und KPD, das vor allem in Norddeutschland Anklang fand und verschiedentlich auch ansatzweise realisiert werden konnte[4]. Pragmatischer jedoch war der Vorschlag einer politischen Zusammenarbeit beider Konfessionen in einer christlichen Union. Denn eine bürgerliche Sammlung ohne religiöse Bindungen mochten gerade die Vertreter des Politischen Katholizismus nicht hinnehmen, während den Liberalen zwar ebenfalls an einer möglichst breiten bürgerlichen Kooperation, jedoch ohne kirchliche Bindungen gelegen war.

Wenn auch der interkonfessionelle Gedanke einerseits (Christlich Demokratische Union Deutschlands) und der laizistische Liberalismus andererseits (Freie Demokra-

---
4 Zu den bürgerlichen Einigungsbemühungen vgl. insgesamt: Hans Georg Wieck, *Die Entstehung der CDU und die Wiedergründung des Zentrums im Jahre 1945*, Düsseldorf 1953; ders., *Christliche und Freie Demokraten in Hessen, Rheinland-Pfalz, Baden und Württemberg 1945/46*, Düsseldorf 1958. — Tatsächlichen organisatorischen Niederschlag fanden diese Bemühungen in der „Bremer Demokratischen Volkspartei", im „Vaterstädtischen Bund Hamburg" sowie im „Hamburg Block", aber auch in Gründungsansätzen in Schleswig-Holstein (vgl. *CDU Dokumentation*, hrsg. v.d. Christlich Demokratischen Union Deutschlands, Bonn ³1971, S. 16).

tische Partei) zu den prägenden Kräften bürgerlicher Parteineugründungen zählten, so waren doch 1945/46 keineswegs die ökonomisch-sozialen Voraussetzungen dafür gegeben, daß sich nicht wieder spezifische bürgerliche Interessen konfessioneller, regionaler, sozio-ökonomischer, demokratischer oder antidemokratischer Natur in gesonderten, oftmals in ihrem Einzugsbereich gar nicht so bedeutungslosen Kleinparteien zusammenfanden. Prinzipiell stand die Lizenzierungspolitik der drei Westalliierten einer Zersplitterung des Parteiwesens zwar entgegen. Dies bedeutete jedoch nicht, daß nicht auch neben den vier dominierenden — als antifaschistisch-demokratische Parteien (CDU/CSU, FDP, KPD, SPD) zugelassenen — Richtungen weitere bürgerliche Gruppen die Genehmigung erhalten hätten, sich politisch zu betätigen. Das waren vor 1949/50 (Aufhebung der Lizenzierungspflicht):
— die Bayernpartei;
— die Deutsche Konservative Partei — Deutsche Rechtspartei;
— die Deutsche Partei bzw. Niedersächsische Landespartei;
— die Deutsche Zentrums-Partei;
— die Radikal-Soziale Freiheitspartei;
— die Republikanische Partei Deutschlands;
— die Rheinische Volkspartei/Rheinisch-Westfälische Volkspartei;
— die Sammlung zur Tat/Europäische Volksbewegung Deutschlands;
— der Südschleswigsche Verein/Südschleswigsche Wählerverband;
— die Wirtschaftliche Aufbau-Vereinigung.
Gleichwohl trugen die Westalliierten mit ihrer Lizenzierungspolitik dafür Sorge, daß die parteipolitische Zersplitterung nicht überhand nahm. Vor allem bei der Zulassung rechtsextremistischer Parteien sowie von Parteien aus dem Bereich der Vertriebenen und sonstiger Kriegsfolgegeschädigter übten sie Zurückhaltung. Den Vertriebenen wurde Anfang 1946 sogar ein Koalitionsverbot auferlegt, das erst seit 1947 schrittweise gelockert wurde. Dies bedeutete, daß sich auf der für den Wiederaufbau so bedeutsamen kommunalen Ebene zunächst eine Vielzahl von partizipationswilligen Interessenten neben den lizenzierten Parteien in Wählergemeinschaften zusammenfanden oder als Einzelbewerber („Unabhängige") kandidierten. Bei der Gemeindewahl in Bayern 1948 beispielsweise erzielten Flüchtlingsgruppen insgesamt 12,6% der Stimmen, und in Hessen, um ein anderes Beispiel herauszugreifen, erhielten die sogenannten Demokratischen Wählergruppen bei den Gemeindewahlen 1948 21,5% der Stimmen und sogar 49,1% der Gemeinderatssitze.

Die erste Bundestagswahl fand in einer sozio-ökonomisch prekären Zeit statt; das konnte nicht ohne Auswirkungen auf das Parteiensystem bleiben:
Nach Angaben von Schelsky[5] gab es in der Bundesrepublik 1950/51 (neben den etwa 8 Millionen Vertriebenen) zwischen 1,5 und 2,5 Millionen „deklassierte" ehe-

---

5 Helmut Schelsky, *Wandlungen der deutschen Familie in der Gegenwart*, Stuttgart 1955, zit. nach: Otto Büsch, Geschichte und Gestalt der SRP, in: *Rechtsradikalismus im Nachkriegsdeutschland. Studien über die „Sozialistische Reichspartei" (SRP)* (Schriften des Instituts für politische Wissenschaft, Bd. 9), Berlin/Frankfurt a.M. 1957, S. 14, Anm. 29. — Vgl. a. Ernst-Ulrich Huster/Gerhard Kraiker/Burkhard Scherer/Friedrich-Karl Schlotmann/Marianne Welteke, *Determinanten der westdeutschen Restauration 1945—1949*, Frankfurt a.M. ³1975, S. 69 ff.

malige Beamte, NSDAP-Angestellte und Berufssoldaten, 2,5 Millionen Kriegshinterbliebene, 1,5 Millionen Schwerversehrte mit ihren Angehörigen, 2 Millionen Spätheimkehrer, 4,5 bis 6 Millionen Bombengeschädigte, über 1,5 Millionen Arbeitslose und schließlich eine nicht genau übersehbare Anzahl von Währungsreform-Geschädigten. Orientierte sich das Gros dieser Bevölkerungsteile auch am Bürgerblock oder an der Sozialdemokratie, so rekrutierten sich hieraus doch auch die Wähler- und Mitgliederbasen eines weitgehend bürgerlichen Oppositionspotentials, das die großen bürgerlichen Parteien 1949 ablehnte und autonome politische Organisationen befürwortete. Denn die wirtschaftlichen und sozialen Probleme der Nachkriegszeit waren zu tiefgreifend, die nationale Teilung zu schmerzhaft und die Vorstellungen über einen Neuanfang nach dem Zusammenbruch des Faschismus zu vielfältig, als daß die Rekonstruktion des industriellen Kapitalismus in einem westintegrierten und westabhängigen Teilstaat einmütig hätte hingenommen werden können. Diese Widerstandshaltung war notwendigerweise doppelt motiviert: Sie war sowohl Ergebnis aktueller wirtschaftlicher und sozialer Unzufriedenheit sowie sozialpsychologischer Unsicherheit als auch Produkt grundsätzlicher, historisch-gesamtgesellschaftlicher Erwägungen. Beide Motivationen trafen vielfach zusammen, zumal auch die sozial Depravierten nicht einfach nur ein — tendenziell ökonomisch und sozial integrierbares — teiloppositionelles Potential darstellten, das für seine unzureichende Lebenssituation *auch* die bestehende gesellschaftliche Ordnung verantwortlich machte. Das soziale Klima der Nachkriegszeit nährte darüber hinaus jene fundamentale Oppositionshaltung gegenüber der pluralistischen parlamentarischen Demokratie, wie sie bereits in der Rechtsopposition gegenüber der Weimarer Republik bestanden hatte. Diese antidemokratische Kritik richtete sich in erster Linie gegen die vermeintliche Entrechtung und Knechtung des „deutschen Volkes" durch die Länder der Anti-Hitler-Koalition und gegen die „Lizenzparteien" als, wie häufig gesagt worden ist, verlängerten Arm der Besatzungsmächte. Die Antidemokraten aller Schattierungen betrachteten die parlamentarisch-demokratische und pluralistische Republik als eine politische Ordnung, die bereits nach 1918 versagt und damit ihre geschichtliche Legitimation verloren habe.

Die Kriegsniederlage und der Zusammenbruch des deutschen Faschismus „entwurzelten" auch eine Vielzahl ehemaliger Soldaten und Personen, die unter dem Nationalsozialismus ihre politische Sozialisation erlebt hatten. Ebenso wie viele Nazi-Aktivisten hatten sie erhebliche Schwierigkeiten, sich mit der Situation der Jahre nach 1945 zurechtzufinden. Sie begriffen sich vielfach (analog zur Situation nach dem Ersten Weltkrieg) als „Kriegsgeneration" und sahen ihre Mission ebenfalls darin, gegen die Restauration einer vermeintlich alten und schon einmal gescheiterten politischen Ordnung zu kämpfen. Sie bildeten häufig die organisatorischen und ideologischen Führungskader innerhalb des Oppositionspotentials.

Zur ersten Bundestagswahl kandidierten neben den Unionsparteien, den Liberalen, den Sozialdemokraten und den Kommunisten zehn weitere Parteien sowie eine Reihe von „Unabhängigen". Mit einem Zweitstimmenanteil von insgesamt 46,9% (der allerdings einem Mandatsanteil von 51,7% entsprach) bildeten CDU/CSU, DP und FDP eine Bürgerkoalition, den Grundstock des sich rasch festigenden Bürgerblocks. Eine Koalition unter Einschluß der SPD kam schon wegen unzuvereinbarender wirtschaftspolitischer Vorstellungen nicht in Betracht.

Schlüsselt man das Wahlergebnis für die einzelnen Parteien genauer auf, dann ergab sich folgende Lage:

— Nahezu 2,5 Millionen Wähler gaben ihre Stimme entweder antidemokratischen Parteien oder drückten mit ihrem Wahlverhalten die Ablehnung der lizenzierten Parteien überhaupt aus:

Stimmen für die „Unabhängigen"	893.342
Stimmen für die reinen Vertriebenen-/Geschädigten-Organisationen	248.305
Stimmen für die Rechtsparteien	671.942
WAV-Stimmen[6]	681.888
Anteil an den abgegebenen gültigen Stimmen	10,51%

— Zwischen diesem oppositionellen Potential, auf dessen Stimmen der Bürgerblock in der Regel nicht rechnen konnte, und den Bürgerblock-Stimmen lag noch ein Stimmenkontingent von 1,8 Millionen oder 7,63% von Teiloppositionellen, separatistischen, Landes- oder Minoritätenparteien, auf das der Bürgerblock sich nur gelegentlich, keineswegs aber dauerhaft stützen konnte. Dieses hauptsächlich von der Bayernpartei und der Deutschen Zentrums-Partei (Föderalistische Union) gestellte Kontingent konnte zwar für die Rechte im Parteiensystem kaum eine Bedeutung gewinnen, muß aber doch als Anzeichen für die damals noch bestehende starke Zersplitterung und Inhomogenität des bürgerlichen Lagers gesehen werden. Die Größe des Gesamtkontingents an oppositionellen und dem Bürgerblock nur gelegentlich zur Verfügung stehenden Stimmen (insgesamt also knapp 18%) zeigt, welche Integrationsleistungen der Bürgerblock innerhalb des gesamten bürgerlichen Lagers noch zu erbringen hatte, um die bestehenden gesellschaftlichen Verhältnisse zu stabilisieren.

— Die Mandatsverteilung im ersten Bundestag ergab folgendes Bild:

	abs.	i.v.H.
Mandate des Bürgerblocks (CDU/CSU/FDP/DP)	208	52
Mandate, auf die sich der Bürgerblock nur gelegentlich stützen konnte (BP/DZP/SSW + 2 „Unabhängige")	30	7
Mandate der Oppositionellen (WAV/DKP-DRP/NG)	18	4
Sozialdemokraten und Kommunisten	146	37
Insgesamt	402	100

Der Bürgerblock verfügte also im Notfall (es sei daran erinnert, daß Adenauer mit nur einer Stimme Mehrheit zum Kanzler gewählt worden ist) über eine nur hauchdünne Mehrheit im Bundestag. Die Machtausübung wurde ihm allerdings dadurch erleichtert, daß die übrigen 48 oppositionellen bzw. teiloppositionellen (nicht-linken) Stimmen keineswegs einheitlich agierten. Ebenso wie die bisherigen Versuche der Organisationsbildung durch erhebliche innere Spannungen gekennzeichnet waren,

---

6 Teils Stimmen von bayerischen Vertriebenen, teils kleinbürgerlich-antidemokratisches Potential.

Arbeiterbewegung und Basiskonsens

gelang es nicht einmal der Rechtsopposition, mit einer Stimme zu sprechen. Im Gegenteil: Sie war persönlich und politisch zerstritten. Dies lag vornehmlich daran, daß die einzelnen Rechtsgruppen zumeist klein und vor allem lokaler Natur waren und recht widersprüchliche Vorstellungen hinsichtlich einer konkreten Gestaltung wirtschaftlicher und politischer Verhältnisse hatten.

Nach der Bundestagswahl setzten innerhalb des antidemokratischen Lagers jedoch Bestrebungen zur Vereinheitlichung und zur Kräftekonzentration ein, um das Oppositionspotential gegen die im Bürgerblock zusammenarbeitenden „Lizenzparteien" zu mobilisieren. Deren politisches Konzept wurde als antinational, als den Interessen der Westmächte verpflichtet und gegen die Belange vor allem der Vertriebenen, Geschädigten und des Mittelstands gerichtet verketzert. Die „Kriegsgeneration", so hieß es, sei die „Weimarer Parteien" leid und wünsche sich eine Politik der inneren Aussöhnung und der nationalen Wiedervereinigung. Umgekehrt mußte sich der Bürgerblock darum bemühen, seine schmale Machtbasis auszuweiten, um die zur Fortsetzung des begonnenen Kurses notwendigen politischen und Gesetzesvorhaben mit sicherer Mehrheit realisieren zu können. Dies ist ihm gegen den starken Widerstand Antikapitalistischer, Teiloppositioneller und Ökonomisch-Sozialer Interessenparteien gelungen.

Tabelle 1: Bürgerblock-Stimmen bei Bundestagswahlen 1949—1961 (i.v.H.)

Wahl	Zweitstimmenanteil	Mandatsanteil	Parteien
1949	46,9	51,7	CDU/CSU FDP DP
1953	63,9	68,3	CDU/CSU FDP, DP GB/BHE
1957	61,3	65,9	CDU/CSU FDP, DP
1961	58,1	61,9	CDU/CSU FDP

Berechnet nach Angaben des Statistischen Bundesamtes.

Die Bundestagswahl 1953 spielte für die Stabilisierung des Bürgerblocks eine — wenn nicht gar *die* — entscheidende Rolle. Es gelang ihm, seine soziale Basis quantitativ und qualitativ in erstaunlichem und wohl auch kaum erwartetem Umfang zu erweitern. Der Zweitstimmenanteil erhöhte sich von 46,9% auf 58,0%, unter Einschluß der Vertriebenenpartei Gesamtdeutscher Block/BHE, der nun auch formal dem Bürgerblock beitrat, sogar auf 63,9%. Auch in den Ländern fand diese Entwicklung ihren Niederschlag (s. Tab. 1 u. 2).

Tabelle 2: Bürgerblock-Stimmen in den Ländern 1949—53

Land	Wahljahr	Zweitstimmenanteil
Schleswig-Holstein	1949	50,2
	1951	59,8
	1953	67,2
Hamburg	1949 (BT)	48,6
	1949	47,8
	1953	55,4
Niedersachsen	1949	42,9
	1951	47,1
	1953	64,8
Bremen	1949	47,8
	1951	41,2
	1953	52,6
Nordrhein-Westfalen[a]	1949	45,5
	1950	50,7
	1953	61,1
Hessen	1949	49,4
	1950	50,6
	1953	62,1
Rheinland-Pfalz	1949	64,9
	1951	57,8
	1953	66,8
Baden-Württemberg	1949	57,2
	1952	60,2
	1953	72,1
Bayern	1949	37,7
	1950[b]	43,5
	1953	63,1

a Ohne Zentrum.
b Der BHE-Stimmenanteil wurde auf 9% festgesetzt.
Berechnet nach Angaben des Statistischen Bundesamts.

Während die FDP gegenüber 1949 knapp 2,5 Prozentpunkte und die DP knapp einen Prozentpunkt verlor, gewann die CDU/CSU 5 Millionen Stimmen hinzu (nunmehr 45,2%). Da sich darunter nur jeweils 0,5 Millionen ehemaliger Bayernpartei-Wähler bzw. Wähler der Deutschen Zentrums-Partei sowie etwa 250.000 Wähler aus dem Reservoir der beiden anderen kleinen Bürgerblock-Parteien befanden und da wiederum der BHE 1,6 Millionen Stimmen auf sich vereinigen konnte, dürfte der Wahlsieg der Union hauptsächlich aufgrund einer weitgehenden Absorption der fast 4 Millionen gültiger Stimmen erfolgt sein, um die sich das Elektorat gegenüber 1949 insgesamt erhöht hatte. Der hauptsächlich im Zeichen der Adenauerschen Außenpolitik geführte Wahlkampf dürfte gerade angesichts der Ereignisse vom 17. Juni 1953 in der DDR zu der sehr hohen Wahlbeteiligung (86,0% gegenüber 78,5% 1949) geführt und Sympathien für die Politik der Stärke im Bündnis mit den Westmächten gefestigt haben. Insgesamt hat die Union ihre Position 1953 in verhältnismäßig geringem Ausmaß durch Wählerverschiebungen *innerhalb* der Basis des Bürgerblocks, sondern weitgehend durch Mobilisierung von potentiellen Bürgerblock-Wählern (Erst- und Jungwähler, Vertriebene, Entnazifizierte usw.) erreicht. (Der Anteil der Unionswähler, die 1949 noch zum bürgerlichen Oppositionspotential zählten, läßt sich nicht ermitteln.) Dennoch setzte schon bald ein deutlicher Konzentrationsprozeß innerhalb der Wählerbasis des Bürgerblocks ein, der zunächst den BHE und dann die DP erfaßte und bis 1961 zur Herausbildung einer Bipolarität von CDU/CSU und FDP führte, in der die Union klar dominierte.

Tabelle 3: Das Verhältnis von Bürgerblock- und CDU/CSU-Stimmen bei Bundestagswahlen 1949—1961 (i.v.H.)

Wahl	Bürgerblock-Stimmen insgesamt	Anteil der CDU/CSU an den Bürgerblock-Stimmen
1949	46,9a	66,1
1953	63,9b	70,8
1957	61,3a	81,9
1961	58,1c	78,0

a CDU/CSU, FDP, DP.
b CDU/CSU, FDP, DP, GB/BHE.
c CDU/CSU, FDP.
Berechnet nach Angaben des Statistischen Bundesamtes.

Innerhalb des Parteiensystems stellte sich die Herausbildung eines *bürgerlichen Intraklassenkonsenses* als doppelter Prozeß dar, nämlich als Erweiterung der sozialen (Wähler-)Basis des Bürgerblocks und als zunehmende Dominanz der Unionsparteien innerhalb des Bürgerblocks. Beide Prozesse verliefen ineinander verschränkt, so daß auch die Ursachen hierfür nur zusammenhängend abgehandelt werden können:

a) *Die Integration des Politischen Katholizismus:* Durch die Teilung Deutschlands hatte sich auch die Konfessionsstruktur verändert. Gegenüber 32,4% im Jahre 1925 betrug der Katholikenanteil 1950 45,8%. Das konfessionelle Schisma hatte an Bedeutung verloren, die Existenzgrundlage bzw. -notwendigkeit der Konfessionellen Partei Zentrum war infrage gestellt. Vielmehr besaß der Politische Katholizismus nunmehr in den Westzonen fast eine hegemoniale Position innerhalb des Bürgertums. Das Weimarer Zentrum war, auf das Deutsche Reich insgesamt bezogen, eine südwestdeutsche Partei gewesen. Im Juli 1932 stammten 84,0% der für sie bei den Reichstagswahlen abgegebenen Stimmen aus Reichstagswahlkreisen, die auf dem heutigen Gebiet der Bundesrepublik liegen[7]. Hätten die Wahlen damals nur auf dem heutigen Territorium der Bundesrepublik stattgefunden, wäre das Zentrum stärkste bürgerliche Partei geworden (23,4%). Es war jedoch nicht nur dieser quantitative

---

[7] Einschl. Bayerischer Volkspartei. — Berechnet nach: *Statistisches Jahrbuch für das Deutsche Reich,* Berlin 1932, S. 542 f.

Aspekt, der dem Politischen Katholizismus eine führende Rolle in einer interkonfessionellen bürgerlichen Sammlung versprach, sondern auch die vergleichsweise breite Sozialstruktur des alten Zentrums (Arbeiter, Kleinbürgertum, Großgrundbesitz, Großkapital) und vor allem die ideologisch-programmatische „Scharnierfunktion", die das Weimarer Zentrum nach allen Seiten koalitionsfähig machte. Nach 1945 gelang eine ideologisch-programmatische Synthese von Politischem Katholizismus und Liberalismus als Grundlage der angestrebten interkonfessionellen Sammlung, die von einflußreichen Vertretern des Politischen Katholizismus und des politischen Liberalismus befürwortet und durch den katholischen Klerus gefördert wurde. Die Wiederbegründung der Deutschen Zentrums-Partei nach 1945 als Konfessionelle Partei stellte daher im Hinblick auf die politischen Lernprozesse innerhalb des Bürgertums einen den Weimarer Verhältnissen verhafteten Anachronismus dar und die Partei in ein wenig aussichtsreiches Konkurrenzverhältnis vor allem zur Christlich Demokratischen Union Deutschlands. Konnten sich die Zentrumsgründer zunächst noch auf einen Teil der alten Parteikader und des traditionellen Wählerpotentials stützen — die DZP erzielte anfangs vor allem in Nordrhein-Westfalen beachtliche Wahlergebnisse —, so verlor sie doch (de facto bis zur ersten Bundestagswahl) den Kampf gegen die CDU und bis 1953 auch das Gros ihrer Wähler an die Union.

b) *Die Integration der Vertriebenen:* Sie erfolgte zunächst als Heranführung der Ökonomisch-Sozialen Interessenpartei der Vertriebenen Gesamtdeutscher Block/BHE an den Bürgerblock, dann auf dem Wege der Absorption seiner Wählerschaft (vor allem[8]) durch die CDU/CSU und die FDP. Der erste Integrationsabschnitt war geprägt durch eine Auseinandersetzung antidemokratischer und Bürgerblock-freundlicher Kräfte innerhalb der autonomen Vertriebenenbewegung, die spätestens 1952 mit dem Sieg des BHE endete und 1953 seinen Eintritt in den Bürgerblock ermöglichte. Damit hatte der BHE das latent antidemokratische und weitgehend teiloppositionelle Potential der Vertriebenen dem Zugriff des organisierten Rechtsextremismus entrissen und dem Bürgerblock zugeführt. Als sein Bestandteil leistete er unverzichtbare soziale und wirtschaftliche Integrationsarbeit, die die Eingliederung der Vertriebenen beschleunigte, gleichzeitig aber auch längerfristig eine Ökonomisch-Soziale Interessenpartei dieses Bevölkerungsteils entbehrlich machte. Seit 1955 innerhalb des BHE unternommene Bemühungen, sein außenpolitisch teiloppositionelles Anliegen („Heimatrecht im Osten") in den Vordergrund zu stellen und damit die Notwendigkeit einer Vertriebenenpartei zu rechtfertigen, waren nicht dazu angetan, den Niedergang der Partei zu verhindern.

c) *Die Integration des „alten" Mittelstandes:* Der Strukturwandel im Mittelstand und die erhebliche Vernichtung mittelständischer Existenzen in der Bundesrepublik verlief nicht konfliktfrei, zumal die Bundesregierung 1949 das Schwergewicht ihrer Wirtschaftspolitik zunächst auf die Kapitalbildung legte, um mittelfristig ein ausreichendes Steueraufkommen für sozialpolitische und mittelstandspolitische Vorhaben zu gewinnen. Diese Bevorzugung des Großkapitals bot dem Mittelstand immer wie-

---

8 Ein — allerdings geringer — Teil der BHE-Wähler hat sich der Sozialdemokratie zugewandt.

der Anlaß zu scharfer Kritik am Bürgerblock und zur Androhung von Loyalitätsentzug. 1951 beispielsweise erklärte der Präsident des Zentralverbandes des Deutschen Handwerks, Richard Uhlemeyer, nach „einer Zeit der unerfüllten Versprechungen sei es ... mit der loyalen Haltung des Mittelstands vorbei. Es sei notwendig, daß sich diese Menschen auf ihre Kraft und Zahl besinnen und sie zur Geltung bringen."[9] Das Aufbegehren der seit 1951 im „Mittelstandsblock" organisierten Mittelstandsverbände weckte nun nicht nur das Interesse des Rechtsextremismus, es schreckte vor allem den Bürgerblock auf, der seine Machtposition gefährdet sah. Da ihm vor der Bundestagswahl 1953 noch die finanziellen Mittel zur sozial-integrativen Lösung des Problems fehlten, sah er sich zunächst auf ausschließlich politisch-ideologische Argumente verwiesen. Der Blockgegensatz und die antikommunistischen/antisozialistischen Vorbehalte des Mittelstands bildeten schließlich einen fruchtbaren Boden für die Drohung, daß jede Schwächung des Bürgerblocks eine Stärkung der „marxistischen Kräfte", eine Stärkung also der SPD und damit womöglich sogar eine Enteignung des Mittelstands bedeuten würde. Die Forderung nach politischer Loyalität des Mittelstands mußte von diesem über kurz oder lang als Erpressung aufgefaßt werden, wenn den sozialpolitischen Versprechungen nicht bald auch praktische Schritte folgten. Mit dem Beginn der Prosperitätsphase Mitte der fünfziger Jahre standen der vom Mittelstand auch nach der Bundestagswahl hart bedrängten Bundesregierung endlich ausreichend finanzielle Mittel für Unterstützungsmaßnahmen zur Verfügung, so daß auch eine mittelstandsbezogene Steuer- und Sozialgesetzgebung möglich wurde. Vor der Bundestagswahl 1957 begann der Bürgerblock also, seine sozialpolitischen Versprechen einzulösen, was wahrscheinlich mit dazu beitrug, daß die CDU/CSU die absolute Mehrheit gewann. Jedenfalls löste sich der „Mittelstandsblock" nach den Wahlen 1957 auf.

d) *Die Integration von Heimat- und Landesparteien und der Bedeutungsverlust regionaler Besonderheiten:* Bedingt durch historische Traditionen und sozio-kulturelle „cleavages" waren nach 1945 in vielen (peripheren) Regionen betont föderalistische und von ihrer sozialen Zusammensetzung her oftmals kleinbürgerliche bzw. mittelständische Parteien entstanden, die sich der Bildung eines Nationalstaats oder wenigstens doch dem globalen Trend zur Bildung einer bürgerlichen Sammlung widersetzten. In Bayern entstand vor allem in den altbayerischen Traditionsgebieten die Bayernpartei, im Rheinland setzte die Rheinische Volkspartei/Rheinisch-Westfälische Volkspartei die in der Weimarer Republik entstandenen autonomistischen und separatistischen Bestrebungen fort, und in Niedersachsen fanden die traditionellen antipreußischen Ressentiments ihren Niederschlag zunächst in der Gründung der agrarisch-konservativen Niedersächsischen Landespartei. Betont föderalistische Haltungen fanden sich — unterstützt durch die französische Militärregierung — auch in Baden und in der Pfalz. In Schleswig-Holstein organisierte sich die dänische Minderheit im Südschleswigschen Verein (SSV) bzw. im Südschleswigschen Wählerverband (SSW). Nachdem das Verhältnis von Bund und Ländern in durchaus föderalistischem Sinne (im Vergleich zur Weimarer Republik) verfassungsmäßig geregelt und

---

9 *Die Welt* v. 7.11.1951.

die Neugliederung des Bundesgebiets mit der Bildung des Landes Baden-Württemberg (1952) vorerst abgeschlossen war, reduzierten sich regionalistische Probleme vor allem auf konkrete Sachfragen im wirtschafts- und kulturpolitischen Bereich, wenn auch ethnisch motivierte Vorbehalte gegen nach wie vor bestehende Zentralismen und herrschende Zentren noch lange nachwirkten. Die mit der wirtschaftlichen Entwicklung der Bundesrepublik einhergehenden industriellen Vergesellschaftungstendenzen wirkten sich nivellierend auf die verschiedenen Regionalkulturen aus, ohne diese freilich vollständig zu vernichten. Der Niedergang Teiloppositioneller Parteien in diesem Bereich ist daher auch dem Umstand zuzuschreiben, daß die sich herausbildenden Massenlegitimationsparteien es verstanden, sich den verbliebenen regionalen Sonderheiten durch einen gewissen inneren Föderalismus anzupassen und entsprechenden Sonderinteressen Entfaltungsmöglichkeiten zu bieten. Bereits in der zweiten Bundestagswahl zeichnete sich der Bedeutungsverlust insbesondere von BP und DP ab (1953 1,7% bzw. 3,3%), der sich bis spätestens Anfang der sechziger Jahre vollendete. Eine zusätzliche Belastung für den Bürgerblock war mit der Saarfrage verbunden. Obwohl die Eingliederung des Saarlandes in die Bundesrepublik mit erheblichen parteipolitischen Friktionen verbunden war, gelang es bis Ende der fünfziger Jahre, beide Parteiensysteme miteinander zu verschmelzen.

e) *Die Integration des Rechtsextremismus:* Der Bedeutungsverlust Antidemokratischer Parteien schlug sich in den Bundestagswahlergebnissen wie folgt nieder: 1949 4,2% bzw. 7,1%[10]; 1953 1,4%; 1957 1,1%; 1961 0,9%. Bereits 1953 war also der überwiegende Teil der „nationalen Opposition" durch den Bürgerblock aufgesogen. Lediglich auf Landesebene erzielten rechtsextremistische Parteien verschiedentlich erwähnenswerte Resultate, so die Sozialistische Reichspartei in Niedersachsen (1951) 11% und 16 Mandate sowie die Deutsche Reichspartei ebendort 1955 3,8% und sechs Mandate, 1959 3,6% (aufgrund der neu eingeführten Sperrklausel kein Mandat) und in Rheinland-Pfalz 1959 schließlich 5,1% und ein Mandat. Erst mit der Gründung der Nationaldemokratischen Partei Deutschlands im Jahre 1964 sollte der westdeutsche Rechtsextremismus wieder einen Aufschwung erfahren. Jedenfalls hatten sich Anfang der fünfziger Jahre die Hoffnungen bzw. Befürchtungen als unbegründet erwiesen, Antidemokratische Parteien könnten auf der Woge eines breiten Wählerpotentials aus Teilen der „Kriegsgeneration", aus ehemaligen aktiven Nazis und aus sozialpsychologisch durch den „Zusammenbruch" des NS-Regimes verunsicherten oder aus wirtschaftlich und sozial unzufriedenen Bevölkerungsteilen in die Parlamente getragen und dort zum Störfaktor bürgerlicher Einigungs- und politischer Konsolidierungsbemühungen werden. Auch gelang es dem Rechtsextremismus nicht, nennenswerte Teile der Vertriebenenbewegung längerfristig an sich zu binden oder aus der Unzufriedenheit innerhalb des „alten" Mittelstandes Nutzen zu ziehen. Angesichts des sich rasch verbreiternden bürgerlichen Intraklassenkonsenses mußten sich die Existenzbedingungen für Antidemokratische Parteien zunehmend verschlechtern.

10 Die antidemokratische Wirtschaftliche Aufbau-Vereinigung (WAV) erzielte 2,9% der Stimmen, die dem rechtsextremistischen Potential zum damaligen Zeitpunkt durchaus zuzurechnen waren, wenngleich sich darunter gut 50% Vertriebenenstimmen befunden haben dürften.

Die enorme Integrationsleistung, die der Bürgerblock im Laufe der fünfziger Jahre zu vollbringen imstande war, beruhte auf einer Eigenschaft, die ihm fälschlicherweise oft als Schwäche ausgelegt worden ist: die anfängliche innere Heterogenität. Sein vielfältiges Erscheinungsbild, das von der sozialpolitisch engagierten katholischen Arbeitnehmerschaft über bürgerlich-demokratische Kräfte und Vertreter der Vertriebenen, des Mittelstandes und des Großkapitals bis hin zu den stark antidemokratisch ausgerichteten rechten Flügeln von Freier Demokratischer Partei, Deutscher Partei und Gesamtdeutschem Block/BHE reichte, ermöglichte gerade die arbeitsteilige Repräsentation und Integration der vielfältigen bürgerlichen Interessen und politischen Konzeptionen. In dem Maße jedoch, wie diese Integration gelang, nahm die Bedeutung der kleinen Bürgerblock-Parteien ab, und innerhalb des Bürgerblocks vollendete sich die bereits 1945/46 erkennbar gewordene Bipolarität. Daß der politische Liberalismus in den fünfziger und sechziger Jahren nicht vollständig von der CDU/CSU absorbiert werden konnte, lag vor allem daran, daß in vielen Regionen der Bundesrepublik immer noch ein intaktes liberales Milieu bestand, daß die Unionsparteien ein betont christliches Image hatten und folglich für das laizistische Bürgertum nicht wählbar waren und schließlich daran, daß die abendländische Weltsicht der christlichen Schwesterparteien beim national orientierten Bürgertum auf wenig Gegenliebe stieß.

3. Die Anpassung der SPD und die Vollendung des Basiskonsenses

Die Stärkung des Bürgerblocks einerseits und die wachsende Bedeutung der Union innerhalb des Bürgerblocks seit der Bundestagswahl 1953 andererseits haben im Grunde genommen erst die wirtschaftlichen, sozialen und politischen Verhältnisse geschaffen bzw. ermöglicht, die später zusammengefaßt als „CDU-Staat"[11] bezeichnet worden sind. Und dieser CDU-Staat drängte die Arbeiterbewegung insgesamt in eine Defensivposition. Mehr noch: Der politischen Vereinheitlichung und Stärkung des bürgerlichen Lagers stand die Sozialdemokratische Partei Deutschlands in weiten Teilen sogar recht hilflos gegenüber.

Hatte sich ihre Hoffnung auf eine sozialdemokratische Mehrheit im ersten Bundestag schon nicht erfüllt, so mußte sie 1953 noch einen (geringfügigen) Rückschlag hinnehmen: Die Partei blieb in ihrem 30-Prozent-Turm gefangen, ohne in der Lage zu sein, ein sozialistisches Alternativ-Konzept zunächst gegen den Widerstand der Westalliierten und dann gegen die bürgerlich-kapitalistische Machtzusammenballung entwickeln bzw. durchsetzen zu können. Wenn die Beziehungen hier zwischen Sozialdemokratie einerseits und Bürgerblock andererseits als *Blockgegensatz* beschrieben werden, dann geschieht das nicht allein aufgrund der Tatsache, daß zwischen beiden Blöcken so gut wie keine Wählerbewegungen stattfanden. Vielmehr bestanden auch in den gesellschaftsgestaltenden Konzeptionen gravierende Unterschiede,

---

11 Gert Schäfer/Carl Nedelmann (Hrsg.), *Der CDU-Staat. Analysen zur Verfassungswirklichkeit der Bundesrepublik*, 2 Bde., Frankfurt a.M. 1969.

woraus sich jedoch kaum destabilisierende Folgen für die politische Ordnung ergaben, weil die Sozialdemokratie den Verfassungskonsens in vollem Umfang anerkannte. Im Grunde war die Integration der Parteibasis in die bürgerlich-kapitalistische Gesellschaft auch zu weit vorangeschritten, als daß eine reformistisch-antikapitalistische Praxis eine breite Mehrheit in der seit den dreißiger Jahren auch erheblichen sozialstrukturellen Wandlungen unterworfenen SPD hätte finden können. Andererseits lebte jedoch die reformistische Vergangenheit der Partei in der Programmatik und in den Führungskadern (gerade in der Parteiorganisation auf Bundesebene) noch zu stark fort, als daß bis Mitte der fünfziger Jahre die vielfach auf lokaler und regionaler Ebene längst verfolgte sozialreformerische Politik zum Programm der Gesamtpartei hätte werden können. So war die SPD wenigstens bis 1953 von der Ambivalenz zwischen Kooperation und Kompromiß einerseits und sozialistischer Opposition andererseits, zwischen Anpassung und Widerstand also, geprägt. Und dies charakterisierte auch ihr Verhältnis zur gesellschaftlichen Ordnung in der Bundesrepublik, wie sie sich unter politischer und wirtschaftlicher Führung des Bürgerblocks entwickelt hatte. Diese Ordnung war 1953 nur erst partiell Konsens zwischen den Klassen. Freilich war die Opposition der SPD gegen diese Ordnung „intransigent" (Pirker). Ihre Politik der Anpassung deutete den sich herausbildenden Basiskonsens an; die Art der Opposition ließ nicht genau erkennen, wo die Alternativen zu einem derartigen Konsens lagen. So mußte das wiederum als Niederlage empfundene Ergebnis der SPD bei den Bundestagswahlen 1957 die sozialreformerischen Kräfte innerhalb der Partei erst recht stärken, die Kräfte also, die den Ausbruch aus dem 30-Prozent-Turm durch eine Politik der Anpassung („Innovation"), und damit verbunden: der Organisationsreform, zu erreichen suchten. Diese Entwicklung wurde auch möglich, weil sich die SPD keiner linken Konkurrenz ausgesetzt sah. Die anfangs keineswegs geringe Attraktivität der Kommunistischen Partei Deutschlands hatte sich nicht nur wegen des im Zuge des wachsenden Ost-West-Gegensatzes noch verschärften Antikommunismus (dem schließlich auch die Sozialdemokratie ausgesetzt war) verflüchtigt; der Bedeutungsverlust der KPD war gleichermaßen Resultat einer – sich zudem nicht selten überraschend wandelnden, jedenfalls de facto partiell selbstzerstörerischen – Politik, die sich weniger an den Bedürfnissen der westdeutschen Arbeiterklasse als an der Globalstrategie der Sowjetunion orientierte und die auch mit dem Argument nicht einsichtig vermittelt werden konnte, diese Strategie entspräche den Interessen der Werktätigen aller Länder des Kapitalismus. Und linkssozialistische Positionen, wenn sie denn überhaupt von „seriösen" Repräsentanten vorgetragen wurden, hatten angesichts der hegemonialen Bedeutung der Sozialdemokratie auch in der Gewerkschaftsbewegung (Einheitsgewerkschaft!) keine längerfristige Aussicht auf Erfolg.

Differenzen zwischen SPD und Bürgerblock – die zu keiner Zeit den Charakter unversöhnlicher Gegensätze zwischen Bürgertum und Arbeiterbewegung angenommen haben – bestanden zunächst hauptsächlich in außen-, sicherheits- und wirtschaftspolitischen Fragen. Der wachsende Einfluß sozialreformerischer gegenüber sozialistisch-reformistischen Kräften innerhalb der SPD hatte bereits in der Weimarer Zeit begonnen; er setzte sich beschleunigt nach 1945 fort. Nach 1957 gelang den auf Überwindung des Blockgegensatzes durch programmatische Annäherung an den Bürgerblock drängenden Kräften der Durchbruch: 1958 verzichtete die Parteiführung auf ihre Forderung nach dem Austritt der Bundesrepublik aus der NATO und setzte sich für eine Verbesserung des Verhältnisses der SPD zur Bundeswehr ein. 1960 akzeptierte die SPD unter dem Eindruck der Berlin-Krise dann auch in vollem Umfang die Westintegrationspolitik der Bundesregierung und kritisierte lediglich noch deren Absicht, die Bundeswehr mit Atomwaffen auszurüsten. Im Godesberger Programm von 1959 verzichtete sie schließlich auf eine materialistische und klassenkämpferische Begründung des Sozialismus und reduzierte ihn zu einer ethischen und sittlichen Forderung. Damit war auch der Weg frei für eine Übernahme der Grundprinzipien der Sozialen Marktwirtschaft, die die SPD mit globalplanerischen Elementen zu einer Wirtschaftspolitik versetzte, die später besser als die planungsfeindliche neo-liberale Politik der Unionsparteien auf die strukturelle und konjunkturelle Krise der Jahre 1966/67 zu reagieren in der Lage war, zumal die SPD für ein „krisengerechtes" Verhalten der Gewerkschaften Sorge tragen konnte. Wies auch ihr spezifischer „Dritter Weg" von Anfang an nach Westen, so bedeutete doch der endgültige Verzicht auf ihr halbherziges Neutralitätskonzept, die Aufgabe ihrer Vorbehalte gegenüber der uneingeschränkten Westintegration und schließlich ihr Abschwören vom „Freiheitlichen Sozialismus" die Vollendung des Basiskonsenses in der Bundesrepublik.

So wie die Entwicklung der Sozialdemokratie hin zu einer Demokratischen Massenlegitimationspartei einen Prozeß darstellte, der sich im wesentlichen in der zweiten Hälfte der fünfziger Jahre vollzog, läßt sich auch weder für die CDU/CSU noch für die FDP ein Stichdatum angeben, mit dem der endgültige Abschluß des Formwandels zur Massenlegitimationspartei exakt zu bezeichnen wäre. Insbesondere bei den Liberalen vollzog sich der Prozeß des Übergangs von einer Bürgerlich-Demokratischen zu einer Demokratischen Massenlegitimationspartei schleppend und widersprüchlich. Immer wieder war das Bedürfnis erkennbar, die Repräsentation spezifischer sozialer Segmente („alter" Mittelstand, „neuer" Mittelstand) besonders zu betonen, aber stets artikulierten sich auch erfolgreich Führungsgruppen, die den Legitimationsaspekt in den Vordergrund stellten und die Repräsentationsfunktion gewissermaßen als Rückfall in vergangene Zeiten ablehnten. Den Kritikern einer typologischen Bestimmung der FDP als Demokratische Massenlegitimationspartei ist entgegenzuhalten, daß die Partei sich *spätestens* seit der Bundestagswahl 1961 *überwiegend* als politische Kraft verstand, deren Aufgabe in der legitimatorischen Absicherung staatlicher Herrschaft und (tendenziell) in der Überwindung des Blockgegensatzes gesehen wurde.

In den Unionsparteien verbanden sich zunächst Momente einer Bürgerlich-Demokratischen und einer Konfessionellen Partei, die gleichermaßen auf Repräsentation und Integration bedacht war. Die Vereinbarung der verschiedenen Strömungen miteinander und ein Primat der Legitimation ist erst seit der Bundestagswahl 1957 feststellbar, obzwar auch damals das Blockdenken noch recht ausgeprägt war. Diese Komponente verflüchtigte sich — sieht man von den erwähnten Intermezzi ab — de facto erst im Laufe der sechziger Jahre.

4. Die Auflösung des Bürgerblocks und die sozialliberale Koalition

Das Resultat der Bundestagswahl stand ganz im Zeichen der Vollendung des Basiskonsenses. Es spiegelt wichtige Veränderungen innerhalb des Parteiensystems wider, was sich aus den zahlenmäßigen Ergebnissen nur teilweise ablesen läßt. Die CDU/CSU verlor 4,9 Prozentpunkte und damit ihre absolute Mehrheit, die SPD gewann 4,4 und die FDP sogar 5,1 Prozentpunkte hinzu (Wahlergebnis 1961: CDU/CSU 45,3 %; SPD 36,2 %; FDP 12,8 %). Diese Zahlen standen für zwei miteinander zusammenhängende Entwicklungstendenzen innerhalb des westdeutschen Parteiensystems:

a) Mit der programmatischen Anpassung der SPD an die innenpolitischen und außenpolitischen Grundlagen des „CDU-Staates" waren die Bedingungen für eine Verteufelung der SPD als sozialistischer Partei oder gar als trojanischem Pferd Moskaus entfallen. Nichts symbolisierte das Ende des Blockgegensatzes so deutlich wie Adenauers (sicherlich nur taktisch gemeintes) Koalitionsangebot an die SPD im Jahre 1961, das er übrigens während der „Spiegel-Krise" 1962 wiederholte. Der Kurswechsel der SPD schuf die Voraussetzungen dafür, daß sie aus ihrem Wählerturm von 30% ausbrechen und sich neue Wählerschichten, vor allem im Bereich der Beamten/Angestellten, erschließen konnte.

b) Die CDU/CSU verlor ihre absolute Mehrheit. Ihre hohen Stimmenverluste (an SPD und FDP) konnte sie nur teilweise durch Gewinne aus dem Reservoir der ehemaligen kleinen Bürgerblock-Parteien kompensieren. DP und BHE, 1961 zur Gesamtdeutschen Partei (GDP) fusioniert, erzielten 2,8% der Zweitstimmen. Ihre Verluste (insgesamt 5,2 Prozentpunkte) scheinen hauptsächlich der CDU/CSU, in geringerem Ausmaß aber auch der FDP, zugute gekommen zu sein. Kleinparteien erhielten 1961 insgesamt 5,7% der Zweitstimmen gegenüber nur 2,4% im Jahre 1957. Gelang es einigen Kleinparteien auch gelegentlich noch nach 1961, Landtagsmandate zu erringen, so hatte sich doch zumindest im Bundestag das Drei-Parteien-System durchgesetzt.

Gleichwohl signalisierten der vergleichsweise hohe Stimmenanteil kleiner Parteien[12] sowie der Stimmenzuwachs der SPD den Beginn eines Integrationsverlustes der Bürgerblock-Parteien, der nicht nur durch die Aufhebung des Blockgegensatzes, sondern auch durch den nun einsetzenden Zerfall des Bürgerblocks bedingt war. Dessen Erosion hatte äußere und interne Gründe. Erstere waren nicht nur durch die Beendigung des Blockgegensatzes innerhalb der Bundesrepublik, sondern auch durch die weltpolitischen Entspannungstendenzen zwischen der UdSSR und den USA bedingt, wodurch die Bedeutung des Integrationsfaktors Antikommunismus/Antisozialismus für den Bürgerblock weiter gemindert wurde.

Die Wurzeln für eine internationale Entspannung reichen zurück bis zum Jahr 1955. Nach der militärischen Integration der beiden deutschen Staaten in den Nord-

---

12 Es erreichten bei der Bundestagswahl 1961 die Deutsche Reichspartei 0,8 %, die Deutsche Gemeinschaft 0,1 %, die Gesamtdeutsche Partei 2,8 %, die Deutsche Friedens-Union 1,9 % und der Südschleswigsche Wählerverband 0,1 % der Stimmen.

atlantik- bzw. in den Warschauer Pakt hatten diplomatische Bemühungen um eine internationale Verständigung eingesetzt, die vom Status quo in Mitteleuropa ausgehen mußten. Nach Adenauers widerwillig angetretener Moskau-Reise und der Aufnahme diplomatischer Beziehungen zwischen der Bundesrepublik und der Sowjetunion im Herbst 1955 waren auf der Genfer Außenminister-Konferenz im Oktober desselben Jahres erstmals Anzeichen einer internationalen Entspannung sichtbar geworden. Hatte die Konferenz auch keine konkreten Ergebnisse gebracht, so bestätigte sich durch die Anwesenheit von Beobachtern sowohl aus der Bundesrepublik als auch aus der DDR der „Geist von Genf", der bereits auf der Genfer Gipfelkonferenz im Juli 1955 bemerkbar geworden war, als sich nach langen Jahren der internationalen Konfrontation führende Politiker aus Ost und West zu einer direkten Aussprache zusammengefunden hatten. Die Formulierung der Hallstein-Doktrin und die Forderung Adenauers nach einer Ausrüstung der Bundeswehr mit (unter amerikanischer Einsatzentscheidung und Bewachung stehenden) taktischen Atomwaffen und schließlich die mangelnde Konzessionsbereitschaft der Bundesregierung während der Berlin-Krise Ende der fünfziger Jahre lähmten zwar noch die — freilich unaufhaltbare — Disengagement-Politik. Aber auch die deutliche Verbesserung der Beziehungen zu Frankreich unter der Präsidentschaft de Gaulles als sichtbarem Ausdruck westdeutschen Mißtrauens gegenüber der Entspannungspolitik der USA vermochte die amerikanisch-russische Verständigung nicht zu behindern. Der seit Januar 1961 amtierende Präsident Kennedy trat im Vergleich zu seinem Vorgänger der Sowjetunion gegenüber zwar wesentlich härter auf (z.B. Kuba-Krise), doch galt diese Härte nur der Aufrechterhaltung der bestehenden internationalen Kräfteverteilung, wie sich beim Bau der Mauer zeigte; es war gerade Kennedy, der eine aktive Ostpolitik der Bundesregierung forderte und die des Westberliner Senats nach Kräften förderte. Der 1961 als „Atlantiker" zum Bundesaußenminister ernannte Gerhard Schröder bemühte sich gegen den harten Widerstand der „Gaullisten" in seiner Partei um die Verbesserung des Verhältnisses der Bundesrepublik zu den osteuropäischen Staaten: 1963/64 konnte er Handelsabkommen mit Polen, Rumänien, Ungarn und Bulgarien abschließen. In Berlin erreichte der auf Erleichterungen der Lebensbedingungen der Berliner Bevölkerung bedachte Regierende Bürgermeister Brandt zur selben Zeit als Ergebnis der „Politik der kleinen Schritte" Passierschein-Abkommen. Die „Friedensnote" der Regierung Erhard vom März 1966 bereitete die Ostpolitik der Großen Koalition bzw. der sozialliberalen Koalition vor, die ihre Höhepunkte im deutsch-sowjetischen und deutsch-polnischen Vertrag (1970), im Berlin-Abkommen (1971) und schließlich im Grundlagenvertrag (1972) fand.

Neben der Beendigung des Ost-West-Konflikts — er war schließlich eine der Ursachen für die Stabilisierung und Verbreiterung des bürgerlichen Intraklassenkonsenses und damit eine Legitimationsgrundlage des „CDU-Staates" — wirkte sich auch die wirtschafts-, sozial- und außenpolitische Debatte innerhalb der Unionsparteien desintegrativ auf den Bürgerblock aus.

Die Führungskrise in der CDU 1961 um die Nachfolge Adenauers war im Grunde genommen auch äußeres Anzeichen für die neue Problemlage, der sich die Regierungspartei angesichts des gesellschaftlichen Wandels zu stellen hatte. Ist dieser

Aspekt der CDU-Geschichte bislang auch kaum aufgearbeitet worden, so steht doch außer Frage, daß die mit der Vollbeschäftigung verbundene Notwendigkeit, die Arbeitsproduktivität zu steigern, um die Akkumulationsfähigkeit des Kapitals aufrecht zu erhalten, veränderte Anforderungen an die — vom Prinzip des „Laissez-faire der Eigentumsverwertung"[13] geprägte — Wirtschaftspolitik der CDU/CSU stellte. Die nunmehr notwendig gewordene Herstellung struktureller und technologischer Produktionsvoraussetzungen sowie die Intensivierung der Arbeit erzwangen Leistungen staatlicher Planung und Intervention in der Raumordnungs-, Wissenschafts- und Bildungs- sowie in der Sozialpolitik, die wegen der grundsätzlichen Planungsfeindlichkeit der Bürgerblock-Parteien nur schleppend und auch nur dort in Gang kamen, wo bestehende oder (vermeintlich) drohende Krisenerscheinungen dies unumgänglich machten (zum Beispiel Bergbau, Atompolitik). Wirtschaftswachstum und Vollbeschäftigung bewirkten zudem verstärkt einkommens- und sozialpolitische Forderungen seitens der Gewerkschaften, die sich auch auf die innerparteiliche Diskussion der CDU auswirkten. War bereits 1956 auf dem Stuttgarter Parteitag der Sprecher der Sozialausschüsse, Karl Arnold (der gerade als Ministerpräsident von einer SPD-FDP-Koalition gestürzt worden war), auf Druck des Landesverbandes Nordrhein-Westfalen (der traditionellen Hochburg der katholischen Arbeiterbewegung) und gegen den Willen Adenauers zu einem seiner stellvertretenden Parteivorsitzenden gewählt worden, so hatte der Verlauf des Kieler CDU-Parteitages 1958 ganz besonders die wachsende Bedeutung innenpolitischer Fragen für die bislang von Adenauer unangefochten beherrschte Partei verdeutlicht sowie das Bedürfnis der Delegierten, kontroverse Meinungen auszutragen und Interessen zu artikulieren. Bereits vor den Bundestagswahlen 1957 hatten die Sozialausschüsse noch unter Arnold mit der Einführung der dynamischen Rente einen Erfolg erzielen können. 1958 war es seinem Nachfolger, Hans Katzer, gelungen, sich in Kiel mit dem Versuch zu profilieren, die Bedeutung der Sozialausschüsse innerhalb der Partei hervorzuheben. 1960 schließlich, auf dem Karlsruher Parteitag, kam es um die Neuregelung der Krankenversicherung zu Auseinandersetzungen zwischen dem Sozialminister Anton Storch und den Sozialausschüssen, denen Storchs Gesetzentwurf nicht weitgehend genug war[14].

Neben der Frage der Nachfolge Adenauers und sozialen Problemen lagen in den beginnenden sechziger Jahren auch die Anfänge außen- und gesellschaftspolitischer Meinungsverschiedenheiten zwischen CDU und CSU. Gerade in außenpolitischen Angelegenheiten entfachte sich bald öffentliche Kritik an Schröders vorsichtigem Entspannungskurs, die auf Seiten der „Gaullisten" hauptsächlich von Strauß und Guttenberg, 1965 dann auch von Adenauer vorgebracht wurde. Die „Gaullisten" verfolgten das Ziel einer Rückbesinnung auf die Rolle Europas als Gegenwehr gegen

---

13 Hans-Hermann Hartwich, *Sozialstaatspostulat und gesellschaftlicher status quo,* Köln und Opladen 1970, S. 265.
14 Wilhelm Kaltenborn, *Die Sozialausschüsse der Christlich-Demokratischen Arbeitnehmerschaft und ihre Bedeutung für die Christlich Demokratische Union Deutschlands als Volkspartei,* Diplomarbeit an der Wirtschafts- und Sozialwissenschaftlichen Fakultät der Freien Universität Berlin, Dezember 1967.

den Kommunismus und einer stärkeren Betonung des deutsch-französischen Bündnisses im Rahmen eines antibolschewistischen Europas.

Schließlich sei noch daran erinnert, daß die Autorität der Kanzler-Demokratie nicht nur durch das Gerangel um Adenauers Nachfolge und durch die Besonderheiten der Regierungsbildung 1961 Einbußen hinnehmen mußte. Vor allem dürfte die „Spiegel-Affäre", der damit verbundene Rücktritt der FDP-Minister und der erzwungene Verzicht des Verteidigungsministers Strauß auf sein Ministeramt zu einem Vertrauensverlust der CDU innerhalb der bürgerlichen Wählerschaft geführt haben. Darauf wenigstens deuten die Wahlergebnisse in Hessen und Hamburg Ende 1962 hin. Dem im folgenden Jahr zum Nachfolger Adenauers gewählten Ludwig Erhard ist es nicht mehr gelungen, die Kanzler-Demokratie personell und politisch-strategisch auszufüllen. Jedenfalls konnte er seine Position kaum mehr als drei Jahre halten.

Das Verhältnis zwischen CDU/CSU und FDP innerhalb des Bürgerblocks war seit der zweiten Bundestagswahl dadurch gekennzeichnet, daß die Liberalen im großen und ganzen mit der Union in wirtschafts- und sozialpolitischen Fragen und zunächst überwiegend auch in den außenpolitischen Grundlinien übereinstimmten und auch den Antikommunismus der Union teilten; andererseits aber waren sie seit 1953, nach ihrem Stimmenverlust von 2,4 Prozentpunkten, darauf bedacht gewesen, sich innerhalb des Bürgerblocks gegenüber der Union zu profilieren, um nicht wie die kleineren Bürgerblock-Parteien in den Sog der CDU zu geraten. Die Wahl Thomas Dehlers zum Parteivorsitzenden (1954) hatte die Unabhängigkeit der FDP dokumentieren sollen, die diese nun zunehmend in außenpolitischen Fragen suchte (z.B. „Saarfrage"). Kurz nach dem Sturz des Kabinetts Arnold in Düsseldorf und der Bildung einer Regierung aus SPD und FDP (1956) war die Bundestagsfraktion der Liberalen zerbrochen. Der sich in der Freien Volkspartei (FVP) vereinigende Flügel war bis 1957 Koalitionspartner der Union geblieben, die FDP dagegen in die Opposition gegangen. Freilich hatte sie Wert darauf gelegt, nicht als Opposition gegenüber der Regierung angesehen zu werden. Sie betrachtete sich vielmehr als „Opposition in der Koalition"[15], was sich 1961 besonders deutlich darin ausdrückte, daß sie die Chance einer Koalition mit der SPD nicht wahrnahm. Gemeinsamen Sichtweisen beider Parteien in außenpolitischen, insbesondere in ostpolitischen Fragen standen noch erhebliche Differenzen in der Wirtschafts- und Sozialpolitik entgegen.

Die FDP gab etwa 1959 ihren reduzierten Oppositionskurs gegenüber der Union auf und schwenkte „wieder auf die Linie des Jahres 1949"[16] ein. Der nunmehr (auf Bundesebene) nur noch aus CDU/CSU und FDP bestehende Bürgerblock offenbarte aber nach den Wahlen 1961 deutliche Risse. Jenseits des „normalen" Maßes an inneren Auseinandersetzungen zogen sich die (mit dem Novum eines Koalitonsvertrages endenden) Koalitionsverhandlungen über lange Zeit hin. Die auf ein Regierungsbündnis mit der CDU, aber ohne Adenauer, festgelegte FDP fand sich widerwillig mit einer erneuten, gleichwohl auf zwei Jahre begrenzten, Kanzlerschaft Adenauers

---

15 Kurt J. Körper, *FDP. Bilanz der Jahre 1960—1966. Braucht Deutschland eine liberale Partei?*, Köln 1968, S. 28.
16 Ebd., S. 29.

ab, die auch in den Unionsreihen, insbesondere bei der Erhard favorisierenden CSU, umstritten war. Aus Protest gegen diese Entscheidung traten dann die FDP-Landesvorsitzenden in Hessen und im Saarland, Oswald Kohut und Heinrich Schneider, von ihren Ämtern zurück. Neuerlich ergaben sich in der „Spiegel-Affäre" Berührungspunkte zwischen SPD und FDP, die sich in der Folgezeit in ost- und deutschlandpolitischen Fragen verdichteten. Überdies machten sich unter den Liberalen (vorübergehend) 1962/63 Bestrebungen bemerkbar, der Partei ein fortschrittlicheres Sozialprogramm zu geben, um sie von dem Image einer Unternehmer-Partei zu befreien.

Zusammenfassend kann die etwa mit dem Jahr 1961 einsetzende Entwicklungsphase des westdeutschen Parteiensystems als Phase der Auflösung des Bürgerblocks gewertet werden. Die mit diesem Wandlungsprozeß verbundenen bzw. ihn bedingenden Entwicklungen, das Hervortreten von Momenten konjunktureller und struktureller Krisenerscheinungen und die Veränderungen in der Deutschlandpolitik führten zu einem Autoritätsverlust der Kanzler-Demokratie, schwächten die Integrationskraft des Bürgerblocks und bildeten schließlich auch objektive Voraussetzungen für eine Konzentration der Kräfte innerhalb des westdeutschen Rechtsextremismus in der 1964 gegründeten Nationaldemokratischen Partei Deutschlands.

Die Vollendung des Basiskonsenses, die Auflösung des Bürgerblocks, die prosperierende Wirtschaft und die Entkrampfung des Ost-West-Verhältnisses bewirkten vor allem in der ersten Hälfte der sechziger Jahre einen Zustand vermeintlicher politischer Stabilität und Gleichförmigkeit zwischen den drei Bundestagsparteien. Tatsächlich befand sich das Parteiensystem der Bundesrepublik in den sechziger Jahren objektiv in einer Bewährungsprobe. Die durch die Vollendung des Basiskonsenses suggerierte *institutionelle* Stabilität traf zeitlich zusammen mit einem *„Modernisierungs"-Defizit*. Die für die Erosion des Bürgerblocks verantwortlichen Faktoren signalisierten, daß die ökonomischen und sozialen Steuerungsinstrumente und eine Reihe von grundsätzlichen Politikzielen nicht mehr mit den außenpolitischen und innenpolitischen Realitäten der Bundesrepublik korrespondierten.

Diese Ungleichzeitigkeit steigerte sich 1966/67 zur ersten größeren, ökonomischen wie politischen, Krise: Damals trafen eine Konjunktur- (Überakkumulations-) Krise und Strukturkrise einzelner Branchen (Kohle, Eisen, Stahl, Textil) mit einem erheblichen staatlichen Finanzdefizit zusammen. Diese Probleme zu bewältigen, war die neoliberale Wirtschaftspolitik des Bürgerblocks überfordert. Über die Finanzkrise zerbrach die Bundesregierung, und Ende 1966 wurde eine Große Koalition aus CDU/CSU und SPD gebildet. Die FDP sah sich im Bundestag auf die Oppositionsbänke verwiesen. Die SPD fungierte in der Regierung nicht nur als das konzeptionell dynamische und innovatorische Element in Sachen Außenpolitik (entspannungsorientierte Ostpolitik) und Wirtschaftspolitik (Keynesianismus), sie sorgte auch für die Loyalität und Tarifdisziplin der Gewerkschaften (Konzertierte Aktion). Das durch die Konzeptionslosigkeit der Unionsparteien hinsichtlich der veränderten Reproduktionsbedingungen verursachte Ende des „CDU-Staates" erlaubte es der SPD, Elemente des Basiskonsenses in ihrem Sinne zu akzentuieren und das – vor allem – mit Zustimmung der CDU/CSU. Die „geistige Führung" war an die Sozialdemokratie übergegangen. Infolge vor allem von antizyklischer Wirtschafts- und Finanzpolitik, mittelfristiger Finanzplanung und regionaler bzw. sektoraler Strukturpolitik konnte sich die westdeutsche Wirtschaft, gefördert durch optimale weltwirtschaftliche Bedingungen, rasch und noch vor der Bundestagswahl 1969 aus der konjunkturellen Talfahrt befreien. Die Große Koalition ermöglichte so einerseits, die Krise zu überwinden und gleichzeitig die Weichen für eine „Politik der inneren Reformen" zu stellen, bewirkte jedoch andererseits erhebliche Desintegrationsprozesse und Veränderungen innerhalb des Parteiensystems, die über kurz oder lang ihr Ende bedeuten mußten:

— Die Auflösung des Bürgerblocks, das politische Zusammengehen der Union mit der Sozialdemokratie und der „Linkskurs" der FDP nach 1966 setzte — beschleunigt durch die Wirtschaftskrise — ein rechtsextremistisches Potential frei, das in organisatorischer Gestalt der NPD einen kometenhaften Aufstieg erfuhr.
— Enttäuscht von der neuerlichen Rechtswendung der SPD wuchs gegen das autoritäre und im Bundestag fast oppositionslose Regime — verstärkt durch die studentische Protestbewegung — eine Außerparlamentarische Opposition (APO) heran, die für eine Demokratisierung von Staat und Gesellschaft, gegen „Notstandsgesetze" und Rechtsextremismus und gegen den Imperialismus der USA vor allem in der „Dritten Welt" kämpfte und Sympathien weit in das bürgerlich-demokratische Lager hinein genoß.
— Auch innerhalb der SPD stieß die Bildung der Großen Koalition auf heftigen Widerstand. Beeinflußt durch die APO und mit deutlichen Sympathien für sie erstarkte ein linker Flügel, der vielfach antikapitalistisch-reformistische Forderungen vertrat.
— Schließlich regte sich in den Gewerkschaften Unmut über die Große Koalition, insbesondere über die Konzertierte Aktion und die Stillhaltepolitik der Führungsorgane. Die „wilden" Septemberstreiks des Jahres 1969 dokumentierten die Bereitschaft der Industriearbeiter, gegen die Niedriglohnpolitik auch mit „illegalen" Mitteln zu kämpfen.
— Die FDP vollzog während ihrer Oppositionszeit einen politisch-programmatischen Kurswechsel, linksliberale Kräfte erlangten die Oberhand und bereiteten durch den eingeschlagenen Reformkurs ein Bündnis mit der SPD vor.

In dem Ausmaß, wie die krisenstrategische Funktion der Großen Koalition beendet war, traten auch die Gegensätze zwischen den Bündnispartnern deutlicher hervor. Vor allem die Ostpolitik und die Wirtschafts- und Sozialpolitik — rechte Unionskreise witterten schon damals Sozialisierungstendenzen — gerieten zu Konfliktfeldern, die dann auch den Bundestagswahlkampf 1969 beherrschten. Während SPD und FDP betont innovatorisch argumentierten, rekurrierte die CDU/CSU auf die — angesichts ihrer Koalition mit der SPD anachronistischen — traditionellen antisozialistischen Vorurteile. Das allgemeine „Reformklima" begünstigte jedoch die Sozialdemokratie, gerade auch in der Wählergruppe der Beamten und Angestellten. Sie erzielte 42,7% der Zweitstimmen, verbesserte sich mithin um 3,4 Prozentpunkte und überschritt damit erstmalig die 40-Prozent-Marke. Die FDP verlor beträchtlich beim nationalliberalen Wählerpotential und nahm nur mit Mühe die 5-Prozent-Hürde (5,8%). Die Einbußen der CDU fielen gering aus: 36,6% gegenüber 38,0% im Jahre 1965. Die CSU konnte hingegen ihre Position behaupten (9,5% gegenüber 9,6%). Die NPD verfehlte mit 4,3% nur knapp den Einzug in den Bundestag, verbuchte freilich das beste Bundestagswahlergebnis einer Antidemokratischen Partei seit Bestehen der Bundesrepublik.

Die zuvor bei der Wahl des Sozialdemokraten Gustav Heinemann zum Bundespräsidenten praktizierte Zusammenarbeit von SPD und FDP wurde nun mit der Bildung der sozialliberalen Koalition fortgesetzt, die bis zum Herbst 1982 dauerte. In der Folgezeit gelang es der FDP, bei den nächsten drei Bundestagswahlen ihre Wählerbasis im Bereich des „neuen" Mittelstandes zu konsolidieren (8,4%, 7,9%, 10,6%), und die Sozialdemokratie pendelte sich (nach der Ausnahmesituation von 1972) auf einer 42-Prozent-Marke ein (45,8%, 42,6%, 42,9%). Die Unionsparteien fielen in den beiden stark polarisierten Wahlen 1972 und 1980 noch hinter das Ergebnis von 1953 zurück. Allein 1976 erzielten sie ein vergleichsweise „normales" Resultat (44,9%, 48,6%, 44,5%).

Die dreizehnjährige Entwicklung der sozialliberalen Koalition vollzog sich in zwei Etappen: 1969–1974/75 mag als die „Reformphase", 1975–82 als die „Phase des Krisenmanagements" bezeichnet werden.

Die Politik der „inneren Reformen" versandete Mitte der siebziger Jahre im Strudel der von der „Ölkrise" eingeleiteten ökonomischen Depression. Daß die Reformpolitik — mit Ausnahme der neuen Ostpolitik — nur begrenzte Erfolge verbuchen konnte und folglich die vielfach überzogenen Hoffnungen derjenigen arg enttäuschte, die 1969 euphorisch eine neue Ära hatten anbrechen sehen, ist vor allem auf folgende Umstände zurückzuführen[17]:

a) Demokratisierungs- und Umverteilungsmaßnahmen stoßen grundsätzlich an die durch die kapitalistischen Produktionsverhältnisse vorgegebenen Handlungsgrenzen des Staates. Vor allem das (keynesianische) ökonomische Konzept, Wachstum und Vollbeschäftigung durch staatliche Regulierung der zentralen volkswirtschaftlichen Nachfrageströme zu sichern und damit die Einkommenssituation *aller* Subjekte *gleichermaßen* zu verbessern, muß an der „Eigendynamik der kapitalistischen Ökonomie"[18] scheitern, am Privateigentum an Produktionsmitteln, an der Autonomie der Unternehmen und der Tarifautonomie also und ebenso an der finanziellen Abhängigkeit staatlicher Interventionskapazität von der Prosperität des Kapitals.

b) Der Reformpolitik der sozialliberalen Koalition lag kein integriertes Reformkonzept und keine Programmplanung zugrunde, sondern nur ein richtlinienartiger Katalog von angestrebten Reformvorhaben unterschiedlicher Qualität und Reichweite für die einzelnen Ressorts.

c) Alle Reformmaßnahmen mußten gegen eine einflußreiche parlamentarische Opposition durchgesetzt werden, die insbesondere über ihre starke Position im Bun-

---

17 Manfred G. Schmidt, Die „Politik der inneren Reformen" in der Bundesrepublik Deutschland 1969–1976, in: *PVS*, 19. Jg. (1978), H. 2, S. 201 ff.
18 Jürgen Hoffmann, „Das Ende der Fahnenstange" — Sozialdemokratie und keynesianischer Klassenkompromiß in der Bundesrepublik, in: *Prokla*, 49, 12. Jg. (1982), S. 9 ff.

desrat Kompromisse erzwingen konnte, die häufig genug einer „Verwässerung" dieser Maßnahmen gleichkamen. Die CDU/CSU stand der neuen Bundesregierung zunächst ohne einheitliche konzeptionelle Alternativen gegenüber und war in der Frage der Oppositionstaktik zerstritten. Während eher linkskonservative Kreise eine Politik der begrenzten Konfrontation betrieben und darauf bedacht waren, durch politische und programmatische Initiativen die FDP wieder für eine Bürgerkoalition zu gewinnen, bemühten sich rechtskonservative Kräfte um die CSU, einen Kurs harter Konfrontation durchzusetzen, um die FDP in dem Konflikt zwischen „Freiheit und Sozialismus" aufzureiben. Der Versuch, die FDP zu spalten, gelang nur partiell. Auf das gescheiterte konstruktive Mißtrauensvotum folgte die Bundestagswahl 1972, die in einem außerordentlich stark polarisierten politischen Klima stattfand und beiden Regierungsparteien eine solide parlamentarische Mehrheit verschaffte (die CDU mußte das schlechteste Wahlergebnis seit 1949 hinnehmen). Es folgten Absplitterungen von den Massenlegitimationsparteien, die insgesamt darauf zielten, eine „Vierte Partei" im Parteiensystem der Bundesrepublik zu etablieren oder eine bundesweite Ausdehnung der CSU vorzubereiten. Aber auch dieser Strategie war kein Erfolg beschieden. Zwar konnten die Unionsparteien ihre Stellung in den Ländern verbessern und – ebenso wichtig – die Parteiorganisation zu einem schlagkräftigen und mitgliederstarken Oppositionsinstrument ausbauen. Die entscheidende Schwächung der sozialliberalen Reformpolitik bildeten jedoch der „Ölschock" und der Kanzlerwechsel von Brandt zu Schmidt (Juni 1974). Der neue Bundeskanzler legte das Schwergewicht seiner Politik – teilweise gezwungenermaßen – auf das Krisenmanagement und enttäuschte damit die Erwartungen vieler Anhänger der sozialliberalen Koalition.

d) Auf Gegenwehr stießen die „inneren Reformen" auch bei den Unternehmern, soweit sie über die kapitalfunktionale Modernisierung der Volkswirtschaft hinaus Interessen der Arbeitnehmer, etwa die Verbesserung betrieblicher Mitbestimmung, die Humanisierung von Arbeitsprozessen, den Ausbau des „sozialen Netzes" usw. berücksichtigten. Folgt man Schmidt[19], dann nahm die „Wirtschaftsbourgeoisie" die SPD als „Ambivalenzrisiko" wahr: Sie besorgte zwar die Integration der Arbeiterschaft bzw. der Gewerkschaften in die bestehende Ordnung, verstand sich aber auch als deren Interessenvertretung. Das Kapital akzeptierte die SPD also als politische Kraft, die die ökonomisch notwendigen Anpassungsleistungen zu vollbringen imstande war, wollte diese Leistungen jedoch zum „Nulltarif", also ohne materielle und partizipatorische Zugeständnisse an die Arbeiter.

e) Auch innerhalb des Regierungsbündnisses traten bald Meinungsverschiedenheiten über die Reformpolitik auf. Was die sozialliberale Koalition programmatisch ermöglicht hatte, war anfangs einerseits die gemeinsame Überzeugung von der Notwendigkeit einer entspannungsorientierten und auf gute Nachbarschaft mit den kommunistischen Staaten bedachten Ostpolitik; andererseits bestanden zunächst aber auch Gemeinsamkeiten in wirtschafts- und sozialpolitischen Fragen sowie hinsichtlich

19 Anm. 17, S. 220, 241 f.

der Notwendigkeit verbesserter Partizipationsbedingungen für die Bürger. Der in den „Freiburger Thesen" programmatisch kodifizierte „neue Kurs" der FDP zielte explizit auf die „liberale Reform des Kapitalismus" und betonte die soziale Komponente des Liberalismus. In dem Maße allerdings, wie sich die FDP organisatorisch und bei Wahlen konsolidierte und durch die Konfrontationspolitik der Unionsparteien als vermeintliche Steigbügelhalterin des Sozialismus propagandistisch als Anhängsel der SPD dargestellt wurde, konnte und mußte sie sich als „liberales Korrektiv" profilieren. Als Ansatzpunkte für ihre zunehmend besitzbürgerliche „Bremserrolle" wählte sie vor allem die Wirtschafts- und Sozialpolitik und die Mitbestimmungsfrage.

Mit dem Übergang von der „Reformphase" in die „Phase des Krisenmanagements" waren die Gemeinsamkeiten zwischen beiden Bündnispartnern der sozialliberalen Koalition weitgehend verbraucht, zumal die wichtigen Verträge der Ostpolitik unter Dach und Fach waren. Die letzten Jahre des Bündnisses waren geprägt durch die sich verschärfende weltweite Depression mit einem Millionenheer von Arbeitslosen, das in der Bundesrepublik Ende 1982 (einschließlich der „verdeckten" Arbeitslosigkeit) fast drei Millionen Menschen zählte. Die Krise wurde begleitet von einer Verhärtung des Ost-West-Klimas und durch erhöhte Anstrengungen zur „Nach"- bzw. Aufrüstung der Nato.

Es waren aber nicht nur die wirtschaftlichen und außenpolitischen Rahmenbedingungen, die der SPD das Regieren erschwerten, und es war auch nur partiell die schrittweise Umorientierung der FDP seit 1975 („konstruktive Opposition") auf ein Bündnis mit der CDU/CSU. Die sozialdemokratisch geführte Bundesregierung scheiterte vor allem und fast zwangsläufig an der Rolle der SPD als sozialreformerische Massenlegitimationspartei und den damit verbundenen Hoffnungen und Erwartungen ihrer Wähler und Mitglieder. Allein davon profitierte die Union. Die spektakulären taktischen Raffinessen ihres rechten Flügels, die darauf gerichtet waren, die CDU/CSU insgesamt auf einen harten Konfrontationskurs zu verpflichten, waren nämlich mit der Bundestagswahl 1980 endgültig gescheitert, als die Kanzlerkandidatur des CSU-Vorsitzenden Strauß den Schwesterparteien eine empfindliche Wahlschlappe bescherte, aber die desolate sozialliberale Koalition noch einmal stabilisierte. Allein die Tatsache, daß die Union seit 1969 unter Verzicht auf einen „programmatischen Neuanfang" die Reformpolitik der sozialliberalen Koalition konsequent an der Elle ihrer christlich-konservativen Grundorientierung maß und ihr vorhielt, sie leiste Vergesellschaftungstendenzen und Kollektivismus Vorschub, begünstige überzogenes Anspruchsdenken und errichte auf einem wachsenden Berg von Schulden den Versorgungsstaat, verlieh ihr vor allem in den Augen bürgerlicher Wähler Krisenlösungskompetenz. Propagandistisch geschickt und durchaus glaubwürdig konnte sie – mit Hinweis auf ihre marktwirtschaftlichen Erfolge in den fünfziger Jahren und unterstützt von der FDP – eine streng neoliberale Lösung der Wirtschaftskrise und der Staatsverschuldung auf dem Wege der Wiederbelebung des angeblich verlorengegangenen Leistungswillens, einer unternehmer- und mittelstandsfreundlichen Steuergesetzgebung sowie einer Entlastung der Unternehmen von Lohnkosten und Sozialabgaben als möglichen Ausweg aus der angeblich von der Regierung zu verantwortenden Arbeitslosigkeit darstellen.

Für die SPD war der wirtschaftspolitische Rückgriff auf von ihr überdies immer abgelehnte neoliberale Rezepte („Gesundschrumpfen" der Wirtschaft) nicht möglich, denn sie stand unter dem Druck ihres Arbeitnehmerflügels und der Gewerkschaften und war ihrer Arbeiterwählerschaft verpflichtet. Zwar sah auch ihr „postkeynesianischer" Weg die Wiederherstellung der internationalen Wettbewerbsfähigkeit des westdeutschen Kapitals (Rationalisierungen, Erhöhung der Produktivität usw.) vor, zwar strebte auch sie die Minderung des sozialpolitischen und tarifpolitischen Drucks auf die Wirtschaft sowie die Sanierung staatlicher Haushalte und die Senkung der Staatsausgaben an. Allerdings sollte all dies zeitlich gestreckt, begleitet von strukturpolitisch geplanten Investitionsprogrammen und abgefedert durch breitgefächerte Arbeitsbeschaffungsmaßnahmen erfolgen. Auf dieser mittleren Linie zwischen marktwirtschaftlicher und interventionistischer Krisenlösung geriet die SPD folglich unter doppelten Beschuß von CDU/CSU, FDP, Kapital und Mittelstand einerseits und Gewerkschaften andererseits und schließlich auch in heftige innerparteiliche Auseinandersetzungen. Überdies verübelten ihr große Teile der jungen Generation und ihrer reform- und partizipationsorientierten kritischen bürgerlichen Wählerschaft, daß sie infolge der Krise und der Verhärtung der weltpolitischen Lage sowohl dem Aufrüstungsdruck nachgäbe als auch perspektivlos und etatistisch prokapitalistisches Krisenmanagement betreibe, gleichzeitig aber den drängenden ökologischen Fragen der Industriegesellschaft und den wachsenden Bedürfnissen und Sehnsüchten der Menschen nach selbstbestimmtem sinnvollem Leben konzeptionslos, ja verständnislos begegne. Auch dieser Strang der Kritik an der Sozialdemokratie reichte weit in die Organisation hinein und trug mit dazu bei, daß die Partei Ende der siebziger, Anfang der achtziger Jahre bei Landtagswahlen teilweise erhebliche Einbrüche hinnehmen mußte und viele traditionelle Hochburgen verlor.

Als die FDP im Herbst 1982 die Koalition in Bonn aufkündigte, befand sich die SPD auf einem Tiefpunkt. Die Liberalen glaubten, sich möglichst rasch aus dem Negativsog des Bündnispartners befreien zu müssen, zumal sie in einer Reihe von Landtagswahlen an der Fünf-Prozent-Hürde gescheitert waren und sich hinsichtlich der Wählergunst ebenfalls in einer Talsohle befanden. Die Ende 1982 besiegelte Bürgerkoalition (Regierung Kohl-Genscher) zog freilich nur den Schlußstrich unter eine Entwicklung, die spätestens Mitte der siebziger Jahre in der FDP eingesetzt und 1977 mit den „Kieler Thesen" ihren programmatischen Höhepunkt erreicht hatte: die Abkehr vom linksliberalen Freiburger Programm und die Hinwendung zum — einer Austerity-Politik verpflichteten — Wirtschaftsliberalismus. Diesen Kurswechsel mußte die Partei mit dem Ausscheiden eines Teils des linksliberalen Flügels bezahlen. Jedenfalls war der Bruch des Bündnisses zwischen liberalem Bürgertum und Arbeiterbewegung seit langem absehbar, und die moralische Empörung der Sozialdemokratie über Art und Zeitpunkt der Beendigung der „sozialliberalen Ära" überzogen.

5. Nachbemerkung

Das von Theo Pirker entwickelte Konzept vom „Ende der Arbeiterbewegung" muß — Pirker hat es selbst angedeutet — im historisch-gesellschaftlichen Kontext verankert werden. Daß dabei „Machtkonstellationen und Machtkalküle einen ausschlaggebenden Stellenwert" erhalten, sei nochmals besonders betont. Das Konzept zielt auf einen wesentlichen Aspekt der neueren (west-)deutschen Geschichte, auf einen Entwicklungsabschnitt des deutschen Kapitalismus, der gleichermaßen den Niedergang anderer (nichtproletarischer) sozialer Bewegungen und insbesondere die „Faschisierung" des deutschen Bürgertums sowie die Epoche des Nationalsozialismus umfaßt. Mit dieser erweiterten Sichtweise ist der Sozialwissenschaftler auf die *historische Dynamik der Klassenkonstellationen* verwiesen, die den Bezugsrahmen für das Konzept vom „Ende der Arbeiterbewegung" bildet bzw. bilden muß.

Zur Bestimmung des Klassenverhältnisses in der Bundesrepublik wurde hier die Kategorie „Basiskonsens" eingeführt. Während nämlich die Weimarer Republik an unüberwindlichen sozialen und politischen Gegensätzen scheiterte — gesellschaftliche Antagonismen machten einen Verfassungs- oder gar einen Basiskonsens unmöglich[20] —, konnte sich nach 1945 in der Bundesrepublik ein derartiger Konsens herausbilden. Die Ursachen dafür waren ökonomischer *und* politischer Natur. Die durch den Nationalsozialismus beschleunigte Vergesellschaftung des Kapitalismus erfuhr mit dem „Wirtschaftswunder" der Nachkriegsjahre und den damit verbundenen technologischen Umwälzungen („zweite industrielle Revolution") einen weiteren starken Impuls. Die hohen Wachstumsraten und die günstigen weltwirtschaftlichen Rahmenbedingungen ermöglichten bald eine umfassende ökonomisch-soziale Integration, die mit der politischen Integration — in wechselseitiger Verstärkung — Hand in Hand ging und die Festigung der normativ vorgezeichneten autoritär-etatistischen Demokratie bewirkte. Die Vergesellschaftung des Kapitalismus, der Basiskonsens und die „Durchstaatlichung" (J. Hirsch) der Gesellschaft haben die Existenzbedingungen für die klassengebundenen sozio-kulturellen Milieus und der auf sie gegründeten politischen Lager beseitigt. Die „alte" Arbeiterbewegung, wohlgemerkt: die des ausgehenden 19. und beginnenden 20. Jahrhunderts, besteht nicht mehr.

Dies bot Anlaß für Schlußfolgerungen nostalgischer wie Status quo-apologetischer Art. Und doch scheinen mir zwei wichtige Fragen noch nicht ausreichend diskutiert. Die erste Frage bezieht sich auf die *Zukunft des Basiskonsenses:* Wenn für dessen Herausbildung annehmbare Produktions-, Arbeits- und Lebensbedingungen für alle Klassen, wirtschaftliche Prosperität bzw. Krisenfreiheit also, und soziale Si-

---

20 Zwar verteidigte die überwiegende (sozialdemokratische) Mehrheit der Arbeiterschaft die demokratische Verfassung der Republik. Anders aber das deutsche Bürgertum: Die anfangs nur teilweise und vielfach widerwillig bekundete Zustimmung zur Weimarer Verfassung — ein wesentliches Motiv war die Furcht vor der Revolution — wich bald umfassender Kritik und Gegnerschaft. Ende der zwanziger Jahre war der demokratische Gedanke im deutschen Bürgertum ohne nennenswerte Resonanz, die Bereitschaft dafür um so größer, eine faschistische Krisenstrategie zu unterstützen oder wenigstens doch zu tolerieren.

cherheit eine wesentliche Voraussetzung bildeten, dann könnte die gegenwärtige Krise des Kapitalismus diesen Konsens zerstören, längerfristig zu verschärfter politischer Polarisierung, zur Rekonstruktion *neuer* politischer Lager und womöglich sogar zur Bildung *neuer* sozio-kultureller Milieus führen. Dabei ist allerdings zu berücksichtigen, daß der Basiskonsens nicht ausschließlich ökonomisch fundiert ist und folglich über eine Resistenz verfügen könnte, die auch tiefergreifenden Wirtschaftskrisen widersteht.

Die zweite Frage bezieht sich auf die „Lehren der Geschichte". Da die Herausbildung des Basiskonsenses nicht nur das Resultat objektiver ökonomischer und sozialer, sondern eben auch die Folge subjektiver, nämlich politischer Faktoren ist, muß gerade auch heute mit Blick auf die Perspektiven der Sozialdemokratie (und der Gewerkschaften) kritisch überprüft werden, welches die Vor- und Nachteile der „Godesberger Wende" für die Sozialdemokratie sind. Zweifellos zählt die politische Ordnung der Bundesrepublik zu den stabilsten und konfliktfreiesten der „westlichen" Welt, und ebensowenig steht außer Frage, daß sich das Ausmaß an ökonomischer Potenz und Sozialstaatlichkeit im internationalen Vergleich sehen lassen kann. Gleichwohl: Der Wandel der SPD zu einer gemeinwohlorientierten, staats- und parlamentsfixierten „Volkspartei", die zuallererst als Wahlkampfmaschine bei allen Bevölkerungsschichten und Interessentengruppen um ein Maximum an Stimmen für ihre Kandidaten wirbt, ging einher mit dem Verlust an Integrationskraft, an Identität stiftender und spontanes Engagement mobilisierender Verankerung in „ihrer" sozialen Basis. Eine „Allerweltspartei" (Kirchheimer) oder gar eine „Partei aller" (Narr) provoziert geradezu ein rein instrumentelles Verhältnis der Wähler zu den Gewählten. Zudem erschwert der Verzicht auf die Propagierung von gesellschaftsgestaltenden Konzeptionen, auf dezidierte zukunftweisende Alternativen (oder umgekehrt: die Werbung mit ideenlosen, weithin aus Allerwelts-Floskeln zusammengesetzten „Programmen") die Identifikation mit der Partei bzw. die Fähigkeit der Partei, Identität zu stiften.

Das Ende der sozialliberalen Koalition ist keineswegs allein durch das Einschwenken der Liberalen auf einen Bürgerblock-Kurs verursacht worden. Daß die SPD bei der vergangenen Bundestagswahl wieder unter die Vierzig-Prozent-Grenze gedrückt, gewissermaßen auf den Stand von 1965 zurückgeworfen worden ist, verdankt sie auch einer „neuen" sozialen Bewegung, die offensiv Systemkritik äußert, sich auf sozio-kulturelle Milieus stützt, von einer Lagermentalität lebt und in vielen politischen Fragen das Engagement zeigt, wofür die Sozialdemokratie einstmals stand: für Frieden, soziale Gleichheit und Demokratie.

Peter Müller

Das „Volkspartei"-Konzept der SPD

Wie schon in der Weimarer Republik[1], so scheiterten auch in der Gründungsphase der Bundesrepublik und während der fünfziger Jahre die Bemühungen der SPD, zwar den Charakter als Klassenorganisation beizubehalten, zugleich aber die vornehmlich in der Industriearbeiterschaft begründete soziale Basis der Partei um ihr traditionell fernstehende Arbeitnehmergruppen und die „kleinen Eigentümer" zu erweitern[2]. Die SPD blieb bei den Bundestagswahlen 1949, 1953 und 1957 die Partei der gewerkschaftlich orientierten Industriearbeiterschaft[3] und hatte ihre Bastionen primär in den protestantisch-städtischen Regionen. Ihre mangelnde Attraktivität für den überwiegenden Teil der katholischen Arbeiter und insbesondere die höheren Statusgruppen der Angestellten und Beamten ließ den Abstand der SPD zur CDU/CSU 1957 auf 18,4 % der Wählerstimmen anwachsen. Während die CDU/CSU ihren Wähleranteil von 1949 bei der Bundestagswahl von 1957 um 20 % auf 50,2 % der Stimmen steigern konnte, verzeichnete die SPD, die 1953 sogar einen leichten Rückgang zu ertragen hatte, in diesem Zeitraum nur einen Zuwachs von 2,6 %. Die SPD hatte es lediglich vermocht, ehemalige Wähler der KPD zu binden. Gerade der in den fünfziger Jahren fehlende Wähleraustausch zwischen der SPD und den bürgerlichen Parteien sowie die politische Polarisation beider Gruppen ließen der SPD ohne eine veränderte Berücksichtigung der Rahmenbedingungen bundesdeutscher Politik auf absehbare Zeit keine Chance, die Regierungsgeschäfte zu übernehmen oder wenigstens über eine Koalitionsregierung Einfluß auf die staatliche Politik zu gewinnen.

Die Nachkriegs-SPD war stets den Entwicklungen zunächst in den Westzonen und später in der Bundesrepublik hinterherhinkt und selbst dann in die Defensive geraten, wenn sie scheinbar die Initiative ergriffen hatte. Auf veränderte politische und soziale Konstellationen versuchte sich die SPD zumeist mit Bekenntnissen einzustellen, anstatt sie zu analysieren oder gar zu antizipieren und zum Ausgangspunkt bewußter Strategieentscheidungen politisch-inhaltlicher Art zu machen.

---

1 Vgl. Klaus Günther, *Sozialdemokratie und Demokratie 1946—1966. Die SPD und das Problem der Verschränkung innerparteilicher und bundesrepublikanischer Demokratie*, Bonn 1979, S. 32.
2 Vgl. die Wiedergabe von Kurt Schumachers Rede in Wennigsen am 5./6.10.1945, nach: Franz Osterroth/Dieter Schuster, *Chronik der deutschen Sozialdemokratie*, Bd. III: *Nach dem Zweiten Weltkrieg*, Berlin/Bonn 1978, S. 24.
3 Vgl. Horst W. Schmollinger/Richard Stöss, Sozialstruktur und Parteiensystem, in: Dietrich Staritz (Hrsg.), *Das Parteiensystem der Bundesrepublik*, Opladen 1976, S. 220.

1. Politik und Niederlagen der SPD vor Godesberg

Bereits der Ausgangspunkt der SPD-Politik nach 1945 war eine Selbsterhöhung. Die Sozialdemokratie hypnotisierte ihren Neuaufbau mit der 1946 von Kurt Schumacher dargelegten Gewißheit, daß „aus Deutschland ein Nichts und Europa ein Herd der Unruhe und Fäulnis werde", falls die Sozialdemokratie nicht der „entscheidende Faktor Deutschlands" werde[4]. Dementsprechend konnte nach Schumacher die deutsche Demokratie nur sozialistisch sein, oder sie werde „gar nicht sein"[5]. Die Methode Schumachers, die zur parteioffiziellen Weltanschauung wurde, bestand also darin, „die Verhältnisse, die Parteien, die Besatzungsmächte, das Verhalten der eigenen Parteigenossen an den Maximen dieser granitenen Konzeption zu messen, sie zu beurteilen und zu verurteilen"[6].

Den Anspruch, die gouvernementale Führungsrolle beim Neuaufbau Deutschlands einzunehmen, leitete die SPD aus ihrem Widerstand gegen die NSDAP, aus ihrem traditionellen Bekenntnis zur Demokratie und aus der NS-Belastung des deutschen Kapitalismus ab. Aus dieser Haltung heraus stand die Organisation der SPD letztlich nicht zur Disposition. Nur Minderheiten erwärmten sich für die Idee, aus der Erfahrung einer zersplitterten Arbeiterklasse und der breiten antikapitalistischen Grundströmung nach dem Zweiten Weltkrieg die Konsequenz zu ziehen, den politischen Arm der Arbeiterbewegung mit der Gründung einer neuen, Kommunisten und christliche Sozialisten einschließenden Einheitspartei oder einem Bündnis nach dem Vorbild der britischen Labour-Party zu kräftigen. Andererseits ermöglichte der Parteipatriotismus einen derart rapiden Wiederaufbau der Weimarer SPD und auch der Gewerkschaften, daß die Parole, den „Sozialismus als Tagesaufgabe" zu verwirklichen, nicht illusorisch erschien, zumal auch die bürgerlichen Kräfte ihre traditionellen Ordnungsvorstellungen zunächst diskreditiert sahen und die Strukturen des Kapitalismus angesichts der Zwangswirtschaft, der Treuhandverwaltung und der Entflechtung der Großkonzerne sowie der Verelendung großer Teile der Mittelschichten zerstört zu sein schienen.

Der bis 1948 anhaltende Mitgliederzustrom und der entsprechende Ausbau der Parteiorganisation, der bereits Ende 1946 in den entsprechenden Gebieten der westlichen Besatzungszonen einschließlich Berlins den Standard des Jahres 1932 übertraf, mag mit dazu beigetragen haben, daß die SPD an der Aktualität eines von ihr geführten sozialistischen Deutschlands selbst dann noch festhielt, als die Alliierten in der Gründungsphase der Bundesrepublik längst die Strukturen, die für eine Rekonstruktion des Kapitalismus in einem westdeutschen Teilstaat erforderlich waren, errichtet hatten und die bürgerlichen Organisationen zu protegieren begannen. Die ernüchternden Ergebnisse der Landtagswahlen und die antisozialistische Formierung des bürgerlichen Parteienlagers, die die SPD auf ihre künftige Oppositionsrolle in der

---

4 Kurt Schumacher auf dem Parteitag Hannover, 1946, zit. nach: Theo Pirker, *Die SPD nach Hitler. Die Geschichte der Sozialdemokratischen Partei Deutschlands 1945—1964*, München 1965, S. 52.
5 So Kurt Schumacher im Herbst 1948, zit. nach: ebd., S. 42.
6 Ebd., S. 52.

Bundespolitik hinwiesen, steigerten eher die Fixierung der von Schumachers Ideen inspirierten Parteiführung auf den historischen Führungsanspruch der SPD. Zudem bestimmte die Haltung der SPD im ersten deutschen Bundestag die Überzeugung, daß die weiterhin dem Besatzungsstatut unterstellte Bundesrepublik nur eine provisorische Zwischenetappe in der Willkür alliierter Politik darstelle sowie die – selbst vom Wählervotum für die bürgerlichen Parteien ungetrübte – synthetische Gleichstellung von Demokratie und Sozialismus, die der bürgerlichen Mehrheit in den Augen der Sozialdemokratie keine demokratische Legitimation für die politische Machtausübung zukommen ließ.

Der sozialdemokratische Gestaltungswille während der ersten Nachkriegsjahre übertrug sich damit nahtlos auf das Selbstverständnis sozialdemokratischer Opposition. So definierte Kurt Schumacher in seiner Antwortrede auf Adenauers erste Regierungserklärung „das Wesen der Opposition" als „den permanenten Versuch, an konkreten Tatbeständen mit konkreten Vorschlägen der Regierung und ihren Parteien den positiven Gestaltungswillen aufzuzwingen"[7].

Entsprechend bestimmte sich bis in die Mitte der fünfziger Jahre hinein das Oppositionsverhalten der SPD im deutschen Bundestag und damit auch das Außenprofil der Partei in der Öffentlichkeit. In dieser Zeit, die noch von scharfen Gegensätzen zwischen Opposition und Regierung über die innere Ordnung und außenpolitische Orientierung geprägt war, bewegte sich die SPD zwischen kompromißlosem Eintreten für ihre abweichenden Standpunkte und konstruktiver Wahrnehmung ihrer parlamentarischen Aufgaben. Die unversöhnliche Darlegung des sozialdemokratischen Mitregierungsanspruchs und die nicht minder scharfe Brüskierungsstrategie des Regierungslagers[8] überlagerten dabei die grundsätzliche Bereitschaft der SPD zur Kooperation und zum Kompromiß. Bei all dem verharrte das sozialdemokratische Oppositionsverhalten im Rahmen der etatistischen Ordnungsprinzipien der Bundesrepublik. In die weitgehende Reduktion der praktischen Politik der SPD auf die konventionellen Mittel parlamentarischer Einflußnahme hatte das Axiom der Verbindung von Sozialismus und parlamentarischer Demokratie – letztere nach der Weimarer Erfahrung auf die politische Stabilität garantierenden repräsentativen Strukturen des Grundgesetzes zugeschnitten – geführt, das von der traditionell gouvernementalen Grundeinstellung der SPD geprägt war. Erst nach dem abermaligen Schock der Wahlniederlage im Jahre 1953 begann die SPD ihre unwirksame parlamentarische Strategie zu überdenken, die sich zuvor darin erschöpft hatte, an die Gesamtverantwortung des Parlamentes gegenüber der Bundesregierung zu appellieren und Klagen an das Bundesverfassungsgericht zu erwägen.

Da die SPD ihrem Selbstverständnis nach nicht den Mitregierungsanspruch aufgeben konnte, gab es für sie nur zwei Möglichkeiten, ihre parlamentarische Einflußnahme zu effektivieren: Die Möglichkeit, parlamentarischen Initiativen durch außerparlamentarische Bewegungen Nachdruck zu verleihen, probte sie 1954 am Beispiel

---

7 Zit. nach Günther, *Sozialdemokratie* (Anm. 1), S. 135.
8 Vgl. Klaus Günther, *(Oppositions-)Parteien und das „dissenting vote" unberufener Sprecher – Das Beispiel der SPD-Opposition 1949–1966 in Umrissen*, Manuskript für den Arbeitskreis Parteien – Parlamente – Wahlen in der DVPW, Tagung v. 23./24.4.1977, S. 3.

der „Paulskirchenbewegung für ein wiedervereinigtes Deutschland" und 1958 mit den Ausschüssen „Kampf dem Atomtod". Als beide Bewegungen, die sich auch auf die Gewerkschaften stützen konnten, ihre instrumentellen Funktionen, zusätzlich Wähler für die SPD zu mobilisieren und Entscheidungen der Bundesregierung aufzuhalten, nicht erfüllt hatten, statt dessen aber der Aufgabe gerecht geworden waren, die nach außerparlamentarischen Mitteln drängenden Linken in die SPD zu integrieren sowie die KPD zu neutralisieren, schläferte die SPD diese Bewegungen ein[9].

Bereits vor dem sozialdemokratischen Experiment mit den Volksbewegungen waren der SPD freilich auch objektive Grenzen einer Mobilisierungsstrategie aufgezeigt worden. Die Grenzen einer gewerkschaftlichen Mobilisierung außerhalb der angestammten Arbeitsfelder waren insofern deutlich geworden, als sich die Gewerkschaften 1953 gegen einen Generalstreik gegen die Westverträge ausgesprochen hatten[10]. Erhebliche Grenzziehungen bedeuteten auch die Einschränkungen des Arbeitsrechts und die Illegalisierung sog., von den Gewerkschaften nicht organisierter, „wilder" Streiks. Auch das zum Ende der „Kampf-dem-Atomtod"-Bewegung beitragende Urteil des Bundesverfassungsgerichts, SPD-regierten Bundesländern Volksbefragungen gegen die atomare Rüstung zu untersagen, zeigte institutionelle Barrieren einer Mobilisierungspolitik auf.

Diese und andere Niederlagen der Arbeiterbewegung — so nach dem vermeintlichen Erfolg in der Montanmitbestimmung die Brüskierung von SPD und Gewerkschaften durch den Erlaß des Betriebsverfassungsgesetzes —, gerade aber auch das fortwährende Nichtberücksichtigen sozialdemokratischer Einsprüche gegen die schrittweise einsetzende Westintegration und die Wiederbewaffnung, mußten angesichts der Ohnmacht der SPD-Opposition und der Nichthonorierung sozialdemokratischer Positionen bei der Bundestagswahl 1953 latente Bestrebungen in der SPD befördern, die inhaltlichen Gegensätze zum Regierungslager abzubauen und die Oppositionspolitik auch in der Form zu mäßigen. Bei dem verabsolutierten Mitregierungsanspruch und der Wahlorientierung der SPD mußten sich inhaltliche Reaktionen auf die sich stetig verändernden Rahmenbedingungen fast zwangsläufig als Anpassungsleistungen erweisen. Die mit dem Wirtschaftsboom ansteigende klassenübergreifende Wohlstandslegitimation der sozialen Marktwirtschaft, die weit in den Anhang der SPD hineinreichte und sozialen Zielvorstellungen zu entsprechen vermochte, die anfangs allein an die SPD geknüpft waren, die Integration der Vertriebenen und Flüchtlinge, die soziale Absicherung des Mittelstandes, hingegen die Assoziation der gemäßigt gemein- und planwirtschaftlichen Vorstellungen der SPD mit der Not der Nachkriegszwangswirtschaft und der DDR-Wirtschaftsverfassung, ferner das Ausbleiben der von der SPD apostrophierten Krisenausbrüche, die Unfähigkeit der Partei, das Wirtschaftswunder auch nur hinreichend zu erklären, gaben der SPD-Konzeption in den fünfziger Jahren keine Durchsetzungschance.

---

9 Vgl. Jürgen Seifert, Linke in der SPD (1945—1968), in: *Die Linke im Rechtsstaat*, Bd. I: *Bedingungen sozialistischer Politik 1945—1965*, Berlin 1976, S. 245.
10 Vgl. Theo Pirker, *Die blinde Macht. Die Gewerkschaftsbewegung in Westdeutschland*, Bd. II, München 1960, S. 60.

Die wirtschafts- und sozialpolitischen Erfolge der CDU belasteten die außenpolitische Konzeption der SPD in kaum geringerem Maße, schienen diese doch eine Folge der Westintegration zu sein. Die SPD-Opposition gegen die Außenpolitik des Kalten Krieges und die Aufrüstungspolitik kollidierte mit dem gerade auch von der SPD maßgeblich aufgebauten Feindbild der Sowjetunion und dem auch von der SPD vertretenen Antikommunismus. Der „nationalen Politik" der SPD, mit der die Dolchstoßlegende der Weimarer Republik kompensiert werden sollte, konnte eine bürgerliche Regierung, die um das Stigma der nationalen Zuverlässigkeit in Deutschland nicht zu kämpfen brauchte, mit emphatischen Wiedervereinigungsfloskeln begegnen. Ohnehin war die „außenpolitische Linie der SPD in diesen Jahren erheblich komplizierter und vieldeutiger"[11] als die geradlinige Westintegrationspolitik der CDU/CSU.

So nachdrücklich auch die sozialdemokratische Kritik an der bundesrepublikanischen Ordnung war, so wenig hatte diese Politik das Alltagsgeschehen in den sozialdemokratisch regierten Ländern und Kommunen bestimmt. Vehemente Angriffe Schumachers gegen den politischen Katholizismus und gegen die Besatzungsmächte „als Hauptgegner einer revolutionären Umgestaltung" hinderten die regionalen SPD-Gliederungen nicht, sowohl vor als auch nach der Gründung der Bundesrepublik einträglich zusammenzuarbeiten[12]. Es waren nicht zuletzt auch Landespolitiker, die sich daran gewöhnt hatten, sozialdemokratische Politik nach den Vorgaben der Alliierten und der Bundesregierung zu formulieren und dabei zum Teil bewußt gegen die Ansichten der SPD-Zentrale verstießen. So verlangte der bayerische Ministerpräsident Zorn bereits im Herbst 1948 auf dem Düsseldorfer Parteitag eine Hinwendung zu marktwirtschaftlichen Konzepten bzw. warnten auf dem Hamburger Parteitag 1950 der Hamburger Bürgermeister Max Brauer und Willy Brandt angesichts der ablehnenden Haltung der Parteiführung und der Bundestagsfraktion vor einem Beitritt der Bundesrepublik zum Europarat, wie er von der Bundesregierung angestrebt wurde, vor einer Isolierung der deutschen Politik und Mißachtung von Seiten der in Straßburg gegebenen Möglichkeiten[13].

Aber auch Grundsatzentscheidungen auf der zentralen Ebene, etwa die Zustimmung der SPD zum Marshallplan, der die Westintegration forcierte, zur Währungsreform, die die tradierten Besitzverhältnisse stabilisierte und zum Grundgesetz, dessen Perfektionismus dem vermeintlichen Provisoriumscharakter der Bundesrepublik widersprach, ferner die konstruktive Opposition der SPD in den Exekutivgremien der Bi-Zone wiesen auf die Widersprüchlichkeit der sozialdemokratischen Oppositionsrolle hin.

Die Bemühungen, die Gegensätze zur Regierung abzuschwächen, wurden zunächst nur in verschlüsselter Form vorgetragen[14]. Erst nach dem Inkrafttreten der

---

11 Ossip K. Flechtheim, Die Anpassung der SPD: 1914, 1933 und 1959, in: *Kölner Zeitschrift für Soziologie und Sozialpsychologie*, 17. Jg. 1965, H. 3 (Sonderdruck), S. 592.
12 Vgl. Horst W. Schmollinger/Dietrich Staritz, Zur Entwicklung der Arbeiterparteien in den Westzonen (1945–1949), in: Staritz (Hrsg.), *Parteiensystem* (Anm. 3), S. 116.
13 Vgl. Jürgen Dittberner, Zur Entwicklung des Parteiensystems zwischen 1949 und 1961, in: Staritz (Hrsg.), *Parteiensystem* (Anm. 3), S. 141.
14 Vgl. Günther, *Sozialdemokratie* (Anm. 1), S. 138 f.

Pariser Verträge 1955, die die Souveränität der Bundesrepublik mit dem Beitritt zu den Militärpakten der WEU und der NATO koppelten, bemühte sich die SPD-Fraktion offen, die Oppositionshaltung auf einer kooperativen Grundlage festzulegen. Zwar hatte die SPD das Vertragswerk geschlossen abgelehnt, weil es die Wiedervereinigung, das oberste Ziel deutscher Politik, unmöglich machen könne; ihr von der Mehrheit des Bundestages verworfener Zusatzantrag, den Beitritt zur NATO und WEU auszusetzen, bis erneute Wiedervereinigungsverhandlungen ergebnislos blieben[15], spiegelte jedoch die Resignation einer Partei wider, deren deutschland- und bündnispolitisches Konzept nun endgültig seiner Grundlage beraubt zu sein schien.

Auf der anderen Seite schien die Bundestagsfraktion geradezu erleichtert zu sein, die mittelfristig kaum zu verändernde Realität der nun auch militärischen Westintegration zum Anlaß nehmen zu können, um eine beweglichere Rolle zu bekleiden. Erich Ollenhauer und Fritz Erler unterstellten nun dem Mitregierungsanspruch eine neue Haltungsmaxime, indem sie dafür plädierten, gerade auch auf Gesetze, die von der SPD strikt abgelehnt würden, Einfluß zu nehmen[16]. Am Beispiel der 1956 zur Verabschiedung anstehenden Wehrgesetze illustrierte die SPD das neue oppositionelle Selbstverständnis. Zwar lehnte sie mit der üblichen deutschlandpolitischen Begründung das Soldatengesetz, das die Aufstellung von Streitkräften legitimierte, ebenso wie die Wehrpflichtgesetze ab, aber sie stimmte zugleich mehrheitlich der aufgrund der Remilitarisierung erforderlichen Grundgesetzänderung zu, weil diese u. a. einen Schutzriegel vor dem Mißbrauch der militärischen Macht beinhaltete[17]. Die neue, auch inhaltliche Flexibilität in der Frage der Wiederbewaffnung hatte die Parteiführung bereits auf dem Berliner Parteitag 1954 angedeutet, als Ollenhauer – unter heftigen Protesten des linken Parteiflügels – einen deutschen Wehrbeitrag nicht grundsätzlich ausschließen wollte, wenn sich die internationale Lage trotz Verhandlungen verschärfen und wenn keine Aussichten auf eine Lösung des Deutschlandproblems mehr bestehen würden[18].

Der Wandel der wirtschaftspolitischen Position hatte schon eher eingesetzt. Noch im Bundestagswahlkampf 1949 war die SPD mit der Alternative von „Sozialisierung und Wirtschaftskontrolle" gegen das Konzept der sozialen Marktwirtschaft zu Felde gezogen. Doch schon in der Fassung des Aktionsprogramms von 1952 fehlen Hinweise auf die kapitalistische Struktur der Gesellschaftsordnung und besticht die Hervorhebung des Gedankens eines echten Leistungswettbewerbs, der in der Fassung von 1954 nunmehr durch die berühmte Formel „Wettbewerb – soweit wie möglich, Planung – soweit wie nötig" aufgewertet wird. Bereits im Wahlprogramm 1957 ist die in den Aktionsprogrammen noch enthaltene Forderung nach Überführung der Grundstoffindustrien in Gemeineigentum dem Gedanken der Sicherung des freien Wettbewerbs gegen den Machtmißbrauch der Kartelle gewichen[19]. Den

---

15 Vgl. Günter Moltmann, Die Entwicklung Deutschlands von 1949 bis zu den Pariser Verträgen 1955, in: Herbert Lilge (Hrsg.), *Deutschland 1945–1963*, 11. veränd. Aufl., Hannover 1967, S. 138.
16 Vgl. Günther, *Sozialdemokratie* (Anm. 1), S. 139 f.
17 Vgl. Osterroth/Schuster, *Chronik* (Anm. 2), S. 186 f.
18 Vgl. Dittberner, in: Staritz (Hrsg.), *Parteiensystem* (Anm. 3), S. 144.
19 Vgl. Flechtheim, Die Anpassung der SPD (Anm. 11), S. 593.

Marktwirtschaftlern um Karl Schiller war es damit weitgehend gelungen, ihr Konzept einer durch Rahmenplanung und Monopolkontrolle lediglich noch zu regulierenden Wettbewerbspolitik in der SPD als freiheitlichen Sozialismus zu verankern.

Ab Mitte der fünfziger Jahre stellte die SPD somit grundsätzliche Ziele zurück, um punktuell Einfluß auf die Regierungspolitik zu gewinnen. Aber auch die genügsamere Form des Mitregierungsangebots fand bei den regierenden Unionsparteien keine Gegenliebe[20] : So blieb der SPD nichts anderes übrig, als z. B. 1957 bei der Rentengesetzgebung und bei dem Gesetz zur wirtschaftlichen Sicherung der Arbeiter im Krankheitsfall den Unionsinitiativen zuzustimmen, ohne die eigenen Auffassungen gebührend berücksichtigt zu wissen. Bei allen Bemühungen, sich als kooperationswillige und konstruktive Opposition auszuweisen und dabei durchaus die Realitäten der Bundesrepublik zur Kenntnis zu nehmen, scheiterte die SPD daran, sich des öffentlichen Images einer prinzipiellen sozialistischen Opposition zu entledigen. Die SPD trug letztlich jedoch durch gelegentliche Rückfälle in ein fundamentalistisches Oppositionsgehabe selbst dazu bei, die Unionspolemiken gegen die als lediglich taktisch gescholtenen Einlenkungsversuche der Sozialdemokraten glaubhaft zu machen. Die Frage, inwiefern die Mäßigung des Oppositionsanspruchs taktischen Notwendigkeiten gezollt oder vielmehr Ausdruck einer grundsätzlichen politischen Umorientierung war, blieb bis zum Ende der fünfziger Jahre in der Partei selbst unbeantwortet bzw. der jeweiligen Interpretation der unterschiedlichen Strömungen überlassen.

Diese Frage beantwortete der Ausgang der Bundestagswahl 1957. Im Wahlkampf räumte die CDU/CSU den Provisoriumsgedanken über die Bundesrepublik aus und feierte ihren Staat als eine politisch mündige, weltweit geachtete und wirtschaftlich beständig expandierende Macht. Ihre außen-, wirtschafts- und sozialpolitische Erfolgsbilanz stellte sie unter das Leitmotiv „keine Experimente" und ergänzte sie mit der Negativparole, ein Wahlerfolg der SPD bedeute den „Untergang Deutschlands".

Die vom Wahlausgang 1957 noch ungleich stärker als von der Niederlage 1953 getroffene SPD forcierte unter dem Eindruck dieser Volksabstimmung für den CDU-Staat die sich seit 1953 hinschleppende Diskussion über das Programm und den Charakter der Partei. Bereits die dem generellen Anpassungsprozeß vorausgehende Annäherung der Parteipositionen an die der Regierung in der Wirtschaftspolitik und in anderen innenpolitischen Fragen hatte auf den wachsenden Einfluß der sozialreformerischen Strömung und der ethischen Sozialisten hingewiesen, deren Hinweisen auf die Wahlerfolge einer pragmatisch gewandeten SPD in den Ländern und Kommunen die Parteisozialisten und die marxistische Linke[21] keine Strategien entgegenzusetzen hatten, mit denen auch kurzfristig erfolgversprechend Stimmen zu maximieren waren.

---

20 Vgl. Günther, *Sozialdemokratie* (Anm. 1), S. 141.
21 Vgl. zu den Strömungen in der SPD: Wolf-Dieter Narr, *CDU-SPD. Programm und Praxis seit 1945*, Stuttgart/Berlin/Köln/Mainz 1966, S. 197–208.

Die Parteireformer konnten zudem auf dem Stuttgarter Parteitag 1958 ihre Position in den Führungsorganen der Partei ausbauen, während die traditionalistisch gesinnten Parteisozialisten durch die dort beschlossene Organisationsreform, mit der die hauptamtliche Parteibürokratie entmachtet wurde, weiter an Einfluß verloren[22].

2. Die „volksparteiliche" Profilierungsphase

Im Godesberger Grundsatzprogramm fanden die Erneuerer schließlich die Plattform, die es der SPD erlauben sollte, auch auf der Ebene der Bundespolitik politikfähig zu werden. Auf dem Parteitag, der das Programm beschloß, wurden Schuldzuweisungen vermieden. Auch die Sieger, die Erneuerer, triumphierten nicht. Gerade ihnen war daran gelegen, der Öffentlichkeit eine geschlossene Partei vorzuführen. Den Gegensatz zwischen dem pathetischen Eröffnungsreigen des Godesberger Programms und der nüchternen Gefaßtheit einer Partei, die schmerzhaft zu ihrem Wesen gefunden hat, unterstreicht Pirker: „Selbst die Linken in der Partei, und unter ihnen die verschwindende Minderheit der Marxisten, spürten, daß die Partei nun endlich zu sich selber gekommen war. Der Widerspruch von Theorie und Praxis, von demonstrativer Radikalität und biederer Honorigkeit – sie gehörten nach dem Godesberger Parteitag endlich und endgültig der Vergangenheit an."[23]

Das Programm selbst fand seine Rechtfertigung denn auch darin, die konkrete Politik der Partei nicht durch programmatische Vorgaben einzuengen bzw. anklagbar zu machen, oder – positiv ausgedrückt –: Der praktischen Politik sollte fast jede Ausrichtung ermöglicht werden. Dieser Freistellung der politischen Praxis von Kontrolle und Anleitung aus der sozialdemokratischen Theorie entsprachen die „Grundwerte des demokratischen Sozialismus", die seine ehedem materialistische und klassenkämpferische Begründung auf einen Gesinnungskodex verkürzten.

Die Autonomie, die das Godesberger Programm den Praxisorganen durch seine Unverbindlichkeit und Beliebigkeit, bei der tradierten etatistischen Ausrichtung der Parteipraxis vorrangig also den exekutiven und parlamentarischen Führungsgruppen verleiht, ermöglichte es den Erneuerern andererseits, im Programm selbst auf eine definitorische Entscheidung über die weltanschaulichen Richtungskämpfe der vorangegangenen Jahre zu verzichten. Zwar ist die tendenzielle Ausrichtung des Programms auf eine sozialreformerische, lediglich auf Begradigungen der bundesrepublikanischen Ordnung abzielende Politik eindeutig – eine reformistische, partiell auf sozialistische Strukturveränderungen bedachte Politik ganz nach dem Vorbild des Grundgesetzes ist jedoch nicht ausgeschlossen. Die Annahme des Godesberger Programms gegen lediglich 16 von 394 Stimmen veranschaulicht, daß das Grundsatzprogramm der integrativen Funktion ausreichend gerecht werden konnte.

---

22 Vgl. Osterroth/Schuster, *Chronik* (Anm. 2), S. 211.
23 Pirker, *Die SPD nach Hitler* (Anm. 4), S. 284. Vgl. dazu auch Dr. Peter von Oertzen: Wegmarke Godesberg, in: *Sozialistische Politik*, 6. Jg., Nr. 11/12, 1959 (Quelle: Ossip K. Flechtheim [Hrsg.], *Dokumente zur parteipolitischen Entwicklung in Deutschland*, Bd. VII, S. 147 ff.).

Der generelle Ausgangspunkt des Godesberger Programms war der Friedensschluß mit der Bundesrepublik. Die SPD identifizierte sich nicht nur mit den Grundlagen der staatlichen und gesellschaftlichen Ordnung, sondern hörte auch auf, sie als Provisorium zu betrachten[24]. Die Interpretation, die Bundesrepublik sei bloß eine Zwischenetappe auf dem Weg zu einem von der Sozialdemokratie geprägten deutschen Einheitsstaat, war die Voraussetzung nicht allein ihrer abweichenden Deutschland- und Westpolitik, sondern jahrelang auch Quelle ihrer fundamentaloppositionellen Rhetorik gegen die bürgerliche Restauration von Staat und Gesellschaftsordnung der Bundesrepublik gewesen. Die Fixierung auf den Übergangscharakter hatte ihr darüber hinaus die Kraft gegeben, den Widerspruch zwischen der realen Einflußlosigkeit in der Bundesrepublik und ihrem gouvernementalen Führungsanspruch auszuhalten. Der Regierung, die die bundesrepublikanische Spielwiese beherrschte, trat sie — vornehmlich in der ersten Legislaturperiode des Bundestages — als wahrer Souverän, als die künftige Reichsregierung entgegen, die nach Heimholung der mittel- und ostdeutschen Traditionsgebiete der Arbeiterbewegung die von der CDU/CSU und den Alliierten geschaffenen Strukturen überwunden hätte. Die in der Partei oftmals beklagte Vorrangstellung der Außen- und Deutschlandpolitik gegenüber der Gesellschaftspolitik ist die logische Konsequenz dieser Vision gewesen. Eine auf die Bundesrepublik angewiesene SPD glaubte es sich jedoch nicht mehr leisten zu können, ihren Anspruch auf die politische Macht mit dem Leumund einer Klassenpartei zu verwirklichen.

Ob die Reformer der SPD, wie es das Godesberger Grundsatzprogramm in seiner Hofierung des selbständigen Mittelstandes nahelegt, die Illusion hatten, die sozialdemokratische Volkspartei auch tief im Bürgertum verankern zu können, sei dahingestellt. Carlo Schmids Ansicht, viele Angestellte fühlten sich dem Bürger näher als dem Arbeiter, spiegelt nicht nur die damals auch in der SPD gefestigte Überzeugung von der Verbürgerlichung breiter Arbeitnehmerschichten wider[25], sondern erhellt auch den strategischen Rückschluß der SPD, den Weg zu einer sozialreformerischen, breit gefächerten Arbeitnehmerpartei nur über den Friedensschluß mit dem selbständigen Bürgertum gehen zu können. Die Friedensangebote an die Selbständigen, an die Unternehmer und an die Amtskirche im Godesberger Programm wurden durch die Ausgrenzung des Marxismus, der im Gegensatz zur christlichen Ethik, zum Humanismus und zur klassischen Philosophie nicht einmal mehr als Kraftquelle des demokratischen Sozialismus Erwähnung fand, eifrig untermauert.

Gegenwehr gegen den Abbau der Klassenorientierung hatte es in der Partei zuletzt kaum noch gegeben. Die Frage nach den Kosten, die die Arbeiterschaft für die Öffnungspolitik zu zahlen hatte, wurde erst wieder in den Jahren der großen Koalition gestellt. Die Parteisozialisten, die in den fünfziger Jahren noch immer das Gros der unteren und mittleren Funktionärshierarchie stellten und bis zu der erwähnten Organisationsreform auch die Mehrheit in der Parteiführung repräsentiert hatten,

---

24 Vgl. Pirker, *Die SPD nach Hitler* (Anm. 4), S. 281 f.
25 Carlo Schmid, Für und gegen eine „Jedermann-Partei", in: *Berliner Stimme* v. 15.3.1958, S. 1 (Quelle: Flechtheim, *Dokumente*, Bd. VII [Anm. 23], S. 80).

hatten — an die Kluft zwischen Theorie und Praxis und die Folgenlosigkeit sozialdemokratischer Programmatik gewöhnt — die Programmdiskussion nicht sonderlich ernst genommen. Sie waren damit beschäftigt gewesen, nach dem Niedergang des sozialdemokratischen Vereinswesens wenigstens in der Partei ein Stück Heimat zu retten (zumindest einige traditionelle Parteirequisiten, wie die „Genossen"-Anrede und das damit verbundene Duzen). Dies erschien ihnen bedroht, als sich nach der Wahlniederlage 1953 die innerparteiliche Diskussion darauf zugespitzt hatte, ob nicht in erster Linie der Stil, der vulgärmarxistische Sprachschatz und das abgeschottete, ritualisierte Vereinsleben in der SPD die Gewinnung neuer Schichten behinderten. Schließlich gaben sie sich mit Versicherungen wie der von Willy Brandt zufrieden, daß eine sozialdemokratische Volkspartei die „einzige Partei" sei, „in der der Arbeiter seinen gewissermaßen naturgegebenen Platz" finde[26]. Auch konnten gerade proletarische Mitglieder und Funktionäre, die sich ohnehin schon in den fünfziger Jahren gegen Akademiker und Spezialisten zu wehren hatten, nicht eben an Selbstgefühl gewinnen in einer Diskussion, die zeitweilig ihre ureigene Existenz zum Hauptproblem der SPD stilisierte. Zu ihrer defensiven Haltung müssen auch die in den fünfziger Jahren modernen sozialwissenschaftlichen Theoreme „Arbeiterbürger" und „nivellierte Mittelstandsgesellschaft", auf die die Partei fixiert war, beigetragen haben. Sie degradierten die Arbeiterfunktionäre, die traditionellem Gedankengut anhingen, zu lebenden Fossilien und ließen die Entwicklung der SPD zu einer auf die Mittelschichten orientierten Volkspartei quasi naturhaft erscheinen.

Auch die Parteilinke sah keine realistische Chance, sich diesem Trend zu widersetzen. Weltanschaulich in sich zersplittert, zum Teil ernüchtert — sie sah in der Volksparteientwicklung der SPD ein Abbild mangelnden sozialistischen Bewußtseins sogar in der organisierten Arbeitnehmerschaft —[27], wissend, daß sie der Partei kein zumindest kurzfristige Erfolge versprechendes Gegenkonzept anzubieten hatte, verlegte sie sich auf dem Godesberger Sonderparteitag nur noch darauf, ihr jeweiliges Hauptanliegen (sei es die Frage der Vergesellschaftung, der Wirtschaftsdemokratie oder die Wehrfrage) dem Anpassungstrend der Partei soweit wie möglich zu entziehen.

Die nach dem Godesberger Parteitag in der Öffentlichkeit noch weit verbreitete Skepsis, ob es sich bei der Zurschaustellung des neuen Volksparteiprofils lediglich um ein raffiniert angelegtes taktisches Manöver für den Wahlkampf 1961 handele, konterte die SPD durch ständige Rituale tätiger Reue. 1960 revidierte die SPD programmatische Positionen in denjenigen politischen Feldern, in denen sie bislang noch grundsätzliche Alternativen zur Politik der Bundesregierung hatte erkennen lassen. Bereits 1958/59 hatte sich die SPD, wie im Godesberger Programm festgeschrieben, zur Landesverteidigung bekannt. Dieser Einebnung folgte auf dem Hannoveraner Parteitag im November 1960 die Revision in ihrer Einstellung zu der bislang strikt abgelehnten Wehrpflicht. Dort entwickelte sie selbst zum Thema ihrer letzten großen außerparlamentarischen Mobilisierung, der atomaren Bewaffnung,

---

26 Willy Brandt, zit. nach: Günther, *Sozialdemokratie* (Anm. 1), S. 37.
27 Vgl. Peter von Oertzen: Wegmarke Godesberg (Anm. 23).

eine Formel, die die Bundesrepublik zwar zur Zurückhaltung in der Frage der atomaren Bewaffnung drängte, eine atomare Ausrüstung der Bundeswehr im Rahmen einer integierten NATO-Atommacht jedoch nicht mehr ausschloß. Auch wollte sie nun eine Notstandsgesetzgebung unvoreingenommen erörtern, die für sie bislang mit dem Grundgesetz kaum zu vereinbaren gewesen war[28].

Den Korrekturen auf dem Hannoveraner Parteitag war bereits im Juni 1960 die Revision der Deutschlandpolitik vorausgegangen. In seiner Rede vor dem Bundestag bekannte sich Herbert Wehner zu einer gemeinsamen Außenpolitik von Regierung und Opposition auf der Grundlage der bestehenden Bündnisverpflichtungen[29]. Damit beendete die SPD eine Deutschlandpolitik, die in der Verhinderung insbesondere der militärischen Westintegration die Voraussetzung für eine aktive Wiedervereinigungspolitik gesehen hatte.

Parallel zur programmatischen Resozialisierung konzentrierte sich die SPD darauf, noch bestehende Glaubwürdigkeitslücken durch Abgrenzungen nach links abzubauen. Die im Januar 1960 beschlossenen „Richtlinien für Ostkontakte", der im März 1961 gefällte Unvereinbarkeitsbeschluß gegenüber dem Demokratischen Kulturbund Deutschland, die Aufforderung (Januar 1961) an die dem Arbeitsausschuß „Kampf dem Atomtod" zugehörigen Parteimitglieder, sich nicht an den Ostermärschen der Atomwaffengegner zu beteiligen, zielten jeweils darauf ab, vor der Öffentlichkeit den Eindruck von Restübereinstimmungen mit Kommunisten abzubauen. „SED-infiltrierte Kongresse" und die Nähe zu linkssozialistischen ausländischen Organisationen war der Anlaß für die SPD, sich am 6. November 1961 von seinem traditionellen Studentenverband, dem SDS, und seinen professoralen Förderergemeinschaften zu trennen[30]. Noch schwerwiegender erschien der auf ein einheitliches Bild in der Öffentlichkeit bedachten SPD jedoch die heftige Kritik des SDS am Godesberger Programm und am Volksparteikurs. Die SPD konnte sich zudem keinen Jugendverband leisten, der sich gerade zu dem Zeitpunkt zum Marxismus zu bekennen begann, als die SPD in diesem Marxismus die Hauptbelastung für ihre Machterwerbsstrategie sah. Auch konnte die SPD darauf vertrauen, durch eine strikte Abgrenzung nach links kein besonderes Risiko einzugehen, traditionalistische Wählergruppen zu verprellen. Die KPD hatte bereits vor ihrem Verbot den politischen Einfluß auf die gewerkschaftlich organisierten Arbeiter verloren. Und die SPD konnte annehmen, daß auch Parteineugründungen wie die Deutsche Friedens-Union durch den diskriminierenden Vorwurf der Kumpanei mit den Kommunisten eingedämmt werden konnten, zumal die in den Mauerbau einmündende Berlin-politische Offensive der Sowjetunion und die ansteigende Fluchtwelle aus der DDR den Antikommunismus zunächst neu fundierten.

Bis in die Zeit der Großen Koalition galt die progagandistische Offensive der SPD vornehmlich den in den Mittelschichten gesuchten Zielgruppen. Die Belange der Arbeiterschaft wurden dagegen kaum gesondert angesprochen. So gründete die Partei

---

28 Vgl. Pirker, *Die SPD nach Hitler* (Anm. 4), S. 297 f.
29 Vgl. Osterroth/Schuster, *Chronik* (Anm. 2), S. 246.
30 Vgl. die Dokumentation über die Auseinandersetzung zwischen SPD und SDS (Quelle: Flechtheim, *Dokumente* Bd. VII [Anm. 23], S. 157 ff.).

unmittelbar nach dem Godesberger Parteitag die Arbeitsgemeinschaften Selbständiger in der SPD, die bald darauf durch eine wahre Konferenzflut auf sich aufmerksam machten. Sodann beschlossen die Führungsgremien der SPD im August 1960 „Agrarpolitische Richtlinien", denen im Februar 1963 ein landwirtschaftlicher Sozialplan folgte. 1961 veranstaltete die SPD im April eine Angestelltenkonferenz mit dem bezeichnenden Titel „Angestellte im Aufstieg", und im März 1962 forderte die Bundestagsfraktion von der Bundesregierung ein Programm zur Sanierung der Mittelschichten. Die sozialpolitischen Interessen der Arbeiterschaft wurden hingegen eher mitverwaltet. Soweit die Stammwählerschaft in die Zielansprache einbezogen wurde, wurde sie z. B. in der Frage der Begabtenauslese, der Bildungspolitik und in der Vermögensbildung in ihrem Aufstiegsinteresse geweckt. Das klassische Anliegen der Wirtschaftsdemokratie wurde deutlich in den Hintergrund gerückt. Die Aufgaben, die die SPD der Politik stellte, wurden Gemeinschaftsaufgaben genannt und propagandistisch so verpackt, daß sie den Mittelschichten gefallen konnten. Der Appell des Hannoveraner Parteitags 1960 − „Miteinander − nicht gegeneinander − schaffen wir ein freies, geeintes, glückliches deutsches Vaterland in einer freien, friedlichen Welt" − war nicht nur der propagandistische Ausdruck eines neuen Wahlkampfstils in der SPD, sondern zugleich auch Handlungsanweisung für die sozialdemokratische Praxis der frühen sechziger Jahre. Sowohl in den Wahlkämpfen 1961 und 1965 als auch im deutschen Bundestag vermied die SPD Themen und Initiativen, die zu einer neuen Polarisierung hätten Anlaß geben können. Während sie sich in den Wahlkämpfen auf die personelle Alternative stützte, auf das Kennedy-Image von Willy Brandt baute, der als Berlins Regierender Bürgermeister in einer Zeit der permanenten Berlin-Krise ohnehin keinen Zweifel an seiner Bündnistreue aufkommen ließ, klammerte die Bundestagsfraktion strittige Themen weitgehend aus und konzentrierte sich auf solche „Politikbereiche, in denen die Übereinstimmung mit dem Regierungslager so weit ging, daß gemeinsame Lösungen möglich schienen"[31]. In dieser Phase vertraute die SPD allein auf Abnutzungserscheinungen im Regierungslager. Indem sie Opposition, wann immer es ging, auf der Basis der Regierungspolitik selbst betrieb, vermied es die SPD, auch nur den Anschein eines politischen Führungsanspruchs zu vermitteln und baute damit bewußt in der Öffentlichkeit den moderaten Anspruch auf, lediglich mitregieren zu wollen. Die ständigen Gemeinsamkeitsappelle, der Habitus der staatspolitischen Verantwortlichkeit, aus dem heraus der Mitregierungswunsch formuliert wurde, und schließlich die demonstrative Entscheidung der SPD-Führungsgremien im Juni 1964, Bundespräsident Lübke bei seiner Wiederwahl zu unterstützen, lassen die historisierende Betrachtungsweise der SPD erkennen, die gebrannte Sozialdemokratie könne nicht aus eigener Kraft, sondern nur über den Ruf der christdemokratischen Staatspartei die zum Machterwerb notwendige staatspolitische Reputation erlangen.

Die fatalistische Züge annehmende Einschätzung der Sozialdemokraten, „daß sich", wie Willy Brandt nach der Wahl 1961 bekundete, „die Grundanschauungen der Bevölkerung nur über einen längeren Zeitraum verändern lassen"[32], ließ die SPD

31 Günther, *(Oppositions-)Parteien* (Anm. 8), S. 3.
32 Pirker, *Die SPD nach Hitler* (Anm. 4), S. 321.

auch der Kritik mißtrauen, mit der das Regierungslager zunehmend bedacht wurde – weit bis ins liberale publizistische Lager hinein[33]. Erst in der letzten Phase der Großen Koalition begann die SPD, das in der öffentlichen Diskussion geäußerte Unbehagen an den strukturellen Defiziten des CDU-Staates, an seiner erschöpften Ost- und Deutschlandpolitik, an seinem Mangel an innerer Liberalität sowie an den verbrauchten Unionsparteien überhaupt für eine Neuprofilierung der Sozialdemokratie zu nutzen. Nur äußerst zögernd und unter dem Druck der öffentlichen Meinung nahm die SPD deshalb auch die „Skandale" der Bundesregierung, wie die Fibag-, die SPIEGEL- und die Telefonabhöraffäre, in die parlamentarische Debatte auf, vermied aber jegliche Polarisation.

Die Einsicht, den Strukturmängeln und der von einem Haushaltsdefizit begleiteten Konjunkturkrise nur durch den Einsatz von globalplanerischen Mitteln entgegentreten zu können, die ihrerseits Grundgesetzänderungen und deshalb die sozialdemokratische Beteiligung erforderten, sowie die Probleme der alten Regierung, sich auf die Entspannungstendenzen im Ost-West-Verhältnis einzustellen, verlangten im Dezember 1966 die Beteiligung der Sozialdemokraten an einer von der CDU/CSU geführten Großen Koalition. Da die Abwehr der Rezession außerdem die lohnpolitische Zurückhaltung der Gewerkschaften voraussetzte, die eine sozialdemokratische Mitwirkung erleichterte, ging die sozialdemokratische Umarmungsstrategie auf.

Erweckte die Politik der SPD nach Godesberg den Eindruck, als wolle sich die Partei strikt am Kirchheimerschen Volksparteibegriff orientieren, so zeigte sich schon im Verlauf der Großen Koalition, daß sie ihre Vergangenheit nicht so ohne weiteres abstreifen konnte. Bereits die Wahlen 1961 und 1965 erbrachten, daß die Angebote der SPD an die selbständigen Mittelschichten nicht honoriert wurden. Die SPD blieb eine Arbeitnehmerpartei, allerdings auf einer erweiterten Basis.

Daß die Ausrichtung der Partei an bürgerlichen Mentalitäten, die Degradierung der Parteiorganisation auf eine Wahlkampfmaschine und ihre einseitige staatspolitische Orientierung Reibungen ergeben würden, hatte sich schon vor der Bildung der Großen Koalition angedeutet. Bereits die Entscheidung, Heinrich Lübkes Wiederwahl zum Bundespräsidenten mitzutragen, die von einer starken Minorität der sozialdemokratischen Wahlmänner nicht befolgt wurde[34], hatte signalisiert, auf welchen Widerstand eine Koalition mit dem ehemaligen Erzfeind treffen würde.

Die in dieser Voraussicht gefaßte Entscheidung der Parteiführung, den Eintritt in die Große Koalition von keinem Parteitag abstimmen zu lassen und statt dessen im nachhinein die Beteiligung mit einer Flut von nicht abstimmungsberechtigten Parteikonferenzen zu rechtfertigen, rief erstmals wieder nach dem Godesberger Parteitag eine innerparteiliche Oppositionsbewegung hervor, angeführt von verbliebenen linken Sozialdemokraten, Jungsozialisten und Gewerkschaftern. So forderten z. B.

---

33 Vgl. Christian Fenner, *Demokratischer Sozialismus und Sozialdemokratie. Realität und Rhetorik der Sozialismusdiskussion in Deutschland*, Frankfurt a. M. 1977, S. 44 f.
34 Vgl. Die Lübke-Wahl zeigte: Eine Opposition bildet sich in der SPD, in: *Sozialistische Politik*, 11. Jg., Nr. 7/8, 1964, S. 1 (Quelle: Flechtheim, *Dokumente*, Bd. VII [Anm. 23], S. 199 ff.).

sieben Landesverbände bzw. Bezirke im Juli 1967 einen außerordentlichen Parteitag. Erstmals kritisierten auch die bis dahin loyalen Jungsozialisten auf ihrem Bundeskongreß im Dezember 1967 in Mainz den Parteikurs. Sie kritisierten die Entwicklung der politischen Tendenz innerhalb der Partei, die sich in immer stärkerem Maße von der Mitgliederschaft auf den Parteivorstand und die Bundestagsfraktion verlagere. Anstelle einer Erörterung der in der Partei kontroversen politischen Fragen im Zuge einer verbindlichen Diskussion durch die Mitgliederschaft und auf einem außerordentlichen Parteitag verlege sich die SPD darauf, Arbeitstagungen abzuhalten, um auf diese Weise in der Öffentlichkeit den Eindruck von demokratisch legitimierten Entscheidungen der Gesamtpartei zu vermitteln. Die Jungsozialisten beließen es nicht nur bei der Kritik an der politischen Willensbildung, sondern forderten darüber hinaus den Parteivorstand auf, noch bestehende Unvereinbarkeitsbeschlüsse aufzuheben. Auch verlangten sie eine Korrektur der bisherigen Deutschlandpolitik, indem sie auf die faktische Existenz zweier deutscher Staaten hinwiesen, die miteinander verhandeln sollten. Neben der Aufgabe des Alleinvertretungsanspruchs verlangten sie die Anerkennung der Oder-Neiße-Grenze[35]. Auf dem erst im März 1968 abgehaltenen ordentlichen SPD-Parteitag in Nürnberg billigten lediglich 173 Delegierte den Eintritt der SPD in die Große Koalition, 129 stimmten dagegen. Eine noch größere Anzahl mißbilligte die Art und Weise des Zustandekommens der Koalitionsvereinbarung. Insbesondere auch sozialdemokratische Gewerkschafter kritisierten den Parteikurs. So sprach sich im Mai 1967 der IG-Metall-Vorsitzende Otto Brenner für eine deutliche Flügelbildung der in der SPD organisierten Arbeitnehmer aus[36]. Er wollte nun auch für die Arbeitnehmer in der Volkspartei, die er als Koalition verschiedener Interessen definierte, die innerparteiliche Koalitionsfreiheit beanspruchen. Die Partei verwahrte sich dagegen, um in der Öffentlichkeit den Eindruck einer wachsenden Entfremdung zu vermeiden. Die Gründung einer Arbeitnehmer-Arbeitsgemeinschaft erfolgte daher auch erst Anfang der siebziger Jahre. Auf die Kritik besonders der sozialdemokratischen Gewerkschafter, die ihre Belange gegenüber denen der bürgerlichen Zielgruppen in der Parteipolitik beschnitten sahen, mußte die SPD auch programmatisch und rhetorisch reagieren. So ließ Willy Brandt auf einer Parteikonferenz „keinen Zweifel daran aufkommen", „daß wir zielstrebig darauf hinarbeiten, den demokratischen und sozialen Rechtsstaat zu verwirklichen", wobei es „vor allem darum" gehe, die Stellung der Arbeitnehmer um einen vom Grunde her verbesserten Status zu verändern[37]. Der Kritik wurde also mit einer Erhöhung des Anspruchsniveaus der Arbeitnehmer begegnet. Auch die auf Initiative der SPD von der Bundesregierung veranlaßte Berufung einer Sachverständigen-Kommission, die den Ausbau der Mitbestimmung überprüfen sollte, zielte darauf ab, der SPD gegenüber den Gewerkschaften und deren Mitgliedern eine neue Legitimationsgrundlage zu schaffen. Die SPD bemühte sich auch wieder um die unru-

---

35 Vgl. Osterroth/Schuster, *Chronik* (Anm. 2), S. 396.
36 Horst W. Schmollinger, Gewerkschafter in der SPD – Eine Fallstudie, in: Jürgen Dittberner/Rolf Ebbighausen (Hrsg.), *Parteiensystem in der Legitimationskrise. Studien und Materialien zur Soziologie der Parteien in der Bundesrepublik Deutschland*, Opladen 1973, S. 246.
37 Nach: Osterroth/Schuster, *Chronik* (Anm. 2), S. 393.

hige Jugend. Nachdem sie lange Zeit die gesellschaftliche Bedeutung der Studentenbewegung nicht erkannt hatte, forderte sie die Jugend nun auf, mit der SPD und im Rahmen der SPD die Modernisierung, Demokratisierung und Humanisierung des Staates zu verwirklichen[38]. In der Wirtschafts- und Gesellschaftspolitik ließen andererseits gemäßigte Verlautbarungen der SPD erkennen, daß die bürgerlichen Schichten auf die maßvolle Politik der SPD vertrauen konnten. Indem sich die SPD zum Ende der Großen Koalition auf eine Politik des begrenzten Konflikts mit dem Koalitionspartner, namentlich in der Ost- und Deutschlandpolitik sowie in der Gesellschafts- und Wirtschaftspolitik, verlegte, schaffte sie es, nach langen Jahren wieder ein Eigenprofil zu entwickeln. Neben der Ostpolitik, die sich nach zaghaften Erneuerungsansätzen wiederum am Widerstand der Unionsparteien festgefahren hatte, verstand es die SPD, im Wahlkampf 1969 auch die Erfolge bei der Überwindung der Wirtschaftskrise für die Partei zu veranschlagen.

3. Die „Volkspartei" als Reformpartei

Die Reformkonzeption, die die SPD in die Koalition mit der FDP einbrachte, hatte sie im „Entwurf der Sozialdemokratischen Perspektiven im Übergang zu den siebziger Jahren" beschrieben; dort trat besonders die industrielle Fortschrittsgläubigkeit hervor. Der technische Fortschritt und die Automation sollten dazu genutzt werden, in den siebziger Jahren eine beträchtliche Steigerung des Bruttosozialprodukts herbeizuführen. Über einen gesteigerten Staatsanteil schließlich sollten die angestrebten Gemeinschaftsaufgaben finanziert werden[39]. Diese technokratische Hoffnung bestimmte auch noch den Saarbrücker Parteitag 1970, der den Auftrag erteilte, auf dem Boden des Godesberger Programms ein langfristiges gesellschaftliches Programm zu erstellen, „das konkretisiert und quantifiziert sein muß", wiederum also auf der Erwartung beruhte, ein auf hohem Niveau und stetig vorausgesetztes Wachstum annähernd vorausschätzen und danach die zeitliche Finanzierung von Reformprojekten bestimmen zu können[40]. Die sozialdemokratischen Pragmatiker schienen damals überzeugt davon zu sein, mit Hilfe globaler Planungsleitlinien und dem zur Verfügung stehenden keynesianischen Instrumentarium allen gesellschaftlichen Gruppen annähernd gerecht werden zu können und damit eine an den Interessen der Wirtschaft ausgerichtete, effektive Konjunktur- und Strukturpolitik mit qualitativen Gesellschaftsreformen für die minder privilegierten Gruppen koppeln zu können. Diese ersten Ansätze, sozialdemokratische Gesellschaftspolitik zu formulieren, verrieten noch die Zuversicht, staatliche Steuerungspolitik und Legitimationsbeschaffung für die SPD auf einen Nenner bringen zu können. Kanalisiert sollten augenscheinlich nur zu hohe Ansprüche an sozialdemokratische Strukturveränderungen werden. Das Grundaxiom dieser Überlegung, Gesellschaftspolitik ohne

---

38 Vgl. ebd.
39 Vgl. ebd., S. 399.
40 Hans Jochen Brauns/Urs Jaeggi/Klaus Peter Kisker/Axel Zerdick/Burkhard Zimmermann, *SPD in der Krise. Die deutsche Sozialdemokratie seit 1945*, Frankfurt a. M. 1976, S. 305.

Reibung mit den organisierten Interessen verwirklichen zu können, stieß schon in der Phase hoher Wachstumszahlen, wie sie zu Beginn der siebziger Jahre bestanden, an seine Grenzen. Vor allem qualitative Veränderungen, wie sie mit der Mitbestimmung, der Steuerreform, der Vermögensbildung beabsichtigt waren, scheiterten am Widerstand der Wirtschaft und des Koalitionspartners. Die Vertagung dieser Reformvorhaben auf die nächste Legislaturperiode ließ erkennen, daß die Sozialdemokratie nicht gewillt war, an gesellschaftlichen Fragen ihre Mitregierung scheitern zu lassen. Die weitgehende Begrenzung der inneren Reformen während der ersten Legislaturperiode auf den quantitativen Ausbau schon bestehender Leistungen wurde durch die Polarisation in der Ost- und Deutschlandpolitik überdeckt. Die Konkurrenz- und Konfliktverhältnisse, die der Politik der inneren Reformen zugrunde lagen, und die unterschiedlichen Erwartungen und Hoffnungen zwischen den sozialdemokratischen Wählergruppen waren 1972 kein Thema der politischen Auseinandersetzung. Durch die massive Parteinahme der Wirtschaft für die Opposition im Wahlkampf 1972 schienen erstmals sogar Ansätze eines breiten Arbeitnehmerbewußtseins auf, obwohl die sozialdemokratischen Regierungsmitglieder bereits im Wahlkampf vorsichtig begonnen hatten, „überspannte" Reformerwartungen zu dämpfen. Die Existenz eines solchen Arbeitnehmerbewußtseins schien nach dem Wahlergebnis 1972 bestätigt zu sein. Die SPD konnte nicht nur, wie bei den letzten Bundestagswahlen, ihren Anteil bei den lohnabhängigen Mittelschichten ausbauen, sondern erstmals auch tiefere Einbrüche im katholischen Arbeitnehmermilieu erzielen. Weil dieses Wahlergebnis trotz der Konzentration der gegnerischen Wahlpropaganda auf den linken Flügel der SPD zustande gekommen war, war die Partei insgesamt ermutigt, ihre gesellschaftspolitischen Vorstellungen zu akzentuieren.

Dieser linke Flügel, dessen Kern bis Mitte der siebziger Jahre die Jungsozialisten bildeten, hatte sich, beschwingt von der Dynamik der Studentenbewegung, den Demokratisierungsforderungen einer liberalen Öffentlichkeit und den Distanzierungstendenzen der Gewerkschaften während der Großen Koalition, das Ziel gesetzt, ohne in die im Etatismus der früheren SPD vermuteten Fehler zu verfallen, die sozialdemokratische Massenintegrationspartei SPD zu einer sozialistisch-reformistischen Partei zu transformieren. Im Rahmen der in der SPD zu konstatierenden Demokratisierungstendenzen seit der Endphase der Großen Koalition hatten es auch die Jungsozialisten vermocht, den institutionellen Spielraum ihrer Arbeitsgemeinschaft zu erweitern. Diese gewisse Autonomie, die sie zeitweilig vor unmittelbaren Eingriffen in die Politik und das Organisationsleben durch die Partei bewahrte, nutzten die Jusos dazu, ihre Organisation auszubauen. Das parallele Verbandsleben auf jeder Stufe der Parteiorganisation bot ihnen die Möglichkeit einer umfassenden Kontrolle und Anleitungstätigkeit. Zugleich beförderte der eigene Organisationsrahmen die Entwicklung einer spezifischen Juso-Identität, die ihrerseits den Zustrom von „APO-Randpolitisierten" verstärkte, die den Weg allein in die SPD nicht gefunden hätten.

Die Jusos beanspruchten, die „Rolle der sozialistischen Fraktion" in der SPD einzunehmen[41]. In Anlehnung an die von der antiautoritären Studentenbewegung

---

41 Heidemarie Wieczorek-Zeul, Organisation und Kommunikation in der Juso-Arbeit, in: *Handbuch für die Jungsozialistenarbeit*, Bonn 1971, S. 0/6.

entwickelten Vorstellungen von direkter Demokratie konzipierten sie eine sogenannte Doppelstrategie. Sie sollte die Jusos befähigen, durch Mobilisierungen in der Bevölkerung Bewußtseinsprozesse und Interessenfindungen auszulösen. Der auf die Partei ausgeübte Druck sollte schließlich mit zur Veränderung der sozialdemokratischen Politik und Ideologie beitragen und die Partei zugleich befähigen, die Tendenz einseitiger Legitimationsbeschaffung für die staatliche Politik abzubauen.

Die Mobilisierung der Bevölkerung sollte alle Lebensbereiche erfassen, insbesondere aber den Bereich Betrieb und Wirtschaft. Gerade dieses Feld aber blieb den Jusos aufgrund ihrer Sozialstruktur weitgehend unzugänglich. Als Studenten, Oberschüler, Angestellte und Beamte – diese Statusgruppen dominierten vor allem bei den aktiven Jusos – verkörperten sie das von der SPD nach Godesberg angestrebte Element der lohnabhängigen Mittelschichten und unterschieden sich damit nicht von dem auch heute noch dominanten Funktionärstyp der SPD, insbesondere auf der mittleren und höheren Ebene. Ihre politische Praxis entsprach denn auch zumeist ihren ureigenen Interessengebieten und konzentrierte sich parallel zur SPD auf den Reproduktionsbereich, hier vorwiegend auf den kommunalpolitischen Sektor sowie auf den Bildungsbereich. Durch ihre Mitarbeit an Bürgerinitiativen konnten sie zumindest aber auf der kommunalen Ebene ein politisches Interessenbewußtsein fördern.

Insbesondere ihr kommunalpolitisches Sachprogramm fand, wenn auch technokratisch verkürzt, Eingang in die Parteiprogrammatik. Gerade auch sozialdemokratische Kommunalpolitiker wurden ein kritisches Element in der SPD. Die Jusos mußten zugleich aber auch erkennen, daß ihre Mobilisierungsversuche nur dann erfolgreich waren, wenn sie im gesetzlichen und finanziellen Rahmen der Kommune blieben und das Selbstverständnis der lokalen Partei gebührend berücksichtigten[42]. Durch mannigfache Integrationsmechanismen – z. B. die Doppelkarriere in Arbeitsgemeinschaft und Partei; die mit dieser Karriere verbundene Loyalität im parlamentarischen Alltag und in Wahlkämpfen gegenüber Zielgruppen mit unterschiedlichen sozioökonomischen Interessen und Werthaltungen und dem damit verbundenen Zugeständnis, an das aktuelle Politikverständnis der Sozialdemokratie anzuknüpfen; den Zwang, linke Politikvorschläge zu verwaltungstechnisch und fiskalisch handhabbaren Reformentwürfen zu atomisieren; die damit verbundene Ausrichtung an den institutionellen und rechtlichen Strukturen bürgerlich-repräsentativer Demokratie – wurden sie freilich sowohl im Bereich des Ortsvereins als auch auf den anderen Stufen der Hierarchie der Jusos an die Partei gebunden. Die Integrationsmechanismen führten denn auch im Verlauf der siebziger Jahre zu einem allmählichen Wechsel des Praxisverständnisses. Der Schwerpunkt verlagerte sich von der konfliktträchtigen Mobilisierungspolitik mehr auf die Parteiarbeit. Man verlegte sich darauf, durch Expertenwissen innerparteiliche „Problemmehrheiten" zu gewinnen. Die bis zur Wirtschaftskrise anhaltenden Reformerwartungen ließen die Jusos und mit ihnen die Reste der Godesberger Minderheitsgruppierungen darauf vertrauen, über die

---

[42] Vgl. Siegfried Heimann/Peter Müller, Die Linke in der SPD, in: *Die Linke im Rechtsstaat*, Bd. 2: *Bedingungen und Perspektiven sozialistischer Politik von 1965 bis heute*, Berlin 1979, S. 164.

Eroberung von Parteipositionen Einfluß auf die Parteiprogrammatik und die Regierungspolitik zu erzielen. Je erfolgreicher die Linke auf lokaler und regionaler Ebene wurde, desto mehr begann sie sich auch in informellen Kreisen zu institutionalisieren. Das auf diese Weise koordinierte Auftreten fand seinen Höhepunkt auf dem Hannoveraner Parteitag 1973. In Hannover gelangte erstmals nicht nur eine relevante Minderheit in den Parteivorstand (im Bündnis mit einer reformerischen Mitte sowie Gewerkschaftern aus der sich bundesweit konstituierenden Arbeitsgemeinschaft für Arbeitnehmerfragen (AfA)), sondern sie bewirkte auch die Ablehnung des 1. Entwurfs zum „Langzeitprogramm", wofür dessen technokratische Ausrichtung und fehlende Gesellschaftsanalyse ausschlaggebend waren. Auch andere Beschlüsse des Hannoveraner Parteitags, z. B. der sogenannte Maklerbeschluß und die Thesen zur Bodenrechtsreform, zeigten das Verlangen der Partei nach qualitativen Strukturveränderungen[43].

4. Die „Volkspartei" in der Krise

Die sich seit 1973 ankündigende Wirtschaftskrise traf auf eine sozialdemokratische Regierungspartei, die eine traumatische Oppositionserfahrung hinter sich hatte und sich an das vergebliche Bemühen erinnerte, aus der Opposition heraus Wähler zu mobilisieren. Nunmehr, da sie seit den sechziger Jahren mit dem fortschreitenden Wandel ihrer Eliten und der Professionalisierung ihrer Mandatsträger in den Staatsapparat hineingewachsen war, war die traditionelle Staatsausrichtung der SPD auch auf der Ebene der personellen Verquickung fundiert worden. Für die SPD gab es deshalb nur die Alternative, so lange an der Regierung festzuhalten und sich nach dem Koalitionspartner zu richten, bis dieser die Grenze zu einer Austerity-Politik überschritt, die die SPD den Gewerkschaften und ihrer Stammwählerschaft nicht mehr zumuten konnte.

Die Wende von der Reformpolitik zur Realpolitik erreichte die SPD zu einem Zeitpunkt, an dem der Hannoveraner Parteitag der für das Langzeitprogramm verantwortlichen Kommission u. a. gerade den „radikalen" Auftrag erteilt hatte zu prüfen, „welche der im Godesberger Programm bezeichneten Vorrechte der herrschenden Klassen die Verwirklichung der Reformziele behindern und auf welche Weise die Politisierung der öffentlichen Meinung dagegen erreicht werden kann"[44].

Der auf dem Mannheimer Parteitag 1975 verabschiedete Orientierungsrahmen war dagegen in weiten Teilen der Frage gewidmet, wie Enttäuschungshaltungen und Gefühle der Einflußlosigkeit in der Anhängerschaft der SPD abgebaut werden könnten[45]. Die von den Jusos zu Beginn der siebziger Jahre in die SPD eingebrachten Mobilisierungsansätze waren weitgehend der Fragestellung gewichen, auf welche

---

43 Vgl. ebd., S. 166 f.
44 Osterroth/Schuster, *Chronik* (Anm. 2), S. 585.
45 Vgl. Wolf Dieter Narr/Hermann Scheer/Dieter Spöri, *SPD — Staatspartei oder Reformpartei*, München 1976, S. 49.

Weise kurzfristige, konkrete Reformerwartungen der sozialdemokratischen Wähler in langfristige ideologische Bindungen überführt werden könnten.

Eine breite Palette sozialdemokratischer Zielvorstellungen war an die Stelle einer plastischen Darstellung der konkreten Bedürfnisse getreten. Zwar sind im Vokabular und in den einzelnen Passagen der Gesellschaftsanalyse, bei der Problematisierung des wirtschaftlichen Instrumentariums und bei der Aufzählung der Stärken und Schwächen des Marktes reformistische Positionen sehr viel stärker akzentuiert als im Godesberger Programm, auch werden Wege für einen qualitativen Umbau der Gesellschaft angedeutet; sein Mangel an Handlungsorientierung und sein Verzicht auf ein praktikabel erscheinendes Gesamtkonzept zeigten jedoch, daß die sozialdemokratische Strategiediskussion über eine qualitative, aber gleichzeitig einlösbar erscheinende Reformpolitik von der Mehrzahl der Delegierten für längere Zeit beendet und beerdigt worden war. Für die Mehrheit der Partei hatte die Verabschiedung des Programms die Aufgabe, die Parteilinke vor den im nächsten Jahr anstehenden Bundestagswahlen zu integrieren. Die Linke selbst, die ihrerseits über keine praktikable Alternative einer Reformpolitik in der Krise unter den bundesrepublikanischen Bedingungen verfügte, hatte sich damit zufriedengegeben, durch die Auffüllung des Orientierungsrahmens mit einigen kapitalismuskritischen Einsprengseln die Entwicklung der weiteren Theorie- und Grundsatzdiskussion offen zu halten.

Der Orientierungsrahmen selbst hat in der Parteidiskussion der letzten Jahre keine Rolle mehr gespielt. Die Situation der SPD in der Bundesregierung ließ keine Hoffnung mehr zu, Parteiprogrammatik auf der Ebene der Regierungspolitik in politische Praxis umzusetzen. Die Politik der Partei erfüllte allein die Aufgabe, die Regierungspolitik zu rechtfertigen.

Die bis auf wenige Ausnahmen bei den Landtagswahlen, aber auch bei den Bundestagswahlen 1976 und 1980 feststellbare Abwendung der modernisierungswilligen Mittelschichtswähler und der katholischen Arbeitnehmer des Wahljahres 1972 bewog die SPD zudem, dem konservativen gesellschaftlichen Trend zu folgen. Die erste Maßnahme galt den Jusos: Die neuen Richtlinien für Arbeitsgemeinschaften unterwarfen die Juso-Arbeitsgemeinschaften der strikten Kontrolle der jeweiligen Parteigliederung[46]. Auch der Parteiausschluß des gerade zum Bundesvorsitzenden gewählten Klaus-Uwe Benneter hatte die Aufgabe, Mittelschichtwähler nicht durch verbalradikale Äußerungen an das Bürgerschreck-Element in der SPD zu erinnern. Die SPD schloß damit an ihre Erklärung der Unvereinbarkeit einer Zusammenarbeit zwischen Sozialdemokraten und Kommunisten 1970 an, als die ungewissen Mehrheitsverhältnisse der sozialliberalen Koalition und die außenpolitische Aufweichung des Antikommunismus durch die Ost- und Deutschlandpolitik eine Verschärfung der antikommunistischen Abgrenzung nach innen verlangt hatten, sowie an den sogenannten Extremistenbeschluß von 1972, baute also auf antiliberalen Traditionen auf, die in dieser Phase von den Demokratisierungsversprechen aufgefangen werden

---

46 Vgl. Heimann/Müller, Die Linke in der SPD (Anm. 42), S. 168.

konnten. Eine Verengung des sozialdemokratischen Wählerspektrums leiteten jedoch repressive staatliche Maßnahmen wie u. a. die „Anti-Terror-Gesetze" und die verschärfte Überprüfungspraxis bei den Einstellungen zum öffentlichen Dienst ein.

Diese neuerliche repressive Phase sozialdemokratischer Politik führte nicht nur zum Bedeutungsverlust der Jusos und zu einem Absterben ganzer Organisationsbereiche; die SPD verlor auch abermals — wie schon in den sechziger Jahren — den Kontakt zur politisch engagierten Jugend. Dieser Trend der Abwendung der Jugend und damit verbunden kritischer bürgerlicher Wähler von der SPD setzte sich fort mit der Bereitschaft der Partei, der Aufrüstungspolitik der USA zu folgen und mit der Unfähigkeit der sozialliberalen Regierung, ökologische Anliegen mit den Wirtschaftsinteressen zu vermitteln.

Die Parteiorganisation der SPD erwies sich zunehmend als unfähig, die Regierungspolitik auch nur propagandistisch abzustützen. Zwar beendete die SPD nach den Landtagswahlen in Hamburg und Niedersachsen 1978, als sie zum ersten Mal mit beträchtlichen Abwanderungen von Wählern zu ökologischen Listen konfrontiert war, die innerparteiliche Disziplinierung und versuchte seitdem auch wieder verstärkt, in ihrer Parteitagsprogrammatik den Anliegen der Jugend, der kritischen bürgerlichen Wähler und der Gewerkschaften Ausdruck zu verleihen. Angesichts der Interessendivergenzen ihrer Bezugsgruppen jedoch — Wirtschaft, FDP und Mittelstand, Gewerkschaften sowie Ökologie- und Friedensbewegung — war sie auch unabhängig von der sie zusätzlich belastenden Regierungspolitik nicht mehr in der Lage, auf der programmatischen Ebene und in ihrer Öffentlichkeitsarbeit integrierend zu vermitteln. Die SPD wurde damit zunehmend zu einer Partei, die die verschärften gesellschaftlichen Interessengegensätze und die Polarisation in den Werthaltungen passiv zu ertragen hatte.

Die sozialdemokratische Mitgliederschaft und Wählerschaft ist heute in sozialreformerische, reformistische sowie ökologische Grundströmungen gegliedert, die auf der Ebene einer sozialstrukturellen Differenzierung nur unzureichend zu erfassen sind. Ihre jeweiligen Quantitäten sind zu beträchtlich, als daß eine — von Richard Löwenthal vorgeschlagene — Grenzziehung entlang des Bekenntnisses zur arbeitsteiligen Industriegesellschaft das Problem der sozialdemokratischen Bandbreite lösen könnte[47].

Eine Umorientierung des Ortsvereins von einem „bloßen Wahlhelferverein" zur Zelle einer „in der gesamten Lebenswelt der Menschen verankerten Mitgliederorganisation", womit Peter Glotz der nachlassenden Integrationsfähigkeit der SPD nach außen und der Stagnation des Parteilebens begegnen möchte[48], widerspricht der zwangsläufigen Binnenorientierung einer Partei, deren Karrieremechanismen auf das Sitzvermögen der Funktionäre in den Parteigremien bzw. auf das institutionelle Herrschaftswissen ausgerichtet sind. Auch die intensivierten Bemühungen seit Mitte der siebziger Jahre, die Godesberger Grundwerte des demokratischen Sozialismus zu differenzieren und zugleich zu handlungsmotivierenden und gemeinschaftsbilden-

---

47 Vgl. dazu die Diskussion in: *Die Neue Gesellschaft*, H. 1, Januar 1982, 29. Jg., S. 4—31.
48 Vgl. den Beitrag von Hella Kastendiek, unten S. 421.

den Orientierungen zu materialisieren, lassen erkennen, daß das Integrationsproblem der SPD, die unterschiedlichen ihr anempfohlenen Interessen in konkrete Gesellschaftspolitik umzusetzen, einseitig auf der Ebene der Organisation bzw. der Legitimationsbeschaffung angesetzt wird. Das andere Grundproblem der SPD, entsprechende Durchsetzungsstrategien zu entwickeln, wird seit der Beendigung der Diskussion um das Langzeitprogramm dagegen resignativ tabuisiert.

Hella Kastendiek

Struktur- und Organisationsprobleme einer staatstragenden Arbeitnehmerpartei: Zum Verhältnis von SPD und Gewerkschaften seit 1966

Nach dem Regierungswechsel im Herbst 1982 hat die SPD innerparteilich und gegenüber ihrem traditionellen sozialen Umfeld eine Integrationskraft entwickelt, die fast vergessen ließ, „in welch jammervollem Zustand unsere Partei sich noch vor wenigen Monaten befand"[1]. Das neu gewonnene Selbstbewußtsein der Partei, die sich Chancen für einen Sieg im Bundestagswahlkampf ausrechnet, verdeckte, daß sich die SPD bis zu ihrem Scheitern in der Regierungsverantwortung in einer tiefen Krise befand, die sich festmachte
— am Identitätsverlust der Partei;
— an der rapide abnehmenden Fähigkeit der Partei zur Massenintegration;
— an dem Auseinanderdriften der unterschiedlichen in der Partei organisierten sozialen Interessen;
— an dem brüchig gewordenen Verhältnis zu den der SPD traditionell verbundenen Gewerkschaften.
Dieser Artikel knüpft an die damalige Diskussion über die „Krise der SPD" und über das „Scheitern des sozialdemokratischen Politikmodells" an. Der Ansatzpunkt meiner Analyse ist die *organisationspolitische* Diskussion in der SPD von 1980 bis 1982. Ihre Bedeutung wird meist unterschätzt — als ein vergleichsweise untergeordnetes Feld der innerparteilichen Auseinandersetzung. Dabei wird nur zu leicht übersehen, daß es hier im Kern um das Verhältnis zwischen SPD und Arbeitnehmern/Gewerkschaften geht.

Gefragt wird in diesem Beitrag, wie die SPD seit 1966, also seit ihrer Regierungsbeteiligung, die Probleme im Verhältnis zu ihrer Mitglieder- und Wählerbasis und zu den Gewerkschaften wahrgenommen hat und wie sie darauf organisations- und gewerkschaftspolitisch reagierte und reagiert. Eine solche Analyse kann zeigen, daß die noch vor wenigen Monaten diskutierten Probleme der SPD insbesondere im Verhältnis zu den Gewerkschaften und zu ihren Mitgliedern bzw. zur Parteiorganisation längst Tradition hatten. Die kontinuierlichen Versuche, Widersprüche zwischen Regierungsfunktion und sozialer Basis der Partei organisationspolitisch zu bewältigen, sind zeitweise durchaus gelungen. Da diese Widersprüche aber nicht aufgehoben werden können, sondern nur neue vorläufige — begrenzt funktionale — Bewegungsformen finden, wird die Partei mit den aus diesen Widersprüchen resultierenden Pro-

---

1 Christian Graf von Krockow, „Genossen, wählt die Union". Ein Sozialdemokrat plädiert gegen die SPD, in: *Die Zeit* v. 28.1.1983, S. 5.

blemen immer wieder konfrontiert. 1982, nach Jahren des von der SPD als führender Regierungspartei zu verantwortenden Krisenmanagements, stellten sich diese in zugespitzter Form. Die Strategie beim Wechsel in die Opposition, der sofort einsetzende Wahlkampf und der neue Konsens in der Partei verdecken, daß sich diese Probleme der SPD erneut stellen werden.

Diese Thesen sollen in drei Schritten entwickelt und begründet werden. Im *Teil I* werde ich die innerparteilichen Diskussionen von 1980 bis 1982 nachzeichnen und die organisationspolitischen Strategien als gewerkschafts- und betriebspolitische Strategien zur Stabilisierung des „Arbeitnehmerbereichs" interpretieren. Die Probleme, vor die die Partei sich gestellt sieht, und die Lösungsmuster, die sich 1980— 1982 durchgesetzt haben, werden dann im *Teil II* als Ausdruck der Strukturprobleme einer staatstragenden Arbeitnehmerpartei analysiert, die seit 1966, seit der Bildung der Großen Koalition, Tradition haben. Die tendenzielle Instabilität der Beziehungen zwischen Parteiführung und „Arbeitnehmerbereich" führen zu organisationspolitischen Konfliktlösungsversuchen, die eine beachtenswerte Kontinuität aufweisen. Vor diesem Hintergrund soll die aktuelle Entwicklung des Verhältnisses von SPD und Gewerkschaften eingeschätzt werden *(Teil III)*[2].

1. SPD und „Arbeitnehmerbereich": Die organisationspolitischen Diskussionen in der SPD 1980—1982

1.1. Neue Anläufe für mehr innerparteilichen Einfluß der sozialdemokratischen Betriebsorganisation und das Ergebnis der organisationspolitischen Initiative auf der AfA-Bundeskonferenz 1982

Die innerparteiliche Diskussion in der SPD fand in der Öffentlichkeit erst Resonanz, als Peter Glotz auf einer Konferenz mit über 500 Parteifunktionären im Oktober 1981 den Vorschlag machte, in den SPD-Bezirken die Hälfte der nach dem Parteiengesetz möglichen „geborenen" Delegierten für Arbeiter und Betriebsräte zu reservieren. Noch mehr Aufmerksamkeit aber fanden zwei Monate später die Löwenthal-Thesen. Der Vorschlag von Glotz wurde allein als Reaktion auf Probleme der *Parteiorganisation* interpretiert, obwohl es umfassender darum ging, der SPD die „Kerntruppen des Industrialismus"[3] zu sichern. Umgekehrt wurden die Thesen Löwenthals, die das gleiche generelle Anliegen hatten, nicht auf die organisationspolitische Debatte bezogen, sondern allein als Diskussionsbeitrag über unterschiedliche Identifikationsmuster in der Partei verstanden. Ein Ergebnis dieses Teils wird sein, daß die Beiträge von Glotz und Löwenthal unterschiedlichen Konzeptionen folgen, aus denen dann auch unterschiedliche Konsequenzen gezogen werden.

---

2 Ich bedanke mich bei Hans Kastendiek für kritische Kommentare und Anregungen zum Rohmanuskript. Das Manuskript wurde Anfang März 1983 abgeschlossen.
3 Peter Glotz in einem Streitgespräch mit Peter von Oertzen, „Parteiorganisation, Arbeiterinteressen und Volkspartei", in: *Neue Gesellschaft*, H. 1, 1982, S. 6—11.

Der Vorschlag von Glotz erschien als ein spektakulärer Vorstoß, der entsprechend in der Öffentlichkeit mit Schlagworten wie „Quotierung" oder „Reservate für Arbeitnehmer in der SPD" bedacht wurde. Er stand jedoch im Kontext einer Debatte, die bereits 1979 von der Arbeitsgemeinschaft für Arbeitnehmerfragen in der SPD (AfA) initiiert worden war. Sie wollte sozialdemokratischen Gewerkschaftern und Betriebsräten sowie aktiven Mitgliedern der SPD-Betriebsgruppen mehr innerparteiliche Beteiligungschancen verschaffen. Unmittelbar konfrontiert mit zunehmend instabileren Beziehungen der Partei zu ihrem traditionellen Mitglieder- und Wählerkern, hatte die AfA-Bundeskonferenz in Nürnberg (1979) den AfA-Bundesvorstand aufgefordert, „zu prüfen, wie die Rechte der Betriebsorganisation verbessert werden können, vor allem bei der Aufstellung von Kandidaten für Parteifunktionen und öffentliche Aufgaben, bei Delegiertenwahlen und bei der Einbringung von Anträgen"[4].

Das Konzept der im Februar 1981 eingesetzten Arbeitsgruppe sah vor, die Betriebsgruppen den Ortsvereinen gleichzustellen und ihnen das Delegations- und Antragsrecht zu den Unterbezirksparteitagen zu geben. Die vor allem für innerparteiliche Wahlen wichtigen *Unterbezirks*-Parteitage sollten *Ausgangspunkte* sein, Einfluß auf den unterschiedlichen Ebenen der Partei und der parlamentarischen Vertretungen zu gewinnen. Eine Quotierung wurde zu dem Zeitpunkt abgelehnt. Ebenso wurden die schon seit Gründung der AfA (1973) gestellten Forderungen nach einem eigenen Antragsrecht auf den jeweiligen Parteiebenen abgelehnt. Die „leidige" Diskussion über die Stellung der Arbeitsgemeinschaften in der SPD sollte nicht wieder aufgerollt werden[5].

Realisieren ließ sich das Konzept nur über eine Änderung des Parteistatuts; hierfür ist jedoch eine Zweidrittel-Mehrheit auf Parteitagen erforderlich. Die Aktivitäten der AfA zielten daher auf den Bundesparteitag vom April 1982. Das Konzept — von einem kleinen Kreis führender AfA-Funktionäre erarbeitet — sollte ganz offensichtlich über eine breite innerparteiliche Mobilisierung durchgesetzt werden — was für Politik und Selbstverständnis der AfA durchaus neu ist. Die von der AfA thematisierten Probleme und organisationspolitischen Vorschläge wurden denn auch über Monate innerparteilich durchaus kontrovers diskutiert.

Die statutenmäßige Formulierung des Konzeptes stieß jedoch auf eine Schranke: Das Parteiengesetz schreibt ausdrücklich vor, daß die für die politische Willensbildung der Parteien zuständigen Gliederungen Gebietsverbände sein müssen. Nach der herrschenden Rechtsauffassung werden Betriebsgruppen nicht als Gebietsverbände anerkannt. Deshalb schlug die Arbeitsgruppe der AfA das dann von Glotz vorgetragene Modell vor, weil es gegenüber dem bestehenden Zustand immer noch ein Fortschritt sei.[6] Das nächste Ziel war, mit einem Beschluß des Bundesparteitages

---

4 Vgl. die ausführlich begründete Entschließung „Organisatorische und politische Wirksamkeit der AfA" in: *AfA-Bundeskonferenz Nürnberg 7.–9. September 1979, Beschlüsse*, S. 147–157, Zitat: S. 156.
5 Informationsgespräch mit Rudolf Dreßler, Vorsitzender des Bundesausschusses der AfA, am 30.6.1981.
6 Vgl. *Sozialdemokratischer Informationsdienst Betriebspolitik, Aktuelles für Arbeitnehmer, Informationen und Dokumente* (im folgenden zitiert als *Betriebspolitik*), Nr. 9, Oktober 1981.

vom April 1982 die satzungsmäßigen Voraussetzungen für die Realisierung des Glotz-Vorschlages zu schaffen. Aufrechterhalten wurde die Forderung nach dem Antragsrecht der Betriebsgruppen zu den Unterbezirks-Parteitagen, was ebenfalls durch Änderung der Satzung erreicht werden sollte. Darüber hinaus forderte die AfA den Parteivorstand auf, „in einer Richtlinie für die politische Betriebsarbeit Bedeutung, Aufgaben und Rechte der Betriebsgruppen festzulegen. Die AfA will damit eine umfassende Regelung erreichen, damit die betriebstätigen Arbeitnehmer das Gewicht in der politischen Willensbildung und in den politischen Institutionen dieses Landes erhalten, das ihnen zukommt."[7]

Die in der Öffentlichkeit wahrgenommene Kritik an diesem Konzept richtete sich vorwiegend gegen die Quasi-Quotierung. Es sei „ein Armutszeugnis *der* Arbeiterpartei . . . , wenn sie jetzt Arbeitnehmer-,Quoten' oder den Proporz-Arbeiter einführen würde"[8]. Kontrovers wurde auch in den Vorständen der Parteigliederungen diskutiert. Widerstand kam vorwiegend von den jeweiligen innerparteilichen Mehrheiten. Von linker Seite kritisierte Martin Wentz (Bezirk Hessen-Süd) den Vorschlag, die Betriebsgruppen den Ortsvereinen gleichzustellen. Für ihn war dies eine Initiative des Parteivorstandes, die auf die „Sicherung gewünschter inhaltlicher Mehrheiten und persönlicher Macht" ziele. „Es ist der Versuch, den Drohungen mit der ‚schweigenden Mehrheit' einen organisatorischen Ausdruck zu geben, der im Rahmen des demokratisch Legitimen bleibt."[9] Allerdings sei dies nur eine „Hoffnung" von Teilen der Parteiführung, denn große Teile der AfA seien der sozialdemokratischen Regierungspolitik gegenüber durchaus kritisch eingestellt. Diese widersprüchliche Argumentation kann nicht erklären, warum selbst der Glotz-Vorschlag nicht durchsetzbar war.

Kritik oder Unterstützung der AfA-Initiative sind kaum ausreichend mit innerparteilichen Flügelkämpfen zu erklären. Die ablehnende Haltung ist nicht vorrangig auf ein „‚linkes' oder ‚rechtes' Mißtrauen" zurückzuführen, sondern auf ein „Mißtrauen, das aus der Unsicherheit erwächst, wie diese Betriebs- und Personalräte politisch einzuordnen und in die gewohnten Geschäfte einzubinden seien"[10]. Ausschlaggebend war die Furcht, die Veränderung der Mandatsverhältnisse trage „Unruhe" in die Partei[11]. „Sonderdelegationen" von Betriebsfunktionären[12] könnten insbesondere auch die „bewährten" Absprachesysteme bei innerparteilichen Kandidatenaufstellungen stören.

---

7 Rudolf Dreßler, Vertrauensarbeit anerkennen. Die Verankerung der Sozialdemokratie in der Arbeitnehmerschaft stabilisieren! in: *Sozialdemokratischer Pressedienst*, Nr. 215 v. 10.11.1981. – Lt. Organisationsstatut der SPD ist allein der Parteivorstand für die Grundsätze der Tätigkeit der Arbeitsgemeinschaften zuständig.
8 *Vorwärts*, Nr. 43 v. 15.10.1981.
9 Die Drohung mit der „schweigenden Mehrheit", in: *Der Sozialdemokrat*, SPD Hessen-Süd, Nr. 5, Mai 1981, S. 9–10.
10 Rainer Diehl, Ungeliebte Neuerungen – Der Organisationskonservativismus auf dem Münchener Parteitag, in: *Neue Gesellschaft*, H. 5, 1982, S. 428–432, Zitat: S. 428 f.
11 Informationsgespräch mit Walter Edenhofer, Leiter des Referats für Arbeitnehmerfragen beim Bundesparteivorstand der SPD, am 1.7.1982.
12 Diehl, Ungeliebte Neuerungen (Anm. 10), S. 428.

Entsprechende Einwände gegen die vom Bundesvorstand der AfA und von vielen Bezirksarbeitnehmerkonferenzen getragene Initiative kamen zu einem Teil auch aus den Kreisen der AfA. So lehnte der AfA-Vorstand des mitgliederstärksten Unterbezirks Dortmund eine statutarische Aufwertung der Betriebsgruppen „einmütig" ab:

„Bei den meisten AfA-Funktionären und einem großen Teil der aktiven AfA-Mitglieder würde ein Umdenkungsprozeß mit neuer Orientierung stattfinden müssen. Heute ist es doch schon so, daß die meisten unserer AfA-Funktionäre Aufgaben in der Partei übernommen haben, im Ortsverein und darüber hinaus." Die Ortsvereine könnten auch zukünftig nicht auf die Mitarbeit der Arbeitnehmer verzichten. Zudem würde die vorgeschlagene Regelung nur die sozialdemokratischen Arbeitnehmer in Großbetrieben begünstigen, da in der Regel nur hier Betriebsgruppen denkbar wären[13].

Demgegenüber ging es der AfA gerade darum, die dem Ortsverein verlorengegangenen Arbeitnehmer zurückzugewinnen.

Im Anschluß an die organisationspolitische Funktionärskonferenz der SPD vom Oktober 1981 erarbeitete die Kommission „Organisationsfragen" des AfA-Bundesvorstandes den Entwurf einer „Richtlinie für die politische Betriebsarbeit in der SPD", die der Organisationskommission beim Parteivorstand (Vorsitz Herbert Wehner) Ende 1981 unter dem Titel „Wege in die Partei" vorgelegt wurde. Die AfA drängte darauf, „daß der Münchner Parteitag der SPD über die Vorschläge zur Organisation der Betriebsarbeit berät und formell beschließt"[14]. Der sechsseitige Entwurf lag der Bundeskonferenz der AfA im Februar 1982 als Entschließungsantrag des AfA-Bundesvorstandes vor:

In der Präambel wird dargelegt, „daß Arbeitnehmer in Betrieben und Verwaltungen einen unmittelbaren und quantitativen Anteil an der politischen Willensbildung haben müssen". Um gesellschaftlich benachteiligten Arbeitnehmern (z. B. Schichtarbeitern) die politische Mitarbeit in der SPD zu ermöglichen und um die Entwicklung zu berufsmäßig betriebener Politik bzw. zur Dominanz der öffentlichen und privaten Dienstleistungs- und Verwaltungsberufe in den Parlamenten und anderen politischen Gremien zu bremsen, müßten „Formen entwickelt werden, die den Zusammenhang von Betrieb und Politik herstellen und jenen, die im Betrieb Vertrauensarbeit leisten, einen besseren Zugang zur Politik ermöglichen".

Viele der folgenden Punkte bleiben zwar weitgehend im Rahmen des bisherigen Rollenverständnisses der AfA. Die Punkte 1 und 7 aber („Politische Betriebsarbeit ist Parteiarbeit" und „Verstärkung der Rechte für Betriebsgruppen – Zugang zur politischen Willensbildung") beziehen sich auf den Kern der organisationspolitischen Diskussion.

Punkt 1 kennzeichnet die politische Betriebsarbeit als „unverzichtbare[n] Bestandteil sozialdemokratischer Parteiarbeit", die *„in ihrer politischen Bedeutung der Vertrauensarbeit im Ortsverein gleichzustellen"* sei (Hervorhebung durch d. Verf.). Die Vorstände der unterschiedlichen Ebenen von Partei und AfA werden u. a. aufgefordert, „die politische Betriebsarbeit stärker in den Mittelpunkt ihrer Arbeit zu rücken und ihr gleiches Gewicht wie der politischen Vertrauensarbeit in dem übrigen Bereich der SPD zu geben". Um dieser Forderung mehr Nachdruck zu verleihen, werden „die Unterbezirke, Bezirke und Landesverbände . . . aufgefordert, alle zwei Jahre auf ihren Parteitagen über den Stand und die Entwicklung der Betriebsarbeit in ihrem Organisationsbereich Rechenschaft zu geben".

13 Heinrich Appelhans/Reinhold Vennebusch, Zu den Glotz-Thesen, in: *Neue Gesellschaft*, H. 1, 1982, S. 48.
14 *Sozialdemokratischer Informationsdienst – Artikeldienst – Service für Betriebs-, Orts- und Stadtteilzeitungen*, Ausgabe Dezember 1981/Januar 1982.

Punkt 7 knüpft an diese grundsätzlichen Forderungen an. Die sozialdemokratischen Arbeitnehmer in den Betrieben und Verwaltungen sollen im innerparteilichen Willensbildungsprozeß die gleichen Chancen und Rechte wie andere Mitglieder haben. Die Parteiarbeit im Betrieb müsse den gleichen Rang bekommen wie die im Ortsverein. U. a. „werden alle Unterbezirke aufgefordert, die Möglichkeiten des Parteiengesetzes voll zu nutzen . . . und ihre Satzungen so zu ändern, daß die Betriebsgruppenmitglieder im Bereich des Unterbezirks die Möglichkeit haben, Delegierte zu den Unterbezirksparteitagen zu wählen. . . . Die Unterbezirke werden ferner aufgefordert, ihre Satzungen dahingehend zu ändern, daß den Betriebsgruppen analog den Ortsvereinen das Antragsrecht zu den Unterbezirksparteitagen zuerkannt wird."

Die Antragskommission der AfA-Bundeskonferenz empfahl, die Entschließung anzunehmen, behielt sich jedoch vor, „wegen der laufenden Beratungen im Parteivorstand eine aktualisierte Empfehlung der Bundeskonferenz vorzulegen". Diese Vorsichtsmaßnahme erwies sich als begründet: Zehn Tage *vor* der Bundeskonferenz beschloß der Parteivorstand „Richtlinien für die politische Betriebsarbeit der SPD", die dem Bundesparteitag in München vorgelegt werden sollten. Sie wurden als Pressemitteilungen auf der AfA-Bundeskonferenz verteilt.

Die Präambel und die Punkte 1—6 sind weitgehend mit dem Richtlinienentwurf des AfA-Bundesvorstandes identisch. Doch in dem entscheidenden Punkt 7 „Stärkere Beteiligung von Arbeitnehmern an der politischen Willensbildung" wird das Kernstück der AfA-Initiative gekippt: die statutarische Absicherung der Gleichrangigkeit von Betriebsarbeit und Vertrauensarbeit im Ortsverein. Statt dessen formuliert der Parteivorstand Aufforderungen:

- *Ortsvereine* werden aufgefordert, „insbesondere die betriebstätigen Arbeitnehmer bei der politischen Willensbildung und bei der Wahl von Delegierten und Mandatsträgern stärker zu berücksichtigen";
- *Betriebsgruppen* werden aufgefordert, „Stellungnahmen in den Willensbildungsprozeß der Partei zu geben, um die Partei zu einer verstärkten Diskussion von Problemen aus der Arbeitswelt zu bewegen";
- die Betriebsgruppen werden aufgefordert, „sich bei anstehenden innerparteilichen Wahlen und Kandidatenaufstellungen mit Personalvorschlägen zu beteiligen. Dies könnte z. B. in der Form geschehen, daß der Unterbezirk die Betriebsgruppenmitglieder seines Bereiches zu einer Konferenz einlädt, auf der Personalvorschläge erarbeitet werden";
- der Parteivorstand und die Vorstände der Bezirke und Unterbezirke werden verpflichtet, „alle zwei Jahre auf dem ordentlichen Parteitag Rechenschaft abzulegen über den Stand der Beteiligung von betriebstätigen Arbeitnehmern in der Parteiarbeit und daraus die notwendigen Konsequenzen aufzuzeigen"[15].

Die Zielrichtung des AfA-Entwurfs, die Unterbezirke zu verpflichten, der Betriebsorganisation verbesserte innerparteiliche Mitwirkungschancen einzuräumen, wird zum Appell an die Betriebsgruppen, sich verstärkt zu engagieren![16]

---

15 „Richtlinie für die politische Betriebsarbeit der SPD", *Pressedienst Service, Presse, Funk, TV,* Nr. 78/82 v. 16.2.1982.
16 Durchsetzungsfähig werden nach diesen „Wegen in die Partei" nur diejenigen gut organisierten Betriebsgruppen und AfA-Untergliederungen sein, die ohnehin schon über Einfluß in der Partei verfügen. In den Unterbezirken, die bisher den Stellenwert der politischen Betriebsarbeit gering schätzten, werden die meist nur schwach organisierten AfA-Untergliederungen nur begrenzte Chancen haben.

Während der Parteivorstand die AfA-Initiative ablehnte, einen stärkeren Arbeitnehmereinfluß in der Partei von „unten" her, von den Betriebsgruppen, zu sichern, erhielt der Gewerkschaftsrat, der sich aus *Spitzen*vertretern der Partei, der Gewerkschaften und der gemeinwirtschaftlichen Unternehmen zusammensetzt, volles Rederecht auf den Parteitagen.

Mit dem Abblocken möglicher Initiativen aus den Betrieben und der gleichzeitigen Aufwertung von Absprachegremien auf Spitzenebene hatte die Parteiführung auch früher schon versucht, Probleme der Partei als „Organisationsprobleme" zu behandeln und als solche „zu lösen" (insbesondere Mitte bis Ende der sechziger Jahre). Die Beschlüsse von 1981 und 1982 dokumentieren daher auch die Kontinuität der bisherigen organisationspolitischen Strategien der SPD zur Stabilisierung der Beziehungen zwischen Partei und Gewerkschaften/traditionellen Mitglieder- und Wählerkernen (dazu mehr im Teil II).

Zum Zeitpunkt der AfA-Bundeskonferenz waren die Vorschläge für verbesserte innerparteiliche Einflußmöglichkeiten der in Partei- und parlamentarischen Gremien unterrepräsentierten Arbeitnehmer fast ein Jahr lang diskutiert worden. Eine breite Mehrheit in der AfA unterstützte inhaltlich die Entschließung des AfA-Bundesvorstandes. Dennoch kam es auf der Bundeskonferenz nicht zu einer öffentlichen Diskussion über die Zurückweisung der Kernpunkte der Initiative durch den Parteivorstand. Ohne Aussprache und mit großer Mehrheit nahm die Bundeskonferenz die Entschließung des Bundesvorstandes mit einer von der Antragskommission empfohlenen Vorbemerkung an. Darin werden die Richtlinien des Parteivorstandes als erster Schritt, „sozialdemokratische Betriebsgruppen stärker an der Gestaltung der Politik zu beteiligen", begrüßt. Die Partei wird aufgefordert, „in den kommenden Jahren die sich aus der Beschlußlage des Parteivorstandes ergebenden organisationspolitischen Konsequenzen zu ziehen".

Das Verhalten der Bundeskonferenz dokumentiert nicht nur die Kräfteverhältnisse innerhalb der AfA, sondern vor allem auch die Grenze der Konfliktbereitschaft gegenüber dem Parteivorstand. Zwar haben heftige Auseinandersetzungen über die zu beschließende Richtlinie auf einer Sitzung von Bundesvorstand, Bundesausschuß und Antragskommission am Tag vor der Abstimmung stattgefunden. Es wurde aber nicht diskutiert, ob der Konflikt mit dem Parteivorstand offen auszutragen wäre, sondern ob der AfA-Entwurf nach der Entscheidung des Parteivorstandes zurückgezogen werden sollte. Die Mehrheit entschied sich jedoch dafür, den Antrag nicht zurückzuziehen, sondern mit dem „Vorbehalt" zu verabschieden. Das Aushandeln und Abstimmen von inhaltlichen Kompromissen in dieser seit Monaten diskutierten organisationspolitischen Frage war bereits gelaufen, als die Bundeskonferenz darüber beschloß. Die bisherige Strategie der AfA, ihre Positionen nicht in medienwirksamer offener Konfrontation durchzusetzen, sondern eher über interne Gespräche Einfluß zu nehmen, also ohne Mobilisierung ihrer Betriebsgruppenbasis eine relativ abgehobene Funktionärspolitik zu betreiben, setzte sich wiederum durch – und wurde diszipliniert befolgt.

Zur internen Konfliktregulierung wird zusätzlich der spürbar auf dieser Bundeskonferenz lastende Außendruck beigetragen haben. Zwar wurde die Regierungspolitik der SPD schon seit Jahren aus den eigenen Reihen kritisiert, doch die Haushaltsbeschlüsse seit 1980 rührten fundamental an das sozialdemokratische Selbstverständnis. Die Ergebnisse der Kommunal- und Landtagswahlen, die Mitgliederentwicklung, der verstärkte Rückzug aus dem „Parteileben", die zunehmend heftigere Kritik aus den Gewerkschaften — all dies dokumentiert die Grenzen der Belastbarkeit einer Partei, die nach ihrem Selbstverständnis Arbeitnehmerpartei sein will und in der Regierungsverantwortung steht. Für den Münchner Parteitag wurden Zerreißproben erwartet zwischen Positionen, die der SPD-Führung in der Regierungskoalition relativen Spielraum verschaffen (also helfen, Regierungshandeln zu rechtfertigen) und solchen Positionen, die, orientiert an sozialdemokratischer Programmatik, konkrete auf Regierungshandeln bezogene Forderungen formulieren (also den Legitimationsdruck verstärken).[17]

Offensichtlich wollte die Konferenzregie aus Rücksicht auf die öffentliche Wirksamkeit alle Kontroversen vermeiden, die als Belastung für den Parteitag und für die Durchsetzungschancen der dort von der AfA vertretenen Interessen eingeschätzt werden könnten. Schließlich hatte das Referat für Arbeitnehmerfragen beim Parteivorstand zuvor angekündigt, die AfA-Bundeskonferenz werde

„ein Spiegelbild der Interessen der Arbeitnehmer und ihrer Forderungen an Staat, Gesellschaft und Partei . . . sein. Dabei wollen die sozialdemokratischen Arbeitnehmer die Gunst der Stunde nutzen und — nur sieben Wochen vor einem der wichtigsten Parteitage der SPD in den letzten Jahren — unüberhörbar Stellung zu den drängendsten politischen Problemen der Zeit beziehen. Fragen der Beschäftigungspolitik . . . werden im Mittelpunkt des Kongresses stehen. Der AfA-Bundesvorstand erwartet, daß das Beschäftigungsprogramm der Bundesregierung ein positives Echo bei den 300 Delegierten finden wird."[18]

Die (Selbst-)Disziplinierung der AfA kann nur überraschen, wenn die Entstehung und bisherige Entwicklung dieser „Arbeitsgemeinschaft" außer acht gelassen werden. Das aktuelle Verhalten der AfA liegt ganz auf der Linie der ihr zugedachten Funktionsweise: der Legitimationssicherung *für* die SPD „im Arbeitnehmerbereich". Diese Funktionszuweisung ist von der AfA von Beginn an anerkannt worden; sie hatte immer Vorrang vor der Funktion, Arbeitnehmerinteressen in oder gar gegenüber der SPD zu vertreten[19]. Dies erklärt den relativ ruhigen Verlauf der Konferenz, die von einer Haltung des „Durchstehens" dominiert war.

1.2. Der „Parteitag der Arbeit" — zur organisationspolitischen Diskussion des SPD-Bundesparteitages 1982

Wenn die AfA vorrangig mit den mangelnden innerparteilichen Beteiligungschancen ihrer Zielgruppe argumentierte, dann sollten die vorgeschlagenen Veränderungen

---

17 Hinzu kamen die Diskussionen über die „Neue Heimat" und die Parteispendenaffäre, die führende Sozialdemokraten in Partei und Gewerkschaften belasteten.
18 *Informationsdienst der SPD — intern*, Nr. 3/82 v. 17.2.1982, S. 6.
19 Vgl. Hella Kastendiek, *Arbeitnehmer in der SPD. Herausbildung und Funktion der Arbeitsgemeinschaft für Arbeitnehmerfragen (AfA)*, Berlin 1978.

der Parteiorganisation zugleich auch Voraussetzungen dafür sein, die Gewichtung innerparteilicher Schwerpunktthemen zu verändern:

„Die sozialdemokratischen Arbeitnehmer müssen darauf hinwirken, daß die Sicherung der Arbeits- und Existenzbedingungen zur Hauptfrage unserer Politik gemacht wird. Sie müssen sich jeder Tendenz und jedem Versuch widersetzen, die Politik und die Energie der SPD auf andere Felder abzudrängen. *Die SPD muß zur führenden politischen Kraft bei der sozialen und humanen Gestaltung der Strukturveränderungen der 80er Jahre werden.* Das ist Voraussetzung von Regierungsfähigkeit."[20]

Entsprechende Hoffnungen knüpfte die AfA insbesondere an die Vorschläge, die die Arbeitsgruppe „Beschäftigungspolitik" der SPD-Fraktion im Bundestag unter Vorsitz von Wolfgang Roth erarbeiten sollte. Ein „Aussteigen" aus der Industriegesellschaft kommt für die AfA nicht infrage,

„sondern ihre humane und soziale Ausgestaltung heißt unser Programm. Zukunftsinvestitionen in Energiesparen, in soziales Wohnen, in humane Arbeitsbedingungen und in sozialen Umweltschutz zielen in diese Richtung". Ökonomie (Sicherung von Beschäftigung) und Ökologie (Verbesserung der Lebensumwelt) müßten miteinander in Einklang gebracht werden. Gewarnt wird vor einer einseitigen Orientierung der Partei auf das Wählerpotential der Grünen und Alternativen. Zugleich wird die Wirtschafts- und Sozialpolitik der sozialliberalen Koalition kritisiert. Zur Verläßlichkeit in der Koalition gehöre auch, „daß in ihr unübersehbar wird, was aus sozialdemokratischer Sicht vor allem im wirtschafts- und sozialpolitischen Bereich geleistet werden muß, um Grundlagen der Koalition nicht zu gefährden. Zu diesen Grundlagen gehört ohne jeden Zweifel, das Vertrauen der Arbeitnehmerschaft nicht Erschütterungen und Belastungsproben auszuliefern."[21]

Der organisationspolitische Vorstoß der AfA läßt sich m. E. als Reaktion darauf interpretieren, daß die Beziehungen der Partei zu (sozialdemokratischen) Betriebs- und Gewerkschaftsfunktionären *wegen* der von der Koalition betriebenen Krisenlösungspolitik lockerer bzw. gespannter geworden waren. Der AfA-Initiative liegt ein Politikkonzept eines sozial gesteuerten wirtschafts- und gesellschaftspolitischen Umstrukturierungsprozesses zugrunde, und sie ist zugleich auch ein Versuch, den Instabilitäten eines solchen Prozesses entgegenzuwirken. Das erinnert an die „konzentrierte Aktion" für eine „Modernisierung der Volkswirtschaft". Strukturpolitische Steuerung sei, so Hauff und Scharpf, immer auch als soziale Steuerung zu begreifen, und diese sei auf ein „intaktes" Verhältnis von SPD-Gewerkschaften-Arbeitnehmern angewiesen. Mit dieser Strategie eines *dynamischen Wandlungsmodells* sind auch die Grenzlinien zur Position Richard Löwenthals gezogen, dessen Politikkonzept sich ausschließlich an den *traditionellen Werten* der Industriegesellschaft orientiert.

Vor dem Parteitag vom April 1982 faßte der AfA-Bundesvorsitzende (und stellvertretende Vorsitzende der Bundestagsfraktion) Helmut Rohde die AfA-Erwartungen an den „Parteitag der Arbeit" noch einmal zusammen:

---

20 Helmut Rohde, Bundesvorsitzender der AfA, MdB und stellv. Fraktionsvorsitzender, auf der organisationspolitischen Klausurtagung der AfA im März 1981, in: *SPD-Service Presse, Funk, TV*, Nr. 174/81 v. 29.3.1981 (Hervorhebung durch d. Verf.).
21 Ebd.

„Den Sozialdemokraten und den Vertrauensleuten aus den sozialdemokratischen Betriebsgruppen den Zugang zur Gesamtpolitik zu erleichtern, den Charakter und die Entwicklung der Partei von deren Lebenserfahrungen kennzeichnen zu lassen und in der Gesamtpolitik Arbeitnehmerinteressen deutlich werden zu lassen, das meint die Frage an den nächsten SPD-Parteitag." Die AfA wehre sich „gegen eine Entwicklung wie bei der CDU/CSU, wo die Arbeitnehmer zu einem funktionsschwachen Blinddarm einer ansonsten völlig anders gearteten Gesamtpartei geworden sind". Deshalb ginge es der AfA auch nicht um die Arbeitsgemeinschaft selbst, sondern zur Debatte stehe „der Charakter der SPD im ganzen". Von den Antworten des Parteitages hänge „die Stärke und die Rolle der SPD in der Gesellschaft ab". Deshalb warne er davor, den „Antrag zur Betriebsarbeit der SPD und zu ihren Auswirkungen auf die Organisation und die politischen Entscheidungen" als Routinedokument zu verstehen. Für ihn gehöre der Antrag „zur Weichenstellung für die Zukunft"[22].

Zugleich forderte Rohde, daß *konkrete* Vorschläge zur Lösung der Beschäftigtenprobleme, zum Haushalt 1983, zur Rentenreform u. a. auf dem Parteitag im Vordergrund stehen müßten:

„Von der Beantwortung dieser Fragen hängt nicht zuletzt ab, ob die SPD verlorenes Vertrauen bei den Arbeitnehmern zurückgewinnen kann. Darum muß die Sozialdemokratie sich immer aufs neue bemühen. Man kann die Arbeitnehmerschaft nicht wie selbstverständlich als Hausmacht oder Stammwähler in Rechnung stellen."[23]

Eine massive Kritik an der bisher von der SPD mitgetragenen Wirtschafts- und Beschäftigungspolitik hatte zuvor ein zentrales Konfliktfeld (neben der Sicherheits- und Energiepolitik) angekündigt, diesmal nicht allein vom linken Flügel der Partei ausgehend, sondern wesentlich getragen von den der Parteiführung traditionell verbundenen Gruppierungen in Partei und Gewerkschaften. München sollte der Anfang sein, den Trend der bisherigen Krisenlösungspolitik, die zu einem Gesichtsverlust der SPD als Arbeitnehmerpartei geführt habe, zu stoppen[24]. Die offene Kritik war für die Parteiführung ein Signal, die SPD wieder verstärkt als Arbeitnehmerpartei zu profilieren. Das drückte sich auch im Rechenschaftsbericht Willy Brandts aus: Wie schon in den Auseinandersetzungen der vorangegangenen Monate über die „Identität der Partei" sprach er von der Erneuerung und Bestätigung des Bündnisses „der Arbeitnehmer mit all denen, die eine aktive Sicherung des Friedens, der geistigen Freiheit und der sozialen Reformen wollen". In längeren Passagen betonte er die Notwendigkeit, verlorenes Vertrauen der Arbeitnehmer zurückzugewinnen. Die Beschäftigungspolitik sollte der eigentliche Schwerpunkt des Parteitages werden, da die Partei daran gemessen werde, „ob wir uns als Partei der Arbeit bewähren. Und als Partei der Arbeiter"[25]. Auch den Antrag zur Stärkung der Betriebsgruppen stellte er in diesen Zusammenhang.[26]

---

22 Rede im AfA-Bundesvorstand, in: *SPD-Service Presse, Funk, TV*, Nr. 154/82 v. 29.3.1982.
23 Zum Bundesparteitag in München, in: *Betriebspolitik* (Anm. 6), Nr. 1 v. 1.4.1982.
24 Vgl. Hans Otto Bäumer, zu der Zeit Vorsitzender des SPD-Bezirks Niederrhein, in einem Interview des *Spiegel*, Nr. 16 v. 19.4.1982.
25 *Rechenschaftsbericht des SPD-Vorsitzenden Willy Brandt auf dem Münchner SPD-Parteitag vom 19.4.1982*, S. 7, 10.
26 Vgl. ebd., S. 19 f. – Zur Darstellung der SPD als „Partei der Arbeit(er)" gehörte auch, daß der Parteivorstand 120 Vorsitzende von Betriebsräten und Betriebsgruppen eingeladen

Gegen den Leitantrag des Parteivorstandes zur *Beschäftigungspolitik*, der von der Rücksichtnahme auf die FDP geprägt war, unterstützte eine breite Mehrheit die Bemühungen Wolfgang Roths, in einem konsensfähigen Initiativantrag die bisherigen sozialdemokratischen Vorstellungen zur Wirtschafts- und Sozialpolitik zu bündeln. Der Initiativantrag — ein Zusammenschnitt aus Teilen des Leitantrages des Parteivorstandes, des Initiativantrages der Parteilinken des „Frankfurter Kreises" und von Anträgen aus verschiedenen Bezirken — wurde nahezu einstimmig verabschiedet. Unterstützt wurde Roth insbesondere von Helmut Rohde, der sich entschieden gegen „Entschärfungsversuche" der Antragskommission wehrte[27]. Obwohl der Beschluß, „der alle Kennzeichen eines eilig zusammengestellten Kompromisses trägt"[28], Forderungen auflistete, die schon auf den beiden letzten Parteitagen verabschiedet worden waren, wurde die Frage nach ihrer bisherigen Umsetzung nicht gestellt, geschweige denn beantwortet. Offensichtlich sollten bereits beschlossene Forderungen auf der Tagesordnung bleiben und nicht den Wünschen der SPD in der Regierung nach Beweglichkeit geopfert werden. Damit stellt sich allerdings auch die Frage nach der mobilisierenden Wirkung eines solchen „Beschäftigungsparteitages" für die in der Partei organisierten Arbeitnehmer.

In seinem einführenden Referat im Arbeitskreis *Organisationspolitik* nannte Peter Glotz Daten zur Mitgliederentwicklung und -struktur, zitierte Ergebnisse neuerer Wahlanalysen und gab einen Überblick über die im Arbeitskreis zu behandelnden Konzepte zur „Modernisierung der Parteiorganisation". 1981 habe die SPD einen Mitgliederrückgang von 3,3 % hinnehmen müssen; seit 1980 seien 9 % der Wahlbevölkerung von der Partei abgewandert. Wie zuvor Willy Brandt, bezog er sich indirekt auf den durch die Löwenthal-Thesen aufgebrochenen Streit um die Identität der Partei und betonte, daß „aus den Ergebnissen der Sozialforschung und aus den praktischen Erfahrungen der Parteiorganisation . . . die Patentrezeptinhaber, die entweder auf ‚die kritische junge Generation' oder die ‚Stammwähler' schwören, *keinen* Honig saugen" könnten[29].

Themenschwerpunkte des Arbeitskreises „Organisationspolitik" waren u. a. die politische Betriebsarbeit, die Stellung und Arbeit der Ortsvereine, Aufgaben und Strukturen der Arbeitsgemeinschaften. Die eingeladenen Vorsitzenden von Betriebsräten und Betriebsgruppen beteiligten sich insbesondere an der Diskussion zur Stärkung der sozialdemokratischen Betriebsarbeit. Glotz kritisierte, einige Genossen hätten auch dieses Thema für ihre Interessen im Streit um die „Identität der Partei"

Fortsetzung Fußnote 26
  hatte, die sich mit Rederecht an den Beratungen der Arbeitskreise beteiligen sollten. Die Themen der Arbeitskreise waren zugleich die Schwerpunktthemen des Parteitages: die Beschäftigungspolitik, die Friedens- und Sicherheitspolitik sowie die parteiinterne Organisationspolitik. Die Teilnahmeinteressen der eingeladenen Betriebsräte- und Betriebsgruppenvorsitzenden und der in der AfA organisierten Delegierten richteten sich vor allem auf die Arbeitskreise „Wirtschafts- und Beschäftigungspolitik" und „Organisationspolitik".
27 Vgl. Rolf-Dietrich Schwarz, Wie Apels „Leidantrag" zur Beschäftigung gerettet werden sollte, in: *Frankfurter Rundschau* v. 22.4.1982.
28 *Vorwärts*, Nr. 18 v. 29.4.1982.
29 In: *Arbeitsgruppe III Organisationspolitik*, S. 1 f.

aufgegriffen. Für ihn sei die SPD als Arbeitnehmer- und auch Arbeiterpartei nicht infrage gestellt. So zeige die neueste Analyse der Mitgliederdatei, „daß die Arbeiter mit 28 % nach wie vor die größte Berufsgruppe in der SPD stellen ... Nichts zeigt deutlicher als diese Statistik, daß die SPD weiterhin die Partei der Arbeitnehmer und ihrer Familien ist." Von den zwischen 1966 und 1969 neugewonnenen Mitgliedern waren 30 % Arbeiter; zwischen 1979 und 1980 waren es 29 %. „Es kann also keine Rede davon sein, daß die Sozialdemokratie die Arbeiterschaft nicht mehr repräsentiert."[30]

Dies wird von den genannten Daten jedoch keineswegs belegt. Unerwähnt bleibt nicht nur, daß der Anteil der Arbeiter an der Mitgliederschaft der SPD seit Mitte der sechziger Jahre im Vergleich zur Entwicklung der Berufsstruktur der Bevölkerung erheblich gesunken ist.[31] Vor allem wird mit diesen Daten die zentrale Begründung der AfA-Initiative übergangen: Die SPD müsse diese „nach wie vor größte Berufsgruppe in der SPD" auch in ihren Beschlußgremien entsprechend repräsentieren. Viele, auch parteiinterne Analysen belegen, daß Arbeiter in den Vorständen deutlich unterrepräsentiert sind; so geht „der Mitgliederanteil in dem Umfang unter den Führungsanteilen zurück (...), wie die Führungsebene steigt".[32] Während 1977 in den Ortsvereinen noch 27,4 % der Funktionäre (Fach-)Arbeiter waren, waren es in den Unterbezirken nur noch 7,5 % und in den Bezirken gar nur 6,8 %.[33]

Nach Glotz gehören der SPD über 90.000 Betriebs- und Personalräte an: „Fast 10 % unserer Mitglieder sind aktive Betriebs- und Personalräte. Dies heißt, daß *gewerkschaftliche Arbeit* zu einem ganz erheblichen Teil *von den Sozialdemokraten bestimmt* wird."[34] Das ging zwar an der Forderung der AfA vorbei, bessere Durchsetzungsmöglichkeiten für gewerkschaftlich orientierte Politik *in der Partei* zu schaffen, aber das verdeutlicht auch „sehr schön" die eigentlichen Funktionszuweisungen an die AfA (vgl. dazu Teil II.2.).

Die mangelnde Repräsentanz der in den Betrieben aktiven Sozialdemokraten in den Parteigremien ist aber auch für Glotz ein Problem. Es folge daraus, „daß viele von den gewerkschaftlich aktiven betriebstätigen Arbeitnehmern durch ihre unterschiedlichen Funktionen so aufgefressen werden, daß sie oft nicht mehr die Zeit und Kraft aufbringen, um Delegiertenmandate in der Partei anzustreben oder anzunehmen[35]". Während Glotz die Doppelbelastung beklagte, wollte die AfA sie durch die Gleichstellung von Betriebsarbeit und Arbeit in den Ortsvereinen aufheben: Weil die „Erfahrungen zeigen, daß sich die in den Betrieben aktiven Sozialdemokraten

---

30 Ebd., S. 3.
31 1950 waren 51 % der Erwerbstätigen in der Bundesrepublik Arbeiter; 1961: 48,1 %; 1970: 46,7 %; 1975: 42,9 %; 1980: 42,3 %. Quelle: *Statistische Jahrbücher für die Bundesrepublik Deutschland*, hrsg. v. Statistischen Bundesamt Wiesbaden, 1971, S. 121; 1976, S. 149; 1981, S. 95.
32 Michael Bretschneider, *Mitgliederzahlen der Parteien und ihre räumliche Verteilung 1977*, Berlin 1978, S. 59.
33 Vgl. ebd., S. 58.
34 In: *Arbeitsgruppe III Organisationspolitik*, S. 3 (Hervorhebung durch d. Verf.).
35 Ebd.

für die politische Betriebsarbeit und Gewerkschaftsarbeit entscheiden"[36], müßten die dabei erbrachten Leistungen genauso ein innerparteiliches Mitwirkungs- und Mandatsrecht begründen wie die Tätigkeit im Ortsverein.

Neben der Belastung durch Gewerkschafts- und Betriebsarbeit diskutierte der Arbeitskreis die Arbeitsbedingungen und die besonderen gesellschaftlichen Benachteiligungen der Schichtarbeiter, auf die die Zeitplanung der Ortsvereine keine Rücksicht nehme und auch kaum nehmen könne. Die Arbeit der Ortsvereine konzentriere sich zudem vorrangig auf — durchaus auch für Arbeitnehmer wichtige — kommunalpolitische Themen, doch bestünde ein deutliches Defizit an Themen, die unmittelbar Arbeitnehmerinteressen berührten (z. B. Sicherheit der Arbeitsplätze, soziale Sicherheit, Humanisierung der Arbeit, Mitbestimmung). Ursache des Funktionsverlustes des Ortsvereins als Diskussionsforum für Arbeitnehmer und als ,,Nahtstelle zwischen Betrieb und Partei" sei nicht nur die Veränderung der Parteistruktur, sondern auch die zunehmende Trennung von Wohnort und Arbeitsstätte. Daher müsse ,,die *Betriebsarbeit* als unmittelbare Nahtstelle zwischen Partei und Arbeitnehmerschaft erheblich verstärkt und ausgebaut werden"[37].

,,Einhellig" begrüßten die Teilnehmer des Arbeitskreises Organisationspolitik die vorgelegten ,,Richtlinien zur politischen Betriebsarbeit der SPD". Die vorgeschlagenen Maßnahmen, die Arbeitnehmer an der politischen Willensbildung stärker zu beteiligen, seien aber zu präzisieren. Während der Parteivorstand die Arbeitnehmerkonferenzen, die vor Unterbezirksparteitagen stattfinden sollten, lediglich als *einen möglichen Weg* für die Vorbereitung von Personalvorschlägen betrachtete, sollten die Unterbezirke *verpflichtet* werden, ,,vor jedem ordentlichen Unterbezirksparteitag eine Betriebsgruppenkonferenz abzuhalten"[38]. Erreicht wurde jedoch nur eine Änderung der Kann- in eine Soll-Formulierung; ob eine solche Konferenz stattfindet, hängt also vom guten Willen des Unterbezirks und/oder von der Stärke der Betriebsgruppen/AfA ab.

Um gewerkschaftliche Vertrauensleute und Betriebsräte stärker in die Parteiarbeit zu integrieren, wurde darüber hinaus im Arbeitskreis und im Plenum des Parteitages gefordert, Betriebs- und Personalräte sowie Mitglieder von Betriebsgruppen regelmäßig auch zu den Unterbezirks- und Bezirks-Parteitagen einzuladen und ihnen ein Rederecht zu geben. Auch dieser mit Beifall aufgenommene Vorschlag hatte nur Empfehlungscharakter. Vor allem tangiert er nicht die jeweiligen innerparteilichen Machtverhältnisse, weil die Auswahl der einzuladenden Gewerkschafts- und Betriebs-

---

36 4. Ordentliche Landesarbeitnehmerkonferenz der AfA in Nordrhein-Westfalen am 30. Mai 1981 in Lübbecke, Initiativantrag Nr. 4.
Für Glotz und v. Oertzen resultiert die Entscheidung daraus, daß die gewerkschaftliche Position — z. B. freigestellter Betriebsrat — attraktiver ist als z. B. Ratsherr in einer mittleren Gemeinde. Vgl. Parteiorganisation, Arbeiterinteressen und Volkspartei, in: *Neue Gesellschaft*, H. 1, 1982, S. 7.
37 Entschließung ,,Organisatorische und politische Wirksamkeit der AfA", AfA-Bundeskonferenz 1979, S. 147—157, Zitat: S. 149 f.
38 Bericht der *Arbeitsgruppe III Organisationspolitik* auf dem Münchner Parteitag der SPD, Berichterstatter: Peter von Oertzen, vom 22.4.1982, S. 1.

funktionäre von den jeweiligen Parteivorständen getroffen wird (ganz abgesehen vom nicht gewährten Stimmrecht).

Mit großen Mehrheiten verabschiedete der Parteitag nach nur kurzer Aussprache die Anträge zur Organisationspolitik, die anzunehmen die Antragskommission empfohlen hatte[39]. Vor allem wurden die Ortsvereine als „Basis der Parteiarbeit" bestätigt (Antrag des Bezirks Franken). Zwar wurde darauf hingewiesen, daß Anstrengungen unternommen werden müßten, „um Frauen und Männer aus Betrieben und Verwaltungen die Chance des parlamentarischen Mandats zu sichern", die Stellung der Betriebsgruppen bzw. die Betriebsgruppenarbeit wurde jedoch nicht mehr angesprochen. Hier hatte die AfA-Initiative also gar keine Wirkung gehabt.

Die *Modernisierung, Effektivierung und Neubestimmung der Parteiorganisation* — vor allem der Ortsvereine — war das zweite wichtige organisationspolitische Thema des Parteitages. Die Partei müsse sich „als Initiator und Träger des demokratischen Dialogs in der Gesellschaft" begreifen. Parteiarbeit dürfe sich nicht auf Wahlkämpfe und Delegiertenkonferenzen reduzieren, sondern müsse sich „spontanen Bürgeraktionen und kulturellen Lebensformen öffnen. Die Parteiorganisation muß im Ortsverein durch Annahme und Vermittlung vielfältiger kultureller Lebensformen der kulturellen Verarmung ihrer Basis und der politischen Strukturen insgesamt entgegenwirken". Dieses Ziel wurde in dem Beschluß jedoch nicht weiter präzisiert. Er umfaßte auch nur den letzten Teil des Antrages „Standortbestimmungen der SPD und Erneuerung der Parteiorganisation" des Bezirks Franken. Die übrigen Teile, die zum Dialog über die Standortbestimmung der SPD, zur Diskussion über die Weiterentwicklung des Godesberger Programms und zur programmatischen Formulierung kurzfristiger Ziele auffordern, wurden als Material an den Parteivorstand überwiesen. Damit sollte die Neuauflage unversöhnlicher innerparteilicher Kontroversen, die die Diskussion über die Löwenthal-Thesen bestimmte, vermieden werden. Beschlossen wurden nur das relativ abstrakte Ziel der Parteierneuerung und vor allem technische Hinweise zur Effektivierung der Arbeit in den Ortsvereinen: Modellversuche mit lokaler Videoberichterstattung; Erarbeitung von Modellen für die örtliche Bildungsarbeit unter Einsatz von Videotechnik; Bürgerbüros für die Mandatsträger aller Ebenen; bessere Ausstattung der Abt. Organisation beim Parteivorstand zur Förderung der Arbeit in den Ortsvereinen; jährliche Berichte des Parteivorstandes und der Bezirke zur Situation der Ortsvereine.

Diese Maßnahmen waren ebenfalls in der dem Parteitag vorgelegten 15-seitigen Ausarbeitung „Lebendiger Ortsverein" genannt worden[40]. Das Papier dokumentiert den prekären Zustand der *gesamten* unteren Ebene der Parteiorganisation:

Seit Anfang der siebziger Jahre zeigten sich „bei der SPD zunehmend organisatorische Schwächen und abnehmendes persönliches Engagement". Die Mitgliederzahl stagniere seit Mitte der siebziger Jahre, sei zuletzt sogar rückläufig. Das demotiviere aktive Mitglieder. Konfrontiert sei die Partei u. a. mit einer soziologischen Umstrukturierung der Mitgliederschaft, mit der „Orientierung von Teilen der jungen Generation zu Grünen und radikalen Gruppierungen" und mit

---

39 Vgl. *Vorwärts*, Nr. 18 v. 29.4.1982, S. 17.
40 *Lebendiger Ortsverein*, Ausarbeitung des Parteivorstandes für die organisationspolitische Diskussion des Münchner Parteitages der SPD 19.–23.4.1982.

„Motivierungs- und Verständigungsprobleme[n] bei der Zusammenarbeit mit Organisationen des vorpolitischen Raums." „Symptomatisch für die SPD-Entwicklung der 70er Jahre" sei „die mehr und mehr nachlassende Integrationsfähigkeit der SPD in den Großstädten, die sich neuerdings auch in den mittleren Städten bemerkbar" mache. Kritisiert wird die starke Innenorientierung der Partei. Sie müsse sich entscheiden, „ob der SPD-Ortsverein ein bloßer ‚Wahlhelferverein' oder ein lebendiger sozialer Organismus mit politisch und gesellschaftlich prägender Kraft sein soll"[41].

Auch dieses Papier vermied es, die Ursachen des Integrationsverlustes zu analysieren. Es blieb im wesentlichen bei der Beschreibung von Mängeln und Problemen in der Arbeit der Ortsvereine. Übergangen wurde die seit Mitte der siebziger Jahre in der Partei zunehmend stärker kritisierte Funktionalisierung der Partei als „Vorfeld der Regierungspolitik"[42] und deren negativen Auswirkungen für die Parteiarbeit. Im Abschnitt „Voraussetzungen für eine Vertrauensarbeit im Ortsverein" wurde zwar konstatiert, „alle Formen von Vertrauensarbeit können nur erfolgreich angewendet werden, wenn die politischen Inhalte stimmen und es gelingt, sozialdemokratische Politik glaubwürdig auf allen Ebenen darzustellen"[43], doch die weiteren Ausführungen beschränkten sich ausdrücklich auf organisatorische Mängel und auf Vorschläge über neue Formen der Vertrauensarbeit. Dennoch bezeichnete Peter Glotz die Beschlüsse zur Organisationspolitik als eine „klare Entscheidung für eine *in der gesamten Lebenswelt der Menschen verankerte Mitgliederorganisation* und die Absage an eine nur auf Staat und Verwaltung orientierte Wahlmaschine. Damit ist das unentschiedene Hin und Her zwischen den quasi modernen, seit den späten 50er Jahren propagierten Konzepten der ‚amerikanisierten', ‚antiideologisierten', sozialwissenschaftlich inspirierten Medienpartei und der Partei als Gesinnungsgemeinschaft und Lebenswelt vorbei."[44]

Offensichtlich sollen beide Richtungen in ein neues Konzept integriert werden, das sowohl die Integrationskraft der Partei gegenüber Mitgliedern und Wählern als auch Anforderungen der Parteiapparate an die Mitgliederorganisation gewährleisten soll. So sei das Konzept

„natürlich *kein* Rückweg in die ‚Gegenkultur'; ... Aber es ist eine Korrektur der allzu eilfertigen ‚Modernisierung' der späten 50er und frühen 60er Jahre, in denen wir – um beim Bürgertum akzeptabel zu werden – die politische Kultur der Arbeiterschaft geopfert haben. Es ist, wenn man so will, eine Annäherung an den österreichischen Weg: Eine Rückbesinnung auf die Ortsvereine, eine bewußte Stärkung des Arbeiterelements, eine verstärkte Förderung der Freizeit- und Lebensweltorganisation der Arbeiterbewegung, ein deutlicheres Einlassen auf die Frauenemanzipation und andere Kulturbewegungen und gleichzeitig ein striktes Festhalten an der Struktur einer rasch mobilisierbaren und konfliktfähigen Organisation mit klaren Entscheidungsstrukturen."[45]

---

41 Ebd., S. 1, 2, 7, 8.
42 Manfred Dammeyer auf einer Sitzung des Parteirats der SPD vom Juni 1979; dokumentiert in: *Informationsdienst der SPD – intern – intern-dokumente*, Nr. 5, „Wir über uns", August 1979, S. 7.
43 *Lebendiger Ortsverein* (Anm. 40), S. 8.
44 Peter Glotz, Der Kampf gegen den Neokonservativismus. Über die Ergebnisse des Münchener Parteitags 1982, in: *Neue Gesellschaft*, H. 5, 1982, S. 411.
45 Ebd.

Dieses Konzept einer sich wieder stärker als Arbeitnehmerpartei profilierenden SPD, die sich vor allem auf örtlicher Ebene zugleich den neuen sozialen Bewegungen öffnet, jedoch bisherige Entscheidungsstrukturen unangetastet läßt, ist — soweit es nicht verbal bleibt — der Versuch einer programmatischen und organisatorischen Synthese gegensätzlicher Anforderungen an die Partei. Damit wurde die kontroverse Diskussion um die Identität der Partei erst einmal organisationspolitisch aufgefangen. Der Münchner Parteitag zeigte, so Glotz, daß ,,die reizbare Debatte um die Thesen von Rix Löwenthal (. . .) ein Durchgangsstadium der Selbstfindung" war, ,,kein nostalgisches Nachhutgefecht und schon gar keine Ankündigung des Zerfalls oder der Spaltung der SPD"[46].

2. Die Kontinuität der Organisationsprobleme als Ausdruck der Strukturprobleme einer staatstragenden Arbeitnehmerpartei

2.1. Die Organisationsprobleme der SPD als Ausdruck der Strukturprobleme einer ,,linken Volkspartei"

Die Diskussion über eine stärkere Beteiligung sozialdemokratischer Funktionsträger aus Betrieben, Verwaltungen und Gewerkschaften an der innerparteilichen Willensbildung und die Struktur entsprechender organisationspolitischer Beschlüsse haben in der SPD seit ihrer Regierungsbeteiligung Kontinuität. So war auch die Gründung der AfA ein Versuch, das Verhältnis zu den Gewerkschaften und ihren traditionellen Mitglieder- und Wählerkernen zu stabilisieren.

Ein zunehmend konfliktorisches Verhältnis von SPD und Gewerkschaften zeigte sich bereits Anfang der sechziger Jahre — als Folge der mit dem Godesberger Programm abgeschlossenen Entwicklung des Selbstverständnisses der SPD von einer reformistischen Arbeiterpartei zu einer reformkapitalistischen Volkspartei, ,,zu einer über den Klassen stehen wollenden Partei des sozialen Friedens". Gerade als ,,programmatische Festschreibung" der Anpassungsprozesse der SPD ,,und als Ausgangspunkt einer neuen, vom Ballast des antikapitalistischen Reformismus befreiten Politik gewinnt das Godesberger Programm ein Eigengewicht für das Verhältnis von SPD und Gewerkschaften. Es ist der Endpunkt einer Phase, in der die arbeitsteilige Einheit der Arbeiterbewegung sich auflöst: Der ‚politische Arm' der Arbeiterbewegung verselbständigt sich vollends."[47]

Das Konzept einer Integration unterschiedlicher gesellschaftlicher Interessen in eine gemeinwohlorientierte Politik gibt Arbeitnehmerinteressen implizit den Charakter von partikularen und tendenziell gleichgeordneten Interessen, und die Gewerkschaften werden, wenn auch wichtige, Verbände neben anderen. Die gesellschaftspolitische Auseinandersetzung wird in diesem Konzept zum ,,Interessenaus-

---

46 Ebd., S. 412.
47 Bodo Zeuner, ,,Solidarität" mit der SPD oder Solidarität der Klasse? Zur SPD-Bindung der DGB-Gewerkschaften, in: *Prokla*, Nr. 26, 6. Jg., 1976, H. 1, S. 14.

gleich", und mit dem Godesberger Programm bot sich die SPD als *die* Partei an, die am besten diesen Interessenausgleich moderieren und am ehesten den dafür erforderlichen Grundkonsens schaffen und stabilisieren könne. Es war dann auch diese Vorstellung, die die Politik der SPD als Regierungspartei geprägt hat[48]. All dies mußte sich erheblich auf die Beziehungen von Partei und Gewerkschaften auswirken: Das sozialdemokratische Konzept ist widersprüchlich, weil es eine größere Distanz zu den Gewerkschaften verlangt, die Partei jedoch zugleich wegen ihrer Mitglieder- und Wählerbasis auf die — zumindest prinzipielle — gewerkschaftliche Zustimmung angewiesen bleibt.

Die spezifische organisationspolitische Konzeption der SPD Mitte der sechziger Jahre (vgl. II.2.) reagierte wesentlich auf diese neue Konstellation im Verhältnis von SPD und Gewerkschaften: Mit dem Eintritt der SPD in die Große Koalition wurde eine Strategie staatlicher Gewerkschaftspolitik eingeleitet, die

„auf *die Etablierung von Verhandlungsstrukturen zwischen Gewerkschaften, Kapitalorganisationen und Staat* orientiert war". „Diese Kooperationsformen sind das Merkmal und ein Bestandteil einer staatlichen Politik, die die industriellen Beziehungen nicht nur durch Rahmensetzungen ... regulieren will, sondern sie permanent politisch beeinflussen und lenken will. *Das Feld der industriellen Beziehungen ist zu einem besonderen Bereich staatlicher Politik geworden.*"[49] Diese Strategie zielt nicht nur auf die „Konsensbildung durch Interesseninteraktion"[50], sondern ist bestimmt von einer „sozialdemokratische[n] Vorstellung einer staatlichen Moderation gesellschaftlicher Entwicklung und Auseinandersetzung, die auf eine Unterordnung der gesellschaftlichen Gruppen unter staatlich formulierte Imperative der Gesellschafts- und Wirtschaftspolitik angewiesen ist."[51]

Ausdruck dieser Strategie war die „Konzertierte Aktion" und ihre organisatorische Ausgestaltung. Für die Gewerkschaften bedeutete sie einen „Wendepunkt" im Verhältnis von Gewerkschaften und Staat, nämlich „ein Ausmaß staatlicher Kooperationsbereitschaft ..., wie es in anderen westeuropäischen Staaten z. T. schon vor Jahrzehnten entstanden war"[52]. Das wirtschaftspolitische Konzept der Regierung war für sie zunächst „auf weite Strecken"[53] identisch mit den wirtschaftspolitischen Leitsätzen ihres Grundsatzprogramms von 1963. Die Vorstände des DGB, der Einzelgewerkschaften und sicherlich die Mehrheit der sozialdemokratischen Gewerkschaftsmitglieder vertrauten darauf, daß in der Konzertierten Aktion und über die sozialdemokratische Partei gewerkschaftliche Vorstellungen zur Wirtschafts- und Gesellschaftspolitik durchsetzbar sein würden. Die Gewerkschaften verzichteten

---

48 Vgl. Hans Kastendiek, Neokorporativismus? Thesen und Analyse-Konzepte in der westdeutschen Diskussion und in der internationalen „corporatism"-Debatte, in: *Prokla*, Nr. 38, 10. Jg., 1980, S. 102.
49 Ebd., S. 101.
50 Jürgen Hoffmann, „Das Ende der Fahnenstange" — Sozialdemokratie und keynesianischer Klassenkompromiß in der Bundesrepublik, in: *Prokla* Nr. 49, 12. Jg., 1982, S. 12.
51 Kastendiek, Neokorporativismus? (Anm. 48), S. 102.
52 Ebd., S. 101.
53 Heinz Markmann, Gewerkschaften und Wirtschaftsplanung, in: *Gewerkschaftliche Umschau*, 9/67, S. 186 f.

darauf, gesellschaftlichen Druck zu entfalten: Die Priorität ihrer *institutionellen Strategie* hätte durch Mobilisierungsstrategien gefährdet werden können[54].

Die Kooperationspolitik der Gewerkschaften hatte für sie erhebliche innerorganisatorische Konsequenzen. Da die Konzertierte Aktion die Gewerkschaften auf „staatlich formulierte Imperative der Gesellschafts- und Wirtschaftspolitik" verpflichten wollte, verschärfte sich „die strukturelle Fixierung eines Gegensatzes zwischen Führung und ihrer Mitgliedschaft, sofern diese nicht selbst bereit ist, ihre unmittelbaren lohnpolitischen Interessen den Imperativen der staatlichen Wirtschaftsregulierung unterzuordnen"[55]. Potentielle Konflikte verlagerten sich „in die Gewerkschaften und über die gewerkschaftliche Basis auch in die SPD hinein"[56]. Die *inneren* Spannungen der SPD als Volkspartei wurden jetzt auch als *Außen*druck von Teilen der Gewerkschaften wahrgenommen.

Da die wirtschaftliche und gesellschaftspolitische Interessendurchsetzung in den Politikformen eines „bargained corporatism"[57] wegen des darin enthaltenen „fragilen Verhältnisses" zwischen Lohnarbeit und Kapital tendenziell instabil ist (bleibt), werden „Auffangmechanismen" notwendig. Die Gewerkschafts- und Parteiorganisationen als Teil eines Systems der „Mobilisierung und sozialen Kontrolle auf der Massenebene"[58] müssen verändert werden, um eine Kooperationspolitik abzusichern. Die Strategie der SPD zielte darauf, das Widerspruchspotential zu integrieren und zu disziplinieren. Führende Gewerkschafts- und Parteifunktionäre sollten in Gremien mitwirken, die mit den Parteivorständen eng „verzahnt" wurden. Die Einbindung der auf den verschiedenen Parteiebenen wichtigsten gewerkschaftlichen Multiplikatoren stand dabei im Vordergrund.

Diese vom Parteivorstand durchgesetzten Konzepte zur Konfliktregulierung zwischen Partei und Gewerkschaften entsprechen den grundsätzlichen Anforderungen von Volksparteien. Da sie „primär von ihrer Tätigkeit im Staatsapparat und von dessen gesamtgesellschaftlichen Funktionen her zu verstehen" sind, sprechen Kaste/ Raschke von einer „Verstaatlichung" der Volksparteien, „die sich organisationspolitisch in Autonomie und Dominanz der Partei im Staatsapparat gegenüber der Partei außerhalb des Staatsapparats ausdrückt"[59]. Während „‚die Partei im Staatsapparat' ... vor allem im politisch-administrativen System [fungiert], in dem sie Steuerungsfunktionen gegenüber dem ökonomischen System zu erfüllen hat, [fungiert] die ‚Partei außerhalb des Staatsapparats' ... im legitimatorischen System, in dem sie

---

54 Vgl. Hans Kastendiek/Hella Kastendiek/Hugo Reister, Inkorporierung der Gewerkschaften? Zum Verhältnis von Staat — Kapital — Gewerkschaften und zum Adressatenproblem einer alternativen Wirtschaftspolitik, in: *Alternative Wirtschaftspolitik 3*, Argument-Sonderband 68, S. 167—172.
55 Zeuner, „Solidarität" mit der SPD (Anm. 47), S. 18.
56 Eberhard Schmidt, Gewerkschaften als Garant des sozialen Friedens, in: Frank Grube/ Gerhard Richter (Hrsg.), *Der SPD-Staat*, München 1977, S. 85.
57 Vgl. Colin Crouch, *The Politics of Industrial Relations*, London/Glasgow 1979; Kastendiek, Neokorporativismus? (Anm. 48), S. 93—94.
58 Leo Panitch, The Development of Corporatism in Liberal Democaracies, in: *Comparative Political Studies*, Bd. 10, Nr. 1, April 1977, S. 66.
59 Hermann Kaste/Joachim Raschke, Zur Politik der Volkspartei, in: Wolf-Dieter Narr (Hrsg.), *Auf dem Weg zum Einparteienstaat*, Opladen 1977, S. 50.

sich um Legitimitätsbeschaffung teils für das System als Ganzes, teils für ihre Vertretung im Staatsapparat bemüht"[60].

Funktionale Legitimationssicherung für und durch staatstragende Volksparteien in kapitalistischen, demokratisch-parlamentarischen Gesellschaftsordnungen muß also auf die „Gewährleistung von staatlicher Autonomie und – auf die Parteien bezogen – von Autonomie der Parteiführungen gegenüber der Parteibasis" gerichtet sein[61]. Innerparteiliche Beteiligungschancen finden hier ihre Grenze.

Der Widerspruch von Systemfunktion und sozialer Basis der Partei stellt die *sozialdemokratische* Volkspartei vor besondere Probleme:

„Der Nichtentfaltung von Klassenbewußtsein und der Selektion klassenpolitischer Interessen bei der sozialdemokratischen VP steht ... die prinzipielle Realisation und – je Situation – spezifische Vermittlung von Klasseninteressen bei der bürgerlichen VP gegenüber." Daher muß „von einem hohen Autonomiegrad der sozialdemokratischen VP gegenüber der abhängigen Klasse und einem vergleichsweise niedrigeren Autonomiegrad der bürgerlichen VP gegenüber der Bourgeoisie ausgegangen werden"[62]

Der spezifische Gesellschaftsbezug der SPD verlangt damit von der Parteiorganisation besonders hohe Integrationsleistungen und gleichzeitig eine relative Abkoppelung der Parteiorganisation von ihrer gesellschaftlichen Basis. Diese widersprüchlichen Anforderungen bestimmen die innerparteilichen Strukturen, und sie schränken alle Versuche ein, sie „von unten" zu ändern. „Attraktivität" und zugleich „Effektivität" der Parteiorganisation zu erreichen, ist somit ein Dauerproblem der SPD.

Die Strukturprobleme einer „Volkspartei" SPD, die die kapitalistische Wirtschaftsordnung grundsätzlich nicht infrage stellt, sondern „modernisieren" will, konstituieren zugleich den etatistischen Politikansatz bzw. die „etatistische Version des Reformismus"[63]. Das etatistische Konzept, „durch aktives Eingreifen in die Gesellschaft sozusagen emanzipatorische Prozesse ‚von oben' ein[zu]leiten und zugleich den Imperativen der ökonomischen ‚Basis' gerecht [zu] werden"[64], versucht, den tendenziellen Gegensatz von sozialdemokratischer Identität („Demokratisierung der Gesellschaft") und Funktionalität der Partei im Regierungsprozeß kompatibel zu gestalten. Wie am Beispiel des Scheiterns des keynesianischen Klassenkompromisses der SPD gezeigt wurde[65], hebt dieses Konzept die strukturellen Probleme, die sich als Gegensatz von Mobilisierung und Deaktivierung (Interessenartikulation gegen Anpassung/Reduktion von Ansprüchen) ausdrücken, nicht auf, sondern bringt sie für eine spezifische Phase wirtschaftlicher und gesellschaftlicher Entwicklung in eine konfliktregulierende Bewegungsform.

---

60 Joachim Raschke, *Innerparteiliche Opposition. Die Linke in der Berliner SPD*, Hamburg 1974, S. 31.
61 Horst W. Schmollinger/Richard Stöss, Sozialstruktur und Parteiensystem, in: Dietrich Staritz (Hrsg.), *Das Parteiensystem der Bundesrepublik*, Opladen 1976, S. 232.
62 Kaste/Raschke, Zur Politik der Volkspartei (Anm. 59), S. 54.
63 Volker Gransow/Claus Offe, Politische Kultur und Sozialdemokratische Regierungspolitik, in: *Das Argument* 128, 23. Jg., 1981, S. 558.
64 Hoffmann, „Das Ende der Fahnenstange" (Anm. 50), S. 14.
65 Vgl. ebd.

Das Dilemma der sozialdemokratischen Massenintegrationspartei stellt sich in der organisationspolitischen Debatte (als *einem* Ausdruck der Auseinandersetzungen um die Identität und programmatische Entwicklung der SPD) als Frage nach dem Verhältnis von Integration der sozialen Basis der Partei in die Gesellschaft (d. h. Forcierung von Ablösungsprozessen aus einem politisch-kulturellen Milieu, aus dem Widerstandspotentiale auf der Basis von Klassensolidarität erwachsen *können*) und Verankerung der Partei in der Lebenswelt ihrer Mitglieder (d. h. Stabilisierung eines spezifischen sozialdemokratischen Milieus, das aber zugleich tendenziell ein Gegenmilieu ist). Das Dilemma verschärfte sich seit dem Ende der siebziger Jahre noch, als die SPD unter dem Eindruck der andauernden krisenhaften wirtschaftlichen Entwicklung ihrer traditionellen Basis einschneidende Krisenbewältigungskonzepte vermitteln wollte und sie zugleich mit der Aufkündigung des gesellschaftlichen Basiskonsenses durch Teile der liberalen und konservativen Parteien sowie mit neuen sozialen Bewegungen konfrontiert wurde.

Für Peter von Oertzen sind diese Ablösungsprozesse das grundsätzliche Problem, das Ausgangspunkt der organisationspolitischen Diskussionen sein müßte. Während

„die Zugehörigkeit zur Partei . . . vor 1933 und noch deutlicher vor 1914 . . . Ausdruck der Zugehörigkeit zu einer *umfassenden sozialen und politischen Kultur*" war, „die Organisation der traditionellen Arbeiterbewegung . . . eine gesellschaftliche Lebensform" war, beruht „die Zugehörigkeit zur Organisation der Partei . . . heute − vor allem bei den politisch überdurchschnittlich aktiven Mitgliedern − überwiegend auf einer moralisch, politisch oder gelegentlich auch durch praktische Erwägungen bestimmten individuellen Entscheidung. *Die Organisation wird weitgehend funktional,* d. h. in Blick auf ihre politische Zwecke, begriffen . . .". Dies sei Folge der wirtschaftlichen, sozialen und politischen Entwicklung der (west-)deutschen Gesellschaft seit 1948, die „die gesellschaftlichen Existenzbedingungen der alten ‚Arbeiterpartei' auf[löste]". Konsequenz des funktionalen Verständnisses von Organisation sei „die *zunehmende soziale Distanz der Partei zu ihren traditionellen Mitglieder- und Wählerschichten*". Das „*funktionale Verständnis der Organisation*" beginne, „sich heute *in der Praxis als unzweckmäßig* zu erweisen"[66].

Die kulturelle Öffnung der Partei und die Stärkung des „Arbeiterelements" waren dann auch die Hauptthemen der organisationspolitischen Diskussion auf dem Münchener Parteitag 1982. Unsere Analyse im Teil I hat aber gezeigt, daß die Verankerung der Mitgliederorganisation in der gesamten Lebenswelt der Menschen[67] weitgehend Programm bleiben wird, weil die Beschlüsse − als neue organisationspolitische Kompromißformeln − dem strukturellen Dilemma einer sozialdemokratischen Staatspartei verhaftet bleiben. Das von weiten Teilen der Partei als Ursache der Parteikrise analysierte „Spannungsverhältnis zwischen sozialdemokratisch geführter Koalitionsregierung und Partei"[68] kann durch die traditionellen Maßnahmen nicht aufgehoben werden. Vorschläge, die dieses Dilemma lösen wollen, indem die Partei einen programmatischen und konzeptionellen Führungsanspruch gegenüber

---

66 Peter von Oertzen, Antwort auf Fragen an die Vorsitzenden der SPD-Bezirke zu Problemen der Organisation, in: *Neue Gesellschaft*, H. 2, 1981, S. 103/104.
67 Vgl. Glotz, Der Kampf gegen den Neokonservativismus (Anm. 44), S. 411.
68 Antrag 448 des Bezirks Niederrhein zum Hamburger Parteitag der SPD 1977, dokumentiert in: *Neue Gesellschaft*, H. 8, 1979, S. 688−695, Zitat: S. 690.

der Regierung entwickelt und durch Mobilisierung von Interessen auch behauptet[69], liegen quer zur Struktur von Staatsparteien. Sie werden daher abgeblockt bzw. „aufgefangen".

Die Probleme und die Problemlösungsversuche lassen sich in ähnlicher Form auch in der *Gewerkschafts*organisation beobachten. Interpretieren lassen sich die tendenziell parallelen Entwicklungen im Verhältnis von Organisation(sapparaten) und sozialer Basis einerseits als Folge staatlicher Gewerkschaftspolitik sozialdemokratischer Parteien *und* andererseits als Folge einer Strategie gewerkschaftlicher Interessendurchsetzung, die vorrangig auf den Staat und speziell auf die sozialdemokratische Partei in der Regierung gerichtet ist. In diesem Kooperationsverhältnis erhalten die Gewerkschaften die Funktion „‚intermediärer Organisationen' zwischen den zentralen Instanzen der Wirtschafts- und Gesellschaftspolitik und den Arbeitnehmern". „Als *Massenorganisationen* kanalisieren, filtern und bremsen die Gewerkschaften den gesellschaftlichen Druck auf die Leitungsebene; als *Institutionen* im Beziehungsgeflecht von Staat, Kapitalorganisationen und Gewerkschaften sind sie Vermittler von gesellschaftlich-politischer Herrschaft."[70] Die Politik des intendierten „bargained corporatism" setzt nicht nur die Integration der Gewerkschaften in das bestehende Gesellschaftssystem voraus. Die *Dominanz* der Kooperationsstrategie in der gewerkschaftlichen Politik beschränkt *und* verpflichtet die gewerkschaftlichen Artikulationsmöglichkeiten auf die Prämissen dieser institutionellen Strategie, die so zu Kooperationserfordernissen werden. Organisationspolitische Strategien, um diese Politik abzusichern (Folgebereitschaft der Mitglieder), bewirken bei den Gewerkschaften ähnliche Tendenzen im Verhältnis soziale Basis – Leitungsebene wie bei der SPD im Verhältnis zwischen traditionellem Mitglieder-/Wählerkern und Führungsapparat. Sowohl die Politik der sozialdemokratischen Volkspartei als auch der „partielle Korporatismus" in der Politik der Gewerkschaften[71] behindern so die Mobilisierung und Verankerung gesellschaftlicher Gegenmachtpositionen (und untergraben damit tendenziell – dies zeigt sich in der anhaltenden wirtschaftlichen Krisensituation – die Chancen arbeitnehmerorientierter Interessendurchsetzung).

2.2. Kontinuität der Organisationsprobleme seit Mitte der sechziger Jahre

Die aus den widersprüchlichen Funktionsanforderungen an eine staatstragende sozialdemokratische Volkspartei resultierenden *Struktur*probleme wurden in der SPD schon Mitte der sechziger Jahre intensiv diskutiert – allerdings als *Organisations*probleme. Die Auswertung der damaligen Landtagswahlen hatte gezeigt, daß der Versuch, die soziale Basis der Partei zu erweitern, in sozialdemokratischen Traditionsge-

---

69 Vgl. ebd.
70 Kastendiek/Kastendiek/Reister, Inkorporierung der Gewerkschaften? (Anm. 54), S. 172.
71 Vgl. ebd., S. 170.

bieten zum Verlust von Stammwählern geführt hatte (Wahlenthaltung)[72]. Voraussetzung für eine erfolgreiche Strategie, die Partei zu „öffnen", wurde damit die Steigerung ihrer Integrationsfähigkeit. Diese erhöhten Anforderungen an die Integrationsleistungen kollidierten jedoch mit den Prämissen der Sicherung von Regierungsfähigkeit. Wachsende Anforderungen an staatliche Steuerungsfunktionen forcierten die Entwicklung zu relativ straff organisierten Mitglieder- und Wählergefolgschaftsparteien[73]. Prozessen der innerparteilichen Formierung zur Sicherung von Regierungsfähigkeit standen somit die erhöhten Anforderungen an die Integrationsfähigkeit der Partei gegenüber.

Die organisationspolitische Diskussion zielte darauf ab, beiden Tendenzen zu begegnen. „Die Rolle der Parteiorganisation in der heutigen Zeit" wurde mit den Schlagworten *Attraktivität* und *Effektivität* der Partei diskutiert[74]. Im November 1966 organisierte die Partei eine Bundeskonferenz über die „Rolle des Ortsvereins heute". Referate und Diskussionen dieser Arbeitstagung erinnern stark an die neuere organisationspolitische Diskussion. Auch sie zielten auf neue Formen einer mitgliederaktiven Zielgruppenarbeit und zugleich auf eine leistungsstarke Parteiorganisation. Beides sollte mit dem Konzept „Klarheit in der Willensbildung — Vielfalt in der Meinungsbildung" (Bruno Friedrich) realisiert werden. Dies hieß für Friedrich, „daß nur die territorialen Organisationseinheiten willensbildende Gremien sein können . . ., nicht die gesellschaftspolitischen Arbeitsgemeinschaften". Dementsprechend schlug er vor, die Vorsitzenden der Arbeitsgemeinschaften zukünftig von den Parteivorständen zu ernennen. Dies stieß jedoch auf die Kritik der Konferenzteilnehmer[75].

In den Auseinandersetzungen zwischen Partei und Gewerkschaften in der ersten Phase „nach Godesberg" spielte insbesondere die Notstandsgesetzgebung eine große Rolle. Die Kritik von Teilen der Gewerkschaften an der Partei verdichtete sich zu Überlegungen, einen Arbeitnehmerflügel in der SPD (!) zu bilden. Die Notstandsgesetzgebung war jedoch nur ein Anlaß, wenn auch ein wichtiger, für diese Überlegungen. Nach der Entwicklung der SPD zur Volkspartei müsse das gewerkschaftliche Selbstverständnis *grundsätzlich* neu bestimmt werden, gerade auch wegen der sich abzeichnenden Tendenz einer Anpassung der Gewerkschaften an die Positionen der Partei. Die SPD reagierte auf diese Entwicklung, indem sie 1964 ein „einheitliches Referat für Arbeitnehmerfragen" beim Parteivorstand einrichtete. Es sollte dem besseren Verständnis gewerkschaftlicher Sorgen und Vorstellungen dienen[76]. Aller-

---

72 Bruno Friedrich, Wahlkampf und Parteiorganisation, in: Herbert Wehner/Bruno Friedrich/Alfred Nau, *Parteiorganisation*, Bonn 1969, S. 23.
73 Vgl. Alf Mintzel, Zur Entwicklung des Parteiensystems zwischen 1961 und 1966, in: Staritz (Hrsg.), *Das Parteiensystem der Bundesrepublik* (Anm. 61), S. 169—172.
74 Vgl. *Jahrbuch der SPD 1966/67*, hrsg. v. Vorstand der SPD, S. 177.
75 „Die Rolle des Ortsvereins heute", Protokoll der SPD-Arbeitstagung am 26. und 27.11. 1966 in Bad Godesberg, hrsg. v. Vorstand der SPD, Bonn o. J., S. 25 f.
76 Willy Brandt auf dem Außerordentlichen Parteitag der SPD im Februar 1964; *Protokoll der Verhandlungen*, Bonn 1964, S. 54. — Gemeint ist die Einrichtung eines *erweiterten* Referats für Arbeitnehmerfragen beim Parteivorstand (vgl. *SPD-Pressemitteilungen und Informationen*, Nr. 186, 29.4.1964), d. h. die Reorganisation des bestehenden „Gewerkschafts- und Betriebspolitischen Referats".

dings provozierte die Behandlung der Mitbestimmungsforderungen der Gewerkschaften auf dem Parteitag 1966 erneut die Frage nach einem Arbeitnehmerflügel in der Partei, was die Parteiführung energisch zurückwies[77].

Die im Verhältnis von SPD als „Stimmenmaximierungspartei" und Gewerkschaften als Organisationen der Lohnabhängigen systematisch angelegten und daher immer latenten Konflikte wurden noch virulenter, als die SPD die Krisenlösungspolitik der Großen Koalition mitkonzipierte und mittrug. Mitte/Ende 1967 unternahmen sozialdemokratische Gewerkschaftsfunktionäre in Rheinland-Pfalz und Hessen-Nord schließlich konkrete Versuche, einen Arbeitnehmerflügel in der SPD zu bilden[78]. Sie suchten eine Organisationsform, die den gewerkschaftlich orientierten Arbeitnehmern in der Partei mehr Einfluß garantieren sollte. An bestehende Organisationen sozialdemokratischer Betriebs- und Gewerkschaftspolitik (Betriebsgruppen, Soziale Arbeitsgemeinschaften) wurde bewußt nicht angeknüpft, weil „deren selbstgestellte Aufgabe die Indoktrinierung der Arbeitnehmerschaft von der Partei her" war[79]. Während der Vorsitzende des DGB Rheinland-Pfalz, Julius Lehlbach, eine „Arbeitsgemeinschaft sozialdemokratischer Gewerkschafter" (ASG) als „pressure group" gegenüber der Partei sah, die zunächst *außerhalb* der SPD auf DGB-Kreisebene bleiben sollte, planten die Initiatoren in Hessen-Nord die ASG als Arbeitsgemeinschaft *in* der Partei, als eine Voraussetzung für eine gewerkschaftlich orientierte Fraktionsarbeit mit dem vordringlichen Ziel, die Krisenlasten weiterhin auf die Arbeitnehmer abzuwälzen, zu verhindern.

Die z. T. offen angestrebte Fraktionsbildung tangierte die Funktionalität der Parteiorganisation für die „Partei im Staatsapparat" in einer Weise, die das energische Eingreifen der Parteivorstände, insbesondere des Bundesvorstandes, erklärt.

Beide Organisationsversuche scheiterten jedoch nicht nur nur daran, sondern auch an der ablehnenden Haltung der einflußreichen lokalen und regionalen gewerkschaftlichen Spitzenfunktionäre sowie der Vorstände des DGB und der Einzelgewerkschaften. Nach massiver Einflußnahme des Bundesparteivorstandes wurde in Rheinland-Pfalz und Hessen-Nord die Bildung von „Ausschüssen für Arbeitnehmerfragen" auf Landes- bzw. Bezirksebene beschlossen. Nach den Parteisatzungen bestimmten die jeweiligen Vorstände die personelle Zusammensetzung der Ausschüsse. Zudem mußte der Vorsitzende des Ausschusses in Rheinland-Pfalz Mitglied des Landesvorstandes sein — eine Regelung, die die enge Verklammerung zwischen Vorstand und Ausschuß dokumentiert; sie vereitelte zugleich, daß Lehlbach Vorsitzender wurde. Ausschußvorsitzender wurde der Bezirksvorsitzende der IG Chemie Rheinland-Pfalz — Saar, der zuvor die ASG-Initiative nicht unterstützt hatte. Vorsitzender des „Ausschusses für Arbeitnehmerfragen" in Hessen-Nord wurde der 1. Bevollmächtigte der IG Metall in Kassel, der ebenfalls die ASG-Initiativen nicht befür-

---

77 Vgl. Kastendiek, *Arbeitnehmer in der SPD* (Anm. 19), S. 38 f.
78 Vgl. ebd., S. 46—64. — Zur ASG-Initiative in Rheinland-Pfalz vgl. Horst W. Schmollinger, Gewerkschafter in der SPD — Eine Fallstudie, in: Jürgen Dittberner/Rolf Ebbighausen (Hrsg.), *Parteiensystem in der Legitimationskrise,* Opladen 1973, S. 229—274.
79 Aus einem damaligen Manuskript Lehlbachs, o. Datum, S. 3, das er mir mit Schreiben v. 13.3.1978 zur Verfügung stellte.

wortet hatte. Er und die anderen Mitglieder des Ausschusses wurden vom Parteivorstand des Bezirks berufen. Wegen der für die Partei nicht eindeutigen Kräfteverhältnisse im Kasseler gewerkschaftlichen Spektrum erhielten die ASG-Mitglieder zunächst eine Mehrheit — ein Versuch der Partei, durch Integration Konflikte zu vermeiden. Schon nach einem Jahr (1969) hatten sich die Mehrheiten aber geändert, so daß der Ausschuß für die ehemaligen ASG-Mitglieder „nicht mehr interessant" war[80]. Beide Initiativen wurden also organisatorisch und personell aufgefangen und in ihr Gegenteil verkehrt: zu Instrumenten einer Legitimationssicherung für sozialdemokratische Politik in Betrieben und Gewerkschaften[81].

Die Beziehungen zwischen SPD und Gewerkschaften bestimmten — neben dem Verhältnis von SPD und außerparlamentarischer Opposition — auch den Parteitag im März 1968. Zahlreiche Anträge, die den organisatorischen Ausbau der Betriebs- und Gewerkschaftsarbeit forderten, wurden lediglich an den Parteivorstand überwiesen. Dagegen verabschiedete der Parteitag einen Antrag des Parteivorstandes zur Gründung des Gewerkschaftsrates. Damit wurde der Vorschlag Wehners auf der Bundeskonferenz 1967 realisiert, „ein beratendes Organ für die in der Spitze großer gesellschaftlicher Institutionen wirkenden Sozialdemokraten einzubauen"[82]. Der Parteivorstand erwartete von diesem „Instrument der gegenseitigen Information und Verständigung"[83], „daß die Gewerkschaftsvorsitzenden in ihrer Eigenschaft als Parteimitglieder koordinierend zwischen den Arbeitnehmerorganisationen und der Partei tätig werden"[84].

Der SPD gelang es zwar, das gewerkschaftlich orientierte Konfliktpotential einzudämmen, auch weil die „Konfliktherde" zunächst „Einzelfälle" blieben. Die relativ schnelle Überwindung der Rezession und die endgültige Verabschiedung der Notstandsgesetze trugen dazu sicherlich bei. Dennoch markierten die ASG-Initiativen die tendenzielle Grenze der Kooperation von Partei und Gewerkschaften. Weitere Warnzeichen (für Partei und Gewerkschaften) waren die spontanen Streiks im Herbst 1969, die — auch wenn sie sich nicht generell gegen die SPD und die Gewerkschaftsführungen richteten — die Schranken einer auf Massenloyalität angewiesenen staatlichen Einkommenspolitik aufzeigten. Auch die damals einsetzende Kritik an der Beteiligung der Gewerkschaftsführungen an der Konzertierten Aktion, die auf den Kongressen der Gewerkschaften z. T. sehr massiv vorgetragen wurde, ist in diesem Zusammenhang zu sehen. Vor allem mußte die Partei auf die erheblichen Stimmenverluste in allen sechs Landtagswahlen während der Großen Koalition reagieren. Gefordert wurde jetzt die Profilierung der SPD als *linke* Volkspartei, um so-

---

80 Stephan Freiger — einer der ASG-Initiatoren in Hessen-Nord — in einem Brief an Hans Kastendiek vom 1.11.1968.
81 Der „Ausschuß für Arbeitnehmerfragen" in Rheinland-Pfalz wurde in vielen Fragen „zum Instrument des Landesvorstandes": Schmollinger, Gewerkschafter in der SPD (Anm. 78), S. 272; vgl. auch Kastendiek, *Arbeitnehmer in der SPD* (Anm. 19), S. 54 f.
82 Bundeskonferenz der SPD 1967, „Die Sozialdemokraten in der Regierungsverantwortung", 13.—15. November 1967, Bad Godesberg, Protokoll, S. B 27.
83 Ludwig Rosenberg, zu der Zeit Vorsitzender des DGB, in einem Interview mit der *Welt am Sonntag* v. 28.4.1968, S. 1/2.
84 Willy Brandt auf der konstituierenden Sitzung des Gewerkschaftsrates am 14.9.1968, zit. in: *Frankfurter Rundschau* v. 16.9.1968.

wohl „die verlorenen Arbeiterstimmen" als auch die „ausgeschwenkten jungen Wähler zurückzugewinnen"[85].

Nach der Bundestagswahl 1969 stand daher eine „Reform der Parteiorganisation" im Vordergrund. Kern der organisationspolitischen Diskussion auf dem Parteitag 1970 war das Spannungsverhältnis zwischen den Teilen der Partei, die in der Bundesregierung Verantwortung trugen, und der Parteiorganisation. Auch die organisatorische Verbesserung der Betriebsgruppenarbeit wurde im Zusammenhang mit einer effektiveren Strategie der Stimmenmaximierung, der Legitimations- und Loyalitätssicherung — jetzt auch in Auseinandersetzung mit kommunistischen Gruppen in den Betrieben — diskutiert. Der Außerordentliche Parteitag 1971 befaßte sich ausschließlich mit Fragen der Parteiorganisation. Wie am Beispiel der „Bildung von Arbeitsgemeinschaften" nachgewiesen werden kann[86], beschloß der Parteitag, die „Effektivität" der Parteiorganisation durch eine Stärkung des Bundesparteivorstandes zu erhöhen, also durch eine Reduktion innerparteilicher Demokratie. Nunmehr entschied allein der Bundesparteivorstand über Bildung und Tätigkeit der Arbeitsgemeinschaften. Dies war, so formulierte es ein Mitglied des Beirates für Arbeitnehmerfragen beim Parteivorstand, eine wichtige Voraussetzung für die schon vorbereitete Reorganisation der Betriebsarbeit. Für die von der Partei entwickelte „Arbeitnehmerstrategie" sollte jetzt der organisatorische Rahmen geschaffen werden[87], mit Blick auf die Betriebsrätewahlen 1972 und die Bundestagswahlen 1973. Wegen der vorgezogenen Bundestagswahl von 1972, die alle organisatorischen Kräfte beanspruchte, konnte die AfA jedoch erst im Herbst 1973 gegründet werden.

Mit der von den Betrieben über die Unterbezirke, Bezirke, Landesverbände bis zur Bundesebene durchorganisierten AfA reagierte die Parteiführung auf die von ihr vehement abgelehnte Bildung eines Arbeitnehmerflügels in der SPD; d. h. sie reagierte auf Legitimationsprobleme im betrieblichen und gewerkschaftlichen Bereich. Der innerparteiliche Status und die Organisationsstruktur der AfA verweisen denn auch darauf, daß sie sich nicht als innerparteiliche Organisation einer Interessendurchsetzung für Arbeitnehmer versteht, sondern vorrangig als ein neuer Parteiapparat für die „Zielgruppenarbeit". Die „Richtlinien der Arbeitsgemeinschaft für Arbeitnehmerfragen"[88] und die „Grundsätze für die Tätigkeit der Arbeitsgemeinschaften in der SPD"[89] bestimmen Aufbau, Tätigkeit und innerparteilichen Status der AfA. Die Regelungen der „Grundsätze" zielen sämtlich gegen eine (mögliche) innerparteiliche Opposition und dokumentieren generell die *Außen*funktion der Arbeitsgemeinschaften und ihre Abhängigkeit von den jeweiligen Parteivorständen. Da Arbeitsgemeinschaften ausdrücklich nicht als Organe der politischen Willensbildung aner-

---

85 Heinz Kühn nach einem Bericht der *Frankfurter Rundschau* v. 20.5.1968, S. 1.
86 Vgl. Kastendiek, *Arbeitnehmer in der SPD* (Anm. 19), S. 83 f.
87 Vgl. a. o. Parteitag der SPD, 2. Teil, Reform der Parteiorganisation, 17.–18. Dezember 1971, Bad Godesberg, *Protokoll der Verhandlungen, Anlagen*, hrsg. v. Vorstand der SPD, Bonn o. J., S. 92 f. (Werner Staak).
88 Beschlossen vom Bundesparteivorstand am 24.6.1972, dokumentiert u. a. im *Jahrbuch der SPD 1970/72*, S. 583 f.
89 Beschlossen vom Bundesparteivorstand am 21.2.1972, zuletzt geändert am 1.2.1975, dok. im *Jahrbuch der SPD 1973/75*, S. 468–470.

kannt sind, bleibt der Auftrag der AfA, auch „die Interessen der Arbeitnehmer in der politischen Willensbildung zur Geltung zu bringen", weitgehend Postulat. Arbeitnehmer, die über die Ortsvereine nicht mehr erreicht werden, werden, wenn sie am Willensbildungsprozeß der Partei teilnehmen wollen, doch wieder auf den Ortsverein verwiesen. Betriebs- und Gewerkschaftsfunktionäre, die sich z. B. aufgrund von Mehrfachbelastungen aus der Parteiarbeit zurückgezogen haben oder nicht mehr motiviert waren, in der Partei mitzuarbeiten, müssen, um das „Angebot AfA" anzunehmen, nunmehr doppelt motiviert sein, nämlich in der Arbeitsgemeinschaft *und* in der Wohnortorganisation mitarbeiten.

Aufbau, Gliederung und personelle Zusammensetzung der AfA belegen zudem, daß sie sich nicht als Organisation *aller* sozialdemokratischen Arbeitnehmer versteht, sondern vorrangig betriebliche und gewerkschaftliche Funktionsträger als Multiplikatoren sozialdemokratischer Politik erreichen soll. In diesem Konzept wirken die Betriebsgruppen kaum als Entscheidungsebenen der AfA. Für sie bleibt vor allem die Aufgabe, Werbearbeit für die Partei zu leisten; sie sind Träger von SPD-Meinungen für das „Gespräch am Arbeitsplatz"[90].

Die SPD verfügte nunmehr über zwei unterschiedlich institutionalisierte Einflußkanäle im betrieblichen und gewerkschaftlichen Bereich:
— Der Gewerkschaftsrat ist ein Absprachegremium auf Spitzenebene;
— die AfA übernimmt *erstens* die Werbearbeit für die SPD und die Einflußnahme auf gewerkschaftliche Politik in den Betrieben (über Betriebsgruppen und vor allem Betriebsräte) und *zweitens* die Legitimationssicherung für sozialdemokratische Politik in den gewerkschaftlichen Gremien der unterschiedlichen Organisationsebenen (über sozialdemokratische Gewerkschafter in den Vorständen und im hauptamtlichen Gewerkschaftsapparat).

Während der Gewerkschaftsrat die Kooperation zwischen Gewerkschaftsführungen und Partei/sozialliberaler Koalition zusätzlich stabilisieren sollte, hatte die AfA die auf Spitzenebene abgesprochene bzw. in der sozialliberalen Koalition beschlossene Politik abzusichern. Die Bundes- und Bundesausschußvorsitzenden der AfA sind in das institutionalisierte Absprachesystem zwischen Partei- und Gewerkschaftsspitzen einbezogen.

Mit dem Ende der Reformphase und dem Beginn „post-keynesianischer" Krisenbewältigungsstrategien[91] war die AfA bestrebt, im betrieblichen Bereich vorrangig das sozialdemokratische Wählerpotential (gegen ein Abdriften zur CDU) zu stabilisieren und zugleich die mehrheitssozialdemokratisch dominierte Gewerkschaftspolitik auch auf Betriebsebene abzusichern (gegen links von der SPD stehende Parteien bzw. gewerkschaftsoppositionelle Gruppierungen). Gegenüber den Gewerkschaften reagierte die AfA auf enttäuschte Erwartungen über die Zusammenarbeit mit der SPD in der Regierung und auf die zunehmende innergewerkschaftliche Kritik an der weiteren Kooperationsbereitschaft des überwiegenden Teils der Gewerkschaftsappa-

---

90 Die Richtlinien der AfA folgen insgesamt den gleichen organisationspolitischen Prinzipien wie schon die vorherigen „Ausschüsse für Arbeitnehmerfragen" der Bezirke und Landesverbände.
91 Vgl. Hoffmann, „Das Ende der Fahnenstange" (Anm. 50), S. 19.

rate und damit an der bisherigen Strategie gewerkschaftlicher Interessendurchsetzung. Während die von der Mehrheitssozialdemokratie dominierten Gewerkschaften „den Konsens des allenfalls begrenzten Konflikts mit der Regierung" nicht durchbrachen[92], forderte eine Minderheit, sich stärker „auf die eigene Kraft" zu besinnen. Diese innergewerkschaftliche Opposition verlangte, daß die Grenzen der Kooperationsbereitschaft bzw. -fähigkeit der Gewerkschaften abgesteckt werden müßten. Die Parteiführung sah darin eine Tendenz in den Gewerkschaften, „auch die politische Interessenvertretung der Arbeitnehmer wahrnehmen zu wollen"[93]. Dies zu verhindern, wurde ein wichtiger Bestandteil sozialdemokratischer Gewerkschaftspolitik.

Die Probleme, auf die die gewerkschaftspolitischen Strategien der Partei reagierten, erwiesen sich bald als Probleme, die weit über das „kritisch" gewordene Verhältnis zu den Gewerkschaften hinausgingen (auch wenn sie hier zuerst deutlich geworden waren). Die relative Abkoppelung der Parteiorganisation von der Partei im Staatsapparat und die Reduktion der Parteiorganisation zum Instrument der Legitimationssicherung für sozialdemokratische Regierungspolitik hatte ab Mitte der siebziger Jahre offensichtlich für die gesamte Partei erhebliche Konsequenzen. Der Antrag des Bezirks Niederrhein zur „innerparteilichen Diskussion" auf dem Hamburger Parteitag 1977 — zugleich Ausgangspunkt der neueren parteiinternen Debatte der „Krise der SPD" — begründete die „schwere Identitätskrise der Partei" mit der „Wandlung der sozialdemokratischen Regierungspolitik von einer engagierten Reformpolitik zu einer auf Krisenbewältigung ausgerichteten ‚Realpolitik'". „Eine ihrem Selbstverständnis nach auf gesellschaftliche Veränderungen verpflichtete Partei sieht sich einer sozialdemokratisch geführten Regierung gegenüber, die die Sicherung des Erreichten allein zur obersten Maxime ihres Handelns erklärt." Die augenblickliche Funktion der Partei wird als „bürokratischer Apparat" beschrieben, der die „Voraussetzungen für Regierungs- und Gesetzgebungstätigkeit zu liefern hat". Mobilisierungsarbeit sei nicht möglich, da die Regierung ihr politisches Handeln als von „Sachzwängen" bestimmt darstelle. „Handlungsgrenzen" der Regierung durch „Sachzwänge" wirkten demobilisierend und desorientierend für die SPD-Mitglieder und -Wähler. Die Partei würde in die Rolle des Zuschauers gedrängt. Da keine chancenreiche Beteiligungsmöglichkeit mehr gesehen würde, ließe die Bereitschaft zur Mitarbeit nach. Die Folge sei die zunehmende Ausdünnung der Aktivenstruktur der Partei und ihre Isolierung von der Bevölkerung. Sowohl „Parteiverdrossenheit" als auch die wachsende Anzahl von Bürgerinitiativen seien Symptome dieser Politik. Der Kernpunkt des Dilemmas liege im „ungeklärten Spannungsverhältnis zwischen sozialdemokratisch geführter Koalitionsregierung und Partei".

Der Parteitag überwies den Antrag (zusammen mit dem Entschließungsantrag 447 des Bezirks Franken[94]) an eine Arbeitsgruppe „Politische Auswertung der

---

92 Eberhard Schmidt, Gewerkschaften als Garant des sozialen Friedens (Anm. 56), S. 88.
93 Werner Staak, Formen der Kooperation mit den Gewerkschaften, in: *Neue Gesellschaft*, H. 6, 1975, S. 464.
94 Der Antrag des Bezirks Niederrhein und der Antrag 447 des Bezirks Franken sind dokumentiert in: *Neue Gesellschaft*, H. 8, 1979, S. 680—695.

Hamburger Anträge", deren Bericht erst im Juni 1979 auf einer gemeinsamen Sitzung von Parteirat, Parteivorstand und Kontrollkommission diskutiert wurde[95]. Die Probleme des programmatischen und organisatorischen Selbstverständnisses der Partei hatten sich in einer Weise zugespitzt, die jetzt auch die Parteiführung zwang, sich der Diskussion über die Krise der SPD zu stellen.

Der Bericht der Arbeitsgruppe dokumentiert den Ablösungsprozeß der Partei von ihrer gesellschaftlichen Basis. Die SPD fungiere und funktioniere nicht mehr „als gut organisierte, präsente Organisation" in der gesamten Lebenswelt der Arbeitnehmer. Die Partei müsse in eine bedenkliche Situation geraten, wenn „Macht nur noch mit Hilfe staatlicher Institutionen, nicht mehr aber durch gesellschaftliche Verankerung und Organisationsstärke" ausgeübt werde. Dies auf die Entwicklung der SPD „von der Klassen- zur Volkspartei" und auf die „Rolle als Regierungspartei" zurückzuführen, sei „zu einfach und gefährlich". So beschränkt sich der Bericht auf eine Beschreibung des Ist-Zustandes der Partei und auf Empfehlungen, wie die gesellschaftliche Verankerung der Partei wieder erreicht oder intensiviert werden kann, ohne die Ursache dieser Entkoppelungsprozesse zu analysieren (mehr Basisarbeit und Bürgernähe, Dialog mit Bürgern, gesellschaftlichen Gruppen und Mitgliedern der Partei).

Entgegen der vielbeschworenen Öffnung der Partei gegenüber Mitgliedern und Bürgern, debattierte der Parteirat jedoch zugleich über die Abschottung der Partei: Kritisiert wurde die Vielfalt der Arbeitsgemeinschaften und deren tendenzielle Entwicklung zu „Ersatzparteien"[96]. Den Konsens des Parteirats hielt der „Vorwärts" so fest: „die Straffung der Arbeit der SPD im Innern und eine Verbesserung der Darstellung der politischen Positionen nach außen"[97].

In der Folge der „Haushaltsoperationen" ab 1980 spitzten sich die — wie im Teil I gezeigt — Probleme der Integrationsfähigkeit der SPD weiter zu. Die Diskussionen über Organisationspolitik und über die „Identität und Zukunft der SPD" entbrannten erneut vor allem ab Herbst 1981, angestoßen von der Initiative der AfA und von den Thesen Richard Löwenthals. Einen vorläufigen Abschluß fanden diese Auseinandersetzungen mit den Beschlüssen des Münchner Parteitages 1982. Sie entsprechen inhaltlich den Ergebnissen vorhergehender Debatten, und die hatten, wie wir gesehen haben, die Probleme der Partei lediglich verschoben, aber nicht behoben.

---

95 Der Bericht der Arbeitsgruppe ist dokumentiert in der *Frankfurter Rundschau* v. 1. und 2.8. 1979; die Diskussion im Parteirat ist auszugsweise dokumentiert im *Informationsdienst der SPD intern — intern-dokumente* — Nr. 5, August 1979. Fortgesetzt wurde diese Debatte u. a. in einem Schwerpunktheft der *Neuen Gesellschaft* (1979, H. 8).
96 Holger Börner in der Parteiratsdiskussion, dokumentiert in: *intern-dokumente*, Nr. 5, August 1979, S. 5.
97 *Vorwärts*, Nr. 27 v. 28.6.1979, S. 4.

3. Perspektiven der weiteren Entwicklung des Verhältnisses von SPD und Gewerkschaften

Die innerparteiliche Debatte über die Identitätskrise der Partei sowie die Initiative der AfA und ihre Ergebnisse dokumentieren, daß die jeweiligen organisationspolitischen Strategien die strukturellen Widersprüche einer staatstragenden Arbeitnehmerpartei nicht aufheben, sondern allenfalls „auf Zeit" stillstellen können.

In die Krise geriet das *Konzept einer sozialdemokratischen Volkspartei*, nachdem dessen Integrationsbedingungen (Wirtschaftswachstum und wachsende Staatstätigkeit als Voraussetzung von „Keynesianismus" und „staatlich moderierter Modernisierungspolitik") nicht mehr gegeben waren[98]. Unter dem Druck der den neuen ökonomischen Bedingungen angepaßten „marktorientierte[n] Modernisierungs- und Sparpolitik des Staates"[99] zerbrach der innerparteiliche Konsens. Die zunehmende Kluft zwischen der Partei in der Regierung und der Parteiorganisation/den traditionellen Wählerkernen erwies sich „als Fallgrube für die Regierung"[100]. Das Ende des „Durchhaltens" in der Regierung kündigte sich an, als die Politik der Interessendurchsetzung über die SPD im Staatsapparat auch innergewerkschaftlich unter starken Druck geriet. Die „regierungssozialdemokratische Formierung in den Gewerkschaften"[101] war an ihre Grenzen gestoßen.

Während es 1980 noch gelungen war, nach einer sechsstündigen Sitzung die Zustimmung des Gewerkschaftsrates zum Haushalt 1981 zu erhalten, formierte sich die Gewerkschaften ein Jahr später „zu dem heftigsten Protest gegen die Regierung und vor allem gegen die Sozialdemokratie . . ., den es seit Kriegsende gab"[102]. Zum ersten Mal organisierte der DGB im Landesbezirk Baden-Württemberg eine Demonstration gegen den „Anschlag auf den sozialen Besitzstand der Arbeitnehmer, der in Jahrzehnten mühsam erkämpft werden mußte"[103]; an ihr beteiligten sich 70 000 Menschen. Zu weiteren Protestaktionen fand sich der DGB jedoch noch nicht bereit. Trotz der heftigen verbalen Kritik an den Haushaltsbeschlüssen hielten die Gewerkschaften an der bisherigen Politik fest: Sie boten Regierung, Bundestagsfraktionen und Arbeitgebern Gespräche für eine gemeinsame beschäftigungspolitische Initiative an. Das Resultat dieser „Offensive", eines als „Gemeinschaftsinitiative" deklarierten Beschäftigungsprogramms, blieb zwar weit hinter den Forderungen der

---

98 Vgl. Roland Roth, Von der „Lust am Untergang". Zum Münchener SPD-Parteitag, in: links, Nr. 147, Juni 1982, S. 34; Hoffmann, „Das Ende der Fahnenstange" (Anm. 50).
99 Ebd., S. 21.
100 Hans-Otto Bäumer, Raus aus dem Trott des Nachvollziehens, in: *Neue Gesellschaft*, H. 8, 1979, S. 665.
101 Bodo Zeuner, Il legame con la SPD die sindacati: immune dalla crisi?, in: Enzo Collotti/Luisa Castelli (Hrsg.), *La Germania socialdemocratica*, Bari 1982, S. 124–147 (zit. nach dem deutschspr. Ms. „SPD-Bindung der Gewerkschaften – krisenfest?", S. 3–9).
102 Erika Martens, Kollegen gegen Genossen, in: *Die Zeit* v. 13.11.1981, S. 15–16.
103 Flugblatt der IG Metall Bezirksleitung Stuttgart. Der Briefwechsel über dieses Flugblatt zwischen dem damaligen Bundesfinanzminister Matthöfer und dem Bezirksleiter der IG Metall, Steinkühler, ist ein Beispiel für das jetzt frostige Klima zwischen Teilen der Partei und Teilen der Gewerkschaften. Vgl. die Dok. des Flugblattes und des Briefwechsels, in: *Blätter für deutsche und internationale Politik*, H. 12, 1981, S. 1517–1521.

Gewerkschaften zurück, wurde aber als „erster Schritt in die richtige Richtung" begrüßt. Der Legitimationsdruck in den Gewerkschaften und in der SPD wurde damit zunächst erst mal gemindert.

Nachdem die FDP endgültig eine am Klassenkompromiß orientierte Politik aufgekündigt hatte, blieb der SPD in der folgenden „Haushaltsoperation 1983" kein Raum für ähnliche Entlastungsstrategien. Auch für „kanzlertreue" Gewerkschafter war die „Grenze des Tragbaren erreicht" (Eugen Loderer). Sie befürchteten nun, in den Abwärtssog der SPD zu geraten. Daher gingen die Gewerkschaften auch auf Distanz zur regierenden SPD. Für viele sozialdemokratische Gewerkschafter kündigte die Haushaltsoperation 1983 den Verlust des Vertrauens der arbeitenden Bevölkerung in die SPD „und damit [in] ihre Regierungsfähigkeit" an. Sie sahen sogar einen „tiefen Bruch in der historisch begründeten guten Beziehung zwischen SPD und Gewerkschaften"[104].

Für die SPD signalisierten die für den Herbst 1982 angekündigten gewerkschaftlichen Proteste „eine historisch schwerwiegende Belastung des Verhältnisses von SPD und Gewerkschaften". Loyalitätskonflikte sozialdemokratischer Gewerkschafter — so z. B. die Bundestagsabgeordneten Spöri und Scheer — würden zur „tiefgehendste[n] Identitätskrise der SPD in der Nachkriegszeit" führen. Sie appellierten an die Parteiführung, „daß sie mit höchster zeitlicher Dringlichkeit die strategische Lage für die Partei selbst und das Verhältnis zu den Gewerkschaften grundlegend zu klären versucht". Notwendig sei jetzt, mit den Gewerkschaften gemeinsam eine realistische Krisenbewältigung zu versuchen. „Als ersten Schritt fordern wir die Parteiführung auf, zu diesen Fragen den Gewerkschaftsrat der SPD einzuberufen."[105]

Die SPD-Führung versuchte einerseits, die gewerkschaftliche Kritik abzublocken. Die Ergebnisse der Haushaltsberatungen seien das beste, was für sozialdemokratische und gewerkschaftliche Positionen herauszuholen war; die Alternative sei nur eine Union/FDP-Regierung[106]; gewerkschaftliche Aktionen, auch wenn damit ausdrücklich nicht der Sturz der Regierung betrieben werden sollte, könnten keinesfalls als Unterstützung sozialdemokratischer Politik betrachtet werden[107]. Andererseits wurde auf die Möglichkeit des Meinungsaustausches zwischen Fraktions- und Gewerkschaftsspitze verwiesen. Doch die Gespräche kamen über die gegenseitige Versicherung gemeinsamer Grundauffassungen nicht hinaus[108]. Für die SPD gab es keine

---

104 Karl-Heinz Janzen, Das Maß an Zumutungen ist voll. Zu den Haushaltsbeschlüssen 1983, in: *Neue Gesellschaft*, H. 8, 1982, S. 777.
105 Dieter Spöri/Hermann Scheer, Ein verhängnisvolles strategisches Vakuum droht, in: *Sozialdemokratischer Pressedienst*, Nr. 151 v. 12.8.1982.
106 Vgl. Peter Glotz, Interview (in: *Metall*, Nr. 17 v. 25.8.1982) über das Verhältnis SPD/Gewerkschaften; Karl Liedtke, stellv. Vors. der SPD-Bundestagsfraktion, Beitrag für die Agentur „Presseplan", abgedruckt in: *Informationen der SPD-Bundestagsfraktion*, Ausg. 28 v. 23.8.1982; Interview mit Rudolf Dreßler, „Gewerkschaften sollten gut überlegen", *Parlamentarisch-politischer Pressedienst*, Nr. 157 v. 19.8.1982.
107 „Wer die Beschlüsse mit allen Mitteln bekämpft, bekämpft auch die Regierung, die sie gefaßt hat." Erklärung von Lothar Löffler, stellv. Vors. der SPD-Bundestagsfraktion, abgedruckt in: *Informationen der SPD-Bundestagsfraktion*, Ausgabe 28 v. 23.8.1982.
108 Vgl. *Frankfurter Rundschau* v. 3.9.1982.

Handlungsspielräume mehr in der Koalition, und damit war auch der Verhandlungsspielraum zwischen der regierenden SPD und den Gewerkschaften erschöpft.

Der Wechsel in die Opposition beseitigte für viele Sozialdemokraten „eine wesentliche innerparteiliche Konfliktursache", die „Rücksichtnahme" auf die FDP. Das Verhältnis zwischen SPD und Gewerkschaften konnte sich jetzt entkrampfen. Die „gefährliche Lähmung der SPD" als Folge des gestörten Verhältnisses zu den Gewerkschaften sei jetzt überwindbar, „weil der Regierungswechsel nun die tatsächlichen Konturen zwischen SPD und den anderen Parteien sichtbarer macht"[109]. Der 17. September 1982 habe „den Schlußpunkt unter eine Koalition gesetzt", die den „traditionellen Schulterschluß zwischen Arbeitnehmerbewegung und Arbeitnehmerpartei SPD" als „,entscheidende Quelle unserer Kraft' in Gefahr zu bringen drohte"[110]. Ansatzpunkte für den neuen „Schulterschluß" waren die DGB-Demonstrationen „gegen Massenarbeitslosigkeit und Sozialabbau – für soziale Gerechtigkeit, mehr Mitbestimmung und wirtschaftliche Vernunft". Ursprünglich gegen die Sparbeschlüsse der sozialliberalen Koalition geplant, richteten sie sich jetzt gegen die neue Bundesregierung, die den Sozialstaat aus den Angeln heben wolle (Monika Wulf-Mathies)[111], gegen die Politik der Umverteilung „von unten nach oben" (Ernst Breit)[112], gegen die „sozial unausgewogenen und verteilungspolitischen Sparpläne" der neuen Bundesregierung (Eugen Loderer)[113]. Reizthema war vor allem der „Lohnpausen-Vorschlag" des neuen Bundesarbeitsministers Blüm. An die Sparpläne der alten Koalition wurde allenfalls am Rande erinnert. Die Abwehr der „neokonservativen Wende" entlastete weitgehend die SPD. Die Art des „Wechsels" ließ die SPD kaum als gescheiterte und demoralisierte Partei erscheinen, sondern der „Verrat in Bonn" bewirkte umgekehrt zunächst einen seit langem vermißten Solidarisierungseffekt in der Partei und in ihrem sozialen Umfeld[114].

Der Parteirat umriß das Oppositionskonzept in der Sitzung unmittelbar nach dem Ende der sozialliberalen Koalition mit dem Begriff „Kontinuität und Neuanfang". Es dürfe „keinen Kontinuitätsbruch geben. Wir müssen uns positiv verantwortlich fühlen". Die SPD müsse „vom Tage eines konstruktiven Mißtrauensvotums an ihre Regierungsfähigkeit sorgfältig wahren" und „die Regierungspartei bleiben, wenn nicht die von morgen, dann die von übermorgen". Es sei notwendig, die hinter der ehemaligen sozialliberalen Koalition stehenden sozialen Bündnisse neu aufzubauen. *Programmatisch* sollte auf die Beschlüsse des Münchner Parteitags zurückgegriffen werden. Für die *Organisationspolitik* bedeute das Überholung und Erneuerung der Partei „von den Städten und Gemeinden aufwärts"[115].

---

109 Hermann Scheer, Solange der SPD-Streit wie ein Schicksal wirkt, in: *Vorwärts*, Nr. 47 v. 18.11.1982, S. 23.
110 Willy Brandt auf dem Kongress der Gewerkschaft Textil – Bekleidung Mitte Oktober 1982 in Mainz, zit. im: *Vorwärts*, Nr. 44 v. 28.10.1982, S. 3.
111 Kundgebung in Stuttgart; vgl. *Frankfurter Rundschau* v. 1.11.1982.
112 Zentrale Kundgebung des DGB in Frankfurt; vgl. *Frankfurter Rundschau* v. 25.10.1982.
113 Kundgebung in Nürnberg; vgl. *Frankfurter Rundschau* v. 25.10.1982.
114 40.000 Neueintritte innerhalb von 4 Wochen nach dem 17.9.1982, vgl. *Vorwärts*, Nr. 47 v. 18.11.1982, S. 7.
115 H. Scheer, H. Schmidt, E. Eppler und W. Brandt, zit. im: *Vorwärts*, Nr. 39 v. 23.9.1982, S. 7.

Nach Willy Brandt zielen die Strategien der „Vertrauensarbeit" darauf, die hinter der sozialliberalen Koalition stehende Mehrheit wieder zu integrieren. Zielgruppen dabei sind („in dieser Reihenfolge") „kritische Arbeitnehmer und ihre Vertrauensleute in Betrieben und Gewerkschaften; sodann . . . die jungen Leute, die beispielsweise auf den Kirchentagen in Hamburg und Düsseldorf ihre Sorgen zum Ausdruck gebracht haben." Themen der programmatischen Integration sind das „gebotene Gleichgewicht zwischen Wirtschaft und Umwelt, zwischen industrieller Technologie und natürlichen Lebensbedingungen, . . . zwischen Bürokratie und individuellen Entfaltungsmöglichkeiten"[116].

Das offizielle und in der Partei bisher nicht umstrittene programmatische Integrationskonzept ist die „Kieler Erklärung", die vom Parteivorstand ausgearbeitet und vom „Kleinen Parteitag" am 18./19. November 1982 verabschiedet wurde[117]. Sie ist die Grundlage des neuen „Schulterschlusses" mit den Gewerkschaften sowie des Umgangs mit sozial-liberalen Gruppen und alternativen Bewegungen. Die SPD will *die* Partei sein, die offen ist für die „Auseinandersetzung mit allen Gruppen und Fragestellungen". „Gesprächsverweigerung" und „faule Kompromisse" werden abgelehnt. Die Arbeiterschaft erhält in diesem Konzept die eindeutige Priorität:

„Die Arbeiterschaft war immer das Fundament der Sozialdemokratie. Obwohl verschiedene soziale Gruppen bei uns ihren Platz gefunden haben, liegt in der Verbindung zu den Arbeitnehmern und den Gewerkschaften auch künftig die stärkste Quelle unserer Kraft."

Die Sozialdemokratie kämpfe „für das Recht auf Arbeit und Bildung", „für reale Freiheit und die Wirtschaftsdemokratie". Die Arbeitslosigkeit zu überwinden sei daher „die große Aufgabe zugleich der deutschen Innenpolitik wie auch der internationalen Wirtschaftspolitik". Erreicht werden soll dieses Ziel durch Verbesserung der beruflichen Bildung, Arbeitszeitverkürzung, „vernünftige Energiepolitik". Auch der Umweltschutz sei „immer auch . . . Motor für Wachstum". Schließlich wird noch auf den sozialen Konsens verwiesen: „Wer den Sozialstaat ohne oder gegen die Gewerkschaften umformen will, zerstört die Voraussetzungen für erfolgreiches Wirtschaften und vergiftet das soziale Klima."

Hans-Jochen Vogel, der dieses Integrationskonzept personalisiert, nannte in seiner Kieler Grundsatzrede als Mittel zur Bekämpfung der Arbeitslosigkeit einen „vernünftigen Ausgleich zwischen Staatsverschuldung, Haushaltskonsolidierung und Erhaltung der Massenkaufkraft", „die Verkürzung der Arbeitszeit", „Investitionsanreize und Beschäftigungsprogramme"[118]. Das könne durch einen „Solidarpakt gegen Arbeitslosigkeit" erreicht werden, den H.-J. Vogel kurz nach dem „Kleinen Parteitag" in die (Wahlkampf-)Diskussion brachte. Gefordert wird ein

„internationale[r] Beschäftigungspakt, auf dessen Grundlage die großen Industriestaaten gemeinsam wieder eine expansivere Wirtschaftspolitik betreiben. . . . Im eigenen Land ist die soli-

---

116 Interview im: *Vorwärts*, Nr. 39 v. 23.9.1982, S. 6.
117 Dokumentiert in: *Frankfurter Rundschau* v. 22.11.1982, S. 4.
118 Zit. im: *Vorwärts*, Nr. 48 v. 25.11.1982, S. 7.

darische Zusammenarbeit aller am Wirtschaftsleben beteiligten gesellschaftlichen Gruppen und aller für die Wirtschaft Verantwortlichen, auch der öffentlichen Hände, erforderlich."[119]

Die Anpassung an die geänderte wirtschaftliche Situation erfordere auch „eine neue wirtschaftspolitische Strategie":

„Notwendig ist nun eine gemischte Strategie, die diese Strukturprobleme berücksichtigt und die darin besteht, daß alle an der Gestaltung der Wirtschaft Mitwirkenden ihre Möglichkeiten zur Verbesserung der Situation ausschöpfen." „Eine derartige gemischte Strategie erfordert die Zusammenarbeit aller in der Wirtschaft Verantwortlichen."[120]

Die Vorschläge rekurrieren sämtlich auf eine Strategie der *staatlich moderierten* Politik zur Modernisierung der Volkswirtschaft. Dieses Konzept ist — zusammen mit der „Kieler Erklärung" — Kern des Wahlprogramms. Mit diesem „Regierungsprogramm 1983—1987" will die SPD der neoliberalen und neokonservativen „Ellenbogengesellschaft", „den Konzepten, die auf eine Spaltung und Entsolidarisierung unserer Gesellschaft hinauslaufen"[121], das Modell einer „solidarischen Gesellschaft"[122] entgegenstellen.

Mittel der ökonomischen Umgestaltung der Volkswirtschaft sind:

— „Aufstellung eines Bundesentwicklungsplans, dessen Globalgrößen der öffentlichen Hand als verbindliche Richtlinie und dem privaten Bereich als Orientierungsdaten dienen würden";
— Forschungs- und Technologiepolitik;
— Verbesserung der beruflichen Bildung;
— aktive Arbeitsmarktpolitik.

Mittel der „soziale[n] Beherrschung des Modernisierungsprozesses" ist in diesem Konzept der Ausbau der Mitbestimmung am Arbeitsplatz, auf betrieblicher und überbetrieblicher Ebene[123].

Dieses Programm bekräftigt inhaltlich die postulierte *Kontinuität* sozialdemokratischer — Regierungsfähigkeit dokumentierende — Programmatik. Der *Neuanfang* reduziert sich auf die soziale Re-Integration der ehemaligen sozialliberalen Mehrheit unter Einschluß grün/alternativer „Ränder" als Voraussetzung eines *neuen Starts* in der Regierungsverantwortung.

Drei Ebenen umfaßt somit das relativ geschlossene Gesamtkonzept der SPD zur Restabilisierung verlorener Mehrheiten:

— die Fortschreibung programmatischer themen- und zielgruppenspezifischer Integration mit der „Kieler Erklärung" und dem Wahlprogramm;
— die Reformulierung der „Konzentrierten Aktion" mit dem „Solidarpakt gegen Arbeitslosigkeit" und der „aktiven Strukturpolitik" mit einer staatlich moderierten „gemischten" Strategie zur „Modernisierung der Volkswirtschaft";

119 POLITIK — *Aktuelle Informationen der SPD*, Nr. 10, Dezember 1982, S. 2.
120 „Gemischte Strategie zur Bewältigung der Zukunft", Thesen für eine mittelfristige Konzeption, vorgelegt von dem persönlichen Berater H.-J. Vogels, Prof. Hans-Jürgen Krupp, dokumentiert in: ebd., S. 3—5, Zitat: S. 3.
121 H.-J. Vogel, Solidarpakt gegen Arbeitslosigkeit, in: ebd., S. 2.
S. 2.
122 Das Regierungsprogramm der SPD 1983—1987, beschlossen vom Wahlparteitag der SPD am 21. Januar 1983 in Dortmund, S. 13.
123 Ebd., S. 21, 24.

– die organisationspolitische Offensive zur Steigerung der Integrationsfähigkeit der Partei und der Legitimationssicherung sozialdemokratischer Politik mit dem Versuch einer kulturellen Öffnung der Partei an der Basis *und* einer Stabilisierung der Führungsstrukturen der Partei („Münchner Beschlüsse")[124].

Dieses Gesamtkonzept ist die von einer großen innerparteilichen Mehrheit akzeptierte neue Kompromißformel für „Zukunft und Identität" der Partei. Damit hat sich eine Position durchgesetzt, die nicht – wie Richard Löwenthal – Konflikte *aus*grenzen, sondern *ein*grenzen will. Für den von der AfA repräsentierten Arbeitnehmerflügel der Partei bieten das reformulierte Konzept einer aktiven staatlich moderierten Strukturpolitik und der „Solidarpakt gegen Arbeitslosigkeit" direkte Anknüpfungsmöglichkeiten. Dieser Kompromiß ist ein Versuch der Reformulierung und Restabilisierung des sozialdemokratischen Volksparteikonzepts unter veränderten ökonomisch-gesellschaftlichen Bedingungen – und keine Weiterentwicklung der SPD in Richtung einer Partei „neuen Typs"[125].

Die Betonung der traditionellen Beziehungen zur Arbeiterschaft in der Programmatik, die Erneuerung des Angebotes an die Gewerkschaften zur Zusammenarbeit im Rahmen des „nationalen Solidarpakts" und der „gemischten Strategie" und die Aufnahme zahlreicher gewerkschaftlicher Anliegen in das „Regierungsprogramm der SPD 1983–1987" zeigten Wirkung in den Gewerkschaften. Schon auf dem „Kleinen Parteitag" in Kiel stellte der DGB-Vorsitzende eine „fast nahtlose Übereinstimmung" mit der SPD fest[126].

Gegenüber innergewerkschaftlicher Kritik an dem bisherigen weitgehend „kanzlertreuen" Kurs verschaffte der Solidarisierungseffekt mit der „verratenen" SPD, die Re-Orientierung der SPD auf die Gewerkschaften und die antigewerkschaftliche Politik der neuen konservativ-liberalen Koalition den Gewerkschaftsführungen wieder Handlungsspielraum. Entlastet wurden die Gewerkschaftsführungen vor allem davon, die dominante institutionelle Strategie einer Politik des „bargained corporatism" infrage stellen zu müssen. Verhindert wurde somit eine Bestandsaufnahme und Reflexion bisheriger gewerkschaftlicher Politik und die Diskussion neuer genereller Strategien und Konzepte gewerkschaftlicher Interessendurchsetzung. Dies hätte die „gewachsenen" organisationsinternen Strukturen und Machtverhältnisse erheblich tangiert.

Entlastung brachte der Regierungswechsel auch für die Beziehungen zwischen den Einzelgewerkschaften des DGB. Die allzu bereitwillige Haltung einiger Einzelgewerkschaften, die Regierung Schmidt zu unterstützen, gefährdete die Kompromißstrukturen innerhalb des DGB. Große Teile der Gewerkschaften befürchteten inzwischen, „daß unter der Hand ... Strukturen einer Art von demokratischem Zentralismus der Schmidt-Regierung mit ‚Kanalarbeiter'-Gewerkschaften als verlängertem Arm entstehen"[127].

---

124 Vgl. dazu Peter Glotz, *Die Beweglichkeit des Tankers. Die Sozialdemokratie zwischen Staat und neuen sozialen Bewegungen,* München 1982, insbes. den Titelaufsatz, S. 15–81.
125 Vgl. ebd., S. 29.
126 Zit. im: *Vorwärts,* Nr. 48 v. 25.11.1982, S. 7.
127 Wolf Gunter Brügmann, Der DGB und der Staat, in: *Frankfurter Rundschau* v. 16.3.1981.

Der Wechsel in die Opposition garantierte somit auch die *Kontinuität* gewerkschaftlicher Politik und die Restabilisierung der Beziehungen zwischen SPD und Gewerkschaften. Das anfängliche Mißtrauen großer Teile der Gewerkschaften, die SPD könne sich den neuen sozialen Bewegungen zu weit öffnen (man denke an die Warnungen führender Gewerkschafter vor einer Koalition der SPD mit den Grünen und Alternativen) scheint ausgeräumt zu sein. Die neue Kompromißformel innerhalb der SPD wird mehrheitlich als neue Konsenslinie in den Gewerkschaften akzeptiert.

Die Restabilisierung der Beziehungen zwischen SPD und Gewerkschaften bedeutet jedoch keinen Konfrontationskurs der Gewerkschaften gegenüber der konservativ-liberalen Regierung. Trotz der verbalen Proteste gegen die Wirtschafts- und Finanzpolitik der Regierung Kohl zeigt sich der DGB gesprächsbereit. Auch folgte den Protestaktionen vom Herbst 1982 keine weitere Mobilisierung der Mitglieder. Priorität hat damit die innerorganisatorische Absicherung des partiellen Korporatismus in der Politik der Gewerkschaften: Machtgewinn der Gewerkschaften über Mobilisierung der Mitglieder könnte tendenziell den Handlungsspielraum der Gewerkschaftsführungen im Rahmen eines neu zu etablierenden „bargained corporatism" einschränken. Legitimationssicherung gegenüber der Mitgliederschaft erfolgt so vorrangig durch die Orientierung auf die SPD einerseits und durch die Demonstration potentieller Gesprächsbereitschaft auch gegenüber der CDU andererseits.

Sowohl die Strategien und Konzepte der SPD als auch der Gewerkschaften zielen auf die Restabilisierung eines gesellschaftlichen Basiskonsenses, der die Fortsetzung einer am Klassenkompromiß orientierten Politik ermöglicht, obgleich dieser Konsens von Seiten des Kapitals längst aufgekündigt wurde. SPD und Gewerkschaften sehen in ihrer Mehrheit keine Perspektive in der „Interpretation der aktuellen Krise und der Massenarbeitslosigkeit als immanent-kapitalistische Restrukturierung, deren Richtung nur unter Mißachtung der Autonomie der Unternehmen revidierbar wäre"[128].

Während die konservativ-liberale Koalition konsequent die Auflösung des keynesianischen Klassenkompromisses betreibt, appellieren SPD und Gewerkschaften an die „Solidarität *zwischen* den Klassen".

Der Verzicht von SPD und Gewerkschaften, „die Strukturmerkmale des Wirtschaftens systematisch in die Verursachungs- wie Lösungsdiskussion einzubeziehen", wird die Tendenz verstärken, daß auch konservative Interpretationsmuster und Lösungsangebote von Arbeitern akzeptiert werden[129]. Die Politik von SPD und Gewerkschaften könnte daher die Verschiebung gesellschaftlicher Machtverhältnisse zugunsten des Kapitals und die Stabilisierung der Dominanz des Kapitals in einem neuen „markt- und krisenvermittelten"[130] gesellschaftlichen Konsens sogar erleichtern.

---

128 Hoffmann, „Das Ende der Fahnenstange" (Anm. 50), S. 25.
129 Michael Schumann, Entwicklungen des Arbeiterbewußtseins, in: *Gewerkschaftliche Monatshefte,* H. 3, 1979, zit. nach Hoffmann, „Das Ende der Fahnenstange" (Anm. 50), S. 24.
130 Ebd., S. 21.

Trotz der erstaunlichen Integrationsprozesse innerhalb der Partei und zwischen Partei und Gewerkschaften steht der Test auf die Konfliktlösungskapazität des reformulierten Volksparteikonzepts und der sozialdemokratischen Politik industrieller Beziehungen noch aus. Die skizzierten strukturellen Widersprüche einer sozialdemokratischen Volkspartei haben in diesem relativ umfassenden Konzept lediglich eine neue (vorläufige) Bewegungsform erhalten. Absehbar war zumindest, daß bei einer schnellen Rückkehr der SPD in die Regierungsverantwortung auch sehr bald die alten Konflikte in der Partei und zwischen Partei und Gewerkschaften wieder aufgebrochen wären, weil die SPD mit den gleichen Problemlagen konfrontiert worden wäre, an denen sie im September 1982 gescheitert war. Die SPD setzt denn auch — nach einem gerade noch „akzeptablen" Ergebnis der Bundestagswahl 1983 — auf einen Neuanfang in der Opposition. Ein forcierter Integrationsprozeß innerhalb der Partei und gegenüber Teilen der neuen sozialen Bewegungen und die Restabilisierung sozialdemokratischen Einflusses in Gemeinden, Städten und Ländern könnte dann die Basis sein, später wieder führende Regierungspartei in Bonn zu werden.

Eine „Erneuerung" der SPD in der Opposition würde auch Konflikte mit den Gewerkschaften klein halten — zumindest solange eine (liberal-)konservative Regierung die Kooperation mit den Gewerkschaften ablehnt bzw. „marktvermittelte Arbeitnehmerinteressen" gegen die Politik der Organisationen der Arbeitnehmer ausspielen kann[131]. Die Gewerkschaften werden jetzt offensichtlich und zunehmend ein Opfer ihrer bisherigen institutionellen Strategie, die den weitgehenden Verzicht auf eine Mobilisierungspolitik einschloß. Sie laufen deshalb sogar Gefahr, daß die „Neo-Konservativen" jetzt die Gewerkschaftsmitglieder gegen ihre eigene Führung wenn nicht mobilisieren, so doch orientieren. Dies wiederum wird die Gewerkschaftsspitzen dazu verleiten, in einer restabilisierten SPD-Bindung einen neuen politischen Rückhalt zu gewinnen. Die bisherige institutionelle Strategie würde also gerade durch die Oppositionsrolle der SPD — dies zeigen schon die ersten Monate nach dem Regierungswechsel — gestärkt werden.

Prozesse programmatischer Umorientierungen in den Gewerkschaften werden in dieser Konstellation davon abhängig sein, inwieweit sich alternative Positionen in der Partei durchsetzen können[132], wobei der Diskussionsstand in den Gewerkschaften wiederum Rückwirkungen in der Partei hätte. Realistisch — darauf weist die Analyse der Entwicklungen seit Mitte der sechziger Jahre hin — scheint eher die Annahme zu sein, daß die programmatischen und strategischen Prämissen von Partei und Gewerkschaften zu einer Verlagerung des Basiskonsenses nach rechts und damit zu einer zumindest vorläufigen gesellschaftlichen Restabilisierung beitragen könnten.

---

131 Vgl. die „Lohnpausen"-Kampagne und die jüngsten Krisenlösungsversuche bei Arbed-Saarstahl.
132 Vgl. Detlef Hensche, Die Gewerkschaften müssen mehr Flagge zeigen, in: Hermann L. Gremliza/Heinrich Hannover (Hrsg.), *Die Linke, Bilanz und Perspektiven für die 80er*, Hamburg 1980, S. 131–148, 138 f.

Hugo Reister

Fragmentierung der Arbeiterklasse: Krisenbewältigungsstrategien und betriebliche/gewerkschaftliche Interessenpolitik

Die zu Beginn der siebziger Jahre prognostizierten Verschärfungen in den klassenpolitischen Auseinandersetzungen sind nicht eingetreten. Weder läßt sich die aus der Übernahme politischer Verantwortung für Vollbeschäftigung im Zuge des Stabilitätsgesetzes und keynesianischer Globalsteuerung erwartete staatliche Legitimationskrise konstatieren noch sind verschärfte Auseinandersetzungen auf betrieblichen und gewerkschaftlichen Konfliktebenen festzustellen. Im Gegenteil: Was sich bei stagnierender Produktion und steigender Arbeitslosigkeit bisher abzeichnet, ist eine Anpassung von Gewerkschaftsorganisationen und ihrer Mitglieder an die veränderten wirtschaftlichen Bedingungen. Auf der tarifpolitischen Ebene drückt sich dies seit 1975 in einer einkommenspolitischen Umverteilung zugunsten der Unternehmer aus und seit 1980 in sinkenden Reallöhnen: bei den einzelnen Beschäftigten in Form einer zusätzlichen Anspruchsreduzierung ihrer Reproduktionsinteressen im Betrieb und Sozialbereich. Auch die in großer Zahl stattfindende Arbeitsplatzvernichtung, die die Lebensinteressen der lohnabhängigen Bevölkerung unmittelbar tangiert, läßt eher Angst, Unsicherheit und Resignation aufkommen, als daß sie unmittelbare Konflikte zur Folge hätte. Wurde früher die langanhaltende Prosperität als Determinante des Arbeiterverhaltens angesehen, so scheint nun die Krise dieses Verhalten zu bestimmen, ohne daß sich freilich der erhoffte Wandel in den Auseinandersetzungen zwischen Kapital und Arbeit einstellt.

Bei den Erklärungen für diese Entwicklung stehen in den Gewerkschaftsanalysen meist zwei Themenkomplexe im Vordergrund: zum einen die Integration und Einbindung der bundesdeutschen Gewerkschaften auf der politischen Ebene in eine von Staat und Kapital formulierte Modernisierungs- und Krisenbewältigungspolitik, wodurch Klassenkonflikte quasi von „oben" her diszipliniert bzw. eingegrenzt werden; zum anderen die rechtlich-institutionalisierte Ausformung der Konfliktaustragung in den industriellen Beziehungen (duales System der Interessenvertretung, Verrechtlichung, Vertretungsmonopol in der Tarifpolitik usw.) und die innerorganisatorischen Merkmale und Hemmnisse gewerkschaftlicher Willensbildung (Zentralisierung, Bürokratisierung, Dominanz bestimmter Interessengruppen usw.).

Wurden in diesen Strukturprinzipien und in ihrem Zusammenwirken bisher wesentliche Gründe für die „Befriedung" des Klassenkonflikts auf der Branchen- und Politikebene gesehen, so blieb in der Krise jedoch erklärungsbedürftig, warum auf der Betriebsebene die Entlassungen von Millionen von Arbeitnehmern bisher so relativ konfliktlos abliefen. Der entscheidende Grund hierfür wird darin gesehen, daß die Krisenlasten auf sogenannte nicht konfliktfähige, weil nicht ausreichend organisierte und repräsentierte Beschäftigtengruppen abgewälzt wurden: auf Frauen, Jugendliche, Ausländer, Ungelernte sowie auf ältere und gesundheitlich beeinträchtigte Arbeitnehmer, die überproportional bei den aus dem Arbeitsmarkt Verdrängten vertreten sind, während qualifizierte Arbeitskräfte im leistungsfähigsten Alter und mit längerer Betriebszugehörigkeit offensichtlich bisher in geringerem Umfang entlassen werden.

Für diese Ausdifferenzierung der Arbeitsmarktstrukturen, im Rahmen der Segmentationstheorien seit Mitte der siebziger Jahre in der Bundesrepublik thematisiert, werden in der wissenschaftlichen Terminologie die Begriffe ,,Randbelegschaften" und ,,Stamm"- oder ,,Kernbelegschaften" verwendet. Bei der Anwendung der Selektionsmechanismen dieser Segmentierung wird zumeist unterstellt, daß auf der Branchen-/Regionalebene die Gewerkschaften und im Betrieb die betriebliche Interessenvertretung, bedingt durch die Dominanz der Facharbeiter in den Vertretungsorganen, einen mehr oder weniger aktiven Beitrag zur Krisenabwälzung auf diese ,,Randbelegschaften" leisten. In jüngeren Gewerkschaftsanalysen wurde dieser Sachverhalt auf das Selbstverständnis der Gewerkschaften bezogen und gefragt, inwieweit eine Einheitsgewerkschaft ,,in der Lage ist, *alle* Lohnabhängigen *solidarisch* auch in der Krise und bei Massenarbeitslosigkeit zu vertreten"[1], oder genereller formuliert: ,,Sind die Gewerkschaften für ‚alle' da?"[2].

Ist hier die Fraktionierung innerhalb der Gewerkschaften auf den quantitativen Aspekt bezogen — wieweit werden die Interessen von bestimmten Beschäftigungsgruppen stärker, die von anderen schwächer vertreten —, so wird sie in diesem Beitrag auf die Frage ausgeweitet, inwieweit Industriegewerkschaften in der Bundesrepublik prinzipiell in der Lage sind, Reproduktionsinteressen der Lohnabhängigen aufzunehmen und zu vertreten. Diese Fragestellung, im ersten Teil auf einer allgemeinen Ebene entwickelt, wird im folgenden auf der betrieblichen Ebene konkretisiert. Dabei stehen zwei Themenkomplexe im Vordergrund: zum einen die Problematisierung der These von der zentralen Konfliktlinie zwischen ,,Kern" und ,,Rand" und der Rolle von Betriebsräten bei der Krisenabwälzung vor dem Hintergrund der Darstellung von Betriebsuntersuchungen, die Erwartungen und Einstellungen der Arbeiter einbeziehen und zum anderen die Bestimmung der verschiedenen betrieblichen Konfliktebenen in den konkurrenzhaften Auseinandersetzungen innerhalb der Arbeiterschaft sowie deren Bedeutung auf Arbeiterverhalten und Vereinheitlichung in der Krise.

1. Industriegewerkschaft und Interessenvertretung

Die DGB-Organisationen verstehen sich als Gewerkschaften, in denen das solidarische Prinzip aller Arbeitnehmer realisiert ist. Als konstituierend hierfür wird das

---

1 Jürgen Hoffmann, Einheitsgewerkschaft oder ,,korporatistische Blockbildung"?, in: *Prokla*, 43, 11. Jg., 1981, S. 6.
2 Rolf G. Heinze et al., Sind die Gewerkschaften für ‚alle' da?, in: *Moderne Zeiten — alte Rezepte. Kritisches Gewerkschaftsjahrbuch 1980/81*, Berlin 1980, S. 62—77.

Prinzip der Einheitsgewerkschaft und die Gliederung nach Industrieverbänden angesehen. Im Grundsatzprogramm des DGB heißt es dazu:

„Durch die Verschmelzung verschiedener Gewerkschaftsrichtungen in der modernen Einheitsgewerkschaft wurde das Prinzip der Solidarität aller arbeitenden Frauen und Männer verwirklicht" und „erst die Vereinigung aller Arbeitnehmer in den Betrieben, Industriezweigen und in den Verwaltungen ermöglichte es, künstliche Unterschiede zwischen den einzelnen Gruppen und Ungleichbehandlungen der Arbeitnehmer zu überwinden" (Präambel des Grundsatzprogrammes des DGB von 1981).

Wurden in den klassischen sozialistischen Gewerkschaftskonzeptionen beide Prinzipien als „organisatorische Voraussetzung für eine Politik der Klasseneinheit"[3] gesehen, so scheint sie nach der Präambel bereits durch die organisatorische Zusammenfassung verwirklicht zu sein. Dieser Einschätzung wird im folgenden die These entgegengestellt, daß die organisatorische Zusammenfassung in Industriegewerkschaften notwendigerweise Vereinheitlichung *und* Fragmentierung zur Folge hat und zwar nicht aufgrund von verbandsinternen Organisations-/Repräsentationsstrukturen, sondern bedingt durch immanente Schranken, die im Industrieverbandsprinzip angelegt sind. Diese These wird zunächst auf einer allgemeinen Ebene entwickelt, durch historisch-empirische Beispiele illustriert und im weiteren Verlauf auf der betrieblichen Ebene konkretisiert.

Industriegewerkschaften vertreten die Beschäftigten in mehreren Wirtschaftszweigen, die hinsichtlich ihrer ökonomischen Entwicklung erheblich differieren. Selbst innerhalb einzelner Industriezweige lassen sich gravierende Unterschiede in der Wachstumsdynamik, Produktivitätsentwicklung, in den Rationalisierungstendenzen und Arbeitsmarktveränderungen feststellen. Entsprechend dieser verschiedenen Produktionsbedingungen unterscheiden sich auch die Qualifikations-, Lohn- und Arbeitsbedingungen der Beschäftigtengruppen. Sie sind zudem von Krise und technischen sowie arbeitsorganisatorischen Veränderungen (Arbeitsplatzverlust, Verschlechterung der Arbeitsbedingungen, Dequalifikation, Lohnminimierung) unterschiedlich betroffen; die weitere Differenzierung reicht über regionale Merkmale, Betriebsgröße, Produktpalette bis hin zu betrieblichen Abteilungen[4]. Aus der Stellung im Produktionsprozeß und den unterschiedlichen Entwicklungen und Veränderungen der Produktionsbedingungen ergeben sich spezifische, unterschiedliche Interessen der Beschäftigten, und zwar sowohl hinsichtlich quantitativer (Lohn im weiteren Sinne) als auch qualitativer Aspekte (Arbeitsbedingungen, Dequalifikation).

Industriegewerkschaften in der Bundesrepublik können diese konkreten Interessen im wesentlichen nur im Rahmen ihrer Tarifpolitik aufgreifen. Kennzeichen ihrer Vereinheitlichung von Interessen ist ihre dadurch bedingte strukturelle Begrenztheit in der Reichweite der Interessenaufnahme und -umsetzung. Die „Aggregation

---

3 Gerhard Brandt/Otto Jacobi/Walter Müller-Jentsch, *Anpassung an die Krise: Gewerkschaften in den siebziger Jahren,* Frankfurt a.M. 1982, S. 52.
4 Die IG Metall z. B. vertritt über die Hälfte aller Arbeitnehmer in so unterschiedlichen Branchen wie Maschinenbau, Elektrotechnik, Uhrenindustrie, Herstellung von Datenverarbeitungsgeräten bis hin zur Musikinstrumenten- und Schmuckindustrie.

unterschiedlicher Teilinteressen und ihre Transformation in ein einheitliches Gesamtinteresse, das gegenüber den in es eingegangenen Partialinteressen auf spezifische Weise abgehoben ist"[5] – wie Streeck die Politik der Industriegewerkschaften charakterisiert – bedeutet im Kern nicht nur einen organisationsinternen Ausgleich von Teilinteressen, sondern auch eine Ausgrenzung all jener spezifischen Interessenartikulationen, die entweder nicht hinreichend verallgemeinerbar sind oder aber aufgrund der Normierung des gewerkschaftlichen Tätigkeitsbereichs durch die Ausformung des dualen Systems der Interessenvertretung auf der tariflichen und politischen Ebene nicht zum Gegenstand von Forderungen erhoben werden können.

In diesem Sinne ist die Interessenakzeptanz der Gewerkschaften fragmentiert, weil nur Teilinteressen der Beschäftigten vertreten werden können, die konkreten spezifischen Interessen hingegen ausgeblendet und an die Lohnabhängigen und auf die betriebliche Ebene zurückverwiesen werden. Die Trennungslinie dieser Fragmentierung verläuft zwischen quantitativen und qualitativen Interessen. Zwar sind qualitative Interessen der Beschäftigten nicht von vornherein aus der Gewerkschaftspolitik ausgegrenzt. Sie in einen Forderungskatalog aufzunehmen, erfordert aber zum einen, daß eine hinreichend große Anzahl der Mitgliederschaft in gleicher Art und Weise von dieser Interessenverletzung betroffen ist, und zum anderen erfordert das Mittel Tarifpolitik, daß die Industriegewerkschaften diese qualitativen Interessen in eine quantitative, von allen konkreten Arbeitsplatzbedingungen abstrahierende Größe transformieren.

Beispielhaft läßt sich diese Transformation von qualitativen in quantitativen Forderungen im Rahmen der Rationalisierungsschutzabkommen und in neuerer Zeit an der „Humanisierungspolitik" der Einzelgewerkschaften erkennen, die allgemein als „qualitative Wende" gewerkschaftlicher Tarifpolitik bezeichnet wird. In Lohnrahmen- und Manteltarifverträgen wurden u.a. für Arbeitnehmer mit spezifischen Arbeitsbelastungen (Bandarbeit) zusätzliche Pausen, Erhol- und persönliche Bedarfzeiten sowie für Schichtarbeiter Zusatzurlaub oder zusätzliche Freischichten durchgesetzt. Diese gruppenspezifische Interessenpolitik – die übrigens nicht als Facharbeiterpolitik charakterisiert werden kann – stellt sicherlich einen qualitativen Wandel gegenüber der in den sechziger Jahren vorherrschenden Monetarisierungspolitik dar, obwohl sie weiterhin notwendigerweise quantiative Größen zum Verhandlungsgegenstand hat[6]. Ihr Ziel ist eine Reduzierung der Vernutzung von Arbeitskraft durch die generalisierende Form der Zeitbegrenzung über ihre Verfügung. Konkrete arbeitsplatzbezogene Interessen der Beschäftigten, die sich gegen verschlechternde Arbeitsbedingungen, Dequalifikation, Einschränkung der Handlungs- und Disposi-

---

5 Wolfgang Streeck, Gewerkschaftsorganisation und industrielle Beziehungen. Einige Stabilitätsprobleme industriegewerkschaftlicher Interessenvertretung und ihre Lösung im westdeutschen System der industriellen Beziehungen, in: Joachim Matthes (Hrsg.), *Sozialer Wandel in Westeuropa. Verhandlungen des 19. Deutschen Soziologentages Berlin 1979*, Frankfurt a.M. 1979, S. 208.
6 Selbst der bisher weitgehendste Versuch einer Einflußnahme auf qualitative Arbeitsbedingungen in Form einer Festlegung von Mindesttaktzeiten im Lohnrahmentarifvertrag II in der Metallindustrie von Nordwürttemberg/Nordbaden – im Tarifvertrag nicht als bindend fixiert – berührt nur *einen* Ausschnitt der konkreten Interessen dieser Beschäftigtengruppen.

tionsspielräume usw. richten, sind damit nicht abgedeckt. Sie fallen aus dem Zuständigkeitsbereich der Gewerkschaften heraus und bleiben den betrieblichen Auseinandersetzungen vorbehalten. Diese prinzipiellen Schranken in der konkreten Interessenvertretung der Mitglieder, die im Industrieverbandsprinzip angelegt sind und durch das duale System und seine sozialhistorische Ausformung noch verschärft werden, sind allen innerorganisatorischen Filter- und Einschränkungsmechanismen bereits vorgelagert. Das heißt, auch die fachlich oder betriebsspezifisch qualifizierten Arbeiter mit ihrem hohen Organisationsgrad und ihrer Überrepräsentation in gewerkschaftlichen Führungsgremien unterliegen in ihrer Interessenartikulation dieser prinzipiellen Begrenztheit des Konfliktgegenstandes, wie das die Auseinandersetzung um den Tarifvertrag bei der neuen Satztechnik in der Druckindustrie beispielhaft gezeigt hat[7]. Erst unterhalb dieser Schwelle, an der abstrakten Seite der Arbeit, läßt sich feststellen, daß das „definierte Gesamtinteresse von den segmentären Interessen dieser Mitgliedergruppen überformt wird"[8]. Das betrifft vor allem den Gesamtkomplex der Lohnunterschiede: Die Beibehaltung der relativen Lohndifferenzierung zwischen Männern und Frauen, Gelernten und Ungelernten[9] ist unmittelbar Resultat des innerorganisatorischen Interessenausgleichs, der von den Facharbeiterinteressen wesentlich bestimmt wird. Ebenfalls ist von der Dominanz spezifischer Mitgliederinteressen auch abhängig, inwieweit wenigstens Teilaspekte von qualitativen Interessen durch die Transformation in quantitative berücksichtigt werden.

Unterschiedliche gesellschaftspolitische Positionen können ebensowenig durch die formale Organisation „Einheitsgewerkschaft" aufgehoben werden, wie sich konkrete spezifische Berufs- und Arbeitsplatzinteressen der heterogenen Arbeitnehmergruppen durch eine Industriegewerkschaft vereinheitlichen lassen. Verschiedene politische Richtungen zusammenzufassen, erfordert einen innerorganisatorischen Interessenausgleich; die Interessen von Lohnabhängigen zu vereinheitlichen, verlangt die Ausgrenzung aller konkret divergierenden qualitativen Interessen.

Historisch ist bei den bundesdeutschen Gewerkschaften die Dominanz von quantitativen Forderungen in Form von Lohn- und Arbeitszeitregelungen offensichtlich. Die qualitativen Ansprüche an die Arbeit, die die Beschäftigten natürlich ebenfalls stellten, wurden hingegen außerhalb der Gewerkschaften, im Betrieb oder über den Arbeitsmarkt relativ problemlos „gelöst". Ein wesentliches Mittel war in den wirtschaftlichen Boomjahren der Arbeitsplatz-, Betriebs- und Berufswechsel. Praktisch gab es, über Fluktuation und Arbeitsmarktöffnung nach außen, ein „rollierendes System". Von 1959 bis 1974, als das Angebot an offenen Stellen um das drei- bis fünffache über den Zahlen der registrierten Arbeitslosen lag (mit Ausnahme des

---

7 Die konkreten Interessen der Setzer, die sich gegen verschlechternde Arbeitsbedingungen, monotone Arbeitsinhalte, Entwertung von erworbenen Qualifikationen, Verlust des Produktbezugs und soziale Isolation richteten, konnten in diesem Tarifvertrag nicht eingebracht werden. Geregelt wurde die abstrakte Seite der Arbeit und die formale Arbeitsplatzbesetzung, freilich in einer spezifisch diskriminierenden Art: Das Vorrecht der Setzer wurde auf Kosten der Arbeitsmarktausgrenzung von anderen Beschäftigtengruppen (Angestellte) durchgesetzt. Vgl. hierzu Hugo Reister, *Profite gegen Bleisatz. Die Entwicklung in der Druckindustrie und die Politik der IG Druck*, Berlin 1980, S. 129—153.
8 Brandt/Jacobi/Müller-Jentsch, *Anpassung an die Krise* (Anm. 3), S. 53.
9 Vgl. ebd., S. 99—117.

Rezessionsjahres 1967) und sich die Arbeitsmarktsituation *aller* Beschäftigten erheblich verbesserte, verließ ein beträchtlicher Teil der Arbeitnehmer die Arbeitsplätze und wechselte in bessere Stellungen über. Nach Angaben der Bundesanstalt für Arbeit nahmen beispielsweise im Jahre 1959 — dem ersten Jahr mit signifikantem Arbeitskräftemangel — durchschnittlich 20 % aller Arbeitnehmer einen Arbeitsplatzwechsel vor; beim Bau-, Ausbau- und Bauhilfsgewerbe lag die Quote in diesem Jahr bei 37 %[10].

Besetzt werden konnten die Arbeitsplätze mit schlechten Arbeits- und Entlohnungsbedingungen durch die neu in den Arbeitsmarkt eintretenden Beschäftigtengruppen (ca. 5 Mill. Flüchtlinge und Vertriebene, bis zu 2,6 Mill. Ausländer, rund 3 Mill. Erwerbstätige aus der Landwirtschaft, außerdem Frauen und Jugendliche). Das letzte Glied in dieser Abwälzungskette von Problemarbeitsplätzen bildeten in vielen Bereichen die Ausländer. Sie konnten, bedingt durch ihre rechtliche und soziale Bindung an den Betrieb[11] und ihres aufenthaltsrechtlich unsicheren Status, auf qualitativ schlechte Arbeitsbedingungen nicht mit Arbeitsplatzwechsel reagieren. Nach einer Untersuchung des Instituts für Produktionstechnik und Automatisierung (IPA) in Stuttgart

„ist es in den industriellen Ballungsräumen im Bereich der industriellen Fertigung zu einer Umschichtung der Belegschaften gekommen: Innerhalb von 10 Jahren (1964 bis 1974) ging die absolute Zahl der deutschen Arbeitnehmer in diesem Bereich um 50 % zurück. Die Produktion konnte nur unter Einsatz ausländischer Arbeitnehmer, deren Anteil auf bis zu 60 % anstieg, aufrechterhalten werden. Im gleichen Zeitraum wurden weniger als 4 % der männlich gewerblichen deutschen Arbeitnehmer als Arbeitskräfte in diesem Bereich gewonnen."[12]

Nach neueren Untersuchungen sind auch heute noch — obgleich die Arbeitserlaubnis nicht mehr an eine bestimmte Tätigkeit in einem bestimmten Betrieb gebunden ist — Ausländer vor allem an besonders strapaziösen und niedrig entlohnten Arbeitsplätzen eingesetzt[13]. In der Industrie ist seit den siebziger Jahren jeder zweite bis dritte Arbeitsplatz von Un- bzw. Angelernten mit einem Ausländer besetzt[14].

Bei den Facharbeitern sieht diese Entwicklung — trotz der graduellen Unterschiede zu den Un-/Angelernten — ähnlich aus, nur daß hier ein „rollierendes System" *innerhalb* dieser Qualifizierten praktiziert wurde. Das letzte Glied in der Kette war hier weniger der Ausländer (rund 300 000 von ihnen sind als Facharbeiter beschäftigt), sondern der frisch ausgebildete Jungarbeiter, der die permanent durch Auf-

---

10 Vgl. *Amtliche Nachrichten der Bundesanstalt für Arbeit*, 8. Jg., 1960, Nr. 5, S. 228–231.
11 In den beiden ersten Jahren der Arbeitsaufnahme wurde bei angeworbenen Ausländern die Arbeitserlaubnis nur für eine bestimmte Tätigkeit in einem namentlich genannten Betrieb erteilt. Gleichzeitig waren Ausländer auch durch andere Faktoren (z. B. Werksunterkünfte) an den Betrieb gebunden. Vgl. hierzu Hugo Reister, *Ausländerbeschäftigung und Ausländerpolitik in der Bundesrepublik*, Berlin 1983.
12 Gudrun Trautwein-Kalms/Gerhard Gerlach, *Gewerkschaften und Humanisierung der Arbeit. Zur Bewertung des HdA-Programms*, Frankfurt a.M./New York 1980, S. 145/146.
13 Vgl. Forschungsverbund „Probleme der Ausländerbeschäftigung", *Integrierter Endbericht*, o. O., Juli 1979, S. 21–53.
14 Ermittelt nach den Angaben in: *Qualifikation und Berufsverlauf*, Hrsg. v. Bundesinstitut für Berufsbildungsforschung und Institut für Arbeitsmarkt und Berufsforschung der Bundesanstalt für Arbeit, Sonderveröffentlichung, Berlin 1981.

stiegs-, aber auch durch Arbeitsplatz- und Berufswechsel freiwerdenden Facharbeiterplätze als Nachrücker auf der untersten Stufenleiter wieder besetzte. Praktisch kann heute „jeder Arbeitsplatz in der Metallindustrie — auch der eines Ungelernten — durch einen Facharbeiter besetzt werden"[15]. Insgesamt gab es unter den deutschen Erwerbstätigen im Jahre 1979 8,4 Mill. ausgebildete Facharbeiter, aber nur 3,8 Mill., also 45 %, waren auch tatsächlich als Facharbeiter beschäftigt. Rund 3,1 Mill. Facharbeiter sind mit oder ohne Zusatzausbildung in andere Statusgruppen (Angestellte, Beamte) übergewechselt, und etwa 870 000 waren zuletzt als un- bzw. angelernte Arbeiter beschäftigt[16].

Qualitative Ansprüche und Interessen an die Arbeit waren in den sechziger und siebziger Jahren also durchaus vorhanden. Konnten sie am Arbeitsplatz nicht realisiert werden, so machte es der permanente Arbeitskräftemangel für viele möglich — und zwar für Facharbeiter *und* An-/Ungelernte — auf bessere Arbeitsplätze überzuwechseln. Daß belastende Arbeitstätigkeiten in der Bundesrepublik — im Gegensatz zum Beispiel zu Italien — nicht zum Problem wurden, ist, so die These, in diesem „rollierenden System" mitbegründet. Die Monetarisierungspolitik in Form von Lohnzuschlägen für belastende Tätigkeiten entsprach durchaus auch dem individuellen Reproduktionsinteresse von großen Teilen der Ausländer, in möglichst kurzer Zeit möglichst viel Geld zu verdienen. Kollektive Aktionen (wie in den wilden Streiks des Jahres 1973) richteten sich nicht gegen die Lohnzuschläge oder gegen belastende Arbeitsbedingungen an sich, sondern primär gegen das Verhältnis Arbeitsbelastung — Entlohnung, das die Ausländer — verglichen mit den deutschen Beschäftigten — diskriminierte.

Die Umsetzung qualitativer — und natürlich auch quantitativer — Interessen über den Ausweg eines Arbeitsplatz-, Betriebs- oder Berufswechsels ist nicht nur von zahlreichen weiteren Faktoren abhängig (Alter, Beruf, Bildungsgrad, Gesundheitszustand, Region, Branche usw.), sondern auch vom Inhalt her begrenzt. Letztlich entscheidet sich im Betrieb, welchen der potentiell in Betracht kommenden Arbeitsplätze der einzelne einnimmt und welchen Belastungen und Anforderungen er in Relation zur Lohnhöhe ausgesetzt ist. Der Arbeitsplatzwechsel stellt nur *ein* — in der historischen Entwicklung der Bundesrepublik jedoch bedeutsames — Reaktionsmuster bei Anspruchsdefiziten an die Arbeit dar.

In der wirtschaftlichen Krise, bei stagnierender oder schrumpfender Produktion und hoher Arbeitslosigkeit ist dieses Mittel außer Kraft gesetzt. Da die Gewerkschaften mit der Tarifpolitik diesen Interessenbereich nicht bzw. nur teilweise in generalisierender Form beeinflussen können, gewinnt die betriebliche Ebene für die Auseinandersetzungen sowohl zwischen Kapital und Arbeit als auch innerhalb der Arbeiterschaft an Bedeutung. Die vielfältigen Auswirkungen der Krise und Produktionsumstrukturierungen in Form von Entlassungen, Umsetzungen, Abgruppierungen, Leistungserhöhungen usw. verschärfen die innerbetrieblichen Konflikte und erweitern die Konfliktfelder.

15 *Handelsblatt* v. 16.3.1982, S. 20.
16 Vgl. *Handelsblatt* v. 8.7.1981, S. 5.

2. Krisenbewältigung und Arbeiterverhalten im Betrieb

Die betriebliche Ebene ist in der jüngeren Gewerkschaftsanalyse wieder stärker in das Blickfeld der Untersuchungen gerückt und zwar im Hinblick auf die Frage, warum und wie sich ,,die Beschäftigungskrise derart lautlos und konfliktarm an jenem Ort durchsetzt, an dem am ehesten kollektive Gegenwehr möglich wäre: im Betrieb"[17]. Wurden die spontanen betrieblichen Streikbewegungen von 1969 bis 1974 als der ,,Beginn einer Phase ständig zunehmender ökonomischer und politischer Kämpfe der westdeutschen Arbeiterklasse"[18] interpretiert, so hat die reale Entwicklung die ,,unterstellte Linearität der Lernprozesse der Lohnarbeiter"[19] offensichtlich widerlegt: Nicht militante Auseinandersetzungen, sondern vielmehr ein Anpassungsverhalten an die veränderten ökonomischen Bedingungen kennzeichnet das Verhalten der Lohnabhängigen in der Krise.

Eine zentrale Erklärung für diese Entwicklung sehen die meisten Autoren in der spezifischen Krisenabwälzungsstrategie der Unternehmer: ,,Stammbelegschaften", die als identisch mit den gewerkschaftlichen Kerngruppen (Facharbeiter) gesehen werden, blieben von Entlassungen weitgehend verschont; die Krisenfolgen würden vielmehr auf die schwächer organisierten und deshalb als weniger konfliktfähig eingestuften ,,Randbelegschaften" abgewälzt. Den Betriebsräten wird in diesem Prozeß eine mehr oder weniger aktive Rolle zugeschrieben: Aufgrund der sozialen Zusammensetzung dominierten Facharbeiterinteressen in der betrieblichen Interessenvertretung, und die Krisenabwälzungsstrategie sei das Ergebnis einer spezifischen Schutzpolitik dieser Mitgliedergruppen.

Im Kern stellt die These von der Krisenabwälzungsstrategie auf Randgruppen eine Ausweitung der Argumentation vom ,,korporatistischen Block" dar.

Wurde dieser Begriff gebildet, um die spezifische Einbindung der Gewerkschaftsführung auf der Branchen- bzw. Regionalebene in ein ,,Krisenkartell" von Kapital und Staat zu kennzeichnen, und war es für die selektive Krisenabwälzung charakteristisch, die Folgewirkungen auf den gewerkschaftlichen ,,Rand" zu verlagern, so wird nun in dieser Argumentation der ,,korporatistische Block" auf die Ebene des Einzelbetriebs ,,verlängert" und als ,,kooperative Regulierungsform" zwischen Betriebsleitung und betrieblicher Interessenvertretung mit gleichen Selektionsmechanismen identifiziert. Der Betriebsrat wirke als Träger einer solchen Krisenabwälzungsstrategie konfliktmindernd, weil er die Interessen der krisenbetroffenen Randbelegschaften nicht vertrete und Protestpotentiale bereits im Vorfeld ,,kleinarbeite" (ausfiltere), aber auch weil er durch die Selektionsmechanismen eine Vereinheitlichung der Widerstandsformen zwischen den Beschäftigtengruppen verhindere, also eine Spaltung in Fraktionen betreibe.

---

17 Rainer Dombois, Stammarbeiter und Krisenbetroffenheit, in: *Prokla,* 36, 9. Jg., 1979, S. 162.
18 Richard Herding/Berndt Kirchlechner, *Lohnarbeiterinteressen: Homogenität und Fraktionierung,* Frankfurt a.M./New York 1979, S. 289.
19 Ebd., S. 309.

Im folgenden wird auf der Grundlage der Ergebnisse von Branchenanalysen und betrieblichen Fallstudien untersucht, ob sich diese Krisenabwälzungsstrategie verallgemeinern und die zentrale Rolle der betrieblichen Interessenvertretung als Selektionsinstanz bestätigen läßt. Zugleich sollen Auswirkungen der Krise auf Einstellung und Verhalten von Arbeitern und deren Erwartungen an Gewerkschaften und Staat anhand von verschiedenen Befragungen und im Hinblick auf mögliche Konfliktpotentiale dargestellt werden.

2.1. Krisenabwälzungsstrategien

Beim Beschäftigtenabbau werden anzeigepflichtige Massenentlassungen von Großfirmen soweit wie möglich vermieden. Erst wenn Nichtbesetzung freiwerdender Stellen, Einzelkündigungen, Kurzarbeit, Frühverrentungen und (teilweise) Aufhebungsverträge zur Beschäftigtenanpassung an das veränderte Produktionsvolumen nicht ausreichen, wird auf dieses Mittel zurückgegriffen. Bei der Auswahl der Entlassungen läßt sich in der Tat in vielen Fällen eine Selektion nach Qualifikation, Nationalität und Geschlecht usw. feststellen. Während die Betriebsleitungen Facharbeiter „horten" — auch wenn sie anschließend umgesetzt und nicht mehr entsprechend ihrer Qualifikation weiterbeschäftigt werden —, sind die sogenannten Randbelegschaften besonders betroffen:

„Stets waren Arbeiter mehr betroffen als Angestellte, Un- und Angelernte mehr als Facharbeiter bzw. Akkordlöhner mehr als Zeitlöhner und in allen Betrieben, die in nennenswertem Umfang ausländische Arbeitnehmer beschäftigten, traf diese der Arbeitsplatzverlust in überproportionalem Maße."[20]

Ähnlich wie bei dieser Untersuchung über die Entlassungen in der Automobilindustrie 1974/75 lauten auch die Ergebnisse in anderen Branchen: Der Arbeitsplatzverlust in der Strukturkrise der Uhrenindustrie traf insbesondere ausländische Arbeitskräfte und Frauen[21], und auch beim Beschäftigtenabbau auf den Werften waren Ausländer überproportional betroffen[22].

Allerdings können diese Aussagen nicht verallgemeinert werden — weder im Hinblick auf das höhere Risiko von Ausländern bei Entlassungen noch auf die Hortung von Facharbeitern. Gerade in Branchen mit hoher Beschäftigtenreduktion und hoher Ausländerquote lassen sich Gegenbeispiele anführen. In den Jahren 1977—80 wurden in der Eisen- und Stahlerzeugung 29 000 oder 8 %, in den Gießereien fast 7 000 (5 %) der Arbeitsplätze vernichtet, ohne daß Ausländer hiervon betroffen waren. Ihre Beschäftigtenzahl blieb in diesem Zeitraum konstant. Auch vom Beschäf-

---

20 Rainer Schultz-Wild, *Betriebliche Beschäftigungspolitik in der Krise*, Frankfurt a.M./New York 1978, S. 274.
21 Vgl. Josef Esser, *Gewerkschaften in der Krise*, Frankfurt a.M. 1982, S. 144—148.
22 Vgl. Michael Schumann et al., *Rationalisierung, Krise, Arbeiter. Eine empirische Untersuchung der Industrialisierung auf der Werft*, Frankfurt a.M. 1982, S. 474—480.

tigtenabbau in der Textilindustrie mit 21 000 (6 %) und bei der Eisenbahn mit fast 16 000 (9 %) waren Ausländer in diesen drei Jahren unterproportional betroffen[23].

Ebenso gibt es gegenläufige Tendenzen zur Selektion nach Qualifikation und Geschlecht. Bei der Rationalisierung der Satztechnik in der Druckindustrie läßt sich eine „Hortung" von den gewerkschaftlichen „Kern" bildenden Setzern nicht feststellen[24]. In den siebziger Jahren „wurde in der Elektrotechnik die Zahl der männlichen Arbeiter sogar geringfügig stärker als die der weiblichen verringert. Besonders betroffen waren — ebenfalls im Gegensatz zu den allgemeinen Trends — die qualifizierten männlichen Arbeiter."[25] Auch die Betriebsuntersuchungen in der Werftindustrie belegen einen überproportionalen Beschäftigtenabbau bei Teilen der Stammbelegschaften infolge betrieblicher Rationalisierungsprozesse[26].

Diese gegensätzlichen Entwicklungen relativieren die Hypothese von der Krisenabwälzung in ihrer Allgemeingültigkeit und zeigen zugleich die Schwierigkeiten in der Begrifflichkeit auf: Für einen analytischen Ansatz ist bisher weitgehend unklar, wo die Abgrenzungskriterien zwischen „Stamm" und „Rand" verlaufen (Selbsteinschätzung der Beschäftigten, Betriebszugehörigkeit, strategische Stellung durch berufliche oder betriebliche Qualifikation, Geschlecht, Nationalität, gewerkschaftlicher Organisationsgrad und quantitative Bedeutung der Beschäftigtengruppen usw.)[27]. Bisher scheint dieses Problem mehr pragmatisch durch eine ex-post-Definition gelöst worden zu sein: Vereinfacht ausgedrückt, bildeten die bei einer Strukturkrise im Betrieb Weiterbeschäftigten den „Kern", die Entlassenen den „Rand". Offensichtlich beeinflussen jedoch sowohl technisch-organisatorische Rationalisierungen als auch Rationalisierungsstand, Produktionsstruktur, Wettbewerbsfähigkeit bis hin zu lokalen Arbeitsmarktbedingungen die Quantität und Qualität der Personalveränderungen. Insofern unterliegt die Definition der Stammbelegschaft selbst prozeßhaft dem ökonomisch-technischen Strukturwandel und der Konkurrenzfähigkeit und läßt sich nicht als fixe Größe begreifen[28].

---

23 Die Zahlen beziehen sich jeweils auf den Stichtag 30. Juni und wurden berechnet nach den Angaben in: *Amtliche Nachrichten der Bundesanstalt für Arbeit*, H. 4, 1978; H. 3, 1981.
24 Vgl. Reister, *Profite gegen Bleisatz* (Anm. 7), S. 114—116.
25 Ulrich Billerbeck et al., *Neuorientierung der Tarifpolitik? Veränderungen im Verhältnis zwischen Lohn- und Manteltarifpolitik in den siebziger Jahren*, Frankfurt a.M./New York 1982, S. 84.
26 „Die Rohrschlosser allerdings, obwohl durchaus zur Stammbelegschaft gehörig, mußten allein in den Jahren 1976 und 1977 eine Reduktion von 20 % ihrer Arbeitsplätze hinnehmen." Schumann et al., *Rationalisierung, Krise, Arbeiter* (Anm 22), S. 474.
27 Bei Esser wird z. B. der Begriff „Kernarbeiter" nur für die prosperierenden Weltmarktbranchen verwendet. Inhaltlich bezieht er den Begriff auf die Facharbeiter und „zahlreiche an- und ungelernte Arbeiter", die „sich durch betriebsspezifische Qualifikationen für diesen Sektor unentbehrlich gemacht haben"; Esser, *Gewerkschaften in der Krise* (Anm. 21), S. 282, Anm. 34.
28 Der überproportionale Anstieg an arbeitslosen Facharbeitern im Jahre 1981 weist auf diesen Sachverhalt hin.

2.2. Zur Rolle des Betriebsrats beim Beschäftigtenabbau

Das betriebliche Managment als Handlungsträger der Personalpolitik bestimmt nach seinem Interesse die Selektion bei Entlassungen. Der Betriebsrat hat weder rechtlich noch in der Praxis wesentlichen Einfluß bei der Festlegung der Betroffenengruppen. Seine Mitsprache beschränkt sich auf die im Kündigungsschutzgesetz festgelegten sozialen Kriterien. Die weit verbreitete Annahme, die betriebliche Interessenvertretung spiele eine aktive Rolle bei der Krisenabwälzung auf die geringer organisierten „Randbelegschaften" im Sinne der dominierenden Facharbeiterinteressen, läßt sich empirisch auch kaum in den Branchen und Betrieben belegen, wo dieser „Rand" tatsächlich von Arbeitslosigkeit besonders betroffen ist. Diese These unterstellt den Facharbeitergruppen und „ihrer" Interessenvertretung einen Machteinfluß auf die Strukturierung des betrieblichen Arbeitsmarktes gegen die Selektionsinteressen des Managments, den sie gerade in der Krise aufgrund mangelnder Sanktionsmöglichkeiten nicht hat.

Die Krisenabwälzung auf die „Randbelegschaften" durch die betriebliche Selektion des Managements ist in diesen Branchen vorwiegend durch ökonomische Effizienzkriterien bestimmt: Die Weiterbeschäftigung qualifizierter Arbeitskräfte ermöglicht — auch bei zunächst berufsfremden Tätigkeiten — eine größere Flexibilität und innerbetriebliche Mobilität in der Einsatzplanung, also eine zusätzliche Qualifikationsreserve, die nichts kostet[29], da das Lohnniveau der Beschäftigten entsprechend den neuen Arbeitsplätzen festgelegt wird[30].

Inwieweit die Betriebsleitung mit dieser Krisenabwälzungsform auch zugleich eine Konfliktminderung und eine bewußte Integration durch Anpassung des artikulationsfähigsten und organisiertesten Teils der Arbeiterschaft bei Entlassungen verfolgt und damit eine Verfestigung ihrer betrieblichen Bindung und ihrer privilegierten Position anstrebt, läßt sich kaum empirisch belegen, obwohl zahlreiche Autoren diesen Aspekt in ihrer Interpretation in den Mittelpunkt rücken[31]. Faktisch hätte diese Unternehmerstrategie eine Stärkung der organisierten Arbeiterschaft und eine Erhöhung der latenten betrieblichen Konfliktpotentiale durch Umsetzungen, Herabgruppierungen und vor allem durch den „Reduktionsfall" der Realisierung arbeitsinhaltlicher, subjektiver Fähigkeiten bei den Facharbeitern zur Folge; diese „Nebenwirkungen" einer solchen Unternehmerpolitik aber würden wohl kaum eine

---

29 Zeitlich befristete Lohngarantien bei Umsetzungen stellen eher die Ausnahme als die Regel dar und verschieben lediglich die Kostensenkung.

30 Die Grenze dieser „Hortung" verläuft offensichtlich dort, wo durch technische Rationalisierungen die beruflichen und betrieblichen (Spezial-)Qualifikationen gänzlich obsolet werden und anderweitig im Betrieb nicht einmal teilweise angewendet werden können (z. B. Rohrschlosser auf der Werft) bzw. wo die Facharbeiter nicht bereit (z. B. Setzer) oder in der Lage sind (Gesundheitszustand, Alter), die zumeist belastenderen und restriktiveren Tätigkeiten von An- oder Ungelernten auszuführen (z. B. Frauenarbeit am Fließband in der Elektrotechnik). Zusätzliche Schranken ergeben sich für diese Umsetzungsstrategien durch das quantitative Ausmaß des Beschäftigtenabbaus und durch die vorgegebene Beschäftigtenstruktur.

31 Vgl. z. B. Rainer Dombois, Massenentlassungen bei VW: Individualisierung der Krise, in: *Leviathan*, 4. Jg., 1976, H. 4, S. 432—464; Heinze et al., Sind die Gewerkschaften für ‚alle' da? (Anm. 2), S. 63; Hoffmann, Einheitsgewerkschaft (Anm. 1), S. 14.

konflikthaftere Auseinandersetzung bei der Entlassung von Facharbeitern „aufwiegen" — es sei denn, der Widerstand von Facharbeitern wird so hoch veranschlagt, daß ein Beschäftigtenabbau nur über Randbelegschaften durchsetzbar ist. Die relativ konfliktfreie Arbeitsplatzvernichtung in jüngster Zeit und die erwähnten Beispiele und Untersuchungen über Arbeiterverhalten in der Krise sprechen gegen diese Einschätzung.

Die sekundäre Rolle des Betriebsrats beim Schutz vor Entlassungen wird auch bei Befragungen von Industriearbeitern deutlich: In den vorliegenden Untersuchungen wird der betrieblichen Interessenvertretung der geringste Stellenwert bei der Sicherung von Arbeitsplätzen beigemessen[32].

Das Handeln der betrieblichen Interessenvertretung ist weniger an dieser Fraktionierungsdurchsetzung orientiert als vielmehr an der generellen Vermeidung von sozialen Härten einerseits und an betriebswirtschaftlichen Kriterien andererseits. Entlassungen, Einkommenssenkungen und Verschlechterung der Arbeitsbedingungen durch den Abbau von Überstunden, Kurzarbeit, Umsetzungen und Herabgruppierungen können von Betriebsräten nicht prinzipiell verhindert werden. Als Strategien zur sozialen Folgereduzierung lassen sich Einstellungsstopp, Frühverrentungen, finanzielle Abfindungen (Sozialplan), Aufhebungsverträge, Entlassungsreduzierungen bzw. ihre zeitliche Streckung und die Berücksichtigung sozialer Aspekte dabei (familiale und soziale Situation, Betriebs- und Lebensalter) sowie Beschäftigungsgarantien für die im Betrieb Verbliebenen identifizieren[33].

Die stärkere Ausrichtung auf den Betrieb und auf betriebswirtschaftliche Bedingungen läßt sich als Reaktion auf die veränderte ökonomische Entwicklung begreifen und kennzeichnet das Dilemma der Betriebsräte: Zum einen versuchen sie ihre Wählerbasis vor den Folgewirkungen der Krise zu schützen, wobei ihre Mitwirkung jedoch begrenzt und eingeschränkt ist, zum anderen ist ihnen bewußt, daß in der Krise der Bestand der Belegschaft unmittelbar von der Verbesserung der betrieblichen Verwertungs- und Konkurrenzbedingungen abhängig ist. Bei reduzierter Produktion bedeutet das nicht nur Beschäftigtenabbau, sondern auch relative Kostenreduktion beim Produktionsfaktor Arbeit. Dieses Lavieren zwischen sich widersprüchlichen Interessen kommt nach „innen" in der meist protestlosen Hinnahme von Teilentlassungen, Leistungserhöhungen, der Kürzung übertariflicher Zulagen und betrieblicher Sozialleistungen sowie dem „Aussieben" von Arbeitnehmern mit einem „schlechten Profilbild" („schwarze Schafe", die als „Krankfeierer", „Faulenzer", „Meckerer" usw. bezeichnet werden) zum Ausdruck. Nach „außen" artikuliert sich dieses betriebsbezogene Interesse in Handlungsmaßnahmen zur Verbesserung der Auftragslage. Sie reichen von der Standardforderung von Betriebsräten in der Krise nach Rückverlagerung von Fremdaufträgen in den Betrieb[34] bis hin zu Aktivi-

---

32 Vgl. Dombois, Stammarbeiter (Anm. 17), S. 172; Schumann et al., *Rationalisierung, Krise, Arbeiter* (Anm. 22), S. 499—521.
33 Vgl. Eckart Hildebrandt, Feuern ohne zu Heuern. Betriebs- und Personalpolitik in der Krise. Am Beispiel der Automobilindustrie, in: *Prokla*, 26, 6. Jg., 1976, S. 151—191; Hans Gerhard Mendius/Rainer Schultz-Wild, Personalabbau und Interessenvertretung durch den Betriebsrat, in: *Leviathan*, 4. Jg., 1976, H. 4, S. 465—484.
34 Vgl. z. B. Schumann et al., *Rationalisierung, Krise, Arbeiter* (Anm. 22), S. 475.

täten für neue Aufträge oder verbesserte Produktionsbedingungen (Subventionen usw.) bei entsprechenden (staatlichen) Stellen[35].

Diese Betriebsratsstrategien lassen sich keineswegs als selektive Interessenpolitik für „Kernbelegschaften" begreifen[36]. Sie sind nicht per se berufsgruppenspezifische Maßnahmen, und eine spezifische Schutzpolitik für den im Betrieb verbliebenen „Stamm" gegen verschlechterte Arbeits- und Entlohnungsbedingungen wird in den vorliegenden Untersuchungen nicht nachgewiesen. Vielmehr lassen sich diese Strategien als eine nach außen gerichtete Abschottungspolitik des betrieblichen Arbeitsmarktes insgesamt begreifen, dessen Wirkung in der Externalisierung der Krisenfolgen auf Nicht-Betriebsmitglieder besteht (Beschäftigte der Fremdfirmen, Ausschließung der Arbeitssuchenden) und dessen Ziel die Verbesserung der Konkurrenzfähigkeit des Betriebs ist. Es wird also nicht behauptet, daß die betriebliche Interessenvertretung nicht in vielen Fällen eine Facharbeiterinteressenvertretung darstellt, wohl aber, daß diese Interessen in der Krise aufgrund des verengten betrieblichen Handlungsspielraums bei der betrieblichen Arbeitsmarktpolitik nicht „autonom" durchsetzbar sind.

2.3. Einstellungsveränderungen der Beschäftigten in der Krise

Die Position der Belegschaften in den Betriebsuntersuchungen läßt sich nicht überwiegend nur mit Angst, Hilflosigkeit oder Resignation umschreiben — was zugleich real stattfindet, sind tiefgreifende Anpassungs- und Unterordnungsprozesse an wirtschaftliche Imperative, die eher potentiell Interessenidentitäten zwischen Belegschaftsteilen und Betrieb konstituieren, als ein auf gesellschaftliche Veränderung zielendes Bewußtsein.

Deutlich wird diese enge Kopplung in der hohen Bereitschaft zur Rücknahme bisher realisierter Ansprüche. Hatten bereits Herding/Kirchlechner in ihrer 1970/71 durchgeführten Studie festgestellt, daß sich die Arbeiter in ihren Lohnforderungen primär an der Gewinnentwicklung des Unternehmens und weniger am Preisanstieg orientieren[37], so erscheint es nun nicht nur folgerichtig, sondern im Interesse der Sicherung des eigenen Arbeitsplatzes geradezu zwingend, in der Krise auch bei negati-

---

35 Vgl. ebd., S. 521; Hildebrandt, Feuern ohne zu Heuern (Anm. 33), S. 189.
36 Diese These wird vor allem mit dem Sachverhalt begründet, daß Aufhebungsverträge — teilweise mit Hilfe von Drohungen betrieblicher Vorgesetzten — insbesondere von den „Randbelegschaften" wahrgenommen werden, faktisch also auf sie die Krisenfolgen „abgewälzt" werden. Inhaltlich ist diese Feststellung zutreffend, aber der Bezugspunkt der Bewertung ist eine abstrakte Vorstellung von „Einheit", als ob der Betriebsrat die Krisenfolgen verhindern oder auf alle Beschäftigtengruppen gleichmäßig „verteilen" könnte. Die reale „Alternative" zu den Aufhebungsverträgen wäre nicht Entlassungsstop oder Egalisierung, sondern in diesen Fällen, aufgrund der betrieblichen Machtverhältnisse, die Einzelentlassungen der „Randgruppen" ohne finanzielle Abfindung. In der Krise 1974/75 wurden nur von 4 % der Unternehmer, die Entlassungen vornahmen, Aufhebungsverträge angeboten oder Sozialpläne aufgestellt, und bei einigen Betrieben wurden bei Aufhebungsaktionen Facharbeiter vom betrieblichen Management ausdrücklich von der Annahme ausgeschlossen.
37 Vgl. Herding/Kirchlechner, *Lohnarbeiterinteressen* (Anm. 18), S. 134.

ver Entwicklung diesen Bezugspunkt einzubehalten. Schumann u. a. ermittelten bei ihrer Befragung eine

„hohe Bereitschaft zur Hinnahme von Arbeitsverschlechterungen und Lohneinbußen. Nahezu alle Befragten erklärten sich ohne jede Einschränkung (50 %) bzw. mit gewissen Einschränkungen (35 %) mit Versetzungen im Betrieb einverstanden, die mit einer Verschlechterung ihrer Arbeitsbedingungen verbunden sind; nur 8 % würden eine solche Versetzung nicht akzeptieren. Und zwei Drittel würden auch begrenzte Lohneinbußen hinnehmen, gegenüber knapp einem Viertel, die dies für sich ausschließen."[38]

Diese Rücknahme von Ansprüchen läuft nun nicht darauf hinaus, die eigene Interessendurchsetzung aufzugeben, sondern — so paradox es auch erscheinen mag — auf eine Sicherung der eigenen Reproduktionsfähigkeit:

„Die Bereitschaft zur Anspruchsreduktion ist aus der Sicht der Arbeiter mehr als bloß Anpassung an den ‚Zwang der Verhältnisse' bei ungünstigen Kräfteverhältnissen zwischen Lohnarbeit und Kapital, sie verstehen sie vielmehr im Sinne einer längerfristigen Bestandssicherung ihrer eigenen Beschäftigungsinteressen — angesichts gravierender ökonomischer Probleme will man nicht durch übermäßige Forderungen dazu beitragen die Betriebe ‚kaputtzuwirtschaften'. Den ‚doppelt freien Lohnarbeitern' ist durchaus klar, daß sie, die vom Verkauf ihrer Arbeitskraft leben und ihre Familie ernähren, auf die Nachfrager nach dieser Arbeitskraft angewiesen sind, daß sie insofern von der Existenz des sie beschäftigenden Betriebs abhängen. Das Arbeitsplatzinteresse setzt sich um in ein Interesse an der Erhaltung des Betriebs."[39]

Unabhängig davon, wie die einzelnen Krisenerklärungen der Arbeiter lauten[40], sieht der überwiegende Teil der Belegschaft weder für sich noch für den Betriebsrat eine eigenständige Handlungsperspektive. Die Krisenüberwindung wird von den Arbeitnehmern allein in der Verbesserung der betrieblichen Konkurrenzbedingungen gesehen. Kollektive Aktionen gegen das Unternehmen scheitern nicht nur an der mangelnden Bereitschaft, sondern werden als geradezu widersinnig eingeschätzt, da sie dem Ansatz der „gemeinsamen" Krisenüberwindung entgegenstehen. Teilentlassungen werden nicht nur hingenommen, sondern als notwendige Voraussetzung zur Gesundung des Betriebes und damit zum Erhalt der restlichen Arbeitsplätze als „angemessen" unterstützt, teilweise sogar gefordert[41].

Diese tendenzielle Kongruenz zwischen Betriebs- und Beschäftigungsinteresse geht einher mit einer Ausgrenzung und „reduktionistischen Wahrnehmung" (Zoll u. a.) der sozialen Situation von Arbeitslosen und einer verschärften Konkurrenz zwischen den Lohnarbeitern. Nach der von Schumann u. a. 1977/78 durchgeführten Untersuchung hält „nur ein Fünftel der Befragten die materielle Absicherung für die Arbeitslosen für unzureichend"[42] und — ebenso wie bei Zoll u. a. — stuft ein Drittel (!) der Arbeiter die Arbeitslosen als arbeitsunwillig ein, nach dem Vorurteil: „Wer

---

38 Schumann et al., *Rationalisierung, Krise, Arbeiter* (Anm. 22), S. 503.
39 Ebd., S. 529.
40 Wobei die Thematisierung des Zusammenhangs zwischen Kapitalinteressen, kapitalistisches Wirtschaftssystem und Krise die Ausnahme darstellt. Vgl. Rainer Zoll (Hrsg.), *Arbeiterbewußtsein in der Wirtschaftskrise*, Erster Bericht: *Krisenbetroffenheit und Krisenwahrnehmung*, Köln 1981, S. 149–165.
41 Vgl. Schumann et al., *Rationalisierung, Krise, Arbeiter* (Anm. 22), S. 522.
42 Ebd., S. 490, ähnlich Zoll, *Arbeiterbewußtsein* (Anm. 40), S. 119–124.

Arbeit sucht, der findet Arbeit".[43] Dieser Teil der Arbeiter fordert autoritär-disziplinierende Maßnahmen des Staates, und die Vorschläge reichen von der Einführung der Zwangsarbeit in Lagern bis hin zur staatlich gelenkten Massenausweisung ausländischer Arbeitnehmer und der Hoffnung auf einen „kleinen Adolf Hitler"[44].

2.4. Staat und Gewerkschaften als Krisenlösungsinstanzen? Erwartungen der Arbeiter

Die Einstellungen und Erwartungen der krisenbetroffenen Belegschaften gegenüber Staat und Gewerkschaften als Krisenlösungsinstanzen kann man als „begrenzte Hoffnung mit geringer Realisierungschance" umschreiben. In der Befragung von Herding/Kirchlechner „lassen sich keine Hinweise für ‚überschüssige' Erwartungen an den Staat finden, die durch die Ideologie des ‚geplanten Kapitalismus' erzeugt worden wären. Die Mehrheit der befragten Arbeiter und Angestellten setzt keine allzu große Erwartungen in die ökonomische Steuerungsfähigkeit des Staates."[45] Selbst bei den Werftarbeitern, wo der Staat als Auftraggeber und Struktursanierer bisher eine beachtliche Rolle spielte, läßt sich keine Staatsillusion feststellen:

„Die Mehrheit der Befragten geht davon aus, daß die ökonomischen Verursachungsmomente der Krise ihre prinzipielle Beeinflussung durch die politischen Institutionen nicht zulassen und der Staat allenfalls zur Minderung und Verkürzung der krisenhaften Entwicklung sowie zur Linderung ihrer Folgen, nicht aber zu ihrer Überwindung oder Verhinderung imstande ist. Aus den insgesamt begrenzten Ansprüchen dieses Staatsverständnisses erklärt sich der realistische Umgang der Arbeiter mit der politischen Macht..."[46]

Ähnlich skeptisch wie die Rolle des Staates wird auch der Beitrag der Gewerkschaften zur Abwehr der Krise und ihrer negativen Folgen eingeschätzt. Von der Mehrheit der Lohnarbeiter werden die Gewerkschaften „nicht als Kampforganisation gegen Kapital und Staat verstanden, sondern als eher defensive Vertreter der Arbeitsplatzinteressen im Rahmen der gegebenen gesellschaftlichen Verhältnisse"[47].

Bei veränderten wirtschaftlichen Bedingungen wird von den Gewerkschaften keine eigenständige Krisenlösungspolitik erwartet, weil sie — so die Einschätzung der Werftarbeiter —, ebenso wie die betriebliche Interessenvertretung und die Belegschaft, über keine direkten Interventionsmöglichkeiten verfügen. Lediglich in einer gezielten Arbeitszeitpolitik und in der mittelbaren Einflußnahme auf Staat und Regierung zugunsten von Subventionen und Aufträgen sehen die Arbeiter Handlungsmöglichkeiten für die Gewerkschaften. Obwohl die Einflußnahme auf Staat und Regierung nur mit geringen Hoffnungen verbunden ist, kann jede diesbezügliche Maßnahme der Gewerkschaften mit der Unterstützung der Arbeiterschaft rechnen.

---

43 Vgl. ebd., S. 188 (Zoll spricht von einem Viertel der Befragten); Schumann et al., *Rationalisierung, Krise, Arbeiter* (Anm. 22), S. 514.
44 Ebd., S. 515.
45 Herding/Kirchlechner, *Lohnarbeiterinteressen* (Anm. 18), S. 294.
46 Schumann et al., *Rationalisierung, Krise, Arbeiter* (Anm. 22), S. 530/531.
47 Herding/Kirchlechner, *Lohnarbeiterinteressen* (Anm. 18), S. 224.

Zusammenfassend ist festzustellen:
Die Krisenabwälzung auf „Randbelegschaften" läßt sich nicht als dominante Strategie der Konfliktminimierung begreifen. Empirisch lassen sich Gegenbeispiele anführen, und in den Branchen, wo eine „Hortung" von Facharbeitern tatsächlich zu verzeichnen ist, sind primär ökonomische Effizienzkriterien des betrieblichen Managements dafür ausschlaggebend und nicht die machtvolle Interessendurchsetzung der Facharbeiter über die betriebliche Interessenvertretung. Die These von der Krisenabwälzung auf den „Rand" unterstellt dem Betriebsrat eine gruppenspezifische Steuerung des betrieblichen Arbeitsmarktes und dem „Kern" eine hohe Konfliktbereitschaft und -fähigkeit in der Krise: Beides läßt sich in den Betriebsuntersuchungen nicht belegen. Die traditionellen Fraktionierungen zwischen Gelernten und Ungelernten werden eher brüchig und in der Krise durch andere Konfliktlinien überlagert. Sie verlaufen zwischen Betriebsmitgliedern und Nichtmitgliedern sowie innerhalb der Arbeiterschaft quer durch alle Berufsgruppen.

Für die Arbeiter ist der Betriebsrat kein relevanter Faktor zur Sicherung der Arbeitsplätze, und die dargestellten Betriebsratsstrategien versuchen die Krisenfolgen für alle Betroffenen sozial abzuschwächen bzw. auf Nicht-Betriebsmitglieder abzuwälzen. Bei den Beschäftigten läßt sich kein potentieller Widerstand gegen die Auswirkungen der Krise feststellen. Kennzeichnend ist vielmehr eine hohe Bereitschaft zur Anspruchsreduktion durch verschlechterte Arbeits- und Entlohnungsbedingungen, die Hinnahme von Entlassungen und eine tendenzielle Kongruenz zwischen Betriebs- und Beschäftigungsinteresse. Einher geht mit dieser Einstellung bei der Mehrheit eine Ausblendung der sozialen Situation der Arbeitslosen, die teilweise mit „persönlichen Schuldzuweisungen" (Zoll u. a.) gekoppelt ist, und eine verschärfte Konkurrenz innerhalb der Arbeiterschaft.

Brüche zwischen den Erwartungen der Beschäftigten und der realen Betriebsratspolitik lassen sich ebensowenig ausmachen wie Differenzen zur realen Politik des Staates. Seine ökonomische Steuerungsfähigkeit wird gering eingeschätzt. Die Mehrheit sieht weder für sich noch für ihre betriebliche oder gewerkschaftliche Interessenvertretung direkte Handlungsmöglichkeiten zur Krisenbewältigung. Ihre Perspektive ist „überwiegend angesiedelt in der Logik und im Rahmen marktwirtschaftlicher Ordnung"[48] und hat die Verbesserung der Konkurrenzfähigkeit des Betriebes zum Ziel.

Das überraschendste Ergebnis dieser Arbeiterbefragungen ist die hohe Übereinstimmung in den Zielen und Konsequenzen zwischen dem, was Gewerkschaften in ihrer kooperativen Politik umsetzen und was Arbeiter mehrheitlich von ihnen erwarten. Die sozialpartnerschaftliche Politik der Gewerkschaften und ihre korporatistische Einbindung in ein Institutionengeflecht von Vermittlungsapparaten, scheint nicht nur herrschaftsbegründete Politik „von oben", sondern zugleich auch auf der betieblichen Ebene, in der unmittelbaren Beziehung zwischen Kapital und Arbeit, determiniert und abgesichert zu sein. Die kooperative Bereitschaft der Gewerkschaft, die Krise im Rahmen der kapitalistischen Wirtschaft auf der politischen und Bran-

---

48 Schumann et al., *Rationalisierung, Krise, Arbeiter* (Anm. 22), S. 572.

chenebene zu überwinden, entspricht der Unterordnung des Reproduktionsinteresses der Lohnabhängigen unter die wirtschaftlichen Imperative des Betriebes. Nicht Vereinheitlichung der Interessen bei drohender Beeinträchtigung ist hier kennzeichnend, sondern Partialisierung und Individualisierung bei gleichzeitiger engerer Bindung der einzelnen Arbeiterinteressen an die betriebswirtschaftlich definierten Ziele und Perspektiven.

Damit ist die Frage aufgeworfen, unter welchen Bedingungen sich kollektive und individuelle Strategien im Betrieb herausbilden und welche Voraussetzungen für die Vereinheitlichung der Interessen gegeben sein müssen.

3. Vereinheitlichung und Konkurrenz

Nach allgemeiner Auffassung und nach dem Selbstverständnis der Gewerkschaften ist es ihre Aufgabe, „die Reproduktionsinteressen der Lohnabhängigen zu sichern"[49] und „die Konkurrenz der Arbeiter auf dem Arbeitsmarkt aufzuheben, um sie so zu befähigen, als Verkäufer ihrer Arbeitskraft mit dem Kapital konkurrieren zu können"[50]. Streeck sieht in der einheitsgewerkschaftlichen Form der Interessenvertretung die Spaltung und Ausspielung der Arbeiter durch die Arbeitgeber dadurch verhindert, daß die Konflikte der Arbeiter nun intern ausgeglichen werden und die Einheitsgewerkschaft somit das politische Handeln auf den Konflikt mit dem Kapital konzentrieren kann[51]. Im Gegensatz hierzu berichten alle Untersuchungen von einer verschärften Konkurrenzsituation innerhalb der Arbeiterschaft, die sich in der Krise als Konkurrenz um die knappen Arbeitsplätze darstellt. Rund die Hälfte der befragten Arbeiter macht die Sicherung des Arbeitsplatzes vom persönlichen Verhalten abhängig[52]. Dementsprechend versuchen sie, sich mit Wohlverhalten und hoher Leistungsbereitschaft gegenüber anderen Kollegen zu profilieren.

Der Widerspruch zwischen den Aufgaben der Gewerkschaften und dem Konkurrenzverhalten der Arbeiter wird zumeist mit den spezifischen Bedingungen in der Krise erklärt. Dagegen steht die These: Die Konkurrenz zwischen den Arbeitern wird durch die Krise nur verschärft, ist jedoch schon im Lohnarbeitsverhältnis angelegt und kann von Gewerkschaften — auch in kollektiven Aktionen — nicht prinzipiell aufgehoben werden.

49 Werner Kudera et al., *Gesellschaftliches und politisches Bewußtsein von Arbeitern. Eine empirische Untersuchung*, Frankfurt a.M. 1979, S. 179.
50 Hoffmann, Einheitsgewerkschaft (Anm. 1), S. 7.
51 Vgl. Wolfgang Streeck, *Gewerkschaftsorganisation und industrielle Beziehungen*, discussion paper, WZB, Berlin 1979, S. 4.
52 Vgl. Dombois, Stammarbeiter (Anm. 17), S. 172; Schumann et al., *Rationalisierung, Krise, Arbeiter* (Anm. 22), S. 499. Anzumerken ist: Die Untersuchungen und Befragungen von Schumann et al. wurden in zwei Werftbetrieben, von Kudera et al. in zwei Metallbetrieben durchgeführt. Von den Autoren wird jeweils eine der Belegschaften als „besonders kampferfahren" eingeschätzt (mehrere spontane Arbeitsniederlegungen, aktive Kader bei den gewerkschaftsoffiziellen Streiks, belegschaftsnahe Betriebsratspolitik). Vgl. Schumann, *Rationalisierung, Krise, Arbeiter*, S. 502; Kudera et al., *Gesellschaftliches und politisches Bewußtsein von Arbeitern* (Anm. 49), S. 163.

Im ersten Teil wurde versucht darzustellen, daß Industriegewerkschaften in der Bundesrepublik qualitative, arbeitsplatzbezogene Interessen der Arbeiter nicht oder nur abstrakt aufnehmen können, daß sie diese vielmehr auf die betriebliche Ebene rückverweisen. Dieser Argumentationsgang wird nun wieder aufgenommen und zu der Fragestellung weitergeführt, in welcher Art und Weise sich die einzelnen Reproduktionsinteressen auf der betrieblichen Ebene durchsetzen.

3.1. Bestimmung von Reproduktionsinteressen

Das individuelle Reproduktionsinteresse des Lohnarbeiters, der gezwungen ist, durch den Verkauf seiner Arbeitskraft die Mittel (Lohn) zu seiner materiellen Existenz zu erwerben, ist auf dieser allgemeinen und abstrakten Ebene doppelt bestimmt: „Nämlich, einerseits für die Arbeit einen möglichst hohen Lohn zu erzielen, andererseits die Verausgabung der eigenen Arbeitskraft so zu dosieren, daß sie als Grundlage langfristiger Arbeits- und Reproduktionsfähigkeit nicht vorzeitig ‚verschleißt'"[53].

Ist hierin der Widerspruch zu den Produktionsmittelbesitzern mit ihrem Interesse an maximaler Nutzung angelegt, so liegt darin zugleich auch das Konkurrenzverhältnis zu anderen Lohnarbeitern begründet. Auf dem Arbeitsmarkt konkurrieren die Lohnarbeiter untereinander, jeder verfolgt notwendigerweise sein individuelles Reproduktionsinteresse. Der Preis der Arbeitskraft bestimmt sich nicht nur durch das Verhältnis von Angebot und Nachfrage, sondern auch durch Qualifikation durch wirtschaftliche Rahmenbedingungen (branchen- und regionale Merkmale, technologische Entwicklung usw.) und durch historische und sozialrechtliche Determinanten (z. B. Tarifverträge). Lohnarbeiter sind nicht nur Träger der Ware Arbeitskraft, sondern im Arbeitsprozeß handelnde Subjekte „mit eigentümlichen Bedürfnissen und Ansprüchen auf Entfaltung und Selbstwert"[54]. In dieser „Subjektperspektive", in Abgrenzung zur „Arbeitskraftperspektive", sind für ihn „jene Momente bedeutsam, mittels derer sich der Arbeiter auf seine Arbeit als eine subjektive und sinnhafte Tätigkeit bezieht und darin Selbstbestätigung und Selbstbewertung sucht"[55].

Unter diesem „arbeitsinhaltlichen Bezug", worunter der „Bezug des Arbeiters auf sich selbst als Subjekt im Arbeitsprozeß"[56] verstanden wird, werden sowohl Interessen der Realisierung der eigenen Person (Einbringen von Fähigkeiten, Gestaltungsmöglichkeiten des Arbeitsvollzugs, Abwechslungsreichtum der Arbeit usw.) als auch Interessen der sozialen Anerkennung durch andere subsumiert[57]. Diese erweiterte Bestimmung von Reproduktionsinteressen, die auf dem Ansatz von Kudera u. a. basiert, von Schumann u. a. aufgenommen und in dieser Form weiterentwickelt wurde[58], wendet sich explizit gegen das Zweck-Mittel-Kalkül der „instrumentellen

---

53 Ebd., S. 15.
54 Schumann et al., *Rationalisierung, Krise, Arbeiter* (Anm. 22), S. 560.
55 Ebd., S. 27.
56 Ebd., S. 296.
57 Vgl. ebd., S. 302—305.
58 Vgl. ebd., S. 15—38, 292—309.

Orientierung", und betont, daß Arbeit nicht nur abstrakte Verausgabung von Arbeitskraft, sondern zugleich auch immer konkrete Anwendung subjektiver Fähigkeiten beinhaltet und deren Realisierung im konkreten Arbeitsprozeß eine wichtige Komponente beim Reproduktionsinteresse der Lohnarbeiter ausmacht[59]. Das heißt, die individuellen Reproduktionsinteressen sind objektiv gleich (Erhalt der Arbeitskraft) *und* subjektiv verschieden, indem sie an die Fähigkeiten und Ansprüche der konkreten Person gebunden sind. Diese Ansprüche sind auch quantitativ unterschiedlich, weil soziale und familiale Verhältnisse (Familienstand, Kinder, Alleinverdiener usw.) Notwendigkeit und Höhe der materiellen Existenz mitbestimmen.

Mit dem Eintritt des Arbeiters in den Produktionsprozeß sind die Realisierungschancen der Reproduktionsinteressen nur global im Hinblick auf das Reproduktionsniveau (Arbeitsvertrag) bestimmt. Dabei entscheiden sogenannte objektive Faktoren wie Qualifikation und Gesundheitszustand, auf welcher Ebene der betrieblichen Hierarchie der einzelne Lohnarbeiter seine Arbeitskraft einzusetzen hat. Innerhalb dieser Ebene differieren auch bei gleichen Qualifikationsvoraussetzungen die für ihn potentiell in Betracht kommenden einzelnen Arbeitsplätze in vielfältiger Weise hinsichtlich belastender Arbeitsbedingungen, Dispositionsspielräume, Arbeitsplatzbewertung, Lohnhöhe usw. Sowohl unter der „Arbeitskraft" als auch unter der „Subjektperspektive" entscheiden erst die konkreten Arbeitsplatzbedingungen und die zu verrichtende Tätigkeit, wieweit er sein Reproduktionsinteresse realisieren kann. Beides ist zunächst durch die betrieblichen Produktionsbedingungen und die Zuteilung des Arbeitsplatzes vorgegeben. Allerdings stellt dies nur die Ausgangsbedingung dar: Prinzipiell ist in den jeweiligen Tätigkeitsfeldern ein Überwechseln auf angenehmere, interessantere, besser bezahlte Arbeitsplätze möglich; die Entscheidung hängt davon ab, inwieweit sich der einzelne Arbeiter durch qualifikatorische Fähigkeiten und Fertigkeiten, aber auch durch persönliche Verhaltensweisen gegenüber den betrieblichen Vorgesetzten profilieren kann. Diese Profilierung ist immer relativ und notwendigerweise gegen andere Arbeiter gerichtet: Erst wenn er im Konkurrenzkampf mit ihnen erfolgreich ist, hat er die Chance, auf einen besseren Arbeitsplatz überzuwechseln und sein individuelles Reproduktionsinteresse umfassender durchzusetzen.

Nun ist der betriebliche Produktionsprozeß nicht — wie hier zur Vereinfachung angenommen — ein starr strukturiertes Gefüge, sondern sowohl unter technisch-arbeitsorganisatorischen als auch unter personellen Aspekten ein sich ständig verändernder Prozeß. Die Rentabilitätsverbesserung des Kapitals durch Senkung der Lohnkosten oder Arbeitsintensivierung bedeutet unmittelbar eine Beeinträchtigung des Reproduktionsinteresses der Arbeiter durch Einschränkung des Reproduktionsfonds bzw. höheren Verschleiß der Arbeitskraft. Produktionsumstellungen durch technische Rationalisierungen beinhalten zwar ebenfalls diese Gefahr, schließen

---

59 Dieser „doppelte Bezug" auf Arbeit ist nach den Befunden von Schumann u. a., aber auch von Kudera u. a. nicht nur bei Facharbeitern, sondern generell bei jedem Arbeiter, wenn auch unterschiedlich ausgeprägt, vorhanden; vgl. Schumann et al., *Rationalisierung, Krise, Arbeiter* (Anm. 22), S. 328–426; Kudera et al., *Gesellschaftliches und politisches Bewußtsein von Arbeitern* (Anm. 49), S. 26–95.

aber zugleich auch die Chance ein — ebenso wie personelle Veränderungen durch Fluktuation oder Umsetzungen —, die Reproduktionsinteressen besser durchsetzen zu können. Die Entscheidung ist einerseits durch die Art der technisch-organisatorischen Veränderungen, andererseits durch die kollektiven *und* individuellen Strategien der Arbeiter bestimmt. Zusammenfassend läßt sich festhalten:

Reproduktionsinteressen sind immer an die individuelle Arbeitskraft gebunden und beziehen sich auf die stoffliche Seite der Arbeit, auf den konkreten Inhalt und die Anwendungsbedingungen der Arbeitskraft. Wieweit diese individuellen Reproduktionsinteressen durchgesetzt werden können, entscheidet sich im Rahmen der betrieblichen Produktionsstrukturen: einerseits in den Auseinandersetzungen mit dem Unternehmer, andererseits im Konkurrenzkampf mit anderen Lohnarbeitern. Diese Konkurrenz ist nicht durch die Unternehmer von außen hereingetragen und nicht nur in der Krise wirksam, sondern bereits im Lohnarbeitsverhältnis angelegt. Unternehmerische Strategien greifen dieses Konkurrenzverhältnis lediglich auf und verschärfen es durch die Festlegung bestimmter Determinanten wie Leistungslohnkriterien, Verteilungsrelationen des betrieblichen Lohnfonds, Vergünstigungen und Privilegien für bestimmte Beschäftigte (Gruppen), Aufstiegsbestimmungen usw.

Im folgenden werden diese Konkurrenzverhältnisse zwischen den Arbeitern auf den verschiedenen Ebenen des Betriebs konkreter dargestellt und durch Beispiele aus Betriebsuntersuchungen, vor allem von Lichte[60], illustriert. Dabei sollen auch die betrieblichen Voraussetzungen für die Verfolgung von individuellen und kollektiven Strategien näher bestimmt werden.

3.2. Konflikte in betrieblichen Arbeitsgruppen

Bei dieser kleinsten Gruppeneinheit, deren Struktur durch den Produktionsprozeß vorgegeben ist und deren Bezugspunkt die gegenseitige Zuarbeit darstellt, steht im Mittelpunkt der Konkurrenz die Verteilung der Arbeitsplätze innerhalb der Gruppe. Da sich die unmittelbar im Blickfeld liegenden Arbeitsplätze nahezu immer durch Unterschiede im Verhältnis Lohnhöhe-Arbeitsmühe bzw. in den Regulationsmöglichkeiten oder Tätigkeitsanforderungen auszeichnen, hat die Durchsetzung des individuellen Reproduktionsinteresses notwendigerweise zur Folge, daß der einzelne Arbeiter die Versetzung auf den besseren Arbeitsplatz anstrebt, während der bisherige Arbeitsplatzinhaber diesen zu verteidigen sucht — sei es durch berufs- oder arbeitsplatzspezifische Kenntnisse und Erfahrungen, oder, soweit dies nicht zutrifft, durch entsprechendes Verhalten bei betrieblichen Vorgesetzten. Lichte beschreibt z. B. sehr ausführlich, wie innerhalb einer Arbeitsgruppe von Angelernten der Arbeiter an dem besseren Arbeitsplatz seine Stellung absicherte, in dem er erfahrungsspezifische Kenntnisse zurückhielt und Arbeitsmaterialien monopolisierte:

60 Lichte ist einer der wenigen Autoren, der aufgrund seiner ungewöhnlich betriebsnahen Untersuchung diese konkurrenzhaften Auseinandersetzungen in und zwischen den Beschäftigtengruppen im betrieblichen Alltag erfaßt hat. Vgl. Rainer Lichte, *Betriebsalltag von Industriearbeitern*, Frankfurt a.M./New York 1978.

"Er war sich offensichtlich der Gefahr bewußt, daß er potentiell seinen eigenen Konkurrenten auszubilden half; sein Bestreben war darauf gerichtet, die Qualifikationsdifferenz zwischen sich und dem Anlernling möglichst lange zu erhalten. Das äußerte sich in Blockierungsversuchen bei bestimmten Qualifikationen. Während er das Erlernen von vorbereitenden Arbeiten (Rohre bewegen) und Kennzeichnung der Rohre, begleitet von polternder Kritik, zumindest zuließ und auch wünschen mußte, da ihn das von körperlicher Arbeit befreite, versuchte er die Aneignung der Kontrollqualifikationen durch Alleinverfügung über die Meßwerkzeuge zur Wandstärkenmessung und Geheimhaltung der Prüfnormen zu verhindern ...

Die Blockierung eines schnellen Hineinwachsens in qualifizierte Positionen, die in der Regel mit Lohnzuwachs verbunden waren, wurde allgemein geübt ...."[61]

Sind Qualifikationsunterschiede gegeben oder ist ein Arbeitsplatzwechsel durch andere Faktoren (z. B. Gesundheitszustand) nicht möglich, so artikuliert sich die individuelle Konkurrenz als Kritik an der Struktur der Lohndifferenzierung. Diese erfolgt weder prinzipiell – die generelle Kopplung von Leistung und Entlohnung wird akzeptiert – noch absolut, sondern unter Bezugnahme auf andere Arbeitsplätze, bei denen das Verhältnis Arbeitsmühe-Lohnhöhe günstiger zu sein scheint. Diese Kritik artikuliert sich bei Zeitlöhnen im Hinblick auf die Lohneinstufungen und die Leistungszulagen, bei Akkordlöhnern an den unterschiedlichen Vorgaben[62] und insgesamt in der mehrheitlichen Forderung der Arbeiter nach einer leistungsgebundenen Entlohnung[63]. In den von Kudera u. a. sowie Schumann u. a. untersuchten Betrieben spricht sich die Mehrheit der Arbeiter für Einzelakkord und gegen den praktizierten Gruppenakkord aus, da der einzelne hierin eine objektivere Bewertung seiner erbrachten Leistungen sieht[64]. Die durchaus vorhandene Einsicht, daß es hierbei nicht nur um unterschiedliche Leistungserfassung geht, sondern auch um eine Spaltungsstrategie der Betriebsleitung, ändert nichts an der individuellen Einschätzung.

Zentraler Bezugspunkt der konkurrenzhaften Auseinandersetzungen ist der betriebliche Vorgesetzte. Da letztlich die Entscheidung der Arbeitsplatzbesetzung von ihm gefällt wird[65], hängt die Durchsetzung des individuellen Reproduktionsinteresses davon ab, inwiefern sich der einzelne ihm gegenüber als der „bessere" Arbeiter darstellen kann. Dies bezieht sich nicht nur auf Arbeitsqualifikationen, sondern generell auf Leistungs- und Kooperationsbereitschaft (schnelleres Arbeiten in Stoßzeiten, Überstundenarbeit, Erledigung von Zusatzarbeit usw.).

Virulent werden diese latent vorhandenen Konkurrenzverhältnisse vor allem bei Veränderungen: Neue Zeitüberprüfungen, Akkordvorgaben, Lohneinstufungen und Arbeitsplatzbewertungen, die vor allem in Folge von technischen und arbeitsorganisatorischen Rationalisierungen durchgeführt werden, verschärfen die individuelle

---

61 Ebd., S. 164.
62 Vgl. Herding/Kirchlechner, *Lohnarbeiterinteressen* (Anm. 18), S. 90–96; Kudera et al., *Gesellschaftliches und politisches Bewußtsein von Arbeitern* (Anm. 49), S. 96–117.
63 Vgl. Eckart Teschner, *Lohnpolitik im Betrieb*, Frankfurt a.M./New York 1977, S. 146.
64 Vgl. Kudera et al., *Gesellschaftliches und politisches Bewußtsein von Arbeitern* (Anm. 49), S. 76; Schumann et al., *Rationalisierung, Krise, Arbeiter* (Anm. 22), S. 430–433.
65 Der betriebliche Vorgesetzte (Meister) kann nicht nur den Wechsel am Arbeitsplatz, sondern oftmals auch den in andere Abteilungen blockieren. Bei VW z. B. ist ein innerbetrieblicher Wechsel nicht nur von einem freien Arbeitsplatz, sondern auch von der Zustimmung des Meisters der bisherigen Abteilung abhängig.

Konkurrenz um die Durchsetzung des individuellen Reproduktionsinteresses, insbesondere wenn die Arbeitsgruppenmitglieder unterschiedlich hiervon betroffen sind, und das ist in der Regel der Fall. Teilumsetzungen einer Arbeitsgruppe infolge technischer Umstellungen werden, auch wenn sie mit Lohneinbußen verbunden sind, immer nur individuelle Auflehnungen zur Folge haben, da durch die unterschiedliche Betroffenheit für solidarische Aktionen der gesamten Arbeitsgruppe keine materielle Grundlage vorhanden ist. Aber selbst in dem für eine Vereinheitlichung „günstigsten" Fall — die gesamte Arbeitsgruppe hat die gleiche Lohnhöhe, sie ist von einer Rationalisierung in gleichem Umfang in Form einer einheitlichen Abgruppierung betroffen und sie setzt sich kollektiv dagegen zur Wehr — ist die Konkurrenz innerhalb dieser Beschäftigten dadurch nur teilweise aufgehoben: Die Konkurrenz um die interessanteren Arbeitsplätze mit inhaltsreicheren Tätigkeiten und größeren Dispositionsspielräumen bleibt in der Gruppe bestehen, lediglich in der Lohnfrage werden die individuellen Interessen kollektiv gebündelt vertreten[66].

3.3. Konflikte zwischen betrieblichen Arbeitsgruppen

Die konkurrenzhaften Auseinandersetzungen sind hier kaum durch arbeitsplatzspezifische Faktoren geprägt, sondern machen sich vor allem an Privilegien (z. B. Überstunden, größerer Spielraum in der Arbeitseinteilung usw.) und Lohnfragen fest. Vertritt diese Arbeitsgruppe, um bei dem vorherigen Beispiel zu bleiben, bei der Herabgruppierung ihr Interesse kollektiv gegenüber Betriebsrat und Werksleitung, so wird sie ihre Forderung durch Bezugnahme auf andere Arbeitsgruppen legitimieren, d. h. sie äußert sich als Konkurrenz zu diesen. Kudera u. a. stellen in ihrer Studie fest:

„Ihre zumeist kritische und ablehnende Einschätzung wird nicht absolut mit der falschen Bewertung einer als objektiv unterstellten Leistung begründet, sondern relativ im Vergleich zur Bewertung anderer Arbeiter. Schneidet man dann zu ungünstig ab, beruft man sich bei seiner Forderung nach einem zusätzlichen Arbeitswert nur legitimatorisch auf die Leistung. Schon der Hinweis, daß sich die ganze Gruppe falsch bewertet fühlte — und es berichten viele Befragte von Reklamationen —, verweist auf den faktischen Orientierungspunkt, nämlich auf die relative Struktur der Differenzierung."[67]

Als Beispiel wird die Neueinstufung zwischen Universalfräsern und normalen Fräsern genannt, die eine relative Verbesserung für die letzteren zur Folge hatte,

---

[66] Aufgehoben wäre die Konkurrenz, wenn die Arbeitsgruppe ihre Arbeitstätigkeiten in „Job-Rotation" ausführen würde. In der betrieblichen Praxis scheitern solche Modelle der Arbeitsorganisation oftmals am Widerstand der Arbeiter an den privilegierteren Arbeitsplätzen; sie werden vorwiegend dort realisiert, wo die restriktiven Bedingungen der Arbeit für alle Betroffenen auf gleichem Niveau liegen. In der arbeitswissenschaftlichen Diskussion wird der Arbeitsplatzwechsel vor allem unter dem Aspekt der Reduzierung einseitiger Belastungen diskutiert, die Bedeutung für die Konkurrenzverhältnisse der Lohnarbeiter scheint bisher wenig beachtet worden zu sein.
[67] Kudera et al., *Gesellschaftliches und politisches Bewußtsein von Arbeitern* (Anm. 49), S. 77.

während die besser bezahlten Universalfräser die Lohnrelation gewahrt wissen wollten, obwohl auch ihre Lohngruppe angehoben wurde.

Den Versuch der Betriebsleitung, die Regulationschancen einer Arbeitsgruppe durch technische Rationalisierung einzuschränken, beschreibt Lichte und stellt dazu abschließend fest:

„Da es sich bei den Konflikten um die Erhaltung der Dispositionsspielräume, um Sonderinteressen der Revisionsgruppen handelte, ist verständlich, daß es zu keiner vereinheitlichenden Abwehrbewegung gegen Restriktionsversuche am Bock auf Abteilungsebene gekommen ist. Eine Konkurrenz der anderen Arbeitsplätze um Anteile an der Privilegierung wäre wahrscheinlicher gewesen."[68]

Vereinheitlichung zu einer kollektiven Interessenvertretung auf der Ebene betrieblicher Arbeitsgruppen hat erst dann eine materielle Basis, wenn eine gleiche Betroffenheit gegeben ist, wenn individuelle Interessendurchsetzung keinen Erfolg verspricht und in ihnen nicht unmittelbar die konkurrenzhafte Beziehung in Form von Einschränkungen der Interessen anderer Kollegen enthalten ist. Beispiele hierfür sind Widerstandsformen gegen die Herabgruppierung ganzer Beschäftigtengruppen bzw. Arbeitsintensivierungen in Form von höherer Bandgeschwindigkeit oder gegen schädliche Arbeitsumweltbedingungen (Lärm, Hitze, Dämpfe usw.).

3.4. Konflikte zwischen Betriebsabteilungen

Konkurrenzverhältnisse auf dieser Ebene sind aufgrund der isolierten und arbeitsunterschiedlichen Tätigkeitsfelder nur dann anzutreffen, wenn in einzelnen Abteilungen wesentliche Veränderungen anstehen (Überstunden, Schichtarbeit, Produktionsverlagerungen, Teilstillegungen) und die Folgewirkungen auf andere Betriebszweige durchschlagen. Lichte beschreibt z. B., wie die schrittweise Stillegung des Preßwerks in einem Betrieb die Konkurrenz in den anderen Betriebsabteilungen durch die damit verbundenen Umsetzungen und deren Folgewirkung (Abbau von Überstunden, Versetzungen, Kündigungen) enorm verschärfte. Die „Stammarbeiter" versuchten durch Zurückhaltung von Arbeitsinformationen und soziale Isolation die Umgesetzten aus der Abteilung zu verdrängen, gleichzeitig aber durch individuelles Wohlverhalten gegenüber den Vorgesetzten ihren Arbeitsplatz zu sichern. Selbst für die kollektive Aktion eines Betriebsstreiks gegen die Schließung des Preßwerks bildete das Konkurrenzverhältnis die Grundlage:

„Für die Preßwerker hing davon ihre materielle Existenz ab, die Rohrzieher begriffen ihre Beteiligung eher als Versuch, dadurch ihren Werkteil von Konkurrenten aus anderen Abteilungen freizuhalten. Das heißt, selbst in der einheitlichen Aktion war die Abteilungskonkurrenz noch präsent."[69]

---

68 Lichte, *Betriebsalltag von Industriearbeitern* (Anm. 60), S. 321.
69 Ebd., S. 487.

Ähnliches konkurrenzbezogenes Verhalten läßt sich auch auf der nächsthöheren Ebene, zwischen einzelnen Belegschaften eines Konzerns, feststellen, wenn im Rahmen von Produktionsumstellungen Betriebsstillegungen erfolgen.

Bedeutsamer für die konkurrenzhaften, arbeitsplatzübergreifenden Auseinandersetzungen sind die innerbetrieblichen Fraktionierungen und Interessenkoalitionen, die nun abschließend skizziert werden sollen.

3.5. Fraktionierungen und Interessenkoalitionen

Die Trennungslinien der sich im Betrieb bildenden Fraktionen und Interessenkoalitionen verlaufen keineswegs nur zwischen Facharbeitern und Ungelernten. Läßt sich diese Fraktionierung und die Dominanz der Facharbeiter bei der tariflichen und betrieblichen Lohnpolitik durch die Beibehaltung der relativen Lohndifferenzierung in vielen Branchen nachweisen, so stellt sie auf der betrieblichen Ebene nur *eine* neben mehreren anderen Interessengruppenbildungen dar. Entscheidend für die Entstehung solcher Interessenkoalitionen sind die jeweils aktuellen betrieblichen Konflikte, wenngleich sich an vielen Beispielen zeigen läßt, daß sozialhistorische Determinanten diese Formationen mitprägen. Grundlage und Bezugspunkt stellt einerseits die jeweils spezifisch ausgebildete Betriebshierarchie dar, andererseits begründen sich aber auch in vielen Fällen ihre Forderungen durch legitimatorische Bezugnahme auf gesellschaftliche Norm- und Deutungsmuster (Leistungskriterien, Rolle der Frau, gesellschaftliche Stellung von Ausländern usw.). Der Zweck dieser Interessenkoalitionen besteht darin, „durch Abbau von interner Konkurrenz die Konkurrenzbedingungen der Koalitionsmitglieder gegenüber den Nichtmitgliedern zu erhöhen"[70] und das Ziel in der umfassenderen Durchsetzung der Reproduktionsinteressen unter Ausgrenzung der Nichtmitglieder.

Im Gegensatz zu den betrieblichen Arbeitsgruppen, deren Konfliktverlauf unmittelbar durch arbeitsplatz- und produktionsspezifische Faktoren geprägt ist, ist bei diesen Koalitionen Zusammenhalt und Aktion nur indirekt über Produktionsbedingungen vermittelt. Dadurch ist ihre innere Stabilität ebenso beeinträchtigt wie durch den Sachverhalt, daß es — insbesondere in der Krise — bei den konkurrenzhaften Auseinandersetzungen zumeist gleichzeitig um verschiedene Konfliktinhalte geht und dementsprechend personell unterschiedliche oder sich überschneidende Interessenkoalitionen nebeneinander agieren. Ihre personelle Zusammensetzung und der Inhalt ihrer Forderungen ist wesentlich durch betriebsspezifische Faktoren, vor allem durch die Beschäftigungsstruktur der Belegschaft und die Folgewirkungen anstehender betrieblicher Veränderungen (technisch-organisatorische Rationalisierungen, Produktionseinschränkungen usw.), bestimmt.

Häufig anzutreffende Interessenkoalitionen und ihre Konfliktlinien lassen sich unter folgenden Merkmalen nachzeichnen:

Die meisten Untersuchungen stellen fest, daß die deutschen Arbeiter eher national orientiert sind, indem sie ausländische Arbeitnehmer ausgrenzen. In der Prospe-

---

70 Ebd., S. 501.

ritätsphase äußert sich dies auf der Ebene betrieblicher Arbeitsgruppen in der Zuteilung der unbeliebtesten, belastendsten und geringer bezahlten Arbeitsplätze sowie in der Blockierung von Aufstiegschancen, in der Krise in der Verdrängung aus dem betrieblichen Arbeitmarkt[71]. Bei allen Betriebsuntersuchungen wird deutlich, daß ein relevanter Teil der deutschen Beschäftigten wie selbstverständlich davon ausgeht, daß beim Beschäftigtenabbau Ausländer zuerst entlassen werden[72]. Gelernte wie Ungelernte vertreten geschlossen und aktiv diese Forderung, von den Arbeitern ohne Berufsausbildung wird sie auf der betrieblichen Ebene aufgrund der direkten Konkurrenz um diese Arbeitsplätze auch durch entsprechendes soziales Verhalten durchgesetzt. Lichte stellte in seiner Betriebsuntersuchung fest: Durch die Umsetzungen aus dem Preßwerk „verdichtete sich die latente Diskriminierung der Ausländer immer stärker zu manifesten Ausgrenzungsversuchen bis hin zu offenem Ausländerhaß"[73].

Allerdings zeigt dieses Beispiel auch die begrenzte Reichweite solcher Koalitionen. Nachdem die Ausländer erfolgreich aus dem betrieblichen Arbeitsmarkt verdrängt worden waren, verschärfte sich die Konkurrenz: Auf die diskriminierenden Arbeitsplätze der Minderheit versetzt zu werden, versuchte jeder durch individuelles Wohlverhalten zu umgehen[74], und der nachfolgende Beschäftigtenabbau führte zu neuen Koalitionen innerhalb der deutschen Beschäftigten.

Eine weitere Trennungslinie für die Herausbildung von Interessenkoalitionen stellt die Leistungsbereitschaft dar. Beschäftigte, die als „arbeitsunwillig" gelten, häufig Krankheits- und Fehlzeiten aufweisen, können sich im Konkurrenzkampf um die besseren Arbeitsplätze im betrieblichen Alltag kaum behaupten und gelten in der Krise als primär „entlassungswürdig". Dieses betriebliche Selektionskriterium wird von den Leistungsfähigeren nicht nur als unabänderlich hingenommen, sie drängen bei Entlassungen sogar explizit auf die Anwendung dieser Kriterien[75]. Für sich selbst beanspruchen sie durch ihre langjährige, zuverlässige Tätigkeit ein „Recht auf einen betrieblichen Arbeitsplatz", während die Auffälligen dieses Recht ihrer Meinung nach verwirkt haben[76].

Parallel oder auch quer dazu verlaufen Interessenkoalitionen, bei denen die Trennungslinie nach dem Kriterium Dauer der Betriebszugehörigkeit oder Lebensalter erfolgt. Ob die Abgrenzung zwischen „neuen" und „alten" Beschäftigten weiter oder enger gefaßt wird, bestimmt sich durch den spezifischen Konfliktfall (Art und

---

71 In einer Befragung aus dem Jahre 1976 „sprachen sich 49 % der Facharbeiter und 54 % der an- und ungelernten Arbeiter dafür aus, in der schwierigen Wirtschaftslage die ausländischen Arbeitnehmer nach Hause zu schicken". Esser, *Gewerkschaften in der Krise* (Anm. 21), S. 202/203.
72 Vgl. Schumann et al., *Rationalisierung, Krise, Arbeiter* (Anm. 22), S. 484, 515; Zoll, *Arbeiterbewußtsein in der Wirtschaftskrise* (Anm. 40), S. 124.
73 Lichte, *Betriebsalltag von Industriearbeitern* (Anm. 60), S. 485.
74 Vgl. ebd.
75 Vgl. Kudera et al., *Gesellschaftliches und politisches Bewußtsein von Arbeitern* (Anm. 49), S. 71; Wilfried Deppe, Arbeiter und Angestellte in der Krise: Betroffenheit, innerbetriebliche Erfahrungen, Krisenbewußtsein, in: Karl-Heinz Braun et al. (Hrsg.), *Kapitalistische Krise, Arbeiterbewußtsein, Persönlichkeitsentwicklung*, Köln 1980, S. 114.
76 Vgl. Schumann et al., *Rationalisierung, Krise, Arbeiter* (Anm. 22), S. 500.

Umfang der Produktionsveränderung), ist aber zugleich auch vom Grad der Interessendurchsetzung dieser Koalition abhängig. Ein umfassenderer Schutz der eigenen Reproduktionsinteressen in der Krise ist z. B. dann gewährleistet, wenn bei anstehenden Entlassungen durchgesetzt werden kann, daß diese nach dem Kriterium Nationalität oder „schlechtes Profilbild" vorgenommen werden. Allerdings ist diese Interessendurchsetzung nicht nur in der Krise stark von betriebsökonomischen Faktoren abhängig. Ein Beispiel dafür nennen Kudera u. a.: In dem untersuchten Betrieb gehörte es auch bei Facharbeitern „zur Praxis, älteren Arbeitern weniger Lohn zu bezahlen"[77], obwohl in dem Betrieb „ältere, immobile Facharbeiter das Bild" bestimmten[78]. Jüngere und Facharbeiter der mittleren Generation wanderten wegen des allgemein niedrigen Lohnniveaus in andere Betriebe ab, die jährliche Fluktuationsrate des Unternehmens lag bei 25 %. Trotz ihrer betrieblichen Dominanz ist es also den älteren Facharbeitern nicht gelungen, ihre Reproduktionsinteressen bei der Betriebsleitung abzusichern. Um jüngere Facharbeiter zu gewinnen, wurde deren Lohnniveau unter Ausgrenzung der Älteren angehoben, und außer den Betroffenen hat keiner der Befragten diesen Sachverhalt kritisiert[79].

Neben den schon vorher genannten Interessenkoalitionen Arbeitsplatzbesitzer versus Arbeitslose und Betriebs- versus Fremdbelegschaften sei zuletzt noch die geschlechtsspezifische Formation Männer versus Frauen erwähnt. Die strukturelle Benachteiligung der Reproduktionsinteressen von Frauen braucht hier nicht näher belegt werden und wohl auch nicht die Tatsache, daß männliche Arbeitskräfte keineswegs dazu beitragen, diese Ungerechtigkeit zu beseitigen, im Gegenteil. Bei der Entlassungsselektion in der Krise artikuliert sich das Interesse dieser Koalitionsgruppen u. a. in der Forderung, das Kriterium „Doppelverdiener" zu berücksichtigen. Für Männer steht dabei außer Frage, daß als erste die Frauen zu entlassen seien.

Als Merkmale dieser Koalitionen sind festzuhalten: Im Gegensatz zu der relativ festen Fraktionierung in der gewerkschaftlichen Tarifpolitik stellen diese betrieblichen Koalitionen keinen festen Block dar. Sie sind Ausdruck der jeweils spezifisch ausgebildeten Betriebshierarchie, und die Struktur ihrer Zusammensetzung ist in den belegschaftsinternen Auseinandersetzungen des betrieblichen Alltags in Form von unterschiedlich privilegierten bzw. benachteiligten Arbeitnehmern bereits angelegt. Ihr Zusammenschluß zu Koalitionen hat zum Ziel, diese Privilegien durchzusetzen oder zu erhalten. Beim Beschäftigtenabbau in der Krise versuchen die Koalitionen, ihre Arbeitsplätze durch die Abwälzung der Krisenfolgen auf die ausgegrenzten Nichtmitglieder zu sichern[80]. Dabei sind sie wesentlich auf die Anerkennung ihrer Forderungen durch das betriebliche Management angewiesen. Ob sie ihre Interessen durchsetzen, hängt in der Krise weniger von der Unterstützung durch den Betriebs-

---

77 Kudera et al., *Gesellschaftliches und politisches Bewußtsein von Arbeitern* (Anm. 49), S. 79.
78 Ebd., S. 24.
79 Vgl. ebd., S. 79.
80 Als Handlungsansatz wird dieses Gruppenverhalten in der Soziologie als Konzept der „sozialen Schließung", das auf Max Weber zurückgeht, diskutiert. Vgl. hierzu Rolf G. Heinze et al., Armut und Arbeitsmarkt: Zum Zusammenhang von Klassenlagen und Verarmungsrisiken im Sozialstaat, in: *Zeitschrift für Soziologie*, 10. Jg., 1981, H. 3, S. 219—243.

rat ab — er kann sich solchen Koalitionen kaum entziehen, fungiert quasi „zwangsläufig" als ihr Sprachrohr —, als vielmehr davon, inwieweit ihre Forderungen mit den ökonomischen Krisenbewältigungsstrategien des betrieblichen Managements in Einklang zu bringen sind. Insofern sind sie sehr labile Koalitionen, weil sie keine Interessendurchsetzung gegen betriebswirtschaftliche Entwicklungen erreichen können und sich, werden ihre Forderungen abgelehnt, die internen Konkurrenzauseinandersetzungen wieder verschärfen.

4. Zusammenfassung und Perspektiven

Die Beziehung zwischen den Arbeitern im betrieblichen Alltag, so die These, stellt sich als konfliktorisch dar, weil die einzelnen Lohnarbeiter permanent dazu gezwungen sind, ihr individuelles Reproduktionsinteresse in Konkurrenz mit anderen Lohnarbeitern durchzusetzen. Diese Konkurrenz ist bereits immanent im Lohnarbeiterverhältnis enthalten und nicht erst Resultat einer durch die Unternehmer vorgenommenen Spaltung der Arbeiter. Gewerkschaften als überbetriebliche Interessenvertretungen können diese Konkurrenzverhältnisse nicht prinzipiell aufheben. Der wesentliche Grund dafür liegt darin, daß Industriegewerkschaften mit ihren notwendigerweise verallgemeinerten, qualitative in quantitative transformierenden Forderungen das betriebliche Konfliktfeld nicht regeln und „strukturieren" und dementsprechend auch nicht auf Entwicklungen, die die *individuelle* Reproduktion beeinträchtigen, spezifisch reagieren können. Mit dem Mittel Tarifpolitik werden zwar *Teile* des Reproduktionsinteresses aller abgedeckt, sozusagen durch Festlegung der materiellen Untergrenze (Tariflohn, Urlaub usw.); inwieweit aber der einzelne Lohnarbeiter seine Reproduktionsinteressen tatsächlich durchsetzen und sichern kann, entscheidet sich im Betrieb bzw. am Arbeitsplatz — nicht nur in Bezug auf die absolute Lohnhöhe durch die Teilhabe am betrieblichen Lohnfonds[81], oder durch Überstunden und Schichtarbeit, sondern vor allem auch im Hinblick auf den Erhalt der Arbeitskraft (Regulation der Vernutzung) und die Einbringung subjektiver Interessen. Insofern ist die Interessenvertretung der Lohnarbeiter durch die Gewerkschaften fragmentiert, weil wesentliche Aspekte der individuellen Reproduktion weder überbetrieblich von den Gewerkschaften noch von der betrieblichen Interessenvertretung definitiv geregelt werden können. Die Durchsetzung dieser Interessen ist abhängig von den spezifischen Arbeits- und Entlohnungsbedingungen des konkreten Arbeitsplatzes und hierüber entscheidet die individuelle Stellung in der Konkurrenz. Vor allem technisch-arbeitsorganisatorische und personelle Veränderungen bewirken ein immer wieder neues „Ausfechten" der Interessendurchsetzung im Konkurrenzverhältnis.

81 Kudera u. a. haben beispielsweise in einem Unternehmen bei Zeitlöhnern Schwankungen zwischen 4 und 30 % bei den betrieblichen Leistungszulagen ermittelt. Nach den Betriebsuntersuchungen von Teschner „resultieren bis zu 30 % der effektiven Lohneinkommen aus Lohnbildungsprozessen auf betrieblicher Ebene. Sie liegen noch höher, wenn man die monetären Sozialleistungen in die Berechnung mit einbezieht." Teschner, *Lohnpolitik im Betrieb* (Anm. 63), S. 153.

Dieses prinzipielle Konkurrenzverhältnis schließt solidarische Aktionen der Beschäftigten keineswegs aus. Im Gegenteil: Die Teilnahme am gewerkschaftlichen Streik, um höhere Lohnforderungen durchzusetzen, verhält sich durchaus funktional dazu. Alle Beschäftigten profitieren hiervon, die Erhöhung der Tariflöhne oder andere Verbesserungen im Manteltarifvertrag (Arbeitszeit, Urlaub usw.) stellt für alle die Absicherung ihrer individuellen Reproduktionsinteressen dar. Außerdem ist dieser Bereich der materiellen Existenz von den Gewerkschaften monopolisiert und damit der individuellen Auseinandersetzung entzogen. Ebenso funktional ist z. B. der geschlossene Widerstand einer Arbeitsgruppe gegen die Verschärfung der Akkordvorgaben. Eine notwendige, aber nicht hinreichende Bedingung für kollektive Verhaltensweisen ist jedoch, daß das Reproduktionsinteresse der Beschäftigtengruppen in gleichem Umfang durch betriebliche Veränderungen beeinträchtigt wird und dies nicht durch individuelle Strategien kompensiert werden kann.

Allerdings ist in solchen solidarischen Aktionen die individuelle Konkurrenz nicht prinzipiell, sondern nur in diesem konkreten Konfliktfall (z. B. Abgruppierung) aufgehoben. In den anderen Teilbereichen, die das Reproduktionsinteresse betreffen, ist sie gleichzeitig weiter existent. Konkret: Wenn sich eine Beschäftigtengruppe gegen die Akkordverschärfung durch Arbeitsniederlegung oder andere Formen kollektiv wehrt, dann besteht die Konkurrenz unter den Arbeitern um die interessanteren Arbeitsplätze durchaus weiter fort. Oder zugespitzter: Gerade die Verfolgung dieses Interesses (durch Arbeitsplatzwechsel eine interessantere und weniger belastende Tätigkeit zu erreichen) kann den einzelnen Arbeiter dazu bewegen, sich an der kollektiven Aktion nicht zu beteiligen, weil er dadurch seine Chancen beim betrieblichen Management steigen sieht und ihm der Arbeitsplatzwechsel wichtiger ist, als die Lohnsenkung zu verhindern helfen.

In der wirtschaftlichen Prosperität sind die konkurrenzhaften Auseinandersetzungen zwischen den Lohnarbeitern geringer und weniger konfliktbeladen, da sich für den einzelnen Ausweichstrategien ergeben. Die am meisten praktizierte Form besteht im Arbeitsplatz-, Berufs- und Betriebswechsel. Aber auch am Arbeitsplatz sind durch übertarifliche Zulagen, Überstunden oder Gratifikationen die Möglichkeiten gegeben, die Reproduktionsinteressen in Form von höheren Effektivlöhnen zu verbessern.

In der Krise dagegen sind diese Möglichkeiten verbaut. Selbst wenn in Betrieben keine Entlassungen anstehen, Produktionseinschränkungen mit Einstellungsstop und Beschäftigtenabbau durch Frühverrentungen bewältigt werden, verschärft sich die Konkurrenz unter den Arbeitern. Geringere Tariferhöhungen, der Abbau von übertariflichen Zulagen, Überstunden und betrieblichen Sozialleistungen führen zur Reduktion des absoluten Reproduktionsfonds, die zumeist gleichzeitig stattfindenden Leistungserhöhungen verschleißen die Arbeitskraft noch mehr und die innerbetrieblichen Umsetzungen[82] gefährden die individuelle Stellung in der Konkurrenz.

---

82 Hildebrandt berichtet von bis zu 5000 Umsetzungen in einem Unternehmen als Folge des Beschäftigungsabbaus durch Aufhebungsverträge – vgl. Hildebrandt, Feuern ohne zu Heuern (Anm. 33), S. 170.

Werden Entlassungen vorgenommen, so kommt als *zusätzliches* Moment die Konkurrenz um die Arbeitsplätze hinzu. Die beschriebenen Interessenkoalitionen versuchen durch Zusammenschluß ihre Konkurrenzfähigkeit gegenüber anderen Arbeitern zu verbessern, um dadurch Privilegien durchzusetzen bzw. zu erhalten. In der Krise äußert sich dies in Form der Abwälzung der Folgewirkungen auf andere Beschäftigtengruppen.

Gleichzeitig verschieben sich in der Krise die klassenpolitischen Fronten durch den engeren Verhandlungsspielraum und die objektive Einbindung der Reproduktionsinteressen in die Zwänge der kapitalistischen Funktionslogik. Das Gewinninteresse der Unternehmer stellt nicht nur eine Schranke für die Durchsetzung der Reproduktionsinteressen dar, sondern ist zugleich Voraussetzung dafür, daß der Lohnarbeiter seine Arbeitskraft verkaufen und damit sein individuelles Reproduktionsinteresse überhaupt verfolgen kann. In diesem Sinne sind die unmittelbaren Interessen der Lohnarbeiter von der Rentabilität und Konkurrenzfähigkeit des Unternehmens abhängig: „Beziehen sie [die Arbeiter] die Rentabilität als Bedingung der Verwirklichung ihres eigenen Interesses in die Überlegungen ein, sind sie gezwungen, ihre Lohnvorstellungen freiwillig einzuschränken"[83]. Die Mehrheit der Arbeiter, das zeigen alle vorliegenden Untersuchungen, sind sich dieses Zusammenhangs bewußt und orientieren sich in ihrem Handeln nach den ökonomischen Gesetzmäßigkeiten der Marktwirtschaft. So stellen Kudera u. a. fest:

„Nahezu alle Befragten gehen davon aus, daß der Unternehmer Gewinn machen müsse, da dies die Voraussetzung ihres eigenen Nutzens sei. Das kapitalistische Produktionssystem wird also als Bedingung der eigenen Reproduktionsmöglichkeiten von allen Befragten vorausgesetzt und als vorgegebene Bedingung akzeptiert."[84]

In der Konsequenz bedeutet dieses im Hinblick auf die unmittelbaren Interessen der Arbeiter durchaus rationale Verhalten nicht nur die Bereitschaft, die eigenen Ansprüche einzuschränken, sondern auch, daß die betrieblichen Krisenbewältigungsstrategien mitgetragen und mitdurchgesetzt werden. Lohnsenkungen, Leistungserhöhungen, ja selbst Entlassungen, werden als notwendige Voraussetzungen angesehen, die betriebliche Konkurrenzfähigkeit wiederherzustellen. Nach „außen" artikuliert sich diese partielle Interessenidentität zwischen Arbeitern und Unternehmern in spezifischen Forderungen zum *Erhalt des Betriebes* (Subventionen, staatliche Aufträge, Importbarrieren usw.)[85], d. h. Arbeiter werden faktisch zum Verfechter und Verteidiger des Verwertungsinteresses.

Das Konkurrenzverhältnis zwischen den Arbeitern des Betriebes weitet sich auf die Branchenebene im nationalen und internationalen Maßstab aus, entsprechend

---

83 Kudera et al., *Gesellschaftliches und politisches Bewußtsein von Arbeitern* (Anm. 49), S. 80.
84 Ebd.
85 Nach Zoll würde knapp die Hälfte der Befragten staatliche Subventionen an das Unternehmen befürworten, und in der Werftindustrie werden auch betriebliche Aktionen in diesem Sinne gesehen: „Selbst Demonstrationen und Streiks deutet man als Ausdruck der Interessenidentität mit dem Unternehmen und sind nicht gegen es gerichtet." Schumann et al., *Rationalisierung, Krise, Arbeiter* (Anm. 22), S. 531; vgl. Zoll, *Arbeiterbewußtsein in der Wirtschaftskrise* (Anm. 40), S. 182.

der Konkurrenz der Kapitale. Bei stagnierender oder rückläufiger Branchenproduktion bedeutet eine Rentabilitätsverbesserung und Stabilisierung der Marktanteile eines Unternehmens, daß Mitkonkurrenten verdrängt werden. Auf die Arbeiter bezogen, heißt das: Die Sicherung der Reproduktionsinteressen (Beschäftigung) jener Arbeiter ist nur auf Kosten anderer zu erreichen. Solidarität innerhalb der Arbeiterbewegung kann hier nur noch ideell, unter Aufgabe der eigenen Reproduktionsinteressen, in Betracht kommen, oder aber caritativ, z. B. in Form von Spenden und Lebensmittelpaketen für arbeitslose Autobauer in den USA. Oder in der paradoxen Weise einer „konkurrenzbezogenen Solidarität": Einige der befragten Arbeiter hoffen deshalb auf Erfolge der Arbeiterbewegung in den konkurrierenden Nationen, weil der damit verbundene Kostenanstieg die Konkurrenzfähigkeit des eigenen Betriebes verbessere[86].

Diese Interessenfixierung der Arbeiter auf die Rentabilität des Betriebes und auf die nationalen Unternehmen läßt sich auch in anderen hochindustrialisierten kapitalistischen Staaten vorfinden[87] und stellt kein Spezifikum der bundesdeutschen Entwicklung dar; somit kann dies auch nicht mit den besonderen Merkmalen und Strukturen der industriellen Beziehungen in der Bundesrepublik hinreichend erklärt werden. Eine Argumentation, die die kooperative Einstellung und die individualistische Orientierung der Arbeiter als Resultat einer doppelseitigen gewerkschaftlichen Einbindungspolitik interpretiert — oder den relativ konfliktlosen Krisenablauf noch immer auf eine geringere Krisenbetroffenheit der „Kernarbeiter" zurückführt und dementsprechend noch auf verdeckte Widerstandspotentiale hofft[88] —, überschätzt Einfluß und Wirkung gewerkschaftlicher Politik auf das Verhalten der Lohnabhängigen und unterschätzt die realen Determinanten zwischen Lohnarbeit und Kapital im Produktionsprozeß. Die eindimensionale Betrachtungsweise, nach der der Klassenkonflikt von „oben" nach „unten" zur Stabilität des Herrschaftssystems eingegrenzt und diszipliniert werden muß, übersieht, daß schon auf der betrieblichen Ebene, im Konkurrenzverhältnis der Lohnarbeiter und in der Einbettung und Abhängigkeit ihrer Reproduktionsinteressen von betriebswirtschaftlichen Entwicklungen, wesentliche Konfliktpotentiale „kleingearbeitet" werden *müssen* und diese Prozesse unmittelbar Verhalten und Bewußtsein von Arbeitern prägen.

Insofern ist eher Skepsis hinsichtlich der Wirkung der vorgeschlagenen Alternativen angebracht, nach denen Gewerkschaften gesellschaftliche Deutungsmuster und kollektive Verhaltensstrategien vermitteln und den Zusammenhang von Krisenentwicklung und kapitalistischer Wirtschaft systematisch analysieren sollen[89]. Unabhängig von den hiermit erforderlichen Veränderungen zur Umsetzung stellt sich die

---

86 Vgl. Schumann et al., *Rationalisierung, Krise, Arbeiter* (Anm. 22), S. 509.
87 Vgl. z. B. die hohen Konzessionen der amerikanischen und englischen Gewerkschaften in der Automobil- und Stahlindustrie. In Italien drückt sich dies in der partiellen Aufgabe der gleitenden Lohnanpassung an die Inflationsrate, in England und Frankreich in gemeinsamen Aufrufen von Arbeitgebern und Gewerkschaften gegen den Kauf von Importwaren aus.
88 Vgl. Jürgen Hoffmann, „Das Ende der Fahnenstange" — Sozialdemokratie und keynesianischer Klassenkompromiß in der Bundesrepublik, in: *Prokla*, 49, 12. Jg., 1982, S. 9—30.
89 Vgl. ebd., S. 24; Michael Schumann, Entwicklungen des Arbeiterbewußtseins, in: *Gewerkschaftliche Monatshefte*, Nr. 3, 1979, S. 159; Esser, *Gewerkschaften in der Krise* (Anm. 21), S. 216.

Frage, ob Gewerkschaften als „massenintegrative Apparate" (Hirsch) eine so dominante Rolle auf die Einstellung der Lohnabhängigen ausüben. Es scheint ein Widerspruch zu sein, wenn einerseits die Gewerkschaften als zentralisiert und bürokratisiert charakterisiert werden, deren innergewerkschaftliche Demokratie erheblich eingeschränkt ist und von deren Mitgliedern nur ein kleiner Prozentsatz aktiv am gewerkschaftlichen Willensbildungsprozeß teilnimmt, ihnen andererseits eine so aktive und zentrale Rolle bei der Verhaltens- und Bewußtseinsprägung der Lohnabhängigen zugeschrieben wird[90]. Gewerkschaftsführungen können zwar potentiell Träger der Vereinheitlichung von Klasseninteressen sein — insofern ist ihre Integration in staatlich vermittelte Kooperationsformen von Bedeutung —, aber die Frage ist, ob sie heute faktisch dazu noch in der Lage sind. Selbst wenn sie versuchten, auf der Grundlagen theoretischer Perspektiven politische Lernprozesse in der Mitgliederschaft zu initiieren, in denen kapitalistische Systemzusammenhänge vermittelt und auf die eigene Interessenlage bezogen werden können — was weder unvermittelt zu Klassenbewußtsein noch zu einer gesellschaftlichen Perspektive führt —, wäre eher eine Abkoppelung der Basis von der Führung als ein Wandel zu wirtschaftspolitischen Alternativen zu erwarten[91]. Gewerkschaften könnten auch mit einer anders gearteten Politik diese betriebliche Abhängigkeit nicht qualitativ verändern. Alternative Verhaltensweisen der Beschäftigten wären erst dann zu erwarten, wenn konkrete andere Realisierungsmöglichkeiten ihrer Interessen in der konkreten wirtschaftlichen Situation erkennbar wären.

Damit stellt sich prinzipiell die Frage, wie solche Alternativen bei einem international agierenden Kapital entwickelt und durchgesetzt werden sollen. Ob der traditionellen Arbeiterbewegung noch heute diese Subjektrolle zugeschrieben werden kann und praktizierende Solidarität — die früher über vielfältige Ausformungen im Reproduktionsbereich (Genossenschaften, Sozialabsicherungen, Arbeiterkultur usw.) vermittelt und abgesichert war — unabhängig von dem fundamentalen historischen Wandel wiederhergestellt und aus ihr das Ziel für alternative Strategien entwickelt werden kann, muß bezweifelt werden[92].

Auf der Konkurrenzebene im Betrieb jedenfalls läßt sich nachweisen, daß sich die betrieblichen Auseinandersetzungen zwischen den Arbeitern durch fragmentierte Interessenvertretung der Gewerkschaften und tendenzielle Dequalifikationsprozesse verschärft haben. War früher die Stellung des einzelnen Facharbeiters durch seine berufsspezifischen und langjährigen Erfahrungen bestimmt und dadurch seine Position im Arbeitsbereich und in der Gesellschaft festgelegt (z. B. dementsprechend die Lohnhöhe nach Gesellenjahren gestaffelt), so sind heute diese die interne Konkurrenz strukturierenden Formen aufgelöst.

90 Am Beispiel der von den Gewerkschaften vertretenen Unterkonsumtionstheorie, die als Legitimationsbasis für die tarifpolitischen Forderungen in der Krise dient, läßt sich die geringe Wirkung gewerkschaftlicher Argumentationsmuster belegen: Bei den Arbeitern der vorliegenden Betriebsuntersuchungen spielt dieser Argumentationszusammenhang zur Erklärung und Lösung der wirtschaftlichen Krise keine Rolle.
91 Bei British-Leyland stimmten — gegen die Empfehlung der gewerkschaftlichen Interessenvertretung — über 80 % der Beschäftigten für einen Rationalisierungsplan des Managements, der die Vernichtung von 25.000 Arbeitsplätzen (ca. 1/6) zum Ziel hatte.
92 Vgl. hierzu den Beitrag von Theo Pirker in diesem Band.

Uwe Köhler/Rainer Sarrazin/Horst W. Schmollinger/Martin Struller

Tradition der Arbeiterbewegung und Gewerkschaften in der Provinz heute: Eine Fallstudie

Die Problematik gewerkschaftlicher Organisation und Politik in der Provinz, in ländlichen Regionen also, ist in der ansonsten erfreulich entwickelten Gewerkschaftsforschung der Bundesrepublik bisher vernachlässigt worden, und dies, obgleich ihre gesellschaftliche Relevanz offenkundig ist. Denn die längerfristige ökonomische Entwicklung im ländlichen Raum seit der unmittelbaren Nachkriegsperiode, für die beispielsweise die Freisetzung zahlreicher selbständig und abhängig Arbeitender aus Landwirtschaft, Gewerbe und Handel charakteristisch ist, aber auch die Folgen der gegenwärtigen Wirtschaftskrise, etwa die Schließung kapitalschwacher Klein- und Mittelbetriebe sowie arbeitsintensiver Zweigbetriebe größerer Unternehmen, haben vor allem für die abhängig Beschäftigten in der Provinz erhebliche materielle Einbußen gebracht[1]. Trotz dieser Entwicklungen und trotz der in der Provinz ohnehin vergleichsweise niedrigen Löhne und schlechten Arbeitsbedingungen[2], die eine starke Interessenvertretung dringlich erscheinen lassen, ist in der Provinz die Neigung, Gewerkschaften zu akzeptieren, geringer als anderswo. So berichten Gewerkschaftsaktivisten über ihre alltäglichen Erfahrungen mit Bauern und Landbürgern, „die in jedem Gewerkschafter einen Klassenkämpfer wittern, der die vermeintlich gottgewollte soziale Idylle zerstören und die festgefügte ländliche Ordnung beseitigen will"[3]. Sie schildern eindringlich das gewerkschaftsfeindliche Klima in ländlichen Regionen, das ihre Aktivitäten und mithin organisatorische Fortschritte so beschwerlich macht:

„Geht nur mal auf das Land, seht und hört euch um, und ihr werdet vernehmen den Haßgesang gegen die Gewerkschaften. Ihr könnt ihn hören in Guts- und Bauernhöfen, in Forstbetrieben, in Handwerk- und Industriebetrieben, in den Kneipen und von der Kanzel mancher Kirchen, ihr könnt ihn nachlesen in den Provinzblättern ‚Ausgabe Land'."[4]

Es war wohl auch die Übereinstimmung praktischer Erfahrungen mit theoriegeleiteten Erwägungen, die eingehendere empirische Untersuchungen gewerkschaftli-

---

1 Vgl. Onno Poppinga, Das Ende des Dorfes?, in: V. Brandes/J. Hirsch/R. Roth (Hrsg.), *Leben in der Bundesrepublik. Die alltägliche Krise*, Berlin 1980, S. 177.
2 Vgl. dazu Dieter Kleine, Zur sozioökonomischen Lage der Arbeitnehmer kleiner und mittlerer Betriebe im gesamtwirtschaftlichen Strukturwandel, in: *WSI-Mitteilungen*, H. 12, 1976, S. 754–761.
3 Peter Pragal. Gewerkschaften auf dem Lande, in: *Werden. Jahrbuch für die deutschen Gewerkschaften,* Köln 1973, S. 13.
4 Nach: *Die Quelle*, H. 11, 1957, S. 524.

cher Organisation und Politik in der Provinz verhindert hat. Denn die Ursachen der gewerkschaftlichen Defizite auf dem Lande sind theoretisch scheinbar plausibel zu erörtern: Während in den Großbetrieben der industriellen Zentren die Lohnabhängigen „in größeren Massen zusammengedrängt" werden und „die Interessen, die Lebenslagen innerhalb des Proletariats sich immer mehr angleichen, indem die Maschinerie mehr und mehr die Unterschiede verwischt"[5] und mithin gleiche Betroffenheit und Erfahrungen die Bildung der Arbeiterklasse und ihrer Interessenorganisationen befördern, ist die Provinz durch ökonomische Strukturen gekennzeichnet, die eine gewerkschaftliche Organisierung erschweren oder gar unnötig erscheinen lassen. Die regionalspezifischen Unterschiede gewerkschaftlicher Organisationskapazität „sind auf die disproportionale Entwicklung der Produktivkräfte im Kapitalismus zurückzuführen"[6]. Sie sind mithin ein Ausdruck des „Widerspruchs zwischen der forcierten Entwicklung industrieller Ballungsräume und Herrschaftszentren und dem Zurückbleiben der industriell unterentwickelten Gebiete".

Welches sind nun die konkreten provinzspezifischen Faktoren, die den unterentwickelten gewerkschaftlichen Organisationsgrad in diesen Regionen erklären können? Folgt man dem theoretischen, hier exemplarisch behandelten Argument und berücksichtigt überdies zentrale Kriterien der regionalen Wirtschaftsstrukturpolitik, dann ist Provinz durch geringe Industriedichte, geringe Bevölkerungsdichte und hohe Anteile der Landwirtschaft an den genutzten Flächen gekennzeichnet[7]. Sozialstrukturell schlägt sich dies in überdurchschnittlichen Anteilen von Selbständigen und mithelfenden Familienmitgliedern nieder. Diese wirtschafts- und sozialstrukturellen Gegebenheiten führen denn auch zu schwacher gewerkschaftlicher Organisationskapazität. Knapp und pointiert formuliert: Bei hohen Anteilen von Selbständigen an der Bevölkerung muß in der Provinz auch der gewerkschaftliche Organisationsgrad schlechter sein als andernorts.

Ein zweites Argument geht von der in der Provinz vorherrschenden Betriebsstruktur aus. Für diese Regionen ist der überdurchschnittliche Anteil von – gemessen an der Beschäftigtenzahl – kleineren und mittleren Betrieben charakteristisch. Empirische Untersuchungen haben ergeben, daß die Betriebsgröße positiv mit der Standortgröße korreliert: Je geringer die Einwohnerzahl eines Ortes, desto niedriger ist auch die Beschäftigtenzahl der dort angesiedelten Betriebe[8]. Gerade in Kleinbetrieben aber, so dieser Argumentationsgang, werde der für den gesellschaftlichen und ökonomischen Standort der Lohnabhängigen entscheidende Gegensatz von Lohnarbeit

---

5 Karl Marx/Friedrich Engels, Manifest der Kommunistischen Partei, zit. nach: Institut für Marxismus-Leninismus beim ZK der SED (Hrsg.), Karl Marx/Friedrich Engels, *Werke*, Bd. 4, Berlin 1969, S. 470.
6 Vgl. dazu und zum folgenden Frank Deppe, *Das Bewußtsein der Arbeiter*, Köln 1971, S. 164.
7 Vgl. beispielsweise O. Boustedt, *Grundriß der empirischen Regionalforschung*, Teil I: *Raumstrukturen*, Hannover 1975, S. 273; *Landesentwicklungsbericht Hessen 1970–1978*, Wiesbaden 1980, S. 41 ff.
8 Vgl. H. Wulff/P. Hofer, *Analyse und Prognose der Unternehmensgrößenstruktur, Prognos-Gutachten*, Basel 1975, S. 123 und Tabellenteil, S. 164 f. Dieser Zusammenhang gilt nur für Orte bis zu 20.000 Einwohnern.

und Kapital häufig verdeckt[9]. Dies geschieht vor allem aufgrund der engen räumlichen und technischen Zusammenarbeit von (klein-)gewerblichen Unternehmern und Lohnabhängigen sowie aufgrund der besonderen Existenzprobleme von Unternehmen dieser Größe am Markt in Krisenzeiten – Verhältnisse, die die Mystifikation einer Interessenidentität produzieren. Die provinzspezifische Produktionsform ist ein weiterer Faktor, der das Gewerkschaftsdefizit erklärt. In den provinztypischen Klein- und Mittelbetrieben dominiert die Einzel- und Kleinserienfertigung[10]. Diese Produktionsform verlangt aber neben relativ guten beruflichen Qualifikationen ein hohes Maß an selbständigem Arbeiten und autonomer Arbeitsgestaltung. Betriebsstruktur und Produktionsform, scheinbare Interessenidentität und relative Autonomie der Arbeitsgestaltung legen es in Betrieben dieser Art abhängig Beschäftigten nahe, „eine Verbesserung der Verkaufsbedingungen der eigenen Arbeitskraft durch individuelle Strategien zu suchen"[11]. Fazit dieser theoriegeleiteten Argumentation: Die provinzspezifischen Produktionsformen produzieren ein Bewußtsein, das gewerkschaftliche Organisierung behindert. Aber auch für die Zweigbetriebe industrieller Unternehmen in der Provinz mit größerer Beschäftigtenzahl wird das Organisationsdefizit der Gewerkschaften erklärt, handelt es sich bei ihnen doch überwiegend um Produktionsstätten mit arbeitsintensiver Produktion, die vor allem unqualifizierter Arbeitskräfte bedarf, die den Gewerkschaften distanzierter als andere gegenüberstehen[12].

Ein drittes Argument, das die Defizite gewerkschaftlicher Organisation in der Provinz einsichtig macht, bezieht sich auf das von Ernst Bloch[13] begründete Phänomen der „ungleichzeitigen" Entwicklung von Stadt und Land, von ökonomischen und von Bewußtseinsstrukturen. Blochs zentrale These lautet unter Berufung auf Marx: Die Ideologien in den Köpfen der Menschen wandeln sich wesentlich langsamer als die ökonomischen Strukturen; obschon heute kaum noch existent, prägen gerade in ländlichen Regionen vorkapitalistische Produktionsstrukturen gleichwohl Einstellungen und Verhalten der Menschen auf dem Lande[14]. Diese „Ungleichzeitigkeits"-Thesen bestätigen beispielsweise Jeggle und Ilien[15] mit ihrer Analyse des Lebens auf dem Dorf, der vorherrschenden Gemeindeform in der Provinz: „Das Dorf als Interaktionssystem hält sich sehr viel länger als seine eigenen wirtschaftlichen Grundlagen, damit besteht auch dörfliche Denk- und Handlungsweise fort." Die dörflichen, provinztypischen Verhältnisse unterscheiden sich – so der Tenor einschlägiger Untersuchungen – trotz seit den fünfziger Jahren rasch voranschreitender Vergesell-

---

9 Vgl. Kleine, Zur sozioökonomischen Lage (Anm. 2), S. 755.
10 Vgl. Wilhelm Adamy, *Probleme gewerkschaftlicher Interessenvertretung in mittelständischen Unternehmen*, Diplomarbeit im Fach Sozialpolitik an der Universität Köln, 1978, S. 90.
11 Ebd., S. 137.
12 Vgl. hierzu Walter Nickel, *Zum Verhältnis von Arbeiterschaft und Gewerkschaft. Eine soziologische Untersuchung über die qualitative Struktur der Mitglieder und des Mitgliederpotentials der Gewerkschaften in der Bundesrepublik*, Köln 1972, S. 194.
13 Vgl. dazu Ernst Bloch, Gespräch über Ungleichzeitigkeit, in: *Kursbuch*, H. 39, 1975, S. 1–9.
14 Vgl. ebd., S. 8.
15 Utz Jeggle/Albert Ilien, Die Dorfgemeinschaft als Not- und Terrorzusammenhang, in: Hans-Georg Wehling (Hrsg.), *Dorfpolitik. Fachwissenschaftliche Analyse und didaktische Hilfen*, Opladen 1978, S. 51.

schaftungsprozesse deutlich von den städtischen[16]. Bewohner ländlicher Regionen sind überwiegend in ihrem Wohnort geboren und leben schon lange dort; der Grad sozialer Integration, aber auch sozialer Kontrolle ist höher als andernorts, die kollektive Identifikation mit der Umgebung, das „gemeindliche Wir-Bewußtsein", das in der Abgrenzung von Bewohnern der Nachbargemeinden erkennbar wird, ist noch heute deutlich ausgeprägt[17]. Ausdruck und Bewahrer dieser höheren Integration in das spezifische Milieu sind im individuellen Bereich die intensiven familiären, verwandtschaftlichen und nachbarschaftlichen Beziehungen, im gesellschaftlichen Bereich die in der Provinz besonders mitgliederstarken Vereine[18]. Beide Integrationsformen haben jedoch nicht nur soziale, sondern auch ökonomische Komponenten (Nachbarschaftshilfe). Die verwandtschaftlichen Beziehungen und die im dörflichen Milieu, die häufig über die gesellschaftlichen Großgruppen hinausreichen, schaffen die Voraussetzungen für das „Phänomen der scheinbaren Klassenlosigkeit der dörflichen Gesellschaft"[19], das die gewerkschaftliche Organisierung der abhängig Beschäftigten, die in der Provinz leben, behindert.

Das Phänomen der Ungleichzeitigkeit, nunmehr auf die Lohnabhängigen bezogen, ist schließlich der Ansatz einer vierten Argumentationslinie, die das gewerkschaftliche Defizit in der Provinz erklären helfen soll. Freigesetzt durch Kapitalisierung der Landwirtschaft, durch Zentralisation und Konzentration, wurden Arbeitskräfte aus ländlichen Regionen in den industriellen Produktionsprozeß der Ballungszentren einbezogen[20]. In zahlreichen Provinzgemeinden pendelt die Mehrzahl der Lohnabhängigen zwischen städtisch-industriellem Arbeitsplatz und provinziellem Wohnort und ist so Tag für Tag dem Widerspruch zwischen dem Verbleib in der sich nur langsam verändernden alten sozialen Umwelt und der Integration in die Industriearbeiterschaft ausgesetzt[21]. Obwohl bei Pendlern, die teils schon seit Generationen

16 Vgl. zur Vergesellschaftung des Dorfes Poppinga, Das Ende des Dorfes? (Anm. 1), passim; Albrecht Funk, Die Urbanisierung des bäuerlichen Dorfes, in: Anna Dorothea Brockmann (Hrsg.), *Landleben*, Reinbek 1977, S. 238—256; Albert Ilien/Utz Jeggle, *Leben auf dem Dorf*, Opladen 1978, passim; Albrecht Lehmann, *Das Leben in einem Arbeiterdorf*, Stuttgart 1976, passim. Während Funk (S. 243) darauf hinweist, daß — Konsequenz der Vergesellschaftung — die prägende Kraft des provinziellen Milieus für das Bewußtsein seiner Bewohner geschwunden sei, kommen die übrigen Autoren zu gegenteiligen Ergebnissen.
17 Ulrich Planck, *Die Landgemeinde*, Hannover 1971, S. 32; Lehmann, *Arbeiterdorf* (Anm. 16), S. 169.
18 Eine empirische Untersuchung von zehn kleinbäuerlichen Dörfern in der Bundesrepublik erbrachte, daß im Jahre 1973 56,9 % der erwachsenen Dorfbewohner eingetragene Mitglieder in Vereinen und Verbänden waren. (Fritz Kromka, Soziostrukturelle Integration in ehemals kleinbäuerlichen Dörfern, in: Bernd van Deenen u.a. [Hrsg.], *Lebensverhältnisse in kleinbäuerlichen Dörfern 1952 und 1972*, Bonn 1975, S. 265.) Im Vergleich dazu waren es in der Bundesrepublik im Schnitt 33 %. (Vgl. B. Armbruster/R. Leisner, *Bürgerbeteiligung in der Bundesrepublik*, Göttingen 1975, S. 232, Tab. 6/7.)
19 Peter O. Chotjewitz, Neuland in der Provinz, in: *Kursbuch*, H. 39, 1975, S. 23.
20 Vgl. Poppinga, Das Ende des Dorfes? (Anm. 1), passim. Für die Zeit nach 1945 s. ebd., S. 177 ff.
21 Schon 1967 betrug der Anteil der Pendler an den Erwerbstätigen in Gemeinden unter 1.000 Einwohnern 68 % und in Gemeinden zwischen 1.000 und 3.000 Einwohnern 58 %. So Käthe Gerstung, *Voraussetzungen und Möglichkeiten gewerkschaftlicher Jugendarbeit auf dem Lande*, Diplomarbeit am Fachbereich 21 der Universität Marburg, 1977, S. 43.

abhängig beschäftigt sind, durchaus eine „Entfremdung von den im traditionellen dörflichen Kontext gültigen Werten"[22] festzustellen ist, bilden sie dennoch eine „gewerkschaftliche Randgruppe", deren „Trennung von Berufs- und Wohnort zumindest Auswirkungen auf die formalen Beziehungen zur Gewerkschaft hat"[23]. Denn trotz des Pendelns in industrialisierte Regionen bleibt die Integration in das einer gewerkschaftlichen Betätigung hinderliche soziale Milieu des Wohnortes erhalten. Die provinziellen Strukturen bleiben weiterhin der „dominante Lebens- und Erfahrungsbereich, in dem sich die Identität des einzelnen konstituiert"[24]. Was für die Pendler im allgemeinen zutrifft, gilt im besonderen für einen Teil von ihnen, für die proletarisierten, ehemals selbständigen Bauern, Handwerker und Kleingewerbetreibenden. Trotz ihrer Erfahrung des kapitalistischen Produktionsprozesses halten sie „weiter an den Wertorientierungen und Verhaltensweisen fest, auf die sie früher fixiert waren"[25]. Geprägt von ihrer vergangenen kleinbürgerlichen Existenz, stehen sie den Gewerkschaften eher ablehnend oder doch skeptisch gegenüber, denn „die Illusion, auch ein Unternehmer zu sein, ist noch nicht verschwunden, die objektive Annäherung an die Arbeiterklasse noch nicht akzeptiert, sie wird als Deklassierung empfunden"[26].

Die Befunde dieser vier theoriegeleiteten Argumentationslinien sind eindeutig: Provinzielle Strukturen beeinträchtigen die gewerkschaftliche Organisationskapazität. Gegen diese dominante These sind in der Literatur selten Argumente zu finden. Eine interne Studie des DGB-Landesbezirks Niedersachsen-Bremen über die dortigen Organisationsverhältnisse[27] stellt einige abweichenden Fälle vor. Aber auch ihre Autoren kommen zunächst, nach einer Aufstellung der Organisationsgrade in allen Stadt- und Landkreisen dieses Gebietes zu dem Ergebnis, daß Kreise mit überdurchschnittlich hohen Anteilen an der agrarischen Produktion, mit überwiegend klein- und mittelbetrieblicher Struktur, mit geringer Bevölkerungsdichte und großer Entfernung zu industriellen Zentren in der Regel unterdurchschnittlich organisiert sind. Danach aber werden die Ausnahmen dieser Regel aufgezählt: Trotz derart ungünstiger Strukturen weisen einige wenige Kreise einen überdurchschnittlichen Organisationsgrad auf, den die Verfasser der Studie damit erklären, daß in diesen Kreisen die Arbeiterbewegung traditionell stark verankert ist und diese Traditionslinie durch ein „homogenes soziales Milieu" und durch die „Überschaubarkeit der sozialen Verhältnisse" in den Betrieben und außerhalb stabil geblieben sei. Fälle wie diese scheinen jedoch eine Besonderheit zu sein, haben doch zahlreiche empirische Erhebun-

---

22 Peter Jurecka, *Soziale und psychologische Integration und Position von Pendlern in ländlichen Gemeinden. Eine empirische Untersuchung in fünf badischen Dörfern,* Diss., Köln 1975, S. 277.
23 Nickel, *Verhältnis von Arbeiterschaft und Gewerkschaft* (Anm. 12), S. 194.
24 Landeszentrale für politische Bildung Baden-Württemberg (Hrsg.), *Das Ende des alten Dorfes?*, Stuttgart 1980, S. 147.
25 Nickel, *Verhältnis von Arbeiterschaft und Gewerkschaft* (Anm. 12), S. 176.
26 Onno Poppinga, Bauern, Bauernverband und Gewerkschaften, in: *Gewerkschaftliche Monatshefte,* H. 8, 1972, S. 487.
27 *Organisationsanalyse. Zur Organisationsstruktur im DGB-Landesbezirk Niedersachsen-Bremen,* o.O., o.J.

gen des gewerkschaftlichen Organisationsgrades erwiesen, was praktische Erfahrungen und theoriegeleitete Diskurse konstatieren: die geringe Organisationskapazität der Gewerkschaften in der Provinz.

Woran Provinz — theoretisch scheinbar abgesichert — in Erhebungen auch immer gemessen werden mag, ob an unteren Orts- oder Betriebsgrößenklassen, der gewerkschaftliche Organisationsgrad ist dort systematisch geringer als andernorts[28].

Tab. 1: Anteile von Gewerkschaftsmitgliedern an den Populationen verschiedener Betriebs- und Ortsgrößenklassen im Jahre 1979 — Ergebnisse von Repräsentativerhebungen (in Prozent)

Merkmale	Anteile der Gewerkschaftsmitglieder
Befragte insgesamt	20
Betriebsgrößenklassen (Anzahl der Beschäftigten)	
1– 10	6
11– 100	19
101– 500	27
501–2000	34
2001 und mehr	40
Ortsgrößenklassen (Anzahl der Einwohner)	
Bis 5.000	16
5.001– 20.000	20
20.001–100.000	20
100.001–500.000	23
501.001 und mehr	20

Quelle: *Infas-Repräsentativerhebungen, Bundesgebiet ohne West-Berlin, Befragte ab 18 Jahren,* 1979, Random Auswahl.

---

28 Zahlreiche empirische Studien kommen trotz unterschiedlicher Vorgehensweise zu ähnlichen Ergebnissen. Eine Umfrage des Instituts für Demoskopie in Allensbach ergab schon 1959 regional deutlich differierende Organisationsgrade: Dörfer 19 %; Kleinstädte 23 %; Mittelstädte 31 %; Großstädte 32 %. (Vgl. *Der Arbeitgeber* v. 20.1.1960, S. 36.) Frank Deppe kommt aufgrund von Repräsentativerhebungen zu folgendem Schluß: „Es besteht eine eindeutige Beziehung zwischen Region und gewerkschaftlichem Organisationsgrad — hier freilich vor allem in bezug auf die Facharbeiter. Facharbeiter, die in städtischen Kerngebieten leben, sind wesentlich höher organisiert als Facharbeiter, die in ländlichen Regionen leben ... Die gewerkschaftliche Arbeit auf dem Lande, oft ein ‚Stiefkind' gewerkschaftlichen Interesses, erscheint so als ein wichtiges Feld, um die ausgeprägte Ungleichmäßigkeit der gewerkschaftlichen Verankerung in der Arbeiterklasse zu überwinden." (Frank Deppe, *Autonomie und Integration. Materialien zur Gewerkschaftsanalyse,* Marburg 1979, S. 57).

Spezielle empirische Untersuchungen zur Problematik gewerkschaftlicher Organisation und Politik in der Provinz liegen unseres Wissens nicht vor[29]. Diese Problematik war ein Untersuchungsgegenstand eines umfangreicheren Lehrprojekts über politische und soziale Aktivitäten der Provinzbevölkerung, das in den Jahren 1979 und 1980 am Fachbereich Politische Wissenschaft der Freien Universität Berlin entwickelt und durchgeführt wurde. Im Hinblick auf die Methodik der Vorgehensweise bei der Datenerhebung war die Untersuchung als Fallstudie angelegt, denn die Seminarteilnehmer strebten nach möglichst differenzierter Beschreibung provinzieller Strukturen, und die Arbeitsgruppe Gewerkschaften wollte durch die detaillierte Analyse eines Falles Aufschlüsse über die Qualität der weithin unbestrittenen generalisierenden Annahmen über Gewerkschaften in der Provinz erhalten. Tatsächlich werden Fallstudien immer dann empfohlen, wenn über einen Gegenstandsbereich relativ wenige empirisch gewonnene Erkenntnisse vorliegen oder wenn er einigermaßen komplex und heterogen ist. Eckstein hebt darüber hinaus hervor, daß Fallstudien zwar auf allen Ebenen der Theoriebildung sinnvoll seien, am zweckmäßigsten seien sie jedoch in der Phase des Tests theoriegeleiteter Annahmen *(crucial-case studies)*[30]. Bei allen ihren Vorteilen, wie beispielsweise ihrer engen Anlehnung an Gegenstände und ihrer Flexibilität, bringen Fallstudien freilich in der Regel zwei besonders schwerwiegende Probleme mit sich: das der Auswahl des Falles und das der Generalisierungsmöglichkeit ihrer Ergebnisse. Um beide Probleme zu mildern, wird häufig vorgeschlagen, mehrere vergleichbare Fälle zu untersuchen. Diese Strategie war freilich bei den (natürlichen) Beschränkungen eines Lehrprojekts nicht praktikabel. So galt es unter den Bedingungen minimaler Ressourcen den *einen Fall* so auszuwählen, daß die Chancen gewahrt blieben, die theoriegeleiteten Annahmen (gleichermaßen) zu bestätigen *und* zu widerlegen, was — zugegebenermaßen — ein reichlich vage formuliertes Erfordernis ist[31]. Die Generalisierungsproblematik dagegen ist im Falle einer *crucial-case study* nicht gravierend, denn das Ziel dieser Vorgehensweise ist es, generalisierende Annahmen, hier über die Organisationskapazität von Gewerkschaften in der Provinz, an einem Fall zu überprüfen, um so Aufschlüsse über ihre Gültigkeit zu erhalten.

Als Untersuchungseinheit wurde die überpersonale Einheit „Bevölkerung einer Provinz-Region" ausgewählt. Im Hinblick auf die Methoden der Datenerhebung be-

---

29 Empirische Studien beschäftigen sich in der Regel mit Partizipation und Bewußtsein von Arbeitern und Gewerkschaftern in städtischen Großbetrieben. (So beispielsweise Werner Kudera u.a., *Gesellschaftliches und politisches Bewußtsein von Arbeitern. Eine empirische Untersuchung*, Frankfurt a.M. 1979.) Regionalstudien, wenn sie provinzielle Regionen behandeln, erforschen in der Regel Probleme der Geschichte der Arbeiterbewegung. (Vgl. etwa Christa Landgrebe, *Zur Entwicklung der Arbeiterbewegung im südostbayerischen Raum. Eine Fallstudie am Beispiel Kolbermoor*, München 1980.)
30 Vgl. zu dieser Passage die sehr knappen Anmerkungen von Heine von Alemann, *Der Forschungsprozeß. Eine Einführung in die Praxis der empirischen Sozialforschung*, Stuttgart 1977, S. 178 ff., und die ausführlichere Auseinandersetzung bei Harry Eckstein, Case Study and Political Theory in Political Science, in: F.I. Greenstein/N.W. Polsby (Hrsg.), *Handbook of Political Science*, Bd. 7: *Strategies of Inquiry*, Reading, Mass. 1975, S. 79–137.
31 Vgl. Eckstein, Case Study (Anm. 30), S. 116.

vorzugten die Seminarteilnehmer einen Mehr-Methoden-Ansatz. Im Mittelpunkt stand eine repräsentative mündliche Befragung unter den Wahlberechtigten einer ländlichen Region. Die auf diese Weise gewonnenen Daten sollten durch Erkenntnisse aus Dokumentenanalysen und (Experten-)Interviews ergänzt werden.

Daß als Untersuchungsregion der nordhessische Werra-Meißner-Kreis ausgewählt wurde, lag nicht nur daran, daß er die allgemein akzeptierten Kriterien für provinzielle Regionen erfüllte. Die Auswahlentscheidung hatte vielmehr auch forschungspragmatische Aspekte: Zum einen enthält die hessische Datenschutzgesetzgebung ein Wissenschaftsprivileg, das die Stichprobenkonstruktion vereinfacht, zum anderen besitzt die Freie Universität Berlin ein „Standquartier" in diesem Kreis; beides erleichterte die Feldarbeit erheblich. Entscheidend war aber, daß der Kreis als Beispiel für Provinz gelten kann.

Der Werra-Meißner-Kreis, im Nordosten Hessens gelegen und mit einem Drittel (121 km) seiner Kreisgrenzen an die DDR angrenzend, wurde im Jahre 1974 aus den Landkreisen Eschwege und Witzenhausen gebildet. Nach den Kriterien der Landesentwicklungsplanung zählt der Kreis zu den „ländlichen Räumen". So werden in diesem Zusammenhang Gebiete benannt, die sich durch „eine niedrige Bevölkerungsdichte, eine Bevölkerungsabnahme insbesondere durch Abwanderungen, den Bedarf an außerlandwirtschaftlichen Arbeitsplätzen, eine geringe Steuerkraft und ein niedriges Bruttoinlandsprodukt je Kopf der Wirtschaftsbevölkerung" auszeichnen[32]. Ein knapper Überblick mag verdeutlichen, daß der Kreis die gängigen Kriterien für provinzielle Regionen tatsächlich erfüllt.

— Die *Bevölkerungsdichte* lag für den Kreis im Jahre 1979 bei 116 Bewohnern je km^2. In der Bundesrepublik betrug sie dagegen 247 und in Hessen 263 Einwohner je km^2 [33].

— Der Kreis weist eine negative *Wanderungsbilanz* auf. Im Zeitraum zwischen 1970 und 1978 nahm die Bevölkerung um 4,4 Prozentpunkte ab, während sie in Hessen insgesamt um 3,2 Prozentpunkte stieg[34].

— Nach der Gemeindereform lebten 46 % der Bevölkerung des Kreises in *Gemeinden* mit mehr als 10.000 Einwohnern[35]. Dieser Anteil, der nach der verwaltungsmäßigen Zusammenlegung ehemals selbständiger Gemeinden zu gemeindlichen Gebietsverbänden ermittelt wurde, beschreibt die Gemeindestruktur des Kreises jedoch nur unzureichend. Zieht man dagegen die Verteilung der Bevölkerung auf die ehemaligen Gemeinden, die heutigen Ortsteile der Verbandsgemeinden heran, dann ergibt sich, daß weit über die Hälfte der Bevölkerung in Gemeinden der Größenklasse „unter 5.000 Einwohner" lebt. In der Bundesrepublik dagegen galt dies für 29,6 %, in Hessen insgesamt für 40,1 % der Bevölkerung[36].

32 *Landesentwicklungsbericht Hessen* (Anm. 7), S. 41 ff.
33 Vgl. *Hessische Kreiszahlen*, H. 2, 1979, S. 4; H. 1, 1980, S. 6.
34 *Landesentwicklungsbericht Hessen* (Anm. 7), S. 281.
35 Vgl. *Die hessischen Landkreise und kreisfreien Städte*, Wiesbaden 1975, S. 167.
36 Im Landkreis Eschwege lebten 1970 etwa zwei Drittel der Bevölkerung in Gemeinden mit weniger als 4.000 Einwohnern. Im Landkreis Witzenhausen lebte mehr als die Hälfte der Bevölkerung in Gemeinden mit weniger als 5.000 Einwohnern und davon die überwiegende Mehrheit in Orten mit einer Einwohnerzahl von unter 2.000 (berechnet nach: *Hessische Gemeindestatistik 1970*, S. 334 ff.).

– Der Anteil der *land- und forstwirtschaftlich genutzten Fläche* am Kreisgebiet ist überdurchschnittlich hoch. Etwa 80 % der Kreisfläche werden auf diese Weise bearbeitet. Allerdings bewirtschaftet über die Hälfte (ca. 55 %) der Betriebe eine Nutzfläche von weniger als 5 ha, und lediglich ein knappes Fünftel waren Vollerwerbsbetriebe[37].
– In der Land- und Forstwirtschaft arbeiteten im Jahre 1970 11,9 % der *Erwerbstätigen* des Kreises, in der Bundesrepublik insgesamt waren es zur selben Zeit 8,8 %[38].
– 20,3 % der Erwerbstätigen des Kreises waren *Selbständige und mithelfende* Familienangehörige, in der Bundesrepublik hatte diese Berufsgruppe einen Anteil von 17,5 % an den Erwerbstätigen.
– Eine Untersuchung zur Wirtschaftsstruktur des Kreises ermittelte überdurchschnittlich viele *Klein- und Mittelbetriebe* und unterdurchschnittlich wenige Großbetriebe[39]. 26,4 % der Erwerbstätigen waren in *Handwerksbetrieben* beschäftigt[40].

Für die mündliche Befragung in diesem offenkundig provinztypischen Kreis wurde aus den Wählerlisten, die bei den sechzehn Gemeinden geführt werden, jeder hundertste Wahlberechtigte ausgewählt. Die Umfrage war Anfang Juli 1979 im Feld; die Seminarteilnehmer führten die Interviews selbst durch[41]. Insgesamt wurden 445 Wahlberechtigte befragt[42].

Die Umfrage ergab für den Werra-Meißner-Kreis einen gewerkschaftlichen Organisationsgrad der Wahlbevölkerung von 25,4 %, der deutlich über dem der bundesdeutschen Wahlberechtigten (20 %)[43] liegt. Auch wenn man die Gewerkschaftsmitglieder auf die abhängig Beschäftigten bezieht, ist der gewerkschaftliche Organisa-

---

37 Vgl. Walter Giesler, Die Wirtschaft des Werra-Meißner-Kreises, in: *Wegweiser durch den Werra-Meißner-Kreis*, Eschwege 1974, S. 309; Hans Moscherosch, Die Landwirtschaft im Werra-Meißner-Kreis, in: ebd., S. 335. Vgl. auch den statistischen Überblick, in: ebd., S. 344.
38 Nach: *Die hessischen Landkreise* (Anm. 35), S. 161.
39 Vgl. dazu Martin Born (Hrsg.), *Festschrift zum 39. Deutschen Geographentag v. 11.–16. Juni 1973 in Kassel (Beiträge zur Landeskunde von Nordhessen)*, Marburg/Lahn 1973, S. 146 f.
40 Nach: *Hessische Kreiszahlen*, H. 1, 1978, S. 26.
41 Die zeitlich und finanziell beschränkten Ressourcen eines Lehrprojekts brachten einige Probleme mit sich. So wurde beispielsweise die Stichprobe in der elftägigen Feldphase nur zu etwas mehr als der Hälfte ausgeschöpft. Zwar wurde trotz der erheblichen Kreisfläche (1031,71 km²) jede Anschrift mindestens dreimal angelaufen, doch offensichtlich hat der Zeitpunkt der Befragung (im Vorfeld der hessischen Schulferien und zur Zeit intensiver landwirtschaftlicher Tätigkeit) eine Steigerung der Ausschöpfungsquote verhindert.
42 Die Zusammensetzung der Befragten weist berufsgruppen- und altersspezifische Verzerrungen im Vergleich mit der Wahlbevölkerung auf: Arbeiter und über 65jährige sind unterrepräsentiert. Ansonsten – beispielsweise im Hinblick auf Geschlecht und Konfession – entspricht die Struktur der Befragten bei Abweichungen, die unter einem Prozentpunkt liegen, recht gut derjenigen der Kreiswahlbevölkerung; insofern sind Tendenzaussagen über die Gewerkschaftsproblematik sinnvoll, zumal bei der Unterrepräsentation von Arbeitern in der Umfrage der gewerkschaftliche Organisationsgrad eher unterschätzt wird. Gewichtet wurde nicht.
43 Wenn nichts anderes vermerkt ist, dann entstammen die Vergleichszahlen für die Bundesrepublik Infas-Repräsentativerhebungen aus dem Jahre 1979. (Vgl. dazu die genauere Angabe zu Tab. 1.)

tionsgrad deutlich höher als im Schnitt: Während in der Bundesrepublik insgesamt 37 % der wahlberechtigten Lohnabhängigen Mitglieder einer Gewerkschaft sind, trifft dies im Werra-Meißner-Kreis für 42,4 % dieser Gruppe zu. Die zentrale These, die gewerkschaftliche Organisationskapazität sei in der Provinz geringer als im Schnitt, trifft für den provinztypischen Fall „Bevölkerung des Werra-Meißner-Kreises" nicht zu.

Tab. 2: Gewerkschaftsmitgliedschaft nach Berufsgruppen im Werra-Meißner-Kreis (WMK) und in der Bundesrepublik insgesamt im Jahre 1979 — Ergebnisse von Repräsentativerhebungen (in Prozent)

Berufsgruppen	Anteile der Gewerkschaftsmitglieder	
	WMK	Bundesrepublik
Ungelernte Arbeiter	29,4	
Angelernte Arbeiter	65,6	
An- und Ungelernte insgesamt	53,1	36
Facharbeiter	63,0	54
Arbeiter insgesamt	57,9	48
Angestellte	24,2	
Beamte	30,4	
Angestellte und Beamte	25,8	26
Lohnabhängige insgesamt	42,4	37

Quellen: *WMK-Studie 1979; Infas-Repräsentativerhebungen 1979.*

Schlüsselt man die Wahlbevölkerung nach Berufsgruppen und Gewerkschaftsmitgliedschaft (Tab. 2) auf, erweist es sich, daß diese überdurchschnittlichen Werte auf das Beitrittsverhalten von Arbeitern zurückzuführen sind. Während der Anteil der Gewerkschaftsmitglieder unter den Angestellten und Beamten im Kreis nur geringfügig von den durchschnittlichen Anteilen im Bund abweicht, organisieren sich die Arbeiter im Werra-Meißner-Kreis in erheblich höherem Ausmaß in den Gewerkschaften als die Arbeiter im Bundesgebiet insgesamt. Konsequenz dieser Organisationsverhältnisse: Die Gewerkschaften des Kreises werden von Arbeitern dominiert, und sie sind offenkundig auch in der Lage, die geringer qualifizierten Arbeitergruppen, die andernorts weniger dazu neigen sich den Gewerkschaften anzuschließen, besser zu integrieren. Ansonsten zeigt der Organisationsgrad der Berufsgruppen die übliche Tendenz: Arbeiter sind eher als Angehörige anderer Berufsgruppen bereit, einer Gewerkschaft beizutreten.

Auch der gewerkschaftliche Organisationsgrad in Betrieben verschiedener Größenklassen (Tab. 3) verläuft nach dem aus bisherigen Untersuchungen bekannten Trend: Er nimmt mit steigender Beschäftigtenzahl systematisch zu. Aber er erreicht im Werra-Meißner-Kreis in allen Klassen deutlich höhere Werte als im Durchschnitt in der Bundesrepublik. Die Organisationsfähigkeit der Gewerkschaften ist also selbst in den für sie ungünstigen Betriebsstrukturen überdurchschnittlich hoch entwickelt.

Tab. 3: Gewerkschaftsmitgliedschaft nach Betriebsgrößenklassen im Werra-Meißner-Kreis und in der Bundesrepublik — Ergebnisse von Repräsentativerhebungen (in Prozent)

Betriebsgröße (Anzahl der Beschäftigten)	Anteil der Gewerkschaftsmitglieder an den Beschäftigten	
	WMK	Bundesrepublik
1– 9	16,7	11,5
10– 99	48,2	30,0
100–499	52,2	32,2
500 und mehr	62,1	42,3

Quelle: *WMK-Studie 1979*; eigene Berechnungen nach Nickel, *Zum Verhältnis von Arbeiterschaft und Gewerkschaft* (Anm. 12), S. 174.

Die Ergebnisse der Überlegungen zur Auswahl des Falles und der hier nur knapp referierten Datenauswertung[44] sind eindeutig:
1. Der Werra-Meißner-Kreis ist nach den gängigen Kriterien Provinz.
2. Die bekannten Tendenzen für Zusammenhänge zwischen verschiedenen Merkmalen und der Gewerkschaftsmitgliedschaft gelten auch für die Wahlbevölkerung des Werra-Meißner-Kreises. Die Ausgangswerte liegen jedoch entgegen den theoretischen und bisherigen empirischen Befunden deutlich über dem Durchschnitt.
3. Die theoriegeleiteten generalisierenden Annahmen einer unterdurchschnittlichen Organisationskapazität in der Provinz treffen für den Werra-Meißner-Kreis nicht zu. Die Annahmen sind mithin nicht allgemein für die Provinz gültig.

Diese Ergebnisse fordern in zweierlei Hinsicht weitere Überlegungen heraus. Zum einen: Liefert der Fall Werra-Meißner-Kreis Argumente dafür, daß der einheitliche Typus Provinz nicht existiert? Zum anderen: Messen die bisher in empirisch-analytischen Untersuchungen bevorzugt herangezogenen Indikatoren — Orts- und Betriebsgröße — den Gegenstand Provinz angemessen und zuverlässig?

Was das hier untersuchte Kreisgebiet sicherlich von manchen anderen Provinz-Regionen unterscheidet, ist seine konfessionelle Struktur. Denn 82,2 % seiner Bevölkerung sind protestantisch und nur 14,8 % katholisch[45]. Bei der im Vergleich mit Protestanten geringeren Neigung von Katholiken, Gewerkschaften beizutreten[46],

---

44 Nach welchen demographischen und sozialstrukturellen Merkmalen man die Variable Gewerkschaftsmitgliedschaft auch immer aufschlüsselt, beispielsweise nach Alter, Geschlecht oder Bildung, die Organisationsgrade einzelner Gruppen liegen stets — meist deutlich — über dem Bundesdurchschnitt.
45 Vgl. dazu *Wegweiser* (Anm. 37), S. 345.
46 Vgl. dazu Infas, *Gewerkschaft und Mitglieder. Ergebnisse einer Repräsentativerhebung*, Herbst 1964, Teil II, Bad Godesberg, Dezember 1964, Tab. 1121; s. auch Horst W. Schmollinger, Zur politisch-gesellschaftlichen Beteiligung von Gewerkschaftsmitgliedern: Gewerkschafter in Parteien, Kirchen und Vereinen, in: Ulrich Borsdorf u.a. (Hrsg.), *Gewerkschaftliche Politik: Reform aus Solidarität. Zum 60. Geburtstag von Heinz O. Vetter*, Köln 1977, S. 148 ff.

ist die Konfessionsstruktur ein erstes Kriterium für die interne Differenzierung des Typus Provinz zumindest unter dem Aspekt gewerkschaftlicher Organisationskapazität. Ein zweites Argument scheint zunächst der überdurchschnittlich hohe Anteil der Arbeiter an den Erwerbstätigen des Kreises zu sein: Er lag im Jahre 1970 mit 49,5 % über dem Bundesdurchschnitt[47]. Doch zeigt ein Vergleich mit den durchschnittlichen Verhältnissen in allen Gemeinden der Bundesrepublik mit einer Einwohnerzahl von unter 20.000 (48,3 %)[48], daß der Werra-Meißner-Kreis hier nur geringfügig vom Durchschnitt abweicht. Aus einigen Arbeiten über die sozialstrukturellen Veränderungen in ländlichen Regionen nach 1945 geht überdies hervor, daß – Konsequenz der Vergesellschaftungsprozesse – die „Lohnarbeiterschaft zur quantitativ überwiegenden Bevölkerungsgruppe" auf dem Lande wurde[49]. Worin sich jedoch der hier untersuchte ländliche Kreis von anderen unterscheidet, ist die lange Tradition der Arbeiterschaft. Ein Blick auf einige Aspekte der wirtschaftlichen und der sozialen Strukturen mag die Spezifika dieser Region verdeutlichen.

Schon gegen Ende des 19. Jahrhunderts waren im heutigen Kreisgebiet als Folge der Produktionsstrukturen besondere Beschäftigungsverhältnisse anzutreffen. Sie werden beschrieben als „System ineinandergreifender Erwerbstätigkeit, das die Einkommenserzielung als Selbständige im gewerblichen Sektor bzw. als Gesellen, Arbeiter oder Tagelöhner mit dem Erwerb in der Landwirtschaft kombiniert"[50]. So ergab eine landwirtschaftliche Betriebszählung im Jahre 1907, daß 85 % aller Höfe weniger als 5 ha Land bewirtschafteten. Geht man davon aus, „daß sich ein Betrieb erst ab 5 ha selbst getragen hatte, so gab es im Kreis [Eschwege] nur 14,75 % Bauern, die allein von der Landwirtschaft lebten". Damit war „die Mehrzahl der Landwirte auf Nebenverdienst angewiesen, um ihre Familie ernähren zu können"[51]. Befördert durch die für die Landwirtschaft partiell ungünstigen geographischen und geologischen Verhältnisse im Kreis[52], die trotz überproportional hohen Arbeitsaufwands nur geringe Erträge zuließen[53] sowie durch die Tradition der Realteilung des Besitzes, blieb die Anzahl der Neben- und Zuerwerbslandwirte trotz aller Konzentrations- und Zentralisationstendenzen im agrarischen Sektor, wie oben schon beschrieben, bis heute beträchtlich. Im Hinblick auf die Erwerbstätigkeit hatten diese Verhältnisse schon seit über einem Jahrhundert bewirkt, daß trotz des hohen Anteils landwirtschaftlich genutzter Flächen die überwiegende Mehrheit derer, die

---

47 Nach: *Die hessischen Landkreise* (Anm. 35), S. 181.
48 Nach: Institut für marxistische Studien und Forschungen, *Klassen- und Sozialstruktur der BRD 1950–1970*, Teil II, Erster Halbband: *Sozialstatistische Analyse*, Frankfurt a.M. 1974, S. 188 f.
49 Gerd Vonderach, Lebensverhältnisse in ländlichen Regionen, in: Onno Poppinga (Hrsg.), *Produktion und Lebensverhältnisse auf dem Land* (Leviathan, Sonderheft 2), 1979, S. 138.
50 Ulrich Möker, *Nordhessen im Zeitalter der industriellen Revolution*, Köln und Wien 1977, S. 78.
51 Konrad Homeister, *Die Arbeiterbewegung im Kreis Eschwege von 1918 bis 1920 unter besonderer Berücksichtigung der Zeit des Arbeiter- und Soldatenrates für den Kreis Eschwege*, masch.schr., o.O., o.J., S. 25.
52 Vgl. Moscherosch, Landwirtschaft (Anm. 37), S. 332.
53 Vgl. Möker, Nordhessen (Anm. 50), S. 71.

sie bewirtschafteten, zugleich Lohnabhängige waren. Beschäftigung fand ein Teil von ihnen im Kasseler Raum, häufig aber in den industriellen Zentren: in Thüringen und Sachsen vor allem, aber auch in Berlin und Westfalen[54]. Oft in nur saisonal ausübbaren Handwerksberufen ausgebildet, kehrten sie, gebunden durch (wenngleich mageren) landwirtschaftlichen Besitz, in den Wintermonaten in ihre Heimatgemeinden zurück. Ein anderer Teil der Lohnabhängigen arbeitete in den standortgebundenen Betrieben des heutigen Kreisgebietes. Diese Betriebe — kleine und mittlere Unternehmen im Bereich Bau-Steine-Erden und zur Förderung der Braunkohle, Schmelztiegel- und Schamottewerke, Gips- und Basaltwerke sowie holzbe- und holzverarbeitende Betriebe — waren zum einen abhängig von den regionalen Rohstoffvorkommen[55]. Zum anderen waren Firmen der Textil- und Bekleidungsbranche entstanden, die sich hier — die Leinenweberei hatte Tradition als Haupt- und Nebenerwerb[56] — vor allem wegen der Verfügbarkeit qualifizierter Arbeitskräfte ansiedelten. Und schließlich waren Betriebe im Zusammenhang mit der landwirtschaftlichen Erzeugung entstanden: zur Herstellung von Nahrungs- und Genußmitteln, Milchverarbeitung und Obstverwertung. An dieser Struktur hat sich trotz staatlicher Interventionen, insbesondere durch ein Förderungsprogramm für „Zonenrandgebiete", bis heute nichts wesentliches geändert[57]. Dominant blieben die standortgebundenen Unternehmen. In dieser „ländlichen Industrie" überwiegen die kleinen und mittleren Betriebe, „die sich oft aus Handwerksbetrieben entwickelten und in Form von Familienbetrieben geführt wurden und auch heute noch werden"[58]. Ein großer Teil der Arbeiterschaft des Werra-Meißner-Kreises arbeitet seit drei oder vier Generationen in den regionalen Verhältnissen entsprechenden Betrieben, deren Produktionsformen Qualifikationen erfordern, die sich tendenziell nicht von denen in den Städten unterscheiden. Dies unterscheidet sie sicherlich von den Lohnabhängigen mancher anderen provinziellen Region. Aber auch in dieser Hinsicht ist der Werra-Meißner-Kreis womöglich kein Einzelfall.

Die Arbeiterschaft der Region wohnte einerseits in Gemeinden in der Nähe der Rohstoffvorkommen, andererseits aber auch in ursprünglichen Bauerndörfern; in

---

54 Vgl. dazu die Interviews bei Jürgen Herwig, *Lebensbedingungen und Politikverständnis in einer dörflichen Gemeinde — eine empirisch-historische Untersuchung des Dorfes Frieda/Esw. [i.e. Eschwege] 1890—1933*, schriftliche Hausarbeit zum Staatsexamen, vorgelegt an der Universität Hannover, Seminar für Wissenschaft von der Politik, Juni 1981, im Selbstverlag ersch. unter dem Titel: *Frieda. Lebensbedingungen und Politikverständnis 1890—1933*, o.O., o.J. Die Aussagen Herwigs für Frieda bestätigten sich nicht nur in einer ganzen Reihe von Interviews mit Gewerkschafts- und Verbandsvertretern im Kreis. Hinweise finden sich, insbesondere im Hinblick auf Thüringen, auch in der Literatur. Vgl. dazu H. Müller-Neuhof, *Ausmaß, Ursachen und Auswirkungen der Abwanderung von Arbeitskräften aus dem nordhessischen Raum*, Diss., Marburg 1970, S. 133; G. Jahnke, *Die sozialen und betriebswirtschaftlichen Verhältnisse der landwirtschaftlichen Nebenerwerbsbetriebe im Kreis Witzenhausen*, Diss., Gießen 1962, S. 4.
55 Diese Darstellung folgt Giesler, Wirtschaft (Anm. 37), S. 301 ff.
56 Vgl. Möker, *Nordhessen* (Anm. 50), S. 87.
57 Hinzugekommen sind nach 1945 vor allem eisen- und metallverarbeitende Industrie, elektrotechnische und kunststoffverarbeitende Betriebe, Bundeswehr (Sontra, Hessisch Lichtenau) und Bundesgrenzschutz (Eschwege).
58 Giesler, Wirtschaft (Anm. 37), S. 309.

den meisten stellte sie — Folge der Agrarstruktur und der Realteilung — noch im 19. Jahrhundert die größte Bevölkerungsgruppe dar. Gleichwohl blieb sie wegen des Dreiklassenwahlrechts in der Regel politisch einflußlos: Wenige größere Bauern hatten die Mehrheit in den Gemeinderäten, bestimmten über die gemeinschaftlichen Aufgaben und verteilten sie zu ihrem ökonomischen Nutzen unter sich[59]. Es war einerseits die politische Unterdrückung durch Sozialistengesetzgebung und Dreiklassenwahlrecht, durch Bespitzelung ihrer angeblich „gemeingefährlichen" politischen und gesellschaftlichen Aktivitäten und andererseits die Mißachtung ihrer ökonomischen und politischen Interessen, die erhebliche gesellschaftliche Konflikte produzierten. Die Relevanz dieser Konflikte drückt sich nicht nur darin aus, daß sich in den Dörfern selbst Kämpfe der Arbeiterschaft auf diese Strukturen bezogen, sondern mehr noch darin, daß es zu Auseinandersetzungen zwischen den Bewohnern von Bauerndörfern einerseits und von Handwerker- und Arbeiterdörfern andererseits kam[60]. Unterdrückung und Benachteiligung drängten die Arbeiterschaft des heutigen Kreisgebiets freilich auch, nach Formen für gesellschaftliche Aktivitäten und Möglichkeiten solidarischen Verhaltens zu suchen. Kommunikation in diesem Sinne fand aufgrund der beengten Wohnverhältnisse der Arbeiter öffentlich statt; sie waren angewiesen auf Gaststätten und allgemein zugängliche Einrichtungen, aber eben auch auf die gesellschaftlich mögliche Form des Vereins. Die Arbeiterschaft mag, was Gründungsakte, Protokollführung, Vorstandswahlen und Kassenwesen anbelangt, sich ähnlich wie die Mitglieder (klein-)bürgerlicher Vereine verhalten haben — welche anderen Möglichkeiten ließ ihnen die Vereinsgesetzgebung denn auch? Die Gründung zahlreicher Turn- und Sportvereine, Gesangvereine, später auch Konsumvereine und anderer genossenschaftlicher Unternehmungen war vor dem Sozialistengesetz und auch noch danach vor allem eine gesellschaftlich mögliche Form für Arbeiter und Handwerker (zu denen sich oft auch die kleineren Bauern gesellten), aktiv zu werden.

Inner- und zwischendörfliche Konflikte, die auch klassenspezifische Dimensionen hatten, und die Herausbildung — politisch möglicher — klassengeprägter Kommunikationsformen in Dörfern des heutigen Kreisgebietes widersprechen dem Bild von der dörflichen, gleichsam volksgemeinschaftlichen Harmonie, das in der Literatur vorherrscht. Herwigs Konsequenz nach der Beschreibung von Lebensbedingungen und Politikverständnis in einem nordhessischen Dorf[61]:

„Im Gegensatz dazu meine ich, daß Lebens- und Produktionsbedingungen, Politik und Politikverständnis im Dorf immer im Spannungsfeld zwischen bäuerlich-landwirtschaftlicher Welt und handwerklich-industrieller Welt gesehen werden müssen: Davon auszugehen, daß allein die bäuerlichen Strukturen und die daraus resultierenden Wert- und Normvorstellungen das Dorf am Ende des 19. Jahrhunderts und zu Beginn des 20. Jahrhunderts bestimmten, ist meiner Ansicht nach falsch."

59 Vgl. dazu die Fallstudie Herwigs, *Frieda* (Anm. 54), S. 21 ff.
60 Vgl. dazu das Vorwort von Herwig, ebd., S. 1 ff. Herwig (S. 5) warnt zwar mit Recht davor, die Ergebnisse seiner Fallstudie zu verallgemeinern. Ergebnisse eigener Erkundungen in einigen nicht ausschließlich landwirtschaftlich geprägten Regionen, wie etwa die um Großalmerode, stimmen jedoch mit denen Herwigs überein.
61 Ebd., S. 2.

Tatsächlich liefern die historischen Konfliktstrukturen in Gemeinden des Werra-Meißner-Kreises, wie sich gezeigt hat, ein drittes Argument gegen einen einheitlichen Typus Provinz.

Ein viertes Argument bietet schließlich die Tradition der Arbeiterbewegung in dieser Region. Der Landkreis Eschwege, auf den sich die folgende Skizze wegen der Literaturlage im wesentlichen beschränkt, war zwar keine Hochburg der Arbeiterbewegung, aber Sozialdemokratie und Gewerkschaften erstarkten rasch nach ihrer Gründung Ende der achtziger Jahre. Einen bedeutenden Anteil an ihrer Entstehung und Weiterentwicklung hatten die in den industriellen Zentren beschäftigten Arbeiter der Region, die dort in Kontakt zu Ideen der Arbeiterbewegung gekommen waren und sie, in ihre Heimatregion zurückgekehrt, dort verbreiteten[62]. Schon bei den Reichstagswahlen im Jahre 1890 konnte der Eschweger Sozialdemokratische Wahlverein die Mehrheit der in der Stadt abgegebenen Stimmen für sich gewinnen[63]. Lassalleanisch geprägt, konnte die Sozialdemokratie ihren Einfluß bald noch vergrößern, was sich beispielsweise daran zeigt, daß der erste Parteitag der hessischen SPD in Eschwege stattfand, aber auch daran, daß die Identifikation der Arbeiter mit der SPD — gemessen an ihren steigenden Wahlergebnissen — ständig zunahm. Revolutionäre Tendenzen fanden in dieser Region freilich keinen Anklang. „Von Umsturz ist nie die Rede", bescheinigte der Eschweger Landrat der einheimischen Sozialdemokratie, der davon ausging, daß die Arbeiter diese Partei wählten, „nicht um den Staat aus den Fugen zu heben, sondern um ihre Lage zu verbessern"[64]. Auch die kurze Periode der Existenz des Eschweger Arbeiter und Soldaten Rats verlief gemäßigt. Homeister[65] charakterisiert sie zusammenfassend so:

„Die Eschweger Arbeiterschaft verhielt sich ruhig und stand einer offenen Radikalisierung ablehnend gegenüber, was neben der politischen Tradition, die unter dem Einfluß Lasalleanischer Elemente stand und die auf die Erringung der Macht durch den Stimmzettel aus war, sicherlich auch sozialpsychologisch zu erklären ist, wenn man daran denkt, daß man in einem überschaubaren Kreis wie Eschwege nicht in der Anonymität der Masse bei einer Aufstandsbewegung untertauchen konnte."

Bei dieser Mäßigung war sicherlich auch ein sozialstrukturelles Moment von Bedeutung: der hohe Anteil der Neben- und Zuerwerbslandwirte unter der Arbeiterschaft. Die Mäßigung und die Sozialstruktur ihrer Mitglieder und Anhänger ermöglichten es der SPD, ihren Einfluß auszudehnen, bisweilen auch unter den kleinen Bauern[66]. Sie war in zahlreichen Gemeinden nach der Aufhebung des Dreiklassenwahlrechts Mehrheitspartei geworden, und aus Reichstagswahlen ging sie bis zum 14. September 1930 in beiden Landkreisen, Eschwege und Witzenhausen, deutlich als stärkste Partei hervor. Auch danach erzielte die SPD bessere Ergebnisse als im Schnitt (5.3.1933: Reich 18,3 %; Eschwege 27,6 %; Witzenhausen 27,0 %). Unter-

---

62 Vgl. Homeister, *Arbeiterbewegung* (Anm. 51), S. 30.
63 Vgl. hierzu und zum folgenden ebd., S. 34 f.
64 Zit. nach ebd., S. 42. Vgl. dazu auch Richard Müller, *Geschichte der deutschen Revolution*, Bd. II, Berlin 1973, S. 59 f.
65 Homeister, *Arbeiterbewegung* (Anm. 51), S. 131.
66 Vgl. ebd., S. 100.

dessen war jedoch die NSDAP auch hier zur stärksten Partei geworden (31.7.1932: Reich 37,3 %; Eschwege 48,9 %; Witzenhausen 50,7 %).

Der erste Gewerkschaftsverein war in Eschwege 1885 gegründet worden, 1893 schlossen sich die Einzelgewerkschaften zu einem Kartell zusammen, dem 1919 15 Gewerkschaften angehörten[67]. Schon im Jahre 1906 war der Landkreis Eschwege einer der bestorganisierten in der Region. Betrug der gewerkschaftliche Organisationsgrad von Arbeitern im Regierungsbezirk Kassel zu dieser Zeit 14,2 % (Königreich Preußen: 14,5 %), so hatte er im Landkreis Eschwege 20,1 % erreicht[68]. Zahlreiche erbitterte Arbeitskämpfe vergrößerten seine Mitgliederzahl. Sie stieg von 1900 bis 1914 um das Zehnfache an (1906: 1061) und verdreifachte sich noch einmal zu Beginn der zwanziger Jahre[69]. Wichtige Berufsgruppen, wie z.B. die der Textilarbeiter als stärkste Berufsgruppe im Kreis, waren nahezu vollständig organisiert[70]. Das Ausmaß der Klassenkonflikte, „die arbeiterfeindliche Haltung der Unternehmer ... und die Repressalien, denen die Arbeiter bei der Durchsetzung ihrer Forderungen ausgesetzt waren"[71], wird schließlich an einem Vorgang deutlich, von dem aus ländlichen Regionen selten berichtet wurde: Eschweger Arbeiter gründeten eine Genossenschaftsfabrik, in der ihre gemaßregelten Kollegen Arbeit fanden.

Diese knappe Skizze einiger Aspekte der ökonomischen, sozialstrukturellen und politischen Entwicklung des Werra-Meißner-Kreises mag unsere Argumentation verdeutlichen: Nach den Konfessionsverhältnissen, nach der handwerklich-industriellen Produktionsstruktur im ländlichen Umfeld, nach der Zusammensetzung und der historischen Erfahrung einer Arbeiterschaft in der dritten und vierten Generation, nach dem Ausmaß historischer gesellschaftlicher Konflikte und schließlich nach der Tradition der Arbeiterbewegung unterscheidet sich der Werra-Meißner-Kreis von anderen ländlichen Regionen. Diese Unterschiede erklären seine andere politische Struktur: überdurchschnittliche gewerkschaftliche Organisationskapazität und Dominanz der Sozialdemokratie. Wenn nun, wie wir vermuten, *regionalspezifische* ökonomische Strukturen wie politische Traditionen Hinweise auf variierende dominante gewerkschaftliche und parteipolitische Orientierungen in Provinz-Regionen geben, dann ist es unangemessen, den Gegenstandsbereich Provinz mit Orts- und Betriebsgrößenklassen erfassen zu wollen. Was mit diesen Indikatoren erfaßt wird, ist eine Summe geschichtsloser Einheiten unterschiedlicher Struktur und Tradition, die nichts mehr verbindet als die Zahl ihrer Einwohner. „Ländliche Regionen", Provinzgebiete, sind aber historisch gewachsene soziale Räume[72], Kleinstädte und Dörfer, die trotz zahlreicher struktureller Gemeinsamkeiten verschieden sind — etwa in ihrer Wirtschaftsstruktur und ihrer politischen Tradition. Unser hier nur angedeu-

---

67 Vgl. ebd., S. 32 ff.
68 Berechnet nach: Paul Hirschfeld, *Die freien Gewerkschaften in Deutschland*, Jena 1908, S. 268, 277; *Statistik des Deutschen Reiches*, Neue Folge, Bd. 208, 1909, S. 430 ff.
69 Vgl. Homeister, *Arbeiterbewegung* (Anm. 51), S. 56.
70 Vgl. ebd., S. 62.
71 Vgl. auch zum folgenden: ebd., S. 67.
72 Schon Vonderach, *Lebensverhältnisse* (Anm. 49), S. 139, schlug die Untersuchung historisch gewachsener „sozialer Räume" vor.

teter Vorschlag für eine forschungsstrategische Perspektive: Vor der notwendigen Diskussion der Meßproblematik des Gegenstands Provinz in repräsentativen Erhebungen sollte eine Reihe vergleichender, auch historisch-empirisch orientierter Fallstudien unternommen werden. Bei der Auswahl der Fälle könnten die Spezifika mitbedacht werden, die den hier untersuchten Fall auszeichnen. Dann mag sich erweisen, daß der Werra-Meißner-Kreis und die oben erwähnten niedersächsischen DGB-Kreise — entgegen unseren Vermutungen — abweichende Fälle sind. Es mag sich allerdings auch herausstellen, daß bei bestimmten Strukturen und historischen politischen Traditionen Provinz die Basis für die Bewahrung von Traditionsresten der Arbeiterbewegung sein kann.

Manfred Wilke

Gewerkschaftsjugend in der Krise

Was sind Gewerkschaften? Diese Frage hat Theo Pirker in seinen Arbeiten immer wieder bewegt, und er hat darauf zu unterschiedlichen Zeiten verschiedene Antworten gegeben. Seine erste grundsätzliche Antwort gab er sich und anderen 1952 in seinem Aufsatz: „Die Gewerkschaft als politische Organisation"[1], eine der wenigen Arbeiten Pirkers, die die „Gewerkschaftlichen Monatshefte" veröffentlichten. Mit dem Begriff „Öffentlicher Verband" versuchte er, gleichermaßen den gewerkschaftlichen Mitbestimmungsanspruch in Wirtschaft und Politik zu begründen wie den gesellschaftlichen Ort der Einheitsgewerkschaft gegenüber Parteien und Parlamenten zu bestimmen. Der „öffentliche Verband" unterscheidet sich dadurch von anderen Interessengruppen, daß er gezwungen ist „zu allen Fragen der Politik Stellung zu nehmen", da der „öffentliche Verband" „von allen politischen Entscheidungen mittelbar oder unmittelbar selbst getroffen" wird. Noch ein anderer Gesichtspunkt war für einen „öffentlichen Verband" charakteristisch: zwischen dem Verbandsinteresse und dem „allgemeinen Interesse" muß „letzten Endes eine Identität" bestehen, und der „öffentliche Verband" muß sich seiner gesellschaftlichen Rolle und Aufgabe gleichermaßen bewußt sein.

Die Charakterisierung des DGB als eines „öffentlichen Verbandes" ist bei Pirker damals verbunden gewesen mit der Vorstellung von einer aktiven gesellschaftlichen Neuordnungspolitik der Gewerkschaften:

„Die Gewerkschaftsbewegung kann in dieser Situation nur siegen, wenn sie das Klasseninteresse mit dem Allgemeininteresse identifiziert und ihre Politik für eine optimale Organisierung des sozialen Körpers sich als notwendig und möglich erweist. Das Ziel der Gewerkschaftspolitik kann nur die Überwindung der bestehenden Klassendifferenzen sein. Auf diesem Wege kann kein Sektor der Gesamtpolitik unberücksichtigt bleiben und kein Sektor der gewerkschaftlichen Politik für sich behandelt werden. Es ist dem modernen Gewerkschafter die Verknüpfung von Lohnpolitik und Wirtschaftspolitik selbstverständlich sowie die Einheit von Sozialpolitik und Wirtschaftspolitik und die wesentlichen Beziehungen zwischen Wirtschaftspolitik und Kulturpolitik. Die Gewerkschaftspolitik umfaßt also damit alle Gebiete der Gesamtpolitik, und wir beweisen damit das Kennzeichen der öffentlichen Verbände. Dies wird auch zum anderen deutlich, wenn wir die beiden aktuellen Hauptaufgaben der Politik der Gewerkschaften uns vor Augen führen: 1. Die Sicherung der Republik gegenüber allen antidemokratischen Bestrebungen. 2. Der Versuch der sozialen Verankerung der Republik."

---

1 Theo Pirker, Die Gewerkschaft als politische Organisation, in: *Gewerkschaftliche Monatshefte*, 3. Jg. (1952), H. 2, S. 76–80.

Die beiden Hauptaufgaben löste nicht der DGB. Eine entschlossene gewerkschaftliche Neuordnungspolitik findet nicht statt; 1952 verlieren die Gewerkschaften die Auseinandersetzung um das Betriebsverfassungsgesetz, die paritätische Mitbestimmung bleibt auf den Montanbereich beschränkt, und die Betriebsräte werden als betriebliche Interessenvertretung der Arbeitnehmer unabhängig von den Gewerkschaften verfestigt. Die Dualität der Interessenvertretung der deutschen Arbeitnehmer bestimmt organisationspolitisch die weitere Entwicklung der Gewerkschaftspolitik: Für die Betriebskonflikte in den Mittel- und Großbetrieben sind die Betriebsräte zuständig, die Tarifpolitik der Einzelgewerkschaften setzt, von einzelnen Konzernen einmal abgesehen, überbetrieblich an und regelte die Arbeits- und Einkommensbedingungen für Regionen und Branchen. Die Tarifpolitik der Einzelgewerkschaften wurde zum zentralen Feld gewerkschaftlicher Aktivitäten, die Bedeutung des DGB als Bund wurde auf die öffentliche Repräsentation beschränkt, im Binnenverhältnis zu den Einzelgewerkschaften ist der DGB nahezu machtlos.

1970 bilanziert Theo Pirker die ersten 25 Jahre Geschichte der deutschen Gewerkschaften nach dem Krieg. Für ihn gab es „in der politischen Landschaft der Bundesrepublik ... keine Arbeiterbewegung mehr"[2]. Eine Politik des Antikapitalismus und der „fundamentalen Änderung der gesellschaftlichen Ordnung" war weder vom DGB noch von der SPD zu erwarten. Dieses Urteil begründet Pirker dadurch, daß er noch einmal daran erinnert, was soziale Bewegungen sind und wie das Ziel der europäischen Arbeiterbewegung aussah:

„Eine soziale Bewegung aber hat zu ihrem Inhalt die Errichtung einer umfassenden gesellschaftlichen Ordnung, die auf anderen Grundsätzen, auf anderen individuellen und kollektiven Verhaltensweisen, auf einer anderen gesellschaftlichen Ethik beruht. Sie verkörpert in sich bereits im Stadium des Kampfes die Grundsätze, die Verhaltensweisen, die Ethik dieser neuen zukünftigen Kultur. Das Ziel der europäischen Arbeiterbewegung war in ihren verschiedenen Strömungen, verdeckt durch intellektualistische Doktrinen oder sentimentalistische Proklamationen, die Errichtung einer neuen Kultur auf dem Grundsatz der *Solidarität*. Der Grundsatz der Solidarität widerspricht sowohl dem liberalistischen Individualismus, dem autoritären Etatismus und allen elitären Tendenzen. Die Arbeiterbewegung fußt auf dem Grundsatz wie der Erfahrung, daß die Arbeiterklasse, der Vierte Stand, die Masse der Arbeitnehmer in der Entwicklung der modernen Industriegesellschaft die Gruppe ist, aus deren Lebenslage heraus und aus deren Hoffnung Solidarität allein erwachsen kann. Arbeiterbewegung hört überall dort auf Arbeiterbewegung zu sein, wo sie in der Verfolgung ihrer eigenen Interessen den liberalistischen Individualismus, das Konkurrenzprinzip des kapitalistischen Marktes, kritiklos übernimmt und massenhaft kopiert."

Das Ende der Arbeiterbewegung wird aber nicht nur durch ihre Integration in die kapitalistische Warengesellschaft herbeigeführt, die durch die Produktion von Konsumgütern für die Massen Massenwohlstand produziert, sie endet für Theo Pirker auch dort, wo den Arbeitnehmern ihre gesellschaftliche und politische Selbstverantwortung arbeitsteilig durch Vertreter, Funktionäre, abgenommen wird:

---

2 Theo Pirker, Die westdeutschen Gewerkschaften, in: Karl Dietrich Bracher (Hrsg.), *Nach 25 Jahren*, München 1970, S. 280 ff.

„Und sie stirbt dort ab oder kann dort nicht entstehen, wo eine revolutionäre oder reaktionäre Elite sich zum Sprecher oder Führer ihrer Interessen macht — was einschließt, daß es diesen Eliten überlassen bleibt, sozusagen kommissarisch die Interessen der Arbeiterklasse, des Vierten Standes, der Masse der Arbeitnehmer wahrzunehmen."

Entscheidend bleibt für die Existenz von Arbeiterbewegung die Frage: Wird der herrschenden Kultur der „Entwurf einer solidarischen Kultur" entgegengesetzt? Dabei geht es Pirker nicht um einen abstrakten Wertehimmel mit hohen und leuchtenden Idealen und obendrein erleuchtet vom „richtigen Bewußtsein":

„Die Arbeiterbewegung visierte mit dieser solidarischen Kultur nicht eine utopische harmonische Gesellschaft an, in der alle Miseren der Individuen und der Gesellschaft in einem endzeitlichen Harmoniezustand beseitigt sind, wenn auch intellektualistische Theoretiker und Ideologen aus dem bürgerlichen Lager, die sich zu Propheten dieser Arbeiterbewegung aufschwangen, ihr dies einzureden versuchten; vielmehr ist sie von einem populären Materialismus nach dem Grundsatz des größtmöglichen Wohlstandes einer größtmöglichen Zahl von Menschen, der größtmöglichen Freiheit für eine größtmögliche Zahl von Mitgliedern der Gesellschaft, dem größtmöglichen Glück für die größtmöglichen Teile der Gesellschaft getragen gewesen. Die Solidarität, die sie kennzeichnete, geht von der Schwäche der einzelnen und der Gruppen aus und will eben durch aktive Solidarität diese Schwäche beheben."

Dieser antikapitalistische Entwurf einer neuen Gesellschaftsordnung konnte nicht durchgesetzt werden.

Im Prozeß der Integration der Arbeitnehmer in die kapitalistisch verfaßte Industriegesellschaft war der sich verändernde Charakter der Gewerkschaften als Interessenvertretungen der Arbeiter und Angestellten ein bedeutsamer Faktor. 1970 sah Theo Pirker in den deutschen Gewerkschaften „eine erstaunlich gut funktionierende Schutz- und Versicherungseinrichtung der Arbeitnehmer in dieser Gesellschaft". Er bilanzierte die Erfolge, die diese „kollektive Versicherung" für die Arbeitnehmer erreicht hatte:

1. in der Tarifpolitik die faktische Durchsetzung von „Mindestarbeitsbedingungen und Mindestentgelten für Arbeitsleistungen ganzer Industriezweige auf regionaler Ebene";
2. umfassende Mitspracherechte der Gewerkschaften auf dem Gebiet des Arbeits- und Sozialrechts einschließlich der Arbeits- und Sozialgerichtsbarkeit;
3. das Mitspracherecht der Betriebsvertretungen, das in der Betriebsverfassung institutionalisiert ist;
4. die Arbeitsvermittlung, die Kranken- und Sozialversicherung werden unter aktiver Beteiligung der Gewerkschaften verwaltet.

All dies, so resümiert Pirker, „geht weit über vergleichbare Regelungen in der Mehrzahl der hochindustrialisierten Länder hinaus".

1978 begründet er seine These vom Ende der Arbeiterbewegung noch einmal in dem eingangs dokumentierten Vortrag und beschreibt für die Gewerkschaften diesen Vorgang organisationsimmanent als kontinuierliche Machtzunahme „der sich als ,Industriegewerkschaften' verstehenden großen Verbände und der abnehmenden Macht des Gewerkschaftsbundes". Die bestimmende Konstante der Politik deutscher Gewerkschaftsfunktionäre war die dauerhafte Sicherung der Organisation, und diesem Ziel wurden im Zweifel alle sonstigen Ziele untergeordnet. Abwarten und auf bessere Zeiten hoffen – das war und ist die „Philosophie" dieser Politik in Krisen und angesichts neuer Herausforderungen. Dennoch verdanken die deutschen Gewerkschafter dieser Arbeitsplatzsicherungspolitik ihrer Funktionäre nicht nur Niederlagen und Katastrophen, auch ihre Erfolge gehen auf das Konto dieser Organisationspolitik, der es vor allem darauf ankommt, in allen Situationen präsent zu bleiben. Mit dieser Grundhaltung hat die erste Generation von Funktionären im preußisch-deutschen Obrigkeitsstaat die Organisationen aufgebaut und befestigt. In diesen deutschen Gewerkschaften wird den Funktionären von Anfang an das Recht eingeräumt, den Verband zu repräsentieren. Theo Pirker nennt dieses Faktum ein „Vorrecht"[3]. Zutreffend beschreibt er das Verhältnis der Funktionäre zur Organisation, der sie ihre soziale und berufliche Existenz verdanken:

„Nicht so sehr aus dem demokratischen Votum der Mitglieder bezieht er [der Funktionär; d. Verf.] dieses Recht – daher bezieht er höchstens das Recht auf die Besetzung der Stelle, die er inne hat –, er bezieht es ganz einfach aus der Existenz der Organisation selbst. Und das wichtigste Merkmal, das oberste Ziel der Organisation, ist nicht so sehr, daß sie bestens funktioniert, sondern es ist ihre Dauer. Die Organisation muß bestehen bleiben – koste es, was wolle –, und in der Geschichte der deutschen Arbeiterbewegung hat dieses Ziel oft sehr viel gekostet."[4]

1933 wollten die Gewerkschaftsvorstände dieses Ziel sogar Adolf Hitler abhandeln. Fragen der Organisation sind für deutsche Gewerkschaftsfunktionäre Betriebsgeheimnisse. Der Funktionärsverband Gewerkschaft präsentiert sich öffentlich als demokratisch strukturiert, dessen Politik und Programmatik der Selbstbestimmung der Millionen Gewerkschaftsmiglieder unterliegt. Diese Legende über die reale Willensbildung in den Gewerkschaften kann nur aufrecht erhalten werden, wenn die Bestimmungsgründe gewerkschaftlicher Programmatik und Politik gleichermaßen vor Kritik geschützt werden. Die Funktionäre achten darauf, daß öffentliche Kritik an ihrer Politik immer als grundsätzlicher Angriff behandelt wird. Kritik und Diskussionen gefährden im Zweifel die Einheit und Geschlossenheit des Verbandes, so argumentieren sie, und wenn schon Kritik und Diskussion, dann in Versammlungen hinter verschlossenen Türen. Außerdem sollten die Kritiker nicht vergessen, wem sie mit ihren Ansichten in die Hände arbeiteten. Die Dauerhaftigkeit der Organisation und die Geschlossenheit ihrer Reihen gehören im Weltbild deutscher Gewerkschaftsfunktionäre zusammen, und um beide Ziele durchzusetzen, braucht es Führung, Disziplin und Loyalität:

„Die deutsche Arbeiterbewegung war und ist eben *deutsche* Arbeiterbewegung und damit mit all den Traditionen der politischen Kultur der Deutschen und Deutschlands verbunden. Zu dieser Tradition gehört nun einmal das Fehlen selbstverständlichen radikal-individualistischen Verhaltens im Alltag als legitimes Verhalten und das Fehlen fundamentaldemokratischen Mißtrauens gegen jegliche legalistische Reglementierung und der daraus sich notwendig ergebenden Überbetonung der Organisation."[5]

3 Theo Pirker, *Die blinde Macht*, Teil I, Berlin 1979, S. XI.
4 Ebd., S. IX.
5 Ebd.

Diese historische Wurzel der deutschen Gewerkschaftspolitik darf gerade an diesem Punkt nicht vergessen werden, will man eine Eigenart ihrer politischen Kultur verstehen: Lesen gehört nicht dazu. Theo Pirkers Begründung:

„Dies mag den Außenstehenden überraschen, da es doch ein großes und differenziertes gewerkschaftliches Pressewesen gibt. . . . Gemessen an den jährlich bedruckten Megatonnen von Papier, vertriebenen Zeitungen und Zeitschriften, verkauften Büchern erscheint ein solches Urteil doch einigermaßen kühn, unbegründet und sogar böswillig. Trotzdem muß es aufrechterhalten werden, wenn man unter Lesen nicht allein den Konsum von Literatur versteht, sondern einen Weg zum Selbstverständnis des Ich und des Wir."[6]

Das Nicht-Lesen in diesem Sinne der Selbstverständigung ist als Faktum von großer Bedeutung, will man Ton, Stil und Methoden der Auseinandersetzung innerhalb der Gewerkschaftsjugend verstehen. Gelesen und geschrieben wurde in diesem Bereich gewerkschaftlicher Politik in den letzten Jahren sehr viel: Leitfäden für die Bildungsarbeit, Anträge für Kongresse, Dossiers, Briefe, lancierte Artikel und konsensfähige Beschlußlagen. Gefragt waren die griffigen und wirksamen Formeln mit denen die Gegner in Schwierigkeiten gebracht werden konnten.

Gegner waren in diesem Fall die Jugendfunktionäre anderer Einzelgewerkschaften. Es ging um die Frage: Wer setzt sich in diesem Streit durch? Die inhaltliche Klärung realer Probleme der gewerkschaftlichen Jugendpolitik war dabei von untergeordneter Bedeutung. Hier spiegelte sich eine innere Verfassung des DGB wider, die das Ergebnis der organisations-immanenten Entwicklung ist, die Theo Pirker 1978 so charakterisiert:

„Aus dieser Durchsetzung der Macht der großen Verbände ergibt sich die faktische Auflösung der Einheit der Gewerkschaften und damit das Verschwinden der Arbeiterbewegung. Die Identifizierung von Mitgliedern, Aktivisten, Funktionären und Führern bezieht sich innerhalb der Gewerkschaften auf den Verband und nicht auf den Gewerkschaftsbund. Dies bedeutet, daß es keine Gewerkschaftsbewegung trotz rhetorischer Beteuerung und politischer Proklamation mehr gibt. Die Gewerkschaft wird von der Mehrzahl der Mitglieder nicht allein als Schutzorganisation aufgefaßt, sondern mehr noch als Versicherungsorganisation, und dies trotz oder gerade wegen einer gewerkschaftlichen Bildungsorganisation, wie sie in dieser Größenordnung sowohl in der Geschichte der deutschen Arbeiterbewegung wie auch der internationalen Arbeiterbewegung wohl einmalig ist."

Die Gewerkschaftsjugend bietet sich als Feld zur Überprüfung der These vom Ende der Arbeiterbewegung und der „faktischen Auflösung der Einheit der Gewerkschaften" besonders aus einem Grund an: Alle bekannten geschichtlichen Bewegungen hatten eines gemeinsam: Um ihre Idole scharte sich die Jugend.

1. Gewerkschaftsjugend in der Krise

Die jungen Arbeiter und Angestellten in der Bundesrepublik mögen sich um viele Idole scharen —, das der Idee der Mitbestimmung und einer autonomen Einheitsge-

---

6 Ebd., S. I.

werkschaft ist nicht darunter. Heinz Oskar Vetter, 1981 noch Vorsitzender des DGB, äußerte vor den Delegierten und Gästen der 11. DGB-Bundesjugendkonferenz, die im November 1981 im sauerländischen Willingen tagte, daß die tiefgehende Krise der gewerkschaftlichen Jugendarbeit „unübersehbar" sei. Dieses Urteil begründete er damit, „daß es uns nicht gelungen ist, eine ausreichende Zahl jugendlicher Arbeitnehmer an der aktiven Arbeit unserer Organisation zu interessieren". Nimmt man diese Aussage vordergründig, so, wie sie da steht, dann heißt die Konsequenz, daß die Gewerkschaftsjugend alles unternehmen soll, um ausreichend Jugendliche für die Gewerkschaften zu gewinnen. Dabei denkt man unwillkürlich an eine starke Jugendorganisation der Arbeiter und Angestellten. Allerdings muß gefragt werden, was Vetter mit dem Adjektiv „ausreichend" meinte, das er seiner Zustandsbeschreibung beifügte. Um das zu beantworten, bedarf es eines kurzen Exkurses über den Mechanismus der Legende.

Seine 1965 erschienene Geschichte „Die SPD nach Hitler" hat Theo Pirker nach der Methode „der breitesten Dokumentation und des entschiedenen Kommentars"[7] geschrieben. Nur so glaubte er überhaupt eine Chance zu haben, um gegen die „Tiefe und Breite politischer Amnesie" angehen zu können. Diese Vergeßlichkeit hielt er sowohl „in der politischen Reflexion" als auch „in der Geschichtsschreibung" für „das große Übel". In Form der „Legende" hat sich die Vergeßlichkeit insbesonders bei der SPD" zu einer institutionalisierten Form des Verhaltens und der Orientierung" entwickelt. Bausteine solcher Legenden sind Worte und Formeln wie „Glaubwürdigkeit", „Integration" usw., die eines gemeinsam haben: Sie klingen gut und werben um Vertrauen, sie sind aber nicht präzise bestimmbar. Betrachtet man die politische Sprache der Bundesrepublik, so fällt die Fülle von Wörtern auf, die positive, um Vertrauen werbende Assoziationen wecken, die dem Anwender in seinem praktischen Tun aber freie Hand lassen. Dies gilt im Grundsatz auch für die Sprache des DGB, obwohl dessen Formeln der werbewirksame Pep und die Aggressivität fehlt. Der DGB bevorzugt das Lamento. Diese politische Sprache verweist darauf, daß Politik in der Bundesrepublik nicht nur in einer parlamentarischen Republik stattfindet, sondern die Werbung um den Wähler und den öffentlichen Beifall wird in einer Mediengesellschaft gemacht. Für Elisabeth Noelle-Neumann hat Öffentlichkeit für den einzelnen Menschen den Charakter einer „sozialen Haut"; ihre Wirkungsweise erweist sich, wenn Menschen miteinander kommunizieren. Der entscheidende Machtmechanismus „öffentlicher Meinung" liegt für Noelle-Neumann nicht in der Überzeugungskraft der Mehrheitsmeinung, sondern die Isolationsfurcht des einzelnen Menschen gegenüber diesem öffentlichen Faktum verschafft ihr die bestimmende Wirkung auf das Denken, Fühlen und Handeln des einzelnen. Wie die Haut des Körpers auf das Wetter reagiert, reagiert die „soziale Haut" des Menschen auf das Meinungsklima: „Was ist es, das ihn ‚aussetzt' und ständig seine Aufmerksamkeit für das Sozialwesen beansprucht, das ihn umgibt? Es ist seine Furcht vor Isolation, vor Mißachtung, vor Unbeliebtheit, es ist sein

---

[7] Theo Pirker, *Die SPD nach Hitler*, Berlin 1977, S. 13.

Bedürfnis nach Zustimmung durch die Umwelt."[8] Daraus ergibt sich, daß öffentliche Meinung durch die Drohung mit der Isolation wirkt, positiv ausgedrückt: Wer mit der Mode geht, kann unbeschwert leben, ausgegrenzt werden nur die Abweichler, aber nur sie haben die Chance, öffentliche Meinung zu verändern, sie sind es, „die die neue Musik einführen"[9]. Es ist nicht weiter verwunderlich, daß in den USA Pionierarbeiten über öffentliche Meinung und ihre Mechanismen und Wirkungen erschienen sind, hier konnte sich die Mediengesellschaft ungehindert von überkommenen Traditionen entfalten und alles technisch Machbare bis zum Exzeß anwenden. Eine Pionierarbeit ist für Noelle-Neumann Walter Lippmanns Buch „Public Opinion" aus dem Jahr 1922. In diesem Buch „entdeckt Lippmann den wichtigsten Baustein öffentlicher Meinung, die Kristallisation von Vorstellungen, von Meinungen im gefühlsbeladenen Stereotyp. Er erfindet diesen Ausdruck, übernimmt ihn aus der technischen Welt der Zeitungsdruckerei, die ihm als Journalisten vertraut war: wo der Text in der Stereotypie in starre Form gegossen wird, um dann beliebig oft vervielfältigt werden zu können."[10]

Eine Analyse der Krise der Gewerkschaftsjugend muß also bereits mit der Kritik der Stereotypen der öffentlichen Diskussion beginnen. Betrachten wir noch einmal den Satz von Vetter: „Wenn wir ehrlich sind, dann müssen wir ohne jedes Wenn und Aber feststellen, daß es uns nicht gelungen ist, eine ausreichende Zahl jugendlicher Arbeitnehmer an der aktiven Arbeit unserer Organisation zu interssieren." Die erste Funktion dieses Satzes ist es, den Journalisten zu bestätigen, was sie sowieso schon wissen und berichtet haben, daß nämlich die Gewerkschaftsjugend in einer Krise steckt. Diese banale Feststellung wird mit dem Gestus der Selbstkritik und der Wahrheitsliebe verlautbart. Die zweite Funktion dieses Satzes zielt auf die interne Auseinandersetzung unter den Jugendfunktionären und bedeutet eine Parteinahme für diejenigen, die diese Zustandsbeschreibung in der Öffentlichkeit etablierten, denn erst nachdem sie dies geschafft hatten, nahm der DGB-Vorsitzende für sie Partei und bestellte sich bei ihnen die Argumente, die dann sein Stab als „Vetter-Rede" zusammenschrieb. Eine Mediengesellschaft schafft für die Gewerkschaft im Rahmen des Verbändekonzerts der veröffentlichten Meinung eine umfassende Stellungnahmepflicht. Die Presseabteilungen sind folglich bei den Gewerkschaften ebenso gewachsen wie die akademischen Stäbe, die den gewählten Repräsentanten zuarbeiten. In diesem Prozeß öffentlicher Repräsentanz werden die gewählten Spitzenfunktionäre, namentlich die Vorsitzenden, in gewissem Sinn immer mehr zu synthetischen Symbolen, deren Verlautbarungen von einem Apparat erarbeitet werden. Ein wichtiges Indiz für diesen Prozeß der Entindividualisierung politischer Verantwortung ist der Verlust der Fähgikeit zur freien Rede und — was im politischen Getriebe der Bundesrepublik kaum noch bemerkt wird, aber damit zusammenhängt — die mangelnde Kraft zur inhaltlichen Kontroverse und zum harten Konflikt. Politische Führung bedeutet heute nicht mehr die Kraft, den eigenen Willen,

---

8 Elisabeth Noelle-Neumann, *Die Schweigespirale*, München 1980, S. 89 f.
9 Ebd., S. 200.
10 Ebd., S. 208.

verstanden als inhaltliches politisches Lösungsprogramm, gegen Widerstand durchzusetzen. Politische Führung heute bedeutet die mediale Fähigkeit, soviel inhaltliche Widersprüche wie irgend möglich auf ein Idol oder Symbol zu vereinen und die Probleme dieser Integration zu personalisieren und integrativ zu managen. Das überragende Beispiel der hohen Kunst dieser Politik ist im letzten Jahrzehnt Willy Brandt gewesen; er war das Idol, das Symbol hieß Entspannungspolitik. Von solcher Politik kann eines nicht erwartet werden: Gesellschaftliche Probleme werden durch sie nicht gelöst, denn das Ideal der Integration ist der dauerhafte Stillstand des erreichten Glückszustandes. Für den DGB war Heinz-Oskar Vetter in diesem Jahrzehnt seines Freundes Willy Brandt ein solches Idol wortstarker Betriebsamkeit. Aktive Gestaltung der Entwicklung unserer industriellen Zivilisation im Geiste gewerkschaftlicher Mitbestimmung und im Interesse der Arbeiter und Angestellten konnte und durfte von dieser Politik nicht erwartet werden.

Will man ergründen, was Vetter mit der „ausreichenden Zahl" Jugendlicher meinte, muß geklärt werden, wer die Gewerkschaftsjugend ist. Eine DGB-Jugend gibt es real nur in den Gremien der Gewerkschaftsjugend, wo die Jugendfunktionäre der Einzelgewerkschaften und des DGB zusammensitzen. Die Gewerkschaftsjugend ist Teil der Einzelgewerkschaften; sie wird gebildet durch die Gewerkschaftsmitglieder unter 25 Jahren, sie verteilt sich also auf 16 Verbände (die Gewerkschaft Kunst macht keine Angaben über die Zahl ihrer Mitglieder unter 25). Die Zahl von 1,369 Millionen organisierten Jugendlichen 1979 sank 1980 auf 1,153 Millionen. Um die Größenverhältnisse zu illustrieren, hier einige Zahlen von 1980: Die IG Metall meldete 428 042 Jugendliche, das war ein Minus von 211 396 gegenüber 1979; begründet wurde das damit, daß der Computer jetzt zählte, wo 1979 noch hochgerechnet wurde. Die Gewerkschaft Handel Banken und Versicherungen meldete 84 376, die Gewerkschaft Öffentliche Dienste Transport und Verkehr 100 413 und die Gewerkschaft Gartenbau und Landwirtschaft 7 010 Jugendliche. Auf der Pressekonferenz in Willingen anläßlich der 11. DGB-Bundesjugendkonferenz machte allerdings Karl Schwab, damals vor der Pensionierung stehendes DGB-Bundesvorstandsmitglied und auch für die DGB-Jugendarbeit zuständig, eine wichtige Angabe zum Organisationsgrad der Jugendlichen, der sich im Vergleich zu den restlichen Altersgruppen drastisch verschlechtert habe; er liege bei den bis zu 25-jährigen nur noch bei 20 % gegenüber 35 %—40 % bei den älteren Arbeitnehmern.

Läßt sich die Anzahl der Mitglieder unter 25 Jahren über die Beitragsverwaltung der 16 Einzelgewerkschaften noch ermitteln, so läßt sich die Frage, wieviel Jugendliche vor Ort in den Städten und Gemeinden, in denen es DGB-Kreise gibt, aktiv sind, nur mit Vermutungen beantworten. Die Zahlen, die von der Organisationsabteilung des DGB-Bundesvorstandes 1981 über bestehende Jugendgruppen ermittelt wurden und die darauf basierende Hochrechnung über die aktiv beteiligten Jugendlichen sprechen eine deutliche Sprache: In 102 von den 222 DGB-Kreisen der Bundesrepublik und West-Berlins gab es keine DGB-Jugendgruppe; 99 Kreise meldeten, daß es auch keine Jugendgruppe einer Einzelgewerkschaft gab. „Legt man der Zahl der DGB-Jugendgruppen (197) eine Mitgliederzahl von 20 Jugendlichen pro Gruppe zugrunde, so sind 3940 Jugendliche in den DGB-Jugendgruppen aktiv. Bezogen auf

die Mitgliederzahl (April 1981: 1 153 402) ergibt sich ein Prozentsatz von 0,34 Prozent. Legt man eine Mitgliederzahl von zehn Jugendlichen pro Jugendgruppen zugrunde, so kommt man dementsprechend auf 0,17 Prozent der Mitgliederschaft." Knapp 4000 Jugendliche sind in der Bundesrepublik für die DGB-Jugend aktiv, so schätzt die Organisationsabteilung des DGB, es können aber auch nur 2000 Personen sein, wenn man die Gruppenmitgliederschaft mit zehn ansetzt. Immerhin, ein Trost bleibt, die sazungsmäßigen Jugend*gremien* sind auf Kreisebene häufiger anzutreffen als Jugend*gruppen:* 187 der DGB-Kreise meldeten einen Kreis-Jugendausschuß (KJA). Die „einheit", Mitgliederzeitung der IG Bergbau und Energie und ein Fraktionsblatt in der internen Auseinandersetzung unter den Jugendfunktionären, kommentierte diese Zahlen mit dem Satz: „Deutlicher ist das Erstarren von großen Teilen gewerkschaftlicher Jugendarbeit in reine Gremienarbeit nicht mehr zu untermauern." Hinzufügen muß man, daß diesen Gremien ein Jugendbildungsapparat angefügt ist und daß sich ein großer Teil der Aktivitäten der Jugendfunktionäre auf die Jugendbildung konzentriert. Die Anzahl der außerbetrieblichen Aktivisten in den gewerkschaftlichen Jugendgruppen schwankt beständig und für das Ziel, die Organisation aufrecht zu erhalten, sind diese Jugendaktivitäten auch sekundär, zumindest für die großen Einzelgewerkschaften, deren Mitgliedermehrheit aus Groß- und Mittelbetrieben mit funktionierenden Betriebs- und Personalräten kommt. Die Kerngruppe jugendlicher Aktivisten sind für die Einzelgewerkschaften die betrieblichen Jugendvertreter, von denen einige auch nebenbei die Jugendgruppe organisieren. Die Jugendvertreter werden in den Mittel- und Großbetrieben von den Jugendlichen gewählt, die das 18. Lebensjahr noch nicht vollendet haben. Die DGB-Abteilung Jugend ermittelte 1980, daß von den von elf Gewerkschaften gemeldeten 12 571 Jugendvertretern 11 011, also 88 %, Mitglied einer DGB-Gewerkschaft waren und ihre jugendlichen Kolleginnen und Kollegen in den Betriebsräten vertraten. Aber die Zahl der Jugendvertreter sinkt seit Jahren, und das hat eine Reihe von Gründen. Der Geschäftsbericht der Abteilung Jugend beim Vorstand des DGB 1978—1981 nennt folgende:
— die Verlängerung der allgemeinen Schulpflicht;
— der Mangel an Ausbildungsplätzen in Mittel- und Großbetrieben und der Rückgang von Beschäftigungsmöglichkeiten für Jugendliche ohne Ausbildung in diesen Betrieben;
— die Zunahme von Ausbildungsplätzen im Handwerk, der Kleinindustrie und dem Dienstleistungssektor, Bereiche, in denen der gewerkschaftliche Organisationsgrad niedrig ist und in denen es nur wenig Betriebsräte gibt;
— die Jugendlichen, die in Sondermaßnahmen der Bundesanstalt für Arbeit beschäftigt werden; sie dürfen sich nicht an Wahlen zur Jugendvertretung beteiligen.
Zwei weitere Gründe zählt die Abteilung Jugend beim DGB-Bundesvorstand verständlicherweise nicht auf:
1. In vielen Betrieben soll es Schwierigkeiten geben, Jugendliche zu finden, die sich als Kandidaten für die Jugendvertreterwahl zur Verfügung stellen;

2. viele Betriebsräte haben Schwierigkeiten mit der Jugendvertretung. Ihnen ist es am liebsten, wenn dieser Störfaktor für ihre Arbeit wegfällt.

Nach diesen Fakten kann die Frage nach der Krise der Gewerkschaftsjugend, die Heinz-Oskar Vetter zugab, beantwortet werden:

1. Das Sinken des Organisationsgrades bei den unter 25-jährigen bedeutet Stagnation und Absinken der Mitgliederzahlen und, damit verbunden, ein vermindertes Beitragsaufkommen der Verbände.
2. Die Gewerkschaftsjugend hat zuwenige Aktivisten, die die Verbindung zwischen der Organisation und der arbeitenden Jugend aufrechterhalten. Heinz-Oskar Vetter benutzte in Willingen dafür ein plastisches Bild: „Wir bewegen uns im Jugendbereich in die gefährliche Nähe einer Organisation mit großem Kopf und kleinem Körper."
3. Gewerkschaftsjugend war immer vor allem Nachwuchsrekrutierung für Betriebsvertretungen und hauptamtlichen Funktionärsnachwuchs. Hier bildeten sich Organisationsloyalitäten von Jugendlichen heraus, wurden gefördert und somit eine der Voraussetzungen geschaffen, die Organisation auf Dauer zu sichern.

All dies beschrieb Vetters Adjektiv „ausreichend".

Die Jugendfunktionäre der Gewerkschaften waren persönlich noch mit einer anderen Krise konfrontiert, mit der mangelnden Reputation ihres Verbandes im Vergleich zu den mediengestützten Jugendbewegungen, die die Bundesrepublik in Gestalt der Ökologie-, Aussteiger- und Friedensbewegung erlebte. Politik und Freizeitinteressen werden in unserer Gesellschaft über die Medien vermittelt, sie sind es, die Idole kreieren, Moden durchsetzen und Symbole produzieren, an denen sich insbesondere Jugendliche orientieren. Bei jungen Arbeitern und Angestellten sind es vor allem die elektronischen Medien, die ihnen Unterhaltung und Meinung vermitteln, die dann in ihren Cliquen und Gruppen zu ihrem Lebensstil und ihrem Weltbild werden. Wer in dieser Mediengesellschaft öffentlich nicht in Erscheinung tritt, den gibt es einfach nicht. Und in der Konkurrenz mit den jugendlichen Protestbewegungen gab es in der Gewerkschaftsjugend immer nur eine Diskussion: Dürfen wir uns beteiligen, oder wird es uns verboten? Auf der Willinger Konferenz griff ein Delegierter den eigenen politischen Immobilismus der gewerkschaftlichen Jugendpolitik mit dem zutreffenden Satz an: „Es ist was los, rennen wir hinterher." Es ist die verfestigte gewerkschaftliche Organisationsstruktur, die zuerst einmal der Gewerkschaftsjugend nur eine subalterne Rolle im Organisationsgefüge zuweist und obendrein der gewerkschaftsinterne Entscheidungsprozeß, der immer wieder spontan entstehende Initiativen[11] von Jugendlichen hemmt, verzögert, abblockt oder auf andere Weise unschädlich macht. 1981 beschloß der DGB-Bundesvorstand ein neues Positionspapier zur gewerkschaftlichen Jugendarbeit. Dort lassen sich die eine offene Jugendarbeit blockierenden innerorganisatorischen Hemmnisse nachlesen, wenn man die Sollsätze als Appelle an die Einsicht der Funktionäre versteht, denen aber im Zweifel als Hüter der gewerkschaftlichen Beschlußlage das letzte Wort

---

11 Vgl. hierzu: Haus der Gewerkschaftsjugend, *Die Wüste blüht. Neue Formen*, Frankfurt a.M. 1982.

eingeräumt wird. Um die Feinheiten dieses Textes erfassen zu können, ist Kenntnis der gewerkschaftlichen Sprachregelung vonnöten:

„Gewerkschaftliche Jugendarbeit soll den Jugendlichen eigene Handlungsmöglichkeiten innerhalb und außerhalb der Gewerkschaften erschließen. Die Jugendlichen selbst müssen die Möglichkeit haben, ihre eigenen Ausdrucksformen zu finden, die Jugendarbeit inhaltlich zu gestalten und ihre Interessen selbständig auszudrücken. DGB und Gewerkschaften sichern den Jugendlichen einen eigenen Gestaltungsraum zu, auch wenn dieses Konflikte und Spannungen auslöst."

Zwischenruf: Und wer hilft den Jugendlichen bei den Konflikten? Welche Gewerkschaftszeitung druckt wann ihre Beschwerden und Proteste?

„Wenn Jugendliche innerhalb der Gewerkschaften eigene Handlungsmöglichkeiten erkennen, gewährleistet sehen und bei der Entwicklung konkreter Handlungsmöglichkeiten unterstützt werden, eigene Interessen vertreten können und sie erkennen, daß ihre Interessen im Mittelpunkt der gewerkschaftlichen Jugendarbeit stehen, ist dies ein wirkungsvoller Beitrag zur Bekämpfung von Resignation, Anpassung oder gar Angst vor eigenem Engagement, die heute unter Jugendlichen zu beobachten sind. Trotz aller Widersprüchlichkeit und Unsicherheit, die bei Jugendlichen im Blick auf ihre politische Orientierung zu beobachten sind, müssen sie ernst genommen und am gewerkschaftlichen Willensbildungsprozeß beteiligt werden."

Anmerkung: Respekt verdient diese Werbung bei den Funktionären vor Ort, die mit sich grün, alternativ, ökologisch oder friedenskämpferisch äußernden Jugendlichen konfrontiert sind, diese Jugendlichen nicht gleich als „Chaoten" oder sonstige Unruhestifter anzusehen und im Zweifel ihre Aktivitäten vorsorglich vor ihrer Entfaltung bereits zu stoppen. Geworben wird um Einsicht und Verständnis, die Funktionäre sollen versuchen, die Jugendlichen im Dialog in den gewerkschaftlichen Willensbildungsprozeß zu integrieren. Offen bleibt allerdings die Frage: mit welchem Ziel?

Den Jugendlichen, auch den kritischen, wird aber nicht nur die Hand gereicht; sie werden auch davon in Kenntnis gesetzt, daß sich die Funktionäre nicht vorbehaltlos in den Dialog begeben, die Verteidigung der Beschlußlage wird von den Jugendfunktionären verlangt und im Zweifel auch gegen sie selbst ins Feld geführt: „Zur solidarischen Zusammenarbeit und zur Stärkung der Durchsetzungsfähigkeit der Gewerkschaften gehört jedoch auch die Bereitschaft, Jugendlichen gegenüber gewerkschaftliche Beschlüsse zu erläutern, zu vertreten und gegebenenfalls auch zu verteidigen." Kommentar eines bei einem Vorstand beschäftigten Funktionärs: „Unsere Häuptlinge waren schon immer mutig gegenüber Leuten, die sich nicht wehren können."

Trotzdem muß hier auch vermerkt werden, daß mit dem Positionspapier eine innerverbandliche Aufwertung der Gewerkschaftsjugend verbunden war, die sich darin äußert, daß in einem gewissen Sinn die offene gewerkschaftliche Jugendarbeit außerhalb der Betriebe „wiederentdeckt' worden ist und offiziell als wichtiger Teil der Arbeit anerkannt wird. Ihre Aktivitäten sollen die Jugendlichen in eigenen Räumlichkeiten des DGB entfalten können, und es ist beabsichtigt, Jugendeinrichtungen, Jugendhäuser und Jugendräume zu renovieren oder auszubauen. Die Auseinandersetzungen um die Qualität der beruflichen Bildung und um die Beseitigung der Jugendarbeitslosigkeit wurden zu zentralen „Handlungsfeldern" der Gewerkschaftsjugend erklärt, schließlich soll zwischen den Jugendgruppen ein Erfahrungsaustausch organisiert und das Thema „Jugendarbeit" in das Ausbildungsprogramm der DGB-Nachwuchssekretäre aufgenommen werden. Diese Absichtserklärung wurde namentlich gegen den Widerstand der IG Metall in das Positionspapier aufgenommen. Die IG Metall vertrat in diesen Auseinandersetzungen immer den Standpunkt: Unser Apparat ist groß genug, wir genügen uns selbst und im Mittelpunkt unserer Jugendarbeit steht die Ausrichtung an den Bedürfnissen unserer betrieblichen Arbeit und Jugendschulung[12]. Diese Position sollte die DGB-Beschlußlage vor allem festschreiben. Dies konnten die IG-Metall-Jugendfunktionäre und ihre Verbündeten aber nicht durchsetzen, und so ist die wichtigste Qualität des neuen Positionspapiers des DGB zur Jugendarbeit seine Beliebigkeit. Jede Einzelgewerkschaft kann sich mit Fug und Recht auf diese programmatische Aussage berufen und in ihrer täglichen Praxis tun und lassen, was sie für richtig hält. Aber über allen diesen Aktivitäten hängt das Schild: DGB-Jugend, die sich in der Eigenwerbung als größter politischer Jugendverband der Bundesrepublik ausgibt. Ein Ergebnis der zähen Grabenkämpfe unter den Jugend- und Bildungsfunktionären der Gewerkschaftsjugend blieb weitgehend unbeachtet, obwohl es vielleicht das wichtigste Merkmal der Krise der Gewerkschaftsjugend ist: Zwischen den Kontrahenten zerbrach zu einem bestimmten Zeitpunkt der Willen zum Konsens. Die Meinungsverschiedenheiten schlugen um in Freund-Feind-Verhältnisse. Bereits die Einigung auf gemeinsame Beschlußlagen und Proklamationen gelang nur mit großem Kraft- und Zeitaufwand.

2. Der Bruch des Konsenses zwischen den Funktionären

Es sind die Funktionäre, die in den deutschen Gewerkschaften die Verbandspolitik gestalten, und so ist es nur eine Tatsachenfeststellung, wenn die Gewerkschaften als Funktionärsverbände bezeichnet werden. In der Geschichte dieser Gewerkschaften kam es öfters zu offener Fraktionierung unter den Funktionären, aber die Mehrheit der Funktionäre hat bei allen Meinungsverschiedenheiten und allem politischen Streit untereinander immer darauf geachtet, daß der grundsätzliche Konsens über die Regeln und Grundsätze ihrer Gewerkschaftspolitik nicht zerstört wurde. Dies ist zwischen den streitenden Parteien unter den gewerkschaftlichen Jugendfunktionären aber geschehen. Die gewerkschaftspolitische Bedeutung dieses Vorgangs kann abschließend noch nicht beurteilt werden. Aber der Bruch des Grundkonsenses zwischen den Jugendfunktionären kann durchaus Modellcharakter für Auseinandersetzungen haben, wie sie mit Sicherheit in der Bestimmung der gewerkschaftlichen Politik gegen Wirtschaftskrise und Arbeitslosigkeit noch auf den DGB und seine Gewerkschaften zukommen werden. Der Konsens der Funktionäre war für die Ge-

---

12 Vgl. hierzu Reinhard Crusius, *Berufsbildungs- und Jugendpolitik der Gewerkschaften*, Frankfurt a.M./New York 1982; Reinhard Crusius/Manfred Wilke, *Jugend ohne Beruf — Gewerkschaft ohne Jugend*, Frankfurt a.M. 1981.

werkschaften stets eine wichtige Quelle, aus der sie Kraft für das geschlossene Handeln der Verbände schöpften. Heinz Kluncker, damals noch Vorsitzender der Gewerkschaft Öffentliche Dienste Transport und Verkehr, hat auf dem 12. DGB-Kongreß im Mai 1982 in Berlin am Beispiel des Verhaltenskodexes der Funktionäre untereinander die Bedeutung dieses Konsenses für die Gewerkschaftspolitik noch einmal formuliert. Aktueller Anlaß war das Begehren der Gewerkschaft Erziehung und Wissenschaft, einen Beschluß des DGB-Bundesausschusses vom Juli 1981 aufzuheben, in dem es den Funktionären verboten wurde, bei außergewerkschaftlichen Unterschriftensammlungen innerhalb der Gewerkschaften hinter ihren Namen ihre gewerkschaftliche Funktion zu setzen. Hintergrund dieses Beschlusses waren die nicht mehr überschaubaren Unterschriftensammlungen gegen die „NATO-Hochrüstung", die damals umliefen und in denen neben Pfarrern und Professoren immer auch die Gewerkschafter besonders hervorgehoben wurden. Es verwundert auch nicht weiter, daß ausgerechnet die GEW beantragte, diesen Beschluß aufzuheben, waren doch ihre Funktionäre besonders zahlreich unter diesen Aufrufen versammelt. Heinz Kluncker verteidigte den Beschluß mit den Worten:

„Ich glaube, dieses Problem ist nicht im Hinblick auf Sanktionen zu sehen, wie man es vermuten könnte. Es handelt sich hier, so glaube ich, bei der Beschlußfassung dieses höchsten Organs um einen Verhaltenskodex unter uns. ... Was kann passieren, wenn wir in einem höchsten Organ Position bezogen haben – in einem Kongreß, im Bundesvorstand oder in den entsprechenden Beschlußorganen von Gewerkschaften –, und nur wenige Stunden nach der Verabschiedung und Veröffentlichung eines solchen Beschlusses sich Mandatsträger mit der ausdrücklichen Mandatsbezeichnung von einem solchen Beschluß distanzieren? Es gebietet auch unsere Selbstachtung zu prüfen, warum manche Institutionen bei den Unterschriftsleistungen bewußt die Funktionsbezeichnung aufnehmen. Da muß man nach Motiven forschen. Ich möchte hier mit Nachdruck unterstreichen, daß weder auf DGB-Ebene noch in meiner eigenen Gewerkschaft jemand gehindert ist, als Person seine Meinung zu äußern. Das geben wir nicht mit Gnade; dies ist ein selbstverständliches Grundrecht. Aber es gehört auch zur Eigendisziplin von gewerkschaftlichen Funktionsträgern, daß sie sich, wenn sie unterlegen sind, in einer Position dann nicht öffentlich von der Mehrheitsauffassung durch ihre Amtsbezeichnung distanzieren. So verstehe ich Demokratie ... Ich habe gelernt, als ich 1946 in der Arbeiterbewegung aktiv wurde, daß ich nicht nur von frommen Wünschen ausgehen kann, sondern von dem, was ich bewirke. Ich bewirke, wenn ich mich pauschal durch Unterschriftsleistung mit meinem Titel bekenne, daß Verwirrung entsteht: Wie kann ich mich bei inhaltlich kontroversen Positionen bei meinen Mitgliedern dann noch für die Achtung der Beschlüsse einsetzen."

Kluncker ging dann noch auf die Wirkung solcher Unterschriften mit Funktionsbezeichnung in den Medien ein, er wies daraufhin, daß der Eindruck erweckt worden sei, daß Gewerkschafter „hier eine etabliert formulierte Opposition zum Ausdruck bringen gegen die Beschlüsse demokratisch gewählter Funktionsträger." Der ÖTV-Vorsitzende unterstellte den Initiatoren solcher Unterschriftensammlungen ausdrücklich nicht die „programmatische Denklage", daß es ihre Absicht sei, „die Autorität von Organisationen zu untergraben." Und wenn doch? Diese Frage erörterte Kluncker ebensowenig wie eine andere, wie nämlich dem gültigen Beschluß Respekt zu verschaffen sei, denn die Unterschriftenleistung mit Funktionsbezeichnung ging trotz des Beschlusses weiter.

Der Bruch des Konsenses zwischen den gewerkschaftlichen Jugendfunktionären ist für die Nachkriegsgeschichte der deutschen Gewerkschaften nur mit der Ausgrenzung der KPD-Mitglieder unter den DGB-Funktionären 1951 vergleichbar. Damals beschloß die KPD (These 37 des Münchener Parteitages 1951), daß auch in den Gewerkschaften Parteiauftrag vor Gewerkschaftsbeschluß gehe. Daraufhin wurde den DGB-Funktionären, die Mitglieder der KPD waren, ein Revers abverlangt, daß sie diesem KPD-Beschluß nicht folgen würden und Gewerkschaftsbeschlüsse für sie maßgeblich seien. Unterschrieben die Funktionäre diesen Revers, blieben sie Gewerkschaftsangestellte, wurden aber aus der KPD ausgeschlossen, unterschrieben sie nicht, war es umgekehrt. Die Anzahl der betroffenen KPD-Mitglieder, die ihre Funktion im DGB und seinen Gewerkschaften verloren, gibt die DKP heute mit „etwa 600"[13] an. Hierzu eine grundsätzliche Anmerkung zu Geschichtsbewußtsein und zu Geschichtslosigkeit:

Theo Pirker hat die Ausschaltung der kommunistischen Gewerkschaftsfunktionäre in seiner „Blinden Macht" kurz beschrieben und in den Zusammenhang mit den Auseinandersetzungen um die Remilitarisierung der Bundesrepublik und um die Verabschiedung des Betriebsverfassungsgesetzes eingeordnet. Damit hat er dazu beigetragen, daß die Ausgrenzung der Kommunisten aus dem hauptamtlichen Funktionärskörper als Beispiel für die administrative Lösung politischer Auseinandersetzungen im DGB durch die sozialdemokratische Funktionärsmajorität im Gedächtnis blieb, zumindest in dem der akademischen Gewerkschaftsspezialisten, für die die „Blinde Macht" bald zum Quellenwerk der Geschichte des DGB wurde. Geschichte hat für Kommunisten grundsätzliche Bedeutung für die Legitimation ihrer Politik. Geschichte ist für sie gleichermaßen Tradition und Legende, die für die Bedürfnisse der aktuellen Politik immer wieder neu fabriziert werden. Es ist der gesetzmäßige Gang des geschichtlichen Prozesses, der ihren Sieg garantiert, und dieser Sieg ist endgültig, nach ihm dauert ihre Herrschaft „ewig". Da ihre Macht das Ergebnis der historischen Gesetzmäßigkeit ist, sind sie verpflichtet, diese Macht „konsequent" und im Zweifel terroristisch gegen jeden Volkszorn zu verteidigen. Im Gegensatz zu diesen geschichtsbewußten Machtapparaten, die sich „Partei" nennen, obwohl sie „Totalität" beanspruchen, ist die heutige SPD das Muster einer geschichtslosen Vereinigung. Der Ausschluß der KPD-Funktionäre 1951 dient heute noch der DKP und ihren Bundesgenossen im DGB als Legende, um mit ihr vor „Antikommunismus" zu warnen und gerade bei sozialdemokratischen Funktionären um Solidarität zu werben. Inhalt der Legende: Nach den Verfolgungen durch die Nationalsozialisten im gemeinsamen Widerstand haben uns die rechten Sozialdemokraten wieder verfolgt. Von der Verfolgung von Sozialdemokraten nach 1945 spricht niemand mehr, und diese Leidensgeschichte wird den Legendenerzählern auch nicht entgegengehalten. Aber für die SPD sind auch noch nach 1945 Menschen ins Zuchthaus gegangen und dort gestorben. Das war in der SBZ, der nachmaligen DDR; un-

---

13 Gerhard Prätorius, Dokumente und Bilder zur Entstehung und Entwicklung der Einheitsgewerkschaft nach 1945, in: Deppe, Müller, Pickshaus, Schleifstein, *Einheitsgewerkschaft*, Frankfurt a.M. 1982, S. 254.

ter ihnen befand sich mancher Gewerkschafter, der in der SBZ an den FDGB als Einheitsgewerkschaft geglaubt hatte. Der Freundeskreis ehemaliger politischer Häftlinge aus den Reihen der sozialdemokratischen Partei Deutschlands hat 1971 in einem Brief die Zahl von mehr als 5000 Inhaftierten und von über 400 Toten genannt. Viele dieser Sozialdemokraten hatten bereits unter den Nationalsozialisten lange Haftstrafen verbüßt und „genossen" dann anschließend — oft in denselben Haftanstalten — weitere Jahre „sozialistischer Gesetzlichkeit"[14].

Dieses Kapitel der SPD-Nachkriegsgeschichte wurde im Zeichen der Ostverträge und der Entspannungspolitik von der SPD gestrichen. Theo Pirker: „Das Neue an der neuen Legende der SPD nach Godesberg — sie hat beinah in allen Etappen ihrer Entwicklung solche Legenden hervorgebracht — ist dies, daß diese neuen Legenden sie geschichtslos macht, d.h. daß sie sich durch diese Legende als eine Partei bestimmt, die alles sein kann, was der Tag von ihr fordert."[15] Dieser Satz ist wichtig, weil er in noch stärkerem Maße für die Legenden der DGB-Funktionäre gilt.

Ist der Zustand der Grundsatzlosigkeit erreicht, in der Politik nur von den Erfordernissen des Tages getrieben wird, so können die Legenden fast beliebig neu formuliert werden. Motto: Mode sucht Mehrheit. Zu Beginn der siebziger Jahre kam es in der Rekrutierung des Funktionärsnachwuchses zu einem Bruch. Bedingt durch den Ausbau der innerorganisatorischen Bildungsapparate, wurde die Gewerkschaft erstmals in nennenswertem Umfang zum Arbeitsmarkt für Akademiker. Bis zu diesem Zeitpunkt kamen die Funktionäre über die betriebliche „Ochsentour": Lehre, Jugendvertreter, Vertrauensmann, Betriebsrat und schließlich Gewerkschaftsfunktionär. Es waren „betriebstätige Menschen" (Herbert Wehner), die diesen Weg einschlugen. Gewerkschaftsfunktionär war eine der wenigen gesellschaftlichen Aufstiegschancen, die Arbeiter und Angestellte ohne akademische Abschlüsse in der bundesrepublikanischen Zeugnis- und Diplomgesellschaft hatten. Der Bruch in der Rekrutierung des Funktionärsnachwuchses spielte in den Konflikten der Gewerkschaftsjugend insofern eine Rolle, als sich an dieser Linie der Graben zwischen den Bildungsapparatschiks und den Bekenntnisgewerkschaftern auf der einen Seite und denjenigen, die aus den Betrieben kamen, auf der anderen Seite fortsetzte. Hier lag zweifellos eine der tieferen Wurzeln für das Zerbrechen des Konsenses.

Die wichtigste finanzielle Voraussetzung für die Expansion des gewerkschaftlichen Bildungsapparates schuf die sozialliberale Koalition 1972 mit dem § 37 ihres Betriebsverfassungsgesetzes, der die Arbeitgeber verpflichtete, Betriebsräte und Jugendvertreter für Schulungen — bei Weiterzahlung des Lohns oder Gehalts — freizustellen. In demselben Jahr beschloß der 9. DGB-Bundeskongreß, daß der Schwerpunkt gewerkschaftlicher Jugendarbeit in der Jugendschulung liegen solle. Dieser Beschluß war für die Bildungsapparatschiks der Durchbruch, zumal ein Teil von ihnen nicht von den Gewerkschaften bezahlt werden mußte. Die Jugendbildungsreferenten bei den DGB-Landesbezirken wurden aus Mitteln der öffentlichen Jugendförderung bezahlt. Um die hauptamtlichen Bildungsfunktionäre scharen sich

---

14 Vgl. hierzu Karl Wilhelm Fricke, *Warten auf Gerechtigkeit*, Köln 1971, S. 69 f.
15 Pirker, *Die SPD nach Hitler* (Anm. 7), S. 9.

in der gewerkschaftlichen Bildungsarbeit noch ehrenamtliche Teamer. Die Teamer im Jugendbereich sind vornehmlich Studenten, die sich nicht nur ein Zubrot verdienen, sondern auch künftige Arbeitsplätze sondieren. Eine Statistik über die Anzahl der hauptamtlichen Jugendfunktionäre im DGB und den Einzelgewerkschaften existiert ebensowenig wie eine Übersicht, aus der die Anzahl der Teamer hervorgeht. Für die IG Metall hat ihr Bundesjugendsekretär Horst Richter 1980 die Anzahl der Teamer mit 600 beziffert. Diese Bildungsfunktionäre arbeiten nicht isoliert voneinander; die IG Metall veranstaltet regelmäßig „regionale Referentenseminare" und „bezirkliche Arbeitstagungen", außerdem veröffentlicht der Hauptvorstand zentrale Leitfäden. 1980 wurde die Herausgabe eines regelmäßigen Teamerinformationsbriefes beschlossen. Aus alledem geht hervor, daß der Bildungsapparat innerhalb der Gewerkschaftsverwaltung eine informelle Struktur bildet, über die Informationen rasch verbreitet werden können; außerdem läßt sich dieser Bildungsapparat auch für Kampagnen nutzen. Gegenstand der Konflikte unter den Jugendfunktionären waren in den Gremien der DGB-Jugend Beschlußlagen und Bildungsmaterialien. Es war ein politisch-ideologischer Kampf, der hinter verschlossenen Sitzungstüren und in öffentlich wenig beachteten Zeitschriften ausgetragen wurde.

1978 wurde die DGB-Bundesjugendschule Oberursel Symbol der Krise der Gewerkschaftsjugend. Für die interne Problemanalyse unter den Funktionären hatte das Team der Schule ein „Diskussionspapier zur Strategie der DKP und SDAJ im gewerkschaftlichen Jugendbereich"[16] verfaßt. Erstmals wurden präzise die Bündnispolitik, die Taktik und die Ideologieproduktion der DKP und ihrer Jugendorganisation „Sozialistische Deutsche Arbeiterjugend (SDAJ)" analysiert und die Mechanik der „fortschrittlichen Bündnisse" zwischen ideellen und organisierten Kommunisten und ihren Partnern mit dem SPD-Parteibuch beschrieben. Die DKP verzichtet heute im Gegensatz zur KPD bewußt auf offene organisatorische Fraktionsbildung im DGB. Schwerpunkt ihrer Gewerkschaftspolitik ist Ideologieproduktion für die Einheitsgewerkschaft. Das Oberurseler Papier arbeitete deutlich die nicht nur für die gewerkschaftliche Jugendarbeit folgenreichen Konsequenzen der DKP-Politik heraus:

1. Träger der Politik des „fortschrittlichen Bündnisses" sind in der Gewerkschaftsjugend akademische Bekenntnisgewerkschafter. Die Ausschaltung jeglicher *ideologischer* Konkurrenz und zielstrebige Personalpolitik sind ihre internen Beiträge zur Festigung der Einheitsgewerkschaft.
2. Die zentralen Felder der Politik des „fortschrittlichen Bündnisses" waren und sind Ideologieproduktion, Bildungsunterlagen und öffentliche „antifaschistische Kampagnen" gegen „Rechts" (Frieden, Berufsverbote, Neonazismus usw.).
3. Die Gewerkschaftsjugend möchte dieses „fortschrittliche Bündnis" am liebsten auf einen Gremienverband mit angeschlossenem Schulungsbetrieb reduzieren. Richtig besetzte Gremien können mit wenigen Leuten viel Papier produzieren und einen effektiven Beitrag zur fortschrittlichen Öffentlichkeitsarbeit leisten.

16 Kommunisten an Knotenpunkten in der DGB-Jugend fest verankert?, in: *einheit. Zeitung der IG Bergbau und Energie*, 7/1979; vgl. auch Ossip K. Flechtheim/Wolfgang Rudzio/Fritz Vilmar/Manfred Wilke, *Der Marsch der DKP durch die Institutionen*, Frankfurt a.M. 1980.

4. Ein wichtiges Feld der auf die Emotionen zielenden Ideologiepolitik der DKP ist die Beeinflussung des Kulturbetriebes. Hier geht es um die Okkupation der Tradition des Fortschritts in der Kunst und um Bewußtseinsveränderungspolitik großen Stils.

Die bundesdeutsche Öffentlichkeit maß die Erfolge – besser: Mißerfolge – der DKP an den Promille-Grenzen bei allgemeinen Wahlen. Allenfalls saß dabei noch das Schreckgespenst der von Kommunisten angeführten streikenden Betriebsbelegschaften im Hinterkopf. Während das Interesse des „Instituts der deutschen Wirtschaft" noch auf die Gefahr einer kommunistischen Unterwanderung der Betriebe gerichtet war, zeigten die Oberurseler auf, daß kommunistische Politik heute fast ausschließlich von „fortschrittlichen Akademikern" gemacht wird und daß es den Apparatschiks der DKP nicht um die Betriebe geht, sondern um Positionen in Gewerkschafts- und Bildungsapparaten und um eine effektive ideologische Beeinflussung der Öffentlichkeit. Die gesellschaftlichen Voraussetzungen für eine solche Politik waren nach der APO in der Bundesrepublik im Grundsatz erkennbar:

1. Die Bundesrepublik war endgültig zur Mediengesellschaft geworden. Öffentliche Aktionen, die genügend spektakulär waren, verschafften ihren Organisatoren in Verbindung mit der Berichterstattung in den Medien, namentlich durch die Bilder im Fernsehen, unmittelbar öffentlichen und damit auch politischen Einfluß.
2. Besonders groß war die Wirkung solcher durch die Medien multiplizierten Aktionen auf die „politische Klasse" und die Bildungsschichten; sie insbesondere erwiesen sich als öffentlich aktivierbar und als zum Engagement bereite Teile der Medienkonsumenten.
3. Politischer Einfluß ist in einer Mediengesellschaft auch an die Verfügung über die öffentlich diskutierten Themen und Stereotypen geknüpft. Gesellschaftsveränderung beginnt dort, wo die Bilder und Erklärungsmuster dieser Gesellschaft über sich selbst verändert werden.
4. Veränderungspolitik gegenüber einer Partei oder eines Interessenverbandes kann erfolgreich betrieben werden, wenn die von außen kommenden Themen, Stereotypen und Bündnisangebote intern aufgenommen und von Aktivisten innerhalb dieser Organisation umgesetzt werden.
5. Bewußtseinsveränderungspolitik kann um so erfolgreicher betrieben werden, je weniger die politischen Gegner einer solchen Politik, deren Selbstbehauptungswillen und Selbstverständnis gleichermaßen gebrochen werden soll, nicht willens oder fähig sind, die Bedeutung des Kampfes um Worte, Stereotype, Bilder, Symbole und geschichtliche Traditionen zu begreifen.

Unterstellen wir, daß es möglich ist, über und durch die Medien eine Bewußtseinsveränderungspolitik zu betreiben, so stellt sich die Frage: Ist die DKP zu einem solchen Unternehmen überhaupt fähig und in der Lage? Wer ist heute schon die DKP in der Gesellschaft der Bundesrepublik? Noch 1952 waren die Wähler, Mitglieder und Aktivisten der KPD Teil der deutschen Arbeiterbewegung. Demgegenüber ist die DKP heute ein weit verzweigter propagandistischer Apparat, der sich vornehmlich im akademisch-intellektuellen Milieu bewegt und – wenn überhaupt – dort gesellschaftliche Wurzeln hat. Arbeiter sind in dieser Partei Relikte. Trotzdem kann nicht übersehen werden, daß dieser Apparat fähig ist, Protestbewegungen, die aus den Widersprüchen und Konflikten unserer Gesellschaft entstehen, relativ schnell publizistische und organisatorische Hilfe anzubieten: „brüderliche Hilfe". Wer diesen Apparat beauftragt hat und wessen Interessen er dient —, daraus macht die DKP kein Geheimnis. Ihr Vorsitzender, Herbert Mies, sagt das ganz offen:

„Das wirkliche politische Gewicht der DKP ist im Grunde genommen nur zu verstehen, wenn man erkennt, daß sie mehr darstellt als ihre eigene unmittelbare Organisation und Anhängerschaft ... Das politische Gewicht der DKP wird also nicht zuletzt auch dadurch bestimmt, daß sie in der Bundesrepublik den marxistischen, den revolutionären Teil der Arbeiterbewegung repräsentiert und daß sie damit zugleich auch Teil der kommunistischen Weltbewegung ist, die — mit der Sowjetunion und den anderen sozialistischen Staaten als Kern — die Hauptkraft unserer Epoche darstellt."[17]

Das heißt: Die DKP ist in der Bundesrepublik der politische Repräsentant der sowjetischen Interessen. Dieses Faktum verschafft ihr Kraft und Einfluß und sehr wohl die Möglichkeit, gezielt Bewußtseinsveränderungspolitik zu betreiben.

Es symbolisiert den ideologisch-politischen Charakter der Konflikte zwischen den Jugendfunktionären, daß eine Gewerkschaftsschule zum archimedischen Punkt in der Auseinandersetzung um die gewerkschaftliche Jugendarbeit wurde. Hinrich Oetjen, Schulleiter in Oberursel und Mitverfasser des „Oberurseler Papiers", ist geradezu exemplarisch geeignet, um anhand der verbissenen Kampagne gegen ihn zu zeigen, wie der Konsens zwischen den Jugendfunktionären zerbrochen wurde. Hinrich Oetjen ist Mitglied der IG Chemie-Papier-Keramik, deren Jugendsekretär er in den sechziger Jahren war. Er gehörte damals zu der gewerkschaftlichen Linken, die in der Mitte der sechziger Jahre versuchte, über Bildungskonzeptionen Traditionen der Arbeiterbewegung zu bewahren und mit der geschichtlichen Erfahrung an eine Generation als Bildung weiterzugeben, für die die Arbeiterbewegung keine eigene Erfahrung mehr war. Der Begriff „gewerkschaftliche Linke" ist noch heute angebracht, um Hinrich Oetjens politischen Standort zu charakterisieren. Für ihn sind die Gewerkschaften die wichtigsten Träger einer aktiven Arbeiterpolitik, und er glaubt noch immer an die Gültigkeit des Satzes, „daß ‚die Emanzipation der Arbeiter das Werk der Arbeiterklasse selbst sein muß' "[18]. Geschrieben wurde das Papier der Oberurseler für die DGB-interne Funktionärsdiskussion. Mit 13 : 11 Stimmen beschloß der DGB-Bundes-Jugend-Ausschuß (BJA) in einer Kampfabstimmung im April 1979, das „antikommunistische" Papier nicht zu diskutieren. Es wurde für nicht existent erklärt. Wenig später wurde Hinrich Oetjen von der „tageszeitung" zu den Konflikten in der Gewerkschaftsjugend interviewt. Dieses Interview war Anlaß, um Hinrich Oetjen intern massiv unter Druck zu setzen; damit nicht genug, der DGB-Bundesjugendsekretär Heinz Hawreliuk, IG Metall-Mitglied, der sein Amt nicht zuletzt Hinrich Oetjen verdankte, griff ihn öffentlich an und personalisierte den

---

17 Herbert Mies, Gedanken zum 10. Jahrestag der Gründung der DKP, in: Max Schäfer (Hrsg.), *Die DKP,* Frankfurt a.M. 1978, S. 18 f.
18 Friedrich Engels, Vorrede zur Deutschen Ausgabe des Manifests von 1890, in: Karl Marx/ Friedrich Engels, *Das Kommunistische Manifest,* eingeleitet von Hermann Weber, Hannover 1966, S. 55.

Konflikt in der Gewerkschaftsjugend zum „Fall Oetjen". Um den Schulleiter, die Lehrpläne und die inhaltliche Konzeption der Jugendschule vor dem ideologischen Zugriff der Mehrheit im BJA zu schützen, wurde Oberursel direkt dem zuständigen DGB-Bundesvorstandsmitglied unterstellt. Im September 1979 enthob Karl Schwab, für Jugend zuständiges DGB-Bundesvorstandsmitglied, Heinz Hawreliuk seiner Funktion als DGB-Bundesjugendsekretär.

Die Antwort auf diese beiden Maßnahmen erteilten postwendend die für Bildung und Jugend zuständigen Vorstandsmitglieder im IG Metall-Hauptvorstand, Hans Preiss und Georg Benz. Sie ließen im IG Metall-Hauptvorstand ein fünfzigseitiges Dossier „Gegen die gemeingefährlichen Bestrebungen von Oberursel und Karl Schwab" verteilen. Preiss und Benz forderten, daß sich die IG Metall nun massiv in den Konflikt um die DGB-Jugendpolitik einmischen müsse.

Es sind Akademiker, die das „fortschrittliche Bündnis" formieren und tragen. Im November 1979 spricht Hinrich Oetjen in der Hochschule für Wirtschaft und Politik (HWP), einer Hochschule des Zweiten Bildungsweges und einer Hochburg der „arbeitnehmerorientierten Wissenschaften". SHB- und MSB-Spartakus-Studenten, die ihre Bündnispolitik unter dem Schild „gewerkschaftliche Orientierung" firmieren lassen, zeichnen das Referat Hinrich Oetjens auf, und das Band landet unter dubiosen Umständen beim Hauptvorstand der IG Metall. Erhob sich Protest wegen der Einführung geheimdienstlicher Methoden in die innergewerkschaftliche Auseinandersetzung? Keine Rede davon, würde Theo Pirker sagen. Im Februar 1980 kam es zu einer Besprechung zwischen DGB und IG Metall, an der die in die Kontroverse verwickelten Vorständler teilnahmen. Die IG Metall verlangte Öffentlichkeitsverbot für Hinrich Oetjen, damit endlich wieder Ruhe in die Organisation einkehren könne. Die Folge davon: Hinrich Oetjen mußte jeden öffentlichen Auftritt vorher mit Karl Schwab abstimmen. Hermann Rappe, damals stellvertretender Vorsitzender der IG Chemie-Papier-Keramik, verhinderte die politische Ausschaltung Hinrich Oetjens; er lud ihn demonstrativ zur Bundesjugendkonferenz seiner Gewerkschaft ein und solidarisierte sich mit ihm in der Sache, um die es ging. Seit 1980 beschränken sich Oetjens Kontrahenten auf öffentliche Ausgrenzung; die DKP hat ihn auf die Liste der „Gegner der Einheitsgewerkschaft"[19] gesetzt.

Der Bruch im Konsens zwischen den Funktionären beschränkt sich nicht nur auf den Jugendbereich, wie das auf dem 12. DGB-Kongreß im Mai 1982 in Berlin bereits spürbar wurde. Der Kongreß hatte zwar einen Tag Zeit, um über die richtige Beschlußlage zur Raketenpolitik von UdSSR und USA in Europa zu befinden, aber er hatte keine Zeit, um sich über eine Politik gegen Krise und Arbeitslosigkeit einig zu werden. In der Debatte über die Beschlußlage zum europäischen Frieden beherrschten die „Sinnproduzenten" (Helmut Schelsky) vom „fortschrittlichen Bündnis" das Feld, denen es um einen Beschluß gegen die NATO-Nachrüstung im Mittelstreckenbereich ging, um in den Gewerkschaften für die Friedensbewegung mobilisieren zu können. Sie bekamen ihren Beschluß. Bei der Beratung der Beschlußlage über den europäischen Frieden zeichneten sich im Kongreß zwei „Klassen" von Funktio-

---

19 Prätorius, *Dokumente* (Anm. 13), S. 269.

nären ab, die im Grundsatz gegeneinander standen: die Mehrheit derer, die schwieg und von den Beschlußlagen des DGB-Kongresses für ihre praktische Arbeit sowieso nichts erwartete und auf der anderen Seite die akademischen Bekenntnisgewerkschafter, die am Rednerpult um die geistige Vorherrschaft über die Sprache der Gewerkschaften fochten.

Ein Satz an dieser Stelle zum Begriff „akademische Bekenntnisgewerkschafter": Die Funktionäre, die die „Ochsentour" gehen mußten, haben eine Lebensperspektive erlebt, die ihnen eine Existenz als Arbeiter und Angestellte verhieß. Um ihr Arbeitsleben erträglich zu gestalten, brauchten sie existenziell funktionierende Interessenvertretungen. Vor dieser Lebensperspektive standen die akademischen Seiteneinsteiger in die Gewerkschaftsbüros nicht. Sie bewegte die Gewerkschaft als Idee, zu der sie sich bekannten, für sie ist Gewerkschaft vorrangig eine Frage der Ideologie. Die Mediengesellschaft bevorzugt natürlich die Sinnproduzenten, die für sie auch bestens konditioniert sind – im Gegensatz zum klassischen Gewerkschaftsfunktionär, der gegen die Medien eher eine Abneigung hat und ihnen mißtraut. Gewerkschaftsfunktionäre, die den alten Weg gegangen sind, vertreten auch heute noch ihre Angelegenheiten nur gezwungenermaßen öffentlich.

1975 machte sich die Abteilung Gesellschaftspolitik beim Vorsitzenden des DGB darüber Gedanken, auf welchem Weg die Gewerkschaften ihre Forderungen zur Gesellschaftsreform selbst durchsetzen könnten. Das Ergebnis dieses Nachdenkens wurde erst 1982 bekannt[20]. Neben der Tarifpolitik und der Mitbestimmungspraxis sah die Abteilung noch weitere Instrumente, mit denen die gewerkschaftlichen Forderungen durchgesetzt werden könnten: „Öffentlichkeitsarbeit durch die Gewerkschaftspresse und durch Kontakte zu anderen Presseorganen, eigene Bildungsmaßnahmen."[21] Gesellschaftsreform ist erst einmal Änderung des öffentlichen Bewußtseins in den Medien und durch die Medien. An diese Erkenntnis haben sich die akademischen Bekenntnisgewerkschafter stets gehalten, vor allem in den Auseinandersetzungen innerhalb des DGB. Gegen ihre gegnerischen Kollegen setzten sie stets als erste Maßnahme die Schweigespirale in Gang, sie versuchten sie mundtot zu machen. Theo Pirker hat bereits in der „Blinden Macht" diesen Typus von Akademiker porträtiert. Bevor er zu diesem Thema abschließend zitiert wird, gilt es auf einige Veränderungen seit 1960 hinzuweisen:

1. Dieser Typus von Akademiker hat sich in den Gewerkschaften vervielfacht und agiert heute in Auseinandersetzungen als Rudel.
2. Eigentümlich ist nur, daß ihre Vermehrung sie individuell hat schwächer werden lassen; vereinzelt und allein weichen sie in der Regel Konfrontationen aus.
3. Der Messianismus des „fortschrittlichen Bündnisses" wird vornehmlich in Form bürokratischer Sprachregelungen, Beschlußlagen und Verlautbarungen wirksam, nicht aber durch das Beispiel persönlicher Überzeugung und Begeisterung: Man liebt den Chorgesang.

---

20 Bericht zum Auftrag des Antrag 7 des 9. ordentlichen Bundeskongreß des DGB, in: Hans-Hermann Hertle/Martin Jander, *Toleranz und Härte. Die Entstehungsgeschichte des DGB-Grundsatzprogramms 1981*, Dokumentation FU Berlin, Berlin 1982, S. 113 ff.
21 Ebd., S. 140.

4. Erst die Expansion der gewerkschaftlichen Bildungseinrichtungen, der Bedeutungszuwachs von Öffentlichkeitsarbeit und wissenschaftlicher Legitimation in der Politik schufen die Voraussetzungen dafür, daß die Bekenntnisgewerkschafter innerhalb des DGB ein politisches Mitspracherecht über die Verbandspolitik überhaupt anmelden konnten. Erst zu diesem Zeitpunkt konnten sie daran denken, sie, die vorgeblich alle Beschränktheiten der alten Gewerkschaftsfunktionäre kannten, ihre Beschränktheiten den Gewerkschaften aufzwingen zu wollen. Dabei haben sie einen unbezahlbaren strategischen Vorteil: Sozialdemokratische und christdemokratische Spitzenfunktionäre im DGB, denen diese Spezialisten dienen, kümmern sich aus vielerlei Gründen nicht um diesen Semantikkrieg, seine Ziele und Implikationen. In diesem Krieg geht es allerdings um mehr als um „Priesterherrschaft über den DGB". Theo Pirker:

> „Der Spezialist in den großen Organisationen ist in seiner freiwilligen Begrenztheit und Beschränktheit die Magd der Organisation. Es kommt nicht von ungefähr, daß diesen Spezialisten mit der Zeit etwas anhaftet, was in den ‚dunklen Zeitaltern' der europäischen Geschichte nur Klerikern und Hofnarren zu eigen war. Die höchste Stufe, die ein Intellektueller in den großen Organisationen erreichen kann, ist die des ‚Chef-Ideologen', was ungefähr dem Oberhofprediger früherer Zeiten entspricht."[22]

3. Jugend ohne Gewerkschaft

Die Krise der Gewerkschaftsjugend war und ist zuerst und vor allem eine Angelegenheit, die die Jugendfunktionäre betraf. Die Streitpunkte ergaben sich aus der Pädagogisierung der gewerkschaftlichen Jugendarbeit durch die Bildungsapparatschiks. Die Debatte drehte sich um Bildungsinhalte und wurde von den Lehrern geführt. Als Krise wurde der Streit der Jugendfunktionäre den Vorständen erst über die Berichterstattung der Medien bewußt; sie schuf Irritation und führte zu Verhandlungen zwischen einzelnen Vorständen, und schließlich belegten Zahlen über den sinkenden Organisationsgrad von jugendlichen Arbeitnehmern ihre reale Existenz. Die Gewerkschaftsjugend behauptet nach wie vor, die Interessen der arbeitenden Jugend dieses Landes gegenüber Staat und Wirtschaft zu vertreten. Die Krise dieser Vertretung ist noch nicht in das öffentliche Bewußtsein gedrungen. Als Beleg für diese These können die Diskussionen auf der 12. Jugendkonferenz der IG Metall vom April 1980 dienen. Breiten Raum nahm die Debatte über die drohende „Rechtsentwicklung der Bundesrepublik" ein, danach mußte man sich um die Gefährdung des Friedens durch die Aufrüstung des Westens („sogenannte Nachrüstung") sorgen. Das Wort „Mikroelektronik" fiel auf der Konferenz nicht. Folglich gab es außer einer Floskel über die Gefahren des „Einsatzes neuer profitorientierter Technologien" als den Schuldigen an der Jugendarbeitslosigkeit keine Debatte über die Veränderungen, die diese Technologie in den Berufsbildern von Metallindustrie und -handwerk bewirken wird, ob es überhaupt genügend betriebliche bzw. überbetrieb-

---

22 Pirker, *Die blinde Macht* (Anm. 3), S. 11.

liche Ausbildungsplätze für die mikroelektronischen Berufe gibt und welche Konsequenzen für die gewerkschaftliche Berufsbildungspolitik zu ziehen sind. Die arbeitende Jugend der Bundesrepublik hat in vielen Bereichen keine Organisation, die ihre Interessen wirksam vertritt: Sie muß ohne Gewerkschaft auskommen. Dieser Zustand ist die eigentliche Krise der Gewerkschaftsjugend, ihr Ende ist nicht absehbar.

6. Zur Entwicklung in der DDR: Analysen, Materialien

Gert-Joachim Glaeßner

Bürokratischer Sozialismus.
Aspekte des staatlich etablierten Sozialismus in der DDR

Die polnische Krise hat erneut ein Problem offenkundig werden lassen, das in der wissenschaftlichen Analyse der Systeme des sich selbst als „real" bezeichnenden Sozialismus lange Zeit vernachlässigt oder gar nicht gesehen worden ist: Was wird aus einer Partei, die für sich in Anspruch nimmt, Repräsentant und führende Kraft einer sozialen Bewegung zu sein angesichts einer Situation, in der ihre reklamierte soziale Basis, die Arbeiterklasse, diesen Führungsanspruch erkennbar in Frage stellt. Der alte, kommunistische Zweig der Arbeiterbewegung — so lautet meine Ausgangsthese — ist in doppelter Weise gescheitert: Weder gelang es, das Ideal einer dem kapitalistischen System überlegen humanen politischen und sozialen Ordnung zu realisieren, wie es noch den Gründern der kommunistischen Parteien vorschwebte, noch erwiesen sich diese Parteien als fähig, hochindustrialisierte und differenzierte Staaten effektiver zu leiten als die Regierungen parlamentarisch-demokratischer Staaten. Beides führte zu einem kaum überbrückbaren, wenngleich in den einzelnen Staaten durchaus unterschiedlichen Legitimationsdefizit. Die soziale Kluft zwischen Führenden und Geführten scheint sich sogar zu verbreitern, und eine systemkonforme Lösung dieses Problems ist nicht in Sicht.

Diese Beschreibung des Grundproblems der Staaten des „realen Sozialismus" darf jedoch nicht dazu führen, unzulässig zu vereinfachen: Jede Analyse der Länder des Sozialismus sowjetischer Prägung steht vor dem Problem, daß sie sich mit einem politisch-gesellschaftlichen System beschäftigt, das ein großes Maß an Vereinheitlichung dieser Gesellschaften zuwege gebracht hat. Diese Vereinheitlichung konnte jedoch nicht verhindern, daß die spezifischen historischen, nationalen und sozialökonomischen Ausgangsbedingungen, die die einzelnen Länder in sehr unterschiedlicher Weise geprägt haben, nachwirken und sie vor je unterschiedliche Probleme stellen. Nicht nur die Systemkonflikte in der DDR 1953, in Polen und Ungarn 1956, der ČSSR 1968, in Polen 1970, 1976, 1980/81 sind hierfür ein Beleg. Insofern sind Aussagen über allgemeine Charakteristika des „realen Sozialismus" immer mit einer gewissen Vorsicht zu behandeln. Das gilt auch für Verallgemeinerungen, die aus der Analyse eines einzelnen Landes oder einer einzelnen Gesellschaft gewonnen worden sind. So befindet sich die DDR ebenso wie die ČSSR auf einer entwickelteren ökonomisch-technischen Basis als die anderen Länder, selbst die Sowjetunion, deren politische Strukturen ihr oktroyiert wurden: die Probleme, mit denen sie zu tun hat, sind aber zugleich in viel stärkerer Weise von der besonderen historischen Konstellation dieses deutschen Teilstaats beeinflußt.

Die DDR und in anderer Weise auch die übrigen Staaten Osteuropas sind wohl in der Tat mehr als nur exemplarische Fälle einer allgemeinen Entwicklung. Wäre dies so, würde es genügen, sich allein mit der UdSSR als der dominanten Macht des „realsozialistischen" Systemverbunds zu befassen. Erst die Analyse der vielfältigen Formen und Ausprägungen des Sozialismus sowjetischen Typs ermöglicht aber ein differenziertes und wirklichkeitsnahes Urteil. Das Beispiel DDR zeigt, daß sie trotz aller Gemeinsamkeiten mit den sozialistischen Staaten (in der Ideologie, gemeinsamen Vorstellungen über die Struktur und Funktion des politischen Systems, der ökonomischen Prozesse usw.) so stark durch ihre eigenen nationalen und historischen Bedingungen geprägt ist, daß die Spannbreite möglicher Entwicklungen des „realen Sozialismus" als Systemtypus, seine Anpassungs- und Wandlungsfähigkeit sich hier in besonderer Weise aufzeigen lassen. Nur auf den ersten Blick scheinen die polnischen Ereignisse dieser Argumentation zu widersprechen. Gerade die Entwicklung in der DDR seit Beginn der sechziger Jahre zeigt, daß es einem „realsozialistischen" System durchaus möglich ist, mit einem wachsenden Problemdruck so umzugehen, daß größere gesellschaftliche Erschütterungen vermieden werden können.

Über den nationalen und historischen Besonderheiten kann jedoch eine einheitliche Erfahrung aller osteuropäischen sozialistischen Staaten nach 1945 nicht vergessen werden: die zwangsweise Übernahme des sowjetischen „Modells" und die Notwendigkeit, ihre politischen und sozialen Strukturen so eng wie möglich an das Vorbild Sowjetunion anzupassen. Dies bedeutete, daß das politische System der „Diktatur des Proleatriats" Stalinscher Fassung in seinen wesentlichen Bestandteilen übernommen und durch einige Elemente einer besonderen „volksdemokratischen" Entwicklung, die sich aus den jeweiligen Bündnisbedingungen ergaben, modifiziert wurde. Doch änderten auch diese Modifikationen des sowjetischen Modells staatlicher Machtausübung im Kontext der „Bündnispolitik" nichts an der Grundauffassung, daß das Hauptinstrument der Partei zur Durchsetzung ihrer politisch-ökonomischen Ziele der Staat sei, daß die Massenorganisationen sich als Transmissionsinstrumente zu bewähren hätten und daß jeder Verselbständigungstendenz dieser Organisationen gegenüber der Partei entgegengetreten werden müsse.

Die Frage, wo in einem solchen Verständnis von Machtausübung das stets proklamierte Ziel des Abbaus der Herrschaft von Menschen über Menschen und das Absterben des Staates als Herrschafts- und Repressionsinstrument bleibe, ist weder neu noch originell − notwendig ist sie trotzdem. Denn schon ein oberflächlicher Blick auf die in diesen Ländern entstandenen politischen Strukturen und gesellschaftlichen Verkehrsformen läßt erkennen, daß dieses Ziel zumindest in weiter Ferne liegt. Vielmehr ist eine bereits in der leninistischen Revolutionskonzeption erkennbare Dominanz der Machtbehauptung zu konstatieren.

Die regierenden „Parteien des Proletariats" müssen ihrem Selbstverständnis nach zumindest so lange allen Versuchen, ihre eigene Macht in Frage zu stellen, entgegentreten, wie es ihnen nicht gelungen ist, in den Massen ein sozialistisches Bewußtsein zu verankern, da nur so gewährleistet ist, daß die von ihnen eingeleiteten sozialen Umwälzungen auch gesichert werden können. Diese Umwälzungen konzentrieren sich aber in allen sozialistischen Ländern auf die Frage des Eigentums. Als weitgehend unproblematisch wurde und wird es hingegen angesehen, daß auch dort die alten (im Kapitalismus entwickelten) Formen der Vergesellschaftung der Arbeit weiter bestehen — mit einer Reihe von Elementen der Beteiligung der Produzenten am Planungsprozeß versetzt. Daß mit der Abschaffung des Privateigentums an den Produktionsmitteln lediglich wichtige Bedingungen für die Entwicklung einer humanen sozialistischen Gesellschaft geschaffen worden sind, denen weitere, entscheidende Schritte folgen müssen, wird von den Vertretern des Marxismus-Leninismus übereinstimmend geleugnet. Von den Eigentumsverhältnissen in den sozialistischen Ländern kann aber mit Andras Hegedüs gesagt werden, „daß sie vor allem eine Negation sind: Sie sind durch die auf verschiedene Weisen durchgeführte Beseitigung des Privateigentums — präziser: das Privateigentum an Produktionsmitteln — entstanden: Verstaatlichung und Massenkollektivierungen führten dann zu neuen Eigentumsverhältnissen."[1]

Das Denken der marxistisch-leninistischen Parteien ist generell von der Haltung geprägt, daß es nur gelte, die im Kapitalismus entwickelten Prinzipien der Vergesellschaftung der Arbeit unter neuen politischen Bedingungen zu nutzen. Diese erlangten schon dadurch eine neue Qualität, daß sie unter anderen, „sozialistischen" Bedingungen angewandt würden. Damit reduziert sich die Frage des Sozialismus darauf, die politische Macht zu erobern, die zu besitzen bereits die Lösung der wesentlichen ökonomischen und sozialen Probleme garantiere. Das In-Dienst-Stellen der mit der politischen Macht eroberten sozialen Macht hieß und heißt in den sozialistischen Ländern aber nicht, daß aus den Widersprüchen des Arbeitsprozesses, die auch nach der Abschaffung des Privateigentums an den Produktionsmitteln fortbestehen, Formen der Partizipation entwickelt werden, die die Herrschaft der Produktionsbedingungen über die Produzenten in eine Herrschaft der Produzenten über die Produktionsbedingungen verwandeln. Es bedeutet vielmehr: Kontrolle über den Produktionsprozeß durch den Staats- und Wirtschaftsapparat in seiner monopolistischen Fassung. Die Widersprüche des Kapitalverhältnisses können aufgehoben werden, ohne zugleich der entfremdeten Arbeit die Basis zu entziehen. Damit erweist sich die Überwindung kapitalistischer Aneignungsverhältnisse als ein zwar notwendiger, aber nicht hinreichender Schritt sozialistischer Vergesellschaftung:

„Als Resultat der sozialistischen Revolution ist die eine Voraussetzung der Humanisierung der Arbeit, die Abschaffung des Privateigentums an Produktionsmitteln, bereits verwirklicht. Damit wurde jedoch nur die Bedingung, die objektive Möglichkeit geschaffen, was zwar sehr viel, gleichzeitig aber auch wenig bedeutet. Es bedeutet viel, da nur nach der Abschaffung des Privateigentums die konsequente Verwirklichung der Humanisierung der Arbeit möglich ist; es bedeutet wenig, weil noch eine Reihe von objektiven Faktoren bestehenbleibt, die diesen Prozeß weiterhin hemmt, und außerdem das gesellschaftliche Bewußtsein noch in vieler Hinsicht nicht einmal die objektive Lage getreu widerspiegelt."[2]

Die Frage nach den Bedingungen, Ursachen und Folgen von Machterwerb, Machtbehauptung und Herrschaftsübung in den sowjetsozialistischen Systemen muß die-

---

1 Andras Hegedüs, *Sozialismus und Bürokratie*, Reinbek 1981, S. 99.
2 Andras Hegedüs/Maria Markus, Die Humanisierung der Arbeit, in: *Die Neue Linke in Ungarn*, Berlin 1974, S. 90.

ses Problem mitreflektieren, will sie mehr als Oberflächenphänomene analysieren. Diese grundsätzliche Einschätzung des Charakters „realsozialistischer" Systeme darf jedoch nicht dazu verführen, innere Veränderungen des Herrschaftssystems nicht wahrzunehmen mit dem Bemerken, es bleibe doch alles beim alten. Es ist nicht zu übersehen, daß sich seit dem Ende der Stalin-Ära die Formen und Methoden der Herrschaftsausübung beträchtlich gewandelt haben; zwar hat dies sicherlich zu keiner Veränderung *des* Systems, wohl aber zu manifesten und das Leben der Menschen entscheidend prägenden Modifikationen *im* Gesellschaftssystem des „realen Sozialismus" geführt.

1. Grenzen der Wandlungs- und Reformfähigkeit

Die industriell entwickelten Länder des „realen Sozialismus" hatten von Beginn an mit dem Problem fertigzuwerden, daß die ihnen oktroyierten politischen und ökonomischen Strukturen genuine Strukturen eines Modernisierungssystems waren. Konzipiert war das Planungs- und Leitungsmodell für ein unterentwickeltes Land, in dem es galt, den Prozeß der Industrialisierung unter „sozialistischen" Vorzeichen nachzuholen, es war jedoch nicht in der Lage, industriell hochentwickelten Staaten über eine Phase des extensiven Wirtschaftswachstums zur Beseitigung der Kriegs- und Kriegsfolgeschäden hinaus zu dienen[3]. Anders als in der Sowjetunion und den weniger industrialisierten Staaten Osteuropas hatte diese „Revolution von oben" in der ČSSR und DDR nicht die Aufgabe, einen Modernisierungsprozeß einzuleiten, dessen Ziel es war, erstmalige Industrialisierung nachzuholen und in dem der Staat die Aufgaben des kapitalistischen Unternehmers übenahm[4]. Die Entwicklungskonzeption der kommunistischen Parteien in den industriell zurückgebliebenen Staaten war auf eine vorrangige und forcierte Förderung der Produktivkräfte gerichtet, was sie zu Vollziehern einer besonders kruden Form der Industrialisierung machte. Nicht die Demokratisierung des gesellschaftlichen Lebens, die Beseitigung der Zwänge entfremdeter Arbeit und die Schaffung neuer Formen gesellschaftlicher Arbeit standen im Mittelpunkt der ökonomischen Politik der Parteien, sondern der Wunsch, die Hemmnisse zu beseitigen, die die alte Gesellschaftsordnung einer Entwicklung der Produktivkräfte entgegengestellt hatte; sie zu entfalten war — unter Beibehaltung entfremdeter Arbeit — das tragende Element des gesellschaftlichen Transformationsprozesses. Daraufhin waren die Planungs- und Leitungsstrukturen zugeschnitten. Gleichwohl wurden die politischen und gesellschaftlichen Strukturen des stalinistischen Modernisierungsregimes auf die Staaten Osteuropas übertragen. Mochten diese noch geeignet sein, nach der Eroberung der Macht die alten Eigen-

---

3 Vgl. Wlodzimierz Brus, *Wirtschaftsplanung. Ein Konzept der politischen Ökonomie*, Frankfurt a.M. 1972, S. 49 ff.
4 Vgl. dazu Dieter Senghaas, Sozialismus. Eine entwicklungsgeschichtliche und entwicklungstheoretische Betrachtung, in: *Leviathan*, 8. Jg. (1980), Nr. 1, S. 10 ff.; zur Bedeutung des sowjetischen „Modernisierungsmodells" für die DDR vgl. ferner Gert-Joachim Glaeßner, *Herrschaft durch Kader. Leitung der Gesellschaft und Kaderpolitik in der DDR am Beispiel des Staatsapparates*, Opladen 1977, S. 37 ff.

tumsstrukturen umzuwälzen —, angesichts der differenzierten und komplizierten Lenkungs- und Leitungsprobleme industrieller Gesellschaften war das Scheitern der kommunistischen Parteien als *Träger einer neuen sozialen Bewegung* vorprogrammiert. Der Aspekt der Machterhaltung trat zunehmend in den Vordergrund. Auf der Grundlage des staatlichen Eigentums an den Produktionsmitteln leitete ein für die Ziele der Partei instrumentalisierter Staat den Prozeß der gesellschaftlichen Umwandlung. Alles kam darauf an, staatliche Verfügungsgewalt auch auf die Bereiche der Gesellschaft auszudehnen, die bisher noch nicht dem Gestaltungswillen der Partei und des Staates unterworfen waren. Ein starker Staat schien zu garantieren, daß die Ziele der Partei realisiert werden konnten. Hier ist eine Hypostasierung des Staates angelegt, die spätestens dann zum zentralen Problem der neuen Gesellschaftsordnung wird, wenn der revolutionäre Umgestaltungsprozeß beendet ist und es gilt, die erst in rudimentärer Form bestehende neue Gesellschaftsordnung innerlich zu festigen und auszugestalten.

Die politischen und gesellschaftlichen Konflikte, mit denen es heute alle sowjetsozialistischen Systeme — wenngleich in sehr unterschiedlicher Weise — zu tun haben, sind das Ergebnis des Wechsels von einer revolutionären (als Revolution von oben) zu einer evolutionären Entwicklungsphase. Primäre Aufgabe in diesem Zeitabschnitt (dessen Beginn für die DDR und die ČSSR Ende der fünfziger, Anfang der sechziger Jahre liegt) ist es, Revolution zu „veralltäglichen" und die „Errungenschaften" zu sichern und auszubauen, die mit der bisherigen Transformation der Gesellschaft erreicht wurden. Veralltäglichung von Revolution heißt in den Beschränkungen der leninistischen Transformationsvorstellung vor allem, daß die wichtigsten Umwälzungen, die es im revolutionären Prozeß zu verwirklichen galt, im wesentlichen abgeschlossen sind und daß es jetzt darauf ankommt, die neu geschaffenen politischen, ökonomischen und sozialen Strukturen en détail auszugestalten. Sicherung der Errungenschaften geht im wesentlichen in eins mit dem Aspekt der Machterhaltung und Herrschaftssicherung, da im Selbstverständnis der regierenden kommunistischen Parteien nur das Aufrechterhalten der Hegemonie der Arbeiterklasse, vertreten durch ihre marxistisch-leninistische Partei, gewährleistet, daß das Erreichte nicht verspielt wird. Die „Notwendigkeit" der Machterhaltung nach vollzogener revolutionärer Umwälzung von Staat und Gesellschaft und der Prozeß der Veralltäglichung von Revolution stellen das gesamte politische System vor die Aufgabe, den Stellenwert der einzelnen Bestandteile des politischen Systems: der kommunistischen Partei, des Staats-, des Wirtschaftsapparates, der Massenorganisationen, insbesondere der Gewerkschaften, der „bürgerlichen" Parteien (soweit vorhanden), des Kultur-, Bildungs- und Wissenschaftssektors zu bestimmen. Vor allem aber ist die Partei selbst genötigt, ihre Rolle unter sich verändernden äußeren Bedingungen zu reflektieren und gegebenenfalls neu zu bestimmen, leitete sie doch ihre Führungsrolle bislang aus dem Anspruch her, Initiator und berufener Vollzieher der revolutionären Umwälzung zu sein.

Für die entwickelteren und hochindustrialisierten sowjetsozialistischen Systeme, vor allem für die ČSSR und die DDR, erwiesen sich diese Probleme jedoch als tiefgreifender als für die weniger entwickelten Staaten wie Rumänien oder Bulgarien, und sie machten sich wesentlich früher bemerkbar. Ein mühsamer Prozeß des Infragestellens einiger bislang sakrosankter Vorstellungen war die Folge. An seinem Ende stand eine den gesellschaftlichen Problemen zwar nicht adäquate, aber partiell auf sie eingehende Reform des ökonomischen Mechanismus, eine noch vorsichtigere Anpassung des politischen Systems an die veränderten Bedingungen und eine partielle Öffnung der Avantgardeorganisation gegenüber der Gesellschaft.

Diese Umorientierung betraf neben dem Staatsapparat als „Hauptinstrument" der regierenden leninistischen Partei vor allem und zuerst diese selbst. Sie kann heute nicht mehr — wie es z.B. die Analyse von Rudolf Bahro nahelegt — einfach als monolithische Entscheidungspyramide begriffen werden; sie hat einen durchaus zwieschlächtigen Charakter. Ihre Avantgardefunktion hat eine Verdoppelung bewirkt: Zum einen ist die Partei als Ganzes Avantgarde gegenüber der Gesellschaft, zum anderen fungiert die Parteiführung als Avantgarde gegenüber der Avantgarde. Die regierende kommunistische Partei ist beides zugleich: Massenpartei und Kaderpartei.

Als „Vorhut der Arbeiterklasse" ist ihr die Aufgabe gestellt, die Verbindung mit den „Massen" (ein in den letzten Jahren wenig benutzter Terminus) herzustellen und diese für die Realisierung der Parteiziele zu gewinnen; dies kann sie nur als Partei mit breiter Mitgliederschaft. Der umfassende Führungsanspruch hat aber auch zur Folge, daß sich in der Partei — zumindest rudimentär — Konflikte widerspiegeln, die in der Gesamtgesellschaft wirken. Entscheidungsfindung in der Parteiorganisation ist also zugleich immer auch ein synthetischer Prozeß der Vorklärung gesellschaftlicher Entscheidungen, die dann „demokratisch-zentralistisch" durchgesetzt werden. In ihrer Funktion als Kaderpartei schuf sich die SED eine Organisation speziell ausgewählter Mitglieder, die gewährleisten und kontrollieren soll, daß die einmal formulierten Parteiziele auch realisiert werden. Im Gegensatz zur Stalinzeit geht das Bestreben nicht mehr grundsätzlich dahin, alle Lenkungs- und Leitungsprozesse zur unmittelbaren Aufgabe des Parteiapparats zu machen. Ein kompliziertes System von Parallelbürokratien und partieller Dezentralisierung von Entscheidungen ist an die Stelle des früheren „Superzentralismus" getreten. Dies erlaubt es, die Betrachtung der funktionalen Bedingungen der verschiedenen Bereiche der Gesellschaft zur Maxime des Handelns der Partei zu machen, ohne ihren prinzipiellen Führungsanspruch in Frage zu stellen. Sollte diese Einschätzung stimmen, ist es im besten Sinne fragwürdig, ob in diesen Parteien selbst das Potential für eine gesellschaftliche Umwälzung vorhanden ist oder heranwächst, wie Bahro dies unterstellt[5]. Viel eher ist zu erwarten, daß ökonomische Krisenerscheinungen, reduzierte innenpolitische Handlungsspielräume und die sich wieder verschärfende Systemauseinandersetzung zwischen Ost und West die Kluft zwischen Partei und Gesellschaft wieder vergrößert. Die teilweise Übereinstimmung der gesellschaftlichen Interessen mit denen der „Herrschenden", wie sie für die Reformphase Anfang der sechziger Jahre konstitutiv war, dürfte sich kaum wiederholen. Auch damals war der grund-

---

5 Vgl. Rudolf Bahro, *Die Alternative. Zur Kritik des real existierenden Sozialismus*, Köln/Frankfurt a.M. 1977.

sätzliche Widerspruch zwischen den Interessen und Handlungszwängen der Partei als selbsternannter Avantgarde der Gesellschaft (nicht nur des Proletariats) und den sich differenzierenden Interessen in der Gesellschaft bestehen geblieben. Es waren aber ,,Bündnisse" möglich: mit der neuen Intelligenz (als Konstrukteure und Exekutoren einer technokratischen Reformstrategie), mit der Arbeiterschaft (durch die Einbeziehung ihrer materiellen Interessen in die Planung), mit der Jugend (durch das Versprechen beruflicher und sozialer Aufstiegschancen). Hinzu kam die von der Partei genährte Erwartung, daß ökonomisches und wissenschaftlich-technisches Wachstum die drängenden Probleme gleichsam ,,naturwüchsig" werde lösen können.

Heute ist die SED — wie andere regierende kommunistische Parteien auch — angesichts sich rapide verschlechternder ökonomischer Rahmenbedingungen, von Rüstungslasten, überzogenen und unausgewogenen Planungen und sozialen Disparitäten kaum noch in der Lage, gesellschaftliche Perspektiven zu entwickeln und diese politisch umzusetzen. Sie verweist auf den Status quo, setzt auf soziale Befriedigung mit Hilfe immer schwerer zu finanzierender materieller Gratifikationen und hofft, durch eine korporative Einbindung von Gruppeninteressen und potentiellen Kristallisationskernen von Opposition (wie den Kirchen) den sozialen Frieden zu wahren und einen breiteren politischen Konsens zu erreichen. Die seit Mitte der fünfziger Jahre mit relativem Erfolg praktizierten Regelungsmechanismen greifen nicht mehr, und einige Parteien wie die SED (und die USAP) scheinen das durchaus erkannt zu haben. Dennoch kann die SED keine Reformstrategie entwickeln, die diesen Namen verdiente, da sie schneller als in vergleichbar ernsten Situationen an die Systemgrenzen stoßen würde. Damals — 1960/61 — konnte sie noch mit einer Art Doppelstrategie auf die gesellschaftliche Krise antworten —, eine Strategie, die nicht wiederholbar ist:

1. Die repressiven Maßnahmen wurden verschärft. Dazu gehören die Methoden der Kollektivierung der Landwirtschaft, der Mauerbau, die anschließende Erhöhung der Arbeitsleistung bei gleichem Lohn und die Verstärkung des Einflusses der Partei auf die Tätigkeit der staatlichen und wirtschaftsleitenden Behörden.
2. Es wurde aber ein umfassender Reformprozeß eingeleitet, der im ,,Neuen ökonomischen System der Planung und Leitung der Volkswirtschaft" (NÖS) seinen programmatischen Ausdruck fand und in dessen Verlauf die SED versuchte, nicht allein den wirtschaftlichen Funktionszusammenhang zu verändern, sondern alle Bereiche der Gesellschaft, Politik, Wirtschaft, Kultur, Bildung und Wissenschaft zu reformieren, ohne jedoch auch nur im geringsten die eigene Führungsrolle in Frage zu stellen. Im ,,Ökonomischen System des Sozialismus" (ÖSS), in der Vorstellung des ,,entwickelten gesellschaftlichen Systems des Sozialismus" und der ,,sozialistischen Menschengemeinschaft" fanden diese Bestrebungen seit 1967 ihren politisch-programmatischen und ideologischen Ausdruck.

Die politische Führung scheint die Gefahr erkannt zu haben, daß die biedermeierlich anmutende Projektion einer harmonischen, konfliktarmen ,,sozialistischen Menschengemeinschaft" allein kaum geeignet war, die soziale Phantasie und die ,,Schöpferkraft der Menschen" zu mobilisieren und daß die Beschwörung ökonomischer und technischer Rationalität und Effektivität als oberste Handlungsmaximen nur dann erfolgreich sein konnten, wenn erkennbar war, daß sie sich in nicht allzu ferner Zukunft kollektiv und individuell auszahlen würden. Die „Wissenschaftlich-technische-Revolution" (WTR) als Konzept der Modernisierung der gesamten Gesellschaft bot eine solche mittelfristige Zielorientierung an: eine Gesellschaft des materiellen Wohlstands, wachsender Lebenschancen — allerdings unter der fürsorglichen Obhut der Partei. Die SED versäumte es jedoch erneut (wie Mitte der fünziger Jahre), die entscheidende Schlußfolgerung zu ziehen, daß nämlich die erwartete Entwicklung der Wissenschaft zur Hauptproduktivkraft die Freiheit der Wissenschaft, eine Öffnung gegenüber kritischen Fragen an das eigene System und die Diskussion von der Parteilinie abweichender Gedanken vorausgesetzt und es dazu einer Liberalisierung des politischen Systems bedurft hätte. In der Organisations-, Planungs- und Prognoseeuphorie der sechziger Jahre glaubte man auf eine weitreichendere Liberalisierung verzichten zu können und angesichts der deutschen Sondersituation auch verzichten zu müssen. Liberalisierung, soweit sie in einzelnen Bereichen (wie der Kulturpolitik bis 1965) stattfand, war eine Funktion von Rationalisierung. Die Rationalisierung fand dort ihre Grenze, wo sie eine wesentliche Öffnung und Liberalisierung des Gesamtsystems erfordert hätte.

Die tendenzielle Sprengkraft des WTR-Konzepts zeigt der Entwurf für ein neues Parteiprogramm der KPČ, der 1968 in der Zeit des „Prager Frühlings" von einer Wissenschaftlergruppe unter Leitung von Radovan Richta erarbeitet worden war. Dort wird auf den engen Zusammenhang von WTR und Demokratisierung, der Überwindung des alten, auf eine extensive Industrialisierung orientierten Wirtschaftsmodells und der zentralistischen politisch-gesellschaftlichen Strukturen hingewiesen, die das System gegenüber neuen Anforderungen weitgehend unbeweglich gemacht hätten. Gefordert wurde ein grundsätzlicher Wandel im inneren Aufbau der Partei und ihrer Stellung gegenüber der Gesellschaft als Voraussetzung für einen erfolgreichen Einstieg in das wissenschaftlich-technische Zeitalter, in den neuen Zivilisationstyp[6]. Weder die WTR-Euphorie noch die Ernüchterungen der letzten Jahre haben in der DDR eine grundlegende Neuorientierung, einen Prozeß der Demokratisierung, der qualitativen Erweiterung der Partizipationschancen und -möglichkeiten erkennen lassen. Das grundsätzliche Verhältnis von Partei und Gesellschaft, von Führenden und Geführten blieb unangetastet. Gleichwohl sind weitreichende Veränderungen der Binnenstruktur und der Funktionsmechanismen des politisch-administrativen Systems erkennbar.

Die Folgen einer technokratischen Auffassung der politisch-gesellschaftlichen Konsequenzen der WTR sind nicht zu übersehen. Das Setzen auf den wissenschaftlichen und technisch-technologischen Fortschritt, die Erwartung, die WTR werde zur Haupttriebkraft der ökonomischen und sozialen Entwicklung und es genüge, mit Hilfe von langfristigen Planungen und Prognosen und mit technisch-organisatorischen Maßnahmen die Voraussetzungen für eine möglichst ungestörte Entfaltung der Produktivkräfte zu schaffen, führten zu einer Vernachlässigung der sozialen

---

[6] Vgl. Radovan Richta (und Kollektiv), *Technischer Fortschritt und industrielle Gesellschaft*, Frankfurt a.M. 1972, S. 191 ff.

Konsequenzen, die mit einer forcierten ökonomischen Entwicklung verbunden waren.

Der VIII. Parteitag der SED 1971 bot ein Instrumentarium zur Lösung der offenkundig gewordenen ökonomischen und sozialen Probleme an, das lange Zeit als einer sozialistischen Gesellschaft völlig inadäquat angesehen worden war: die Sozialpolitik. Der VIII. Parteitag leitete eine explizite Liberalisierung in der Kulturpolitik (und nur dort!) ein und bezog die bestehenden politischen und sozialen Organisationen in wichtige Entscheidungsprozesse ein. Hinter dieser bemerkenswerten Kurskorrektur steht die Einsicht, daß es keine völlige Identität der Interessen des einzelnen, gesellschaftlicher Gruppen und der Gesamtgesellschaft gibt.

Obwohl die Sozialpolitik als gleichgewichtiges Pendant und Korrektiv zur Wirtschaftspolitik gesehen wird — nicht zufällig wird von der Einheit von Wirtschafts- und Sozialpolitik gesprochen — ist eine Rangfolge unverkennbar: Die Sozialpolitik soll die sozialen Folgen der Wirtschaftspolitik heilen und — als Sozialplanung — dafür sorgen, daß sie gar nicht erst entstehen. Insofern ist sie Gesellschaftspolitik, die fast alle Einzelpolitiken umgreift: die Bevölkerungsentwicklung, die industrielle Arbeitsorganisation, die Versorgung der Bevölkerung mit Konsumgütern und Dienstleistungen, den Wohnungsbau, die Stadt- und Regionalplanung, die Gesundheitspolitik, die Sozialversicherung, Freizeit und Erholung, soziale Beziehungen im Betrieb, die spezifischen Probleme einzelner Bevölkerungsgruppen usw. Inwieweit sie diese großen Erwartungen erfüllen kann, bleibt angesichts der zunehmenden Auswirkungen weltweiter ökonomischer Krisenerscheinungen und der immanenten Grenzen des Wachstums offen[7].

Von längerfristiger Wirksamkeit bleibt der inzwischen formalisierte und ausgeweitete Versuch, die gesellschaftlichen Organisationen stärker als Interessenvertretungen zu profilieren, sie zugleich aber in das bestehende hierarchische politische Gefüge einzubinden. Dies hat neue Formen der Kooperation der Partei mit den organisierten gesellschaftlichen Gruppen, vor allem auch mit den Kirchen, eröffnet. Das zugrunde liegende zentrale Problem wurde aber in keiner Weise gelöst: Dieser Sozialpakt ist durch die Partei jederzeit aufkündbar.

2. Parteiherrschaft und Bürokratie

Die Frage nach dem Verhältnis von Partei und (staatlicher) Bürokratie zu stellen, heißt zu ergründen, wie der Anspruch der Partei, oberste und letzte Instanz bei allen relevanten Entscheidungen zu sein, durchsetzbar ist. Das auf Lenin zurückgehende Konzept des „Demokratischen Zentralismus" ist — bei allen Veränderungen, die das politische System seither durchgemacht hat — nach wie vor Strukturprinzip und Handlungsrahmen aller Lenkungs- und Leitungsapparate.

---

7 Vgl. dazu Hartmut Zimmermann, *Wissenschaftlich-technische Revolution in der DDR. Studien zur Entwicklungs- und Problemgeschichte des gesellschaftlichen Konzepts der SED seit Mitte der fünfziger Jahre*, Diss. Berlin 1981, S. 332.

„Sein wesentlicher Inhalt besteht in der wissenschaftlichen planmäßigen Führung von einem Zentrum aus bei gleichzeitiger Entfaltung der Schöpferkraft, Eigenverantwortung und demokratischen Mitwirkung der Massen. Dieses Prinzip und seine konsequente Durchsetzung sichern das einheitliche, geschlossene Handeln der politisch organisierten Arbeiterklasse und die volle Entfaltung ihrer Kampfkraft."[8]

Die Einheitlichkeit in der Zielsetzung und praktischen Tätigkeit aller Planungs- und Lenkungsinstitutionen soll gesichert werden durch allgemein verbindliche, formalisierte Aktionsmuster: Anerkennen der führenden Rolle der Partei, des demokratischen Zentralismus als dem grundlegenden Leitungs- und Organisationsprinzip und die personelle Präsenz der Partei (Kaderpolitik), mit deren Hilfe eine Instrumentalisierung der verschiedenen Organisationen durch die Partei gesichert wird.

Läßt man einmal die in dieser Definition enthaltenen ideologischen Floskeln beiseite (Entfaltung der Schöpferkraft usw.), so ist hier der Führungsanspruch des Zentrums — der Partei — festgeschrieben: Der demokratische Zentralismus konstituiert im Verhältnis zwischen Partei (bzw. Parteiapparat) und den übrigen Organisationen und deren Apparaten ein hierarchisches Verhältnis, das als strukturelle Konsequenz der Avantgardekonzeption zu kennzeichnen ist, die den Staat und die gesellschaftlichen Organisationen nur instrumentell begreift. Die Konsequenzen einer solchen Konzeption für die Tätigkeit, die Organisation und die Kompetenzen dieser „Instrumente" und ihres Verhältnisses zur Partei sind für die DDR besonders deutlich in einem gemeinsamen Beschluß des Politbüros der SED und des Ministerrates vom 14. Juli 1960 erkennbar, dessen Bedeutung nicht in den detaillierten Vorschlägen für eine Verbesserung der Arbeit des Staatsapparates liegt, sondern darin, daß erstmals in dieser Allgemeinheit das Prinzip formuliert wurde, daß Parteibeschlüsse unmittelbares Recht setzen[9].

Dies war zwar schon vorher geübte Praxis, angesichts der in dieser Zeit weitgehend an ökonomischen Zielsetzungen orientierten Politik schien es der Partei aber angeraten, Entscheidungen prinzipieller Natur selbst zu treffen und dies, allen denkbaren selbständigen ökonomischen oder technokratischen Bestrebungen vorbeugend, auch explizit zu machen. Die Parteibeschlüsse sollten unmittelbar alle Stufen des Herrschaftssystems binden. Die auf diesem Wege intendierte stärkere Eingriffsmöglichkeit der Partei in den ökonomischen und staatlichen Leitungsprozeß ging einher mit einer „Ökonomisierung der Parteiarbeit", wie sie in der Ergänzung des „Territorialprinzips" als Grundstruktur des Organisationsaufbaus der SED durch das „Produktionsprinzip" nach Einführung des NÖS ihren organisatorischen Ausdruck fand[10].

Was als Versuch begonnen wurde, den Staatsapparat enger an den Parteiwillen zu binden, hat jedoch eine eher gegenläufige Konsequenz gehabt. Die Partei wurde im-

---

8 *Wissenschaftlicher Kommunismus. Lehrbuch für das marxistisch-leninistische Grundlagenstudium*, Berlin (DDR), 1974, S. 444.
9 Vgl. dazu ausführlich Glaeßner, *Herrschaft durch Kader* (Anm. 4), S. 120 ff.
10 Peter Christian Ludz, *Parteielite im Wandel. Funktionsaufbau, Sozialstruktur und Ideologie der SED-Führung. Eine empirisch-systematische Untersuchung*, 3. Aufl., Köln/Opladen 1970, S. 71 ff.

mer stärker in den unmittelbaren staatlichen Planungs- und Leitungsprozeß eingebunden, was — nach Meinung mancher Beobachter — dazu führte, daß die Entwicklung in Richtung einer Verstaatlichung der Partei weist:

„Verstaatlichung soll als ein Prozeß verstanden werden, an dessen Beginn eine Veränderung des Verhältnisses von Partei und Staat steht, in dessen Verlauf die Instrumentalisierung des Staatsapparats durch die Partei immer mehr dadurch reduziert wird, daß nunmehr der Staat die Bedingungen, unter denen Politik gemacht wird, bestimmt und er schließlich zum dominierenden Element des politischen Systems wird. Die Partei orientiert sich dann am Staat als der Instanz, die den gesellschaftlichen Zusammenhang regelt und sichert."[11]

Dieser bzw. seine Funktionsebenen müssen aber stets gewärtig sein, daß die Partei bzw. ihr Apparat in seine Entscheidungen hineinregiert; er kann also seine Sachkompetenz ebensowenig voll entfalten wie seine Apparatinteressen ungestört durchsetzen. Die Folge davon ist, daß sich die einzelnen Säulen des administrativen Gefüges gegenseitig blockieren und in ihren Möglichkeiten einschränken. Die Partei kann nicht mehr schalten und walten wie in den Aufbaujahren des neuen Systems, der Staatsapparat weiß nie genau, wie weit seine Kompetenzen und Gestaltungsmöglichkeiten im konkreten Fall reichen, und die gesellschaftlichen Organisationen sollen Transmissionen des Parteiwillens und Interessenvertreter zugleich sein — eine kaum lösbare Aufgabe. Die einstmals zur dynamischen Veränderung einer Gesellschaft geschaffenen Strukturen „verholzen"[12].

Das entscheidend Neue an dieser Situation ist, daß der dynamisierende und zielgebende Faktor der Politik, die Partei, in doppelter Weise eingebunden ist: Erstens lassen die ökonomischen Rahmenbedingungen kaum noch weitreichende, perspektivische Planungen zu und zweitens kann die Partei ihre Ziele nur mittels dieser verholzten Strukturen durchsetzen.

Da sie sich ihre Einflußnahme und die Chance offenhalten will, einen einmal eingeschlagenen Kurs zu korrigieren, produziert sie selbst Unbeweglichkeit und Starrheit, Angst vor eigenen Entscheidungen und die Tendenz, jede noch so kleine und unbedeutende Entscheidung nach oben zu verlagern. Die Apparate sind zur Innovation unfähig, und alle periodisch wiederkehrenden Versuche, die Entscheidungsfreude und Eigenverantwortung der einzelnen Organisationen und Institutionen zu fördern, scheitern an der Halbherzigkeit der Partei, die um ihr Entscheidungsmonopol fürchtet.

Die Versuche, diesem Dilemma auszuweichen, waren vielfältig. Das technokratische Konzept des NÖS war das wirkungsvollste; es konnte aber die beiden Hauptprobleme nicht einmal ansatzweise lösen: die dauerhafte Einbindung divergierender sozialer Interessen und die Neubestimmung der Führungsrolle der Partei unter den gewandelten gesellschaftlichen und politischen Rahmenbedingungen. Das NÖS hatte — darauf wurde bereits hingewiesen — eine Veränderung der Bewertungskriterien für politisch-ökonomisches Handeln, der Funktionsmechanismen des politisch-ad-

---

11 Gero Neugebauer, *Partei und Staatsapparat in der DDR. Aspekte der Instrumentalisierung des Staatsapparates durch die SED*, Opladen 1978, S. 197.
12 Vgl. dazu Helmut Klages, *Überlasteter Staat — verdrossene Bürger? Zu den Dissonanzen der Wohlfahrtsgesellschaft*, Frankfurt a.M./New York 1981, S. 149 ff.

ministrativen Systems und der Planungs- und Leitungsstrukturen zur Folge. Die für das Selbstverständnis des Systems zentrale Frage nach der neuen Rolle der Partei blieb aber weitgehend ausgespart.

Der Aufstieg der technokratischen Intelligenz, der Väter und Profiteure des NÖS ist ja nicht ohne Grund in der westlichen DDR-Forschung als Aufstieg der „institutionalisierten Gegenelite" beschrieben worden, auch wenn an diese Gegenelite unrealistische Hoffnungen auf eine grundlegende Reform des Systems geknüpft wurden[13]. Es war die neue Generation hochqualifizierter Ökonomen, Techniker und Organisatoren, bestens vertraut mit den Erkenntnissen der modernen Wissenschaften, der Systemtheorie, Kybernetik und Organisationswissenschaft, die sich zwar nicht als „Gegenelite" etablierte, die aber in den letzten Jahren der Ulbricht-Ära unverkennbar einen entscheidenden Einfluß auf die politischen Entscheidungsträger gewann — zunehmend kritisch beäugt von den Vertretern der Parteiorthodoxie. Die nach 1969 verstärkt vorgetragene Kritik an der Vernachlässigung des Marxismus-Leninismus und der führenden Rolle der Partei gipfelte im parteioffiziellen Verdikt (vorgetragen von Kurt Hager, dem für ideologische Fragen zuständigen Mitglied des Politbüros) gegen das Selbstverständnis der Kybernetik und Systemtheorie als allgemeiner Wissenschaft von den Funktionsbedingungen von Natur und Gesellschaft: „Für die Leitung aller gesellschaftlichen Prozesse beim Aufbau des Sozialismus, für die Führung des revolutionären Klassenkampfes kann es nur eine Wissenschaft geben, und das ist der Marxismus-Leninismus."[14]

Nur der Marxismus-Leninismus kann den Hegemonieanspruch der Partei, ihren Anspruch, einheitliches Handlungszentrum aller gesellschaftlichen Prozesse zu sein, begründen. Die Rezeption der Kybernetik und Systemtheorie hatte dazu geführt, daß Planungs-, Leitungs- und Organisationsprobleme primär als Steuerungs- und Regelungsvorgänge gesehen wurden. Auf die Funktion eines neben anderen Reglern wollte und konnte sich die Partei nicht einlassen, ohne ihre Identität zu verlieren.

Die Verwendung des Begriffs „einheitliches Handlungszentrum" sollte nicht zu dem Fehlschluß verleiten, bei den sozialistischen Systemen vom Typ der Sowjetunion habe man es mit einem einheitlichen, in sich ausschließlich hierarchisch strukturierten Organisationsgefüge, wenn nicht gar mit einer Einheitsverwaltung zu tun. Die Lenkung und Leitung gesellschaftlicher Prozesse ist auch in der Stalinzeit nicht, wie es verschiedentlich dargestellt wurde, als umfassende Einheitsverwaltung modelliert worden und hat als solche nur ansatzweise operiert[15]. Der niemals aufgegebene Anspruch der Partei, die Arbeit aller Transformations- und Transmissionsapparate ihrer Kontrolle zu unterwerfen, stand stets in einer konfliktreichen Beziehung zur zunehmenden Differenzierung gesellschaftlicher Leitungsstrukturen, ohne daß das jeweils organisatorisch aufgegriffen worden wäre. Die Probleme einer hochindustrialisierten Gesellschaft sind auch nicht allein mit der Institutionalisierung von

---

13 Vgl. Ludz, *Parteielite* (Anm. 10), passim.
14 Kurt Hager, Die entwickelte sozialistische Gesellschaft. Aufgaben der Gesellschaftswissenschaften nach dem VIII. Parteitag der SED, in: *Einheit*, 26. Jg. (1971), Nr. 11, S. 1214.
15 Vgl. Bálint Balla, *Kaderverwaltung. Versuch einer Idealtypisierung der „Bürokratie" sowjetisch-volksdemokratischen Typs*, Stuttgart 1972.

Transformations- und Transmissionsinstrumenten in den Griff zu bekommen. Der Partei-, der Staats- und der Wirtschaftsapparat standen und stehen immer wieder in je spezifischer Weise vor dem Problem, ihr Organisationsgefüge den Aufgabenstellungen einer — von ihnen selbst geschaffenen — komplexen Ökonomie und Gesellschaft anzupassen, durch veränderte Arbeitsmethoden die neu entstandenen sozialen Differenzierungen, Gruppeninteressen und Aspirationen in der Gesellschaft zu erkennen, nach Lösungen für diese Probleme zu suchen und durch die Heranbildung hochqualifizierten Personals eine größere Problemlösungskapazität zu entwickeln[16].

Diese Aufgabenstellung kann sowohl zur Schaffung neuer Apparate (man denke an die vielfältigen Versuche mit den verschiedenen Planungs- und Kontrollbehörden) als auch zur Ausweitung und Differenzierung von hochspezialisierten Sektoren innerhalb bestehender Planungs- und Leitungsapparate führen. Die traditionellen Organisations- und Entscheidungsstrukturen werden also nicht eliminiert, sondern mit „modernen" Elementen versetzt und dadurch erheblich modifiziert. Der Konflikt zwischen modernen, großorganisatorischen Lösungen und traditional-zentralistischen Elementen, die in der Leninschen Organisationstheorie ihre Grundlage haben, gewinnt vor dem Hintergrund sich verändernder Rahmenbedingungen für die Formulierung weitreichender gesellschaftlicher Ziele neue Brisanz. Die Differenzierung der Apparatstrukturen, die Verlagerung von Sachentscheidungen auf nachgeordnete Leitungsebenen oder spezielle Institutionen und die Übertragung der Entscheidungsvorbereitung an besondere Fachgremien, die mit hochqualifizierten Spezialisten besetzt sind, berühren primär die Binnenstruktur der Herrschaftsapparaturen, haben jedoch weiterreichende Konsequenzen. Vor allem sind hier sozialstrukturelle Veränderungen zu nennen. Die soziale Gruppe der Intelligenz (vor allem die „Spezialisten") gewinnt eine Bedeutung, die weit über ihren quantitativen Anteil an der Bevölkerung und die ihr ursprünglich zugedachte gesellschaftliche Rolle eines Verbündeten der Arbeiterklasse hinausgeht. Auch wenn man die Auffassung von Konrád/Szelényi[17], daß sich diese Gruppe auf dem Weg zur Klassenmacht befinde, nicht teilt, ist doch nicht zu übersehen, daß sie im Zuge der Differenzierung des gesellschaftlichen Organisations- und Funktionsgefüges in vielen Bereichen eine Monopolstellung errungen hat, die ihre Kontrolle durch die Partei immer schwieriger macht.

Dies hat eine dreifache Konsequenz:
1. Es ist notwendig, das Fachwissen und den Sachverstand innerhalb der Einzelbürokratien so zu organisieren, daß sie kontrollierbar bleiben. Aufgabendelegation und Verlagerungen von Entscheidungskompetenzen von der Spitze auf untergeordnete, mit mehr Sachverstand ausgestattete Organisationseinheiten, in denen durch ihre Ausbildung und Erfahrung besonders befähigte Experten die täglichen Entscheidungen treffen, erfordert von der Spitze, daß die dort angesiedelten Ad-

---

16 Vgl. Alfred G. Meyer, *The Soviet Political System. An Interpretation*, New York 1965, S. 49 f.
17 György Konrád/Iván Szelényi, *Die Intelligenz auf dem Weg zur Klassenmacht*, Frankfurt a.M. 1978.

ministratoren ebenfalls über eine qualifizierte Ausbildung verfügen. Nur so sind sie in der Lage, die Tätigkeit der Experten und Spezialisten zu beurteilen[18].
2. Zunehmendes Expertentum in den Einzelapparaten wirkt sich auf deren Verhältnis zur Partei (bzw. zum Parteiapparat) aus, die – vom Gesichtspunkt der von ihr beanspruchten gesamtgesellschaftlichen Planung und Leitung – sich mit dem „Spezialistentum" der Einzelapparate auseinandersetzen und ihre prinzipielle Richtlinienkompetenz bewahren muß. Die Antwort auf dieses Problem war eine Differenzierung und Spezialisierung auch des Parteiapparates, die zum Teil zu weitreichenden Konsequenzen für das Selbstverständnis der Partei geführt hat. Nicht von ungefähr wurde in der DDR immer wieder davor gewarnt, daß die SED sich zur „Wirtschaftspartei" entwickeln könne und damit ihrer eigenen politischen Aufgabenstellung nicht gerecht werde. Dieses Funktionssystem wurde auch nach dem VIII. Parteitag der SED in seinem Kern nicht angetastet. Es wurde allerdings wieder stärker an die Partei gebunden.
3. Ein weiteres Element ist das Verhältnis der Bürokratie zum Bürger. Hier ist seit dem VIII. Parteitag der SED eine Tendenz erkennbar, sich bei wichtigen politischen und gesellschaftlichen Entscheidungen auch der Mitarbeit nicht-staatlicher Organisationen zu versichern, so der Gewerkschaften bei der Erarbeitung und Durchführung des sozialpolitischen Programms, der Kirchen bei der Lösung sozialer Konflikte[19]. Diese Bestrebungen lassen Aspekte eines „realsozialistischen Korporatismus" erkennen, der über die traditionellen Instrumentalisierungsvorstellungen der Partei hinausweisen und den einzelnen gesellschaftlichen Gruppen feste, rechtlich fixierte und politisch gesicherte Aufgaben im Rahmen eines partiellen politisch-gesellschaftlichen Grundkonsenses überträgt.

Der Vorteil einer solchen Modifkation des Organisationsgefüges ist unverkennbar: Die gesellschaftlichen Organisationen und Institutionen sind besser als bisher in der Lage, die Interessen ihrer Klientel zu vertreten, sie binden sie damit zugleich enger an das politische System, werden aber von diesem auch eher „haftbar" gemacht. Unzufriedenheiten schlagen tendenziell nicht mehr so unmittelbar direkt auf die Partei durch, Einzelkonflikte und partielle Dysfunktionen bekommen nicht sofort eine Dimension, die das gesellschaftliche Gesamt berührt.

Eine hochkomplexe Gesellschaft sozialistischen Typs kommt ohne einen partiellen Interessenausgleich zwischen „Herrschenden" und „Beherrschten", ohne die Einbindung und Berücksichtigung gesellschaftlicher Teilinteressen, ohne eine Beteiligung der Herrschaftsunterworfenen an politischen und gesellschaftlichen Prozessen nicht aus. Beteiligung im Rahmen des „Demokratischen Zentralismus" aber läßt dies nur in einem viel zu engen Rahmen zu.

Selbst in diesen begrenzten Angeboten ist aber eine Tendenz angelegt, die zu zügeln für die Partei unabdingbar ist, will sie ihre Vorherrschaft auf Dauer sichern. Die

---

18 Vgl. Gert-Joachim Glaeßner/Irmhild Rudolph, *Macht durch Wissen. Zum Zusammenhang von Bildungspolitik, Bildungssystem und Kaderqualifzierung in der DDR. Eine politisch-soziologische Untersuchung*, Opladen 1978, S. 27 ff.
19 Zur Rolle der Kirche in der DDR vgl. *Die evangelischen Kirchen in der DDR*, hrsg. v. Reinhard Henkys, München 1982.

breite Beteiligung der Bevölkerung an den Planaufgaben, auch wenn sie noch so begrenzt ist und sich weitgehend darauf beschränkt, vorgegebene Aufgaben zu erfüllen, kann einen Lernprozeß in Gang setzen, in dessen Verlauf die Einsicht in die gesellschaftlichen Zusammenhänge wächst. Dies verleiht der Forderung nach einer auch qualitativen Ausweitung der Partizipationsmöglichkeiten einen noch größeren Nachdruck. Das Dilemma der Parteiführungen ist unverkennbar: Verweigern sie sich den partizipatorischen Wünschen, die aus der Gesellschaft kommen, so sind manifeste Konflikte und Krisen, wie sie immer wieder auftreten, unvermeidbar; lassen sie sich auf eine Verminderung ihrer Distanz zur Gesellschaft, auf eine wenn auch noch so begrenzte Einschränkung ihres Entscheidungs- und Organisationsmonopols ein, stehen sie vor dem Problem, wie sie die möglicherweise entstehende Eigendynamik eines solchen Prozesses noch steuern und kontrollieren können. Das Dilemma ist um so größer, als sie bereits zweimal ihre revolutionäre Perspektive verloren haben: das erste Mal Mitte der fünfziger Jahre, als der Prozeß der Revolution von oben weitgehend beendet war, die Revolution sich veralltäglichte und die zögerliche Entstalinisierung eine Systemkrise nicht verhindern konnte; das zweite Mal Ende der sechziger Jahre mit dem Scheitern des WTR-Konzepts.

Der Ausweg aus der Sackgasse demokratisch-zentralistischer Restriktionen wurde am 21. August 1968 verbaut. Was blieb, war eine Politik, die den realsozialistischen Alltag verwaltet, Krisen aber auf Dauer nicht wird verhindern können.

3. Bürokratischer Sozialismus: das Ende der Arbeiterbewegung im „realen Sozialismus"

Alle inneren Wandlungen und Reformversuche in den Systemen des Sowjetsozialismus können über eine entscheidende Tatsache nicht hinwegtäuschen. In diesen Ländern hat sich ein Geflecht von Einzelbürokratien gebildet, von Bürokratien, die weder um die Ziele noch um die Mittelwahl konkurrieren, sondern in einen bürokratischen Komplex eingebunden sind, der bis in die feinsten Verästelungen von der Partei und ihrem Apparat angeleitet und kontrolliert wird.

Das schließt Verselbständigungstendenzen, wie sie andeutungsweise beschrieben worden sind, nicht aus; es gibt aber außer in Polen kein Beispiel, wo die führende Rolle der Partei gegenwärtig ernsthaft in Frage steht; und auch in Polen handelt es sich ja nicht um ein historischen Vorbildern nachempfundenes, bonapartistisches Regime, sondern vielmehr um den Versuch, das Machtvakuum, das eine unfähige Partei hinterlassen hat, vorübergehend zu füllen. Die Loyalität des Militärs gegenüber der Partei steht dabei (bislang) nicht in Frage.

Was aber die polnische Entwicklung erneut thematisiert, ist die Frage nach dem Verhältnis der Teilbürokratien untereinander und gegenüber der Parteibürokratie. Hier deutet sich eine neue Konstellation an: Die Einzelbürokratien verschmelzen immer mehr zu einem festgefügten *bürokratischen Block an der Macht,* einem Block, der alle gesellschaftlichen Prozesse arbeitsteilig regelt. Die Partei ist Teil und zugleich dominanter Faktor dieses Block. Es ist eine Konstellation entstanden, die bereits Max Weber prognostiziert hat — freilich als Ergebnis jeder Form des Sozialismus. Anders als die Theoretiker des Sozialismus der II. Internationale, die die Bürokratie als notwendige Begleiterscheinung des Kapitalismus mit zwieschlächtigem Charakter ansahen, deren despotische Funktion durch die proletarische Revolution beseitigt und deren dirigierende Funktion allmählich durch die Gesellschaft selbst übernommen würde, war er der Meinung, daß der Sozialismus diese despotische Funktion noch verschärfen werde. Seine Ablehnung des Sozialismus beruhte ganz wesentlich auf der Furcht vor einer Gesamtbürokratie, die alle Fragen des gesellschaftlichen Lebens nach einem einheitlichen Willen regelt, die Gesellschaft in ein „Gehäuse der Hörigkeit" sperrt und den Prozeß der Konfliktaustragung und Konsensbildung konkurrierender Teilbürokratien ersetzt durch die Anweisungen einer allmächtigen Zentrale. Während in der kapitalistischen Gesellschaft das „staatliche und privatwirtschaftliche Beamtentum (der Kartelle, Banken, Riesenbetriebe) als getrennte Körper" nebeneinander ständen — so argumentiert Weber — und man durch die politische Gewalt die wirtschaftliche immer im Zaum halten könne, „wären dann beide Beamtenschaften ein einziger Körper mit solidarischen Interessen und gar nicht mehr zu kontrollieren"[20].

Daß sich diese Befürchtung in den sowjetsozialistischen Ländern bewahrheitet hat, ist wohl nur schwer zu leugnen. Durch die Vereinigung von staatlichem Eigentum an den Produktionsmitteln und staatlicher Bürokratie entstand eine Herrschaftsstruktur, die grundsätzlich keine konkurrierenden Ziele kennt. Über die Wahrnehmung der Eigentümerfunktion wird politisch entschieden. Die Eigentümer- und Dispositionsfunktion ist in den Händen der politischen Führung konzentriert. Zwar gliedern sich beide hierarchisch-funktional nach unten, sie öffnen sich jedoch nicht gegenüber den Partizipationswünschen der Gesellschaft und der vorgeblichen Eigentümer. Nicht das Bestehen spezialisierter Apparate ist das eigentliche Problem des „realen Sozialismus" — auf sie kann auch in einer nichtkapitalistischen Gesellschaft nicht verzichtet werden —, sondern das Fehlen jeder relevanten Kontrolle dieser Apparate durch die Gesellschaft. Dieses strukturelle Defizit ist Erbe des Stalinismus, der in den Ländern des Sowjetsozialismus die Entwicklungslinie zum Typus rationaler Herrschaft unterbrochen bzw. zurückgeschraubt hat. Die stalinistische Bürokratie war eine Patrimonialbürokratie neuen Typs. Die Amtstreue der Bürokraten, der Parteikader, war keine sachliche Diensttreue, sondern parteiliche Dienertreue, die ihre Geltungsgründe nicht im Glauben an die Legalität gesetzter Regeln, sondern in der persönlichen Hingabe an die Partei und ihren charismatischen Führer hatte und die zu verletzen im schlimmsten Fall die physische Liquidation bedeutete.

Nach dem XX. Parteitag der KPdSU hat sich zwar eine entscheidende Wende vollzogen: Es wurde parteioffiziell Kritik an Erscheinungen der Ineffizienz, Verschwendung und organisatorischen Hypertrophie geübt und der verbreitete „Bürokratismus" verdammt. Bei genauerem Hinsehen aber wurde ein Bürokratisierungs-

---

[20] Max Weber, Der Sozialismus. Rede zur allgemeinen Orientierung von österreichischen Offizieren in Wien 1918, in: ders., *Gesammelte Aufsätze zur Soziologie und Sozialpolitik*, Tübingen 1974, S. 504.

prozeß in die Wege geleitet: ein Prozeß der zumindest partiellen Überwindung parteipatrimonialer Über- und Unterordnung, der Einführung von Kriterien rationaler Planung und Verwaltung, Anweisung und Kontrolle, der Festlegung verbindlicher Regeln und Vorschriften, der strukturellen Differenzierung der Einzelbürokratien, strukturierten Kommunikationsbeziehungen und der Nutzung von Sach- und Fachverstand. Die nachstalinistischen Bürokratien sind umfassende und komplexe Organisationen, die für die rationale, zielbewußte und geplante Gestaltung und Kontrolle der sozialen Beziehungen verantwortlich sind. Ihr politischer Charakter und ihre soziale Verankerung in einem parteizentralistischen System führen aber dazu, daß sie in einem ständigen Zwiespalt zwischen den Anforderungen bürokratischer Rationalität und einer notwendigen faktischen Dezentralisierung einerseits, dem Gestaltungswillen und -anspruch der Partei andererseits leben. In Konfliktfällen wird die formal-rationale Wirtschaftsorientierung der charismatisch-bürokratischen Parteiorientierung untergeordnet.

Daraus erwachsen die Grundkonflikte aller nachstalinistischen Veränderungen und Reformbestrebungen. Es ist zum einen der Konflikt zwischen einem umfassenden Führungsanspruch und den Anforderungen einer hochkomplexen, industriell entwickelten sozialistischen Gesellschaft, die ohne eine strukturelle Differenzierung, die Berücksichtigung von Rationalitäts- und Effektivitätskriterien in der Planung und Leitung und eine minimale Beteiligung der Bürger an den gesellschaftlichen Prozessen nicht auskommt. Da die Emanzipation der Gesellschaft gegenüber der Partei und ihren Apparaturen ausgeschlossen ist, kann jede strukturelle Differenzierung, jede Diversifikation von Beratung, Kontrolle und Information nur im Rahmen und unter den Restriktionen der bestehenden Strukturprinzipien und Regelungsmechanismen erfolgen: Veränderungen sind nur im Binnenverhältnis der Apparate denkbar; gehen sie darüber hinaus und berühren sie das Verhältnis zu den Bürgern, erhalten sie eine systemtranszendierende Funktion. Dafür stehen die Ereignisse in der ČSSR 1968 und in Polen 1980/81.

Zum anderen ist es der Konflikt zwischen dem Anspruch der Bürokratien, Vertreter gesellschaftlicher Teilinteressen zu sein, die sie — und nur sie — verantwortlich vertreten und zu artikulieren vermögen und den sich im Alltag manifestierenden realen Interessen. Dieser Konflikt ist mit dem Hinweis auf die Leninsche (auf Kautsky zurückgehende) Unterscheidung von langfristigem politischen (vertreten durch die Partei) und kurzfristigem „nurgewerkschaftlichen" Bewußtsein, das in der Arbeiterschaft vorherrsche, nicht länger ideologisch zu kaschieren. Die seit Mitte der fünfziger Jahre unternommenen Versuche, „sozialistisches Bewußtsein" durch Schulung und Überzeugungsarbeit in der Bevölkerung zu verankern, haben nur mäßige Erfolge gezeitigt. Die Diskrepanz zwischen Realität und ideologisch interpretierter Darstellung dieser Realität ist zu groß.

Schließlich und vor allem ist es aber der Konflikt zwischen dem Anspruch der Kommunistischen Parteien, der organisatorische Kern und genuine Führer einer sozialen Bewegung zu sein, die sich an langfristigen Zielen (dem Kommunismus) orientiert und eine neue Organisation der Gesellschaft errichten will, und dem faktischen Verlust dieses Ziels, der sich in einer Politik manifestiert, die primär die Sicherung des Bestehenden im Auge hat. Die Systeme des realen Sozialismus haben ihre anfängliche gesellschaftliche Dynamik eingebüßt, eine Dynamik, die in der überwiegenden Anzahl der Fälle nicht von einer siegreichen sozialen und politischen Bewegung ausging, sondern von einer eher marginalen, denn vom Vertrauen der Arbeiterklasse getragenen Partei als „Revolution von oben" in Szene gesetzt wurde.

Wo die kommunistischen Parteien ohne äußere Hilfe an die Macht gelangten, vor allem in Rußland und China, standen sie vor der Aufgabe, ein zurückgebliebenes Land zu modernisieren. Für die Verwirklichung demokratisch-emanzipativer Ziele blieb da wenig Raum. Dieses zentralen Impulses beraubt, wurde die etatistische Komponente der Arbeiterbewegung zum bestimmenden Faktor. Die gewaltige Aufgabe einer forcierten Modernisierung ließ weder die Partizipation derer zu, in deren Namen die politische Führung handelte (oder meinte zu handeln), noch die Debatte unterschiedlicher Entwicklungskonzeptionen innerhalb der herrschenden Avantgardeparteien. Die neuen Erfahrungen mit sozialistischen Experimenten in der „Dritten Welt" belegen die Vermutung, daß partizipativer Sozialismus und beschleunigte Modernisierung kaum miteinander zu vereinbaren sind. Diesen „Geburtsfehler" hat der Sozialismus sowjetischen Typs bisher nicht überwunden.

Für die mittel- und westeuropäische und die angelsächsische Arbeiterschaft ging und geht es aber nicht um Modernisierung, sondern um die Realisierung der freiheitlichen und humanistischen Ziele der Arbeiterbewegung jenseits des Kapitalismus. Diese Ziele aber hat der Sozialismus sowjetischen Typs nachhaltig diskreditiert. So sehr in Deutschland auch unverarbeitete Relikte des alltäglichen faschistischen Denkens nachwirken, die Geschichte des zweiten deutschen Staates bietet Anlaß genug, an dessen Selbstverständnis als Vollender der historischen Ziele der deutschen Arbeiterbewegung zu zweifeln. Weder die politische und soziale Umwälzung in der Frühphase der SBZ/DDR noch die Konsolidierung der neuen Gesellschaft wurde vom Willen der Bevölkerung, nicht einmal von dem der Arbeiterschaft getragen. Die SED konnte sich aber immer noch mit ihrer „historischen Mission" legitimieren, den Sozialismus/Kommunismus aufzubauen. Diese geschichtsphilosophisch begründete Legitimationsbasis droht nun aber zu schwinden. Schon die These der sechziger Jahre, der Sozialismus sei eine „relativ eigenständige sozialökonomische Formation", ließ erkennen, daß die Einsicht unausweichlich war, daß der gegenwärtige gesellschaftliche Zustand grosso modo noch lange Bestand haben wird. Der seit dem VIII. Parteitag der SED 1971 proklamierte „Aufbau der entwickelten sozialistischen Gesellschaft" zielt auf Konsolidierung, nicht auf Transformation, zielt auf die bestmögliche Organisation und Verwaltung des Bestehenden, nicht auf einen neuen Anlauf zur Überwindung der Relikte des Stalinismus und der Strukturdefekte des „realen Sozialismus". Unter diesen Bedingungen markiert der Sozialismus à la DDR — diese Aufgipfelung der bürokratischen und etatistischen Traditionen der Arbeiterbewegung — eher das Ende als den Sieg der Arbeiterbewegung in einem Teil Deutschlands.

Günter Erbe

Produktionsarbeiterschaft und wissenschaftlich-technische Intelligenz in der DDR

In der marxistisch-leninistischen Soziologie der DDR gilt das Axiom, die Arbeiterklasse sei als herrschende Klasse ein Bündnis mit der Intelligenz eingegangen und würde sich bei der Wahrnehmung ihrer Führungsfunktion auf diese Schicht stützen. Die SED, deren Führungskader selbst der Intelligenzschicht angehören, rechtfertigt ihre Rolle als Avantgarde mit der engen Bindung an die Arbeiterklasse und dem Anspruch, Vertreterin des Allgemeininteresses dieser Klasse und ihrer „Bündnispartner" zu sein. Daß in der SED Hoch- und Fachschulkader überrepräsentiert sind und die hauptamtlichen Funktionäre heute in der Regel auf ein akademisches Diplom verweisen können, stellt sich den Soziologen in der DDR kaum als Problem dar. Sie schlagen die Parteikader in ihren sozialstatistischen Berechnungen einfach der Arbeiterklasse zu. In der Tat ist diesem Verfahren eine gewisse Folgerichtigkeit nicht abzusprechen, wenn man Klasse und Partei als untrennbare Einheit auffaßt. Unbestritten ist, daß es zwischen Personen, die durch die Art ihrer Tätigkeit und ihre Stellung in der gesellschaftlichen Organisation der Arbeit im traditionellen Sinne als Angehörige der Arbeiterklasse bezeichnet werden und denen, die sich durch den Grad ihrer Ausbildung und den geistigen Charakter ihrer Arbeit als Intelligenz verstehen, manche soziale Gemeinsamkeiten und ähnlich gelagerte Interessen gibt. Es ist sicherlich nicht unerheblich für die politische Kultur der Gesellschaft und für das Selbstverständnis der Angehörigen der herrschenden Klasse oder Schicht, wenn sie selbst einmal der Arbeiterklasse angehörten bzw. einer Arbeiterfamilie entstammen. Auf diesen Tatbestand weisen Soziologen in der DDR immer wieder hin, um die Verbundenheit der Intelligenz mit den Arbeitern hervorzuheben. Daraus aber bereits auf eine Interessenidentität zu schließen, erscheint unrealistisch. Zu fragen ist vielmehr, ob es zwischen der aus der Arbeiterklasse aufgestiegenen Intelligenz und ihrer Herkunftsschicht empirisch nachweisbare Gemeinsamkeiten, z. B. im Einkommen, im Lebensstil, im Prestige, in der Freizeitgestaltung und im Kommunikationsverhalten gibt, die diese Verbundenheit aktuell ausdrücken.

Für den westlichen Beobachter erschließt sich dieser Bereich nur schwer einer empirischen Analyse. Die unbefriedigende Materiallage verleitet allzu leicht zu Spekulationen. Anders sieht es aus, wenn man die Frage nach Gemeinsamkeiten bzw. Unterschieden zwischen Arbeiterklasse und Intelligenz in den Zusammenhang einer Analyse der Sozialstruktur des Industriebetriebes stellt. Dadurch werden zwar nur Teilgruppen der Arbeiterklasse und der Intelligenz erfaßt; die in diesem Rahmen erhältlichen empirischen Befunde sind jedoch geeignet, Aufschluß über das Verhältnis der sozialen Großgruppen zueinander auch im außerbetrieblichen Bereich zu geben.

Die Begriffe „Arbeiterklasse" und „Intelligenz" werden hier als sozialstatistische Kategorien verwendet. Es bleibt offen, ob der Begriff „Arbeiterklasse" für die DDR noch die sozialökonomische Relevanz besitzt, die seinen Gebrauch in einer kapitalistisch strukturierten Gesellschaft legitimiert. Gleichwohl ist es als erwiesen anzusehen, daß „die Produzenten", obwohl das Privateigentum an Produktionsmitteln abgeschafft ist, von der Entscheidungs- und Verfügungsgewalt über die Bedingungen ihres materiellen Lebens weitgehend ausgeschlossen sind. Die Arbeiterklasse nimmt die unteren Stufen des nach Qualifikationsgraden, Leitungsebenen und Funktionen des Reproduktionsprozesses geschichteten gesellschaftlichen Gesamtarbeiters ein. Nach Bahro lassen sich die mit produktionsausführender Tätigkeit Beschäftigten entsprechend ihrer Arbeitsfunktion in vier Schichten einteilen:
1. Hilfsarbeiter = Ungelernte;
2. Arbeiter in Produktionsgrundprozessen = Angelernte;
3. Arbeiter in Produktionshilfsprozessen (Instandhaltung, Wartung usw.) = Facharbeiter;
4. Arbeiter in der Produktionsvorbereitung = Spezialisten[1].

Die von Bahro vorgenommene Zuordnung von Arbeitsfunktionen und Qualifikationsgruppen trifft nur in der Tendenz zu, da es, wie er selbst feststellt, an den Rändern Überschneidungen gibt. Mit der Gruppe der Spezialisten, die zumeist über einen Fachschulabschluß verfügen, ist bereits ein Produzententyp angesprochen, der unter Qualifikationsgesichtspunkten der Intelligenz zugerechnet werden kann. Es wird hier aber auch zugleich deutlich, wie problematisch eine Gleichsetzung von Hoch- und Fachschulabsolventen und Intelligenz ist. Bahro weist zu Recht darauf hin, daß mit dem herkömmlichen Begriff „Intelligenz" ein sozialökonomisch und politisch äußerst heterogenes Konglomerat von Gruppen und Schichten sehr verschiedener gesellschaftlicher Funktion und Stellung bezeichnet wird. Eine soziologisch gehaltvolle Verwendung des Intelligenzbegriffs würde voraussetzen, daß unter dem Aspekt der Arbeitsteilung und des Eigentumsverhältnisses der spezifische soziale Charakter bestimmter Qualifikations- und Tätigkeitsgruppen ermittelt wird. Herrschaftssoziologisch ließe sich die „Intelligenz" aufspalten in einen Teil, der zur Führungsschicht im engeren Sinne zu rechnen ist und in den bei weitem überwiegenden Teil, der auf den verschiedenen nachfolgenden Rängen der politisch-ökonomischen Leitungshierarchie im Rahmen der von der Führungsschicht erlassenen Direktiven an der Herrschaftsausübung als Leitungskader oder Spezialist beteiligt ist.

Im folgenden gebe ich zunächst anhand sozialstatistischer Daten einen Überblick über die Strukturentwicklung der beiden Großgruppen „Arbeiterklasse" und „Intelligenz" und untersuche dann die soziale Stellung der Teilgruppen der Produktionsarbeiter und der wissenschaftlich-technischen Intelligenz im Industriebetrieb. Vor

---

1 Vgl. Rudolf Bahro, *Die Alternative. Zur Kritik des real existierenden Sozialismus*, Frankfurt a. M. 1977, S. 194. Bahro, für den der Begriff Arbeiterklasse in der DDR keinen abgrenzbaren Gegenstand mehr hat, hebt statt dessen die Bedeutung spezifischer Tätigkeiten im arbeitsteiligen Gesamtprozeß hervor. Die Arbeiter könnten sich schon gar nicht als „Klasse für sich" artikulieren, da sie – ihrer eigenen Assoziationen beraubt – keine anderen Kader besäßen als die, von denen sie beherrscht würden.

diesem Hintergrund wird die Frage der Annäherung zwischen Arbeitern und Intelligenzangehörigen bzw. der sozialen Gemeinsamkeiten und Unterschiede zwischen den beiden Gruppen erneut aufgenommen und eine Antwort zu geben versucht[2].

1. Zur Entwicklung der Arbeiterklasse in der DDR

Die Umgestaltung der Eigentumsverhältnisse und der Aufbau einer Planwirtschaft in der DDR führten bereits Ende der vierziger/Anfang der fünfziger Jahre zu einschneidenden Veränderungen in der sozialen Zusammensetzung der Arbeiterklasse. Ein Teil der Arbeiter — Grotewohl beziffert diesen Anteil auf mehrere Hunderttausend[3] — rückte in staatliche, wirtschaftliche und kulturelle Leitungspositionen auf oder bekleidete Leitungsfunktionen in den neu entstandenen Parteien und Massenorganisationen. Ein anderer Teil wanderte in die Landwirtschaft ab und wurde Privatbzw. später Genossenschaftsbauer. Andere wiederum, die früher bei privaten Handwerkern als Lohnabhängige beschäftigt waren, traten in die neu entstandenen Produktionsgenossenschaften des Handwerks ein und schieden dadurch ebenfalls aus der Arbeiterklasse aus. Ein Teil der Arbeiter begann ein Hoch- oder Fachschulstudium. Dieser Tendenz, die Arbeiteranzahl zu verringern, standen Neuzugänge aus bürgerlichen und kleinbürgerlichen Schichten entgegen. Angestellte des alten Staatsapparates und großer Betriebe sowie zahlreiche kleine selbständige Erwerbstätige nahmen eine Tätigkeit in der Produktion auf. Diese Zugänge waren jedoch für das quantitative Wachstum der Arbeiterklasse in den fünfziger Jahren nicht entscheidend. Ihr Nachwuchs rekrutierte sich vor allem aus den eigenen Reihen.

Nach Angaben der offiziellen Statistik betrug der Anteil der Arbeiter und Angestellten an der Erwerbsbevölkerung 1950 ca. 5 Millionen (= 70,3 % der gesamten erwerbstätigen Bevölkerung, darunter 52,1 % Arbeiter). Bis 1961 erhöhte sich die Zahl der Arbeiter und Angestellten auf 6,3 Millionen (= 80,4 % der Erwerbsbevölkerung). Dieser Zuwachs kam trotz einer Verringerung der Wohnbevölkerung im gleichen Zeitraum von 18,8 Millionen auf 17,1 Millionen zustande. Ein rapides Wachstum der Arbeiterklasse — die statistischen Angaben über Arbeiter und Angestellte werden im folgenden undifferenziert als Indikator für die quantitative Entwicklung der Arbeiterklasse herangezogen — vollzog sich vor allem in der Zeit des 1. Fünfjahrplans 1951–55 (mit Ausnahme des letzten Jahres). Dieses Wachstum war für den Aufbau der Großindustrie und für die Schaffung einer metallurgischen und schwerindustriellen Basis unentbehrlich. Mitte der fünfziger Jahre waren die Arbeitskräftereserven erschöpft. Maßnahmen, durch intensive Nutzung der Produktionsfaktoren

---

2 In meiner Studie *Arbeiterklasse und Intelligenz in der DDR. Soziale Annäherung von Produktionsarbeiterschaft und wissenschaftlich-technischer Intelligenz im Industriebetrieb?*, Opladen 1982, bin ich auf diese Frage ausführlicher eingegangen. Die folgenden, den Statistischen Jahrbüchern der DDR entnommenen, Daten und verwendeten industrie- bzw. bildungssoziologischen Befunde sind dort bereits ausgewertet und eingehend interpretiert worden. Auf detaillierte Quellenangaben wird deshalb hier verzichtet.
3 Vgl. Kurt Lungwitz, *Über die Klassenstruktur in der Deutschen Demokratischen Republik*, Berlin (DDR) 1962, S. 32.

die Produktivität zu steigern, gewannen für die wirtschaftliche Entwicklung der DDR an Bedeutung. Das Tempo des quantitativen Wachstums ließ aus mehreren Gründen nach. Zum einen waren einer weiteren Erhöhung des Anteils der Arbeiter und Angestellten an der erwerbstätigen Bevölkerung durch die ins Berufsleben eintretenden geburtenschwachen Jahrgänge natürliche Grenzen gesetzt. Andererseits entstanden große Bevölkerungsverluste durch die Abwanderung besonders junger Arbeitskräfte in den Westen. Lungwitz beziffert diese Verluste auf 2,1 Millionen, westliche Quellen sprechen von 2,7 Millionen Personen, die bis 1960 aus der DDR in die Bundesrepublik abwanderten[4]. Das quantitative Wachstum der Arbeiterklasse im Zeitraum von 1949 bis 1961 ist hauptsächlich auf die zunehmende Berufstätigkeit der Frauen, die allein drei Viertel des Gesamtzuwachses in den Jahren 1950—55 ausmachten, und auf den bis Ende der fünfziger Jahre anhaltenden hohen Lehrlingsanteil zurückzuführen. Der Anteil der Frauen an den Arbeitern und Angestellten erhöhte sich in den Jahren von 1950 bis 1963 von 35,7 % auf 46,8 %. Durch die Lehrlingsausbildung wurden der Arbeiterklasse zwischen 1952 und 1962 ca. 1,5 Millionen Personen zugeführt[5].

In den folgenden Jahren waren es ebenfalls neben Arbeitskräften aus der Landwirtschaft und dem städtischen Kleinbürgertum vor allem Zugänge aus den Reihen der bisher nicht berufstätigen Frauen, die zu einem weiteren Wachstum der Arbeiterklasse beitrugen. In den Jahren von 1960 bis 1978 erhöhte sich die Zahl der Arbeiter und Angestellten in der Volkswirtschaft von 6,1 Millionen auf 7,2 Millionen, ihr Anteil an den Berufstätigen stieg von 81,0 % auf 89,3 %. Berücksichtigt man, daß der weitaus größte Teil der Frauen im arbeitsfähigen Alter heute bereits einen Beruf ausübt, die berufstätige Bevölkerung aus natürlichen Gründen nur geringfügig wächst und der Rekrutierung aus anderen Klassen und Schichten Grenzen gesetzt sind, so ist ein weiteres quantitatives Wachstum der Arbeiterklasse in Zukunft nur beschränkt möglich.

Im Jahresdurchschnitt 1978 waren 6,9 Millionen Arbeiter und Angestellte im sogenannten sozialistischen Sektor, 26.000 im Sektor mit staatlicher Beteiligung und 242.000 im privaten Sektor beschäftigt. Nach Wirtschaftszweigen ergab sich im Zeitraum 1950—78 folgende Verteilung: Das Anwachsen der in der Industrie Beschäftigten vollzog sich besonders rasch zwischen 1950 und 1960: von 2 Millionen auf 2,7 Millionen. Zwischen 1960 und 1978 erhöhte sich die Anzahl der in der Industrie tätigen Arbeiter und Angestellten nur noch um 381.400, im tertiären Sektor um ca. 465.000. Das nachlassende Wachstum der Arbeitskräfte in der Industrie läßt darauf schließen, daß ein weiterer Produktionsanstieg vor allem durch eine Erhöhung der Arbeitsproduktivität erreicht wurde. Im nichtproduzierenden Sektor, der

---

4 Vgl. Kurt Lungwitz, Die Bevölkerungsbewegung in der DDR und der BRD zwischen 1945 und 1970, in: *Jahrbuch für Wirtschaftsgeschichte 1974*, Teil I, Berlin (DDR) 1974, S. 72; Dietrich Storbeck, *Soziale Strukturen in Mitteldeutschland. Eine sozialstatistische Bevölkerungsanalyse im gesamtdeutschen Vergleich*, Berlin 1964, S. 14.
5 Vgl. Gottfried Dittrich, Quantitatives Wachstum und Strukturveränderungen der Arbeiterklasse der DDR als planmäßig gestaltete Prozesse, in: *Beiträge zur Geschichte der Arbeiterbewegung*, 18. Jg. (1976), Nr. 2, S. 245.

ein noch relativ niedriges technisches Niveau aufweist, sind die gestiegenen Anforderungen bisher nur durch Ausweitung des Arbeitskräftevolumens zu erfüllen.

Durch wissenschaftlich-technische Veränderungen des Produktionsprozesses konnten sich jene Wirtschaftsbereiche ausdehnen, die der unmittelbaren Produktion vor- oder nachgelagert sind. In diesen Bereichen — Produktionsvorbereitung und -organisation, Technologie, Informationsverarbeitung, Leitung und Abrechnung — fallen Arbeitstätigkeiten an, die vorwiegend von Angestellten wahrgenommen werden. Es läßt sich die Tendenz beobachten, daß — mit Ausnahme der Bauwirtschaft — in allen Wirtschaftsbereichen der Arbeiteranteil an den Beschäftigten sinkt, während der Angestelltenanteil kontinuierlich zunimmt. Dies gilt besonders für den Dienstleistungssektor, in dem die Angestellten auch absolut dominieren. Generell ist ein Rückgang des Anteils der Berufstätigen in der materiellen Produktion und ein kontinuierlicher Anstieg des Anteils der Beschäftigten in den nichtproduzierenden Bereichen zu konstatieren. Das quantitative Wachstum der Arbeiterklasse in den sechziger und siebziger Jahren ist also verbunden mit einem relativen Bedeutungsverlust der von der SED als Kern der Arbeiterklasse bezeichneten Arbeiter in der materiellen Produktion. Die Reduzierung des numerischen Anteils dieser Gruppe dürfte jedoch das spezifische Gewicht, das den Produktionsarbeitern in der Wirtschafts- und Gesellschaftspolitik der SED zugemessen wird, keineswegs verringern.

1978 waren von den 3,1 Millionen in der Industrie beschäftigten Arbeitern und Angestellten 2 Millionen Produktionsarbeiter. Seit Mitte der fünfziger Jahre hat sich ihre Anzahl nur geringfügig erhöht. Der Anteil der Produktionsarbeiter an der Gesamtheit der Arbeiter und Angestellten in der Industrie ist kontinuierlich gesunken. Von dieser Entwicklung sind sämtliche Industriezweige betroffen. In dem Maße, wie dem quantitativen Wachstum der Industriearbeiter Grenzen gesetzt sind, gewinnen qualitative Aspekte wie der Konzentrationsgrad der Arbeit als Wachstumsmerkmale der Arbeiterklasse an Gewicht. 1977 waren 68,7 % der Arbeiter und Angestellten in Betrieben mit über 1.000 Beschäftigten tätig. Die Konzentration von Arbeitskräften in Großbetrieben hat sich seit den fünfziger Jahren beträchtlich verstärkt[6]; sie machten 1977 11,3 % aller Industriebetriebe aus und erzeugten 70 % der gesamten industriellen Bruttoproduktion.

Welche Stellung nehmen nun die Produktionsarbeiter als Arbeitende im Betrieb ein? Diese Frage betrifft nicht allein den unmittelbaren Arbeitsvollzug, sondern schließt darüber hinaus Tätigkeiten wie die Teilnahme an der technischen Vorbereitung und an der Leitung und Planung der Produktion mit ein. Um Informationen über das erreichte Anspruchsniveau der Tätigkeit der Produktionsarbeiter zu gewinnen, führt die Staatliche Zentralverwaltung für Statistik der DDR alle zwei Jahre spezielle Untersuchungen durch. Zu diesem Zweck werden die Produktionsarbeiter nach der Art der angewandten Arbeitsmittel und nach ihrer überwiegenden Tätigkeit in zwei Gruppen eingeteilt: in Produktionsarbeiter, die an Maschinen und Anlagen tätig sind und in Produktionsarbeiter, die nicht an Maschinen und Anlagen tätig

---

6 Vgl. *Zur Entwicklung der Arbeiterklasse und ihrer Struktur in der DDR*, Berlin (DDR) 1976, S. 157.

sind. Aus den statistischen Angaben geht hervor, daß heute noch fast zwei Drittel der Maschinenarbeiter in ihrer Arbeit vorwiegend körperlich beansprucht sind; etwa ein Drittel übt vornehmlich geistige Bedientätigkeit an Maschinen aus oder ist in Kontroll- und Überwachungsfunktionen tätig. In der Gruppe der nicht an Maschinen oder Anlagen Arbeitenden beträgt der Anteil der Handarbeiter noch etwa zwei Drittel. Abgesehen von den Reparaturarbeitern, verrichten die Handarbeiter überwiegend körperlich belastende und intellektuell anspruchslose Arbeiten. Vornehmlich geistige Arbeiten niedriger Qualität üben Prüfer und Gütekontrolleure aus. Insgesamt betrachtet, überwiegt bei den Produktionsarbeitern die körperlich belastende oder geistig monotone Tätigkeit. Nur in wenigen Fällen der Teilautomatisierung bzw. Vollautomatisierung (z. B. Steuertätigkeiten) können sie geistig anspruchsvolle Aufgaben wahrnehmen. Soweit derartige Anforderungen gestellt werden, fallen sie weit eher in der Produktionsvorbereitung an, gehören also zum Tätigkeitsfeld der wissenschaftlich-technischen Intelligenz.

Aus arbeitssoziologischen Untersuchungen über die Entwicklung der Arbeitsanforderungen geht hervor, daß kein direkter Zusammenhang zwischen einem erhöhten Niveau der Technisierung der Produktion und steigenden Anforderungen an das geistige und körperliche Arbeitsvermögen besteht. In dem Maße, wie immer mehr Funktionen des Arbeiters auf die Arbeitsmittel übertragen werden und seine technologische Bindung an die Maschinerie abnimmt, gewinnen jedoch neue Formen der Kombination und Teilung der Arbeit an Bedeutung, die geeignet sind, vor allem die negativen Auswirkungen monotoner und beschäftigungsarmer Tätigkeiten auf die Arbeitsmotivation zu kompensieren. Die Erprobung von Formen wie „job rotation", „job enlargement" und „job enrichment" in Industriebetrieben der DDR läßt erkennen, daß diese sich vor ähnliche Probleme gestellt sehen, die Leistungsbereitschaft der Arbeiter auf höherer technischer Entwicklungsstufe zu fördern, wie kapitalistische Betriebe. Die Erwartung, man könne mit Hilfe solcher arbeitsorganisatorischer Maßnahmen eine enge Verbindung von körperlich wenig belastender und geistig anspruchsvoller Arbeit erreichen, hat sich bald als zu optimistisch erwiesen. Durch die technischen Veränderungen in der Produktion nahm die Differenziertheit der Arbeitsbedingungen weiter zu. Lediglich für die bereits erwähnte Gruppe der Produktionsarbeiter, die in den Bereichen Kontrolle, Steuerung, Programmierung und Instandhaltung technischer Anlagen beschäftigt ist und zahlenmäßig bisher kaum ins Gewicht fällt, läßt sich eine Anreicherung des Arbeitsinhalts nachweisen.

Die Differenziertheit im Anforderungsniveau der Arbeit wirkt sich auch auf die Bereitschaft der Arbeiter aus, sich an den in der DDR gegebenen Mitwirkungsformen zu beteiligen. Produktionsarbeiter, die unter besonders belastenden Bedingungen arbeiten, nehmen diese Gelegenheit kaum wahr. Die Auflockerung der technologischen Bindung eines Teils der Arbeiter durch den Übergang zu höheren Technisierungsstufen der Produktion und durch die Einführung neuer Formen der Arbeitsorganisation verbessert für diese Gruppe jedoch die Bedingungen, ihre Rechte in Anspruch zu nehmen. Ob die mögliche Erweiterung ihres Handlungsspielraums dann auch zu einer effektiven Wahrnehmung der Eigentümerfunktion führen wird, hängt vor allem von der Veränderbarkeit der gegebenen Entscheidungsstrukturen ab, die gegenwärtig dahin tendieren, die Ausübung von Leitungsfunktionen auf bestimmte Kadergruppen zu konzentrieren und die Arbeiter auf die Rolle der „Ausführenden" zu beschränken.

Der Differenzierung und Polarisierung in den Arbeitsanforderungen wirkt der kontinuierliche, homogenisierend wirkende Anstieg des Qualifikationsniveaus der Arbeitenden entgegen. Im Verlauf der sechziger und siebziger Jahre ist es gelungen, in allen größeren Industriebetrieben den Anteil der Facharbeiter beträchtlich zu erhöhen und einen entsprechenden Rückgang der an- und ungelernten Arbeiter zu erreichen. Insbesondere in der nachwachsenden Generation gleicht sich das Ausbildungsniveau an. Etwa 85 % aller Jugendlichen im Alter von 16 Jahren beenden heute die zehnklassige Oberschule, 99 % von ihnen besuchen eine weiterführende Schule, zumeist, um Facharbeiter zu werden[7]. Die Differenzierungstendenz kommt zum Tragen, wenn entschieden wird, wer von diesen bis zum 16. Lebensjahr nahezu auf gleichem Niveau ausgebildeten Jugendlichen eine Facharbeiterausbildung absolviert oder eine Fach- bzw. Hochschule besucht. In dieser Phase der Ausbildung macht sich der Einfluß der Herkunftsfamilie bemerkbar. Kinder aus Intelligenzfamilien gelangen trotz entgegenwirkender Selektionsverfahren des Staates eher zum Studium als Arbeiterkinder. Diesen Gegebenheiten entspricht es auch, daß sich der Facharbeiternachwuchs stärker aus der Arbeiterklasse als aus der Intelligenzschicht rekrutiert[8].

Dem relativ hohen durchschnittlichen Qualifikationsniveau der Produktionsarbeiter steht ein unterschiedliches Niveau der Qualifikationsanforderungen gegenüber. Die auf der Ausbildungsebene zu beobachtende Tendenz zur Homogenisierung der Produktionsarbeiterschaft verliert an Bedeutung, wenn man die Diskrepanz zwischen vorhandener und erforderlicher Qualifikation berücksichtigt: Bei rund 40 % der Arbeitsplätze in der Industrie bestand Ende der siebziger Jahre keine Übereinstimmung zwischen vorhandener und genutzter Qualifikation. In der vollautomatisierten Produktion wurden noch 30 % bis 40 % der Produktionsarbeiter als Angelernte eingesetzt[9].

Die Untersuchung der Entwicklung der Arbeitsinhalte hat gezeigt, daß auf dem Wege der Mechanisierung und Automatisierung der Produktion nur ein Teil der Tätigkeiten geistig anspruchsvolle Elemente hinzugewinnt, während andere Tätigkeiten ihren belastenden Charakter — oftmals in veränderter Gestalt — beibehalten oder neue restriktive Arbeitsinhalte entstehen. Durch Beteiligung an der „sozialistischen Gemeinschaftsarbeit", d. h. der geplanten Zusammenarbeit von Arbeitern und Angehörigen der betrieblichen wissenschaftlich-technischen Intelligenz zur Verbesserung der Produktionsorganisation und -ergebnisse, sollen jedoch auch Arbeiter, die vorwiegend körperlich schwere oder psychisch belastende Tätigkeiten ausüben,

---

7 Vgl. Artur Meier, Die gesellschaftlichen Funktionen des sozialistischen Bildungssystems bei der allmählichen Annäherung der Klassen und Schichten in der DDR, in: *Akademie der Pädagogischen Wissenschaften der DDR. Jahrbuch 1976/77*, Berlin (DDR) 1977, S. 93.
8 Vgl. Manfred Lötsch/Joachim Freitag, Sozialstruktur und soziale Mobilität, in: *Jahrbuch für Soziologie und Sozialpolitik 1981*, Berlin (DDR) 1981, S. 97.
9 Vgl. *Zur materiell-technischen Basis in der DDR*, Berlin (DDR) 1979, S. 82.

die Möglichkeit erhalten, „schöpferisch" zu arbeiten. Zu diesem Thema durchgeführte soziologische Untersuchungen kamen jedoch zu folgendem Ergebnis: „Überdurchschnittlich aktiv sind Werktätige, die einen geistig anspruchsvolleren Arbeitsprozeß vollziehen; Werktätige mit höherer Verantwortung im Arbeitsprozeß bzw. mit geringerer Abhängigkeit von der Zwangsläufigkeit des technologischen Regimes; mittlere Altersgruppen; Männer; Werktätige, die auch in anderen Formen der gesellschaftlichen Aktivität überdurchschnittlich aktiv sind."[10] Das heißt, daß die mit der „sozialistischen Gemeinschaftsarbeit" verbundene Vorstellung einer geistig-schöpferischen Anreicherung der Arbeit der Produktionsarbeiter allenfalls für jene höher qualifizierten Arbeitergruppen Gültigkeit besitzt, die sich in ihrer unmittelbaren Arbeit ohnehin schon vorteilhaft von der Mehrzahl der Produktionsarbeiter abheben. Der in den Ergebnissen soziologischer Untersuchungen deutlich gewordene Zusammenhang zwischen dem Anforderungsniveau der Arbeit und der Bereitschaft der Arbeiter, sich an Initiativen zur Verbesserung der Produktionsorganisation zu beteiligen, läßt in einer Phase sich weiter differenzierender Qualifikationsforderungen nicht erwarten, daß eine größere Gruppe von Produktionsarbeitern an solchen Aktivitäten effektiv partizipieren wird.

2. Zur Entwicklung der Intelligenz in der DDR

Eingriffe in die überlieferte Eigentumsordnung und dadurch in Gang gesetzte Umschichtungsprozesse betrafen auch die verschiedenen Teile der Intelligenz. Der kleine Stamm politisch zuverlässiger, wissenschaftlich ausgebildeter Kader, auf den sich die SED zu Beginn dieser Entwicklung stützen konnte, war den außerordentlichen Anforderungen eines planmäßigen Wiederaufbaus und einer Umgestaltung von Wirtschaft und Gesellschaft allein nicht gewachsen. Auf die „alte" Intelligenz, die durch Ausbildung und Lebenshaltung noch dem kapitalistischen System verhaftet war, konnte schon aus Gründen eines reibungslosen Produktionsablaufs in den Betrieben nicht verzichtet werden. Ebenso wie im wissenschaftlich-technischen und ökonomischen Bereich war auch in der staatlichen Verwaltung, in den pädagogischen, medizinischen, juristischen und künstlerischen Bereichen der Rückgriff auf die bürgerliche Intelligenz unerläßlich. Auf juristischem und pädagogischem Sektor und in der staatlichen Verwaltung wurden für die Beschäftigung bürgerlicher Spezialisten strengere politische Auswahlkriterien zugrundegelegt; im wissenschaftlich-technischen und im medizinischen Bereich war die fachliche Qualifikation ausschlaggebend. Die SED sah sich gezwungen, der bürgerlichen Intelligenz soziale Zugeständnisse zu machen und zahlreiche Privilegien zu gewähren, da an eine kurzfristige ideologische Umerziehung nicht zu denken war. Dennoch verlor die DDR durch Abwanderung in der Zeit von 1949 bis 1961 jährlich mindestens 5.000 Angehörige der Intelligenz[11].

---

10 *Zur Entwicklung der Arbeiterklasse und ihrer Struktur*, S. 135.
11 Vgl. Ludwig Auerbach, Menschen in der Sowjetischen Besatzungszone, in: *Werkhefte. Zeitschrift für Probleme der Gesellschaft und des Katholizismus*, 16. Jg. (1962), Nr. 2, S. 80.

Indem sie die traditionellen Rekrutierungsfelder abschaffte, versuchte die SED allmählich eine „neue", ihr ergebene sozialistische Intelligenz heranzubilden. Dies geschah zum einen dadurch, daß Aktivisten und Neuerer mit Intelligenzfunktionen betraut wurden, ohne daß sie eine Hoch- oder Fachschulausbildung nachweisen mußten; zum anderen wurde der akademische Nachwuchs vorwiegend aus proletarischen und bäuerlichen Kreisen rekrutiert. Ihre Ausbildung erfolgte entweder auf dem Wege des Direkt- oder Fernstudiums an den Universitäten, Hochschulen und Fachschulen oder an den „Arbeiter- und Bauernfakultäten", die auf ein Hoch- bzw. Fachschulstudium vorbereiteten. Schließlich gelang es der SED, auch einen Teil der „alten" Intelligenz von den Vorzügen des neuen politischen Systems zu überzeugen. Um fachliche Qualifikation und systemloyales Verhalten zu gewährleisten, sollten folgende Kriterien die Zulassung zum Hoch- und Fachschulstudium regeln: 1. soziale Herkunft; 2. fachliche Leistung; 3. politisch erwünschtes Verhalten.

Zu Beginn der sechziger Jahre hatten vier Fünftel der Hoch- und Fachschulabsolventen ihre Ausbildung nach 1951 abgeschlossen. Der SED war es somit gelungen, am Ende des Prozesses der Umgestaltung der bürgerlichen Eigentumsverhältnisse eine in ihrer sozialen Zusammensetzung und großenteils auch in der Mentalität „neue" Intelligenz zu schaffen. In den folgenden Jahren des „Neuen Ökonomischen Systems" zwangen erhöhte Leistungsansprüche dazu, das Kriterium „soziale Herkunft" in der Zulassungspolitik für die Hoch- und Fachschulen zu vernachlässigen. Der Anteil der Studierenden aus Intelligenzfamilien und Angestelltenkreisen erhöhte sich und förderte die Tendenz zur sozialen Konsolidierung der Intelligenz- und Angestelltenschicht in den sechziger Jahren. Verschärfte Zulassungskriterien seit Beginn der siebziger Jahre sollen diese Entwicklung stoppen. Nach neueren Angaben kommen gegenwärtig etwa 60 % der an den Universitäten und Hochschulen Studierenden und über 70 % der an Fachschulen Studierenden aus der Arbeiterklasse[12].

Die Intelligenz ist die am stärksten expandierende soziale Gruppe innerhalb der Sozialstruktur der DDR. Seit Beginn der sechziger Jahre hat sich ihr Anteil an der Erwerbsbevölkerung mehr als verdoppelt und liegt gegenwärtig bei ca. 18 %[13]. Eine besondere soziale Aufwertung erfuhr die Intelligenz in den sechziger Jahren in Verbindung mit dem Konzept der „wissenschaftlich-technischen Revolution". Der Nachweis wissenschaftlich-technischer Kenntnisse wurde zu einer wichtigen formalen Voraussetzung, um bestimmte Kaderpositionen zu besetzen. Ein ökonomisch nicht verwertbarer Qualifikationsüberschuß und unerwünschte sozialstrukturelle Effekte führten Anfang der siebziger Jahre zu einer Neubewertung der Auswirkungen des wissenschaftlich-technischen Fortschritts auf die Qualifikationsanforderungen. Von der Umorientierung in der Bildungspolitik seit dem VIII. Parteitag der SED

---

12 Vgl. *Körperliche und geistige Arbeit im Sozialismus,* Berlin (DDR) 1980, S. 60. Aus diesen Zahlenangaben geht nicht immer eindeutig hervor, ob bei der Zurechnung nach der sozialen Herkunft der erlernte oder der ausgeübte Beruf der Eltern bzw. eines Elternteils zugrundegelegt ist. Ferner werden die Funktionäre der SED statistisch zur Arbeiterklasse gezählt, selbst wenn sie über einen Hoch- oder Fachschulabschluß verfügen.
13 Nach auf dem 3. Soziologenkongreß 1980 gegebenen Einschätzungen wird sich der Intelligenzanteil an den Berufstätigen bis zur Jahrhundertwende auf 25 % erhöhen.

1971 — die Zulassungsquote für Hoch- und Fachschulen wurde beschränkt — waren vor allem die naturwissenschaftlich-technischen Fächer betroffen.

Die wissenschaftlich-technische Intelligenz ist neben der pädagogischen Intelligenz die stärkste Gruppe und umfaßte 1977 — einschließlich der ökonomischen Intelligenz — ca. 310.000 Beschäftigte. Das entspricht einem Anteil von 32,5 % an den in der Volkswirtschaft der DDR beschäftigten Hoch- und Fachschulkadern[14]. Durch die stärkere Förderung des Hochschulsektors in den sechziger Jahren und den seit 1970 zu beobachtenden stärkeren Rückgang der ausgebildeten technischen Kader im Fachschulbereich gegenüber den an Hochschulen ausgebildeten Kadern verschob sich die Relation Fachschulkader: Hochschulkader von 3 bzw. 4:1 in früheren Jahren auf 1,5:1 zugunsten der Hochschulkader. Eine Förderung der Ausbildung von mittleren technischen Fachkräften und damit eine Verstärkung der Mittelgruppe zwischen Facharbeitern, Meistern und Hochschulkadern läßt sich in der Bildungspolitik nach 1971 kaum nachweisen. Die gegenwärtige Förderung des Direktstudiums zuungunsten des Fern- und Abendstudiums, das vor einigen Jahren noch von der Hälfte der Fachschul- und fast einem Viertel der Hochschulstudenten absolviert wurde, hätte nicht unbeträchtliche sozialstrukturelle Folgen, würde sich diese Tendenz durchsetzen. Sieht man vom Hang zur Selbstrekrutierung in der Intelligenz einmal ab, so gingen die künftigen Hoch- und Fachschulkader zwar nach wie vor zu einem großen Teil aus der Arbeiterklasse hervor, ihre Verwurzelung im Arbeitermilieu beschränkte sich hingegen auf diesen Aspekt und zum Teil noch auf die gemeinsame Berufsausbildung[15]. Den im Berufsleben stehenden Arbeitern würde es erschwert werden, in Zukunft noch eine Intelligenzqualifikation zu erwerben.

3. Zur Frage der Annäherung von Arbeiterklasse und Intelligenz

Hat in den vergangenen Jahren, wie vielfach in der DDR behauptet, eine Annäherung von Arbeiterklasse und Intelligenz stattgefunden? Stützt man sich, um diese These zu überprüfen, zunächst auf empirische Belege aus der Industrie- und Arbeitssoziologie der DDR, so läßt sich eine Annäherung auf der Ebene der Arbeitsinhalte nur für einen Teil der hochqualifizierten Produktionsarbeiter und für den Teil der wissenschaftlich-technischen Intelligenz nachweisen, der in der materiellen Produk-

---

14 Vgl. *Arbeiterklasse und wissenschaftlich-technische Intelligenz in der entwickelten sozialistischen Gesellschaft*, Berlin (DDR) 1978, S. 178.
15 Während von den heute berufstätigen Hochschulkadern ca. 30 % einen Facharbeiterberuf erlernten, haben 70 % der Fachschulkader einen Facharbeiterabschluß. Vgl. Günter Feierabend, Die Berufsausbildung — Gradmesser des gesellschaftlichen Fortschritts, in: *Arbeit und Arbeitsrecht*, 34. Jg. (1979), Nr. 10, S. 450. Eine Untersuchung zur Annäherung von Klassen und Schichten, die 1977 vom Institut für marxistisch-leninistische Soziologie der Akademie für Gesellschaftswissenschaften beim ZK der SED durchgeführt wurde, erbrachte, daß von den befragten Angehörigen der Intelligenz in der Altersgruppe 35 bis 54 Jahre 73 % Arbeiter oder Bauern als Väter angaben, während in der Altersgruppe bis zu 34 Jahren 54 % auf die Herkunft aus einer Arbeiter- oder Bauernfamilie hinweisen konnten. Vgl. Lötsch/Freitag, Sozialstruktur und soziale Mobilität (Anm. 8), S. 98.

tion eingesetzt wird. Für diesen Personenkreis der wissenschaftlich-technischen Intelligenz, der sich sozial an eine Teilgruppe der Produktionsarbeiterschaft annähert, sind folgende sozialtypische Eigenschaften charakteristisch:
a) enge Bindung an den materiellen Produktionsprozeß;
b) Herkunft aus der Arbeiterschaft und in der Regel dreijährige Tätigkeit als Facharbeiter;
c) Studium an der Arbeiter- und Bauernfakultät oder Fernstudium;
d) Wahl des Ehepartners aus der gleichen Gruppe bzw. aus der Arbeiterschaft.
Der Annäherungsprozeß von Teilgruppen spiegelt gegenwärtig jedoch nicht die Gesamtentwicklung der beiden Großgruppen wider. Der weitaus größte Teil der Arbeiter wie auch der hier nicht untersuchten Gruppe der einfachen Angestellten unterscheidet sich durch den Charakter seiner vorwiegend körperlichen bzw. geistig-repetitiven Tätigkeit und seiner Stellung in der gesellschaftlichen Organisation der Arbeit weiterhin sozialökonomisch von der Intelligenz. Die Tätigkeit der Arbeiter hat — trotz partieller Auflockerung der technischen Bindung an die Maschinerie — ihren ausführenden Charakter behalten, während der größte Teil der im Betrieb eingesetzten Hoch- und Fachschulkader professionell Leitungsfunktionen wahrnimmt oder als Spezialist über die technisch-organisatorischen Bedingungen der Produktion verfügt. Die Unterscheidung zwischen Spezialisten und Leitern impliziert keine gravierende soziale Abstufung der beiden Funktionsgruppen. Ein Wechsel zwischen beiden Positionen ist relativ leicht möglich, da beide Tätigkeitsgruppen in der Regel über eine wissenschaftliche Qualifikation und damit über entsprechende Kadereigenschaften verfügen. Die Trennung zwischen leitender und ausführender Tätigkeit wird solange erhalten bleiben, wie physisch oder psychisch belastende Tätigkeiten diejenigen, die ausschließlich solche Tätigkeiten ausüben, daran hindern, von ihren Mitwirkungsrechten Gebrauch zu machen. Selbst eine Erhöhung der Arbeitsanforderungen führt jedoch nicht notwendig dazu, daß Arbeiter effektiv Eigentümerfunktionen wahrnehmen, solange durch die Struktur des gesellschaftlichen und betrieblichen Leitungssystems die Ausübung von Leitungsfunktionen auf bestimmte Berufsgruppen der Intelligenz konzentriert bleibt. Es ist also nicht allein das bislang noch zu geringe wissenschaftlich-technische Niveau der Produktion, das einen Abbau sozialökonomischer Unterschiede nicht zuläßt, auch das hierarchisch strukturierte System der gesellschaftlichen und betrieblichen Arbeitsteilung verhindert, daß die Unterordnung der Arbeitenden unter spezialisierte Teilfunktionen aufgehoben wird.

Aus Bildungs- und Qualifikationsunterschieden sowie Unterschieden im Inhalt und in den Bedingungen der Arbeit gehen weitere soziale Differenzierungen hervor, die sich außerhalb der Arbeitssphäre in unterschiedlichem Kommunikationsverhalten und unterschiedlicher Freizeitgestaltung von Arbeitern und Intelligenzangehörigen äußern. Um Entwicklungstrends im Verhalten der beiden sozialen Gruppen außerhalb der Arbeit zu charakterisieren, sei hier auf Ergebnisse aus kultursoziologischen Untersuchungen hingewiesen. Eine 1977 durchgeführte Studie erbrachte, daß in der Wahl der Ehepartner und Freunde deutliche Unterschiede zwischen den verschiedenen Gruppen von Werktätigen bestanden. Angehörige der Intelligenz hatten überdurchschnittlich häufig Ehepartner, die über eine Hoch- oder Fachschulausbildung verfügten[16]. Dieser Anteil lag bei Intelligenzangehörigen in Forschungsinstituten bei 50 %, bei Ärzten sogar bei 83,1 %; hingegen waren nur 10,7 % der Industriearbeiter, 24,4 % der Angestellten dieses Bereichs und 39,4 % der Angestellten der staatlichen Verwaltung mit Intelligenzangehörigen verheiratet. Die Ehepartner von zwei Dritteln der Produktionsarbeiter besaßen dieselbe Qualifikation, etwa 20 bis 25 % waren mit Un- bzw. Angelernten oder mit Teilfacharbeitern verheiratet. Der überwiegende Teil der befragten Werktätigen gab an, Freunde zu haben, die derselben Qualifikationsgruppe angehörten. Das im Rahmen dieser Untersuchung ermittelte Freizeitverhalten war ebenfalls sehr differenziert. Höher Qualifizierte nutzten ihre Freizeit stärker für die Weiterbildung und besaßen höhere kulturelle Ansprüche. So war z. B. der Anteil der Besucher von Theatern, Ausstellungen und Museen, Konzerten und Vorträgen bei Hoch- und Fachschulkadern und auch bei Angestellten erheblich größer als bei Produktionsarbeitern. Das gleiche gilt für die Diskussion aktueller politischer und kultureller Probleme, den Besitz von Büchern und die Benutzung öffentlicher Bibliotheken. Mit dem Freizeitverhalten der Gruppe der körperlich schwer Arbeitenden beschäftigte sich eine Untersuchung, die in zwei Betrieben der Berliner Bau- und Elektroindustrie durchgeführt wurde[17]. In dieser Gruppe war die Anzahl derer besonders groß, die in ihrer Freizeit keine Bücher lesen, nie ins Theater oder in Museen gehen, sich nicht weiterbilden, nie über betriebliche Probleme nachdenken und keine gesellschaftliche Arbeit im Wohngebiet leisten. Für Arbeiter, deren Arbeit als besonders monoton eingeschätzt wurde, lagen ähnliche Ergebnisse vor. Hohe Belastungen in der unmittelbaren Arbeitstätigkeit, so zeigte sich, lassen das Bedürfnis entstehen, die Freizeit eher passiv zu verbringen; wer hochqualifizierte Arbeit leistet, strebt hingegen nach beruflicher und allgemeiner Weiterbildung, nach aktiver Teilnahme an der gesellschaftlichen Arbeit im Betrieb und im Wohngebiet.

Obwohl somit weiterhin eine soziale Distanz zwischen den beiden Großgruppen als erwiesen gelten kann, erscheint es problematisch, ohne weitere soziale Faktoren wie Art und Höhe des Einkommens, Sozialprestige, Interaktionsdichte berücksichtigt zu haben, definitive Aussagen über den sozialen Schichtcharakter der Beschäftigungsgruppen der Produktionsarbeiter und der wissenschaftlich-technischen Intelligenz zu treffen. Die von Soziologen in der DDR stets erwähnte vertikale soziale Mobilität zwischen den Klassen und Schichten erscheint jedoch bei dem inzwischen erreichten Entwicklungsniveau der Gesellschaft nicht mehr so ohne weiteres gegeben. Zum einen hat die in den sechziger Jahren forcierte Ausbildung von Hoch- und Fachschulkräften vorerst zu einer gewissen Sättigung im Kaderbedarf geführt. Andererseits ist die Nachfrage nach Angelernten- und Facharbeiterqualifikationen nach wie vor sehr hoch. Beides hat bewirkt, daß seit Beginn der siebziger Jahre die Facharbeiterausbildung verstärkt, der Hochschulzugang hingegen erschwert wurde. Berücksichtigt man ferner, daß — wie bereits erwähnt — dem Direktstudium gegenüber dem Abend- und Fernstudium der Vorrang gegeben wird, so ist zu fragen, welche

16 Vgl. *Körperliche und geistige Arbeit im Sozialismus*, S. 314. Die folgenden Angaben sind dieser Studie entnommen.
17 Vgl. *Wie steht es um Leistungsstreben, Initiative, Schöpfertum?*, Berlin (DDR) 1979.

Konsequenzen sich daraus für die soziale Zusammensetzung der künftigen Hoch- und Fachschulkader ergeben. Es ist nicht auszuschließen, daß sich die Intelligenz in Zukunft in höherem Maße als bisher aus sich selbst heraus rekrutiert. Studienbewerber aus Intelligenzfamilien dürften unter den Bedingungen einer verschärften Konkurrenz um die Zulassung zum Hochschulstudium und einer rigideren Begabtenauslese bessere Chancen haben als Arbeiterkinder, die dann stärker als bisher auf die Facharbeiterausbildung verwiesen wären. Sollte sich diese Tendenz durchsetzen, so würde die in der DDR neu entstandene Sozialstruktur als vertikale Struktur sozialer Schichten noch deutlicher erkennbar werden.

4. Neuere Überlegungen eines DDR-Soziologen

In diesem Zusammenhang ist es interessant zu beobachten, wie die skizzierte Entwicklung in jüngster Zeit von Soziologen in der DDR reflektiert wird. Manfred Lötsch hat sich in mehreren Artikeln für eine stärkere Differenzierung in den Intelligenztätigkeiten ausgesprochen und eine besondere Förderung der Spitzenkräfte gefordert. Für die Soziologie stelle sich die Frage, wie es in einer neuen Phase der wissenschaftlich-technischen Revolution, die durch Anwendung der Mikroelektronik und anderer Elemente der Automatisierungstechnik gekennzeichnet sei, gelingen könne, die Vorzüge der sozialistischen Gesellschaft in Triebkräfte für ein höheres Wirtschaftswachstum und in eine beschleunigte Durchsetzung des wissenschaftlich-technischen Fortschritts umzusetzen. Lötsch kritisiert die in der Literatur vorherrschende Auffassung, je geringer die sozialen Unterschiede seien, um so näher sei der Sozialismus seinem geschichtlichem Ziel gerückt. Diese Betrachtungsweise klammere die Frage nach dem Niveau, auf dem diese Gleichheit verwirklicht werde, aus. Das entscheidende Kriterium für die Bewertung sozialer Strukturen sei ihre Wirkung auf die Entwicklung der Produktivkräfte. Es stelle sich die Frage: „Geht diese Triebkraftentwicklung nur aus Verringerung sozialer Unterschiede hervor, oder kann auch die Reproduktion und die Ausprägung von Differenzierungen eine solche Wirkung haben"[18]. Man dürfe sich die Herausbildung der Sozialstruktur der entwickelten sozialistischen Gesellschaft nicht nur als einen Prozeß fortschreitender Homogenisierung vorstellen und dieses Zielkriterium aus den Erfordernissen eines durch Intensivierung bewirkten Wirtschaftswachstum herauslösen. Wenn soziale Unterschiede etwa durch „Nivellierung nach unten" oder durch die Herausbildung eines allgemeinen Durchschnittsniveaus abgebaut würden, so fände zwar ein Prozeß der Homogenisierung statt, der aber nichts mit einer progressiven Entwicklung zu tun hätte. Diese verlange Veränderungen in Richtung auf ein höheres Niveau. „Soziale Strukturen sind nicht einfach historisch progressiv im Maße ihrer ‚Homogenität', sondern im Maße ihrer Funktion als Triebkraft für den wissenschaftlich-technischen und ökonomischen Fortschritt, über den die entscheidenden materiellen Vor-

---

18 Manfred Lötsch, Sozialstruktur und Wirtschaftswachstum. Überlegungen zum Problem sozialer Triebkräfte des wissenschaftlich-technischen Fortschritts, in: *Wirtschaftswissenschaft*, 29. Jg. (1981), Nr. 1, S. 65.

aussetzungen für höhere Niveaus sozialer Gleichheit heranwachsen."[19] So sei es problematisch, aus empirischen Befunden, die eine Annäherung von Teilen der Arbeiterklasse und der Intelligenz in der materiellen Produktion nachweisen, den Schluß zu ziehen, hier sei die dem entwickelten Sozialismus entsprechende Sozialstruktur bereits herangereift. Betrachte man diese Entwicklung genauer, so stelle sich heraus, daß die produktionsnahe Intelligenz vielfach *unter* ihrem Qualifikationsniveau eingesetzt werde. Eine internationale Gemeinschaftsuntersuchung von Soziologen aus sozialistischen Ländern habe gezeigt, ,,daß mindestens ein Viertel, in der Mehrheit der beteiligten Länder sogar ein weit größerer Teil der untersuchten Intelligenz ... an Arbeitsplätzen tätig ist, deren geistiges Niveau ... sich nicht von den Facharbeiter-Arbeitsplätzen mit höheren geistigen Anforderungen unterscheidet"[20]. Hier habe eine Überlagerung intellektueller Arbeit mit Anforderungen und Funktionen niedrigeren geistigen Niveaus stattgefunden, die als Annäherung erscheine. Besser sei es, diesen Prozeß als ,,Entintellektualisierung der komplizierten geistigen Arbeit" zu bezeichnen bzw. als nichteffektive Nutzung des Potentials an komplizierterer geistiger Arbeit. Um die Effektivität der geistigen Arbeit zu erhöhen, sei es erforderlich, die schöpferisch tätige Intelligenz von der Ausübung bestimmter Hilfsfunktionen zu entlasten und eine stärkere Ausdifferenzierung der Intelligenztätigkeiten anzustreben. Eine Annäherung zwischen Arbeiterklasse und Intelligenz durch ,,Nivellierung nach unten" sei kein erstrebenswertes Ziel.

Lötsch leitet aus seinen Beobachtungen den Vorschlag ab, den Intelligenzbegriff enger zu fassen und wendet sich gegen die in der statistischen Praxis übliche Gleichsetzung von ,,Intelligenz" mit ,,Hoch- und Fachschulkadern". Wenn man den Intelligenzbegriff so weit fasse, würde das Niveau der Annäherung übertrieben dargestellt. Lötsch fordert eine stärkere Förderung der ,,Kerngruppen" der Intelligenz, also derjenigen, die die grundlegenden schöpferischen Leistungen vollbringen. Die Besonderheiten dieser Gruppen sollten in Zukunft nicht nur im Inhalt der Arbeit, sondern in der gesamten Lebensweise stärker ausgeprägt werden. Trage man diesen Erfordernissen Rechnung, so müsse man auch an das Problem der sozialen Reproduktion der Intelligenz neu herangehen. Lötsch weist in diesem Zusammenhang auf Erkenntnisse aus bildungssoziologischen Untersuchungen hin, die besagen, daß Lernhaltungen und Lernleistungen der Schüler vom Bildungsgrad der Eltern abhängen: ,,Damit ist die Wahrscheinlichkeit, daß [im genetischen Sinne] gleiche Begabungen gefunden werden, ungleich. Hier wirken familiäre Traditionen, spezifische und an die nächste Generation durch Erziehung und Vorbild vermittelte Wertorientierungen, der Intelligenz eigentümliche Lebensstile und Interessen usw. zusammen."[21]

Lötsch gibt zu bedenken, ob nicht das, was vielfach die Arbeiterklasse kennzeichne, nämlich die Tradierung bestimmter Berufsvorstellungen und eines damit

---

19 Manfred Lötsch, Soziale Strukturen als Wachstumsfaktoren und als Triebkräfte des wissenschaftlich-technischen Fortschritts, in: *Deutsche Zeitschrift für Philosophie*, 30. Jg. (1982), Nr. 6, S. 725.
20 Ebd., S. 730.
21 Lötsch, Sozialstruktur und Wirtschaftswachstum (Anm. 18), S. 68.

zusammenhängenden Wertesystems von Generation zu Generation, nicht auch für die Rekrutierung einer zu Spitzenleistungen aufgerufenen Intelligenz ein Maßstab sein könne. „Ich frage mich, ob solche Dinge, die Entwicklung — wie könnte man das nennen — sozialistischer Gelehrtenfamilien nicht auch unter der übergreifenden Frage der Entwicklung von Begabungen sinnvoll und vernünftig sein können ... und wenn eine Familie über mehrere Generationen hinweg ein solches System von Werten, von Interessen und Verhaltensnormen entwickelt und wenn eine solche Erscheinung dazu beiträgt, zusammen mit dem, was wir im Bildungswesen durchsetzen und ändern müssen, Spitzenbegabungen rechtzeitig zu entdecken und allseitig zu entwickeln, kann ich nicht finden, daß eine solche Entwicklung für den Sozialismus ein Nachteil wäre."[22] Soweit die Überlegungen eines Soziologen, die in der Literatur der DDR nicht allein dastehen. Daß sozialistische Gelehrtenfamilien zu weiteren Spitzenleistungen in der Soziologie beitragen mögen, ist der DDR nur zu wünschen.

---

22 Manfred Lötsch, „Intelligenz — ein ökonomischer Wachstumsfaktor", Gespräch in Radio DDR II, in: *Rias Monitor* vom 11.3.1982. S. 13.

Regionalhistorischer Exkurs II:
Erfahrungen

Trutz Trommer

Lehren aus dem Studium der Arbeiterbewegung in Solingen

Theo Pirker kommt in seinen Thesen über das Ende der Arbeiterbewegung in Deutschland zu dem Schluß, die von ihm beschriebenen Entwicklungen stellten inhaltlich das dar, was wissenschaftlich als das Ende der Arbeiterbewegung bezeichnet werden müsse. Er schreibt, ohne die Verwendung des von ihm entwickelten Konzeptes vom Ende der Arbeiterbewegung seien die Ergebnisse der Sozialforschung über die Entwicklung der Arbeiterbewegung nach 1945 in Westdeutschland entweder empathisch-kritischer oder bornierter apologetischer Natur.

Die Veröffentlichung seiner Thesen vom Ende der deutschen Arbeiterbewegung fällt zeitlich zusammen mit der Mitbestimmungsinitiative des DGB seit 1982. Diese Initiative, die unter dem Motto „Abbau der Arbeitslosigkeit — Demokratisierung der Wirtschaft" den gewerkschaftlichen Aktivitäten den konzeptionellen Rückhalt geben soll, wäre von vornherein zum Scheitern verurteilt, wenn Pirkers Thesen vom Ende der deutschen Arbeiterbewegung in der Zuspitzung zutreffen würden, wie sie formuliert sind[1]. Glücklicherweise wird das Gelingen dieser und ähnlicher Initiativen nicht nur auf dem Papier entschieden, sondern durch die gesellschaftlichen Aktivitäten insgesamt, die die organisierten Beschäftigten zu entfalten verstehen. Fritz W. Scharpf hat auf diesen Umstand hingewiesen, indem er die gewerkschaftliche Organisationseigenart im Vergleich zu anderen Organisationen analysierte[2].

Demokratie wird in anderen Organisationen, besonders im bürgerlichen Staat, als Problem lediglich der Willensbildung definiert. Die Ausführung der Politik ist dann jedoch Sache der zentralen Führung und ihres besoldeten und weisungsabhängigen Funktionärsstabes. Nicht so bei den Gewerkschaften. Bei dem wichtigsten Element gewerkschaftlicher Strategie, der Entscheidung über die Durchführung und Beendigung von Arbeitskämpfen, sind Träger der Entscheidungsausführung nicht die Gewerkschaftszentralen und der besoldete Funktionärsstab, sondern die Mitglieder selbst. Wenn die Mitglieder streiken, dann ist Arbeitskampf, ob das der Gewerkschaftsführung in die Politik paßt oder nicht. Und wenn die Mitglieder nicht streik- oder aktionsbereit sind, dann kann eine noch so militante Gewerkschaftsführung keinen Konflikt vom Zaune brechen.

---

1 Vgl. zur Mitbestimmungsinitiative des DGB: *Gewerkschaftliche Monatshefte*, 33. Jg. (1982) S. 593—672.
2 Fritz W. Scharpf, Organisatorische Voraussetzungen der Funktionsfähigkeit der Gewerkschaften in der Bundesrepublik Deutschland, in: *Gewerkschaftliche Monatshefte*, 29. Jg. (1978) S. 578—588.

So verwundert es nicht, wenn Pirker bemerkt, daß in der Geschichte der Arbeiterbewegung in Deutschland das Wort vom „Ende der Arbeiterbewegung" periodisch als Kampfwort der verschiedenen Fraktionen und Parteien verwendet worden ist. Das Ende der Arbeiterbewegung kann gehofft, befürchtet, angestrebt, oder es kann ihm entgegengewirkt werden; aber solange eine Lohnarbeiterschaft existiert, kann „wissenschaftlich" nicht das Ende ihrer Bewegung festgestellt werden, Bewegung kann aus den verschiedensten Gründen jederzeit wieder entstehen.

Aber Wissenschaft ist nicht darauf beschränkt, lediglich Bewegung oder Bewegungslosigkeit der Arbeiterschaft festzustellen. Wissenschaft kann sich selbst als Teil der Arbeiterbewegung begreifen — arbeiten doch Wissenschaftler heute nahezu ausnahmslos in Lohnabhängigkeit.

Eine Form solcher wissenschaftlicher Arbeit hat Pirker selbst mitgeprägt, und sie hat auch ihn geprägt, die Mitbestimmungs- und Partizipationsforschung. In seinem Vortrag vor dem 18. Deutschen Soziologentag 1976[3] weist er darauf hin, daß die Rekonstruktion und Modernisierung des westdeutschen Kapitalismus nicht nur Gegenstand der Reflexion der Mitbestimmungsforscher gewesen ist, sondern auch ihrer politischen Agitation und Aktion[4]. Nach Pirker[5] ist die Mitbestimmungsforschung Beginn und Bestandteil der Partizipationsforschung und ist die Partizipationsforschung ihrer Entstehungs- und Entwicklungsgeschichte, ihrer Fragestellung wie der Darstellung ihrer Ergebnisse nach intentionale Forschung, die von der Norm der Parteilichkeit beherrscht wird. Intentionalität wie Parteilichkeit von Partizipationsforschung ist weder im Vorher noch im Vollzug oder gar im Nachher des Forschens durch den Akt des sogenannten Werturteils abgedeckt, sondern sie ergeben sich zwingend aus der rationalen Analyse der Partizipationskonstellation selbst.

Was Pirker in seinen Thesen vom Ende der deutschen Arbeiterbewegung vollkommen in Vergessenheit geraten läßt, das betont er in seinen Thesen zur Partizipationsforschung in der notwendigen Klarheit:

„Partizipationsforschung muß sich — wie die Soziologie selbst — als Bestandteil und Ausdruck des Rationalisierungs- und Demokratisierungsprozesses der Gesellschaft begreifen. Dies kann sie nicht in akademischer Distanz, sondern nur dadurch, daß sie sich mit den Gruppen und Klassen in dieser Gesellschaft, die diesen Rationalisierungs- und Demokratisierungsprozeß getragen haben und ihn weiterzutreiben vermögen, mit deren Interessen, Einstellungen und Aktionen identifiziert."[6]

Indem wir Pirkers Anregung[7] verwirklichen und in die Partizipationsforschung auch die historische Dimension einbeziehen, ergibt sich uns ein vollkommen anderes Geschichtsbild, als er es in seinen Thesen über das Ende der Arbeiterbewegung vermittelt. Seit 1978 haben wir in zwei studentischen Projektgruppen, die ich als wis-

---

3 Theo Pirker, Von der Mitbestimmungsforschung zur Partizipationsforschung, in: *Materialien aus der soziologischen Forschung: Verhandlungen des 18. Deutschen Soziologentages 1976*, Darmstadt/Neuwied 1978, S. 20—40.
4 Vgl. ebd., S. 21.
5 Vgl. ebd., S. 35.
6 Ebd., S. 35—36.
7 Vgl. ebd., S. 20—21.

senschaftlicher Assistent geleitet habe, versucht, den konzeptionellen Ansatz der Partizipationsforschung empirisch zu wenden. Nachdem wir in einem Forschungscolloquium am Institut für Soziologie der FU Berlin gesellschaftstheoretische Grundfragen diskutiert hatten[8], studierten wir die gewerkschaftlichen Ansätze regionaler Entwicklungspolitik. Dabei stießen wir auf die DGB-Studie „Entwicklungsperspektiven für das Bergische Land"[9], die uns die fundierteste gewerkschaftliche Ausarbeitung zu unserem Forschungsinteresse zu sein schien. Über diese Studie, vermittelt durch den DGB-Landesbezirk Nordrhein-Westfalen, fanden wir im DGB-Kreis Solingen unser Forschungsfeld.

Wir wählten als Forschungsproblem die Frage, wie sich Regionen entwickeln, welche gesellschaftlichen Kräfte sich an der Entwicklung beteiligen und welche Alternativen der Entwicklung sich dabei ergeben. Unser Projekt nannten wir „Regionale Partizipation". In unserem Forschungsansatz war angelegt, daß wir Ergebnisse nur prozeßhaft im Austausch mit den Betroffenen, besonders mit Gewerkschaftern, entwickeln konnten. Dem stand aber unsere Beschränkung auf schriftliche Darstellung von Forschungsergebnissen entgegen, die wir dadurch überwunden haben, daß wir Video als Kommunikationsmedium in den Forschungsprozeß einbezogen haben. Dabei konnten wir auf Ansätze in Aktionsforschungsprojekten zurückgreifen[10] und einen eigenen Ansatz entwickeln, den wir „sozialwissenschaftliche Empiriesynthese" nannten[11].

Die für uns in diesem Zusammenhang wichtigste Erkenntnis verdanken wir Günther Hörmann und Thomas Mitscherlich, die den Grundgedanken ihrer Filmarbeit folgendermaßen erläutern:

„Unsere Vorgehensweise beruht im wesentlichen auf unserer Kenntnis der Gewerkschaftsentwicklung und der bisherigen Tarifbewegungen. Wir haben so Annahmen, aufgrund welcher Strukturen sich Konflikte an bestimmten Stellen entwickeln . . . Solche Strukturen sind uns vorher bekannt und sie wirken in allen Tarifbewegungen . . . Wenn man also die Kenntnis von den Strukturen hat, so findet man das im Alltag wieder. Das macht das Film-Arbeiten aus: man muß einen Begriff von der Sache, von den Strukturen haben und muß nun versuchen, das, was an Strukturen und Konflikten vorhanden ist, wiederzufinden . . .

Die Schwierigkeit bei der Dokumentarfilmarbeit ist die Auswahl von Schnittpunkten, wo die Konflikte auftauchen. Man versucht diese auszumachen, um daran Personen entstehen zu lassen.

---

8 Forschungscolloquium Gewerkschaft und Planung, Lothar Riehn, Eleonore Möding, Ursula Schaile, Trutz Trommer mit Studenten und Studentinnen am Institut für Soziologie der Freien Universität Berlin, Sommersemester 1978 und Wintersemester 1978/79.
9 DGB-Landesbezirk Nordrhein-Westfalen (Hrsg.), *Entwicklungsperspektiven für das Bergische Land*, Düsseldorf 1976.
10 Vgl. z. B. Lienhard Wawrzyn, Verschollene Wahrnehmung. Parteiliches Fotografieren und Filmen als Hilfsmittel der politischen Arbeit, in: ders. (Hrsg.), *Wohnen darf nicht länger Ware sein*, Darmstadt und Neuwied 1974, S. 212–236; vgl. auch Projektgruppe Eisenheim, Aktion gegen die Zerstörung der ältesten Arbeitersiedlung des Ruhrgebiets: Projektmodell Eisenheim, in: ebd., S. 194–211.
11 *Projekt Regionale Partizipation, Institut für Soziologie Freie Universität Berlin. Mitteilungen aus dem Schwerpunktbereich Methodenlehre*, Nr. 3, Berlin 1981, S. 325–364; Georg Vollmeyer, *Sozialwissenschaftliche Empiriesynthese mit Video*, Diplomarbeit am Institut für Soziologie der Freien Universität Berlin 1981; Jürgen Fabritius, *Sozialwissenschaftliche Empiriesynthese mit Fotografie*, Diplomarbeit am Institut für Soziologie der Freien Universität Berlin 1981.

Der Dokumentarfilm versucht, sich von vornherein an den Personen zu orientieren, die in diesen Schnittpunkten handeln. Er versucht an ihnen die ‚Dramatik' ihres Lebens zu begreifen, um sie anderen Menschen zugänglich zu machen . . ."[12]

Unseren Forschungsansatz, Video als Kommunikationsmedium in den Diskurs mit den Gewerkschaftern einzubeziehen, haben wir in unserem zweiten Projekt in Solingen weiterverfolgt[13]. In diesem zweiten Projekt thematisieren wir „Lebenslauf und Regionalgeschichte". Dabei verarbeiten wir Geschichtsdarstellungen in Form erzählter Geschichte. Wo die Erzählungen nicht auf eigenem Erleben beruhen – wie bei unserer Quotenauswahl alter Solinger Gewerkschafterinnen und Gewerkschafter[14] –, da beruhen sie auf dem Expertenwissen von zwei Historikern. Unsere Experten waren Rudolf Boch und Manfred Krause, die zur Zeit unserer Studienaufenthalte im Solinger Stadtarchiv an Forschungsprojekten über die lokale Arbeiterschaft arbeiteten.

Obwohl wir erst auf der ersten Stufe der Geschichtsdarstellung sind, in einem Forschungsprozeß, der auf mehrere Stufen mit Korrekturmöglichkeiten angelegt

---

12 Interview zum Thema „Film und Wirklichkeit", in: *Veröffentlichungsreihe des Internationalen Instituts für vergleichende Gesellschaftsforschung (IIVG Papers)*, Wissenschaftszentrum Berlin, PV/78-31 November 1978, S. XI-XII.
13 Projekt Lebenslauf und Regionalgeschichte, Gabriele Rosenthal, Trutz Trommer, Wintersemester 1981/82, Sommersemester 1982; Gabriele Rosenthal, Ortrud Rubelt, Wintersemester 1982/83 mit Studentinnen und Studenten am Institut für Soziologie der Freien Universität Berlin.
14 Alle Interviewpartner sollten Jahrgang 1910 und älter sein. Wir legten folgende Quoten fest, die wir mit Unterstützung des DGB-Kreises Solingen weitgehend einhalten konnten:
   Geschlecht:
   7 Männer
   7 Frauen
   14 Befragte
   Gewerkschaftsfunktion früher:
   2 Hausfrauen, Ehefrauen von aktiven Gewerkschaftern
   2 Gewerkschaftsmitglieder ohne Funktion
   3 Gewerkschaftsmitglieder mit betrieblicher Funktion
   4 Gewerkschaftsmitglieder mit ehrenamtlicher Funktion
   3 hauptamtliche Gewerkschaftsfunktionäre
   14 Befragte
   Erwerbsbranche früher:
   6 Industrie und Handwerk Eisen und Stahl, davon 2 Heimarbeiter
   2 Industrie und Handwerk nicht Eisen und Stahl
   2 Handel und Verkehr
   1 Verwaltung
   1 Gesundheitswesen
   1 Bildungswesen
   1 Pressewesen
   14 Befragte
   Parteiorientierung früher:
   3 bürgerliche Parteien u. U. auch spätere NSDAP
   4 SPD
   6 KPD
   1 KPD-Opposition oder Sozialistische Arbeiterpartei
   14 Befragte

ist[15], läßt sich jetzt schon absehen, daß wir zu einer vollständig anderen Geschichtsdarstellung kommen werden, als sie Pirker in seinen Thesen vom Ende der Arbeiterbewegung in Deutschland gibt.

Pirker nimmt die deutsche Arbeiterbewegung lediglich unter einem einzigen Aspekt wahr: als nationale Bewegung. Wir kritisieren daran, daß er so weder das Wesen der deutschen noch der Arbeiterbewegung insgesamt erfassen kann.

Demgegenüber sehen wir die Entwicklung der deutschen Arbeiterbewegung in vier Phasen:
— der lokalen Phase;
— der nationalen Phase;
— der europäischen Phase;
— der globalen Phase.

Dabei verstehen wir unter Arbeiterbewegung durchaus das, was mit Pirkers Idealtypen als beendet erklärt wird: „als Bewegung, die auf eine neue Organisation der Gesellschaft zielt und insbesondere auf die Veränderung der Eigentumsverhältnisse und der Machtverteilung".

Wir sehen die Bewegung der Arbeiterschaft dadurch überhaupt erst entstanden und nach wie vor bedingt, daß die jeweils regionale Arbeiterschaft dem auf den Weltmarkt drängenden Kapital die notwendige Fürsorge für die menschliche Arbeitskraft abzuringen sucht.

Das Kapital ringt durch die vier Entwicklungsphasen hindurch mit der jeweils regionalen Arbeiterschaft darum, diese Fürsorge nicht beachten zu müssen, zuerst lokal, dann national, heute für ganze Weltregionen. Durch diese Tendenz des Kapitals wird die ehemals selbstgenügsame lokale Arbeiterschaft über die Jahrhunderte hinweg dazu gebracht, einerseits für die ganze Welt zu produzieren und Erzeugnisse aus aller Welt zu gebrauchen, andererseits aber auch dazu, ihre jeweils regionale Organisation zu verallgemeinern und zu einer globalen Bewegung zu werden.

Im folgenden skizziere ich die vier Phasen der Arbeiterbewegung so, daß uns diese Skizze als Grundlage einer videografischen Darstellung dienen kann, wie es unserer Methode entspricht. Daran anschließend deute ich kurz die Problemlage an, die wir mit unserem Projekt Regionale Partizipation umrissen haben und die für die globale Phase der Arbeiterbewegung zentral werden wird, soweit sie es nicht schon geworden ist.

1. Zur lokalen Phase der Arbeiterbewegung

Die Arbeiterbewegung in Solingen ist für uns zur Erkenntnisquelle und zum Modell der Arbeiterbewegung überhaupt geworden.

---

15 Die ursprüngliche Planung ist festgehalten in: Vollmeyer, *Empiriesynthese mit Video* (Anm. 11), Anhang 2. Z. Zt. liegt ein Videozwischenbericht in drei Teilen vor: 1. Teil zur Situation der Frauen; 2. Teil zum technischen Wandel und zur gewerkschaftlichen Organisation; 3. Teil zu Schule, Familie, Gesellschaft.

Solingen war eine mittelalterliche Stadt und ist es bis heute geblieben, denn es hat seine lokale Eigenheit als Stadt des selbstbewußten Handwerks nie verloren. Der Name der Stadt steht noch heute – über die Jahrhunderte hinweg, als Solingen die Stadt der blanken Waffen war – als Gütezeichen für Qualitätserzeugnisse. Noch heute sprechen die Solinger von ihrer Stadt als der Klingenstadt.

Solingen ist aber nicht nur eine mittelalterliche Stadt geblieben. Es ist auch eine moderne Stadt geworden, die auf Weltniveau produziert, mit internationalem Kapital und mit Arbeitskraft, die in Solingen selbst ebenso international ist wie in den Zuliefer- und Teilfertigungsbetrieben in Billiglohnländern. Es ist ein Hinweis auf die Produktivität der Stadt, daß die Solinger Industrie einen Völkerrechtsprozeß darum geführt hat, in Japan nicht die Gründung einer zweiten Stadt mit dem Namen Solingen zuzulassen und daß sie in weiteren 23 Staaten ähnliche Konflikte hatte. Wir sehen den Grund für die Besonderheit Solingens in der besonderen Produktion der Stadt. Solingen produzierte jahrhundertelang Waffen, deren Qualität Kriege beeinflußte. Die Besonderheit dieser Produkte erzwingt die jeweils fortgeschrittensten Produktionsverhältnisse, sowohl instrumenteller als auch personeller Art. Bei Waffen ist der Zusammenhang zwischen der Qualität der Produkte und der Überlebensfähigkeit der Kultur, die mit den Waffen ausgerüstet ist, unmittelbarer als bei anderen Produkten: Schlechte Qualität wird mit Unterdrückung und Tod bestraft – und das betrifft nicht nur die Waffenhersteller, sondern alle, die zu der Kultur gehören und mit den Waffen ausgerüstet worden sind. Einer Arbeiterschaft, die gute Waffen zu produzieren versteht, werden besondere Freiheiten gewährt. Die besten Waffen werden produziert mit den besten Produktionsmitteln unter den am weitesten entwickelten Produktionsverhältnissen, die der Kultur zur Verfügung stehen.

Die Solinger Industrie wurde bis in die Mitte des 19. Jahrhunderts hinein ganz überwiegend von Arbeitern betrieben, für die Rudolf Boch das Fachwort „Handwerkerarbeiter" geprägt hat. Die lokale Industrie war auf die Produktion von Schneidwaren spezialisiert, die in drei großen Teilbereichen organisiert war: das Schmieden, das Schleifen und das sogenannte Reiden, das Fertigmachen. Die Schmiede, die Schleifer und die Reider betrieben ihr Gewerbe jeweils kollektiv in sogenannten Kotten und Hammerwerken. Das waren große Werkstattgebäude, die sie gemeinschaftlich betrieben. In den größten Schleifkotten arbeiteten ca. 50 Schleifer an jeweils eigenen Schleifplätzen. Diese Handwerkerarbeiter, von denen heute noch einige in der überkommenen Form produzieren, pachteten sich ihren Arbeitsplatz und arbeiteten mit eigenen Produktionsmitteln für einen oder mehrere Kaufleute, und die Kaufleute verkauften die Waren. Die Handwerkerarbeiter organisierten gemeinschaftlich die Antriebskraft, die sie für ihre Hammerwerke und Schleifscheiben benötigten. Sie nahmen dazu die Wasserkraft der Bäche und der Wupper, die ihre Wasserräder antrieb.

Die lokale Industrie wurde aber nicht nur durch die Wasserläufe der Wupper und der Bäche und nicht nur durch die Kotten und Hammerwerke zusammengehalten, sondern durch die lokale Kultur insgesamt, die der lokalen Produktionsweise entsprach.

Sozial bildeten die Handwerkerarbeiter große Sippen, in denen die Arbeitstechnik überliefert wurde und am Ort monopolisiert blieb. Die erwachsenen männlichen Handwerkerarbeiter waren Mitglieder der jeweiligen Zunft, der Bruderschaft, wie die Solinger die Zunft nannten. Wer die gemeinschaftlichen Regeln der Bruderschaften nicht befolgte, wurde mit gemeinschaftlichen Gegenmaßnahmen bestraft. Zugehörigkeit zu der jeweiligen Bruderschaft war selbstverständliche Ehrenpflicht für jeden.

Diese fundamentaldemokratische Lokalkultur prägte vier Jahrhunderte lang die Entwicklung Solingens; sie ist noch heute als Tendenz wahrnehmbar und hat uns nach Solingen gebracht.

In Solingen reicht die überlieferte Geschichte der Arbeiterbewegung zurück bis in das frühe 15. Jahrhundert. Die Bruderschaften der Schleifer, Schwertfeger und Schwertschmiede und die sich mit der technischen Entwicklung weiter ausdifferenzierenden Fachvereine prägten fünf Jahrhunderte lang die Solinger Arbeiterschaft.

Mit ihren Bruderschaften kämpften die Solinger Handwerkerarbeiter gegen ihre immer mächtiger werdenden Zunftbrüder, die Kaufleute. Sie kämpften gegen die privilegierte Kaufmannschaft den gleichen Kampf, den heute die Arbeiterschaft in der ganzen Welt führt: den Kampf für selbstbestimmte Arbeit, die eine menschenwürdige Existenz ermöglicht und den Kampf gegen die Ausbeutung der Arbeitskraft durch despotische Herrschaft. Dabei hatten sie gegenüber der Kaufmannschaft Rechte, die die globale Arbeiterschaft bis heute noch nicht wieder erobert hat:
— eine innere Selbstverwaltung mit eigener Gerichtsbarkeit;
— Selbstverwaltung des Arbeitskräftepotentials;
— Selbstkontrolle der Qualität und der Quantität der Waren.
Den weltweit agierenden Kaufleuten konnten die Lokalorganisationen der Arbeiterschaft auf die Dauer allerdings nicht standhalten. In Preußen setzte das Bürgertum 1809 eine Gewerbeordnung durch, die die Organisationen der Arbeiterschaft zu illegalen Vereinigungen erklärte. Solingen kam 1815 zu Preußen.

Das Organisationsverbot der Gewerbeordnung wirkte zwar nicht überall gleich abschreckend, verhinderte aber für Deutschland, daß sich mit der beginnenden Industrie stetig eine nationale Arbeiterschaft entwickeln konnte, die zugleich lokal verwurzelt blieb. Vor allem diesem Umstand müssen wir es zuschreiben, wenn später der Gegensatz zwischen Lokalorganisationen und Zentralorganisationen so unversöhnliche Formen annahm, wie wir es gerade in Solingen finden.

Insgesamt war die Illegalisierung der lokalen Organisationsform der Arbeiterschaft zwar nicht unwirksam, aber der Solinger Arbeiterschaft war damit nicht beizukommen.

Manfred Krause und Rudolf Boch, die uns im Solinger Stadtarchiv in die Geschichte der lokalen Arbeiterbewegung einführten, schildern uns diese Zeit als Periode verschärfter Arbeitskämpfe und als Wiederaufleben des Orakels, einer Sitte, die sich im 18. Jahrhundert entwickelt hatte. Diese Sitte entsprach dem Solinger Rechtsempfinden, verstieß aber gegen Preußisches Recht. Zu Arbeitsbrüdern, die sich in irgendeiner Weise unsolidarisch gegen die Regeln der Bruderschaft verhielten, indem sie unter Preis arbeiteten oder Pfuschqualität produzierten, kam nachts das Orakel und zerstörte Arbeitsmittel oder -produkte.

Während der Revolution 1848/49, an der sich auch die organisierten Solinger Handwerkerarbeiter beteiligten, erreichten die Arbeitsmittelzerstörungen insofern eine neue Qualität, als schon im März 1848 fünf Gießereien der Fabrikanten zerstört wurden, darunter auch die größte mit ca. 100 Lohnarbeitern.

Durch die häufigen Auseinandersetzungen und den starken Zusammenhalt der Arbeiterschaft blieben die alten Organisationsformen der Solinger Arbeiterschaft trotz preußischen Regiments über die Jahrzehnte hinweg in Erinnerung.

Rudolf Boch erklärt uns das so:

„. . . 1848 als diese
Bruderschaften für eine Zeitlang
wiederauflebten
da kannten die alten Leute
die 1848 lebten
die kannten noch die Zeit
unter dem Privileg
also im 18. Jahrhundert
als es noch diese Zünfte gab
in Solingen
und die Leute
die 1872 die Schleifergewerkschaften
die dann eigentlich die eigentlichen
Gewerkschaften im heutigen Sinne
gründeten
die kannten zum größten Teil noch
die 1848er Geschichten
und kannten noch von ihrem Vater
oder ihrem Großvater
wie es denn zur Zeit war
als die Preußen noch nicht hier waren
als die Zünfte existierten
und es gab eben die durchgängige Tradition
daß da was war
daß man sich wehren konnte . . ."[16]

2. Zur nationalen Phase der Arbeiterbewegung

Mit der Industrialisierung auch vieler anderer Regionen in Deutschland und mit der dem Entwicklungsstand entsprechenden nationalen Staatsverfassung wird die Arbeiterschaft auch in Solingen vor ein neues Problem gestellt, das sie in ihre nationale Phase eintreten läßt. War es bisher möglich gewesen, daß die jeweils lokale Kultur

---

16 Die hier und im folgenden verwendete Form der Transkription versucht die gesprochene Sprache in übersichtlicher Form schriftlich darzustellen. Sprechsequenzen entsprechen den Zeilen, besondere Betonung wird durch Großschreiben und durch *Kursivdruck* hervorgehoben.

sich als ganze gegenüber jeder Fremdherrschaft behaupten konnte, so hörte diese Möglichkeit nun auf, je nach Stärke der Lokalkultur mehr oder weniger schnell.

Seit Beginn des 19. Jahrhunderts wälzt der technische Wandel in Solingen wie anderswo die Organisation der Arbeit radikal um, und zwar sowohl in ihrer Technologie als auch in ihrer Sozialstruktur.

Seit den 1830er Jahren drängen Gußverfahren das traditionelle Schmieden zurück. Seit den 50er Jahren drängt die Dampfkraft die Kraft des fließenden Wassers als Antriebskraft aus der Solinger Industrie und seit den 60er Jahren wird der Schmiedebereich als erster der drei Solinger Industriebereiche umfassend kapitalisiert.

Den technischen Neuerungen, die die lokal entwickelte und monopolisierte Produktionsweise aufheben, entsprechen soziale Neuerungen. Viele Handwerkerarbeiter, die vorher mit kollektiven Produktionsmitteln gearbeitet haben, an denen jedes Mitglied der Bruderschaft einen eigenen Anteil hatte, werden nun vereinzelt. Als Lohnarbeiter werden sie kollektiv abhängig vom jeweiligen Fabrikanten, der seinerseits in hartem Konkurrenzkampf mit den anderen Fabrikanten steht und den Wert der Arbeitskraft zu drücken sucht. Die ehemaligen Handwerkerarbeiter werden als Lohnarbeiter aus der lokalen Selbstverwaltung der Arbeit verdrängt und zwar sowohl von innen her als auch von außen: von innen, indem ihnen der Zugang zur Bruderschaft verwehrt wird, von außen durch das Koalitionsverbot der Preußischen Gewerbeordnung und durch das Einströmen von Wanderarbeitern aus anderen Regionen.

In dieser Situation entwickelt sich in Solingen wie anderswo aus der Lokalkultur das neue Konzept zur Überwindung der zeitgenössischen Probleme: der Sozialismus. Friedrich Engels aus Elberfeld kommt aus diesem Kulturmilieu. Solingen ist, wie die Nachbarstädte Elberfeld, Barmen, Remscheid, eine der frühen Hochburgen der deutschen Sozialdemokratie als nationale Befreiungsbewegung. Deshalb können wir gerade in Solingen den Übergang von der lokalen zur nationalen Arbeiterschaft anschaulich studieren. In Solingen können wir studieren, wie sich die lokale Tradition mit der Idee des Sozialismus verbindet. Dabei gewinnen wir aber nicht den Eindruck eines Neubeginns oder Anfangs, sondern das Bild eines qualitativen Sprunges. Ein Zitat aus einem Vortrag von Rudolf Boch mag als Hinweis genügen:

„... dadurch wurde also
diese Erinnerung an so eine goldene
verlorene Vergangenheit
projiziert in die Zukunft
daß man sagte
wir haben
eine Idee
wir haben den Sozialismus
daß *unsere* Sache
nicht nur mehr
irgendwas Nostalgisches ist
sondern daß das Zukunft hat

und daß man den Unternehmern
hier in Solingen sagen konnte
Leute guckt an
wir haben sozusagen die
DIE ZUKUNFT IM TORNISTER.
Wir wissen
daß es eine Gesellschaft geben wird
wo eben
z. B. keine Konkurrenz mehr stattfindet
und wo Euer ganzer Klimbim
mit Gewerbefreiheit etcetera
eben nur eine geschichtliche Phase ist
und sonst nichts weiter . . ."

Das Koalitionsverbot der Gewerbeordnung war entwickelt worden, um die lokalorganisierte Arbeiterschaft zu unterdrücken. Gegen die beginnende nationale politische Vereinheitlichung der deutschen Arbeiterschaft war es unwirksam. In Preußen wurde es 1869 aufgehoben. Um die politische Vereinheitlichung der deutschen Arbeiterschaft zu verhindern, erfand das Bürgertum 1878 das sogenannte Sozialistengesetz, das „Gesetz gegen die gemeingefährlichen Bestrebungen der Sozialdemokratie". Es sollte die sozialdemokratische Arbeiterschaft daran hindern, Einfluß auf die Politik des 1871 konstituierten Deutschen Reiches zu nehmen. Das Sozialistengesetz mobilisierte die Arbeiterschaft aus der Illegalität heraus auf jenen strategischen Punkt, von dem aus das Bürgertum den Angriff gegen die Lokalkulturen der Arbeiterschaft führte: auf das nationalstaatliche Recht.

Die erste Etappe bestand in der Besetzung der Legislative, des Deutschen Reichstags. Am 27. Oktober 1881 fanden in Deutschland Reichstagswahlen statt, zu denen auch die illegalisierte Sozialdemokratie ihre Kandidaten aufgestellt hatte. Für die sozialdemokratischen Kandidaten wurden 300 000 Stimmen abgegeben; zwölf sozialdemokratische Abgeordnete kamen in den Reichstag. Einer von ihnen, Moritz Rittinghausen, war Delegierter der Solinger Sozialdemokraten.

Friedrich Engels, einer der wichtigsten Organisatoren der Sozialdemokratie jener Zeit, schildert in einem Brief an Eduard Bernstein vom 30. November 1881 das Umschlagen der Arbeiterbewegung von einer lokalorganisierten in eine nationale. Dabei hebt er besonders den Umstand hervor, daß sich mit der Reichstagswahl 1881 der Schwerpunkt der sozialdemokratischen Bewegung verlagert hat: aus den sächsischen halbländlichen Distrikten in die industriellen großen Städte, von einer Arbeiterschaft, die größtenteils eine untergehende Produktionsstufe vertrat, zu einer, die die heraufkommende neue Produktionsstufe vertrat:

„Jetzt ist das alles anders. Berlin, Hamburg, Breslau, Leipzig, Dresden, Mainz, Offenbach, Barmen, Elberfeld, Solingen, Nürnberg, Frankfurt a.M., Hanau, *neben* Chemnitz und den erzgebirgischen Distrikten, das gibt einen ganz andern Halt. Die ihrer ökonomischen Lage nach revolutionäre Klasse ist Kern der Bewegung geworden. Daneben ist die Bewegung gleichmäßig über den ganzen industriellen Teil von Deutschland verbreitet, aus einer auf ein paar lokale Zentren beschränkte, eine *nationale erst jetzt geworden* . . ."[17]

17 Brief von Engels an Eduard Bernstein in Zürich, London, 30. Nov. 1881, in: Karl Marx/ Friedrich Engels, *Werke*, Bd. 35, Berlin 1973, S. 237–239.

Neun Jahre später, am 30. September 1890, endete die Gültigkeit des Sozialistengesetzes. In den Reichstagswahlen im Februar 1890 errangen die Sozialdemokraten in direkter Wahl 20 Sitze, und bei den Stichwahlen im März 1890 kamen weitere 15 Sitze hinzu. Damit war die Sozialdemokratische Partei Deutschlands zur stärksten Partei geworden; sie erhielt 19,7 Prozent aller Stimmen.

In den folgenden Jahren weitete die Sozialdemokratische Partei ihren Einfluß auf die Gesetzgebung zwar weiter aus. Sie konnte aber nicht in gleicher Weise die Ausführung der Gesetze durch die Arbeiter im Staatsdienst verändern.

Besonders das deutsche Beamtentum verstand sich lange Zeit nicht als zur Arbeiterschaft gehörig. Dieser Zustand hält bis heute an, insofern ist die nationale Phase der deutschen Arbeiterbewegung noch nicht abgeschlossen. Als wichtigste Berufsgruppe des deutschen Beamtentums, die in letzter Zeit bewußter Teil der Arbeiterbewegung geworden ist, betrachten wir die Lehrer.

Wilhelm Ascherfeld, ein pensionierter Lehrer, war ehemals Vorsitzender der Gewerkschaft Erziehung und Wissenschaft in Solingen. Er erzählte uns, daß die Lehrer früher als einzelne in die Lokalkultur integriert waren. Später, seit Anfang des 20. Jahrhunderts, schlossen sie sich in religiösen Fachvereinen zusammen, die bei den Katholiken noch nach Geschlecht unterschieden waren und die erst durch die Nazis aufgelöst und im Nationalsozialistischen Lehrerbund zwangsvereinigt wurden.

Die deutsche Arbeiterbewegung konnte 1890 zwar die formelle Ungültigkeitserklärung des Sozialistengesetzes erzwingen, aber für die Mehrzahl der Beamten hat es nie seine Gültigkeit verloren; Sozialismus ist in Deutschland bis auf den heutigen Tag ein Kampfbegriff!

3. Zur europäischen Phase der Arbeiterbewegung

In Deutschland genügt es, den Sozialismus mit dem Begriff der Nation zu verbinden, um das Gegenteil des Sozialismus zu bezeichnen: Nationalsozialismus.

Die deutsche Arbeiterbewegung ist seit ihren Anfängen im späten Mittelalter auch Teil der europäischen Arbeiterbewegung. Die lokalen Arbeiterorganisationen standen immer schon in Verbindung untereinander, besonders durch wandernde Gesellen.

Wilhelm Kaiser, ein Buchdrucker und Maschinensetzer, seit 63 Jahren leidenschaftliches Mitglied seines „Verbandes", heute der Industriegewerkschaft Druck und Papier, vermittelte uns einen Eindruck von der Funktion der wandernden Handwerker in der Zeit vor der umfassenden Industrialisierung. Er erzählte uns, daß die wandernden Drucker bis in die 20er Jahre unseres Jahrhunderts die Verbindung zwischen den Lokalorganisationen herstellten. Sie vermittelten die technischen Entwicklungen des Gewerbes und, vermittelt über sie, entwickelte sich auch eine politische Identität der Arbeiterschaft, die von Anfang an weder lokal noch national beschränkt war. Für den Lebensunterhalt der Drucker, die „auf der Walz" waren, sorgten ihre seßhaften Arbeitsbrüder. Durch ihr Walzbuch mußten die wandernden Drucker belegen, wo sie sich aufgehalten hatten und daß sie jeweils eine bestimmte

Mindestentfernung zwischen den verschiedenen Lokalorganisationen zurückgelegt hatten.

Ohne die Berücksichtigung der wandernden Handwerker ist weder die technische Entwicklung der Industrie noch die Herausbildung der deutschen Arbeiterschaft als eine nationale verständlich.

Der mobile Teil der Handwerker bringt von Anfang an Bewegung in die Arbeiterschaft, macht sie von Beginn an zur Arbeiterbewegung. Der mobile Teil der Handwerker hat auch dafür gesorgt, daß die Nationalisierung der deutschen Arbeiterschaft in Bewegung kam. Wichtige Zusammenschlüsse in dieser Zeit waren der „Bund der Geächteten", der „Bund der Kommunisten" und die „Internationale Arbeiterassoziation", die sogenannte 1. Internationale.

Der „Bund der Geächteten" wurde 1834 in Paris als Geheimbund von emigrierten deutschen Handwerksgesellen gegründet; sein Ziel war die Beseitigung der Fürstenherrschaft und die Einigung Deutschlands. 1836 benannten seine Mitglieder ihn um in „Bund der Gerechten". Am 20. Januar 1847 bevollmächtigte das Londoner Komitee des Bundes der Gerechten Josef Moll, nach Brüssel und Paris zu reisen, um die Schriftsteller Marx und Engels aufzufordern, in den Bund der Gerechten einzutreten. Marx und Engels entschließen sich dazu, weil sie durch Moll die Zusicherung erhalten, daß die Leitung des Bundes bereit sei, seine Reorganisation durchzuführen[18]. Aus dem Londoner Komitee des Bundes der Gerechten wird so 1847 der „Bund der Kommunisten" und 1864, ebenfalls in London, die „Internationale Arbeiterassoziation".

Zu der Zeit der Illegalisierung fand die deutsche Sozialdemokratie ihre Identität nicht nur in ihrer Reichstagsfraktion, sondern mehr noch in ihrem Massenorgan, der Wochenzeitung „Der Sozialdemokrat". Die Zeitung wurde auf dem ersten illegalen Kongreß der Sozialdemokratie 1880 in Wyden (Schweiz) als offizielles Parteiorgan bestätigt und kam bis 1890 allwöchentlich illegal über die Grenzen des Heiligen Deutschen Reiches, als „Flagge der deutschen Partei", wie Engels es formulierte[19].

Die Einbettung der deutschen in die europäische Arbeiterbewegung hat immer schon eine Polarisierung zur Folge gehabt.

In Solingen stellte sich diese Polarisierung als andauernder Konflikt dar, zwischen den vereinigten Lokalorganisationen und der sozialdemokratischen Führung des reichsweit organisierten Deutschen Metallarbeiterverbandes (DMV) in Stuttgart. Dabei erschien der DMV-Führung die Solinger Eigenständigkeit lediglich als kleinkariert-lokale Borniertheit. Die Solinger Arbeiterschaft aber wußte, daß lokale Eigenständigkeit keinen Gegensatz zur nationalen Identitätsfindung darstellt, sondern daß die lokale Eigenständigkeit erst die historische Voraussetzung für die Nationalisierung der Arbeiterschaft war.

---

18 Karl Marx/Friedrich Engels, Daten aus ihrem Leben und ihrer Tätigkeit, in: dies., *Werke*, Bd. 4, Berlin 1972, S. 675.
19 Friedrich Engels, Abschiedsbrief an die Leser des „Sozialdemokrat", in: *Der Sozialdemokrat*, Nr. 39 vom 27. September 1890, abgedr. in: Karl Marx/Friedrich Engels, *Werke*, Bd. 22, Berlin 1972, S. 76–79.

1908 erreicht der Konflikt zwischen den Lokalorganisationen und der DMV-Führung im sogenannten Solinger Prozeß seinen ersten Höhepunkt. Der DMV-Hauptvorstand verklagt den Redakteur des Organs der Solinger Lokalorganisationen, des „Stahlwaren-Arbeiter", wegen Beleidigung vor dem Königlichen Schöffengericht in Solingen. Die Klage wird abgewiesen. Zu dieser Zeit sind von den 12 000 Arbeitern der Solinger Stahlwarenindustrie noch 49 % in den vereinigten Lokalgewerkschaften organisiert und erst 36 % im DMV. Das Ergebnis des Prozesses ist eine Bestätigung der lokalen Ansicht durch das hochwohllöbliche Königliche Schöffengericht, daß die nationale Verwaltung der größten Gewerkschaft Deutschlands von Halunken beherrscht wird, die vor keinem Verbrechen an der Arbeiterschaft zurückschrecken[20].

Aus diesem Gegensatz zwischen Lokalorganisation und nationaler Organisation entsteht mit dem Hinauswachsen der Industrie über die engen Grenzen der europäischen Nationalstaaten eine politische Spaltung der deutschen Arbeiterbewegung. Der Erste Weltkrieg teilt die deutsche Arbeiterbewegung in zwei selbständige und sich gegenseitig bekämpfende politische Richtungen. Dabei bewahrt die Kommunistische Partei stärker das internationale Moment der Arbeiterbewegung, die Sozialdemokratische Partei stärker das Moment der nationalen Vereinigung der Lokalorganisationen.

Ab 1919 ist die Kommunistische Partei Deutschlands (KPD) nicht mehr nur eine nationale Organisation, sondern sie versteht sich als nationale Sektion der sogenannten 3. Internationale, der im März 1919 in Moskau gegründeten Kommunistischen Internationale. Nach kommunistischer Auffassung erhielt die Weltbewegung der Arbeiterklasse mit der Kommunistischen Internationale unter der Führung Lenins ein leitendes Zentrum, das mit der sogenannten marxistisch-leninistischen Partei die Arbeiterpartei neuen Typus schuf. Nach dem Grundprinzip des sogenannten sozialistischen Internationalismus wurde die Kommunistische Partei der Sowjetunion zur führenden Partei der Arbeiterklasse erklärt.

In dieser Zeit verändert der alte Solinger Gegensatz zur nationalen Führung seine Form, er wird, wie überall während der Weimarer Republik, zum Gegensatz zwischen Kommunismus und Sozialdemokratie. 1926 sind zwar die letzten Solinger Lokalorganisierten mit 4 000 Mitgliedern geschlossen dem DMV beigetreten, aber der Schein der Einheit trügt. 1929 kommt es zum zweitenmal zu einem Höhepunkt in der Auseinandersetzung zwischen der Solinger Arbeiterschaft und der nationalen Führung des DMV.

Die „Bergische Arbeiterstimme", die in Solingen erscheinende Zeitung der Solinger Arbeiterschaft, „Organ der Kommunistischen Partei Deutschlands, Sektion der 3. Internationale", beschreibt in ihrer Ausgabe vom 22. Mai 1929 den Konflikt folgendermaßen:

---

20 *Der Solinger Prozeß. Stenographischer Bericht über die Verhandlungen vor dem Schöffengericht in Solingen am 28. März 1908*, im Selbstverlag hrsg. vom Vorstand des Industriearbeiter-Verbandes, Solingen.

„. . . Die reformistische Bürokratie will den Solinger DMV im Interesse der sozialdemokratischen Koalitionspolitik zerschlagen. Sie will die Mehrheit der Mitglieder der Ortsverwaltung ausschließen und dadurch eine Massenaustrittsbewegung von oppositionellen Metallarbeitern entfachen, um so den Einfluß der revolutionären Opposition im DMV-Solingen zu brechen . . .
Kein Mitglied darf jetzt aus Empörung über den reformistischen Schandstreich den Reformisten den Gefallen tun und aus der Organisation austreten. Das wäre Fahnenflucht von der Front des Kampfes gegen die Agenten des Kapitals in den Reihen der Arbeiterschaft. In allen Betrieben, Bezirken und Branchen müssen die Metallarbeiter unverzüglich zu dem neuen Terrorakt der reformistischen Bürokratie Stellung nehmen und einmütig beschließen, daß die Ortsverwaltung nach wie vor ihr Vertrauen besitzt . . ."

Drei Jahre später wird die deutsche Arbeiterbewegung in Deutschland wieder kriminalisiert und in die europäische Emigration getrieben.

In der Ausgabe von Sonntag/Montag, dem 29./30. Januar 1933 schreibt die „Bergische Arbeiterstimme" unter der Überschrift „Massenstreik" u. a.:

„Berlin, 29. Januar (Eig. Meld.) Unter dem Druck der Klassenkräfte, der anwachsenden proletarischen Offensive, der verschärften Wirtschaftskrise und der wachsenden Spannungen innerhalb der faschistischen Bourgeoisie ist am Samstagmittag das Schleicher-Kabinett gestürzt worden. Es ist der Schleicher-Diktatur nicht gelungen, ihre Aufgaben durchzuführen, mit Hilfe sozialer Phrasen die Arbeitermassen vom Kampf gegen die faschistische Diktatur zurückzuhalten. Auch die Versuche der SPD- und ADGB-Führer, die Schleicher-Diktatur den Arbeitermassen als das ‚kleinere Übel' schmackhaft zu machen, scheiterten an der gewachsenen Kampfkraft aller Arbeiter in den Betrieben und an den Stempelstellen . . ."

Willi Dickhut, damals KPD-Funktionär in Solingen, schreibt über den 30. Januar 1933 in seinen Memoiren:

„. . . Die Machtübernahme Hitlers am 30.1.33 verlief in Solingen ziemlich geräuschlos. Wir gaben weiter Flugblätter heraus und führten Wahlversammlungen für die Wahl am 5. März durch, zuletzt am 24. Februar . . ."[21]

Am 1. März 1933 wurde Dickhut mit anderen bekannten Kommunisten in Solingen gefangengenommen und vier Wochen lang mit ihnen zusammen beobachtet. Während dieser Zeit führte er im Polizeigefängnis politische Schulungen durch zu dem Thema: „Die wirtschaftliche und politische Lage und die Errichtung der faschistischen Diktatur". Darüber schreibt er:

„. . . Tagelang hatten wir so zwei Sorten Schulungsteilnehmer, die Genossen in der Zelle und die Polizisten hinter der Tür, die begierig lauschten. So etwas hatten sie noch nie gehört . . ."[22]

Er erwähnt die Wahlen vom 5. März, bei denen in Solingen den 37 449 Stimmen der NSDAP noch 34 227 Stimmen der KPD gegenüberstanden. Und er erwähnt den 1. und 2. Mai 1933. Zu dieser Zeit war er schon von seinen Solinger Genossen getrennt. Im April waren sie in einem Sammeltransport nach Anrath bei Krefeld verlegt worden. Vom 1. Mai 1933 berichtet er, daß es in der Strafanstalt Anrath ein ungeheures Getöse gegeben habe:

21 Willi Dickhut, *So war's damals . . .*, *Tatsachenbericht eines Solinger Arbeiters 1926—1948*, Stuttgart 1979, S. 181.
22 Ebd., S. 188.

„... Aus einigen Zellen erklang die ‚Internationale' — ‚Wacht auf Verdammte dieser Erde ...'
Alle Gefangenen waren auf das Äußerste erregt. 1. Mai, Kampftag der internationalen Arbeiterklasse!
An diesem Tag fiel der tägliche halbstündige Rundgang im Gefängnishof aus. Alle Wachtmeister hatten Alarmstufe 1. Erst langsam trat wieder Ruhe ein ..."[23]

Über den 2. Mai 1933 schreibt Dickhut:

„... Wir konnten in Anrath Zeitungen halten, und so erfuhren wir in den nächsten Tagen, daß die Nazis ihre Demagogie noch übertrumpft hatten, indem sie den 1. Mai zum ‚Nationalen Feiertag' erklärt hatten. Sie täuschten die Arbeiterklasse, um am nächsten Tag die Gewerkschaften zu zerschlagen und dabei gleichzeitig die SPD zu verbieten. In ohnmächtiger Wut mußten wir den Dingen ihren Lauf lassen ..."[24]

4. Zur globalen Phase der Arbeiterbewegung

Auch Arthur Jacobs, mit dem wir in Solingen sprachen, war zu dieser Zeit Funktionär der KPD, und zwar in Langenfeld, einer Stadt im Unteren Kreis Solingen.

Jacobs flieht 1933 vor dem Naziterror in die europäische Emigration. Dabei gelangt er über Holland, Belgien und Frankreich nach Spanien und nimmt zwei Jahre lang am Spanischen Bürgerkrieg auf der Seite der Internationalen Brigaden teil. Nach dem Spanischen Bürgerkrieg kommt er in ein französisches Konzentrationslager, aus dem er befreit wird durch die gemeinsamen Bemühungen einer sozialistischen Jugendorganisation in Belgien und einer protestantischen Hilfsorganisation in der Schweiz.

Nach seiner Entlassung aus dem französischen KZ geht er nach Belgien und später wieder nach Frankreich ins französisch-schweizerische Grenzland, wo er sich am antifaschistischen Kampf der französischen Partisanen beteiligt. Später weicht er aus in die Schweiz, wo er als Kirchendiener der protestantischen Hilfsorganisation arbeitet, die ihn aus dem französischen KZ geholt hat. In der Schweiz wird er Mitglied des „Nationalkomitees Freies Deutschland" (NKFD), der wichtigsten politischen Organisation der Anti-Hitler-Koalition im Zweiten Weltkrieg.

Das NKFD wurde im Juli 1943 auf Initiative des Zentralkomitees der KPD von deutschen Kommunisten und Kriegsgefangenen in Krasnogorsk bei Moskau gegründet. Das NKFD in der Schweiz wird uns von Arthur Jacobs als durchdrungen vom Geist der „Bekennenden Kirche" geschildert, die in Gegnerschaft zu den Nazi-Christen, den sogenannten Deutschen Christen, steht und deren bedeutendster Schweizer Vertreter der evangelisch-reformierte Theologe Karl Barth war. In dieser Zeit kommt Jacobs zum ersten Mal in seinem Leben mit emanzipierten Christen in engen Kontakt.

1945 wird Jacobs vom Schweizer NKFD in Deutschland eingesetzt zur Organisierung der neuen gesellschaftlichen Ordnung nach dem Zweiten Weltkrieg. Nach kurzer Tätigkeit in Mannheim, wo er sich am technischen Wiederaufbau beteiligt,

23 Ebd., S. 190.
24 Ebd., S. 190—191.

übernimmt er die Leitung der gewerkschaftlichen Reorganisation seiner Heimatstadt Langenfeld. Er wird Vorsitzender der später im DGB-Kreis Rhein-Wupper zusammengeschlossenen Gewerkschaften. Bei der Konstituierung der neuen Gewerkschaften unterstützt ihn besonders ein Sergeant der englischen Besatzungsmacht, den er aus der Zeit des Spanischen Bürgerkrieges kennt und der in Spanien als Offizier in einer englischen Einheit der Internationalen Brigaden gekämpft hat.

Arthur Jacobs ist für uns nicht nur ein moralisches Beispiel, sondern in erster Linie ein politisches. Sein Leben spiegelt in großer Klarheit die wichtigsten politischen Einflüsse wider, die auf die deutsche Arbeiterbewegung gewirkt haben und mit denen die deutsche Arbeiterbewegung auf die europäische gewirkt hat. Er ist zwar auch eine eindrucksvolle Person, aber er ist für uns vor allem ein Funktionär der Solinger Arbeiterschaft in einer Zeit, in der die Arbeiterbewegung in Deutschland in ihre globale Phase eintritt. Er hat teilgenommen an der kollektiven Gegenbewegung, die die Arbeiterschaft überall in Europa den nationalistischen Bewegungen entgegengestellt hat, die wir vor allem als politischen Reflex der konkurrierenden nationalen Kapitalorganisationen sehen in der Zeit vor der endgültigen Internationalisierung des Kapitals[25].

Arthur Jacobs ist in dieser Bewegung nicht nur mitgelaufen, sondern er hat bewußt in ihr gekämpft; dadurch erst hat sein Leben diese beispielhafte politische Klarheit bekommen. Deshalb auch ist er für uns kompetent, das Ergebnis unseres Studiums über die Arbeiterbewegung nach dem Zweiten Weltkrieg zu erklären.

Wir sehen die deutsche Arbeiterbewegung nach dem Zweiten Weltkrieg in ihre globale Phase eintreten.

Die Ursache für diesen qualitativen Sprung sehen wir in der Spaltung der Berliner Einheitsgewerkschaft, dem Freien Deutschen Gewerkschaftsbund (FDGB) für Groß-Berlin.

Das symbolische Datum für die Einheit Deutschlands nach dem Zweiten Weltkrieg ist der 17. Juni.

In Westdeutschland wird der 17. Juni als Gedenktag an die deutsche Einheit gefeiert. Anlaß dieses Gedenktages ist der Aufstand am 17. Juni 1953 im sowjetischen Sektor Berlins, der durch Einsatz sowjetischen Militärs niedergeschlagen wurde. Für uns ist der 17. Juni 1953 Ausdruck der Spaltung Deutschlands, Symbol für die Existenz zweier Staaten auf deutschem Boden und deren Zugehörigkeit einerseits zum System der parlamentarischen Demokratien und andererseits zum System des demokratischen Zentralismus.

Aber auch für die deutsche Arbeiterbewegung ist der 17. Juni ein symbolisches Datum für die Einheit nach dem Zweiten Weltkrieg. Allerdings ist der Anlaß dazu nicht das Jahr 1953, sondern das Jahr 1945. Am 17. Juni 1945 war die Gründungsversammlung des FDGB Groß-Berlin. Nur mit Bezug auf dieses Datum ist für uns der 17. Juni ein sinnvoller Gedenktag für die deutsche Einheit, die 1953 schon längst verloren war.

---

25 Vgl. Robert A. Brady, *Business as a System of Power*, USA 1943.

Die Einheitsgewerkschaft der Berliner Arbeiterschaft unter der gemeinsamen Kontrolle der Alliierten des Zweiten Weltkrieges ist sensibler Indikator sowohl für die Einheit der Weltmächte als auch für die Einheit der deutschen Arbeiterbewegung. Die Berliner Einheitsgewerkschaft findet ihre Entsprechung in der Einheitsgewerkschaft der globalen Arbeiterbewegung, im Weltgewerkschaftsbund (WGB). Die Auseinandersetzungen der Berliner Arbeiterschaft nach 1945 werden deshalb zum wichtigsten Kristallisationspunkt der Gegensätze in der globalen Arbeiterschaft. Die Gründung des FDGB Groß-Berlin und die Abspaltung der Unabhängigen Gewerkschaftsopposition (UGO) korrespondiert zeitlich, organisatorisch und z. T. auch personell mit der Gründung des WGB und der Abspaltung des Internationalen Bundes Freier Gewerkschaften (IBFG)[26].

1948 ist die Zeit der globalen Einheit der Arbeiterbewegung gegen Nazis, Faschisten und andere rechtsextrem-antidemokratische Regime aufgehoben in einer polarisierten Arbeiterbewegung. Am 1. Mai 1948 finden in Berlin zum ersten Mal nach dem Zweiten Weltkrieg zwei Maiveranstaltungen der Arbeiterschaft statt. Auf der Veranstaltung der UGO kritisiert Henry Rutz als Vertreter der American Federation of Labor (AFL) den kommunistischen Kurs des WGB[27].

Arthur Jacobs hat uns einen Eindruck davon gegeben, daß diese Polarisierung eine konsequente Fortsetzung der Gegensätze in der deutschen Arbeiterbewegung war. Für ihn waren es besonders zwei Anlässe, die ihn als ehemals „gläubigen Kommunisten" von seiner Partei entfremdeten. Der erste Anlaß war der Versuch seiner Parteigenossen im holländischen Exil, ihn an die Nazis auszuliefern, um zu verhindern, daß er den holländischen Kommunisten seine Auffassung vom Scheitern der starken deutschen Arbeiterbewegung gegenüber den Nazis darlegte. Wie er 1933 den holländischen Kommunisten die Fehler der KPD während der Weimarer Republik erklärte, erzählte er uns folgendermaßen:

„. . . dann habe ich denen ganz deutlich gesagt
Gewerkschaftspolitik
war Wahnsinn
was wir gemacht haben.
Die RGO-Politik, ja
die hat uns den Hals gebrochen
die hat uns die Basis kaputtgemacht.
Wenn alle Kommunisten in der Gewerkschaft geblieben wären
die hätten da arbeiten können.
Aber die haben sich abgekapselt
in der RGO, ja
und haben da was
revolutionäre Phrasen gedrescht.
Aber praktisch haben sie nichts machen können.
Und dann hab ich gesagt:
KOMMUNALPOLITISCH!
Ich war Stadtverordneter damals
und ich hab ja gesagt

---

26 Vgl. *Berliner Gewerkschaftsgeschichte, FDGB, UGO, DGB, von 1945 bis 1950*, Berlin 1971.
27 Vgl. ebd., S. 100.

so *Kleinigkeiten* auch
wie wahnsinnig das ist.
Wir waren IMMER in Konkurrenz zur SPD-Fraktion.
Wenn die SPD-Fraktion
jetzt Weihnachten
na sagen wir mal
jeder kriegte ein Weihnachtsgeschenk von 20 Mark, ja
oder 5 Zentner Kartoffeln
oder 10 Zentner Briketts
irgendwas, ja
dann mußten wir einen Antrag einbringen
mindestens doppelt so hoch, ja
aus Reklamegründen.
Die Folge war
das wir garnichts kriegten.
Wir hatten nicht den Mut
durften nicht mit der SPD jetzt stimmen
dann flogen wir aus der Fraktion raus
waren wir Abtrünnige
Renegaten.
Also blieb nichts Anderes übrig
daß wir manchmal
wenn der SPD-Antrag fiel
diese 10
ich will jetzt von 20 Mark mal sprechen
wir hatten natürlich 40 Mark beantragt
was Unsinn war, ja
aber aus Propagandagründen.
Unserer wurde abgeschmettert
wir stimmten grundsätzlich nicht mit der SPD
mit den SOZIALFASCHISTEN
so wurden sie damals genannt, ja.
Dann war das Ende vom Lied
die fielen auch durch
und dann blieb die Zentrumspartei
mit den Deutschnationalen
Deutsche Volkspartei
wie sie alle hießen
die setzten dann durch
meinetwegen noch 5 Mark ..."

Er erzählte uns, daß sich auch die KPD diese Einschätzung zu eigen gemacht habe, aber um drei Jahre verspätet, erst auf dem illegalen Parteitag 1936 in Brüssel nach einem Vortrag von Wilhelm Pieck:

„... und dann kippten diese Burschen da in Amsterdam, ja
wenn du rechtsrum gingst
gingen die rechtsrum
wenn du linksrum gingst
gingen die linksrum
die Partei hat immer Recht, ja ..."

Das zweite Mal wurde das Vertrauen Jacobs in seine Partei während seiner Gefangenschaft im französischen KZ 1939 erschüttert:

„.... eines Tages
mußten wir zur Kommandantur kommen, ja
ein Teil
ich auch.
Und da war ein Mann
stellte sich vor
als Vertreter der russischen Botschaft in Paris.
Der hat uns die Frage gestellt:
‚Wollen Sie in Ihr Heimatland?' ja
und da hat er durchblicken lassen
nach Rußland, ja.
Was sollten wir machen.
‚Natürlich
wenn wir hier rauskommen', ja
Und dann ist der abgehauen.
Ein paar Wochen später
da war die Geschichte ganz umgedreht
dann war der Ribbentrop-Pakt mit Hitler und Stalin
kennt Ihr doch
die Vereinbarung
Polen zu teilen, ja
ja von wegen
das war das GEGENTEIL.
Da haben sie uns auch empfohlen
nach Deutschland zu gehen
aber die dann nach Deutschland gegangen sind
die sind von den Faschisten abgeknallt worden..."

Mit diesen seinen Erfahrungen, vor allem, was die Kommunistische Partei betraf, wandte sich Jacobs nach 1945 gegen erneute Versuche, in den Gewerkschaften wieder RGO-Politik zu betreiben.

Er berichtete uns von den Vorstellungen der deutschen Gewerkschafter, eine Einheitsgewerkschaft zu konstituieren, was am Widerstand der englischen Besatzungsbehörde scheiterte. Und er vermittelte uns einen Eindruck von der Persönlichkeit Hans Böcklers und seines programmatischen Einflusses:

„... der hat gesagt
kann sein was will
DER MENSCH MUSS IM MITTELPUNKT
ALLEN GESCHEHENS SEIN
alles Andere ist zweitrangig..."

Das war auch die Quintessenz seiner eigenen Erfahrungen; und der Mensch war kein Abstraktum mehr, sondern es waren die konkreten lebenden Menschen mit ihren Unterschieden und Eigenarten.

Bei der Realisation dieser Philosophie kam er besonders in Konflikt mit seinen Parteigenossen von der KPD:

„... ich hab denen gesagt
ich mach mit eurem Ismus
nicht mehr mit.
Ganz nüchtern
Interessen der Arbeiter
ohne Ismus, ja.
Und wer da mitgeht
wer das wirklich echt vorhat
kürzere Arbeitszeit
hohe Löhne und dergleichen
der kann mitmachen.
Wer das aber ausnutzen will
für seinen parteipolitischen Rummel
da mach ich auch in der SPD nicht mit
hab ich auch nie mitgemacht..."

Am Konflikt zwischen Parteidisziplin und persönlichem Einstehen zu einem Menschen, von dem er überzeugt war, entschied sich auch seine Parteibindung. 1947 wies er die Zumutung seiner Partei zurück, den Widerstandsmann Hans Böckler zu diffamieren:

„... Böckler wurde der KPD gefährlich
Böckler war der Mann der Stunde, ja.
Wollten die ein Flugblatt herausgeben
Hans Böckler
Kriegsbrandstifter
genau wie Churchill
und da kamen die
die hatten die Frechheit zu mir zu kommen
ich soll unterzeichnen
ich sage HIER (tippt mit dem Finger an die Stirn)
geht hier raus!
hab ich sie rausgeschmissen
und dann
haben sie mich ausgeschlossen..."

Für Jacobs gibt es keinen Stillstand, das sieht er beispielhaft an seinem Leben. Alles ist in andauernder Bewegung. Die Gesellschaft entwickelt sich durch die ihr innewohnende Dynamik, sowohl im Technischen als auch im Sozialen. Dabei ist für ihn die Gewerkschaft der wichtigste Motor gesellschaftlicher Entwicklung. Auf Drängen seiner Gewerkschaftskollegen ist er später in die SPD eingetreten, weil er die Auffassung vertritt, daß die Sozialdemokraten der gesellschaftlichen Dynamik besser angepaßt sind als die Kommunisten:

„... Ich wär weiter parteilos geblieben
aber
ich sag ja eben
die haben gesagt
Mensch du mußt irgendwo
einen politischen Halt noch haben
du kannst nicht so
also man kann kein

so ein Syndikalist werden, ja
nur Wirtschaft
du mußt ins Politische
ohne
da jetzt aktiv zu werden
es ist ein Zwitter manchmal
wo ich drinhänge
das weiß ich ...
Es ist nichts ewig
es gibt nicht ewig eine Sowjetunion
und es gibt auch nicht
immer und ewig den amerikanischen Kapitalismus
wenn ich nur MEIN Leben so sehe
ich seh Bewegung ..."

Wenn wir versuchen die Bewegung mitzuvollziehen, die Arthur Jacobs andeutet, so sehen wir vor allem zwei Momente in der deutschen Arbeiterbewegung seit ihrem Eintritt in die globale Phase:

Im Lager des demokratischen Zentralismus wird die Theorie der deutschen Arbeiter-„Führer" aufgehoben, besonders die Theorie von Marx und Engels. Sie tendiert durch die Methode der materialistischen Dialektik zur Durchbrechung aller Theorieverkrustungen in den Staaten des demokratischen Zentralismus[28]. Im Lager der parlamentarischen Demokratien wird besonders die Idee der deutschen Mitbestimmung aufgehoben, die wir in Solingen über fünf Jahrhunderte zurückverfolgen können.

In ihrer heutigen Fassung geht die Mitbestimmung seit 1946 als Codetermination in den angloamerikanischen Sprachschatz ein, anfangs als bedeutungsarmes und fremdklingendes Kunstwort[29]. Seit den Auseinandersetzungen um das spätere Mitbestimmungsgesetz 1976, unter dessen Anwendungsbereich auch 40 Tochtergesellschaften US-amerikanischer Weltkonzerne fallen, gilt die Codetermination neben anderen Maßnahmen der globalen Arbeiterbewegung auch als politische Kampfansage an autokratische Führung von multinationalen Konzernen überall in der Welt[30].

5. Gewerkschaften und Regionalplanung in Solingen

Das Hineinwachsen der deutschen in die globale Arbeiterbewegung ist begleitet von einer Universalisierung auch der regionalen Arbeiterschaft.

28 Vgl. Karl Marx, Nachwort zur 2. Auflage 1873, in: *Das Kapital*, Erster Band, Berlin 1973, S. 27–28.
29 Vgl. Herbert J. Spiro, *The Politics of German Codetermination*, Harvard University Press 1958, S. 20.
30 Vgl. Wilhelm Wengler, *Die Mitbestimmung und das Völkerrecht. Ein Gutachten über die Vereinbarkeit der Mitbestimmungsgesetzgebung in der Bundesrepublik mit dem deutsch-amerikanischen Handelsvertrag*, Baden-Baden 1975; Charles D. King/Mark van de Vall, *Models of Industrial Democracy, Consultation, Co-Determination and Worker's Management*, Den Haag 1978.

In der lokalen Phase ist die Arbeiterbewegung in Solingen auf die Arbeitsbrüder der Bruderschaften und späteren Fachvereine begrenzt. Voraussetzung für die Zugehörigkeit ist ein persönlicher Anteil an den gemeinsamen Produktionsmitteln und soziale Integration in die Lokalkultur. In den Lokalorganisationen können sich bis zum Ersten Weltkrieg nur Industriearbeiter organisieren, die in Solingen ansässig sind und die selbständig mit eigenen Produktionsmitteln in ihrem Beruf arbeiten.

In der nationalen Phase weitet sich das Potential der Arbeiterschaft auch in Solingen aus auf alle Lohnarbeiter.

Schon seit der Mitte des 19. Jahrhunderts drängen die Lohnarbeiter als neuer Arbeitertypus die überkommene Handwerkerarbeiterschaft zurück. Seit 1891 gibt es eine Geschäftsstelle des DMV in Solingen. Seit dem Ersten Weltkrieg wird die selbständige Organisationsform der Lohnarbeiter auch in Solingen zur dominanten Organisationsform der Arbeiterschaft. Die traditionsreichen Privilegien der Handwerkerarbeiter werden durch die Kriegsproduktion endgültig beseitigt. Auch die Frauen werden durch die Rekrutierung für die Kriegsproduktion in großer Zahl zu Lohnarbeiterinnen. Das führt zwar einerseits zur Wertverminderung der männlichen Arbeitskraft, andererseits aber auch zur Integration der Frauen in die Arbeiterbewegung.

In der Folgezeit wird zunehmend die Lohnarbeit zum Inbegriff für Arbeit überhaupt. Heute produzieren und reproduzieren die Lohnarbeiter die Gesellschaft in Deutschland.

Auch wir sind Lohnarbeiter.

Wenn wir die Geschichte der Arbeiterbewegung in Deutschland betrachten, so betrachten wir keinen fremden Gegenstand, sondern wir reflektieren unsere eigene Geschichte.

Selbst Solingen ist für uns nicht so fremd, wie es Außenstehenden erscheinen mag; einige von uns fahren in ihre Heimatregion, wenn sie von Berlin nach Solingen fahren. Und wenn wir mit Gewerkschaftern in Solingen sprechen, dann unterhalten wir uns mit Kolleginnen und Kollegen aus unseren Gewerkschaften.

Für uns ist „Arbeiterbewußtsein" kein fremder Gegenstand, sondern unser Selbstbewußtsein.

Aber wir wissen auch, daß unser Bewußtsein nur ein Teil des Ganzen ist. Wir wissen, daß „Arbeiterbewußtsein" kein Bestandteil unberührter Natur ist, sondern ein Kulturprodukt, das sich bildet durch gesellschaftliche Arbeit, die selbst die Form der Lohnarbeit hat. Die Arbeit in der Geburtsforschung, in der Geburtshilfe, in der Kinderkrippe, im Kindergarten, in Vorschule, Schule, Hochschule, in der vielfältigen Realisation der Produktionstechniken, in der Literatur, in der Kunst, in den Massenmedien bis hin zur Freizeitgestaltung im Massentourismus an allen Orten der Welt, in allen diesen Bereichen wird Arbeiterbewußtsein heute von Produzenten gebildet, die selbst Lohnarbeiter sind.

Obwohl lokale Unterschiede gerade in traditionsreichen Städten wie Solingen zweifellos noch vorhanden und zum Teil noch heute prägend sind, wird ein Charakteristikum der jetzigen Entwicklungsphase immer stärker, das die vormals lokalen Unterschiede immer stärker zurückdrängt.

Was Ferdinand Tönnies noch weitgehend in Methaphern ausdrückte, ist heute Realität, die immer konkreter wird. Tönnies entwickelte den Begriff Gesellschaft als Gegenbegriff zu seinem Normaltypus Gemeinschaft. Mit dem Begriff Gesellschaft wird nach Tönnies von allen ursprünglichen oder natürlichen Beziehungen der Menschen zueinander abstrahiert. Gesellschaft als Gesamtheit, über welche sich ein konventionelles System von Regeln erstreckt, ist nach Tönnies[31] ihrer Idee nach unbegrenzt; ihre Verwirklichung äußert sich im fortwährenden Durchbrechen bestehender räumlicher Grenzen. Während für die äußerlichen Lebensformen der Menschen unter dem Normaltypus Gemeinschaft die räumliche Begrenzung wesentlich war, wird unter dem Normaltypus Gesellschaft die räumliche Unbegrenztheit als Lebensform dominant. Ein begrifflicher Ausdruck dafür besteht heute in der unterschiedlichen Fassung des Begriffs Region, für den eine irgendwie geartete Eigenschaft des Raumes unwesentlich ist bzw. der jeden beliebigen Raum umschließen kann, je nach der jeweiligen Problemstellung.

Wir finden den Begriff Region sowohl in der Stadtplanung zur Unterscheidung innerstädtischer Gebietsteile, in der nationalstaatlichen Raumplanung zur Abgrenzung von Gebietsteilen von etwa der Größenordnung von Regierungsbezirken, in der europäischen Planung meist für die Größenordnung von westdeutschen Bundesländern und in Weltmodellen zur Begrenzung geopolitischer oder gesellschaftspolitischer Großräume.

Der Begriff erfaßt eine Problemlage für die Arbeiterbewegung, gegenüber der die traditionellen Probleme als bloße Vorformen erscheinen. Spätestens seit zwei Jahrzehnten hat die Großindustrie ihre Struktur derart verändert, daß sie weder mit den traditionellen Formen gewerkschaftlicher Einflußnahme noch mit den Formen nationalstaatlicher Gesetzgebung wirksam zu beeinflussen ist. Die modernen Großunternehmen operieren simultan auf vielen unterschiedlichen Märkten, Industriezweigen und Staatsgebieten aller Gesellschaftsverfassungen[32]. Der einzelne Betrieb wird immer mehr zum unvermittelten Element eines globalen Wirtschaftssystems[33]. An jedem beliebigen Betrieb läßt sich heute diese Problematik exemplarisch demonstrieren, und regionale Partizipation ist in jedem Fall ein Teil von Partizipation überhaupt[34]. Wir sind mit dem Problem konfrontiert, die Erfahrungen an den Arbeitsplätzen als Ausdruck von Strukturen interpretieren zu müssen, zu deren Abbildung schon für kleine Einzelelemente hohe Abstraktion formalisierter Modelle mit kom-

---

31 Ferdinand Tönnies, *Gemeinschaft und Gesellschaft*, 6. und 7. Aufl., Berlin 1926, S. 52.
32 Vgl. Willard F. Mueller, The Spreading Imprint of the Conglomerate, in: *The American Federationist*, Jg. 77 (August 1970) S. 1—6.
33 Vgl. Lane Kirkland, The Moving Plant Gates, in: *The AFL-CIO American Federationist*, Jg. 84 (November 1977) S. 13—14; Betriebliche Konfliktbereiche als Ausgangsbedingungen gegenwärtiger internationaler Gewerkschaftspolitik, in: Werner Olle (Hrsg.), *Einführung in die internationale Gewerkschaftspolitik*, Bd. 1, Westberlin 1978, S. 21—64.
34 Vgl. Trutz Trommer, Ein Solinger Konkurs als Lehrstück — Staatliche Wirtschaftsförderung im Zerrspiegel der Presse, in: *Projekt Regionale Partizipation*, S. 366—389; *Projekt Regionale Partizipation, Videoband*, Zwischenbericht „Arbeitsplatzsicherung in Solingen", 1980, schwarz/weiß, 83 min. Endbericht „Der Kreis muß größer gemacht werden", 1982, Farbe, 74 min.

plexen Indikatorensystemen erforderlich ist. Von der institutionalisierten Wissenschaft, die über das dazu nötige Instrumentarium verfügt, kann diese Aufgabe nicht den wenigen spezialisierten Gewerkschaftsfunktionären als deren ausschließliche Aufgabe zugeschrieben werden, ohne daß der Eindruck von Bewegungslosigkeit der Arbeiterbewegung entstehen muß. In diesem Bereich wie in allen anderen Aktivitätsbereichen ist die Arbeiterbewegung darauf verwiesen, daß sie sich auf die eigene Kraft besinnt[35].

In dem Maße, wie sich die lohnabhängige Wissenschaft selbst bewegt, wird sie auch verstärkte Bewegung in der Arbeiterbewegung konstatieren können.

35 Vgl. Gerhard Leminsky, Wandel gewerkschaftlicher Strategien nach dem 2. Weltkrieg, in: *Gewerkschaftliche Monatshefte*, 32. Jg. (1981), S. 86—92.

7. Arbeiterklasse und Arbeiterbewußtsein heute: Tendenzen, Perspektiven, Kontroversen

Andreas Resch

Ökonomische Krisenentwicklung und Wandlungen des Arbeiterbewußtseins

Bewegung geht nicht nur im Kopf vor sich. Arbeiterbewegung läßt sich nicht auf Bewußtseinsentwicklung reduzieren, auch nicht auf die Entwicklung von Arbeiterbewußtsein. In dieser Hinsicht spielt sich das Ende der Arbeiterbewegung sicherlich nicht nur im Geiste ab — aller deutschen Herrschaft im Luftreich des Traums, auf dem Feld des Ideologischen zum Trotz. Ebensowenig ist die Fortsetzung der Arbeiterbewegung mit den grundlegenden Tendenzen im Gesellschaftsbewußtsein zu begründen. Die Untersuchung der Bewußtseinslage der Nation, insbesondere ihrer arbeitenden Teile, kann aber beanspruchen, ein zentrales Moment der Vermittlung von ökonomischer Krise und politischer Entwicklung zu behandeln. Was die Leute tun und wie sie sich bewegen, ist und bleibt zentral bestimmt durch das Bewußtsein von den gesellschaftlichen Verhältnissen, in denen sich ihr Tun, ihre Bewegung abspielt. Von den Steinen, die einer Untersuchung dieses gesellschaftlichen Bewußtseins im Wege liegen und das Stolpern als Fortbewegungsart in dieser Disziplin bedingen, wird später noch die Rede sein. Zunächst — zur Einstimmung sozusagen — sei die Landschaft grob skizziert, die sich uns auf dem bisherigen Weg präsentiert hat[1].

Die Leute wissen mehr, als man denkt. Die Leute, gerade die Arbeiter, lesen kaum. Woher sie dennoch so viel wissen über die soziale Realität, über die platte Erde, auf der sich die Völker entwickeln, bleibt meist rätselhaft. Resultat von Erfahrungen in dem Sinn, in dem sich die Wissenschaft in der Regel ein Bild von der Erfahrung eines Nicht-Akademikers macht, kann es nicht sein. Woher wissen die Leute, wie Wahlen ausgehen werden? Weshalb bringt die Frage: „Was glauben Sie, welche Partei die Wahlen gewinnen wird, wenn nächsten Sonntag gewählt würde?", für eine Prognose brauchbarer Ergebnisse als die Frage: „Welche Partei würden Sie wählen, wenn am kommenden Sonntag gewählt würde?". Warum erweisen sich die Ergebnisse demoskopischer Untersuchungen als zum Teil bessere Prognosen der ökonomischen Entwicklung im Vergleich zu den wissenschaftlich erstellten Orakeln

---

1 Die vorgestellten Forschungsergebnisse stammen aus der „Arbeitsgruppe Demoskopie", die sich seit mehreren Jahren als selbständiges Forschungsteam mit theoretischen und empirischen Bewußtseinsstudien beschäftigt. Mitglieder der Arbeitsgruppe sind neben dem Autor zur Zeit Karl Brenke, Rudolf Frees, Axel Hansmann, Viktor Hinterleitner, Waltraud Klöting, Erich Konter, Inge Ludwig, Manfred Maas, Michael Peter, Ortrud Rubelt, Bernhard Sander, Gertrud Theile, Oliver Weber und Peter Wietheger.

der Wirtschaftsforschungsinstitute?[2] Woher stammt schließlich das Wissen der Leute um soziale Tatbestände, von denen sie unmittelbar nicht betroffen sind, die sie — im Sinne der gängigen Auffassung von Erfahrung — überhaupt nicht erfahren haben? Elisabeth Noelle-Neumann hat, um diesen Tatbestand zu benennen, von der *sozialen Haut* der Leute gesprochen, einem sozialen Wahrnehmungsorgan. Daß sie diese Feststellung mit einer Theorie der Schweigespirale und einem Hohelied auf die Macht der Medien umgeben hat, spielt hier keine Rolle; politisch entgegengesetzt engagierte Wissenschaftler gestehen den Medien häufig eine nicht weniger potente Wirkungsweise zu.

Erheblich erscheint die Feststellung des Tatbestandes selbst: Die Leute besitzen eine soziale Haut, eine gesellschaftliche Erfahrung und insofern ein gesellschaftliches Bewußtsein, das nicht auf eine Summe individueller Reiz-Reaktions-Vorgänge reduzierbar ist. Erfahrung und Bewußtsein sind gesellschaftlich vermittelt. „Die persönliche Erfahrung ist immer schon eine gesellschaftlich vermittelte, d.h. sie ist für den einzelnen durch seine Stellung innerhalb des gesamtgesellschaftlichen Zusammenhangs bestimmt. Insofern trägt jede individuelle Erfahrung selbst noch die Dimension der gesellschaftlichen Bestimmtheit in sich und kann nicht beschränkt bleiben auf die Unmittelbarkeit isolierter Lebensbereiche."[3] Sebastian Herkommer hat diese Überlegung zu dem für jede Untersuchung gesellschaftlichen Bewußtseins zentralen *Begriff der Erfahrung* später erneut aufgegriffen und als Problem einer theoretischen Klärung des Verhältnisses von gesellschaftlicher und individueller Aneignung präzisiert: „Mit dem Verständnis des Individuums als Subjekt ist . . . eine spezifische Beziehung von Individuum und Gesellschaft zu fassen: sowohl die soziale Determiniertheit des einzelnen durch die Gesellschaft als auch das innerhalb bestimmter Grenzen mögliche tätige Gestalten seiner Beziehungen in der Gesellschaft."[4] Bewußtsein — im weiteren „Konjunkturbewußtsein", d.h. Bewußtsein von der wirtschaftlichen Entwicklung — existiert natürlich nur in Individuen. Durkheims überindividuell existierende soziale Idee soll hier nicht eingeschmuggelt werden. Aber das Individuum existiert nicht individuell im Unterschied zur Gesellschaft. „Die Gesellschaft besteht nicht aus Individuen, sondern drückt die Summe der Beziehungen, Verhältnisse aus, worin diese Individuen zueinander stehn."[5] Und umgekehrt liegt die Pointe „darin, daß das Privatinteresse selbst schon ein gesellschaftlich bestimmtes Interesse ist . . . Es ist das Interesse der Privaten; aber dessen Inhalt, wie Form und Mittel der Verwirklichung, durch von allen unabhängige gesellschaftliche Bedingungen gegeben."[6] Weitergehend: Der Einzelne, das Individuum, das Subjekt — oder wie auch immer die Namen für das wiedergefundene Kind

---

2 Vgl. Elisabeth Noelle-Neumann, Den Gürtel will niemand enger schnallen, in: *Frankfurter Allgemeine Zeitung*, Nr. 25 v. 31.1.1981, S. 13; dies., Aussichten für 1982, in: *Frankfurter Allgemeine Zeitung*, Nr. 294 v. 19.12.1981, S. 13.
3 Christiane Bierbaum et al., *Ende der Illusionen? Bewußtseinsänderungen in der Wirtschaftskrise*, Frankfurt a.M./Köln 1977, S. 4.
4 Sebastian Herkommer, Arbeit und Nichtarbeit, in: *Materialien zur Industriesoziologie*, Sonderheft 24/1982 der *Kölner Zeitschrift für Soziologie und Sozialpsychologie*, S. 274.
5 Karl Marx, *Grundrisse der Kritik der politischen Ökonomie*, Berlin (DDR) 1953, S. 176.
6 Ebd , S. 74.

der Sozialwissenschaft lauten —, alle diese Namen bzw. die zugrundeliegende Vorstellung der Person sind selbst historisches Produkt. Diese Individualität ist reales und damit zugleich gedankliches Produkt einer Produktionsweise, die einen Unterschied heraustreten läßt „zwischen dem Leben jedes Individuums, soweit es persönlich ist und insofern es unter irgendeinen Zweig der Arbeit und die dazugehörigen Bedingungen subsumiert ist"[7]. Diese beiden Seiten sind für die Analyse dahingehend zu berücksichtigen, daß die Bewußtseinsformen selbst beide Seiten beinhalten. Es ist zu unterscheiden zwischen dem Bewußtsein der *Person als Klassenindividuum* und dem Bewußtsein der *Person als persönliches Individuum*. „In den durch die gesellschaftliche Form der Arbeit bestimmten gesellschaftlichen Bewußtseinsformen der Produktionsagenten ist die soziale Bestimmtheit der Personen als Klassenindividuen ausgelöscht und in ihr Gegenteil einer ausschließlich individuellen Bestimmtheit verkehrt. Der soziale Zusammenhang ist versteckt und verdreht als im Individuum liegendes persönliches Motiv seiner Handlungen und Verhältnisse."[8] Auf der anderen Seite schafft das Kapital „durch seine Aktion das Bewußtsein der sozialen Abhängigkeit und sozialen Bestimmtheit des einzelnen Lohnarbeiters und seiner Lebenslage"[9]. Gesellschaftliches Bewußtsein besitzt demnach eine *widersprüchliche Struktur*. Mit dieser Struktur werden nicht falsche und richtige, sondern gegensätzliche reale Momente gefaßt. Die Erfahrung selbst ist doppelt bestimmt, und zwar nicht einerseits individuell und andererseits gesellschaftlich; sondern *die gesellschaftliche Bestimmung der Erfahrung* schließt zwei Seiten ein, die real und bewußt zugleich, objektiv-subjektiv, sind: die Seite des persönlichen und die Seite des Klassenindividuums, ein realer Gegensatz, der sich bewußt als widersprüchliches gesellschaftliches Bewußtsein reproduziert. Wendet man diesen *Leitfaden* einer materialistischen Bewußtseinsanalyse auf das „Konjunkturbewußtsein" an, d.h. auf die Wahrnehmung der ökonomischen Entwicklung, so ergibt sich eine theoretische Fragestellung, die zwischen der Wahrnehmung der Abhängigkeit des einzelnen von gesamtgesellschaftlichen Bedingungen und der Wahrnehmung der Abhängigkeit des einzelnen von seinen individuellen Anstrengungen unterscheidet. Die Personen sehen sich und die wirtschaftliche Situation von gegensätzlichen Faktoren bestimmt, von der persönlichen Anstrengung ebenso wie von der individuell nicht zu beeinflussenden Lage der ganzen Klasse bzw. der Gesamtgesellschaft. Diese unterschiedlichen und gegensätzlichen Faktoren werden nicht in ihrem komplizierten und sachlich vermittelten Zusammenhang, sondern unabhängig voneinander und selbständig, aber als gleichzeitig wirkende Faktoren aufgefaßt. So entsteht durch die Auslö-

---

7 Karl Marx/Friedrich Engels, Die deutsche Ideologie, in: Karl Marx/Friedrich Engels, *Werke*, Bd. 3, Berlin (DDR) 1969, S. 76.
8 Projekt Studien zum Klassenbewußtsein (PSK), *Bürgerliche Gesellschaft und Klassenbewußtsein*, unveröff. Ms., Berlin 1977, S. 49.
9 Ebd., S. 82. In diesem Text ist auch der Unterschied zu den damaligen Thesen der Projekts Klassenanalyse ausgesprochen: „Wenn hier und im folgenden der Auflösungsprozeß des Alltagsbewußtseins wie dieses selbst als widersprüchlich bestimmt dargestellt wird, und diese Widersprüchlichkeit ... in den Kategorien der individuellen bzw. persönlichen Bestimmtheit einerseits und der sozialen Bestimmtheit andererseits charakterisiert wird, so ist damit nicht nur ein terminologischer Unterschied zu den Kategorien Gleichgültigkeit und Identifikation ausgedrückt." Ebd., S. 88.

schung des wirklichen Zusammenhangs eine widersprüchliche Struktur des Bewußtseins. Konjunkturbewußtsein ist insofern widersprüchlich, als zugleich die Abhängigkeit und die Unabhängigkeit von den ökonomischen Verhältnissen ausgesprochen wird, zugleich die Möglichkeit und die Unmöglichkeit der Beeinflussung durch individuelle Fähigkeiten. Diese Struktur ist in dem uns zugänglichen empirischen Material nicht direkt, sondern nur über Hilfsvariablen operationalisiert. Daher unterscheiden wir im weiteren behelfsmäßig zur Interpretation der vorliegenden Daten die Wahrnehmung der allgemeinen Wirtschaft von der Wahrnehmung der individuellen, familiären Situation. So banal diese Unterscheidung auf den ersten Blick erscheinen mag, so konfus wird mit ihr in der Literatur verfahren[10]. Des weiteren — wenn man hier von den Vermittlungsgliedern in Gestalt der betrieblichen bzw. der wirtschaftlichen Lage einer Branche absieht — sind beide Seiten des Konjunkturbewußtseins nach den Urteilen über die vergangene, die gegenwärtige und die zukünftig zu erwartende wirtschaftliche Situation zu differenzieren, da sich in diesen Urteilen unterschiedliche Aspekte des Konjunkturbewußtseins wiederfinden.

Die Zusammenstellung der entsprechenden Fragen bzw. der empirischen Antwortverteilungen führt zu weitgehenden Ergebnissen und Interpretationen, die im folgenden in fünf Thesen zur Entwicklung des gesellschaftlichen Bewußtseins in der Krise zusammengefaßt sind.

1. Einzeldimensionen des Konjunkturbewußtseins

Erste These: Im Gesellschaftsbewußtsein haben die Beendigung des sechsten industriellen Nachkriegszyklus mit der Krise 1974/75 und die folgende ökonomische Entwicklung[11] zu tiefgreifenden Veränderungen geführt. Unmittelbar hat diese Wirtschaftskrise zu einer deutlichen Verschlechterung des Urteils über die gegenwärtige Lage und die wirtschaftliche Zukunft geführt — eine Reaktion, die entgegen dem Gerede von der Überwindung ökonomischer Krisen in Wirtschaftswunderzeiten empirisch seit 1952 für jeden einzelnen industriellen Zyklus nachgewiesen werden kann[12]. In den folgenden beiden Jahren, 1975 und 1976, ist eine durch extreme Schwankungen im Urteil über die wirtschaftliche Situation signalisierte *Phase der Verunsicherung* des Konjunkturbewußtseins festzustellen. 1977 wird diese Phase der Verunsicherung abgelöst durch eine neue Entwicklung im Konjunkturbe-

---

10 Vgl. die diesbezügliche Auseinandersetzung in: Rudolf Frees/Viktor Hinterleitner/Inge Ludwig, *Konjunktur, Gewerkschaften und Politik im Gesellschaftsbewußtsein. Kritische Bestandsaufnahme empirischer Studien zum Gesellschaftsbewußtsein*, Diplomarbeit, Berlin 1981. Ausführlicher zur theoretischen Begründung: Arbeitsgruppe Demoskopie, Konjunktur, individuelle Betroffenheit und Zukunftsperspektiven der Lohnabhängigen, in: *Prokla. Zeitschrift für politische Ökonomie und sozialistische Politik*, 12. Jg. (1982), H. 46, S. 61–84.
11 Zur theoretischen Begründung und ökonomischen Analyse der westdeutschen Nachkriegsentwicklung vgl. u.a. die entsprechenden Publikationen der Sozialistischen Studiengruppen (SOST), *Das BRD-Kapital. Von der Prosperität zu Stagnation und Krise*, Hamburg 1980.
12 Vgl. Arbeitsgruppe Demoskopie, Gesellschaftsbewußtsein und Konjunktur, in: *Beiträge zum wissenschaftlichen Sozialismus*, September 1980, H. 31, S. 123–133.

wußtsein: das *schwindende Vertrauen auf die Kontinuität* der bürgerlichen Produktionsweise. Die bislang relativ eng verknüpften Urteile über die allgemeine Wirtschaftsgegenwart und die allgemeine Wirtschaftszukunft entwickeln sich kraß auseinander. Die Wahrnehmung einer relativen Stabilisierung der aktuellen Lage kann die Wahrnehmung der miserablen Zukunftsaussichten nicht mehr tangieren. Das Bewußtsein einer Periode ökonomischer Verschlechterungen breitet sich langsam aus.

Zweite These: Die Veränderungen in der Wahrnehmung der *gesamtgesellschaftlichen* Entwicklungsperspektiven werden nicht unmittelbar auf die Wahrnehmung der *individuellen* Entwicklungsperspektiven übertragen bzw. stoßen hier auf keine analogen Veränderungen. Für das Bewußtsein der individuellen Lebenschancen, der familiären Perspektiven gilt zwar eine — ebenfalls seit mindestens 1963/64 nachweisbare — relative Betroffenheit durch ökonomische Kriseneinbrüche bzw. durch die Krise 1974/75. Unbeschadet dieses Zusammenhangs dominiert jedoch das relativ unabhängige Urteil über die individuellen Möglichkeiten, die persönliche Zukunft zur eigenen Zufriedenheit zu gestalten. Gemessen mit den Erwartungen hinsichtlich der privaten wirtschaftlichen Zukunft — wir werden später noch eine andere Messung vorstellen — hat die Wirtschaftskrise das Bewußtsein eines erheblichen Spielraums für den einzelnen, seine individuellen Lebensbedingungen gegenüber verschlechterten Bedingungen seiner sozialen Klasse abzuschirmen, kaum berührt.

Dritte These: Dieser generelle Wandel im Gesellschaftsbewußtsein wird von allen Abteilungen der abhängig Beschäftigten vollzogen. Seine Ausgestaltung präsentiert sich jedoch abgestuft für verschiedene *sozialstrukturelle Abteilungen* der Arbeitnehmer. Empirisch ergibt sich das Resultat, daß die Differenzen der Beschäftigten hinsichtlich ihrer Qualifikation, ihrer arbeitsrechtlichen Stellung bzw. hinsichtlich der Branchenzugehörigkeit keine nennenswerten Zusammenhänge mit der Wahrnehmung der allgemeinen Situation, dafür aber Zusammenhänge mit der Wahrnehmung der persönlichen Situation aufweisen. Theoretisch kann dieses Ergebnis dahingehend interpretiert werden, daß Unterschiede in den Arbeitsbedingungen und der Arbeitsplatzsicherheit kaum Auswirkungen auf die Wahrnehmung der Wirtschaftskrise im allgemeinen, hingegen Auswirkungen auf die Beurteilung der individuellen Chancen in der Krise und damit Auswirkungen auf das Auseinanderfallen von allgemeiner und privater Wirtschaftsbeurteilung haben. Die größeren materiellen Spielräume im Arbeitsleben bedingen einen größeren Optimismus, was die privaten Lebenschancen angeht, ohne daß hierdurch die Wahrnehmung der gesamtwirtschaftlichen Krise getrübt würde. Umgekehrt bedingen geringere materielle Spielräume im Arbeitsleben eine negativere Beurteilung der privaten Lebenschancen in der Krise[13].

An dieser Stelle soll auch die Ausprägung des *Arbeiterbewußtseins* im Sinne des Bewußtseins der arbeitsrechtlich als Arbeiter eingestuften Personen, d.h. ohne Angestellte, Rentner und ohne Familienangehörige von berufstätigen Arbeitern, kurz kommentiert werden. Neben dem in der dritten These ausgeführten Zusammenhang von Arbeitssituation (Klassenlage) und Wahrnehmung individueller Lebenschancen

---

13 Ausführlicher hierzu die Arbeitsgruppe Demoskopie, Konjunktur, individuelle Betroffenheit (Anm. 10), S. 71—81.

weisen die Arbeiter eine im Vergleich zur Gesamtbevölkerung etwas optimistischere Beurteilung der allgemeinen Wirtschaftssituation auf. Obwohl die Abweichungen in den letzten Jahren nicht einheitlich sind, ist doch im Durchschnitt eine schwache positive Abweichung von den Ausprägungen des Konjunkturbewußtseins bei der Gesamtbevölkerung hinsichtlich der gesamtwirtschaftlichen Aspekte festzustellen. Wieweit diese Abweichungen vermittelt und erklärbar sind über den nachweisbar starken Zusammenhang von Parteipräferenz gegenüber den Regierungsparteien und dem Urteil über die Gesamtwirtschaft, können wir noch nicht untersuchen — ein Hinweis, der für alle anderen Aspekte der Analyse ebenfalls zutrifft, bei den abweichenden Urteilen der Arbeiter allerdings aufgrund der bekanntermaßen starken Parteipräferenz für die SPD von besonderer Bedeutung ist[14].

Soweit die Skizze des von uns bisher zusammengestellten Landschaftsbildes. Bevor wir einen neuen Wegabschnitt der Bewußtseinsanalyse vorstellen, sollen kurz die aktuellen empirischen Daten bezüglich der in den ersten zwei Thesen rekapitulierten Analyseschritte nachgetragen werden.

Vierte These: Die für den Zeitraum von 1977 bis 1980 nachgewiesene neue Entwicklung im Konjunkturbewußtsein der Arbeiter und der Gesamtbevölkerung setzt sich 1981 und bis zum Mai bzw. August 1982 fort. Dabei sind zwei Modifkationen festzustellen, die der bisherigen relativen Stabilität des Gesellschaftsbewußtseins abträglich sein können. Auf der einen Seite findet eine deutliche Angleichung der allgemeinen Gegenwartsbeurteilung an die weiterhin schlechte allgemeine Zukunftserwartung statt (vgl. Abbildung 1). Die gegenwärtige allgemeine Wirtschaftslage vollzieht im Urteil der Gesamtbevölkerung und der Arbeiter die erwartete Verschlechterung, ohne daß sich dadurch die Erwartungen für die allgemeine Wirtschaftszukunft im Vergleich zur aktuellen Lage verbessern oder zumindest stabilisieren. Insgesamt präsentiert sich das Bewußtsein von der wirtschaftlichen Konstitution des Landes zu Beginn des Herbsts 1982 in einer *pessimistischeren Grundstimmung,* als dies jemals zuvor von den zugänglichen Daten ausgedrückt wurde.

Auf der anderen Seite verschlechtert sich zugleich die private wirtschaftliche Zukunftserwartung erheblich. Nach einer relativen Stabilisierung im Zeitraum von Mai 1976 bis Oktober 1979 beginnt die private Wirtschaftserwartung 1980 zunächst auf das Niveau des Krisenjahres 1975 zu fallen. In den folgenden Monaten bis einschließlich Mai 1982 ist ein weiterer *Verfall der privaten Zukunftshoffnungen* zu konstatieren, der bis zu 15 % des von der Europäischen Gemeinschaft für das Jahr 1978 berechneten Indexwertes ausmacht[15]. Faßt man diese Entwicklung zusammen, so kann die vierte These als Hinweis auf die *zunehmende Labilität des Konjunkturbe-*

---

14 Vgl. die Analyse des Instituts für angewandte Sozialforschung: Ursula Feist/Klaus Liepelt, Machtwechsel in Raten: Das Parteiensystem auf dem Weg zur Mitte, und: Gisela Schnepf/ Wolfgang Tschirner, Wirtschaftserwartungen im Zeitverlauf: Meßwerte zum politischen Meinungsklima, beide in: *transfer 2 Wahlforschung: Sonden im politischen Markt,* Opladen 1976, S. 26–67.
15 Zur Indexbildung vgl. Kommission der Europäischen Gemeinschaften, *Die Wirtschaftslage der Gemeinschaft,* 1978, H. 2, S. 85; dies., *Europäische Wirtschaft,* Beiheft C, Juli 1982, H. 2. Der für 1975 = 100 gesetzte Index fällt von 106 im Jahr 1978 auf 90 im Oktober 1981 und Januar 1982 bzw. auf 94 im Mai 1982.

Abb. 1: Wahrnehmung der allgemeinen wirtschaftlichen Situation

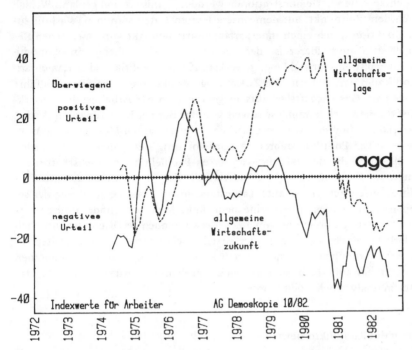

Quelle: Angaben des Emnid-Instituts (Bielefeld) und Berechnungen der Arbeitsgruppe Demoskopie. Die Zeichnung beinhaltet den gleitenden Dreimonatsdurchschnitt für den Index (positive minus negative Urteile). Basis sind monatliche Stichproben mit ca. 1000 für die Gesamtbevölkerung repräsentativ ausgewählten Personen.

wußtseins formuliert werden. Für einen stetig anwachsenden Teil der Bevölkerung löst sich die Krisenwahrnehmung auf, die für die bisherige gewerkschafts- und gesellschaftspolitische Immobilität verantwortlich gemacht werden kann. Prognosen über den weiteren Verlauf dieser Bewußtseinsentwicklung oder die hierin eingeschlossenen möglichen sprunghaften Veränderungen sind zwar mit dem vorliegenden Material und mit unseren bisherigen Kenntnissen nicht vertretbar. Dennoch kann auf die in der schon abgelaufenen Bewußtseinsentwicklung enthaltenen Tendenzen zunehmender Labilität mit Blick auf das mögliche Ende einer länger währenden relativen politischen Unbeweglichkeit verwiesen werden.

Ebenso kann verwiesen werden auf die im Grunde genommen erstaunlich offene Parallelität der Entwicklungen im gewerkschaftlichen und politischen Bereich. Gleichzeitig mit der von uns für 1982 festgestellten Zuspitzung im Konjunkturbewußtsein der Arbeiter und der Gesamtbevölkerung erfahren die gewerkschaftlichen Stellungnahmen zur Regierungspolitik der sozialliberalen Koalition eine unübersehbare Wende. Die Politik dieser Koalition wird anläßlich der Vorlage des Haushalts für 1982 als ein nicht mehr akzeptabler Kompromiß und als unsozial eingestuft.

Diesem Konflikt — und natürlich auch der Tradition der westdeutschen Gewerkschaften — entsprechende Demonstrationen werden organisiert und geplant. Wenige Monate nach dem Zeitpunkt, aus dem unsere letzten Daten stammen, wird die sozialliberale Koalition durch einen innerparlamentarischen Akt von einer neuen Regierung abgelöst. Unmittelbarer ist der Bedingungszusammenhang von ökonomischer Krise, Bewußtseinsentwicklung, gewerkschaftlicher Politik und parlamentarischer Aktion kaum vorzuführen. Die Zuspitzung der ökonomischen Situation führt zu Irritationen im Gesellschaftsbewußtsein gerade auch der Arbeiter; die Gewerkschaften distanzieren sich zumindest soweit von der Bonner Regierungspolitik, daß einzelne Politiker — mit sozialwissenschaftlich uninteressanten Motiven — die Wende zur konservativen Politik ausführen. An der vorläufig sogar ohne den formellen Akt der Wahl durch die Bevölkerung realisierten Parallelität der gesellschaftlichen Entwicklungen in Basis und Überbau ändert auch der für Analysen aus marxistischer Tradition eigentlich provokante Tatbestand nichts, daß die Ablösung der sozialliberalen Regierung nicht durch eine neue linke Mehrheit, sondern durch eine konservative Regierung erfolgt und von einer fortwährenden gesellschaftspolitischen Irrelevanz linkssozialdemokratischer oder sozialistischer Strömungen begleitet ist. Das Problem der komplizierten und gegensätzlichen Wirkungen der ökonomischen Krisen ist nicht nur außerhalb, sondern auch innerhalb der marxistischen Debatte zur Bewußtseinsanalyse behandelt worden[16].

2. Strukturen des Konjunkturbewußtseins

Bislang waren die uns möglichen Analyseschritte auch empirisch eng begrenzt. Dies gilt nicht nur für den methodischen „Aschenputtel-Effekt", nach dem die schlichtere statistische Methode häufig die inhaltlich gehaltvolleren Ergebnisse hervorbringt. Die Begrenzung gilt auch für die technischen Möglichkeiten der von uns durchgeführten Sekundäranalysen. Ohne Geld für die Datenerhebung basierten alle bisherigen Auswertungsschritte auf der weitgehend sogar manuellen Be- und Umrechnung von Häufigkeitsverteilungen einzelner Merkmalsausprägungen, die in veröffentlichten und teils unveröffentlichten Auswertungen der kommerziellen Institute vorliegen. Jeder Analyse des *Zusammenhangs* von verschiedenen Merkmalen waren damit über die Konfrontation zweidimensionaler Kontingenztafeln im Zeitverlauf hinaus Grenzen gesetzt. Diese Begrenzung konnte durch die Arbeit mit den Ergebnissen einer im Auftrag der Europäischen Gemeinschaft u.a. in der Bundesrepublik seit 1972 dreimal jährlich durchgeführten Umfrage aufgehoben werden, da uns in diesem Fall der vollständige Zugriff auf die Primärdaten ermöglicht wurde. Diese Umfragen mit den auf dem ersten Blick schlichten und theoretisch wenig anspruchsvol-

---

16 Vgl. unsere Position hierzu: Arbeitsgruppe Demoskopie, Krise und Gesellschaftsbewußtsein, in: *sozialismus. Zeitschrift für marxistische Theorie und sozialistische Politik*, Januar 1981, H. 33, S. 76—82; dies., Konjunktur, individuelle Betroffenheit (Anm. 10), S. 64.

len Operationalisierungen[17] werden mit Stichproben von über 2000 Personen durchgeführt. Die folgende Auswertung dieser „EG-Daten" bezieht sich auf durchschnittlich ca. 3000 beantwortete Fragebögen aus der Gesamtbeölkerung je Erhebungszeitpunkt, worunter knapp die Hälfte der Fragebögen von Arbeitern beantwortet wurde. Dadurch ist eine statistisch signifikante Interpretation relativ geringer Prozentabweichungen im Zeitverlauf möglich. Insgesamt sind in die Auswertung 55 000 beantwortete Fragebögen einbezogen worden.

Bei der Analyse dieser Daten geht es uns um *die Struktur der Verknüpfung verschiedener Dimensionen der Wirtschaftswahrnehmung.* In unseren bisherigen Auswertungen ist, wenn etwas salopp von Veränderungen im Gesellschaftsbewußtsein die Rede war, immer nur die Zunahme oder Abnahme der relativen Häufigkeit bestimmter Antwortvorgaben interpretiert worden. Wir haben diesen Abschnitt daher mit „Einzeldimensionen des Konjunkturbewußtseins" betitelt. Das Problem, wie das Antwortverhalten einer bestimmten Person auf eine Frage mit ihrer Antwort auf eine andere Frage verknüpft war — für Primärerhebungen in der Regel selbstverständlicher Untersuchungsgegenstand —, ist für uns technisch erst mit diesen EG-Daten zu behandeln. Bevor wir uns mit diesem Hinweis auf Beschränkungen der bisherigen Analyse den neuen Daten zuwenden, soll auf eine Reihe weiterhin gültiger Einschränkungen kursorisch, und um schnelle Vollständigkeitseinwände etwas zu erschweren, hingewiesen werden.

Die Differenz von widersprüchlichem Bewußtsein und dem, was wir vorgefunden und als brauchbare Operationalisierung des Konjunkturbewußtseins akzeptiert haben, ist schon angesprochen worden. Diese Differenz erstreckt sich auch auf die Ausblendung aller nicht direkt mit der wirtschaftlichen Konjunktur verknüpften Lebensaspekte. Eine vollständige Betrachtung des gesellschaftlichen Bewußtseins behandelt auch mehr „Tätigkeiten des einzelnen, mit denen er sich die Welt praktisch-geistig und sinnlich aneignet und sich als Individuum reproduziert"[18]. Selbst wenn wir mit einer besseren Operationalisierung des widersprüchlichen Konjunkturbewußtseins arbeiten könnten, wären dadurch längst nicht alle Aspekte des Arbeitslebens und natürlich auch nicht die über Arbeitserfahrungen hinausgehenden *Lebenserfahrungen* erfaßt. Ebensowenig erstreckt sich unsere Analyse auf *ideologische Instanzen* und ihre Wirkungsweise oder auf die Bedeutung der sozialen *Logik kultureller Prozesse* im Alltagsleben[19].

17 Wir haben für diesen Aufsatz folgende standardisierte Fragen herangezogen: „Wie dürfte sich Ihrer Ansicht nach die *allgemeine Wirtschaftslage* in Ihrem Land (1. Frage) bzw. die finanzielle *Lage Ihres Haushalts* (2. Frage) *in den kommenden zwölf Monaten* entwickeln?" Antwortvorgaben: wesentlich verbessern/verschlechtern, etwas verbessern/verschlechtern, etwa gleich bleiben, weiß nicht. Die 3. Frage lautet: „Wie beurteilen Sie die *derzeitige finanzielle Lage Ihres Haushalts* — haben Sie Vermögenswerte angelegt?" Antwortmöglichkeiten: Kredit aufgenommen, auf Ersparnisse zurückgegriffen, gerade ausgekommen, ein wenig gespart, einen größeren Betrag gespart, weiß nicht. Berücksichtigt wurde das Antwortverhalten der Haushaltsvorstände ohne die Antwort „weiß nicht".
18 Herkommer, Arbeit und Nichtarbeit (Anm. 4), S. 273.
19 Vgl. Birgit Mahnkopf, Das kulturtheoretische Defizit industriesoziologischer Forschung — aus Anlaß einer Studie zum „Arbeiterbewußtsein in der Wirtschaftskrise", in: *Prokla. Zeitschrift für politische Ökonomie und sozialistische Politik,* 12. Jg. (1982), H. 46, S. 41—60.

Die zuletzt genannten Punkte — Arbeits- und Lebenserfahrung, Ideologie und Kultur — beziehen sich auf gesellschaftliche Bereiche, die das Bewußtsein mitbestimmen. Die drei folgenden Punkte beziehen sich auf das untersuchte Konjunkturbewußtsein selbst. Zunächst ist häufig auf die Unterscheidung von Bewußtsein und Einstellung hingewiesen worden. Meinungsumfragen können nur mehr oder weniger flüchtige *Einstellungen,* eben bloße Meinungen, erheben, nicht aber das hinter diesen Einstellungen liegende, stabilere und mehr aus Werten, Normen usw. bestehende *Bewußtsein* der Menschen. Auf dieses Problem kann hier ebensowenig näher eingegangen werden, wie auf den bekannten Unterschied von Einstellung und tatsächlichem *Verhalten.* In beiderlei Hinsicht müssen wir uns in diesem Rahmen damit begnügen, auf die offenbar nicht unerhebliche Bedeutung der *Wahrnehmung* wirtschaftlicher Tatbestände für das Bewußtsein im genannten Sinn zu verweisen und auf die mit Absicht eingesetzte Doppeldeutung des Begriffs „Wahrnehmung sozialer Chancen" insofern, als hier zugleich die Reflexion dieser Chancen und auch ihre praktische Umsetzung ausgedrückt wird. Schließlich müssen wir uns hier darauf beschränken, die methodischen Implikationen der Verwendung standardisierter Interviews anzudeuten, die in der breiten Debatte um sogenannte qualitative Methoden ausgeführt worden sind[20]. Zu dieser Debatte kann nur angemerkt werden, daß die Eingriffe in das empirische Material, die durch die Verwendung standardisierter Interviews praktiziert werden, bei der Verwendung anderer *Erhebungs*methoden zwar reduziert werden können. Konfrontiert man dagegen vergleichbare *Auswertungen,* so zeigt sich sofort, daß die inhaltlich-methodischen Eingriffe überall vorgenommen werden müssen; der Unterschied liegt nur in der Zuordnung des Eingriffs zu unterschiedlichen Phasen des Forschungsprozesses. Insofern ist die Unterscheidung von qualitativer und quantitativer Sozialforschung nicht angemessen.

Zurück zu den uns zugänglichen EG-Daten. Für ihre Auswertung ergibt sich die generelle und in der Literatur bisher sehr unterschiedlich getroffene Wahl einer geeigneten *Messung* von Bewußtseinsdimensionen, die durch mehr als eine Frage bzw. Item operationalisiert wurden. Neben der bekannten und ausführlichen Diskussion um diverse Skalen, z.B. zur Messung autoritärer Einstellungen, ist die Wahl auf die Bildung von Typologien der Bewußtseinsformen gefallen, wobei quantitativ die relative Häufigkeit der einzelnen qualitativen Typen bestimmt wird. Dieses Verfahren ist in einer Reihe von Untersuchungen angewandt worden. Stellvertretend sei auf die Studie zum Gesellschaftsbild der Arbeiter von Popitz/Bahrdt u.a.[21] verwiesen sowie auf die Erlanger Studie[22] zum gesellschaftlichen und politischen Bewußtsein von Arbeitern. Eine dritte hier zu erwähnende Möglichkeit besteht in der Messung widersprüchlicher Bewußtseinsstrukturen durch die Konfrontation einfacher relativer Häufigkeiten verschiedener Antwortverteilungen, die eine Zustimmung zu

---

20 Vgl. Rainer Zoll (Hrsg.), *Arbeiterbewußtsein in der Wirtschaftskrise. Erster Bericht: Krisenbetroffenheit und Krisenwahrnehmung,* Köln 1981; Christel Hopf/Elmar Weingarten (Hrsg.), *Qualitative Sozialforschung,* Stuttgart 1979.
21 Siehe Heinrich Popitz et al., *Das Gesellschaftsbild des Arbeiters,* 5., unveränd. Aufl., Tübingen 1977.
22 Siehe Werner Kudera et al., *Gesellschaftliches und politisches Bewußtsein von Arbeitern,* Frankfurt a.M. 1979.

widersprüchlichen Items durch dieselben Personen impliziert, oder durch die exakte Berechnung des Anteils von Personen, die empirisch beiden sich widersprechenden Items beigepflichtet haben. Dieses Verfahren ist von dem Autorenkollektiv um Joachim Bischoff und Sebastian Herkommer einmal verwandt worden[23].

Für unseren Zweck kann von den herkömmlichen Skalen abgesehen werden, soweit sie — im Gegensatz zu ihrer in letzter Zeit wieder zunehmenden Beliebtheit als Instrument der Wertwandelsmessung — methodisch nicht einmal die als Minimalkonsens in der Soziologie weitgehend anerkannte „Sowohl-als-auch-Struktur" des Bewußtseins abbilden können. Dies gilt weitgehend auch für die Anwendung einfacher oder mehrdimensionaler Korrelationsanalysen[24]. Die Wahl zwischen der zweiten und dritten Möglichkeit wird unserem theoretischen Leitfaden insofern nicht gerecht, als wir einerseits die Prämisse des in sich konsistenten Bewußtseinstyps nicht teilen, auf der die bekannten Typologien des Bewußtseins beruhen und an der sich die weitergehenden Thesen zur Wirkungsweise von Deutungsmustern befestigen. Andererseits ist die von Bischoff/Herkommer u.a. verwandte Messung ungeeignet, die von uns unterstellte mehr als zweidimensionale Gestalt der Bewußtseinsstruktur abzubilden. Hinzu kommt, daß die Autoren mit diesem Verfahren widersprüchliche Einstellungen nur für einen Teil der Bevölkerung bzw. der Arbeitnehmer nachweisen können. Methodisch haben wir uns aus diesen Gründen dafür entschieden, *ein mehrdimensionales Raster* (eine Typologie — ohne die inhaltlichen Implikationen) als Basis der Messungen zu entwickeln, das unterschiedliche, aber in sich gegensätzliche Ausprägungen des mehrdimensionalen Konjunkturbewußtseins unterscheidet und ihre relative Verbreitung in der Bevölkerung bzw. bei den Arbeitern mißt.

Inhaltlich haben wir in der einfachen Fassung des Rasters die Wahrnehmung der individuellen und der allgemeinen wirtschaftlichen Zukunft mit den Angaben zur gegenwärtigen finanziellen Situation der einzelnen Haushalte verknüpft. Da jede der drei Antwortverteilungen (private Situation und Zukunftserwartung, allgemeine Zukunftserwartung) auf drei Antwortrubriken reduziert wurde, ergibt sich eine dreidimensionale ordinal skalierte Kontingenztafel mit 27 Feldern bzw. 8 Freiheitsgraden. Diese 27 Ausprägungen haben wir sortiert unter dem theoretischen Gesichtspunkt des Spielraums, den die Personen wahrnehmen, sich als einzelne relativ unabhängig von ihrem gesellschaftlichen Umfeld zu verhalten[25]. Es wurden zwei große

---

23 Vgl. Bierbaum et al., *Ende der Illusionen?* (Anm. 3), S. 67—71, 78—84. Wir haben dieses Verfahren ebenfalls benutzt, vgl. Arbeitsgruppe Demoskopie, *Grundzüge des politischen Bewußtseins*, unveröff. Ms., Berlin 1981. Das methodische Vorgehen in: Sebastian Herkommer et al., *Gesellschaftsbewußtsein und Gewerkschaften*, Hamburg 1979, kann dagegen wenig überzeugen.

24 Vgl. die Korrelationsanalysen der EG-Daten durch Burkhard Strümpel/Alfred Kuss/Richard Curtis, *The Use and Potential of Consumers Anticipations Data in the Member Countries of the European Community*, Arbeitspapier Nr. 12/1979 des Instituts für Markt- und Verbrauchsforschung im Fachbereich Wirtschaftswissenschaft der Freien Universität Berlin.

25 Vgl. die Vorfassung dieses Rasters: Arbeitsgruppe Demoskopie, *Konjunktur und Krise im Bewußtsein*, Referat, gehalten auf dem Soziologentag in Bamberg 1982. Die ausführliche Begründung für die jeweilige Zuordnung der 27 Ausprägungen muß hier aus Platzgründen entfallen.

gegensätzliche Rubriken gebildet, die — von uns vorläufig sogenannte — Individualisten auf der einen Seite den — ebenfalls vorläufig von uns sogenannten — Skeptikern auf der anderen Seite gegenüberstellen. Die Individualisten bzw. die *individualistischen Bewußtseinsformen* äußern einen mehr oder minder großen Spielraum, in dem sie ihre persönlichen Fähigkeiten oder ihre individuelle Leistung dazu verwenden können, um sich bzw. ihrer Familie eine gegenüber den für die gesamte Gesellschaft wahrgenommenen Bedingungen relativ unabhängige Entwicklungsmöglichkeit zu eröffnen. Sie sind es — in der Begrifflichkeit des eingangs erwähnten theoretischen Leitfadens unserer Analyse —, die stark auf die Gestaltungsfreiheit des persönlichen Individuums gegenüber den Restriktionen des Klassenindividuums setzen, sei dies nun faktisch zu Recht oder zu Unrecht (illusionäres Bewußtsein). Die Skeptiker bzw. die *skeptischen Bewußtseinsformen* äußern sich im Unterschied zu den Individualisten skeptisch bis ablehnend hinsichtlich der Möglichkeiten, für sich selbst oder für die familiäre Zukunft eine von den Bedingungen der Gesellschaft bzw. den Bedingungen der Klasse abweichende Lebenschance praktisch wahrzunehmen.

Zur Sensibilisierung dieser polaren Abstufung in der Ausprägung des Konjunkturbewußtseins haben wir die Individualisten — nach Maßgabe der Stärke der abweichenden Beurteilung allgemeiner und individueller Bedingungen — weiter unterteilt in drei Unter-Rubriken: in die schwachen, mittleren und starken Individualisten. Ebenso wurden schwache und starke Skeptiker unterschieden. Die damit vorhandene einfache Fassung des Rasters für die Struktur des Konjunkturbewußtseins kann in Abhängigkeit von den tatsächlich gegebenen ökonomischen Entwicklungen unterschiedlich interpretiert werden[26]. In Zeiten einer allgemeinen, mehrere industrielle Zyklen bestimmenden Prosperität drückt der Individualist mit dem Glück, das jeder selbst als Schmied bearbeitet, positive Möglichkeiten der Erweiterung von Wohlstand aus. In Zeiten einer allgemein stagnierenden Wirtschaftsentwicklung verweist der Individualist mit der Arbeit, die jeder findet, der nur will, auf positive Möglichkeiten des einzelnen, sich einer allgemeinen Verschlechterung gegenüber abzusichern oder teilweise fernzuhalten.

Das unter Verwendung dieses Rasters erstellte empirische Ergebnis läßt sich in einer weiteren These zur Bewußtseinsentwicklung in der Wirtschaftskrise formulieren.

Fünfte These: Die Wirtschaftskrise 1974/75 und die darauf folgende Phase der Verunsicherung führt zu einer *Verringerung* der Dominanz der individualistischen Bewußtseinsformen. Die Spielräume der Individuen, die Wirkungsweise persönlicher Anstrengungen und individueller Leistung, werden geringer eingeschätzt bzw. von einem abnehmenden Anteil unter den Arbeitern wahrgenommen. Während im Durchschnitt der acht Jahre (1972—80) in der Gesamtbevölkerung 68 %, innerhalb

---

26 Vgl. zu diesem und zu weiteren methodischen Aspekten einer Analyse von Wandlungsprozessen das in seiner Klarheit bestechende Referat von Klaus Allerbeck, gehalten auf dem Bamberger Soziologentag 1982, sowie: Klaus Allerbeck, *Demokratisierung und sozialer Wandel in der Bundesrepublik Deutschland. Sekundäranalyse von Umfragedaten 1953—1974*, Opladen 1976, S. 14—26. Ebenfalls zu diesen Aspekten, aber mit großzügigerer Tendenz: Peter Kmieciak, *Wertstrukturen und Wertwandel in der Bundesrepublik Deutschland*, Göttingen 1976, S. 257—262.

Abb. 2: Konjunkturbewußtsein der Arbeiter

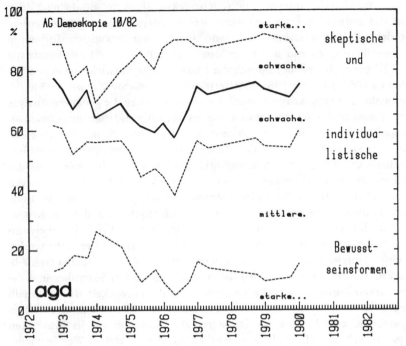

Quelle: Daten der Europäischen Gemeinschaften und Berechnungen der Arbeitsgruppe Demoskopie.

der Arbeiter 69 %, zu den Individualisten gezählt werden können, fällt der Anteil der Individualisten bei den Arbeitern im Zeitverlauf von 78 % im Oktober 1972 auf 58 % im Mai 1976 (vgl. Abbildung 2). Die abnehmende Dominanz individualistischer Bewußtseinsformen drückt sich in der Gesamtbevölkerung in einem unerheblich geringeren Rückgang des Anteils der Individualisten von 75 % (Oktober 1972) auf 60 % (Oktober 1975) und 61 % (Mai 1976) aus.

Die Jahreswende 1976/77 bringt eine deutliche Umkehr dieser Entwicklung und eine *Restabilisierung* der individualistischen Bewußtseinsformen auf dem Niveau der Prosperitätszeit vor der Krise 1974/75. Nach einer — in ihrem Ausmaß beachtlichen — Verdrängung individualistischer Bewußtseinsformen und einer entsprechenden Zunahme skeptischer Einstellungen sowohl bei den Arbeitern als auch in der Gesamtbevölkerung findet demnach eine vollständige Rückkehr zu Bewußtseinsformen der Vorkrisenzeit statt. In der zweiten Jahreshälfte 1976 bis zum Januar 1977, d.h. in einem für derartige Verschiebungen verblüffend kurzen Zeitraum von weniger als zwölf Monaten, stabilisiert sich die Dominanz individualistischer Bewußtseinsformen erneut auf einem Niveau, das zuletzt parallel zu der von enormen Zukunftshoffnungen — auch der Arbeiter — begleiteten Bundestagswahl 1972 festgestellt wurde. So sehr der innere Bedeutungswandel der individualistischen Bewußtseinsformen unter veränderten ökonomischen Rahmenbedingungen (auf den weiter oben hingewiesen wurde) bei der Interpretation zu berücksichtigen ist, so sehr muß doch zugleich auf das erstaunliche Ausmaß dieser Restabilisierung hingewiesen werden. Es handelt sich um eine Restabilisierung individualistischer Bewußtseinsformen in der Gesamtbevölkerung ebenso wie unter den Arbeitern, die nicht nur kurzfristig das Jahr 1977 beherrscht, sondern durch die ökonomische Entwicklung in den folgenden Jahren 1978 bis Januar 1981 eher verstärkt als abgeschwächt wurde. Für die weitere Diskussion der subjektiven Krisenfolgen kann insofern die genauere Analyse und Erklärung sowohl des *Bedeutungswandels* als auch der *Aktivierung individualistischer Bewußtseinsformen* durch die ökonomische Krise und die mit der Krise einhergehende verschärfte Konkurrenz der Arbeitnehmer untereinander als Problem notiert werden. Weitere Untersuchungsschritte werden sich dabei kaum auf das Konjunkturbewußtsein beschränken können[27]. Während der Trend zur relativen Rücknahme individualistischer Bewußtseinsformen — wie gezeigt — nur bis Ende 1976 anhält, ist die unmittelbare Wirkung der ökonomischen Krise, d.h. des Krisentiefpunkts bzw. des Wechsels der industriellen Zyklen, auf das Konjunkturbewußtsein ebenso festzustellen. Innerhalb des generellen und vier Jahre anhaltenden Trends ist eine kurzfristige *Polarisierung* im Krisenjahr 1974 unübersehbar (vgl. Abbildung 2). Zur gleichen Zeit schnellen die Anteile der starken Skeptiker und die Anteile der starken Individualisten in die Höhe. Insofern entwickelt sich innerhalb der beiden großen Rubriken der Individualisten und Skeptiker sowie ihrer Verschiebung gegeneinander eine kurzfristige und starke Dominanz der jeweils extremsten Ausprägung, die sich schnell und schon deutlich vor der generellen Wende wieder verliert. Hierbei handelt es sich offenbar um eine kurzfristige, sich sprunghaft entwickelnde Krisenreaktion, die von den durch die Krise in Gang gesetzten längerfristigen Tendenzen im Konjunkturbewußtsein unterschieden werden muß.

Die in der fünften These dargestellten Ergebnisse werfen ein neues Licht auf das Bild des gesellschaftlichen Bewußtseins, das sich durch die bisherigen Analyseschritte ergeben hatte. Bislang wußten wir, daß die Krise 1974/75 nach relativ kurzer Unsicherheit (bis 1977) zu einem schwindenden Vertrauen in die Kontinuität der gesamtwirtschaftlichen Reproduktion geführt hat (1977—81). Gleichzeitig sprachen die Daten für ein wieder bzw. weiterhin stabiles Vertrauen in die individuelle Reproduktion, das erst 1981/82 erschüttert wurde. Jetzt kann dieses Bild durch die neuen Ergebnisse genauer beschrieben werden (vgl. Abbildung 3): Die Phase der Verunsicherung der Bevölkerung in ihrer Beurteilung der allgemeinen wirtschaftlichen Situation ist zugleich eine Phase der starken Zurückdrängung individualistischer Bewußtseinsformen. Die Wende in diesem Trend und die Restabilisierung individualistischer Bewußtseinsformen (ab 1976/77) ist offensichtlich der Hintergrund, vor dem das Vertrauen in die gesamtwirtschaftliche Kontinuität abnimmt. Für die länger als von vielen erwartet anhaltende soziale und politische *Immobilität der Ar-*

---

[27] Vgl. erste Ansätze in diese Richtung: Arbeitsgruppe Demoskopie, *Krise und Gesellschaftsbewußtsein* (Anm. 16), S. 78, wo für die Entwicklung des gewerkschaftlichen Bewußtseins eine vergleichbare Entwicklung interpretiert wurde. Zur Zeit untersucht die Arbeitsgruppe die Krise des Sozialstaats im Bewußtsein der Bevölkerung.

Abb. 3: Wahrnehmung der Konjunktur

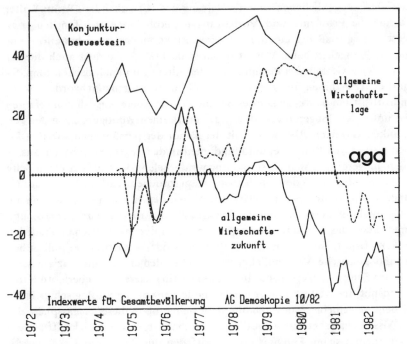

Quelle: Siehe die Abb. 1 und 2. Zum einfacheren Vergleich ist in Abb. 3 der Index des Konjunkturbewußtseins (Individualisten minus Skeptiker) für die Gesamtbevölkerung eingezeichnet worden.

beiter und im weiteren der überwiegenden Mehrheit der Bevölkerung kann demnach besonders die Restabilisierung individualistischer Bewußtseinsformen verantwortlich gemacht werden. Die Verlängerung und die Fortexistenz dieser dominanten Bewußtseinsformen müssen allerdings skeptisch eingeschätzt werden. Es gibt schon jetzt Anzeichen für die Beendigung der 1976/77 begonnenen Restabilisierung individualistischer Bewußtseinsformen und damit für die Zunahme einer skeptischeren Haltung, die eine Überwindung der sozialen und politischen Bewegungslosigkeit der Arbeitnehmerschaft einschließen kann.

3. Nachbemerkung

Liest man die Texte der Älteren, so verkünden sie in der Regel den Übergang vom „Skeptizismus" zum „Pessimismus" gegenüber der Arbeiterbewegung, den Theo Pirker als den „Fortschritt" der zwei Jahrzehnte seit dem erstmaligen Erscheinen der

Blinden Macht dargelegt hat[28]. Diese pessimistische Haltung existiert doppelt: als Haltung der Draußengebliebenen und als Haltung der Mitwirkenden. Wenn Walter Hesselbach auf die Probleme und Vorhaltungen Jakob Monetas öffentlich erwidert: „Es ist richtig, daß ich einen Teil meines Einkommens steuersparend — vor allem in Berlin — angelegt habe. Was ist daran schlecht?"[29], dann ist auch dies für den Betrachter eine Gestalt des Pessimismus' der Älteren im analytischen Sinn. Sicherlich gibt es Ausnahmen unter ihnen; Jakob Moneta ist genannt worden, Wolfgang Abendroth ist ein häufig genanntes Beispiel. Über andere Ausnahmen erfahren die meisten unter den Jüngeren erst durch die posthumen Würdigungen in den verbliebenen linken Gazetten. Dennoch fällt der Tenor der persönlichen sozialen Erfahrungen aus 30 Jahren Bundesrepublik und mehr in der Regel pessimistisch aus.

Unter den Jüngeren hat sich diese Haltung wiederbelebt. Was auf der einen Seite als mehr oder minder reflektierte Erfahrung ausgesprochen wird, kehrt wieder als wohlfeil angebotene Geste der Abgeklärtheit. Neben den Erwartungen auf eine unterschiedlich bis kontrovers bestimmte Bewegung der Arbeiter wird generös und meist formell auch das theoretische Instrumentarium der marxistischen Tradition als veraltet klassifiziert. Wissenschaftliches Profil gewinnt, wer Kritik der politischen Ökonomie und politische Verbindlichkeit gegenüber denjenigen, die Sozialwissenschaft nach der Seite der Wertproduktion wirklich finanzieren, als überlebte Naivität abtun und mit der weiterhin oder wieder modernen sozio-politologischen Theoretisiererei beiseite schieben kann. Ich bin nicht sicher, ob in dieser Atmosphäre des etablierten Wissenschaftsbetriebes deutlich zu machen ist, daß der Rückgriff auf die traditionellen theoretischen Ergebnisse und Leitfäden, die Analyse der gegenwärtigen sozialen Entwicklungstendenzen unter einem in diesem Sinne orthodoxen Blickwinkel, verknüpft sein kann mit einem gewissen Respekt vor den sozialen Erfahrungen und den Konsequenzen, die andere aus den zurückliegenden Ereignissen gezogen haben — unbeschadet der damit einhergehenden persönlichen Verletztheiten oder beschädigten Eitelkeit. Die theoretische und politische Opposition gegenüber diesen Konsequenzen ist durchaus mit der Vorstellung vereinbar, daß andere Analysen zum einen 1951 und danach kaum möglich waren, daß sie zum anderen — selbst wenn sie durchgeführt worden wären — vielleicht von ihren möglichen Autoren später revidiert und durch eine pessimistischere Einschätzung ersetzt worden wären. Über das Schicksal der heutigen Analysen und die Skepsis ihrer Autoren können ohnehin nur die Zukunft und vielleicht spätere Festschriften entscheiden.

---

28 Theo Pirker *Die blinde Macht. Die Gewerkschaftsbewegung in der Bundesrepublik*, 2. Aufl., Berlin 1979, S. XXIII.
29 Walter Hesselbach, Wir werden uns alle bald brauchen, in: *Welt der Arbeit*, Nr. 19 v. 13.5. 1982, S. 13.

Hans-Dieter Klingemann

Soziale Lagerung, Schichtbewußtsein und politisches Verhalten.
Die Arbeiterschaft der Bundesrepublik im historischen und internationalen Vergleich

Die Arbeiterbewegung hat die politische und soziale Struktur der europäischen Industriegesellschaft entscheidend beeinflußt. Ohne Bezug auf die sozialistischen Parteien und Gewerkschaften sind weder die Durchsetzung der demokratischen Rechte noch die Entwicklung des Wohlfahrtsstaates angemessen zu erklären. Vor diesem Hintergrund gewinnt die These vom „Ende der Arbeiterbewegung" ihr Gewicht.

Die These vom „Ende der Arbeiterbewegung" ist nicht neu. Es wäre reizvoll, die unterschiedlichen Begründungen, die sich in der Literatur finden, nachzuzeichnen. Dies soll jedoch hier nicht geschehen. Allein Pirkers Versuch einer Ortsbestimmung der Arbeiterbewegung steht — aus gegebenem Anlaß — zur Debatte.

Unter Arbeiterbewegung versteht Pirker eine Bewegung, deren Ziel es ist, die Eigentums- und Machtverhältnisse im Sinne des Sozialismus zu verändern. Die Bereitschaft der deutschen Bevölkerung, eine solche Veränderung zu unterstützen, wird aus der kollektiven Erfahrung der Entwicklung des Industriekapitalismus zu Imperialismus, Militarismus und Nationalsozialismus abgeleitet. Daß der Aufbau der westdeutschen Gesellschaft dennoch anderen Organisationsprinzipien gefolgt ist, muß also erklärt werden. Warum hat die Arbeiterbewegung die Chance einer entschiedenen Wiederbelebung des Antikapitalismus nicht genutzt? Pirker nennt im wesentlichen drei Gründe, die diese Entwicklung bedingt haben:
(1) die zu kurze Personaldecke der Organisationen der Arbeiterbewegung, das Fehlen von Spezialisten, die auf die Verfassungsfragen der ersten Nachkriegsjahre schnelle und konkrete Antworten hätten geben können;
(2) den Antikommunismus, der den Rückgriff auf die Verfassungsvorstellungen der alten Arbeiterbewegung, insbesondere auch auf das sozialistische Vorbild der UdSSR, erschwerte;
(3) die politischen Vorstellungen der westlichen Besatzungsmächte, die die gesellschaftlichen Gestaltungsmöglichkeiten entscheidend einengten.
Es wird also in dieser Analyse auf eine bestimmte gesellschaftliche und politische Konstellation verwiesen, die, wäre sie nicht so, sondern anders gewesen, die Entwicklung, nicht das Ende, der Arbeiterbewegung bedeutet hätte. Die historisch-soziologische Forschung wird sich mit dieser Argumentationsweise kritisch auseinanderzusetzen haben.

Darüber hinaus führt Pirker jedoch noch weitere Gründe ins Feld, um die These vom „Ende der Arbeiterbewegung" zu stützen. Diese Gründe betreffen, zumindest indirekt, das Verhältnis der Arbeiterschaft zu ihren Organisationen. Er konstatiert den Zerfall der proletarischen Kultur und die wachsende Unabhängigkeit der „Apparate" der Sozialdemokratie wie der Gewerkschaften von der Arbeiterschaft selbst. Daraus sollte folgen, daß auch die Unterstützung dieser Organisationen durch die Arbeiterschaft schwächer geworden ist. Diese Implikation der Pirkerschen Argumentation ist der empirischen Überprüfung zugänglich, und es ist diese Aufgabe, der wir uns zunächst zuwenden wollen.

1. Die Unterstützung der SPD durch die Arbeiterschaft bei Bundestagswahlen: 1953–1983

Wenn sich die Arbeiterbewegung auch „von unten her" bestimmen läßt, dann lohnt es sich, die Frage nach dem Wahlverhalten der Arbeiterschaft zu stellen. Bei aller Ausdifferenzierung neuer Formen der politischen Beteiligung kommt der Wahl doch die zentrale Bedeutung für den legitimen Machterwerb in den demokratisch verfaßten Herrschaftssystemen zu.

Im Parteiensystem der Bundesrepublik repräsentiert die Sozialdemokratische Partei (SPD), zumindest in ihrem Selbstverständnis, die Tradition der Arbeiterbewegung. Der Grad ihrer Unterstützung bei Bundestagswahlen durch die Arbeiterschaft soll als *ein* Indikator für die Evaluierung der These vom „Ende der Arbeiterbewegung" angesehen werden.

Die Wahlergebnisse der SPD sind durch einen kontinuierlichen Anstieg von 1949 bis 1972 gekennzeichnet. Gemessen an der Zahl der *Wahlberechtigten* wuchs der Stimmenanteil von 22.8 Prozent (1949) bis auf 41.8 Prozent (1972) an. Seit der

Schaubild 1: SPD-(Zweit-)Stimmenanteile an den Wahlberechtigten: Schätzwerte aus Umfragen und amtliches Ergebnis

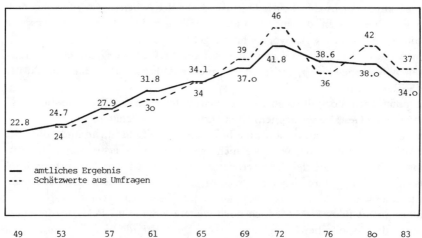

Wahl des Jahres 1972 hat sich dieser Trend jedoch umgekehrt; die SPD verlor knapp 8 Prozentpunkte. Der 1983 erreichte Stimmenanteil liegt mit 34 Prozent auf dem Niveau der Wahl des Jahres 1965. Der kontinuierliche Verlauf des Auf- und Abschwungs weist darauf hin, daß abrupte Veränderungen im Wahlverhalten der Bevölkerungsgruppen unwahrscheinlich sind.

Die folgende Analyse stützt sich auf Daten, die durch Vorwahlumfragen erhoben wurden. Mit Ausnahme der Wahljahre 1949 und 1957 liegen für alle übrigen Termine solche Umfragen vor[1]. Die Wahlabsichtsfrage trifft, insbesondere 1972 und 1980, das von der SPD tatsächlich erzielte Ergebnis nicht genau. Im Schaubild 1 werden die Differenzen dargestellt. Die Ungenauigkeit der Schätzwerte muß bei der Interpretation stets mit bedacht werden[2].

Für die theoretische Konzeptualisierung und für die Operationalisierung sozialer Schichten und Klassen sind unterschiedliche Vorschläge gemacht worden. Die Literatur ist umfangreich[3].

In dieser Untersuchung wird in erster Linie auf die Erfassung von Typen sozialer Lagerung abgestellt. Dieser Schichtbegriff ist, in Anlehnung an Theodor Geiger, von Pappi in begründeter Form in die deutsche Wahlforschung eingeführt worden[4]. „Geiger hebt stark auf die objektiven Merkmale der sozialen Lage ab und hat mit dem Begriff der schichttypischen Mentalität, deren Ausprägung er als Folge der in bestimmten sozialen Lagen gemachten Lebenserfahrungen versteht, ein Instrument

---

1 Die Umfragen für die Jahre 1953—1980 wurden vom Zentralarchiv für empirische Sozialforschung, Universität zu Köln, die Umfrage für das Jahr 1983 von der Forschungsgruppe Wahlen e.V., Mannheim, zur Verfügung gestellt. Im folgenden werden für die einzelnen Umfragen genannt: Titel des Projekts, Primärforscher, Erhebungsinstitut, Fallzahl, Feldzeit und, falls vorhanden, die ZA-Nr. der Studie.
1953 *Bundesstudie 1953*, Reigrotzki, DIVO/IFD, N = 3116, 4.7.—30.8. 1953, ZA-Nr. 0145;
1961 *Kölner Wahlstudie 1961*, Baumert/Scheuch/Wildenmann, DIVO, N = 1454, 4.9.—18.9.1961, ZA-Nr. 0056;
1965 *Bundestagswahl 1965*, Kaase/Wildenmann, DIVO, N = 1411, 4.9.—14.9.1965, Za-Nr. 0556;
1969 *Bundestagswahl 1969*, Klingemann/Pappi, DIVO, N = 1158, 5.9.—22.9.1969, ZA-Nr. 0426;
1972 *Wahlstudie 1972*, Berger/Gibowski/Kaase/Roth/Schleth/Wildenmann, INFRATEST, N = 2052, 23.9.—11.10.1972, ZA-Nr. 0635;
1976 *Wahlstudie 1976*, Berger/Gibowski/Gruber/Roth/Schulte/Kaase/Klingemann/Schleth, GETAS, N = 2076, 19.5.—23.6.1976, ZA-Nr. 0823;
1980 *Wahlstudie 1980*, Berger/Gibowski/Roth/Schulte/Fuchs/Kaase/Klingemann/Schleth, MARPLAN, N = 1518, 6.9.—22.9.1980, ZA-Nr. 1053;
1983 *FWG-Wahlstudie 1983*, Berger/Gibowski/Roth/Schulte, MARPLAN, N = 1084, 22.2.—24.2.1983.
2 Alle Schätzwerte beziehen sich auf die ungewichteten Fallzahlen. Auf eine Umgewichtung der Haushaltsstichproben auf Personenstichproben wurde verzichtet, da die entsprechenden Informationen nicht für alle Umfragen zur Verfügung stehen.
3 Eine an der neueren Literatur orientierte, knappe Übersicht bietet Thomas Herz, *Klassen, Schichten, Mobilität*, Stuttgart 1983.
4 Vgl. Theodor Geiger, *Die soziale Schichtung des deutschen Volkes*, Darmstadt 1967 (zuerst 1932).

zur Hand, das einen unmittelbaren Bezug zur Politik erlaubt."[5] Empirisch ergibt sich, daß sich die typischen Soziallagen der Bevölkerung in Deutschland unmittelbarer in das politische Konfliktsystem umgesetzt haben als solche Schichtsysteme, die auf sozialem Status im Sinne von Prestige beruhen[6]. Ausgehend von der Stellung im Beruf, bezogen auf den Haushaltungsvorstand, werden drei Hauptgruppen *sozialer Lagerungen* unterschieden: die *Arbeiterschaft,* der *alte Mittelstand* mit den Selbständigen einschließlich der mithelfenden Familienangehörigen und ohne die Landwirte, sowie der *neue Mittelstand,* bestehend aus den Beamten und Angestellten. Die Gegenüberstellung von Arbeiterschaft und altem Mittelstand erlaubt *annäherungsweise* die Abbildung von Gegensätzen zwischen der Arbeiterklasse und den Produktionsmittelbesitzern. Die Gegenüberstellung von Arbeiterschaft einerseits und neuem Mittelstand andererseits erlaubt es, innerhalb der abhängig Beschäftigten zwischen manuell Tätigen und nichtmanuell Tätigen zu unterscheiden.

Natürlich soll mit der hier gewählten, recht groben Klassifizierung der Bevölkerung nach der je spezifischen sozialen Lagerung nicht behauptet werden, daß die drei abgegrenzten Schichten in sich homogen seien. Zahlreiche Indikatoren sprechen dafür, daß innerhalb der Arbeiterschaft eine Unterscheidung nach un- und angelernten Kräften einerseits sowie Facharbeitern andererseits noch sinnvoll wäre. Auch der alte Mittelstand setzt sich aus sehr heterogenen Gruppen zusammen. Nur jeder zehnte Selbständige beschäftigt mehr als zehn Mitarbeiter. Dagegen arbeitet über die Hälfte der Selbständigen allein oder mit höchstens einem Mitarbeiter. Dies ist sicherlich ein Sachverhalt, der Berücksichtigung verdient, wenn es darum geht, ob sich das Einkommen wesentlich durch eigene Erwerbsarbeit oder durch den Besitz von Produktionsmitteln und die Beschäftigung von Lohnabhängigen bestimmt. Bildung, Einkommen, Muster der Mobilität und Situs sind Variablen, die den neuen Mittelstand intern differenzieren. Wenn trotzdem an der groben Dreiteilung der sozialen Lagerung — der Klassenlagen — festgehalten wird, dann deshalb, weil die auszumachenden Unterschiede innerhalb der Klassenlagen immer noch geringer sind als die zwischen ihnen und weil eine größere Differenzierung — dies ist ein wichtiges pragmatisches Argument — aufgrund der gewählten Datenbasis keine tragfähigen Ergebnisse mehr liefern würde.

In dem hier gewählten Untersuchungszeitraum hat sich der relative Anteil der Arbeiterschaft, des alten und des neuen Mittelstandes in charakteristischer Weise verschoben. Die Schätzwerte der Umfragen zeigen ein Anwachsen des neuen Mittelstandes von 24 Prozent im Jahre 1953 auf über 40 Prozent seit Mitte der siebziger Jahre. Demgegenüber nimmt der Anteil des alten Mittelstandes und der Landwirte drastisch, der der Arbeiterschaft mäßig ab. Das Gewicht der sozialen Träger der „alten", ökonomisch bestimmten Konfliktlinie des deutschen Parteiensystems sinkt also.

---

[5] Franz Urban Pappi, Parteiensystem und Sozialstruktur in der Bundesrepublik, in: *Politische Vierteljahresschrift,* 14. Jg. (1973), H. 2, S. 197.
[6] Vgl. ebd., S. 198.

Schaubild 2: Verteilung der Berufsgruppen im Zeitverlauf

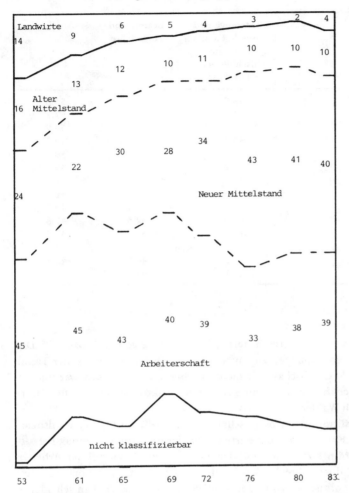

Diese Entwicklung ist langfristiger Natur. Sie wird durch die Daten der amtlichen Statistik eindrucksvoll bestätigt[7].

Mayer und Müller weisen darauf hin, daß in dieser Tabelle – sie ist auf die *gesamte* Erwerbsbevölkerung bezogen – nicht zum Ausdruck kommt, daß heute fast jeder fünfte Arbeiter ein Ausländer ist: „Damit liegt der Arbeiteranteil unter der *einheimischen* Erwerbsbevölkerung bereits deutlich unter der Marge von 40 Prozent. Der

---

[7] Walter Müller/Karl Ulrich Mayer, *Klassenlagen und soziale Schichtung in der Gesellschaft der Bundesrepublik Deutschland,* Referat zum 1. Deutsch-Sowjetischen Soziologen-Symposium, Köln, 7.–8.10.1980, Tab. 1; Manfred Berger/Wolfgang Gibowski/Dieter Roth/Wolfgang Schulte, Stabilität und Wechsel, in: Max Kaase/Hans-Dieter Klingemann (Hrsg.), *Wahlen und politisches System,* Opladen 1983, Tab. 11.

Tabelle 1: Erwerbspersonen nach der Stellung im Beruf, 1828–1981[a]

Jahr	Selbständige und mithelfende Familienangehörige, unter Einschluß der Landwirte	Beamte und Angestellte	Arbeiter
1882	38.2	6.1	55.8
1895	34.6	8.3	57.2
1907	34.9	10.3	54.9
1925	33.5	17.3	49.2
1933	32.8	17.1	50.1
1939	29.2	21.6	49.1
1950	28.3	20.6	51.0
1957	23.5	25.1	51.4
1960	22.2	28.1	49.7
1965	19.6	32.5	47.8
1970	17.1	36.2	46.6
1975	14.2	42.9	42.9
1978	12.8	44.8	42.3
1981	11.7	46.1	42.2

[a] Datennachweis: Anm. 7.

Anteil der Angestellten und Beamten nähert sich der Grenze von 50 Prozent."[8] Die Verschiebung der Größenordnungen zugunsten des neuen Mittelstandes, der Trend zur „post-industriellen" Gesellschaft, ist nicht zu übersehen. Dennoch war und ist die Arbeiterschaft auch heute noch ein gewichtiger Faktor im Prozeß der Herrschaftszuweisung durch Wahlen.

Die langfristige Koalition der Arbeiterschaft mit der SPD wird in der Wahlsoziologie als ein wichtiges Kennzeichen des Parteiensystems der Bundesrepublik herausgestellt. Dabei ist allerdings zu bedenken, daß mindestens ein Viertel der Arbeiter der ersten Generation durch ihre Herkunft aus der Landwirtschaft noch von den dort vorherrschenden politischen Allianzen geprägt sein könnte. Zudem scheidet — anders als in den konfessionell homogenen westlichen Demokratien — die zweite historisch konstant gebliebene politische Spannungslinie, die Konfessionszugehörigkeit und der Grad der Kirchenbindung, auch die Arbeiterschaft. Dennoch fordert auch unter diesen Voraussetzungen die These vom „Ende der Arbeiterbewegung" die Frage heraus, ob sich Anzeichen dafür erkennen lassen, daß sich die Arbeiterschaft von der SPD — ihrer Klassenpartei — abwendet. Diese Frage wird in Untersuchungen, die sich mit den Zusammenhängen von Sozialstruktur und Parteiensystem in der Bundesrepublik befassen, unterschiedlich beantwortet. Beispielhaft seien zwei einflußreiche Analysen herausgegriffen.

8 Müller/Mayer, Klassenlagen und soziale Schichtung (Anm. 7), S. 1.

So folgern Baker et al. aus ihrer Untersuchung: „A long term decline in the determining force of social characteristics as a guide for political behavior ... On the whole, ..., German partisanship reflects a social base less and less."[9] Diese Position würde, auch bezogen auf das Wahlverhalten der Arbeiterschaft, die These vom „Ende der Arbeiterbewegung", tendenziell stützen. Pappi und Terwey hingegen kommen zu dem entgegengesetzten Schluß. Sie schreiben: „The German polity is characterized by very stable social cleavages ... The very phenomenon of the group anchored character of voting behavior is an important cause of the continuity of the cleavage system."[10] Dieser Befund spricht gegen die These vom „Ende der Arbeiterbewegung", wenn man als eines der Kriterien die Unterstützung der SPD durch die Arbeiterschaft akzeptiert.

Nun sind die von den beispielhaft angeführten Autoren verwendeten theoretischen Konzepte, Operationalisierungen und Analysemethoden bei weitgehend gleicher Datenbasis, verschieden[11]. Wir wollen deshalb unser eigenes Urteil auf Sekundäranalysen der bereits erwähnten acht Vorwahluntersuchungen stützen.

Schaubild 3: Sozialstruktur und Parteiensystem: SPD-Wahlabsicht im alten und neuen Mittelstand und in der Arbeiterschaft

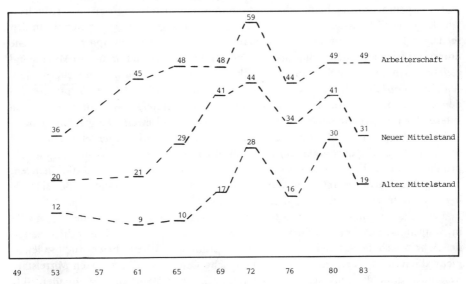

9 Kendall L. Baker/Russell J. Dalton/Kai Hildebrandt, *Germany Transformed*, Cambridge, Mass. 1981, S. 193.
10 Franz Urban Pappi/Michael Terwey, The German Electorate: Old Cleavages and New Political Conflicts, in: Herbert Döring/Gordon Smith (Hrsg.), *Party Government and Political Culture in Western Germany*, London 1982, S. 193.
11 Vgl. dazu die Ausführungen in: Hans-Dieter Klingemann, *The Fragile Stability. Social Structure, Modes of Political Orientation, and the West-German Party System*, Paper presented at the Meeting of the IPSA-Executive Committee, Freie Universität Berlin, 7. Januar 1983, S. 2.

In Schaubild 3 sind die Anteile der wahlberechtigten Wohnbevölkerung, die für die SPD votieren wollten, abgetragen. Zu allen Zeitpunkten, für die Umfragedaten vorliegen, ist die SPD im Bereich der Arbeiterschaft die stärkste Partei. Ihr Anteil ist, sieht man von den Vorwahlumfragen der Jahre 1953 und 1972 ab, bemerkenswert stabil.

Der für die SPD relativ niedrige Wert im Jahre 1953 ist in erster Linie darauf zurückzuführen, daß der Anteil der Befragten, die zur beabsichtigten Wahlentscheidung keine Angabe machten, hoch war. Der SPD-Anteil im Jahre 1972 ist überhöht. Dafür ist der sich aus der einseitigen Politisierung der Entscheidungssituation zugunsten der SPD ergebende „Meinungsdruck" in erster Linie verantwortlich zu machen[12].

Betrachtet man die Prozentpunktdifferenz zwischen den SPD-Anteilen in der Arbeiterschaft und im alten Mittelstand als einen Ausdruck klassenbezogenen Wählens, so kann man von einer drastischen Veränderung nicht sprechen. Seit dem Jahre 1969 liegt diese Differenz bei etwa 30 Prozentpunkten. Eine Ausnahme ist die Bundestagswahl des Jahres 1980, die durch eine überdurchschnittlich hohe Stimmenabgabe des alten Mittelstandes zugunsten der SPD gekennzeichnet ist. Wir führen diese Ausnahme auf die spezifische Kanzlerkandidaten-Konstellation dieser Wahl zurück.

Im Gegensatz zur Arbeiterschaft und zum alten Mittelstand signalisiert die Entwicklung der SPD-Anteile im neuen Mittelstand eine eigenständige Dynamik. In den sechziger Jahren nimmt der Stimmenanteil für die SPD überproportional zu: Die unterschiedlichen Stärkeverhältnisse in der Arbeiterschaft und im neuen Mittelstand gleichen sich bis auf sieben Prozentpunkte (1969) an. Schon in den siebziger Jahren aber vergrößert sich die Distanz wieder. Sie beträgt 1983 18 Prozentpunkte. Bei dem im neuen Mittelstand vergleichsweise höheren Bildungsniveau und politischen Interesse sind „Wendemanöver" offenbar schneller zu bewerkstelligen, werden geänderte Positionen der Parteien und der politischen Problemlagen eher ins Kalkül gezogen. Die Suche nach *dauerhaften* Koalitionen ist unter diesen Bedingungen kein primäres Ziel. Es liegt in der Logik dieser Art von „issue-politics", daß die Chancen, neue politische Bewegungen zu unterstützen, im neuen Mittelstand größer sind als in der Arbeiterschaft oder dem alten Mittelstand[13].

Festzuhalten bleibt, daß die SPD durch die Arbeiterschaft bei Bundestagswahlen in weitgehend gleichbleibendem Maße Unterstützung fand. Aus dem Wahlverhalten der Arbeiterschaft läßt sich die These vom „Ende der Arbeiterbewegung" so leicht nicht ableiten. Andererseits kann die politische Orientierung des neuen Mittelstandes nicht ohne Einfluß auf die Programmatik einer Mehrheiten suchenden SPD bleiben. Auf diesen Sachverhalt kommen wir noch zurück.

---

12 Vgl. zu diesem Problem Elisabeth Noelle-Neumann, *Die Schweigespirale: Öffentliche Meinung – unsere soziale Haut,* München 1980.
13 Vgl. dazu Russell J. Dalton/Scott Flanagan, *The Changing Content of Ideological Beliefs in Western Europe, the United States, and Japan,* Paper presented at the 1982 Annual Meeting of the APSA, Denver, Colorado, 2.–5. September 1982.

Schaubild 4: Sozialstruktur und Parteiensystem: SPD-Wahlabsicht im protestantischen alten und neuen Mittelstand und in der Arbeiterschaft

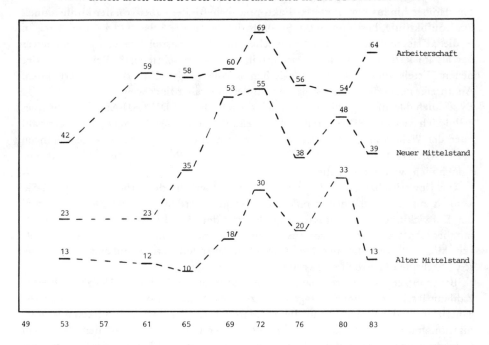

Schaubild 5: Sozialstruktur und Parteiensystem: SPD-Wahlabsicht im katholischen alten und neuen Mittelstand und in der Arbeiterschaft

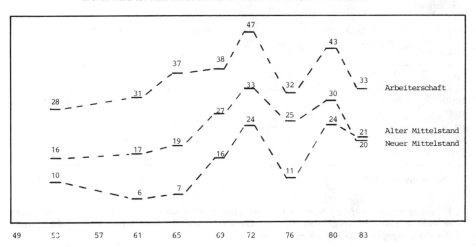

Die Eingrenzung des Analyseinteresses auf den Zusammenhang zwischen ökonomisch geprägten Soziallagen und der SPD soll nicht verdecken, daß das Wahlverhalten darüber hinaus von weiteren Faktoren, insbesondere aber von der konfessionellen Konfliktlinie, bestimmt wird. So stellt sich — wie die Schaubilder 4 und 5 zeigen — die „Klassenwahl" im protestantischen Bevölkerungsteil sehr viel prononcierter dar als im katholischen Bevölkerungsteil, sind die beschriebenen Bewegungen des neuen Mittelstandes im protestantischen Bevölkerungsteil deutlicher zu erkennen. An unserer generellen Schlußfolgerung ändert dies allerdings wenig.

Es sei auch darauf hingewiesen, daß sich die jeweiligen CDU/CSU-Anteile nicht spiegelbildlich aus den SPD-Anteilen erschließen lassen. Die Optionen der Nichtwahl oder der Wahl anderer Parteien bewirken teilweise ausgeprägte Eigenbewegungen der CDU/CSU-Anteile in den Bevölkerungsgruppen. Wir wollen diesem Aspekt hier jedoch nicht weiter nachgehen.

Die Gewerkschaften sind ein konstitutives Element der Arbeiterbewegung. Sie können aus der Betrachtung nicht ausgeblendet werden. Das Interesse gilt hierbei der Entwicklung des Organisationsgrades und dem Effekt, den die Gewerkschaftsmitgliedschaft auf die Absicht ausübt, bei Bundestagswahlen die SPD zu unterstützen. Möglicherweise können hier Anzeichen gefunden werden, die eher für die These vom „Ende der Arbeiterbewegung" sprechen.

Bayer, Streeck und Treu haben für den Zeitraum von 1960 bis 1976 detailliertes Zahlenmaterial zusammengetragen, das zur Beantwortung der Frage nach dem Organisationsgrad beiträgt[14]. Aus diesem Material ist allerdings kein Sinken des Organisationsgrades zu erkennen. Im Gegenteil: Der Organisationsgrad des Deutschen Gewerkschaftsbundes (DGB) stieg insgesamt an, von 31.7 Prozent der *abhängig beschäftigten Erwerbspersonen* im Jahre 1960 bis auf 35.4 Prozent im Jahre 1980. Der Anstieg war in der Arbeiterschaft am ausgeprägtesten: von 40.7 Prozent im Jahre 1960 auf 49.3 Prozent im Jahre 1980. Auch im Bereich der Angestellten findet sich ein moderater Anstieg. Der Anteil der organisierten Beamten blieb dagegen, wie Tabelle 2 ausweist, weitgehend konstant. Die sprunghafte Veränderung im

Tabelle 2: Der Organisationsgrad des DGB, bezogen auf die abhängige Erwerbsbevölkerung, 1960—1980[a]

Jahr	Insgesamt	Arbeiter	Angestellte	Beamte
1960	31.7	40.7	11.7	34.9
1965	30.4	39.4	12.0	32.7
1970	30.3	40.7	12.6	32.8
1975	34.3	48.8	16.5	31.5
1980	35.4	49.3	18.2	37.4

[a] Datennachweis: Anm. 14.

14 Hermann Bayer/Wolfgang Streeck/Eckbert Treu, *Die westdeutsche Gewerkschaftsbewegung in Zahlen*, Königstein/Ts. 1981, S. E-10. Die Zahlenangaben für das Jahr 1980 (Tab. 2) sind den dort angegebenen Quellen entnommen.

Zeitraum von 1975 bis 1980 kann nahezu vollständig durch den Eintritt der Gewerkschaft der Polizei (GdP) in den DGB (1978) erklärt werden.
Nach den bisherigen Erkenntnissen der empirischen Wahlforschung kann man davon ausgehen, daß die Mitgliedschaft in einer DGB-Gewerkschaft die Bereitschaft fördert, die SPD zu wählen. Dies zeigen auch unsere Daten; die SPD-Anteile schwanken ohne große Abweichungen um 60 Prozent. Allerdings nimmt die Prozentpunktdifferenz der SPD-Anteile zwischen der gewerkschaftlich organisierten und der gewerkschaftlich nicht organisierten Bevölkerung im Zeitverlauf tendenziell ab. Offenbar kann der SPD-Anteil unter den Organisierten wohl nur in Ausnahmesituationen — wie beispielsweise im Wahljahr 1972 — deutlich über die 60-Prozent-Marke hinausgetrieben werden. Anderersets scheint der gewerkschaftlich nicht organisierte Bevölkerungsteil politisch leichter bewegt werden zu können. Jedenfalls sind die Variationen im SPD-Anteil hier, zumindest bis zum Jahre 1976, ausgeprägter.
Betrachtet man die SPD-Anteile in den gewerkschaftlich organisierten und in den gewerkschaftlich nicht organisierten Bereichen der Arbeiterschaft und des neuen Mittelstandes, so ergibt sich ein komplexeres Bild. Wie zu erwarten, stützt die gewerkschaftlich organisierte Arbeiterschaft die SPD während des gesamten Beobachtungszeitraums am meisten und der gewerkschaftlich nicht organisierte Teil des neuen Mittelstandes am wenigsten. Die Prozentpunktdifferenz zwischen diesen beiden Gruppierungen ist im Zeitraum von 1965 bis 1980 relativ stabil; sie war in der frühen Phase größer und hat sich in jüngster Zeit eher verringert. Größere Veränderungen von einer Wahl zur anderen finden sich überraschenderweise im Bereich des

Schaubild 6: Sozialstruktur und Parteiensystem: SPD-Wahlabsicht in der gewerkschaftlich organisierten und der gewerkschaftlich nicht organisierten Bevölkerung

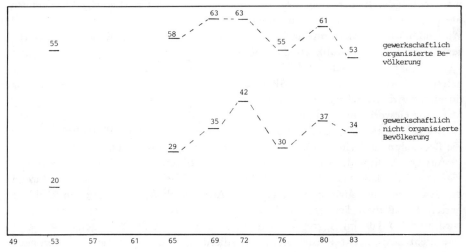

Schaubild 7: Sozialstruktur und Parteiensystem: SPD-Wahlabsicht in der Arbeiterschaft und im neuen Mittelstand, aufgegliedert nach Gewerkschaftsmitgliedschaft des Befragten

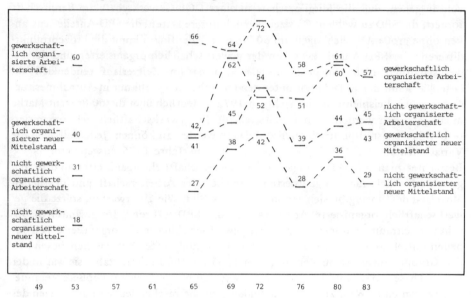

gewerkschaftlich organisierten neuen Mittelstandes. Offenbar ist das Bündnis zwischen dieser Gruppierung und der SPD nicht unkonditional. Der Befund paßt zur allgemeinen Tendenz zur „issue-politics" im neuen Mittelstand. Eine Mitgliedschaft in den Gewerkschaften, die im neuen Mittelstand agieren, steht dieser Tendenz nicht entgegen. In der nicht organisierten Arbeiterschaft sind solche Bewegungen nur in abgeschwächtem Maße zu beobachten.

Wir sind in diesem Abschnitt davon ausgegangen, daß die SPD und die Gewerkschaften in der Bundesrepublik als die politisch wichtigsten Organisationen betrachtet werden können, die sich auf die Tradition der Arbeiterbewegung berufen. Es wurde gefragt, in welchem Maße die SPD bei Bundestagswahlen auf die Unterstützung durch die Arbeiterschaft und den neuen Mittelstand zählen kann, und in welchem Maße die Gewerkschaftsmitgliedschaft den Grad ihrer Unterstützung verstärkt. Dabei wurde insbesondere das Verhältnis der Arbeiterschaft zur SPD als Indikator für die Beurteilung der These vom „Ende der Arbeiterbewegung" betrachtet.

Aus der Analyse der Umfragen, die für den Zeitraum von 1953 bis 1983 zur Verfügung stehen, läßt sich feststellen: (1) daß die SPD bei Bundestagswahlen während der gesamten Untersuchungsperiode in der Arbeiterschaft ihren stärksten Rückhalt hatte, (2) daß diese Tendenz durch eine Gewerkschaftsmitgliedschaft eher verstärkt wird, und (3) daß, im Aggregat jedenfalls, dramatische Veränderungen dieser Sachlage nicht ausgemacht werden konnten. Allerdings, das zeigen die Veränderungen der Erwerbsstruktur, nimmt der relative Anteil der Arbeiterschaft und damit das Gewicht bei Wahlen im Zeitverlauf ab.

Der neue Mittelstand ist, soweit es die Unterstützung der SPD angeht, durch eine größere Dynamik gekennzeichnet. Spezifische, sich neu stellende politische Problemlagen scheinen hier das Wahlverhalten stärker zu bestimmen. Wir haben dies auf das höhere Bildungsniveau, das größere politische Interesse und die — bei dieser im Zeitverlauf immer stärker anwachsenden Gruppierung — schon strukturell höhere Mobilität zurückgeführt. Ansatzpunkte für politische Veränderungen müssen in erster Linie im neuen Mittelstand gesucht werden.

2. Arbeiterbewußtsein: Vom Einfluß der subjektiven Schichtidentifikation

Die bisher verwendete Einteilung der Bevölkerung in Arbeiterschaft, in neuen und in alten Mittelstand — festgemacht am Beruf des Haushaltungsvorstands — hob auf die objektiven Merkmale der sozialen Lage ab. Dieser Ansatz soll nun um eine subjektive Dimension erweitert werden. Die Frage, der wir uns zuwenden wollen, betrifft die Bereitschaft der Bevölkerung, sich selbst als Teil der Arbeiterschaft zu begreifen und die Verhaltenskonsequenzen, die daraus folgen. Der Grad des Schichtbewußtseins wird als weiteres Kriterium zur Beurteilung der These vom „Ende der Arbeiterbewegung" herangezogen. Schichtbewußtsein ist Voraussetzung und Folge dessen, was Pirker als „proletarische Kultur" bezeichnet.

Schichtbewußtsein ist ein komplexer Sachverhalt. Die Ordnungsraster, mit denen Menschen soziale Schichten erfassen, sind vielgestaltig[15]. In der Forschung sind differenzierte Erfassungsmethoden und Operationalisierungen von Schichtbewußtsein vorgeschlagen worden. Sie sind indes weder empirisch leicht einzulösen noch sind solche Versuche — zumindest für die Bundesrepublik — oft genug wiederholt worden, um Vergleiche über die Zeit zu erlauben[16]. Die von Centers eingeführte Frage nach der subjektiven Schichtidentifikation ist, soweit es den Zeitvergleich und den internationalen Vergleich betrifft, immer noch der kleinste gemeinsame Nenner. Seine Frageformulierung lautet[17]:

„If you were asked to use one of these four names for your social class, which would you say you belonged in: the middle class, lower class, working class, or upper class?"

---

15 M. Rainer Lepsius, Sozialstruktur und soziale Schichtung in der Bundesrepublik Deutschland, in: Richard Löwenthal/Hans-Peter Schwarz (Hrsg.), *Die zweite Republik. 25 Jahre Bundesrepublik Deutschland — eine Bilanz*, Stuttgart 1974, S. 279.
16 Dies gilt z.B. für die Ansätze von Erwin K. Scheuch, Sozialprestige und soziale Schichtung, in: David W. Glass/René König (Hrsg.), *Soziale Schichtung und soziale Mobilität, Kölner Zeitschrift für Soziologie und Sozialpsychologie*, Sonderheft 5, 1961, S. 65—103; Renate Mayntz, *Soziale Schichtung und sozialer Wandel in einer Industriegemeinde*, Stuttgart 1958; Heinrich Popitz/Hans Paul Bahrdt/Ernst August Jüres/Hanno Kesting, *Das Gesellschaftsbild des Arbeiters*, Tübingen 1957.
17 Richard Centers, *The Psychology of Social Classes. A Study of Class Consciousness*, Princeton, N.J. 1949, S. 233.

Giddens und andere haben darauf hingewiesen, daß diese Frage nur die unterste Ebene eines Klassenbewußtseins anzeige[18]. Dies ist sicherlich richtig. Jedoch wird man ohne die Bereitschaft, die Gesellschaft als in Klassen oder Schichten eingeteilt zu begreifen — wie dies die Fragestellung impliziert —, nur schwer auf ein Schichtbewußtsein irgendwelcher Art schließen können. Eine Analyse von Kluegel, Singleton und Starnes stützt diese Auffassung[19]. Die Autoren haben einen „multiple indicator approach" zur Messung von Schichtbewußtsein verwendet und das erzielte Resultat mit dem der Centers-Frage verglichen. Sie stellten fest, daß diese Frage im Vergleich zu anderen plausiblen Indikatoren „nicht schlecht" abschnitt. Wir selbst haben die Centers-Frage daraufhin überprüft, ob die so ermittelte Schichtidentifikation auch im Sinne einer subjektiven Einordnung in eine hierarchisch vorgestellte Gesellschaft gedeutet werden kann. Eine solche Interpretation ist, wie Tabelle 3

Tabelle 3: Subjektive Schichtidentifikation und die Oben-Unten-Selbsteinstufung, 1980[a]

Oben-Unten-Selbsteinstufung		Subjektive Schichtidentifikation			
	Oberschicht	Obere Mittelschicht	Mittelschicht	Arbeiterschicht	Unterschicht
OBEN 1	18	1	1	1	0
2	18	7	1	1	3
3	41	27	8	4	3
4	12	33	20	7	3
5	—	18	41	26	9
6	5	6	19	25	6
7	—	4	7	17	21
8	—	3	2	11	25
9	—	1	1	5	18
UNTEN 10	3	—	0	3	12
N	17	263	1645	820	33

Fragestellung zur subjektiven Schichtidentifikation: „Es wird heute viel über die verschiedenen Bevölkerungsschichten gesprochen. Welcher Schicht rechnen Sie sich selbst eher zu, der Unterschicht, der Arbeiterschicht, der Mittelschicht, der oberen Mittelschicht oder der Oberschicht?"
Fragestellung zur Oben-Unten-Selbsteinstufung: „In unserer Gesellschaft gibt es Bevölkerungsgruppen, die eher oben stehen und solche, die eher unten stehen. Wir haben hier eine Skala, die von oben nach unten verläuft. Wenn Sie an sich selbst denken: Wo auf dieser Skala würden Sie sich einordnen?"

[a]Datennachweis: Anm. 20.

[18] Anthony Giddens, *The Class Structure of the Advanced Societies,* New York 1973.
[19] James R. Kluegel/Royce Singleton/Charles Starnes, Subjective Social Class: A Multiple Indicator Approach, in: *American Sociological Review,* 42. Jg. (1977), H. 3, S. 599—611.

zeigt, durchaus zulässig. Die subjektive Schichteinstufung impliziert ein Oben und Unten[20].

Nach unserer Kenntnis hat Janowitz die Centers-Frage 1955 in der Bundesrepublik erstmals in einer nationalen, repräsentativen Umfrage verwendet[21]. Sie wurde dann in der Folge in weiteren Untersuchungen gestellt, wobei allerdings die Anzahl der vorgegebenen Schichtkategorien variiert. So wurde zum einen die stets nur gering besetzte Kategorie „Unterschicht" weggelassen und zum anderen zwischen der Mittelschicht und der oberen Mittelschicht noch weiter differenziert. Die Kategorie „Arbeiterschaft" blieb jedoch in jedem Falle erhalten.

In Tabelle 4 werden die Verteilungen für drei Zeitpunkte — 1955, 1972 und 1980 — gegenübergestellt. Es ergibt sich, insbesondere zwischen 1955 und den späteren Erhebungsjahren, ein deutlicher Rückgang des Bevölkerungsteils, der sich mit der Arbeiterschaft identifiziert. Der Anteil sinkt von 49 Prozent im Jahre 1955 auf 35 Prozent im Jahre 1980.

Dieses Bild bleibt auch dann erhalten, wenn man die objektive soziale Lage als Kontrollvariable einführt. Im Jahre 1955 hatte nur etwa ein Fünftel der Arbeiterschaft die Tendenz, sich zur Mittelschicht zu zählen; 1980 stieg dieser Anteil auf ein Drittel. Unter der nicht zur Arbeiterschaft zählenden Bevölkerung des nicht-landwirtschaftlichen Bereichs waren im Jahre 1955 20 Prozent der Meinung, sie gehörten zur Arbeiterschaft; 1980 sank dieser Anteil auf 13 Prozent.

Tabelle 4: Die Verteilung der subjektiven Schichtidentifikation, 1955—1972—1980[a]

Schicht	1955		1972		1980	
Oberschicht	2		1		*	
Obere Mittelschicht	*	45	8	60	8	62
Mittelschicht	43		51		54	
Arbeiterschicht	49	54	38	38	35	35
Unterschicht	5		*		*	
Keine Einstufung	1		2		3	
N	3385		3335		2061	

[a] Datennachweis: Anm. 22.

* Als Kategorie nicht vergeben.

---

20 Hans-Dieter Klingemann, *Soziale Topologie: Oben-Unten, Links-Rechts,* Materialien, vorgelegt zum Datenkonfrontationsseminar „Nationaler Sozialer Survey 1980", Mannheim, 29.9.—1.10.1980. Datennachweis: Allgemeine Bevölkerungsumfrage der Sozialwissenschaften, Allbus 1980, Lepsius/Scheuch/Ziegler, GETAS, N = 2955, Feldarbeit: 7.1.—29.2.1980, ZA-Nr. 1000.
21 Morris Janowitz, Social Stratification and Mobility in West Germany, in: *The American Journal of Sociology,* 64. Jg. (1958), H. 1, S. 6—24.

Schaubild 8: Subjektive Schichtidentifikation der Arbeiterschaft und der Mittelschicht, 1955 und 1980[a]

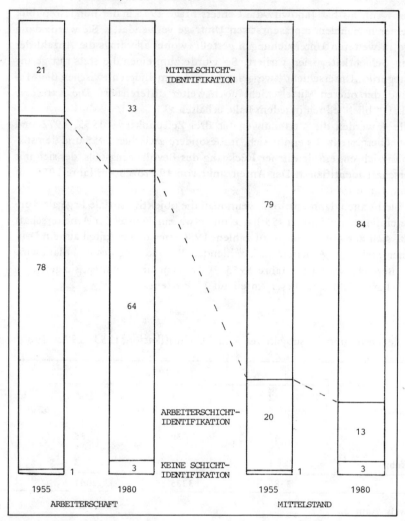

Wohnbevölkerung des nicht-landwirtschaftlichen Bereichs, 18 Jahre und älter. Arbeiterschicht 1955: Arbeiterschicht und Unterschicht; Mittelschicht 1955: Mittelschicht und Oberschicht; Arbeiterschicht 1980: Arbeiterschicht; Mittelschicht 1980: Mittelschicht und obere Mittelschicht.

[a] Datennachweis: Anm. 22.

Gemessen an diesem Indikator werden die Arbeiter „bürgerlicher", geht das Bewußtsein der Arbeiterschaft „dazuzugehören", zurück[22].

Die Daten belegen aber auch, daß sich ein Teil des neuen Mittelstandes — sechs Prozent der wahlberechtigten Bevölkerung des Jahres 1980 — der Arbeiterschaft zurechnet. Der Anteil erscheint gering; bezieht man ihn aber auf den arbeiterbewußten Teil der Arbeiterschaft und des neuen Mittelstandes zusammengenommen, so macht er immerhin ein Fünftel dieser Gruppierung aus. Es stellt sich hier die Frage, ob die subjektive Dimension, über die objektive soziale Lagerung hinaus, einen Einfluß auf die Bereitschaft zur Gewerkschaftsmitgliedschaft und die Unterstützung der SPD besitzt.

Die Analyse ergibt ein eindeutiges Muster. Sowohl in der Arbeiterschaft als auch im neuen Mittelstand führt Arbeiterbewußtsein zu einem um etwa zehn Prozentpunkte höheren Anteil der Gewerkschaftsmitgliedschaft. Wichtiger noch ist, daß die subjektive Schichtidentifikation den Effekt der objektiven sozialen Lagerung nahezu völlig aufhebt.

Tabelle 5: Soziale Lagerung, subjektive Schichtidentifikation und Gewerkschaftsmitgliedschaft, 1980[a]

Gewerkschaft	Arbeiterschaft		Neuer Mittelstand	
	Arbeiterschicht	Mittelschicht	Arbeiterschicht	Mittelschicht
Mitgliedschaft	30	19	30	18
Nicht-Mitglieder	70	81	70	82
N	500	263	122	730

[a] Datennachweis: Anm. 22.

22 Zur These der Verbürgerlichung des Arbeiters vgl.: John H. Goldthorpe/David Lockwood/Frank Bechhofer/Jennifer Platt, *The Affluent Worker: Political Attitudes and Behaviour*, Cambridge 1968; John H. Goldthorpe/David Lockwood/Frank Bechhofer/Jennifer Platt, *The Affluent Worker in the Class Structure*, Cambridge 1969; Richard F. Hamilton, Affluence and the Worker: The West German Case, in: *The American Journal of Sociology*, 71. Jg. (1965), H. 1, S. 144—152.
Datennachweis für die in den Tab. 4—8 und im Schaubild 8 verwendeten Umfragen: 1955: Janowitz, Social Stratification and Mobility (Anm. 21), S. 21; 1972: Pappi, Parteiensystem und Sozialstruktur (Anm. 5), S. 197; 1980: Klaus Allerbeck/Max Kaase/Hans-Dieter Klingemann, Umfrage im Rahmen des DFG-Projekts „Strukturen und Prozesse politischer Beteiligung, Ideologie und Sozialisation", Feldarbeit: 28.1.—8.4.1980. Die zur Ermittlung der subjektiven Schichtidentifikation verwendete Frage lautete: „Fühlen Sie sich einer bestimmten sozialen Schicht zugehörig? Falls ja: Welche soziale Schicht ist das? Falls nein: Die meisten Leute sagen, sie gehören zur Arbeiterschicht, zur Mittelschicht oder zur oberen Mittelschicht. Wenn Sie sich zwischen diesen Bezeichnungen entscheiden müßten, würden Sie dann eher sagen, Sie gehören zur Arbeiterschicht, zur Mittelschicht oder zur oberen Mittelschicht? Falls der Befragte ‚Mittelschicht' oder ‚Mittelstand' genannt hat: Wenn Sie sich zwischen den beiden Bezeichnungen Mittelschicht und obere Mittelschicht entscheiden müßten, würden Sie dann sagen, Sie gehören eher zur Mittelschicht oder zur oberen Mittelschicht?" Die gesamten Antworten wurden zu den drei Kategorien Arbeiterschicht, Mittelschicht und obere Mittelschicht zusammengefaßt.

Gleiches gilt für die Unterstützung der SPD. Der arbeiterbewußte Teil der Arbeiterschaft äußert zu 46 Prozent eine Wahlbereitschaft für die SPD; beim arbeiterbewußten Teil des neuen Mittelstandes beträgt der Anteil 47 Prozent. Die mittelschichtbewußte Arbeiterschaft will zu 34 Prozent, der mittelschichtbewußte Teil des neuen Mittelstands zu 31 Prozent die SPD wählen.

Tabelle 6: Soziale Lagerung, subjektive Schichtidentifikation und Wahlabsicht für die SPD, 1980[a]

Wahlabsicht	Arbeiterschaft		Neuer Mittelstand	
	Arbeiterschicht	Mittelschicht	Arbeiterschicht	Mittelschicht
SPD	46	34	47	31
Nicht SPD	54	64	53	69
N	500	263	122	730

[a] Datennachweis: Anm. 22.

Führt man als zusätzliches Merkmal die Gewerkschaftsmitgliedschaft ein, dann unterstützen 62 Prozent der gewerkschaftlich organisierten Arbeiterschaft mit Arbeiterbewußtsein bei einer kommenden Bundestagswahl die SPD. Fällt sowohl das Arbeiterbewußtsein als auch die Gewerkschaftsmitgliedschaft weg, dann wählen nur noch ganze 29 Prozent der Arbeiterschaft sozialdemokratisch.

Dieser Sachverhalt weist der subjektiven Schichtidentifikation einen hohen Stellenwert zu. Bei der Nichtübereinstimmung von objektiver sozialer Lage und subjektivem Bewußtsein gibt letzteres den Ausschlag. Das Ergebnis verlangt nach weiterer Analyse. So ist beispielsweise zu fragen, ob es sich bei dem Teil des neuen Mittelstands mit Arbeiterbewußtsein um Aufsteiger aus der Arbeiterschaft, um selbst als Arbeiter tätige Angehörige des Haushaltungsvorstands oder aber um Personen mit höherer Bildung handelt, die mit der Selbsteinstufung alte Loyalitäten, die eigene soziale Lage oder eine symbolische Identifikation ausdrücken wollen. Diese Probleme überlassen wir der weiteren Forschung. Wir wollen uns statt dessen einer anderen Frage zuwenden und untersuchen, welche Ordnungsvorstellungen für den wirtschaftlichen Bereich der Gesellschaft mit der subjektiven Zuordnung zur Arbeiterschicht oder zur Mittelschicht bei der Arbeiterschaft und beim neuen Mittelstand verbunden sind. Zu diesem Zweck werden erneut die Daten der Umfrage aus dem Jahr 1980 herangezogen, da unser Interesse nun in erster Linie auf die gegenwärtige Lage in der Bundesrepublik gerichtet ist.

Unter den vielfältigen Dimensionen der Vorstellungen über die wünschenswerte Gestaltung des ökonomischen Systems werden zwei näher betrachtet. Die eine bezieht sich auf die Akzeptanz von Staatseingriffen in die Wirtschaft, die andere auf die gewerkschaftliche Mitbestimmung in den Unternehmen. Beide Problembereiche gehören sicherlich zu den klassischen Streitfragen der Politik. Die entsprechenden Fragen wurden wie folgt formuliert:

„Es gibt unterschiedliche Vorstellungen darüber, welche grundsätzlichen Auffassungen für die Politik in unserem Staat gelten sollen.
Zunächst geht es darum, wie sehr der Staat in die Belange der Wirtschaft eingreifen soll. Wir haben hierzu Auffassungen aufgeschrieben. Sagen Sie mir bitte zu jeder dieser Auffassungen, ob Sie damit voll übereinstimmen, weitgehend übereinstimmen oder ob Sie sie weitgehend ablehnen bzw. voll und ganz ablehnen." (Interviewer legt Liste vor)
Item A Die Wirtschaft sollte *verstaatlicht* werden.
Item B Der Staat sollte sich *direkten Einfluß* auf die *wichtigsten Gebiete* der Wirtschaft sichern, zum Beispiel durch Beteiligung an Großunternehmen.
Item C Der Staat sollte nur auf *indirekte Weise* Einfluß auf die Wirtschaft nehmen, zum Beispiel durch die Finanz- und Steuerpolitik.
„Auf dieser Liste stehen jetzt Auffassungen dazu, wie sehr eine *gewerkschaftlich* organisierte Mitbestimmung der Unternehmen wünschenswert ist. Drücken Sie Ihre Meinung auch hier wieder mit Hilfe der Skala aus." (Interviewer legt Liste vor); Anmerkung: Skala wie zu Items A–C.
Item D Die von der Gewerkschaften geforderte *paritätische Mitbestimmung* sollte in allen *Großunternehmen* eingeführt werden.
Item E Die von den Gewerkschaften geforderte *paritätische Mitbestimmung* sollte auf *alle* Unternehmen ausgedehnt werden, egal wie groß sie sind.
Item F Die Gewerkschaften sollten eine gewerkschaftlich organisierte *Selbstverwaltung* der Unternehmen *durch die Arbeiter* fordern.

Die Auswahl und die Verständlichkeit dieser Vorgaben können ganz sicher verbessert werden. Sie dürften als Beispiele jedoch ausreichen, um die mit der subjektiven Schichtidentifikation verknüpften Vorstellungen über die Gestaltung des ökonomischen Systems ansatzweise zu überprüfen. Vergleicht man die Einstellungen der Befragten, die sich der Arbeiterschicht zurechnen, mit den Einstellungen der Befragten, die von sich sagen, sie gehörten zur Mittelschicht, dann ergeben sich Unterschiede in der erwarteten Richtung: Staatsintervention und gewerkschaftliche Mitbestimmung sind im Arbeiterbewußtsein stärker verankert als im Mittelschichtbewußtsein. Dabei ist zu beobachten, daß die *relative* Distanz der Einstellungen zwischen den beiden Gruppen mit der Radikalität der durch die Vorgaben ausgedrückten Ordnungsvorstellungen zunimmt. So ist die Zustimmung zur Verstaatlichung der Wirtschaft — obschon insgesamt nur von einer sehr kleinen Minderheit positiv bewertet — unter den Befragten, die sich mit der Arbeiterschaft identifizieren, doppelt so hoch, wie bei denen, die nach ihrer eigenen Meinung zur Mittelschicht gehören. Im Hinblick auf die gewerkschaftlich organisierte Selbstverwaltung der Unternehmen durch die Arbeiter liegt der den Unterschied ausdrückende Faktor bei 1.6. Dagegen betragen die entsprechenden Werte für den indirekten Staatseinfluß und die paritätische Mitbestimmung in allen Großunternehmen nur 1.2 bzw. 1.1.
Die Hervorhebung der Unterschiede soll nicht verdecken, daß *beide* Bevölkerungsteile — diejenigen, die sich mit der Arbeiterschicht identifizieren und diejenigen, die sich mit der Mittelschicht identifizieren — solche Ordnungsvorstellungen mehrheitlich bevorzugen, die dem gegenwärtigen Status quo am nächsten kommen. Anders gewendet erlaubt der Befund aber auch die Aussage, daß die Befragten mit Arbeiterschicht-Identifikation gesellschaftlichen Veränderungen im sozialistischen Sinne — *soweit es die beiden betrachteten Problemfelder betrifft* — aufgeschlossener ge-

Tabelle 7: Einstellungen zu ausgewählten Gestaltungsmöglichkeiten des ökonomischen Systems, aufgegliedert nach der subjektiven Schichtidentifikation, 1980[a]

Ordnungsvorstellungen: Grad der Zustimmung[b]	Arbeiterschicht	Mittelschicht	Insgesamt
1) *Staatseingriffe in die Wirtschaft*			
Die Wirtschaft sollte verstaatlicht werden.	12	6	8
Der Staat sollte sich direkten Einfluß auf die wichtigsten Gebiete der Wirtschaft sichern, zum Beispiel durch Beteiligung an Großunternehmen.	43	29	34
Der Staat sollte nur auf indirekte Weise Einfluß auf die Wirtschaft nehmen, zum Beispiel durch die Finanz- und Steuerpolitik	58	70	65
2) *Gewerkschaftliche Mitbestimmung*			
Die Gewerkschaften sollten eine gewerkschaftlich organisierte Selbstverwaltung der Unternehmen durch die Arbeiter fordern.	36	23	28
Die von den Gewerkschaften geforderte paritätische Mitbestimmung sollte auf alle Unternehmen ausgedehnt werden, egal wie groß sie sind.	48	38	41
Die von der Gewerkschaft geforderte paritätische Mitbestimmung sollte in allen Großunternehmen eingeführt werden.	62	57	58
N	724	1281	2061

[a] Datennachweis: Anm. 22.
[b] Zustimmung = stimme damit voll oder weitgehend überein.

genüberstehen. Ob dies auch für andere Politikfelder der Fall ist, muß erst noch untersucht werden.

Führt man die objektive soziale Schichtzugehörigkeit als Kontrollvariable ein, so ergibt sich – wie bereits für die Gewerkschaftsmitgliedschaft und die Unterstützung der SPD bei Bundestagswahlen – tendenziell ein größerer Effekt der subjektiven Schichtidentifikation auch hinsichtlich der Einstellungen. Befragte, die nach der sozialen Lagerung verschieden sind, sich aber derselben Schicht zurechnen, sind einstellungsmäßig näher verwandt. Die in Tabelle 8 enthaltenen Detailinformationen bedürften einer differenzierenden Interpretation, die hier nicht geleistet werden kann. Wir schließen uns generell Lepsius an, der das Gewicht der subjektiven Dimension wie folgt begründet: „Das Selbstbewußtsein, einer Schicht anzugehören, ist ja nicht nur das Ergebnis einer gleichen Güterversorgung und gleicher Lebenschancen, es ist auch das Einverständnis mit einer Deutung der eigenen Lage als eines kollektiven Schicksals und der Erfahrung der sozialen Ungleichheit als einer sozialstrukturellen Unterprivilegierung oder Bevorzugung. Die politische Relevanz, die

Tabelle 8: Einstellungen zu ausgewählten Gestaltungsmöglichkeiten des ökonomischen Systems, aufgegliedert nach der objektiven sozialen Lagerung und der subjektiven Schichtidentifikation, 1980[a]

Ordnungsvorstellungen: Grad der Zustimmung[b]	Arbeiterschaft AS[c]	MS[d]	Neuer Mittelstand AS	MS	Alter Mittelstand AS	MS
1) *Staatseingriffe in die Wirtschaft*						
Die Wirtschaft sollte verstaatlicht werden.	14	6	8	6	*	3
Der Staat sollte sich direkten Einfluß auf die wichtigsten Gebiete der Wirtschaft sichern, zum Beispiel durch Beteiligung an Großunternehmen.	46	29	43	29	*	20
Der Staat sollte nur auf indirekte Weise Einfluß auf die Wirtschaft nehmen, zum Beispiel durch die Finanz- und Steuerpolitik.	58	63	66	74	*	73
2) *Gewerkschaftliche Mitbestimmung*						
Die Gewerkschaften sollten eine gewerkschaftlich organisierte Selbstverwaltung der Unternehmen durch die Arbeiter fordern.	41	31	32	24	*	13
Die von den Gewerkschaften geforderte paritätische Mitbestimmung sollte auf alle Unternehmen ausgedehnt werden, egal wie groß sie sind.	51	49	49	39	*	16
Die von der Gewerkschaft geforderte paritätische Mitbestimmung sollte in allen Großunternehmen eingeführt werden.	65	56	68	61	*	46
N	500	263	122	730	15	154

[a] Datennachweis: Anm. 22. [b] Zustimmung = stimme damit voll oder weitgehend überein.
[c] AS = Arbeiterschicht.   [d] MS = Mittelschicht.   * = zu wenig Fälle.

den Deutungsinhalten solcher kollektiver Lebenslagen zukommt, liegt auf der Hand."[23]

Die Ergebnisse der hier versuchten Analyse der subjektiven Dimension lassen sich wie folgt zusammenfassen:
1. Der Anteil der Bevölkerung, der sich mit der Arbeiterschicht identifiziert, ist von 1955 auf 1980 gesunken. Das gilt auch für das Schichtbewußtsein der Arbeiterschaft selbst. Im gleichen Zeitraum ist die Identifikation mit der Mittelschicht angestiegen.

23 Lepsius, Sozialstruktur und soziale Schichtung (Anm. 15), S. 281.

2. Die subjektive Schichtidentifikation erweist sich als ein wichtiges Merkmal für die Bestimmung der Gewerkschaftsmitgliedschaft, der Unterstützung der SPD bei Bundestagswahlen und hinsichtlich der Ordnungsvorstellungen für ausgewählte Bereiche der Wirtschaft.
3. Die durch die subjektive Schichtidentifikation bewirkten Effekte auf die genannten Verhaltens- und Einstellungsmerkmale bleiben auch dann weitgehend erhalten, wenn objektive und subjektive soziale Schicht nicht deckungsgleich sind.

Insgesamt unterstreicht das Resultat die Wichtigkeit der Bewußtseinslage. Der Befund stützt die These vom „Ende der Arbeiterbewegung", wenn man auf den Rückgang des Arbeiter- und den Anstieg des Mittelschichtsbewußtseins abhebt. Andererseits können dort, wo sich Arbeiterbewußtsein ausgebildet hat, durchaus Ansatzpunkte für Arbeiterbewegungs-Potentiale ausgemacht werden.

3. Arbeiter, Arbeiterbewußtsein und die Wahl linker Parteien: Die Bundesrepublik im internationalen Vergleich

Das Ergebnis der bisherigen Analyse hat gezeigt, daß dem subjektiven Faktor — gemessen durch die Schichtidentifikation — ein vergleichsweise hoher Stellenwert zukommt, wenn es um den Grad der Unterstützung der Gewerkschaften und der SPD geht. Dies gilt auch, das sei hier wiederholt, wenn man den Einfluß der objektiven Schichtzugehörigkeit, gemessen am Beruf des Haushaltungsvorstands, kontrolliert.

Akzeptiert man die verwendeten Indikatoren, so ist es für die Bewertung der These vom „Ende der Arbeiterbewegung" wichtig zu wissen: (1) Wie entwickelt sich der Anteil der Bevölkerung mit Arbeiterbewußtsein? Und: (2) Wie konsequent wird Arbeiterbewußtsein in die Bereitschaft umgesetzt, (a) die Gewerkschaften zu unterstützen und (b) linke Parteien zu wählen? Diese Fragen wurden in den vorhergehenden Abschnitten für die Bundesrepublik mit Hilfe ausgewählter Umfragedaten wie folgt beantwortet: Der Anteil der Bevölkerung, der sich mit der Arbeiterschicht identifiziert, ist von 1955 bis auf 1980 gesunken. Er betrug im Jahre 1980, bezogen auf die *gesamte wahlberechtigte Bevölkerung,* 35 Prozent. Von diesen 35 Prozent waren 27 Prozent Gewerkschaftsmitglieder; 44 Prozent wollten die SPD bei der Bundestagswahl des Jahres 1980 wählen (22 % die CDU/CSU, 7 % die FDP, 4 % die Grünen, 1 % sonstige Parteien; 22 % wollten nicht wählen oder machten keine Angabe).

Wie ist dieser Befund einzuschätzen? Eine Möglichkeit, die in der Bundesrepublik beobachteten Größenordnungen zu beurteilen, bietet der Vergleich mit anderen westlichen Industriegesellschaften.

Wir wollen abschließend einen solchen Vergleich durchführen. Er ist auf die beiden folgenden Aspekte beschränkt: (1) die subjektive Identifikation mit der Arbeiterschicht und (2) die Umsetzung dieser Identifikation in eine Wahlabsicht für linke Parteien. Die Frage nach der zeitlichen Veränderung der subjektiven Schichtidentifikation wird mangels vergleichbarer Daten, die Frage der Gewerkschaftsmitgliedschaft wegen der notwendigen Differenzierung der Gewerkschaften in den einzelnen

Ländern ausgeklammert. Die Analyse kann nur für die erwerbstätige Bevölkerung durchgeführt, als Indikator der objektiven Schichteinteilung muß die berufliche Tätigkeit des Befragten (bisher: Stellung im Beruf, bezogen auf den Haushaltungsvorstand) herangezogen werden. Beides beeinträchtigt die unmittelbare Vergleichbarkeit mit den Ergebnissen der vorhergehenden Kapitel. Dies ist zwar unbefriedigend; da wir aber keine Alternative sehen, nehmen wir diesen Mangel in Kauf. Für die Untersuchung stehen zur Verfügung: die USA, England, die Bundesrepublik Deutschland, die Niederlande, die Schweiz, Österreich und Finnland[24]. Da ein detaillierter Vergleich zwischen diesen Ländern nicht beabsichtigt ist, soll auf die Herausarbeitung der Ähnlichkeiten und der Unterschiede verzichtet werden. Lediglich ein Merkmal, das Bruttosozialprodukt pro Kopf der Bevölkerung, wird nachfolgend im Zusammenhang mit der These von der „Verbürgerlichung" der Arbeiter näher betrachtet werden. Wie in den vorhergehenden Teilen der Analyse, so ist auch hier das Interesse auf den nicht-landwirtschaftlichen Bereich der Gesellschaft gerichtet. Das bedeutet für Österreich und Finnland, beides Länder mit einem noch relativ großen landwirtschaftlichen Sektor, den Verzicht auf etwa zehn Prozent des jeweiligen Stichprobenumfangs der Umfragen; in den übrigen Ländern liegt dieser Anteil bei rund drei Prozent. Die Beschränkung auf die Erwerbsbevölkerung reduziert den Stichprobenumfang weiterhin. Dennoch reichen die Fallzahlen für die beabsichtigten Aufgliederungen in jedem Falle aus.

Die Einteilung der Bevölkerung in die Schichtkategorien „Arbeiterschaft" und „Mittelstand" (Nicht-Arbeiterschaft) basiert auf der beruflichen Tätigkeit des Befragten, die nach dem Schema der Internationalen Standardklassifikation der Berufe erfaßt wurde[25]. Die Berufshauptgruppe „Gütererzeugende und verwandte Berufstätigkeiten, Bedienung von Transportmitteln und Handlangertätigkeiten" kennzeichnet für diese Analyse die „Arbeiterschaft"; der „Mittelstand" ergibt sich als Restkategorie.

Tabelle 9 gibt einen Überblick über die von der amtlichen Statistik für das Jahr 1970/71 ermittelte Verteilung der erwerbstätigen Bevölkerung auf die Berufshauptgruppen. Die entsprechenden Schätzwerte der Umfragen für das Jahr 1974/75 sind in Klammern angegeben. Die Abweichungen zwischen den beiden Datenquellen sind

---

24 Die Umfragedaten entstammen dem Projekt: *Political Action. An Eight Nation Study, 1973–1976*. Principal investigators: Great Britain: Mark Abrams/Alan Marsh (Feldarbeit: 11.1973–02.1974); Germany: Klaus Allerbeck/Max Kaase/Hans-Dieter Klingemann (Feldarbeit: 02.1974–05.1974); The Netherlands: Philip Stouthart/Felix Heunks/Cees de Graaf (Feldarbeit: 03.1974–08.1974); Austria: Leopold Rosenmayr/Anselm Eder/Inga Findl/Kathleen Stoffl/Elfie Urbas (Feldarbeit: 04.1974–09.1974); USA: Samuel H. Barnes/Ronald Inglehart/M. Kent Jennings/Barbara Farah (Feldarbeit: 06.1974–09.1974); Switzerland: Henry H. Kerr/David Handley/Charles Roig/Dusan Sidjanski (Feldarbeit: 12.1975–05.1976); Finnland: Pertti Pesonen/David K. Matheson/Risto Saenkiaho (Feldarbeit: 06.1975–10.1975); ZA-Nr. 0765. Diese Daten werden für die Tabellen 9–12 und das Schaubild 9 verwendet. Zum Wortlaut der Fragestellung vgl. Anm. 22.
25 Vgl. Statistisches Bundesamt Wiesbaden, *Internationale Standardklassifikation der Berufe. Übersetzung der ,International Standard Classification of Occupations' des Internationalen Arbeitsamtes, Genf 1968, Deutsche Ausgabe 1968*, Stuttgart 1971. Die in Tab. 9 ausgewiesenen Daten der amtlichen Statistik wurden entnommen aus: International Labour Office, *Year Book of Labour Statistics*, Genf 1975, 1976.

Tabelle 9: Verteilung der beruflichen Tätigkeiten (Internationale Standardklassifikation der Berufe), 1970/71[a]

Berufshauptgruppe	England	Finnland	Österreich	Niederlande	Schweiz	USA	Bundesrepublik
Wissenschaftler, technische und verwandte Fachkräfte Leitende Tätigkeiten im öffentlichen Dienst und in der Wirtschaft	11.9 (14) 3.9 (4)	15.0 (10) 12.5 (17)	10.3 (11) 0.8 (3)	15.6 (20) 2.6 (6)	13.4 (20) 2.3 (3)	15.5 (22) 8.7 (6)	11.7 (16) 2.6 (3)
Bürokräfte und verwandte Berufe	19.1 (18)	10.3 (12)	18.2 (20)	18.0 (23)	19.8 (19)	18.8 (19)	20.8 (27)
Handelsberufe	9.6 (10)	10.3 (12)	10.0 (13)	12.1 (13)	8.6 (10)	7.4 (12)	10.6 (12)
Dienstleistungsberufe	12.6 (14)	13.3 (11)	13.9 (12)	9.9 (10)	12.3 (9)	11.8 (11)	11.3 (8)
Gütererzeugende und verwandte Berufstätigkeiten, Bedienung von Transportmitteln und Handlangertätigkeiten	42.8 (40)	48.9 (50)	46.8 (41)	41.7 (28)	43.6 (39)	37.6 (30)	43.0 (34)
N	23.4 (821)	1.7 (702)	2.6 (711)	4.1 (582)	2.7 (711)	73.0 (850)	22.3 (1044)

Die Aufgliederung bezieht sich auf die erwerbstätige Bevölkerung. Nicht enthalten in dieser Tabelle sind erstens die Berufe des Pflanzenbaus, der Tier-, Forst- und Fischwirtschaft sowie der Jagd (Hauptgruppe 6), zweitens die beruflich nicht näher klassifizierbaren Arbeitskräfte (Hauptgruppe X) und drittens die Wehrberufe.
Die jeweilige Basis der Prozentuierung (N) gibt an erstens die Anzahl der Erwerbspersonen in Mio (ohne Klammern) und zweitens die Anzahl der Befragten. Die Schätzwerte der Umfragen aus den Jahren 1974/75 wie auch die Prozentuierungsbasis werden jeweils in Klammern angegeben.

[a] Datennachweis: Anm. 24 und 25.

zum Teil — zumal für die Bundesrepublik — erheblich. Die möglichen Ursachen sind vielfältig; sie können hier nicht geklärt werden.
Der Indikator für die subjektive Schichtidentifikation ist mit dem in den vorhergehenden Kapiteln verwendeten voll vergleichbar. Ein Blick auf die Verteilung der subjektiven Schichtidentifikation in den einzelnen Ländern ist für die Beurteilung der Verhältnisse in der Bundesrepublik durchaus instruktiv. Die Bundesrepublik nimmt, verglichen mit allen anderen hier verfügbaren Ländern, eine Extremposition ein. Bezogen auf die erwerbstätige Wohnbevölkerung des nicht-landwirtschaftlichen Bereichs, rechnen sich nur 31 Prozent der Arbeiterschicht zu. In England und Finnland liegt dieser Anteil bei über 60 Prozent, in den übrigen Ländern zwischen 40 Prozent und 50 Prozent. Vor diesem Hintergrund gewinnt Pirkers These vom „Ende der Arbeiterbewegung" an Gewicht.

Tabelle 10: Subjektive Schichtidentifikation im Vergleich, 1974/75[a]

Länder	Arbeiter-schicht	Mittel-schicht	Obere Mittelschicht	N	
England	68	29	3	100	(819)
Finnland	63	34	3	100	(649)
Österreich	46	46	8	100	(685)
Niederlande	40	50	10	100	(533)
Schweiz	41	51	8	100	(617)
USA	41	43	16	100	(850)
Bundesrepublik	31	59	10	100	(1027)

[a] Datennachweis: Anm. 24.

Die in Tabelle 11 vorgenommene Aufgliederung der subjektiven Schichtidentifikation nach der Arbeiterschaft und dem Mittelstand bietet einen möglichen Erklärungsansatz. Soweit es die Arbeiterschaft anbetrifft, verschwindet der in Tabelle 10 sichtbare Unterschied, verglichen mit den USA und der Schweiz; er bleibt indessen für den Mittelstand bestehen. Die Neigung des Mittelstandes, sich mit der Arbeiterschaft zu identifizieren, ist in diesen beiden anderen „reichen" Ländern doppelt so groß wie in der Bundesrepublik. Insgesamt ist festzustellen, daß sich die Arbeiterschaft Englands und Finnlands am stärksten, die der Bundesrepublik, der USA und der Schweiz am relativ schwächsten mit der Arbeiterschicht identifiziert; die Arbeiterschaft der Niederlande und Österreichs nimmt eine Mittelposition ein. Der Unterschied zwischen den beiden Extremgruppen ist mit 20 Prozentpunkten durchaus beachtlich. Die Variation der Arbeiterschichtidentifikation im Mittelstand ist jedoch noch weit ausgeprägter. In England sind es 53 Prozent des Mittelstands, der sich subjektiv der Arbeiterschicht zuordnet, in der Bundesrepublik beträgt dieser Anteil 12 Prozent: eine Differenz vom Faktor 4.5. Die vergleichende Analyse der politischen Überzeugungssysteme des Mittelstands bietet sich nach diesen Ergebnissen als ein lohnendes Forschungsfeld an.

Tabelle 11: Soziale Lagerung und subjektive Schichtidentifikation im Vergleich, 1974/75[a]

Länder	Soziale Lagerung	Subjektive Schichtidentifikation		
		Arbeiterschicht	Mittelschicht	N
England	Arbeiterschaft	82	18	100 (395)
	Mittelstand	53	47	100 (350)
Finnland	Arbeiterschaft	79	21	100 (395)
	Mittelstand	38	62	100 (254)
Österreich	Arbeiterschaft	69	31	100 (359)
	Mittelstand	21	79	100 (326)
Niederlande	Arbeiterschaft	67	33	100 (200)
	Mittelstand	25	75	100 (333)
Schweiz	Arbeiterschaft	61	39	100 (275)
	Mittelstand	25	75	100 (342)
USA	Arbeiterschaft	60	40	100 (319)
	Mittelstand	28	72	100 (500)
Bundesrepublik	Arbeiterschaft	59	41	100 (412)
	Mittelstand	12	88	100 (615)

[a] Datennachweis: Anm. 24.

Ein weiterer Aspekt der vergleichenden Einordnung der Bundesrepublik und der hier gefundenen Verhältnisse betrifft den Effekt der subjektiven Schichtidentifikation auf die Bereitschaft, linke Parteien zu wählen. Hinter der Kategorie „linke Parteien" verbergen sich, soweit es die europäischen Länder betrifft, in erster Linie sozialdemokratisch orientierte Parteien: in England die Labour Party, in der Bundesrepublik die SPD, in Österreich die SPÖ, in der Schweiz die Parti Socialiste, in den Niederlanden die Partij van de Arbeid und in Finnland die Suomen Sosialdemokraattinen Puole. In allen diesen Ländern boten die Parteiensysteme auch eine kommunistische Alternative an. Von dieser Alternative wurde indes, sieht man von Finnland einmal ab, kein nennenswerter Gebrauch gemacht[26]. In den USA verweist die Kategorie auf die Democrats. Die in den Umfragen gestellte Frage bezog sich auf das Verhalten des Befragten bei der jeweils letzten nationalen Wahl. Auch dieser Indikator ist sicherlich unscharf, soweit es die Zuordnung der Parteien betrifft; er kann zudem eine Fülle anderer, auf den spezifischen Charakter der Wahlgänge zurückgehende, Einflüsse spiegeln. Dies gilt besonders für die USA, wo sich die Information auf die Wahl des Jahres 1972 bezieht, in der sich Nixon und McGovern — kein typischer Kandidat für die Demokraten — gegenüberstanden. Bedacht werden muß auch der von Land zu Land unterschiedliche Anteil der Nichtwähler und der

26 Neben den genannten Parteien und den kommunistischen Parteien wurden den „linken" Parteien weiterhin zugeordnet: Schweiz: Parti du Travail, Parti Progressiste (NE) Poch, Ligue Marxiste Rev., Niederlande: PPR, D'66, PSP, Finnland: Tyoevaen ja Pienviljelijaein Sosialdemokraattinen.

Tabelle 12: Soziale Lagerung, subjektive Schichtidentifikation und die Wahl linker Parteien im Vergleich, 1974/75[a]

Länder	Soziale Lagerung	Subjektive Schicht-identifikation	Linke Parteien	Nichtlinke Parteien	Nichtwähler keine Antwort	N
England	Arbeiterschaft	Arbeiterschicht	48	17	35	100 (324)
	Arbeiterschaft	Mittelschicht	31	32	37	100 (71)
	Mittelstand	Arbeiterschicht	34	31	35	100 (185)
	Mittelstand	Mittelschicht	11	64	25	100 (165)
Finnland	Arbeiterschaft	Arbeiterschicht	61	7	32	100 (312)
	Arbeiterschaft	Mittelschicht	22	38	40	100 (83)
	Mittelstand	Arbeiterschicht	58	11	31	100 (98)
	Mittelstand	Mittelschicht	20	58	22	100 (156)
Österreich	Arbeiterschaft	Arbeiterschicht	64	14	22	100 (249)
	Arbeiterschaft	Mittelschicht	43	36	21	100 (110)
	Mittelstand	Arbeiterschicht	53	25	22	100 (68)
	Mittelstand	Mittelschicht	32	44	24	100 (258)
Niederlande	Arbeiterschaft	Arbeiterschicht	41	24	35	100 (133)
	Arbeiterschaft	Mittelschicht	25	39	36	100 (67)
	Mittelstand	Arbeiterschicht	47	26	27	100 (83)
	Mittelstand	Mittelschicht	30	52	18	100 (250)
Schweiz	Arbeiterschaft	Arbeiterschicht	20	13	67	100 (168)
	Arbeiterschaft	Mittelschicht	14	17	69	100 (107)
	Mittelstand	Arbeiterschicht	18	20	62	100 (87)
	Mittelstand	Mittelschicht	16	26	58	100 (255)
USA	Arbeiterschaft	Arbeiterschicht	23	34	43	100 (192)
	Arbeiterschaft	Mittelschicht	17	46	37	100 (127)
	Mittelstand	Arbeiterschicht	29	39	32	100 (140)
	Mittelstand	Mittelschicht	21	61	18	100 (360)
Bundes-republik	Arbeiterschaft	Arbeiterschicht	47	28	25	100 (245)
	Arbeiterschaft	Mittelschicht	39	44	17	100 (167)
	Mittelstand	Arbeiterschicht	43	43	14	100 (79)
	Mittelstand	Mittelschicht	30	56	14	100 (539)

[a] Datennachweis: Anm. 24.

Befragten, die auf diese Frage keine Antwort geben wollten. Zum Zwecke einer ersten Orientierung reicht der Indikator jedoch aus.

Die in Tabelle 12 zusammengefaßten Ergebnisse zur Umsetzung von Arbeiterbewußtsein in eine Bereitschaft zur Wahl linker Parteien, aufgegliedert nach der Arbeiterschaft und dem Mittelstand, können hier nicht in allen Einzelheiten diskutiert werden. Generell kann festgehalten werden, daß sich der Einfluß der subjektiven Dimension deutlich zeigt. Bei der Arbeiterschaft, aber auch beim Mittelstand, führt die subjektive Identifikation mit der Arbeiterschicht zu einer höheren Unterstützung für die linken Parteien. Dies bestätigt die mit den Daten des Jahres 1980 für die Bundesrepublik vorgenommene Analyse.

Es ist verlockend, die in den Daten sichtbar gewordenen Unterschiede zwischen den Ländern auf den relativen Wohlstand eben dieser Länder zu beziehen. Die alte These von der Verbürgerlichung der Arbeiterschaft legt das nahe. Akzeptiert man das Bruttosozialprodukt pro Kopf der Bevölkerung als Indikator für den relativen Wohlstand eines Landes und betrachtet man im Zusammenhang damit die Bereitschaft des Teils der Arbeiterschaft, der sich mit der Arbeiterschicht identifiziert, eine linke Partei zu wählen, dann drängen sich solche Überlegungen auf[27].

Es wird eingeräumt, daß die internationale vergleichende Analyse mehr Fragen aufgeworfen hat, als sie beantworten konnte. Sie sollte aber hier auch nur dazu dienen, eine bessere Beurteilung der für die Bundesrepublik gefundenen Ergebnisse zu ermöglichen.

Die These vom „Ende der Arbeiterbewegung" in Deutschland, die wir in diesem Beitrag aus der Perspektive „von unten" diskutiert haben, hat auch aus dieser Sicht mehr Gründe für als gegen sich. Das gilt auch für solche Argumente, die Pirker selbst nicht thematisiert hat. Man kann diesen Sachverhalt bedauern. Man kann ihn aber auch, wie dies zum Beispiel Lipset getan hat, unter dem Aspekt der Stabilität demokratischer Systeme deuten[28]. Aus dieser Perspektive erscheinen Phänomene wie der eine konservative Partei wählende Arbeiter oder der Sozialist aus dem Mittelstand nicht als bloße Abweichung von Klassenschablonen, sondern als fundamentale Voraussetzungen für die Aufrechterhaltung des demokratischen politischen Systems. „Ein System, in welchem die Anhängerschaft der verschiedenen Parteien allzu genau den grundlegenden soziologischen Kategorien entspricht, kann nicht auf demokratischer Basis weiterbestehen, denn es repräsentiert einen so intensiven und akzentuierten dauerndern Konflikt, daß ein Kompromiß einfach unmöglich ist."[29] Die Bundesrepublik entspricht diesem Typus nicht; die Nachkriegsgeschichte zeugt davon, daß Kompromisse möglich wurden. Die Beteiligung der Organisationen der Arbeiterschaft an den wirtschaftlichen und politischen Entscheidungsprozessen ist heute auf vielfältige Weise institutionell gesichert.

---

27 Die in Schaubild 9 verwendeten Daten zum Bruttosozialprodukt sind entnommen aus: Charles Lewis Taylor/David A. Jodice, *World Handbook of Political and Social Indicators*, 3. Aufl., Bd. 1, New Haven 1983.
28 Seymour Martin Lipset, *Soziologie der Demokratie,* Neuwied 1962 (zuerst 1960 als amerikanische Ausgabe), S. 18.
29 Ebd.

Schaubild 9: Anteil der Wähler linker Parteien unter den Wählern der Arbeiterschaft, die sich mit der Arbeiterschicht identifizieren (y), in Ländern mit unterschiedlicher Höhe des Bruttosozialprodukts pro Kopf der Bevölkerung (x), 1974/75[a]

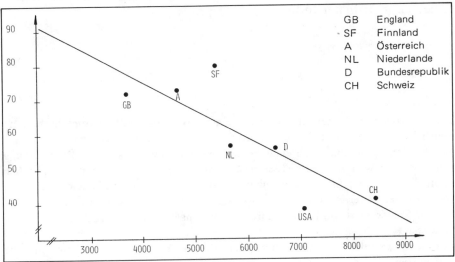

a) Datennachweis: Anm. 24 und 27.

Es versteht sich von selbst, daß mit den präsentierten Daten allein das Phänomen der Arbeiterbewegung nicht umfassend beschrieben werden kann. Weder wurde die Entwicklung der Programmatik noch die tatsächliche Politik der Organisationen der Arbeiterschaft empirisch untersucht. Es muß auch offen bleiben, welchen Stellenwert die hier in den Mittelpunkt gestellte „alte" Konfliktlinie der Politik in der Zukunft haben wird. Manches deutet darauf hin, daß veränderte Wertorientierungen der Bevölkerung die politische Auseinandersetzung auf andere, „neue" Politikbereiche verschieben[30]. Dennoch halten wir den Blick zurück, die vergleichende Analyse der politischen Einstellungen und Verhaltensweisen der Arbeiterschaft selbst, für eine unabdingbare Voraussetzung des Verständnisses auch der zukünftigen Entwicklunglinien der westlichen Demokratien.

---

30 Vgl. Ronald Inglehart, *The Silent Revolution*, Princeton, N.J. 1977; Seymour Martin Lipset, Whatever Happened to the Proletariat? An Historic Mission Unfulfilled, in: *Encounter*, 56. Jg. (Juni 1981), S. 18–34; Max Kaase/Hans-Dieter Klingemann, Social Structure, Value-Orientations, and the Party System: The Problem of Interest Accomodation in Western Democracies, in: *European Journal of Political Research*, 10. Jg. (1982), H. 4, S. 367–386.

Thomas Hahn

Arbeiterklasse, Arbeitscharakter und Arbeitsbewußtsein heute:
Ein Plädoyer für die Erweiterung des ökonomisch/technisch verengten Arbeitsbegriffs in der Industriesoziologie

Die mittlerweile dauerhaften Krisenerscheinungen westlicher Arbeitsgesellschaften[1] signalisieren vor allem, daß der der Entwicklung bisher zugrundeliegende Arbeitsgedanke vollendet ist und nach einer konsequenzenreichen praktischen Überwindung verlangt[2]. Der weit verbreitete Verlust des Ansehens der Arbeit nennt den gleichen Sachverhalt aus der Sicht unmittelbar Betroffener; er weist gleichzeitig auf einen „Wertwandel"[3] der Arbeit bei den Arbeitenden (Arbeitsverständnis) hin, der sich unseres Erachtens schon lange in ihrem Verhältnis in und zur „Freizeit"[4] herausgebildet hat.

Industriesoziologische Untersuchungen, die theoretisch und empirisch mit der sozialwissenschaftlichen Schlüsselkategorie der *Arbeit* den Vergesellschaftungsprozeß der Arbeit wissenschaftlich begleiten und zeitdiagnostische Aussagen zum *Ar-*

---

1 Vgl. dazu aus soziologischer Sicht den gelungenen Problemaufriß zum 21. deutschen Soziologentag, Tagungsprogramm: *Krise der Arbeitsgesellschaft?*, S. 5 ff., den die vortragende scientific community qualitativ allerdings nicht ausfüllte; vgl. aus politologischer Sicht Elmar Altvater et al., *Vom Wirtschaftswunder zur Wirtschaftskrise. Ökonomie und Politik in der Bundesrepublik*, Berlin 1979.
2 Das betrifft vor allem die soziale Organisation der Arbeit, das industrielle Zeitregime, die Verteilung vorhandener Arbeit, das technophile Wachstumskonzept, den industriellen Leistungsgedanken usw.; vgl. zur Begriffsgeschichte und Soziologie der Arbeit Werner Conze, Stichwort „Arbeit", in: Otto Brunner, *Geschichtliche Grundbegriffe. Historisches Lexikon zur politischen und sozialen Sprache in Deutschland*, Stuttgart 1972, S. 154–215; Hannah Arendt, *Vita aktiva*, München 1960; Axel Honneth, Arbeit und instrumentales Handeln. Kategoriale Probleme einer kritischen Gesellschaftstheorie, in: Axel Honneth/Urs Jaeggi (Hrsg.), *Arbeit, Handlung, Normativität*, Frankfurt a.M. 1980, S. 185–233; Fritz Vilmar/Leo Kißler, *Arbeitswelt: Grundriß einer kritischen Soziologie der Arbeit*, Opladen 1982.
3 Wir benutzen diesen Begriff hier für Veränderungen des Industriearbeiterbewußtseins, obwohl die Wertdebatte umfassender ist und sich soziologisch eher auf die middle class bezieht. Besser wäre es, von der Veränderung des Anschauungssystems zu sprechen.
4 Vgl. Wolfgang Nahrstedt, *Die Entstehung der Freizeit*, Göttingen 1972; Jürgen Reulecke/Wolfhard Weber (Hrsg.), *Fabrik, Familie, Feierabend. Beiträge zur Sozialgeschichte des Alltags im Industriezeitalter*, Wuppertal 1978; Jürgen Habermas, *Soziologische Notizen zum Verhältnis von Arbeit und Freizeit*, in: Funke (Hrsg.), *Konkrete Vernunft*, Bonn 1958; Manfred Schlösser, *Freizeit und Familienleben von Industriearbeitern*, Frankfurt a.M. 1980; Siegfried Reck, *Arbeiter nach der Arbeit*, Gießen 1977; Klaus Tenfelde, Arbeiterschaft, Arbeitsmarkt und Kommunikationsstrukturen im Ruhrgebiet in den 50iger Jahren des 19. Jahrhunderts, in: *Archiv für Sozialgeschichte* (16), 1976, S. 1–59; Johannes Schwerdtfeger, *Die Arbeitsbegriffe in der industriellen Gesellschaft als soziologisches Problem*, Diss. FU Berlin, 1966.

beitsbewußtsein trafen[5], verfehlten in der Regel das sich verändernde Verhältnis zur Arbeit, weil sie vor allem zwei Untersuchungsebenen strikt getrennt hielten, obwohl sie real in der Person des Arbeitenden zusammenfielen und in ihren Veränderungen zueinander bewertet wurden: den Bereich Arbeit *und* den Bereich Freizeit.

In der Folge davon wurden gravierende Veränderungen industrialisierter/taylorisierter Arbeit für die Aussagen zum „Arbeiterbewußtsein" derart privilegiert, daß sie die Lebenswelt der Arbeitenden in ihren durchaus gemeinsamen Merkmalen klassenspezifischer Sinnvermittlung[6] immer weniger „trafen". Wenn sich an diese Befunde historisch politische Organisationsversuche knüpften, so scheiterten sie auch an der „Einseitigkeit" dieser Objektivierungen, die das Subjekt hinter dem Produzenten verschwinden läßt und ihn als „Solchen" organisieren wollte[7]. Das Arbeitsbewußtsein ist eben keine subjektiv-monokausale Widerspiegelung aufgeherrschter objektiver Verhältnisse, zumal Arbeit ohnehin nicht in beobachtbarer industrieller Tätigkeit voll aufgeht. Nimmt man das Subjekt ernst — und das ist eine unverzichtbare Forderung an jegliche sich politisch verstehende Bewußtseinsanalyse —, so darf es auch nicht an einer entwicklungstheoretisch bestimmten Objektivität einfach relativierend vermessen werden, wie es z. B. mit Hilfe der Mystifikationsgrammatik so behende abschließend für seine Grundstruktur geschieht; diese „Logik" reicht nicht weiter, als die Subjekte zu blinden Handlungsträgern objektiver Wirklichkeiten zu rubrizieren und z. B. Angestellte als geduldige Arbeiter zu buchstabieren; über ihr handlungsprägendes Arrangement mit der gesellschaftlichen Wirklichkeit erfährt man damit wenig. Will man aber analytisch die vorhandenen Handlungsperspektiven/-potentiale und Identitätsbildungen ernsthaft aufsuchen, so ist daran zu erinnern, daß die Objektivität der Verhältnisse nicht einfach durch die Individuen hindurchgeht — Handlungsanalysen also daher gegenüber der Übermacht der Verhältnisse zu vernachlässigen seien —, sondern daß sich die Subjekte noch ihre eigenen herstellen, die in einer sicherlich komplizierten Weise ineinander verschränkt sind. Sie dürfen nicht vorgängig aufgeteilt und weder analytisch gegeneinander ausgespielt noch auf „Erfahrungsorte", wie hier Arbeit und dort Nichtarbeit, aufgespalten werden, will man Strukturen und Inhalte des Arbeitsbewußtseins aufspüren.

---

5 Damit schließen wir die Revolutionstheorien, die Verelendungstheorien, die Avantgardetheorien, die Verbürgerlichungstheorien usw. ein, soweit sie sich auf die politische Entwicklung der Arbeiterklasse beziehen — Theorien also, die vor allem politisch optierten und der sozialistischen Arbeiterbewegung zu Unrecht ein theoriegeleitetes Handeln unterstellten.

6 Vgl. Werner Kudera/Mangold/Konrad Ruff/Rudi Schmidt/Wentzke, *Gesellschaftliches und politisches Bewußtsein von Arbeitern. Eine empirische Untersuchung*, Frankfurt a.M. 1979; Kudera/Ruff/Schmidt, Arrangement auf Widerruf. Konfliktpotential und Verzichtbereitschaft bei Industriearbeitern, in: *KZfSS*, 24/1982, S. 250 ff.; die Autoren arbeiten u.a. die Gemeinsamkeiten eines proletarischen Sozialcharakters heraus.

7 So auch Horst Kern/Michael Schumann, *Industriearbeit und Arbeiterbewußtsein*, Frankfurt a.M. 1970; trotz gegenteiliger Beteuerung mit dem „doppelten Arbeitsbezug" Kern/Schumann 1982 immer noch im einseitigen Produzentenbezug in dem Soziologentagsreferat: Gefragt ist der mündige Arbeiter, zit. nach: *Frankfurter Rundschau*, Nr. 250 v. 28.10.1982; vgl. dazu auch Lothar Hack et al., *Leistung und Herrschaft*, Frankfurt a.M. 1979 (als dem entgegengesetzten Versuch einer doppelten Konstitution von Bewußtsein).

Ein gesellschaftskritischer Arbeitsbegriff industriesoziologischer Forschung muß also in seiner logisch/historischen Dimension eine Analyse tragen können, die den Wertwandel der Arbeit im Arbeitsselbstverständnis aus der Dialektik von Arbeit *und* Freizeit als einer permanenten, historisch sich verändernden Spannung erklären kann; die Dimensionen gesellschaftlich/ökonomischer und sozial/psychologischer Ausprägungen, die beide Identitätsbildungen und Wertbestimmungen im Arbeits- und Alltagshandeln umfassen, dürfen nicht vorgängig hierarchisiert werden, sonst entscheiden Methode und Forschungsinstrument im vorhinein, was „Sache" ist[8].

Um Mißverständnisse zu erschweren: Als konkrete alternativlose Aktivität bleibt die Arbeit trotz ihrer tayloristischen Verformung Grundlage und Erneuerung individueller und kollektiver Identität; ohne sie käme es zu keinem Alltagsgewinn. Aus dieser Doppelerfahrung setzt sich das Arbeitsverständnis zusammen. Zugespitzt formuliert: Eine Emanzipation in der quantitativ/qualitativ veränderten Freizeit kann ohne die Befreiung in der Arbeit *nicht* stattfinden.

Der Blick auf die historische Entwicklung der Arbeit[9] innerhalb der Regeln des Systems zur Reproduktion der Lohnarbeit lehrt nicht nur, daß ihr die revolutionären Elemente, die ihr Marx zuordnen konnte[10], weitgehend ausgetrieben worden sind, sondern setzt auch Fragezeichen hinter das verbreitete sozialhistorische Verfahren, mit dem die politisch/gewerkschaftliche Arbeiterbewegung hauptsächlich nach ihrem theoretischen Stand und nach ihrem Organisationsgrad der Produzenten beurteilt wird. Hierbei geraten die „Fixpunkte" des Zusammenhalts der Organisation, ihre Kampfziele und deren Veränderungen auf der Mitgliederebene — Solidarität/Kooperation in Arbeit und Alltag, Lohnsteigerungen, erweiterte Reproduktion (und Konsumchancen), mehr Rechte, bessere Bildung, verstärkte soziale Sicherheit, kürzere Arbeitszeit für die Teilnahme am gesellschaftlichen Reichtum u. a. — zu leicht an den Rand der Analyse. Es ist diese „konservative" Ausprägung der Sicherung und Verbesserung des Lebensstandards abhängig Beschäftigter, die parallel zur antikapitalistischen Rhetorik Grundbestandteil der Praxis und Bindekraft in der deutschen Arbeiterbewegung ist. Aus dieser Schutzfunktion werden erfolgreich Ziele formuliert, die *nicht* die Abschaffung des Status der Arbeitskraft als Ware anstreben, sondern — umgekehrt — ihren Erhalt, aber unter stets zu optimierenden Bedin-

---

8 Vgl. den gelungenen Ansatz bei Regina Becker-Schmidt, Lebenserfahrung und Fabrikarbeit: psychosoziale Bedeutungsdimensionen industrieller Tätigkeit, in: *KZfSS*, 24/1982, S. 297 ff.
9 Die doppelt frei ist: Sie untersteht dem „Arbeitgeber" *und* ist frei vom Bezug der Arbeitenden auf ihre Lebensbedürfnisse.
10 Vgl. die kritischen Texte zur Marxschen Verbindung der Kritik der Politischen Ökonomie mit der Revolutionstheorie durch das kategoriale Bindeglied der Arbeit: Honneth, Arbeit (Anm. 2); Karl Löwith, *Von Hegel zu Nietzsche, Der revolutionäre Bruch im Denken des 19. Jahrhunderts*, Hamburg 1981; Helmut König, *Geist und Revolution. Studien zu Kant, Hegel und Marx*, Stuttgart 1981; Ernst-Michael Lange, *Das Prinzip Arbeit; drei metakritische Kapitel über Grundbegriffe, Struktur und Darstellung der ‚Kritik der politischen Ökonomie' von Karl Marx*, Frankfurt a.M. 1980; Klaus Binder, *Die Gestalt der produktiven Subjektivität im Werk von Karl Marx*, Diss., Frankfurt a.M. 1977. Eberhard Rüddenklau, *Gesellschaftliche Arbeit oder Arbeit und Interaktion? zum Stellenwert des Arbeitsbegriffs bei Habermas, Marx und Hegel*. Diss. Kassel 1981.

gungen[11]. Dieser Kampf bezog und bezieht sich auf Arbeit — Arbeitsbedingung und Arbeitsentgelt — *und* Freizeitqualitäten. Seine immer flüssigen Resultate prägen jeweils den Maßstab zur Beurteilung der Spannung zwischen den Bereichen als konkretes Arrangement mit den gesellschaftlichen Verhältnissen, also die Teilnahme am Staat als einer res publica (Marx); diese permanente Konfliktzone umfaßt die naturwüchsig eingespielten Terms, zu denen das Sozialprodukt erarbeitet, verteilt und genutzt wird.

Es genügt daher bei industriesoziologischen Untersuchungen nicht, die allgemeinen ökonomisch bestimmbaren Restriktionen zu benennen, sie dann auf die Ebene des Betriebes und des einzelnen Arbeitsplatzes zu transformieren (technische Struktur, Arbeitsorganisation, Arbeitsinhalt, Belastungen usw.) und daraus, zusammen mit arbeitsplatzbezogenen Interviews, Deutungen zum Arbeitsverständnis vorzunehmen. Die Untersuchungsanlage *muß* von Anbeginn methodisch, kategorial und instrumentell die Verknüpfung mit den außerbetrieblichen Substitutionen und den Lebenserfahrungen, dem Lebensanspruch und dem realen Arrangement der Arbeitenden aufnehmen können. Dieses Verhältnis bildet den variablen Kern des Grundverständnisses der Arbeit. Es hat seine historisch jeweils besonderen Ausdrucksformen in der Lebenspraxis des Proletariats und in den Forderungen der organisierten und nichtorganisierten Arbeiterbewegung gefunden.

Mit einem Arbeitsbegriff, der diese erweiternden Dimensionen aufnimmt, werden wir nachfolgend einen interpretativen „Streifzug" durch die Darstellungen der deutschen Arbeiterbewegung unternehmen, um unser Plädoyer plausibel zu machen.

Der Nach-Marxsche kapitalistische Strukturwandel gesellschaftlicher Arbeit und ihrer sozialen Organisation hat stärker, als es vorher für Betroffene und Betrachter sichtbar und erfahrbar gewesen ist, im letzten Viertel der Jahrhundertwende in Deutschland die Arbeitsleistung/Arbeitsverausgabung in eine Sinnvermittlung zum Lebensanspruch und dessen Entwicklungsperspektive gesetzt. Daher konnte sich erst ab diesem „Zeitpunkt" eine inhaltlich wirkungsvolle Politik von SPD und ADGB als sozialistische Organisationen des Proletariats auf breiter Basis herausbil-

---

11 Das Bewußtsein, daß der Tauschwert der Arbeitskraft einen Gebrauchswert für den Arbeitenden hat, der sich im Reproduktionsprozeß realisieren läßt, findet sich überall in den Arbeiterbiographien (zuletzt bei Wilfried Deppe, *Drei Generationen Arbeiterleben. Eine soziobiographische Darstellung*, Frankfurt a.M. 1982; Ditmar Brock/Hans-Rolf Vetter *Alltägliche Arbeiterexistenz*, Frankfurt a.M. 1982); das bedeutet zugleich, daß die konkrete Gebrauchswerterfahrung — materiell und ideell — im Reproduktionsbereich quasi von *außen* als Zirkulationserfahrung wieder in die Arbeiterbewertung kritisch eindringt; daher dürfen, will man das Arbeitsverständnis analysieren, diese beiden Bereiche auch nicht getrennt untersucht werden. Zur konservativen Schutzfunktion der Gewerkschaft vgl. Christoph Deutschmann, Das konservative Moment der Gewerkschaftsbewegung, in: Karin Benz-Overhage et al., *Gesellschaftliche Arbeit und Rationalisierung*, Sonderheft 4/1981 des *Leviathan*, S. 152 ff.; vgl. auch ders., Zeitflexibilität und Arbeitsmarkt. Zur Entstehungsgeschichte und Funktion des Normalarbeitstages, in: Claus Offe et al., *Arbeitszeitpolitik*, Frankfurt a.M. 1982. Wenn Fritz Langs Film *Metropolis* (1926) seine Grundthese von der Versöhnung zwischen Hirn und Hand aus der Wirklichkeit genommen hat, so war sie einschließlich der Ambivalenz durchaus in der gewerkschaftlichen Praxis der Zeit zu finden gewesen.

den bzw. gedacht werden, ohne daß wir dabei gleich von Theorien als Praxisanleitung bzw. Verarbeitung der Praxis zu Theorien auszugehen haben[12]. Aus dem geänderten Verhältnis von zunehmend sich abgrenzender Arbeit zu Freizeit[13], befördert von dem gerade errungenen Assoziationsrecht, der verstärkten Teilhabe am gesellschaftlich kulturellen Kapital[14], der staatlichen sozialpolitischen Regulationen und der politischen Emanzipation der abhängig Arbeitenden innerhalb der bürgerlichen Gesellschaftsentwicklung, erfährt die Bedeutung der Arbeit objektiv und im Selbstverständnis der Arbeitenden eine Verschiebung in ihrem Binnenverhältnis[15]; sie bildet veränderte Bindekräfte innerhalb und für die Subjekte als Klasse aus:

War die Arbeit zuvor stärker zusammengesetzt aus Elementen des gemeinsamen Lebensalltags und denjenigen, die sich unmittelbar an die Arbeitserfahrung banden[16], konnten daher soziale Bedürfnisse noch eher in dieser Arbeitsform auch zeitlich aufgehen, so sieht es bei dem nachfolgenden Typus des „klassischen Industriearbeiters" schon ganz anders aus, was entsprechend auf sein Arbeitsverständnis wirkt. Er wurde in ein Arbeitsleben gestellt, das auf der Seite der stofflichen Arbeit immer mehr an Identifikationsmöglichkeiten verlor, das aber sein Leben (und das seiner Familie) auch dort und darin bestimmte, wo jetzt das industrielle Zeitregime die Nichtarbeitszeit abgrenzte. Diese tiefgreifenden Veränderungen innerhalb einer Generation hatten Probleme zur Folge, auf die von zeitgenössischen Sozialwissenschaftlern und -philosophen und besonders von Kulturkritikern vehement hingewiesen wurde: Alkoholmißbrauch, Gesundheitsschäden, Elend in Massenquartieren[17], Kinderarbeit, Aggressionen in der Familie, Überforderungen der Familie in der gesamten Reproduktionslast, Prostitution, geistige „Verkrüppelung".

---

12 Vgl. zum Verhältnis von Theorie und Praxis, Deutschmann, Das konservative Moment (Anm. 11); Alexander Brandenburg, *Theoriebildungsprozesse in der deutschen Arbeiterbewegung 1835—50*, Hannover 1977; Theo Pirker, im vorliegenden Band, oben S. 42.
13 Das ist nicht nur formal zu verstehen. Unerbittlich wurde in der ersten Industrialisierungsphase alles getan, um die vorindustriellen Formen freier Zeit aufzulösen; diese bildeten in der Zeitstruktur eine Einheit, waren Konsumtionsgemeinschaft und Produzentengemeinschaft zugleich in ihrem sozialen Charakter; s. dazu vorzüglich Nahrstedt, *Freizeit* (Anm. 4); Deutschmann, Das konservative Moment (Anm. 11).
14 Mit dessen behaupteter Bedrohung von außen, statt der erhofften Erweiterung, gelang es politischen Ideologen zweimal, mit Unterstützung (institutionell!) und Selbstopfer der Arbeitskräfte imperialistische Kriege zu führen, *ohne* die wahren Gründe nennen zu müssen und *ohne* dafür politisch zur Rechenschaft gezogen zu werden.
15 Gemeint ist die Beziehung von dem systematisch/logischen zum historisch/sozialen Bestandteil in der Kategorie der Arbeit; sie wird hier vor allem historisch „neu" rekonstruiert, um das wichtige Verhältnis von stofflich/abstrakter Arbeit zu der damit verbundenen Reproduktionserfahrung im Arbeitsverständnis der Arbeitenden angemessen analysieren zu können.
16 Darin steckt der rationale Kern des Begriffs Arbeitswelt, der heute unangemessen ist; vgl. Nahrstedt, *Freizeit* (Anm. 4), zum sozialen Reichtum vorindustrieller Arbeit und ihrer anschließenden industriellen Veränderung am Beispiel Hamburgs.
17 In Berlin war um 1850 jede achte Frau zwischen 17 und 45 Jahren eine Prostituierte! Vgl. zum Wohnungselend Gesine Asmus (Hrsg.), *Hinterhof, Keller und Mansarde. Einblicke in Berliner Wohnungselend 1901—1920*, Hamburg 1980; s. ferner aus der Literaturfülle Otto Rühle, *Illustrierte Kultur- und Sittengeschichte des Proletariats*, 2 Bde., 1930, Nachdruck Frankfurt a.M. 1970.

Von emanzipatorischen Bildungselementen dieser industriellen Arbeit, wie sie in einer Funktionsbestimmung des Marxschen Arbeitsbegriffs enthalten sind, kann jetzt nicht mehr die Rede sein. Bezogen auf den subjektiv bedeutenden Erfahrungskontext setzt sie eine dreifache Dynamik in Gang: „Fremdbestimmte Kombination bei gleichzeitiger Vereinzelung, Vermassung bei gleichzeitiger Individualisierung, kollektive/kollegiale und politisch/soziale Sozialisation bei gleichzeitigem Anpassungsdruck."[18]

Nachdem Feiertage und Gewohnheitsrechte („blauer Montag") zeitlich bereits wegrationalisiert worden waren, waren auch dem sicherlich bestehenden Fluchtwunsch, aus der entleerten leidvollen Arbeitsrealität herauszukommen, enge Grenzen gesetzt: Durchschnittlich 80 Wochenstunden (einschl. Samstagsarbeit 1850), geringe Entlohnung und Zwang zum „Mehrverdienst" aus der Familienressource, eingeschränkte politische Rechte und Freiheiten, aus der herrschenden Kultur und der direkten Teilnahme am gesellschaftlichem Reichtum weitgehend ausgeschlossen, ließen die neue Freizeit industrieller Zeitrechnung zur schieren Regeneration des Arbeitsvermögens zusammenschrumpfen; von Mußezeiten wie in den vorangegangenen Arbeitsverhältnissen konnte keine Rede mehr sein. Die verdichteten Poren des langen Arbeitstages ließen kaum mehr Spielräume zum persönlichen/kreativen Arrangement mit der Arbeit zu; das gilt auch für die gegenüber den Unqualifizierten privilegierten Facharbeiter, dem späteren Stamm der gewerkschaftlichen Organisationen. Aus der Not des Arbeiterlebens wurde — auch wegen der subjektiven Identitätsbehauptung — oft eine Tugend gemacht. Bestärkt vom gewerkschaftlich inszenierten Produzentenbewußtsein[19] wurde der nicht abschüttelbare Arbeitszwang zum Teil selbstheroisch als Tugend umgedeutet und auch vom „Kapital" belohnt: Arbeitsmoral, Disziplin, Genauigkeit, Pünktlichkeit, ein Arbeitsethos ohne eigentlichen Gegenstand, kennzeichnen die allgemeinen Qualifikationsanforderungen dieser „zweiten Epoche" kapitalistischer Industrialisierung auf der Ebene proletarischen Selbstwertgefühls neben den spezifischen Fähigkeiten, die der industrielle Arbeitsprozeß verlangte, denn man war sektoral dabei, den Mechanisierungsrückstand gegenüber England einzuholen[20]. Das Ensemble im Selbstwertgefühl umfaßte aber gleichzeitig auch die gesellschaftliche Bedeutung der Arbeit, wie es der weit verbreitete Topos des Arbeitsstolzes indiziert.

---

18 Vgl. Becker-Schmidt, Lebenserfahrung (Anm. 8), S. 304.
19 Dazu bedurfte es allerdings damals keiner großen Überzeugungsarbeit, denn die Gewerkschaften (Freie Gewerkschaften) setzten ihre Erfolge vor allem mit den organisierten unentbehrlichen Facharbeitern durch; über lange Zeit wurden An- und Ungelernte von den Gewerkschaften nicht aufgenommen.
20 Dabei nimmt Deutschland bei einer europäisch vergleichenden Betrachtung der Industrialisierungsgeschwindigkeit (gemessen in pro Kopf Wachstum), des Wandels der Berufsstruktur, des Tempos der Verstädterung und der räumlichen Mobilität, *keine* exponierte Stellung ein, wie vielfach unhinterfragt angenommen; die entscheidende Differenz besteht in der kaum vorhandenen Fähigkeit seiner sozialen Schichten (besonders der Führenden), die Folgen der Industrialisierung zu bewältigen bzw. zu verstehen; vgl. dazu Hartmut Kaeble, Der Mythos von der rapiden Industrialisierung in Deutschland, in: *Geschichte und Gesellschaft*, 9. Jg. 1983, H. 1, Göttingen, S. 106–118.

So „funktionierten" sie relativ gut als verwertbare Arbeitskraft mit diesen zwar erzwungenen, aber auch erbrachten psychischen Dispositionen, zumal die beginnende Gewerkschaftsbewegung und die SPD auf diese Einstellung die Hoffnung auf eine technologisch/politische Transformation des Gesellschaftssystems rhetorisch aufsattelten. Daß diese Parole weitgehend geteilt wurde, spricht eher für als gegen die subjektive Brüchigkeit des zugrundeliegenden Selbstwertgefühls, denn es entsprach der Grammatik der Alternativlosigkeit und der Ohnmacht und pflegte deswegen auch *den* Hoffnungsfunken, wenn auch für nachfolgende Generationen. Ganz ging es aber in dieser Prospektion nicht auf, denn der Lebensalltag formulierte durchaus säkulare Ziele; man verlangte nach einer stützenden Ergänzung, wobei die scharf ausgeprägte Klassenstruktur und die darüber möglichen Organisationen ein gehöriges Gewicht zu bilden begannen[21]. Für die geleistete Arbeit verlangte man jetzt energisch einen gesteigerten suspensiven Ersatz, dem nach und nach auf der Ebene der Monetarisierung von Belastungen über den Lohn von der Kapitalseite stattgegeben wurde, weniger und eindeutig zäher bei der Arbeitszeit. Die sozialistischen Freien Gewerkschaften (später ADGB) griffen diese Forderung wohl gerade wegen ihres Erfolges[22] auf und verstetigten sie politisch illusionär im Kampfkatalog mit der Parole vom „Gerechten Lohn". Mit ihr verzichtete man unter anderem darauf, direkten Einfluß auf die soziale Organisation der Arbeit zu nehmen und in Arbeitsorganisation und -inhalte einzugreifen[23]; eine akute soziale Unrechtsquelle der Arbeit, die in Verbindung mit dem Einkommen auf die Produktionssphäre hätte zurückschlagen können, war damit zwar konflikt-, nicht aber problemverhindernd eingedämmt worden. Zusammen mit der beginnenden staatlichen Sozialpolitik, der Gesundheitshygiene und mit weitreichenden Arbeitsmarktregelungen außerhalb gewerkschaftlicher Kompetenz[24] hatte die institutionelle Vertretung der abhängig Ar-

---

21 Siehe zu den frühen Theoriebildungsprozessen in der deutschen Arbeiterbewegung Brandenburg, *Theoriebildungsprozesse* (Anm. 12); Walter Renzsch, *Handwerker und Lohnarbeiter in der frühen Arbeiterbewegung,* Göttingen 1980.
22 Hierin taucht ein sehr frühes, lange nicht überwundenes Element im gewerkschaftlichen Politikverständnis auf, nämlich eine Forderung nur dann für richtig zu erachten, wenn sie auch erfüllt werden kann; dieses pragmatische Verhalten muß innerhalb der kapitalistischen „Entwicklungslogik"verbleiben.
23 Erst in den fünfziger Jahren wurde diese Vorstellung des „Machbaren" (gemeint ist der Gerechte Lohn) relativiert, aber nicht aufgegeben. Sie wurde in eine ökonomische Strategie umgebettet, derzufolge Belastungen über einen gesteigerten Lohnkostendruck abzubauen seien. Auch diese Strategie hat sich nicht nur als Fehlschlag erwiesen — löste Rationalisierungseffekte, steigende Belastungen aus, die als nicht gratifikationsfähig erachtet wurden —, sie korrespondierte auch zunehmend weniger mit den Vorstellungen der Arbeitskräfte selbst, die mehr und mehr eine Ökonomisierung der Belastungen ablehnten.
24 Vgl. Thomas Hahn, *Arbeiterbewegung und Gewerkschaften: eine Untersuchung der Strategiebildung der Freien Gewerkschaften auf dem ‚Arbeitsmarkt' am Beispiel des Kampfes gegen die Arbeitslosigkeit mit Arbeitsnachweisen und Arbeitslosenunterstützung bis zum Arbeitsbeschaffungsprogramm in der Wirtschaftskrise Deutschlands 1928—1933,* Diss., FU Berlin 1977. Die Freien Gewerkschaften haben früher, als Pirker es heute annimmt, das Prinzip, die Arbeiterbewegung lebte nur vom Arbeitergroschen, durchlöchert und in rigoroser Spaltungspolitik ihre starke Position auf dem Arbeitsmarkt mit staatlichen Instanzen und Finanzen zu teilen begonnen; erinnert sei auch an die Spaltung 1892 (!) zwischen Lokalisten und Zentralisten.

beitenden damit schon frühzeitig einen eigenen Beitrag zur Flüssigkeit und ordentlichem Nutzwert der Arbeitskräfte geleistet.

Zugleich wurde der Waren- und Dienstleistungsmarkt ausgeweitet, denn es galt bei gesteigerter Produktivkraft und vermehrter Warenproduktion nun auch den Absatz sicherzustellen, d. h. den Geldkreislauf zu beschleunigen, zumal die gestiegenen Löhne ja nicht gespart werden sollten. Diese Veränderung aus ökonomischem Kalkül vereinfachten die wenigen zeitgenössischen ADGB-Theoretiker zu der „Kaufkrafttheorie des Lohns". Sie hatten damit für ihre sozialpolitische Forderung nach steigenden Löhnen nicht nur eine kreislauftheoretische ökonomische Absicherung parat, sondern konnten in dieser Vereinfachung auch der Zustimmung der Arbeitenden ziemlich sicher sein, denn sie griff deren Erfahrungswerte aus kollektiver Arbeit und Arbeitsalltag auf, die für ihre politische Meinung maßgebender waren, als eine theoretische Begründung. Auch mit dieser Theorie manövrierte sich der ADGB aus der qualitativen Beeinflussung der Vergesellschaftung der Arbeit heraus. Er gewann aber andererseits an Organisationsstärke im Sinne von Größe und Finanzkraft. Das waren vorherrschend strategische Ziele, denen durchaus Inhalte untergeordnet wurden; eine spätere politisch/gewerkschaftlich folgenreiche Differenz zwischen der Organisation und den Erfahrungen der Mitglieder war hier noch nicht angelegt, bewegte sich doch die sozialistische Gewerkschaft in ihren Kampfzielen noch innerhalb der Prinzipien ihrer Basis und finanzierte sich ausschließlich aus Arbeitergroschen.

Insgesamt kann man feststellen, daß jeweils ein Kompromiß auf dem Schnittpunkt ansonsten gegensätzlicher Interessen von Kapital und Arbeit gefunden wurde, der die Weiterentwicklung des Systems zur Reproduktion von Lohnarbeit nicht ernsthaft gefährdete.

Die zeitgenössischen sozialwissenschaftlichen Untersuchungen und besonders die staatliche Empirie/Statistik bekamen in dieser Zeit zwei große Themenbereiche[25]:
1. Wie ist die reelle Subsumtion als Rationalisierungseffekt ohne Gesamtschaden der Arbeitskraft voranzutreiben, bzw. welches Reproduktionsniveau ist jeweils nötig und wie ist es auch kostenmäßig zu verallgemeinern oder zu individuieren (Berufsausbildung, soziales Netz, Schulbildung, Gesundheitsfürsorge und Arbeitsmarktregelungen)?
2. Wo liegen bei einer derartigen Forcierung der Arbeitsverausgabung mögliche Grenzen politischer, industrieller und betrieblicher Loyalitäten? Damit war auch die „Bewußtseinsfrage", abhängig von der Arbeitsverausgabung *und* der Lebensführung, schon zeitgenössisches Thema neben der Notwendigkeit, Makrodaten für die gesamte Entwicklung des industrialisierten Soziallebens zu erhalten.

Die nun folgende beschleunigte Entwicklung der Arbeit unter Kapitalprinzipien gestattete es aber auch, Forderungen aus der Arbeiterbewegung ökonomisch und zeitlich nachzukommen. Dies geschieht in einer spezifischen Weise, die vor allem die Arbeitstugenden und die Arbeitsentwicklung im tayloristischen Sinne zu bewahren

---

25 Siehe Horst Kern, *Empirische Sozialforschung, Ursprünge, Ansätze, Entwicklungslinien*, München 1982; s. weiter zum Verein für Sozialpolitik Irmela Gorges, *Sozialforschung in Deutschland 1872–1914*, Königstein 1980.

hatte. Die angebotenen – und gegen Einzelwiderstände erkämpften – Verbesserungen lagen in der Regel außerhalb der stofflichen Arbeit, galt es doch die Arbeitsleistung und Verfügbarkeit der Arbeitskräfte in den industriellen Zentren zu erhalten. So wurde beispielsweise statt einer erheblichen und auch möglichen Arbeitszeitverkürzung versucht, die Arbeit mit einer Sinngebung zu verkoppeln, die außerhalb von ihr und im erfolglosen Falle auch außerhalb des proletarischen Sozialcharakters lag. Das ist der immer wiederkehrende Versuch, über einen Subjekteffekt außerhalb gleichbleibender Arbeit im politisch/kulturellen und materiell reproduktiven Bereich eine Versöhnung mit der unverändert leidvollen Arbeit herbeizuführen. In Teilen der abhängig arbeitenden Klasse ist er auch „erfolgreich". Die Sinnstiftung der Arbeit im Nationalsozialismus ist in der Geschichte der Arbeiterbewegung der deutlichste Versuch gewesen; er scheiterte denn auch[26].

Nach und nach wurden mit diesen und anderen „Verbesserungen" – deren subjektive Verarbeitung und Nutzung man nicht vollends steuern konnte – die Distanzierungspotentiale von der konkreten Arbeit materiell, zeitlich, politisch und kulturell soweit abgeschwächt, daß sie nicht zu Gefährdungen der Produktionsverhältnisse anwuchsen. Die wenigen Ansätze dazu wurden auf der damaligen Rechtsgrundlage leicht und erfolgreich unterdrückt, denn man war politisch von der ersten deutschen Demokratie noch durch den Ersten Weltkrieg getrennt. Es sei hier noch einmal festgehalten: Alle diese Verbesserungen erfolgten jeweils im Schnittpunkt prinzipiell gegensätzlicher Interessen von sozialistischer Arbeiterbewegung und Gesamtkapital; industrieller Friede statt Klassenkampf einerseits, Erweiterung der materiellen und ideellen Teilnahmechancen am gesellschaftlichen Reichtum andererseits.

Innerhalb dieser Entwicklung – besonders deutlich im Ersten Weltkrieg, als sich der ADGB-Einfluß institutionell als unentbehrlich erwies, sich sozusagen halbstaatlich bewährte und einen Durchbruch nach 1918 vorbereitete – veränderte sich das Arbeitsverständnis der Arbeitenden in dem Spannungsbogen Arbeit – Freizeit deutlich: Die weitgehend unveränderte – höchstens noch verdichtete – Arbeitsverausgabung wurde erbracht, *weil* die Teilnahmebedingungen am gesellschaftlichen Reichtum stetig stiegen und in der Weimarer Republik geradezu sprunghaft entwickelt wurden[27].

In klassischen Termini formuliert, die auch Kern/Schumann 1982 wieder verwenden: Das Reich der Notwendigkeit wird immer stärker bewertet an dem Reich der erfahrenen Freizeit.

Auf Einzelheiten, wie die wichtigsten Forderungen aus der Arbeiterbewegung vor und im Ersten Weltkrieg durchgesetzt wurden bis zur beinahe vollständigen Übernahme des Kernkatalogs, den es dann in der Weimarer Republik auszubauen

---

26 Vgl. Thomas Hahn, *Industriesoziologie als Wirklichkeitswissenschaft? Zwischen Empirie und Kult,* in: Urs Jaeggi et al., *Geist und Katastrophe,* Berlin 1983.
27 Sozial, rechtlich, materiell, zeitlich und allgemein politisch; es wurde auch das restriktive Reichsvereinsgesetz von 1908 aufgehoben, was einen großen Aufschwung proletarischer Vereine ermöglichte. Zugleich entfernte sich die Gewerkschaftsentwicklung von den direkten Arbeits- und Alltagsinteressen ihrer Mitglieder und bereitete die Einstellung mit vor, sich zu ihr wie zu einer „Versicherung" zu verhalten.

und abzusichern galt, verzichten wir, denn das ist hinreichend dokumentiert. Hervorheben wollen wir eine charakteristische ADGB-Einschätzung von wenigen Funktionären, Kadern und Führern, es sei nun (in Weimar) der politische Augenblick gekommen, wo die demokratischen Strukturen des politischen Systems auch ihren Einzug in die Wirtschaftsverfassung halten könnten.

Unseres Erachtens drückt sich in dieser Vorstellung die zutreffende Beobachtung der gewachsenen Spannung im Arbeitsverständnis zwischen dem erreichten Lebensniveau in der Freizeit und der weiterhin autoritär organisierten, inhaltlich entleerten stofflichen Arbeit bei den Arbeitenden aus. Sie drohte als Konflikt auf die Arbeit zurückzuschlagen und damit auch die Regeln des wirtschaftlichen Systems und seiner politischen Regulative in Frage zu stellen. Sieht man einmal davon ab, daß das in Arbeiterkreisen eingängige *Konzept der Wirtschaftsdemokratie* erst in zweiter Linie eine Veränderung der Arbeit meinte — dafür glaubte man sich außerhalb besser entschädigen zu können —, so festigte doch diese Kampfparole der ADGB-Spitze bei ihrer Basis die reformistische Vorstellung, es sei möglich, Strukturen zu demokratisieren, ohne ihre Inhalte anzutasten. Nur scheinbar war der Arbeiter dabei in seiner Arbeitserfahrung organisiert; man knüpfte an die seines politisch/kulturellen Alltags an und trennte die Arbeit davon ab, obwohl sie im Arbeitsverständnis zueinander in einer bewertenden Beziehung standen und er deswegen dem Konzept folgte. Daher hat der ADGB zu diesem Zeitpunkt mit dem als politisch machbar suggerierten Konzept einer Wirtschaftsdemokratie objektiv und subjektiv eine klassengebundene Subjekterfahrung/-hoffnung vereinseitigt und überhöht, was in der Folge zu einer relativen und temporären Versöhnung mit der Arbeitsrealität beitrug.

Für unserer Plädoyer des erweiterten Arbeitsbegriffs in der Analyse des Arbeitsverständnisses zeigt die Bindungsfähigkeit des Konzepts auch, daß in diesem sozialhistorischen Stadium der Arbeitsentwicklung in Deutschland schon eine relative Gleichgültigkeit[28] gegenüber der Arbeit verallgemeinert und die Selbstwahrnehmung

---

28 Mit Gleichgültigkeit meinen wir die tatsächliche Verdrängung von Lebensbedürfnissen, da sie einsehbar in der Arbeit überwiegend nicht realisiert werden können; das ist die tägliche industrielle Arbeitserfahrung. Bei einem geringen Teil der Arbeiter — meist unterwertig beschäftigten Facharbeitern — zeigt sich eine Verdrängung des berufs- und tätigkeitsspezifisch vorhandenen Leistungsbewußtseins. Dennoch sind über diese Gleichgültigkeit nicht die Lebensbedürfnisse verschwunden; ihre Befriedigung erfolgt jetzt in den zunehmenden Möglichkeiten außerhalb der Arbeit. Die häufig von Industriesoziologen notierte Gleichgültigkeit wird von ihnen aber zu Unrecht als Gewöhnung an die Arbeit und als Konstante im Arbeitsverhalten bewertet. Auch dieser Befund macht einen Arbeitsbegriff ermöglicht, der sich eng arbeitswissenschaftlich an der „reinen" Tätigkeitsbeobachtung orientiert. Doch der vorhandene Schein trügt. Der Arbeitende *erscheint* nur gleichgültig, denn er hat ein labiles wie pragmatisches Arrangement wegen fehlender Auswahlmöglichkeiten treffen müssen; labil ist diese Einstellung aber auch, weil sie Resultat von jeweiligen Veränderungen im Spannungsverhältnis von Arbeit und Alltag ist; außerdem weisen immer wieder betriebliche Aneignungsaktionen auf die Absicht hin, wieder „Moral" in der Arbeit Geltung zu verschaffen. Vgl. zur Gleichgültigkeitstheorie innerhalb industriesoziologischer Forschung die gelungene Analyse von Gudrun-Axeli Knapp, *Industriearbeit und Instrumentalismus. Zur Geschichte eines Vor-Urteils,* Bonn 1981; s. zum verdeckten industriellen Konflikt, der die Ansprüche an und die Abwehr der Arbeit signalisiert, R.-W. Hoffmann, *Arbeitskampf im Arbeitsalltag: Formen, Perspektiven und Probleme des verdeckten industriellen Konflikts,* Frankfurt a.M. 1981.

erweitert worden war mit dem Bezug auf den umfassenden Freizeitgewinn: Die Arbeit — auch als gesteigerte Leistungsverausgabung — hat als Arbeitshandeln für sich an Bedeutung für die Arbeiterexistenz verloren, allerdings ohne Minderung des Arbeitsleids und der sozialen Zuweisungsfunktion; sie erhält *aber* einen wirksamen kulturellen Zuwachs in ihrer Anbindung an die Teilnahme am gesellschaftlichen Reichtum im Alltag, der zu Ausdifferenzierungen innerhalb der Klasse führt. Diese Anbindung wurde aus den schon erwähnten Gründen vom Kapital zugestanden (bzw. auch gewollt), von den Arbeitenden wurde sie mangels Alternative in der Arbeit außerhalb als Verbesserung ihres Lohnarbeiterschicksals erstrebt, und von der sozialistischen Gewerkschaftsführung wurde sie kritiklos mitgetragen. Eine Kritik wäre auch schwer aus der klassischen gewerkschaftlichen Tradition heraus zu begründen gewesen, die im umfassenden Sinne eine Schutzpolitik der Existenzsicherung betrieben hatte; sie war darauf angelegt, Raum zur persönlichen und sozialen Entfaltung sicherzustellen gegenüber den ständigen Tendenzen, den Warencharakter der Arbeitskraft extensiv auszunutzen[29]; so gesehen, befanden sich Arbeiterinteressen und Organisationspolitik noch in einer relativen Übereinstimmung, obwohl die Organisation in einer höheren problem- und nicht nur konfliktverhindernden Verantwortlichkeit steht, die sie mit diesen Konzepten der Kaufkrafttheorie, steigenden Löhne und der Wirtschaftsdemokratie nicht wahrgenommen hat. Sie erhoffte sich jedoch, über eine linear steigende Verbesserung die Systemgrenzen zu überwinden, genauer: Wachstum durch technischen Fortschritt, Produktivitätssteigerung, stärkere Anerkennung der lebendigen Arbeit als eigentlichem Wachstumsträger und abschließend eine demgemäß gerechte Umverteilung des gesellschaftlichen Reichtums. Das darin aufscheinende Theoriefragment einer antikapitalistischen Strategie deckt sich auch noch mit erfahrungsgeleiteten Einstellungen ihrer Mitgliederbasis, die von Theorie und Ideologieansprüchen weitgehend frei war, aber es verblieb in der politischen Aktion auf der Ebene selbstversichernder Rhetorik.

Die „neue" Relation im Arbeitsbegriff ist demnach entstanden aus der Verbindung von stofflicher Arbeit — Nettogewinn aus ihr — erweiterter Reproduktion im Alltag und führt darüber zurück zu ihrer „Quelle", der Arbeit; nur in dieser Beziehung ist die nationalökonomische Begriffsbildung *Erwerbsleben* nicht nur ein ideologisches Konstrukt, sondern hat ihren rationalen Kern im tatsächlichen Verhältnis der Arbeitenden zu ihrer Arbeit, und das schließt eben die realisierbare Lebenschance mit ein; diese Beziehung ist in einen angemessenen Arbeitsbegriff mit aufzunehmen.

Bemerkenswert ist an dieser sozialhistorischen Entwicklung der Arbeit, daß durch diese Erweiterung des Arbeitsverständnisses neue Labilitätsbereiche entstanden sind, die es zuvor *so* nicht geben konnte. Sie sind, ebenso wie die sozialisatorische Funktionalität und Dysfunktionalität der Subjekte im Produktionsprozeß, auch mit der Arbeit verbunden, beispielsweise über die Rückwirkungen von sinkendem Reproduktionsniveau in Bewertung der dafür aufzubringenden (aufgebrachten) Arbeitsleistung. Das kann sich zum Konflikt mit den herrschenden Prinzipien des

---

29 Siehe Deutschmann, Das konservative Moment (Anm. 11).

Verteilungssystems entwickeln oder auch das Wertgesetz als Wertrechnung des Kapitals in Frage stellen. Dieser Labilitätsbereich ist gekennzeichnet durch die Balance von Konfliktorientierung und Verzichtbereitschaft in dem historisch gewachsenen gesellschaftlichen System, das immer noch die reproduktive Existenz bei den Beschäftigten sicherstellt. Er ist also analytisch in der politischen Auseinandersetzung zu bestimmen. Hierzu sei daran erinnert: Schon in der Zeit des ersten republikanischen Versuchs in Deutschland ließ sich das eher gleichgültig instrumentelle Verhältnis[30] der Produktionsarbeiter zur Arbeit politisch nicht recht nutzen; das zeigt der Blick auf die Angebote sozialistischer/kommunistischer Gewerkschaften und Parteien — vor allem derjenigen, die durchweg die Verelendungstheorie zum kämpferischen und interventionsfähigen Sammelpunkt der Klasse stilisierten und sie dabei in großen Teilen diskriminierte. Sie alle unterschlugen das weitgehend gemeinsame reale Bewußtsein der Adressaten, das eine diese Arbeitsverausgabung stützende Zielbestimmung in der Realisation, dem Kennenlernen und der Erweiterung von Lebensbedürfnissen im Reproduktionsbereich schon längst erfahren hatte[31] bzw. weiterhin von *diesem* politischen System erwartete. Darin lag ein kritischer Ansatzpunkt, der sich aber wegen der bisher positiven Erfahrungen mit der verbesserten Lebenssituation kaum nutzen ließ. Der Kommunismus — besonders in seiner Theorie-/Praxis-Variante der Avantgardepartei — ist bis heute in seiner politischen Praxis durch einen fundamentalen Pessimismus gegenüber den kollektiven Fähigkeiten der Arbeiter zur Emanzipation geprägt. Die Sozialisten und Sozialdemokraten dagegen haben als Organisationen eine Tradition institutioneller/legalistischer Veränderungsstrategien verfolgt, die die Arbeiterbewegung sowohl bindet als auch unterschätzt, sie haben ihr kaum Perspektiven bieten können, die über Alltagserfahrungen hinausgehen. Das

---

30 Das instrumentelle Verhältnis zur alternativlosen Arbeit ist ein erzwungenes Resultat aus der Veränderung der Arbeit selbst, in der kaum noch Partikel zur Vergegenständlichung unterzubringen sind; es ist labil, hat moralisch-psychische Untergrenzen, muß sozusagen täglich als Selbstschutz erneuert werden, ist eher eine subjektgebundene Konstruktion, die den Fluchtwunsch zu überbrücken versucht und verschafft sich daher geradezu entgegengesetzt scheinend „positiven" Raum in Sekundärtugenden wie Arbeitsstolz (es zu schaffen), Genauigkeit, Schnelligkeit usw. und verschiebt die notwendigen Identitätsbehauptungen eher auf den Alltag. Bisher wurde diese vorfindbare Einstellung in industriesoziologischen Studien eher beklagt als erklärt und sogar denunziert; Gründe hierfür liegen vermutlich in dem politischen Wunsch nach einer aktiveren Rolle der Arbeitenden als revolutionärer Klasse — ein Wunsch, der diesen gegenüber von Verdinglichung nicht frei ist und sich auch in gewerkschaftlichen Führungskreisen findet, dort allerdings eher als Mißtrauen, verpackt in dem Begriff „gewerkschaftsschädigenden Verhaltens" gegenüber „abweichenden" Kollegen z.B. bei Betriebsratswahllisten. Gesellschaftlich-strukturell darf nicht übersehen werden, daß der Zwang zum instrumentellen Arbeitsverhalten ebenso in der „Logik" kapitalistischer Arbeitsentwicklung begründet ist, wie diese auch die bestehenden Substitutionen im Reproduktionsbereich ermöglichte, auf deren kritische Qualität im „Rückbezug" auf das Arbeitsverständnis wir besonders verweisen möchten; vgl. unten Anm. 44.
31 Wobei bis heute der Wunsch nach einer sinnvollen Arbeit immer wieder in Autonomieaktionen und in der Demonstration von Kenntnissen (meist Material- und Ablaufgebunden) deutlich wird, *ohne* dabei notwendig auf vorausgegangene positive Arbeitserlebnisse zurückzugreifen, wie in einer weiteren Variante der Verelendungstheorie behauptet wird, obwohl sie sich als Kritik an ihr versteht: Wolf Wagner, *Verelendungstheorie — die hilflose Kapitalismuskritik*, Frankfurt a.M. 1976.

gilt eingeschränkt auch für die Gewerkschaften, zu denen auch deswegen und wegen ihrer Entfernung vom Erfahrungswissen der Mitglieder diese häufig eine pragmatische Kosten-Nutzen-Beziehung eingehen. Weiterhin sei zur politischen Auseinandersetzung im genannten Labilitätsbereich abschließend daran erinnert: Immer dann, wenn die Politiker in Gewerkschaft und Partei versuchten, aus dem praktischen Prozeß von Arbeit und Freizeit Kampfbereitschaft zu gewinnen, traten sie von außen an die Arbeitenden als *solche* heran (wie die Maschine an sie herantritt) und nicht an sie als Arbeitende mit subjektiven Erfahrungen und Wünschen in Arbeit und Alltag. d.h. ihr politischer Ansatz war das theoretische Verhältnis und das Klassenbewußtsein und nicht das praktische Verhalten und das Produzenten-/Konsumentenbewußtsein. Die realen sozialstrukturellen Differenzierungen der Arbeiterklasse durch die Veränderungen der Arbeit *und* der Freizeit als prägende Einflüsse des Arbeitsbewußtseins und der politischen Handlungsbereitschaft wurden von diesen Versuchen daher oftmals vergröbert und eingeebnet.

Welche Beziehung ist nun die industrielle Sozialforschung zu dieser Entwicklung der Arbeit und zum veränderten Arbeitsverständnis in diesem Zeitabschnitt eingegangen?

Ein Blick auf die sozialphilosophisch orientierten Theorien und Forschungen ab der Jahrhundertwende zeigt, daß sie zwar der Entwicklung der Arbeit unter dem unmittelbaren Aktualitätsdruck wissenschaftlich bis auf die Betriebsebene folgten, sie aber mit einem schon ausgehöhlten oder reflexiv verengten Arbeitsbegriff gegenüber dem schon differenzierteren Arbeitsselbstverständnis der Arbeitenden auf die direkte stoffliche Gestalt vereinseitigten. Die wohl wichtigste Ursache für diesen „Wahrnehmungsfilter" liegt in einem „nicht verstehen wollen" (und oftmals nicht können) der schnellen industriellen Veränderungen des Soziallebens auf allen Ebenen, von denen man sich insgesamt „bedroht" fühlt. Eine deutliche Angst aus der Nichtüberschaubarkeit der rasanten Veränderungen, die auch die bisher gültigen Standards normativer Werte umfaßten, leitete die kulturpessimistischen Deutungen in den meisten Untersuchungen an. Das negative Massenbild beherrscht in ihnen die Interpretation, von dem ein Idealbild sozialer Vergangenheit als Bewertungsmaßstab positiv abgesetzt wurde, welches so nie existent gewesen ist. Politisch mußte sich diese „vorwissenschaftliche" Haltung konservativ orientieren; sie lehnte denn auch später die politischen Grundlagen der Weimarer Republik ab. Andererseits wächst aber im gleichen Feld auch die Tendenz, „wissenschaftlich" auf eine gesellschaftliche Entwicklung eher antikapitalistischer – nicht notwendigerweise sozialistischer – Art zu setzen, ohne den vorgängigen Dezisionismus dabei zu nennen. Verbunden ist damit auch hier eine Ausklammerung des Bedeutungswandels der Arbeit für die Arbeitenden selbst, sowohl bei denjenigen, die – wie Robert Michels – auf eine Revolte im Marxschen Sinne hofften als auch bei denen, die schon immer ein soziales Integrationsbild der Klassen pflegten[32]. Beide Richtungen

---

[32] Mit dieser Erwartung korrespondiert in den fünfziger Jahren die These von der Freizeitgesellschaft bzw. von der nivellierten Gesellschaft; ein Hintergrund dieser Untersuchungen ist die Frage nach dem loyalen demokratischen Potential der Arbeiterklasse, ein Ansatz, der sich auch in den Betriebsklimastudien wiederfinden läßt.

koexistierten und kommunizierten im wissenschaftlichen Feld, hatten übereinstimmende Deutungen der industriellen „Tatsachen", zogen aber entgegengesetzte Schlüsse aus ihnen. Für die sozialwissenschaftliche Theoriebildung und die Professionalisierung der Disziplinen folgte daraus, daß die Analyse der Arbeit zur Arbeitsökonomik und Ergonometrie vereinseitigt wurde[33], ohne die kulturellen Elemente noch aufnehmen zu können, die die Vergesellschaftung der Arbeit über den arbeitsfreien Raum ermöglichte. Die „Konkursmasse" der industriellen Sozialforschung war auch deswegen am Ende der Weimarer Republik eher dürftig. Die Psychophysik und die Arbeitswissenschaften dagegen erlebten ihren verantwortungslosen Aufstieg im Nationalsozialismus.

Frühe Untersuchungen[34] litten an einem anderen Mangel: Sie betteten ihren Arbeitsbegriff normativ in den vorindustriellen handwerklichen Traditionsgehalt ein und kamen vergleichend zu dem Ergebnis, einerseits Defizite, andererseits einen Produzentenstolz im neuen industriellen Arbeitsprozeß festzustellen; immerhin bemühte sich diese Untersuchungsgeneration noch, kulturelle Implikationen aus dem Arbeiterselbstverständnis in dieser Gesellschaft mitzunotieren, wenn auch nicht analytisch zu vermitteln.

Diesen und daran anschließenden Untersuchungen gelang es aber immer weniger, die vorfindbare protestantische Arbeitsethik (sozialdemokratisch übersetzt: Fabrikdisziplin) zu entschlüsseln und zu den Lebenserwartungen der Befragten in Beziehung zu setzen, die gerade aus ihnen ihre Arbeitsmoral aufbrachten und kaum aus „Arbeitsfreude"[35]. Sie machten vielmehr aus der Not der Alternativlosigkeit eine Tugend und versuchten im Reproduktionsbereich eine sinnvolle Erweiterung solidarischer Gemeinschaft zu erreichen.

Diese Veränderung im Arbeitsverständnis der „neuen Produzentengemeinschaft" entging der industriellen Sozialforschung bzw. die von ihr verwendete Arbeitskategorie ließ sie diesen Protest als Arrangement gegen die Vergesellschaftung der Arbeit nicht erfahren. Statt dessen wurden in den Untersuchungen die zivilisatorisch und persönlichkeitsprägenden Negativfolgen der Industriearbeit überhöht und „falsch" gewichtet, weil man sie aus dem Vergleich mit der Arbeit innerhalb eines unangemessenen handwerklich-kleinbürgerlichen Sozialbildes gewonnen hatte, das es de facto kaum noch gab — zumindest nahm es ab — und das die industrielle Arbeit immer weniger kennzeichnete.

Die Prognosen dieser Untersuchungsgeneration endeten daher oftmals im fatalen Kulturpessimismus, folgten sie doch der Kausalkette: entleerte und intensivierte Arbeit, Verdinglichung menschlicher Kreativität, zerstörtes Leben ohne Hoffnung. Dieser Fatalismus verminderte den Erkenntnisgewinn über die Realitäten vergesellschafteter Arbeit entscheidend und machte die Verfasser objektiv und subjektiv für

---

33 Einflußlose Ausnahme ist Karl Dunkmann, *Soziologie der Arbeit*, Halle 1933; vgl. dazu Peter Hinrichs, *Der Kampf um die Arbeitsfreude*, Diss., Bremen 1980.
34 Adolf Levenstein, *Aus der Tiefe. Arbeiterbriefe*, Berlin 1909; er wurde von Max Weber heftig kritisiert; ein weiterer Autor ist Karl Frohme, *Arbeit und Kultur*, Hamburg 1905; s. auch Hendrik de Man, *Der Kampf um die Arbeitsfreude*, Jena 1927.
35 Sehr lesenswert Christian von Ferber, *Arbeitsfreude*, Stuttgart 1959.

das Versprechen der Nationalsozialisten anfällig, Arbeit zu entmaterialisieren, wie es das Beispiel von Götz Briefs zeigt, der aus diesem Grund den Nationalsozialismus anfänglich ausdrücklich begrüßte.

Der Wert dieser Untersuchungen, angefangen von denen des Vereins für Sozialpolitik, bestand eher darin, verantwortlichen Sozialpolitikern (auch wenn M. Weber das gerade ablehnte) ein Szenario des „Unglücks" vorzuführen und ihnen Korrekturen zum Spannungsbogen zwischen Arbeit und Freizeit nahezulegen; falsch wäre es, die auch daraufhin getroffenen Maßnahmen nur zu Lasten der Arbeitenden einzuschätzen, selbst wenn sich ihr Lohnarbeiterschicksal darüber nicht grundlegend veränderte.

Einen ähnlichen Effekt hatten die Untersuchungen, die sich mit der „Zerstörung der Arbeiterkultur" oder dem Verlust eigenkultureller Identitäten von Berufsgruppen und regionalen Gemeinsamkeiten beschäftigten; auch ihre Bedeutung für den sozialpolitischen Prozeß nimmt laufend ab.

Die sich allmählich etablierende Industrie- und Betriebssoziologie in Weimar ist schon insofern von normativen Perspektiven gereinigt, als sie mit einem unvollständigen Arbeitsbegriff operiert, die Spannung von Gemeinschaft zu Gesellschaft nicht mehr erfaßt und bestenfalls affirmative Ergebnisse vorweist; teilweise objektivierte sie sogar positiv Mystifikationen, wie im „Gerechten Lohn". Ihre sozialpolitische Interventionsabsicht schlug fehl, ihr positivistischer Empirismus war für die Arbeitenden überflüssig, und sie verdankt ihre Aufmerksamkeit in Intellektuellenkreisen eher ihrer Konkretheit und Exotik. Universitär ist sie kaum verankert und siedelte sich oftmals in der Nähe des ADGB, der SPD und in außeruniversitären Bildungsanstalten an. Die in den Arbeiten sozialwissenschaftlicher Mandarine deutlich sichtbare „Massenfurcht" zeigt, daß sie schon die industriell hervorgebrachten Massen als Produkt und zugleich Protest der Gemeinschaft gegen die Gesellschaft verstanden (Theodor Geiger, 1926); ihr Erziehungsgedanke von „oben" bis zu von Wieses Überlegungen einer „Gelehrtenrepublik" deutet darauf hin, daß man seinen „Platz" zu verteidigen gedachte und auch darauf, wer die „Zeche" bezahlen sollte[36].

In gewisser Weise ist die Zeit des Nationalsozialismus, was die Sozialgeschichte des Arbeitsverständnisses angeht, ein politisch erzwungener Bruch, nicht aber eine Richtungsänderung in der Entwicklung der Arbeitsgesellschaft. In seiner „Sinnstiftungsideologie der Arbeit" hat er den Bedeutungswandel der Arbeit unter politischen Funktionszuweisungen aufgenommen und im Freizeitbereich real kultisch überhöht. Die Inszenierung ging deswegen nicht auf, weil der versprochene Nettogewinn aus der Arbeit ausschließlich ideell verordnet erfolgte und die Arbeitssituation sich sogar noch verschlechterte. Die ideologische Kultmünze wurde nach ihrem inflationären Niedergang daher auch von der Gewaltwährung abgelöst, denn die

---

36 Die nationalsozialistischen Ideologen griffen die Dualität von Gemeinschaft und Gesellschaft auf, setzten sich propagandistisch für die Gemeinschaft ein (Sprachregelung: „Vergemeinschaftung" als Entwicklungsmodell) und bezeichneten in demselben Atemzug die Intellektuellen als das „eigentliche Proletariat". Auch der Gemeinschaftsbegriff Geigers ist wohl im „Wesenwillen" fundiert; dieser hat ursprungsmythische Bedeutung, er ist also analytisch nicht zugänglich; s. Theodor Geiger, *Die Masse und ihre Aktion*, Stuttgart 1926.

Spannung zwischen beiden Bereichen war soweit überdehnt, daß die Arbeitshaltung nur noch mit einer Betriebsmilitarisierung einerseits und der Organisation und Kontrolle der Freizeit andererseits erzwungen werden konnte.

Die Gewerkschaftspolitik nach 1945 war vor allem deswegen erfolgreich, weil sie als Lohn-, Tarif- und Mitbestimmungspolitik ökonomisch und politisch genau an einem Pol des bestehenden Spannungsbogens im Arbeitsverständnis ihrer Mitglieder ansetzte[37]. Folgenreich allerdings war sie auch in einer anderen Richtung, weil sie die Strukturen des Produktionssystems, die überkommene Arbeitsorganisation und die Arbeitsinhalte unangetastet ließ und dahingehend auch nicht informierte oder mobilisierte[38]. Darin erfolgreich zu sein wäre auch schwer gewesen. Nicht nur wegen der politisch entgegenstehenden Konzepte der westlichen Siegermächte, sondern auch, weil das Arbeitsverständnis gerade in der Nachkriegszeit wegen der angebotenen und schnell wachsenden Reproduktionschancen regelrecht befangen war gegenüber einer Kritik an der unmittelbaren Arbeit, von der man schlicht froh gewesen ist, sie überhaupt zu haben. Anders herum ausgedrückt: Die Spannung zwischen den beiden tragenden Elementen im Arbeitsverständnis war nicht so groß, daß es zu einer allgemeinen Kritik an der aufzubringenden Arbeitsleistung hätte kommen müssen; außerdem wurden die Arbeitsbedingungen noch lange Zeit mit dem Wiederaufbau entschuldigt. Eine Kritik am politischen System, das die elementaren Lebensinteressen zu befriedigen versprach, war von der Erfahrung der Arbeitenden zu weit entfernt. Kudera et al. haben in diesem Zusammenhang festgestellt, daß das politische Selbstbewußtsein weniger von einer positiven Identifikation mit dem politischen System getragen war, als von der Leistung des Wiederaufbaus, an dem man produktiv beteiligt war; d.h. eine politische Integration verläuft *nicht* über staatliche Politiken, sondern über den eigenen Produzentenbezug in diesem politischen System, das z.T. Arbeiterinteressen institutionell verbürgt über Tarifautonomie und Parteiendemokratie.

Diese verbreitete Einstellung einfach nur verdoppelt und damit auch befestigt zu haben, statt zu versuchen sie in problemorientierter Verantwortung aufzulösen — das steht als ein Versäumnis am „Neubeginn" gewerkschaftlicher Gegenmacht nach dem militärischen Zusammenbruch Deutschlands. Auf der anderen Seite entsteht mit der Einheitsgewerkschaft ein gewerkschaftliches Großunternehmen, das politisch, finanziell und sozial anderen Prinzipien folgt als denjenigen, die die politischen Ideen ihrer Mitglieder ausmachen.

Aber wegen dieses nun manifesten Arbeitsverständnisses zu behaupten, im Vergleich zur Jahrhundertwende sei die Identität von Arbeit und Leben aufgebrochen

---

37 In der Industriesoziologie dominierten zwei Themen: 1. Die Gruppe im Betrieb (Leistungssteigerung/Arbeitszufriedenheit/industrielle Loyalität); 2. das Freizeitverhalten (Nivellierungsthesen/Integrationswünsche/demokratisches Potential); beide Ansätze verwendeten einen jeweils bereichsspezifisch selektierten Arbeitsbegriff. — Vgl. Anm. 45.
38 Vorhandene politische Ansätze, die auf eine Veränderung der Produktionsverhältnisse zielten, wurden der „Tagesarbeit" vordergründig geopfert. Vgl. Theo Pirker, *Die blinde Macht*, München 1960; H.-W. Weinzen, *Gewerkschaften und Sozialismus*, Diss., FU Berlin 1981; Lutz Niethammer et al., *Arbeiterinitiativen 1945*, Wuppertal 1976; Eberhard Schmidt, *Die verhinderte Neuordnung 1945—1952*, Frankfurt a.M. 1970.

und habe sich in zwei Bereiche verselbständigt[39], ist ein Trugschluß. Er verkennt, daß sich die Identität im Arbeitsverständnis schon seit längerem anders zusammensetzt und auf dem derzeitigen Entwicklungsniveau unseres Erachtens besonders deutlich geworden ist. Damit, so behaupten wir, hat sich eine irreversible Umbildung im Produzentenbezug auf die Arbeit durchgesetzt, die sich zum Beispiel sperrt, wenn erreichte gesellschaftliche Standards im Alltag zurückgenommen werden sollen. Der Sinn der dafür erbrachten Arbeitsleistungen würde dann brüchig werden, das bestehende Verhältnis in der Wertbestimmung der Arbeit durch die Arbeitenden selbst wäre gestört und die Konfliktzone ergriffe die staatlich verantwortlichen Institutionen, die sich gegen die vitalen Arbeiterinteressen richteten. Das sind sowohl anhand der Kritik der Politischen Ökonomie bestimmbare Klasseninteressen, die durch eine Asymmetrie der „Krisenbewältigungsrezepte" aktualisiert würden, als auch soziale, denn das „neue" Arbeitsbewußtsein hat analog der Vergesellschaftung der Arbeit die Klasseninteressen unmittelbarer Lohnarbeiter in der Arbeit überschritten bzw. sich auf andere arbeitende Bevölkerungsgruppen aus der Arbeits- und Alltagserfahrung heraus erweitert, wie es die Inhalte der Konfliktzonen zeigen.

Eine solche Zurücknahme ist aber nicht nur sozial quantitativ und politisch qualitativ vorzustellen, obwohl sie in der Krise die spektakulärsten Maßnahmen tragen und sofort spürbar werden („Gürtel enger schnallen"), sondern sie ist über eine manipulierte warenförmige Reproduktion schon länger wirksam. Sie entwertet vor allem die erbrachten Arbeitsleistungen schleichend und trägt derzeit schon deutlich die verbreitete Frage nach dem Sinn der Arbeitsleistungen, weil sie in der Tauschwertbestimmung und seiner Gebrauchswertfunktion nicht mehr zufriedenstellend aufgehen. Als sichtbar verbreiteter Protest drückt sich dieses Bewußtsein vor allem aus in einer Kritik an den enormen Kosten für die Erhaltung der Gesundheit, was Erholung, Wohnqualität, Urlaub u.a.m. mit einschließt; hinzu kommt die berechtigte Annahme, nur noch geringe Chancen zu haben, nach dem Ende des Erwerbslebens „unbeschädigt" den Alltag genießen zu können bzw. überhaupt bis zur Rente arbeitsfähig zu bleiben; beides sind Erfahrungen aus der Arbeit *und* dem Alltag. Daher liegt eine Forderung nach Vollzeitlohnarbeit unter diesen Bedingungen als gewerkschaftliches Kampfziel neben dem Lebensverständnis der Lohnarbeiter; es wäre auch ein ideologisch rückschrittlicher Kampf, denn wir haben durchschnittlich eine Entwicklung der Produktivkräfte und des gesellschaftlichen Reichtums erreicht, in der weder die Arbeitszeit noch das Einkommen *allein* den Maßstab für eine Lebensperspektive bilden; hinzu kommt – und das ist ganz entscheidend – die Qualität und Quantität der freien Zeit als Bereich der Alltagserfahrungen. Deshalb wird das hundertjährige Wachstum der Arbeiterbewegung auf der Annahme einer fast automatischen Verbindung zwischen materiellem und sozial/kulturellem Fortschritt nicht nur von den neuen sozialen Bewegungen in Frage gestellt, sondern entscheidend auch von den Arbeitenden selbst und das nicht nur am Ort der Produktion, sondern in der Einstellung zur Notwendigkeit *dieser* Arbeit aus der Spannung zum

---

39 Der Bericht von Kern/Schumann aus ihrem Forschungsprojekt 1982 (Anm. 7) enthält eine solche These. Vgl. Anm. 42.

Alltag. Der historisch variante Lebensstandard wird nicht nur als *Warenkorb* materiell verstanden, sondern er ist auch eine Sinnbeziehung, die sich einerseits in einer Arbeitsethik, andererseits in der Beziehung der Subjekte zu ihrem Lebensinhalt außerhalb der Arbeit ausdrückt, in der Freiheit der Freizeit. Diese ist nur scheinbar völlige Privatsache bzw. wird oft derart ideologisiert. Tatsächlich sind Umfang, Freizeitverhalten und Freizeitfunktion weitgehend von den Arbeitserfahrungen und -resultaten bestimmt. Aber ganz geht sie in der industriellen Verfügung nicht auf[40], denn: alle Verhaltensmuster in der Freizeit tragen auch rationale Elemente in sich, Ahnungen von entgangenen, entzogenen, verhinderten und erwünschten Befriedigungen einverstanden kultivierter Bedürfnisse und Bereitschaften zur Aufklärung über diesen Sachverhalt, auch wenn die Freizeit weiterhin unter dem gesellschaftlich notwendigen Diktat der Arbeit steht. *Diese* Freizeiterfahrungen weisen über das Arbeitsleid hinaus und zugleich auf es zurück; d.h. sie können sich immer kritisch gegen die Arbeit als Voraussetzung der Freizeit wenden, vor allem dann, wenn bei weiteren (notwendigen) Arbeitszeitverkürzungen die Freizeit wirklich als freie Zeit im Alltag genutzt wird, um sich in das politisch undurchsichtige gesellschaftliche Regulativ einzuüben. Gerade dazu braucht es Zeit und vor allem vermehrte Bildungschancen — nicht als bildungsbürgerliches Privileg, sondern weil man ohne eine entsprechende Ausbildung den neuen Herrschaftsformen, der Kompliziertheit der Verhältnisse hoffnungslos ausgeliefert ist.

Wir wollen damit für die angesprochene Konfliktzone aus der Spannung der Arbeits- und Alltagserfahrung von Seiten der Freizeit eine „Aufladung" andeuten: Die historisch gewachsene freie Zeit entwickelt zur Produktionssphäre in ihrer konkreten Gestalt gegenläufige Tendenzen; in ihr könnten sich die Subjekte von der komplementären Funktion zur Arbeit (so die Freizeitfunktion) emanzipieren. Wir meinen damit vor allem, daß eine derart nutzbare Freizeit Erfahrungswerte als Ziele aus sich selbst heraus stellt, die zunehmend den Lebensalltag bestimmen. Wie wir historisch an Beispielen gezeigt haben, findet diese Entwicklung innerhalb des Vergesellschaftungsprozesses der Arbeit und der Einstellungsveränderungen zu ihr bei den Arbeitenden statt. Es hat dabei den Anschein, daß es die unverändert fortgesetzte und erweiterte gesellschaftliche Arbeit selbst ist, die die ihr eigentümlich gegensätzliche kapitalistische Gestalt aufhebt, wobei das Verändern der Umstände mit der Veränderung der Produzenten/Konsumenten zu korrespondieren scheint. Ihre Erfahrungen in der Spanne von Arbeit und Freizeit entwickeln schon seit langem einen Maßstab im Selbstbewußtsein der Arbeitenden, der das Verhältnis beider Pole zueinander kennzeichnet und ihr Arrangement in und mit der gesellschaftlichen Entwicklung entscheidend bestimmt. Es kann sich kritisch gegen den einen oder anderen Pol wenden, wenn das Verhältnis zwischen beiden unerträglich zu sein scheint. Wir denken aktuell an die steigenden Reproduktionskosten, denen nicht mehr aus-

---

40 Vgl. Habermas, Notizen (Anm. 4); s. zur Säkularisierung des Arbeitsgedankens und zur Entstehung der industriellen Freizeit Nahrstedt, *Freizeit* (Anm. 4); s. ferner Deutschmann, Das konservative Moment (Anm. 11); Alf Lüdtke, Alltagswirklichkeit, Lebensweise und Bedürfnisartikulation, in: H. Backhaus (Hrsg.), *Gesellschaft, Beiträge zur Marx'schen Theorie, 11,* Frankfurt a.M. 1978, S. 311–350.

gewichen werden kann, wie Wohnung, Nahrung, Erholung, und an verschärfte Arbeitsbedingungen bei sinkendem Reallohn, fehlendem Kaufkraftverlustausgleich und einem Rückgang der Arbeitsplätze.

Eine Untersuchung zum Binnenverhältnis von Arbeit und Freizeit hätte daher zu berücksichtigen, wie sich das „Kapital" von der Verfügung über die freie Zeit „nährt", die verführende Kommerzialisierung und Ideologisierung der Freizeit, die Auswirkungen der Zerstörung der sozialen Qualität des Alltags (Schlafstädte, Sonderprogramme für Gruppen, die nach Leistungskriterien der Produktion abgetrennt wurden), die in ihn hineinreichenden Arbeitsbelastungen vor allem bei Frauen (Doppelbelastung), denen eine positive Freizeitqualität von der Kapitallogik nicht zugestanden wird, denn sie strukturiert über ihren Leistungs- und Arbeitsbegriff auch die Freizeit patriarchalisch; vor diesem Hintergrund müßten sich die Analysen differenzierend den vorfindbaren Hoffnungen nähern, die sich in der Betonung/Suche nach positiven sozialen/kommunikativen Elementen *in* der Arbeit bei den Arbeitenden finden lassen und zugleich abrücken von der Altertümlichkeit des produktorientierten Arbeitsbegriffs, der — idealisierend — aus dem überkommenen Facharbeiter*bild* (Identitätsbildung in und durch die Arbeit) früher gewerkschaftlicher und sozialistisch-utopischer Vorstellungen als Realabstraktion gewonnen wurde.

Diese Beziehungen von Arbeit und Freizeit verlangen, sich eines angemessenen sozialwissenschaftlichen Arbeitsbegriffs zu versichern, der die Analyse des ganzen Arbeitsverständnisses trägt, der also weder ökonomietheoretisch und politisch noch subjektivistisch verengt ist, sondern gesellschaftlich-strukturelle und sozialpsychologische Dimensionen gleichermaßen berücksichtigt.

Die sozialdemokratischen Gewerkschaften haben die schon seit längerem verbreitete Kritik an der ruinösen Arbeitsverausgabung, die die bestehenden Chancen im Alltag zur befriedigenden Lebensführung zu stark einschränkt und insgesamt zum Ansehensverlust der Arbeit geführt hat, mit dem Programm zur *Humanisierung der Arbeit* positiv aufgegriffen. Sie setzen damit schwerpunktmäßig in der Spanne von Arbeit und Freizeit konfliktvermindernd auf der Seite der Arbeitsbedingungen — und erstmals in ihrer Nachkriegsgeschichte nicht mehr am „Nettovorteil" aus der Arbeit — an, um den Konflikt im Erlebnisbereich der Arbeitenden für sie abzuschwächen[41]. Damit haben sie sich wieder stärker auf ihre konservative Schutzfunktion für den Status der Arbeitskraft als Ware bezogen und für die Programmidee die Begründung unmittelbar aus der Erlebniswelt ihrer Mitglieder gewonnen; ganz ist dieser Anschluß aber dennoch nicht gelungen, denn die tragende Idee der Humanisierungsziele ist eingeschränkt im eng produktionsbezogenen Arbeits- und Leistungsverständnis und verkürzt die Lebensvorstellungen der Arbeitenden auf den Bereich der Arbeits*kraft*. Dem angezielten *job enrichment* kann daher in der Arbeitspraxis der Vorwurf des Zynismus gegenüber sozialen Bedürfnissen nach vielfältigeren menschlichen Beziehungen *in der Arbeit* nicht erspart werden.

---

41 Vgl. Horst Kern, *Der Kampf um die Arbeitsbedingungen. Material zur ‚Humanisierung der Arbeit'*, Frankfurt a.M. 1979; Vilmar/Kißler, *Grundriß* (Anm. 1), S. 197 ff.

Kern und Schumann haben für diesen Zusammenhang im Humanisierungsziel eine Entwicklung in Großbetrieben beobachtet, die sie als eine parallele Reaktion von Seiten der Unternehmer auf die gewachsenen Spannungen bei den Arbeitenden verstehen. Mit der prägnanten Formulierung: „Gefragt ist der mündige Arbeiter"[42], haben sie für einen kleinen Bereich in der Produktion, der lediglich die qualifizierten Arbeiten umfaßt, arbeitsorganisatorische und -inhaltliche Veränderungen festgestellt, die auf eine beabsichtigte „Rundumnutzung" der Arbeitskraft hindeuten; der analytische Blickwinkel ist also auch hier wieder in der kapitallogischen Sicht der Arbeits*kraft* befangen, die eine Arbeitsanreicherung nach sozialen und kommunikativen Bedürfnissen der Arbeitenden nicht zuläßt. Daher steht diese Maßnahme vor dem Hintergrund der besseren Nutzbarkeit der vielseitigen Fähigkeiten des menschlichen Arbeitsvermögens auch nicht im Widerspruch zu unserer Darstellung von der durchschnittlichen Qualität von Industriearbeit, die sowieso ohne die vielfältigen Gratisqualifikationen der Arbeitenden in ihrer tayloristischen Grundkonzeption alleine nicht funktionieren würde. Es ist wahrscheinlich angesichts der Brüchigkeit im Arbeitsverständnis der vereinzelte, den Gesamtarbeiter auf dem Arbeitsmarkt weiter qualitativ und quantitativ segmentierende Versuch, Kompensationen anzubieten — in diesem Beispiel im Arbeitsbereich selbst. Die bestehende Spannung im Arbeitsverständnis, auf die das Einzelkapital mit betrieblichen Maßnahmen nur begrenzten Einfluß hat, kann damit kaum gemindert werden, denn seine Interventionsmacht auf die bewußtseinsprägenden Alltagserlebnisse ist sehr gering. Wahrscheinlich laufen in dem Versuch zwei Momente zusammen, die auch seine Grenzen mitmarkieren: arbeitsorganisatorische Veränderungen unter dem Gesichtspunkt verbesserter produktiver Nutzung vorhandener Fähigkeiten mit einer Interessenperspektive für den Arbeitenden im veränderten Leistungsbegriff/ -bewertung zu verbinden, die seiner Erfahrung als „mündigem Bürger" im Alltag entgegenkommt.

Zugleich knüpft dieser Versuch an rudimentäre, meist verdeckte Ansprüche der Arbeitenden an ihre Arbeit an, die es innerhalb des Arrangements vor allem sozialpsychologisch zu entschlüsseln gilt; es sind zwar im historischen Entwicklungsgang abnehmende, aber niemals völlig verschwindende „Bestände", die sich immer wieder in Selbstbehauptungen gegen die Arbeitsunterdrückungen, aber auch als Sekundärtugenden äußern, die auf diese Identitätselemente „dechiffriert" werden müßten. Wichtig ist in dieser historischen Entwicklung von Arbeit und Freizeit, daß über den Alltagsgewinn an Erfahrungen und Lebenspraxis an die Arbeit wieder ein „Bildungsauftrag" herangetragen wird und damit latente Ansprüche in ihr und an sie ge-

---

42 So ein Kernsatz des Vortrages 1982 auf dem Soziologentag; auf eine Überprüfung der Beobachtungen, die in der Diskussion bestritten wurden, müssen wir hier verzichten.
  Scheinbar entgehen Kern/Schumann mit ihrem strukturtheoretisch angelegten Identitätskonzept, wonach die Arbeitenden auch Arbeit unter Identitätsansprüchen ausdeuten, einer Subjektperspektive aus anthropologischer Bestimmung (Fixierung des Subjekts als Produzenten). Aber ihre dann doch vorgängige Privilegierung von Arbeit zur zentralen identitätsbildenden Kategorie (Produzieren als gesellschaftliche Tätigkeit) führt hinterrücks in ihre Untersuchungen doch wieder die relative Bedeutungslosigkeit von Freiheitsstandards aus der Nichtarbeitszeit ein: das Subjekt als Produzent!

stärkt werden[43]. In einem vereinfachenden Modell wäre dieser Vorgang in einer Balance zu untersuchen, die keiner kausalen oder anthropologischen Gesamtsumme, sondern als historischer Prozeß den besonderen Entwicklungsformen folgt.

Zu dem Arbeitsarrangement, wie Kern/Schumann es in diesem *job enrichment* angelegt sehen, gehört aber weitaus mehr, als es ihre stoffliche Betrachtung zuläßt, denn der Subjektbezug zur Arbeit umfaßt ihre stoffliche Seite *und* die nur über den Tauschwert realisierbaren reproduktiven Alltagserfahrungen und -wünsche in einer komplizierten Wechselbeziehung. Deswegen ist auch aus der richtigen Beobachtung von Kern/Schumann zur Kommerzialisierung und Industrialisierung der Freizeit, die eine einverständliche Lebensführung beeinträchtigt und humane Werte verletzt, eben *nicht* der Schluß zu ziehen, den beide Autoren daraus ziehen: Die stoffliche Arbeit bekäme darüber wieder eine höhere Attraktion, das „Reich der Notwendigkeiten" gewinne an Bedeutung gegenüber dem „Reich der Freiheit" bei den Arbeitenden — als ob es das „Kapital" gewesen sei, das das Humanisierungsprogramm gefordert hat. Die Autoren erkennen damit zwar die Verbindung von Arbeit und Freizeit als bewußtseinsbestimmende und handlungsorientierende Klammer für die Person an, aber sie lösen sie implizit in einem *Reaktionsmechanismus* wieder auf. In diesem Falle binden sie — wie schon in ihren früheren Bewußtseinsuntersuchungen — das Arbeitsverständnis wieder eng an die Arbeit, *weil* die Freizeitqualität an Bedeutung für das Bewußtsein verloren haben soll.

Wir meinen dagegen, daß die Beziehung im Arbeitsverständnis zwischen den beiden Bereichen (Freiheit und Notwendigkeit) eine andere Qualität real entwickelt hat, wie wir es in den historischen Beispielen gezeigt haben. Die Arbeit ist derzeit wegen der reproduktiven Einschränkungen und der dennoch positiven Alltagserfahrungen als Aufwand und in ihrer Arbeitsorganisation fragwürdig geworden. Entsprechend gleichgültig bzw. instrumentell wird sie durchschnittlich abgeleistet[44]; zugleich aber steht sie im Zentrum der Kritik bei den Arbeitenden selbst, denn es gibt zu ihr als Quelle des Gebrauchswerts im Alltag keine Alternative.

---

43 Genauer untersucht werden müßte, zu welchen Anteilen (auch qualitativen!) die Ansprüche an die Arbeit *aus* der Arbeit selbst kommen, ob und wieweit sie „reine" Reaktionsbildungen gegen Arbeitsveränderungen als Selbstbehauptungen sind, und weiter: wieweit diese Ansprüche aus der Alltagserfahrung kommen und von daher als „Kontrasterfahrung" entstanden sind. Klar ist wohl, daß das arbeitende Subjekt *nicht* in zwei Teile gespalten werden kann: der eine völlig gleichgültig/instrumentell anspruchslos funktionierend in der Arbeit und der andere Teil außerhalb der Arbeit, frei, erfahrungsbestimmt offen, experimentierend in einem befriedigenden Alltagsleben.

44 Diese instrumentelle Einstellung ist weder in breitem Umfang positiv konvertiert worden in ein klagloses „normales" Arrangement noch hat sie sich — wie oft behauptet — unbemerkt hinter dem Rücken der Arbeitskräfte eingeschlichen, sie hat weder den Anspruch an eine Veränderung der Arbeit völlig aufgehoben noch hat sie eine Verkümmerung von Ansprüchen an die Freizeit zur Folge oder einen Utopieverlust, wie es Osterland 1975 und Kudera et al. 1982 behaupten; vgl. Martin Osterland, Innerbetriebliche Arbeitssituation und außerbetriebliche Lebensweise von Industriearbeitern, in: ders. (Hrsg.), *Arbeitssituation, Lebenslage und Konfliktpotential*, Frankfurt a.M. 1976, S. 167 ff. Beide Autoren haben sich nicht der Mühe unterzogen, Kritiken und Latenzen einer Identitätswahrung/-behauptung ausfindig zu machen, die Mergner et al. in dem Begriff Verhaltensquietismus zusammenfassen; s. Ulrich Mergner et al., *Probleme restriktiver Arbeit. Zusammenfassender Ergebnisbericht*, Göttingen

Sozialwissenschaftliche Untersuchungen, die dieser Beziehung und Genese des Arbeitsverständnisses gerecht werden und Aussagen zum Arbeitsbewußtsein treffen wollen, müssen diese komplizierte Verbindung kategorial aufspüren und auch sozialpsychologisch untersuchen können, ohne gesellschaftlich-strukturelle Dimensionen unterzubewerten. Dabei ist weder eine Beschränkung auf einen Pol im Spannungsbogen von Arbeit und Freizeit theoretisch, analytisch, empirisch und instrumentell zulässig noch eine Begrenzung auf den „klassischen" Industriearbeiter angebracht, wenn Konfliktzonen innerhalb gesellschaftlicher Loyalitäten ausgelotet werden sollen. Die qualitative Spannung zwischen Arbeit und Freizeit findet sich ebenso im Dienstleistungsbereich, bei Angestellten und Beamten und auch bei denjenigen, die sich als Selbständige begreifen. Damit hat auch der Klassenbegriff darin, wo er sozial generativ von der produktiven Arbeit des Industrieproletariats theoretisch abgezogen wurde, real schon Erweiterungen bzw. Differenzierungen durch zwei zusammenhängende Entwicklungen erfahren: Einerseits haben die Veränderungen der Arbeit ihr selbst die erkenntnistheoretischen und normativ praktischen Funktionen für die Gesamtheit der Arbeitenden weitgehend ausgetrieben; insofern scheidet sie als primär notwendige revolutionäre Quelle und alleiniger „Ort" der Klassenproduktion an sich aus. Andererseits wurde aus den von uns genannten Gründen nach und nach der Bereich arbeitsfreier Zeit ausgedehnt. Damit wurde auch die Chance sozialer und politischer und kultureller Alltagserfahrungen, die nur mittelbar mit der Arbeitserfahrung als ihrer materiellen Ressource zusammenhängen, eröffnet und erweitert. Als Erfahrung in der Zirkulation allerdings findet dieser gesellschaftliche Alltag in differenzierten (persönlichen) Verarbeitungen wieder seinen Anschluß an die Arbeit, weil sie seine unverzichtbare und alternativlose Voraussetzung bildet. Das jeweilige Arbeitsverständnis setzt sich somit zusammen aus der historisch varianten Spannung von Arbeit und Freizeit und prägt eine moralisch-ethische Haltung. Die Arbeits- und Reproduktionserfahrungen sind untrennbar und kritisch in der Person des Produzenten/Konsumenten aufeinander bezogen und bilden (vereinfacht) als Maßstab eine Resultante, die sich in einer labilen politischen Loyalität zur gesamtgesellschaftlichen Entwicklung ausdrückt, wobei die gewerkschaftliche Schutzfunktion in Deutschland primär den Status der Arbeitskraft erhalten und verbessern will.

Gleichzeitig transportiert dieselbe Entwicklung der Arbeit die wesentlichen Elemente des historisch herausgebildeten Systems zur Reproduktion der Lohnarbeit und hat sie im steigendem Maße verallgemeinert, d.h. über den „klassischen proleta-

---

Fortsetzung Fußnote 44
1982. Vgl. zur gesellschaftlich-strukturellen Dimension von Instrumentalismus/Gleichgültigkeit Christel Eckart et al., Arbeiterbewußtsein, Klassenzusammensetzung und ökonomische Entwicklung. Empirische Thesen zum ‚instrumentellen Bewußtsein', in: Backhaus (Hrsg.), *Gesellschaft. Beiträge zur Marx'schen Theorie, 4,* Frankfurt a.M. 1975, S. 7—64; zur wissenschaftlichen Begründung s. Knapp, *Industriearbeit* (Anm. 28); zur sozialpsychologischen Dimension der Spannung innerhalb gleichgültiger Erscheinung der Arbeitshaltung vgl. Mergner, *Probleme;* Kudera et al., *Bewußtsein* (Anm. 6); Kudera et al., *Arrangement* (Anm. 6); Becker-Schmidt, *Lebenserfahrung* (Anm. 8).

rischen Stamm" erweitert. Die von uns aufgeführten Konfliktzonen lassen sich daher auch nicht mehr auf die Population begrenzen, wie sie im herkömmlichen Klassenbegriff gefaßt worden war. Alle analytischen theoretischen und politischen Bemühungen ebenso wie die einer handlungsorientierenden industriellen Sozialforschung auf Betriebsebene, die entlang des Klassenbegriffs ihre Arbeitskategorie als privilegiertes Untersuchungsinstrument oder institutionellen Hebel entwicklen, verfehlen nicht nur das veränderte Arbeitsverständnis ihrer Adressaten, sondern schließen vorhandene Gemeinsamkeiten mit dem kritischen Potential der Arbeiterklasse historisch und aktuell unbegründet aus[45].

Damit folgen wir nicht einer häufig anzutreffenden sozialwissenschaftlichen Etappenbestimmung unserer gesellschaftlichen Entwicklung, die aus der auch von uns beschriebenen utilitaristischen Einstellung der proletarischen Klasse zur Arbeit und ihrer Betonung von Freizeitwerten die Verbürgerlichung der Lohnarbeiter behauptet, die Klasse also politisch und sozial marginalisiert und sie im Bauch der Bourgeoisie verschwinden läßt und damit die erweiterte Überlebenstruktur des Kapitalismus erkannt haben will. Abgesehen von dem Widerspruch, eine Bourgeoisie im Kapitalismus ohne Lohnarbeiter anzunehmen bzw. einen Typus von Lohnarbeitern zu konstruieren, der in sich problemlos eine bourgeoise Identität „durchhält", übersehen diese Deutungen zumindest zweierlei:

– Der Antagonismus von Lohnarbeit und Kapital besteht weiterhin; darin kann die *Rolle* der Bourgeoisie, auch in der Selbstdeutung, nicht als an den gesellschaftlichen Verhältnissen *Leidenden* beschrieben werden, wohl aber die der Lohnabhängigen. Ihren Anschauungsveränderungen sind – historisch ermöglicht als Wechsel der Positionen – über den Zwang zur Lohnarbeit strukturell fortbestehende Handlungsgrenzen gesetzt, selbst wenn sie dazu utilitaristische Einstellungen entwickelt haben: Das Verwandlungsverbot als soziale Klassenbestimmung ist nicht aufgehoben, sozialstrukturell ist keine wesentliche Veränderung zu bemerken, im Zeitverlauf hat sich die Arbeit erträglicher und einträglicher über die damit zu realisierenden Freizeitgewinne entwickelt. Damit ist nicht nur der Lebensstandard bezeichnet, sondern der für die Klassenfrage entscheidende Freiheitsstandard[46], der besonders für die „Bewußtseinsfrage" nicht an eine bestimmte Arbeitstätigkeit gebunden werden darf.

– Das „Projekt" Kapitalismus ist zwar wandlungsfähig und bisher immer Krisengewinner gewesen, aber gerade durch die historischen Veränderungen seiner Sozialformen hat es selbst neue Orte der Konflikte hervorgetrieben (Arbeit–Freizeit),

---

45 Vgl. Edmond Maire, Arbeiterbewegung und Krisenideologie und André Gorz, Erwiderung auf Edmond Maire, beide in: *Prokla, Zeitschrift für politische Ökonomie und sozialistische Politik*, 10. Jg. 1980, Nr. 4, S. 145 ff.
Zu den Themen, Interessen und Ergebnissen industriesoziologischer Forschung der 50iger Jahre vgl. Josef Hülsdünker, *Praxisorientierte Sozialforschung und gewerkschaftliche Autonomie*; Diss. Münster 1982; Rolf Schellhase, *Die industrie- und betriebssoziologischen Untersuchungen der Sozialforschungsstelle an der Universität Münster in den fünfziger Jahren*. Diss., Münster 1983.
46 Vgl. Günther Anders, *Die Antiquiertheit des Menschen*, Bd. 2, München 1981, S. 91 ff.

d.h. die grundlegende ökonomische Struktur und der Ordnungs- und Versorgungsfaktor Arbeit in unserem Gesellschaftssystem einschließlich der Zuteilung von Machtprivilegien hat selbst Mängel hervorgebracht, deren asymmetrische Bewältigungsversuche den sozialen Klassenkonflikt wieder verschärfen. Der soziale Wandel hat demnach die Kategorie Klasse nicht aufgezehrt, wie es die Verbürgerlichungstheoretiker annehmen, sondern sie in ihrer historisch-sozialen Bestimmung erneut bestätigt.

Hartmut Häußermann

Wandel der Wohnverhältnisse von Arbeitern
— Eine Problemskizze[1]

Wenn in theoretischen Zusammenhängen vom Proletariat oder von der Arbeiterklasse die Rede ist, dann steht dahinter in der Regel das historische Bild der *Industriearbeiter, die in Großstädten leben* und mehr oder weniger eine eigene arbeiterspezifische Lebensweise, eine „Arbeiterkultur", hervorgebracht haben. Diese Sicht ist bestimmt durch die Tendenzaussagen von Marx, dessen Analyse der kapitalistischen Entwicklung vor allem darauf gerichtet war, die Bedingungen der Überwindung kapitalistischer Produktionsverhältnisse herauszuarbeiten.

Konzentration und Zentralisation auf der Kapitalseite führen nach dieser Theorie zu vergesellschafteten Formen der Produktion, die in Widerspruch zum Privateigentum an den Produktionsmitteln geraten. Aus der Annahme der sich verschärfenden Widersprüche hat Marx jedoch eine gesellschaftliche Umwälzung nicht als mechanistische Konsequenz gesehen. Der ökonomischen Zentralisation sollte eine gesellschaftliche Polarisierung zwischen den Eigentümern an Produktionsmitteln und der immer homogener werdenden Klasse der Lohnarbeiter entsprechen. Dies führt zu einer objektiven Gleichgerichtetheit der Interessen in dieser Klasse; erst die Erfahrung kollektiver Unterdrückung und das Erkennen der Ausbeutungsmechanismen führt zu dem Klassenbewußtsein, aus dem die politische Kraft zur Umwälzung der gesellschaftlichen Verhältnisse erwachsen kann.

Die allgemeine Erfahrung der Lohnarbeiterexistenz bildet aber, das belegt die historische Entwicklung, keine hinreichende Grundlage dafür, daß aus einer Masse von Individuen eine einheitliche, handelnde Klasse wird. Die Konstitution von Bewußtsein und politischer Orientierung resultiert aus einem sehr komplexen, lebenslangen Erfahrungsprozeß, für den die alltäglichen Erfahrungen in der Kindheit, bei der Arbeit und der sonstigen Umwelt wichtig sind. Die sozialwissenschaftliche Forschung hat sich bisher vorwiegend auf die frühen Sozialisationsprozesse und auf die Arbeit als bewußtseinsbildende Instanzen konzentriert.

Marx sah die Tendenz zur Organisation des Produktionsprozesses in immer größeren Einheiten, in der großen Fabrik, verbunden mit einer räumlichen Konzentration der Arbeiter in den großen Städten — beides zusammen war für ihn wesentliche Voraussetzung für die Entwicklung einer bewußten und politisch aktiven Arbeiter-

---

[1] Einige Anregungen für die folgenden Gedanken habe ich durch das Manuskript von Josef Mooser (Abschied von der ‚Proletarität'. Sozialstruktur und Lage der Arbeiterschaft in der Bundesrepublik Deutschland in historischer Perspektive) erhalten.

klasse[2]. Die kollektive Erfahrung der Unterdrückung und Ausbeutung im Betrieb kann, das sah Marx wohl, in direkter, unkontrollierter Kommunikation zu einem Klassenbewußtsein entwickelt werden, das Orientierung zu politischem Handeln gibt. Die Gleichartigkeit der Erfahrung im Betrieb würde durch gleichartige Erfahrungen im außerbetrieblichen Bereich bewußt und verstärkt werden. Der theoretischen Vorstellung von einem politisch bewußten Proletariat entspricht also eine *urbane Arbeiterschaft*, wobei „urban" zugleich eine räumliche Konzentration *in und innerhalb der Städte* bedeutet, sowie die vollkommene Abhängigkeit der Reproduktion von Lohneinkommen, also die Loslösung von allen überkommenen Formen nicht-marktwirtschaftlicher Subsistenz.

Wenn betriebliche Zentralisation, innere Homogenisierung der Lohnarbeiterklasse und räumliche Konzentration nicht dauerhaft sich durchsetzende Tendenzen in der Entwicklung der Arbeiterklasse sind, die empirischen Grundlagen des von Marx konstruierten Zusammenhangs also gar nicht vorhanden wären, ließe sich unterentwickeltes Klassenbewußtsein besser verstehen oder ließen sich Erklärungsansätze für das „Ende der Arbeiterbewegung" finden. In diesem Fall wäre nämlich zu untersuchen, welche *differenzierenden* Lebenserfahrungen die Dominanz des kollektiven Bewußtseins von der gemeinsamen Lohnarbeiterexistenz brechen und die Wahrscheinlichkeit einer Entwicklung zur Klasse „für sich" gering machen.

Ich will dies im folgenden am Beispiel der Wohnverhältnisse zeigen, die räumlich und organisatorisch das Zentrum außerbetrieblicher Erfahrungen umreißen.

I.

Am Ende der Hochphase der Verstädterung, das in den zwanziger Jahren liegt, wohnten 30 % aller Arbeiter im Deutschen Reich in Großstädten mit mehr als 100.000 Einwohnern. In das Bild des *großstädtischen* Proletariats fügt sich also zu dem Zeitpunkt, als die Arbeiterbewegung auf dem Höhepunkt ihrer politischen Macht stand, nur ein Drittel der gesamten Arbeiterschaft. Die überwiegende Mehrheit wohnte außerhalb der Großstädte, in Kleinstädten und auf dem Land. Diese Tatsache ist deshalb von Bedeutung, weil damit angezeigt ist, daß nur eine Minderheit den sozialen Bedingungen radikal ausgesetzt war, die mit dem Begriff des „doppelt freien Lohnarbeiters" umschrieben werden: eine Existenz, die ohne weitere soziale Absicherung an das Lohneinkommen geknüpft war. Die Lebensbedingungen der Arbeiter, die *in Großstädten* und derjenigen, die auf dem *Lande* wohnten, sind zunächst *gesondert zu betrachten,* da wir davon ausgehen müssen, daß den unterschiedlichen Wohnorten unterschiedliche sozialkulturelle Milieus entsprachen.

Zwar kann die bisherige sozialgeschichtliche Forschung keine „gesicherten Aussagen über die Unterbringung des außerstädtischen Proletariats" machen[3], aber

---

2 Vgl. Anthony Giddens, *Die Klassenstruktur fortgeschrittener Gesellschaften*, Frankfurt a.M. 1979.
3 Lutz Niethammer (unter Mitarbeit von Franz Brüggemeier), Wie wohnten Arbeiter im Kaiserreich?, in: *Archiv für Sozialgeschichte*, XVI. Bd., 1976, S. 67.

man kann davon ausgehen, daß vor allem drei Formen der Verbindung von ländlichem Wohnen und städtisch-industrieller Arbeit vorherrschend waren:
- das *tägliche* Pendeln zwischen Land und Stadt auch über erhebliche Entfernungen; abgesehen davon, daß eine erschwingliche Wohnmöglichkeit in den Städten nur sehr schwer zu finden war, dürfte bei vielen die ökonomische und soziale Verwurzelung in der weiterhin landwirtschaftlich tätigen Familie dafür ausschlaggebend gewesen sein, den Wohnsitz auf dem Land beizubehalten;
- der *saisonale* Wechsel zwischen städtischer Industriearbeit und selbständiger oder lohnabhängiger Existenz; der Aufenthalt in der Stadt und die Arbeit im kapitalistischen Industriebetrieb war in diesen Fällen immer nur eine Notlösung, die zu beenden dauerhafte Perspektive blieb;
- der *lebenszyklische* Wechsel zwischen Land und Stadt: das Land war Kinderstube und Altersheim, der Aufenthalt in der Stadt und die industriell/gewerbliche Lohnarbeit waren begrenzt auf die Jahre bis zur Lebensmitte; nach dem Verschleiß der Arbeitskraft wurde der Rückzug auf das Land angetreten, wo das Überleben in der oft bitteren Altersarmut in angestammten sozialen Zusammenhängen eher möglich war.

Für diejenigen Arbeiter, die in diesen verschiedenen Formen der Verbindung von städtischer Arbeits- und ländlicher Wohn-Welt lebten, ist die „Urbanisierung" auf jeden Fall unvollständig geblieben. Die vollkommene Trennung von Möglichkeiten der Eigenproduktion, die damit einhergehende Veränderung der Grundlagen der Reproduktion sowie der Lebensweise war selbst in der Hochindustrialisierung auf eine Minderheit beschränkt.

Die ausschließliche Abhängigkeit nahezu aller Arbeiter vom Lohneinkommen und von den *kollektiven* Systemen sozialer Sicherung im Fall der Arbeitsunfähigkeit und im Alter ist eine relativ junge historische Erscheinung.

Hervorstechendes Merkmal der *Wohnverhältnisse der städtischen Arbeiter* ist — neben der extremen räumlichen Enge und den oft katastrophalen gesundheitlichen Wirkungen der überfüllten Arbeiterviertel — die heute unvorstellbare Mobilität: In einer abgeschlossenen Wohnung auf Dauer mit der Familie leben zu können, war nur einer kleinen Minderheit unter den Arbeitern vergönnt. Niethammer/Brüggemeier haben dies eindrucksvoll belegt; sie zeichnen das Bild einer „ständig mobilen arbeitenden Klasse"[4], deren Mitglieder bei auch nur kurzer Arbeitslosigkeit die Wohnung aufgeben mußten oder die bei Mondschein auszogen, um für einen Monat die Miete zu sparen. Eine Stabilität des Einkommens — und damit die Voraussetzung für größere und dauerhafte Wohnungen — erreichten nur wenige.

Die permanente Suche nach billigen Wohnungen auf einem scharf abgegrenzten Teilwohnungsmarkt für die Arbeiter behinderte zumindest bis 1914 die Herausbildung stabiler Lebenszusammenhänge. Ebenso, wie die Verklärung dieser Verhältnisse mit dem Klischee vom „Milljöh" zynisch ist, dürfte die Vorstellung von einer kommunikationsintensiven, bewußtseinsbildenden Wirkung des räumlich engen Zusammenlebens in den Arbeitervierteln falsch sein: Politische Organisierung und Arti-

4 Ebd., S. 84.

kulation war durch die dauernde Mobilität zumindest erschwert, die Entfaltung persönlicher Bedürfnisse und Lebensäußerungen jenseits des nackten Überlebens kaum möglich. Langewiesche/Schönhoven weisen darauf hin, daß „für intime Privatheit wenig Platz war und das kollektive Zusammenleben kaum Möglichkeiten bot, sich von der Außenwelt in eine abgeschirmte Individualsphäre zurückzuziehen"; damit aber blieben „emotionale und sexuelle Bedürfnisse ... funktionalisiert oder wurden teilweise auch unterdrückt"[5].

Wohnen war also gewöhnlich ein „halböffentliches und häufig wechselndes Geschehen, das auf Mobilität, Unsicherheit und Armut gründete und ständig zu dichten, ja hautnahen Kontakten zwang"[6]. Man kann sich angesichts dieser Lage kaum darüber wundern, daß derjenige Teil der Arbeiterschaft, dem dies möglich war, „sich am Leitbild bürgerlicher Wohn- und Lebensgewohnheiten orientierte, die private Distanz und familienbezogene Haushaltsführung kultivierte und sich in diesem Freiraum abschirmte, den [er] als unverzichtbare Kompensation zur kollektiven Arbeitswelt betrachtete"[7].

Das aber war einer zunächst schmalen Schicht von Facharbeitern vorbehalten, die damit einen Schritt zu einer menschenwürdigen Existenz taten — und menschenwürdig schien in einer bürgerlichen Gesellschaft die Annäherung an bürgerliche Individuation zumindest in der äußeren Lebensweise zu sein. So bestand also zunächst die „eigentliche Leistung einer Arbeiterfamilie ... darin, aus dem Zirkel zwischen der Ausbeutung in der Produktion und im Reproduktionsbereich auszubrechen und seßhaft zu werden"[8]. Erst damit waren die Voraussetzungen für längerfristig orientiertes gewerkschaftliches oder politisches Engagement geschaffen. Niethammer/Brüggemeier finden vor diesem Hintergrund „die starke Stellung der Apparate in der deutschen Arbeiterbewegung nicht verwunderlich, denn nur sie konnten Kontinuität im Kampf für die Bedürfnisse eines aktivierbaren, aber unorganisierten Potentials verbürgen"[9].

Die sich am bürgerlichen Leitbild orientierenden Wohn- und Lebensgewohnheiten der Arbeiter sind bis heute Ansatzpunkte für Thesen, die auf eine umfassende Integration der Arbeiter in die bürgerliche Kultur und sogar auf eine bewußtseinsmäßige Verbürgerlichung schließen. Die seßhaft gewordenen Arbeiter des Kaiserreichs wären demnach die Vorboten einer Entwicklung, die heute die gesamte Arbeiterschaft ergriffen hat.

Der Wohnstil von Arbeitern ist im Zusammenhang des umfassenderen Begriffs „Arbeiterkultur" zu sehen. Zwar ist es eine Frage der Definition, ob man für

---

5 Dieter Langewiesche/Klaus Schönhoven, Zur Lebensweise von Arbeitern im Zeitalter der Industrialisierung, in: dies. (Hrsg.), *Arbeiter in Deutschland*, Paderborn 1981, S. 19; vgl. auch Alf Lüdtke, Alltagswirklichkeit, Lebensweise und Bedürfnisartikulation, in: *Gesellschaft*, Bd. 11, Frankfurt a.M. 1978.
6 Niethammer/Brüggemeier, Wie wohnten Arbeiter (Anm. 3), S. 133.
7 Langewiesche/Schönhoven, Zur Lebensweise (Anm. 5), S. 20; sogar im „roten Wien", in den sozialistischen Demonstrationsbauten, war das Festhalten an bürgerlichen Wohnformen zu beobachten; vgl. Dieter Langewiesche, Politische Orientierung und soziales Verhalten, in: Lutz Niethammer (Hrsg.), *Wohnen im Wandel*, Wuppertal 1979.
8 Niethammer/Brüggemeier, Wie wohnten Arbeiter (Anm. 3).
9 Ebd.

Deutschland eine spezifische Arbeiterkultur überhaupt annimmt, oder ob man eher deren schwache Ausprägung betont[10]; sicher ist, daß sich in Deutschland im ausgehenden 19. und im ersten Drittel des 20. Jahrhunderts eigenständige *Organisationen* der Arbeiterschaft im Kulturbereich herausbildeten, die gegenkulturelle Züge hatten. Fraglich ist aber schon, ob es sich um eine autochthone Kultur „der Arbeiter" handelte oder vielmehr um eine Strategie der Arbeiter*organisation*. Hermann Bausinger neigt der letzteren Sicht zu und betont, daß die Arbeiterkultur in einer gesellschaftlichen Situation entstand, in der die Arbeiter zunehmend *von außen* als eine Einheit gesehen wurden und man ihre Integration in die bürgerliche Gesellschaft bekämpfte. Gerade weil die Arbeiterschaft ökonomisch und sozial unterdrückt wurde, habe sich ihr erwachendes Selbstbewußtsein nur im kulturellen Bereich und da in bürgerlichen *Formen* ausdrücken können. Bausinger sieht „bürgerliche Werte, Normen und Formen als Protest gegen die restriktive Verbürgerlichung" an[11], die die herrschende Gesellschaft nur zugelassen hat. Interpretiert man die Arbeiterkultur als eine „oft hilflose und verzweifelte Auseinandersetzung mit der dominierenden bürgerlichen Kultur"[12], dann werden die äußerlichen Anpassungen bzw. Imitationen eher verständlich, denen freilich keineswegs auch ein bürgerliches Bewußtsein entsprechen muß. Frappierend ist ja gerade der manchmal groteske Gegensatz von revolutionär-verschwörerischem Inhalt von Mai-Feiern und ihrem (spieß-)bürgerlichen äußeren Rahmen. Die Probleme, die die Vertreter von „unbürgerlichen" Darstellungen beispielsweise im Bereich der Kunst mit der Arbeiterschaft hatten[13], deuten auch darauf hin, daß Ansätze, die auf eine vollkommen alternative Kultur zielten, eher den intellektuellen Teilen der sozialistischen Arbeiterorganisationen zuzurechnen sind als der erstrebten Kulturform der Massen.

Für die Wohnformen dürfte Ähnliches gelten: In einer Situation dauernder Instabilität, die die Befriedigung elementarer menschlicher Bedürfnisse kaum oder gar nicht zuläßt, ist das Streben nach einer privaten Sphäre nur zu verstehen — ebenso wie das Bemühen darum, als gleichwertiges Mitglied der Gesellschaft respektiert zu werden. Diese Neigung, „unter allen Umständen den äußeren Schein zu wahren, ... die Anstrengung, ‚Respektabilität' zu demonstrieren"[14], war offensichtlich *ein* Weg, die ständige Demütigung durch die politisch-sozialen Verhältnisse psy-

---

10 Vgl. die Bemerkungen von Wolf Lepenies zur Arbeiterkultur-Forschung in verschiedenen Ländern: Wolf Lepenies, Arbeiterkultur — wissenschaftssoziologische Anmerkungen zur Konjunktur eines Begriffs, in: *Geschichte und Gesellschaft,* 5. Jg., 1979.
11 Hermann Bausinger, Verbürgerlichung — Folgen eines Interpretaments, in: Langewiesche/ Schönhoven (Hrsg.), *Arbeiter in Deutschland* (Anm. 5), S. 105.
12 Ebd., S. 117.
13 In der Debatte über den Naturalismus in der Kunst auf dem sozialdemokratischen Parteitag von 1896 wehrte sich z.B. einer der Hauptredner gegen diese neue Richtung mit dem Argument, wenn die naturalistische Kunst glaube, „es rechtfertigen zu können, derartige absolute, stinkende Schweinereien in Romanen bieten zu dürfen, *dann hört einfach alles auf".* Die *„Grenzen des Anstandes"* seien zu beachten. (Zitat in: *Dokumente und Materialien zur Kulturgeschichte der deutschen Arbeiterbewegung 1848—1918,* hrsg. v. Peter v. Rüden/Kurt Koszyk, Frankfurt a.M./Wien/Zürich 1979, S. 145; Hervorhebungen v. Verf.)
14 Gareth Stedman Jones, Kultur und Politik der Arbeiterklasse in London 1870 bis 1900, in: Detlev Puls (Hrsg.), *Wahrnehmungsformen und Protestverhalten — Studien zur Lage der Unterschichten im 18. und 19. Jahrhundert,* Frankfurt a.M. 1979, S. 332.

chisch erträglich zu machen. Die gänzliche Negation der bürgerlichen Gesellschaft, in der man nun einmal zu leben hatte, war wohl nur einer geringen Anzahl klassenbewußter und in den Organisationen verankerter Arbeiter möglich, die die dafür notwendige Stärke aus dem kollektiven Ich der Bewegung bezogen.

Sieht man einmal von den kulturellen Errungenschaften der Arbeiter*organisationen* ab — die freilich das Bild einer „Arbeiterkultur" am stärksten prägen, weil sie am besten dokumentiert sind —, dann muß man nach den bisherigen Ausführungen zumindest *drei verschiedene Lebenswelten* der Arbeiter unterscheiden: die außerbetriebliche Existenz der Mehrheit der Arbeiter war durch ländliche und kleinstädtische Milieus geprägt; darüber, wie sich diese subjektiv und objektiv (Beteiligung an Organisationen und politischen Kämpfen) in Bezug auf die Zugehörigkeit zur Arbeiterklasse ausgewirkt haben, wissen wir so gut wie nichts. Beim großstädtischen Proletariat ist zu unterscheiden zwischen dem qualifizierten Teil der Arbeiter mit relativ stabilen Beschäftigungs- und Wohnverhältnissen, dem in der Lebensführung Formen bürgerlicher Privatheit möglich waren und der wohl den Kern der organisierten Arbeiterbewegung bildete, und dem größeren Teil, dem ökonomisch, sozial und politisch alle Möglichkeiten zur Teilhabe am erreichten gesellschaftlichen Fortschritt verwehrt waren und der wohl das Reservoir für radikale Bewegungen darstellte.

II.

Nach diesen Bemerkungen zu den historischen Wurzeln (klein-)bürgerlicher Formen im Wohnstil von Arbeitern wollen wir nach der Kontinuität bzw. nach den Veränderungen der oben skizzierten Strukturen fragen, die in der Zeit *nach dem Nationalsozialismus* zu beobachten sind.

Die in den zwanziger Jahren erreichte großräumliche Verteilung der Arbeiterschaft hat sich bis heute nicht grundlegend verändert: Die Anzahl der in Großstädten wohnenden Arbeiter ist von 28 % (1925) nur noch wenig, auf 30 % (1978), angewachsen; fast die Hälfte aller Arbeiter (44 %) wohnt bis heute in Gemeinden mit weniger als 20.000 Einwohnern; 1925 waren es 58 %[15]. Lediglich 28 % der Arbeiter sind heute in Großbetrieben (mit mehr als 1.000 Beschäftigten) beschäftigt, die Mehrheit geht in Klein- und Mittelbetrieben der Lohnarbeit nach. Die Tendenz zum großstädtischen Proletariat, das vor allem in den Werkhallen von Großbetrieben arbeitet, hat sich also nicht fortgesetzt. Die Entwicklung zu einer homogenen Qualifikationsstruktur ist ebenfalls keineswegs eindeutig: Tendenzen der Entwertung von Arbeitsqualifikationen durch den technischen Wandel stehen solche der

15 *Wohnorte der erwerbstätigen Bevölkerung in v. H.*

	1925		1978	
In Gemeinden mit	insges.	Arbeiter	insges.	Arbeiter
bis 20.000 Einwohnern	61	58	41	44
über 100.000 Einwohnern	26	28	33	30

(Quellen: *Statistik des Deutschen Reiches; Mikrozensus 1978*).

gestiegenen Bedeutung gegenüber[16]. *Eine* Veränderung ist aber unübersehbar: Die für die Zeit vor 1918 so charakteristische hohe Mobilität des größten Teils der Arbeiterschaft ist weitgehend einer Immobilität gewichen. In den zwanziger Jahren, mit dem Ende der starken Land-Stadt-Wanderung und beginnendem Geburtenrückgang, setzte eine „Trendwende auf Dauer"[17] ein.

Die Situation des knappen Drittels aller Arbeiterhaushalte, das heute *in Großstädten* lebt, ist kaum mehr zu vergleichen mit derjenigen, der der größte Teil großstädtischer Arbeiter im ersten Drittel dieses Jahrhunderts ausgesetzt war. War es damals die Ausnahme, daß eine Arbeiterfamilie eine eigene Wohnung dauerhaft bewohnen konnte, so bestehen die Wohnprobleme heute eher in hohen Mieten für zu geringe Wohnfläche, insbesondere bei Familien mit Kindern. Die scharfe Segregation in Arbeitervierteln ist heute abgeschwächt; die Zerstörung vieler Quartiere durch den Zweiten Weltkrieg und durch die städtebauliche Sanierung in den sechziger und siebziger Jahren, vor allem aber die gezielte „soziale Mischung" beim Bezug von neugebauten Siedlungen des sozialen Wohnungsbaus hat das Wiederentstehen von „reinen" Arbeiterquartieren verhindert. Dies hängt natürlich auch mit den Veränderungen in der Berufsstruktur zusammen, aufgrund derer ja inzwischen fast ebenso viele Lohnabhängige zu den Angestellten wie zu den Arbeitern gezählt werden[18]. In der langen Zeit mit geringen Arbeitslosenzahlen bis zur Mitte der sechziger Jahre in der Bundesrepublik wurden die sozialökonomischen Funktionen der alten Arbeiterviertel[19], die gegenseitige Hilfe in Notlagen also, auch kaum vermißt und deshalb nicht mehr in dem Maße aufrecht erhalten, wie es für die Zeit vor und nach dem Ersten Weltkrieg charakteristisch war: Die erstaunlich vielen Wohnungsneubauten in der Nachkriegszeit boten bald einer früher nie gekannten Anzahl von Arbeiterfamilien eine eigene Wohnung, was eine Angleichung der Wohn- und Lebensstile in größerem Ausmaß möglich machte. Die Neubaugebiete, in denen deutsche Arbeiterfamilien in den Großstädten heute vor allem wohnen, unterscheiden sich nicht von allen anderen Gebieten des sozialen Wohnungsbaus. Dieses eine Ziel der bundesrepublikanischen Wohnungspolitik, nämlich die krasse Segregation der

---

16 Vgl. Horst Kern/Michael Schumann, *Arbeit und Sozialcharakter: alte und neue Konturen*, Vortrag auf dem 21. Deutschen Soziologentag in Bamberg, in: *Mitteilungen des Soziologischen Forschungsinstituts Göttingen*, Nr. 7/1982.
17 Langewiesche/Schönhoven, Zur Lebensweise (Anm. 5), S. 16.
18 *Erwerbstätige nach der Stellung im Beruf:* (in Tsd.)

	1961	1980
Arbeiter	13 119	11 372
Angestellte	6 175	10 002

Rechnet man zu den Angestellten die Beamten hinzu, dann stellen die Arbeiter nicht mehr die größte Gruppe bei den Lohnabhängigen dar. (*Gesellschaftliche Daten 1982*, hrsg. vom Presse- und Informationsamt der Bundesregierung, S. 111.)
19 In früheren Perioden der Industrialisierung hätten die Arbeiter in bestimmten Zeiten gar nicht überleben können, wenn sie ausschließlich auf das Lohneinkommen angewiesen gewesen wären; dieses „informelle" Netz solidarischer Hilfe in Notlagen stellt eine der sozialökonomischen Funktionen der alten Arbeiterviertel dar. Vgl. dazu Michael D. Lowenthal, The Social Economy in Urban Working-Class Communities, in: *The Social Economy of Cities*, hrsg. v. G. Gappert/H.M. Rose, Beverly Hills/London 1975.

Arbeiter abzubauen, ist zu einem guten Teil verwirklicht worden. Proletarische Lebensweise ist äußerlich kaum mehr zu identifizieren, eine großstädtische Arbeiterkultur gibt es nicht mehr[20].

Den Lebensbedingungen des hochmobilen Teils des Proletariats in den Großstädten zu Beginn des 20. Jahrhunderts, gekennzeichnet durch räumliche Enge, hohe Mieten, schlechte Bausubstanz und starke Segregation, sind unter heutigen Verhältnissen noch am ehesten diejenigen der ausländischen Arbeiterfamilien vergleichbar — in den Vierteln, in denen ausländische Familien konzentriert sind, sind auch noch am ehesten jene Züge beobachtbar, die an die „Wohnkultur" der alten Arbeiterviertel erinnern: starker Gruppenbezug und insbesondere das Einbeziehen öffentlich zugänglicher Flächen ins Wohnen — heute wie damals Ausdruck von Wohnflächenmangel *und* Tradierung vorindustrieller Lebensformen[21]. War für die alten Arbeiterviertel gerade der räumliche Zusammenhang von Wohnen, Freizeit und Konsum in sozial homogenen Nachbarschaften charakteristisch, wobei durch die Nähe zu den Industrieanlagen die Arbeitswege noch vergleichsweise kurz waren, so hat sich dieser Zusammenhang generell weitgehend aufgelöst: Großstädtische Arbeiter sind Pendler zwischen Orten mit spezifischen Funktionen; zwischen Wohnen, Arbeiten, Konsum- und „Freizeitanlagen" liegen in der Regel lange Wege. In einem Graffiti im Paris des Mai 1968 wurde diese alltägliche Existenz auf die Formel gebracht: Boulot, Metro, Dodo — Malochen, Fahren, Schlafen.

Damit unterscheidet sich die großstädtische Lebenskultur kaum mehr von derjenigen der zunehmenden Anzahl von Pendlern, die *außerhalb der Großstadtgrenzen* wohnen und, auf das Auto oder öffentliche Verkehrsmittel angewiesen, einen ähnlichen Tageslauf durchleben, nur mit etwas weiteren Entfernungen. Die Großstadt hat sich auch für die Arbeiter in die Agglomeration von verschiedenen Nutzungsmöglichkeiten aufgelöst[22]. Die erheblich gesteigerten Mobilitätsmöglichkeiten erzwingen beim Arbeitsplatzwechsel keine Umzüge mehr; die Arbeitsmarktregion ist der Lebensraum. Die Grenzlinie zwischen den städtischen Arbeitern und denjenigen, die auf dem Lande wohnen — früher eine kulturelle und ökonomische Grenze — ist insofern unbedeutsam geworden. Die Großstadt stellt kein spezifisches Milieu mehr dar, das dem ländlichen kontrastiert werden könnte: Massenkommunikationsmittel, insbesondere das Fernsehen, bestimmen das Informationsniveau hier wie dort; Versandhäuser und Großmärkte haben die Unterschiede in der Konsumversorgung nivelliert; und ein arbeiterspezifisches Kultur- oder Vereinswesen gibt es auch in den Städten nicht mehr[23].

20 Vgl. hierzu Albrecht Göschel u.a., Zur Bedeutung von sozialer Infrastruktur für Arbeiterwohngebiete, in: Laszlo A. Vaskovics (Hrsg.), *Raumbezogenheit sozialer Probleme*, Opladen 1982.
21 Für den Lebensstil in US-amerikanischen Slums betont Herbert Gans die „mitgebrachten" Lebensgewohnheiten der vormals ländlichen Großstadtbewohner, um die enge soziale Verflechtung zu erklären. Vgl. Herbert Gans, *The Urban Villagers*, New York 1962.
22 Auch die Produktionsstätten sind standortunabhängiger bzw. sogar mobil geworden. Das zeigt u.a. Jean-Paul de Gaudemar, De la fabrique au site: naissance de l'usine mobile, in: ders. (Hrsg.), *Usines et ouvries*, Paris 1980.
23 Zur Nivellierung des Stadt-Land-Gegensatzes allgemein vgl. Hartmut Häußermann/Walter Siebel, Thesen zur Soziologie der Stadt, in: *Leviathan*, 6. Jg., 1978.

Ein anderes Merkmal prägt wahrscheinlich die lebenskulturellen Unterschiede deutlicher als die Stadt-Land-Grenze: nämlich das, ob man *zur Miete oder im Eigentum* wohnt. Die Gruppe der Hausbesitzer ist im Laufe der letzten 30 Jahre auch unter Arbeitern kontinuierlich angewachsen und umfaßte 1978 zwischen 30 % und 35 % aller Arbeiter[24].

Ich will mich im folgenden vor allem mit diesem Teil der Arbeiterschaft beschäftigen, weil er in einer Reproduktionssituation lebt, die historisch mit nichts zu vergleichen ist. Zwar hat es immer Arbeiter gegeben, deren Lebenszusammenhang mit Haus- und Grundbesitz verbunden war, doch war früher diese Situation in der Regel eine Art Doppelexistenz: Zwar wurde der landwirtschaftliche Betrieb unter Mithilfe der Familienangehörigen weiterbetrieben, doch gingen ein Haushaltsangehöriger oder mehrere außerlandwirtschaftlicher Lohnarbeit nach. Die Anzahl der Haushalte, deren Einkommen sowohl aus dem landwirtschaftlichen als auch aus dem gewerblich-industriellen Sektor kommen, ist inzwischen sehr klein geworden. Im Zuge der Kapitalisierung der Landwirtschaft in den letzten 30 Jahren hat die Anzahl der kleinen und mittleren selbständigen Bauern wie die der Zu- und Nebenerwerbslandwirte drastisch abgenommen[25]. Diejenigen Arbeiter, die aus (selbständiger) Tätigkeit in der Landwirtschaft ausgeschieden sind, haben aber in zunehmendem Maße ihren ehemals bäuerlichen Wohnsitz beibehalten und sind zu Pendlern geworden; sie bilden den einen Teil der hausbesitzenden Arbeiter.

Ein anderer Teil, dessen Größe auch gewachsen ist, ist zu Hausbesitz durch eigenen Neubau, oft wohl auch auf ererbten Grundstücken aus früherer landwirtschaftlicher Verflechtung, aus der Lohnarbeiterexistenz herausgekommen. Genaueres empirisches Wissen über die soziale Herkunft und die Zusammensetzung dieses quantitativ doch so bedeutsamen Teils der Arbeiterschaft ist nicht vorhanden.

Zu wissen, welche Konsequenzen diese besondere Reproduktionssituation bezüglich Lebensweise, politischem Bewußtsein und Organisationsverhalten für ca. ein Drittel der Arbeiterschaft hat, ist für Überlegungen zur Entwicklung der Arbeiterbewegung wichtig. Wenn die „Urbanisierung" der Arbeiter quantitativ und qualitativ so unvollkommen ist — und allem Anschein nach auch auf Dauer bleibt —, dann müssen Konzeptionen, die vom Bild des „großstädtischen Proletariats" ausgehen, überdacht werden.

Mit dem Hausbesitz bei Arbeitern werden aus politisch völlig unterschiedlichen Richtungen gleichartige Wirkungen verknüpft: Die Politik der Eigenheimförderung der *konservativen* Regierungen in den ersten beiden Jahrzehnten der Bundesrepublik, die von den sozialliberalen Regierungen ungebrochen fortgesetzt wurde, zielte auf eine „Verwurzelung" der Bevölkerung, auf eine Eigentumsideologie, die als festes Bollwerk gegen kommunistische Infiltration angesehen wurde. Auf der *Linken* ist das Mißtrauen gegen Privateigentum prinzipiell, auch wenn sich die marxistische

---

24 Die Zahlen in den Veröffentlichungen des Statistischen Bundesamtes differieren je nach Erhebungseinheit und -methode.
25 Zur Abnahme der bäuerlichen Betriebe überhaupt vgl. Theodor Bergmann, Die Landwirtschaft in der Bundesrepublik, in: Klaus Merschkat/Oskar Negt (Hrsg.), *Gesellschaftsstrukturen*, Frankfurt a.M. 1973.

Theorie vor allem mit dem Eigentum an Produktionsmitteln auseinandersetzt; selbst Engels, der klarstellte, daß ein Arbeiter, der ein eigenes Haus nur selbst bewohnt und nicht vermietet, kein Kapitalist sei, hat bei der Einordnung der Konsequenzen von Hausbesitz in Arbeiterhand keine Schwierigkeiten: „Verschafft ihnen eigene Häuser, kettet sie wieder an die Scholle, und ihr brecht ihre Widerstandskraft gegen die Lohnherabdrückung der Fabrikanten."[26] Er zweifelt nicht am Erfolg der bourgeoisen Strategie, „die Zahl der kleinen Eigentümer zu vermehren, um sich eine Armee gegen das Proletariat zu erziehen"[27].

Diese apodiktischen Feststellungen bestimmen bis heute weitgehend die Haltung der Linken gegenüber einer Politik, die individuelles Wohneigentum fördert. Die Haltung des DGB ist offen: Er setzt sich gleichzeitig für mehr sozialen (Miet-)Wohnungsbau und verstärkte Eigentumsförderung ein[28].

Die Engelssche Argumentation gegen Hauseigentum bei Arbeitern enthält zwei Stränge: In dem einen steht die aus dem Grundbesitz folgende Immobilität der Arbeitskraft im Mittelpunkt, in dem anderen setzt er sich mit den ökonomischen Verteilungswirkungen auseinander. Auf beide Argumente will ich im folgenden kurz eingehen, weil sie nach wie vor zentrale Aspekte bei der Einschätzung der Konsequenzen für die Arbeiterschaft darstellen.

Für Engels war die absolute Mobilität Existenzvoraussetzung für den Lohnarbeiter. Die Befreiung „von überkommenen Ketten"[29] war für ihn ein wesentlicher Fortschritt gegenüber der vorindustriellen Situation: Die Revolutionierung der sozialen Verhältnisse stellten sich Marx und Engels als eine Konsequenz der ungeheuren Dynamik der kapitalistischen Industrialisierung vor. Die Lohnarbeiter durften in dieser entwicklungsgeschichtlichen Vorstellung solange in keiner Weise in das System integriert werden, bis sie es vollständig überwinden würden. Mobilität war zugleich Kampfkraft im Sinne des Entzugs von Arbeitskraft bei unzumutbaren Arbeitsbedingungen — wie die „moderne" Existenzweise des Proletariers überhaupt. Dies entsprach, wie wir einleitend gesehen haben, den gesellschaftlichen Realitäten jener Zeit, in der Engels sich mit der Wohnungsfrage auseinandersetzte (1872/73). Die hohe Mobilität ging jedoch schon nach dem Ersten Weltkrieg, nachdem sich die Grundstrukturen der großräumlichen Verteilung von Produktion und Arbeitskraft herausgebildet hatten, deutlich zurück; heute gehören die Arbeiter zu den Berufsgruppen mit den niedrigsten Mobilitätsraten. Dies ist eine Folge der verbesserten Verkehrsverbindungen innerhalb abgrenzbarer Arbeitsmarktregionen[30]; und für diejenigen, die innerhalb der im Vergleich zur ersten Jahrhunderthälft sehr viel größeren Arbeitsmarktregionen (gemessen an der Erreichbarkeit vom Wohnstandort aus) keinen Arbeitsplatz finden, erhöht sich die Chance dafür nur selten bei einem Umzug in eine andere Region — ausgenommen die besonders strukturschwachen Regio-

26 Friedrich Engels, Zur Wohnungsfrage, in: *MEW*, Bd. 18, S. 239.
27 Ebd., S. 226.
28 Vgl. die Beschlüsse, in: *Gewerkschaftliche Monatshefte*, 30. Jg., 1979.
29 Engels, Zur Wohnungsfrage (Anm. 26), S. 217.
30 Den Zusammenhang behandelt ausführlich Christine Roloff, *Seßhaftigkeit und Hausbesitz bei Industriearbeitern*, Sozialwissenschaftliche Diplom-Arbeit an der Universität Bremen, 1980.

nen; aber auch in einem solchen Fall wird das Wochenendpendeln häufig einem Umzug vorgezogen.

Die Kampfkraft der Arbeiterklasse hat heute ebenfalls andere Grundlagen als diejenige eines wechselnden, zu spontanen Protestaktionen bereiten Proletariats: Sie gründet sich auf die *Organisationen* der Arbeiterbewegung und stützt sich vor allem auf eine betriebliche Stammbelegschaft. Solidarität im Lohnkampf bildet sich heute mehr denn je bzw. ausschließlich aus betrieblicher Kommunikation. Die Grundorientierung zwischen eher gewerkschaftlich-reformistischer oder spontan-radikaler Politik wird mit Sicherheit nicht mehr durch die unterschiedlichen Erfahrungen von Mobilität bzw. Immobilität entschieden. Der Zwang zu Arbeitsplatz- und Wohnungswechsel als Folge der Beteiligung an Streiks ist in einer Zeit starker gewerkschaftlicher Organisierung und sozialer Absicherung selten geworden. Aus der Lebensperspektive der Arbeiterfamilie ist der Wegfall des Zwangs zu Mobilität sicherlich als gesellschaftlicher Fortschritt zu betrachten.

Das andere zentrale Argument von Engels zielt auf die gesamtgesellschaftlichen Verteilungswirkungen der Eigentumsbildung. Das steuert in zwei Richtungen: Einerseits hält er dem Argument, durch Hausbesitz verbessere sich die Reproduktionsmöglichkeit der Arbeiter, entgegen, daß geringere Reproduktionskosten (nach Abzahlung der Schulden) mittel- oder langfristig zu Lohnreduktionen führen müßten, weil der Lohn ja nur das Äquivalent für die Kosten der Reproduktion der Arbeitskraft sei – ein in sich schlüssiges Argument, das allerdings nur dann gälte, wenn Hausbesitz tatsächlich so verbreitet wäre, daß die damit verbundenen Ersparnisse die *durchschnittlichen* gesellschaftlichen Reproduktionskosten senken würden. Aber selbst wenn dies der Fall wäre, müßte man fragen, ob die mit eigenem Hausbesitz verbundenen Vorteile für die Organisation des familiären Lebens nicht erstrebenswerter wären als die Permanenz des Mieterdaseins. Das Argument, daß im Lohnkampf jeweils nur die notwendigen Reproduktionskosten errungen werden, bleibt im übrigen auch bei (steigenden) Mietbelastungen bestehen. Andererseits zweifelt Engels an den Sicherungswirkungen von privatem Hausbesitz im Falle von Arbeitslosigkeit oder -unfähigkeit, weil gerade in ökonomischen Krisenzeiten die Häuser im Notfall nur schwer zu veräußern seien; auch könne die Verkehrswertsteigerung, die eine Vermögensbildung ohne Sparleistung darstellte, nicht realisiert werden, wenn der Arbeiter in solchen Fällen zum Verkauf gezwungen sei, da gerade dann ein Haus nur unter Wert loszuschlagen sei.

Diese Argumente sind hinsichtlich des Wohnungs- und Grundstücksmarktes sicherlich richtig und machen die Behauptungen der Sozialreformer des 19. Jahrhunderts hinfällig, durch Hausbesitz könnten die Arbeiter Unabhängigkeit aufgrund kapitalistischer Marktmechanismen, an denen sie nur zu beteiligen seien, erlangen. Sie gehen aber an der Bedeutung, die das eigene Haus heute für eine Arbeiterfamilie hat, vorbei, denn spekulative Gewinne stehen dabei nicht im Vordergrund, und niedrige Reproduktionskosten kommen in den meisten Fällen ohnehin erst der nächsten Generation zugute.

Alle empirischen Untersuchungen über das politische und gesellschaftliche Bewußtsein von Arbeitern stimmen in einem Befund überein: Gesamtgesellschaftliche

Veränderungsperspektiven, die auf einem Selbstbewußtsein von der mehrwertschaffenden produktiven Arbeit beruhen, sind nur noch sehr selten anzutreffen; typisch ist eher ein „Arrangement mit dem politischen und gesellschaftlichen Status quo"[31]. Dominierend ist das Interesse an der Verbesserung der Reproduktionsbedingungen, ohne die Hoffnung darauf an einen grundlegenden, kollektiv erkämpften gesellschaftlichen Wandel zu knüpfen. Die „Sicherung des familialen Auskommens erweist sich ... als die zentrale Lebensaufgabe und der hintergründige Bezugspunkt der Lebensstrategie"[32]. Die Vorstellung von einem „glücklichen Leben" konzentriert sich auf den privaten Bereich der Familie[33].

Herausragende Bedeutung und gleichsam Symbolwert für diesen Bezugspunkt hat eindeutig das eigene Haus, auch bei Arbeitern[34]. *Eine Wohnung oder ein Haus zu erwerben*, ist realistischerweise die größte ökonomische Leistung, die im Leben eines Lohnabhängigen in unserer Gesellschaft denkbar ist. Für eine Arbeiterfamilie bedeutet dieser Vorgang etwas ganz anderers als für gut Verdienende, bei denen mit Kreditaufnahme und laufender Abzahlung das Wesentliche geleistet ist. Die Wege, zu einem eigenen Haus zu gelangen, sind bei Arbeitern nur teilweise ähnlich, der Kauf eines fertigen Hauses die seltene Ausnahme. Der häufigste Weg ist derjenige des Selbstbauens, wozu die gesamte Familie, die Verwandtschaft und der Freundeskreis mobilisiert werden. Die Phase des Bauens zieht sich über mehrere Jahre hin, da die entsprechenden Tätigkeiten neben der normalen Lohnarbeit ausgeübt werden, und bestimmt das Leben der Familie in extremer Weise. Einige Momente, die der „alten" Arbeiterkultur zugeschrieben werden, leben dabei wieder auf: solidarische gegenseitige Hilfe, die die Basis dafür abgibt, daß man sich beim Hausbau zu einem guten Teil vom formellen kapitalistischen Markt abkoppeln kann. Material und qualifizierte Arbeitsleistung werden auf einem informellen Markt beschafft – je nach Perspektive als Schwarzarbeit oder alternative Ökonomie zu bezeichnen. In ländlichen Regionen entstehen inzwischen die meisten Häuser auf der Basis dieser informellen Ökonomie, was von der Bauwirtschaft immer wieder bekanntgemacht und als Beitrag zur Arbeitsplatzvernichtung im Baugewerbe angeprangert wird – daß damit entgangene Profite aus formeller Lohnarbeit gemeint sind, versteht sich von selbst.

Die in letzter Zeit so umfassend in Gang gekommene Diskussion über den „informellen Sektor" kann ich hier nicht aufnehmen[35]; an dieser Stelle interessiert vor

---

31 Werner Kudera u.a., Arrangement auf Widerruf – Konfliktpotential und Verzichtbereitschaft bei Industriearbeitern, in: *Materialien zur Industriesoziologie*, Opladen 1982, S. 260.
32 Martin Osterland, Lebensbilanzen und Lebensperspektiven von Industriearbeitern, in: Martin Kohli (Hrsg.), *Soziologie des Lebenslaufs*, Darmstadt und Neuwied 1978, S. 277.
33 Ich will hier nicht diskutieren, ob dies früher anders war und ob die Orientierung auf das Privatleben eine Tendenz der „Entpolitisierung" anzeigt. Vgl. dazu Martin Osterland, Innerbetriebliche Arbeitssituation und außerbetriebliche Lebensweise, in: ders. (Hrsg.), *Arbeitssituation, Lebenslage und Konfliktpotential*, Frankfurt a.M./Köln 1975.
34 Osterland, Lebensbilanzen (Anm. 32), S. 281; vgl. auch Albrecht Lehmann, *Das Leben in einem Arbeiterdorf*, Stuttgart 1976.
35 Einen Überblick über den Stand der Diskussion geben Rolf G. Heinze/Thomals Olk, Selbsthilfe, Eigenarbeit, Schattenwirtschaft, in: Frank Benseler u.a. (Hrsg.), *Zukunft der Arbeit*, Hamburg 1982.

allem der lebenskulturelle Aspekt, der mit dem Haus*bau*[36] verbunden ist – denn daß damit eine bestimmte Lebenskultur verbunden ist, dürfte außer Zweifel stehen: Fertigstellung und Instandhaltung nehmen im gesamten Arbeiterleben einen bedeutsamen Teil der Zeit in Anspruch, und es erscheint durchaus gerechtfertigt, wenn Cuturello/Godard den Hauserwerb von Arbeiterfamilien als eine bestimmte *Lebensweise* bezeichnen[37].

Bauen ist mehr als eine Freizeitbeschäftigung; es ist selbstbestimmte produktive Tätigkeit auf einer Basis, die möglichst weitgehend dem kapitalistischen Reproduktionsprozeß entzogen wird. Inwieweit damit antikapitalistische Orientierungen im Sinne einer alternativen oder Dual-Ökonomie verbunden sind, entzieht sich zur Zeit noch unserer Kenntnis; denkbar wäre dies immerhin, wenn die soziale Organisation des Hausbaus auf weitere Elemente der Reproduktion übertragen würde.

Denkbar wäre auch, daß die Erfahrung selbstbestimmter Formen von Arbeit im Reproduktionsbereich Auswirkungen hat auf die Haltung zur Lohnarbeit. So folgert z.B. Herkommer aus der zunehmenden Ausrichtung der Industriearbeiter auf den „Freizeit"-Bereich: „Als Folge einer reicheren Entwicklung des persönlichen Individuums in der Nichtarbeit wird die Entleerung der Arbeit von ihrem Inhalt bewußt, und Forderungen können gestellt werden für die Gestaltung des Arbeitsbereichs, damit dieser ‚menschlicher' werde, Anwendung von erworbenen Fähigkeiten erlaube, Dispositionschancen einräume und so selbst erweiterte Spielräume für das persönliche Individuum eröffne."[38]

Mit der „Hausbesitzer-Kultur" ist auch ein Aspekt angesprochen, der auf andere gesamtgesellschaftliche Implikationen verweist: die Frage nämlich, inwieweit die informelle Organisation dieser Produktion, die in ihren heutigen Formen auf eine individuelle Privilegierung bei der Absicherung der Reproduktion hinausläuft, individualisierende Orientierungen hervorbringt oder verstärkt. Die Arbeiterbewegung in Deutschland hat die große historische Leistung vollbracht, ein kollektives soziales Sicherungssystem zu erkämpfen, für das es in der kapitalistischen Welt nur wenige Vergleiche gibt. Grundlage dafür war die Tatsache, daß besitzlose Lohnarbeiter im Fall von Krankheit, Arbeitsunfähigkeit und Arbeitslosigkeit sowie im Alter von den Versicherungsleistungen der *Solidarkassen* abhängig sind. Eigenheimbau ist – idealtypisch dagegengesetzt – der Versuche, eine *individuelle Strategie der sozialen Si-*

---

[36] Die folgenden Aussagen gelten vor allem für den Hausbau, in abgeschwächter Form allerdings auch für die Zeit *nach* dem Bauen bzw. für den Fall, daß das Haus geerbt wird: Reparaturen und Umbauten größeren Ausmaßes, die mit Veränderungen im Familienzyklus zusammenhängen können – Anpassungsprozesse, die Mietern in der Regel vollständig verweigert sind –, werden schrittweise in Eigenarbeit vorgenommen, um die Notwendigkeit der Kreditaufnahme für Materialbeschaffung oder Fremdleistungen zu umgehen. Hausbesitz kann insofern eine lebenslange Nebenbeschäftigung sein.

[37] Vgl. Pierre Cuturello/Francis Godard, *Familles Mibilisés – Accession à la propriéte du logement et notion d'effort des ménages*, Laboratoire de Sociologie (Nice), 1980.

[38] Sebastian Herkommer, Arbeit und Nichtarbeit, in: *Materialien zur Industriesoziologie* (Anm. 31), S. 277. Die Gleichsetzung der Zeit außerhalb der Lohnarbeit mit „Nichtarbeit", die Herkommer vornimmt, ist allerdings falsch. Viele Arbeiter sind auch außerhalb der Lohnarbeit produktiv tätig, entweder im Sinne von „Eigenarbeit" oder auch für andere im Sinne der „informellen Ökonomie".

cherung zu verfolgen. Sicherlich sind die meisten, die diese Strategie verfolgen, dazu überhaupt nur deshalb in der Lage, weil sie gleichzeitig über die kollektiven Systeme abgesichert sind — aber die Frage bleibt, welche langfristigen Konsequenzen denkbar sind und wie stark der Widerstand der Arbeiterklasse gegen die zunehmenden Tendenzen zum Abbau kollektiver Sozialleistungen auf Dauer sein wird, wenn ein relevanter Teil nicht mehr im selben Maße darauf angewiesen sein wird wie bisher. Kemeny[39] hat in einer international vergleichenden Analyse darauf hingewiesen, daß ein Zusammenhang zwischen dem Ausmaß an sozialstaatlichen Leistungen und der Verbreitung von individuellem Hausbesitz zu beobachten ist: Die grundsätzliche gesellschaftspolitische Weichenstellung verläuft derart, daß entweder die individuelle Sicherung der Reproduktion der Arbeitskraft durch Steuererleichterungen (z.B. beim Hausbau), Zuschüsse etc. angestrebt oder die staatliche Organisation kollektiver Daseinsvorsorge ausgebaut wird. Die derzeit zu beobachtenden Tendenzen in der Bundesrepublik — die Begünstigung privater Investitionen bei gleichzeitiger Demontage von Sozialleistungen — lassen keinen Zweifel daran, in welche Richtung gesteuert werden soll.

Wir wissen noch wenig darüber, welche Teile der Arbeiterschaft typischerweise den Status eines Hausbesitzers haben oder erreichen, ob es vor allem die besserverdienenden Facharbeiter oder die vor nicht allzu langer Zeit aus der Landwirtschaft abgewanderten und danach eher in Hilfsarbeiterfunktionen Beschäftigten sind, bei denen der Bezug zum Land (und damit der Zugang zu Grundbesitz) noch sehr lebendig ist. Über 76 % aller hausbesitzenden Arbeiter wohnen in Gemeinden mit weniger als 20.000 Einwohnern — das deutet auf den letzteren Bezug hin, aber der Zwang zur Minimierung der Bodenkosten läßt einen anderen Standort auch für die Häuslebauer kaum zu. Die wenigen empirischen Hinweise deuten darauf hin, daß vor allem die qualifizierten, relativ gut verdienenden Arbeiter die Hausbesitzer sind[40] — Facharbeiter also, die auch den Kern der organisierten Arbeiterbewegung bilden. Empirische Untersuchungen, die sich mit dem Lebensstil und dem Bewußtsein von Arbeiter-Hausbesitzern beschäftigen[41], kamen bislang zu dem Ergebnis, daß von der Mittelschicht Lebensstil und Einstellungen[42] *nicht* übernommen werden. Das Bewußtsein, daß der erreichte Standard nur auf der Grundlage solidarischer Aktionen der Arbeiter möglich geworden ist, bleibt offensichtlich auch bei den Hausbesitzern erhalten — was kaum erstaunlich ist, hat sich doch an der betrieblichen Position und am Lohnarbeiterstatus grundsätzlich nichts geändert. Ob sich allerdings durch die gewandelte Reproduktionssituation die Bedingungen für eine Entwicklung dieser Klassenbewußtheit zu einem Klassenbewußtsein verändert

---

39 Vgl. Jim Kemeny, *The Myth of Home Ownership*, London 1981.
40 Vgl. Manfred Schlösser, *Freizeit und Familienleben von Industriearbeitern*, Frankfurt a.M./New York 1981, S. 111—114.
41 Vgl. Benett M. Berger, *Working-Class Suburb*, Berkeley/Los Angeles 1968; Bernard Ineichen, Home Ownership and Manual Workers' Life-Styles, in: *The Sociological Review*, Bd. 20, 1972.
42 Damit ist in diesen Untersuchungen im wesentlichen die individuelle Aufsteigermentalität gemeint.

haben[43] – oder sich zumindest in der nächsten Generation verändern werden –, bleibt offen. Sicher ist, daß Hausbesitz die Reproduktionsbedingungen objektiv verändert und daß die Interessen von Mietern und Wohnungseigentümern nicht die gleichen sind[44]. Inwieweit das politische Bewußtsein, die Selbstzurechnung zu und die Identifikation mit der Arbeiterbewegung davon tangiert sind, muß empirisch geklärt werden. Eine Vereinheitlichung der Arbeiter in gesellschaftlichen Auseinandersetzungen, die über betriebliche Probleme und die Entlohnung hinausgehen, dürfte aber bei einer Vertiefung der außerbetrieblichen Differenzierungen unwahrscheinlich bleiben.

---

43 Klassenbewußtheit und Klassenbewußtsein unterscheidet Giddens, *Klassenstruktur* (Anm. 2), S. 134.
44 Vgl. Peter Saunders, Domestic Property and Social Class, in: *International Journal of Urban and Regional Research*, Bd. 2, 1978.

Über die Autoren

Braun, Siegfried, geb. 1922, Dr. phil., Professor für Soziologie mit dem Schwerpunkt Industrie- und Betriebssoziologie an der Universität Bremen. Buchveröff. u.a.: *Arbeiter, Management, Mitbestimmung* (zus. mit Th. Pirker und B. Lutz), Düsseldorf 1955; *Zur Soziologie der Angestellten,* Frankfurt a.M. 1964; *Hafenarbeit* (zus. mit M. Abendroth, N. Beckenbach, R. Dombois), Frankfurt a.M. 1979.

Broszat, Martin, geb. 1926, Dr. phil., Promotion 1953, Prof. seit 1956, Honorarprofessur Universität Konstanz, Direktor des Instituts für Zeitgeschichte (IfZ) München seit 1972, Mitarbeiter des IfZ seit 1956. Buchveröff.: Mitverf. der: *Dokumentation der Vertreibung der Deutschen aus Ost-Mitteleuropa,* 1955 ff.; Hrsg. von: *Kommandant in Auschwitz. Autobiographische Aufzeichnungen von Rudolf Höß,* 1958; *Der Nationalsozialismus. Weltanschauung, Programm und Wirklichkeit,* 1960; *Nationalsozialistische Polenpolitik 1939–1945,* 1962; *200 Jahre deutsche Polenpolitik,* 1964; *Der kroatische Ustascha-Staat 1941–45* (zus. mit L. Hory), 1964; *Der Staat Hitlers. Grundlegung und Entwicklung seiner inneren Verfassung,* 1969; Hrsg. und Mitverf. der Reihe *Bayern in der NS-Zeit* (6 Bände, 1977–83). Zahlreiche Aufsätze zum Nationalsozialismus in verschiedenen Fachzeitschriften.

Ebbighausen, Rolf, geb. 1937, Dr. rer. pol., Dipl.-Soziologe, seit 1972 Professor für Soziologie am Institut für Soziologie und am Zentralinstitut für sozialwissenschaftliche Forschung der Freien Universität Berlin. Buchveröff.: *Die Krise der Parteiendemokratie und die Parteiensoziologie,* Berlin 1969; Mitverf. und Mithrsg. von: *Parteiensystem in der Legitimationskrise,* Opladen 1973; Hrsg. und Mitverf. von: *Monopol und Staat,* Frankfurt a.M. 1974; Hrsg. und Mitverf. von: *Bürgerlicher Staat und politische Legitimation,* Frankfurt a.M. 1976; *Politische Soziologie. Zur Geschichte und Ortsbestimmung,* Opladen 1981. Außerdem eine Reihe von Aufsätzen zu Fragen der Geschichte der Arbeiterbewegung, der Geschichte von Politikwissenschaft und Soziologie sowie der neueren Staats-, Parteien- und Verbändeforschung in Sammelbänden und in deutschen und ausländischen Fachzeitschriften.

Erbe, Günter, geb. 1943, Dr. phil., Dipl.-Soziologe, wiss. Mitarbeiter am Zentralinstitut für sozialwissenschaftliche Forschung der Freien Universität Berlin. Buchveröff.: *Arbeiterklasse und Intelligenz in der DDR,* Opladen 1982; Mitverf. von: *Politik, Wirtschaft und Gesellschaft in der DDR,* Opladen 1980; außerdem Aufsätze über Soziologie und Sozialstruktur der DDR.

Fichter, Michael, geb. 1946, Dr. rer. pol., wiss. Angestellter am Zentralinstitut für sozialwissenschaftliche Forschung der Freien Universität Berlin. Veröffentlichungen zur Besatzungsperiode und Nachkriegsentwicklung in Deutschland, u.a.: *Besatzungsmacht und Gewerkschaften,* Opladen 1982; „Non-State Organizations and the Problems of Redemocratization", in: John H. Herz (Hrsg.), *From Dictatorship to Democracy,* Westport 1983. Zur Zeit Mitarbeiter des Projekts *Arbeiterbewegung in der US-Zone, 1945–1949. Eine Regionalstudie am Beispiel Stuttgart.*

Glaeßner, Gert-Joachim, geb. 1944, Dr. rer. pol., Privatdozent für Politische Wissenschaft an der Freien Universität Berlin. Buchveröff. u.a.: *Herrschaft durch Kader. Leitung der Gesellschaft und Kaderpolitik in der DDR am Beispiel des Staatsapparates,* Opladen 1977; *Macht durch Wissen. Zum Zusammenhang von Bildungspolitik, Bildungssystem und Kaderqualifizierung in der*

DDR. Eine politisch-soziologische Untersuchung (zus. mit I. Rudolph), Opladen 1978; *Sozialistische Systeme. Einführung in die Kommunismus- und DDR-Forschung,* Opladen 1982.

Hahn, Thomas, geb. 1942, Dr. rer. pol., elf Jahre Assistent und Assistenzprofessor am Institut für Soziologie der Freien Universität Berlin. Schwerpunkte in Lehre und Forschung: Arbeiterbewegung, Wissenschaftstheorie, Berufsforschung; Mitarbeit an empirischen Projekten zur Schichtarbeit und Personalplanung; Veröffentlichungen zu allen diesen Schwerpunkten.

Häußermann, Hartmut, geb. 1943, Dr. rer. pol., Dipl.-Soziologe, Professor an der Universität Bremen. Buchveröff. u.a.: *Die Politik der Bürokratie,* Frankfurt a.M. 1978. Ferner Forschungsberichte und Aufsätze vor allem zu Fragen der Wohnungspolitik und Stadtsoziologie in Fachzeitschriften.

Heimann, Siegfried, geb. 1939, Studium der Geschichte und Germanistik, wiss. Mitarbeiter am Franz-Neumann-Archiv e.V.; Veröffentlichungen zur Geschichte von Parteien, besonders der Sozialdemokratie und der Gewerkschaften.

Hurwitz, Harold, geb. 1924, Dr. phil., MA, BA, Professor für Politische Soziologie am Otto-Suhr-Institut und am Zentralinstitut für sozialwissenschaftliche Forschung der Freien Universität Berlin. Buchveröff.: *Der heimliche Leser. Beiträge zur Soziologie des geistigen Widerstandes,* Köln/Berlin 1966; *Die Stunde Null der Deutschen Presse. Die amerikanische Pressepolitik in Deutschland 1945—1949,* Köln 1972; *Demokratie und Antikommunismus in Berlin nach 1945,* Bd. I: *Die politische Kultur der Bevölkerung und der Neubeginn konservativer Politik,* Köln 1983; Bd. II *(Autoritäre Tradierung und Demokratiepotential in der sozialdemokratischen Arbeiterbewegung),* Bd. III *(Die Eintracht der Siegermächte und die Orientierungsnot der Deutschen 1945—1946)* und Bd. IV *(Der Kampf um Selbstbehauptung, Einheit und Freiheit)* erscheinen 1984 ff.

Jander, Martin, geb. 1955, M.A., Historiker. Buchveröff.: *Toleranz und Härte* (zus. mit H.H. Hertle), Berlin 1982. Aufsätze zum Thema APO und Gewerkschaften.

Kastendiek, Hella, geb. 1941, Dipl.-Politologin, wiss. Mitarbeiterin am Zentralinstitut für sozialwissenschaftliche Forschung der Freien Universität Berlin. Veröff.: *Arbeitnehmer in der SPD. Herausbildung und Funktion der Arbeitsgemeinschaft für Arbeitnehmerfragen (AfA),* Berlin 1978.

Klingemann, Hans-Dieter, geb. 1937, Dr. rer. pol., Dipl.-Kaufmann, Professor für Politische Wissenschaft am Zentralinstitut für sozialwissenschaftliche Forschung der Freien Universität Berlin. Buchveröff.: *Bestimmungsgründe der Wahlentscheidung,* Meisenheim am Glan 1969; *Politischer Radikalismus* (zus. mit F.U. Pappi), München 1972; *Political Action* (zus. mit S.H. Barnes, M. Kaase et al.), Beverly Hills, Ca. 1979; Mitverf. und Mithrsg. von: *Politische Psychologie* (zus. mit M. Kaase), Opladen 1981; *Wahlen und politisches System* (zus. mit M. Kaase), Opladen 1983. Außerdem Aufsätze in in- und ausländischen Fachzeitschriften zu Fragen der Politischen Soziologie, der Politischen Psychologie und der Methodik der empirischen Sozialforschung.

Klinger, Fred, geb. 1950, Dr. rer. pol., Dipl.-Politologe, seit 1983 wiss. Mitarbeiter am Zentralinstitut für sozialwissenschaftliche Forschung der Freien Universität Berlin. Wiss. Mitarbeiter am Forschungsprojekt *Partizipation in der DDR* (Stiftung Volkswagenwerk). Aufsatzveröff. auf dem Gebiet der Osteuropa- und DDR-Forschung, u.a.: Einleitung zu Ticktin u.a., *Planlose Wirtschaft. Zum Charakter der sowjetischen Gesellschaft,* Hamburg 1981; Die „Brigaden der sozialistischen Arbeit", in: *Der X. Parteitag der SED. 35 Jahre SED-Politik, Versuch einer Bilanz,* Köln 1982.

Köhler, Uwe, geb. 1956, Student am Fachbereich Politische Wissenschaft und studentische Hilfskraft am Zentralinstitut für sozialwissenschaftliche Forschung der Freien Universität Berlin.

Kuebl, Herbert, geb. 1935, Dr. rer. pol., Volkswirt, Hamburg. Buchveröff.: *Gewerkschaftspolitik der KPD nach dem Krieg — Der Hamburger Werftarbeiterstreik 1955* (zus. mit E.A. Jures), Hamburg 1981; Mitverf. und Mithrsg. von: *Der XX. Parteitag der KPdSU und seine Folgen*, Frankfurt a.M. 1977; *CSSR — Fünf Jahre „Normalisierung"*, Hamburg 1973; Hrsg. von: *Helmut Holtorp. Schicht, Schluck, Abstich, Arbeitskampf — Zwanzig Jahre am Hochofen. Ein Stahlkocher berichtet*, Hamburg 1982.

Lönnendonker, Siegward, geb. 1939, Dipl.-Soziologe, wiss. Mitarbeiter am Zentralinstitut für sozialwissenschaftliche Forschung der Freien Universität Berlin. Buchveröff.: *Freie Universität Berlin 1948—1973 — Hochschule im Umbruch* (zus. mit T. Fichter), Berlin 1973—1975; *Kleine Geschichte des SDS*, Berlin 1978. Ferner Aufsätze zum Thema Studentenbewegung und APO.

Müller, Hans-Peter, geb. 1946, Dr. phil., Dipl.-Volkswirt, wiss. Angestellter am Institut für Soziologie der Freien Universität Berlin. Veröff.: Zur Krisentheorie bei Marx (zus. mit D. Freiburghaus), in: Mehrwert, H. 5, 1973; *Karl Marx: Die technologisch-historischen Exzerpte, historisch-kritische Ausgabe*, transkribiert und hrsg. von Hans-Peter Müller, Frankfurt a.M./Berlin/Wien 1981. Ferner Aufsätze über Materialismus und Technologie.

Müller, Peter, geb. 1945, Dipl.-Politologe, ehem. wiss. Assistent am Zentralinstitut für sozialwissenschaftliche Forschung der Freien Universität Berlin. Buchveröff.: *Zwischenbilanz. 10 Jahre sozialliberale Politik 1969—1979. Anspruch und Wirklichkeit* (zus. mit H.W. Schmollinger), Hannover 1980. Außerdem Aufsätze über SPD und SEW.

Pirker, Theo, geb. 1922, Dr. phil., Prof. für Soziologie am Institut für Soziologie der Freien Universität Berlin und Vorsitzender d. Institutsrates des Zentralinstituts für sozialwissenschaftliche Forschung der Freien Universität Berlin. Buchveröff. u.a.: *Arbeiter, Management, Mitbestimmung. Eine industriesoziologische Untersuchung der Struktur, der Organisation und des Verhaltens der Arbeiterbelegschaften in Werken der deutschen Eisen- und Stahlindustrie*/zus. mit B. Lutz, S. Braun, S. Hammelrath (Stuttg./Düsseld. 1955); Hrsg. von: *Die Moskauer Schauprozesse 1936—38*, München 1963; *Utopie und Mythos der Weltrevolution*, Stuttgart 1964; *Die Histadrut. Gewerkschaftsprobleme in Israel*, Tübingen 1965; Hrsg. von: *Komintern und Faschismus. Dokumente zur Geschichte und Theorie des Faschismus*, Stuttgart 1965; *Die blinde Macht. Die Gewerkschaftsbewegung in Westdeutschland*, 2 Bde., München 1960 (Neudruck Berlin 1979); *Die SPD nach Hitler. Die Geschichte der Sozialdemokratischen Partei Deutschlands 1945—1964*, München 1965 (Neudruck Berlin 1977); *Die verordnete Demokratie. Grundlagen und Erscheinungen der „Restauration"*, Berlin 1977; *Schreibdienste in obersten Bundesbehörden. Eine vergleichende Untersuchung*, Frankfurt a.M./New York 1981. Zahlreiche Aufsätze in Sammelbänden und in- und ausländischen Fachzeitschriften.

Rabehl, Bernd, geb. 1938, Dr. phil., Professor für politische Soziologie am Institut für Soziologie der Freien Universität Berlin. Buchveröff.: *Geschichte und Klassenkampf*, Berlin 1973; *Marx und Lenin*, Berlin 1974; Mitautor von: *Die Rebellion der Studenten*, Reinbek 1968. Zahlreiche Aufsätze, Einleitungen zu Sozialismus, Marxismus, Neue Linke, APO, Alternative.

Reister, Hugo, geb. 1946, Dipl.-Politologe, wiss. Mitarbeiter am Zentralinstitut für sozialwissenschaftliche Forschung der Freien Universität Berlin. Veröff.: *Profite gegen Bleisatz. Die Entwicklung in der Druckindustrie und die Politik der IG Druck*, Berlin 1980; *Ausländerbeschäftigung und Ausländerpolitik in der Bundesrepublik Deutschland*, Berlin 1983.

Resch, Andreas, geb. 1953, Dr. rer. pol., Dipl.-Soziologe, Mitglied der „Arbeitsgruppe Demoskopie" und der „Arbeitsgruppe Gewerkschaften"; in diesen Zusammenhängen Aufsätze über gewerkschaftliche Interessenvertretung im öffentlichen Dienst und über gesellschaftliches Bewußtsein.

Sarrazin, Rainer, geb. 1955, Dipl.-Politologe, wiss. Mitarbeiter eines Forschungsprojekts am Institut für Soziologie der Universität Marburg. Dipl.-Arbeit „Entstehung und Entwicklung des ‚Aktionskreis Leben' — eine Fallstudie zum Verhältnis von Anti-AKW-Bewegung und DGB-Gewerkschaften", in: *Aktionskreis Leben*, Nr. 28 u. 29, Juni 1982.

Scharrer, Manfred, geb. 1945, Dr. phil., Dipl.-Pädagoge, 1975—80 wiss. Assistent am Institut für Soziologie der Freien Universität Berlin. Buchveröff.: *Arbeiterbewegung im Obrigkeitsstaat*, Berlin 1976; *Die Spaltung der deutschen Arbeiterbewegung*, erscheint im Herbst 1983. Ferner Beiträge zur Theorie und Geschichte der Arbeiterbewegung in verschiedenen Zeitungen und Zeitschriften.

Schmidt, Ute, geb. 1943, Dr. phil., Dipl.-Soziologin, wiss. Angestellte am Zentralinstitut für sozialwissenschaftliche Forschung der Freien Universität Berlin. Buchveröff.: *Der erzwungene Kapitalismus* (zus. mit T. Fichter), Berlin 1971; Arbeiterklasse und Parteiensystem (zus. mit T. Fichter), in: *Die Linke im Rechtsstaat*, Bd. I, Berlin 1975; *Die Zentrums-Idee zwischen Tradition und Anpassung* (Diss. 1981). Außerdem u.a. Aufsätze über die CDU, die Zentrums-Partei und die katholische Arbeiterbewegung sowie zur Frühgeschichte der Bundesrepublik.

Schmollinger, Horst W., geb. 1942, Dr. phil., Dipl.-Politologe, Mitarbeiter am Zentralinstitut für sozialwissenschaftliche Forschung der Freien Universität Berlin. Veröff.: *Zwischenbilanz. 10 Jahre sozialliberale Politik 1969—1979. Anspruch und Wirklichkeit*, Hannover 1980; mehrere Beiträge in R. Stöss (Hrsg.), *Parteien-Handbuch. Die Parteien der Bundesrepublik Deutschland 1945—1980*, Opladen 1983. Zahlreiche Veröffentlichungen in Sammelbänden und Zeitschriften über Parteien, Wahlen und Gewerkschaften.

Schroeder, Klaus, geb. 1949, Dr. rer. pol., Dipl.-Politologe, wiss. Assistent am Institut für Soziologie der Freien Universität Berlin. Buchveröff.: *Der Weg in die Krise. Politische und soziale Bedingungen und Folgen der ökonomischen Entwicklung der Bundesrepublik 1967—1982*, erscheint im Westdeutschen Verlag, Opladen 1984. Ferner Aufsätze zum Thema Alternativbewegung, Neue Soziale Bewegungen.

Spohn, Willfried, geb. 1944, Dr. phil., Dipl.-Soziologe, wiss. Assistent am Institut für Soziologie der Freien Universität Berlin. Buchveröff.: *Weltmarktkonkurrenz und Industrialisierung Deutschlands 1870—1914*, Berlin 1977. Aufsätze über Industrialisierung der Sowjetunion, R. Bahro, Arbeiterbewegung und Marxismus sowie zur Kontroverse zwischen E.P. Thompson und P. Anderson.

Stöss, Richard, geb. 1944, Dr. phil., Dipl.-Politologe, wiss. Angestellter am Zentralinstitut für sozialwissenschaftliche Forschung der Freien Universität Berlin. Veröffentlichungen zur Parteiensoziologie, zum deutschen Parteiensystem, zum Rechtsextremismus und Konservatismus. Buchveröff. u.a.: *Die Parteien und die Presse der Parteien und Gewerkschaften*, München 1975 (zus. mit H.W. Schmollinger); *Vom Nationalismus zum Umweltschutz*, Opladen 1980; *Parteien-Handbuch*, 2 Bde., Opladen 1983, 1984 (Hrsg. u. Mitverf.).

Struller, Martin, geb. 1956, Dipl.-Politologe, Mitarbeiter eines Forschungsprojekts am Institut für Soziologie der Universität Marburg.

Sühl, Klaus, geb. 1951, Dipl.-Politologe, wiss. Mitarbeiter am Zentralinstitut für sozialwissenschaftliche Forschung der Freien Universität Berlin. Veröff.: Aufsätze über die Berliner Nachkriegsgeschichte.

Süß, Werner, geb. 1946, Dr. rer. pol., Dipl.-Politologe, Mitarbeiter am Institut für Soziologie der Freien Universität Berlin. Buchveröff.: *Friedensstiftung durch präventive Staatsgewalt*, erscheint im Westdeutschen Verlag, Opladen 1984. Ferner Aufsätze zum Thema APO und Alternativbewegung.

Tiemann, Friedrich, geb. 1949, Dr. rer. pol., Hochschulassistent am Zentralinstitut für sozialwissenschaftliche Forschung der Freien Universität Berlin. Buchveröff.: *Stadtplanung, Sanierung und Bürgerbeteiligung am Beispiel Berlin-Kreuzberg*, 1975 (Coautor); *Betriebliche Personalplanung zwischen Unternehmensplanung und Personalpolitik, Ergebnisse der Betriebserhebung 1975*, Bd. 2, 1979 (Coautor); *Rechtsberatung*, 1982 (Coautor); *Schichtarbeit im Berufsverlauf*, 1983 (Coautor).

Trommer, Trutz, geb. 1942, Feinmechaniker, Zweiter Bildungsweg, Dipl.-Soziologe, Dr. phil.; Mitarbeit an Forschungsprojekten: *Zur Situation der geschiedenen Frau in der Bundesrepublik Deutschland*, 1971–1973 (Universität Köln, Deutsche Forschungsgemeinschaft); *Rezeption und Partizipation bei kommunaler Planung*, 1973–1976 (Freie Universität Berlin, Deutsche Forschungsgemeinschaft); *Regionale Partizipation*, 1978–1982 und *Lebenslauf und Regionalgeschichte*, 1981–1982 (beide Freie Universität Berlin, DGB Kreis Solingen, Arbeit und Leben Nordrhein-Westfalen). Seit 1982 Aufbau der Videografie-Genossenschaft in Berlin-Wedding.

Wilke, Manfred, geb. 1941, Dr. rer. pol., 1981 Habilitation im Fach Soziologie an der Freien Universität Berlin. 1976–80 Assistent für Gewerbelehrerausbildung an der Technischen Universität Berlin, 1980–81 Landesgeschäftsführer der GEW in Nordrhein-Westfalen, seit 1982 Sozialforscher und Publizist, Privatdozent am Fachbereich 11 der Freien Universität Berlin. Veröffentlichungen zu Fragen der gewerkschaftlichen Jugend- und Berufsbildungspolitik, der Verbände und zur Sozialismus- und Kommunismusforschung. Buchveröff. u.a.: *Betriebsräte in der Weimarer Republik* (zus. mit R. Crusius und G. Schiefelbein), Berlin 1978; *Die Funktionäre*, München 1979; *Berufsbildung – Reformpolitik in der Sackgasse* (zus. mit R. Crusius und W. Lempert), Reinbek 1974; *CSSR 1968–1973. Fünf Jahre ‚Normalisierung'* (zus. mit R. Crusius, H. Kuehl und J. Skala), Hamburg 1973; *Solschenizyn und die westdeutsche Linke* (zus. mit R. Dutschke), Reinbek 1975; *Menschenrechte. Jahrbuch zu Osteuropa* (zus. mit J. Pelikan), Reinbek 1977; *Opposition ohne Hoffnung?* (zus. mit J. Pelikan), Reinbek 1979; Hrsg. von: *Robert Havemann. Ein deutscher Kommunist*, Reinbek 1978; *Der Marsch der DKP durch die Institutionen* (zus. mit O. Flechtheim, W. Rudzio, F. Vilmar), Frankfurt a.M. 1980; *Sozialdemokraten im Kampf um die Freiheit* (zus. mit G. Gruner), München 1981; *Einheitsgewerkschft und Berufspolitik* (zus. mit R. Crusius), Frankfurt a.M./New York 1982.

Winkelmann, Rainer, geb. 1944, Dr. phil., Dipl.-Soziologe, wiss. Angestellter am Institut für Soziologie der Freien Universität Berlin. Veröff.: Aufsätze zur Theorie des staatsmonopolistischen Kapitalismus, in: Rolf Ebbighausen (Hrsg.), *Monopol und Staat – Zur Marxrezeption in der*

Theorie des staatsmonopolistischen Kapitalismus, Frankfurt a.M. 1974; *Karl Marx: Exzerpte über Arbeitsteilung, Maschinerie und Industrie, historisch-kritische Ausgabe*, transkribiert und hrsg. von Rainer Winkelmann, Frankfurt a.M./Berlin/Wien 1981. Ferner Aufsätze über Materialismus und Technologie.

Schriften des Zentralinstituts für sozialwissenschaftliche Forschung der Freien Universität Berlin
ehemals Schriften des Instituts für politische Wissenschaft

Band 17 Otto Stammer (Hrsg.)
Politische Forschung

Band 24 Jürgen Dittberner/
Rolf Ebbighausen (Hrsg.)
Parteiensystem in der Legitimationskrise

Band 25 Dietrich Herzog
Politische Karrieren

Band 26 Alf Mintzel
Die CSU

Band 27 Harmut Kaelble/Horst Matzerath/
Hermann-Josef Rupieper/Peter Steinbach/
Heinrich Volkmann
Probleme der Modernisierung in Deutschland

Band 28 Gert-Joachim Glaeßner
Herrschaft durch Kader

Band 29 Gero Neugebauer
Partei und Staatsapparat in der DDR

Band 30 Gert-Joachim Glaeßner/
Irmhild Rudolph
Macht durch Wissen

Band 31 Katharina Belwe
Mitwirkung im Industriebetrieb der DDR

Band 32 Richard Stöss
Vom Nationalismus zum Umweltschutz

Band 33 Christiane Lemke
Persönlichkeit und Gesellschaft

Band 34 Gustav Schmidt
England in der Krise

Band 35 Gerd-Michael Hellstern/
Helmut Wollmann (Hrsg.)
Handbuch der Evaluationsforschung, Band 1

Band 36 Gerd-Michael Hellstern/
Helmut Wollmann (Hrsg.)
Handbuch der Evaluationsforschung, Band 2

Band 37 Günter Erbe
Arbeiterklasse und Intelligenz in der DDR

Band 38 Richard Stöss (Hrsg.)
Parteien-Handbuch, Band 1

Band 39 Richard Stöss (Hrsg.)
Parteien-Handbuch, Band 2

Band 40 Michael Fichter
Besatzungsmacht und Gewerkschaften

Band 41 Carola Sachse/Tilla Siegel/
Hasso Spode/Wolfgang Spohn
Angst, Belohnung, Zucht und Ordnung
Mit einer Einleitung von Timothy W. Mason

Band 42 Max Kaase/
Hans-Dieter Klingemann (Hrsg.)
Wahlen und politisches System

Band 43 Rolf Ebbighausen/
Friedrich Tiemann (Hrsg.)
Das Ende der Arbeiterbewegung in Deutschland

Westdeutscher Verlag

Richard Stöss (Hrsg.)
Parteien-Handbuch
Die Parteien der Bundesrepublik Deutschland 1945—1980

Band 1: AUD bis EFP.
1983. 1310 S. 15,5 X 23,5 cm. (Schriften des Zentralinstituts für sozialwissenschaftliche Forschung der FU Berlin, Bd. 38.) Gbd.

Band 2: FDP bis WAV.
1984. Ca. 1250 S. 15,5 X 23,5 cm. (Schriften des Zentralinstituts für sozialwissenschaftliche Forschung der FU Berlin, Bd. 39.) Gbd.

Dieses zweibändige Handbuch gibt erstmalig umfassend Auskunft über die Entwicklung der Parteien in der Bundesrepublik seit 1945. 45 Parteien werden nach einem einheitlichen Raster in gesonderten Beiträgen ausführlich dargestellt. Zwei Beiträge sind den kommunalen Wählergemeinschaften gewidmet. Über etwa 80 weitere Parteien findet der Leser kleine „Steckbriefe" bzw. wichtige Kurzinformationen.

In einem zusammenfassenden Einleitungsaufsatz werden die Grundzüge der deutschen Parteienforschung sowie die Entwicklungstendenzen des Parteiensystems vor dem Hintergrund der wirtschaftlichen und politischen Verhältnisse der Bundesrepublik behandelt. Ein detailliertes Register im 2. Band, der 1984 erscheinen wird, erleichtert das rasche Auffinden der gewünschten Informationen.

Westdeutscher Verlag